第4章　現代の経済社会

探究

Coming Up

わかりやすい経済講座

経済

巻末特集

第5章

探究

Coming Up

国際

わかりやすい経済講座

第6章　持続可能な社会づくりの主体となる私たち

探究

Coming Up

私たちの課題

本書の使い方

●基本ページでは，基礎的な知識や概念，資料読み解き力を身につけましょう。
●特集ページ・コーナーでは，よりよい社会を目指し，世の中の課題について考え，自分なりの解決策や意見をつくりまとめる力をみがこう。

基本ページ

Webページの掲載コンテンツ
- 「探究へのSTEP」の解答例
- 「探究」ページ関連コンテンツ
- 一問一答用語チェック
- 入試問題○×チェック
- 学習に関連する動画　など

・利用は無料ですが，別途通信料金がかかります。
・校則やマナーを守ってご使用ください。
・PC→www.hamajima.co.jp/komin/saishin-kokyo/

学習の中で，考えてほしい発問です。「視点」を参考に，資料などを根拠に自分の意見をまとめてみよう。

ここで力をつけたら，特集ページ「探究」にチャレンジしてみよう。

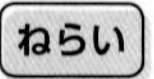

単元目標を意識して学習を進めましょう。

四つ葉マーク
過去の公民科入試の出題頻度を4段階で表示しています。

Q
資料の読み解きポイントが問いの形で示してあります。

入試のツボ　メモ
入試のポイント＆過去問にチャレンジ，こぼれ話があります。

重要用語
p.380～399に「用語集」があります。用語の番号をもとに確認しましょう。

ナットク!
p.60，256，299 など
学習内容をビジュアルに整理した図表で，しっかり理解しましょう。

EYE
最新・身近な話題，世の中の課題などを扱ったコラム

要点を整理

単元の復習に活用しましょう。

おすすめ EYE

特集ページ・コーナー

この人に聞く

p.176, 262, 287 など
世の中の課題の解決に取り組む人の話には，たくさんのヒントがあります。

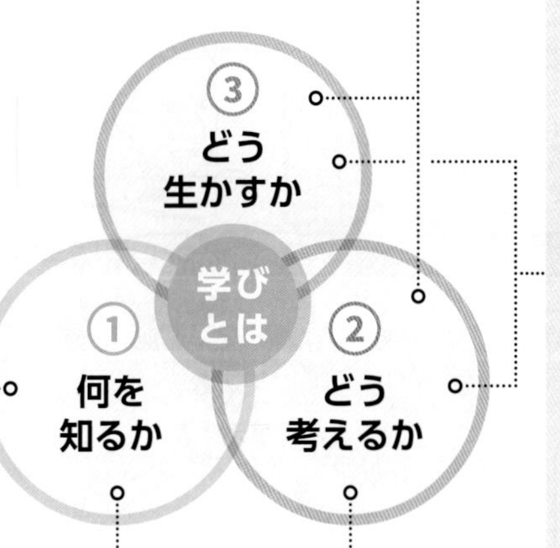

考え表現するスキル

探究スキル

p.10～15, 348～355
「アクティブラーニング」に使えるスキルや，世の中の課題を考える時のポイントを身につけましょう。

考えてみよう！ 思考実験

深く考える

p.55, 150, 223, 343, 346
思考をゆさぶられる発問にチャレンジして，より深く考えてみましょう。

探究

自分の意見をつくる

世の中の課題の解決策を考え，様々な意見をふまえて自らの意見を見直す力をつけましょう。

戦後から現在へ

p.152～156, 192～195
政治と経済の復習に活用しましょう。

わかりやすい経済講座

p.162～163, 170～171, 174～175, 284, 285, 288
難しい経済の考え方をわかりやすく解説しました。

Coming Up

気になるテーマを深掘りして解説。世の中の課題を知り，自分なりに考えてみましょう。

おすすめ Coming Up

おすすめ 探究

探究の2次元コードのコンテンツ

- 関連する動画やホームページ
- 課題に対する様々な意見
- ワークシート，自己評価シート

地図で見る世界

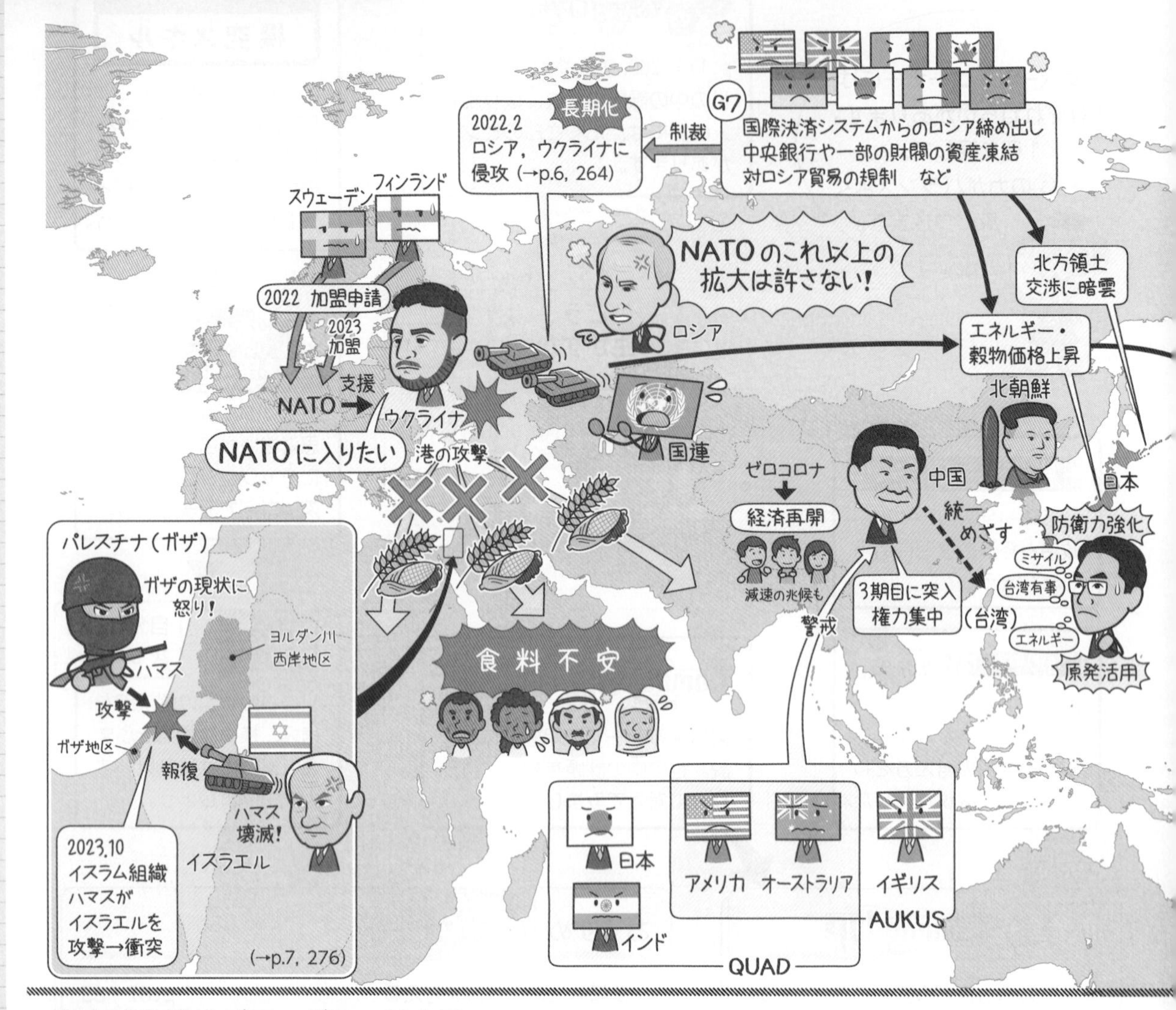

存在感を増すグローバル・サウス

△インドが主催したオンラインの国際会議「グローバル・サウスの声サミット」（2023年1月）　新興国・発展途上国125か国が参加。インドは経済成長が著しく，2023年に人口が中国を抜いて世界1位に。途上国側の代弁者として，存在感を増している。

◁インドを訪問した岸田首相（2023年3月）　広島サミットに招待した。

グローバル・サウスとは　明確な定義はないが，一般的に南半球に多いアジア・アフリカや中南米などの新興国・発展途上国の総称として使われる。冷戦期には第三世界と呼ばれていた。近年は経済成長が著しく，国際社会での発言力は無視できなくなっている。

●国内総生産（GDP）の推移

（兆ドル）40 / 30 / 20 / 10 / 0
G7
新興国・発展途上国
2000年　05　10　15　20 22
（IMF「World Economic Outlook」）

「北」の対立に関与せず　グローバル・サウスの国々の多くは，ロシアや中国と関係が深く，ロシアのウクライナ侵攻に対しては，賛成はしていないが，欧米や日本が行う経済制裁に参加していない。岸田首相は，広島サミットを前にアフリカ・アジアを歴訪し，G7とグローバル・サウスとの関係強化をはかった。（➡p.6）

地政学とは一国際情勢を読み解く視点

地理学×政治学　各国がおかれた地理的条件に注目して，国の政策や国際関係を分析・考察する学問。

- 周りを海に囲まれている。
- 海上交通が発達し，海を通じて他国と交流。
- 外国からの侵攻を受けにくい。他国の領土支配よりも貿易によって関係国に影響を与える。

代表的な国…アメリカ，日本，イギリスなど

- 海に面していない内陸国や，陸の国境が長く他国と隣接する国。
- 陸上交通が発達し，人・モノの移動がしやすい。
- 外国からの侵攻を受けやすい。強国は他国を侵攻して領土拡大をねらう傾向。

代表的な国…ロシア・中国，ドイツなど

地政学上，世界の国はシーパワーかランドパワーに分類される。平地で人が住みやすく，気候が温暖，モノ・情報が集まる海沿いの地域は，領土拡張をめざすランドパワーと，海洋進出をめざすシーパワーが衝突し繰り返し争いが起こってきた。複数の勢力にはさまれ，直接の衝突を和らげる地域を緩衝地帯とよぶ。

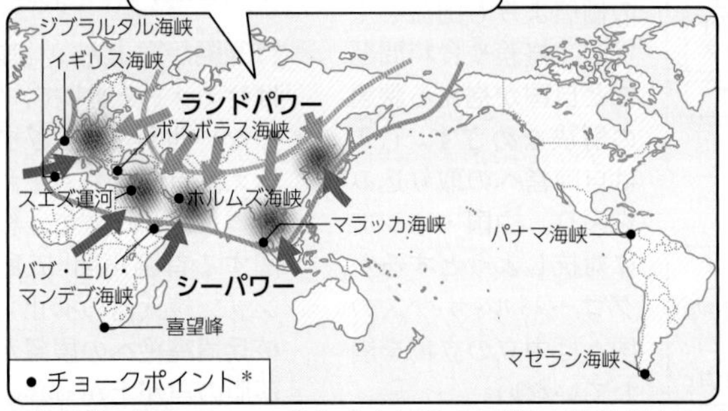

ロシアのウクライナ侵攻を地政学で読み解くと…

①ロシアは広大な領土をもつが，多くが永久凍土。人が住みやすい地域と凍らない港がほしい。

②冷戦終結後，NATO諸国との緩衝地帯が減少したため，侵攻されやすくなるという危機感。

*チョークポイント…物流のポイントとなる重要な狭い航路。チョークポイントを支配した国が海上航路を制することができるとされる。

日本・世界のできごと

① G７広島サミット開催

広島に集まったG７首脳陣（①岸田首相（日本）　②バイデン大統領（米）　③ショルツ首相（独）　④スナク首相（英）　⑤フォン・デア・ライエン欧州委員会委員長　⑥ミシェルEU大統領　⑦メローニ首相（伊）　⑧トルドー首相（カナダ）　⑨マクロン大統領（仏））

2023年５月，G７広島サミットが開催された。G７メンバー（G７首脳とEU）の他，オーストラリアやインド，国連の諸機関などが招待され，ウクライナ問題や外交・安全保障，世界経済，持続可能な世界に向けての取り組みなどが討議された。当初，オンラインでの参加予定だったウクライナのゼレンスキー大統領も来日し，討議に参加。G７との結束を強めると同時に，ウクライナ問題に対して中立の立場をとるインドなどグローバル・サウスの首脳とも会談し，支持と協力を訴えた。

演説するゼレンスキー大統領　人類の歴史に戦争はあってはならないとし，復興への決意と支援を訴えた。

首脳宣言の主な内容	●ウクライナ問題	●核軍縮・不拡散	●対中関係	●その他
	・ロシアに対し，改めて最も強い言葉で非難 ・ウクライナへの支持を再確認し，支援を強化	・現実的・実践的で責任あるアプローチにより，核兵器のない世界の実現を約束 ・核拡散防止条約の堅持	・経済的な分断を行わない。リスク低減のため，過度な依存を低減 ・台湾海峡の平和と安定の重要性を再確認	・法の支配に基づく自由で開かれた国際秩序を堅持 ・女性・女児・LGBTの人たちの権利・自由に対する侵害を非難

Q1 G７は主導的役割を果たせるか？

●世界におけるG７の地位

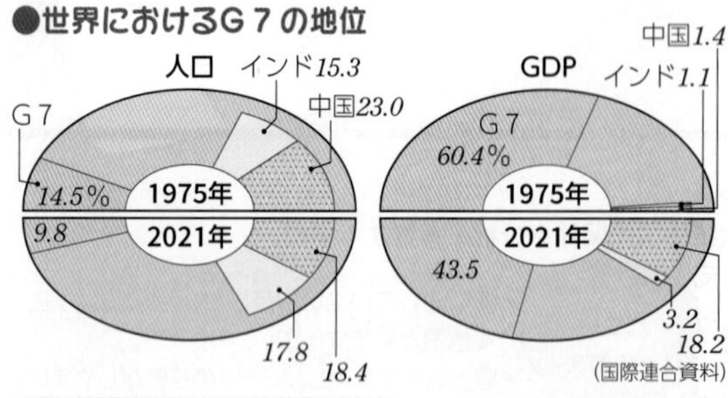

（国際連合資料）

ロシア →侵攻→ ウクライナ ←支援← G７
ロシア　連携　中国
G７　連携　オーストラリア　韓国
けん制（→中国）
「北」の国々
連携ねらう
グローバル・サウス
ブラジル　インド　（多様な声のかけ橋に）
インドネシア　南アフリカ　など

グローバル・サウス諸国は，西側諸国が掲げる人権・自由・民主主義の価値よりも国益を重視し，格差や食料問題など自国が抱える課題の解決をめざす。G７は自陣営への取り込みを図り，中国・ロシアに対抗しようとするが，グローバル・サウスの国々は中立の立場を崩していない。

Q2 核兵器の抑止力は必要？

原爆資料館を見学し，平和記念公園で慰霊碑に献花したG７首脳たち　G７首脳がそろって資料館を見学するのは史上初。招待国・機関のトップやゼレンスキー大統領も花を手向けた。

核廃絶か抑止力か　岸田首相はサミットを通して，「核兵器のない世界」をめざすことを訴え，首脳たちも平和の実現を誓った。一方で，核軍縮に関する首脳声明「広島ビジョン」に，核兵器の抑止力を明記。核兵器廃絶への展望がみえず，落胆の声が上がった。

「広島ビジョン」の要旨
- 核兵器のない世界の実現をめざす
- ロシアによる核の威嚇・使用は許されない
- 核兵器は防衛の役割を果たし，侵略を抑止する
- 透明性や対話を欠いた核戦力増強に懸念

このページの写真３点 出典：G７広島サミットホームページ（https://www.g7hiroshima.go.jp）

② 生成AIの普及　人間とAI，どう共存する?

ChatGPTの衝撃　生成AIの利用者が急増している。生成AIとは，あらかじめ大量のデータを学習させ，簡単な指示を出すだけで画像や文章，音楽などが作成できるAI(人工知能)である。2022年11月に対話型AI「ChatGPT」が公開されると，爆発的に利用者が増えた。2023年には日本でも企業などが業務の効率化や生産性の向上が期待できるとして，導入を検討している。

遅れるルール整備　一方で，生成AIの利用には課題も指摘されている。このため，各国はルール整備を急いでおり，G7広島サミットでも生成AIの活用・規制に関する国際ルール作りを始めることで合意した。

●AIの活用，どこまで?

©伊藤園

◀伊藤園「お～いお茶 カテキン緑茶」のテレビCM　生成AIが作成したタレントをCMに起用。

AIで作られたバーチャルヒューマンが，様々な場面で活用され始めている。AIは病気やケガをせず休暇が必要ない，労働力不足に対応できるなどのメリットが指摘され，期待が高まる。一方で，著作権の侵害をはじめとした生成AIの課題も少なくない。人間だからできる表現，人間とAIの違いは何だろうか？

●生成AIの課題

課題	内容
人間の仕事を奪う	多くの仕事がAIで代替可能になり，人間が職を失う可能性がある。
著作権の侵害	AIが「学習」する際に，作品が無断で使用されることがある。 AIは「学習」したデータに基づくので，既存の作品と類似する可能性がある。
情報漏洩・プライバシーの侵害	利用者が入力したデータが，AIの「学習」に利用されることがある。個人情報や機密情報を入力すると，データが流出する可能性がある。
差別の助長	AIが「学習」したデータが偏ったものである場合，偏見・差別が助長される。
偽情報の拡散	AIが生成したものは正しいとは限らない。また，本物と間違えるようなディープフェイク画像が作られる可能性もある。

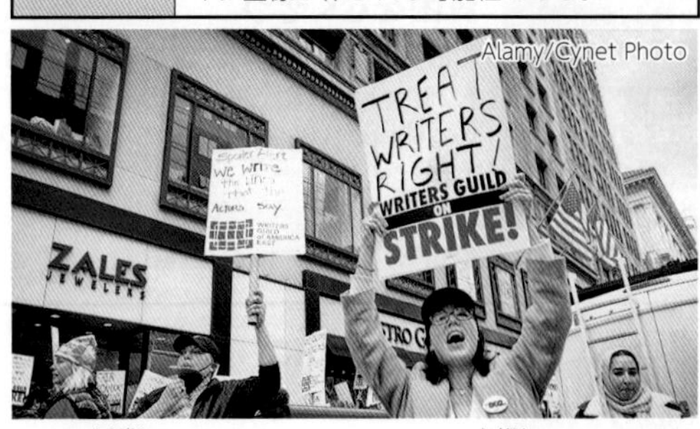

▲**AIの下働きはしない!**　2023年5月，脚本作成にAIを使わないよう求める脚本家らのストライキが発生。アメリカでは脚本や絵コンテ作成に生成AIを活用する動きがある。

③ パレスチナとイスラエルの衝突

パレスチナ問題の歴史については，p.276・277を見よう。

▲**攻撃が激化するガザ北部から南部に避難する住民**　避難しても，食料や水，薬などが不足。その後，イスラエルの攻撃は南部にも及んだ。

2023年10月，パレスチナのガザ地区を拠点とするイスラーム原理主義組織ハマスがイスラエルを攻撃。多くのイスラエル人を殺害し，また人質にとった。これに対しイスラエルは空爆や地上侵攻を行い，両者の対立が激化した。

欧米諸国はハマスの攻撃をテロとし，イスラエルとその自衛権を支持。しかし，激化するイスラエルの攻撃で，多くの子どもを含むパレスチナ民間人の犠牲が増え続ける事態に，イスラエルに対し，国際人道法*に違反するという国際社会の批判の声は大きくなった。欧米も国際法の遵守を求めている。11月，国連安保理で戦闘休止を求める決議が可決(米英ロは棄権)されたが，イスラエルは反発。先行き不透明な事態が続いている(2023年11月末現在)。

これも考えよう
- ハマスはなぜイスラエルを攻撃したのか？
- イスラエルの反撃は自衛権の行使といえるか？
- 日本が果たすべき役割は何か？

ハマスとは？　イスラム教スンニ派のイスラーム原理主義組織。住民への福祉を行う一方，武力によるイスラエル打倒と，パレスチナにおけるイスラーム国家樹立をめざす。2007年以降，ガザ地区を実効支配。

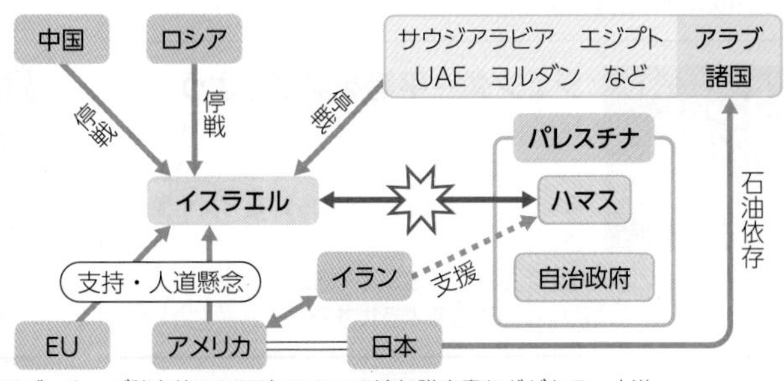

＊戦争当事者の行為を規制する様々な条約や慣習法の総称。1949年のジュネーブ諸条約や1977年の2つの追加議定書などがある。人道を基本原則とし，民間人や病院・文化施設，民家などを攻撃対象とすることを禁じ，武力行使は軍事力破壊のためのみに限定している。

SDGsから未来を考えよう

©UN Photo/Cia Pak

⬆SDGsが採択された日，国連本部はSDGsマークで彩(いろど)られた。

Q SDGsって何？

Sustainable Development Goals

持続可能な　開 発

- 2015年に国連で採択された，**持続可能な世界のために2030年までに達成すべき17個の目標**。その下に169個の小目標がある。
- **持続可能な世界とは，未来に続く世界のこと。**今の世の中は環境破壊や紛争，貧困，差別など多くの危機に直面しており，このままでは地球がダメになってしまう，という危機感からSDGsが作られた。

SDGs －17のゴールと現状・目標－

貧困をなくそう

1日2.15ドル未満で生活する人は世界で約7.2億人。先進国でも，その国の水準と比較して著(いちじる)しく貧しい状態にある「相対的貧困」の人がいる。

➔ ● 世界中で極度の貧困をなくす。
● 貧困層も含むすべての人の平等な権利を確保。

飢餓をゼロに

栄養不良でお腹を空(す)かせている人は世界で約8.2億人。一方，食べ過ぎによる肥満の大人が世界に約6.7億人も。食品廃棄も問題に。

➔ ● 弱い立場の人にも栄養のある食料を確保。
● 干ばつや洪水に負けない農業をつくる。

すべての人に健康と福祉を

5歳の誕生日前に命を落とす子どもは年600万人以上。先進国でも不健康な生活やストレスなど生活習慣による病気が問題。

➔ ● 妊産婦や子どもの死亡率を減らす。
● 質が高く安価な保健サービス・医療の提供。

質の高い教育をみんなに

小学校に通えない子どもは，世界で約5700万人。15～24歳の若者のうち，約6.2億人が基本的な計算・読み書きができない。

➔ ● 誰もが，無償の初等・中等教育，手ごろな価格の高等教育などを受けられるように。

ジェンダー平等を実現しよう

18歳未満で結婚した女性・女児は，世界で約7.5億人。妻の就労を夫が合法的に禁止できる国も。日本は特に政治分野で男女格差が大きい。

➔ ● 女性・女児に対するあらゆる差別の撤廃。
● 女性が意思決定に参加できるようにする。

安全な水とトイレを世界中に

世界で3～4人に1人が安全な水を飲めず，3人に1人は衛生的なトイレを使えない。気候変動により水不足の影響を受ける人が増加するといわれる。

➔ ● すべての人に安全な水を確保する。
● 誰もが下水・衛生施設を利用できるように。

エネルギーをみんなにそしてクリーンに

電気のない生活をしている人は世界に約10億人。世界の再生可能エネルギーによる発電は約26％。

➔ ● 誰もがいつでもエネルギーを使えるように。
● 再生可能エネルギーの割合を大幅に拡大する。

働きがいも 経済成長も

児童労働に従事する子どもは世界で約1.5億人。労働者の約60％が非正規雇用で，日本でも多い。日本は過労死・過労自殺も問題。

➔ ● 強制労働や児童労働をなくす。
● すべての労働者に適切な労働環境を確保する。

産業と技術革新の基盤をつくろう

インターネットにアクセスできない人は世界で40億人以上。インフラの未整備によって，アフリカなどでは企業の生産性が40％も落ちている。

➔ ● 開発途上国でもインターネットを普及させる。
● 持続可能な産業を創出する。

人や国の不平等をなくそう

2020～21年で，世界上位1％の富裕(ふゆう)層が得た資産は，残り99％が得た資産の約2倍。先進国内でも，経済格差が問題に。

➔ ● 低所得の人の所得の伸びを国内平均以上に。
● 税制や社会保障によって平等を達成する。

Q 今までの国際協力とどう違うの？
A 人権尊重─「誰一人取り残さない」

これまでは…
先進国から発展途上国への貧困対策 → 一定の成果あり！

課題
・支援から取り残される地域
・先進国でも貧困に陥る人も

SDGs は…
- 一人ひとりの人権を重視。「誰一人取り残さない」
- すべての国が行動し，全員が参加する。
- 経済・環境・社会の3分野すべてに取り組む。

Q 17個すべて取り組むの？
A ゴールへの入り口が17個ある！

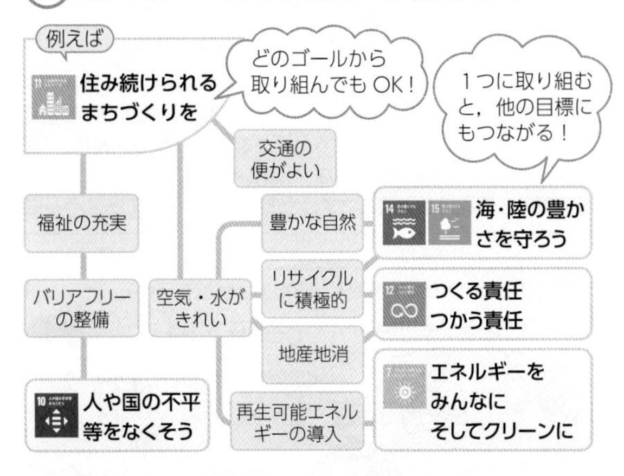

住み続けられるまちづくりを

地球の陸地面積のわずか3%の都市に，世界人口の約半数が住む。スラム(特に貧しい人が密集する地区)には約8.3億人。一方，日本では過疎の問題も。

→
- すべての人に安全・快適で，災害に強いまちに。
- 都市や都市周辺，農村との良好なつながりを支援。

つくる責任 つかう責任

大量生産・大量消費・大量廃棄の経済が気候変動や生態系の破壊，児童労働などを招いている。食品ロスや，海洋プラスチックごみの問題も深刻。

→
- 生産～廃棄の過程で健康や環境への悪影響を小さくし，持続可能な暮らしへの意識を高める。

13 気候変動に具体的な対策を

気候変動に具体的な対策を

1880～2012年にかけて地球の平均気温が0.85℃上昇。1901～2010年の間に平均海面が19cm上昇。猛暑や森林火災，豪雨などで世界中に被害が発生。

→
- 気候変動による災害への対応力・適応力の強化。
- 気候変動緩和のための教育・行動を実施。

海の豊かさを守ろう

年間約800万tのプラスチックごみが海に流出し，生物に被害を与えている。乱獲状態にある漁業資源は1974年の約10%から，2013年に約30%に。

→
- 海岸・沿岸の生態系の管理・保護を行う。
- 科学的データに基づいて漁獲量を管理する。

陸の豊かさも守ろう

1990～2015年までの25年間で，森林面積が1.29億ヘクタール減少。確認されている8300の動物種のうち，8%は絶滅，22%は絶滅危機にある。

→
- 森林の回復，砂漠化への対処を進める。
- 絶滅危惧種を保護し，生物多様性を守る。

平和と公正をすべての人に

紛争や迫害によって1分間に25人が住むところを追われている。サハラ以南アフリカでは，出生届率が46%程度。先進国でも，児童虐待などが問題化。

→
- 全世界で出生登録を行い法的な身分証明を提供。
- 国際的に法の支配を進め，公正な法・政策を実施。

17 パートナーシップで目標を達成しよう

パートナーシップで目標を達成しよう

先進国は，開発途上国からの輸入の79%に関税をかけていない(途上国に有利)。SDGsを達成するには，世界で年間5～7兆ドルの投資が必要。

→
- 後発開発途上国への投資を促す。
- 開発途上国に，環境に配慮した技術を導入する。

(国連広報センター資料など)

探究スキル｜1

主体的に考えよう！ －ルールは変えられる？－

私たちが暮らす社会には，様々なルールがある。集団の中で生活するには，一定のルールを守る必要がある。しかし，時に，「変だな」「このルールはおかしいな」と感じることはないだろうか。その疑問・違和感を見過ごさず，立ち止まって考えてみよう。このモヤモヤをつき詰め，解きほぐしていくことは，より暮らしやすい明日への第一歩になるかもしれない。そのために，見方・考え方を働かせるとはどういうことかを学び，主体的に社会に参加する意識を養おう。

あなたなら，どのように配分しますか？	理由：

① さまざまな意見にふれる

賛成

医者が感染したら，治療する人がいなくなって国民の命が危険にさらされる。

体力のないお年寄りは死亡率が高いので，死者を減らすためにはやむを得ない。

反対

だれもが感染リスクがあるのだから，優先順をつけるべきではない。

活動範囲が広い若者の方が感染リスクが高い。感染を収束させるなら，若者への接種を優先した方がよい。

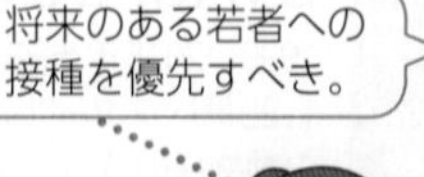

将来のある若者への接種を優先すべき。

政府の配分ルール，どう思う？

その他・どちらでもない

物流やインフラ，治安など，社会機能を保つ人たちの優先度も高めるべき。

まだ安全性や将来的な影響が分からないから，十分な安全性を立証してから配布すべき。

② 自分の考えをまとめる（思考・判断・表現）

Ⓐ 世の中の現状を知る
－政府の配分ルールの根拠は何か－

根拠 何に基づいて（どうやって）決めたか。

目的 何をめざしているか。

歴史 これまでの配分ルールはどうだったか。

国際比較 どのような配分ルールがあるか。

Ⓑ さまざまな立場・見方で考える
－政府の配分ルールは適切か－

社会の中では，他の立場の人の利益も守ることが大切。

感染率が高いなど地域の実情に合っているか。 **実質的平等**

接種を強制できるのか。 **自由**

自分が別の立場（例えば高齢者，持病がある，妊婦，人と接する仕事など）だったらどう思うか。 **公正**

人の命は平等。優先順をつけることに合理的理由はあるか。 **平等**

目的を達成するための最も効率的な方法は？ **効率**

価値観はさまざま。どれが正しいかは決められない。

●行為の正しさを判断する基準
－希少資源を分配するときの考え方－

平等主義…誰でも平等に扱う
例 くじ引き　　先着順

優先主義…最も不遇な人を優先する
例 重症者を優先する　　若者を優先する

功利主義…全体の利益を最大化する
例 最も多くの命を救う　　治療後の生存年最大化

社会への貢献度を考慮
例 薬の開発者や医師など社会の利益を増やす（増やした）人の貢献に報いる

●トゥールミンモデルを使おう

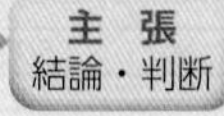

根拠 証拠・データ	→	主張 結論・判断
	論拠（理由付け）	

何かを伝える時は，主張だけでなく，なぜそう考えるのか，客観的なデータ・理由とともに論理的にまとめると説得力が増す。上の図の論法を，トゥールミンモデルという（➡p.352）。

功利主義
社会全体の幸福の最大化をめざす
»より多くの人を救う配分方法は？

最大多数の最大幸福

ベンサム（➡p.40）

公正としての正義
公平なルールの決め方を考える
»どんな立場の人も納得できる配分方法は？

無知のヴェール

ロールズ（➡p.47）

③ 合意を形成する

対立を合意に導く　私たちが暮らす社会は，さまざまな考えをもつ人で構成されている。それゆえに，対立が生じることもある。このとき，一部の人に都合の良いようにものごとを解決しようとしたり，大多数の人の利益のために，少数の人の利益を無視したりすることがあってはならない。民主主義は，一人ひとりが人として尊厳をもち，また，違いを認め尊重し合うことによって成り立つ。合意形成をはかるときは，この原則に基づき，議論を尽くすことが必要である。

●合意形成の過程の適正さをはかる基準

手続きの公正	・関係する全員が参加して決めているか。 ・決定プロセスや方針，その根拠が公開されているか。
機会・結果の公正	・誰(だれ)にでもチャンスが与えられているか。 ・方針・結果が妥当で，誰にとっても分かりやすいか。 ・全員に一定の利益があり，どの立場の人も受け入れられるか。 ・決定に対して異議申し立てや改正の機会があるか。
効　率	・決定プロセス・結果において，お金や時間，労力，ものなどが無駄になっていないか。

新配分ルールを検証!

- □ 現状をより良く変えるルールになっているか。
- □ 関係する人すべてが議論に参加できたか。
- □ どの立場の人も受け入れられるものになっているか。
- □ 誰にとっても分かりやすいものになっているか。
- □ 無駄はないか。

EYE ルール見直し，高校生もできる!

男女別の制服を見直してほしい　2020年，東京都江戸川区の高校生が，制服の選択制導入を求める署名を集め，区に提出した。

高校生は，女性の体で生まれたが，男性を自認するトランスジェンダー。中学生のときに，決められたスカートの制服を着なければならず，つらい思いをしたという。男女別の制服を強制されることは，不登校になったり，人によっては死のうとまで思ったりするほどの重大な問題であり，自分と同じような思いで苦しむ人を減らしたい，と考え活動を開始。要望に対し，江戸川区も検討すると回答した。近年，性的マイノリティへの配慮のほか，防寒対策や自転車通学時の機能性を考え，制服選択制を導入する学校が増えている。

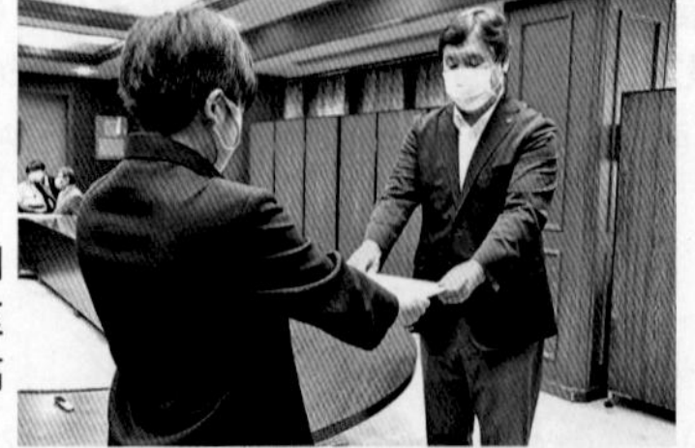

▶制服の選択制導入の要望を区長に提出する高校生(江戸川区)

日本の若者は社会参加意識が低い?

(日本財団資料)(2022年)
注:各国17～19歳の男女1000名

	自分は責任がある社会の一員だと思う	自分の行動で国や社会を変えられると思う
日　本	48.4%	26.9%
アメリカ	77.1	58.5
イギリス	79.9	50.6
中　国	77.1	70.9
インド	82.8	78.9

グラフを見ると，日本の若者は諸外国の若者に比べ，世の中をより良く変えていこうとする意識が低い。しかし，社会のしくみやルールは，私たちが幸せに暮らすためのものである。不十分な部分があれば，その時代を生きる人たちが解決方法を考え，変えていくことができる。「ルールだから仕方がない」ではなく，様々な視点で検証し，考え，社会に生かす力を養おう。

探究スキル｜2

先哲に聞け！ お悩み相談室 －見方・考え方を学ぼう－

高校生活には，勉強・部活・友人関係・恋愛などに関して，様々な悩みがあるだろう。そんな悩みを，先哲に聞いてみてはいかがだろうか。また，先哲の見方・考え方の多くは，社会の課題の解決のために考え出されたものなので，高校の公民科で行う探究活動にも役立つ。ここでは，高校生の身近な悩みを通して，先哲の見方・考え方を学ぼう。

❶ 結果と動機，どちらを重視する？

新学期になり，友達に好かれたいので，ノートをコピーさせてあげたり，ティッシュを貸してあげたり，とにかく親切にしていますが…偽善みたいな気もして。これっていいんですかね？

Ⓐ 幸福が増えることが「善い」

結果を重視する立場(功利主義)　ベンサム(➡p.40)を代表とする**功利主義**は，**より多くの人の幸福が達成される結果をもたらす**行為や政策が正しいと主張する立場。

なお，功利主義が重視するのは社会全体の幸福であり，自分や特定の人を優先することは認められない。

注意点　「自分だけ」の幸福をめざす，**利己主義**につながらないようにすること，**少数の不利益を無視することの正当化**につながらないようにすることなどに配慮する必要がある。

Ⓑ 道徳法則に基づいた行為が「善い」

動機を重視する立場(義務論)　義務論は，人間には従うべき**道徳法則**(道徳的な義務)があり，それに合致する行為が正しく，反する行為は道徳的に不正であると考える。これは**カント**(➡p.38)の思想をモデルとしており，**動機**を重視する立場といえる。

注意点　道徳法則は，何らかの目的の手段としてではなく(例：友人に好かれたいなら，親切にせよ)，**いつでも誰にでも例外なく当てはまる**ものでなければならない。(例：他人に親切にすべきである)

❷ 自由って何？

将来のために，勉強しなきゃいけないことはわかっているんですが，やらなくても誰にも迷惑かけていませんよね？誰にも迷惑かけないなら，勉強する・しないはぼくの自由ですよね？

Ⓐ 他人に迷惑をかけなければ自由

他者危害原理　J.S.ミル(➡p.40)によると，①判断能力のある大人なら，②自分の生命，身体，財産(所有するもの)に関して，**③他人に危害を及ぼさない限り**，④たとえその決定が当人にとって不利益なことでも，⑤自己決定の権限をもつ，という。

特に③は**他者危害原理(危害原理)**と呼ばれ，現代でも自由を考える際に参照される。ただし，ミルは「判断能力のある大人」をこの原理の対象としている。

Ⓑ 道徳法則に従うことが自由

「自律」としての自由　カント(➡p.38)によれば，真の自由とは，自律的自由である。

自律とは，**自らの立てた道徳法則に，自らを従わせること**。道徳法則を自覚し，それに従って行為することは，意志が現実の条件から自由であるからこそ可能なのだと考える。逆に，現実の条件に支配されている状態は，不自由なのである。彼によると，「自由な意志と，道徳法則のもとにある意志とは同じ」だという。

③ 正義にかなう社会とは？

バスケ部です。新しく卓球室ができて，卓球部が使用していた体育館使用枠（週２回）が空いたので，どう分配するかで，他の部活ともめています。どうしたらよいでしょうか？

●現状の体育館使用分配表

	前半	後半
月	バレー	バドミントン
火	バスケ	空き
水	バドミントン	バレー
木	バスケ	バドミントン
金	空き	バスケ

●各部の人数・実績・枠を増やしたい理由

	人数	実　績	枠を増やしたい理由
バスケ部	30人	全国ベスト８	皆が期待する，学校で一番強い部活だから。
バドミントン部	50人	県大会出場	人数が最も多く，現状の枠では不十分だから。
バレー部	10人	地区大会出場	現状，最も使用回数が少なく，十分に練習できていないから。

Ⓐ どうすれば幸福が増えるか

功利主義（➡p.13❶Ⓐ）　**ベンサム**を代表とする功利主義は，より多くの人の幸福が達成される結果をもたらす行為や政策が正しいと考える（**最大多数の最大幸福**）。

Ⓑ 労働を加えることで所有する

所有権の重視　対象物に自らの労働を加えることで，**所有権**が生じるという考え方がある。これは，**ロック**（➡p.57）が論じ，**ノージック**（➡p.223）ら**リバタリアニズム（自由至上主義）**が受け継いでいる。

Ⓒ 最も恵まれない人のことを考える

公正としての正義　**ロールズ**（➡p.47）は，基本的な自由が平等に保障されたうえで，社会的・経済的な不平等は，次の２条件を満たすものでなければならないという。

①**公正な機会均等の原理**：全員に平等な機会を与え，公正に競争した結果の不平等であること

②**格差の原理**：社会で最も不遇な人々の境遇を改善するための不平等であること

Ⓓ 社会の中の複合的な平等を考える

他にどんな財が考えられるかな？

財の種類	バスケ部	バドミントン部	バレー部
体育館の使用	多い	多い	少ない
自由な時間	少ない	ふつう	多い
部費の負担	多い（遠征のため）	ふつう	多い（人数が少ないため）
⋮			

複合的平等　**コミュニタリアニズム（共同体主義）**は，共同体の中で共有されている価値や共通善（公共善），共同体への愛着などを重視する立場。

その１人である**ウォルツァー**（アメリカ，1935年～）は，社会の中である財を持っていなくても，別の財を持っているという形で成り立つ平等について論じている。異なる種類の財を比べる尺度は，共同体における価値観の共有によって成立するという。

mini相談室　理想のリーダーってどんな人？

Aくんのお悩み

部活の部長に就任したんですが，部活の統括がうまくいきません。部員からは頼りないって言われるし…

リーダーって，どうあるべきなんでしょうか？

孔子

徳治主義　リーダーは法律（ルール）や刑罰によって治めるのではなく，**自らの徳をもって人々を感化させる**ことが大切である。

マキャベリ

力と知恵　リーダーは冷酷で人々に恐れられる存在であるべき。**力と知恵**，この２つを備えたリーダーが理想的である。

韓非子

法治主義　人間は利己的なので，徳治主義ではなく，**客観的な基準を法（ルール）の形でまとめて**部活を治めるべきである。

みんなは，どんなリーダーが理想的だと思う？部長や生徒会長など身近な存在から，首長・議員・首相など政治家まで，広く考えてみよう！

4 人間の尊厳って何だろう？

先日，友達と友達の彼氏と私の3人で遊びに行ったんですが…どこへ行っても友達とその彼氏の写真を撮らされて，専属（せんぞく）カメラマンのようで…。自分で納得して遊びに行ったんですが，なんだかとてもモヤモヤしました。

「目的」として扱（あつか）うべし

人格主義（じんかくしゅぎ）　カント（⊃p.38）は，人間が理性に従い，道徳法則を自ら打ち立てて，それに対する義務と責任から自律的に行動するところに真の人間らしさ・真の自由があると考えた。

この自律的な自由の主体，神聖な道徳法則の主体としての人間を**人格**と呼ぶ。人格は常に**目的そのものとして絶対的な価値をもつ**ものであり，**単なる手段としてのみ扱ってはならない**と考える。

5 「公正さ」はどのように判断できる？

文化祭の出し物を決めるのに，もめています。多数決ではダンスになったのですが，ダンスを踊（おど）れない人や，身体が不自由な子もいます。多数決に従うならダンスなんですが…これって公正なんでしょうか？

A どうすれば幸福が増えるか

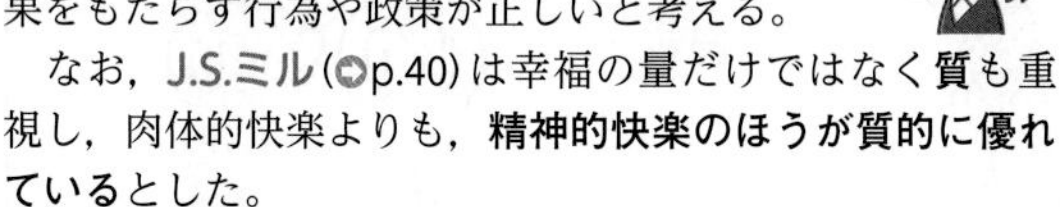

功利主義（⊃p.13❶Ⓐ）　**ベンサム**を代表とする功利主義は，より多くの人の幸福が達成される結果をもたらす行為や政策が正しいと考える。

なお，**J.S.ミル**（⊃p.40）は幸福の量だけではなく**質**も重視し，肉体的快楽よりも，**精神的快楽のほうが質的に優れている**とした。

B 自分の立場を脇に置いて…

無知のヴェール　**ロールズ**（⊃p.47）は，功利主義は社会全体の恩恵（おんけい）のために**少数者が犠牲（ぎせい）になる危険性**があることを批判し，最も恵まれない人の立場を考える。自分の能力や地位などについての情報がない状態（「**無知のヴェール**」をかけられた状態）では，特定の立場に偏（かたよ）ることなく，公正な原理が選ばれるという。

もちろん，ここにないページや，普段の生活の中でも使ってみよう！

先哲の見方・考え方を，学習に生かそう！

テーマ	こんな時に使ってみよう！	例えば，こんなページで使ってみよう！
1 結果と動機，どちらを重視する？	物事の善・悪を判断するとき	・p.10　主体的に考えよう！ルールは変えられる？ ・p.55　思考実験　4人を救うためなら，1人を犠牲にしてもよいか？
2 自由って何？	自由の範囲やあり方を検討するとき	・p.89　探究　ネット社会の表現の自由を考える
3 正義にかなう社会とは？	資源・富などの分配を考えるとき	・p.223　思考実験　格差をどうすべきか？ ・p.226　探究　今後の社会保障制度のあり方を考える ・p.346　思考実験　沈みそうな救命ボートをどうすべきか？
4 人間の尊厳って何だろう？	人間の尊厳が守られているか疑問に思うとき	・p.82　探究　多様な性のあり方を考える ・p.343　思考実験　「いのち」を操作してもよいか？
5 「公正さ」はどのように判断できる？	物事が公正になされているかを検討するとき	・p.110　探究　沖縄の米軍基地問題を考える ・p.330　探究　日本のエネルギー政策を考える

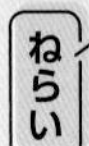

青年期と自己形成

部活動

ねらい
- 青年期に共通して感じる思いや体験について，理解しよう。
- 自分の体験をふり返りながら，青年期の発達について理解しよう。
- 人間のあり方・生き方を考えてみよう。

A 青年期とは

1 青年期（思春期）の位置づけ

Q 青年期は，どのような時期か？

マージナル・マン

子どもから大人への過渡期にあたるため，どちらにも完全に所属しきれない不安定な状態に置かれた人をいう。ドイツの心理学者**レヴィン**（1890～1947）によって特徴づけられた言葉で，**境界人**，**周辺人**と訳される。

第二の誕生（➡p.18）

人間が母親から生まれる第一の誕生に対して，自我にめざめ，自立しようとする青年期の特徴をあらわした言葉。フランスの哲学者**ルソー**（1712～78）が『**エミール**』の中で述べた。

心理的離乳（➡p.18 1）

親から精神的に独立し，自分の責任や判断で行動したいと考えること。アメリカの心理学者ホリングワース（1886～1939）が，母親から幼児が肉体的に離乳することをもとに例えた。

心理・社会的モラトリアム（➡p.17）

肉体的には十分大人であるが，研修のために社会人としての責任や義務を一時猶予される期間を指す。アメリカの精神分析学者**エリクソン**（1902～94）が，この見習い期間の心理状態を「**支払い猶予**」という経済用語から転用して使用した。

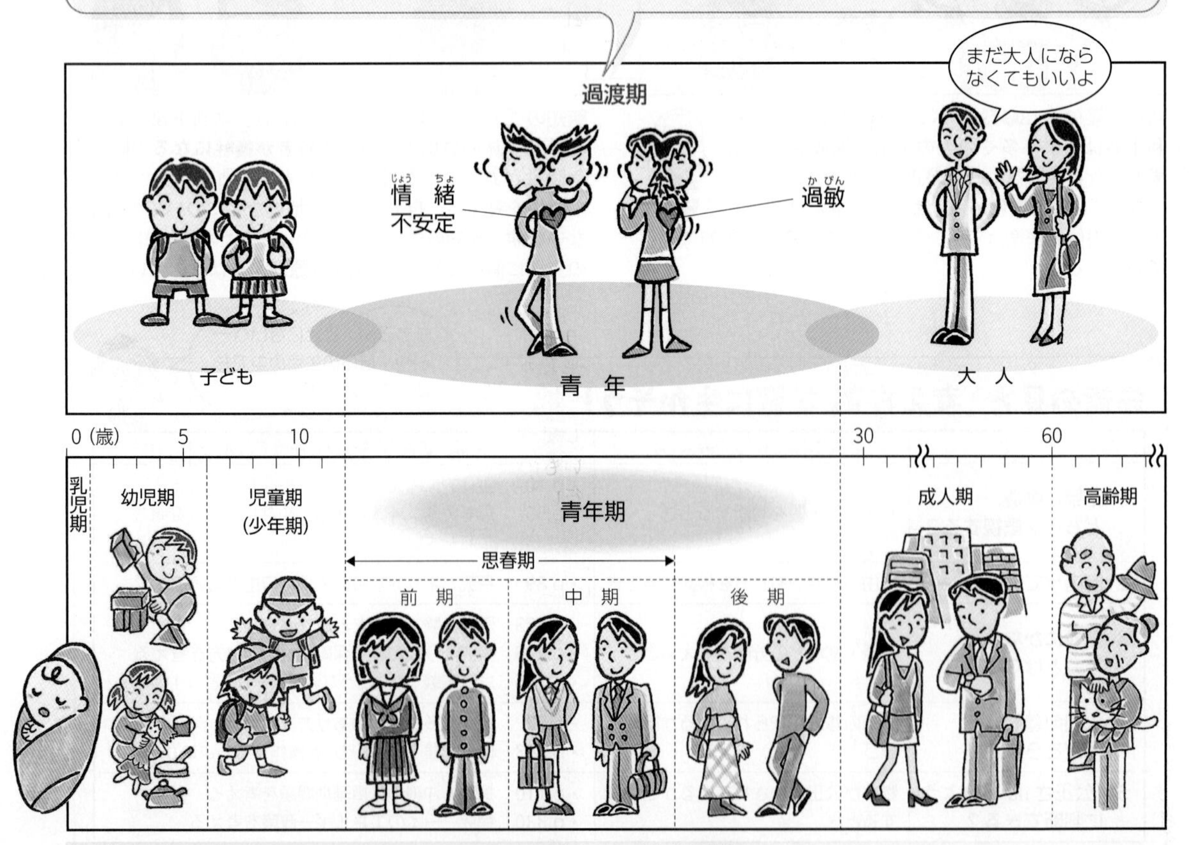

ライフサイクル（人生周期）

入試のツボ 「マージナル・マン（境界人，周辺人）」「心理・社会的モラトリアム（猶予期間）」「第二の誕生」などの青年期を特徴づける言葉の意味と，その言葉を生み出した思想家や心理学者の名前を整理しておこう。

2 青年期の出現前

Q 青年は昔からいたのだろうか？

青年期は，個の生理的な成熟によるものではなく，近代社会の到来（とうらい）とともに，子どもや若者が労働・生産から解放され，学校教育を受けるようになったことにより出現したという説がある。近代以前は，**成人儀礼**を境（さかい）に子どもから大人になるのであり，青年というものは存在しなかった。

● 様々な成人儀礼

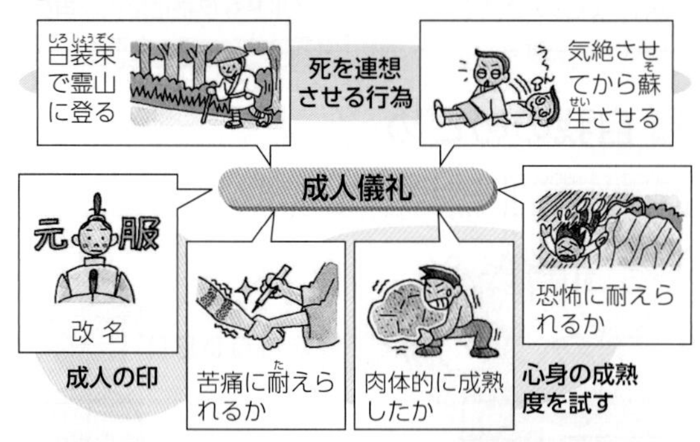

解説 **成人儀礼の意義**　成人儀礼は**通過儀礼**（◎p.28）の1つであり，一人の人間を大人として認め，子どもと区別するという意義をもつ。死を連想させる行為を伴（ともな）う成人儀礼は，再生の観念に結びついており，子どもの自分を殺して大人として生まれ変わることを象徴している。心身の成熟度を試す成人儀礼は，試練（苦痛を伴うものが多い）に合格したものを大人として扱う。

◎ニアス島（インドネシア）の成人儀礼
2m以上の石の跳び箱を飛び越える。現在は観光用として行われている。

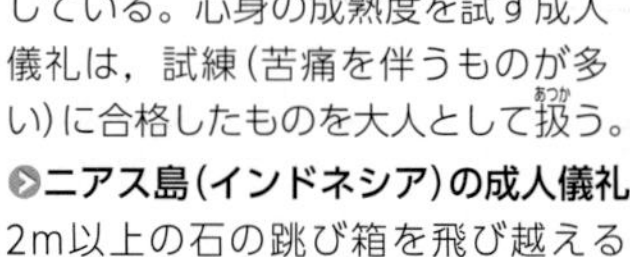

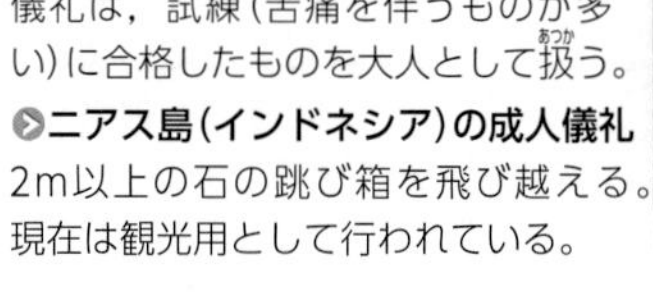

3 青年期の延長

Q 青年期が延長しているのはなぜだろうか？

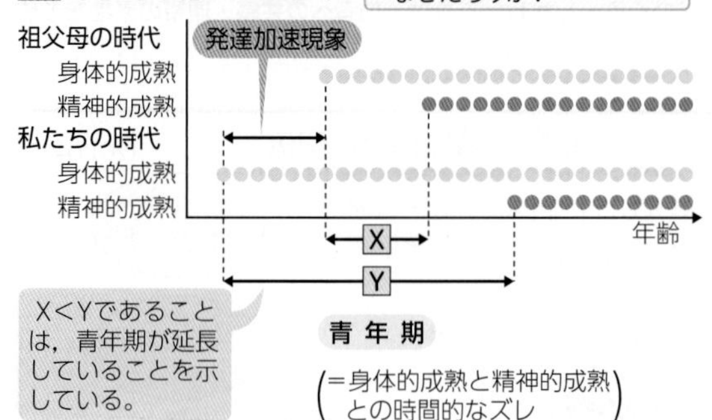

解説 **身体的成熟の低年齢化**　身体的（性的）に成熟する時期は，世代が進むにつれて早まっていると言われる。これを発達加速現象という。この時期は，心の成長よりも身体の成長が先行するため，心身のアンバランスが生じる危険性がある。また，青年期の開始が早くなる一方で，教育期間の延長などにより青年期の終了は遅くなっているため，青年期は長くなる傾向にある。

4 第二次性徴

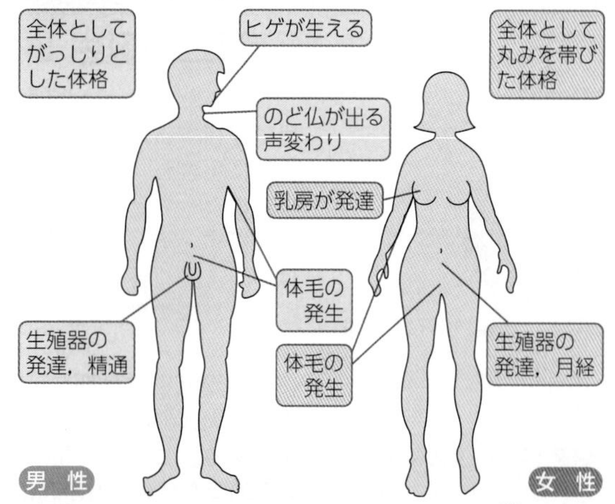

解説 **性的特徴の発現**　男女の生殖器の形態上の違（ちが）いを第一次性徴という。これに対し，思春期に現れる身体的な性的特徴を**第二次性徴**と呼ぶ。性意識のめざめは，新たな自己の発見を促（うなが）すと同時に，不安や緊張（きんちょう）を生じさせる原因にもなる。

5 心理・社会的モラトリアム（猶予（ゆうよ）期間）

社会が認める準備期間　この年代*の青年に社会は，肉体的性的には一人前であっても，研修や教養を身につけるために，社会が認める準備期間，つまりモラトリアムの期間を提供しています。これを**心理社会的モラトリアム**とエリクソンはよんだわけです。
何にでもなれる青年期　人間にはいろいろな可能性があります。また，いろいろなものになってみたいという願望があります。たとえば，俳優（はいゆう）になりたくて，学生時代に演劇部に入る人もいるし，学問がやりたくて研究室に出入りする人もいるでしょう。学生時代つまりモラトリアムの期間中は，俳優のようになることも，学者のようになることもできます。
自分の適性（てきせい）を探す　そうしたいろいろな役割に同一化してみて，そのなかのどれがいちばん自分にふさわしいものかという自分の適性との照合をさまざまな形で行います。……そうした機会を利用して若者は，いろいろな自分の可能性を試すことができます。このモラトリアム期間中は，**見習期間中なのだ，研修中だということで，社会に対する義務の支払いを猶予される**というのが心理社会的モラトリアムの機能です。

*青年期　（小此木啓吾『現代人の心理構造』日本放送出版協会）

解説 **大人への準備期間**　**モラトリアム**とは，本来，経済の混乱時に決済や預金の払い出しを一時的に停止する支払い猶予という意味の経済用語であったが，これを「**大人としての義務・責任の遂行（すいこう）を猶予される時期**」という意味に転用して青年期を説明したのが**エリクソン**（◎p.19）である。青年は，この期間に，様々なことにチャレンジして自分らしい生き方を選択するための準備に努め，**アイデンティティ**（◎p.19）を確立していくのである。

重要用語　❶青年期　❷マージナル・マン（境界人，周辺人）　❸心理・社会的モラトリアム（猶予期間）　❹エリクソン　❺第二次性徴　❻第二の誕生

B 自我のめざめ

現代の青年の状況と比較してみよう。

1 第二の誕生 Q 第二の誕生とは何を意味しているのだろうか？

◁ルソー（1712〜78）

わたしたちは，いわば，２回この世に生まれる。１回目は存在するために，２回目は生きるために。はじめは人間に生まれ，つぎにはⒶ男性か女性に生まれる。……自然によって定められた時期にそこ（子どもの状態）からぬけだす。そして，Ⓑこの危機の時代は，かなり短いとはいえ，長く将来に影響をおよぼす。……Ⓒ気分の変化，たびたびの興奮（こうふん），たえまない精神の動揺（どうよう）が子どもをほとんど手におえなくする。まえにはⒹ素直に従っていた人の声も子どもには聞こえなくなる。……かれは，Ⓔ子どもでも大人でもなく……。これがわたしのいう第二の誕生である。ここで人間はほんとうに人生に生まれてきて，人間的ななにものもかれにとって無縁なものではなくなる。

（今野一雄訳，ルソー『エミール』岩波文庫）

Ⓐ第二次性徴（➡p.17）
身体的（性的）成熟は，昔に比べて早まってきている（発達加速現象，➡p.17 3）

Ⓑアイデンティティの危機
青年期の延長，危機は長引く

Ⓒ疾風怒濤（しっぷうどとう）の時代
一方で，「疲れた」「だるい」という声も

Ⓓ第二反抗期（➡2）
マイルドな反抗に変化。自分で気づかないこともある

Ⓔマージナル・マン（➡p.16 1）
どちらかといえば子どもという人が多い

解説 **青年心理を描（えが）いた古典**　ルソー（➡p.57）は，著書『エミール』の中で，自我にめざめ，精神的に自立していこうとする青年期を**第二の誕生**ととらえ，**心理的離乳（りにゅう）**のさまを描いている。しかし，現代の青年とは食い違（ちが）う面もみられる。

2 第二反抗期 Q なぜ反抗したくなるのだろうか？

行動範囲の拡大　無自覚的

心理的離乳　自覚的

解説 **自立に伴（ともな）う反抗**　青年は，精神的な自立に伴う自己主張の現れとして，反抗的・否定的な態度をとる。親の引力圏（けん）から自立するための反発とも考えられる。この反抗を２〜４歳頃（ころ）にみられる**第一反抗期**と区別して，**第二反抗期**と呼ぶ。**アドラー**（1870〜1937）によると，あまりに激しく不自然な反抗の場合は，ライフスタイルの確立に何らかの問題があるという。

3 自我のめざめ

◁サルトル（1905〜80）フランスの実存主義哲学者（➡p.43）

●「まなざし」論
人は，自分が他者にまなざされること，他者が自分をまなざすことによって，自分と同様に存在する他者を意識するようになるのだよ！そして，気恥（は）ずかしい気持ちも他者のまなざしから生まれる。

解説 **自我意識の形成**　青年期における自我のめざめは，「見る私」と「見られる私」の分化を強烈（きょうれつ）に意識し，明確な自覚を伴（ともな）っている。この過剰（かじょう）な自意識は**孤独**や**劣等感（れっとうかん）**を生み，**悩み**の原因をつくる。しかし，これは，**他者への共感・連帯**の素地（そじ）を形成する。

EYE 友達って何だろう？

親の保護から離れ，自立していこうとする青年期において，悩（なや）みを打ち明け合ったり，喜びを共有する友達の存在は大きな役割を果たす。右のグラフから，友達と一緒にいる時は楽しいと答える青年は多いが，時には友達とのやりとりで傷つくこともあるだろう。あなたにとって，友達とはどのような存在だろうか。

●ヤマアラシのジレンマ（哲学者ショーペンハウアーの寓話（ぐうわ））
冬の朝，２匹のヤマアラシが体を寄せ合って暖まろうとしていた。しかし，近づきすぎたため，お互（たが）いの針で相手を傷つけてしまった。２匹は離れたが，今度は寒くてたまらない。ヤマアラシは近づいたり，離れたりを繰（く）り返しているうちに，お互いを傷つけずに暖め合える最適な距離を見つけたのである。
友達との関係もこの話と似ているのではないだろうか。

●友達との関係（2017年）

友達と一緒にいる時は楽しい

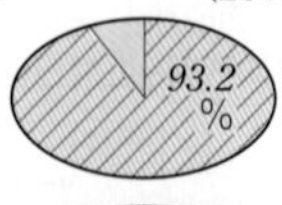

友達が私をどう思っているか気になる

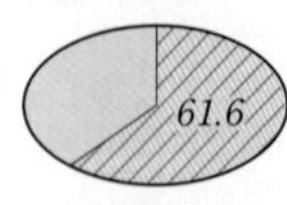

友達に合わせていないと心配になる

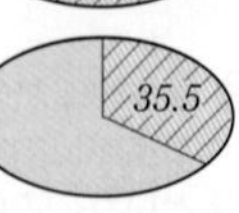

注：高校生を対象。友達に関する項目のみ抜粋。
（国立青少年教育振興機構「高校生の心と体の健康に関する意識調査」）

入試クイズ　アイデンティティ拡散とは，期待される様々な役割を果たし，多様な側面をもつ自己について肯定感をもつことである。〇？×？（➡C 4）　答：×

C 青年期の課題

1 ハヴィガーストによる青年期の発達課題

青年期における同輩グループ

①同年齢の男女との洗練された新しい交際を学ぶこと
②男性として，また女性としての社会的役割を学ぶこと

独立性の発達

③自分の身体の構造を理解し，身体を有効に使うこと
④両親や他の大人から情緒的に独立すること
⑤経済的な独立について自信をもつこと
⑥職業を選択し準備すること
⑦結婚と家庭生活の準備をすること
⑧市民として必要な知識と態度を発達させること

人生観の発達

⑨社会的に責任のある行動を求め，そしてそれを成し遂げること
⑩行動の指針としての価値や倫理の体系を学ぶこと

（依田新・大西誠一郎ほか『青年期の発達的意義』金子書房より）

解説 **大人になるための課題**　アメリカの教育学者**ハヴィガースト**(1900～91)は，人生の各段階に発達課題があり，課題を達成することでスムーズに次の段階へ移行できると主張し，青年期の発達課題として上の10項目をあげた。この発達課題は1930年代におけるアメリカの中流階級を念頭において設定されたものであるが，現代日本の青年にあてはまるものも多い。

2 エリクソンによる発達課題

段階	発達課題／失敗の状態	好ましい結果
乳児期	基本的信頼／不信	養育者との関係を通じ，周囲への信頼を学び，今後の人間関係の基礎を作る
幼児期	自律性／恥・疑惑	排泄など身の回りのことを自分でやり通すことから自律性を身に付ける
児童期（遊戯期）	自発性／罪悪感	周囲に対する好奇心，真似から積極性・社会的役割を身に付ける
学童期	勤勉性／劣等感	勤勉な態度によって能力を習得し，周囲の承認を得る喜び，達成感を学ぶ
青年期	**自我同一性／同一性拡散**	**自分は何者であるかを確立し，自分の生き方，価値観を形成する**
成人期	親密性／孤立	アイデンティティを確立した上での親密な関係を，友人・異性との間にきずく
壮年期	生殖性／停滞	社会の存続のため，次世代の人間を育成する必要性を認識する
老年期	自我統合観／絶望	自分の人生を受け入れ，肯定し，円熟した人格を達成する

解説 **達成すべき課題**　アメリカの精神分析学者**エリクソン**(1902～94)は，**人生を8つの発達段階をもつライフサイクル（人生周期）に分けた**。そして，各段階において達成すべき発達課題と，それに相反する否定的側面との間に生じる危機を克服する必要があるとした。エリクソンは，**自我同一性（アイデンティティ**➡3）の確立を青年期の発達課題としている。

3 アイデンティティ

Q アイデンティティとは何だろうか？

解説 **自分らしさの形成**　**アイデンティティ**(identity)とは，自分が自分である意識感覚，自分が自分であることを肯定的に受容することを指す。**エリクソン**が用いた基礎概念で，**自我同一性**と訳されている。青年は「これは自分ではない」という叫びや体験を通じて，自分らしい自分を自覚的に形成していく。

4 アイデンティティの危機

●こんな気持ち，感じませんか？

- 周囲の影響を受けやすい，流されやすい。
- 葛藤，不安，迷いがある。
- 何かと行き詰まってしまう。
- 自分がよくわからなくなった。
- 将来が不透明である。進路が気がかりである。

↓

アイデンティティ拡散（アイデンティティの危機）かも！

様々な悩みを経験して…

●アイデンティティ拡散の特徴の例

- 自分を見失い，自分が何をしたいのか，わからなくなる。

- 反社会的・非社会的で，一般に好ましくない人をモデルに選んで同一化する。

- 将来に対する希望をもてず，意欲を失う。

アイデンティティの確立

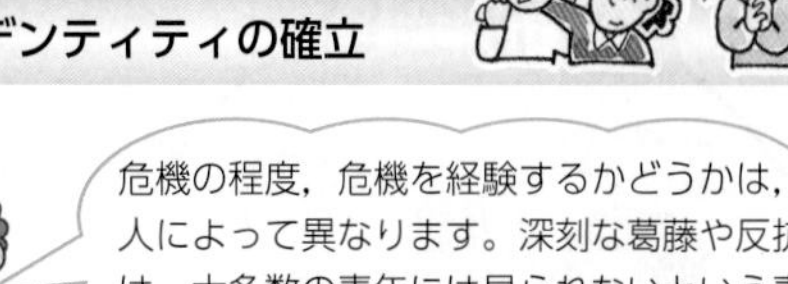

危機の程度，危機を経験するかどうかは，人によって異なります。深刻な葛藤や反抗は，大多数の青年には見られないという青年期平穏説を主張する人もいます。

周りの人が考える「あなた」と，自分が考える「あなた」は，同じだと思う？

視点 同じだと思うことと，同じではないと思うことを洗い出してみよう。また，その理由も考えてみよう。

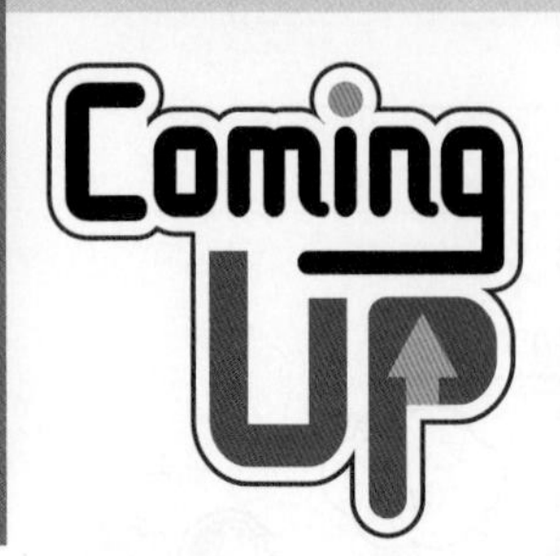

恋愛について

ねらい 子どもから大人になる過程において，多くの人が恋愛を経験するだろう。恋愛のあり方は人によって様々であるが，その本質は互いに異なる存在が，何かしらの合一をめざすものといえる。恋愛はどのようにはじまり，育っていくのだろうか。

●初めて恋をした時…

あなたはもう他のことは考えられなくなり，もう一度，彼(彼女)に会いたいと思う。このような場合，相手に夢中になっているので難しいのだが，次のことを自問自答してみよう。

「私は，恋に恋しているのではないか？」

青年は，愛したり愛されたりすることをひそかに願っている年齢にあるので，いつか恋人のできる日を待ち望んでいるのは当然のことである。「恋に恋する」とは，一言でいえば「自分も恋をしたい」というひそかな熱望である。恋に恋をしすぎると，相手が生理的に嫌いでない限り，採点を甘くしてしまう危険がある。

「私は，嫉妬と恋愛を混同していないか？」

例えば，AさんはBさんに好意をもっていた。ある日，別の人がBさんと仲良く歩いているのを見てしまう。Aさんは苦しい嫉妬をおぼえて，ますますBさんに夢中になっていくという場合である。

●デートするならお化け屋敷?!

ドキドキするのは，「好き」だから？　カナダの心理学者ダットンらによる実験によると，怖いつり橋を渡っている男性たちは，実験者の女性に恋愛感情をもちやすくなったという。これは，つり橋への恐怖によって生じたドキドキ(心拍数の上昇)を，「相手の魅力による感情」と勘違いしたことが原因と考えられている。この現象は，**「つり橋効果」**として知られている。

心拍数の上がるデート　相手に恋愛感情をもってもらいたいならば，心拍数の上がりそうなデート――例えば，お化け屋敷，ホラー映画，一緒にスポーツをする，といったものを選ぶと良いかもしれない。ただし，もともと相手に魅力を感じていない場合は，つり橋効果が生じないことも実験で分かっている。

●彼氏・彼女とどこで出会った？

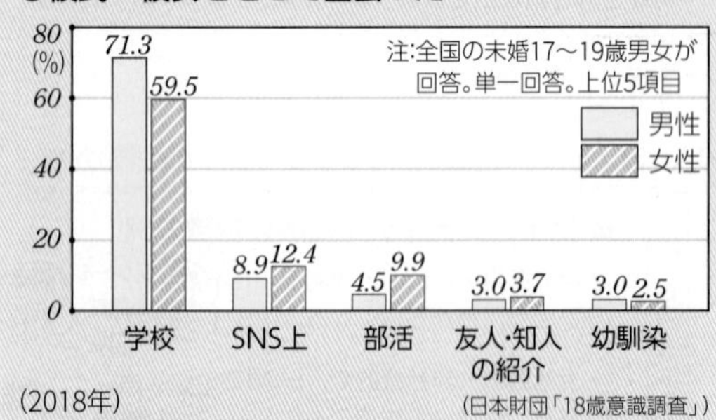

(2018年)　(日本財団「18歳意識調査」)

解説 変わる出会い　近年，SNS(ソーシャルネットワーキングサービス)を通じて交際相手と出会うケースが増えてきている。手軽に趣味の合う相手と出会える一方，事件などに巻き込まれる中高生が増えており，利用には注意が必要である。

A 出会い

恋の興奮剤　PEA
恋の化学物質　PEA
フェロモン
恋の化学物質

初恋とは恋に恋すること

B 求愛

恋は人を陶酔させる

●恋人がほしいですか？

	はい	いいえ
男性	63.1%	36.9
女性	66.7	33.3

注：全国の未婚17～19歳男女が回答
(2018年)　(日本財団「18歳意識調査」)

解説 価値観の多様化　上のグラフから，「恋人がほしい」と考える人が多数派ではあるが，そうでない人も男女ともに3割以上いる。理由として，「趣味を優先したい」「一人でいるのが好き」「恋愛は面倒だと感じる」などが挙げられている。また，近年は結婚を選択的行為ととらえ，生涯結婚しないと考える若い人も増えつつある。

メモ　私たちには，ある対象に接触する回数が多いほど，好意的に感じるようになる傾向がある。これを，単純接触効果という。ただし，嫌いなものや，好ましく感じていないものについては，この効果は得られにくい。

●「婚活サービス」を通じて結婚した人の割合

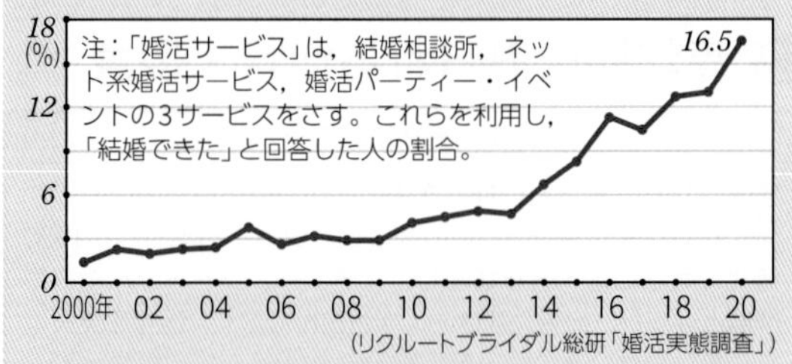

（リクルートブライダル総研「婚活実態調査」）

解説 **効率的に出会える**　近年，「婚活サービス」を通じて結婚する人が増えつつある。利用者が互いに結婚という目的を持ち，条件を意識しながら出会うことができるため，効率的な手段として広まっている。また，手軽な「婚活アプリ」も人気を呼んでいる。

D 成就

C 恋愛

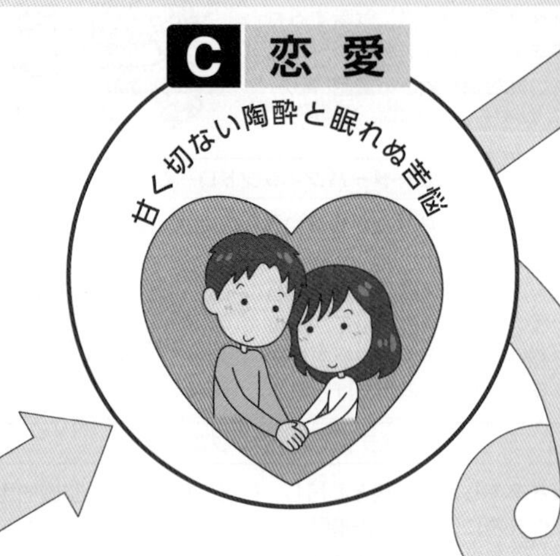

●恋と愛とは違う!?

恋愛は簡単に定義すれば二人の男女が結合しようとする欲望であり，情熱であるわけですが，この情熱は(結合)安定してしまえば色あせ，消滅せねばならぬという運命を持っているわけです。……

恋愛というものは愛というよりは愛のための準備である情熱にすぎないことです。いいかえれば，みなさんは恋愛中における相手を思慕するあの気持を決して愛と思ってはならぬのです。恋愛中における烈しい胸のときめき，苦しさ，悩ましさは愛ではなく，情熱にすぎないのです。愛とはああいう烈しい炎のようなものではない。もっと地味な，静かなものなのです。

（遠藤周作『恋愛とは何か』角川文庫）

恋 ＝ 情熱	愛 ＝ 共生
自然的な衝動的な感情	忍耐と努力で育む感情
愛の準備 ➡ 不安定	恋の完成 ➡ 安定

●あなたの恋愛は何型？

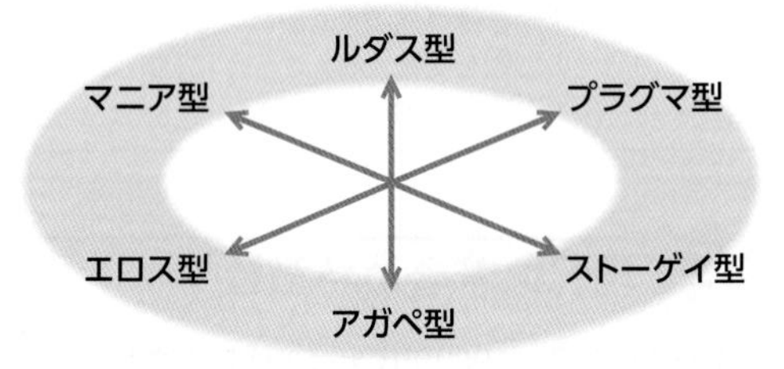

ルダス型 (遊びの愛)	恋愛を楽しむことを重視。交際相手から依存されることを嫌い，同時に複数の相手と交際できる
プラグマ型 (実利的な愛)	恋愛を出世や権力などを得る手段とみなす。相手に学歴や外見や趣味の一致などの基準を設け，慎重に選択する
ストーゲイ型 (友愛的な愛)	嫉妬したり，激情に駆られたりせず，長く続く恋愛。遠距離恋愛に耐えられる
アガペ型 (愛他的な愛)	相手の幸せだけを願う恋愛。文学作品などで描かれる
エロス型 (美への愛)	交際相手の外見の美しさに惹かれ，ロマンティックな行動をよくとる
マニア型 (狂気的な愛)	激しい感情をもつ。強迫的で，嫉妬深く，熱中し，愛されていることをくり返し確認する

解説 **恋愛の色彩理論**　上の図は，カナダの心理学者リーがまとめた恋愛の類型図である。色を環状に並べた色相環になぞらえ，色彩理論と呼ばれる。求める恋愛類型が対角線上にある恋人たちは，互いを理解できないため，関係が長続きしないという。

●失恋の乗り越え方──成長の糧に

多くの精神医学者は，失恋などの悲しみを体験した時，**その事態から逃げずに直面することが**，人間としての成長に必要であると説いている。

悲しみ，苦しみながら，徐々に喪失の事実を受け入れてゆく心の過程は，「**喪の仕事(モーニングワーク)**」と呼ばれ，次のような段階を踏む。

①相手を失った事実をいったん受け止める
②失ったことにより起こる悲しみ・苦しみの感情を受け入れられるようになる
③相手を失った生活の中で，新しい希望を抱くようになる

E 破局

このような「喪の仕事」を十分に行っておけば，新たな人に恋をした時も，愛することができる喜びや，愛する人と一緒にいられる喜びをより強く感じることができる。

失恋は辛く，悲しいものだが，きっとあなたを成長させる糧になるだろう。

（参考：松井豊『恋心の科学』サイエンス社）

D 青年の価値観と生き方

1 若者文化（ユース・カルチャー）の変遷

◎新宿駅のフォークゲリラ（1969年）　この時期，ベトナム戦争（➡p.259 5）反対を訴える若者たちにより，反戦フォークソングを歌う集会が開かれた。

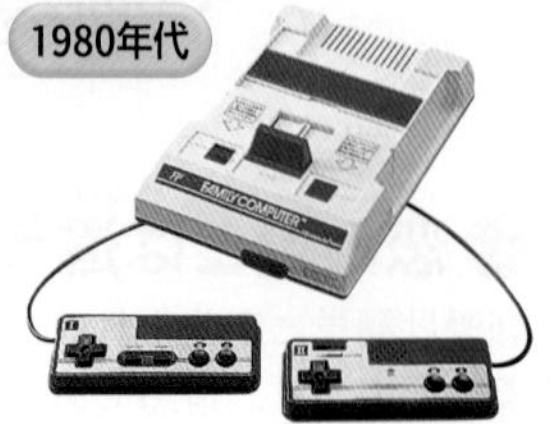

◎家庭用ゲーム機「ファミリーコンピュータ」　1983年に発売され，若者や子どもたちの間で大ヒットした。

写真提供／任天堂

◎携帯電話をかける若者　1990年代後半から携帯電話が広く普及し，通話やメールによるコミュニケーションが広まった。

◎ストリートダンスを踊る若者（2006年）

解説 **対抗文化，消費文化としての若者文化**　1960～70年代初頭の若者文化は，フォークゲリラや大学紛争のように，既存の制度に対抗する**対抗文化（カウンターカルチャー）**の特徴を強くもっていた。1970年代には，大学紛争の挫折などを受けて対抗文化の色合いが薄まる一方，ファッションや音楽などにおいて若者向けの市場が発達した。1980年代にはゲームやマンガなどの流行により消費文化色が強まる一方，中学校・高校では校内暴力が問題化した。現代の若者文化ではメールやSNS（ソーシャルネットワーキングサービス）などを通じたコミュニケーションが重視されている。また，非正規雇用やワーキングプアの増加といった労働環境の変化が，若者文化にどのような影響を与えるか，注目されている。

●ぼかし言葉の背景

「お茶とか飲みに行かない？」，「私的には，あの映画おもしろいかな，みたいな」などのぼかし言葉といわれる用法が，若い人たちの間で広がっている。

日本人は個人より集団の和を大切にしてきた。そこでは，**思ったことをはっきり言うのは無作法だという美意識**があった。若者のぼかし言葉の背景にも共通の意識が感じられるが，**傷つくことを恐れ，相手と距離をおきたい心理の表れ**とする見方もある。

2 青年期にみられる症状・現象

スチューデント・アパシー
学業に対して無気力になる学生の症状。 学業以外のクラブや趣味などには熱心であることが多いという。日本では，1960年代に大学の留年者が増加し，スチューデント・アパシーが問題となった。無気力症は，大学生だけでなく，目標を見失った高校生や社会人にもみられる。

青い鳥症候群
今の仕事は自分に合わない，能力をいかせる仕事が他にあるはずと転職を繰り返し，夢や理想ばかり追い求める青年の症状。 精神科医の清水将之が，一流大学を経て一流企業に就職するも転職を重ねる青年を分析し，幸せの青い鳥を探し続ける童話「青い鳥」になぞらえて提唱した概念。 

ピーターパン・シンドローム
精神的に大人になりたがらない青年の症状。 アメリカの心理学者ダン=カイリーが，永遠の少年ピーターパンになぞらえて提唱した概念。その特徴として，無責任，感情表現が下手，決断を先送りするといったことがあげられる。 

パラサイト・シングル
学校を卒業した後も親と同居し，住居や食事などの基礎的生活条件を親に依存する未婚者のこと。1990年代後半，社会学者の山田昌弘が用いて広まった。当初は，親と同居することで，収入が少なくてもブランド品を買ったり海外旅行に行ったりできる，裕福な未婚者像が描かれていた。しかし，その後，雇用状況の悪化の影響を受け，収入が少なく結婚できない未婚者が多数存在することも指摘されている。

EYE 現代の若者の特徴は？

若者は冷めている？　1980年代半ば以降に生まれた人たちは「ゆとり世代」「さとり世代」などと呼ばれる。物心ついたときからモノに不自由しないが不景気で，ネット社会が進行し，「ゆとり教育」を受けてきたため，欲がなく，過度な期待や夢をもたず，むだな衝突を避け，現実的で将来を「悟った」ような冷めた考え方をすることが特徴とされる。

つながりが欲しい　ネガティブなイメージの一方で，仲間との共有，一体感など「つながり」を大切にするという特徴もある。自分だけでなく誰かと一緒にハッピーになるような，イベントやサプライズを楽しむ。無理のない範囲でつくし，つくされる関係に価値を見出す若者は「つくし世代」と呼ばれることもある。

◎メモ　1990年代後半から2000年代に生まれた世代は，Z世代と呼ばれることがある。生まれた時からインターネット環境がある「デジタルネイティブ」であり，モノより体験を重視したり，個性や多様性を尊重したりするところに特徴がある。

E 欲求と適応

1 マズローの欲求階層説

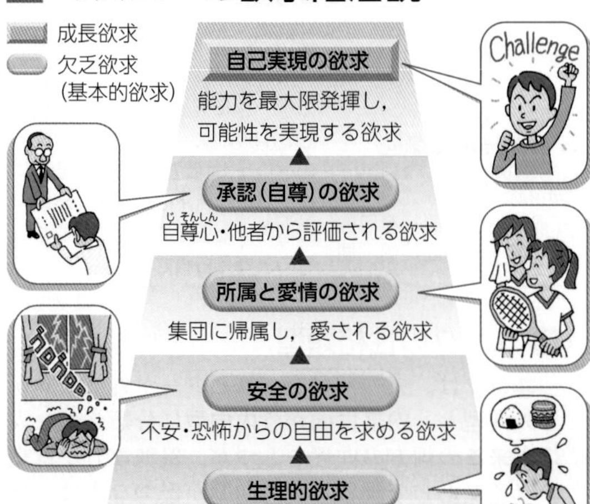

解説 **5つの欲求階層** 心理学者**マズロー**（1908～70）によると，**欲求**は５つの欲求階層の下から順に満たされていく。そして，承認(自尊)の欲求が満たされたとき，自分自身を成長させ，豊かにしていく**自己実現**の欲求が現れる。この欲求によって行動することが，最も人間らしい生き方になるという。

2 葛藤（コンフリクト）の3パターン

図式	(＋)←●→(＋)	(−)→●←(−) ↓逃避	(＋)(−)⇔●
説明	**①接近－接近型** 接近したいプラスの欲求が２つ以上対立しているケース	**②回避－回避型** 回避したいマイナスの欲求が２つ以上迫ってくるケース	**③接近－回避型** プラスとマイナスの両面を合わせもつケース
例	通帳 旅行にも行きたいし，車も買いたい	勉強はしたくないが，浪人したくない	留学してみたいが,知り合いがいないのは不安だ

解説 **欲求どうしの対立** **葛藤（コンフリクト）**とは，２つ以上の欲求が，等しく対立したときに生じる緊張状態で，選択に苦しみ，身動きできない状況をいう。これが長期間続いたり，頻発したりすると，心の均衡が破られ，不適応症状が現れることがある。

3 防衛機制

Q 欲求が満たされない時，どのような行動をとるのだろうか？

合理的解決
理性によって，現実的に考える

抑圧
欲求不満の原因を無意識の底に沈めて忘れること

投射
自分の弱みや欠点を相手に転嫁すること

同一視
自分よりも優れているものと自分とを重ね合わせて満足すること

合理化
もっともらしい理屈をつけて，自分を正当化すること

近道反応
欲求不満を衝動的に取り除こうとすること

失敗反応 適応に失敗した状態

代償
満たされない欲求を別の対象に移して満たそうとすること

昇華
性的エネルギー（リビドー）が，社会的に価値のあるものに置き換えられること

（代償・昇華：置き換え）

逃避
苦しい事態から回避すること。その場からの逃避，空想への逃避，病気への逃避がある

反動形成
抑圧された欲求とは反対の行動をとること

退行
発達の前の段階に戻り，低次元の欲求で満足すること

解説 **適応と防衛機制** 失恋のように欲求が満たされない状態を，**欲求不満（フラストレーション）**という。葛藤や欲求不満によって不適応感（環境に順応できていないという感覚）をもった場合，これを解消するために再適応がなされる。再適応には，①合理的解決，②近道反応や攻撃行動，③**防衛機制**，の３つがある。

防衛機制とは，不快な状況や欲求不満の状態に陥った時，自我を守ろうとしてはたらく無意識のメカニズムのことであり，フロイト(➡p.24 1❶)が発見し，娘のアンナが後に体系化した。

欲求不満がたまっても，近道反応，攻撃行動などの行動をとらず，耐える力のことを**欲求不満耐性（フラストレーション・トレランス）**という。適応行動をとるために，欲求不満耐性を高めることも必要である。

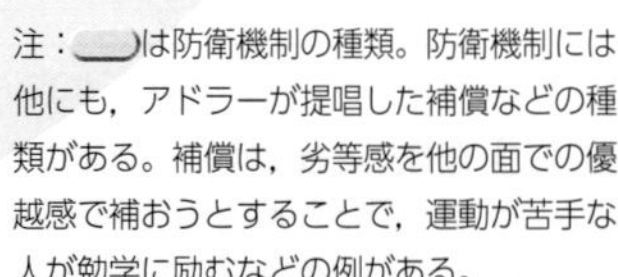
注：（　）は防衛機制の種類。防衛機制には他にも，アドラーが提唱した補償などの種類がある。補償は，劣等感を他の面での優越感で補おうとすることで，運動が苦手な人が勉学に励むなどの例がある。

重要用語 ⑩欲求階層説 ⑪自己実現 ⑫葛藤（コンフリクト） ⑬防衛機制 ⑭欲求不満（フラストレーション）

F 自己形成の課題

1 パーソナリティ(個性, 人格)の形成

青年期を迎え(むか)ると，自我に目覚め，他人と自分との相違を著(いちじる)しく意識するようになるとともに，自己の内面に目を向けるようになる。これまで大人から与(あた)えられていた価値観から脱して，「自分はどのような人間なのか」を考え，自分の**パーソナリティ**を見つめ直そうとする。これは，自発的な自立志向として，自己を個性的に確立しようとすることである。これを**個性化**といい，社会的な人間として自立していく過程であるともいえる。

●パーソナリティの3要素

解説 パーソナリティの形成　パーソナリティは，特に行動の統一性に見られる「その人らしさ」を示し，語源はラテン語のペルソナ(仮面)といわれる。パーソナリティは，**遺伝・環境**両者のはたらきによって形成されると考えられている。

❶ フロイトの類型

フロイトは，精神の発達に伴(ともな)って，リビドー(心的エネルギー)が身体の部分から部分へと転移すると考えた。しかし，リビドーがスムーズに移行できないと，その時期に象徴的なパーソナリティが形成されるという。

フロイト(1856～1939)　オーストリアの精神医学者。人間の行動は，無意識のはたらきに大きく影響されると説(と)いた。

●例えば3～6歳ごろ

男児の場合　母親に強い愛情を感じ，父親には憎しみを感じる(エディプス・コンプレックス)。一方で，それを知った父親が，自分を去勢(きょせい)してしまうのではないかという不安を抱(いだ)くようになる。この時期に不安が強いと，「気が小さい」「臆病(おくびょう)」などの特徴があらわれる。

女児の場合　自分を去勢された不完全なものと思い，劣等(れっとう)感を覚える。そして，そのように生んだ母親を憎み，父親に愛情を向けるようになる。この時期に劣等感が強いと，それを解消するために「攻撃的」「負けず嫌い」などの特徴があらわれる。

気が小さい　臆病 ← 去勢されたくない　男児　女児　男になりたい → 攻撃的　負けず嫌い

身体的な性差の意識

❷ ユングの性格類型

ユングは，人の性格を，リビドーが外部に向かう**外向型**と，内部に向かう**内向型**に分類した。人は本来この両方の向性をもつが，優勢な方が意識のタイプとして現れる。外向型が優勢な人は，無意識の心理は内向型であり，内向型が優勢な人はその逆である。

ユング(1875～1961)　スイスの精神医学者・心理学者。人間の無意識には「個人的無意識」と人類全体に共通の「集合的無意識」があるとした。

外向型	意識のタイプ	内向型
・こだわりがない，陽気 ・精力的，あきやすい ・常識的，折衷(せっちゅう)的 ・交際好き，開放的	↕ 補償(ほしょう)的	・ひかえめ，気難しい ・思慮(しりょ)深い，実行力乏(とぼ)しい ・懐疑(かいぎ)的，固執(こしつ)しやすい ・つきあい下手，批判的
原始的，幼児的，利己的，自己中心的な傾向(けいこう)	無意識の心理	他者への絶対的隷属(れいぞく)と不安感，権力幻想の傾向
内向型		外向型

解説 意識と無意識の補償関係　ユングは，人の心は意識と無意識から成り，互(たが)いに補償的な関係にあり，バランスをとっているとした。無意識下にある自分の未発達な機能を鍛(きた)えることによって，よりバランスのとれた性格が形成される。

2 社会化の過程

親からの独　立	青年は，親との精神的依存関係を抜け出し，自分自身の判断と責任で行動したいという欲求をもつようになる。この過程を「心理的離乳(りにゅう)」(➡p.18 1)という
仲間からの承認(しょうにん)	親の依存から離脱した青年にとって，最高の喜びは仲間の承認であり，それによって自己の価値が確認され，自己の地位が安定することになる
権威(けんい)に対する反　抗	青年の反抗は，自我意識の増大や認識能力の発達と関(かか)わっており，社会的権威や組織・制度・習慣・伝統などに対しても行われる
仲間に対する自己主張	青年中期になると，青年は，仲間からの承認だけでなく，自分の価値の認識を仲間に求めるようになる
集団生活の意義	青年にとって，集団生活は他人との協調・社会的事態への適応など，社会的技術を学ぶことができる重要なものである

(藤野武・東正『女子学生のための青年心理学』川島書店より)

解説 個性化と社会化　青年期には，**個性化**(➡1)と**社会化**という2つの発達課題がある。社会化とは，社会の一員としての行動様式や規範(ルール)を身につけていく過程である。

EYE コミュニケーション・スキルを身につけよう

「わたしメッセージ」で伝えよう　社会とかかわっていく上で，コミュニケーション・スキルを身につけることは，大変重要である。例えば，相手に自分の気持ちを伝えたい場合，主語を「あなた」ではなく，「わたし」に変えてみると良い。

例）友人のAさんが自分の悪口を言っていたのを知り，私はショックを受けた。

あなたメッセージ	わたしメッセージ
(あなたは)私の悪口を言ったでしょ！あなたって最低！	(わたしは)悪口を言われて，とても悲しいし，傷ついたよ。

…あなたがAさんの立場なら，素直に謝(あやま)れるのはどっち？

まずは自分を知ることから　ところで，「わたし」を主語にして話すには，まず，自分自身を知る必要がある。「わたしメッセージ」は，自分を見つめ直すことによって，相手を攻撃(こうげき)しないで自己主張をするコミュニケーション・スキルの1つである。

ボラバイト＊でアイガモ農法を体験
＊ボランティアとアルバイトを合わせた言葉

職業と社会参加 2

ねらい
- 将来の職業生活について考えてみよう。
- 自分の個性を生かしながら，社会参画することの意義を考えてみよう。
- より良い社会の形成のためには，何が必要か考えてみよう。

職業の選び方については，p.208～209も見てみよう！

A 職業の意義

1 高校生が希望する職業

Q キャリアとは何だろうか？

● 将来就きたい職業を決めているか（高校生＊）

	はっきりと決めている	なんとなく決めている	考えてはいるが，まだ決めていない	考えたことがない	無回答
男子	17.4％	40.3	37.6	4.4	0.3
女子	28.9％	41.8	28.3	0.8	0.2

（2021年）＊1年生，2年生を対象。（消費者教育支援センター資料）

解説 **キャリア開発**　キャリアとは職業生活のみならず，家庭生活など生涯における様々な役割を果たし，その役割を通じて人や社会と関係を見いだすことの積み重ねである。また，自分の人生を設計する**キャリア開発**が重要とされている。

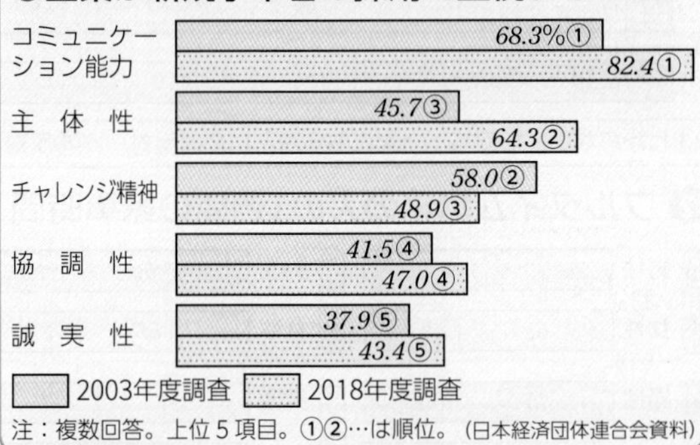

注：複数回答。上位5項目。①②…は順位。（日本経済団体連合会資料）

2 青年の雇用状況

❶ 高校・大学卒業者の就職率の推移

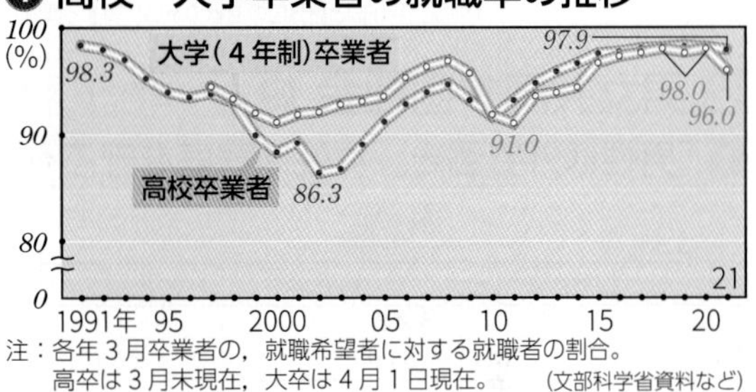

注：各年3月卒業者の，就職希望者に対する就職者の割合。
高卒は3月末現在，大卒は4月1日現在。（文部科学省資料など）

❷ 勤続期間別の離職者数の割合

（2019年）注：パートタイム労働者を除く。（「雇用動向調査」）

解説 **「学校を卒業したら就職」という構図の変容**　バブル崩壊後の1990年代，就職率は低下した。厳しい経済状況のもと就職したくても就職先がない，やりたい仕事を見つけられないなどの理由から，**フリーター**や**ニート**（➡EYE）になる青年も少なくない。また，一度就職しても，労働時間・休日・休暇などの勤労条件がよくなかった，人間関係，職業観の違いなどを理由に離職するケースもある。

EYE 立ち止まる若者たち

ニート（NEET）とは　**N**ot in **E**ducation, **E**mployment or **T**rainingの略称。進学も就職もせず，職業訓練を受けていない人をさす。なお，定職には就いていないが，アルバイトで収入を得ている人は，**フリーター**と呼ばれる。

ニートの増加の背景　求める仕事と選べる仕事が一致しないミスマッチや，企業が即戦力として求める技能の水準が若者の技能と異なることなどがあげられる。また，対人関係への苦手意識をもつ人や，将来に希望をもてない人が多いこともニートの特徴として指摘されている。現状をふまえ，各個人に適切な支援を行う必要がある。

◀**就労支援プログラムで農業体験**　認定NPO法人育て上げネットは，仕事をしていない若者に，昼夜逆転の生活を改善するプログラムや仕事を経験できるプログラムなどを提供し，就労を支援している。

❶ ニート（若者無業者）数の推移

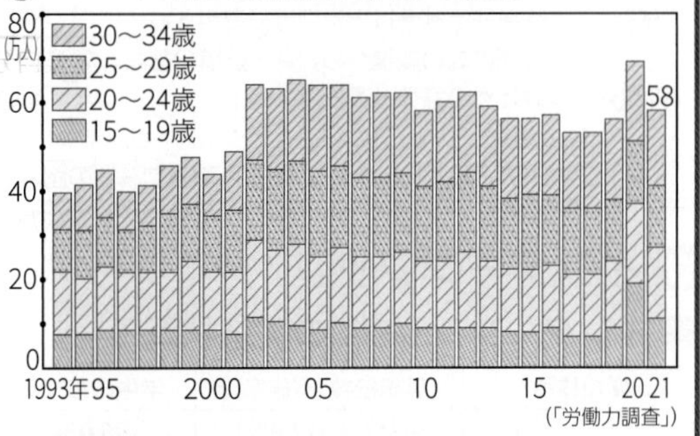

（「労働力調査」）

❷ 現在働いていない理由

注：16～29歳対象。複数回答

理由	％
希望する業種・職種での採用がなかったから	26.0％
健康上の理由のため	21.8
特にやりたいことがないから	18.5
人間関係がうまくいかないから	17.4
働くのが嫌だから	16.1
子育て・介護等家庭の事情のため	13.7

（2017年）（内閣府 平成29年度「子供・若者の現状と意識に関する調査」）

重要用語 ⑯フリーター ⑰ニート（NEET）

B 社会への参加

1 ボランティア活動への参加

● ボランティア活動に興味がある理由

注：満13歳～満29歳を対象。複数回答。日本上位３項目。

	日本	韓国	アメリカ	イギリス
困っている人の手助けをしたい	57.1%	68.9	65.3	54.9
地域や社会をよりよくしたい	54.8	37.0	61.7	49.5
いろいろな人と出会いたい	36.0	31.6	33.4	31.4

(2018年)　(内閣府「我が国と諸外国の若者の意識に関する調査」)

解説 増加しつつあるボランティア　1995年の阪神・淡路大震災をきっかけに，ボランティア活動への関心が高まり(この年は「ボランティア元年」といわれる)，ボランティア活動に参加する人は増えている。

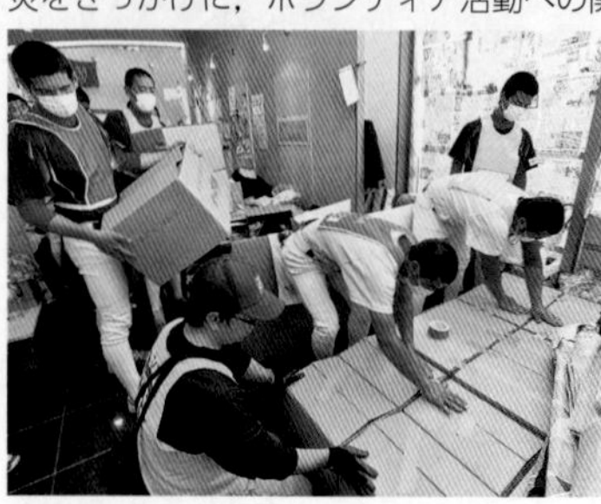

◀段ボールベッドを設置する高校生ボランティア

2 男女共同参画社会

Q 日本は世界と比べてどのような状況か？

❶「男性は外で働き，女性は家庭を守るべきである」に対する意見

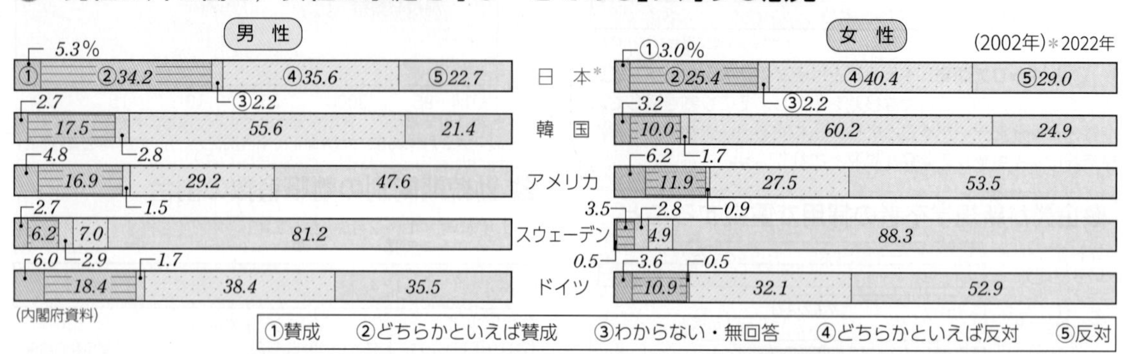

ジェンダー(◯p.81)

アンペイドワーク　報酬が支払われない労働(unpaid work)のこと。ボランティア活動，家事・育児などをさす。その多くが女性によって担われており，男女間の不平等を引き起こしているほか，労働の適切な評価が課題となっている。

積極的改善措置(ポジティブ・アクション)　企業などが社会的な差別によって不利益を受けている者に対して，一定の範囲内で特別な機会を設けることなどにより，格差を解消し，実質的な機会均等をめざす措置。アファーマティブ・アクションともいう。

方法　①女性を一定割合以上管理職に登用する。
②女性が少ない職種への採用・配置の拡大　など

効果　①女性社員の意欲・責任感の向上
②社内活性化・企業の利益上昇
③社員の定着率の向上による採用・教育コストの削減

❷ フルタイム勤務の人の1週間の家事時間

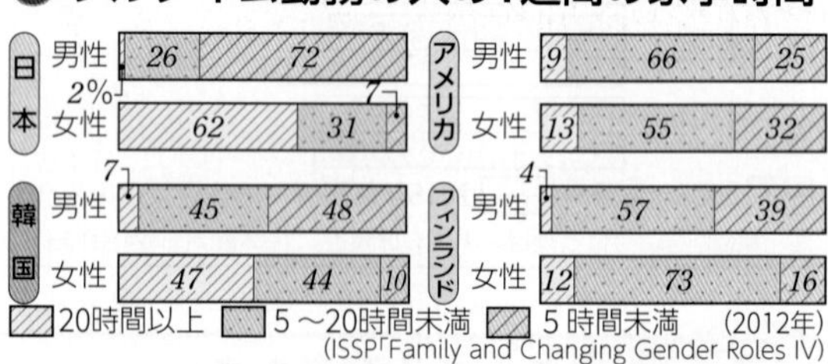

解説 男女が対等にある社会をめざして　男性と女性が対等な社会の構成員として，共に生きていく社会を**男女共同参画社会**という。この社会の実現をめざして1999年に**男女共同参画社会基本法**が制定され，国が**積極的改善措置**を含む施策を実施していくことが定められた。また，2015年に女性活躍推進法が制定され，女性が能力に応じて活躍できる環境の整備が定められている。

3 インターンシップ

● インターンシップ＊の実施状況　(2019年)

学校種別		実施校数(実施率)	学生の参加率
大学	学部	547校　(71.9%)	3.0%
	大学院	171校　(26.6%)	2.5%
短期大学		134校　(41.1%)	6.7%
高等専門学校		57校　(100.0%)	17.9%

＊単位認定を行うもので，特定の資格取得に関係ないもの。教育実習・看護実習・臨床実習などは含まない。　(文部科学省資料)

解説 実際の仕事を体験　インターンシップとは，在学中の学生が自らの専攻や将来の**キャリア**に関連した企業で就業体験を行う制度。企業や仕事についての理解を深めることができる。

4 生涯にわたる学習

生涯学習とは　学校だけではなく，生涯を通じて新知識・技能の習得をめざして学習すること。近年は，カルチャーセンターや通信教育，公開講座などを利用し，生涯学習をする人が増えている。学びの機会を積極的に利用し，自発的に学習することは，**生きがい**を見つけることにもなる。

リカレント教育　生涯学習の制度として「リカレント教育」が推奨されている。「リカレント」は，「回帰」「循環」などの意味で，社会に出てから再度学びたい人が学校や教育機関に戻ることができるシステムである。

着物で観光を楽しむ外国人

伝統文化

3

ねらい
- 様々な伝統や文化を背景に社会が成立していることを理解しよう。
- 伝統や文化が日常生活に及ぼす影響を理解しよう。
- 多様性を尊重することの意義を考えてみよう。

A 日本のものの考え方

1 古代からの伝統的意識

●古代日本…水稲耕作を営む農耕社会

共同体の一員として献身すること＝和の精神を重視　**善** ✖ **悪**　村落共同体の秩序を乱すもの

●古代日本人…清き明き心を理想とした

清き明き心(清明心，赤き心)	✖	罪・穢れ
・清し…澄みきって美しい様子。 ・赤…はだか，ありのままの意。 ⇨嘘・偽りがなく，純粋で隠し立てのない心。神が好む心のあり方		暗き心 きたなき心 ／ 天災 病気 禊ぎ・祓いが必要(➡p.48)

解説　古代日本人の理想とした精神　清き明き心(➡p.48④)とは，隠し立てのない明るい心であり，私心を捨て，他者と融合し，共同体の一員として生きようとする心のことである。水稲耕作を営む村落共同体で生きる古代日本人は，人倫の和の実現に必要な最高の徳として，清き明き心を神に対する心のあり方とし，理想としたのである。この精神は，一貫して日本人の倫理観(➡p.48)に受け継がれてきた。

2 恥の文化

● 日本人･日本社会を規定する主な考え方

建前と本音　皆の前で表す意見が建前，本来の自分の考えが本音。日本人は本音と建前を分けることで集団の和を保ってきた。

ウチとソト　身内や仲間など自分が属する親しい集団がウチ，自分と関係のない集団がソト。日本人は，ウチの人々(＝世間)に見られたときに恥ずかしくない行動をしようとし(**世間体**の重視)，ソトの人々に対しては排他的で無関心な態度をとる。

タテ社会(➡EYE)　日本は，親子や先輩後輩などの上下の序列を重んじる社会といわれる。

解説　恥の文化と罪の文化　日本人は，常に他人の目を気にしながら行動するといわれる。アメリカの人類学者**ベネディクト**(1887～1948)は，これを「**恥の文化**」とした。しかし，近年は他人の目を気にしない行為が増えているといわれる。これを，「恥の文化」の崩壊と嘆く意見もある。また，ベネディクトは日本の「恥の文化」に対して，内面に善悪の基準をもつ西洋のキリスト教文化を「**罪の文化**」とした。

3 自然に対する考え方

Q 日本と西洋ではどのような違いがあるのか？

竜安寺石庭(京都市)　均衡を壊すように石が置かれている。

つくばいに落ちる水　自然と同じで上から下へ水を流している。

ベルサイユ宮殿オランジュリー(フランス)　均整がとれている。

ベルサイユ宮殿の噴水(フランス)　下から上へと水を押し上げている。

解説　自然と人間　日本と西洋では，自然に対する考え方が伝統的に異なるといわれる。西洋は夏も冬も穏やかな気候で，人々は従順な自然を支配し，人工的につくり出した美を好んだ。一方日本では，四季の変化が著しく，人々は豊かな恵みとともに台風や大雪といった突発的な暴威をもたらす自然を受け入れ，自然との調和に美を見出した。

EYE 上座はどこ？

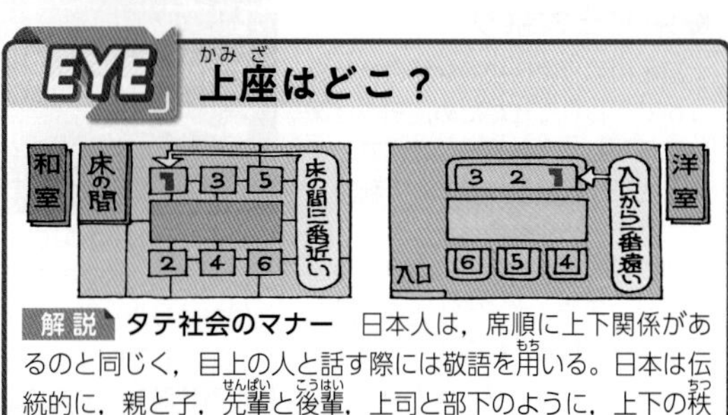

解説　タテ社会のマナー　日本人は，席順に上下関係があるのと同じく，目上の人と話す際には敬語を用いる。日本は伝統的に，親と子，先輩と後輩，上司と部下のように，上下の秩序を重視するタテ社会といえる。

重要用語　㉒恥の文化

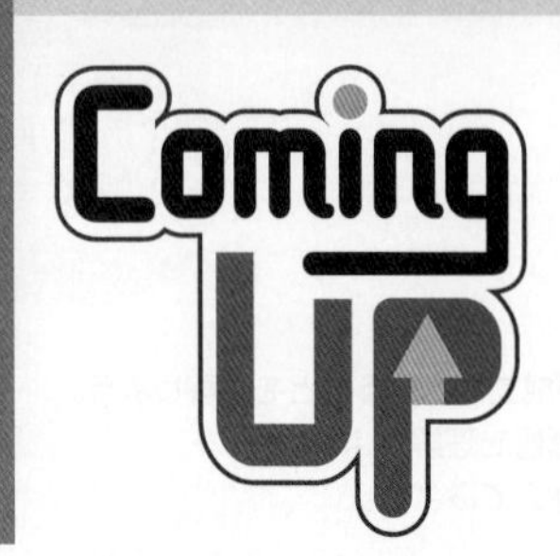

年中行事と通過儀礼

ねらい 私たちの生活のなかでは，年中行事（年ごとの同じ時期に繰り返される行事）や通過儀礼（個人の一生のうち，1つの段階から次の段階へと移る重要な時期に行われる儀礼）が行われている。これらの行事・儀礼はどのような意義をもつのか，考えよう。

A 年中行事

正月	1月1日	初詣　新年の平安を祈る
人日*	1月7日	七草粥　門松を外す ［農耕の始まり］
節分	2月3日	立春の前日　豆まき 柊の枝にイワシの頭を刺して立てる
上巳*	3月3日	桃の節供　雛祭り ［田植え］
彼岸	3月と9月の下旬	春分，秋分の日をはさんで一週間 墓参り
花祭り	4月8日	釈迦の誕生日　仏像に甘茶を3杯かける
端午*	5月5日	菖蒲の節供　菖蒲湯（薬湯） 武者人形　鯉のぼり ［草取り］
七夕*	7月7日 8月に行う地域もある	牽牛と織女の伝説 笹竹に五色の短冊を飾る ［稲の取り入れ準備］
お盆	7月15日 （8月15日）	先祖の霊を供養し，冥福を祈る　盆踊り
重陽*	9月9日	菊の節供　菊人形　菊酒 ［稲の取り入れ］
大晦日	12月31日	除夜の鐘

＊…**五節供**（節の日に神様に食べ物を供えたことから「節供」という）

解説 **年中行事と稲作**　日本の**年中行事**は稲作と強く結びついている。古代より宮中では，11月にその年の収穫を祝って新嘗祭が行われている。節供は**ハレの日（祭りが行われる特別の日）**として地域全体で休みをとるものであり，人々は稲作のスケジュールに合わせて公認の祭日を設けて，休息と娯楽を得ていた。また，その行事を行う集団の性格・気候・地形・歴史・文化などの違いから，地域によって様々な特色がある。

B 通過儀礼

宮参り	男児32日目 女児33日目	生後，氏神にお参りして，氏子として認めてもらう
七五三	7歳，5歳，3歳	11月15日に氏神にお参りして，子どもの健やかな成長を願う
厄年	男性25・42・61歳 女性19・33・37歳	厄難にあうおそれが多いので，忌み慎む（男性42歳，女性33歳は大厄）
還暦	数え年61歳	干支で年齢を数えると，数え年61年目に生まれ年と同じ干支に戻る
古稀	70歳	中国の杜甫の「人生七十古来稀」に基づく
米寿	88歳	「米」の字を分解すると八十八になる
追善法要		初七日，四十九日，一周忌，三回忌など。 三十三回忌は「弔いあげ」で，祖霊（ホトケ）が祖先神（カミ）になり，子孫を守ると信じられた

●通過儀礼の構造

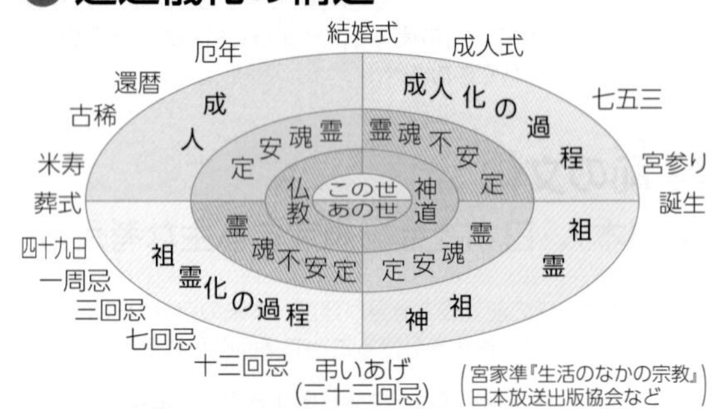

（宮家準『生活のなかの宗教』日本放送出版協会など）

解説 **生と死の儀礼の対応**　多くの**通過儀礼（イニシエーション）**には，擬死再生（死をまねて，再び生まれかわる）のモチーフがみられる。昔の成人式では，男子が名前を変えたり，髪型を改めた。花嫁は，死者と同じ白無垢を着，葬列に対応する花嫁行列を組んだ。還暦を迎えた人が着る赤い羽織も再生を示す。

●東北三大祭り

日本の祭りは伝統的な稲作社会のなかで行われてきたため，稲作と深い関係がある。春祭りは豊作であることを予め祝う祭りであり，秋祭りは収穫を感謝する祭りである。8月上旬に開催される東北三大祭り（ねぶた祭り，竿燈，七夕祭り）は，最後の草取りをして，稲の取り入れ準備が始まるときに，豊作を祈願して行われる。

ねぶた祭り（青森市）　華やかな武者などの張り子灯籠が街中をねり歩く。もとは，「睡た」の意味でもあり，労働を妨げる睡魔を川や海に追い流す行事だったともいわれる。

竿燈（秋田市）　46個の提灯を9段に吊り下げた竿燈を背負って若者たちがねり歩く。竿燈の形は稲穂を意味し，五穀豊穣を祈る行事になっている。

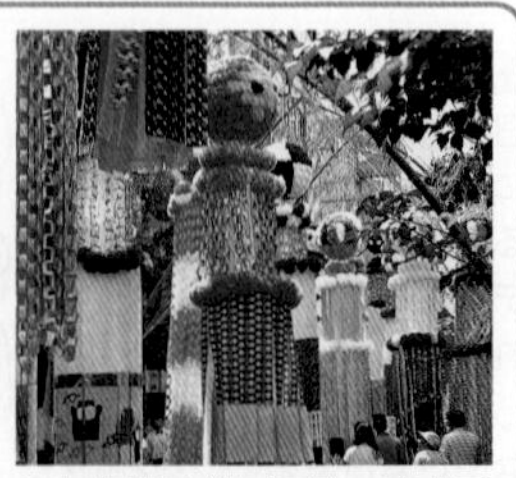
七夕祭り（仙台市）　東北三大祭りの最後を飾るのが，仙台の七夕である。田の神に豊作を祈る信仰になっている。

メモ 多文化主義（マルチカルチュラリズム）は，異なる文化を尊重し，互いに認め合いながら共存していくという考え方。

B 異文化との共生

1 人生にとって宗教は大切か

●宗教は，日々の暮らしのなかで，心の支えや態度・行動のよりどころになると思いますか　注：13～29歳対象の調査

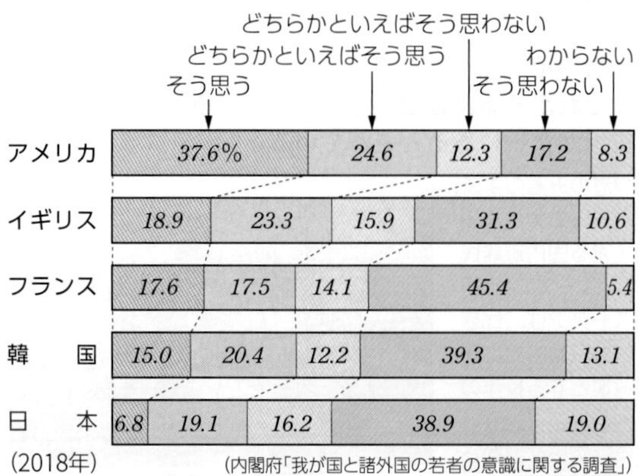

(2018年)　（内閣府「我が国と諸外国の若者の意識に関する調査」）

△宮参り　△結婚式　△葬式

解説 **日本人の宗教的行動**　日本人は信仰心が薄いといわれることがあるが，日常生活の中で様々な宗教に関（かか）わっている。１つの神のみを信仰する宗教にとってはなじみにくい考えだが，様々な宗教や神を受け入れるのが日本人の特徴といえる。

2 異文化摩擦（まさつ）

マオリ女性の入浴拒否
石狩管内の温泉　顔の入れ墨 例外認めず
尊厳の象徴「深い悲しみ感じる」

（「北海道新聞」2013.9.12）

伝統文化でもNG？
2013年，ニュージーランドの先住民族マオリの女性が，顔の入れ墨を理由に，北海道の温泉施設の入館を断られた。入れ墨はマオリにとって尊厳の象徴であるが，日本では他の客に配慮（はいりょ）し，入れ墨のある人は入浴を拒否されるケースが少なくない。

近年は，外国人旅行者の増加を受け，このような異文化摩擦を避けるため，入れ墨やタトゥーがある外国人旅行者の入浴に関する留意（りゅうい）点や対応事例を観光庁が示し，対応改善を促（うなが）している。

根強い偏見（へんけん）　また，日本で住む家を探したり，仕事を探したりする場合などに，外国人であることを理由に不利な扱（あつか）いを受けることがあり，根強い偏見を感じる外国人も少なくない。

●日本で受けた差別・偏見の例（2016年）　（「外国人住民調査」）

	ある	ない	無回答
外国人であることを理由に入居を断られた＊1	39.3%	52.5%	8.2%
外国人であることを理由に就職を断られた＊2	25.0%	65.6%	9.4%

＊1　過去５年間に住む家を探した経験のある外国人
＊2　過去５年間に仕事を探したり，働いたりしたことのある外国人

探究へのSTEP　他の文化をもつ人が日本に住んでいる場合は，日本の文化（食生活や，生活習慣など）をすべて受けいれるべきかな？

視点　逆の立場（あなたが海外に住んでいる場合）で考えてみよう。幸福　寛容　多様性と共通性

EYE 異文化を理解すれば，世界が広がる

（イスラーム→p.35 3）

ハラルとは　イスラーム（イスラム教）では，神が許したもの（ハラル）と禁じているもの（ハラム）を区別している。イスラーム教徒（ムスリム）は，その教えに沿って生活しているが，旅行先ではどれがハラルか区別が困難な状況も多い。誤って禁じられた食品を食べてしまうことを恐れ，野菜しか口にしないムスリムも多い。このため，ムスリムが，どれがハラルなのかを判断できるよう，ハラルであることを保証するハラル認証の取得が進んでいる。

●イスラームの禁忌（きんき）

- アルコールを口にしてはいけない。
- 豚肉や，イスラーム法にのっとった方法で処理されていない肉を食べることは禁止。
- 貸付金による利子の取得は不労所得とみなされ，禁止。ただし，投下資本による利潤（りじゅん）は容認される。
- 女性は夫以外の男性に顔や肌を見せないようチャドルなどで隠（かく）さなくてはならない。
- 左手は不浄（ふじょう）な手であり，物の受け渡しに使ってはならない。
- 遺体は火葬（かそう）にしない。　など

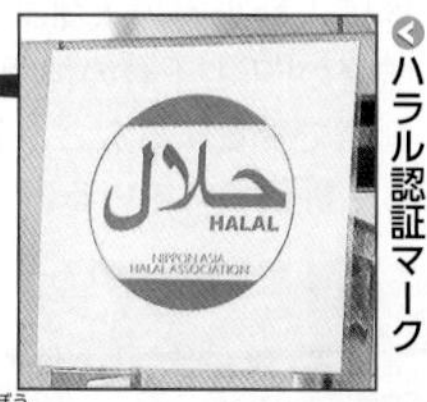

◁ハラル認証マーク

△**ハラル食を提供するホテルの厨房（ちゅうぼう）**（ホテルスプリングス幕張）　豚由来の成分やアルコールを調理した料理器具は使用できないため，専用の器材を用意。ハラル認証マークが見られる。

ハラル認証のメリット　ハラル認証は，ムスリムの観光客にとってメリットがあるだけではない。文化や宗教の違いを受け入れることで，イスラム圏のグローバル化が進み，ムスリムの人々が世界で活躍（かつやく）しやすくなるのである。

様々な国の人々が共生するためには，互（たが）いの国や文化，宗教を理解し，尊重する姿勢が大切になるよ。

重要用語　㉕年中行事　㉖通過儀礼（イニシエーション）

3 ステレオタイプからの脱却

オリエンタリズム　パレスチナ出身の文芸評論家サイード(1935～2003)は，西洋における東洋に対する固定化した見方を「**オリエンタリズム**」と呼んだ。西洋にとって，東洋は常に異質な「他者」であり，ミステリアスでエキゾティックな存在として語られてきた。そして，西洋に比べて遅れた東洋を文明化することを使命とし，自らのアイデンティティを形成してきたと指摘している。

偏見の排除　この異文化に対するステレオタイプ的な見方は，その文化本来の姿を覆い隠してしまう。異文化を理解するには，偏見や思い込みを排除し，あるがままの現実の姿を見つめることが必要である。

1875年の樺太・千島交換条約を描いた風刺画(ワーグマン画)　右側の男性が日本人。現在でも，外国映画などで，眼鏡をかけ，歯の出た日本人が描かれることがある。

探究へのSTEP　日常生活の中で，偏見や固定観念を感じることはある？文化，宗教，性別，年齢，性的指向など，幅広く考えてみよう。

視点　「外国人は…」「男子は…」「女子は…」「若い人は…」「お年寄りは…」など，特定の集団をひとまとめにして言っていることはないか，考えよう。また，それがどんな根拠に基づいたものか，考えてみよう。

EYE 世界に広がるマンガ文化

日本のマンガ文化　日本の漫画・アニメは世界中で人気を集めている。フィギュア(アニメキャラクターの立体造形)やコスプレ専門店が集まる秋葉原は，今や外国人観光客の人気スポットの1つ。また，宮崎駿監督の「千と千尋の神隠し」「ハウルの動く城」が国際映画祭で受賞するなど，日本アニメは，芸術性の観点からも評価されている。

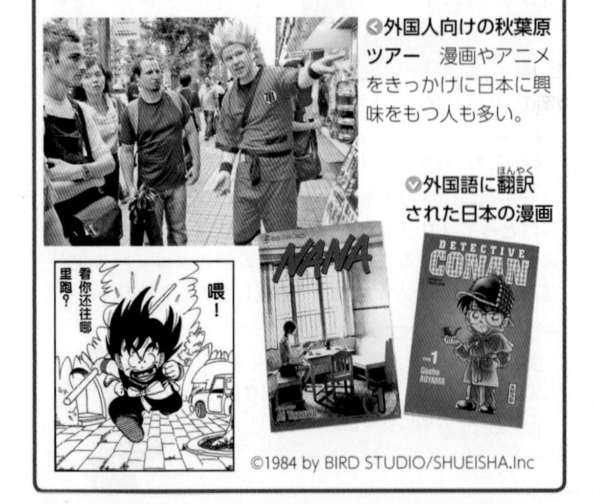

外国人向けの秋葉原ツアー　漫画やアニメをきっかけに日本に興味をもつ人も多い。

外国語に翻訳された日本の漫画

4 エスノセントリズムを超えて

Q 文化の衝突にどう向き合うべきか？

自民族中心主義(エスノセントリズム)　帰属集団を愛することなしに，他集団を愛することはできない。その意味で郷土愛・愛国心をもつことは非常に重要である。しかし，それらが排外主義的な傾向をもつと，**自民族中心主義(エスノセントリズム)**(➡p.275)に陥るおそれがある。各地で起きる民族紛争も，自民族中心主義が背景にあるとされている。

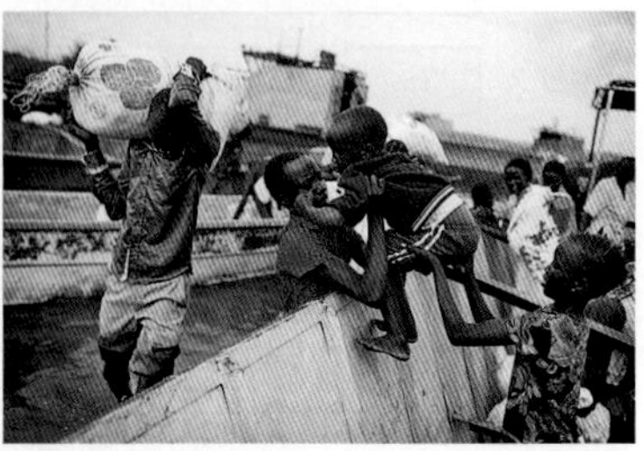

着のみ着のまま，ボートでナイル川を渡る国内避難民(南スーダン)　南スーダンは，民族的・宗教的対立を背景とする長年の内戦を経て，2011年，スーダンから独立。しかし，2013年，ディンカ族の大統領とヌエル族の副大統領の権力争いが，部族間紛争へと発展。2015年に和平合意が成立したが，2016年に武力衝突が再発。多くの死者や国内避難民が発生した(2018年停戦，2020年暫定政府設立)。

文化相対主義　そこで必要なのは，**文化相対主義**(➡p.44G1，275)という考え方である。これは簡単にいえば「**自文化を基準にして異文化を優劣評価する態度をやめ，すべての文化は個々の存在価値をもっている**」という考え方である。真のグローバル化をめざすには，文化的相違に優劣をつけるのではなく，その違いを認め，理解しようとする態度が必要であり，異文化への理解を深めることは，自文化を相対化し，その価値を再発見することにもつながる。

5 「国連部」が問題を解決

「国連部」の設置　神奈川県平塚市の横内団地には，ラオス，カンボジア，ベトナムなど，様々な国の人たちが居住している。文化の違いなどによる外国人と日本人の住民の摩擦が絶えなかったことから，自治会の組織として「国連部」が作られることになった。

話し合いで問題を解決　まず，定期的に開かれる国連部会で，各国の代表が話し合う。国連部長は，部会で出た苦情や問題点を取りまとめ，自治会と交渉する。これまでの交渉の結果，外国人どうしが集まって騒ぐ時には，団地の集会室を使うことを認めるなど，文化や習慣の違いを理解し，考慮された上で，ルールの改定も行われた。

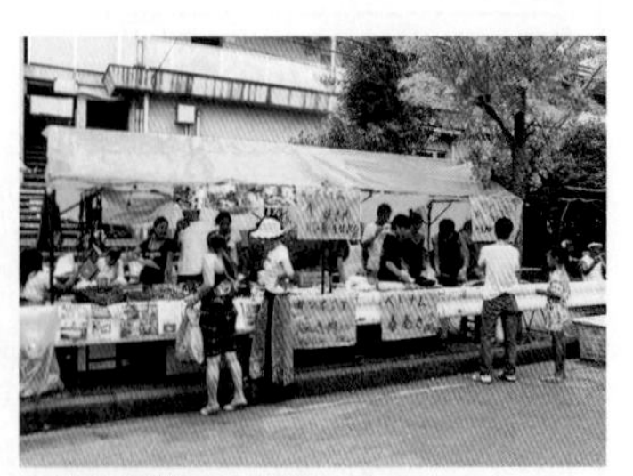

横内団地の団地祭のようす

解説　話し合いの場を設ける　異文化をもつ人たちに，「郷に入れば，郷に従え」という考え方で，従来のルールを押しつけることは，摩擦を生む原因になりやすい。住民として対等に話し合う場をもち，互いに住みやすいコミュニティを築いていくために，解決すべき課題を探っていく必要がある。

ポイント整理 1

1 青年期と自己形成

A 青年期とは (➲p.16・17)

①青年期─┬ **第二次性徴**が現れる思春期からの十数年間
　　　　├ 社会に出ることを猶予される「**心理・社会的モラトリアム**」(**猶予期間**)
　　　　└ 大人でもなく子どもでもない，**マージナル・マン**(**境界人，周辺人**)

②**青年期の延長**…社会の複雑化 ➡ モラトリアム期間の延長

B 自我のめざめ (➲p.18)

①**心理的離乳**…親などへの依存から精神的に自立しようとすること(**第二の誕生**)
　➡第二反抗期…自立に伴う自覚的な反抗　┌➡ 劣等感・悩み
②**自我のめざめ**…「見る私」と「見られる私」の意識─┴➡ 他者への共感・連帯

C 青年期の課題 (➲p.19)

①アイデンティティ…自分が自分であることの意識感覚
②**アイデンティティの危機** ➡ **アイデンティティの確立**(自我の確立)

D 青年の価値観と生き方 (➲p.22)

若者文化(ユース・カルチャー)…青年たちが共有する文化✖成人文化・伝統

E 欲求と適応 (➲p.23)

①欲求階層説(マズロー)…生理的欲求 ➡ 社会的欲求 ➡ 自己実現の欲求
②**葛藤**(**コンフリクト**)…２つ以上の欲求が対立した状態
　欲求不満(**フラストレーション**)…欲求が満たされない状態
③**防衛機制**…葛藤や欲求不満から心の安定を保つしくみ

抑圧		欲求不満の原因を忘れようとする
合理化		もっともらしい理由で自分を正当化する
投射		自分の弱みを人に転嫁する
同一視		自分より優れているものに自分を重ねて満足を得る
反動形成		抑圧された欲求とは反対の行動をとる
逃避		苦しい事態を避けて病気や空想へ逃避する
退行		低次元の欲求で満足する
置き換え	代償	満たされない欲求を別の対象に移す
	昇華	心的エネルギーを社会的価値のあるものに置き換える

F 自己形成の課題 (➲p.24)

パーソナリティ(**個性，人格**)…能力・気質・性格で構成

2 職業と社会参加

A 職業の意義 (➲p.25)

①**キャリア開発**…仕事や家庭生活などにおいて自分の人生を設計 ➡ 生きがい
②**フリーター・ニート**の増加…背景には，就職率の低下や離職率の上昇など

B 社会への参加 (➲p.26)

①**ボランティア活動**…個人の善意によって，自発的に行われる無償の行為
②**男女共同参画社会**…男女が互いに人権を尊重しつつ責任を分かち合う社会
　└実現をめざし，**男女共同参画社会基本法**が成立(1999年)
③**インターンシップ**…在学中に就業体験をする制度 ➡ 就業意識の向上

3 伝統文化 (➲p.27〜30)

①**日本文化の特徴**…和の精神を重視 ➡ 建前と本音，ウチとソト，タテ社会，**恥の文化**
②**異文化理解**…**ステレオタイプ**からの脱却 ➡ 異文化に対する偏見や思い込みを排除
　　　　文化相対主義…すべての文化に固有の価値を認める ➡ 共生社会の形成
　　　　　　⟺**自民族中心主義**(**エスノセントリズム**)

ポイント解説

A 青年期とは　青年期は，社会に出ることを猶予される**心理・社会的モラトリアム**の期間である。レヴィンは，子どもにも大人にも属しきれないという意味で，**マージナル・マン**(**境界人，周辺人**)と呼んだ。青年期は，身体が発達する時期が早くなり，社会に出る時期が遅くなっていることにより，期間が延長しつつある。

B 自我のめざめ　ルソーは，**心理的離乳**が起こる青年期を，「**第二の誕生**」と表現した。青年の自立には，大人や社会への反抗的な態度を伴う。この反抗は無自覚的な**第一反抗期**に対して自覚的で，**第二反抗期**という。

C 青年期の課題　青年期における課題は，様々な悩みや経験を通して**アイデンティティの確立**をすることである。しかし，これがうまくいかない場合，アイデンティティ拡散の状態に陥ることがある。

D 青年の価値観と生き方　新しいものを求める**若者文化**は，既存の成人文化や伝統と反発しがちである。しかし，青年たちの言動のなかには，伝統的な日本人の精神を受け継いでいると考えられるものもある。

E 欲求と適応　**欲求**とは，行動をおこすときの原動力となるものである。欲求が満たされない**欲求不満**や，欲求が対立する**葛藤**から心の安定を保つしくみが**防衛機制**である。

F 自己形成の課題　他人とは違う自分の個性を磨く**個性化**と，社会への対応能力を育てる**社会化**を両立させることが，青年期の課題である。

A 職業の意義　豊かな生活を送るためには，**キャリア開発**の考え方が重要である。近年は，**フリーター**や**ニート**が増加している。

B 社会への参加　**ボランティア活動**は青年の社会参加の１つである。
　男女が対等に家庭や社会において共に責任を担う**男女共同参画社会**の実現がめざされている。しかし，性別役割分担意識も根強く存在する。
　青年の職業意識を高めるために，**インターンシップ**を行う学校や企業もある。

伝統文化　日本には，古代より和の精神に基づく日本独自の考え方が存在する。世界においても様々な文化が存在する。今，異文化摩擦や民族紛争などが起こっている。文化相対主義を重視するなど，互いの文化を尊重する必要がある。

ポイント

1 思想の源流

▲「アテネの学堂」(ラファエロ画)

ねらい
- 様々な宗教を背景に社会が成立していることを理解しよう。
- 古今東西の先人の取り組み・知恵を理解しよう。
- 自らのあり方・生き方について考えてみよう。

A 古代ギリシアの思想

1 自然哲学 Q 自然哲学とは何か?

神話から哲学へ 紀元前6世紀にギリシアの植民地イオニアに最初の哲学(**自然哲学**)が生まれた。自然哲学の研究対象は，万物の根源(**アルケー**)は何か，ということである。それまでギリシア人は世界のあらゆる現象を神話で説明してきたが，自然哲学は世界の成り立ちや自然現象を**合理的・学問的**に考察しようとした。

● 自然哲学者の思想

タレス	前624？～前546？	万物の根源を**水**とする。自然に対する合理的探究の第一歩を踏み出す
ヘラクレイトス	前544？～？	万物の根源を**火**とする。「**万物は流転する**」と説く
ピタゴラス	前582？～前497？	万物は**数**の比例関係にある
デモクリトス	前460？～前370？	万物の根源を**アトム(原子)**とする

2 普遍的真理の探究

❶ ソクラテス (前469？～前399年)

人物 古代ギリシアの哲学者。青年たちを惑わす者として告発され，刑死した。

思想のポイント

ソクラテスは，自らの無知を自覚し，真の知を求めることが「**よく生きること**」であると考えた。彼は，アテネの青年たちと問答を行い，自らの無知を自覚させ，真理の探究に向かわせようとした(**問答法**)。

●無知の知(不知の自覚) 原典『ソクラテスの弁明』

……この男も，わたしも，おそらく善美のことがらは何も知らないらしいけれど，この男は，知らないのに何か知っているように思っているが，わたしは，知らないから，そのとおりにまた，知らないと思っている。だから，つまり，このちょっとしたことで，わたしのほうが知恵があることになるらしい。つまり，わたしは，**知らないことは知らないと思う，ただそれだけのことで，まさっているらしい**のです。 (田中美知太郎訳『世界の名著 6』中央公論社)

解説 **無知の自覚** ソクラテスは，政治家や詩人と問答し，無知を自覚していない彼らよりも，無知を自覚している自分のほうが知者であると知った。

❷ プラトン (前427～前347) (➡p.59)

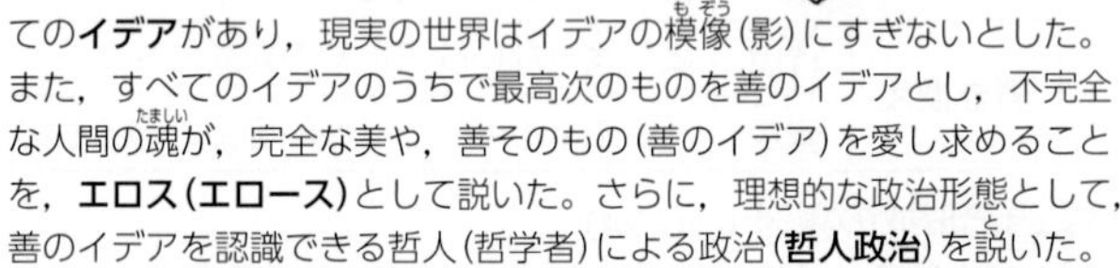

人物 ソクラテスの弟子で，ソクラテスが問題提起した「よく生きること」を追究し，**イデア論**をうち立てた。また，敬愛する師を刑死させたポリス・アテネの政治を厳しく批判し，理想的な個人・国家のあり方について探究した。**理想主義**の祖として後世に与えた影響は大きい。

●真の実在とは？―イデア

現実の世界に存在する「美しいもの」は，感覚的で，変化して不完全である。プラトンは，それぞれの事物を成り立たせる原因として，美そのものといった唯一完全で変化しない実在としての**イデア**があり，現実の世界はイデアの模像(影)にすぎないとした。また，すべてのイデアのうちで最高次のものを善のイデアとし，不完全な人間の魂が，完全な美や，善そのもの(善のイデア)を愛し求めることを，**エロス(エロース)**として説いた。さらに，理想的な政治形態として，善のイデアを認識できる哲人(哲学者)による政治(**哲人政治**)を説いた。

❸ アリストテレス (前384～前322)

人物 プラトンが設立した学園「アカデメイア」で学ぶ。師プラトンの思想が理想主義であるのに対し，アリストテレスは**現実主義**の立場をとる。アレクサンドロスの王子時代，家庭教師をつとめた。また，様々な学問の領域にわたってその集大成につとめ，「**万学の祖**」とも称される。

●現実主義

ソクラテスやプラトンは，何が真に善いものかを知れば，当然善い行為がなされると考えた。しかし，アリストテレスは，何が善であるかを知っていても，その通り行動できるとは限らないと考えた。そして，人間として正しく生きるためには，**中庸**(両極端を避け，個々の事態に応じた適切な行動をとること)を実践するように「習慣づける」ことが大切だという。

また，彼は，「**人間は社会的(ポリス的)動物である**」といい，国家や社会の中で生きるうえで，**正義**と**友愛**(フィリア)という徳を重んじた。

入試クイズ ソクラテスは，善などについて完全には知っていないということの自覚が，真の知識への出発点であると主張した。○？×？ (➡2❶) 答：○

B　中国の思想

1 儒教

儒教とは　孔子に始まり，孟子・荀子に受け継がれた思想・学派。はじめは中国の春秋・戦国時代(紀元前8～前3世紀)に，天下を争う諸侯が実力ある学者を登用する中で現れた思想の1つであったが，後に仏教・道教とともに中国の三大宗教となった。努力して世に出る，親孝行などの善行を勧めるなど，**現実的な道徳**を説いた。

● 孔子(前551？～前479)(➲p.14)

人物 中国古代の思想家。儒家(儒教のもととなる学派)の祖

著書 『論語』(弟子たちによって編纂)

エピソード 魯の国で国政改革を行おうとするが失敗。以後，諸国を放浪し理想政治を説いたが登用されなかった。

思想のポイント

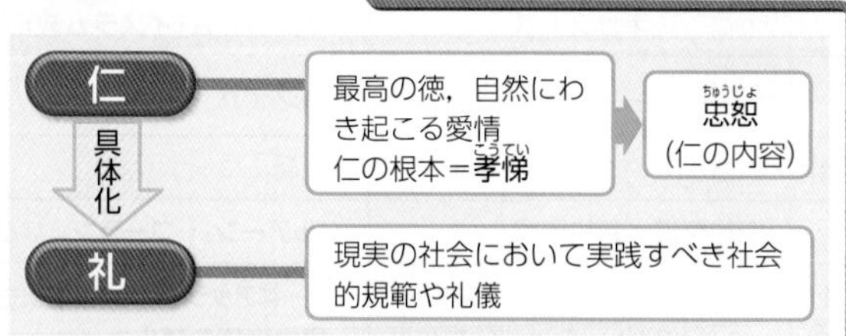

孔子は，人間の心のあり方における最高の徳を「仁」とした。仁は**人と人の間にわき起こる自然な愛情**(人間愛)である。その根本は，**孝**(子の親に対する愛)と**悌**(年長者に対する敬愛)である。また，**忠**(自らを欺かないこと)や**恕**(人に思いやりがあること)も仁の内容である。孔子は，仁の心が行為として表れたものである**礼**の実践を説き，仁と礼を兼ね備えた人間を理想とした。

●仁

- 剛毅木訥(無欲と果敢と質朴[飾り気がないこと]と訥弁[口べた])，この4つの性質は仁の徳にかよっている。
- 樊遅(弟子の1人)が，仁についておたずねした。先生はいわれた。「人を愛することだ」。(『論語』より)

解説 **孔子の説く仁**　孔子は弟子の一人ひとりの気質を見抜いており，その人にあった教えを説いた。そのため「仁」についても様々な説明がなされている。

♥性善説―孟子

人間の本性は善　孔子の思想の後継者である孟子(前372？～前289？)は，人間は善悪を判断し，善を実行する性質をもって生まれてくると考え，**性善説**を主張した。

人間はだれでも，他人の悲しみに同情する心をもっているというわけは，今かりに，子供が井戸に落ちかけているのを見かけたら，人はだれでも驚きあわて，いたたまれない感情になる。子供の父母に懇意になろうという底意があるわけではない。地方団体や仲間で，人命救助の名誉と評判を得たいからではない。これを見すごしたら，無情な人間だという悪名をたてられはしないかと思うからでもない。このことから考えてみると，いたたまれない感情をもたぬ者は，人間ではない。(『孟子』)(同前)

2 老荘思想(道家の思想)

自然に従って生きる　老子・荘子(前370？～前300？)を中心とする**道家**の思想の根本は，**人間の理性を超越し，人知を超えたところに存在する自然を把握する**ことであった。これは仏教の中の禅宗などにも共通して見られる特徴である。道家の思想は，中国思想史の中で儒教と並び，人々に愛され続けてきた。

● 老子(生没年不詳)

人物 道家の祖

著書 『老子』(『道徳経』)

エピソード 老子は，72年もの間母親の胎内にいて，生まれたときにはすでに白髪であったという伝説がある。

●無為自然　原典『老子』

道は常に為す無くして，而も為さざるは無し。
口語訳：「道」はつねに何事もしない。だが，それによってなされないことはない。

(小川環樹訳『世界の名著 4』中央公論社)

解説 **無作為・無心に生きる**　老子の説く「道(タオ)」とは，言葉では形容できないが，絶対かつ不変的なものであり，宇宙万物の生みの親であるとされる。万物がそこから生じ，そこへ帰するというような，あらゆる存在の根源として道をとらえている。「道」が人間の感覚や知識などで推しはかったりすることのできないものならば，その道に従う生き方もまた，人為の及ぶものではないことになる。そこで老子は「無為自然」の生き方を説いた。これは，「**作為・人為を捨てて無心に生きると，なるようになっていくし，またなるようにしかならない**」という意味である。

EYE　孔子，老子に「礼」を問う

ある時，孔子は礼を学ぼうとして魯から周に行き，老子に教えを請うた。老子が答えていうには，「お前さんの求めている礼などというものは，もうとうの昔に，それを作った人は死んで，残っているのはただ言葉だけだ。それに君子は時を得れば馬車に乗って道を行うが，時を得なければ風のままに流転しているだけだ。りっぱな商人ほど品物を奥の蔵にしまい込んで，かえって店先はがらんとしている。徳を十分身におさめた君子ほど見たところかえって愚か者の様だという。お前さんもおごりと欲と乱れた心とを捨てなさい。」と。

老子のもとから帰った孔子は，弟子達に「風雲に乗じて天にのぼるといわれる竜だけは，わたしもまだ見たことはない。今日会見した老子こそはまさしく竜のような人だ。わたしにはとらえどころがない。」といったという。

(『史記』より)

重要用語　㉗無知の知(不知の自覚)　㉘イデア　㉙儒教　㉚仁・礼　㉛道家

C 世界の主な宗教

1 主な宗教の分布 Q 地域による特色はあるか?

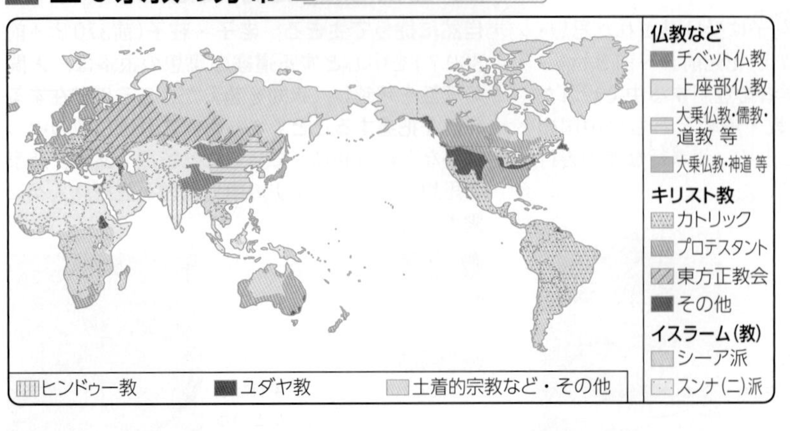

● 世界の宗教別人口の割合

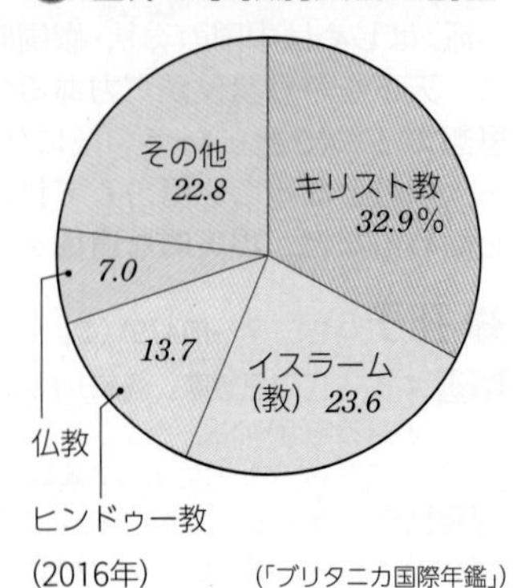

(2016年)　(「ブリタニカ国際年鑑」)

2 主な宗教の特色

＊キリスト教はペテロやパウロらの伝道により広まった。

(キリスト教:ユダヤ教を批判して成立／イスラーム:ユダヤ教とキリスト教の影響を受けて成立)

宗　教	仏　教	ユダヤ教	キリスト教	イスラーム(イスラム教)
開祖・創始者	ゴータマ＝シッダッタ(ゴータマ＝ブッダ)	モーセ(前13世紀)	イエス＊	ムハンマド
成立年代	前6～前5世紀ごろ	前6世紀ごろ(バビロン捕囚後)	1世紀	7世紀
教　典	阿含経，大乗教典	『旧約聖書』など	『旧約聖書』『新約聖書』	『クルアーン』(『コーラン』)など
教義 特色	・**カースト制の否定** ・四諦(4つの真理)の理解と，八正道の実践による苦からの解脱	・唯一神**ヤハウェ**への信仰 ・厳格な**律法主義**(モーセの十戒) ・**選民思想**(ユダヤ人のみ救済) ・**救世主(メシア)思想**	・イエスは救世主(キリスト) ・ユダヤ教からの批判的な発展 ・**神の愛(アガペー)と隣人愛**	・**唯一神アッラーへの絶対的服従** ・**偶像崇拝の禁止** ・六信と五行の実践 ・民族・貧富を超え平等・連帯

D 世界三大宗教

1 仏教

Q 仏教がめざした境地はどのようなものか?

縁起の法　ゴータマ＝シッダッタは，根本的な真理(ダルマ，法)として**縁起の法**を悟った。縁起の法とは，すべては相互に依存し合って存在し，あるいは生まれ，あるいは滅びる，という関係をいう。

ゴータマ＝シッダッタ

涅槃へ至る　彼はこれに基づいて，中道，八正道，四諦，四法印，**慈悲**(すべての生き物に幸福を与え，憐みの心をもつこと)などの教えを説いた。それは，人生の苦悩の原因を究明し，それを取り除くことによって，**悟り(涅槃)**へ至ろうとする立場であった。

仏教の主な宗派　ゴータマ＝シッダッタの死後，仏教は，自分自身の解脱(苦しみから抜け出し，悟りを開くこと)をめざして厳しい修行をする**上座部仏教**と，自己の解脱とともに広く人類(衆生)を救うことを念願する**大乗仏教**などにわかれた。東南アジア諸国の仏教徒は上座部仏教の流れに属する者が多く，日本へ伝えられた仏教は大乗仏教である。

❶ 中道　快楽主義と苦行主義という両極端を避け，いずれにも執着しない立場。

❷ 八正道　中道の具体的な実践方法。

正見	正しい見解	正命	正しい暮らしぶり
正思	正しい思考	正精進	正しい努力
正語	正しい言葉	正念	正しい心くばり
正業	正しい行為	正定	正しい精神統一

❸ 四諦　苦・集・滅・道の4つの真理(諦)のこと。

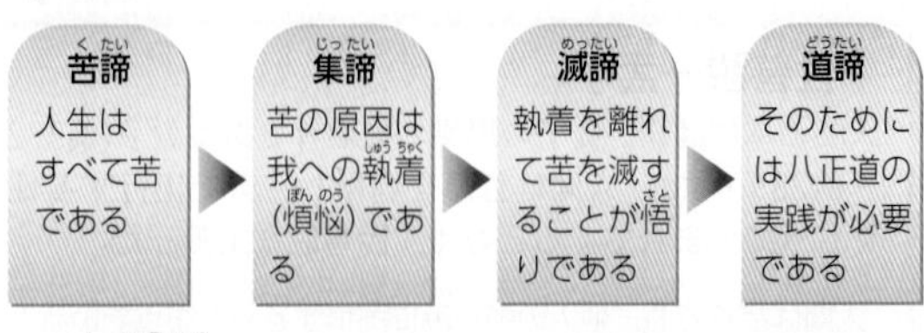

❹ 四法印　4つの真理であり，縁起の法を基礎にすえて仏教の基本的な考え方を示したもの。

- **一切皆苦**…あらゆるものは本質的に苦から逃れられない。
- **諸行無常**…世の中は絶えず変化し続けている。
- **諸法無我**…あらゆるものに我(永遠不変のもの)は存在しない。
- **涅槃寂静**…一切の煩悩が滅し，安らかな悟りの境地に達する。

メモ　仏教における苦とは，生きている以上さけられない事実である。その中でも，すべての生きものが，生まれて，老いて，病んで，死ぬこと(生老病死)を，仏教では四苦という。

2 キリスト教

Q キリスト教は何を大切にしているか?

律法の内面化　1世紀頃，多くのユダヤ教権力者は，律法(モーセの十戒など，ユダヤ教徒が守るべき戒律)を表面的に遵守することにとらわれていた。一方，厳格な律法に背いてしまい，悩み苦しむ弱い民衆たちは，救世主の出現を期待するようになった。このような状況下に現われたイエスは，外面的，形式的なユダヤ教の律法主義を批判し，心(内面)から律法(神)に忠実であることが本来の信仰のあり方であると説き，**律法の内面化**を求めた。

イエス

❶ 二つの戒め…『マルコによる福音書』

「第一の掟は，これである。『イスラエルよ，聞け，わたしたちの神である主は，唯一の主である。**心を尽くし，精神を尽くし，思いを尽くし，力を尽くして，あなたの神である主を愛しなさい**』。第二の掟は，これである。『**隣人を自分のように愛しなさい。**』この二つにまさる掟はほかにない」。

(『聖書　新共同訳』日本聖書協会)

解説 **愛の宗教**　ユダヤ教徒が遵守する『旧約聖書』の十戒に対して，イエスは二つの戒めを説いた。「神を愛すること」「隣人を愛すること」である。イエスはこれを最高の律法とし，2つの愛を様々な例え話で説いている。そのためキリスト教は「**愛の宗教**」と呼ばれる。キリスト教の「愛」は**アガペー**(agapē)と呼ばれるものであり，すべての人に対して，何の報酬も求めず行われる，無差別・無償の愛，絶対愛である。

❷『旧約聖書』と『新約聖書』

『旧約聖書』　創世記，出エジプト記など合計39書から成る。旧約とは，イエスによる新しい契約(新約)に対して，キリスト教の側によって用いられる言葉である。

『新約聖書』　福音書4書(マタイ，マルコ，ルカ，ヨハネ)など合計27書から成る。イエスの教えの口伝や使徒の伝道の記録などを編集したもの。2世紀末ごろに成立。

❸ キリスト教の3大宗派

カトリック (旧教)	教義は，『旧約聖書』『新約聖書』と聖伝(聖書に含まれていない教理)を啓示の源泉とし，その内容についてはローマ教皇が統一見解を示している **ローマ教皇フランシスコ**(2013年選出)
プロテスタント (新教)	教義解釈の根拠は『旧約聖書』『新約聖書』のみ。多数の宗派が存在する
ギリシャ正教 (東方正教会)	教義的にはカトリックと大きな隔たりはない。イコン(礼拝用の板絵)で信仰を表現する

3 イスラーム(イスラム教)

唯一神アッラーへの絶対帰依　イスラームの開祖ムハンマドは，40歳の時「起きて警告せよ」というアッラーの神の啓示を受け，唯一神アッラーへの絶対的帰依，偶像崇拝の禁止，信者の徹底的平等，終末観などを説いた。イスラームとは「神への絶対的帰依」という言葉を要約したもので，その帰依者は**ムスリム**と呼ばれる。ムスリムは聖典『**クルアーン**(コーラン)』に示された聖法，特に信仰の柱となる「**六信**」と，それを実行する「**五行**」の遵守が要求される。

❶ 六信(ムスリムの信ずべきもの)

神	唯一アッラーのみ。アッラーは絶対的であり，偶像化できないので偶像崇拝は禁止
天使	神に仕える者。とくにムハンマドに神の啓示を伝えたガブリエルが最上位の天使
聖典 (啓典)	神が天使を通じて人間に伝えた啓示の書。『クルアーン(コーラン)』をはじめ，モーセの『律法の書』，イエスの『福音書』など
預言者	天使によって神の教えを伝えられ，人類の指導者に任命された者。ムハンマド，アダム，ノア，アブラハム，モーセ，イエス(→2)が六大預言者
来世	人は現世の行動について神に裁かれ，来世において必ずその報いを受ける
天命	すべてがアッラーの支配を受けるように運命づけられている。ただし，人間の努力を否定したものではない

❷ 五行(ムスリムが実践すべきこと)

信仰告白	「アッラーのほかに神はなし，ムハンマドは神の使徒なり」の聖句を唱える
礼拝	1日5回メッカの方向に向かって礼拝する
断食	イスラーム暦における9月に1か月間，日の出から日没まで飲食をさける
喜捨	イスラーム独自の救貧税。一定の財産を教団に納める
巡礼	一生に一度は聖地メッカに巡礼を行う。イスラーム暦の12月が正式の巡礼の月

イスラームの聖堂，カーバ神殿(サウジアラビアのメッカ)　イスラーム暦12月に，世界中から巡礼者が集まる。
砂漠で礼拝するムスリム(イスラーム教徒)

重要用語　㉜仏教　㉝縁起の法　㉞慈悲　㉟キリスト教　㊱アガペー　㊲イスラーム(イスラム教)　㊳六信・五行　㊴ユダヤ教　㊵ヒンドゥー教

2 西洋近現代の思想

ねらい
- 先哲が人間をどのようにとらえたかを理解しよう。
- ルネサンス，宗教改革，市民革命，近代科学の発展などを通して，どのような思想が発達したか，理解しよう。
- 自らのあり方・生き方について考えてみよう。

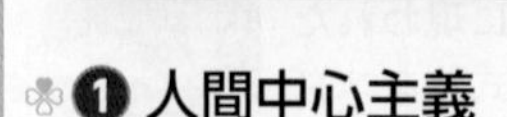

「春」(ボッティチェリ画)

A ルネサンス，近代科学の成立

1 ルネサンス，近代科学誕生期の思想

	人物	国	生没年	思想
宗教改革	●ローマ＝カトリック教会への批判運動。プロテスタントが成立。 ●政治・社会改革に発展。			
	ルター(➡②)	独	1483～1546	・ドイツで宗教改革を開始 ・贖宥状(免罪符)を発行していたローマ＝カトリック教会を批判 ・教会を通じての信仰ではなく，**聖書をよりどころとした信仰**を主張
	カルヴァン	仏	1509～64	・スイスで宗教改革を実施 ・職業は神から与えられた**天職**。職業に励むことで救いを確信できる →職業を通じた利潤追求の正当化 →近代資本主義を支える思想に
科学的精神の誕生	●観察・実験によって，ありのままの自然をとらえる態度の誕生。 ●自然には客観的・普遍的な法則があるという世界観の形成。			
	コペルニクス	ポーランド	1473～1543	・死の直前に**地動説**を唱える(教会の弾圧を恐れた)
	ケプラー	独	1571～1630	・ケプラーの3法則(惑星の運動に関する法則)を導き出す
	ガリレオ＝ガリレイ	伊	1564～1642	・天体を観測して，地動説を実証 ・宗教裁判にかけられ，自説を撤回
	ニュートン	英	1642～1727	・**万有引力の法則**を発見
モラリスト	●謙虚に生きることを主張。			
	モンテーニュ	仏	1533～92	・宗教戦争(カトリックとプロテスタントの対立)を批判。 ・**「私は何を知るか」** ＝絶対的に確かな認識はない →謙虚に生きることを主張
	パスカル(➡③)	仏	1623～62	・人間は「**考える葦**」である ・人間の悲惨さを自覚し，キリスト教の神の愛に生きることを主張

③ 人間は考える葦

Q「考える葦」とは，どういうことか?

パスカル(1623～62)
フランスの数学者，宗教哲学者。

人間はひとくきの葦にすぎない。自然のなかで最も弱いものである。だが，それは考える葦である。彼をおしつぶすために，宇宙全体が武装するには及ばない。蒸気や一滴の水でも彼を殺すのに十分である。だが，たとい宇宙が彼をおしつぶしても，人間は彼を殺すものより尊いだろう。なぜなら，彼は自分が死ぬことと，宇宙の自分に対する優勢とを知っているからである。宇宙は何も知らない。

だから，われわれの尊厳のすべては，考えることのなかにある。(『パンセ』)

(前田陽一訳『世界の名著 24』中央公論社)

解説 考えることが人間の尊厳の根拠 パスカルは，人間を偉大と悲惨の中間にただよう不安定な存在ととらえた。人間は自然の中で最も弱く，必ず死ぬ運命にあり，悲惨である。しかし自己の悲惨さを知っている(考えられる)点で偉大である。彼は，考えることが人間の尊厳の根拠であるという。

① 人間中心主義

Q 三美神はどのように変化しているか?

①古代ローマの三美神＊(1世紀)

②中世の三美神(14世紀)

③ルネサンス後の三美神…導入写真(「春」ボッティチェリ画)

＊ギリシャ神話における美と優雅の3人の女神。

解説 人間の能力を解放 ルネサンスは，古代ギリシア・ローマの学問や芸術の復興運動であったが，同時に，中世の封建的規律やキリスト教の教会権力，神中心の考えから人間の能力を解放させ，自由になろうとする運動でもあった。この時期に活躍したレオナルド＝ダ＝ヴィンチ(1452～1519，伊)は，芸術，科学，思想など諸分野で才能を発揮し「**万能人**(**普遍人**)」と呼ばれ，理想の人間とされた。

② ルターの「95か条の論題(意見書)」

第36条。真に悔い改めているならば，キリスト教信者は，完全に罰と罪から救われており，**それは贖宥状なしに彼に与えられる**

(松田智雄訳『世界の名著 18』中央公論社)

解説 ルターの宗教改革 ローマ＝カトリック教会は，犯した罪の償いが免除されるという贖宥状(免罪符)を発行・販売していた。ルターはこれを批判し，1517年に95か条にまとめた意見書を提示した。彼は，人が救済されるのは，「行い」ではなく，「信仰」であると主張する。また，ラテン語で書かれていた聖書を，広く人々が読めるようにドイツ語に訳した。彼が始めた宗教改革は，ヨーロッパ各地へと広まっていった。

メモ ルネサンス時代のイタリアの哲学者ジョルダーノ＝ブルーノー(1548～1600)は，地動説を主張し，宗教裁判にかけられた。彼は自説を撤回しなかったため，火刑に処せられた。

2 経験論と合理論

❶ フランシス＝ベーコン(1561～1626)―経験論

人物 イギリスの思想家。経験論の祖
著書 『ノヴム・オルガヌム(新機関)』
エピソード 「寒冷は腐敗を防止するか」という実験のため，メンドリの内臓を抜き，雪を詰めた。このときにひいた風邪が原因で病気になり，死去した。

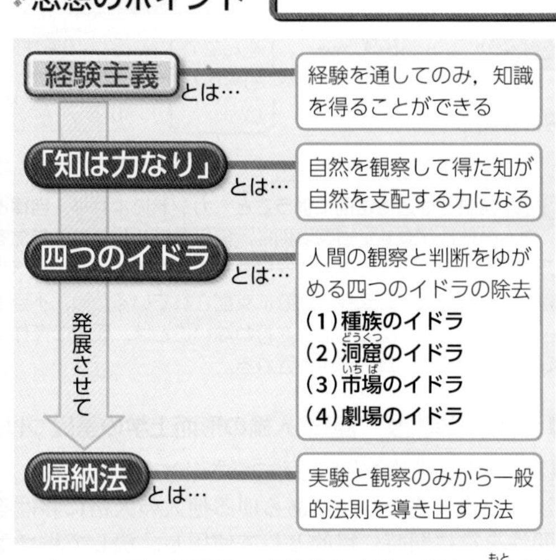

ベーコンは，科学的・実用的な実験・観察に基づく**帰納法**を提唱し，デカルトとともに近代哲学の祖といわれる。中世以来の先入観(偏見)を徹底的にとり除くために主張したのが**イドラ**(幻影，偶像)**の排除**である。

彼は，自然は観察し，服従することで知ることができ，その知識によって自然を利用する(征服する)ことで，人間の生活を豊かにできるという。真の知識とは実生活を改善する力をもつ知識であると彼は考える。

❷ デカルト(1596～1650)―合理論

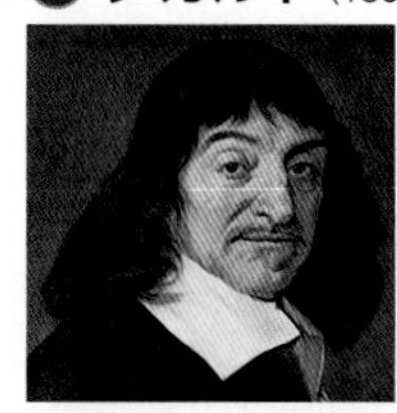

人物 フランスの哲学者。合理論の祖
著書 『方法序説』
エピソード 数学に「座標」の考え方を導入するなど，数学者としても有名である。よく使うx軸とy軸が直交する座標は「デカルト座標」といわれる。

思想のポイント

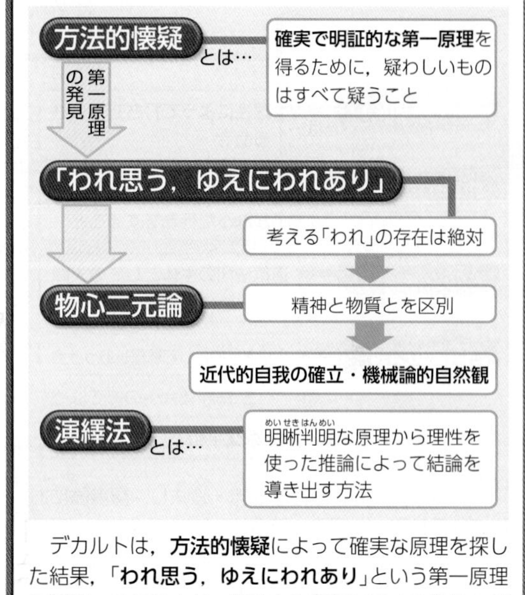

デカルトは，**方法的懐疑**によって確実な原理を探した結果，**「われ思う，ゆえにわれあり」**という第一原理に到達。これにより，精神と物質を区別する物心二元論が成立し，自然を機械的に運動するものと捉える**機械論的自然観**を支える思想となった。また，理性を正しく導く推論の方法として，**演繹法**を提唱した。

●四つのイドラ

- **種族のイドラ**…人間性そのものに根ざす，誰にも共通な偏見　例　錯覚，思い違い
- **洞窟のイドラ**…個人的な境遇，性格などによっておこる偏見　例　「井の中の蛙」
- **市場のイドラ**…言葉を不適切に使うことから生ずる偏見　例　「重い」という言葉の受け取り方は人それぞれ
- **劇場のイドラ**…権威や伝統を何も疑わずに信じることにより生ずる偏見　例　天動説を信じる

●「われ思う，ゆえにわれあり」 原典『方法序説』

……私がこのように，すべては偽である，と考えている間も，そう考えている私は，必然的に何ものかでなければならぬ，と。そして「**私は考える，ゆえに私はある**」……というこの真理は，懐疑論者のどのような法外な想定によってもゆり動かしえぬほど，堅固な確実なものであることを，私は認めたから，私はこの真理を，私の求めていた**哲学の第一原理**として，もはや安心して受け入れることができる，と判断した。

(野田又夫訳『世界の名著 22』中央公論社)

❸ 帰納法と演繹法―近代自然科学の方法

Q 帰納法と演繹法の違いは何か？

帰納法		演繹法
個別の事実から，一般法則を導き出す	内　容	前提(明晰判明な原理)から，結論を導く
カラスAもBも黒かった。だから，すべてのカラスは黒い。	具体例	すべてのカラスは黒い。だから，カラスCも黒いだろう。
限られた事例から推理するので，過度の一般化や，飛躍が起こり得る。	注意点	前提と推論の間に必然性があっても，前提自体が誤っている可能性がある。

重要用語 ㊶「知は力なり」 ㊷イドラ ㊸帰納法 ㊹方法的懐疑 ㊺「われ思う，ゆえにわれあり」 ㊻機械論的自然観 ㊼演繹法

B 人間の尊厳

1 カント (1724～1804) (➡p.13～15)

人物 ドイツの哲学者

主著 『純粋理性批判』『実践理性批判』『判断力批判』『永久平和のために』

エピソード 毎日決まった時間に散歩するのが日課だったが，ルソー（➡p.57）の『エミール』を読みふけったときは，散歩を忘れたという。

思想のポイント

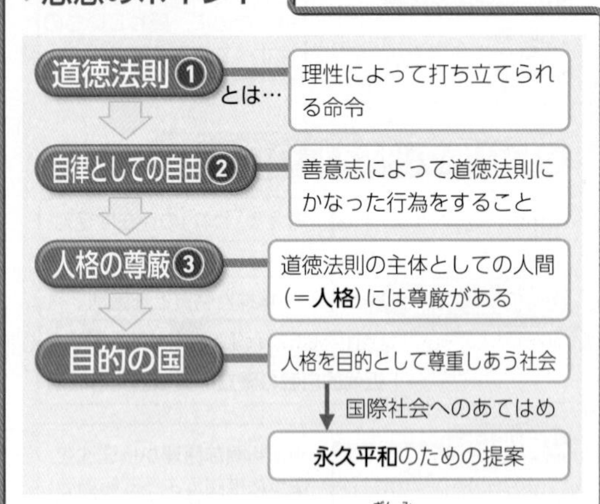

カントは，人間の理性を批判・吟味（ぎんみ）し，認識論においては経験論と合理論を統合した。道徳論では，自らの理性で**道徳法則**をうち立て，それに従って行動することが真の自由であると考えた。道徳法則の主体としての人間を**人格**と呼び，互（たが）いの人格を尊重しあう理想社会を「**目的の国**」と呼んだ。さらにこの考え方を国際社会にもあてはめ，国を人格として扱（あつか）うことを求めた。また，**永久平和**を実現するために国家の連合制度の必要性を説き，後の国際連盟設立の思想に影響を与えた。

❶ 道徳法則　原典『実践理性批判』

君の意志の格率（かくりつ）〔行動方針〕が，つねに同時に普遍（ふへん）的立法の原理として通用することができるように行為しなさい。

（坂部恵・伊古田理訳『カント全集7』岩波書店）

解説 **理性による無条件の普遍的な命令**　これは，カントの説いた最高の道徳法則である。道徳法則とは，理性によってうち立てられる道徳の命令である。普遍化できなければならないため，「…ならば～せよ」という条件付きで成立する命令（**仮言命法**）の形式ではなく，「～せよ」という無条件の普遍妥当（だとう）性をもった命令（**定言命法**）の形式をとる。

●これって道徳法則？

- **友人に好かれたいなら，正直であれ。**
  →×道徳法則ではない（正直であることが，友人に好かれるための手段になっており，仮言命法であるため。）
- **守るつもりのない約束をせよ。**
  →×道徳法則ではない（この命令を普遍化すると，約束という行為自体が成り立たなくなるため。）
- **うそをついてはならない。**
  →○道徳法則である（この命令は何かの目的のための手段ではなく，普遍化できるため。）

❷ 自律としての自由

Q カントの考える自由とは，どういうことか？

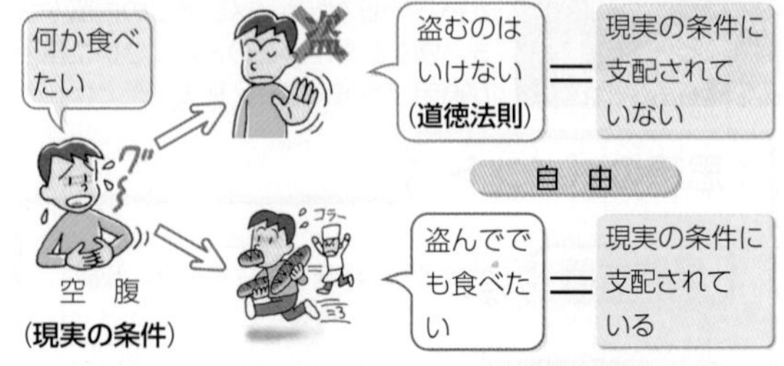

解説 **自由とは道徳法則に従うこと**　カントによれば，**自律**とは，自らの理性が立てた道徳法則に，自らを従わせることである。真の自由は，自律としての自由を意味する。空腹に負けて食べ物を盗（ぬす）むことは，現実の条件（空腹）に支配されているため，不自由とされる。一方，空腹でも盗みを行わないことは，現実の条件に支配されておらず，真の自由とされる。

❸ 人格の尊厳　原典『人倫の形而上学の基礎づけ』

Q カントは，人間をどのように扱（あつか）うべきといっているか？

汝（なんじ）は汝の人格ならびにあらゆる他人の人格における人間性を常に同時に目的として使用し，決して単に手段としてのみ使用しないように行為せよ。

（深作守文訳『カント全集第7巻』理想社）

●「手段」「目的」とは？

手段としてのみ用いる	目的として用いる
相手のことを考えず，自分の利益のためだけに商品を売る →相手を**手段**として用いている	相手が同意し，満足したうえで商品を売る →相手を**目的**として用いている

解説 **人間は理性的存在だから尊厳がある**　カントは，人間が理性に従って道徳法則を自（みずか）らうち立て，それに対する義務から自律的に行動するところに，人間の尊厳があると考えた。彼は，この道徳法則の主体としての人間を**人格**と呼び，人間以外の理性なきものと異なって，常に目的そのものとして大切にされるべきで，単なる手段としてのみ扱（あつか）ってはならないと主張した。

「かわいそうだから困っている人を助ける」行為には，道徳的な善（よ）さはない!?

カントは，道徳的に善い行為とは，道徳法則に従い，道徳法則のために行われる行為であるとした。彼は，「かわいそうだから困っている人を助ける」ことに道徳的な善さを認めず，「困っている人は助けるべきだから助ける」のだという。**動機**によって行為の道徳的善悪を判断するのが，カントの特徴である。ベンサム（➡p.40）の考え方と比較してみよう。

入試クイズ 『戦争と平和の法』を著して，国際社会には国が守るべき法があることを示したのは，カントである。○？×？（➡1，p.244 3）　答：×

2 ヘーゲル (1770～1831)

人物 ドイツ観念論の完成者
主著 『精神現象学』『論理学』『法の哲学』
エピソード イエナ(ドイツの都市)に侵攻するナポレオンを見て感嘆し,「白馬に乗って世界精神がやってきた」と友人に書き送った。

思想のポイント

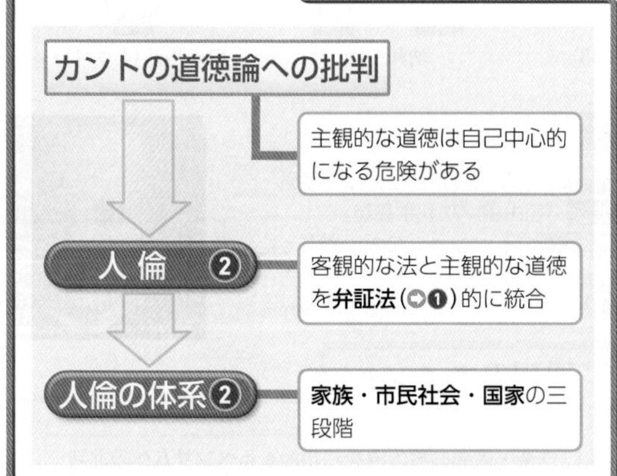

ヘーゲルは,カント同様,欲望のままに行動するのは自由ではなく,欲望を律して行動することを自由と考えた。しかし,カントが理性の立てた道徳法則に従うことで自由になると考えたのに対し,ヘーゲルは理性の立てた道徳は自己中心的になる危険があると考え,自由はまず現実社会の法によって実際に保障されるべきと考えた。そして,客観的な法と主観的な道徳を**弁証法**的に統合させたところに,**人倫**という真の自由があると主張した。人倫には,家族,市民社会,国家の三段階があるとし,国家を人倫の最高形態とした。

ヘーゲルは,自由を本質とする絶対精神という原理がすべての矛盾・対立を総合し,存在するものはすべて弁証法的に発展すると考えた。彼は,歴史もまた,弁証法的に必然性をもって発展すると考えた。

❶ 弁証法

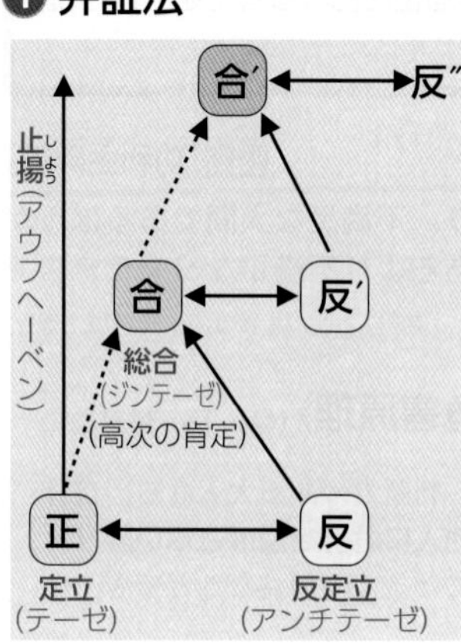

解説 **変化・発展の法則** ヘーゲルは真理を固定したものでなく,変化のうちにあるものとして捉え,その変化の法則を**弁証法**と呼んだ。弁証法とは,**矛盾と統一の法則**であり,**正**(定立),**反**(反定立),**合**(総合)という3つの段階を繰り返して発展する過程である。あらゆる存在は矛盾する要素が対立し,否定し合い,そこから本質的なものを保存しつつ,より高次の肯定(総合)へと発展していく。この総合・発展への運動を**止揚**(アウフヘーベン)という。

ヘーゲルの弁証法は,社会主義のマルクス(➡p.41)や,実存主義のキルケゴール(➡p.42)に影響を与えた。

❷ 人倫

カントも人間の本質を自由と捉えたが,それを内面的な自律的自由としたのに対して,ヘーゲルは**自由とは現実の社会のうちに実現されるべき**であると考えた。

まず自由は,**法**として客観的に保証される。しかしそれは抽象的・形式的なものにすぎない。次に,主観的・内面的な**道徳**として現れる自由は,外界とのかかわりをもたないので,自己中心的に流れる危険がある。そこで,法の形式性・客観性と道徳の内面性・主観性を弁証法的に統一し,共同体の秩序として実現された自由が,真の自由であるとされる。彼はそれを**人倫**と呼んでいる。

人倫は**家族・市民社会**を経て,**国家**の段階へと弁証法的に発展する体系をもつ。家族は自然の情愛による結びつきで個々の独立性に欠け,市民社会は利害の対立や自由競争によって全体のまとまりが欠けやすい。そこで**国家は,家族(全体性)と市民社会(個別性)が止揚され総合された最高の人倫の形態**と考えられた。

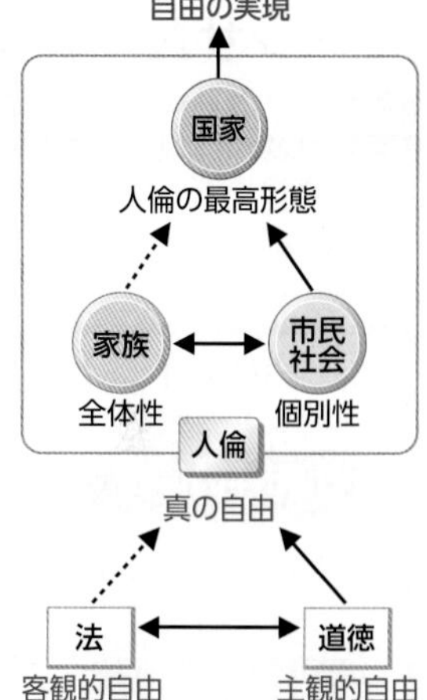

EYE アダム=スミスと「共感」の理論

共感という心の作用 イギリスの経済学者・哲学者であるアダム=スミス(1723～90)は,人間の利己心に基づく行動が社会全体の福祉につながると説いた(➡p.158)が,同時に,人間の心には他人の感情を想像する「**共感**(シンパシー)」という作用があり,これが**利己心に折り合いをつけさせる**と考えていた。スミスは,人はそれぞれの心の中に,中立的で利害関係がなく公正な「**公平な観察者**」をもっているという。そして,人は,共感の能力を使って公平な観察者が自分の行為をどう思うかを想像し,公平な観察者によいと認めてもらえる行為をしようと努力するという。

▲アダム=スミス

● フェア・プレイとは

富と名誉と出世をめざす競争において,彼はすべての競争者を追い抜くために,できるかぎり力走していいし,あらゆる神経,あらゆる筋肉を緊張させていい。しかし,彼がもし,彼らのうちの誰かを押しのけるか,投げ倒すかするならば,観察者たちの寛容は完全に終了する。それは,フェア・プレイの侵犯であって,観察者たちが許しえないことなのである。(『道徳感情論』)

(堂目卓生『アダム・スミス』中公新書)

重要用語 ㊽人格〔カント〕 ㊾弁証法 ㊿人倫

C 功利主義

(◯p.13～15，55，346)

1 功利主義とは

イギリスで起こった産業革命は，裕福な資本家階級を生み出した。この時期に，功利主義の思想家は，**個人の幸福と社会の幸福との関係**を考察した。

功利主義では，**快楽を求め苦痛を避けることが，道徳的な善悪の基準**になる。功利とは役立つということ。快楽(幸福)を生み出すのに役立つかどうかで行為の善悪を判断するため，功利主義という。

● 功利主義と他の倫理学説との関係

結果はどうであれ，道徳法則のために行う行為が，善い行為だ。(**動機主義**)

動機はどうであれ，**結果**として幸福を増大させる行為が，善い行為だ。

功利主義は，社会全体の幸福を個人に**どのように分配するかを考えていない**点が問題だ。

対立　批判

カント(◯p.38)　功利主義　ロールズ(◯p.47)

2 ベンサム (1748～1832)

人物 イギリスの哲学者，法学者

主著 『道徳および立法の諸原理序説』

エピソード 遺言(ゆいごん)により，遺体(いたい)はミイラにされ，現在もロンドン大学に保管されている。

思想のポイント

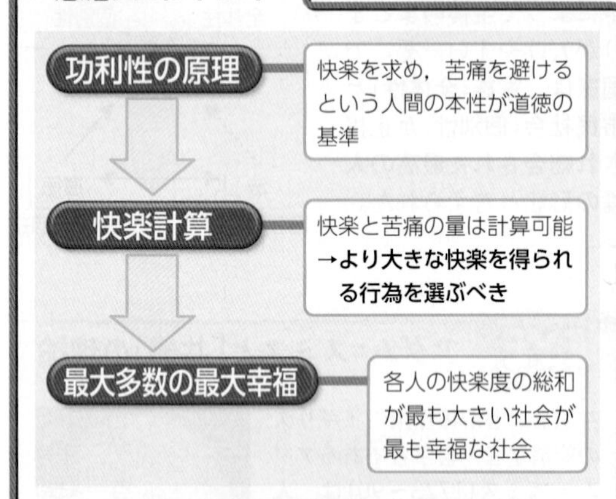

ベンサムは，**快楽を道徳的善，苦痛を道徳的悪とし**，さらに**快楽と苦痛の価値を数量化して計算できる**と考えた。彼は，個人と社会の幸福を一致(いっち)させるために，刑罰や社会的非難などの外的強制力が必要であると主張した。また，**最大多数の最大幸福**という考え方をもとに，少数の権力者が多数の市民を支配することを批判し，**代議制民主主義の必要性**を主張した。

● 功利性の原理　原典『道徳および立法の諸原理序説』

自然は人類を苦痛と快楽という，二人の主権者の支配のもとにおいてきた。**われわれが何をしなければならないかということを指示し，またわれわれが何をするであろうかということを決定するのは，ただ苦痛と快楽だけである。**一方においては善悪の基準が，他方においては原因と結果の連鎖が，この二つの玉座(ぎょくざ)につながれている。……

功利性の原理とは，その利益が問題になっている人々の幸福を，増大させるように見えるか，それとも減少させるように見えるかの傾向によって，……すべての行為を是認(ぜにん)し，または否認する原理を意味する。

(山下重一訳『世界の名著 38』中央公論社)

3 J.S.ミル (1806～73)

人物 イギリスの哲学者，経済学者

主著 『自由論』『功利主義論』

エピソード ベンサムの友人であった父の教育への反動から無気力に陥(おちい)ったことを契機(けいき)に，ベンサムの理論の修正に向かった。

思想のポイント

快楽・苦痛の量のみを問題とする**ベンサム**への批判

質的功利主義 ❶ — **高級**な快楽＞**低級**な快楽　**精神的**快楽＞**肉体的**快楽

社会全体の幸福

個性の発展のために — 他者に危害を及(およ)ぼさない限り，**自由**を認める ❷

ベンサムが快楽の量のみを問題としたことに疑問をもったミルは，**快楽には量だけでなく質があり**，高級な快楽は低級な快楽よりも，また精神的快楽は肉体的快楽よりも，質的に優れているとした。彼の立場は，**質的功利主義**という。また，個人や社会の幸福のために個性の自由な発展を重視したミルは，**他者に危害を及ぼさない限り，個人の自由を認める**考えを示した(**他者危害原理**)。

❶ 質的功利主義　原典『功利主義論』

満足した豚であるより，不満足な人間であるほうがよく，満足した愚者であるより不満足なソクラテスであるほうがよい。

(伊原吉之助訳『世界の名著 38』中央公論社)

❷ 他者危害原理(危害原理) (◯p.13，343)

ミルの自由主義の原則　判断力のある大人なら，自分の身体と心に関して，**他人に危害(きがい)を及ぼさない限り**，たとえその決定が当人にとって不利益なことでも，自己決定の権限をもつ。

解説 自由はどこまで認められるか　ミルによると，個人の自由は最大限尊重されるべきだが，**他者に危害を及ぼす場合のみ，制限されなければならない**。これを，**他者危害原理(危害原理)**という。

J.S.ミルは，他者に何ら危害を及ぼさない限り，個人の自由は最大限尊重されるべきであるとして，個人の利益と社会の利益との調和を重んじた。(◯C3❷)　答：○

D 社会主義

1 マルクス (1818〜83) (➡p.158，223)

人物 ドイツ出身の科学的社会主義の創始者

主著 『共産党宣言』『資本論』

エピソード ドイツで生まれたが，フランスやベルギーへの移住・追放をへて，ロンドンに亡命した。

思想のポイント

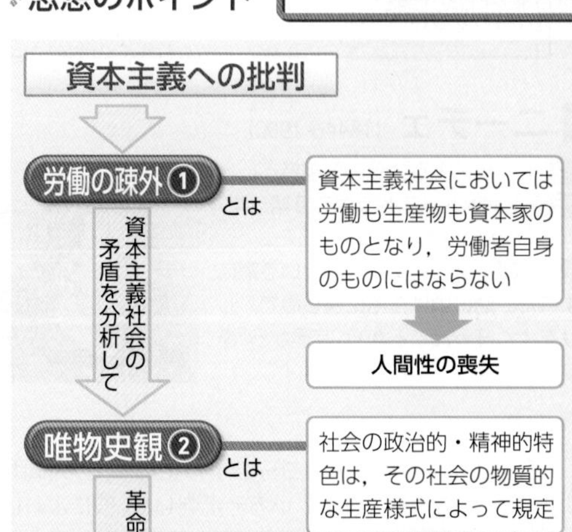

マルクスは，資本主義社会において，労働者が生産物や労働そのものから**疎外**され，人間性を喪失することを批判した。そして，資本主義社会の矛盾を歴史的にとらえ，**唯物史観**(**史的唯物論**)と呼ばれる理論体系を確立し，労働者階級の団結による革命(階級闘争)を理論づけた。

のちに，マルクスに影響を受けたロシアの**レーニン**(1870〜1924)は，革命を通じて世界で初めての社会主義国家を建設した。

❶ 労働の疎外

本来は…	資本主義社会では…	結　果
労働の生産物は労働者の手に入る	生産物は資本家の手にわたる	労働生産物からの疎外
労働は人間であることを自覚するためのもの	資本家のための労働，命をつなぐためのみの苦役	労働そのものからの疎外
人間は社会的連帯の中で生きる類的存在	労働に連帯を感じられず，個人の生存の手段になる	類的存在からの疎外（人間性の喪失）

解説 **資本主義社会における労働を批判** マルクスは，資本家と労働者という雇用関係で成り立つ資本主義社会では，労働は労働者を疎外するものでしかなくなると考えた。

❷ 唯物史観(史的唯物論)

上部構造〈イデオロギー・制度〉

↑ 規定

下部構造〈生産様式〉 ← 下部構造の変化

生産関係〔生産手段の所有関係〕→ 固定

↑規制　↓影響

生産力〔労働手段・技術〕→ 発展

矛盾 →

解説 **生産様式が意識を規定する** 唯物史観は，発展の原動力を人間の生活(労働による生産)に求める。「資本家と労働者」のような生産関係は固定化傾向をもつが，生産力は発展する。この時，生産関係が生産力の発展を妨げる矛盾から革命が起こり，新しい生産関係を作り出す。そして，下部構造の変化が上部構造のイデオロギーや制度を変化させると考えた。

E プラグマティズム

1 プラグマティズム(実用主義)とは

プラグマティズムとは，**行為・行動の実際的効果を重んじる思想**で，19世紀のアメリカで生まれた。

プラグマティズムの誕生以前は，ピューリタンの思想が大きな影響を及ぼしていたが，当時のアメリカでは，教会のしきたりに従って生きることよりも，**自分たちの力で考え，行動していくことが求められた。**

プラグマティストたちは，人間独自の特性は，**人間の精神が行動を通じて何かを引き起こしたり，作り出したりすることにある**と考え，新しい人間観を打ち出したのである。

●初期プラグマティスト

◀**パース**(1839〜1914) プラグマティズムの創始者。観念や概念のもつ意味は，思考ではなく行動によって確かめられると考えた。

◀**ジェームズ**(1842〜1910) 思想や観念の真理の基準は，実生活に対する有用性である(**真理の有用性**)と説いた。

2 デューイ (1859〜1952)

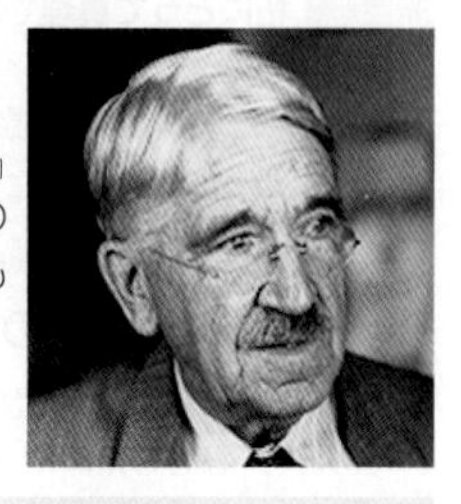

人物 アメリカの哲学者，教育学者，社会心理学者

主著 『民主主義と教育』『哲学の改造』

エピソード 23歳のときにパースの論理学の講義を聞いたが，失望するものであった。

思想のポイント

デューイは，生活上の様々な問題に直面した時，その解決のために最善の方法を選び，試みる実験的行動こそが真の人間的行動であると考えた。そして，知性や観念は行動のための道具であり(**道具主義**)，問題を解決し，新しい方向を示していく**創造的知性**によって個人の習慣が変化し，人間性の改造がなされれば，それが社会の改造に結びつき，真の民主社会が実現するという。

重要用語 ㊶功利主義 ㊷最大多数の最大幸福 ㊸他者危害原理(危害原理)

F 実存主義

1 実存主義とは

19世紀後半，産業革命の進行で人間の生活は物質的に豊かになった。その反面，個々の人間は画一化・平均化された大衆の一人となっていった。この時代背景のもと，個々人の内面的な**主体性を回復しよう**と生まれたのが実存主義である。「**実存**」とは今ここにいる人間の**現実存在**のことであり，抽象的・一般的な人間の共通性(本質)に対し，**具体的・個別的な人間の存在**が真実であることを意味する。実存主義は，生・死・愛・苦悩などの根源的な人生体験を重視し，他と取りかえのきかない個別者としての人間を強調する。

● 実存主義の流れ

2つの立場	19世紀	20世紀
有神論的実存主義 (神とのかかわりの中で実存を確立)	キルケゴール (デンマーク)	ヤスパース(独)
無神論的実存主義 (神を前提としないで実存を確立)	ニーチェ(独)	ハイデッガー(独) サルトル(仏)

2 キルケゴール (1813～55)

人物 デンマークの思想家，実存主義の先駆者

主著 『あれかこれか』『死に至る病』

エピソード 22歳の時，相次ぐ家族の死は，父が幼い頃，飢えと寒さから神を呪った罪によるものと知り，自ら「大地震」と呼ぶほどの衝撃を受けた。

思想のポイント

キルケゴールは，客観的真理ではなく**主体的な真理**を追究しようとした。彼は，人の生き方を3段階の発展として考えた。第1の段階は**美的実存**で，享楽を求めて生きる段階である。しかし，むなしさから挫折し，倫理的義務に生きる**倫理的実存**の段階へ移行する。しかし，この段階でも倫理的使命を忠実に実現できないことから挫折し，**宗教的実存**の段階へ移行する。この段階では，ただ一人の**単独者**として神の前に立ち，信仰によって絶望を乗り越え，主体性を回復できるという。

● 主体的な真理　原典『ギーレライエの手記』

……私にとって真理であるような真理を発見し，私がそれのために生き，そして死にたいと思うようなイデー[理念]を発見することが必要なのだ。いわゆる客観的真理などをさがし出してみたところで，それが私に何の役に立つだろう。 (桝田啓三郎訳『世界の名著40』中央公論社)

解説 **私にとって真理であるような真理** キルケゴールは，内向的な性格から，孤独・不安・絶望に満ちた青年時代を送った。彼にとっての真理は，客観的な真理ではなく，ほかならぬ自分が一人の人間として生きるための個別的・主体的な真理であった。

●愛するがゆえの苦悩

キルケゴールは24歳の時，14歳の美しい少女レギーネと出会い，恋をした。出会いから3年後，彼はレギーネに求婚し婚約するが，その翌年，一方的に婚約を解消する。理由は彼の内面的な苦悩(自ら「大地震」と名づけた深刻な罪の意識)のためであった。彼女を愛すれば愛するほど，自分は彼女にふさわしくないという自責の念が増す。彼は，自ら誘惑者の汚名を着ても，愛するがゆえに彼女と別れることを選んだ。

3 ニーチェ (1844～1900)

人物 ドイツの実存主義の先駆者

主著 『ツァラトゥストラはこう語った』『力への意志』

エピソード 父も祖父も牧師という家に生まれた。幼い頃は非常にまじめで，しつけをよく守ったことから，友達から「小さな牧師さん」と呼ばれていた。

思想のポイント

ニーチェは，19世紀末のヨーロッパにおいて，人間が卑小化し，生の意義を失っていると批判した。彼によれば，この原因は弱者を正当化するキリスト教道徳にあるという。彼は，キリスト教道徳の構造が暴かれ，崩壊に追い込まれていくことを**ニヒリズム**といい，**「神は死んだ」**と宣言した。そして，キリスト教によらず，自己自身を強化・向上させる「力への意志」を実現して生きる理想的な人間を**超人**と呼んだ。また，人間は無意味な生を無限に繰り返すと考え，この無意味な生の繰り返しに耐え，それを絶対的に肯定して愛すること(**運命愛**)が大切であると説いた。

● ニーチェが考えるキリスト教道徳

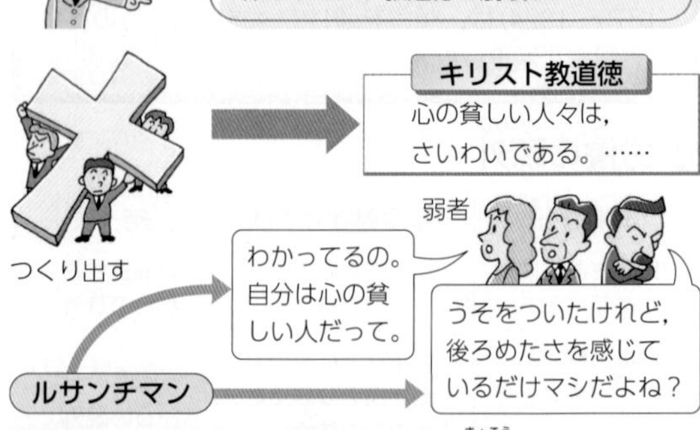

解説 **キリスト教道徳は弱者がつくった虚構** ニーチェは，キリスト教道徳を根底から否定した。彼はこう主張する。キリスト教道徳は絶対的な神を土台に，正義や愛といった道徳的善悪を規定している。しかし，絶対的な神は弱者がつくり出した虚構である。なぜつくり出す必要があったのか。それは，絶対的な神を想定することで，絶対的存在にはなりえない自己を正当化できるからである。よって，キリスト教道徳は弱者の強者に対する**怨恨(ルサンチマン)**が生み出したものである。

メモ サルトルとボーヴォワールは，「他の男性や女性と自由につき合うことを互いに認めること。でも隠し事はしないこと」を条件に契約結婚した。

4 ハイデッガー (1889～1976)

人物 ドイツの実存哲学者
主著 『存在と時間』
エピソード ナチスを支持する講演を行い，第二次世界大戦後，一時大学での教職から追放された。

思想のポイント

ハイデッガーは，周囲の人と同じように考えふるまい，世間に従うあり方を**ひと(世人，ダス-マン)**と呼び，非本来的と捉えた。そして，本来的自己をどう回復するかを考えた。彼は，人間が生まれた以上は必ず死を迎えることを重視し，「**死への存在**」と表現した。「ひと」としての人間は，死を当分はまだこないもの，さしあたって自分と無関係なものと考えている。しかし実は，死はあらゆる瞬間に可能であり，切迫した問題である。このことを自覚するところに，本来的自己を見出し，本来的自己として主体的に行動する可能性が生まれるという。

5 ヤスパース (1883～1969)

人物 ドイツの実存哲学者
主著 『現代の精神的状況』『哲学』『理性と実存』
エピソード ナチスの弾圧下で，ユダヤ人の妻と離婚することを求められたが，断固として応じず，大学教授の職を免職された。

思想のポイント

ヤスパースによれば，人間は誰もが，死・苦悩・争いなど，避けることのできない状況(**限界状況**)に直面せざるをえない。限界状況に直面した人間は自己に絶望するとともに挫折を経験する。しかし，絶望と挫折を通して自己の有限性を自覚したとき，人間は自分をこえた，世界のすべてを包み込んでいる**超越者**(**包括者**)の存在を感じとることができる。この超越者との関わりのなかで，自己を見出した人間同士は，互いに対立しながらも交わり(連帯性)をもち，自己本来の生き方(実存)を成立させていく。

6 サルトル (1905～80) (➡p.18 3)

人物 フランスの実存主義哲学者，作家
主著 『存在と無』『実存主義とは何か』
エピソード 第二次世界大戦中は対ドイツレジスタンス運動に参加し，戦後はハンガリー民族運動の支援やベトナム戦争反対運動などにも参加した。

思想のポイント

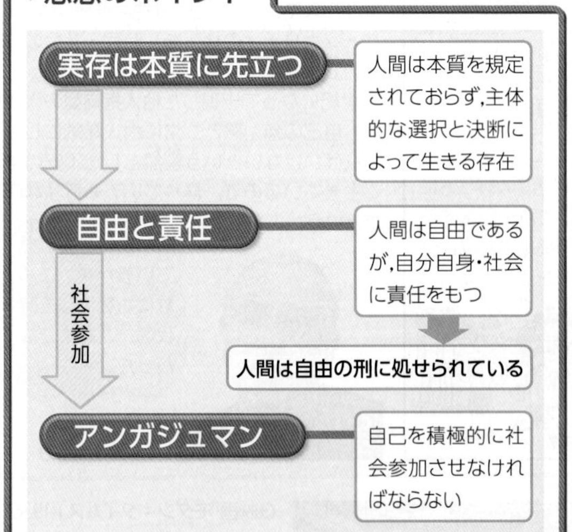

サルトルは，人間は，「人間とは」という本質があらかじめ規定されているものではなく，一人ひとりの実存が本質に先立って存在していると考え，それを「**実存は本質に先立つ**」と表現した。実存としての人間は全く自由であるが，誰も頼りにせず自分で物事を選択・決定しなければならないから，孤独である。また，自由であるがゆえに，なすこと一切に責任がある。その意味で自由は人間にとってかえって重荷となる。それをサルトルは，「**人間は自由の刑に処せられている**」という。そこから彼は，現実の状況を直視しての**社会参加(アンガジュマン)**の必要性を説いた。

● アンガジュマン　原典『実存主義とは何か』

もし私が結婚し，子供をつくることを望んだとしたら，……私はそれによって，私自身だけでなく，人類全体を一夫一婦制の方向へアンガジェ*するのである。こうして私は，私自身に対し，そして万人に対して責任を負い，私の選ぶある人間像を創りあげる。私を選ぶことによって私は人間を選ぶのである。

*engager(フランス語)…ここでは「拘束する」の意味。

(伊吹武彦訳『実存主義とは何か』人文書院)

解説 **自由な選択と責任**　サルトルによれば，人間が自由に選択することは，選んだものに価値付けをすることであり，全人類にひとつの人間像を示すことである。つまり，自らが選択した行為の全責任を引き受けなければならないことを意味する。そして，人間は与えられた状況の中に自己を拘束し，自己を積極的に社会参加させること(**アンガジュマン**)により，社会をつくり変えていかなければならないと説いている。

(➡p.81)

EYE ボーヴォワールと女性論

▲ボーヴォワール

ボーヴォワール(1908～86)は，フランスの女性作家，思想家。15歳のころから作家を志し，女性論『**第二の性**』(1949)で世界的名声を得た。また，サルトルのよき理解者であり，サルトルと互いの自立性を尊重した**契約結婚**をし，その関係は生涯続いた。

個人の**自由意志**の尊重を思想の根幹とした彼女は，『第二の性』において「**人は女に生まれるのではない，女になるのだ**」と述べ，女性を規定するものは身体ではなく，男性を主体とする文化であるとする女性論を論じた。彼女は自由な女性であるには，自らをつくるものとして，つねに実存の喜びに満たされるものでなければならないと考え，女性解放運動の思想的原点となった。

G 構造主義

構造主義とは　ものや事象を理解するとき，それ自体を独立したものとして理解するのではなく，**複数のものや事象の関係に注目し，その関係の全体（構造）から理解する**方法・思想である。
　構造主義は，人間の自由な主体性を強調するサルトル（➲p.43 6）の実存主義に対し，**主体はその背後にあるシステム（構造）の影響を無意識のうちに受けている**と考える。この考え方は，主体的な人間が社会を進歩させたと考える近代西欧思想への根本的な批判となった。

1 レヴィ-ストロース（1908～2009）

人物　フランスの人類学者
主著　『親族の基本構造』『野生の思考』
エピソード　無意識の領域にある構造が人間の考えや行動を規定していると指摘し，主体性を主張するサルトルを『野生の思考』で痛烈に批判した。

思想のポイント

　西洋社会は，西洋的でない民族社会を野蛮で遅れたものとみなしてきた。レヴィ-ストロースは，ブラジル奥地の先住民族など，様々な民族社会を調査し，彼らの「**野生の思考**」が文明社会の科学的思考と同じように論理性をもつことを示した。そして，西洋中心主義の偏見を批判し，**文化相対主義**を説いた（➲p.30 4，275）。

2 フーコー（1926～1984）

人物　フランスの哲学者
主著　『狂気の歴史』『言葉と物』『監獄の誕生』
エピソード　世界各地で講演し，政治活動も行った行動派の思想家であった。

思想のポイント

　「人間」はつくられたものとし，人間中心主義を批判した。近代の「人間」という存在は，自らを理性的，自立的と思わせることによって，**狂気や異常を排除し，理性や正常を求める価値観に従う「主体」になる。これら「主体」は，監視し合い，規制し合って社会の権力構造をつくりだしてきた。**監獄，病院，学校などにもこの構造があるという。

H 大衆社会をよみとく思想

1 他人指向型の人間－リースマンの類型

Q 他人指向型の人間とは，どのような特徴をもつか？

	伝統指向型	内部指向型	他人指向型
時代	前近代	近代	20世紀
社会	封建的で閉鎖的な変化の小さい社会	資本主義が急速に発展する流動的で開放的な社会	工業化・都市化し，大量生産・大量消費が行われる社会
特徴	・伝統・権威に服従する ・血縁集団への帰属意識が強い 権威　伝統	・自分の良心に従う ・主体的・自律的に行動する 良心	・他人や世間のあり方に敏感でこれに同調する ・匿名の権威（世論など）に影響を受けやすい

解説　**「孤独な群衆」**　アメリカの社会学者**リースマン**は，主著『孤独な群衆』の中で，パーソナリティの構造を，時代・社会のあり方と関連させて，3つの型に分類した。20世紀になって出現した**他人指向型**の人間は，自己の無力感と，常に他人を気にしなければいけないという漠然とした不安の中で生きているので，群れていても孤独なのだという。

人が自分をどう見ているかを，こんなにも気にした時代は，これまでなかった。

◀リースマン（1909～2002）

2 官僚制（ビューロクラシー）の弊害

Q あなたの身の回りで，次のようなことはないだろうか？

◀映画「モダン＝タイムス」（1936）
現代の人間が巨大化した組織の中で，人間性を喪失していることを風刺した作品として有名。チャップリン扮する労働者は，歯車の中に巻き込まれ，機械の一部のように同じ労働を繰り返す。

解説　**合理的な理念に反する弊害**　官庁や企業，学校などの組織を能率よく管理・運営していくしくみを**官僚制**という。ドイツの社会学者**マックス＝ウェーバー**（1864～1920）は，大衆民主主義の出現や貨幣経済の発展を条件として，近代西欧社会において官僚制が進行することを分析した。しかし官僚制が進行すると，その合理的な理念に反する，規則万能主義や権威主義などの弊害も生み出された。

リースマンは，流行に敏感であったり，周囲の人の行動に合わせようとしたりする人々の性格を「内部指向型」と呼んだ。○？×？（➲H 1）　答：×

I フランクフルト学派

フランクフルト学派とは 20世紀初めに設立されたドイツのフランクフルト社会研究所に集まった知識人たちの総称。**ホルクハイマー，アドルノ，フロム**(後に学派を離脱)などがいる。彼らの多くはユダヤ人だったため，ナチス政権下では迫害を逃れるため国外へと亡命，研究所も閉鎖された。

戦後，ホルクハイマーとアドルノが研究所を再建。**ヨーロッパの思想が重視してきた近代理性と，それによる啓蒙を疑い，ファシズムを可能にした人間のパーソナリティを分析した。**また，再建後の研究所からは，**ハーバーマス**が輩出されている。

1 「啓蒙」「近代理性」への批判

文明から野蛮への転落 ホルクハイマー(1895～1973，独)とアドルノ(1903～69，独)は，ユダヤ人の家庭に生まれ，ナチスが政権をとると亡命し，戦後ドイツに戻った。彼らは，**啓蒙が野蛮から文明への進歩ではなく，文明から野蛮への転落の過程であった**と主張した。近代理性は，自然を人間の支配下に置くという啓蒙の過程において，やがて「**道具的理性**」となり，人間自身を画一的な統制や抑圧的支配下に置いた。このために，啓蒙された近代文明において，ファシズムのような反文明的な事象が起こったと，彼らは論じた。

ホルクハイマー

アドルノ

道具的理性 近代文明の発展の中で，自然を支配するための形式的・技術的な手段(=道具)となってしまった理性のこと。

2 権威主義的パーソナリティ

権威への服従・同調 主体性を失い，孤独と不安を抱えた人々が，外在的な権威に服従したり，画一性に同調したりすることで，自己の不安を埋めようとする社会的性格(ある社会の成員に共通した性格)を，**権威主義的パーソナリティ**という。**フロム**(1900～80)は，ナチスを支持したドイツの人々の心理を念頭に置き，近代人は封建的束縛から解放されて自由を手に入れた反面，孤独や無力感にさらされるようになり，それに耐えきれず「**自由からの逃走**」を行い，権威に対して服従・同調するようになったと論じた。

フロム

ヒトラー(1938年，ニュルンベルク)
フロムによると，第一次世界大戦敗戦により不安定な立場に陥ったドイツの中産階級は，ナチ党に分別なく服従することでマゾヒズム的欲望を満たし，人種的政治的少数者を支配することでサディズム的欲望を満たすことができたという。

J 公共性の復権

1 コミュニケーション的理性(対話的理性)

市民的公共性の喪失 18～19世紀には，社交界のサロンや喫茶店(コーヒー・ハウス)などのように，身分差を超えて語り合う場があった。しかし，19世紀後半から国家による介入とマスメディアの成立によって，このような**市民的公共性**が失われ，「文化を論議する公衆」は「文化を消費する公衆」へと姿を変えてしまったとハーバーマス(1929～，独，p.343C)はいう。

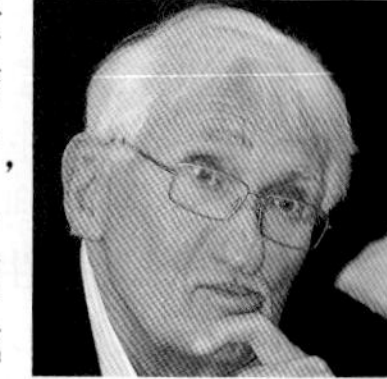
ハーバーマス

コミュニケーション的理性 ハーバーマスによると，人間の理性には認知的・道具的な側面だけではなく，相互の了解をめざす**コミュニケーション的理性(対話的理性)**が内在しているという。彼は，人々が対等の立場で互いを尊重し，コミュニケーション的理性を働かせながらお互いに了解できる**合意**をつくり上げていくことが，現代社会の問題を合理的に解決するために大切であると説く。

2 他者の尊重

複数性の重視 アーレント(1906～75)は，人間の活動力を**労働，仕事，活動**の3つに区別する。労働は生命を維持していくための営み，仕事は家具や機械，自然環境とは異なる「人工的」な世界をつくり出す営み，そして活動は，人と人との間で言葉を通して行われる，言論や共同の行為である。彼女は活動を最も重視する。労働と仕事は基本的に個人の営みであるが，活動は必ず**他者**を必要とし，人間の「**複数性**」を前提としている。

アーレント

公共空間の衰退 彼女は，活動が行われる場を**公共空間(公共性の領域)**と呼び，古代ギリシアのポリスをモデルとする。近代資本主義社会では，公共空間が衰退し，「**社会的領域**」という新たな領域が拡大しているという。社会では，構成員は平等であるが，**人間の複数性・多様性は制限される**。彼女は，こうした状況が全体主義を受容する基盤になると考えた。

●「陳腐」な悪

1961年，アーレントは，ナチス親衛隊の中佐としてユダヤ人を収容所に移送する実務を取り仕切っていたアイヒマンの裁判を傍聴した。

彼女が見たアイヒマンは，ユダヤ人を憎む凶悪で残忍な人物ではなく，ヒトラーの定めた「法」の精神に従い，葛藤なく義務を果たす「陳腐」な官僚であった。アーレントによると，彼は自分の頭で善悪の判断をしない「無思想」の状態であったという。無思想のまま「わかりやすい」政治に同調することは，全体主義につながりかねない。

証言台に立つアイヒマン

K ヒューマニズムの思想

1 生命への畏敬

シュヴァイツァーは，機械化・組織化された現代文化が，人間の尊厳をおろそかにしていることを指摘した。アフリカの原生林での医療とキリスト教の布教に尽くしながら彼が到達したのは，「**人間は生きようとする生命に囲まれた生きようとする存在**」であるということであった。そして，生命の維持・促進をもたらすものを善，生命を否定し傷つけるものを悪であると考えた。「**生命への畏敬**」とは，自分の命と同様に，他のすべての生命を神聖なものとして尊重し，その営みを助けともに生きようとすることである。

１輪の花も折らず，１匹の虫も踏みつぶさないように注意する。……倫理とは，なべて生きとし生けるものへの，無辺際に拡大された責任である。

(氷上英廣訳『シュヴァイツァー著作集第７巻』白水社)

シュヴァイツァー(1875～1965)　フランスの神学者，哲学者，医師。30歳のときアフリカでの医療奉仕を決意し，医学の勉強を開始。38歳でアフリカに渡り，医療活動や布教活動を行った。1952年，ノーベル平和賞を受賞。

2 暴力の否定

Q 非暴力主義とはどのような考え方だろうか?

「インド独立の父」と呼ばれるガンディーの思想の中心は，**サチャーグラハ(真理の把握)**である。そのための方法として，**アヒンサー(不殺生)**の実践を説いた。アヒンサーとは，いっさいの生命を同胞と考えて傷つけず，暴力を否定することである。また，真理の把握のためのアヒンサーを貫くには，**自己浄化(ブラフマチャリヤー)**が必要だと説いた。自己浄化とは，人間だけにみられる自己抑制の能力によって，身体と精神を浄化し，純潔を保つことである。「真理は心の清らかでない者にはけっして実現されないだろう」というのが彼の信念であった。

真理の追求とは，敵対者に向かって暴力をふるうことではなく，忍耐と思いやりによって相手の間違った考えを捨てさせることであるということを……私は発見しました。

(マハートマ・ガンディー著，鳥居千代香訳『ガンディーの言葉』岩波書店)

ガンディー(1869～1948)　非暴力主義で反英闘争を展開し，インドの独立をもたらした。独立後，国内で対立するヒンドゥー教とイスラーム(イスラム教)の融和のための集いで暗殺された。

解説 非暴力と自己浄化の徹底　ガンディーは，絶対の真理を自己と社会において具体的に実現するために，非暴力と自己浄化の徹底した実践を説いた。社会的には，**スワラジ**(自治・独立)，**スワデシ**(国産品愛用)をスローガンに，反英闘争を展開した。

3 キング牧師と公民権運動

非暴力による公民権運動　アメリカでは，第二次世界大戦後も，黒人の選挙権が事実上制限されていた。**キング牧師**は，人種差別の撤廃を訴えた公民権運動の指導者である。バス・ボイコット運動から広がった公民権運動に26歳で参加して以来，何度も反対派の暴力を受けたが，キリスト教の教えとガンディーの思想に影響を受けた彼は，「暴力には魂の力で応えなければならない」と説き，非暴力による運動を展開した。

公民権法の制定　奴隷解放宣言から100周年の年，1963年８月28日には，彼の指導で20万人がワシントン記念塔広場に集まった。この翌年，公民権法が制定され，キング牧師は**ノーベル平和賞**を受賞した。しかし1968年，志なかばにして凶弾に倒れた。

I have a dream.　私には夢がある。それは，いつの日か，私の４人の小さな子どもたちが，肌の色によってではなく，人格そのものによって評価される国に生きられるようにすることだ。

(1963年ワシントン大行進での演説)

キング牧師(1929～68)

4 愛の実践

愛されていないと感じることは，とても恐ろしい病気です。

マザー＝テレサ(1910～97)　現在の北マケドニアで出生。1950年にインド国籍を取得。「神の愛の宣教者会」「死を待つ人の家」などを設立した。

平等と隣人愛　マザー＝テレサは，キリスト教の教えである「神の前の平等」と「隣人愛」を貫き通した人である。彼女は，この世の最も大きな苦しみは**孤独，愛されていないと感じること**であると考え，貧しさや病などに苦しみ，世の中から見捨てられていると感じている人々に寄り添い，献身し続けた。

国境や宗教を超えて　彼女の行動は，宗教や民族を超え，世界中の人に愛の大切さを伝えた。1979年にその功績が認められ，**ノーベル平和賞**を受賞した。

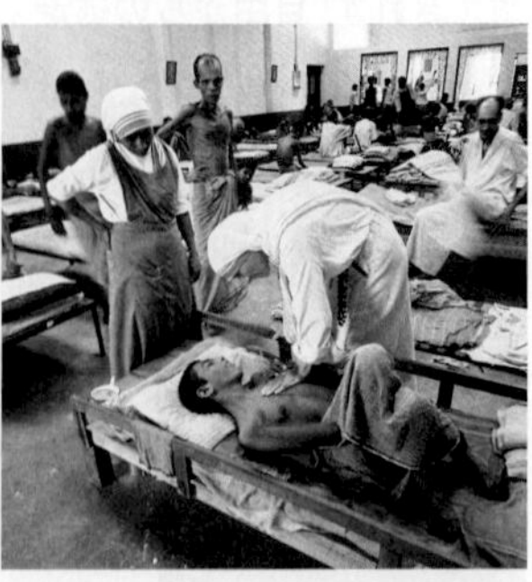

救済活動を行うマザー＝テレサ　この世に無駄な命は１つもないと考え，「あなたも私も生まれてきてよかったですね」などとほほ笑んで語りかけ，支え続けた。彼女は，ほほ笑み・笑顔が世界中の人々の心の中から憎しみや権力への執着の心を消すと説いた。

入試クイズ　J.ロールズは，恵まれない人々の状況が改善されるという条件のもとでのみ，生まれつき恵まれた人々がその利益を得ることが許容されるという考え方を示した。○？×？(p.47 1)　答：○

L 現代の思想

1 ロールズ (1921〜2002) (➡p.14・15，223)

人物 アメリカの哲学者
主著 『公正としての正義』『正義論』

正義は社会の諸制度の第一の徳目である。

思想のポイント

原初状態 ―「無知のヴェール」をかぶせられ，自分の能力・属性を知らない状態

↓ 社会契約

公正としての正義

第一原理…平等な自由の原理
基本的な自由はすべての人に平等に分配される
第二原理…基本的な自由以外の財の分配ルール
実際に生じる社会的・経済的不平等は次の２条件を満たすものでなければならない。
①**公正な機会均等の原理**：全員に平等な機会を与え，公正に競争した結果の不平等であること
②**格差の原理**：社会で最も不遇な人々の境遇を改善するための不平等であること

ロールズは，最大化した集団の幸福を個人にどのように分配するかを問題にしない**功利主義を批判**した。そして，**社会契約説**を再構成する方法で，「**公正としての正義**」と呼ばれる功利主義に代わる原理をつくった。

ロールズは以下のように論を進める。社会を形成する前の原初状態では，人は自分の能力・地位といった属性について何も知らない（「**無知のヴェール**」をかぶせられている）と仮定する。**この原初状態から社会契約を結ぶと，どの人も自分がどのような人であるかを知らないため，貧富の差が大きくなるような原理を避けるだろう**。この前提のもとで，彼は，公正としての正義の原理が承認されるとした。

2 アマルティア＝セン (1933〜)

人物 インド出身の経済学者・倫理学者，ノーベル経済学賞受賞者
主著 『合理的な愚か者』

潜在能力(ケイパビリティ)とはすなわち，人間の生命活動(ファンクショニング)を組み合わせて価値のあるものにする機会であり，人にできること，もしくは人がなれる状態を表わします。
（東郷えりか訳『人間の安全保障』集英社）

思想のポイント

・**満足度（快楽）のみ**を考える**功利主義**への批判
・**財の分配のみ**を考える**ロールズ**への批判

↓

人間は満足度と財との間で多様な人生を実現するもの

↓

潜在能力(ケイパビリティ) ― **選びうる人生の選択肢の幅。** この概念で平等を考えるべき。

センはロールズの考え方を継承しつつ，ロールズの正義論が財の分配の平等のみを考えており，年齢や体格の違いなどによって各人のニーズが異なることを捉えきれない点を批判した。そして，**潜在能力(ケイパビリティ)**という新しい概念を考えた。これは，**「何を実現したのか」「何を実現しうるか」という人生の選択肢の幅**である。彼は，潜在能力のうち，特に基本的なもの（衣食住，自由に移動できることなど）は平等化すべきと主張した。

センは潜在能力を**貧困問題**にも用いた。貧困とは基本的な潜在能力の欠如。貧困状態にある人が豊かになるためには，所得を増やすだけでなく，基本的な潜在能力をもたせることが必要で，識字率や衛生状態の向上も重要であるという。この考え方は，**人間の安全保障**（➡p.281）という概念の土台にもなっている。

EYE 現代の「正義」とは何か？

ロールズの立場は**現代的リベラリズム**と呼ばれ，社会に広く影響を及ぼした。**リバタリアニズム**（自由至上主義）や**コミュニタリアニズム**（共同体主義）はリベラリズムを批判的に継承し，現代の「正義」について追求している。

現代的リベラリズム	「個人の自由と権利」と，「社会全体の福祉の増大」を両立する，公正な社会を追求する思想。主な思想家…ロールズ，センなど
リバタリアニズム（➡p.14，223）	社会的な平等よりも，個人の自由の確保と，国家権力の制限を重視。「**最小国家**」を要求する立場。主な思想家…ノージックなど
コミュニタリアニズム（➡p.14）	共同体の中で共有されている価値や**共通善**（公共善），**共同体への愛着**などを重視する立場。主な思想家…サンデル，ウォルツァーなど

●ノージック(1938〜2002)

アメリカの哲学者・法哲学者。ロック（➡p.57）を思想のモデルとし，巨大化する国家の権力から，どのように個人の自由を守るべきかを構想。国家は，暴力・盗み・詐欺からの保護，契約の執行などに限定した**最小国家**であることを主張，所得の再分配にも反対する。

●マイケル＝サンデル(1953〜)

アメリカの政治哲学者。ロールズは，伝統や文化などから独立した自我を想定し，正義を構想しているが，実際には人間は特定の共同体の中で生きている。独立した自我をもとに構想する正義には限界があると批判。そして，「**共通善にもとづく政治**」を提唱する。

重要用語 ㊷生命への畏敬 ㊸アヒンサー（不殺生） ㊹公正としての正義 ㊺潜在能力(ケイパビリティ)

3 日本の文化と思想

ねらい
- 先哲が人間をどのようにとらえたかを理解しよう。
- 日本人固有の宗教観・倫理観を知り，様々な文化や宗教を受容する中で，どのような思想を発展させたか考えよう。
- 自らのあり方・生き方について考えてみよう。

世の中に絶えて桜のなかりせば
春の心はのどけからまし
（在原業平『古今和歌集』）

A 日本の伝統的な宗教観・倫理観

1 古代日本人の信仰の対象

Q 古代日本人が恐れ敬うべき神として信仰した対象は何か？

自然

雨・雷・風などの**自然現象**や，太陽・月・海・山・木・岩などの**自然物**を，神もしくは神が宿る対象として拝む。

三輪山（奈良県）　麓の大神神社は，三輪山をご神体とする。

人工物

鏡，玉，剣などを神が宿る対象として拝む。

死者の霊・動物

- **祖霊信仰**や**御霊信仰**（不運の死を遂げた人間が怨霊となって天災や病気をもたらさないよう，御霊として祀る信仰）。
- ヘビやイノシシなどの**動物**を神の化身として信仰。

灯篭流し　死者の霊を弔うお盆の行事。

八百万神への信仰

人から見て強いと感じるものを恐れ敬い，**カミ（神）**として祭り，信仰の対象とした。

解説 **原始宗教は多神教**　仏教や儒教が伝来する前の古代日本の宗教は，**自然崇拝**中心の**多神教**であった。古代日本人にとって，自然はその威力を恐れるとともに，恵みをもたらす感謝すべき対象であった。そこから，自然の中に神を見出して崇拝したり（**アニミズム**），自然と調和して生きようとする態度が生じ，神々も人間と連続的な存在であると考えられた。多種多様の神の総称を，**八百万神**という。日本の八百万神への信仰は，神を唯一絶対・超越的な存在とし，人間との連続性を否定する**ユダヤ教**，**キリスト教**，**イスラーム**（⇨p.35）とは大きく異なる。

> **アニミズム**　自然界における様々な霊的存在への信仰のこと。アニマ（anima）はラテン語で「霊魂」の意味。

2 『古事記』*の神話－創世の神々

Q 「おのずから」の働きは，創世神話でどのように描かれているか？

　天と地が初めて分かれた時，高天原に成り出でた神の名は，天之御中主神，次に高御産巣日神，次に神産巣日神。この三柱の神はみな配偶をもたない単独の神として成り出で，姿をお見せにならなかった。次に，国土がまだ，水に浮かぶ脂のように形を整えず，くらげのように漂っていた時，葦がすくすくと芽吹くように混沌の中からきざし伸びる生命体によって成った神の名は，宇摩志阿斯訶備比古遅神，次に天之常立神。この二柱の神も単独神として成り出で，姿をお見せにならなかった。……次に伊邪那岐神，次にその妹の伊邪那美神。

（荻原浅男校注・訳『日本古典文学全集１』小学館より）

＊712年成立。古代日本人の思想を研究する貴重な資料。

3 禊ぎと祓い

禊ぎ	川や海の清らかな水で，罪や穢れを洗い清めること。
祓い（祓え）	神に祈って，罪や穢れを取り除くこと。

茅の輪　6月の大祓で各地の神社に設置される。大祓は，宮中や各地の神社で毎年6・12月に行われる儀式。

解説 **水で流す**　古代日本人は，共同体の秩序を乱し，不幸をもたらす天災や病気などを**罪・穢れ**とした。**禊ぎ**と**祓い**の背景には，罪・穢れは外から付着したもので，清らかな水で洗い流せば，人はもとの穢れのない姿に戻れるという考え方がある。

4 日本人の倫理観

Q 日本人はどのような心情を大切にしてきたか？

（相良亨『相良亨著作集5　日本人論』ぺりかん社などより）

古代	中世	近世	近代	現代
清き明き心 私心のない明朗な心	正直（せいちょく） 私利・私欲のない心	誠・正直 人を欺かない心	誠（愛） 善行為の根本となる心	誠実

・『古事記』『日本書紀』 ・『万葉集』・聖徳太子	・鎌倉仏教の開祖たち	・伊藤仁斎・石田梅岩 ・幕末の志士	・西田幾多郎（⇨p.53 1）	・現代人の理想

解説 **純粋さの尊重**　古代日本人は，嘘・偽りがなく，純粋で私心のない心（**清き明き心**，**清明心**）を理想とした。こうした心情の純粋さを尊重する考え方は現代まで一貫しており，西洋の客観的な規範・普遍的な法則を重視する考え方と大きく異なる。

メモ　四国八十八箇所の霊場を巡礼する遍路は，若いころ四国の山中で修行していた空海（⇨p.49 3 2）にゆかりがあるとされる地を巡るものである。江戸時代に流行するようになり，現在も巡礼者は絶えない。

B 仏教の受容

1 日本仏教の展開

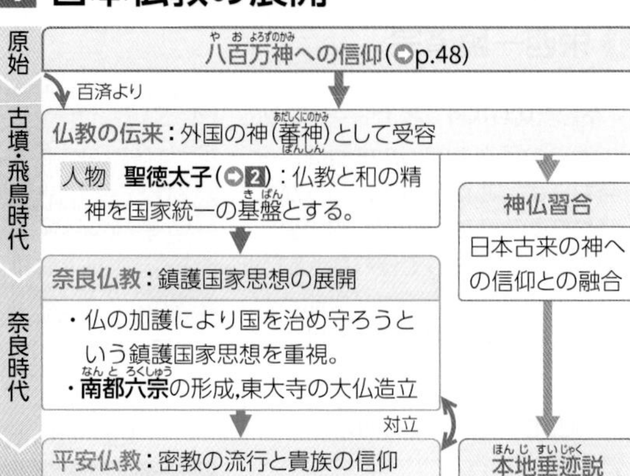

東大寺僧形八幡神像

解説 **鎮護国家の仏教から身近な仏教へ**　仏教の日本への公的な伝来は６世紀中頃。仏教は古来の**八百万神**への信仰と融合しながら，日本で受け入れられていった。奈良時代，鎮護国家思想のもとで，朝廷は仏教の興隆を図った。平安時代，唐で学んだ**最澄**や**空海**が，独立した宗教としての主体性をもつ平安仏教を展開した。平安時代末期以降，最澄が創建した比叡山延暦寺で学んだ**法然**や**道元**らによって，様々な宗派が誕生し，庶民へ広まっていった。

2 仏教に基づく政治

原典『憲法十七条』

伝聖徳太子像

一に曰く，和を以て貴と為し，忤ふること無きを宗と為す。……
二に曰く，篤く三宝を敬い，三宝は仏法僧なり。……
十に曰く，忿を絶ち瞋を棄てて，人の違うことを怒らざれ。人みな心あり。心各執れることあり。彼是すれば我は非す。我是すれば彼は非す。我必ず聖にあらず。彼必ず愚にあらず。共にこれ凡夫ならくのみ。是く非き理，誰かよく定むべけん。……
（『日本書紀』）

解説 **和の精神**　聖徳太子(厩戸王)(574〜622)が，貴族たちに国家の役人としての心得を示すものとして制定したとされる憲法十七条には，仏教，儒教，法家の影響がみられる。第１条で示されている「**和の精神**」は，もとは『論語』(p.33 1)によるものだが，協調性を重視する日本人の考え方の源流ともいえる。また，第10条では，仏の前にあっては，賢者も知者も愚者も鈍者も凡夫であるという点で，人はみな平等であるという人間観を示した。仏教の本質の理解の上に成り立つものと言える。

3 平安仏教

Q 平安仏教の特徴は何か？

❶ 最澄—天台宗

最澄(767〜822)

思想のポイント

最澄は，唐に渡り天台の教え・大乗仏教の戒律・密教・禅の思想を学んで日本にもち帰り，**日本天台宗**を開いた。奈良仏教の学派は人の素質・能力などによって，悟りを得て成仏できるかどうか区別されるという立場をとっていたが，最澄はこれを批判し，「**一切衆生悉有仏性(すべての生きるものが，悟る可能性である仏性をもち，成仏できる可能性をもっている)**」と主張した。最澄が創建した比叡山延暦寺では，後の鎌倉仏教の各宗派の開祖たちなど，多くの僧侶が修行を積んだ。

❷ 空海—真言宗

空海(774〜835)

思想のポイント

空海は，唐で密教を学び，帰国して**真言宗**を開いた。彼は密教こそ最高の教えとし，人間がこの世で生きたまま大日如来(宇宙の真理)と一体化して成仏できるとする**即身成仏**の道を説いた。真言宗は，国家の安寧や個人の健康・幸せなどの**現世利益**(現実の世界で得る神仏の恵み)を得るために，呪術的な**加持祈禱**を行う宗教として，貴族や朝廷からの信仰を集めた。

密教　神秘的で秘密の教え。教義は師から弟子へ内々に伝えられる。大日如来を宇宙の根本真理そのものと考え，あらゆる仏・菩薩などは大日如来の使者もしくは化身で，知恵と慈悲のあらわれとする。経典だけでなく儀式などを通して**大日如来**と一体化し，俗身のまま成仏すること(即身成仏)を目的とする。

EYE 現代日本人に多い仏教宗派は？

日本に根付いた仏教

現代日本の仏教系の宗派の多くは，教義の変更や分裂を繰り返してはいるものの，奈良・平安・鎌倉仏教にその起源をさかのぼることができる。最も多いのは，浄土宗や浄土真宗などの浄土系の宗派である。また，約18万ある社寺・教会などの宗教法人のうち，約５割が神道系，約４割が仏教系である。

● 仏教信者の内訳

(2017年)

宗派	%
浄土系	47.1
日蓮系	24.2
真言系	11.2
禅系	9.8
天台系	6.2
奈良仏教系など	1.5
総計	4800万5889人

(『宗教年鑑』)

注：文部科学大臣所轄の仏教系の宗教団体における信者数。都道府県知事所轄・その他分を含まない。

重要用語 66八百万神　67清き明き心(清明心)

C 鎌倉仏教

1 各宗派の開祖と特色

	宗派	開祖	特色
浄土教系	浄土宗 浄土真宗	法然 親鸞	専修念仏 絶対他力
禅宗系	日本曹洞宗	道元	只管打坐，身心脱落
法華宗系	日蓮宗	日蓮	唱題，法華経中心

注：栄西は禅宗系の臨済宗を宋で学び，日本に伝えた。

解説 **末法思想と浄土信仰**　平安時代後期，戦乱や飢饉など現実世界の乱れとともに，救いのない絶望的な「**末法**」の時代が1052年に始まるという仏教の時代観である**末法思想**が流行し，阿弥陀仏を信仰すれば来世で極楽浄土に生まれることができるという浄土信仰が広まった。その中で，すべての人を救おうという**大乗仏教**の思想から，様々な新しい宗派が誕生し，庶民に受け入れられていった。

平等院鳳凰堂　藤原頼通が1053年に建立。阿弥陀如来像を安置。

2 浄土教系 Q 修行の特徴は何か？

❶ 法然―浄土宗

法然（1133～1212）

思想のポイント

法然は，お金をかけて仏像や塔をつくることや厳しい修行を往生の条件とすれば，貧しい民衆は救われないと考えた。そして，末法の世ですべての人が救われるには，すべてのものを必ず往生させようと誓った**阿弥陀仏を信じて，「南無阿弥陀仏」と唱える称名念仏の修行をひたすら行うこと（専修念仏）で往生できる**と説く**浄土宗**こそがふさわしいと説いた。

❷ 親鸞―浄土真宗

一切の自力を捨て，阿弥陀仏の慈悲を信じれば，ただ１回でも「南無阿弥陀仏」の念仏を唱えようと思った瞬間に，極楽往生が約束されるのだ。

親鸞（1173～1262）

思想のポイント

親鸞は法然のもとに入門し，越後（新潟県）への流罪や，僧侶には禁止されていた肉食妻帯を行う生活の実践を通して深く内省した結果，自らが煩悩多き罪深い人間であると自覚し，法然の教えを独自の視点で捉え直していった。その結果，阿弥陀仏の慈悲を信じるのみとする**絶対他力**を説き，自己の罪業を自覚する者こそ救われるという**悪人正機説**を説いた。また，すべては阿弥陀仏のはからいであり，念仏さえも阿弥陀仏の力によって唱えさせられている（**自然法爾**）という立場をとった。

3 禅宗系 Q 浄土教系との違いは何か？

❶ 栄西―臨済宗

思想のポイント

宋で臨済禅を学んだ栄西は，自力による修行を積み，悟りが開かれることを強調した。帰国後，坐禅の修行を通じて優れた人物を育成すれば鎮護国家が可能と説き，鎌倉幕府の保護を受けた。

栄西（1141～1215）

写真：宝慶寺提供

❷ 道元―日本曹洞宗

世も家も捨て，迷いの源泉である自己意識も完全に捨てる。生活のすべてを修行とすることが悟りである。

道元（1200～53）

思想のポイント

道元は宋で師事した曹洞宗の僧（如浄）の教えを受け継ぎつつ，独自の思想を展開した。彼は末法思想を真の教えではないと否定する。そして阿弥陀仏の救い（他力）を信じる浄土教系の宗派に対して，自力による修行をすすめた。道元は，**一切を捨ててただひたすら坐禅すること（只管打坐）**で，**ありのままの自己が現れる**と説いた。これが**身心脱落**であり，悟りの境地である。修行の結果として悟りが得られるのではなく，**修行と悟りは一つのものである（修証一等）**と説いた。

坐禅中の曹洞宗の僧（永平寺）　曹洞宗の坐禅は，壁に向かって坐り，念仏などの行は行わない。一方，臨済宗では坐禅をくみながら，公案（師が修行者を悟りに導くために与える問題）を解く。

4 法華宗系

● 日蓮―日蓮宗（法華宗）

日蓮（1222～82）

思想のポイント

日蓮は，仏陀の教えが集約されている**法華経**こそ末法の世を救う最高の教えであると確信した。彼は，「**南無妙法蓮華経**」の題目を唱えること（**唱題**）で成仏できると主張し，人々が法華経を唯一の拠り所とし，教えを固く信じれば，国家は救われるとした。そして，念仏を唱える浄土宗をはじめ他宗を徹底的に批判したため，相次ぐ迫害を受けた。

＊写真：千葉県市川市浄光院所蔵

メモ　中江藤樹（◎p.51）は，彼の家の庭に藤の老木があったことから「藤樹先生」と呼ばれるようになったという。

D 儒教の受容と国学

儒学の学派	朱子学派	林羅山(1583〜1657)	**朱子学**(宋で朱子が大成した儒学)を重視し，江戸幕府公認の官学とする基礎を築いた。人間には上下の秩序・差別があるという**上下定分の理**を強調して封建的な身分秩序を肯定した。
	陽明学派	中江藤樹(1608〜48)	外面的・形式的な秩序を重視する朱子学に疑問をもち，**心の内面と実践を重視**する独自の倫理観を確立した。武士だけでなく，すべての人の道徳の根源を「**孝**(天地自然や人間の世界を一貫する原理)」に求め，人は心にある善悪を判断する能力(**良知**)を働かせ，行為によって良知を実践すべき(**知行合一**)と説いた。
	古学派	山鹿素行(1622〜85)	**朱子学を批判**し，孔子(➡p.33)や周公の教えを直接学ぶべきと主張する**古学**を提唱した。
		伊藤仁斎(1627〜1705)(➡❶)	『論語』『孟子』の意味を明らかにすることで，孔子・孟子の思想を文献的に実証しようとした(**古義学**)。孔子・孟子の教えの根本である「**仁**」とは「**愛**」であり，仁愛は，「**誠**」の心をもって，日常生活の中で**忠**(自分を偽らないこと)と**信**(他人を欺かないこと)を実践すれば実現されるという。
		荻生徂徠(1666〜1728)	儒教で理想の君主とされる古代中国の聖人たちによって人為的につくられた道(先王の道)は，**経世済民**(世を治め，民を救うこと)を目的にしており，**礼楽刑政**という社会制度として具体化される。こう説いた彼は，自然にできた秩序に従うべきとする**朱子学を批判**した。
国学		賀茂真淵(1697〜1769)	日本古来の道を明らかにするためには古語の研究が必要であると，『万葉集』研究に取り組んだ。
		本居宣長(1730〜1801)(➡❷)	『古事記』などの古典研究を通して，日本古来の道(古道)を明らかにしようとした。古道とは神の御心のままの道，つまり，**惟神**の道であるとした。それは，儒教や仏教など中国思想から影響を受けた心である**漢意**を排除した，ありのままの素直な**真心**に従う生き方である。『源氏物語』に見られる「**もののあはれ**」の感情は真心の現れであると説いた。**国学の大成者**といわれる。
		平田篤胤(1776〜1843)	古道を神秘的にとらえて宗教化を図った(**復古神道の完成**)。神から日本人に与えられた純粋で素直な真心，つまり大和心(御国魂)で神とその子孫である天皇を崇拝すべきと説いた。

解説 **江戸時代の思想**　**江戸時代**は，太平の世でいかに生きるべきかが問われ，人々は**儒学**からその答えを得ようとした。儒学は，支配者層である**武士の学問**として，また，庶民の**実践的な道徳**として社会に浸透した。一方，『古事記』や『万葉集』などの古典を分析して，仏教や儒教を受容する以前の**日本固有の精神**を明らかにしようとする**国学**も発展。人々に藩の枠を超えた国家意識を自覚させて尊王論の形成を促し，明治維新の原動力になった。

❶ 誠　原典『語孟字義』

伊藤仁斎

誠は道の全体だ。だから聖人の学は，必ず誠を根本にし，そして，その多くのことばは，みな人に誠を尽させる方法でないものはない。**いわゆる仁義礼智，いわゆる孝弟(悌)忠信は，みな誠をその根本にし**，そして誠でないと仁が仁でなく，義が義でなく，礼が礼でなく，智が智でなく，孝弟忠信もまた孝弟忠信であることができない。このために「誠でなければものはない」といわれる。だから，誠の1字はじつに儒学の頭脳であり，聖人の考えを学ぶ者の目標であって，なんと徹底して偉大なものであろうか。　(三宅正彦訳『日本の思想 11』筑摩書房より)

❷ もののあはれ　原典『源氏物語玉の小櫛』

本居宣長

物のあわれを知るとは何か。「あはれ」というのはもと，**見るもの聞くもの触れることに心の感じて出る嘆息の声**で，今の世の言葉にも「あゝ」といい，「はれ」というのがそれである。たとえば月や花を見て，ああ見事な花だ，はれよい月かなといって感心する。「あはれ」というのは，この「あゝ」と「はれ」との重なったもので，漢文に嗚呼とある文字を「あゝ」と読むのもこれである。

……**何事にしろ感ずべきことに出会って感ずべき心を知って感ずる**のを，「物のあはれを知る」というのであり，当然感ずべきことにふれても心動かず，感ずることのないのを「物のあはれを知らず」といい，また心なき人とは称するのである。　(西郷信綱訳『日本の名著 21』中央公論社)

解説 **「源氏物語」の評価**　本居宣長によれば，「**もののあはれ**」とは，人が物や事に触れたときに，しみじみと素直に感じる心のことで，この心を知り，身につけた人を「**心ある人**」と評価した。この点で『源氏物語』の光源氏をきわめて魅力的な人物とした。

江戸時代の町人・農村の思想

❶ 石田梅岩
(1685〜1744)

商人の買利(売利)は士の禄に同じ

正直と倹約　道徳的にいやしいと罪悪視されていた商人の営利活動を肯定。また，身分は職業による区別であり，すべての人は，自分の職分に満足し，**正直**と**倹約**を守って職分に励むべき(**知足安分**)と説いた。

❷ 安藤昌益
(1703？〜62？)

人は直耕して食衣備わるなり

万人直耕の自然世　自ら耕さずに食を農民から貪る**不耕貪食**の徒が法を作って支配する，封建制の社会を**法世**と呼び批判。人は本来平等で，自然の真の営みに従って万人が農業に従事し自給自足する，**万人直耕**の社会である**自然世**を理想とした。

E 西洋思想の受容と日本近代思想の形成

分類	人物	説明
西洋思想の原型の受容	佐久間象山 (1811～64)	江戸末期の朱子学者。封建的な儒教の精神を保ちつつも，西洋の科学技術を積極的に受容して国力を充実させるべきとし，**「東洋道徳，西洋芸術」**といった。この「**和魂洋才**」の考え方は明治維新後の日本の近代思想においても引き継がれた。
西洋思想の紹介	福沢諭吉 (1834～1901) (➡❶，149)	明治時代の啓蒙思想家，教育者。西洋文化を積極的に受容することによって日本の封建性を打破することを試みた。すべての人間を平等とする**天賦人権論**や，実用的な西洋学問(実学)を学んで一身の独立をはかるべきとする**独立自尊**を説いた。そして，**一身(個人)の独立を基礎とする国家の独立を主張し，脱亜論**(日本は独立維持のため，アジアの枠を脱し，他国に負けない資本主義経済をめざすべきという思想)を説くに至った。
自由民権思想	中江兆民 (1847～1901)	明治時代の思想家。ルソー(➡p.57)の『社会契約論』を翻訳して紹介。**東洋のルソー**と呼ばれ，自由民権運動を精神的に支えた。人民の権利を，人民が自由・平等を自ら獲得した「**回復的(恢復的)民権**」と，統治者から与えられた「恩賜的民権」とに区別し，日本は**恩賜的民権を回復的民権にかえていくべき**と主張した。
キリスト教と日本固有の精神との融合	内村鑑三 (1861～1930) (➡❷)	札幌農学校在学中にキリスト教に入信し，アメリカへの留学経験などを通して信仰を深めた。彼は，自らの信念を「**武士道に接ぎ木されたるキリスト教**」と表現。清廉潔白な道徳心を支柱とする武士道の精神をもつ**日本**(Japan)こそ，**イエス**(Jesus)の教えを真に根付かせることのできる国であるとし，この**二つのJ**に生涯をささげることを決意した。また，**日露戦争**(1904～05)**に対しては，激しく非戦論を展開**した。それは，最も正義にかなっていると思われる戦争でも，許されるものではないという，絶対平和論である。しかし，その声もむなしく開戦となると，社会運動から身を引き，専ら信仰による人々の内なる心の改造に努めた。
	新渡戸稲造 (1862～1933) 	札幌農学校で内村鑑三らとともにキリスト教の洗礼を受けた。国際社会に日本民族の精神的伝統として**武士道**を紹介。この武士道によってこそ，キリスト教の日本化が完成すると考え，教育家として学生たちを指導した。58歳のときに国際連盟事務次長に就任し，国際理解と世界平和のために活躍。しかし日本は1933年に国際連盟を脱退した。
内発的開化の必要性	夏目漱石 (1867～1916) (➡❸)	明治の日本の文化を，外国からの圧力によって余儀なくされた，**外発的開化**であると批判した。これを自然発生的な**内発的開化**とするには，主体的な個人の確立が不可欠であると考え，**個人主義の立場から，自我を追求する「自己本位」の生き方を求めようとした**。その結果，自己の**エゴイズム**を見つめざるを得なかったが，晩年には私心を去り，天地自然の理法に身を任せる「**則天去私**」の考えに至っている。

❶ 天賦人権論　原典『学問のすゝめ』

福沢諭吉

天は人の上に人を造らず人の下に人を造らずといえり。されば天より人を生ずるには，万人は万人皆同じ位にして，生れながら貴賤上下の差別なく，万物の霊たる身と心との働きをもって天地の間にあるよろずの物を資り，もって衣食住の用を達し，自由自在，互に人の妨げをなさずしておのおの安楽にこの世を渡らしめたもうの趣意なり。されどもいま広くこの人間世界を見渡すに，かしこき人あり，おろかなる人あり，貧しきもあり，富めるもあり，……その有様雲と泥との相違あるに似たるは何ぞや。その次第はなはだ明らかなり。実語教に，人学ばざれば智なし，智なき者は愚人なりとあり。されば**賢人と愚人との別は学ぶと学ばざるとによりて出来るものなり**。

(『現代日本思想大系 2』筑摩書房)

解説 **学問の意義を説く** 『学問のすゝめ』の冒頭部分。諭吉は，賢愚・貧富などの差は，学問をするか否かによるとして，生まれながらの身分があるとする封建的身分秩序を否定した。

❷ 二つのJ　原典『失望と希望』

内村鑑三

私共に取りましては愛すべき名とては天上天下唯二つあるのみであります，其一つは**イエス**でありまして，其他の者は**日本**であります，是れを英語で白しますれば其第一はJesusでありまして，其第二はJapanであります，二つともJの字を以て始まって居りますから私は之れを称して Two J's即ち**二つのジェーの字**と申します，イエスキリストのためであります，日本国のためであります，私共は此二つの愛すべき名のために私共の生命を献げようと欲う者であります。

(『近代日本思想大系 6』筑摩書房)

❸ 真の個人主義　原典『私の個人主義』

夏目漱石

第一に自己の個性の発展をしとげようと思うならば，同時に**他人の個性も尊重**しなければならないということ。第二に自己の所有している権力を使用しようと思うならば，それに附随している**義務**というものを心得なければならないということ。第三に自己の金力を示そうと願うなら，それに伴う**責任**を重んじなければならないということ。つまりこの三ヵ条に帰着するのであります。

(『日本の名著 42』中央公論社)

メモ　西田幾多郎(➡p.53 1)の20代の頃の日記に「１日になすべき事は，その日の朝これを定め，必ずこれを断行す！」とある。この言葉は，宗教的ともいえる強い意志で生涯を貫いた西田の人生を象徴するものである。

F 独創的な思想

1 西田幾多郎 (1870～1945)

人物 近代日本の独創的な哲学者

主著 『善の研究』

エピソード 禅に対して深い関心をもっていた。西田哲学の独創性は，彼自身の参禅修行によるところが大きい。

思想のポイント

西田は**真の実在**を追究した。一般に西洋哲学では，主観と客観，我と物，精神と物質を分離・対立させて考える。西田は，この二元論を否定し，主観と客観の区別がなく未分化(**主客未分**)な状態における経験を**純粋経験**といい，純粋経験こそ真実在であるといった。

純粋経験

解説 **主客未分の状態とは** 西田によると，主客未分な状態とは，美しい音楽に心を奪われ，我を忘れているような状態であり，このような瞬間の経験こそが，真の実在である。「真の実在は音楽を聴いている自分か，空気の振動か」といったことを考える時は，すでに真の実在を離れている。

哲学の道(京都府) 若王子神社から慈照寺(銀閣)までの，約2kmの小道。西田が思索にふけりながら散策したことから，この名が付いたといわれている。

3 民俗学の研究

柳田国男 (1875～1962) 	**人物** 日本民俗学の創始者 **主著** 『遠野物語』『先祖の話』『海上の道』 「日本人とは何か」を問い続けた。文献研究中心の歴史学を批判し，無名の民衆(**常民**)の歴史に注目。各地の民間信仰や昔話などの習俗の調査・研究を重視する**日本民俗学**を確立した。柳田によれば，常民は，死者の霊は村落近くの山へ行き，一定期間を経て氏神と融合すると考えていたという。
折口信夫 (1887～1953) 	**人物** 国文学者，歌人(号は釈迢空) **主著** 『古代研究』『死者の書』『海やまのあひだ』 柳田から影響を受けた。折口によれば，古代日本人は，死者は海のかなたにある他界(**常世**)に行くと考え，常世から来訪し村落に幸福をもたらす神(**まれびと**)を信仰の対象にしたという。

2 和辻哲郎 (1889～1960)

人物 倫理学者

主著 『倫理学』『風土』『古寺巡礼』

エピソード 20歳の頃は作家をめざし，谷崎潤一郎らと文芸誌を創刊したり，夏目漱石に師事したりするなど，意欲的に活動していた。

思想のポイント

西洋近代の個人主義的な人間観からの脱却を図った。日本の伝統である，共同社会の中で他者と心情的に関わりながら生きる社会的存在としての人間を重視。人間は個人として存在するとともに，人と人との関係において存在する**間柄的存在**と考えた。彼は，倫理は人と人との間柄にあるもの，つまり社会存在の理法であり，倫理学を**「人間」の学**ととらえた。また，日本人は，古くからの文化と新しく取り入れた文化をともに生かして独自の文化を築いてきたとして，**日本文化の重層性**を説いた。さらに，自然と人間が歴史的に関わってきた環境を**風土**ととらえ，世界の風土の3類型を『風土』に著した。

❶ 人間の学としての倫理 原典『倫理学』

倫理問題の場所は孤立的個人の意識にではなくしてまさに人と人との間柄にある。だから倫理学は人間の学なのである。人と人との間柄の問題としてでなくては行為の善悪も義務も責任も徳も真に解くことができない。

(『倫理学(一)』岩波文庫)

❷ 風土の3類型

モンスーン型(南・東南アジア，東アジア沿岸部)	豊かな恵みをもたらすが，大雨や暴風など巨大な暴威もふるう自然の前に，人間は受容的・忍従的になる。仏教・ヒンドゥー教が誕生。
砂漠型(沙漠型)(アラビア・北アフリカなど)	乾燥し，死の脅威のみ満ちている自然。自然や他部族との関係は対抗的・戦闘的になる。ユダヤ教，キリスト教，イスラームが誕生。
牧場型(ヨーロッパ)	従順な自然。人間は種をまき，収穫期を待てばよい。従順な自然の法則を見出そうと精進する傾向が，合理的な思考を育てた。

4 丸山真男 (1914～96)

人物 政治学者，政治・思想史家

主著 『日本政治思想史研究』『現代政治の思想と行動』『日本の思想』

思想のポイント

戦後民主主義思想の発展に貢献。日本には理性的で主体性のある個の意識が足りないと主張し，明治以後の近代化を，閉鎖的で共通の基盤のない様々な思想が雑居した底の浅い「**タコツボ」型**とみなした。また，軍国主義を台頭させた戦前の天皇制を「**無責任の体系**」と批判した。

無責任の体系 原典『超国家主義の論理と心理』

我が国の場合はこれだけの大戦争を起しながら，我こそ戦争を起したという意識がこれまでの所，どこにも見当らないのである。

(『現代政治の思想と行動 上巻』未来社)

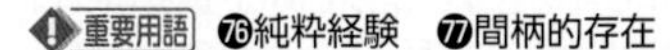

重要用語 76純粋経験 77間柄的存在

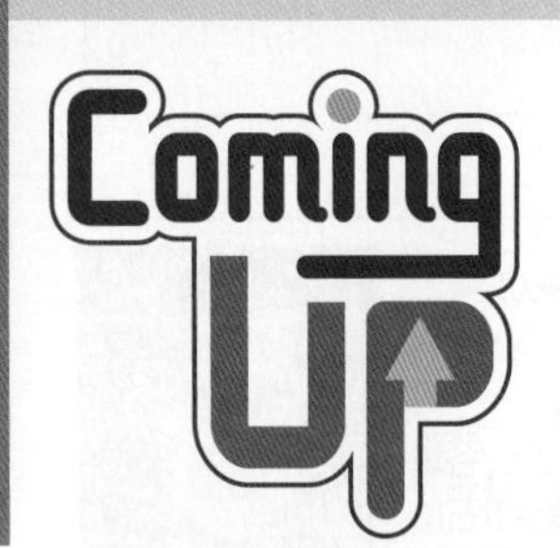

AIで暮らしはどう変わる?

ねらい 近年，AI（人工知能=Artificial Intelligence）の発展が目覚ましく，様々な分野で注目を集めている。AIは私たちの暮らしをどのように変えるのだろうか。現状と課題について知り，AIとどのように共存していくべきか，考えよう。

AIが雇用に与える影響については，p.211を見よう！

A AI最前線！こんなことができるように！

❶ AIで業務改善・効率化！

「AIさくらさん」が東京駅で外国人観光客を案内する様子　騒音の中でも会話を正確に聞き取ることができ，多言語にも対応。

解説 人手不足解消・働き方の改善へ　AIを活用し，業務改善・効率化を行う企業が増えている。AIは長時間働いても疲れず，しかも正確な労働が可能。AIにできる仕事をAIにわりふることで，人間はより創造的・社会的・専門的な仕事に専念できる。

❷ 医療現場もAIに期待！

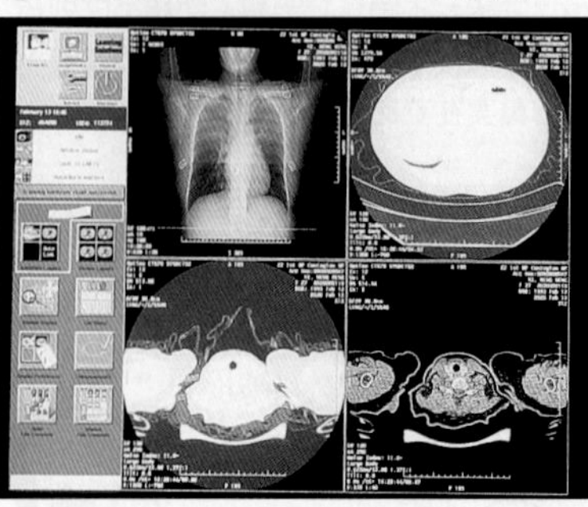

肺のCT画像を人工知能が解析し，新型コロナウイルスによる肺炎の診断に役立てる技術の実用化が進んでいる。写真は中国のアリババクラウドによるもの。

解説 病気の早期発見　画像データを分析し，病気を早期に発見する技術の研究が進んでいる。人間では時間がかかる膨大なデータ分析も，AIであれば早く・正確に行うことが可能。

また，AIによる業務の補助が進めば，人手不足の解消につながり，過労による医療ミスの防止や，増大する医療費（p.228 3）の削減につながることも期待されている。

❸ マンガの「新作」もAIで！

©「Tezuka2020」プロジェクト

AIを活用して生み出された，故・手塚治虫さんの「新作」，『ぱいどん』　AIが手塚治虫さんの作品を学習し，物語の大枠やキャラクターデザインの原案などを作成。詳細なストーリーや作画は人間の手で仕上げた。AIと人間の共作。

解説 芸術でも活用されるAI　絵画，文学，音楽など，芸術の分野でもAIの活用が広がっている。AIによってクリエイターの手間を省くことができたり，新しいアイデアの種を提供したりすることができる。

AIで様々なことができるようになってきたね。一方で，人間にしかできないことって何だろう？

AI（人工知能）　コンピュータ自身が判断し，最適な解答を出したり，行動したりする技術や研究のこと。近年，コンピュータが大量の情報を読み込み，その中から関連を見つけ自ら判断する「**ディープラーニング**」の技術が進歩し，活用の場が広がっている。

B AIの課題

❶ AIの悪用　―ディープフェイク

顔写真をもとに，AIが特徴を分析

解説 本物そっくりの偽映像　「ディープフェイク」とは，AIの技術を使い，本物と見分けがつかないように合成された偽映像のこと。デマや犯罪に利用されているとして，深刻な社会問題になりつつある。ディープフェイクは人権侵害だけではなく，情報操作などにも悪用される可能性もあるため，法整備などの対策が求められている。

❷ AI規制は必要か？

EUのAI規制案　2021年４月，EUは主要国・地域で初となるAI規制案を公表した。人間の生命や基本的な権利に与える影響の大きさをもとに，AIがもたらすリスクを４段階に分類し，利用の禁止や，リスクを最小限に抑えるための措置を取ることなどが求められる（メモ）。

規制への賛否　AIの健全な発展には安全性や基本的人権の確保が不可欠であるが，過度な規制は技術革新の阻害や，競争力の低下をもたらすのではといった意見もある。

メモ　2023年12月，G7（p.291 3）は生成AIの活用や規制に向けた共通のルール作りをめざす枠組みである「広島AIプロセス」で，基本的な方針に合意。開発者や利用者を対象にAIに関する総合的な取り組みを盛り込んだ国際合意は初。

4人を救うためなら，1人を犠牲にしてもよいか？

★AIタクシー絶体絶命！　こんな時，どうする？

あなたの考えを書いてみよう。

人工知能（ＡＩ）で運転する，自動運転のタクシーが**４人**の乗客を乗せて運転している。すると，突然車体にトラブルが生じ，ブレーキが効かなくなってしまった。**このままでは目の前のカーブを曲がり切れず，崖から落ちてしまう。**反対側の路肩に乗り上げてスピードを落とすことはできるが，１人の歩行者がおり，ぶつかることは避けられない。

さて，**こんな時，人工知能にはどう判断させるべきだろうか？**

① **路肩に乗り上げ，歩行者を犠牲にする**

② **このまま進んで崖から落ちる**

★あなたの考えは…	記号：	理由：

A より多くの人を救う？

① 崖から落ちると４人が犠牲になるけど，路肩に乗り上げれば，１人の犠牲で済むよ。犠牲者が少ないほうがいいと思う。

功利主義（p.13，40）

功利主義は，より多くの人の幸福が達成される結果をもたらす行為や政策が正しいと主張する立場。①は，犠牲者が１人で済むため，功利主義的といえる。

ただし，功利主義はすべての人の幸福を平等に扱うため，自分自身・家族・恋人など，**特定の誰かを優先することは認められない**。歩いていた人があなたの大切な人だった場合，判断は変わるだろうか。

B 道徳的な「正しさ」を選ぶ？

② たとえ４人を救うためであっても，たまたま歩いていた無関係な人を犠牲にするべきじゃないと思う。

② ①は，「１人を殺すこと」でもあると思う。それよりは，②のように，そのまま崖から落ちるほうがいいな。

義務論（p.13）

義務論は，人間には従うべき道徳法則があり，それに合致する行為が正しく，反する行為は不正であると考える立場。無関係な人を事故に巻き込むことや，意図的に「死なせる」ことが問題だと考えるのは，義務論的といえる。一方で，**何を道徳法則とし，何を道徳法則としない**という区別はできるのだろうか。

C 科学と倫理の関係

AIの適正利用のために　現在，人工知能の発展が目覚ましく（p.54，211），活用の場面が広がるにつれて，冒頭の思考実験のような**倫理的な判断を求められる場面が出てくることが予想される**。AIを適正に利用するためには，どのような道徳・倫理観を人工知能に教えるべきか，人工知能の判断の責任は誰がとるのか，そもそも人工知能に倫理的判断をさせるべきか…など，様々な議論が不可欠である。

人間が主体　人工知能やロボットなどの科学技術を生み出し，利用するのはあくまで人間である。私たちは，科学技術の発展と同時に，新たに生じてくる倫理的課題についても考えていかなければならない。

EYE トロッコ問題

このAIタクシーの思考実験は，「**トロッコ問題**」という有名な思考実験を下敷きにしている。トロッコ問題にはさまざまな派生パターンがあり，次に示したのはその派生パターンの１つである。この場合，あなたは，冒頭の思考実験と同じ基準で自分の行動を選択することができるだろうか？

あなたは電車の線路の上に架かる橋の上におり，見下ろしていると，ブレーキのきかなくなった電車が暴走してくるのが見えた。線路の先では５人の労働者が作業中で，このままだと電車は５人に突っ込んでしまう。

ふと横を見ると，大柄な男性がいる。もしあなたがこの男性を突き落とせば，彼は犠牲になるが，衝撃で電車は止まり，５人の労働者を助けることができる。さて，あなたはどうする？

思考実験＋α 冒頭の思考実験について，次のア・イのパターンも考えてみよう！
ア 歩行者は，子どもだった。　イ 自動運転車に乗っていたのは，あなた1人だった。

ポイント整理 2

学習コンテンツ

1 思想の源流

A 古代ギリシアの思想，中国の思想 (➲p.32・33)

①**古代ギリシアの思想**…**普遍的真理**を探究。**無知の知**(**不知の自覚**)を出発点に真の知を探究した**ソクラテス**，イデア論を唱えた**プラトン**，現実主義の**アリストテレス**など

②**中国の思想**…**孔子**を祖とする**儒家**の思想，**老子**・**荘子**らの**道家**の思想

B 世界の主な宗教 (➲p.34・35)

世界三大宗教…**仏教**，**キリスト教**，**イスラーム**(**イスラム教**)

2 西洋近現代の思想

A ルネサンス，近代科学の成立，人間の尊厳 (➲p.36〜39)

①**ベーコン**…**経験論**の祖。「知は力なり」。帰納法

②**デカルト**…**合理論**の祖。「われ思う，ゆえにわれあり」。物心二元論。演繹法

③**カント**…理性のうち立てた**道徳法則**に従うことが自由。**人格**を尊重

B 功利主義，社会主義，プラグマティズム (➲p.40・41)

①**功利主義**…快楽を求め，苦痛を避けることが道徳的な善悪の基準となる。最大多数の最大幸福を求めた**ベンサム**，質的功利主義の**J.S.ミル**

②**社会主義**…**資本主義**を批判。**マルクス**が社会主義革命を行うことを説く

③**プラグマティズム**(**実用主義**)…行為・行動の実際的効果を重んじる。**デューイ**など

C 実存主義，構造主義，大衆社会をよみとく思想 (➲p.42〜44)

①**実存主義**…個々人の内面的な**主体性**を回復しようとする。**超人**の思想を説いた**ニーチェ**，アンガジュマンを主張した**サルトル**など

②**構造主義**…複数のものや事象の関係に注目し，その関係の構造から理解する思想

③**リースマン**によると，20世紀には**他人指向型**の人間が登場した

D フランクフルト学派，公共性の復権 (➲p.45)

①**フランクフルト学派**…近代理性とそれによる啓蒙を疑う。**フロム**など

②**公共性の復権**…**コミュニケーション的理性**(**対話的理性**)を働かせることを唱えた**ハーバーマス**，公共空間の衰退を危惧した**アーレント**

E ヒューマニズムの思想，現代の思想 (➲p.46・47)

「**公正としての正義**」を提唱する**ロールズ**，**潜在能力**の平等を唱える**セン**など

3 日本の文化と思想

A 日本の伝統的な宗教観・倫理観 (➲p.48)

八百万神(自然物など多種多様な神)への信仰，**禊ぎ**・**祓い**(**祓え**)，**清き明き心**(**清明心**)

B 仏教の受容，鎌倉仏教 (➲p.49・50)

①**奈良仏教**…僧侶の学問。鎮護国家的な性格

②**平安仏教**…**最澄**・**空海**による仏教の改革➡国家権力から独立した宗教へ

③**鎌倉仏教**…すべての人の救済をめざす。庶民の生活に浸透

C 儒教の受容と国学 (➲p.51)

①**儒教の受容**…江戸時代の儒学の主流となった**朱子学派**，日本独自の学派として展開した**古学派**など

②**国学**…儒教や仏教の影響を受ける前の日本人固有の精神を明らかにしようとする学問

D 西洋思想の受容 (➲p.52)

天賦人権論を唱えた**福沢諭吉**，日本とキリスト教に生涯を捧げた**内村鑑三**，日本文化の**内発的開化**の必要性を唱えた**夏目漱石**など

E 独創的な思想 (➲p.53)

真の実在を追究した**西田幾多郎**，人間を**間柄的存在**としてとらえた**和辻哲郎**，**日本民俗学**を確立した**柳田国男**，戦後民主主義思想の発展に貢献した**丸山真男**など

ポイント解説

A 古代ギリシアの思想，中国の思想
古代ギリシアでは，**普遍的真理**の探究が行われた。中国では，諸子百家により，生活・文化を支える思想が展開された。

B 世界の主な宗教　世界三大宗教の**仏教**，**キリスト教**，**イスラーム**は，現在も多くの人々に信仰されている。

A ルネサンス，近代科学の成立，人間の尊厳　**ルネサンス**は中世の社会や思想から人々を解放し，人間性を回復することをめざした。

B 功利主義，社会主義，プラグマティズム　18世紀以降，各国で産業革命が進み，**功利主義**の思想は資本家らの自由な経済活動を思想的に支えた。**社会主義**は資本主義によって生じた矛盾を批判した。

C 実存主義，構造主義，大衆社会をよみとく思想　機械化や戦争などを経て，人間の存在を問い直す**実存主義**が生まれた。また，実存主義を批判し，**構造主義**が登場した。

D フランクフルト学派，公共性の復権　ナチスの台頭を経験したドイツでは，**フランクフルト学派**がファシズムを可能にした人間性を分析した。

E ヒューマニズムの思想，現代の思想　課題が複雑化する現代において，生命の尊厳のため実践的な活動を行った思想家や，**正義**のあり方を問う思想家らなどが登場した。

A 日本の伝統的な宗教観・倫理観
日本人は嘘・偽りがなく，純粋で私心のない心を「**清き明き心**」と呼び，正しい心のあり方として重んじた。

B 仏教の受容，鎌倉仏教　6世紀に日本は**仏教**を受容。奈良時代には朝廷が仏教を保護した。平安時代末期には**末法思想**の流行とともに**浄土信仰**が広がり，鎌倉時代には様々な宗派が誕生。社会の一大勢力になっていった。

C 儒教の受容と国学　江戸幕府は，幕藩体制の確立と維持のために**儒学**を用いた。**国学**は，江戸時代，日本の古代文化を研究する学問として生まれた。

D 西洋思想の受容　明治政府は，民主主義や**キリスト教**など，西洋思想を積極的に受容した。

E 独創的な思想　20世紀前半には，西洋思想の単なる受容ではない，独自の思想が展開された。また，**日本民俗学**が確立された。

△リンカーン大統領のゲティスバーグ演説(1863年アメリカ)

近代民主政治の歩み

1

ねらい
- 人権思想がどのように生まれ，拡大したのかを理解しよう。
- 法の支配の考え方とその意義について理解しよう。
- 民主主義の意義と私たちの役割について理解しよう。

A 政治と国家

(主権国家の三要素 ➡p.246)

1 国家に関する学説 Q 国家とは何か？

	学説	代表的思想家	内容
起源による分類	王権神授説(神権説)	フィルマー英 ボシュエ仏	統治者の権力は神から与えられた神聖かつ絶対のもので，人民に一方的な服従を強いる。絶対王政を正当化する根拠となった
	社会契約説	ホッブズ英 ロック英 ルソー仏	国家は，成員相互の自由・平等な合意による契約によって形成され，全成員の権利保障と人間性の実現をめざすものとする
機能的分類	夜警国家(消極国家)		資本主義の初期にあった自由放任主義の国家は，国家の機能を防衛や治安の維持など必要最小限にとどめ，「**安価な政府**」を理想としていた。ドイツのラッサールはこのような国家を批判して夜警国家とよんだ
	福祉国家(積極国家)		資本主義の矛盾から生ずる失業・貧困など様々な社会問題を国家の積極的な施策によって解決し，国民の福祉に奉仕することを理念とする国家

解説 国家とは何か 絶対王政を擁護する**王権神授説**への批判から生まれた**社会契約説**は，市民革命の原動力となり，近代市民国家の基礎的思想となった。市民革命後の国家は，**安価な政府**が理想とされ，その後資本主義(➡p.159)の発達で経済的格差が発生すると，貧困や失業などの問題を解決するため，**福祉国家**(➡p.120 1)が理想とされた。現代では，増えすぎた政府の仕事を減らすため，**行政改革**(➡p.121)を進める先進国も多い。

2 社会契約説 Q 各思想家は，政治社会の成り立ちをどのように考えたのか？

——…自然権の扱い

	ホッブズ[英]	ロック[英]	ルソー[仏]
思想家	ホッブズ[英](1588～1679年)	ロック[英](1632～1704年)	ルソー[仏](1712～1778年)
主著	『**リバイアサン**』(1651年)	『**統治二論(市民政府二論)**』(1690年)	『**社会契約論**』(1762年)
自然状態	人間は自己保存の欲求に基づく利己心の主体である。自然状態では人々が自分の権利を主張して争い合う状態(「**万人の万人に対する闘争**」)になる。	人間は理性的で自由な個人である。自然状態では，**おおむね人々の自然権(自由・生命・財産)は保たれているが，権利が侵される危険性もある。**	人間は善でも悪でもないあるがままの自然人である。自然状態では**人々の自然権(自由・平等)は理想的に保たれているが，文明化によって失われる。**
社会契約	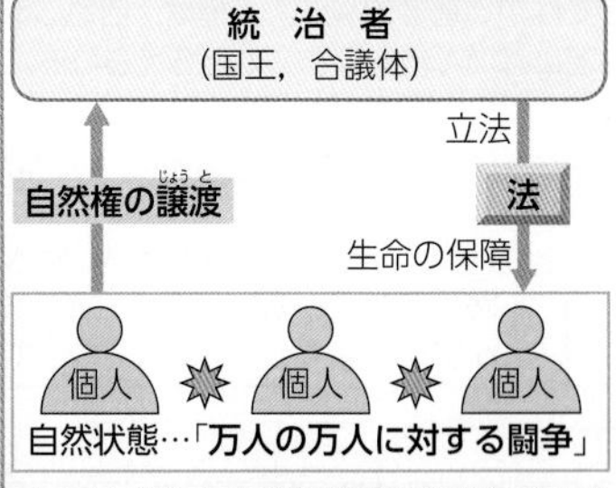 人々は各自の**自然権**(自己保存を求める権利)を**すべて放棄して国家を形成し，権利を統治者に譲渡する**かわりに，生命を保障してもらう契約を結ぶ。統治者の権力が神から与えられたものとする**王権神授説**とは主張が異なる。 ▶『リバイアサン』の口絵 国家 国民	統治者(議会)…権力を立法権，執行権・同盟権に分け，前者を後者より優先 立法 信託 法 抵抗権(革命権) 自然権を保障 自然権の保障を怠った場合 政治社会 自然権の一部を放棄 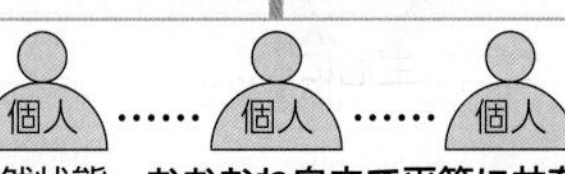 自然状態…**おおむね自由で平等に共存** しかし，権利を侵される可能性もある 人々は**自然権の一部を放棄して政治社会をつくる。**そして，人々の自然権を保障させるためのみに統治者に権力を**信託**する。統治者が信託を裏切った時，人々は統治者を変更できる(**抵抗権〈革命権〉**)。	立法者……立案だけを行う。人民全体の同意がなければ，法は成立しない 立案 同意 一般意思(一般意志) 法 自然権を保障 政治社会 自然権(自由・平等)を社会全体に譲渡  自然状態…**各人が孤立して自足する** 平和な理想の状態であるが，文明化によって崩壊していく 人々は**自然権を社会全体に譲渡し，政治社会をつくる。**そして，常に公共の利益をめざす人民の意思である**一般意思(志)**の同意に基づく法によって権利を守る。ルソーは，一般意思(志)は代表できないとして，**直接民主制**を主張。
影響	王権の絶対性を主張。絶対王政を擁護する思想とみられやすい。	名誉革命を理論的に支持 ▶アメリカ独立革命やフランス革命(➡p.61)に影響	フランス王政を強く批判し，フランス革命に影響

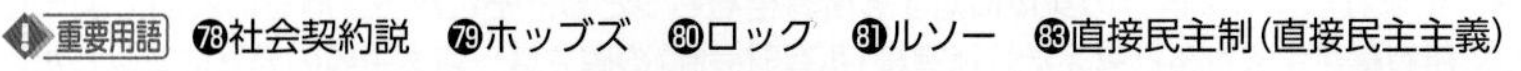

政治

3 権力分立 Q 権力分立はなぜ必要か？

●モンテスキュー『法の精神』

権力をもつ者はすべて，それを濫用(らんよう)する傾向があることは，永遠の体験である。……人が権力を濫用しえないためには，事物の配列によって，権力が権力を阻止(そし)するのでなければならぬ。……**もし同一の人間，または貴族か人民のうちの主だった者の同一団体がこれら3つの権力，すなわち法律を定める権力，公共の決定を実行する権力，罪や私人間の係争(けいそう)を裁く権力を行使するならば，すべては失われるであろう。**（井上堯裕訳『世界の名著 28』中央公論社）

^モンテスキュー

ロック（名誉革命期）

議会：立法権［他の2権より優位］
↓抑制
国王：執行権［行政・司法］ 同盟(連合)権［外交］

モンテスキュー（フランス絶対王政の末期）

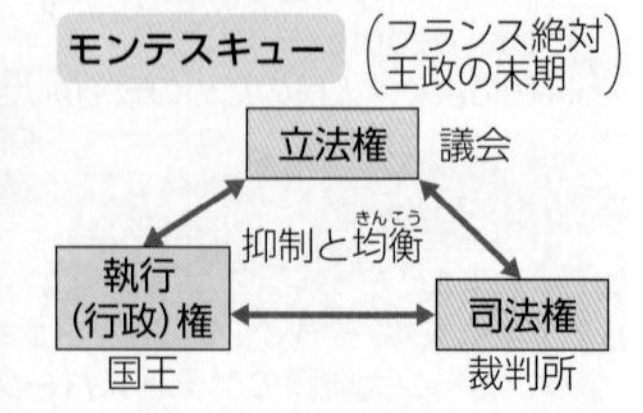

解説 権力濫用(らんよう)を防ぐ **ロック**は，立法権を最高の権力として執行権・同盟権の抑制(よくせい)を説(と)き，名誉革命を擁護(ようご)した。イギリスの立憲政治を分析(ぶんせき)した**モンテスキュー**はロックの考えを発展させ，国家権力を立法・司法・執行(行政)の三権に分け，相互の**抑制と均衡**(きんこう)(checks and balances)（◯p.60 4）を主張。同一の人間が三権を行使すれば，権力が濫用され市民の自由はないとして**三権分立**を説いた。この基本原理は，近代民主国家の政治機構に受け継(つ)がれた。

4 直接民主制と間接民主制

直接民主制(直接民主主義)	間接民主制(代表民主制)
人々が直接政治に参加する政治制度。日本では，憲法改正の国民投票，最高裁判所裁判官の国民審査，地方自治特別法の住民投票，地方自治法における住民の直接請求がある。  ◁有権者が全員出席できる住民集会(スイス) スイスでは，有権者の署名を集めて憲法改正を提案するイニシアティブ(国民提案制度)や，人口の少ない州の住民集会(ランツゲマインデ)など，直接民主制が浸透(しんとう)している。	**人々が選挙した代表者が組織する議会を中心として政治が運営される制度。**現代の各国における議会制統治。**議会制民主主義(代議制民主主義)**とも。 **●議会政治の三原則** **国民代表の原則**…議員(代表)は全国民の代表。 **審議の原則**…慎重な審議を公開で行い，最終的には**多数決**の原理を採用。少数意見も尊重。 **行政監督(かんとく)の原則**…議会は行政府を監督する。

探究へのSTEP 多くの民主主義国家で，間接民主制を採用しているのはなぜかな。あなたは，直接民主制と間接民主制の，どちらの制度が良いと思う？

視点 民主主義政治の実現には，何が必要かをふまえて考えよう。

効率　公正　民主主義　国民主権

（民主主義 ◯p.63　多数決 ◯p.64）

B 法の支配

1 法の分類

Q 法にはどのような種類があるか？

法
- **実定法**：人間が作った法。時代や社会で変化する。
- **自然法**：すべての人にあてはまる普遍的な法。人権は，自然法あるいは神の意思などに基(もと)づく自然権としてとらえられる。

●文書化の有無で分類　注：慣習法は不文法の一種。
- **成文法(制定法)**：一定の手続きを経て制定され，文書化された法。
- **不文法**：文書化されていないが，法としての効力をもつに至ったもの。例 判例(◯p.76)，国際慣習法(◯p.244 4)

●適用場所で分類
- **国内法**：一国内で適用される法。
- **国際法**：国際社会で，国家，国際組織，個人の関係を規定。例 国際連合憲章(◯p.379)，日米安全保障条約(◯p.378)

●定めている内容で分類
- **公 法**：国家の組織・権限，国家と私人の公的な関係を規律。例 **日本国憲法**(◯p.364)，地方自治法(◯p.129)，**刑法**，**民事訴訟法***，**刑事訴訟法***
- **私 法**：私人間の関係を規律。例 **民法**(◯p.77)，**商法**
- **社会法**：社会的・経済的弱者の保護のため，労働，社会保障，経済分野への国家の積極的な関与を規定。例 労働基準法(◯p.375)，生活保護法，独占禁止法(◯p.169)

注：太字は**六法**。*は手続法。手続法は，権利義務の内容や犯罪の要件などを規定した実体法の内容を実現するための手続きを規定した法。

●私法の原則

①**権利能力平等の原則**…すべての人が平等に権利・義務の主体となる資格をもつ。ただし，未成年者など法律行為を行う能力に乏(とぼ)しい者は保護の対象(**未成年者取消権** ◯p.237 2)。
②**所有権絶対の原則**…所有権は侵(おか)すことができない。(公共の福祉(◯p.76)による制限もある。)
③**私的自治の原則(契約自由の原則)**…個人の権利・義務関係は，当事者の自由な意思によって決定できる。(権利濫用(らんよう)や信義(しんぎ)にもとる場合は制限される場合もある。)(◯p.237 2)
④**過失責任の原則**…他者の権利・利益に損害を与えた場合，故意(こい)・過失でなければ，法的責任を負わない。(被害者保護の観点から無過失責任論もある。)(**製造物責任法** ◯p.240 ❷)

解説 対等な個人間の関係を規定 私法は個人の自由意思を前提とし，資本主義の発展に貢献(こうけん)したが，一方で大企業や資本家など経済的強者による弱者の支配が問題になった。このため，労働法などの社会法の制定や私法の原則の制限など，国家の介入による実質的平等が図られている。

メモ ロックは，すべての人間は生まれながらに自分の身体に対する所有権をもつとし，そこから，自らの労働によって自然から得たものに対して所有権が生まれると考えた。所有権(私有財産制)の確立は，資本主義の発展に貢献した。

法とは何か?

ねらい 「社会あるところに法あり」という格言がある。ここでいう「法」はルール・規則全般のことであり，社会が成り立つところには必ず決まりが存在するという意味である。こうした決まりは，何のためにあるのだろうか。一人ひとりが自由に生きるために，どうあるべきなのだろうか。

A 善悪の判断は，どこからくる?

●万引きを目撃！通報しなきゃ！

ここで，万引きを目撃した人が店員や警察に通報するという選択をするのはなぜだろう？万引きは法律上，窃盗罪として処罰の対象となる。また，道徳的に人のものを勝手に取ることは許されない。それゆえ「万引きはいけないこと」と判断したのだろう。人が行動や善悪を判断する時の基準を，社会規範という。

●法と道徳の違い

法…国家などが制定		**道徳**…特定の社会で形成
国家などの強制力によって処罰されたり，その行為が取り消されたりする。	違反した場合	良心がとがめたり，同じ社会の人から非難される。
「盗みをした人は罰する」 「国民は納税の義務を負う」	例	「盗んではいけない」 「困った時は助け合う」

解説 **法とは何か** 社会規範の1つが法であり，その他，道徳や慣習，宗教などがあげられる。それぞれ重なる内容もあり，その内容は時代や地域で異なる。法と道徳の違いは，法は権力が定めるため強制力が強い，道徳は内心を・法は行為を規律するなど諸説ある。

B 法が効力を有するのはなぜか?

法の理念＝正義を実現する

①社会における個人の価値を認め，その人格を尊重している。
②それぞれの個人の生命・自由・幸福を保障している。
③それぞれの個人を平等かつ公平に扱っている。

法の役割

①**社会統制機能**…犯罪など法に違反した場合，刑罰などによって社会秩序を維持する。
②**活動促進機能**…行為の指針・枠組みを設けることで，私人の自由な活動を促進する。
③**紛争解決機能**…争いを未然に防ぐ。争いが起こった場合に，法に基づいて解決する。

解説 **法が正義だから従う** 私達が法の強制力を受け入れる理由は諸説あるが，有力な説は，私達が法を正義として認め，その価値を受け入れているためである，というものである。法の正しさへの信頼がなければ法は効力を失う。

民主主義社会では，国民は間接的に法の制定に関わっており，自ら定めた法に従う。しかし，法が正義を実現できていない時は，よりよく変える努力が不可欠である。

C 法は冷たい?―法の限界

法律の能力には，限界があるからだ。つまり，すべての人間にとって最善の理想になるとともにもっとも適切でもあるようなこと，これを厳密に網羅したうえで，最善の方策をひとときに全員に命令として与えるということ，このようなことは法律がぜったいに実行しえないところなのだ。……

（プラトン『ポリティコス』より　藤沢令夫・水野有庸訳『プラトン全集3』岩波書店）

△プラトン 古代ギリシアの哲学者。(➲p.32)

解説 **法は平等だが冷たい** 同様のどの事案に対しても，同じ法的結論が得られなければ，法秩序に対する信頼は失われる。この**法的安定性**を維持するため，法は，①**公開されている**こと，②**明確性**（具体的で人によって解釈が分かれない），③**一般性**（対象の人・事案に対し平等に適用される），④**安定性**（むやみに変更されない），⑤**複数の法で矛盾がない**，⑥**不遡及性**（前もって決まっている），⑦**実行可能である**，などの条件を満たす必要がある。このため，法律は個別の具体的な事例に対応しきれず冷たいといわれる。

考えてみよう！

法の限界とは？

Q1 法に忠実であれば，正義は実現できる？

例 2022年に改正少年法が施行され，18・19歳も，罪を犯して起訴されれば実名報道される。個別の事件の内容を考慮せずに実名報道することは正義だろうか？(➲p.125)

Q2 法は，社会の変化に合わせてどこまで変えてよいか？

例① 臓器移植法は，一定の条件の下で「脳死」を人の死と認めている。医療技術の進歩に伴い，「死」の定義を法律で定めることは正義だろうか？(➲p.342)

例② 現在，日本では同性婚が認められていない。同性婚が可能となるよう，憲法や法律の解釈を変えるべきだろうか？改正すべきだろうか？(➲p.83)

重要用語 82三権分立　83直接民主制（直接民主主義）　84間接民主制（代表民主制，議会制民主主義，代議制民主主義）　88公法　89私法　328国際法

2 人の支配と法の支配 Q 違いは何か？

●「法の支配」の発展

「法の支配」の概念は，権力者の恣意(しい)的な政治である「人の支配」に対立するものとして，イギリスで生まれた。イギリスでは，判例の積み重ねによる慣習法（コモン・ロー）が尊重され，国王をも拘束(こうそく)すると考えられた。17世紀，国王ジェームズ1世が王権神授説を主張し暴政を行うと，エドワード＝コーク（クック）（1552～1634，裁判官・下院議長）は王権もコモン・ローに拘束されると主張し，「法の支配」の重要性を説いた。

近代に入り，ロックやルソーの思想（➲p.57）の影響を受け，「法」は基本的人権を保障する正義の法とされた。これは，市民革命を経て成文化され，憲法として成立した（➲4）。

●法治主義 Q 法の支配とどう違うのか？

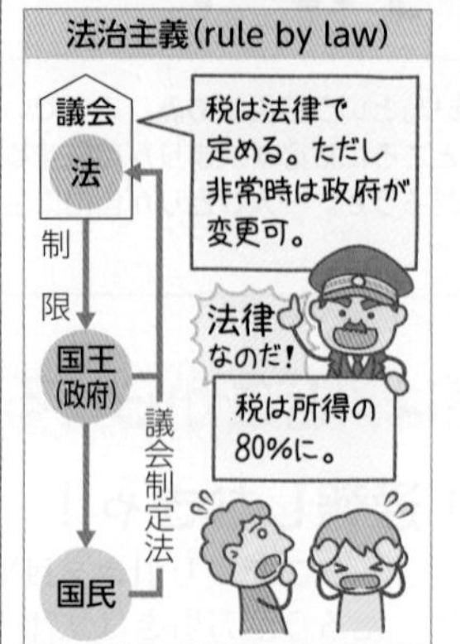

形式を重視　法治主義は，戦前のドイツで発達した法治行政の原則。法に基(もと)づいた政治が行われなければならないという考え方だが，ここでいう法は，立法府（議会）で成立した法であり，内容の正当性を問わない点で，人権保障を目的とする現代の「**法の支配**」とは異なる。

法治主義の中で生まれたナチス・ドイツ　ドイツでは，法治主義のもと，1933年に議会で成立した全権委任法によって，ナチスによる独裁政治が確立し，人権が不当に弾圧(だんあつ)された。なお戦後のドイツは，憲法で「たたかう民主主義」を掲(かか)げ，人権を保障した憲法を厳守する実質的法治主義に移行した。

全権委任法（授権(じゅけん)法）の主な内容
①政府に立法権を与える。
②政府は憲法に反する法律を制定してよい。
③条約締結に議会の承認は不要。

▶ナチスの指導者ヒトラー（右）

3 「法の支配」の内容 （芦部信喜『憲法』岩波書店より）

①憲法が最高法規であること …憲法が国の法秩序の頂点に立ち，憲法に反する法は無効。	②人権が尊重されていること …権力によって個人の人権が侵害されてはならない。
③法の内容・手続きが正当であること …立法過程には国民が参加し民主的に制定され，その内容も合理的でなければならない。	④裁判所の役割が重視されていること …権力による不当な人権の抑圧(よくあつ)を防ぐため，裁判所の役割を尊重する。

憲法の規定を守らなくてはならないのは誰(だれ)かな。なぜそう考えるのか，根拠も含(ふく)めて書いてみよう。

視点　憲法の役割をふまえて考えよう。法の支配

4 近代憲法の 3 つの特色

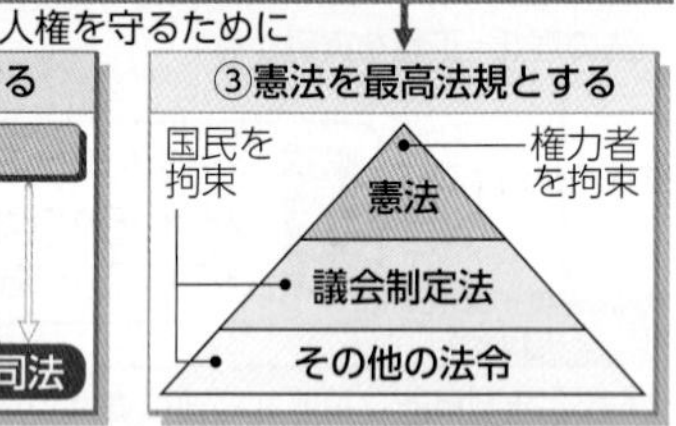

解説　立憲主義の確立　「法の支配」における「法」は，市民革命の成果として制定された1788年のアメリカ合衆国憲法や1789年の**フランス人権宣言**などによって成文化され，近代憲法の幕開けとなった。そこには**社会契約説**（➲p.57）の影響が見られる。これにより，憲法の規定に基づいて政治が行われるという**立憲主義**が確立した。近代憲法の考え方は，フランス人権宣言第16条（➲p.61 ❹）に表れている。さらに20世紀以降の憲法の特色として，その最高法規性を保障する違憲審査制（➲p.124）の導入があげられる。

ナットク! 憲法とは－権力を制限するもの－

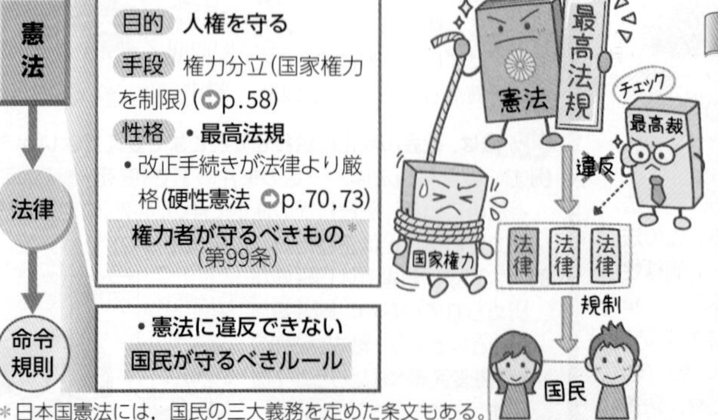

＊日本国憲法には，国民の三大義務を定めた条文もある。

第98条〔憲法の最高法規性〕　①この憲法は，国の最高法規であつて，その条規に反する法律，命令，詔勅(しょうちょく)及び国務に関するその他の行(こう)為(い)の全部又は一部は，その効力を有しない。

第99条〔憲法尊重擁(よう)護(ご)の義務〕　天皇又は摂政(せっしょう)及び国務大臣，国会議員，裁判官その他の公務員は，この憲法を尊重し擁護する義務を負ふ。

解説　憲法は権力を縛(しば)る　権力は，暴走して人権を侵害する危険をはらむため，憲法は権力を人権保障のために使うよう制限する役割をもつ。日本国憲法では，公務員に憲法を守る義務を課している。

人間に値する生活を営む権利を保障する規定を憲法に取り入れるようになった国が登場したのは，19世紀である。○？×？（➲p.61❺，p.62 ナットク!）　答：×

注：原典中の太字：①は自然権(基本的人権)，②は人民(国民)主権，③は社会契約(アメリカ独立宣言は，赤の下線部分)，
④は革命権(抵抗権)，⑤は権力分立を示す

C 人権保障の発展

アメリカ独立宣言
子どもの権利条約等

1 人権保障の歴史

人の支配の抑制(13〜17世紀)	1215	**マグナ・カルタ**(大憲章)　貴族が国王ジョンに国王の逮捕拘禁権・課税権の制限などを承認させた。	イギリス
	1628	**権利請願**　議会が国王チャールズ1世に人民の権利と自由を承認・署名させた。	
	1642	**ピューリタン(清教徒)革命**(〜49)* チャールズ1世の絶対王政を打倒	
	1679	**人身保護法**　議会が，不法逮捕・投獄の禁止，裁判を受ける権利を定めた法律。	
	1688	**名誉革命**ぼっ発	
	1689	**権利章典**(➡❶)	
人権宣言(18〜20世紀)	1775	**アメリカ独立革命**(〜83)	アメリカ
	1776	**バージニア権利章典**(➡❷)	
	1776	**アメリカ独立宣言**(➡❸) 13の植民地がイギリスからの独立を宣言。	
	1789	**フランス革命**ぼっ発　絶対王政打倒。市民革命の典型。	フランス
	1789	**フランス人権宣言**(➡❹)	
	1838	**チャーティスト運動**(英)　労働者の政治的権利(普通選挙権)を要求。	
	1917	**ロシア革命**(ロ) 史上初の社会主義革命	
	1919	**ワイマール憲法**(独)(➡❺)	
人権の国際的な保障(20世紀〜)	1941	**4つの自由**(米)　米大統領F.ローズベルトが議会にあてた教書で，4つの基本的自由を提示。	
	1945	**国際連合発足**〔日本加盟1956年〕	
	1948	**ジェノサイド条約**(国連)(➡❽)	
	1948	**世界人権宣言**(国連)(➡❻)	
	1951	**難民の地位に関する条約**〔1981〕(➡p.278)	
	1965	**人種差別撤廃条約**(国連)〔1995〕	
	1966	**国際人権規約**(国連)〔1979〕(➡p.377)	
	1979	**女子(女性)差別撤廃条約**(国連)〔1985〕(➡p.378)	
	1984	**拷問等禁止条約**(国連)〔1999〕(➡❽)	
	1989	**子ども(児童)の権利条約**(国連)〔1994〕(➡❼)	
	1989	**死刑廃止条約**(国連)(➡❽)	
	2006	**障害者権利条約**(国連)〔2014〕(➡❽)	
	2006	**強制失踪条約**(国連)〔2009〕(➡❽)	

(国連)…国連総会で採択　〔　〕…日本の批准年。
＊1640〜60年とする説もある。

❶ 権利章典(抄)

(1689年)

(1) **国王は，王権により，国会の承認なしに法律(の効力)を停止し，または法律の執行を停止し得る権限があると称しているが，そのようなことは違法である。**
(5) **国王に請願することは臣民の権利であり**，このような請願をしたことを理由とする収監または訴追は，違法である。　(『人権宣言集』岩波書店)

解説 **議会の権限を強化**　**名誉革命**の結果，国王が議会の議決した「**権利宣言**」を承認し公布したもの。国王の法律執行停止権と法律適用免除権や議会の承認のない課税などを違法とし，**請願権**を明記するなど，議会と国民の権利を明確化した。これによって王権に対する議会の優越が決定的となり，**議会主権・立憲君主制が確立**した。

❷ バージニア権利章典(バージニア憲法)(抄)

(1776年)

(1) ①**すべて人は生来ひとしく自由かつ独立しており，一定の生来の権利**を有するものである。……かかる権利とは，……生命と自由とを享受する権利である。
(2) ②**すべて権力は人民に存し，**したがって人民に由来するものである。……
(3) ③**政府というものは，人民，国家もしくは社会の利益，保護および安全のために樹立**されている。……いかなる政府でも，それがこれらの目的に反するか，あるいは不じゅうぶんであることがみとめられた場合には，社会の多数のものは，その④**政府を改良し，変改し，あるいは廃止する権利**を有する。……(同前)

解説 **人権宣言の先駆的存在**　アメリカ独立革命中，バージニアは植民地の中で初めて憲法起草委員会を設け，権利章典を採択した。イギリスの「**権利請願**」「**権利章典**」を参考に，**18世紀の近代自然法思想が成文化**されており，**独立宣言**に影響を与えた。

❸ アメリカ独立宣言(抄)

(1776年)

われわれは，自明の真理として，すべての人は平等に造られ，造物主によって①**一定の奪いがたい天賦の権利**を付与され，そのなかに生命，自由および幸福の追求の含まれることを信ずる。また，③これらの権利を確保するために人類のあいだに政府が組織されたこと，そしてその②**正当な権力は被治者の同意に由来する**ものであることを信ずる。そしていかなる政治の形体といえども，もし④**これらの目的を毀損するものとなった場合には，人民はそれを改廃**し，かれらの安全と幸福とをもたらすべしとみとめられる主義を基礎とし，また権限の機構をもつ，新たな政府を組織する権利を有することを信ずる。　(同前)

解説 **アメリカ建国の精神**　**ロックの自然権の思想を基本**とし，政府は契約により生まれたものとして，人民の革命の権利を擁護した。**フランス人権宣言**に影響を与えた。

❹ フランス人権宣言(人および市民の権利宣言)(抄)

(1789年)

第1条　①**人は，自由かつ権利において平等なものとして出生し，かつ生存する。**社会的差別は，共同の利益の上にのみ設けることができる。
第2条　あらゆる政治的団結の目的は，人の消滅することのない自然権を保全することである。これらの権利は，自由・所有権・安全および圧制への抵抗である。
第3条　②**あらゆる主権の原理は，本質的に国民に存する。**
第16条　権利の保障が確保されず，⑤**権力の分立が規定されないすべての社会は，憲法をもつものでない。**　(同前)

解説 **近代市民社会の原理確立**　前文及び17か条からなる。市民革命の根本理念たる**自由・平等・博愛の精神**を明白にし，**基本的人権の尊重・国民主権・権力分立・所有権の不可侵**などが盛り込まれた。また，16条の規定は，**立憲主義**(➡p.60 4)の思想に基づく憲法を示したものとして名高い。

❺ ワイマール憲法(ドイツ共和国憲法)(抄)

(1919年)(同前より)

第151条〔生存権〕① **経済生活の秩序は，すべての者に人間たるに値する生活を保障する目的をもつ正義の原則に適合しなければならない。**この限界内で，個人の経済的自由は，確保されなければならない。
第153条〔所有権・公共の福祉〕①　所有権は，憲法によって保障される。その内容およびその限界は，法律によって明らかにされる。
③　**所有権は義務を伴う。その行使は，同時に公共の福祉に役立つべきである。**
第159条〔団結権〕①　労働条件および経済条件を維持し，かつ，改善するための団結の自由は，各人およびすべての職業について，保障される。この自由を制限し，または妨害しようとするすべての合意および措置は違法である。

解説 **社会権を規定**　1919年，第一次世界大戦後にワイマールで開かれた国民議会で制定されたドイツ共和国の憲法。**生存権**などの**社会権**(➡p.92)や，所有権の限界と義務を規定し，民主主義的かつ社会国家的といわれる。また，**議院内閣制**を採用しつつ，国民の直接選挙による大統領に議会解散権と緊急命令を出す権限を与えた。しかしこれにより次第に大統領の強権化・脱議会化が進み，**ファシズム**の拡大につながった。

重要用語　78社会契約説　85法の支配　86法治主義　87立憲主義　90権利章典　91アメリカ独立宣言　92フランス人権宣言　93ワイマール憲法　96人種差別撤廃条約　98女子(女性)差別撤廃条約　123社会権　124生存権

❻ 世界人権宣言(抄)

(1948年)

前文　人類社会のすべての構成員の，固有の尊厳と平等にして譲ることのできない権利とを承認することは，世界における自由と正義と平和との基礎であるので，

人権の無視と軽侮とは，人類の良心をふみにじった野蛮行為を生ぜしめ，一方，人間が言論と信仰の自由および恐怖と欠乏からの自由とを享有する世界の到来は，一般の人々の最高の願望として宣言されたので，

人間が専制と圧迫に対する最後の手段として反逆に訴えることを余儀なくされてはならないものであるならば，人権が法の支配によって保護されることがたいせつであるので，……

すべての人民とすべての国が達成すべき共通の基準として，この世界人権宣言を公布する。

第1条〔自由平等〕　すべての人間は，生まれながら自由で，尊厳と権利について平等である。人間は，理性と良心を授けられており，同胞の精神をもって互いに行動しなくてはならない。　(『人権宣言集』岩波書店)

解説　人権の世界共通の基準　人権の抑圧が戦争につながったとの反省から，国連人権委員会が起草。1948年，国連総会で採択された。世界全人民と国家が達成すべき共通基準となる人権の具体的な内容として，**自由権や社会権を規定**。諸国の憲法に生かされた。また，**法的拘束力のない世界人権宣言**の補強・**人権保障の法制化**のため，1966年には**国際人権規約**(➡p.377)が国連総会で採択され，日本は1979年に批准(一部留保あり)。**規約はA規約(社会権規約)とB規約(自由権規約)，及び3つの選択議定書***からなる。

＊日本は，選択議定書はいずれも未批准。

●アパルトヘイト(人種隔離政策)撤廃

アパルトヘイトの成立　オランダ，次いでイギリスの植民地であった**南アフリカ共和国**では，1948年，白人基盤の政権が，人種差別を**アパルトヘイト**という制度として強化。このため人口の85％を占める有色人種が，参政権の否定，白人との婚姻禁止など，無権利状態に置かれた。

崩壊へ　アフリカ諸国が独立した1960年代を経て，各地に反アパルトヘイト運動が広がり，国際的にも非難された。国連の経済制裁(1985～93)のなか，ついに91年，アパルトヘイト諸法は全廃された。

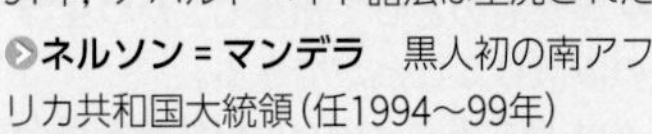

▶ネルソン＝マンデラ　黒人初の南アフリカ共和国大統領(任1994～99年)

❼ 子ども(児童)の権利条約(抄)

(外務省資料)
(採択1989年　発効1990年　日本批准1994年)

第6条①　締約国は，すべての児童が**生命に対する固有の権利**を有することを認める。

②　締約国は，児童の生存及び発達を可能な最大限の範囲において確保する。

第12条①　締約国は，自己の意見を形成する能力のある児童がその児童に影響を及ぼすすべての事項について**自由に自己の意見を表明する権利**を確保する。……

第22条①　締約国は，**難民の地位を求めている児童**又は，……**難民と認められている児童**が，……適当な保護及び人道的援助を受けることを確保するための適当な措置をとる。

解説　子ども＝18歳未満の者　子どもを権利の主体ととらえ，子どもに対する差別禁止，意見表明権，表現・思想・良心・結社の自由，プライバシー保護などを認めている。

▶カカオ豆を収穫する子ども　通学の機会を奪い，心身の健康的な成長を妨げるような児童労働は，通学しながらの家の手伝いやアルバイトとは異なる。2020年時点で，世界で約1億6000万人，子どもの10人に1人が児童労働をしているといわれる。

©ILRF

❽ その他の主な人権条約

(日本の批准状況は2023年1月現在)

条約名	採択	日本批准	内　容
ジェノサイド条約	1948年	未	集団殺害を平時，戦時にかかわらず犯罪とし，防止と処罰を約束。日本は国内法の未整備などの理由で未批准。
拷問等禁止条約＊	1984年	1999年	警察官の取り調べ時などの拷問を犯罪として刑罰の対象とし，防止措置を義務付け。
死刑廃止条約	1989年	未	国際人権規約B規約の第二選択議定書。死刑廃止措置を義務付けた条約。日本は世論への配慮などを理由に未批准(➡p.90**B**)。
障害者権利条約	2006年	2014年	体の不自由な人の尊厳，差別の禁止，社会参加などのための措置を義務付け。
強制失踪条約	2006年	2009年	国の機関などによる個人の拉致を含む強制失踪を犯罪として刑罰の対象とし，防止措置を義務付け。

＊2002年に同条約の選択議定書採択。締約国に，刑務所や収容施設などの身柄拘禁施設への訪問受け入れを義務付ける。日本は未批准。

ナットク！ 人権保障の歴史的背景

個人の尊重…身分制への反発

◀バスティーユ牢獄襲撃(フランス，1789年7月14日)

「法の下の平等」「国家からの自由」の主張

封建的な身分制社会
絶対王政のもとでの国家による人間の権利・自由の抑圧

平等権・自由権の保障による機会の平等(**形式的平等の保障**)

18～20世紀の市民社会
＝身分制の打破，資本主義の進展
…個人を法的に平等に取り扱い，自由な活動を保障して機会の平等をはかる。

貧富の差が拡大
(実質的な不自由・不平等)

▶虐待される少年労働者(イギリス，産業革命期)

「国家による自由」の主張

社会権の保障(**実質的平等の保障**)

20世紀の福祉国家
＝国が自由と生存を保障
…貧しいものをより厚く保護し，弱者とされた労働者の権利を保障して，結果の平等をはかる。

国家が実質的に自由と平等を保障していく

解説　国家からの自由・国家による自由　17～18世紀の市民革命では，個人尊重の思想のもと，国家に対して，それまで抑圧されてきた**自由権**と**平等権**の保障を求めた(**国家からの自由**)。しかし，機会の平等(形式的平等)は，結果として貧富の差を拡大させた。そこで，国民すべてが自由に生存できるよう，国家による保護・保障が求められ(**国家による自由**)，20世紀になって**社会権**が保障された。こうして，著しい不平等が生じないよう保障する福祉国家が誕生した。

世界人権宣言が第二次世界大戦後に採択され，その後，法的拘束力を有する条約として国際人権規約が採択された。○？×？(➡❻)　答：○

民主主義はスバラシイ？

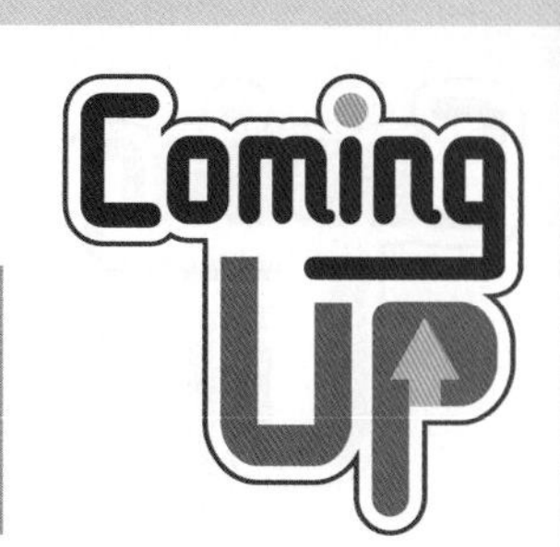

ねらい 民主主義の国では国民が政治の決定権をもち，一定の年齢に達すれば選挙に参加できる（大衆民主主義）。しかし近年，ポピュリズムの台頭や独裁的な国家による自由の侵害，フェイクニュースなどにより，民主主義が脅（おびや）かされているといわれる。民主主義の長所と短所を理解し，その価値を守るために，私たちはどう行動すべきか考えよう。（➡p.64，138，150）

A 「民意」は正しい選択をするか？

◀**大統領選の結果を認めず連邦会議事堂に乱入するトランプ支持者**（2021年1月）　トランプ大統領は過激な言動や根拠が不確かな情報発信を繰り返し，分断をあおった。

大衆迎合（げいごう）主義（ポピュリズム）　ポピュリズムは，もとは民衆が既成（きせい）政治やエリート政治を批判する政治運動のことで，政治改革のエネルギーだった。近年は，大衆受けを過度に重視する否定的な意味（大衆迎合主義）で用いられることが多い。国民の不満・不安をあおるような大衆迎合主義によって国民が冷静な判断を失えば，民主政治は衆愚（しゅうぐ）政治（堕落（だらく）した民主政治）に陥（おちい）る危険がある。

B 民主主義が,民主主義を否定する？

● ナチスの勢力拡大と失業率

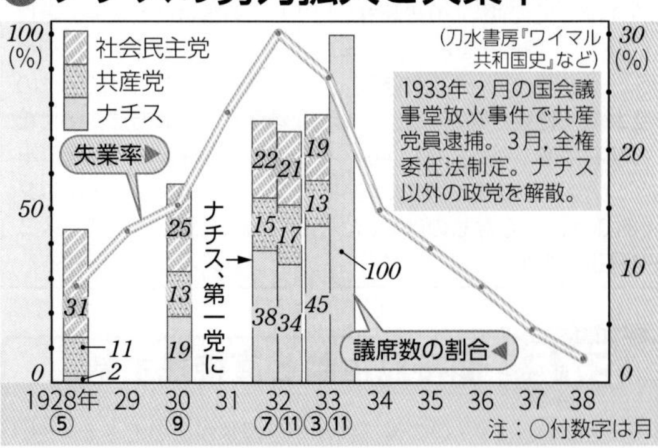

解説 **民主主義がナチスを選んだ**　ドイツ経済が混乱するなか，ヒトラーは，巧（たく）みな演説で民衆の支持を集めて議席をのばす一方，共産党や社会民主党を弾圧して合法的に独裁体制を確立した。

C 民意は政治に反映できている？

❶ 衆議院議員総選挙の得票率と議席占有率

小選挙区の絶対得票率*	第1党得票率 26.2%	投票率 55.9
議席占有率　小選挙区	第1党 64.7%（187議席）	（全289議席）
議席占有率　小選挙区・比例代表計	第1党 55.7%（259議席）	（全465議席）

（2021年）　＊有権者全体に対する得票率。　（総務省資料）

❷ 投票に対する意識

①投票することは国民の義務である
②国民の権利だが棄権すべきではない
③投票する，しないは個人の自由である
④分からない

	①	②	③	④
2003年選挙時	51.5%	25.9	20.7	1.9
2021年選挙時	26.7%	39.3	32.5	1.5

（明るい選挙推進協会資料）

きみはどう考える？

❸ 民意とは何か

安保法案 きょう衆院通過
本会議 野党は退席へ
「強行採決 許し難い」

（「毎日新聞」2015.7.16）

◀**安全保障関連法の採決**（2015年）　集団的自衛権の行使を可能にする同法は，野党議員を中心に強い反対があったが，採決に踏み切られた。9月，自民党・公明党などの賛成多数で可決・成立。

▶**安全保障関連法に抗議する人々**　法案に反対する人々が連日デモを繰り広げた。

これも考えよう！「国民の意思」とは何だろう。

- 選挙で選ばれた国民の代表者の決定は，「国民の意思」といえるか。
- 少数派の理解が得られないまま行われた多数決の結果は，「国民の意思」といえるか。
- デモなどによる意思表明は，「国民の意思」といえるか。

話し合ってものごとを決める民主主義は，決定に時間がかかる。国の緊急事態の場合，話し合いより政治のリーダーシップが重要という意見もあるけど，どう思う？

D 民主主義を実現するには？

……ジョン・ルイス下院議員は亡くなる前，**「民主主義は状態ではない，行動だ」**と言いました。
彼の発言が意味するのは，**民主主義は保証されているものではない**ということです。**私たちに勝ち取ろうという意志があり，守ろうとし，あって当たり前だと思わないでいてこそ，強いものになる**のです。
民主主義を守るのは難しいことです。犠牲（ぎせい）が伴います。しかし，喜びも進展もあります。なぜなら私たちは，より良い未来を創ることができるからです。……
（2020年アメリカ大統領選での勝利宣言）

▶**カマラ・ハリス アメリカ副大統領**

重要用語 ㉔世界人権宣言　㉕国際人権規約　㉗アパルトヘイト（人種隔離政策）　㉙子ども（児童）の権利条約　⑭集団的自衛権

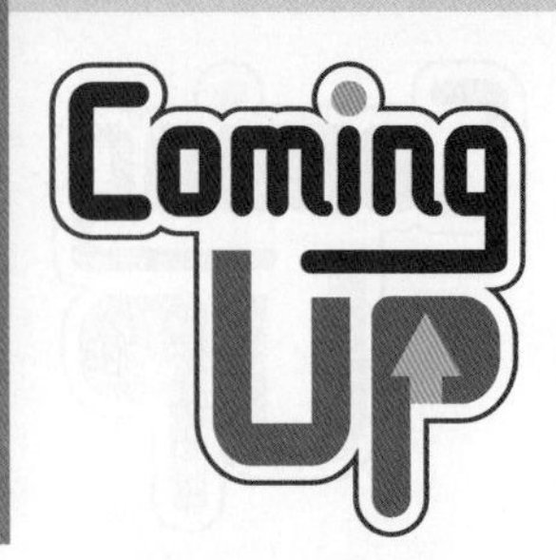

多数決＝全体の意思？

ねらい 民主主義社会では，私達は，自分達のことを自分達で決める。異なる様々な意見を1つにまとめる場合，より多くの意見を採用する多数決がとられることが多い。しかし，多数決は正しく民意を集約できているのだろうか。また，必ず正しい結論を導くのだろうか。様々な決め方を検証して長所・短所を理解し，適切な意見の集約方法とは何か考えてみよう。

A 様々な決め方

①単純多数決 投票し，最も多くの票を獲得したものが選ばれる。

▲EU離脱を問うイギリスの国民投票（2016年） 僅差で離脱派が勝利した。

②決選投票 投票の結果，最多得票のものが過半数未満の場合，上位の２者で再度投票する。

▲フランス大統領選挙での決選投票（2017年）

③最下位除外 投票ごとに最下位のものを除外し，どれかが過半数に達するまで投票する。

▲オリンピックの開催地決定（2013年）

④スコアリングルール あらかじめ順位に得点を設定し，各候補に順位を付けて投票。

▲本屋大賞 全国の書店員がノミネート10作品から順位を付けてベスト3に投票。1位3点，2位2点，3位1.5点。

①は，一般的なパターンだね。でも，どれも過半数未満だったり，票差が小さかったりすることも…。

②や③は，最終的に必ず過半数を超えるから，①より不満は少なくなりそうだね。でも，何度も投票するのは面倒だし，時間がかかるよ。

一般的な多数決だと，少数派の意見は切り捨てになるけど，④だと投票者の意見を幅広く採用して決めているね。

決め方によって結果が変わる

●有権者が40人で，A・B・Cの３候補に投票し，結果が以下のような場合…

	17人	15人	8人
1位	A	C	B
2位	B	B	C
3位	C	A	A

①単純多数決…A 17票，B 8票，C 15票 **→Aの勝ち**
②決選投票／③最下位除外…A 17票，C 23票 **→Cの勝ち**
④1位＝3点， 2位＝2点， 3位＝1点とすると
…A 74点，B 88点，C 78点 **→Bの勝ち**
→どの意見集約方法を採用するかで，結果が異なる。

多数決は，より多くの人の幸福が達成される結果を正しいとする**功利主義**の考え方（➡p.40）に基づく。しかし，上の例から分かるように，多数決の結果（①）が全体の意見を適切に集約しているとは限らない。意見の集約方法はこれ以外にも多くあるが，完全なものはない。場面に応じて，全員の満足度がより高い結果となるような方法を選ぶ必要がある。

ボルダルール

1位に3点，2位に2点，3位に1点，のように配点し，有権者は各候補に順位をつけて投票する。候補者の獲得点数の合計で全体の順序を決める方法。18世紀，フランス海軍の科学者ジャン＝シャルル・ド・ボルダが考えた集約方法で，スコアリングルールの一種。

B すべて多数決で決めてよい？

▲ハンセン病回復者・遺族と国が和解（2002年） ハンセン病患者は，法律によって強制隔離された。

▲強制収容所に送られるユダヤ人 ユダヤ人の権利は法律によって剥奪された。

解説 多数決は「正しさ」を判断しない イギリスの思想家エドマンド＝バークは，民主主義において「多数派が正しい」という価値観が浸透する危険性を指摘した。実際，民主主義的手続きを経た法律によって，一部の人の権利が侵害された事例もある（多数者の専制）。こうした民主主義の誤りに歯止めをかけるのが，憲法によって個人の尊厳を守るという**立憲主義**（➡p.60④）の考え方である。

EYE 間接民主制と直接民主制

２つの政党P・Qの候補者が争う選挙があるとする。今回の選挙には争点A～Cがあり，有権者①～⑤の，各争点ごとのP・Q党の政策に対する支持は以下の通りである。

有権者	争点A	争点B	争点C	投票
①	P	P	Q	P
②	P	Q	P	P
③	Q	P	P	P
④	Q	Q	Q	Q
⑤	Q	Q	Q	Q
多数決	Q	Q	Q	P

議員を選ぶ間接民主制ではP党候補が勝利する。しかし，仮に争点ごとに直接投票を行った場合，すべてQ党の政策が勝ち，間接民主制と真逆の結果となる。「政治家を選ぶこと＝政策を選ぶこと」ではないのである。

メモ EYEの例は，1976年に政治学者のダグラス＝ラエとハンス＝ダウトが発表。「オストロゴルスキーのパラドックス」と呼ばれる。民主制のもとでの政党の役割を批判したロシアの政治学者モイセイ＝オストロゴルスキー（1854～1919）に敬意を表してつけられた。

D 世界の主な政治体制

1 議院内閣制

❶ イギリス

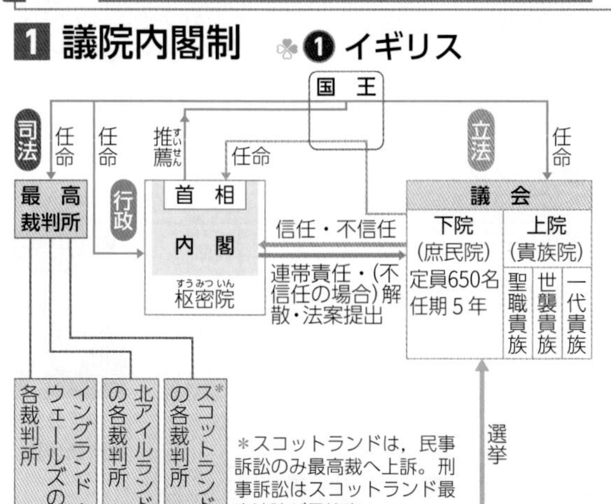

注：下院議員の選挙権・被選挙権は18歳以上。

解説 **議院内閣制**
イギリス発祥の，議会の信任により内閣が成り立つ制度。内閣は議会に対して責任を負う。議会で多数を得た政党の党首が首相に任命され，首相が閣僚を選定する。(➲p.118 1)

▲スナク首相
(保守党)

●下院の政党別議席数(2023年)

政党	議席数
保守党	352
労働党	195
スコットランド国民党	45
自由民主党	14
無所属・その他	41
欠員	3
計	650

特色	長い伝統。**立憲君主制**。**不文憲法**。**議院内閣制**。
憲法	**不文憲法** 政治制度の根本を規定した憲法典をもたないが，マグナ・カルタ(1215年)，権利請願(1628年)，議会法(1911年)，憲法改革法(2005年)など，成文になっている部分もある。
国家元首	**国王** 任期…終身。 権限…議会の召集。両院で可決した法案の裁可。宣戦・講和の決定。軍隊の統帥(とうすい)。栄典の授与(じゅよ)。「**君臨(くんりん)すれども統治せず**」として，行政権は内閣に，立法権は議会(国王〈権限は形式的〉，上院・下院)に，司法権は裁判所に委任。
行政	**内閣** 下院の第1党の党首を国王が首相に任命。下院に対して連帯責任を負う。 **枢密院** 内閣の推薦で国王が任命。国王の諮問(しもん)機関。
立法	議会(国王と上院・下院)が最高立法機関。二院制。 **上院(貴族院)** 世襲(せしゅう)・一代貴族(任期は終身)，聖職貴族(聖職を引退するまで)から成る。2023年7月現在，777人。 **下院(庶民院)** **定数は650人**。**任期は5年**。予算など，下院が上院に優越する(1911年の議会法で確立)。
政党	**保守党**と**労働党**の**二大政党制**。
司法	地域で異なる3つの裁判制度。最終審はロンドンの最高裁判所。

●**影(かげ)の内閣(Shadow Cabinet)**
野党第一党は，正規の内閣を構成する大臣に対応した影の大臣を決めて影の内閣を組織し，与党の政策を批判する。

➲**下院議会場** 剣線は越えてはいけない決まりがある。

議院内閣制をとる主な国
イギリス，日本，ドイツ，イタリア，カナダ，スペイン，オランダなど

❷ドイツ

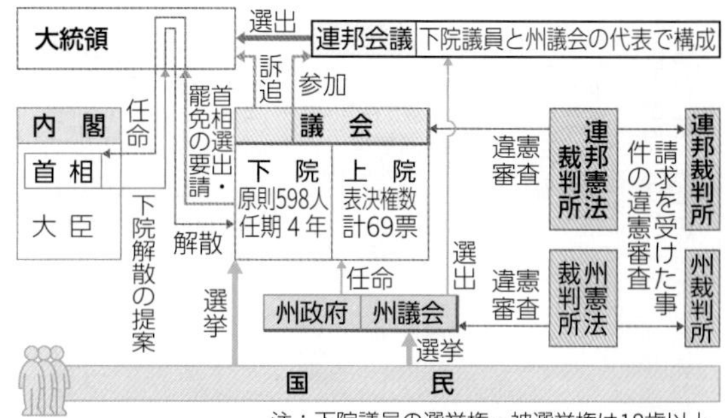

注：下院議員の選挙権・被選挙権は18歳以上。

●下院(連邦議会)の会派別議席数(2023年)

会派	議席数
社会民主党*	206
キリスト教民主同盟・キリスト教社会同盟	197
同盟90／緑の党*	118
自由民主党*	92
ドイツのための選択肢	78
左派党・無所属	45
計	736

＊は与党。

➲ショルツ首相
(社会民主党)

特色	**連邦制** 16の州(ラント)からなる。各州が独自の憲法をもち，州議会・政府・裁判所をもつ。 **議院内閣制** 大統領が選出されるが，下院に勢力基盤をもつ首相が政治的実権をもつ。
国家元首	**大統領** 任期…5年，3期連続は禁止。連邦会議(州議会が選んだ代表と下院議員で構成)で選出。政治的実権はない(ナチスが強権をもつ大統領を利用して勢力を拡大したことの反省による)。
行政	**内閣(連邦政府)** 首相と大臣で構成。法案提出権あり。 **首相** 連邦議会の議員の過半数で選出。単独で政治の方針を決定する権限をもつ。下院解散・大臣任免の決定権あり。
立法	**上院(連邦参議院)** 地方代表。各州の政府構成員が州政府により任命される。人口に応じて各州3～6票の表決権あり。 **下院(連邦議会)** 国民代表。定員は原則598人。任期4年。解散あり。下院のみに法案議決権あり。
政党	**多党制** 小選挙区比例代表併用制のため，通常は連立政権。
司法	**連邦憲法裁判所・州憲法裁判所** 違憲審査権をもつ。 **その他の裁判所** 通常・行政・財政・労働・社会の5分野で組織。下級審が州裁判所，最終審が連邦裁判所。

EYE 大統領と首相の違い

一般的に，大統領は国家元首(国の代表)，首相は行政の最高責任者である。ただし，国王がいる国では，国王が国家元首である。

➲**チャールズ国王** イギリスの国家元首。形式的には強い権限をもつが，「君臨(くんりん)すれども統治せず」が原則。

大統領と首相はどちらが強い？ 大統領と首相が両方存在する場合，政治的実権がどちらにあるかは政治のしくみによって異なる。大統領が国民の直接選挙で選ばれる場合，実権は大統領にある。そうでない場合は，議会で選ばれた首相が行政のトップとして実権をもつ。

2 大統領制 ●アメリカ

弾劾裁判権（上院）
司法　行政　立法
違憲立法審査権
教書送付
法案拒否権
連邦最高裁判所
大統領
連邦議会
連邦裁判官任命権
条約締結・高官任命への同意権
弾劾裁判権（上院）
違憲行政審査権
上院（元老院）各州より2名 定員100名 任期6年
下院（代議院）各州より人口比例 定員435名 任期2年
連邦巡回控訴裁判所
連邦地方裁判所
大統領府　各省　独立行政機関
選挙
大統領選挙人
選挙
選挙　選挙
国民

注：上院の被選挙権は30歳以上，下院は25歳以上，選挙権は18歳以上。

バイデン大統領（民主党）

●議会の政党別議席数（2022年）

	上院	下院
共和党	49	222
民主党	49	213
無所属	2	0
計	100	435

＊民主党系。

解説 大統領制 大統領は議会ではなく，国民に対して責任を負う。このため，大統領は議会の信任を必要としないし，同時に議会を解散する権限をもたず，独立している。

特色	地方分権主義，連邦主義，厳格な**権力分立主義**。 **連邦制** 連邦政府の権限は，外交権，軍の編成・統帥権，州際通商規制権などに限定。その他は州政府が保持。
国家元首	**大統領** 国家の元首・行政府の最高責任者。有権者（自分で有権者登録する必要がある）が大統領選挙人を選出する間接選挙（➡p.67）。 任期… **4年**。通算2期まで。 権限…①**教書**による議会への立法措置勧告，法案に対する成立**拒否権**。②陸海空3軍の最高司令官。 **副大統領** 大統領候補が副大統領候補を選び，大統領とペアで選出。大統領が欠けた場合，大統領となる。
行政	15省と大統領直属の独立行政機関と大統領府から成る。 **大統領府** 巨大化した大統領の職務を補佐。
立法	議会は上院・下院の二院制。解散はなく，議案提出権は議員だけがもつ。大統領に拒否された法案を再可決できる。 **上院** 各州から2人選出，定員100人。任期6年。 **下院** 各州から人口に比例して選出。定数435人。任期2年。
政党	二大政党 **共和党** 結成当初の支持基盤は資本家，北部。現在は中西部に多い。保守的な政党。 **民主党** 黒人・労働者・進歩的知識人・女性層に支持基盤をもつ。
司法	**違憲審査権（違憲法令審査権）**をもつ。

大統領制をとる主な国
アメリカ，韓国，フィリピン，中南米諸国など

探究へのSTEP
あなたがやりたい政策を実行するために政治のリーダーになるなら，アメリカのような大統領か，日本のような首相か，どちらを選ぶかな？

視点 それぞれの選ばれ方や議会との関係に注目して考えよう。 民主主義 国民主権

3 半大統領制

半大統領制 大統領制と議院内閣制を折衷した政治制度で，①有権者の直接選挙により選ばれ，固有の重要な権限をもつ大統領が存在し，②大統領に任免される内閣は，同時に議会の信任のもとに成立（議院内閣制）する。

●フランス

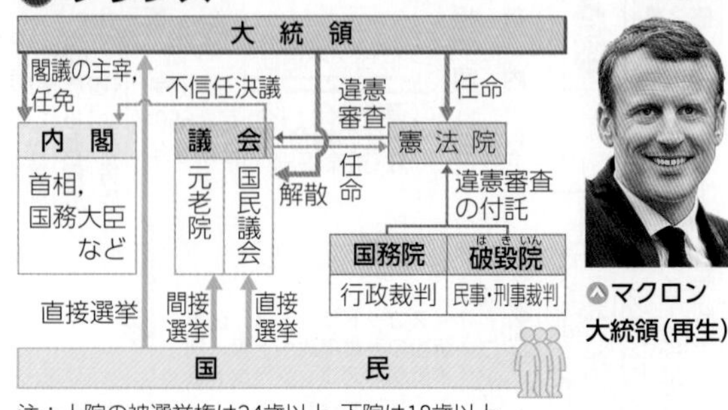

マクロン大統領（再生）

注：上院の被選挙権は24歳以上，下院は18歳以上，選挙権は18歳以上。

特色	フランスの**半大統領制**は，第二次世界大戦の英雄シャルル・ド・ゴールが中心となり1958年に成立した体制。フランス第五共和制と呼ばれる。
憲法	1958年公布。1789年の**人権宣言**は今も有効（憲法前文で宣言）。
国家元首	**大統領** 有権者の直接選挙。任期5年，3期連続は禁止。首相の任命権，国民議会の解散権をもつなど，権限は強い。
議院内閣制	**内閣** 国会に責任を負う。ただし，首相を含む内閣構成員の任免権は大統領がもつ。 **議会上院・元老院** 地方議員など（選挙人団）による間接選挙。定員上限348人。任期6年で3年ごとに半数改選。 **議会下院・国民議会** 有権者の直接選挙。定員上限577人。任期5年。内閣への不信任議決権をもつ。
裁判所	民事・刑事裁判は破毀院，行政訴訟は国務院が最高裁判所。ほかに，違憲審査権をもつ憲法院あり。

●国民議会の会派別議席数（2023年）

会派	議席数
再生	171
国民連合	88
新人民環境社会連合	75
共和党	62
民主派	51
社会党	31
その他・無所属	99
計	577

●ロシアの政治のしくみ

いわゆる民族共和国や州・自治管区などの連邦構成主体からなる連邦制。半大統領制を採用し，国家元首である大統領は下院解散権や法案提出権，首相任命・解任権をもつなど権限は強大。

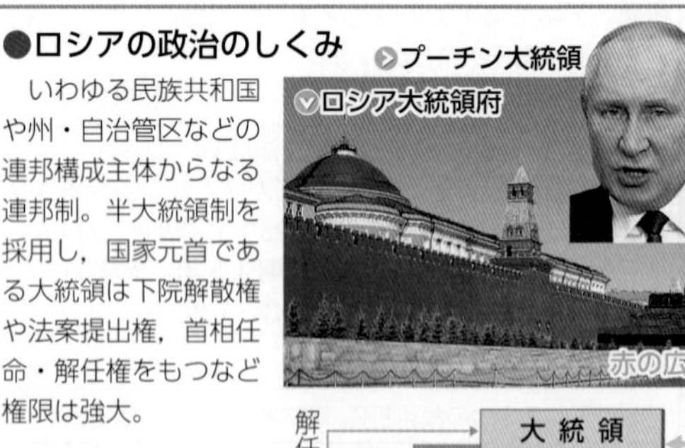

プーチン大統領
ロシア大統領府

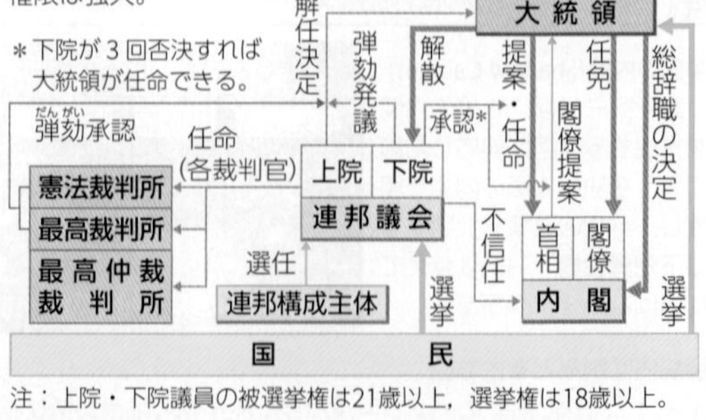

注：上院・下院議員の被選挙権は21歳以上，選挙権は18歳以上。

入試のツボ 各国の政治体制についてまとめておこう。①首相・大統領職の有無，②アメリカの議会と大統領の関係，③イギリスの政党などが出題された。

アメリカ大統領はどうやって決まる?

ねらい 2020年，4年に1度のアメリカ大統領選挙が行われ，民主党のバイデン候補が勝利した。世界最大の軍事・経済大国のトップに立つアメリカ大統領は，その言動が世界に大きな影響を与える。どのような流れで決まるのかを知ろう。また，今回の選挙で見られた現象と課題を考えよう。

A 選挙の流れ

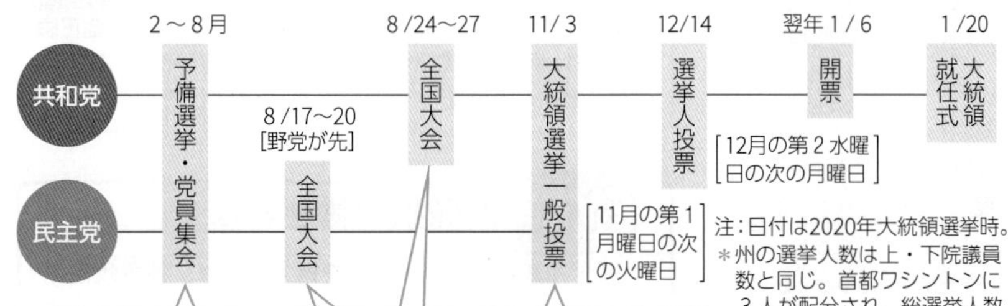

全国大会で大統領候補を指名する代議員を選ぶ。党員集会か予備選挙かは，州によって異なる。

代議員が正副大統領候補を選ぶ。

有権者が州ごとに大統領を選挙する大統領選挙人*を選ぶ。**実質的に大統領決定。**

注：日付は2020年大統領選挙時。
＊州の選挙人数は上・下院議員数と同じ。首都ワシントンに3人が配分され，総選挙人数は538人。ほとんどの州で，一票でも多く獲得した候補者がその州全ての選挙人を獲得できる「勝者総取り(winner-take-all)」を採用。

●なぜ間接選挙なの？
アメリカは，国民が直接大統領を選ぶことができるといわれるが，実際には**選挙人を選ぶ間接選挙**。選挙制度が作られた建国時の18世紀後半，全米で一斉に投票することは難しい。また，読み書きできる人も少なく，政治に疎い一般の有権者には大局的な判断はできないと考えられたという。当初，選挙人は各州の議会で選ばれたが，次第に国民が投票で選ぶようになった。

B 2020年選挙の結果

＊White Anglo-Saxon Protestant。保守的な白人エリート層。

共和党	民主党
中西部の農業地帯や南部に多い。WASP*や資本家・富裕者層が支持基盤。近年は労働者の支持も獲得。	大都市が集中する東・西海岸に多い。マイノリティ，労働者，貧困層が支持基盤。近年は高学歴・富裕者が増加。
小さな政府	大きな政府
●自由競争を推進。企業の利益を優先	●企業への規制。弱者救済
●環境問題や社会福祉には消極的	●社会福祉政策に熱心
●自由貿易	●保護貿易(国内産業の保護)
●単独行動主義。アメリカの利益を重視	●国連中心の国際協調主義
●銃規制や中絶・同性愛に反対	●道徳的問題には寛容

●得票数

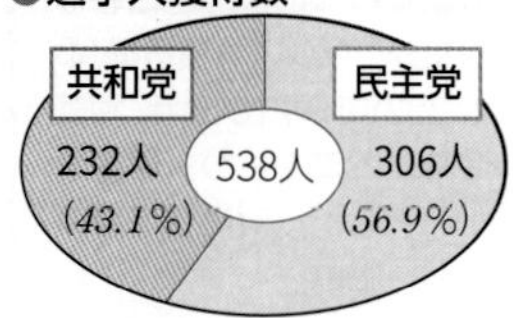

●選挙人獲得数

共和党	総数	民主党
232人 (43.1%)	538人	306人 (56.9%)

(Federal Election Commission資料)

●州別の大統領選挙人数 **Q** 共和党が強い州にも関わらず民主党が勝利した州には，どのような特色があるか。

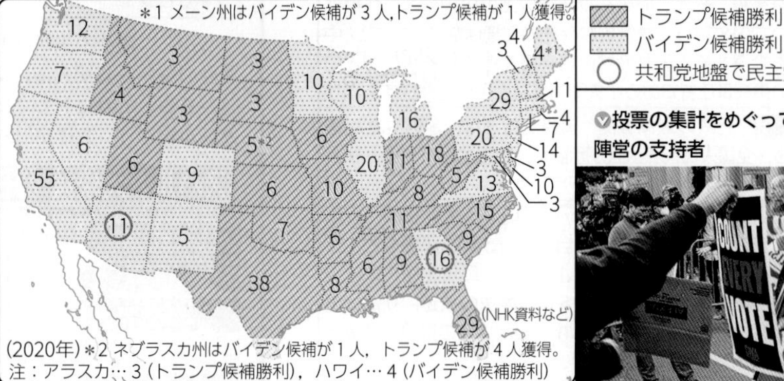

(2020年)＊2 ネブラスカ州はバイデン候補が1人，トランプ候補が4人獲得。
注：アラスカ…3(トランプ候補勝利)，ハワイ…4(バイデン候補勝利)

●投票の集計をめぐって争う両陣営の支持者

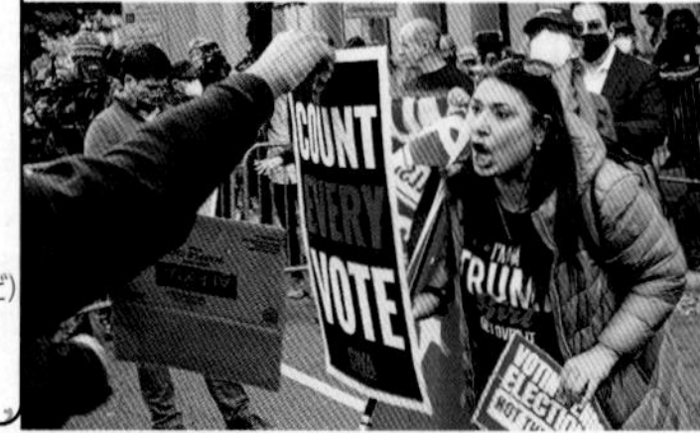

アメリカ社会の分断 トランプ大統領は就任以来，移民排除や差別などアメリカ社会に根付く分断をあおることで白人支持層の地盤を強固にしたが，アメリカ第一主義は国際社会からの孤立を招いた。

試される民主主義 2020年の選挙では，民主党のバイデン候補が反トランプ派の受け皿となり勝利。特に，これまで投票に行かなかった黒人有権者がバイデン候補を支持し，投票したことが結果を左右した。一方で，トランプ大統領は選挙に不正があったと根拠のない批判を繰り返し，一部の支持者も投票の中断を訴える*など，一票を軽視する動きをみせた。今回の選挙は，アメリカ社会の分断の深さをうかがわせると同時に，アメリカの民主主義が試される選挙となった。

＊トランプ大統領は，法廷闘争に持ち込む構えを見せたが，棄却・取り下げが相次ぎ，バイデン候補の勝利は揺るがなかった。

重要用語 100二大政党制 101大統領制 153議院内閣制 163違憲審査権(違憲法令審査権，違憲立法審査権)

4 権力集中制 ●中国

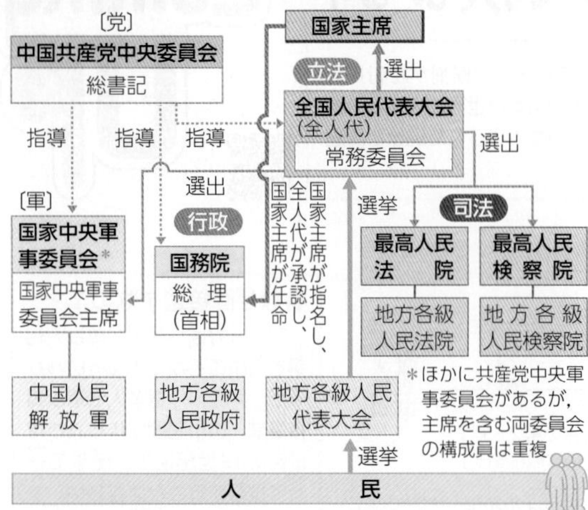

注：選挙権は18歳以上。

解説 **権力集中制（民主集中制）**　国家権力は国民代表の議会である**全国人民代表大会**（全人代）に集中し，強力な政治を行う。1949年の建国後，**毛沢東**のもとで独自の社会主義建設がめざされたが，70年代後半以降，「**四つの現代化**」の推進で改革開放政策がとられた（➡p.302）。**中国共産党**の果たす役割は大きい。

習近平国家主席・国家中央軍事委員会主席・中国共産党中央委員会総書記　事実上の最高実力者。

全国人民代表大会

特色	マルクス主義・レーニン主義・毛沢東思想を理論的基礎とした社会主義国家である。**中国共産党**が指導的役割を果たしている。
憲法	1982年公布。第１条で「人民民主独裁の**社会主義国家**である」ことを規定。
国家元首	**国家主席**　**全国人民代表大会**において選出される。資格は選挙権，被選挙権をもつ45歳以上の中国公民。任期はない（2018年～）。象徴的な存在で実権はない。ただし，中国を指導する中国共産党の最高責任者である総書記と，軍の最高責任者である中央軍事委員会主席を兼任する。
行政	**国務院**　行政の最高機関。国務院総理は，国家主席が指名し，全国人民代表大会が承認し，国家主席が任命。社会発展計画や予算作成などを行う。
立法	**全国人民代表大会（全人代）**　最高の国家権力機関，議事機関である（一院制）。各省・自治区・直轄市・軍隊などから選出された代表（上限3000人）で構成。毎年１回，数日間開催（臨時会もある）。任期５年。憲法の改正，立法，国家主席・副主席・国家中央軍事委員会主席の選出，戦争と平和の問題の決定などを行う。 **常務委員会**　全人代の常設機関。憲法・法律の解釈，法律の制定，条約の承認・廃棄などを行う。
政党	**中国共産党**　国務院や全人代より上位に位置付けられ，国家は党の「領導」（指導・統率）により運営される。
司法	**人民法院**　国家の裁判機関であり，最高・各級・軍事の各人民法院を置く。行政からは独立している。 **人民検察院**　国家の法律監督機関で，最高・各級検察院を置く。人民法院同様，行政から独立する。

●北朝鮮の政治のしくみ

社会主義国家で，朝鮮労働党の一党独裁体制。憲法で，「人間中心の世界観であり人民大衆の自主性の実現をめざす革命思想である主体思想」と軍事優先の先軍思想を掲げる。

実質的な国家元首は金正恩国務委員会委員長（2016年就任）。国務委員会は，2016年に新設された「国家主権の最高政策的指導機関」。日本政府は北朝鮮を国家として認めておらず，両国間に国交はない。

金正恩国務委員会委員長

政党　朝鮮労働党…国家のすべての活動を指揮監督。金正恩は，朝鮮労働党総書記・朝鮮人民軍最高司令官を兼任。

議会　最高人民会議…一院制。定員687人。任期５年。

EYE 開発独裁体制とは？

開発独裁とは，経済開発を優先に掲げ，独裁政権の正当化をはかる体制のこと。戦後，独立を果たしたアジアやアフリカ諸国では，経済成長を効率的かつ急速に進めるためには国家が主導する必要があるとの考えから生まれた。

主な開発独裁政権
- 大韓民国…朴正熙政権（1963～79）
- インドネシア…スハルト政権（1968～98）
- マレーシア…マハティール政権（1981～2003）
- シンガポール…リー・クアンユー政権（1965～90年＊）
- フィリピン…マルコス政権（1965～86年）
- イラン…パフレヴィー朝（1925～79）
- リビア…カダフィ政権（1969～2011）（➡p.263）

＊現在も人民行動党が圧倒的多数を維持し，政権を独占。

●アジアの主な国の国民総生産（億ドル）（「世界国勢図会」）

	1965	1970	1975	1980	1985
インドネシア	88.8	88.8	291.2	663.7	865.9
大韓民国	34.1	79.1	198.5	569.3	884.4
マレーシア	24.5	41.2	93.4	219.4	319.3
シンガポール	8.4	19.0	55.1	106.7	189.7
フィリピン	48.5	76.6	159.3	344.6	326.3

しかし，議会や選挙などの機能の制限，言論・市民運動の弾圧，長期政権による政治腐敗・汚職などの問題がある。これに対して国民の不満が高まって民主化運動が起こり，政権が崩壊する場合が多い。

スハルト大統領 辞任
インドネシア 独裁32年 経済危機で幕
副大統領に全権

（「読売新聞」1998.5.21）

インドネシアのスハルト大統領は「開発の父」と呼ばれたが，アジア通貨危機（➡p.292）で国内が混乱。独裁政権に不満をもつ，学生を中心とした反政府デモが激化し，退陣。

マルコス大統領の油絵に殴りかかる若者（フィリピン）　1986年，ピープル・パワー革命によってマルコス政権が崩壊。アキノ新大統領は「長い苦悩は終わり，我々は自由になった」と宣言。

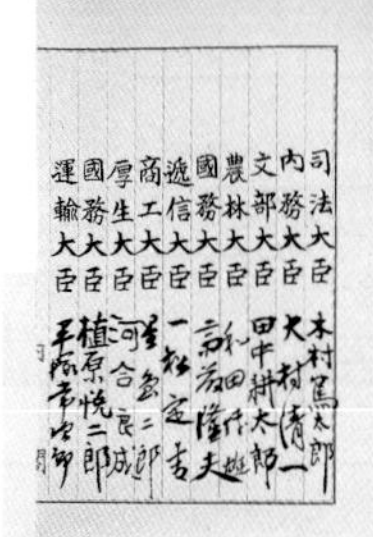

△日本国憲法

日本国憲法の成立と国民主権

2

ねらい
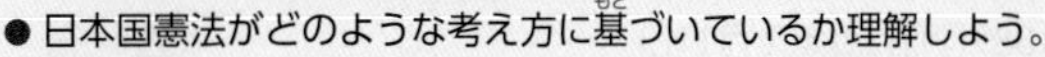
- 日本国憲法の成立過程を理解しよう。
- 日本国憲法がどのような考え方に基づいているか理解しよう。
- 日本の政治や社会が憲法に基づいていることを理解しよう。

A 大日本帝国憲法下の政治

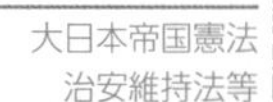

1 大日本帝国憲法体制の歩み

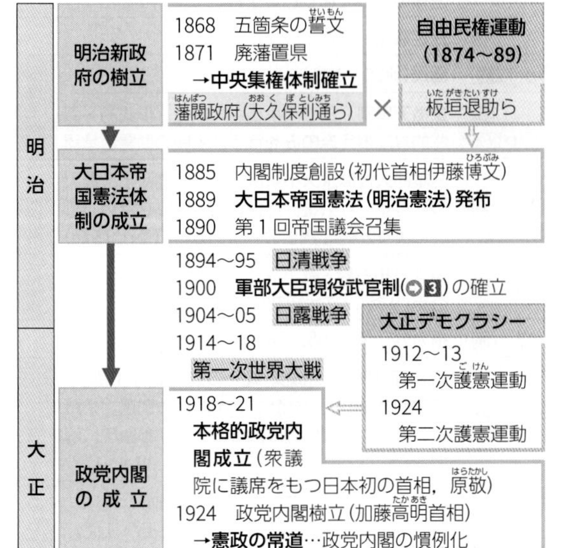

昭和 軍部台頭とファシズム体制
- 1930 統帥権干犯問題(➡3)，昭和恐慌
- 1931 満州事変勃発
- 1937 日中戦争勃発
- 1938 国家総動員法公布
- 1940 大政翼賛会発足
- 1941 太平洋戦争勃発

1945 ポツダム宣言受諾，降伏文書調印

●歳出に占める軍事費の割合

年	割合
1928年	*28.5%*
1931	*30.8*
1934	*43.5*
1937	*68.9*
1939	*69.3*
1941	*70.9*
1944	*78.7*
1945	*43.4*

(大蔵省・日銀『財政経済統計年報1948年版』)

2 大日本帝国憲法下の政治機構

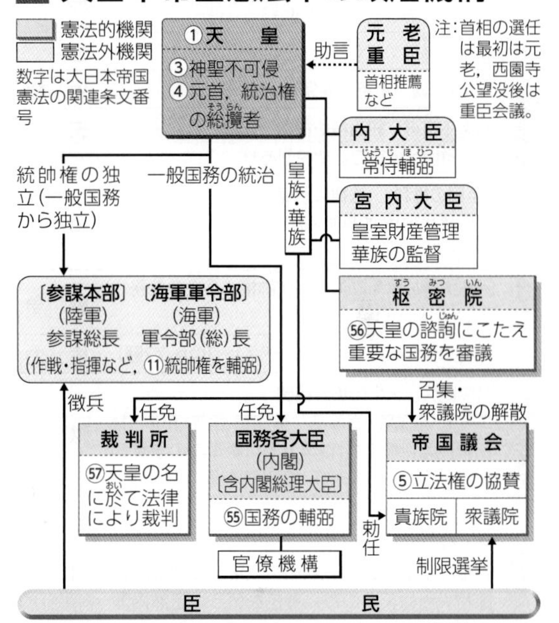

解説 **大日本帝国憲法制定の意義**　元首・統治権総攬者として**天皇大権**を認めた**大日本帝国憲法**は，現在からすれば民主主義と人権保障の精神が希薄だが，同憲法施行により，**「臣民の権利」**が法律の制限(**法律の留保**)付きではあるが保障され，議会の設置・司法権の独立など，形式的ではあるが権力分立の体裁が整えられ，日本はアジア初の近代的立憲国家となった。また，大正期には民主主義的風潮(**大正デモクラシー**)が高まった。しかし，昭和初期には経済状況の悪化とともに軍部が**統帥権**の名のもとに政治介入し，人権保障を否定する戦時体制へと突入していった。

3 軍部台頭を促した主な制度・事件

軍部大臣現役武官制	1900年確立。現役の軍人(大将・中将)以外は陸・海軍大臣になれない制度。軍部が大臣を出さないと内閣が成立しないため，軍部の政治介入につながった。
統帥権干犯問題	1930年，天皇の統帥権を輔弼する海軍軍令部の反対を押しきってロンドン海軍軍縮条約に調印したことが，統帥権の独立(➡2)を侵害しているとして，軍令部や立憲政友会が政府を激しく攻撃。この後，軍部の政治介入が強まった。

4 治安維持法 〔公布1925(大正14).4　廃止1945(昭和20).10〕

第1条　国体を変革し 又は私有財産制度を否認することを目的として結社を組織し 又は情を知りて之に加入したる者は 10年以下の懲役 又は禁錮に処す
前項の未遂罪は之を罰す

↓改正1928(昭和3).6.29

第1条　国体を変革することを目的として結社を組織したる者 又は結社の役員 其の他指導者たる任務に従事したる者は 死刑 又は無期 若は5年以上の懲役 若は禁錮に処し……

注：カタカナをひらがなに直してある。

解説 **自由の弾圧**　大日本帝国憲法下では，**「臣民の権利」**を制限する様々な治安立法がなされた。特に共産主義思想の取り締まりを目的とした**治安維持法**によって，1928〜38年の11年間で6万人以上が検挙された。

▷判決を受け裁判所を出る共産主義者(1929年)

B 日本国憲法の制定

1 大日本帝国憲法(通称：明治憲法)と日本国憲法の違い

区分	大日本帝国憲法(➡p.374)	項目	日本国憲法(➡p.364～373)	区分
	1889(明治22)年2月11日	公布年月日	1946(昭和21)年11月3日	
	1890(明治23)年11月29日	施行年月日	1947(昭和22)年5月3日	
	自由民権運動(民撰議院設立の建白)	制定の動機	ポツダム宣言(➡2)の受諾	
	伊藤博文・金子堅太郎・井上毅・伊東巳代治	制定の中心	日本国政府・GHQ(連合国軍最高司令官総司令部)	
	プロイセン(ドイツ)憲法	模範とした外国憲法等	アメリカ合衆国憲法・イギリスの政治機構など	
	最高法規であるが，憲法典は大日本帝国憲法と皇室典範の2つであった(二元性憲法)	形式	**最高法規**(一元性憲法)。皇室典範は国会の議決する法律の1つであり日本国憲法に従属する	
	欽定憲法。硬性・成文憲法	性格	**民定憲法**。硬性・成文憲法	
天皇と臣民の関係	**天皇(上諭，1条，4条)**	主権者(➡p.72 1)	**国民(前文，1条)**	国民主権・象徴天皇制
天皇と臣民の関係	神聖不可侵，**統治権総攬者**，元首。枢密院・元老・重臣会議等の諮問機関あり	天皇(➡p.72)	**象徴天皇制**。国と国民統合の象徴，形式的・儀礼的な国事行為のみを行う。内閣の助言と承認	国民主権・象徴天皇制
天皇と臣民の関係	「**臣民の権利**」。**法律の留保**(制限)。自由権(自由権的基本権)が主体	国民の権利	**基本的人権は永久不可侵の権利**。国政上，最大限に尊重。社会権(社会権的基本権)を含めることにより20世紀憲法の特徴あり(➡p.75 1)	国民主権・象徴天皇制
軍隊あり	天皇大権による陸海軍の**統帥権**，兵役の義務	戦争と軍隊	**恒久平和主義**・戦争放棄・戦力不保持・交戦権否認(9条)，文民統制(66条)(➡p.101，105)	平和主義
	天皇に権力集中(4，5，55，57条)(➡p.72 1)	権力分立制	権力分立(41，65，76条)(➡p.72 2)	
天皇主権のもとでの形式的な三権分立	帝国議会。天皇の**協賛機関** 二院制(衆議院・貴族院)。貴族院(皇族・華族・勅任議員等特権階級)は非公選。衆議院の予算先議権を除いて両院対等。国政調査権の規定なし	議会	**国会。国権の最高機関，唯一の立法機関**(41条) 二院制(衆議院・参議院)。両院とも民選。衆議院の優越。両院に国政調査権あり。参議院に解散なし(➡p.114～117)	国民主権のもとでの三権分立
天皇主権のもとでの形式的な三権分立	内閣の規定なし(内閣官制で規定)。天皇の行政権を**輔弼**する(助ける) 首相は天皇が任命(元老・重臣の推薦に基づく)。国務大臣は天皇のみに責任を負う。超然内閣(官僚内閣)の場合も政党内閣の場合もあった	内閣	行政権は内閣に属す。行政の最高機関 首相は国会の指名。国務大臣は首相が任免。内閣は国会に対して責任を負う。議院内閣制(➡p.118)	国民主権のもとでの三権分立
天皇主権のもとでの形式的な三権分立	**天皇の名において**裁判を行う 違憲法令審査権なし。**特別裁判所**の存在	裁判所	司法権は裁判所に属す。司法権の独立保障 違憲法令審査権あり。特別裁判所の禁止。 最高裁判所裁判官の国民審査(➡p.123・124)	国民主権のもとでの三権分立
	予算不成立の場合は前年度予算を施行。皇室の費用は，増額する場合を除き帝国議会の議決不要	予算	予算不成立の場合の規定はなく，不成立の場合は支出を認めない。暫定予算も国会の議決を要する。皇室の費用も予算に計上。国会の議決を経る	
	規定なし。府県制，市制，町村制等の法律で規定。中央集権的政府の末端行政を請け負う組織にとどまる	地方自治	地方自治の本旨を尊重(92条) 地方公共団体の長と議員の直接選挙(93条) 地方特別法に対する住民投票(95条)(➡p.129・130)	
	天皇の勅命で帝国議会に発議→議会の議決(総議員の3分の2以上の出席かつ出席議員の3分の2以上)	改正	国会の発議(**各議院の総議員の3分の2以上**) **→国民投票(過半数)**(96条)(➡p.73)	

民定憲法　国民によって制定された憲法。具体的には国民の発案や投票を経て定められる場合が多い。しかし，そのような手続きを経なくても，主権が国民にある場合には民定憲法であり，日本国憲法は民定憲法である。
欽定憲法　君主や国王の意思と権威によって制定された憲法。君主主権主義の国家の憲法がこれにあたる。明治憲法は天皇の権威によって制定された欽定憲法である。
硬性憲法　通常の立法手続きでは改正できず，特別に憲法改正手続きを備えた憲法。近代国家の成文憲法のほとんどは硬性憲法で，日本国憲法・明治憲法は共にこれに属する。
軟性憲法　一般法律の立法手続きで変更できる憲法。1814年のフランス憲法，1848年のイタリア憲法など。

2 ポツダム宣言

発表国	**イギリス，アメリカ，中華民国** **ソ連**は対日宣戦布告(1945年8月8日)と共に参加
発表日	1945年7月26日
日本受諾	1945年8月14日
内容	日本の戦後処理方針と日本軍の無条件降伏を勧告 ①軍国主義の除去と軍隊の武装解除 ②領土主権の制限(連合国による占領) ③民主主義的傾向の復活強化と基本的人権の尊重 ④国民の自由な意思による平和的かつ責任ある政府の樹立

メモ　戦後，連合諸国では天皇の戦争責任を問うべきだという声が強かった。しかしマッカーサーは，日本を円滑に占領統治するため，天皇を残して民衆の心をつかんだ方がよいと判断し，象徴天皇制が導入された。

3 日本国憲法の成立

1945. 7.26	ポツダム宣言発表(◯p.70)
(昭和20) 7.28	首相，ポツダム宣言黙殺の談話発表
8.6	広島に原爆投下
8.8	ソ連，対日宣戦
8.9	長崎に原爆投下
8.14	**ポツダム宣言受諾**を通告
8.15	天皇「終戦の詔書」を放送
10.11	マッカーサー，**五大改革**を指令，**憲法の自由主義化**を示唆 ①男女同権 ②労働者の団結権 ③教育の自由主義化 ④専制政治からの解放 ⑤経済の民主化
10.13	政府，憲法問題調査委員会設置を決定
10.27	憲法問題調査委員会，第１回総会(**松本烝治**委員長)
1946. 1. 1	**天皇の「人間宣言」**(神格否定)
2.1	毎日新聞が，憲法問題調査委員会案をスクープ
2.3	マッカーサー，GHQ民政局に憲法草案の作成を指示(◯4)
2.8	政府，GHQに憲法改正要綱(**松本案**)提出
2.13	GHQ草案を政府に提示
4.10	選挙法が改正されてから初めての総選挙(女性議員，39人当選)
4.17	政府，憲法改正草案を発表
6.20	憲法改正案，帝国議会に提出
8.24	憲法改正案，衆議院で修正可決
10.6	憲法改正案，貴族院で修正可決
10.7	衆議院，貴族院修正案を可決
10.29	枢密院が同案を可決
11.3	天皇裁可，**日本国憲法**成立・公布
1947. 5. 3	日本国憲法施行

●政府の憲法改正草案についての世論調査

(「毎日新聞」1946.5.27)

草案の天皇制への賛否	支持 85%	反対 13	不明 2
戦争放棄の条項は必要か	必要 70%	不要 28	不明 2
国民の権利・義務・自由に関する草案の修正は必要か	不要 65%	必要 33	不明 2

4 マッカーサー三原則(マッカーサーノート)

Ⅰ　天皇は国の元首の地位にある。……天皇の職務および権限は，憲法に基づき行使され……

Ⅱ　……日本は，紛争解決のための手段としての戦争，および自己の安全を保持する手段としてのそれをも放棄する。……

Ⅲ　日本の封建制度は，廃止される。……　(芦部信喜『憲法』岩波書店)

注：1946年２月３日，連合国軍最高司令官マッカーサーがGHQ(連合国軍最高司令官総司令部)民政局に対し，憲法草案に入れるよう命じた３つの原則。原文は英語。

5 憲法改正案の変遷

Q 日本国憲法はどのような過程で成立したか。

	天皇	戦争と軍隊	立法
大日本帝国憲法	第３条　天皇ハ**神聖**ニシテ侵スヘカラス	第11条　天皇ハ**陸海軍**ヲ統帥ス	第５条　天皇ハ帝国議会ノ**協賛**ヲ以テ立法権ヲ行フ
憲法改正要綱(松本案)	第３条　天皇ハ**至尊**ニシテ侵スヘカラス	第11条　天皇ハ**軍**ヲ統帥ス	大日本帝国憲法と同じ
GHQ草案	第１条　皇帝ハ国家ノ**象徴**ニシテ又人民ノ統一ノ象徴タルヘシ彼ハ其ノ地位ヲ人民ノ主権意思ヨリ承ケ之ヲ他ノ如何ナル源泉ヨリモ承ケス	第８条　国民ノ一主権トシテノ戦争ハ之ヲ廃止ス他ノ国民トノ紛争解決ノ手段トシテノ武力ノ威嚇又ハ使用ハ永久ニ之ヲ**廃棄**ス	第40条　国会ハ**国家ノ権力ノ最高ノ機関**ニシテ国家ノ唯一ノ法律制定機関タルヘシ
政府改正草案	第１条　天皇は，日本国の**象徴**であり日本国民統合の象徴であつて，この地位は，日本国民の至高の総意に基く	第９条　国の主権の発動たる戦争と，武力による威嚇又は武力の行使は，他国との間の紛争の解決の手段としては，永久にこれを**放棄**する	第37条　国会は，**国権の最高機関**であつて，国の唯一の立法機関である ↓ 日本国憲法第41条
日本国憲法(帝国議会での修正)	第１条　天皇は，日本国の**象徴**であり日本国民統合の象徴であつて，この地位は，**主権の存する日本国民**の総意に基く	第９条①　日本国民は，正義と秩序を基調とする国際平和を誠実に希求し，国権の発動たる戦争と，武力による威嚇又は武力の行使は，国際紛争を解決する手段としては，永久にこれを**放棄**する	
		その他の追加条文　生存権(第25条)，普通選挙の保障(第15条)など	

解説 **民主的憲法へ**　第二次世界大戦後，**GHQ(連合国軍最高司令官総司令部)**の憲法改正の意向を受け，幣原内閣は憲法改正要綱(松本案)を作成した。しかしGHQは，これが**大日本帝国憲法**の内容とほぼ同じとして「最も保守的な民間草案よりも，さらにずっとおくれたもの」と拒否し，象徴天皇制と戦争放棄を主眼とするGHQ草案を示した。政府は，GHQ草案をもとに新たに憲法改正草案を作成し，帝国議会に提出した。議会は，国民主権の明確化，普通選挙の保障，生存権規定などを追加し，**日本国憲法**が成立した。

EYE GHQと日本

戦後の日本　日本は戦後，GHQが日本政府に指令・勧告する間接統治の形で連合国に占領された。日本には国家としての主権(◯p.246)がなく，この状態は**サンフランシスコ平和条約**締結(1951年調印，52年発効)まで続いた。

占領政策と検閲　GHQは1945年10月，**治安維持法**(◯p.69)の廃止や政治犯の即時釈放などを日本政府に指令(人権指令)。一方で同年９月の「**プレス・コード**」によって占領政策への批判を禁じ，新聞や雑誌の検閲を行った。

◯**GHQの検閲を受けた新聞記事**(1945～48年*)　suppress(発行禁止)，deleted(削除)などのゴム印が押されている。検閲したことは読者には伏せられていた。

＊事前検閲。1948～49年は事後検閲

C 天皇主権から国民主権へ

1 天皇の地位の変化

Q 大日本帝国憲法とどう違うのか？

❶ 大日本帝国憲法 ❷ 日本国憲法

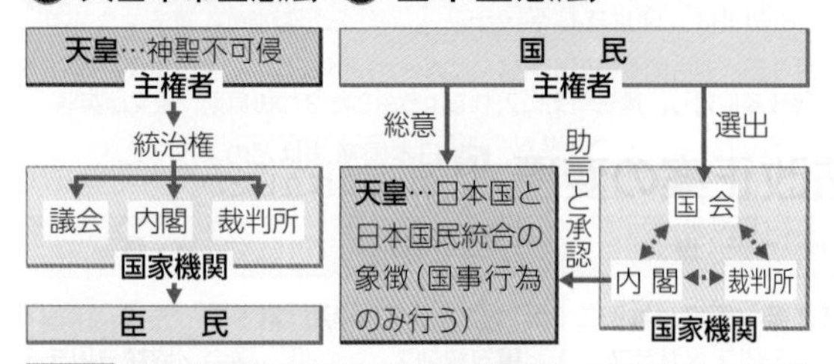

解説 **象徴天皇制の採用**　**大日本帝国憲法**では主権という言葉は使われていないが，天皇主権の建前がとられた。天皇はすべての統治権を保有し，帝国議会・内閣・裁判所はその補佐をするというしくみであった。それに対し，**日本国憲法**は**象徴天皇制**を採用。前文と第１条で，国の政治のあり方を最終的に決定する力は国民がもつという**国民主権**を日本国憲法の基本原理として示した。

❸ 天皇の「人間宣言」

昭和天皇と連合国軍最高司令官マッカーサー

1946年１月１日　GHQは日本民主化の一環として，「新日本建設ニ関スル詔書」（詔書＝天皇の言葉）を発表させた。

天皇の神格性の否定　同詔書は，戦前は当然とされていた，天皇は現人神（人間の姿をした神）とする観念を天皇自らが否定するという内容であるため，天皇の「人間宣言」といわれる。その後の象徴天皇制導入の布石となった。

また，詔書の冒頭には天皇の発意で「五箇条の誓文」が盛り込まれた。これは，戦後の民主主義の原点が明治天皇の「五箇条の誓文」にあり，その趣旨にのっとって戦後の新しい国家を建設するという決意を示すものであった。

2 日本国憲法下の政治機構

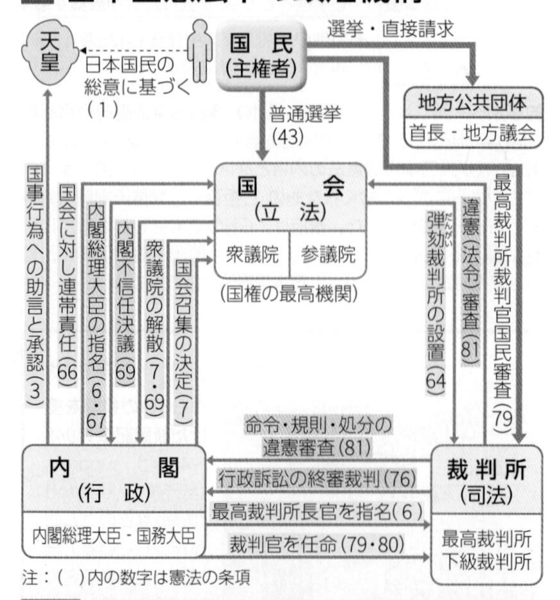

注：（　）内の数字は憲法の条項

解説 **国民主権の行使**　日本国憲法は，**三権分立**と**地方自治**を定め，政治機関に国民の意思を反映するしくみをとっている。

3 天皇の国事行為

注：（　）は憲法の条項。

国会の指名にもとづく（第６条）	任命権	内閣総理大臣の任命（第６条①）
内閣の指名にもとづく（第６条）	任命権	最高裁判所長官の任命（第６条②）
内閣の助言と承認による（第７条）		①憲法改正，法律，政令，条約の公布 ②国会の召集　③衆議院の解散 ④総選挙の施行の公示 ⑤国務大臣などの任免の認証 ⑥恩赦（刑罰を減らすこと）の認証 ⑦栄典の授与　⑧外交文書の認証 ⑨外国の大使・公使の接受 ⑩儀式を行う

解説 **政治的権能をもたない天皇**　国事行為とは，日本国憲法に定められた，天皇が行うことのできる**形式的・儀礼的な行為**。すべて**内閣の助言と承認**の下に行われる。

剣璽等承継の儀（2019年５月１日）　天皇の国事行為の１つ。皇位継承の証として剣や勾玉（三種の神器），印章を受け継ぐ儀式。

4 皇位の継承

Q どのような課題があるか？

❶ 皇室典範

［公布1947（昭和22）.1　最終改正2017（平成29）.6］

第１条　皇位は，皇統に属する男系の男子が，これを継承する。
第12条　皇族女子は，天皇及び皇族以外の者と婚姻したときは，皇族の身分を離れる。

❷ 皇族の主な系図

注：数字は皇位継承順位。敬称略。●は逝去

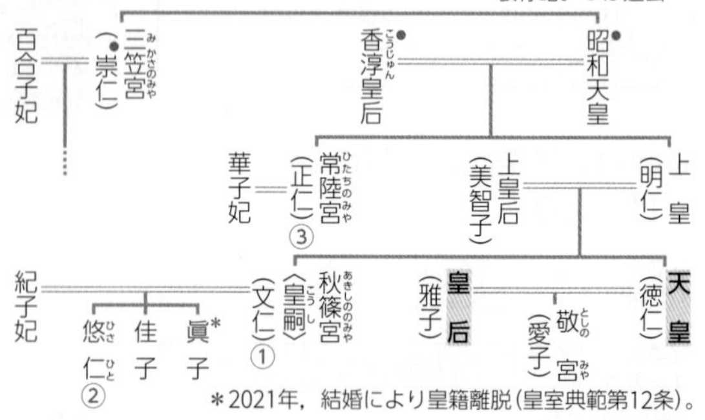

＊2021年，結婚により皇籍離脱（皇室典範第12条）。

解説 **安定的な皇位継承**　皇室典範は第１条で，父方が天皇の血筋をもつ男性（男系の男子）に皇位継承を認めている。現在，皇位継承の資格をもつ男性皇族は３人である。将来，安定的な皇位継承が続けられるか，心配する意見もある。また，天皇・皇族には式典への出席や被災地訪問，外国訪問など様々な公務があるが，女性皇族が結婚により皇籍を離れると，皇族が減少して皇室活動に支障が出ることも懸念される。

❸ 皇族・皇位継承に関する論点

- 安定的な皇位継承のためにも，女性・女系（母方のみが天皇の血筋）にも皇位継承資格を認めるべきか。
- 皇族数減少を防ぎ，皇族１人当たりの公務負担を増やさないように，女性皇族は結婚後も皇族の身分にとどまるようにすべきか。
- 男系継承を守るため，旧宮家の男性の皇族復帰を認めるか。

メモ　憲法や皇室典範には天皇の退位の規定がない。平成天皇の生前退位は，特例法（2017年成立）に基づくが，天皇の政治利用・政治行為の可能性を排除するために一代に限定された。しかし，高齢化が進む中で恒久法の制定を望む声もある。

憲法改正の論議 (立憲主義 ➡p.60 4)

ねらい 日本国憲法制定から70年以上経過し，社会の変化に即した内容に改正しようという動きがある。憲法は，私たちの自由や権利を守るためのものである。憲法の理念を守るためには，憲法はどうあるべきだろうか。改正か維持か，改正する場合は，現行憲法のどの部分に対してどのような議論があるのかを理解しよう。

A 憲法改正の手続き

❶ 手続きの流れ (憲法第96条及び国民投票法などによる)

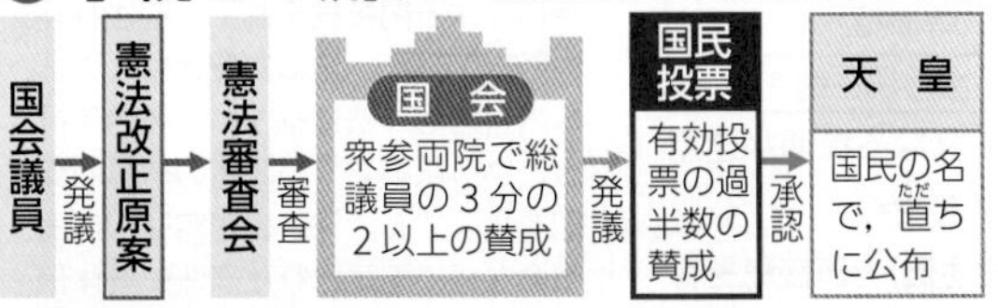

解説 **最高法規と硬性憲法** 憲法は国の**最高法規**(法体系の最上位)であり，簡単に変更されることは望ましくない。一方で社会の変化に適応する必要もある。このため，憲法の改正手続きは，立法の手続きと比べてはるかに厳格である。このような憲法を**硬性憲法**という(➡p.70)。

❷ 国民投票法

［2007.5.18公布 2010.5.18施行 最終改正 2022.6.17］

正式名称	日本国憲法の改正手続に関する法律
国民投票の投票権	・**満18歳以上の国民** ・改正案が複数の項目に渡る場合は，関連する項目ごとに1人1票ずつ投票権がある。
投票日	国会による憲法改正の発議から60日以後180日以内
公務員の国民投票運動	・裁判官や検察官，警察官などを除き，公務員は，賛否の投票のはたらきかけや意見表明に限り可能。

❸ 各国の憲法改正手続き

Q 日本とどこが違うか？

国・成立	改正成立までの手続き	改正数
アメリカ 1788年	①**連邦議会**各院の$\frac{2}{3}$以上 ②憲法会議($\frac{2}{3}$以上の**州議会**の要請で招集) ①②いずれかによる発議 → ③$\frac{3}{4}$以上の**州議会** ④$\frac{3}{4}$以上の**州憲法会議** ③④いずれかの承認	18［6*1］(1992)
イタリア 1947年	**1回目** 各院の過半数で可決 → 3か月以上 → **2回目** 各院の総議員の ①過半数以上$\frac{2}{3}$未満 →(要請*2)**国民投票**→成立 ②$\frac{2}{3}$以上→成立	18 (2022)
ドイツ 1949年	**上院**の表決数の$\frac{2}{3}$以上＋**下院**の総議員の$\frac{2}{3}$以上	65 (2020)
フランス 1958年	各院の過半数 → **国民投票** もしくは → **両院合同会議**の$\frac{3}{5}$以上	24 (2008)
中国 1982年	**全人代**の$\frac{2}{3}$以上	5 (2018)

注：( )は最終改正年。 ＊1 1945年以降の改正数
＊2 一定数の議員，有権者，州議会の要請 (国立国会図書館資料など)

解説 **改憲回数ゼロは異例か** 日本国憲法は，1946年の公布以来，一度も改正されていない。その理由として，改正手続きが厳格であるという指摘があるが，世界的に見れば，硬性憲法のしくみを採用する国が多数派である。また，日本国憲法の条文が他国と比べて簡素で，他国であれば改憲が必要な項目も法改正で対応できたこと，国民が現行憲法を支持し改憲を不要としてきたことなども理由として挙げられている。

B 改憲派と改憲慎重派

● 憲法に関する世論調査

朝日新聞「憲法全体をみて，いまの憲法を改正する必要があると思いますか。それとも改正する必要はないと思いますか。」
読売新聞「あなたは，いまの憲法を，改正する方がよいと思いますか，改正しない方がよいと思いますか。」

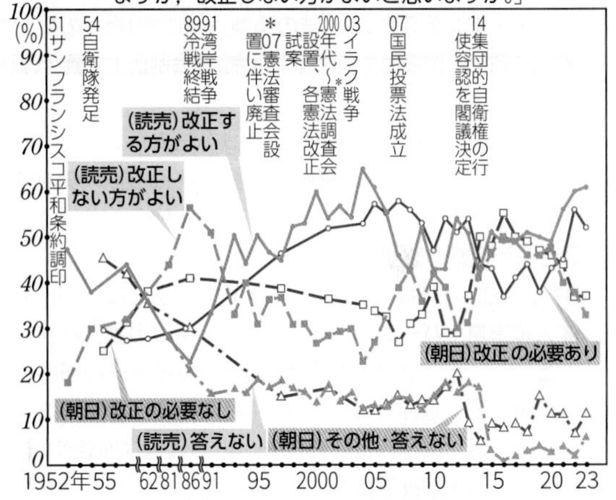

解説 **憲法をめぐる状況の変化** 日本国憲法は，日本の主権が制限されていた占領期に，GHQ草案(➡p.71)をもとに制定されており，日本人の手で制定し直すべきだという主張がある。しかし，かつては平和憲法を守るべきという意見が大半を占め，国会では改正論議そのものがタブー視された。政府は，政策と憲法第9条との関係が問われる(➡p.102)と，条文ではなく，その解釈を変える「解釈改憲」によって対応し，その姿勢は批判された。その後，社会の変化や安全保障環境の変化などに伴い，改正の議論が活発化した。どの条文をどう変えるかは，改憲派の中でも様々な意見がある。ただし，日本では国民主権・基本的人権の尊重・平和主義(9条1項)の原則は改正できないとする説が多数派である。

C 改正の主な論点

天皇	・**天皇**を元首と明記すべきか。
第9条	・**自衛隊**を憲法に位置付けるべきか。 ・**自衛権**を明記すべきか。 ・核兵器の廃絶や**非核三原則**を明記すべきか。
人権	・国防・環境保全・投票など，**国民の義務**を増やすべきか。 ・環境権などの**新しい人権**を明記すべきか。 ・第89条について，**私学への助成**を認める表現にするか。
国会	・**二院制**をやめて，**一院制**を導入すべきか。 ・一方の議院を地方の代表で構成したり，参議院の権限を見直すなど，**二院制のあり方**を変えるべきか。
緊急事態	・武力攻撃や大災害などの際に内閣の権限を一時強化する**緊急事態条項**を設けるべきか。 ・国政選挙が行えない場合，**議員の任期を延長**するか。

(衆議院憲法審査会資料など)

ポイント整理 3

1 近代民主政治の歩み

A 政治と国家 (➲p.57・58)

①**政治**…異なる社会集団や個人の対立を，権力により調整し，秩序を形成する営み

②**社会契約説**

ホッブズ	『リバイアサン』	自然状態では，**万人の万人に対する闘争** ➡国家に生命・安全を保障してもらう
ロック	『統治二論 (市民政府二論)』	契約による自然権の信託 ➡権利の侵害には，**抵抗権**(革命権)
ルソー	『社会契約論』	**人民主権**，一般意思(志)による**直接民主制**を主張

③**三権分立**…国家権力を，**立法・行政・司法**に分け，それぞれを異なる機関が運用
└── モンテスキュー『**法の精神**』…権力の相互の抑制と均衡を説く

④**民主政治**…**間接民主制(代表民主制，議会制民主主義，代議制民主主義)**と**直接民主制**

B 法の支配 (➲p.58～60)

法の支配…政治権力は法の下にあり，法に基づいてのみ行使される
社会契約説の影響を受け，「法」は国民の人権を守ることが前提となった

立憲主義…憲法の規定に基づいて政治を行うという原則

C 人権保障の発展 (➲p.61・62)

①**人の支配の抑制**　**マグナ・カルタ**，権利請願，人身保護法，**権利章典**(すべて英)
▼
②**人権宣言**　**バージニア権利章典・アメリカ独立宣言**(米)，
⬇　フランス人権宣言(仏)，ワイマール憲法(独)

③**人権の国際的保障**　世界人権宣言(1948年)…人権保障の基準を規定
国際人権規約(1966年)…人権保障を条約化。実施を義務づける

D 世界の主な政治体制 (➲p.65～68)

- **議院内閣制**(英・日・独・伊など)，**大統領制**(米・フィリピンなど)，**半大統領制**(仏・ロシアなど)，**権力集中制(民主集中制)**(中・北朝鮮)

2 日本国憲法の成立と国民主権

A 大日本帝国憲法下の政治 (➲p.69)

①**政治機構**…天皇が**統治権**を**総攬**。陸海軍の**統帥権**は天皇に直属

②**治安維持法**…特に共産主義思想の取り締まりを目的とする。

B 日本国憲法の制定 (➲p.70・71)

①**大日本帝国憲法(通称：明治憲法)と日本国憲法の違い**

大日本帝国憲法		日本国憲法
欽定憲法	性　格	民定憲法
天皇	主権者	国民
神聖不可侵，統治権総攬者，元首	天　皇	日本国と日本国民統合の象徴
「臣民」としての権利(法律で制限)	国民の権利	基本的人権は永久不可侵の権利
天皇に権力集中。形式的な三権分立	政治機構	三権分立
天皇の協賛機関	議　会	国権の最高機関，唯一の立法機関
規定なし。各国務大臣が天皇の行政権を輔弼	内　閣	行政の最高機関
天皇の名において裁判を行う	裁判所	司法権の独立保障

②**日本国憲法**…GHQ草案をもとに政府がGHQとの協議に基づき大日本帝国憲法の改正草案を作成し，帝国議会で修正したのち，公布(1946.11.3)・施行(1947.5.3)。

C 天皇主権から国民主権へ (➲p.72)

日本国憲法の定める天皇の国事行為…形式的・儀礼的。**内閣の助言と承認**が必要。

D 憲法改正の論議 (➲p.73)

国民投票法…憲法改正は，国会が**発議**し，国民投票で有効投票の過半数の賛成が必要。

ポイント解説

A 政治と国家　**自然法思想**に基づく**社会契約説**は，政府と国民の関係が**契約**によるとする考え。**ホッブズ，ロック，ルソー**らが展開した。

モンテスキューは，権力間の抑制と均衡を保ち，権力の濫用を防ぐ**三権分立**を『**法の精神**』で示した。

民主政治は，有権者全員が政治に参加する**直接民主制**と，選挙された議員による**間接民主制**に大別される。

B 法の支配　**法の支配**とは，適正な内容をもつ法に基づいて政治を行うという原則で，為政者の恣意的支配を排除する。「法」の内容は，市民革命を経て制定された憲法に具体化され，立憲主義が確立した。憲法は，人権を保障するために国家権力を制限する。

C 人権保障の発展　絶対王政を正当化する**王権神授説**を批判する**自然法思想**の出現と，市民階級の台頭に伴って市民革命がおこり，基本的人権を尊重する**人権宣言**が具体化された。

初期の基本的人権は**自由権**に重点を置いていたが，20世紀に入ると，**社会権**も含まれるようになった。

世界人権宣言は自由権を中心に社会権も含めた幅広い保障基準を規定したもので，これに法的拘束力をもたせたのが，**国際人権規約**である。

D 世界の主な政治体制　**議院内閣制，大統領制，権力集中制**などがある。

A 大日本帝国憲法下の政治　1889年に**大日本帝国憲法(明治憲法)**が制定され，アジア初の近代的立憲国家となった。立憲君主制のこの憲法は，**天皇主権主義**によって天皇が**統治権**を**総攬**する形式的な三権分立制をとり，国民の権利は「**臣民の権利**」として法律の範囲内で認められた。

B 日本国憲法の制定　戦後，憲法改正の過程において，天皇主権主義を残す憲法改正要綱(松本案)は**連合国軍最高司令官総司令部(GHQ)**に拒否され，**象徴天皇制(国民主権)**と**戦争放棄**を主眼とするGHQ草案をもとに**日本国憲法**がつくられた。

C 天皇主権から国民主権へ　日本国憲法は**国民主権**を定め，天皇は日本国・日本国民統合の象徴として形式的・儀礼的な**国事行為**のみを行う**象徴天皇制**を採用した。

D 憲法改正の論議　憲法改正の手続きは**国民投票法**で定められている。なお，憲法改正をめぐっては，国民の間で様々な意見がある。

明治時代の言論弾圧(ビゴー画)

基本的人権の保障 3

ねらい
- 憲法では基本的人権がどのように保障されているか理解しよう。
- 基本的人権とは何か考えよう。

探究 p.80男女平等, p.82 LGBT, p.89 ネット社会の表現の自由, p.90 死刑制度

A 日本国憲法の権利・義務

1 日本国憲法で保障された権利(新しい人権 ◯p.95～98)

注：青字は最高裁で違憲判決・決定が出たもの。

分類		憲法の条項		解説	主な判例
基本的人権の一般原理		基本的人権の永久不可侵性 基本的人権を保持利用する責任 個人の尊重，幸福追求権	第11・97条 12条 13条	基本的人権は，公共の福祉に反しない限り国政上最大の尊重が必要で，永久不可侵の権利であり，現在及び将来の国民に保障されている。	平等権(◯p.77～84) 民法婚外子相続差別違憲決定 国籍法婚外子差別規定違憲訴訟 尊属殺人重罰規定違憲事件 二風谷ダム訴訟 男女定年制差別訴訟 ハンセン病国家賠償訴訟
平等権		法の下の平等 両性の本質的平等 参政権の平等	14条 24条 44条	正当な理由なしに差別することを禁止し，すべての人が平等に扱われる権利。	
自由権(自由権的基本権)	精神	思想・良心の自由 信教の自由 集会・結社・表現の自由 検閲の禁止・通信の秘密 学問の自由	19条 20条 21条① 21条② 23条	自由権とは，人間が生まれながらにもつ自由を，国家の権力から干渉されない権利である(**国家からの自由**)。18世紀に形成され，19世紀に各国憲法に取り込まれた。日本国憲法では，以下の3つに大別される。 **精神の自由(精神的自由)**…心の中のものの見方や考え方の自由(内心の自由)や，それらを外部に表現したり，同じ考えの人が集会・結社する自由。 **身体(人身)の自由(身体的自由)**…生命・身体の活動を不当に圧迫されない権利。自由な人間の第一条件ともいえる権利である。 **経済(活動)の自由(経済的自由)**…経済活動を保障する権利。ただし，公共の福祉の原則によって，他の自由権，特に精神の自由よりも幅広い制限を受ける。	精神の自由(◯p.85・86) 三菱樹脂訴訟 東大ポポロ劇団事件 津地鎮祭訴訟 愛媛玉ぐし料訴訟 砂川政教分離訴訟 チャタレイ事件 家永教科書訴訟 「宴のあと」訴訟 「石に泳ぐ魚」訴訟(プライバシーの権利 ◯p.95・96) 外務省秘密漏洩事件(知る権利 ◯p.97) 身体の自由(◯p.87，90) 足利事件，布川事件 経済活動の自由(◯p.91) 薬事法距離制限違憲訴訟， 森林法共有林分割制限違憲訴訟
	身体(人身)	奴隷的拘束・苦役からの自由 法定手続きの保障 不法逮捕の禁止 不法な抑留・拘禁の禁止 住居侵入・捜索・押収に対する保障 拷問・残虐刑の禁止 刑事被告人の諸権利 自白強要の禁止・黙秘権の保障 遡及処罰の禁止・一事不再理・二重処罰の禁止	18条 31条 33条 34条 35条 36条 37条 38条 39条		
	経済活動	居住・移転及び職業選択の自由 財産権の保障	22条 29条		
社会権(社会権的基本権)		生存権 教育を受ける権利 勤労の権利 団結権・団体交渉権・団体行動権	25条 26条 27条 28条	社会権は，資本主義経済のもとで経済的弱者になりがちな人々に人間らしい生活を保障するために，国の介入で実現するもの(**国家による自由**)。**20世紀的権利**ともいわれる。	社会権(◯p.92・93) 朝日訴訟 堀木訴訟
参政権		選挙権・被選挙権 公務員の選定・罷免権 地方公共団体の長・議員の選挙権 最高裁判所裁判官への国民審査権 地方特別法の住民投票権 憲法改正の国民投票権	15・43・44条 15条① 93条 79条②・③ 95条 96条①	「人民の，人民による，人民のための政治」，すなわち民主政治を実現する上で不可欠な，国民が政治に参加する権利。参政権の保障により，基本的人権を確保できる。選挙を通じた**間接参政**と，被選挙権や国民審査・住民投票などの**直接参政**が保障されている。	参政権(◯p.94) 在外日本人選挙権制限違憲訴訟 議員定数不均衡訴訟(一票の格差 ◯p.137) 外国人地方参政権訴訟(◯p.84 8 3)
請求権(国務請求権)		請願権 損害賠償請求権(国家賠償請求権) 裁判を受ける権利 刑事補償請求権	16条 17条 32・37条 40条	人権保障をより確実なものとするために，**国家の積極的な行為を求める権利**。請願権を参政権に含める学説もある。	請求権(◯p.94・95) 隣人訴訟 大阪空港公害訴訟(環境権 ◯p.98) 郵便法違憲訴訟(◯p.124 6)

2 日本国憲法で定められた国民の義務

- 子どもに普通教育を受けさせる義務　第26条
- 勤労の義務　27条
- 納税の義務　30条

解説 **国民の義務**　普通教育とは，日本では9年間の**義務教育**をさす。なお，義務教育の「義務」とは，「子どもの義務」ではなく，教育を受けさせるために子どもを小中学校などに通学させなければならないという，親など「保護者の国に対する義務」のことである。また，国民には，**三大義務**のほか，基本的人権の保持責任・濫用禁止・公共の福祉(◯p.76)のための利用責任(第12条)が定められている。

重要用語　107基本的人権　108公共の福祉　109法の下の平等　111自由権(自由権的基本権)　123社会権(社会権的基本権)　126参政権

B 公共の福祉と人権

1 公共の福祉による人権の制限

Q 人権はどのような場合に制限されるか？

表現の自由の制限	・私生活の暴露（プライバシーの侵害） ・他人の名誉をきずつける行為（名誉毀損） ・選挙用文書の配布・掲示の制限（公職選挙法）
集会・結社の制限	・デモの規制（公安条例）
居住・移転の制限（第22条）	・感染症患者の隔離（感染症予防・医療法） ・破産者に対する居住制限（破産法）
私有財産の制限（第29条）	・建築制限（建築基準法） ・土地利用の制限（都市計画法）
経済活動の制限	・社会的経済的弱者に生活を保障するため強者の経済活動の自由を制限する（独占禁止法） ・国家資格や認可・登録がないと，営業・製造・販売ができない（医師，毒物劇薬取り扱い業者）

（公務員の労働三権の制限 ➡p.202）

解説 **人権保障の限界**　**公共の福祉**とは，一人ひとりに同じ人権が保障されていることから，一方が他方の自由や権利を侵害しないように，人権をときに制限し調整をはかる原理である。しかし，人権の尊重という憲法の性質が失われないように，公共の福祉を濫用して人権をむやみに制限しないよう注意する必要がある。なお，裁判所は，精神の自由の保障をより重視し，公共の福祉による人権の制限について，**二重の基準**を示している（➡p.91 1）。

● 二重の基準 **Q** 自由の制限基準は一律か？

精神の自由

特に表現の自由は，民主政治を正常に運営するために重要。
→精神の自由は最大限に尊重すべき。
精神の自由の制限は厳格に審査する。

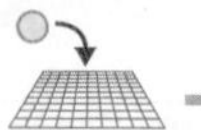
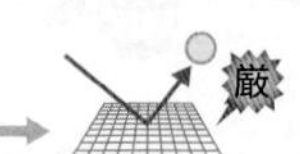

経済活動の自由

経済の自由を制限する法律の制定は，国の社会・経済政策と密接な関連をもつ。
→経済活動の自由は**明白に違憲でない限り国会判断を尊重。**
制限の目的と内容に合理的な関連があればよい。

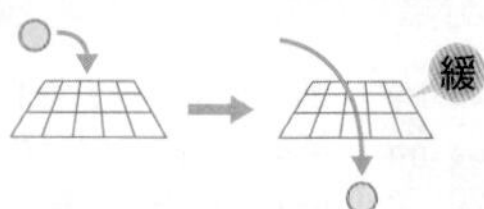

探究へのSTEP **自由権の中でも，特に表現の自由が民主主義にとって重要とされるのはなぜかな？**

視点 政治について知る，政治に対して意見を言う，など政治と私達との関わりにおいて，表現の自由がどのような役割を果たしているかをふまえて考えよう。
自由　**個人の尊厳**　**民主主義**

EYE 判例を学習するのはなぜ？

❶ 人権保障と裁判

日本国憲法

基本的人権を侵すことのできない永久の権利として保障。

↓社会生活では…

Aさんの人権 ←対立→ Bさんの人権

どちらを尊重し，どちらを制限したらよいか対立が生じる

↓当事者だけで解決できないと…

裁判

司法権を担う**裁判所**が，**日本国憲法**に従って，法律などの**法令**や**過去の裁判所の判断**を参考にしながら解決する。

法令や行政機関の行為の違憲性が疑われる場合は，**違憲審査権**によって合憲か違憲かも判断できる。

判例 …**裁判における裁判所の判断。**

憲法や法令の解釈は人により異なる場合がある。このため過去の裁判と同じ争点がある裁判では，**過去の判例**（**特に最高裁判所の判例**）が重要な拠り所となる。**裁判所の判断が法制度の変更を促す**こともあるため，判例が社会に与える影響は少なくない。

本書に掲載された判例から，憲法の条項がどう解釈されているか，また，どの場合にどの人権がどの程度尊重・制限されたかを確認し，判例が社会に与えた影響を考えてみよう。

❷ 判例を読むときの注目ポイント

1. **なぜ裁判になったのか**
2. **争いのポイント（争点）は何か**
3. 争点に対して，**裁判所はどのように判断したか**
4. 判決は社会や法制度に**どのような影響を与えたか**

本書では主に，1は 事件のあらまし，2は 争点，3は 判決の内容，4は 解説 でそれぞれまとめています。

❸ 判例の用語解説

（三審制や裁判員制度などの裁判のしくみ ➡p.123～128）

被告人　刑事裁判で，犯罪を犯した疑いがあるとして，検察官により起訴されている人。
原告　民事裁判で，裁判を起こした人（個人・法人）。
被告　民事裁判で，訴えられた人（個人・法人）。
勝訴・敗訴　民事裁判で，自分（原告・被告）にとって有利または不利な判決。
破棄（取り消し）　控訴・上告審で，もとの裁判を取り消して，効力をないものとすること。この場合，その裁判所は自ら判断する（自判）か，もとの裁判所に再審理させる（差し戻し）などする。
棄却・却下　裁判所に対する申し立て・請求を退けること。

注：本書では，原則として，民事裁判は「～～訴訟」，刑事裁判は「～～事件」とタイトルを区別しています。

メモ 児童虐待防止法によって，子どもへの虐待の疑いがある家庭に対して，裁判所の許可を得たうえで，児童相談所は強制的な立ち入り調査をすることができる。

C 平等権

第14条〔法の下の平等〕① すべて国民は，法の下に平等であつて，人種，信条，性別，社会的身分又は門地により，政治的，経済的又は社会的関係において，差別されない。

1 法の下の平等の意味

憲法第14条の法の下の平等＝国民を国家権力が差別することを禁止

法適用の平等 法を執行し適用する行政府や裁判所が，国民を差別してはならない。	**法内容の平等** 立法府が定める法は，国民を差別する内容であってはならない。

▼

実質的平等を保障 不合理・恣意的な差別を禁止。実質的平等のため，形式的平等は制限されることもある。

▼

裁判では，許されない不合理・恣意的な差別かどうかが争点となる。

● 許されない差別と許される区別

不合理・恣意的な差別	理屈で説明できないような勝手な差別は許されない。 ①人種・信条・性別・社会的身分・家柄による差別 ②貴族制度を認めること ③栄典に伴う特権を認めること
合理的な区別	社会通念から見て合理的と考えられる区別は許される。 ①年齢による区別…飲酒・喫煙・婚姻・選挙権など ②所得の多い人ほど税率が高くなる累進課税（➡p.182） ③刑罰…選挙犯罪者の一定期間の選挙権・被選挙権停止など ④地方公共団体の条例による独自の取り扱いや罰則 ⑤社会的功労者への，特権を認めない範囲での栄典の授与 ⑥歴史的に差別されてきた人々（女性や少数民族など）への優遇措置 ⑦女性労働者に対する産前・産後休暇 など

2 民法の婚外子相続差別違憲決定 判例

事件のあらまし 婚姻届を出していない男女の間に生まれた子（婚外子）と，婚姻届を出した男女の間に生まれた子（嫡出子）の遺産相続分の格差をめぐる家事事件。

争点 婚外子の遺産相続分を嫡出子の２分の１とする民法900条４号ただし書前段の規定は違憲ではないか。

判決の内容

①**東京家裁審判**（2012.3.26） 民法規定に基づき遺産分割
②**東京高裁決定**（2012.6.22） 抗告棄却
③**最高裁決定** （2013.9. 4） 破棄差し戻し

婚外子差別は違憲 父母が婚姻関係になかったという，子にとっては自ら選択ないし修正する余地のない事柄を理由としてその子に不利益を及ぼすことは許されず，子を個人として尊重し，その権利を保障すべきであるという考えが確立されてきている。同規定は憲法第14条①に違反する。

解説 **民法改正** 最高裁決定後の2013年12月，民法の同規定は廃止。

国籍法の婚外子差別規定は違憲 未婚の日本人の父と外国人の母の間に生まれた子は，生後，父から認知された場合，両親が結婚しなければ日本国籍を取得できないとする国籍法の規定について，2008年，最高裁判所は違憲と判断。国籍法は改正され，国籍取得要件から両親の結婚が外された。

3 尊属殺人重罰規定違憲事件 判例

事件のあらまし

14歳の時から，15年間にわたって実の父親に不倫な関係を強いられ，５人の子を生んだ女性が，正常な結婚の機会にめぐりあい，父親に結婚話をもち出したところ，10日余りにわたって脅迫虐待された。そこで思い余って父親を絞殺したため，尊属殺人罪で起訴された事件。

争点 自己または配偶者の直系尊属を殺した者は死刑または無期懲役に処すると規定した刑法200条は，差別を禁止し，法の下の平等を定めた憲法14条に違反するのではないか。

●当時の尊属殺人・傷害致死の重罰規定（刑法）

直系尊属とは，祖父母・父母など直系の血縁関係において，自分より上の世代にあるものをさし，尊属殺とは，自分もしくは配偶者の直系尊属を殺害することである。

直系尊属の場合		直系尊属ではない場合
死刑または無期懲役（刑法200条）	殺人	死刑，無期または３年以上＊1の懲役（刑法199条）
無期または３年以上の懲役（刑法205条②）	傷害致死	２年以上＊2の懲役（刑法205条①）

注：訴訟当時。現在は＊1は５年以上，＊2は３年以上。

判決の内容

①**宇都宮地裁判決**（1969.5.29） 違憲
刑法200条を違憲とし，刑を免除した。
②**東京高裁判決** （1970.5.12） 合憲
刑法200条は合憲としたが，最大限の減軽を加えて，懲役３年６か月の実刑を科した。
③**最高裁判決** （1973.4. 4） 違憲

尊属殺人の刑を加重すること自体は違憲ではない 「尊属の殺害は通常の殺人に比して一般に高度の社会的道義的非難を受けてしかるべきであるとして，このことをその処罰に反映させても，あながち不合理であるとはいえない」

刑の加重が厳しすぎるので違憲 尊属殺人罪は，尊属ではない普通の殺人罪と比べてきわめて重い。「尊属に対する敬愛や報恩という自然的情愛ないし普遍的倫理の維持尊重の観点」からみても，著しく不合理な差別的取扱いをするものとして憲法第14条①に違反し，無効である。

最高裁，初の違憲判決
「尊属殺重罰」の判例変更
親殺し三件，減刑
「法の下の平等」に違反
十四―一の大差
刑法改正，早急に

（「朝日新聞」1973.4.4）

解説 **初の最高裁の違憲判決** 刑法200条の尊属殺人罪についての最高裁の評決は，死刑・無期は厳しすぎるので違憲…８人，尊属殺人のみ区別するのは違憲…６人，合憲…１人。また，刑法205条②の尊属傷害致死罪については，1974年の判決で，合理性を欠くものではないとして合憲とされた。しかし，1995年の刑法改正で，**尊属重罰規定は一括削除**となった。

重要用語 ⑩⑧公共の福祉 ⑩⑨法の下の平等 ⑪⑪自由権（自由権的基本権） ⑯⓪最高裁判所 ⑯③違憲審査権（違憲法令審査権，違憲立法審査権） ⑯④刑事裁判（刑事訴訟） ⑯⑤民事裁判（民事訴訟） ㉕⑥累進課税

4 同和問題の本質

国の責務と国民的課題　同和問題は人類普遍の原理である人間の自由と平等に関する問題であり，日本国憲法によって保障された基本的人権にかかわる課題である。……これを未解決に放置することは断じて許されないことであり，その早急な解決こそ国の責務であり，……国民的課題である……。

……同和問題とは，日本社会の歴史的発展の過程において形成された身分階層構造に基づく差別により，日本国民の一部の集団が経済的・社会的・文化的に低位の状態におかれ……なおいちじるしく基本的人権を侵害され，とくに，近代社会の原理として何人にも保障されている市民的権利と自由を完全に保障されていないという，もっとも深刻にして重大な社会問題である。……

差別の歴史　封建社会の身分制度のもとにおいては，同和地区住民は最下級の賤しい身分として規定され，職業，居住，婚姻，交際，服装等にいたるまで社会生活のあらゆる面できびしい差別扱いをうけ，人間外のものとして，人格をふみにじられていた……。

明治４年……公布された太政官布告第61号により，同和地区住民は，いちおう制度上の身分差別から解放された……。しかしながら……単に蔑称を廃止し，身分と職業が平民なみにあつかわれることを宣明したにとどまり，現実の社会関係における実質的な解放を保障するものではなかった。……実質的にその差別と貧困から解放するための政策は行なわれなかった。……維新後の社会においても，差別の事態はほとんど変化がなく……封建時代とあまり変らない悲惨な状態のもとに絶望的な生活をつづけてきた……。

その後，大正時代になって……全国水平社の自主的解放運動がおこり，それを契機にようやく同和問題の重要性が認識されるにいたった。……

戦後のわが国の社会状況はめざましい変化を遂げ，政治制度の民主化が前進したのみでなく，経済の高度成長を基底とする社会，経済，文化の近代化が進展したにもかかわらず，同和問題はいぜんとして未解決のままで取り残されているのである。……

差別と本質　実に部落差別は，半封建的な身分的差別であり，……心理的差別と実態的差別とにこれを分けることができる。心理的差別とは……たとえば，言語や文字で封建的身分の賤称をあらわして侮蔑する差別，非合理な偏見や嫌悪の感情によって交際を拒み，婚約を破棄するなどの行動にあらわれる差別である。実態的差別とは……たとえば，就職・教育の機会均等が実質的に保障されず，政治に参与する権利が選挙などの機会に阻害され，一般行政諸政策がその対象から疎外されるなどの差別であり……。

近代社会における部落差別とは……市民的権利，自由の侵害にほかならない。市民的権利，自由とは，職業選択の自由，教育の機会均等を保障される権利，居住および移転の自由，結婚の自由などであり，これらの権利と自由が同和地区住民にたいして完全に保障されていないことが差別なのである。……

（「同和対策審議会答申」1965年）

5 アイヌ民族の誇りと文化

❶ アイヌ民族とは

（文は北海道環境生活部総務課アイヌ施策推進グループ資料より）

北海道などに古くから住んでいるアイヌの人たちは，自然の恵みに感謝し，人間を深く愛し，平和な暮らしをおくっていた民族です。

明治になって，蝦夷地は北海道となり，本州などから多くの移住者が来ました。このため，少数者となったアイヌの人たちは，伝統的な生活や生産の手段を失い，貧困にあえぎました。また，近年にいたるまで，いわれのない多くの差別などを受けてきました。

同じ国に住むアイヌ民族への理解を深め，お互いに力を合わせて，豊かで幸せな社会をつくっていくことが大切です。

▲神に祈りを捧げる儀式
©及川修／芳賀ライブラリー

❷ 二風谷ダム訴訟 判例

事件のあらまし　二風谷ダム建設予定地がアイヌ民族の聖地であるため，土地所有者であるアイヌ民族のうち２人が土地を手放すことを拒否。土地収用法に基づいて北海道収用委員会が強制収用の裁決をしたため，その取り消しを求めた訴訟。

争点　アイヌ民族は先住民族か。ダム建設で得られる公共の利益は，建設で失われるアイヌ民族の文化よりも優越するか。

判決の内容

①札幌地裁判決（1997.3.27）　**請求棄却（事情判決）**

アイヌ民族を先住民族と認定　「アイヌの人々は我が国の統治が及ぶ前から主として北海道において居住し，……独自の文化及びアイデンティティを喪失していない社会的な集団」であり，「先住民族に該当する」。

収用裁決は違法　ダム建設により「アイヌ民族の民族的・文化的・歴史的・宗教的諸価値を後世に残していくことが著しく困難なものとなることは明らか」で，**ダム建設とそれに伴う収用裁決は違法**である。しかし，すでにダムが完成し元に戻せないという事情を考慮すると，収用裁決を取り消すのは「公共の福祉に適合しない」として，**請求を棄却（事情判決）**。

❸ アイヌ文化振興法

［公布1997（平９）.5
最終改正2011（平23）.6］

第１条　この法律は，……アイヌ文化の振興並びにアイヌの伝統等に関する国民に対する知識の普及及び啓発を図るための施策を推進することにより，アイヌの人々の民族としての誇りが尊重される社会の実現を図り，あわせて我が国の多様な文化の発展に寄与することを目的とする。

解説　**先住民族の権利**　二風谷ダム訴訟の判決後，アイヌ文化振興法が成立し，差別的と批判されてきた北海道旧土人保護法が廃止された。アイヌ文化振興法は「アイヌと和人の歴史的和解の第一歩」と評されたが，①アイヌ民族の先住性の規定がない，②文化振興のみで，福祉対策は未改善という問題も指摘されている。

その後　2007年の「先住民族の権利に関する国際連合宣言」採択を受け，2008年，**衆参両院は「アイヌ民族を先住民族とすることを求める決議」を採択**。同日，**政府はアイヌ民族を先住民族として認めた**。2019年，アイヌ文化振興法に代わるアイヌ民族支援法（アイヌ施策推進法，アイヌ新法）が成立。**初めてアイヌ民族を「先住民族」と明記した**。差別禁止や産業・観光などの振興支援が盛り込まれたが，先住民族としての権利（自決権，教育権，自然資源の入手権など）は盛り込まれず，批判もある。

メモ　アンコンシャス・バイアス（p.79 EYE）は，大量の情報を関連付けて素早く理解しようとする無意識の脳の働きでもある。未知のことに対し，無意識に自分にとって都合のよいように解釈することで生じている。

6 女性差別 (ジェンダー ➡p.80, 女性の労働 ➡p.207)

分類	訴訟	判決
退職差別	**男女別定年制差別訴訟** 従業員の定年退職年齢の男女格差の違法性が問われた訴訟	①**東京地裁判決**(1973.3.23)原告一部勝訴 ②**東京高裁判決**(1979.3.12)会社側敗訴 ③**最高裁判決**(1981.3.24) **会社側の上告棄却，原告勝訴　男女別定年制は，性別のみによる不合理な差別を**定めたものであり，無効。 **解説** 1985年成立の男女雇用機会均等法(➡p.207 6 ❸)で，男女別定年制は禁止。
採用・昇格差別	**男女コース別人事差別訴訟** 男性は総合職，女性は一般職のように，男女でコースを分けて採用・処遇することの違法性が問われた訴訟	①**東京地裁判決**(2002.2.20) **原告勝訴　男女コース別人事は，法の下の平等を定めた憲法第14条に反する。** **会社の違法性**　原告の入社当時，募集・採用・配置・昇進における女性差別は禁止されておらず違法ではない。しかし，1997年の男女雇用機会均等法改正で禁止されたため，1999年の同法施行以降は不合理な差別として公序に反すると判断した。
職場でのハラスメント(嫌がらせ)	**セクハラ訴訟** 言葉による性的嫌がらせを理由に慰謝料を求めた訴訟。	①**福岡地裁判決**(1992.4.16) **原告勝訴**　元編集長による**セクハラを認定**。会社側の賠償責任も認め，会社役員の「女性である原告の譲歩，犠牲において職場環境を調整しようとした点に不法行為性が認められる」と判断した。 **解説** 1997年，男女雇用機会均等法改正で，企業のセクハラ防止が義務化。
職場でのハラスメント(嫌がらせ)	**マタハラ訴訟*** 妊娠を理由とした管理職からの降格の違法性が問われた訴訟。 ＊マタニティ・ハラスメント	①**広島地方裁判所**(2012.2.23)請求棄却 ②**広島高等裁判所**(2012.7.19)請求棄却 ③**最高裁判決**(2014.10.23) **違法，高裁差し戻し　妊娠や出産を理由にした降格は，「本人の意思に基づく合意か，業務上の必要性について特段の事情がある場合以外は違法で無効」**と判断。 2015年11月の高裁差し戻し審で原告勝訴。
結婚差別	**再婚禁止期間違憲訴訟**　女性のみに再婚禁止期間(6か月)を定めた民法733条の規定の違憲性が問われた訴訟。 ＊2022年改正民法成立。離婚後100日間の再婚禁止規定を撤廃。再婚後に出産した場合，離婚後300日以内でも現夫の子とする例外規定を新設。	①**岡山地裁判決**(2012.10.18)請求棄却 ②**広島高裁判決**(2013.4.26)控訴棄却 ③**最高裁判決**(2015.12.16) **違憲　女性の再婚禁止期間100日を超える部分は，医療や科学技術の発達などで合理性を欠いた過剰な制約で，**違憲。 **解説** 民法772条で「離婚後300日以内で生まれた子は前夫の子」，「結婚後200日を過ぎて生まれた子は結婚後の夫の子」と規定。離婚後すぐ再婚した場合，200日過ぎて生まれた子は父親の推定が重なる。100日の禁止期間があれば推定は重ならない。2016年，女性の再婚禁止期間を100日とする改正民法成立*。

●夫婦同姓は差別にあたるか

夫婦同姓を定めた民法750条の規定は間接差別に当たるとして，その違憲性が問われた裁判で，最高裁は2015年の初判断以降，民法規定を合憲と判断している。しかし，別姓を選択できる制度の是非は，国会で議論し判断すべきとも指摘している。選択的夫婦別姓を望む声は増加し，制度の導入議論が活発化しているが，国会提出には至っていない。

別姓 まだ届かない
合憲に失望「あと何年かかるの」
「人権問題なのに」

(「朝日新聞」2021.6.24)

7 ハンセン病と差別

無知と偏見　ハンセン病は，細菌による感染症である。以前は「不治の病」「遺伝病」という誤った認識が広がり，患者や回復者・その家族は厳しい差別や迫害を受けた。実際には**感染力は極めて弱く，遺伝もしない**。現在は治療法が進歩し，**早期に完治する**。

強制的な隔離　日本では戦前から「**らい予防法**」によって，患者は強制的に療養所に入れられ，1996年に同法が廃止されるまで，中絶手術の強制など人権を無視した隔離政策がとられた。21世紀に入りようやく，回復者への補償や名誉回復をはかる制度が整備されてきた。

●ハンセン病国家賠償訴訟 判例

事件のあらまし

ハンセン病患者を強制的に隔離した国へ賠償金を求めた裁判。

争点

「らい予防法」と，同法に基づく国の隔離政策は違憲ではないか。

判決の内容

(「朝日新聞」2001.5.11)

①**熊本地裁**(2001.5.11)　違憲
「らい予防法」は違憲　治療薬の評価が定まり，国際社会で隔離政策廃止が提唱されるようになった遅くとも1960年以降の，隔離規定の違憲性は明白。
国の責任　隔離規定を改廃しなかった国会議員と，隔離政策を変更しなかった厚生大臣の過失を指摘。国の責任を認め，賠償金の支払いを命じた。

解説 **ハンセン病補償法成立**　判決を受け，2001年，**ハンセン病補償法**が成立。しかし，いまだ差別意識が残り，その解消は急務である。国は，2008年に成立した**ハンセン病問題基本法**によって，医療・社会復帰の支援，名誉回復の措置などを進めている。また，元患者家族が，隔離政策によって家族も差別を受けたとして国に損害賠償を求めた裁判で，2019年，熊本地裁は国の責任を認め，家族への賠償を命じる判決を下した(国は控訴を断念)。

(ジェンダー ➡p.80)

EYE アンコンシャス・バイアスって何？

チェックしてみよう！

□血液型で相手の性格を判断することがある。
□育児中の人に負荷がかかる仕事は無理だと思う。
□男性が化粧に興味をもつのはおかしいと思う。
□女性は論理的な思考が苦手だと思う。
□日本人は真面目だと思う。

上のような例は，**無意識の思い込み・偏見(アンコンシャス・バイアス)**といわれる。生まれ育った環境や教育，経験によって培われるもので，誰もがもっている。それ自体は自然なことであるが，このバイアスによって自分の可能性を決めつけ，将来の選択肢を狭めてしまうことがある。また，無意識に自分の思い込みを押し付けて相手を傷つけ，時に差別につながることもある。

自分の常識が他の人に当てはまらないことは，よくある。多様性のある社会のためには，まず，**自分のアンコンシャス・バイアスを自覚する**ところから始めよう。

重要用語　109 法の下の平等　110 アイヌ文化振興法　293 男女雇用機会均等法

男女が対等な社会を考える

《補足資料やワークシート，意見などはこちらから

ここも見よう！ 性の多様性(⇒p.82)

●何が違う？

どうしてこのような違いが生まれているのだろう？

日本の内閣(2023年9月)

スペインの内閣(2023年11月)

A 性による格差はあるか？

❶ ジェンダーギャップ指数*ランキング(2023年)

順位	国名	スコア
1	アイスランド	0.912
2	ノルウェー	0.879
3	フィンランド	0.863
4	ニュージーランド	0.856
5	スウェーデン	0.815
6	ドイツ	0.815
7	ニカラグア	0.811
8	ナミビア	0.802
9	リトアニア	0.800
10	ベルギー	0.796
125	日本	0.647

(「Global Gender Gap Report」)

●日本のジェンダーギャップ

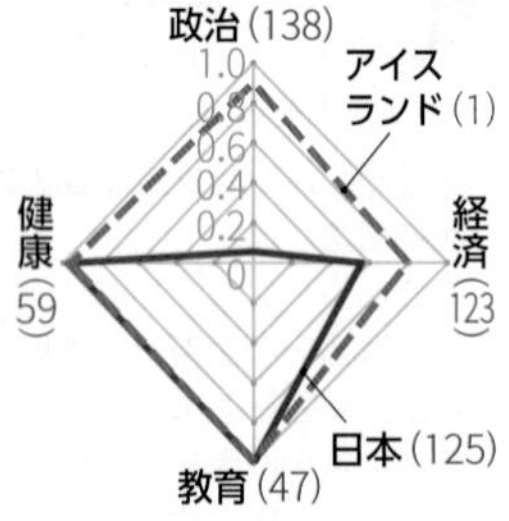

(2023年)　注：( )は順位。
(「Global Gender Gap Report」)
*0が完全不平等。1が完全平等。政治・経済・教育・健康分野のデータから算出。

❷ 女性の年齢別労働力率

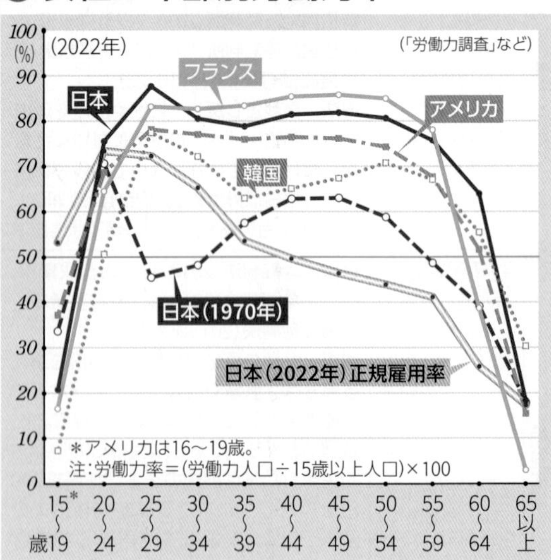

❸ 育児休業取得率

Q なぜ男女差があるのか？
(育児・介護休業法 ⇒p.207)

●企業規模別取得率

従業員数	5～29人	30～99	100～499	500～
男性	11.15%	17.43	21.92	25.36
女性	67.0%	84.6	93.3	96.1

解説 低い男性の取得率　職場の雰囲気，休業中の収入減少，忙しいなどの理由で男性の育児休業取得率は低い。2021年，改正育児・介護休業法が成立し，性別にかかわらず育児休業取得の意思があるかを，企業が社員に確認することなどが義務付けられた。

❹ 国会議員・管理職に占める女性の割合

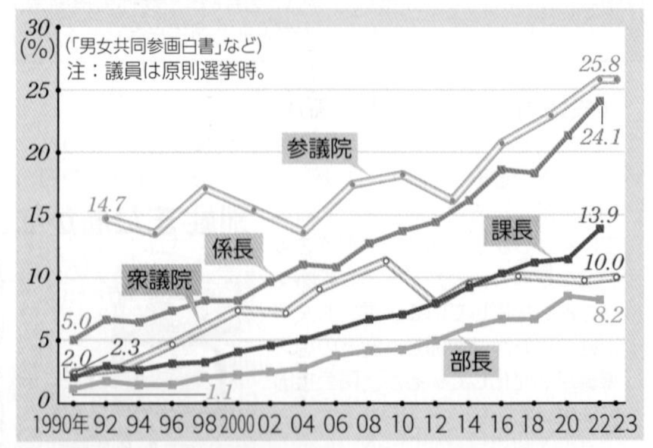

メモ　発展途上国の貧困などに取り組む国連開発計画が発表しているジェンダー不平等指数では，日本は22位である。この指数は，性と生殖に関する健康・エンパワーメント・労働市場への参加の3つの側面から構成されており，A❶と指標が違うため，異なる順位結果となっている。詳しい資料は二次元コード先のリンクから確認しよう。

B 格差を生む原因は何か?

人は女に生まれるのではない，女になるのだ。

◀**ボーヴォワール**(1908～86)　フランスの思想家。男性中心の文化が女性を規定すると考え，男性に従属(じゅうぞく)する女性が，自らを解放し，自由に生きることを唱えた。

ジェンダー(gender)とは　生物学的性差(生まれもった体のつくりによる性差，sex)に対し，社会的・文化的につくられた性差(男らしさ・女らしさ)をさす語。ジェンダーは歴史的に作られたものだが，自然的性差のように見なされるため，性差別の源泉になると指摘される。一方，ジェンダーをすべて排除すると文化を壊(こわ)すという意見もある。

ここも見よう!
・男女共同参画社会(➡p.26 2)
・ボーヴォワール(➡p.43 EYE)

● これってジェンダーバイアス？

●大学・大学院生に占める女子学生の割合

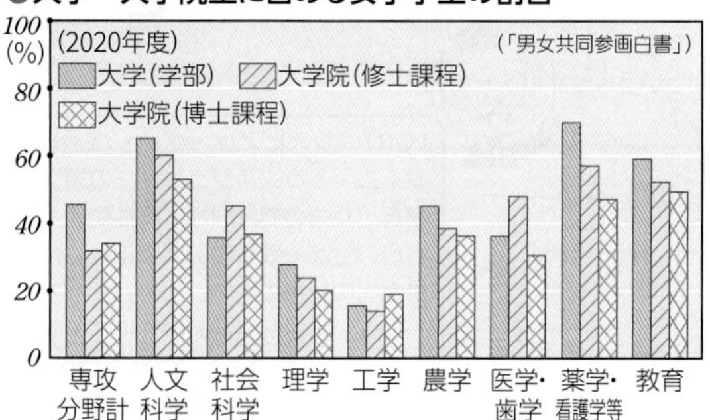

性差と能力は関係するか？　専門分野別にみると，大学や大学院における女子学生の割合は，理・工学部で非常に低い。このことは，職業選択においても，理系の専門分野や技術職に女性が少ない要因にもなっている。「女性は理系科目が苦手」といわれる証(あかし)なのだろうか？

小中高校の学力調査によると，理数系の科目で男女差はほぼ見られないという結果がある。進路選択にこのような男女差が生まれるのは，何らかの社会的環境によって，無意識のうちに固定観念にとらわれているのかもしれない。

(南海日日新聞社 2019.9.14)

◀**Robogals(ロボギャルズ)(鹿児島高専)によるロボットのプログラミング教室**
Robogalsは理工系女子を増やすために活動する国際学生サークルである。小中学生を対象に，ワークショップを行っている。

C 対等な社会のためには?

❶ 法律の整備

(➡p.26)

男女共同参画社会基本法 第3条　男女共同参画社会の形成は，男女の個人としての尊厳が重んぜられること，男女が性別による差別的取扱いを受けないこと，男女が個人として能力を発揮する機会が確保されることその他の男女の人権が尊重されることを旨(むね)として，行われなければならない。

❷ 様々な取り組み

●採用に性別は関係なし

日用品メーカーのユニリーバ・ジャパンは，採用時の性別記入や顔写真の提出をなくし，AIによる面接を導入。バイアス(偏見)を可能な限り減らし，公正な採用をめざす。

●仕事と家庭の両立に理解を

◀**イクボス宣言**(厚生労働省)　上司・経営者(女性も含む)が仕事と家庭の両立に理解を示し，自らも実践する「イクボス」になることが職場の環境を変えるという。「イクボス宣言」は，企業や地方公共団体などにも広がっている。

❸ ジェンダーから自由に

©UN Women

◀**国連女性機関のイベントでスピーチするエマ＝ワトソン**(2014年)　イギリスの俳優。性の価値観(女性らしさ，男性優位の社会)は，女性だけではなく，男性自身も苦しめているという点が指摘され始めている。

男性としての成功を形作る意識が男性を傷(きず)つけ，不安にさせる姿を目にしてきました。男性もまた 平等の恵(めぐ)みを受けていないのです。……しかし **男性が固定観念から自由になれば，女性にとっても自然と世界は変わるのです。**

もし 男性が男性として認められるために攻撃(こうげき)的になる必要がなければ 女性も服従(ふくじゅう)する必要はないでしょう。もし 男性が管理する必要がなければ 女性が管理されることもないでしょう。**男女ともに繊細(せんさい)でいられる自由があり 男女ともに強くいられる自由があるのです。**

(UN Women 日本事務所HP〈http://japan.unwomen.org/ja〉より)

これも考えよう

女性が少ない職種に積極的に女性を登用するため，女性の割合を一定以上にするなどの特別な措置(ポジティブ・アクション ➡p.26 2)は，社会における男女格差を解消するために必要だろうか？それとも男性に対する逆差別だろうか？

公正 実質的平等

ここも見よう!　女性の労働問題(➡p.207)

Think & Check

あなたが「この違いは公正ではない」と思うことに対して，どのようにしたら改善できるか，具体的な対策を考えてみよう。

≫考えた対策を，次の視点で確認しよう。
- 自分が別の性だったとしても，納得できる対策ですか？ 公正 平等
- 誰かに不当に我慢を強いていませんか？ 公正 自由
- 誰でも実践でき，社会の不平等改善に効果がありますか？ 持続可能性

さまざまな意見を冒頭のQRコードで確認

多様な性のあり方を考える

《補足資料やワークシート，意見などはこちらから

ここも見よう！
男女が対等な社会（➡p.80）

●性にとらわれない社会へ一歩

Restroom
だれでもトイレ
All Genders

右：画像提供 早稲田大学

▲⑦誰でも使えることを示すトイレマーク

A 体の性がすべて？

①～③のほか，どの性としてふるまいたいかという性表現の要素もあるよ。

●性の多様性

①体の性
②心の性（性自認）
③好きになる性（性的指向）*2

*1 ノンバイナリー。性自認が男性でも女性でもある，または どちらでもない，または流動的である，などの人たち。
*2 他者に恋愛感情をもたない場合などもある。

男性　女性　男性・女性

（電通ダイバーシティ・ラボ資料などより）

解説 性のあり方は一人ひとり違う 生物学的な体の性である「男」「女」以外にも，様々な性の捉え方がある。LGBT（LGBTQ＋）の人たちは，性的マイノリティ（性的少数者）として様々な不公平や偏見をこうむってきた。また「男性らしく」「女性らしく」という社会的な性（ジェンダー ➡p.26②，80，81）とのギャップに苦しむ人も多い。しかし，性のあり方は誰一人として同じではなく，多様であり，すべての人に関わることである。

LGBT レズビアン・ゲイ・バイセクシャル・トランスジェンダーの頭文字をとったもので，同性・両性愛者，体と心の性が一致しない人のこと。性的少数者の総称の1つ。
Questioning（自分の性について分からない・決めていない）やQueer（クィア）（「風変わりな」。この場合肯定的に使われる）を表す「Q」，それ以外もあることを示す「＋」を用いて「LGBTQ＋」も使われる。
SOGI（ソジ） Sexual Orientation and Gender Identity（性的指向と性自認）の略。自分はどの性を好きになり，どの性だと認識しているかという，すべての人がもつ性のアイデンティティ。

EYE LGBTについて知ろう

日本における性的マイノリティの人の割合は，8.9％という調査（2020年電通調べ）もあり，気付かないだけで身近にいる可能性がある。悪気はなくても，無意識の言動が相手を傷つけてしまうこともある。まずは知り，一人ひとりの個性であることを理解しよう。

●こんなことに困っている！　**●こんな言動は気を付けよう！**

➡LGBTについてのマンガ「りんごの色」（大分県発行） ある中学生の女の子が告白されたことをきっかけに，性のあり方が人それぞれだと気付き，違いを受け入れていく物語。（https://www.pref.oita.jp/site/kokoro/lgbt-manga.html）

LGBTの人たちに理解を示し，支援する人をアライ（Ally＝味方）というよ。

メモ 共生社会をつくる セクシュアル・マイノリティ支援全国ネットワーク，QWRC（くぉーく），NPO法人レインボーコミュニティcoLLabo（コラボ）などが，LGBTに関する相談を受け付けている。

＊トランスジェンダーの人は，一定の条件を満たせば戸籍上の性別を変更できる。

B 日本の状況は?

❶ 憲法の規定

第24条　①婚姻は，両性の合意のみに基いて成立し，夫婦が同等の権利を有することを基本として，相互の協力により，維持されなければならない。
②　配偶者の選択，財産権，相続，住居の選定，離婚並びに婚姻及び家族に関するその他の事項に関しては，法律は，個人の尊厳と両性の本質的平等に立脚して，制定されなければならない。

解説　憲法は同性婚を禁止しているか?　戦後の日本国憲法制定において，第24条は，結婚は家(親)が決めるものではなく本人の自由な意思が尊重される，という考え方を示したものである。当時,同性婚は想定されておらず,民法や戸籍法も異性婚を前提とした＊が,現在では,同性婚の禁止は個人の尊厳や法の下の平等に反する,第24条は同性婚を禁止したものではない,との考えがある。

日本は，同性婚，または同等の権利を法的に認めておらず，性的指向や性自認による差別を禁止する法律もないため，国連人権理事会などからたびたび是正勧告を受けている。

❷ 同性婚に対する意識調査

● **同性婚の合法化についてどう思うか**

＊性的指向が異性。

	賛成	どちらかというと賛成	どちらかというと反対	反対
ストレート＊層(5640人)	23.0%	55.6	15.5	5.8
LGBT層(589人)	33.0	43.2	14.9	8.9

(2018年)　(電通ダイバーシティラボ「LGBT調査2018」)

●法的な結婚と同性カップルの違い

法的な結婚でないと，例えば…

◀**同性婚を認めないことへの初の違憲判決**(2021年札幌地裁)　同性婚をめぐる訴訟で，各裁判所の判断は，違憲が2地裁(札幌・名古屋),違憲状態が2地裁(東京・福岡)。大阪地裁は合憲だが，将来的に違憲となる可能性があるとした。

C 世界の状況は?

❶ LGBTをめぐる動き

●…日本のできごと

1989	世界で初めて，デンマークで同性カップルを公的に認める登録パートナーシップ制度導入
2000	世界で初めて，オランダで同性婚を認める法律が成立
2003	●性同一性障害特例法成立。一定条件の下で，戸籍上の性別を変更可能に。
2011	国連人権理事会で，性的指向や性同一性を理由とする暴力・差別に懸念を表明する決議を採択
2014	オリンピック憲章に，性別や性的指向を理由とする差別禁止規定が盛り込まれる
2015	アメリカ連邦最高裁判所が，同性婚を認めない州法の規定は憲法違反とする判決 ●渋谷区・世田谷区で同性カップルの公認制度導入
2021	●同性婚不受理に対し，札幌地裁が初の違憲判断
2023	●LGBT理解増進法成立　●性同一性障害特例法における性別変更の手術要件について，最高裁が違憲判決

LGBT理解増進法　性的指向やジェンダーアイデンティティを理由とする「不当な差別はあってはならない」と定め，国民の理解増進と多様性に寛容な社会の実現をめざす。2021年に法案がまとめられたが，自民党保守派議員から反対意見が出され，国会提出が見送られた。このため法案に修正を加え，2023年に提出・成立。性的マイノリティに関する初の法律であり，成立を評価する一方で，様々な批判もある。法律は3年をめどに見直しを検討。

❷ 性的指向に関する世界の法制度

差別に対して憲法による保護がある	12	スウェーデン，ポルトガル，キューバ，メキシコ，ネパール，南アフリカなど
雇用における差別に対する保護がある	78	ヨーロッパ諸国，北米，オーストラリア，コロンビア，タイ，リベリアなど
ヘイトクライムを犯罪とする	58	ヨーロッパ諸国，北米，アルゼンチン，ブラジル，ニュージーランドなど
同性婚を認める	34	ヨーロッパ諸国，北米，オーストラリア，ブラジル，南アフリカ，台湾など

(2023年7月現在)　注：数字は国・地域の数。　(ILGA World資料)

解説　宗教と性的指向　欧米では人権意識の高まりによって，同性婚を法律で認める国も増えている。しかし,キリスト教の伝統的な考え方は同性婚を否定。イスラームは同性愛を認めていない。

●スポーツと多様性

オリンピック憲章は，性的マイノリティへの差別を禁止している。2021年開催の東京大会では，血中の男性ホルモン値が一定以下という条件を満たしたうえで，初めてトランスジェンダーの選手が出場した。一方，陸上競技では，生まれつき男性ホルモン値が高く，世界陸上連盟が定める基準を超えているためにオリンピック参加種目が制限された女性選手もいる。スポーツにおける性の多様性と公正さについて多くの議論があるが，あなたはどう考えるかな?

Think & Check

誰もが自分らしく生きられる社会にするために，自分ができること，社会の仕組み・制度として必要なことを，それぞれ考えてみよう。

»自分の考えを，次の視点で確認しよう。
- あなたが性的マイノリティの立場でも納得できるものですか?　公正　平等
- 誰かに不当に負担をかけていませんか?　公正　自由
- 誰もが実践しやすいものですか?　効率　持続可能性

さまざまな意見を冒頭のQRコードで確認

(外国人労働者 ➲p.207)

8 外国人の権利

Q 外国人に認められる権利・制限される権利は何か？

❶ 主な在留資格

	在留資格	在留期間	身分証明書など
永住	**特別永住者** かつて日本の植民地とされた韓国・朝鮮や台湾からの移住者やその子孫	無期限	**特別永住者証明書**交付，市町村で**住民票**作成
永住	**永住者**	無期限	原則として入国時に**在留カード交付** 市町村で**住民票**作成
定住	**日本人や永住者の配偶者・子ども**	最長５年*	
定住	**定住者** 日系３世・難民など		＊「高度専門職２号」の在留資格をもつ者は無期限。
定住	**就労関係の在留資格・留学など** 仕事内容が限定された滞在者・留学生		
定住	**仮滞在・一時庇護** 難民認定申請中の人など	６か月を超えない	一時庇護許可書か仮滞在許可書交付，**住民票**作成
	短期滞在 観光や訪問など	90日以内	入国審査は行う

注：ほかに，「外交」や「公用」の在留資格をもつ者(外交官・大使館職員・その家族など)は，外交官等身分証明票が発給され，免税などの外交特権あり。

不法滞在者 在留資格の許可日数を超えて滞在する外国人(2023年は7.5万人)。多くは単純労働をする目的を隠して入国。不法滞在が発覚すると国外退去の対象となる。

解説 **外国人登録法の廃止** 1952年以降，日本に滞在する外国人は，原則，居住する市町村で，入国後90日以内に外国人登録を行う必要があった。2012年，この**外国人登録制度が廃止**され，**法務省による在留管理制度が導入**された。しかし，不法滞在者をも対象としていた外国人登録制度の廃止により，不法滞在者の把握が一層難しくなり，治安への悪影響や，それまで市町村が人道的な立場で行っていた不法滞在者の子どもの予防接種や就学通知ができなくなるなどの問題も指摘されている。

EYE ヘイトスピーチにNO！

現在の在日韓国・朝鮮人の多くは，日本が植民地化した朝鮮半島の出身者やその子孫である。彼らの歴史的経緯と定住性をふまえ，差別をなくすための様々な運動が展開されたが，差別はまだ存在する。

ヘイトスピーチが問題化 ヘイトスピーチとは，特定の人種や民族，宗教などに属する人々に対して根拠のない悪口で侮辱し，憎しみや差別をあおる言動のことである。日本では在日韓国・朝鮮人を標的にしたヘイトスピーチが問題化している。2014年，国連人種差別撤廃委員会は，日本に規制を求める勧告を行った。

ついに成立 2016年，大阪市で，全国で初めてヘイトスピーチを抑制するための条例が成立。また，国会でもヘイトスピーチ解消法が制定された。憲法で規定される表現の自由を必要以上に制限する可能性を考慮し，法律には罰則や禁止規定が盛り込まれていない。このため法律の実効性を懸念する声もある。

➲ヘイトスピーチデモに抗議

注：2019年，川崎市で成立したヘイトスピーチ禁止条例は，全国で初めて刑事罰規定を盛り込んだ。

❷ 永住・定住外国人の権利と社会保障

○…保障 △…一部保障 ×…保障せず

権利	
刑事手続・刑事補償	○
労働基準・最低賃金・職業紹介	○
小・中学校への就学	○
高校・大学などへの入学	○
選挙権(➲❸)	×
公務就任権	△
生活保護(➲❸)	△*

社会保険	国民健康保険	○
社会保険	国民年金	○
社会保険	厚生年金保険	○
社会保険	雇用保険	○
社会保険	労働者災害補償保険	○
社会保険	介護保険	○
社会福祉	児童扶養手当	○
社会福祉	老人福祉法	○
社会福祉	身体障害者福祉法	○

＊生活保護法では対象を日本国民に限定しているが，実務上は永住・定住外国人に対する保護が実施されている。

(手塚和彰『外国人と法(第３版)』有斐閣より)

❸ 外国人の権利をめぐる訴訟

＊公職選挙法第25条②に基づき，控訴せずに上告された。

事件のあらまし	判決の内容
外国人地方参政権訴訟 日本で生まれ育った在日韓国人２世の人々が，日本の地方選挙権を求めた訴訟。	❶**大阪地裁判決** 1993.6.29 **原告敗訴** ❸**最高裁判決**＊ 1995.2.28 **原告敗訴** …憲法は国民にのみ地方選挙権を保障しており外国人には保障していない。(ただし永住者などの選挙権を法律で認めることは憲法上禁止されていないとも述べた。)
永住外国人生活保護訴訟 永住者の資格をもつ中国籍の女性が，外国籍を理由に生活保護を認めないのは違法と訴えた訴訟。	❶**大分地裁判決** 2010.10.18 **原告敗訴** ❷**福岡高裁判決** 2011.11.15 **原告勝訴** ❸**最高裁判決** 2014.７.18 **原告敗訴** …外国人は，生活保護法に基づく保護の対象となるものではなく，同法に基づく受給権を有しない。

解説 **外国人参政権** 国民主権の原理から，参政権は，国民(国籍保持者)に認められる。国政選挙では外国人参政権は保障されないというのが通説である。地方選挙は，憲法第93条２項における「住民」が「国民」を前提としていることを理由に外国人への選挙権付与を禁止する説の一方，地方政治は住民の生活に密接に関わるため，永住外国人などに認めるべきという説もある。

9 障がい児入学拒否訴訟 判例

事件のあらまし

市立高校を受験し，合格に十分な成績を収めたにもかかわらず，障がいを理由に不合格となった少年が，不合格処分の取り消しと損害賠償を求めた訴訟。少年は，筋ジストロフィーという難病のため，車いすを利用している。

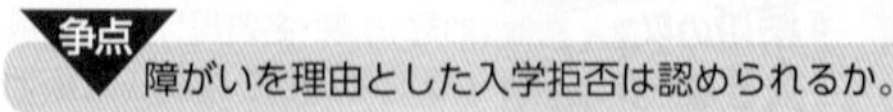

判決の内容

❶**神戸地裁判決**(1992.３.13) 原告勝訴

障がいを理由とした入学拒否は許されない 高校の全過程を履修する見通しがない，とした処分は，**重大な事実誤認**に基づくもの。少なくとも，１年間は教育を受ける権利を侵害されたとして，原告の訴えを全面的に認めた。

解説 **教育機会の平等** 少年は判決後，「**１人の人間としての権利を認めてほしい**という僕の訴えを聞いてもらえたことは，何よりうれしい。僕のように障がいをもった者が入学できることがはっきりして，僕の１年も無駄ではなかったと思います。」と述べた。判決により，体の不自由な子どもの教育機会の平等化が促進された。

メモ 国外退去命令を受けた不法滞在者のうち，何らかの理由(難民認定申請中，日本人の家族がいるなど)で帰国を拒む人々が出入国在留管理庁の施設に長期間収容されており，国際人権規約に違反するとして国内外で問題になっている。

D 自由権①　精神の自由（精神的自由）

1 思想・良心の自由

第19条〔思想及び良心の自由〕 思想及び良心の自由は，これを侵してはならない。

●三菱樹脂訴訟 判例

事件のあらまし

1963年，Tさんは三菱樹脂株式会社に入社したが，入社試験で生協運動や学生運動に関わっていたことをわざと隠したという理由で3か月の試用期間が終わる直前に本採用拒否を通告された。これに対してTさんが，本採用拒否は思想・信条を理由とする差別で，無効であると訴えた裁判。

争点

- 憲法の人権規定が私人間（この場合労使間）に適用されるか。
- 思想調査は，憲法第19条の思想の自由に反しないか。
- 特定の思想を理由に雇用を拒否することは，憲法第14条の信条による差別に当たらないか。

判決の内容

①**東京地裁判決**（1967. 7 .17）　原告（Tさん）勝訴
②**東京高裁判決**（1968. 6 .12）　原告勝訴
③**最高裁判決**　（1973.12.12）　破棄・差し戻し

憲法規定は私人間へは直接適用されない　憲法の自由権規定は，「国または公共団体の統治行動」への保障である。

企業には雇用の自由がある　企業が思想調査をした上で特定の思想・信条をもつ者の雇い入れを拒んでも違法ではない。

その後　最高裁判決や企業の姿勢への疑問が高まる中，当事者間で和解が成立。Tさんは13年ぶりに職場に復帰した。

解説　私人間の人権侵害　憲法の人権保障はもともと，国家（公権力）が個人（私人）に対して保障するための規定である。この裁判で最高裁は，憲法第14・19条は私人間（この場合企業・労働者間）には直接適用されないとした。しかし，**思想の自由**は絶対的に保障されるべきとして，判決に異論を唱える学説もある。

2 学問の自由

第23条　学問の自由は，これを保障する。

●東大ポポロ劇団事件 判例

1952年，東京大学内で学生団体の劇団ポポロが松川事件（1949年GHQ占領下の列車転覆事件）を取材した演劇を上演した会場で，**私服警察官に暴行を加えたとして，学生が起訴された事件**。最高裁判決（1963.5.22）は，憲法第23条の学問の自由の範囲を示し，ポポロの上演会は実社会の政治的社会的活動であり，その範囲にあたらないとして破棄差し戻し。1973年に，**学生の有罪が確定**した。

●最高裁による憲法第23条「学問の自由」の範囲
学問的研究の自由，その研究結果の発表の自由，大学における研究結果を教授する自由。そのために，大学の自治が認められ，学生の集会もその目的が憲法の保障する範囲であれば大学の学問の自由と自治を享有する。

解説　学問の自由と大学の自治　大日本帝国憲法下で，学問の自由や学説の内容が，国家権力によって侵害された（天皇機関説事件など）ことの反省にたって，日本国憲法では**学問の自由**が規定され，これに**大学の自治**が含まれると解されている。

3 信教の自由

Q 政教分離規定をめぐる問題は何か？

第20条〔信教の自由，国の宗教活動の禁止〕
① 信教の自由は，何人に対してもこれを保障する。いかなる宗教団体も，国から特権を受け，又は政治上の権力を行使してはならない。

●政教分離の原則をめぐる主な訴訟 判例

●…合憲，×…違憲

津地鎮祭訴訟　津市が市の体育館の起工式を神道形式で行い，その費用を公費から支出。

裁判所	判決日	判断
①津地裁	1967.3.16	●
②名古屋高裁	1971.5.14	×
③最高裁	1977.7.13	●

目的効果基準（➡下）に照らし合憲　地鎮祭の「目的は建築着工に際し土地の平安堅固，工事の無事安全を願い，社会の一般的慣習に従った儀礼を行うという専ら世俗的なものと認められ，その効果は神道を援助，助長，促進し又は他の宗教に圧迫，干渉を加えるものとは認められない」

愛媛玉ぐし料訴訟　愛媛県が公金から靖国神社と県護国神社に玉ぐし料（神前にささげる金品）などを支出。

裁判所	判決日	判断
①松山地裁	1989.3.17	×
②高松高裁	1992.5.12	●
③最高裁	1997.4. 2	×

目的効果基準に照らし違憲　「宗教的意義をもつことを免れず，特定の宗教に対する援助，助長，促進になる」

砂川政教分離訴訟（空知太神社）　砂川市が市有地を神社の敷地として連合町内会に無償で提供。

裁判所	判決日	判断
①札幌地裁	2006.3. 3	×
②札幌高裁	2007.6.26	×
③最高裁	2010.1.20	×

本件神社は明らかな宗教的施設であり違憲　「一般人の目から見て，市が特定の宗教に対して特別の便益を提供し，これを援助していると評価されてもやむを得ない」。つまり，「社会通念に照らして総合的に判断すると，」「信教の自由の保障の確保という制度の根本目的との関係で相当とされる限度を超える」

自衛官合祀拒否訴訟　殉職した自衛官をその妻の意思に反して山口県の護国神社に合祀。→最高裁1988.6.1●

箕面忠魂碑・慰霊祭訴訟　大阪府箕面市が，公費で忠魂碑を移転し，碑前での慰霊祭に市教育長らが参列。→最高裁1993.2.16●

解説　神道と公権力　大日本帝国憲法下でも信教の自由は認められたが，国家神道は「宗教にあらず」とされ，戦没者などの霊を祀った靖国神社が中心となって軍国主義を支えた。このため日本国憲法の**政教分離の原則**をめぐっては，神道と公権力の関係がしばしば裁判となる。裁判所は**目的効果基準**を用いて判定してきたが，砂川政教分離訴訟では同基準を用いずに違憲と判決した。

➡小泉首相（当時）の靖国神社参拝　2001～06年の毎年，公用車で参拝し「内閣総理大臣」と記帳した。参拝の是非をめぐる複数の訴訟では，判例拘束力のない傍論で違憲判断を示した判決（福岡地裁2004.4.7，大阪高裁2005.9.30）も出たが，最高裁（2006.6.23）は憲法判断を示さなかった。

●目的効果基準　国家など公権力の行為が，憲法で禁止する宗教的活動に当たるか判断する基準のこと。最高裁（津地鎮祭訴訟）によれば，「**目的が宗教的意義をもち，その効果が宗教に対する援助，助長，促進又は圧迫，干渉等になるような行為**」を憲法20条③で禁止された宗教的活動と解すべきとする。

政治

4 表現の自由

Q 表現の自由の制限が許されるのはどのような場合か?

❶ チャタレイ事件 判例

事件のあらまし

露骨な性的描写のあることを知りながら，D.H.ロレンスの小説『チャタレイ夫人の恋人』を翻訳・出版・販売したとして，翻訳者と出版社の社長がわいせつ文書頒布(刑法175条)で起訴された事件。

訳書『チャタレイ夫人の恋人』は，取り締まらなければならないわいせつ文書に当たるか。

判決の内容

❶**東京地裁判決**(1952.1.18)　翻訳者は無罪
❷**東京高裁判決**(1952.12.10)　両被告人とも有罪
❸**最高裁判決**　(1957.3.13)　上告棄却，両被告人とも有罪

訳書はわいせつ文書　「性的秩序を守り，最小限度の性道徳を維持することが公共の福祉の内容をなす。」「本訳書の性的場面の描写は，社会通念上認容された限界を超えている」ので，刑法175条の処罰の対象となるわいせつ文書である。

解説 **表現の自由制限の合憲性**　『チャタレイ夫人の恋人』は，英文学界において芸術的観点で高い評価を得た小説である。最高裁は，「本書が性の問題を真面目に取り扱っている」としても，「それはわいせつ性を相殺解消するものではない」と判断した。判決後約40年を経た1996年には同小説の完訳本が出版され，国民の性意識も急激に変化している現状の中にあっても，司法の「わいせつ文書等に対する表現の自由制限」を合憲とする姿勢は基本的には変わっていない。

第21条〔集会・結社・表現の自由・通信の秘密〕
① 集会，結社及び言論，出版その他一切の表現の自由は，これを保障する。
② 検閲は，これをしてはならない。通信の秘密は，これを侵してはならない。

❷ 北方ジャーナル事件* 判例

事件のあらまし　＊民事裁判。

1979年の北海道知事選挙の立候補予定者が，発売前の雑誌「北方ジャーナル」について，名誉毀損を理由に事前差し止めを裁判所に申請し認められた。そこで，雑誌側が，事前差し止めは検閲であり違憲として損害賠償を求めた訴訟。

発売前の事前差し止めは，憲法第21条②の検閲に当たるか。

判決の内容

❶**札幌地裁判決**(1980.7.16)　棄却，原告(雑誌側)敗訴
❷**札幌高裁判決**(1981.3.26)　棄却，原告敗訴
❸**最高裁判決**　(1986.6.11)　棄却，原告敗訴

事前差し止めは検閲でない　憲法第21条②の**検閲**とは，発表を禁止するかどうかを，**行政権が主体となって発表前に審査するもの**。事前差し止めは，当事者の申請に基づいて裁判所が審理するものであって，検閲には当たらない。

事前差し止めは例外的　「公務員または公職選挙の候補者に対する評価，批判等である場合」，事前差し止めは許されない。しかし，内容が真実でなかったり，被害者が著しく回復困難な損害を受けるおそれがあれば，例外的に許される。

解説 **検閲とは何か**　この判決に対しては，公権力である裁判所による事前差し止めも検閲ではないかという意見もある。

❸ 家永教科書訴訟 判例 －教科書検定制度の合憲性－

家永三郎・元東京教育大学教授が自著の高校用教科書『新日本史』に対する検定不合格処分等を不服とし，教科書検定制度は違憲であると国を相手どっておこした3回にわたる訴訟。

第一・二次訴訟とも最終的には家永さんの敗訴で終わった。しかし，第三次訴訟の最高裁判決で，**検定制度は合憲であるが**，**検定意見の4箇所について違法であったと認め**，家永さんの一部勝訴となった。これらの訴訟は教科書・学校教育に対する国民の関心を高め，文部省(現 文部科学省)に検定結果の一部公開に踏み切らせるなど成果をあげた。

	第一次訴訟	第二次訴訟	第三次訴訟
提訴年月	1965年6月	1967年6月	1984年1月
東京地裁	**家永さん一部勝訴。**制度・運用は合憲，裁量逸脱あり	**家永さん勝訴。**制度は合憲，不合格処分は違憲	**家永さん一部勝訴。**制度・運用は合憲，裁量逸脱あり
東京高裁	**家永さん敗訴。**制度・運用は合憲，裁量逸脱なし	**家永さん一部勝訴。**憲法判断せず **家永さん敗訴。**検定基準の変更で訴えの利益なし	**家永さん一部勝訴。**制度は合憲，裁量逸脱あり
最高裁	上告棄却	審理差し戻し	家永さん一部勝訴

●主な検定意見に対する第三次訴訟最高裁の判断

	家永さんの原稿記述	検定意見(国の主張)	最高裁の判断
日本軍の残虐行為	日本軍はいたるところで住民を殺害したり，……婦人をはずかしめるものなど，中国人の生命・貞操・財産などに……多大の損害をあたえた	軍隊の士卒が婦女を暴行する現象は世界共通のことで，日本軍についてのみ言及するのは不適切。「婦人をはずかしめる」などの部分の削除を求める	検定当時の華北における貞操侵害については特に取り上げて記述するほど特徴的に頻発・残虐だったとする学説・資料は存在しなかった　合法
七三一部隊	ハルビン郊外に七三一部隊と称する細菌戦部隊を設け，……外国人を捕らえて生体実験を加えて殺すような残虐な作業を……つづけた	七三一部隊についてはまだ信用にたえうる専門的学術研究がない。教科書に取り上げるのは時機尚早。全文削除を求める	細菌部隊の存在と生体実験による多数の中国人等の殺害の大筋は，検定当時学説で否定するものはないほど定説化していた　違法

メモ　アメリカ・イギリス・韓国などでは，取り調べに弁護人を立ち会わせる権利を被疑者に認めているが，これも取り調べの可視化の方法の1つである。

E 自由権② 身体(人身)の自由(身体的自由)

(刑罰の種類 ➡p.124) 罪刑法定主義

第18条〔奴隷的拘束及び苦役からの自由〕 何人も，いかなる奴隷的拘束も受けない。又，犯罪に因る処罰の場合を除いては，その意に反する苦役に服させられない。

第31条〔法定手続の保障〕 何人も，法律の定める手続によらなければ，その生命若しくは自由を奪はれ，又はその他の刑罰を科せられない。

第36条〔拷問及び残虐な刑罰の禁止〕 公務員による拷問及び残虐な刑罰は，絶対にこれを禁ずる。

1 刑事手続きの流れと憲法規定

注：( )内は憲法の条項　┈┈▶釈放　━━▶保釈

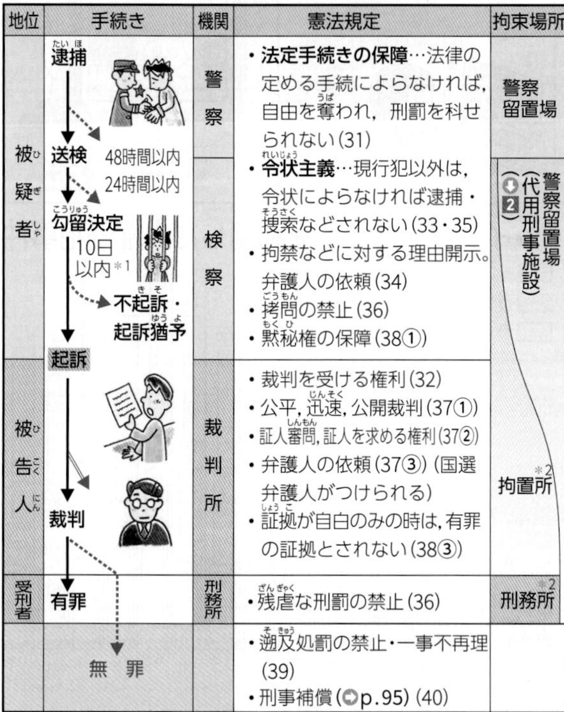

地位	手続き	機関	憲法規定	拘束場所
被疑者	逮捕 → 送検（48時間以内）	警察	・**法定手続きの保障**…法律の定める手続によらなければ，自由を奪われ，刑罰を科せられない(31)	警察留置場
	（24時間以内）→ 勾留決定（10日以内*1）→ 不起訴・起訴猶予 → 起訴	検察	・**令状主義**…現行犯以外は，令状によらなければ逮捕・捜索などされない(33・35) ・拘禁などに対する理由開示。弁護人の依頼(34) ・拷問の禁止(36) ・黙秘権の保障(38①)	警察留置場(代用刑事施設)(➡2)
被告人	裁判	裁判所	・裁判を受ける権利(32) ・公平，迅速，公開裁判(37①) ・証人審問，証人を求める権利(37②) ・弁護人の依頼(37③)(国選弁護人がつけられる) ・証拠が自白のみの時は，有罪の証拠とされない(38③)	拘置所*2
受刑者	有罪	刑務所	・残虐な刑罰の禁止(36)	刑務所*2
	無罪		・遡及処罰の禁止・一事不再理(39) ・刑事補償(➡p.95)(40)	

＊1 やむを得ない理由により10日の延長が可能　＊2 法務省管轄

解説 **罪刑法定主義と推定無罪の原則**　日本国憲法第31～40条では，刑事手続きが詳細に規定されている。そして，何を犯罪としどのような刑罰を科すかは，あらかじめ法律(成文法)に明記されていなければならない(**罪刑法定主義**)。また，「**疑わしきは被告人の利益に**」という**推定無罪の原則**により，被疑者・被告人は裁判で有罪が確定するまでは法律上では無罪として扱われ，無罪が確定した場合は，**刑事補償請求権**(➡p.95)により，国に補償を求めることができる。

2 冤罪の原因

●冤罪が生まれる主な原因

- **強引な取り調べ**…警察捜査では犯行の証拠として自白が重視され，取り調べが強引になる傾向が指摘される。
  →2016年の刑事訴訟法改正により，裁判員裁判対象事件と検察の独自捜査事件(被疑者が逮捕された事件全体の約３％)で，**取り調べの全過程の録音・録画を義務付け(取り調べの可視化)**。
- **代用刑事施設(「代用監獄」)**…逮捕後，勾留が決まった被疑者を拘置所に移さず，最大23日間，警察留置場に拘禁できる。捜査当局の管理下に置くことにより，迅速・円滑な捜査が遂行できるとされるが，被疑者を心理的に圧迫し，冤罪につながるという意見もある。
- **検察官の主張を重視しがちな裁判官の姿勢**

映画「それでもボクはやってない」
主人公は，満員電車で痴漢と間違われ，現行犯逮捕・起訴される。取り調べや裁判で無実を訴えるが，警察・検察・裁判所といった公権力により犯人にされる過程を描く。日本の刑事裁判は，「起訴されたら有罪率99.9％」といわれる。

3 主な再審裁判

事件名	罪名(身柄拘束時)	判決(判決年)	再審(確定年)
弘前大学教授夫人殺害事件	殺人	懲役15年(1953)	無罪(1977)
加藤老事件	強盗殺人	無期懲役(1916)	無罪(1977)
免田事件	強盗殺人	死刑(1951)	無罪(1983)
財田川事件	強盗殺人	死刑(1957)	無罪(1984)
松山事件	強盗殺人放火	死刑(1960)	無罪(1984)
島田事件	殺人	死刑(1960)	無罪(1989)
足利事件	殺人	無期懲役(2000)	無罪(2010)
布川事件	強盗殺人	無期懲役(1978)	無罪(2011)
東京電力女性社員殺害事件	強盗殺人	無期懲役(2003)	無罪(2012)
松橋事件	殺人	懲役13年(1990)	無罪(2019)

解説 **冤罪の救済**　**再審**とは，**冤罪**の発覚など，有罪判決確定後に事実認定に誤りがあるとわかった場合に認められるやり直しの裁判のこと。再審の請求は，無罪等を言い渡すべき明らかな証拠を新たに発見した時に認められる。1975年，最高裁は，「明らかな証拠であるかどうかは，確定判決を下すための審理中にその証拠が提出されていたらどうであったかという観点から判断すべき」(**白鳥決定**)とした。

EYE 次の中で正しいものはどれ？

Q1 警察から「ちょっと話を聞きたい。署まで来て欲しい」と言われた。従わなければいけない。

A1 ×。この警察の問いかけは「任意同行」という。逮捕状がなくても，被疑者が同意すれば取り調べを行うこともできるのである。ただし，この場合は被疑者が帰宅したい時はいつでも解放されなければならない。

Q2 取り調べの際には，自分の答えたいことだけを話し，自分に不利益になること・嫌なことには答えなくても良い。

A2 ○。憲法で黙秘権は保障されている。取り調べの際に事実と異なる供述をして調書を取られ，裁判で事実どおりに証言しても，「調書」の供述も証拠の１つとされる。よって，虚偽の証言だけは絶対すべきではない。身の潔白を訴えても聞き入れてもらえないときは黙っていた方が良い。

重要用語 ⑪自由権(自由権的基本権)　⑮表現の自由　⑯身体(人身)の自由(身体的自由)　⑰法定手続きの保障　⑱罪刑法定主義　⑲推定無罪の原則　⑳冤罪

政治

インターネットと人権

ねらい　インターネット上では，誰でも簡単に，世界中に向けて自分の考えを述べたり創作したものを発表したりでき，非常に便利である。しかし，一方でネット上での人権侵害が急増し，対策が急務となっている。ネット特有の事情を知り，人権侵害をなくすために何ができるか考えよう。(➡p.89)

A　この行動，○？ ×？

①友達とケンカ。むしゃくしゃしたので悪口を書き込んで拡散

②彼女にフラれた腹いせに，彼女と撮った写真をネット上に公開

③個人のサイトにアップされていた人気アーティストのCD収録曲をダウンロード

④お気に入りのお店や景色などを撮影して定期的にSNSにアップ

①×…**他人の悪口や根拠のないうわさをネット上に書き込むことは，人権侵害**にあたる。匿名の書き込みでも発信者の特定は可能。内容によっては名誉毀損罪などに問われることも。

②×…**元交際相手などの性的な写真を無断でネットに公表する，いわゆるリベンジポルノは犯罪行為**（リベンジポルノ防止法の公表罪）にあたり，3年以下の懲役または50万円以下の罰金。その他，公表させるために性的画像を第三者に提供する行為も罪に問われる（公表目的提供罪）。

③×…**販売または有料配信されている著作物全般（音楽や映像を含む）を，正規の配信サイトでないことを知りながらダウンロードすることは著作権侵害**＊。場合によっては2年以下の懲役もしくは200万円以下の罰金（またはその両方）。

④△…投稿自体は悪いことではない。ただし，写真に写り込んだ背景などから生活圏が特定され，ストーカー被害など犯罪に巻き込まれる可能性もある。**投稿前に，位置情報を消したか，写っている人の許可を得たかなども確認しよう。**

＊無許可での公開も違法。

●インターネットを利用した人権侵犯事件

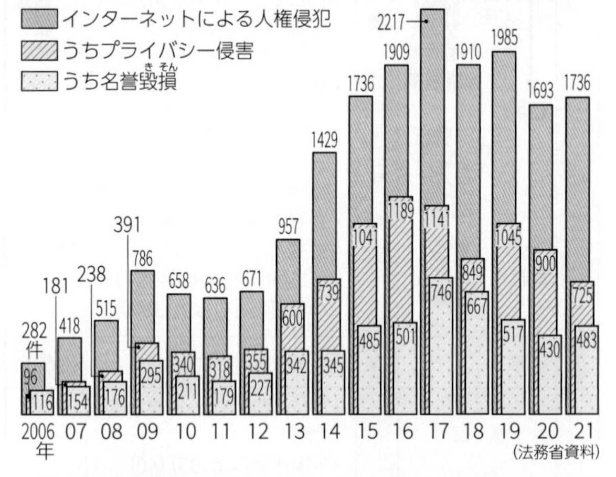

B　ネットの人権侵害の特徴

気軽に，かつ匿名で発信できるため，根拠に乏しい内容や，他人を傷つける悪質な情報が含まれることがある。また，コピー・加工が簡単なため，いったん拡散した情報は削除が難しい。ネット上では，現実の世界より人権侵害の被害者にも加害者にもなりやすい。ネットの向こうにいる相手を意識し，自分が発信したことには責任が伴うことを十分に理解する必要がある。

●もし，人権侵害にあったら

- 保護者や先生など信頼できる大人に相談
- 身近な人に相談しにくい場合は，法務局の相談窓口へ

→誹謗中傷・画像などの削除依頼の方法や，被害者に代わってプロバイダへの削除を要請するなど，対処法を教えてくれる。

相談窓口

- インターネット人権相談受付窓口（パソコン・携帯共通）http://www.jinken.go.jp
- 子どもの人権110番（通話料無料）0120-007-110
- みんなの人権110番 0570-003-110
- 女性の人権ホットライン 0570-070-810

EYE　「忘れられる権利」とは？

過去の犯罪履歴や誹謗中傷など本人に不都合な情報を検索結果から削除するよう，検索サービス事業者に求めることができる権利を「忘れられる権利」という。EUでは法的な権利として認められている。

表現の自由を重視　日本では「忘れられる権利」を規定する法律はないが，求める声は高まっている。しかし，認めれば表現の自由や知る権利を侵害する恐れがある。2017年1月，最高裁は，過去の逮捕歴を検索結果から削除するよう求めた男性の請求を棄却。「忘れられる権利」には言及しなかったものの，検索結果は検索事業者の表現行為であるとし，**表現の自由や検索結果の必要性とプライバシーの保護を比較し，「公表されない法的利益が優越することが明らかな場合」に削除が認められる**として，削除に厳格な要件が必要との判断を示した（➡）。（「朝日新聞」2017.2.2）

検索結果の削除 最高裁が初基準
表現の自由と比較し判断
出版物以上のハードル 解説

メモ　スマートフォンのカメラ機能が高性能になったため，自撮りした画像の瞳に映り込んだ風景から居場所が特定され，ストーカー被害にあう例も報告されている。

ネット社会の表現の自由を考える

≪補足資料やワークシート，意見などはこちらから

ここも見よう！
表現の自由（◎p.86）
世論と政治参加，情報（◎p.146～151）

16 平和と公正をすべての人に

ネット上の表現をめぐって

（右「読売新聞」2020.3.1
中「読売新聞」2021.7.31）
（「朝日新聞」2020.5.26）

A 「表現の自由」は絶対か？

① 日本の「表現の自由」に対する規制

違法な情報	**権利侵害情報**…名誉毀損（きそん）やプライバシー・著作権侵害	
	その他の違法情報…麻薬広告やわいせつ画像など	
違法ではないが有害な情報	**公序良俗に反する情報**	
	青少年に有害な情報…出会い系サイトなど	

対策
- **プロバイダ責任制限法**…権利侵害情報が流通した場合のプロバイダの責任範囲や，プロバイダに対する発信者情報開示請求権を規定。
- 違法･有害情報への対応に関する利用規約モデルの提示。
- **青少年インターネット環境整備法**…フィルタリングの普及など。

解説 **誹謗中傷（ひぼうちゅうしょう）対策**　増加するネット上の人権侵犯に対応するため，2021年にプロバイダ責任制限法が改正され，ネット上に匿名（とくめい）で誹謗中傷を投稿した人の情報開示手続きの簡素化が図られた。また，2022年には侮辱罪（ぶじょくざい）を厳罰化する改正刑法が成立した。

② 主な国の「表現の自由」に対する規制

法　律	内　容
【アメリカ】通信品位法230条（1996年）	SNS事業者は，情報の発行者･代弁者として扱われない（わいせつ，過度に暴力的など問題のある投稿に対し，SNS事業者は責任を問われない）。SNS事業者が問題と判断した投稿へのアクセス制限などの対応は，誠実かつ任意の措置であれば責任を問われない。 最近の動き SNS事業者に投稿の管理体制の強化を義務付ける議論がある。
【ドイツ】ネットワーク執行法（2017年）	SNS事業者に対し，明らかに違法な投稿（犯罪行為への扇動（せんどう），侮辱（ぶじょく）など）の情報が報告された場合，24時間以内に削除。怠（おこた）った場合は最大5000万ユーロの過料（法人･団体の場合）。

解説 **「表現の自由」との対立**　J.S.ミルは，自由とは，他者の幸福を損なわずに自らの幸福を追求する自由であると考えた（◎p.40）。他者に危害を及（およ）ぼす表現は許されないが，規制が行き過ぎると，各国の憲法が保障する「表現の自由」が侵害されるという懸念（けねん）がある。

注：2022年，EUは，違法コンテンツ削除や偽情報対応を大手IT企業に義務づける法案に合意。

B 「正しく」規制できるのか？

●**情報の正しさをどう判断するか**

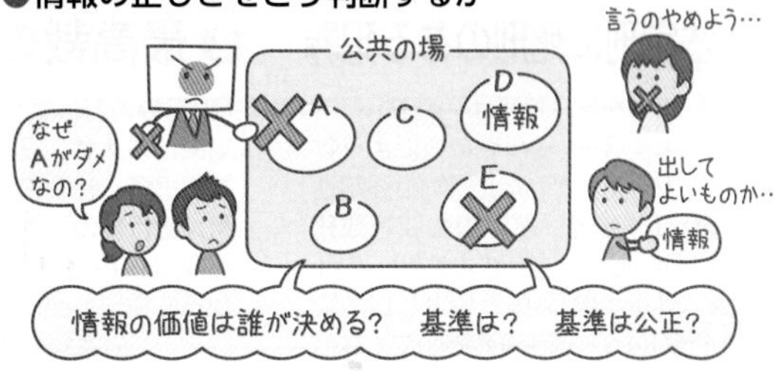

解説 **「表現の自由」の意義**　表現の自由は，憲法で保障される権利・自由の中でも特に重要とされる。なぜなら，①様々な情報に触れることで精神的・知的成長が促（うなが）される，②他の人の意見に触れることで，独（ひと）りよがりの考えや間違った意見が修正され，より正しい結論に到達できる，③自由に情報を入手し，議論できる環境がなければ民主主義が実現できない，などの意義が認められるからである。それゆえに時の権力者によってたびたび抑圧されてきたのであり，安易（あんい）な規制は人間の活動基盤を脅（おびや）かす危険がある。

◎香港国家安全維持法に抗議する香港市民（2020年）　法施行により，反政府的な言動を取り締まることが可能になる。

Think & Check

SNSの投稿内容を規制すべきだと考えますか？その場合，どのように規制するのが良いか考えよう。規制しない場合は，誹謗中傷の被害にどのように対応するか考えよう。

≫自分の考えを，次の視点で確認しよう。
- あなたが被害者の立場だった場合，納得できる対策ですか？ **公正** **平等**
- 被害者救済に有効な対策ですか？ **持続可能性**
- 現在，及び将来にわたって「表現の自由」が侵害される可能性はありませんか？ **民主主義** **個人の尊重**

さまざまな意見を冒頭のQRコードで確認

重要用語 115 表現の自由　130 知る権利

探究

死刑制度について考える

≪補足資料やワークシートはこちらから

16 平和と公正をすべての人に

死刑制度に対する意見

死刑制度を存続すべき	論点	死刑制度を廃止すべき
❶罪なき人の命を奪った凶悪犯罪者の命を保障するという死刑廃止は，正義人道にかなわない。	思想・哲学	①死刑は国家権力による「生きる権利」の侵害であり，残虐かつ非人道的で品位を傷つける刑罰だ。
❷誰もが死を恐れて生活しているから，死刑に犯罪抑止力があることは明らかである。	犯罪抑止力	②犯罪者の信念が強ければ，死刑があっても犯罪は起こるし，死刑になりたくて犯行する者もいる。
❸誤判は刑事手続きの改善で解消すべき問題である。	誤判	③人が人を裁く裁判では，誤判の可能性がある。
❹大多数の人が死刑を望むような残虐な事件では，死刑で遺族の悲しみを癒すことも正義につながる。	遺族の心情	④遺族の苦しみは，死刑ではなく，国家の経済的・心理的な支援制度を整えることで緩和すべき。
❺更生したからといって，犯した罪は消えないし，殺害された人を生き返らせることはできない。	犯人の更生	⑤凶悪犯罪者にも更生の可能性はあるので，国家が責任をもって更生させるべきである。

A 日本の死刑制度

❶ 法定刑に死刑のある犯罪

刑罰に死刑を含む犯罪は19種類…殺人　強盗致死（暴行や脅迫により物を盗み人を死亡させた）　強盗・強制性交等及び同致死　航空機強取等致死（ハイジャックし人を死亡させた）　内乱首謀　外患誘致（外国と協力し日本に武力行使した）　現住建造物等放火 など

❷ 最高裁の死刑基準

「犯行の内容，動機，殺害方法の残忍性，結果の重大性，殺害された人数，遺族の被害感情，社会的影響，犯人の年齢，前科，犯行後の情状などを考慮して，その罪が誠に重大であり，犯罪予防の観点からも極刑（死刑）が止むを得ない場合」

（1983年判決。「永山基準」とよばれる。）

❸ 刑の執行

◎東京拘置所の死刑執行室

- 法務大臣が命令，原則６か月以内に執行（実際は執行までに数年以上の例が大多数。2019年末現在で死刑確定・収容者は110人）。
- 死刑確定者は，執行を当日の朝知らされる。
- 公表は執行後，当日行う。

B 世界の死刑存廃状況

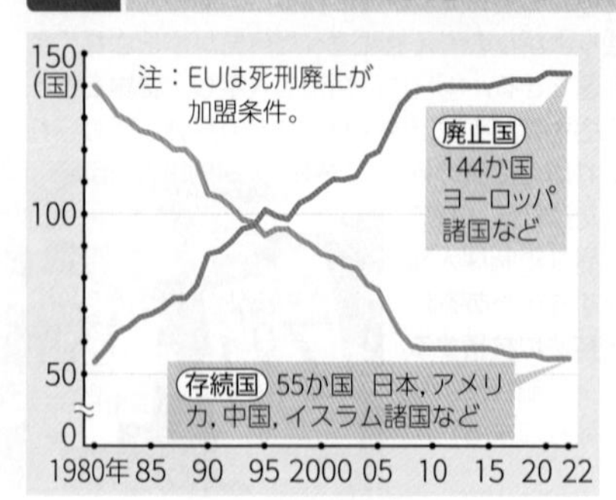

（アムネスティ・インターナショナル＊資料）
＊死刑・拷問の廃止などをめざす団体

死刑廃止条約
国際人権規約B規約の第二選択議定書（◎p.62 ❽）。1989年国連総会で採択。91年発効。締約国は2023年１月現在90か国。日本は未批准

注：グラフ中の死刑廃止国には，事実上の死刑廃止国と，通常犯罪（戦時の反逆罪，破壊行為，宗教犯罪などや軍法による犯罪といった特殊犯罪以外の犯罪）についてのみ死刑を廃止した国を含む。

解説 **刑罰としての死刑と人権**　ヨーロッパなどでは，すべての人間がもつ尊厳や人権は，犯罪者も同様にもつという考えに基づいて死刑が廃止されている。また，刑罰は犯罪者に過ちを理解させ，社会復帰をめざすものと考えられている。

C 被害者の遺族の気持ち

消えない恨み　「犯人は，今でも許せません。娘には何の落ち度もなかったんです。それなのに，突然殺されるなんて」時折涙ぐんで，母親はそう言った。……「犯人からは謝罪の言葉などいっさいありません。事件以来，妻は寝込んでしまい，私たちの生活は一変してしまいました。死刑廃止？とんでもありませんよ」夫が妻の気持ちを代弁するように言った。

矛盾する思い　「犯人が憎いのは，どんな遺族でも同じでしょう。彼女が本当に犯人なら，死刑になっても当然だと思います。だけど，死んだ娘は戻って来ません。ならば，生きて罪を償ってもらいたいとも思います」母親は，言葉を１つひとつ選ぶように話した。「矛盾してるなと思います。でも，死刑という死のがけっぷちに立って，生命の尊さを知ってほしい。もう一度国が人を殺すなんて，やっぱりおかしいと思うんです」

（朝日新聞死刑制度取材班『死刑執行』朝日新聞社）

Think & Check

あなたは，死刑についてどのように考えますか。社会の正義と人権のバランスをふまえ，刑罰がどうあるべきか考えてみよう。

≫自分の考えを，次の視点で確認しよう。

- あなたの考えは，立場が変わっても受け入れられますか？次の立場でも考えてみましょう。
  【被害者の子】【裁判員】【死刑確定者】【死刑確定者の子】【死刑執行の刑務官】
- すべての人の人権を保障する社会の実現に貢献するものですか？
  個人の尊厳　公正　正義　自由　適正な手続き

メモ　死刑制度の有無と，殺人事件の発生率に有効な相関関係は見られず，死刑の犯罪抑止効果に科学的な立証はなされていない。

F 自由権③ 経済(活動)の自由(経済的自由)

1 職業選択の自由

第22条〔居住・移転・職業選択の自由，外国移住・国籍離脱の自由〕① 何人も，公共の福祉に反しない限り，居住，移転及び職業選択の自由を有する。
② 何人も，外国に移住し，又は国籍を離脱する自由を侵されない。

● 薬事法*距離制限違憲訴訟 判例

事件のあらまし　＊2014年に「医薬品，医療機器等の品質，有効性及び安全性の確保等に関する法律(薬機法)」に改正。

広島県で薬局を営業するため知事に営業許可の申請をしたところ，薬事法に基づき条例で定めた距離基準に適合しないという理由で不許可となった。そこで，薬事法及び条例は，憲法第22条の職業選択の自由に違反するとして，不許可処分の取り消しを求めた訴訟。

〔訴訟当時の薬事法〕
第6条② ……薬局の設置の場所が配置の適正を欠くと認められた場合には，……許可を与えないことができる。
④ 第2項の配置の基準は住民に対し適正な調剤の確保と医薬品の適正な供給をはかることができるように，都道府県が条例で定める……

争点　薬事法の規定は，憲法第22条①に違反していないか。

判決の内容

①**広島地裁判決**(1967.4.17)　違憲
②**広島高裁判決**(1968.7.30)　合憲
③**最高裁判決**　(1975.4.30)　違憲

職業の自由は規制される　職業は，原則として自由である。しかし職業は社会的・経済的活動であり，その性質上，憲法の保障するほかの自由，特に精神の自由と比べて，公権力によって公共の福祉のために必要かつ合理的な方法で規制する必要がある。

薬事法の規定は合理的でないので違憲　薬局営業の距離制限を認める薬事法第6条②・④は，「不良医薬品の供給の防止等の目的のために必要かつ合理的な規制」とは言えないので，憲法22条①に違反し，無効である。

解説　公共性と経済活動の自由　判決後の1975年，国会は薬事法を改正し，第6条②・④は削除された。同様に距離制限規定がある公衆浴場法について，その合憲性をめぐる裁判(1955年1件，1989年2件)では，距離制限によって公衆浴場の質と経営を維持することが国民の保健福祉につながるため，公共の福祉に適合するとして合憲と判決された。なお，自由権の規制立法の違憲審査については，「**二重の基準**」が示されている(➡p.76)。

二重の基準　裁判所が自由権を規制する法律の規定を違憲審査するときの2つの基準のこと。
①「精神の自由」(特に「表現の自由」)の規制立法
…違憲かどうかを厳格に審査する。
②その他の人権(特に「経済活動の自由」)の規制立法
…緩やかな審査基準を適用し，合理的な根拠が認められれば合憲とする。

重要用語　⑪自由権(自由権的基本権)　⑫職業選択の自由　⑫知的財産権(知的所有権)

2 財産権の保障

第29条① 財産権は，これを侵してはならない。
② 財産権の内容は，公共の福祉に適合するやうに，法律でこれを定める。
③ 私有財産は，正当な補償の下に，これを公共のために用ひることができる。

❶ 森林法共有林分割制限違憲訴訟 判例

事件のあらまし

AとBは兄弟で，父親の森林を2分の1ずつの持分で生前贈与され，共同管理することになった。父親の死後，AがBに，森林の分割を請求した。しかし森林法186条がAの請求を認めない規定であったため，Aが，森林法の規定は財産権の不当な制限であるとして，分割請求を認めることを求めた訴訟。

共有する森林
Aの持分$\left(\frac{1}{2}\right)$　Bの持分$\left(\frac{1}{2}\right)$
A —共有林の分割を請求✕→ B
森林法186条 分割請求者の持分が$\frac{1}{2}$を超えていなければ，共有林の分割請求は不可。
↓
森林法の規定は違憲では？

争点　森林法の規定は，憲法で保障された財産権の不当な制限にあたり，違憲ではないか。

判決の内容

①**静岡地裁判決**(1978.10.31)　合憲，原告(A)敗訴
②**東京高裁判決**(1984.4.25)　合憲，原告敗訴
③**最高裁判決**　(1987.4.22)　違憲，破棄差し戻し

森林法186条は違憲　森林法186条の目的は，森林の細分化を防いで森林を保護することである。しかし，その規制は，目的の達成のためには必要な限度を超えた不必要な規定であり，公共の福祉に合致しない財産権の制限に当たり違憲。

解説　規定の廃止　判決後の1987年，森林法186条は廃止された。

❷ 主な知的財産権(知的所有権)(著作権侵害 ➡p.88A)

知的財産権
- 著作権*(著作隣接権を含む)…小説，詩，美術，音楽などの文化的な創作物
  - ＊創作時点で自動的に発生。
- 産業財産権
  - 特許権………発明品
  - 実用新案権…新しい工夫
  - 意匠権………新しいデザイン
  - 商標権………自己(自社)が取り扱う商品・サービスであることを示すマーク
- その他
  - 半導体の回路配置に関する権利
  - 植物の新しい品種に関する権利　など

解説　国際的なルール作り　人が知的創作活動で生み出したものを，一定期間，その人の財産とする権利を知的財産権という。知的財産権の保護期間は，日本では例えば，特許権は20年(一部25年)，著作権は死後，または公表後70年である。知的財産権は企業や大学などにとっても重要な権利で，国際的なルール作りも進められている。

発売前漫画配信中3逮捕
ユーチューブに　著作権法違反容疑

(「毎日新聞」2010.6.14)

➡**廃棄される偽ブランド品**　ブランド品や，映画・ゲームソフトなどを無断でコピーし世間に出回らせる行為だけでなく，そうした商品の購入やダウンロードも禁止されている。

政治

G 社会権

1 生存権 Q プログラム規定とは何か？

第25条〔国民の生存権，国の社会保障的義務〕 ① すべて国民は，健康で文化的な最低限度の生活を営む権利を有する。
② 国は，すべての生活部面について，社会福祉，社会保障及び公衆衛生の向上及び増進に努めなければならない。

❶ 朝日訴訟—生存権の性格— 判例

事件のあらまし 国立岡山療養所に肺結核で入院中の朝日茂さんは，長年の重患と無収入のため，厚生大臣（現厚生労働大臣）が定めた基準に従った月600円の生活保護と，医療の扶助を受けていた。

1956年に実兄の所在がわかり，仕送り（月1500円）がされるようになると，扶助を打ち切られ，仕送りのうち，日用品費600円を残し，医療費を900円負担することになった。

こうして仕送り前と同じ結果となったため，朝日さんは，月額600円の基準が低すぎると岡山県知事，続いて厚生大臣に不服申し立てを行ったが，却下された。

そこで，朝日さんは57年8月，東京地裁に，現行の生活保護基準は，生活保護法と，憲法第25条に違反するとして，厚生大臣の不服申し立て却下という裁決の取り消しを求めた訴訟を起こした。（生活保護 ➡p.222）

争点

生活保護の扶助基準は，健康で文化的な最低限度の生活に値するか。

●入院患者への日用品費扶助の内訳（1か月）

	品目	年間	月額
衣類	肌着	2年1着	16.66円
	パンツ	1枚	10.00
	補修布	4ヤール	43.33
	縫糸	30匁	8.75
	手拭タオル	2本	11.66
身廻品	足袋	1足	12.50
	下駄	1足	5.83
	草履	2足	21.66
	縫針	20本	0.32
	湯呑	1個	1.00

	品目	年間	月額
保健衛生費	理髪料	12回	60.00円
	石けん 洗顔	12コ	70.00
	石けん 洗濯	24コ	
	歯ミガキ粉	6コ	7.50
	歯ブラシ	6コ	7.50
	体温計	1本	8.33
	洗濯代		50.00
	チリ紙	12束	20.00
雑費	ハガキ	24枚	10.00
	切手	12枚	10.00
	封筒	12枚	1.00
	新聞代		150.00
	用紙代		20.00
	鉛筆	6本	5.00
	お茶	3斤	40.00
	その他		8.96
計			*600.00円

「シャツ（肌着）を2年1着というときは，同じシャツを夏冬をとおして着るということである。……実際にはそれでは生活はできない。」
（上告代理人による上告理由より）

＊現在は月額2万3110円以内（2020年5月）　（朝日茂『人間裁判』草土文化）

➡朝日さんの遺影を先頭に行進する支援団体

判決の内容

❶東京地裁判決（1960.10.19）　朝日さん勝訴

生活保護法は　憲法の生存権規定を現実化し，「『健康で文化的な生活水準を維持することができる最低限度の生活』を保障する保護の実施を請求する権利を賦与する」もの。

最低限度の生活とは　**「単に辛うじて生物としての生存を維持できるという程度のもの」ではなく，「人間に値する生存」あるいは「人間としての生活」といい得るもの。**

厚生大臣が定めた基準は　以上のことから，日用品費最高月額600円は，入院患者の「健康で文化的な生活水準」の維持には足りず，生活保護法に違反するとした。

❷東京高裁判決（1963.11.4）　第一審判決取り消し

本件基準は　低額の感はあるが違法とまで断定できないとして第一審判決を取り消し。

なお，上告後に上告人（朝日さん）が死亡したため，その**相続人が訴訟を継承できるかどうかが新たに争点となった。**

❸最高裁判決（1967.5.24）　上告人の死亡により訴訟終了

訴訟の継承について　訴訟は「上告人の死亡と同時に終了」しているので相続人が「承継し得る余地はない」とした。

憲法第25条第1項について　**「すべての国民が健康で文化的な最低限度の生活を営み得るように国政を運営すべきことを国の責務として宣言したにとどまり，直接個々の国民に対して具体的権利を賦与したものではない」「具体的権利としては，……生活保護法によって，はじめて与えられている」**
→同条項はプログラム規定であるという立場を明確にした。

朝日訴訟 承継認めず
最高裁判決
原告の死亡で終了
憲法判断 25条は訓示規定
厚相の自由裁量
福祉行政改善には一つの役割

（「朝日新聞」1967.5.24）

厚生大臣の判断について　当不当の問題が発生した場合，「政府の政治責任が問われることはあっても，直ちに違法の問題を生ずることはない」。ただし，「現実の生活条件を無視して著しく低い基準を設定する等憲法及び生活保護法の趣旨・目的に反し，法律によって与えられた裁量権の限界を超えた場合または裁量権を濫用した場合」は司法審査の対象となり得るとした。

解説 **生存権**　1919年のドイツの**ワイマール憲法**（➡p.61）で**明記された権利**である。**朝日訴訟**当時，日用品費の算出方式は，最小限必要と考えられる品物の値段を1つずつ積み上げて算出する方式であったが，後に一般世帯の消費水準を参考にして算出する方式に改善され，1964年には1575円にまで引き上げられた。朝日訴訟は，**生存権**とはどのようなものかをもう一度考えさせ，日本の社会保障制度を発展させるのに大きく貢献したといえる。なお，「健康で文化的な最低限度の生活を営む権利」（憲法第25条）については，これが**プログラム規定**であるか，法的権利であるかについて見解が分かれている。

プログラム規定説　憲法の規定は，国家の単なる政治的指針を示したものにすぎず，国民に対して具体的な権利を保障したものではなく，法的拘束力はない（**プログラム規定**）とする考え方。この規定の実現は，立法権の裁量に委ねられ，国民は国に対して，その違反の法的責任を裁判で追及することはできないとされている。

入試のツボ　最高裁が示したプログラム規定説の内容をまとめておこう。

❷ 主な生存権訴訟 判例

	あらまし	判決
牧野訴訟	牧野亨さんが，高齢福祉年金を夫婦で受給すると，国民年金法の規定支給額が削られるのは憲法第14条に反すると提訴	**東京地裁**(1968年7月15日)…「生活実態から見て，夫婦の高齢者を単身の高齢者と差別」しているとして夫婦受給制限を違憲と断定。判決後，受給制限規定は撤廃された
宮訴訟	公的年金を一定額以上受けている高齢者に老齢福祉年金の併給を禁止した国民年金法の規定が，憲法第14条及び第25条に反するとして，年金支給停止処分を受けた宮公さんが提訴	①**東京地裁**(1974年7月24日) ②**東京高裁**(1976年4月)…「高齢福祉年金は憲法第25条第1項にいう健康で文化的な最低限度の生活保護を目的とするものではない」として，請求を棄却
堀木訴訟	障害福祉年金を受けている堀木文子さんは，離婚後，男児を引き取ったが，当時の児童扶養手当法が他の公的年金との併給を禁止していたため，児童扶養手当の給付を受けられず，これを憲法第25条に反するものとして提訴	①**神戸地裁**(1972年9月20日) ②**大阪高裁**(1975年11月10日) ③**最高裁**(1982年7月7日)…「憲法第25条1項でいう健康で文化的な最低限度の生活の具体化は，立法府の広い裁量にまかされている」として，請求を棄却
加藤訴訟	生活保護費の受給者が保護費などを切り詰め蓄えた預貯金を「資産」と認定され，保護費を削られるのは憲法第25条に反すると提訴	**秋田地裁**(1993年4月)…「最低限度の生活を下回る生活によって蓄えたもので，その分の保護費を減額することは本来的になじまず……」と判断し，保護費減額処分を取り消した

2 教育を受ける権利

(障がい児入学拒否訴訟 ➲p.84，家永訴訟 ➲p.86)

第26条〔教育を受ける権利〕① すべて国民は，法律の定めるところにより，その能力に応じて，ひとしく教育を受ける権利を有する。

❶ 義務教育と教育基本法 ＊憲法第26条②

義務教育	**保護者には子どもに普通教育を受けさせる義務**＊がある ・**義務教育の無償**＊…授業料無償，教科書の国庫負担
教育基本法	**教育の根本的な理念や原則を定めた法律**。教育関係法令の根本法で，これをもとに国は教育政策を行う。1947年制定，2006年大改正。改正の主なポイントは， ①教育の目標に道徳教育の充実や伝統・文化の尊重(郷土愛・愛国心教育)が加わったこと。 ②生涯教育の理念が掲げられたこと。 など

❷ 病院内学級

入院中の子どもの教育を受ける権利を保障 長期入院中の子どものために病院内に設けられた学校を病院内学級といい，国立大学医学部附属病院などにある。

体調に合わせた授業形式 病院内の教室の他，病室での個人授業も行われる。病院内学級以外にも，教師が家庭や病院を訪問して個別授業を行うところもある。

➲**パソコンを使った学習(東京都「そよかぜ分教室」)**

教育権の所在 教育を受ける権利をめぐり，子どもの教育内容を決めるのは誰かという議論があり，次の2つの説がある。
①**国家教育権説**…教育内容は，国が関与・決定する。
②**国民教育権説**…教育に責任を負うのは親や教師を中心とする国民全体。国は教科・授業時間など条件整備のみ行う。
判例 **旭川学力テスト事件**(最高裁判決1976.5.21)
…全国一斉学力調査の実施など，広く適切な教育政策のための，国の教育内容への広汎な介入を認めた。

3 労働基本権 (公務員の労働三権の制限 ➲p.202)

第27条〔勤労の権利義務，勤労条件の基準，児童酷使の禁止〕
① すべて国民は，勤労の権利を有し，義務を負ふ。
② 賃金，就業時間，休息その他の勤労条件に関する基準は，法律でこれを定める。
③ 児童は，これを酷使してはならない。

第28条〔勤労者の団結権＊・団体交渉権＊・その他団体行動権＊〕 勤労者の団結する権利及び団体交渉その他の団体行動をする権利は，これを保障する。＊労働三権

● 公共職業安定所(ハローワーク)

➲**勤労の権利を保障** 求人情報の提供のほか，窓口で，就きたい仕事を決めるための相談に応じたり，採用選考のアドバイスをするなど，仕事探しの様々な支援を実施している。

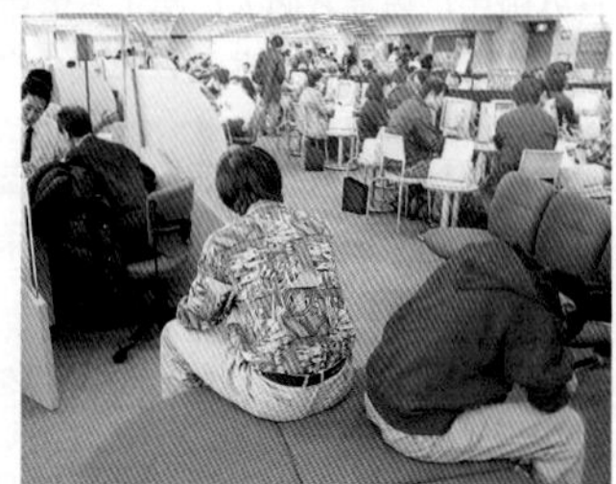

EYE 公務員の労働三権 (➲p.202)

公務員は，**公共性が強く国民生活への影響が大きい**という理由で，団体行動権(争議権)が認められていない。なかでも消防職員・警察官・自衛官などには，団結権や団体交渉権も認められていない。しかし国際的には，警察官や軍人などを除き，公務員の労働三権を原則認めるべきという意見もあり，どこまで制限するかは議論になっている。

なお，日本は，国際人権規約(A規約)(➲p.62 ❻)第8条1(d)(争議権の保障)の規定の批准を留保している。

重要用語 ㉝ワイマール憲法(ドイツ共和国憲法) ⑫社会権(社会権的基本権) ⑫生存権 ⑫教育を受ける権利 ㉘労働基本権 ㉙社会保障制度 ㉚公的扶助(生活保護)

H 参政権

1 参政権の内容

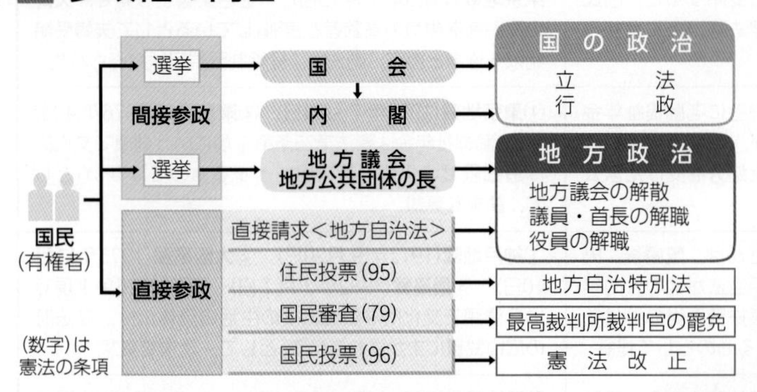

第15条①〔国民の公務員選定罷免権〕 公務員を選定し，及びこれを罷免することは，国民固有の権利である。

③〔普通選挙の保障〕 公務員の選挙については，成年者による普通選挙を保障する。

解説 **国政に参加する権利**　国民は主権者として，国政に参加する権利をもつ。**参政権**は，民主主義国家では欠かせない権利であり，日本国憲法も，左の図のような参政権を定める。公務員となる権利(**公務就任権**)も広い意味で参政権に含む場合がある。

2 在外日本人選挙権制限違憲訴訟

事件のあらまし

*1998年改正による規定。それ以前は，在外投票は認められず。

外国に住む日本人(在外日本人)がもつ国会議員の選挙権を，比例代表選挙に限定する公職選挙法の規定*が違憲であるとして，同法の改正を怠った国に慰謝料を求めた訴訟。

争点　在外日本人の選挙権を制限した公職選挙法の規定は，国民に選挙権を保障した憲法に反するか。

判決の内容

❶**東京地裁判決**(1999.10.28)　原告敗訴
❷**東京高裁判決**(2000.11.8)　原告敗訴
❸**最高裁判決**　(2005.9.14)　違憲，原告勝訴

在外日本人の選挙権制限は違憲　1998年の制度創設以降，在外選挙が繰り返し実施されてきていること，通信手段が地球規模でめざましい発達を遂げていることなどによれば，在外国民に候補者個人に関する情報を適正に伝達することが著しく困難であるとはいえなくなったものというべき。在外選挙制度の対象となる選挙を，当分の間両議院の比例代表選出議員の選挙に限定する公職選挙法の規定は，憲法第15条①及び③，43条①並びに44条ただし書きに違反する。

解説 **在外選挙の対象拡大**　判決は，1998年まで在外選挙が一切認められず，そのための立法措置を長期間取らなかったことについても国の過失を認め，原告に対して慰謝料などの支払いを命じた。また，違憲判決を受けて公職選挙法が改正され，2007年からすべての国政選挙で在外投票が認められるようになった。

EYE 成年被後見人の選挙権

成年被後見人とは　例えば，認知症などで財産管理に不安のある人など，「精神上の障害により事理を弁識する能力を欠く常況にある者(民法第7条)」を成年被後見人という。本人や家族の申し立てを受けた家庭裁判所が，本人を法律的に支援し，財産を守る成年後見人を指定する制度を成年後見制度という。

選挙権喪失規定に違憲判決　公職選挙法には，**成年被後見人は選挙権・被選挙権を有しないとする規定**があった。この規定について，2013年3月14日，東京地裁は「成年後見制度の利用基準は財産を管理・処分する能力の有無であり，成年被後見人が総じて選挙権を行使する能力がないわけではない」として違憲と判決した*。判決を受け，国会は2013年5月，公職選挙法を改正して，規定を廃止。同年7月の参議院議員通常選挙から，**成年被後見人約13万6000人の選挙権・被選挙権が認められることになった。**

成年後見で選挙権喪失 違憲
「一律制限 許されず」
東京地裁
被後見13.6万人に選挙権
改正公選法成立 参院選で適用

(右「中日新聞」2013.3.15，左「朝日新聞」2013.5.28)

*判決を受けて，被告の国が控訴。その後公職選挙法が改正されたことを受けて，2013年7月に原告と国が和解。

注：在外日本人は最高裁判所裁判官の国民審査に投票できなかったが，これに対し，最高裁は2022年に違憲判決を下した。

I 請求権(国務請求権)

請願権

1 請願権

第16条〔請願権〕 何人も，損害の救済，公務員の罷免，法律，命令又は規則の制定，廃止又は改正その他の事項に関し，平穏に請願する権利を有し，何人も，かかる請願をしたためにいかなる差別待遇も受けない。

請願法　〔公布1947.3　施行1947.5〕

第2条　請願は，請願者の氏名及び住所を記載し，文書でこれをしなければならない。

第5条　この法律に適合する請願は，官公署において，これを受理し誠実に処理しなければならない。

●請願の流れ

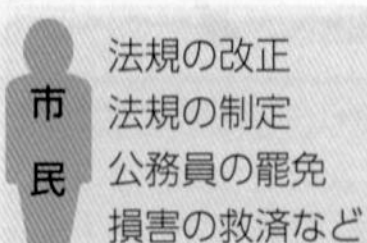

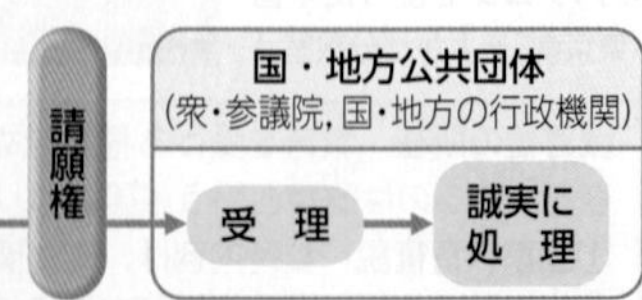

解説 **政府に対する希望を述べる権利**　請願は国民の重要な意思表明手段で，具体的な手続きは**請願法**に定められている。請願を受けた機関には誠実な処理が求められるが，請願内容への審議・判定・回答は求められていない。そのため，国会への請願の多くが会期末に一括上程・採択されるなど，形式的な処理に終わっている。

公務員の罷免，法律等の制定・改廃などを求めて国に請願することができる権利は，憲法には規定されていない。○?×?(➡I 1)　答：×

＊抑留・拘禁され不起訴になった場合の被疑者補償規程（法務省訓令）もある。

2 刑事補償請求権

第40条〔刑事補償〕 何人も，抑留又は拘禁された後，無罪の裁判を受けたときは，法律の定めるところにより，国にその補償を求めることができる。

● 補償内容と具体例

補償内容	①抑留・拘禁	1日1000円以上1万2500円以下
	②死刑	本人死亡による財産上の損失額に，3000万円を加算した範囲内
	③罰金・科料・追徴	徴収した金額に年5分の金利を加算
	④没収	処分前なら返付，処分後ならばその時価相当額
具体例	● 免田事件…9071万2800円（7200円×1万2599日拘禁） ● 加藤老事件…1795万8400円（3200円×5612日拘禁）	

解説 **無罪確定時の補償** **刑事補償請求権**は，無罪が確定した時＊に，抑留・拘禁日数などに応じて国に補償を求める権利で，具体的な手続きは**刑事補償法**に定められている。

3 損害賠償請求権（国家賠償請求権）

第17条〔国及び公共団体の賠償責任〕 何人も，公務員の不法行為により，損害を受けたときは，法律の定めるところにより，国又は公共団体に，その賠償を求めることができる。

多摩川水害、逆転差し戻し判決
最高裁 被災住民救済に道
改修済み、国に一定の洪水防止義務
河川管理に初基準

▶多摩川水害訴訟

判例 台風による河川の決壊で被害をうけた住民が提訴。判決で「国は必要な改修を怠った」と国の責任を認めた。

（「読売新聞」1990.12.13）

国や地方公共団体の賠償責任 国家賠償法（1947年公布施行）は，公務員の違法行為や，国や地方公共団体が管理している公の建造物（例えば道路・河川・港湾・官公庁などの建物など）が，その目的を果たす上で，当然，備えているべき安全性を失っていたことにより，国民に何らかの損害が生じた場合，国や地方公共団体が賠償責任を負うと定めている。

（ハンセン病国家賠償訴訟 ▶p.79）

4 裁判を受ける権利 （刑事手続きの流れ ▶p.87）

第32条〔裁判を受ける権利〕 何人も，裁判所において裁判を受ける権利を奪はれない。

● 隣人訴訟

隣の家に預けた幼児が水死した事故で，幼児の両親が国や県，預けた夫婦などに対して損害賠償を求めた訴訟。一審での原告一部勝訴の判決後，原告夫婦に対し，全国から嫌がらせ電話や手紙が殺到したため訴訟を取り下げた。さらに被告夫婦にも非難が相次いだので控訴を断念し，結局，訴訟自体が消滅してしまった。

隣人訴訟に対する法務省の見解 （1983年4月）

裁判を受ける権利は，国民の権利を保障するための手段として最も重要な基本的人権のひとつである。しかし，この事件のように多数の人のいやがらせにより，これが侵害されたことは人権擁護の点からたいへん遺憾なことである。

これを機会に，国民一人ひとりが，裁判を受ける権利の重要性を再確認し，再びこのような事態を招かないよう慎重に行動されることを強く訴えるものである。

J 新しい人権

1 プライバシーの権利（プライバシー権）

背景と内容 **私生活をみだりに公開されない権利。**

報道機関などによる興味本位な私事の公開の差し止めや，損害賠償を請求できる。本人の承諾や正当な理由なく，顔や姿を写真・絵画にされて公開されない権利である**肖像権**も含まれる。また，情報化によって個人情報が本人の知らないうちに利用される可能性が高まったことから，**自己の情報をコントロールする権利**（自己情報コントロール権）としても把握される。

根拠 **幸福追求権**（憲法第13条）

問題点 表現の自由の保障との関係があり，政治家など公的に重要な地位にある人物の「私生活」を一般人と同一に考えるのかなど，その適用範囲が問題になっている。（▶p.86❷）

◆**プライバシーか防犯か**

監視カメラは，犯罪の抑止や犯罪発生時の事件解決に効果があるという意見もあるが，利用方法が不透明なことも多く，プライバシーの権利が侵害されるという意見もある。

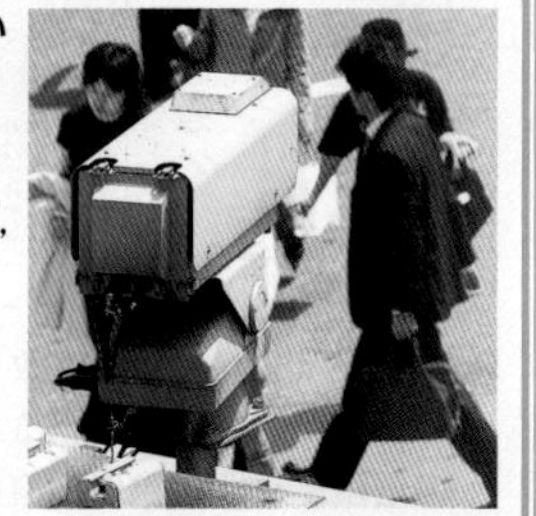

▶街中に設置された監視カメラ

❶「宴のあと」訴訟 判例

事件のあらまし 三島由紀夫の小説『宴のあと』の主人公のモデルとされる男性が，「小説は，私生活をほしいままにのぞき見し，公表したものであり，耐え難い精神的苦痛を与えられた」として，三島由紀夫と出版社に対して損害賠償を求めた訴訟。

争点 プライバシーの保護は権利として認められるか。

判決の内容 ❶**東京地裁判決**（1964.9.28）

地裁でプライバシーの権利を認定 個人の尊厳と人格は，文学の芸術性とは無関係に尊重されるという立場から**プライバシーの権利を認め**，被告に80万円の**損害賠償を命じた**。また，表現の自由は，名誉・プライバシーなどを侵害しない限り，当然保障されるとした。

注：被告は控訴したが控訴審判決前に原告が死亡。その後遺族と被告との間で和解成立。

解説 **プライバシーの権利を確立** プライバシーの権利は，憲法には規定されていないが，この地裁判決以後，「芸術的価値が高いものであっても，それがプライバシーの侵害の違法性をなくすものではない」という司法判断が確立した。

重要用語 ⑫⑥参政権 ⑫⑦幸福追求権 ⑫⑧プライバシーの権利（プライバシー権） ⑱①普通選挙

❷「石に泳ぐ魚」訴訟 判例

事件のあらまし 柳美里(ユウミリ)の小説『石に泳ぐ魚』の登場人物のモデルとされる人物が，プライバシーの侵害を理由として，単行本の出版差し止めと損害賠償を求めた訴訟。

小説の出版は，原告の名誉を毀損(きそん)し，プライバシー及び名誉感情を侵害しているか。

判決の内容

「私小説すべて訴えられる」
出版差し止め判決
柳さん

(「中日新聞」1999.6.23)

❶**東京地裁判決**(1999.6.22)
公表はプライバシーの侵害 モデルが推定されるうえ，現実と虚構(きょこう)が織り交ぜられて読者に誤解を与える危険性が高く，**公表はプライバシーの侵害に当たる**として，**小説の出版差し止めと損害賠償の支払いを命じた。**

❷**東京高裁判決**(2001.2.15)　控訴棄却
❸**最高裁判決**(2002.9.24)　上告棄却

注：現在，小説は，修正を加え出版されている。

❸ 通信傍受(ぼうじゅ)法

[公布1999.8　最終改正2022.6]

第2条②　この法律において「傍受」とは，現に行われている他人間の通信について，その内容を知るため，当該通信の当事者のいずれの同意も得ないで，これを受けることをいう。

第3条　検察官又(また)は司法警察員は，……当該各号に規定する犯罪の実行，準備又は証拠隠滅(いんめつ)等の事後措置に関する謀議，指示その他の相互連絡その他当該犯罪の実行に関連する事項を内容とする通信が行われると疑うに足りる状況があり，かつ，他の方法によっては，犯人を特定し，又は犯行の状況若(も)しくは内容を明らかにすることが著(いちじる)しく困難であるときは，裁判官の発する傍受令状により，……通信の傍受をすることができる。

解説 **通信の秘密・プライバシーの権利との関係**　**通信傍受法**は，組織的な薬物や銃器取引・殺人・集団密航といった犯罪捜査のため，**裁判官の令状**に基(もと)づいて，捜査機関による電話・メールなどの傍受(盗聴)を認めた法律。しかし，捜査中に犯罪と無関係の一般市民の通話が傍受された場合，**通信の秘密**(憲法第21条)や**プライバシーの権利**を侵害するおそれがあるため，強い批判がある。

2016年，刑事司法改革関連法の成立により，通信傍受の対象として，組織犯罪が疑われる詐欺(さぎ)・窃盗(せっとう)など９類型が追加され，第三者の立ち合いも不要となった。これにより，迅速(じんそく)な捜査が可能になるという意見の一方で，捜査手法としての盗聴が日常的となる危険があるという指摘もある。(➡p.127❶)

❹ 個人情報保護法

個人情報保護法は，個人情報を企業などの不正利用から保護し，流出を防ぐため，取り扱(あつか)う際のルールを規定した法律。2003年成立，2015年改正。

(1)個人情報を扱う民間事業者に対する義務認定

①利用目的をできる限り特定し，範囲外の利用をしない。
②不正取得しない。本人に利用目的を明示または公表する。
③保有する情報は正確で，常に最新の内容であるよう努める。必要がなくなった情報は，すぐに消去する。
④流出防止のための安全管理，従業者や委託先への適切な監督(かんとく)。
⑤本人の同意がなければ第三者に情報提供しない。
⑥本人の開示・訂正・利用停止などの請求に応じる。　など

(2)主な改正ポイント

①個人情報の定義の明確化
- 氏名・生年月日など特定の個人を示す情報
- 指紋・顔認識データなどデジタル化された身体的特徴の情報
- 運転免許証番号やマイナンバー(➡EYE)など

注：人種・信条・病歴・犯罪歴などの情報は，要配慮個人情報として厳重に取り扱い。

②適切な規律の下で個人情報等の有用性を確保
- 特定の個人を識別できないよう加工し，復元不可能にした情報(匿名(とくめい)加工情報)は，一定の条件のもと，本人の同意がなくても第三者に提供可能

③個人情報の保護を強化
- 個人情報を第三者に提供する際，流通経路を確認できるよう記録を保存(トレーサビリティの確保)
- 不正に第三者に提供した者に対する罰則を規定

④個人情報保護委員会の新設…プライバシー保護のための監督・監視(かんし)業務を一元的に行う第三者機関。

⑤国家間の個人情報取り扱い規定の整備
- 外国の第三者への個人情報提供は，本人の同意を得る，または日本と同水準で保護される，もしくはその体制があると認められる場合。

解説 **ビッグデータの活用促進**
情報通信技術の急速な発展に伴(ともな)って集積される膨大(ぼうだい)な情報(ビッグデータ)は，新事業の開拓などイノベーションをもたらすと期待される。保護すべき情報を明確化し，それ以外の個人に関わる情報を有効に活用する制度を整備するため，個人情報保護法が改正された。

ビッグデータ 個人保護に穴
ビッグデータ 利用へ法整備
政府 個人情報保護に配慮
法の対象外 企業頼み
活用「ルール化」欧米進む

(右「読売新聞」2013.7.19，左「朝日新聞」2013.11.23)

EYE マイナンバー制度でどうなる?!

マイナンバーは，日本に住民票をもつすべての人に，１人１つずつ割り当てられた12桁(けた)の番号で，税金や社会保障，災害対策などに関わる複数の機関がもつ個人情報が，同一人物のものであることを確認するためのものである。2013年，マイナンバー法が成立，2016年１月からマイナンバーの運用が始まった。

●マイナンバーによって…

①**国民の利便性が向上**…税や社会保障の申請・手続きなどで必要な書類が減り，簡単に。例：コンビニで住民票なども取得可能。
②**行政の効率化**…各種手続きの情報処理にかかる時間・労力を削減。
③**公平・公正な社会の実現**…所得や行政サービスの状況を正確に把握(はあく)でき，不正を防止。必要とする人に必要な支援が可能に。

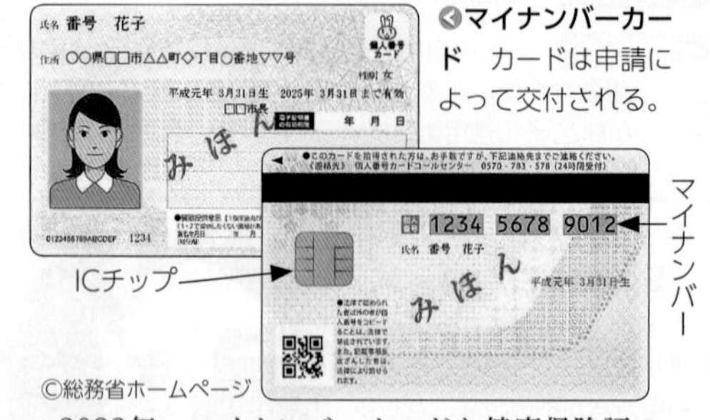

➡マイナンバーカード　カードは申請によって交付される。

©総務省ホームページ

2023年，マイナンバーカードと健康保険証の一体化などを盛り込んだ改正法が成立。しかし，別人の情報が登録されているなどの問題が相次ぎ，悪用の危険性や情報管理の適正などが問われている。

入試クイズ　情報公開法が制定される以前の段階で，情報公開に関する条例を制定する地方自治体もあった。○？×？(➡p.97❷❷)　答：○

2 知る権利

背景と内容 **公権力の保有する情報の公開を求める権利。**
主権者としての国民が，政治的な意見を主体的に判断し表明するために必要な権利として主張されるようになった。知る権利の保障のため，**マスメディア**の活動の自由も重要とされる。

根拠 **表現の自由**（憲法第21条）を受け手の側からとらえた

問題点 国家機関から情報を収集する場合，国家機密との関係で一定の制約を受ける。また，個人に関わる情報は，個人の「**プライバシーの権利**」との調整が問題となる。

❶ 外務省秘密漏洩事件 判例

事件のあらまし 1972年，野党議員が，沖縄返還に伴う米軍用地の原状回復補償費400万ドルを日本政府が肩代わりするという「密約」を裏付ける外務省機密情報を暴露した。その情報提供者として，新聞記者（男性）と外務省の事務官（女性）が国家公務員法違反で起訴された事件。事務官は東京地裁判決（1974.1.31）で有罪が確定したが，記者については最高裁まで争われた。

取材の自由の限界 最高裁（1978.5.31）は，国政に関する報道は「いわゆる国民の知る権利に奉仕するもの」であり，取材の自由を尊重すべきだが，情報入手のために事務官をそそのかした記者の行為は「個人としての人格の尊厳を著しく蹂躙し」，「正当な取材活動の範囲を逸脱している」と判断し，有罪が確定。

密約の存在 日本政府は密約の存在を否定し続けたが，民主党政権下の2010年，外務省の有識者委員会が密約の存在を認めた。

❷ 情報公開制度

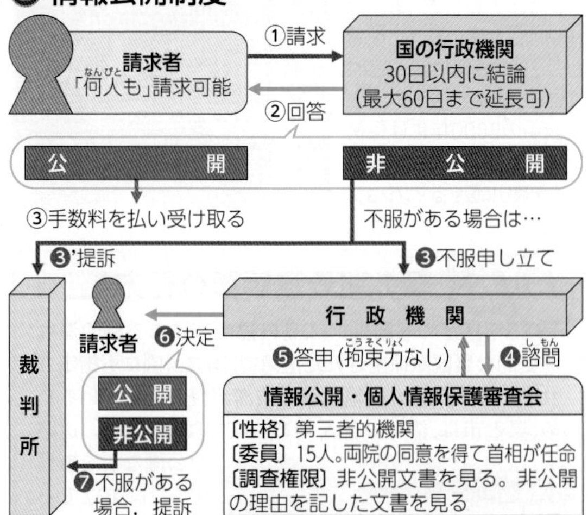

解説 **政府の説明責任** **情報公開法**（2001年施行）で定められた**情報公開制度**は，国の行政機関がもつ情報の開示を，未成年者や外国人を含む市民が請求できる制度。民主主義実現の要ともいわれる。地方公共団体の情報公開制度は**情報公開条例**で定められている。

❸ 特定秘密保護法

［2013.12.13公布，2014.12.10施行］

経過	2013.10.25安倍内閣法案提出，11.26衆院修正可決，12.6参院可決
特定秘密の範囲	**防衛，外交，スパイ・テロ活動の防止**に関する情報のうち，もれると国の安全保障に著しい支障を与える恐れがあるもの。国務大臣など行政機関の長が判断。暗号などを除き，最長60年間，特定秘密として保護される。
罰則	特定秘密をもらした公務員や，公務員を脅迫などして不正に取得した者は，10年以下の懲役
課題	条文で知る権利の保障のための配慮が明記されたが，知る権利を侵害する恐れも指摘されている。

3 アクセス権

背景と内容 **情報の受け手である一般市民が，マスメディアに接近（アクセス）して自己の意見の表明を行う権利。**
現代では，国家や巨大企業がマスメディアを独占し，自己に有利な情報のみを一方的に流して世論操作（◯p.147）を行う危険性があるとして，主張されるようになった。

根拠 **表現の自由**（憲法第21条）

問題点 私企業の形態をとるマスメディアに対してアクセス権を適用するには，特別な法律（反論権法）の制定が必要になる。しかし，その法制度を実現した場合，公権力による報道機関の**表現の自由**の侵害となる危険性がある。

判例 1973年に自民党がサンケイ新聞に出した意見広告に対して，共産党が同一スペースの反論文無料掲載を求めたが，1987年の最高裁判決では，地裁・高裁に続いて，私人間の反論権は認められなかった。

4 自己決定権

＊家父長的後見主義。本人の利益のためだとして介入・支援すること。

背景と内容 **一定の個人的な事柄を，自分の意思で決める権利。**
医療技術の発達（◯p.339，340 1）や女性の権利向上など，人々の価値観が多様化する中で主張されるようになった。例えば，
- 妊娠や出産など家族のあり方（**リプロダクティブ・ライツ**）
- 髪形や服装など自己の生き方
- 医療拒否や尊厳死など自己の生命・身体

などを自分で決定する自由がある。ただし，20歳未満の飲酒・喫煙の禁止や売春の禁止（売春禁止法），人工妊娠中絶の制約（母体保護法）など正当な理由による規制，冬山登山の規制やシートベルト着用義務などパターナリズム＊に基づく規制は受ける。

根拠 **幸福追求権**（憲法第13条）

問題点 いわゆる尊厳死（◯p.340）など「死ぬ権利」の認否や，治療方法について何歳から本人の意思を尊重するかなど，医療における自己決定権のあり方が議論されている。

● 輸血拒否訴訟 判例

事件のあらまし

信仰上の理由から輸血を固く拒否していた女性が，その意思を病院に伝えていたにもかかわらず「無断で輸血を受けて精神的な苦痛を受けた」として，損害賠償を求めた訴訟。

同意得ず輸血 賠償命令
「エホバの証人」東京高裁が逆転判決
「患者側に自己決定権」
（「朝日新聞」1998.2.10）

判決の内容

❶**東京地裁判決**（1997.3.12） 原告敗訴
「どんな事態になっても絶対に輸血をしないという約束は公序良俗に反しており無効」

❷**東京高裁判決**（1998.2.9） 原告勝訴
高裁で自己決定権を認める 輸血以外に救命手段がなければ輸血するという治療方針について，患者への説明と同意が必要であったとして自己決定権を認め，損害賠償請求を認めた。

❸**最高裁判決**（2000.2.29） 上告棄却，原告勝訴
自己決定権には言及せず 輸血を伴う医療行為を拒否するという，患者の「意思決定をする権利」は，「人格権の一内容として尊重されなければならない。」

解説 **医療と自己決定権** 最高裁は**自己決定権**には言及しなかったが，医師が治療方針の説明を怠り，治療方法を自らの意思で選択するという患者の権利を奪ったことへの責任を認め，**インフォームド・コンセント**（◯p.341）の必要性を示した。

重要用語 127幸福追求権 128プライバシーの権利（プライバシー権） 129個人情報保護法 130知る権利 131情報公開制度 132アクセス権 133自己決定権

5 環境権

背景と内容 **良い環境を享受する権利**

1960年代以降の高度経済成長のもとでおきた，大規模な環境破壊による人間の生命や健康への被害に対して，その損害賠償とともに，公害を事前に予防する差し止め請求権に拡大する動きが高まり，主張されるようになった。

根拠 **生存権**（憲法第25条），**幸福追求権**（憲法第13条）

❶ 主な環境権

日照権	**高層建築に対して一定の日当たりを確保する権利** **法律 建築基準法**（1976年改正）…日照権を法的に認めた。
嫌煙権	**非喫煙者がタバコの煙から身を守る権利** **法律 健康増進法**（2003年施行）…受動喫煙（喫煙者の周囲の人間がタバコの煙を吸うこと）防止を努力義務とした。2018年の改正で学校や病院，児童福祉施設，行政機関などは敷地内禁煙，それ以外で多くの人が利用する施設は原則屋内禁煙とし，罰則規定も設けられた。2020年４月１日全面施行。
景観権	**良好な景観の恵沢を享受する権利** **法律 景観法**（2004年施行）…特定地域の良好な景観保護のために，高さやデザイン・色などの具体的な規制を認めた。
その他	**静穏権**…良い環境の中で平穏に生活する権利。 **眺望権**…良好な景観を眺める権利。

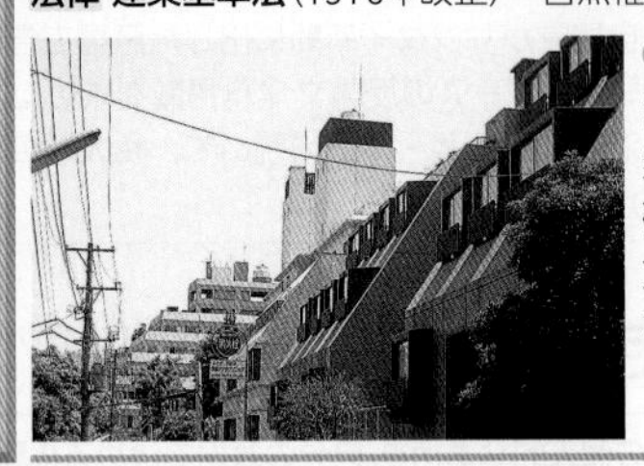

都市部のマンション 周辺の日当たりや風通しを確保するため，上方の階の幅が狭くなっている。

❷ 大阪空港公害訴訟 判例

事件のあらまし

大阪空港の離着ルートのほぼ真下に居住する住民らが，航空機による騒音や振動などの公害，墜落の危険にさらされているとして，人格権と環境権に基づき，夜間飛行の禁止と損害賠償を請求した。

民家すれすれを飛ぶジェット機

争点 人格権や環境権に基づく夜間飛行差し止め請求を認めるか。

判決の内容

①大阪地裁判決（1974.2.27） 原告一部勝訴

人格権*に基づき，深夜の時間帯の差し止め請求を認めた。環境権は認めなかった。

②大阪高裁判決（1975.11.27） 原告勝訴

一審で認めなかった時間帯を含む差し止めを全面的に認めた。

③最高裁判決（1981.12.16）

夜間差し止め請求は却下 住民の被害は受忍限度を超えており空港側の対策は不十分と認定し，過去の被害についての損害賠償請求を認めたが，人格権や環境権にはふれず，夜間差し止め請求は却下した。

＊各人の人格に欠かせない，生命，身体，精神，名前，名誉，肖像，生活などに関する利益を総称して人格権という。

❸ 国立マンション訴訟 判例

事件のあらまし

東京都国立市の住民が，景観保護のため，高さが最高で43.65mの高層マンションの建設業者に対して，マンション上層部の撤去を求めた訴訟。

争点 良好な景観の恵沢を享受する利益・権利は法律上保護されるか。

判決の内容

①東京地裁判決（2002.12.18） 住民勝訴

高さ20mを超える部分の撤去を命じた。

②東京高裁判決（2004.10.27） 住民の請求を棄却，住民敗訴

③最高裁判決（2006.3.30） 上告棄却，住民敗訴

景観利益は保護される 良好な景観に近接する地域内の住民の「**景観の恵沢を享受する利益**」は，法律上保護に値する。ただし利益をこえた権利である景観権としては認められず，景観利益の侵害を認めるには，高さ制限など，景観の保護を定める法令などに違反していることが必要である。

マンションは景観利益を侵害しない 建設当時，高さを制限する法令はなかったため，マンションは違法建築とはいえない。また,マンションは相当の容積と高さがあるが，外観に周囲の景観の調和を乱すような点があるとは認め難い。よって，住民の景観利益を違法に侵害するとはいえない。

解説 **景観利益の保護** 訴訟となったマンションが面する大学通りは，桜やイチョウの美しい並木で有名で，周囲の建物は，並木の高さに配慮し，20ｍ前後に統一されている。また，マンション建設中の2000年には条例で20m以下に制限された。

大学通りに面するマンション

EYE 鞆の浦景観訴訟の行方 判例

1925年指定の名勝地 広島県福山市にある**鞆の浦**は，歴史的な景観が保全された港湾で，国立公園にも指定されている。しかし，道幅は狭く渋滞が慢性化しているため，県と市は，湾の一部を埋め立てて橋を建設し，道路や公園などを整備する計画を立てた。

鞆の浦 映画「崖の上のポニョ」の舞台としても知られる。

住民の対立 計画の賛否をめぐって，**住民は対立**。福山市長に計画推進派が当選した一方で，計画反対派の住民が原告となって，広島県を相手取り，知事の埋め立て免許交付の差し止めを求める訴訟を起こした。

景観利益か公共事業か 2009年10月１日，広島地方裁判所は，鞆の浦の景観は「国民の財産ともいうべき公益」であり，埋め立て事業が景観に及ぼす影響は，「決して軽視できない重大なもの」であるとして，**計画反対派の住民の請求を認めた**。その後，知事は，埋め立て・架橋計画を中止し，景観を観光資源として生かす方針を示した。

ポイント整理 4

3 基本的人権の保障

A 日本国憲法の権利・義務 (➲p.75)

①**基本的人権**…人間として当然もっている侵(おか)すことのできない権利

②**国民の三大義務**…教育を受けさせる義務(第26条)，勤労の義務(第27条)，納税の義務(第30条)

B 公共の福祉と人権 (➲p.76)

公共の福祉…唯一の人権制限

C 法の下の平等 (➲p.77〜84)

平等権…不合理・恣意(しい)的な差別の禁止 ➡ 女性差別・同和問題・民族差別・障がい者差別問題など

- **法の下の平等**(第14条)
- **両性の本質的平等**(第24条) ➡ **男女雇用機会均等法**[1985年制定]
- **参政権の平等**(第44条)

D 自由権(自由権的基本権)―精神の自由 (➲p.85・86，88・89)

精神の自由…心の中で考えること(内心の自由)及(およ)びそれを外部に表現する自由

- **思想・良心の自由**(第19条)
- **信教の自由**(第20条) ➡ **政教分離の原則**(政治と宗教〈宗教団体〉の結びつきを禁止)
- 集会・結社・表現の自由，**通信の秘密**，**検閲(けんえつ)の禁止**(第21条)，**学問の自由**(第23条)

E 自由権(自由権的基本権)―身体(人身)の自由 (➲p.87，90)

身体(人身)の自由…不当な拘束・迫害(はくがい)を受けず，身体の活動を不当に圧迫されない。

- **奴隷的拘束及(およ)び苦役からの自由**(第18条)，**法定手続きの保障**(第31条)
- **逮捕，住居捜索等に関する**令状主義(第33・35条)，**不法な抑留・拘禁の禁止**(第34条)
- **拷問(ごうもん)及び残虐な刑罰の禁止**(第36条) ➡ 死刑制度の存廃をめぐる問題
- **刑事被告人の諸権利**(第37条)，**自白強要の禁止・黙秘権**(第38条) ➡ **冤罪(えんざい)**の防止

F 自由権(自由権的基本権)―経済(活動)の自由 (➲p.91)

経済活動の自由…経済的弱者の生存保障のため，**「公共の福祉」**により制限される。

- 居住・移転及び職業選択の自由(第22条)，**財産権の保障**(第29条)

G 社会権(社会権的基本権) (➲p.92・93)

社会権…人間らしい生活のため，国の積極的施策を要求する権利

- 生存権(第25条)…「健康で文化的な最低限度の生活」を営む権利
- 教育を受ける権利(第26条)…**義務教育の無償**を保障
- 勤労の権利(第27条)，**団結権・団体交渉権・団体行動権**(第28条)

H 参政権 (➲p.94)

参政権…政治に参加する権利

- **選挙権**(第15条)，**公務員の選定・罷免(ひめん)権**(第15条①)，**被選挙権**(第43・44条)
- **最高裁判所裁判官への国民審査権**(第79条②③)
- **地方公共団体の長・議員の選挙権**(第93条)，**地方自治特別法の住民投票権**(第95条)
- **憲法改正の国民投票権**(第96条①)

I 請求権 (➲p.94・95)

請求権(国務請求権)…基本的人権が侵害された場合，政府に救済を請求する権利

- 請願権(第16条)，損害賠償請求権(国家賠償請求権)(第17条)
- **裁判を受ける権利**(第32，37条)，刑事補償請求権(第40条)

J 新しい人権 (➲p.88・89，95〜98)

①プライバシーの権利…私生活をみだりに公開されない権利 ⬅ **幸福追求権**(第13条)
　近年，**自己の情報をコントロールする権利**としても把握…個人情報保護法

②**知る権利**…公権力に情報の公開を求める権利 ⬅ 表現の自由(第21条)
　情報公開法，**特定秘密保護法**

③**自己決定権**…個人の事柄を自分の意思で決定できる権利 ⬅ **幸福追求権**

④環境権…良い環境を享受(きょうじゅ)する権利。**日照権**など ⬅ **生存権**(第25条)，**幸福追求権**

ポイント解説

A 日本国憲法の権利・義務，**B 公共の福祉と人権**　日本国憲法は，**基本的人権**を侵(おか)すことのできない永久の権利で，**公共の福祉**に反しない限り，国政の上で最大の尊重を必要とすると規定した。また，教育を受けさせる義務・勤労の義務・納税の義務を**国民の三大義務**としている。

C 法の下の平等　**法の下の平等**は，人種・性別・家柄・地位・財産などの理由で不合理・恣意的な差別を受けないことを保障するものである。しかし，現実には様々な差別が存在しており，国民に差別を生まない努力が望まれている。

D 自由権―精神の自由　人が生まれながらにしてもつ自由を制限する，国家の不当な干渉を排除する権利が自由権で，**精神の自由・身体の自由・経済活動の自由**から成る。精神の自由は，大日本帝国憲法と比べて広い範囲で保障されている。

E 自由権―身体の自由　日本国憲法は，**罪刑法定主義**のもと，刑事手続きに関する詳細な規定を設けて**身体の自由**を保障している。

F 自由権―経済活動の自由　経済活動の自由は，社会的弱者救済のため，**公共の福祉**による一定の制限が認められている。

G 社会権　資本主義の発達に伴(ともな)い，経済的・社会的弱者に実質的な自由と平等を保障する必要が出てきた。20世紀に確立した**社会権**は，人間らしい生活を保障するための積極的な施策を，国家に要求する権利である。**生存権**，**教育を受ける権利**，**労働基本権**などがある。

H 参政権　政治に参加する権利を**参政権**という。憲法は**選挙権**を保障し，**憲法改正の国民投票**など一部で直接民主制を取り入れ，国民の政治参加を保障している。

I 請求権　**請求権**は，権利の保障をより確実なものにするための権利で，国民は**損害賠償請求・刑事補償請求**，**請願**や**裁判**を通じて権利の侵害に対する救済を請求できる。

J 新しい人権　情報化の進展，環境問題の発生など，近年の急激な社会変化に伴(ともな)う新たな問題に対し，憲法に明記された人権保障のみでは十分に対応しきれていない。**プライバシーの権利**，**知る権利**，**環境権**，アクセス権，**自己決定権**などの**新しい人権**は憲法に規定はないが，判例を通じ，具体的権利として認識されつつある。

4 平和主義

ねらい
- 日本国憲法の平和主義について理解しよう。
- 日米安全保障条約や自衛隊について理解しよう。
- 日本と世界の平和の維持が関連していることを理解しよう。

p.110 探究 沖縄の米軍基地問題を考える

真夏の甲子園，平和を祈る1分間

A 戦争の惨禍と憲法の平和主義

1 日本軍の中国侵略

夜中1時半本部よりの電話に接し5時半凍てつく寒夜を残雪踏んで討伐に出動。

中沢隊の一兵が中国人を岩石で殴打し，頭蓋骨が割れて鮮血にまみれ地上に倒れた。それを足蹴にし，また石を投げつける。見るに忍びない。それを中沢隊の将校も冷然と見ている。高木少尉の指図らしい。冷血漢。罪なき民の身の上を思い，あの時何故後れ馳せでも良い，俺はあの農夫を助けなかったか。自責の念が起る。女房であろう，血にまみれた男にとりついて泣いていた。しかし死ななかった。軍隊が去ると立ちあがって女房に支えられながらトボトボ歩き去った。

俺の子供はもう軍人にはしない，軍人にだけは……平和だ，平和の世界が一番だ。(『戦争のなかの青年』岩波ジュニア新書)

解説 **平和への願い** 日本は軍国主義のもと戦争へと突入し，近隣諸国に多大な被害を与え，また日本自らも大きな痛手を被った。戦争という極限状況の下で，非人間的な行いや光景がいたるところでみられた。そうした体験から，**日本国憲法の平和主義**は，二度と戦争の惨禍を繰り返さないという日本国民の願いから生まれた。

2 東京大空襲

東京は何回の空襲を受けたのでしょうか。

100回余です。延べ4400機からの敵機がやってきて，約40万発もの爆弾・焼夷弾を落としました。

これにより東京市街地の5割が消えてなくなり，傷ついた人は約15万人以上，無念の死をとげた人は約11万5000人以上です。太平洋戦争開始時に687万人だった東京の区部人口は，敗戦時に253万人になりました。ですから，空襲のために，ざっと400万人もの人たちが家を失ったのです。

日本全体ですと，約150都市が空襲を受け，一般民衆の死者は推定60万人。

このうち，広島・長崎の原爆による死者数が，ちょうど半分に当ります。(早乙女勝元編『母と子でみる東京大空襲』草の根出版会)

空襲で家を焼かれて避難する家族(東京)
撮影／石川光陽

3『あたらしい憲法のはなし』

いまやっと戦争はおわりました。2度とこんなおそろしい，かなしい思いをしたくないと思いませんか。こんな戦争をして，日本の国はどんな利益があったでしょうか。何もありません。ただ，おそろしい，かなしいことが，たくさんおこっただけではありませんか。戦争は人間をほろぼすことです。世の中のよいものをこわすことです。

そこでこんどの憲法では，日本の国が，けっして2度と戦争をしないように，2つのことをきめました。

その1つは，**兵隊も軍艦も飛行機も，およそ戦争をするためのものは，いっさいもたない**ということです。これからさき日本には，陸軍も海軍も空軍もないのです。これを戦力の放棄といいます。「放棄」とは，「すててしまう」ということです。しかしみなさんは，けっして心ぼそく思うことはありません。日本は正しいことを，ほかの国よりさきに行ったのです。世の中に，正しいことぐらい強いものはありません。

もう1つは，**よその国と争いごとがおこったとき，けっして戦争によって，相手をまかして，じぶんのいいぶんをとおそうとしない**ということをきめたのです。おだやかにそうだんをして，きまりをつけようというのです。なぜならば，いくさをしかけることは，けっきょく，じぶんの国をほろぼすようなはめになるからです。また，戦争とまでゆかずとも，国の力で，相手をおどすようなことは，いっさいしないことにきめたのです。これを戦争の放棄というのです。そうしてよその国となかよくして，世界中の国が，よい友だちになってくれるようにすれば，日本の国は，さかえてゆけるのです。

文部省発行『あたらしい憲法のはなし』のさし絵

解説 **再軍備とともに消えた教科書** 1947(昭和22)年に文部省から発行された中学1年生用の教科書である。日本国憲法について解説している。この中で「戦力の放棄」とは，「兵隊も軍艦も飛行機も，およそ戦争をするためのものは，いっさいもたないということです」と説明されている。しかし，軍備が再開されるとともにこの教科書は消えていった。

入試のツボ 核兵器の保有，製造，持ち込みを禁止した非核三原則は，日本政府によって表明され，国会でも決議された原則。しかし，日本国憲法には明記されておらず，国連総会で決議されたわけでもないことに注意しよう。

4 憲法第9条と平和主義

Q 憲法第9条の特徴は何か?

前文 ……日本国民は，恒久の平和を念願し，人間相互の関係を支配する崇高な理想を深く自覚するのであつて，平和を愛する諸国民の公正と信義に信頼して，われらの安全と生存を保持しようと決意した。われらは，平和を維持し，専制と隷従，圧迫と偏狭を地上から永遠に除去しようと努めてゐる国際社会において，名誉ある地位を占めたいと思ふ。われらは，全世界の国民がひとしく恐怖と欠乏から免かれ，平和のうちに生存する権利を有することを確認する。……

第9条〔戦争の放棄，戦力の不保持・交戦権の否認〕

① 日本国民は，正義と秩序を基調とする国際平和を誠実に希求し，国権の発動たる戦争と，武力による威嚇又は武力の行使は，国際紛争を解決する手段としては，永久にこれを放棄する。

② 前項の目的を達するため，陸海空軍その他の戦力は，これを保持しない。国の交戦権は，これを認めない。

●第9条の構造

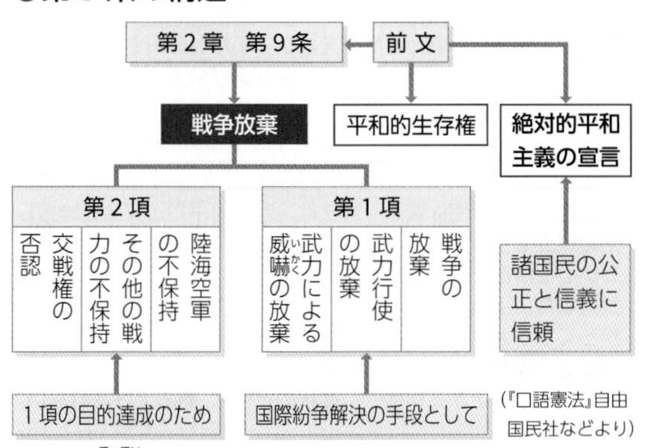

(『口語憲法』自由国民社などより)

解説 **徹底した平和主義** 日本国憲法は，第二次世界大戦の反省から，前文で**平和的生存権**を保障し，第9条で国家権力による**戦争の放棄**を定めている。**平和主義**は**国民主権・基本的人権の尊重**と並ぶ基本原理とされている。日本国憲法は，悲惨な戦争を体験した当時の人々から広く支持され，平和憲法とよばれてきた。

*1 国境警備も行う警察部隊がある。哨戒艇，セスナ機，最小限の自動小火器を保有する。
*2 数値と各国憲法訳は，西修駒澤大学名誉教授資料による。

5 各国の平和主義条項

(自衛以外の)軍隊の不保持	●コスタリカ共和国憲法(1949年制定) **第12条** 恒常的組織としての軍隊は，禁止する。[*1]警戒および公共の秩序維持のためには，必要な警察力を設置する。 大陸協定を通じて，または国防のためにのみ，軍隊を設けることができる。……軍隊は，常に文権に従属しなければならない。……
侵略戦争の否認	●ドイツ連邦共和国基本法(1949年制定) **第26条①** 国際間の平和的な共同生活をみだすおそれがあり，かつその意図をもってなされる行為，とくに侵略戦争の遂行を準備する行為は，処罰される。 他に…フランス，韓国など
外国軍事基地の非設置	●リトアニア共和国憲法(1992年制定) **第137条** 大量破壊兵器と外国の軍事基地をリトアニア共和国の領土内に配置してはならない。 他に…ベルギー，カンボジアなど
核兵器の禁止	●カンボジア王国憲法(1993年制定) **第54条** 核，化学または生物兵器の製造，使用，および貯蔵は，絶対に禁止される。 他に…コロンビア，モザンビークなど

解説 **様々な平和主義条項** 平和主義条項を憲法にもつ国は，2022年9月末現在161か国[*2]にのぼる。それらの国の中には，平和政策の推進を掲げるほか，上記の条項や非同盟政策，テロ行為の排除など，より具体的な規定もある。

● 憲法で平和主義を定めた国々

(駒澤大学 西修名誉教授調べ)

EYE 平和のメッセージを世界へ

高校生平和大使とは 核廃絶や平和を世界に訴えるために，長崎県の市民団体によって選ばれる高校生のこと。1998年のインド・パキスタンの核実験をきっかけに始まり，毎年全国から募集される。

△署名を手渡す平和大使

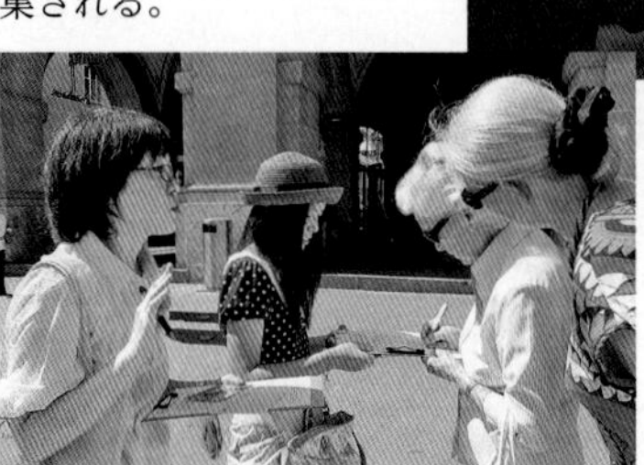

活動の内容 **高校生平和大使**は，平和を訴えるスピーチや街頭で集めた署名を8月にジュネーブ(スイス)の国連欧州本部に届ける活動などを行う。

◁高校生1万人署名活動

*塩田さんは現在は高校を卒業。

高校生平和大使
塩田 真希さん*

「平和の原点は『人の心の痛みがわかること』です。」被爆者の方のこの言葉が，とても心に響きました。さらに，私は「平和を訴える人間が平和であること」が活動の前提にあると思っています。身近な人への思いやりは，平和活動への第一歩だと思います。

単発の活動では，世界に影響を与えることはできません。継続することで，多くの信頼を得ることができ，人の心を動かすことができると思います。活動のスローガンでもあり，私自身感じてきたことですが，私たち一人ひとりの力は，ビリョクであっても決してムリョクではありません。

今後は，講演会や交流活動を通して，自分の経験や想いを自分の言葉で伝えることで，ひとりでも多くの人に平和や核兵器廃絶について考えるきっかけづくりができたらいいなと思います。

B 憲法第９条をめぐる状況

1 戦後の防衛関係年表

1945	**ポツダム宣言**（対日降伏の勧告）受諾（◎p.70）
	アメリカの対日政策…徹底した非軍事化
47	日本国憲法施行（◎p.70・71）
50	６月 **朝鮮戦争**勃発（～53休戦）
	アメリカの対日政策の転換…防衛力強化を求める
	８月 マッカーサーの指令により，**警察予備隊発足**
51	サンフランシスコ平和条約・日米安全保障条約
	日本は西側陣営に
52	警察予備隊改組，**保安庁設置，警備隊・保安隊発足**
54	日米相互防衛援助協定（MSA協定）調印
	参議院，**自衛隊の海外出動禁止**決議（◎p.104 2）
	防衛庁設置，自衛隊発足（◎p.104）
57	**「国防の基本方針」**閣議決定
58	**防衛力整備計画**（58～60，62～66，67～71，72～76年度）
59	砂川事件で東京地裁が日米安保条約違憲判決（◎p.103 4）
60	日米安保条約**改定**（◎p.106）
	日米同盟体制の確立
65	米，**北ベトナム爆撃**開始。「三矢研究」国会で暴露
67	**武器輸出三原則**発表（◎p.104 2）
70	日米安保条約，自動延長入り
71	**非核三原則**（◎p.104 2）を国会決議
72	沖縄の施政権返還（◎p.110 A）
73	長沼ナイキ基地訴訟で札幌地裁が自衛隊違憲判決（◎p.103）
76	**「防衛計画の大綱」**閣議決定（77～95年度の指針）
	防衛費をGNP比１％以内と閣議決定
78	日米防衛協力のための指針（ガイドライン）決定
80	リムパック（環太平洋合同演習）に自衛隊初参加
83	中曽根首相訪米，「日本は米国の不沈空母たらん」と発言
86	**防衛費GNP比１％枠撤廃**
87	**総額明示方式導入**閣議決定（◎p.105 5）
89	**冷戦終結**
91	**湾岸戦争**。停戦成立後，自衛隊法第99条（現84条の２）に基づく機雷除去作業のため**ペルシャ湾に自衛隊派遣**
	日本の人的な国際平和協力が強く求められる
92	国際緊急援助隊法改正・PKO（国連平和維持活動）協力法施行（◎p.112）。PKOとして初めて自衛隊をカンボジアへ派遣（◎p.112 3）
95	**新「防衛計画の大綱」**閣議決定（96～2004年度の指針）
96	沖縄の普天間飛行場の日本返還を日米合意（◎p.110 A）
97	ガイドライン改定（◎p.106）
99	周辺事態法などガイドライン関連法成立（◎p.106）
2001	**アメリカ同時多発テロ事件**が発生
	テロ対策特別措置法などテロ関連三法成立（◎p.112 1）
	同法に基づき自衛隊をインド洋へ派遣
03	**イラク戦争**（◎p.262）
	武力攻撃事態対処法など有事関連３法成立（◎p.107）
	イラク復興支援特別措置法成立（◎p.112 1）
04	同法に基づき自衛隊をイラクへ派遣
	国民保護法など有事関連７法成立（◎p.107）
	新「防衛計画の大綱」閣議決定（05～10年度の指針）
07	防衛庁は**防衛省**へ移行
09	海賊対処法施行。同法に基づき自衛隊をソマリア沖へ派遣
10	**新「防衛計画の大綱」**閣議決定（11～13年度の指針）
13	**「国防の基本方針」**に代わる**「国家安全保障戦略」**と**新「防衛計画の大綱」**（14年度～の指針）を閣議決定
14	**防衛装備移転三原則（武器輸出新三原則）**を閣議決定
	集団的自衛権行使容認を閣議決定（◎p.107）
15	ガイドライン再改定。**安全保障関連法成立**（◎p.108）
16	南スーダンPKOで自衛隊に「駆け付け警護」の新任務を付与
22	**ロシアのウクライナ侵攻**（◎p.264）
	「反撃能力」を盛り込んだ「国家安全保障戦略」などを閣議決定
23	防衛費増額に向けた財源確保法成立（◎p.105 5）

注：青は国防・平和協力に関する法律，オレンジは安全保障に関する国際的な指針・条約

2 第９条に関する政府見解の変遷

自衛のための戦争も放棄 戦争放棄に関する本案の規定は，直接には自衛権（◎p.104 ナットク!）を否定はしていないが，第９条第２項において一切の軍備と国の交戦権を認めない結果，自衛権の発動としての戦争も，また交戦権も放棄した。（吉田首相1946.6）

警察予備隊は軍隊ではない 警察予備隊の目的は，まったく治安維持にある。……したがって，それは軍隊ではない。（吉田首相1950.7）

吉田首相

保安隊は戦力ではない 憲法第９条第２項は，……戦力保持を禁止。保安隊・警備隊は戦力ではない。その本質は警察上の組織。（政府統一見解1952.11）

自衛のための自衛隊は違憲ではない 憲法第９条は，独立国としてわが国が自衛権をもつことを認めている。したがって自衛隊のような自衛のための任務を有し，かつその目的のため必要相当な範囲の実力部隊を設けることは，何ら憲法に違反するものではない。（政府統一見解1954.12）

鳩山首相

すべての核兵器が戦力とはいえない いかなる場合においても，すべての核兵器を第９条が禁止している戦力であるという解釈はいきすぎである。（岸首相1957.5）

岸首相

集団的自衛権行使は違憲 憲法は，自国の平和と安全を維持しその存立を全うするために必要な自衛の措置をとることを禁じているとはとうてい解されない。しかしながら，あくまで外国の武力攻撃によって国民の生命，自由及び幸福追求の権利が根底からくつがえされるという急迫，不正の事態を排除するための**必要最小限度の範囲**にとどまるべきである。他国に加えられた武力攻撃を阻止する集団的自衛権の行使は，**憲法上許されない。**（政府統一見解1972.10）

戦力とは自衛のための最小限度をこえる実力 憲法第９条第２項が保持を禁じている戦力とは，自衛のための最小限度をこえる実力組織をいうのであって，それ以下の実力の保持は，同条項によって禁じられてはいない。（政府統一見解1972.11）

田中首相

平和維持活動に必要な武器使用は可能 日本から国連の平和維持隊に参加する場合の「要員の生命等の防護のため」に必要な最小限の武器使用は，憲法第９条で禁止されている「武力の行使」にはあたらない。（政府統一見解1991.9）

海部首相

自衛隊は合憲 自衛隊は合憲，日米安保条約は堅持，非武装中立は歴史的役割を終えた。（村山首相1994.7）

村山首相（日本社会党委員長＊）

＊党首に相当

集団的自衛権行使は違憲ではない わが国に対する武力攻撃が発生した場合のみならず，**わが国と密接な関係にある他国に対する武力攻撃が発生し，**これによりわが国の存立が脅かされ，国民の生命，自由及び幸福追求の権利が根底からくつがえされる明白な危険がある場合において，必要最小限度の実力を行使することは，自衛のための措置として，**憲法上許される。**（閣議決定2014.7）（◎p.108）

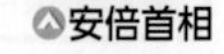
安倍首相

入試のツボ 政府見解 ①憲法は国家固有の権利である自衛権を否定していない，②自衛隊の基本方針は専守防衛，③自衛隊は第９条で禁止された戦力ではないから合憲

3 第9条解釈の主な学説

Q 第9条解釈の違いはどこからくるのか?

第1項 A国際紛争を解決する手段としての戦争の放棄とは?

パリ不戦条約[*1]と同様に,A=侵略戦争の放棄[*2]	戦争は,すべて国際紛争を解決する手段として行われる。したがって,A=自衛戦争を含むすべての戦争を放棄

第2項 B前項の目的を達するための戦力の不保持とは?

B=侵略戦争のための戦力の不保持	B=一切の戦力の不保持

自衛のための戦力は保持できる▶○	戦力は不可。自衛のため,戦力に至らない必要最小限度の実力は保持できる▶○政府見解	警察力を超える実力(=戦力)は不可▶×学説の多数説	軍需生産・航空産業など戦争に役立つ可能性のあるものは一切不可▶×

注:○…自衛隊を合憲とする説,×…自衛隊を違憲とする説

解説 戦争・戦力のとらえ方 第9条解釈は,第1項の「戦争放棄」と第2項の「前項の目的」及び「戦力不保持」の解釈によって様々な説がある。論点は,**第9条が自衛権や自衛のための実力(戦力など)の保有を認めているか**ということである。

*1 パリ不戦条約とは,第一次世界大戦後の1928年にアメリカ・フランス・日本など列強各国が調印した条約。第1条に,「締約国は国際紛争解決のため戦争に訴えることを非とし,かつ……国家の政策の手段としての戦争を放棄することを……厳粛に宣言す」とあり,これは侵略戦争の放棄の意味とされた。

*2 自衛戦争は放棄していない。

4 憲法第9条をめぐる司法判断 判例

	事件のあらまし	判決の内容
砂川事件	1957年,東京都砂川町(現 立川市)の米軍立川飛行場拡張に反対するデモ隊が,立入禁止の境界柵を破壊し立ち入った。これが(旧)日米安保条約に基づく刑事特別法違反として起訴された。 日米安保条約は違憲か 被告人側は,日米安保条約及びそれに基づく米軍の駐留が,憲法第9条に違反すると主張。	第一審 **東京地裁判決**(1959年3月30日[**伊達判決**]) **デモ隊無罪** 第9条 自衛権は否定しないが,戦争及び自衛のための戦力の保持をも許さないもの 米軍駐留は違憲 わが国の自衛のための米軍駐留は,戦力の保持に該当し**違憲** ↓**跳躍上告**(違憲判決のため,控訴審を経ずに直接最高裁に上告) 跳躍上告審 **最高裁大法廷**(1959年12月16日) **破棄差し戻し→有罪確定** 在日米軍は「戦力」ではない 第9条は自衛権を否定していない。同条が禁止した戦力とは日本が指揮・管理できる戦力で,わが国に駐留する外国の軍隊はこの戦力には該当しない 安保条約の憲法判断回避 安保条約については,統治行為論に基づき**司法審査権の範囲外**
恵庭事件	自衛隊演習場の爆音に悩む北海道恵庭町(現 恵庭市)の牧場経営者が,1962年,自衛隊の通信連絡線を切断。自衛隊法第121条*にあたるとして起訴された。 自衛隊は違憲か 被告人側は自衛隊法が憲法第9条に違反すると主張。	第一審 **札幌地裁判決**(1967年3月29日) **牧場経営者無罪**(検察側の控訴放棄により確定) 通信回線は自衛隊法第121条の「その他の防衛の用に供するもの」に該当しないとして,無罪判決 憲法判断せず 公判の多くが自衛隊の違憲審査にあてられたが,**憲法問題を判断する必要はなく,判断すべきでない**としたため「肩すかし判決」といわれた *自衛隊の所有し,又は使用する武器,弾薬,航空機その他の防衛の用に供するものを損壊し,又は傷害した者は,5年以下の懲役,又は5万円以下の罰金に処する。(自衛隊法第121条)
長沼ナイキ基地訴訟	北海道長沼町の馬追山国有林は,洪水防止などのための保安林に指定されていたが,1968年,自衛隊のミサイル基地建設のため,政府が保安林指定を解除。住民は,解除取り消しを求めて訴えた。 自衛隊は違憲か 住民側は,自衛隊は違憲なので,保安林指定解除も違法と主張。	第一審 **札幌地裁判決**(1973年9月7日[**福島判決**]) **住民勝訴** 自衛隊は違憲 第9条第2項は自衛力を含めた一切の戦力を放棄している。現在の自衛隊は憲法の「陸海空軍」に該当し**違憲** 解除処分は違法 保安林指定解除は住民の平和的生存権を侵害する危険性があり,無効 第二審 **札幌高裁判決**(1976年8月5日) **住民敗訴** 訴えの利益なし 代替設備により洪水の危険性などはなくなったとして原告の訴えを却下 憲法判断せず 自衛隊について,**憲法判断を避けた** 上告審 **最高裁小法廷**(1982年9月9日) **住民敗訴** 訴えの利益なし 控訴審と同様,訴えの利益なしとして上告棄却 憲法判断せず 自衛隊の合違憲や第9条解釈には**一切触れなかった**
百里基地訴訟	1958年,茨城県百里航空自衛隊基地の建設予定地の所有者・国(共同原告)と基地反対派による,土地の売買契約を巡る訴訟。 自衛隊は違憲か 基地反対派(被告)は,国の売買契約は,憲法第9条に反する自衛隊基地建設のためであり無効と主張。	第一審 **水戸地裁判決**(1977年2月17日) **国側勝訴** 第9条 第9条は,自衛目的の戦争まで放棄していない。自衛のための自衛権行使は違憲でない。自衛隊が戦力にあたるかどうかの法的判断は,**司法審査の対象外** 第二審 **東京高裁判決**(1981年7月7日) **基地反対派の控訴棄却** 憲法判断せず 必要性がないとして,第9条の解釈と自衛隊の**憲法判断を避けた** 上告審 **最高裁小法廷**(1989年6月20日) **基地反対派の上告棄却** 第9条に触れず 自衛隊は,自衛のための措置や実力組織の保持は禁止されないとの憲法解釈のもとで設置された組織。**第9条には触れなかった**
自衛隊イラク派遣差し止め請求訴訟	2004年,市民団体のメンバーらが,イラク特措法(p.112 1)に基づく自衛隊のイラク派遣差し止めを求めた訴訟。 イラク派遣は違憲か 原告側は,派遣は憲法第9条に違反し,平和的生存権を侵害されたと主張。 注:同様の訴訟が全国10地域で起こされた。	第一審 **名古屋地裁判決**(2006年4月14日) **原告敗訴** 第二審 **名古屋高裁判決**(2008年4月17日[**青山判決**]) **原告の請求棄却** 請求棄却 派遣による原告の平和的生存権の侵害は認められず,違憲確認請求も民事訴訟制度の対象外で不適法として請求をすべて棄却 航空自衛隊の活動は違憲 武力行使予定の多国籍軍を,航空自衛隊が「戦闘地域」に当たるバグダッドへ輸送する活動は,活動地域を非戦闘地域に限定し武力行使を禁じたイラク特措法と**憲法第9条に違反**する

自衛隊は実質合憲 水戸地裁初の判断
百里基地訴訟 国側が全面勝訴
防衛措置 違反せず
「戦力」には統治行為論
(「朝日新聞」1977.2.17)

解説 揺れた司法判断 日本の防衛政策をめぐって司法が明確に違憲と判断したのは,日米安保条約と米軍の駐留については砂川事件地裁判決,自衛隊については長沼ナイキ基地訴訟地裁判決のみ。多くは,**統治行為論**などにより憲法判断を避けている。

統治行為論 高度に政治性のある行政・立法府の行為(統治行為)は,司法審査の対象外であるという考え方。違憲審査権の行使を抑制することは法の支配に反するとの意見もあるが,判決による混乱を避けるとの理由や,国民に選ばれている立法府の意向を重視する立場から,統治行為論を認める意見もある。しかし,その場合でもどこまでを統治行為として司法審査の対象外とするかが問題。

重要用語 136サンフランシスコ平和条約 137日米安全保障条約(安保条約) 138自衛隊 139非核三原則 142PKO協力法 350冷戦 356朝鮮戦争 366湾岸戦争 367アメリカ同時多発テロ事件 368イラク戦争

C 日本の防衛政策

1 自衛隊の発足 Q 自衛隊発足の契機は何か？

東西(米・ソ)冷戦の激化
1949.10 中華人民共和国成立 ⟶ **アメリカの対日占領政策転換**

出来事	組織	任務
1950.6～53.7休戦 **朝鮮戦争**(➡p.259)	1950.8～ **警察予備隊** (7万5000人)	**任 務** 治安維持のため特別の必要がある場合において，内閣総理大臣の命を受け，行動する (警察予備隊令*1 第3条第1項)
1952.4発効 **サンフランシスコ平和条約** (対日占領終結) **日米安全保障条約** (在日米軍基地存続)	1952.4～ 海上警備隊 1952.8～ **警備隊** (7590人) 1952.10～ **保安隊** (11万人)	**任 務** わが国の平和と秩序を維持し，人命及び財産を保護する。特別の必要がある場合において行動する。海上における警備救難の任務を行う(保安庁法*2第4条)
1953.10 **池田・ロバートソン会談** (防衛力増強約束) 1954.5発効 **日米相互防衛援助協定(MSA協定)**	1954.7～ **自衛隊** (16万4539人)	**任 務** わが国の平和と独立を守り，国の安全を保つため，わが国を防衛することを主たる任務とし，必要に応じ，公共の秩序の維持にあたる(自衛隊法第3条)

＊1 1952年廃止
＊2 1954年防衛庁設置法に改正
注：( )内は発足当時の隊員数。ただし事務官等は除く。

警察力増強を指令
—マ元帥、政府へ書簡—
豫備隊七萬五千名
海上保安廳も八千増員
政府直属で新設
(「朝日新聞」1950.7.9)

▲警察予備隊の新設 在日基地と在日米居留民の安全を守るため，連合国軍最高司令官マッカーサーは吉田首相に警察予備隊の新設を指令した。

解説 冷戦と自衛隊の発足
徹底した非軍事化と民主化をめざしていたアメリカの対日占領政策は，**米ソ冷戦**と**中華人民共和国の成立**を受け，大転換した。1950年，**朝鮮戦争**を機に，「警察力の補完」として**警察予備隊**が創設。サンフランシスコ平和条約による日本の主権回復と日米安全保障条約調印を受け，1952年には治安維持を担うために警察予備隊は保安隊に，海上警備隊は警備隊に改組された。その後，アメリカからの強い「防衛力増強」要求を受け，1954年発効の日米相互防衛援助協定(MSA協定)に基づく軍事・経済援助受け入れを前提に，直接侵略にも対処しうる自主防衛力としての**自衛隊**が発足した。

2 防衛政策の基本

専守防衛	相手から武力攻撃を受けて初めて防衛力を行使する。その際は自衛のための必要最小限にとどめ，また，保持する防衛力も自衛のための必要最小限のものとする。
文民統制	**シビリアン・コントロール**(➡p.105 3)。シビリアンとは，一般に軍人でない人のことで，文民と訳す。自衛隊は文民からなる内閣と国会の統制を受ける。
非核三原則	**核兵器を「持たず，つくらず，持ち込ませず」という原則。** 1967年に佐藤首相が表明，1971年国会決議。1976年に核拡散防止条約批准。
	防衛費の総額明示方式←GNP比1％枠から変更(➡p.105 5)
集団的自衛権	日本も集団的自衛権を有しているが，その行使は憲法上許されない。 →2014年 **集団的自衛権の行使容認を閣議決定** 2015年 **安全保障関連法**成立(➡p.107 5，108)
防衛装備移転三原則	武器輸出三原則→防衛装備移転三原則 1967年 **武器輸出三原則** ①共産国 ②国連決議による武器輸出禁止国 ③国際紛争当事国 などへの武器輸出を禁止 →1976年 三原則対象地域以外への武器輸出を慎むこと，武器製造関連設備も武器に準じることを追加 2014年 **防衛装備移転三原則** ①輸出禁止…(1)国際条約違反となる場合 (2)国連安保理決議違反となる場合 (3)紛争当事国への輸出 ②輸出可能(厳格な審査が必要)…(1)平和貢献・国際協力の積極的な推進に資する (2)同盟国などとの共同開発・生産 (3)日本の安全保障に資する場合 ③輸出された装備品の目的外使用や第三国への輸出は日本の事前同意を得るなど，適正管理が確保される場合
海外派兵の禁止	武力行使の目的で武装した部隊を他国に派遣するという海外派兵の禁止。1954年，参議院は「現行憲法の各章と，わが国民の熾烈なる平和愛好精神に照らし，海外出動はこれを行わない」と決議。

●核持ち込み密約の発覚
米軍による日本への**核持ち込み疑惑**が浮上するたびに，日本政府は「アメリカから事前協議の申し入れがない以上，核持ち込みはない」と答弁していた。しかし2010年，外務省の有識者委員会が，「米国の核搭載艦船が日本に寄港する場合は，事前協議の対象外とする」という**暗黙の合意**(**広義の密約**)が日米間に存在したと報告した。

ナットク! 国際法で認められる武力行使

自衛権

●個別的自衛権(国連憲章第51条)
他国から攻撃されたときに，自国を守るために武力で反撃する権利。
日本の立場…憲法解釈により行使できる。

●集団的自衛権(国連憲章第51条)
同盟国や友好国が攻撃されたときに，反撃する権利。
日本の立場…保有しているが，憲法上行使できないとしてきた。
→2014年，閣議決定で容認。

●集団安全保障(国連憲章第41・42条)(➡p.247 1)

国連憲章が禁じる武力攻撃を行った国に対し，国連加盟国が共同で制裁*を加える。
日本の立場…武力を用いる国連軍や多国籍軍への参加は認めない。
＊経済制裁で不十分な場合に武力制裁を行う。

自衛隊はどうしてできたのかな？
視点 戦後の世界情勢・日本やアメリカの政策の変化に着目して考えよう。 平和 変化 関連

国連憲章は，加盟国の個別的自衛権を認めているが，集団的自衛権は認めていない。 ○？×？(➡ナットク!) 答：×

3 シビリアン・コントロール(文民統制)

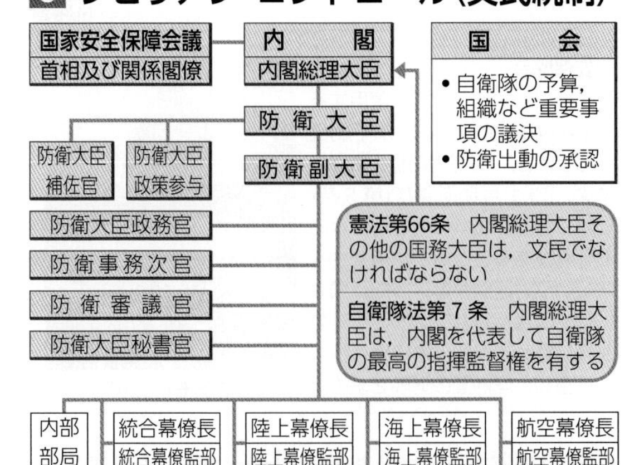

解説 **軍部独走を防ぐ**　**シビリアン・コントロール**とは，民主主義的政治制度の下で，軍事力を文民からなる政府が支配・統制すること。大日本帝国憲法下の軍部独走を反省し，自衛隊は国会や内閣の統制下に置かれ，制度としては**文民統制**が確立している。

4 自衛隊の規模 (2022年度見込み)(「防衛ハンドブック」)

＊2022年末，航空宇宙自衛隊への改称方針決定。

自衛官定数		主な装備
15万8481人	陸上自衛隊	戦車約350両，装甲車約990両，航空機約320機
4万5293人	海上自衛隊	護衛艦54隻，潜水艦22隻，航空機約140機
4万6994人	航空自衛隊＊	戦闘機約290機，輸送機など約50機

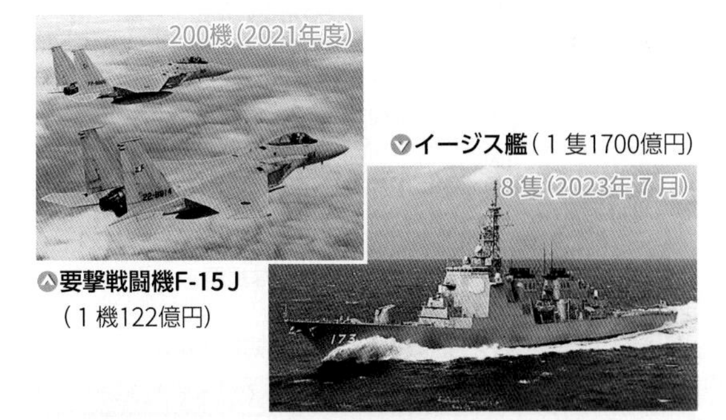

▲要撃戦闘機F-15J(1機122億円)

▼イージス艦(1隻1700億円)

5 日本の防衛費 (1928～45年の対歳出比➡p.69 1)

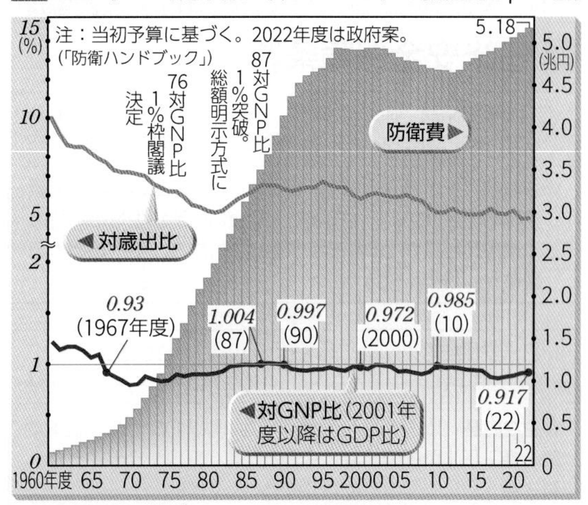

解説 **増大の歯止め**　戦後，防衛費は増大したが，高度経済成長でGNPも急速に伸び，防衛費の対GNP比は下がり続けた。1976年，三木内閣が「GNP比１％枠」を閣議決定した後も防衛費の伸びは他の予算を大きく上回り，1987年，中曽根内閣の下でついに１％を突破。新しい歯止めとして，単年度ではなく，一定期間の防衛費の総額を示すことで防衛予算の膨張を抑制する「総額明示方式」が閣議決定された。2022年，政府は防衛力の抜本的な強化をめざし，2023～27年度の防衛費総額を43兆円程度に大幅に増額する方針を閣議決定。

6 主な国の国防費と兵力

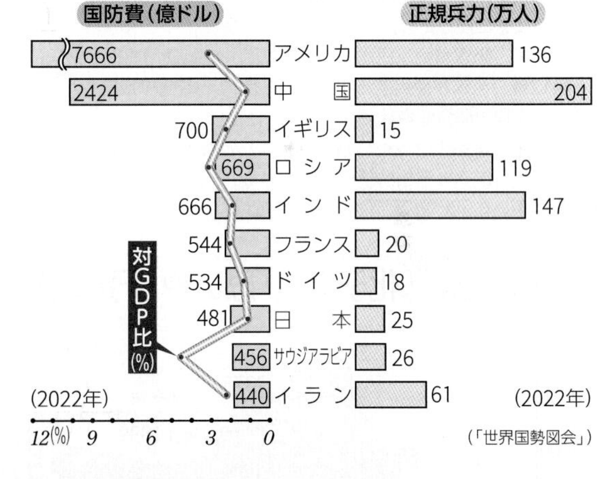

国	国防費(億ドル)	正規兵力(万人)
アメリカ	7666	136
中国	2424	204
イギリス	700	15
ロシア	669	119
インド	666	147
フランス	544	20
ドイツ	534	18
日本	481	25
サウジアラビア	456	26
イラン	440	61

(「世界国勢図会」)

EYE 新しい防衛領域…宇宙・サイバー・電磁波

自衛隊は，情報通信技術の発達に伴い，宇宙・サイバー・電磁波という新領域の防衛も行っている。

●**宇宙・電磁波領域の主な対応**

- 宇宙作戦部隊，電磁波作戦部隊の新編
- 人工衛星を活用した情報収集，通信，測位などの能力向上
- 相手方の指揮統制，情報通信を妨げる能力の強化
- 相手方のキラー衛星や衛星攻撃ミサイルの攻撃に耐える能力の向上

●**サイバー領域の主な対応**

- サイバー防衛隊などの体制拡充
- AIを活用したサイバー防護分析装置の強化

◀河野防衛大臣(当時)から隊旗を授与される宇宙作戦隊長(2020年)

▶高度化・巧妙化するサイバー攻撃に対応するサイバー防衛隊員

D 日米安全保障体制

1 日米安全保障条約

旧日米安保条約 ［1951.9.8署名，1952.4.28発効，1960.6.23失効］
正式名称：日本国とアメリカ合衆国との間の安全保障条約

●主な内容…米軍の日本駐留を認めたが，**米軍の日本防衛義務は明記されず**。日本国内で大規模な内乱が生じた場合の米軍出動を認めたいわゆる「**内乱条項**」など，不平等との指摘あり。1960年締結(ていけつ)の新条約に「内乱条項」はない。

▼

日米安保条約 ［1960.1.19署名，6.23発効］（条文 ➲p.378）
正式名称：日本国とアメリカ合衆国との間の相互協力及び安全保障条約

●主な内容　　注：●以下の青字は補足説明

第2条　日米両国の経済的協力の促進
第3条　日米両国の自衛力の増強と相互援助
第5条　日本や在日米軍基地が攻撃を受けたときは，日米共同で防衛にあたる。…●日本の米国本土防衛義務は規定なし
第6条　日本の安全・極東地域の平和維持のための米軍の日本駐留・基地使用許可…●在日米軍の詳細は日米地位協定（➲2）
●在日米軍の「配置・装備の重要な変更」，「日本から行われる戦闘作戦行動」は**事前協議**を行うとの交換公文あり
第10条　条約の効力は10年間。10年経過後は一方の国が通告後1年で失効。

基本的な枠組み ⇒

●安保闘争

新安保条約は，条約を適用する「極東」の範囲（第6条）が不明確であること，アメリカの世界戦略の結果，日米共同防衛義務（第5条）により日本が戦争に巻き込まれるおそれがあることなどが指摘され，激しい反対運動が起こった。国会には約1か月間にわたりデモ隊が押し寄せて条約批准(ひじゅん)の強行採決に抗議し，岸内閣の退陣を求めた。

▲**国会前デモ**（1959年）

2 日米地位協定の主な内容［1960.1.19署名 1960.6.23発効］

第4条　米軍は，返還する基地について，提供されたときの状態に戻したり，戻す代わりに補償しなくてよい
第5条　米軍車両が日本国内を移動時，道路使用料は免除
第12条　米軍が使用する物品を日本国内で調達する場合，物品税や揮発油税などは免除
第17条　基地外で逮捕されなければ，米軍人の身柄は起訴されるまで米軍が拘禁(こうきん)（➲p.111C❶）
第24条　在日米軍の駐留経費は，原則として米国が負担（➲3）

3 「同盟強靱(きょうじん)化予算」（「思いやり予算」）

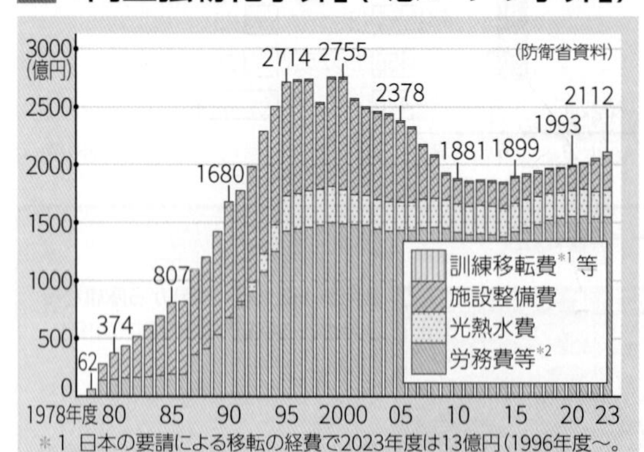

＊1 日本の要請による移転の経費で2023年度は13億円（1996年度～。毎年度3～13億円規模）　＊2 施設内の従業員の給料など

解説 **在日米軍への「思いやり」「同盟強靱化予算」**とは，在日米軍の駐留経費のうち，日本負担分の一部のこと。もともと，在日米軍の駐留経費は米軍が全額負担していたが，円高による米軍の負担増を受け，1978年度より始まった。米軍が駐留する諸外国と比べ高額で，「重要な戦略的貢献」と米政府は評価するが，日本国内では批判も多く，2001年度以降は米軍が経費節約を約束した。なお，日本政府は「同盟強靱化予算」以外に，周辺対策費や米軍再編関係経費，土地の賃料・返還事業費なども負担している。

4 日米防衛協力のための指針（ガイドライン）

1978年　ガイドライン…日本有事への対応

- 日本が他国（**ソ連を想定**）に侵略された場合に対応
- 日本に対する武力攻撃への対処…原則，日本が独力で排除（**個別的自衛権**の行使）。困難な場合はアメリカが協力
- 極東における事態での日米協力…日本からアメリカへの便宜(べんぎ)供与のあり方を研究

1989年　冷戦終結
1993年　朝鮮半島危機（北朝鮮の核拡散防止条約脱退宣言＊，弾道ミサイル発射）　＊後に撤回。2003年に脱退宣言。
1996年　中台危機（中国による台湾近海でのミサイル発射訓練）

1997年　ガイドライン改定…アジア太平洋地域の安全保障維持

- **朝鮮半島有事**などに対応
- 日本に対する武力攻撃への対処…日本が主体的に行動（**個別的自衛権**の行使），アメリカは自衛隊の支援・補完
- 周辺事態（日本周辺の地域における日本の平和・安全に重要な影響を与える事態）における協力…日本の安全を守るために活動する米軍の後方支援を行う。

→1999年　周辺事態安全確保法などの**ガイドライン関連法**
2003年　有事関連三法 ｝
2004年　有事関連七法 ｝**有事法制**の整備（➲p.107）

中国の海洋進出，北朝鮮の核開発問題
テロ，サイバー攻撃などグローバルな課題
自衛隊の活動範囲の拡大（➲p.112）
集団的自衛権の行使を容認する閣議決定（2014）

2015年　ガイドライン再改定…地球規模で日米協力を強化

- **平時から緊急事態まで**の切れ目のない対応
- 武力攻撃への対処
  対日本…日本が主体的に行動（**個別的自衛権**の行使），アメリカは自衛隊の支援・補完。
  対日本以外の国…日米が緊密(きんみつ)に協力。自衛隊は，「存立危機(そんりつきき)事態（➲p.108）」において適切な作戦を実施，アメリカや攻撃を受けた国と協力して対処（**集団的自衛権**の行使）
- 「周辺事態」の文言削除。**地球規模での協力体制に。**
- 国際平和のための活動に参加する場合，自衛隊・米軍を含む日米両政府は緊密に協力
- 宇宙空間・サイバー空間における協力体制

→2015年　**安全保障関連法**制定（➲p.108）

解説 **ガイドラインとは**　日本とアメリカの防衛協力の基本的な方向性を示す法的拘束力(こうそくりょく)のない文書である。安全保障環境の変化に伴(ともな)って改定され，それに沿う形で法律が整備されてきた。これに対して，憲法や，「日本と極東の平和と安全の維持に寄与(きよ)」することを目的とした日米安保条約を逸脱(いつだつ)するものとの批判もある。

湾岸戦争後，安全保障の重要性が強く認識されるようになり，日米安全保障条約が改正された。○？×？（➲D1）　答：×

5 有事法制

		主な内容	安全保障関連法成立(2015年)(◯p.108)
有事関連3法(2003年)	事態対処法	武力攻撃の対処時の，基本理念や国・地方公共団体等の責務などを規定	• 存立危機事態への対処を追加 • **三要件を満たせば，集団的自衛権の行使が可能に**
	改正安全保障会議設置法	1986年に文民統制の確保のために設置された安全保障会議の役割を明確化・強化 2013年，国家安全保障会議設置法に	• 審議事項として，存立危機事態への対処を追加
	改正自衛隊法	武力攻撃対処時に，自衛隊が私有地や家屋を強制使用・緊急通行することなどが可能	• **存立危機事態でも防衛出動が可能に** • **在外邦人の警護，救出が可能に**
有事関連7法(2004年)	改正自衛隊法	武力攻撃事態等で，自衛隊と米軍の物品・役務の相互提供が可能	• 日本を守る米艦や米軍の武器の防護が可能に
	米軍行動関連措置法	武力攻撃事態等で，日本を守る米軍の円滑な行動のための日本の役割を規定	• 米軍等行動関連措置法に名称変更 • 武力攻撃事態等における米軍以外の外国軍隊への支援 • **存立危機事態における外国軍隊への支援**
	海上輸送規制法	武力攻撃事態等で，武力攻撃を行う外国軍への海上輸送の規制	• 存立危機事態にも適用 • 実施海域を，日本領海，外国の領海(同意がある場合のみ)，または公海
	特定公共施設利用法	武力攻撃事態等で，米軍が日本の港湾や飛行場などを利用可能	• 米軍以外の外国軍隊にも適用
	捕虜取扱い法	武力攻撃事態等で，捕虜等の人道的な待遇の確保を規定	• 存立危機事態にも適用
	国民保護法	武力攻撃事態において，国民の生命や財産を守るため，国や地方公共団体などの責務，国民の避難・救援の手順，国民の協力，物資・建物の使用と補償を規定 第二次世界大戦で人権が抑制されたことを反省し，武力攻撃事態の際の国民の協力を強制していない。これについて，いざという時に国民を守り切れるのかという懸念がある	
	国際人道法違反処罰法	国際人道法に規定する違反行為への罰則を規定	

＊2015年の安保関連法では，①存立危機事態である，②わが国の存立を全うし，国民を守るために他に適当な手段がない，③必要最小限度の実力行使にとどまる　の三要件(◯p.108A)。

EYE 集団的自衛権の行使容認(◯p.104, 108)

◯**集団的自衛権の行使容認で記者会見する安倍首相**(2014年7月)

日本は，これまで**集団的自衛権は「保有しているが憲法上行使できない」**との立場を示してきた(◯p.102 2)。しかし2014年，憲法解釈を変更し，**一定の条件**＊**のもとに集団的自衛権の行使を容認するとの閣議決定をした。**これを受けて2015年，集団的自衛権の行使を可能とする**安全保障関連法**が成立。日本の安全保障政策が大きく転換することとなった。

◯**国会前での安保法反対デモ**(2015年8月)

◯**安保関連法の採決を巡ってもみ合う与野党議員**(参議院特別委員会，2015年9月)　法案は委員会で可決。9月19日に参議院本会議で自民・公明党などの賛成多数で可決。

6 有事への対応手順

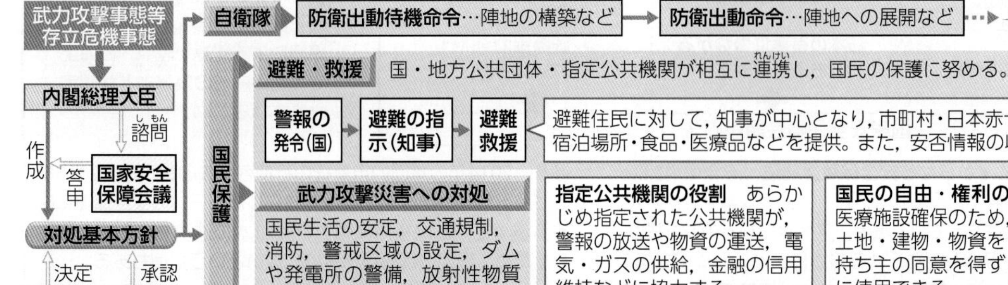

重要用語　137日米安全保障条約(安保条約)　138自衛隊　140個別的自衛権　141集団的自衛権

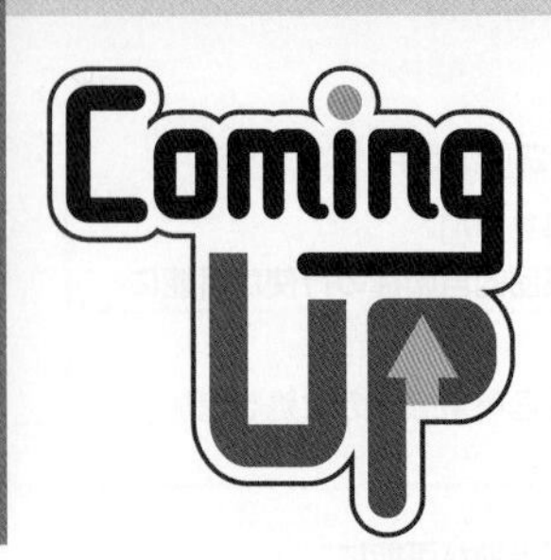

安全保障関連法って何?

ねらい
2014年の集団的自衛権行使容認の閣議決定を受け，2015年に安全保障関連法が成立した。日本の安全保障政策を転換する法律に，国会では議論が紛糾(ふんきゅう)し，国民の間でも賛成派・反対派の間で論争が巻き起こった。安全保障関連法とは何か。賛成派・反対派の争点は何かを理解し，日本のこれからの安全保障がどのようにあるべきかを考えよう。

A 安全保障関連法の構成

区分	法律 〈 〉内は元の法律の成立年。●は名称変更	主な内容
平和安全法制整備法(既存10法の改正)	①自衛隊法〈54〉	自衛隊の編成・行動・権限・隊員の身分などを規定
	②PKO協力法〈92〉	PKOや人道的な国際救援活動に参加するための手続きを規定
	③重要影響事態安全確保法〈99〉●	ガイドライン関連法(➡p.106❹)の周辺事態安全確保法を改正。重要影響事態での日本の活動などを規定
	④船舶検査活動法〈00〉	③に規定の船舶検査実施のための法律。2015年改正で⑪にも対応
	⑤事態対処法〈03〉	有事法制(➡p.107)の一部。2015年改正で，存立危機(そんりつきき)事態にも対応。⑩は存立危機事態と重要影響事態にも対応
	⑥米軍等行動関連措置法〈04〉●	
	⑦特定公共施設利用法〈04〉	
	⑧海上輸送規制法〈04〉	
	⑨捕虜取扱い法〈04〉	
	⑩国家安全保障会議設置法〈86〉	
	⑪国際平和支援法〈15新法〉	他国を侵略するなど国際社会の平和を脅(おびや)かす国に対して，国際社会が共同で制裁を行う場合の外国軍への後方支援について規定

●存立危機事態
わが国と密接な関係にある他国に対する武力攻撃が発生し，これによりわが国の存立が脅かされ，国民の生命，自由及び幸福追求の権利が根底から覆(くつがえ)される明白な危険がある事態(①)。

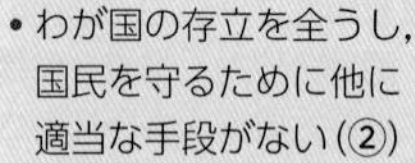

この場合において，
- わが国の存立を全うし，国民を守るために他に適当な手段がない(②)
- 必要最小限度の実力行使にとどまること(③)

を条件に，集団的自衛権の行使が容認される。ただし，武力攻撃を受けた国の要請があることと，国会承認が必要。

注：①〜③は集団的自衛権を行使するための三要件。

●重要影響事態
そのまま放置すれば，わが国に対する直接の武力攻撃に至(いた)るおそれのある事態など，わが国の平和及び安全に重要な影響を与える事態。
周辺事態安全確保法の「わが国周辺の地域における」の文言を削除し，地理的制約を撤廃した。この場合，集団的自衛権は行使できない。しかし，定義があいまいで，拡大解釈されるおそれが指摘されている。

ナットク! 安全保障関連法　各法律の位置付け

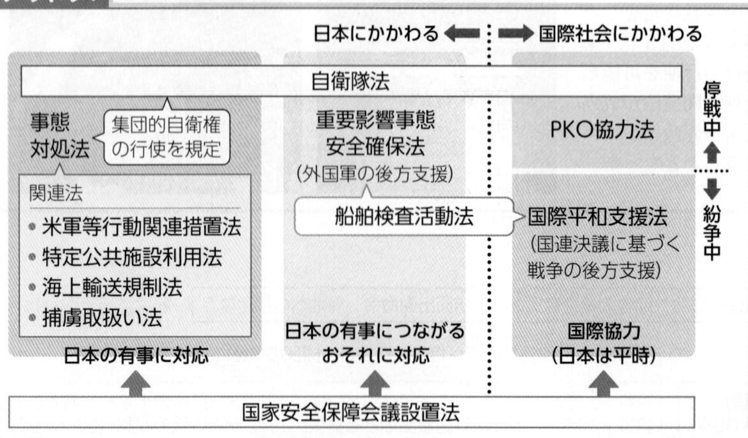

グレーゾーン事態

グレーゾーン事態とは　日本の主権を侵害する行為のうち，武力攻撃が発生している(有事)とまではいえないが，相手が重武装しているなど海上保安庁や警察では対処できない事態。武装集団による離島上陸や，公海上での民間船舶の襲撃(しゅうげき)などが想定されている。

解説　11本の法律からなる安全保障関連法　安全保障関連法は，国際情勢の変化に合わせて，日本が武力攻撃を受けた場合や，そのおそれが迫っている場合，アメリカなどの友好国が武力攻撃を受けた場合などあらゆる事態における日本の対処，また，海外に派遣された自衛隊の行動について整備したものである。2014年の集団的自衛権の行使容認の閣議決定，2015年のガイドライン再改定を受けて成立した。日本の安全保障に関する法律と，国際協力に関する計11本の法律をまとめて審議したため，国民の理解が進んでいないという指摘もある。

入試クイズ　湾岸戦争の発生を受けて，国連平和維持活動(PKO)への日本の協力をめぐる議論が高まり，PKO協力法が成立している。○?×?　答：○

＊1 自分や仲間の隊員，自己の管理下の者の生命を守るためにやむを得ない場合。
＊2 2016年，南スーダンPKOで新任務として付与。
＊3 派遣期間中は戦闘が起きないとみられる地域。

B 自衛隊の活動はどう変わる？

改正 重要影響事態安全確保法

①**活動領域**：日本周辺→世界中に
②**支援対象**：米軍を含む外国軍
③**活動内容**：後方支援など。弾薬の提供，発進準備中の航空機への給油・整備が可能に。武器の提供は含まない。

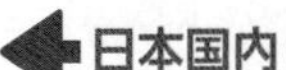

周辺事態安全確保法
日本周辺で日本の平和に重要な影響を与える事態において，米軍に対する後方支援を行う。

改正 PKO協力法

①**任務の拡大**：
⑴PKO以外の国連が統括(とうかつ)しない活動への参加が可能。
⑵民間人や他国の軍隊が襲われた場合に助けに行く駆け付け警護＊2や，巡回(じゅんかい)・検問を行って治安を守る安全確保業務が可能。
②**武器使用**：①⑵の場合（任務遂行型）にも可能。

PKO協力法
国連が統括する平和維持活動に限定。武器使用は自己保存型＊1の場合のみ可能。

有事以外 ／ 有事 ／ 日本国内 ／ 国際協力 ／ これまでは…

事態対処法
日本が直接武力攻撃を受けた場合，自衛隊が武力で対処（**個別的自衛権の行使**）。

X国 ／ 出動!! ／ 日本

時限立法
PKOの範囲を超える場合は，必要に応じて法整備（テロ対策特別措置法など）。派遣地域は「非戦闘地域」＊3

法律がないとムリ! ／ HELP! ／ 国際平和支援法 ／ 自衛隊 ／ 国会承認でOK!

改正 事態対処法

○他国への武力攻撃であっても，日本の存立を危うくする場合（存立危機事態）には武力行使が可能（**集団的自衛権の行使**）。

新 国際平和支援法

①恒久法
②**活動領域**：「現に戦闘が行われている地域」以外
③**活動内容**：国際平和のために戦う外国軍隊への後方支援。

C 安全保障関連法に対する様々な意見

安全保障関連法に賛成		安全保障関連法に反対
•東アジアは北朝鮮の核・ミサイル問題や中国の進出で緊張が高まっている。アメリカなど友好国との連携(れんけい)を強固にすることで，日本を攻(せ)めようとする国の自制を促(うなが)し，紛争を未然に回避(かいひ)できる。	戦争の抑止力	•他国の戦争に巻き込まれる危険がある。 •アメリカと一体と認識されればテロ組織の標的になる。 •集団的自衛権の行使容認が周辺国を刺激(しげき)し，関係が悪化する可能性がある。中国や韓国との関係改善をめざす外交努力こそ抑止力につながる。
•近年のアメリカは経済力の低下から軍事力を削減している。集団的自衛権の行使を容認してアメリカの負担を担(にな)わなければ，日米同盟が危機に陥(おちい)る。 •日本はアメリカの軍事力に守られているのに，日本はアメリカを守らなくてよいのか。	日米関係	•政府が，集団的自衛権の行使が必要とする事例は，個別的自衛権で対応できる。 •日本は，アメリカに守ってもらう代わりに基地を提供し，在日米軍の駐留経費を負担してきた。
•自衛隊の活動が世界に拡大する一方で，憲法９条の制約から活動が制限されてきた。集団的自衛権の行使を容認すれば，海外での活動がしやすくなる。	自衛隊の活動	•自衛隊員が犠牲(ぎせい)になる可能性がある。 •自衛隊の志願者が減れば，徴兵(ちょうへい)制が導入される可能性がある。
•平和維持活動などで国際貢献することが世界的な潮流。日本だけが協力しないわけにいかない。	国際協力	•武力でものごとは解決しない。武器を持たない日本の国際協力活動が現地住民に評価されてきた。
•これまでも解釈変更で自衛隊の存在を認めてきた。	決め方	•集団的自衛権の行使が本当に必要であれば，憲法改正を国民に問うべき。解釈の変更は立憲主義（➡p.60④）に反する。 •国会での圧倒的多数を背景に，十分に議論せず，国民の理解を得ないまま採決することは民主主義を破壊する。

解説 日本の安全保障をどうすべきか 戦後の日本は，日米安全保障条約のもと，安全保障をアメリカに委(ゆだ)ねて防衛費の負担を軽減し，その分を経済の発展につぎ込むことができた。しかし，その陰で米軍基地が集中する沖縄は様々な負担を強(し)いられている（➡p.110）。憲法解釈の変更による集団的自衛権の行使容認を含(ふく)む安全保障関連法は，多くの憲法学者が憲法違反と主張している。世界情勢が大きく変動するなかで，日本は平和と安全をどのように実現するべきなのか。そのために憲法改正は必要なのか。自衛隊の位置づけをどうするのか。アメリカおよびその他の国との関係をどうするのか，などについて総合的に考えていく必要がある。

▶安全保障関連法に対する反対デモ（2015年９月）

重要用語 137日米安全保障条約（安保条約） 138自衛隊 140個別的自衛権 141集団的自衛権 142PKO協力法 143国連平和維持活動（PKO）

探究 沖縄の米軍基地問題を考える

≪補足資料やワークシート，意見などはこちらから

日本の米軍基地の現状は？

△沖縄の県民大会（1995年。主催者発表8万5000人参加）

A 沖縄と米軍基地の歴史は?

年	できごと
1429	尚巴志が沖縄を統一し，琉球王国を建国
1609	薩摩藩が琉球を征服…日中による両属支配を受ける
1879	明治政府が**沖縄県を設置**…琉球王国が消滅
1941	太平洋戦争が始まる
1945	4月1日，米軍が沖縄島に上陸。6月，沖縄の守備軍が壊滅し，アメリカの軍政下に。 8月14日，ポツダム宣言受諾。15日，天皇，終戦の詔書放送。
51	**サンフランシスコ平和条約**・日米安全保障条約に調印…日本の独立回復（米軍は駐留）。沖縄は軍政が続く
53	米民政府の土地収用令…米軍用地として民間地を強制収用
60	新日米安全保障条約・**日米地位協定**調印
65	ベトナム戦争（◯p.259 5）が本格化…沖縄の米軍が出動
72	**沖縄の日本復帰が実現**。沖縄県が復活 公用地暫定使用法施行…米軍用地の強制使用継続
80	駐留軍用地特別措置法に基づく強制使用手続きを開始
91	湾岸戦争（◯p.261）が起こる…沖縄の米軍が出動
95	**米兵の少女暴行事件**（◯C 1）…基地縮小の世論高まる
96	普天間飛行場など約2割の基地縮小に日米が合意 **全国初の県民投票**，「基地反対」が89％（◯p.130 7）
97	駐留軍用地特別措置法改正…使用期限切れ後も暫定使用可能に
2005	日米は，普天間飛行場の移設先を名護市のキャンプ・シュワブの沿岸部で合意
06	日米は在日米軍再編案に合意（◯D）
09	鳩山民主党代表，普天間飛行場移設先を「最低でも県外」と発言
10	民主党政権，普天間飛行場の県外・国外移設を断念
13	仲井真知事，普天間飛行場移設先・名護市辺野古沿岸部の埋め立て申請を承認
15	翁長知事が，前知事の埋め立て承認を取り消し 辺野古埋め立てをめぐり国と県が法廷闘争
16	米軍属による女性殺害事件。辺野古埋め立て承認の取り消し是正に応じない県を国が提訴。12月，最高裁で国が勝訴
18	県が，2013年の埋め立て承認を撤回。国交省が撤回の効力停止を決定し，移設工事再開
19	辺野古埋め立ての是非を問う県民投票で「反対」が72％。国は投票結果を受け入れない姿勢（◯p.130 7）

B 米軍基地の分布は?

1 日本の主な米軍基地

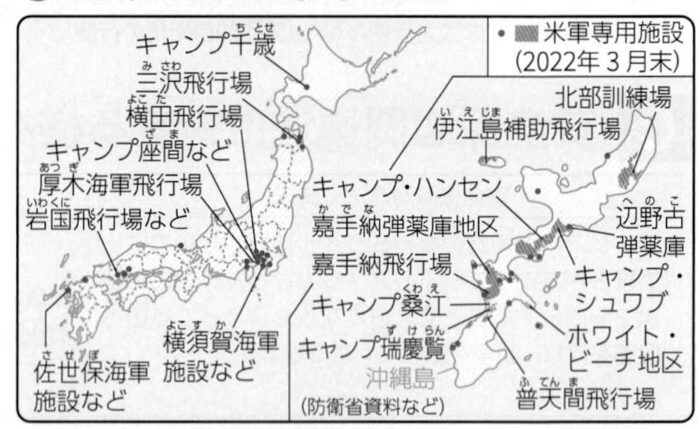

2 在日米軍専用施設面積

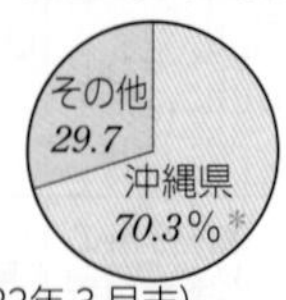

（2022年3月末）

＊一時的に在日米軍が使用できる，日本が管理する施設・区域を含めると約19%

（防衛省資料）

3 在日米軍兵員数

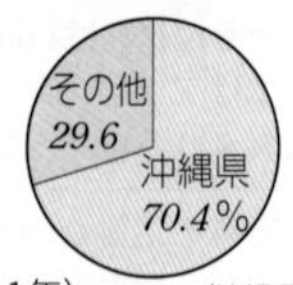

（2011年）　（沖縄県資料）

解説 **沖縄に集中**　2022年3月末現在，日本全国に在日米軍専用施設は76か所あり，この大部分が沖縄に集中している。沖縄島は面積の約14％を在日米軍専用施設が占めている。

4 本土と沖縄の基地面積の割合

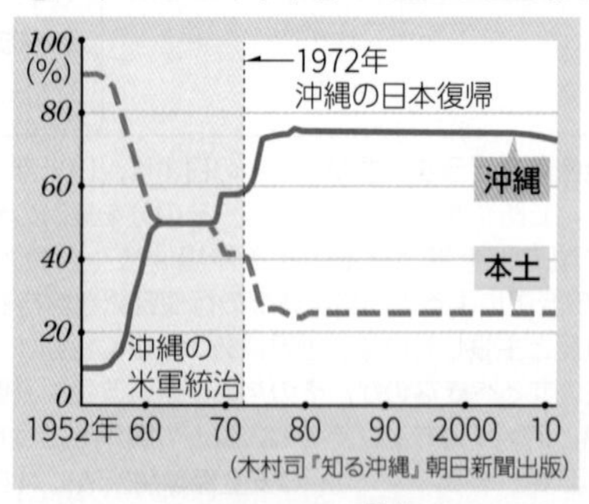

解説 **本土から沖縄へ**　1950年代，全国で米軍の事件や事故が発生し，反基地運動がおこった。日米両政府は日米安保体制の維持のため，基地をアメリカに戻したり，沖縄に移したりした。

メモ　在日米軍構成員による「公務外」の犯罪の裁判権は日本側がもつ。しかし，この裁判権を事実上放棄する密約が1953年に日米両政府で結ばれており，実際に2001～08年の起訴率も20％に満たないとの指摘がある。政府は，密約ではなく，日本側の一方的な政策的表明としている。

C 米軍基地の影響は?

❶ 犯罪・事故

◇米軍関係者による犯罪は後を絶たない。米軍属による女性殺害事件を機に，沖縄県民の怒りは頂点に達し，海兵隊の撤退を求める集会が開催された。

沖縄「限界超えた」

元米兵女性殺害 6万5000人抗議

県民大会

「本土も加害者」

21歳女子大生 涙の訴え

(「中日新聞」2016.6.20)

◇沖縄国際大学構内に墜落した米軍ヘリ(2004年)　学生などにケガはなかったが，日米地位協定で必要とされる米軍の同意が得られず，沖縄県警は十分な現場検証ができなかった。

解説 **地位協定への批判**　**日米地位協定**(◇p.106)は，在日米軍基地や在日米軍について，日米間の取り扱いを規定している。しかし，米軍構成員の公務中の犯罪の裁判権がアメリカ側にあることや，基地外で逮捕されなければ身柄は起訴されるまで米軍が拘禁する(第17条)など，アメリカ側に特権が保障され，日本は犯罪などで十分な取り調べができない。1995年の少女暴行事件の際も，犯人の身柄引き渡しはアメリカ側に拒否された。このため，日米地位協定が度重なる犯罪や事故の原因だとして根強い批判がある。

❷ 経済への影響

●沖縄の県民総所得と内訳　(沖縄県資料)

1972年度 **5013億円**：基地関係収入 *15.5*%，観光収入 *6.5*

2019年度 **4兆9130億円**：基地関係収入(軍用地料など) *5.5*%，観光収入 *14.3*，その他

●市町村の基地面積の割合と基地関係収入(基地交付金など)

市町村	基地面積の割合(%)	基地関係収入〔歳入総額に占める割合〕
嘉手納町	*82.0*	22億9111万円〔*18.3*%〕
金武町	*55.6*	30億8399万円〔*26.1*〕
北谷町	*51.6*	18億2223万円〔*9.3*〕
宜野座村	*50.7*	28億1903万円〔*28.2*〕

注：左の青数字は各市町村面積に占める米軍基地面積の割合(上位4市町村)。右の〔　〕は歳入総額に占める基地関係収入の割合。(2020年度)(沖縄県資料)

●沖縄の米軍基地で働く人　(木村司『知る沖縄』朝日新聞出版など)

復帰時(1972年)	→	2020年
労働力人口の*5.4*%(約2万人)	→	*1.2*%(約9000人)

解説 **地域振興を制約**　基地交付金など国からの補助金や軍用地料などは県財政の一定割合を占めているが，広大な基地が商業施設建設や道路整備などを妨げている。沖縄の1人当たり県民所得239万6千円(全国平均の*71.7*%)は，全国最下位(2019年度)。

D 世界の米軍の配置は?

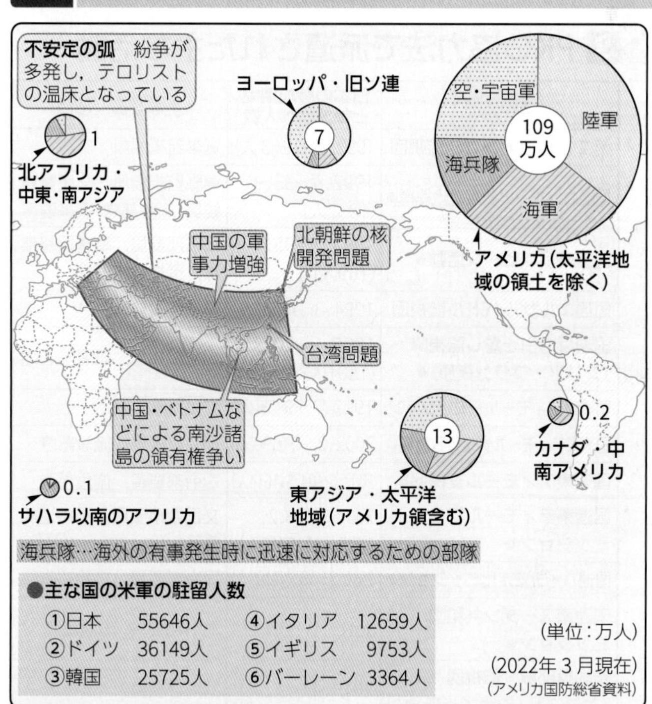

海兵隊…海外の有事発生時に迅速に対応するための部隊

(単位:万人)

●主な国の米軍の駐留人数

①日本	55646人	④イタリア	12659人
②ドイツ	36149人	⑤イギリス	9753人
③韓国	25725人	⑥バーレーン	3364人

(2022年3月現在)(アメリカ国防総省資料)

軍事拠点としての沖縄　冷戦期・冷戦終結後を通じて，アメリカは，アメリカ本土やハワイ・グアムに比べて東アジアに近い沖縄を，重要な軍事拠点と位置付けている。

アメリカ軍の再編　近年，アメリカは，特に軍事費増大を続け海洋進出も狙う**中国を警戒し，世界に駐留するアメリカ軍の再編**を進めている。

在日米軍の再編　その一環として進められているのが**在日米軍の再編**であり，アメリカ側の意向に加え，基地が集中する沖縄の住民の負担軽減をめざして計画され，2006年に日米両政府は再編案に同意した。

再編計画の見直し　しかし，在日米軍の移転先の住民の反発や，県内移転では負担軽減にならないという沖縄の住民の反発もあり，2012年にある程度見直されたものの，普天間飛行場移設問題や，日本側の経費負担など，課題は多い。

Think & Check

沖縄の米軍基地問題を，どのように解決すべきか。日米安保条約，日米地位協定などに着目して考えよう。

»自分の考えを，次の視点で確認しよう。

- 沖縄の人々，本土の人々，基地のそばに住んでいる人，移転する基地のそばに住むことになる人の立場に立って見直そう。**公正**
- 日本の防衛，平和という視点で見直そう。**平和** **正義**

さまざまな意見を冒頭のQRコードで確認

E 自衛隊と国際協力

1 自衛隊の海外派遣に関する法律

注：□は安全保障関連法（◎p.108**A**）の一部。

	法律	成立年	活動の主な内容	国会承認
恒久法（廃止されない限り効力あり）	自衛隊法（第3条）		2006年改正（07施行）。国際任務（主たる任務）の遂行に支障を生じず，武力による威嚇や武力行使に当たらない範囲で，別に法律で定めた上で行う	
	PKO協力法	1992	1991年の湾岸戦争で，日本は130億ドルの財政支援を行ったが，人的な国際貢献をしなかったことが国際的に批判された。その反省をふまえて成立。国連平和維持活動（PKO）などに参加（◎**2**，**3**，p.108）	事前承認*1
	国際緊急援助隊法	1992改正	大規模災害に対する救助や医療など応急対策及び復旧活動。近年ではネパール地震（2015）に際して派遣。	承認不要*2
	重要影響事態安全確保法		1999年成立　周辺事態安全確保法として，新ガイドライン（◎p.136）に対応。米軍への後方支援・捜索救助活動を規定。日本領域と周辺の公海・上空に限定。 2015年改正　重要影響事態安全確保法に名称変更。米軍以外の支援や弾薬提供，外国の領域での活動が可能に（◎p.109）。	事前承認*3
	海賊対処法	2009	海賊から船舶を護衛。ソマリア沖アデン湾に派遣（2009～），ジブチに航空隊の活動拠点を整備し運用（2011～）	承認不要*4
	国際平和支援法	2015	国際平和を脅かす事態に対処する，国連決議に基づく外国軍等への協力支援活動等	事前承認
時限立法	●テロ対策特別措置法（2001成立，07失効）…「テロとの闘い」への参加を規定 ●新テロ特措法（補給支援特別措置法）（2008成立，10失効） ●イラク復興支援特別措置法（2003成立，09失効）…イラク戦争後の復興支援を規定			

＊1　自衛隊の部隊等の停戦監視・安全確保活動のみ事前承認。
＊2　防衛大臣が決定（首相及び国会承認不要）。
＊3　緊急の場合は事後承認。　＊4　首相が承認。

●南スーダンPKOと駆け付け警護

PKO，新たな段階へ　2016年11月，政府は安全保障関連法に基づいて，南スーダンPKOに駆け付け警護などの新任務付与を閣議決定した。

戦闘か衝突か　南スーダンでは2016年7月に大規模な武力衝突が発生したが，新任務付与を巡る議論の中で，政府は「戦闘ではない」と説明していた。ところが，その後，南スーダンの陸上自衛隊部隊の7月の日報に「戦闘」と記されていたことが発覚。この「戦闘」が「武力紛争」であれば，参加五原則（◎**2**），ひいては憲法第9条に違反し，派遣自体ができない。しかも，その日報は当初，廃棄されて存在しないとされ，後にデータの存在が発覚したものの消去の指示が出されたという。

◎駆け付け警護の訓練を行う陸上自衛隊

2 PKO協力法

Q どのような条件で派遣され，何をするのか？

概要	PKOや人道的な国際救援活動への参加のあり方を規定。自衛隊のほか，公務員や民間人なども派遣。	
参加五原則	❶**停戦の合意**がある。 ❷**当事者の受け入れ同意**がある。 ❸**中立性**を保って活動する。 ❹ ❶～❸のいずれかが満たされなくなった場合は業務を中断し撤収する。 ❺武器使用は，要員，自己の管理下の者の生命などの防護のため，必要最小限とする。駆け付け警護や安全確保業務時も武器使用が可能。	
主な業務	国連平和維持軍（PKF）本体	・武器解除，停戦監視など ・国会の事前承認が必要
	PKO後方支援活動	輸送，通信，医療，施設復旧
	停戦監視団	停戦監視
	人道的救援活動	被災民の救援，医療，施設復旧，輸送
	行政支援活動	選挙監視，行政指導，警察指導
改正	1998年	・人道的な国際救援のための物資協力には原則❶の停戦合意不要 ・武器使用の判断は個人でなく上司が行う
	2001年	・自衛隊の部隊によるPKF本体業務への参加凍結を解除 ・「自己の管理下に入った者」・自衛隊の武器を守るための武器使用可
	2015年	・住民等の安全確保や外国軍隊等への駆け付け警護とそのための武器使用が可能

3 PKO協力法で派遣された主な活動

活動名称	日本の参加期間と参加延べ人数	主な要員・部隊
第2次国連アンゴラ監視団	1992.9～10（3人）	選挙監視要員
国連カンボジア暫定統治機構●	1992.9～93.9（1332人）	停戦監視要員，文民警察要員，施設部隊，選挙要員
国連モザンビーク活動●	1993.5～95.1（169人）	司令部要員，輸送調整部隊，選挙監視要員
国連エルサルバドル監視団	1994.3～4（30人）	選挙監視要員
国連兵力引き離し監視隊（シリア・ゴラン高原）●	1996.1～2013.2（1501人）	司令部要員，派遣輸送隊
国連東ティモール・ミッション	1999.7～9（3人）	文民警察要員
国連東ティモール暫定行政機構●	2002.2～5（690人）	司令部要員，施設部隊
国連東ティモール支援団●	2002.5～04.6（1614人）	司令部要員，施設部隊
国連東ティモール統合ミッション●	2007.1～08.2，10.9～12.9（12人）	文民警察要員，軍事連絡要員
国連ハイチ安定化ミッション●	2010.2～13.2（2196人）	司令部要員，施設部隊
国連南スーダン共和国ミッション●	2011.11～（3963人）	司令部要員，施設部隊*2
多国籍部隊・監視団（エジプト・シナイ半島）●*1	2019.4～（12人）	司令部要員

（外務省資料など）

＊1 2015年に改正されたPKO協力法で定められた新任務で，PKO以外の国際連携平和安全活動（◎p.109**B**）。
＊2 施設部隊は2017年5月に活動終了。
●自衛隊が参加した活動（参加延べ人数は2023年7月現在）。

解説 **日本の協力**　**PKO協力法**に基づき，停戦監視・給水・医療の提供・輸送などを行う自衛隊のほか，現地警察への捜査指導などを行う警察官，公正な選挙の実施を監視する公務員や民間人などが派遣された。

ポイント整理 5

学習コンテンツ

4 平和主義

A 戦争の惨禍と憲法の平和主義 (➡p.100・101)

戦争の惨禍 ➡ **日本国憲法**
- **前文**……絶対的平和主義の宣言 － **徹底した平和主義**
- **第9条**…戦争の放棄，戦力の不保持，交戦権の否認

B 憲法第9条をめぐる状況 (➡p.102・103)

憲法第9条と自衛隊の解釈
- **政　府**…自衛のためであっても戦力の保持は違憲だが，自衛のための必要最小限度の実力をもつことは合憲 ➡ **自衛隊合憲**
- **学　説**…自衛隊について，合憲説と違憲説がある。**違憲説**が多数説。
- **最高裁**…「憲法の平和主義は決して無防備，無抵抗を定めたものではない」(砂川事件)とのみ述べ，自衛隊について**憲法判断せず(統治行為論)**。

C 日本の防衛政策と自衛隊 (➡p.104・105, 112)

①自衛隊の発足と歩み

1950	**朝鮮戦争**の勃発 ⇐ **冷戦の激化**…アメリカの対日占領政策の転換 ↓ **警察予備隊**の創設 ⇐ GHQ(連合国軍最高司令官総司令部)の指示 ↓ ⇐ **日米安全保障条約**(1951年)…日本の自衛力強化を期待
1952	**保安隊**に改組 ↓ ⇐ 池田・ロバートソン会談(1953年)，MSA協定(1954年)
1954	**自衛隊**の発足…直接・間接侵略からの国防，治安維持，災害援助が主な任務 ↓ ⇐ 冷戦終結(1989年)，地域紛争の激化 国際貢献への期待の高まり，**湾岸戦争**(1991年)時の日本批判
1992	自衛隊の海外派遣…**PKO協力法(国連平和維持活動協力法)**に基づく海外派遣 ↓
2001～	PKO以外の自衛隊の海外派遣…**テロ対策特別措置法**(2001～07年)，イラク復興支援特別措置法(2003～09年)など ↓
2007	**防衛省**発足(防衛庁から移行)・自衛隊法改正…海外活動の本来任務化 ↓
2015	自衛隊の活動範囲の拡大…安全保障関連法(2015年)

②防衛政策の基本
- **シビリアン・コントロール(文民統制)**，**非核三原則**「持たず，つくらず，持ち込ませず」
- **防衛費増大の歯止め**…「**GNP比1%枠**」(1976年) ➡ 突破，「**総額明示方式**」(1987年)
  ➡ 防衛力の抜本的強化…防衛費増額←財源確保法(2023年)
- **武器輸出三原則** ➡ 防衛装備移転三原則(2014年)
- **集団的自衛権の行使**…行使できない ➡ 憲法解釈の変更により容認(2014年)

D 日米安全保障体制と在日米軍基地 (➡p.106～111)

① **(旧)日米安全保障条約**(1951年)…米軍の日本駐留と基地使用，日本は基地提供義務
➡ 日本の安全保障はアメリカの軍事力に依存

(新)日米安全保障条約(1960年)…アメリカの日本防衛義務 ⇐ **安保闘争**

協力の枠組み
- **ガイドライン**(1978年)…ソ連の侵略に対応
  ↓北朝鮮への警戒感など
- **ガイドライン改定**(1997年)…朝鮮半島有事に対応
  → 法整備 ガイドライン関連法(1999年)，有事関連法(2003・04年)
  ↓中国の海洋進出，北朝鮮の核開発問題，テロなど
- **ガイドライン再改定**(2015年)…平時から緊急事態まで切れ目なく対応
  → 法整備 安全保障関連法(平和安全法制整備法，国際平和支援法)

②「**同盟強靱化予算**」…在日米軍駐留費の日本の一部負担 ➡ 増大 ➡ 負担削減(2000年合意)

③在日米軍基地による問題…犯罪，墜落事故，騒音，基地内の環境汚染など

ポイント解説

A 戦争の惨禍と憲法の平和主義
日本国憲法は**前文**で**恒久平和主義**を宣言し，**第9条**で**戦争の放棄**，**戦力の不保持**，**交戦権の否認**を規定するなど，徹底した**平和主義**を定めている。

B 憲法第9条をめぐる状況　自衛隊をめぐる憲法判断について，政府は**自衛権**を認め，自衛のための必要最小限度の実力である自衛隊は合憲とする立場をとる。学説は，個別的自衛権はもつが，侵略戦争の放棄のため一切の戦力保持を否定，自衛隊は違憲とする立場が多数を占めている。最高裁判所は，自衛隊が合憲かどうかの明確な判断を示していない。

C 日本の防衛政策と自衛隊　**朝鮮戦争**が勃発すると，GHQは**警察予備隊**の創設を指令。その後，自衛力強化を求める**日米安保条約**の締結に伴い，**警察予備隊**が**保安隊**に改組され，1954年に**自衛隊**が発足。湾岸戦争後の1992年には，国際貢献への期待の高まりを受け，**PKO協力法**が制定され，**国連平和維持活動(PKO)**への自衛隊派遣が可能となった。その後，国際情勢の変化に伴って，自衛隊の役割・活動範囲は拡大した。

日本の防衛政策は，専守防衛や**シビリアン・コントロール**，**非核三原則**などを基本方針とし，増大する防衛費に対しては「**GNP比1%枠**」，のちに「**総額明示方式**」の歯止めを設けてきた。

2014年，一定の条件を満たせば武器輸出を可能とする防衛装備移転三原則や，集団的自衛権の行使容認が閣議決定されるなど，日本の安全保障政策は大きく転換した。さらに2022年，政府は「反撃能力」の保有や防衛費増額などを含む「防衛3文書」を閣議決定。防衛力の抜本的強化をめざすとして，2023年に財源確保法が成立した。

D 日米安全保障体制と在日米軍基地
冷戦の激化を背景に締結された**日米安全保障条約**は，**安保闘争**を経て改定され，日米両国の軍事同盟的な関係が深まっていった。日米同盟は，ガイドラインやそれに伴う法整備により，一層緊密化している。2015年，**集団的自衛権**の行使を含む安全保障関連法が成立したが，憲法違反であるとして反対の声も多い。

在日米軍基地周辺では，米軍関係者による犯罪や事故が後を絶たない。また，米軍基地が集中する沖縄では，米軍再編に伴う普天間飛行場の移設に対して意見の対立がある。

5 国会の構成と権限

ねらい
- 国会のしくみと役割を理解しよう。
- 衆議院と参議院の特徴を理解しよう。
- 国会で行われている改革と課題を理解しよう。

4つ目の台座には銅像がない。4人目を選べず将来に持ち越されたとも，「政治に完成はない，未完の象徴」という意味とも言われる。

^ 国会議事堂内にある銅像

A 国会のしくみ

(議会政治の三原則 ➲p.58 4)
(日本の三権分立 ➲p.72 2)

二院制
国会の権限等

1 国会の組織 Q なぜ2つの議院があるのか？

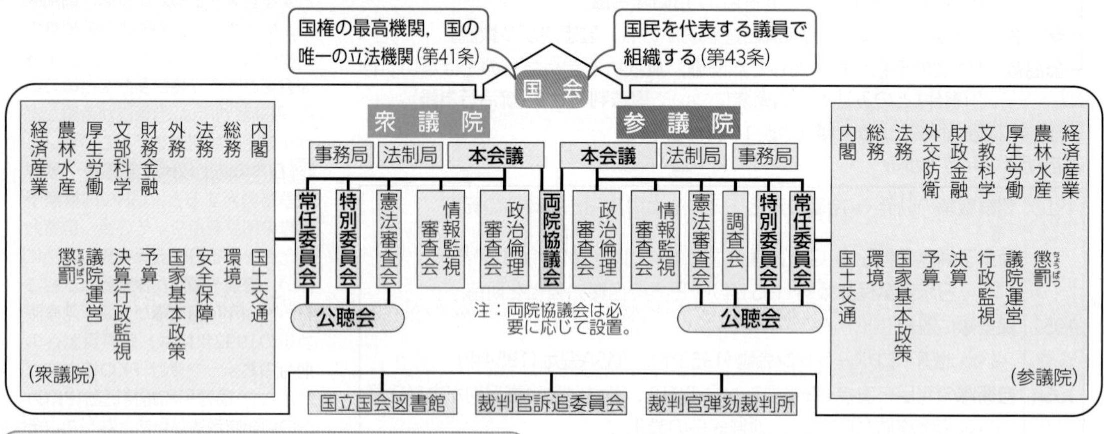

本会議 法律案・予算などの審議・議決が行われる。議員全員の会議であることから，会議での決定は，議院の最終意思になる。
両院協議会 衆参両院で異なった議決をしたとき，妥協案の作成を試みる。両院から各10人の議員で構成。
憲法審査会 憲法や憲法に密接に関連する基本法制の調査，憲法改正原案などを審査する機関。

2 衆議院と参議院の比較 (➲p.135)

衆議院		参議院
465人(小選挙区289人 比例代表176人)	議員定数	248人(選挙区148人 比例代表100人)
4年(解散の場合は任期中でも資格を失う)	任期	6年(3年ごとに半数を改選)
25歳以上	被選挙権	30歳以上
小選挙区…全国を289区 比例代表…全国を11区	選挙区	選挙区……全国を45区 比例代表…全国を1区
あり	解散	なし(衆議院が解散のときは閉会)
あり	内閣不信任	なし
なし	緊急集会	あり(衆議院が解散中に内閣が要請)

解説 **二院制(両院制)の理由** ①慎重な審議で一方の行き過ぎをチェック，②異なる選出方法・任期で多様な民意を反映，③衆議院解散時の緊急議事に参議院が対応するため，などがあげられる。解散がなく長期的視野で議論できる参議院には，「数の衆議院」に対する「理の参議院」としての役割が期待される。

3 委員会制度 Q なぜ委員会が設けられるのか？

常任委員会

原則として全議員がいずれかの委員会に所属する。

●**主な常任委員会**

予算委員会 予算の審議を行う。与野党の実力者から内閣に対し国政全般についての質疑も行われる。

▲予算委員会

議院運営委員会 本会議の開会日時や議事日程など国会運営の協議を行う。

国家基本政策委員会 同委員会の衆参両院の合同審査会で，内閣総理大臣と野党党首との党首討論が行われる(➲p.117)。

特別委員会

特定案件の審議のため，会期ごとに議院の議決により設置。

●**これまでに設置された主な特別委員会**

東日本大震災復興特別委員会 東日本大震災の復興の総合的対策樹立のため，2011年常会で初めて衆参の各院に設置。東日本大震災復興基本法案の審議や災害廃棄物の処理・食品中の放射性物質についての国政調査などを実施。

郵政改革に関する特別委員会 郵政改革の問題調査のため，2011年常会で初めて衆議院に設置。郵政民営化法の改正案の審議や郵政事業についての国政調査などを実施。

公聴会

重要な案件の審査をするために両院の委員会・憲法審査会・参議院の調査会が開く会。総予算や重要な歳入法案・憲法改正原案については開会を義務付けられている。学識経験者や利害関係のある人に出席を求め(公募や政党の推薦をもとに委員会が選ぶ)，意見を聴く制度。委員会は公聴会の意見に拘束されない。

▶公聴会

日本における国権の最高機関は，国会である。○？×？(➲A 1)　答：○

4 国会の種類

種類	会期	召集	主な議題
通常国会*1（常会）	150日間	毎年1回，1月中に召集	新年度予算
臨時国会*2（臨時会）	両議院一致の議決	①内閣または衆参いずれかの議院の総議員の4分の1以上の要求があった場合 ②衆議院議員の任期満了による総選挙，参議院議員の通常選挙後	①…臨時の重要案件 ②…内閣総理大臣の指名など
特別国会*2（特別会）	同上	衆議院解散後の総選挙から30日以内	内閣総理大臣の指名
参議院の緊急集会*3	不定	衆議院の解散中に緊急の必要がある場合	国内・外の緊急議事

＊1　1回延長できる。　＊2　2回延長できる。
＊3　次の国会開会後10日以内に衆議院の同意が必要。過去に2回行われた。

国会の1年

1月	**通常国会**召集 **首相の施政方針演説**など。**予算審議**始まる
3月	予算成立（下旬）
4月	他の法案審議始まる
6月	通常国会閉会（下旬）
7月	個別の議員活動 （国内外の視察，後援者・支持者へのはたらきかけ）
10月	**臨時国会**召集，重要法案・補正予算などの審議
12月	臨時国会閉会

注：7～9月は国会閉会期間

解説 **法案成立をめぐるかけ引き**　会期中に議決されなかった法案は，各議院によって閉会中審査（継続審議）の議決がされなければ廃案となる。そこで，与党は審議不十分と主張する野党の了承を得ずに採決日を決め，数の力で法案を成立させようとする強行採決を行うことがある。これに対して野党の審議拒否，牛歩戦術（野党が記名投票の際，牛のようにゆっくり歩いて時間を引きのばし，法案成立を阻止しようとするもの）などの議事妨害がある。

B 国会の働き

1 国会及び各議院の権限

	権限	憲法	内容
立法関係	立法権	41条	国の唯一の立法機関
	法律案の議決権*	59条	両院一致の議決で法律を制定
	憲法改正の発議権	96条	憲法改正は，各議院の総議員の3分の2以上の賛成で発議し，国民投票でその承認を必要とする（➡p.73A）
対行政	条約承認権*	61条 73条	内閣が条約を締結するときは，国会の承認が必要
	内閣総理大臣の指名権*	67条	国会議員の中から指名する
	内閣不信任決議権㊗	69条	衆議院は内閣不信任の決議案可決や，信任の決議案否決ができる
	財政処理に関する議決	83条	もともと財政処理は行政権の作用であるが，国会の議決を必要とする
	予算の議決権*	60条 86条	国の歳入歳出はすべて予算に組み，国会の審議・議決が必要（衆議院に先議権）
	決算の審査	90条	歳入歳出の決算を国会が審査する
	財政状況の報告を受ける	91条	内閣から，少なくとも1回は財政状況の報告を受ける権限をもつ
	国政調査権㊔	62条	各議院は国政に対する調査を行い，証人の出頭・証言・記録の提出を要求できる
対司法	弾劾裁判所の設置	64条	裁判官を罷免するかどうか決定する弾劾裁判所を設ける。特別裁判所禁止の例外
	議員の資格争訟の裁判㊔	55条	各議院は議員の資格に関する争訟を裁判する。特別裁判所禁止の例外
自律権など	議院の規則制定権㊔	58条②	各議院は自らの議院の会議・その他の手続き・内部規律に関する規則を制定できる
	議員の懲罰権㊔	58条②	各議院は議院内の秩序をみだした議員を懲罰できる

注：㊗…衆議院の権限，㊔…各議院の権限。それ以外は国会の権限。
赤字*は衆議院の優越が認められているもの（➡p.116 2）。

EYE 国会議員の特権は何のため？

❶ 国会議員の特権

歳費特権（憲法49条）	国庫から相当額の歳費（一般職の国家公務員の最高額以上）を受ける。
免責特権（憲法51条）	両議院の議員は，議院で行った演説，討論，表決について，院外で責任を問われない。
不逮捕特権（憲法50条）	両議院の議員は，法律の定める場合を除いては，国会の会期中逮捕されず，会期前に逮捕された議員は，その議院の要求があれば，会期中釈放しなければならない。 **現行犯や議院の許諾があれば逮捕可能**　会期中の国会議員でも現行犯，もしくは所属する議院の許諾があれば逮捕できる（国会法の規定）。

❷ 国会議員の主な待遇（議員1人当たり年額，2023年）

歳費　約1553万円
期末手当　約619万円
調査研究広報滞在費　1200万円
立法事務費*1　780万円

公設秘書給与（3人分）*2　約2007万～3041万円
JR無料パス・航空クーポン
議員会館・宿舎利用

注：国会議員互助年金（議員年金）は2006年4月時点の現職議員まで支給廃止。私鉄・バスの無料パスは2012年に廃止。
＊1 会派に交付。　＊2 国から秘書に支給。　（衆議院資料など）

職務を全うするため　国民を代表して政治を行う国会議員には，外からの干渉や圧力を受けず，独立して行動できるように，様々な特権がある。一方で，一般的な労働者の年収は約497万円（2022年）であり，特権に対する国民の不満は根強い。日本の財政は厳しい状況にある（➡p.183）ため，見直しが必要との意見もある。

◀衆議院議員バッジ　参議院と同じ直径20ミリだが，材質が違う。菊は伝統的に日本を代表する花の1つ。

▶参議院議員バッジ

政治

重要用語　144国会　145衆議院　146参議院　147両院協議会　148委員会制度　149憲法審査会　150公聴会　151国政調査権　152弾劾裁判所

2 衆議院の優越 Q なぜ衆議院の優越が認められるのか？

事項	条件	結果
法律案の議決（59条）（➡3）	①衆・参議院で異なった議決をした ②衆議院が可決した法案を参議院で60日以内に議決しない	衆議院で出席議員の3分の2以上の多数で再可決し成立
予算の先議と議決（60・86条） 条約の承認（61・73条） 内閣総理大臣の指名（67条）	①衆・参議院で異なった議決をし，両院協議会でも不一致 ②衆議院が可決した議案を参議院で30日以内（内閣総理大臣の指名は10日以内）に議決しない	衆議院の議決が国会の議決となる

注：（ ）内の数字は憲法の条項

＊予算は，衆議院が先に審議（先議権）

解説 **国会運営の停滞を回避**（かいひ） もし，衆参両院が対等の立場であると，両院の議決が異なった場合，国会の運営が停滞し，国民の生活にも問題が出てくる。衆議院は，参議院より任期が短く解散もあり，選挙が頻繁（ひんぱん）であるため，国民の意思をより反映しているとされる。そこで，**衆議院の権限を少し強め，国会の運営が停滞しないようにしている。**

内閣不信任決議 憲法第69条による衆議院の権限で，法的拘束（こうそく）力あり。決議後，内閣総辞職か，衆議院解散が行われる。
内閣総理大臣・国務大臣の問責決議 憲法・法律の規定がなく，法的拘束力はないが，議院の意思を表明する役割を果たす。参議院による国務大臣の問責決議を受け，国務大臣が辞任することもある。

3 立法の過程（衆議院先議の場合）

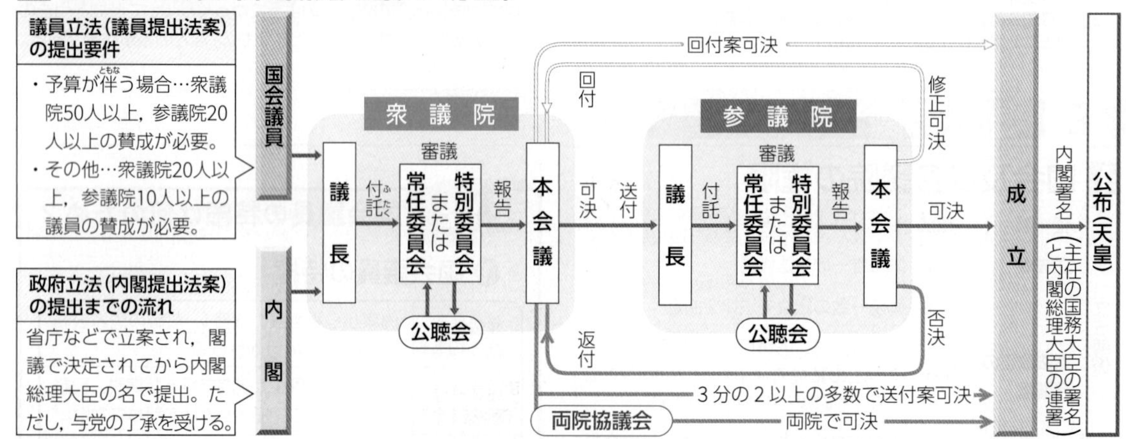

解説 **法律の制定** 提出された法律案は，専門の**委員会**で審議される。委員会で採決された法律案は，本会議に回され採決される。両院で議決が異なる場合は，衆議院の求めで**両院協議会**が開かれ，妥協（だきょう）案作成の試みなどを行うこともある。また，法律案の議決には，**衆議院の優越**（➡2）が認められている。なお，法律案の提出は，官僚が作成に関（かか）わる内閣の方が多く，議員立法の増加が望まれる。

4 議員立法（議員提出法案）の例

臓器移植法（➡p.342）	1997年公布，改正法2009年公布 条件を満たせば，脳死者から臓器を移植できるとした。さらに2009年の改正により，15歳未満の臓器移植が可能になった。
スポーツ振興投票法（サッカーくじ法）	1998年公布 対象となる試合の勝敗を予想し，投票。当たれば配当金がもらえ，外れた分のお金はスポーツの振興に使用される。
公職選挙法等の一部を改正する法律	改正法2015年公布 選挙権や選挙運動など選挙に関して定めている公職選挙法を改正する法律。この改正により，選挙権が18歳に引き下げられた。

● 法案の提出・成立状況（通常国会）

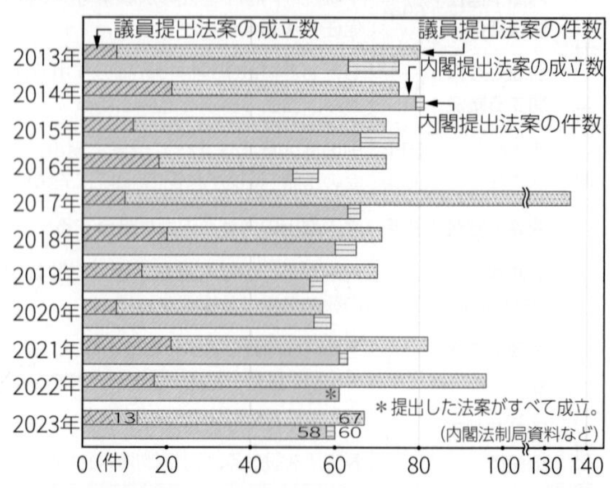

（内閣法制局資料など）

5 定足数（ていそく）と議決

	定足数＊1	議　決
本会議	総議員の3分の1以上	出席議員の過半数＊2
委員会	委員の2分の1以上	出席委員の過半数

＊1 審議や議決を行うのに必要な最小限の出席者数
＊2 ただし，以下の場合は出席議員の3分の2以上
①議員の資格を失わせる。②議員を除名する。③秘密会を開く。④参議院で否決した法律案を衆議院で再び可決する。

探究へのSTEP 衆議院と同じような議決をする参議院を「衆議院のカーボンコピー」と批判する声もある。二院制の意義を保つには，どのようにすればよいかな？

視点 衆議院と参議院の権限や選挙制度，各政党の議席割合などに注目して考えよう。
公正　民主主義　効率

メモ 国会の採択の賛否について，所属する政党（➡p.143）の方針に従うことを議員に義務付けることを党議拘束という。党議拘束に反した場合，除名などの処分が下される。

6 内閣総理大臣の指名 (➡p.370憲法第67条)

❶ 指名の手続き

(1)国会議員の中から議決で指名する。
(2)衆参両院で，それぞれ選挙を行い，**過半数**を必要とする。
(3)投票総数の過半数*に達しない場合は，**決選投票**をする。
(4)決選投票で同数の場合は，くじ引きをする。
(5)両院で異なる指名をし，両院協議会で意見が一致しない時は，**衆議院を優先**する。

＊衆議院233，参議院122。

❷ 指名の結果(2021年11月10日)

衆議院		参議院
297	岸田　文雄(自民)	141
108	枝野　幸男(立民)	60
41	片山虎之助(維新)	15
11	玉木雄一郎(国民)	15
5	吉良　州司(無所属)	0
3	山本　太郎(れいわ)	3
0	嘉田由紀子(無所属)	2
0	渡辺　喜美(無所属)	2
0	伊藤　孝恵(国民)	1
0	伊波　洋一(無所属)	1
0	白　　票	2
465	投票総数	242

●首相公選制

首相公選制とは　首相を有権者である国民が直接選ぶ制度で，様々な形態のものが提案されている。

様々な意見　首相公選制は，国民の政治的参加や，首相が国民から選ばれたことにより，政権・政策の正当性やリーダーシップの強化が期待される。しかし，導入については慎重な意見も多い。首相と議会の双方が国民から選ばれるが，ねじれの状態により政治が停滞してしまうこと*や，首相を選ぶ際に人気投票になってしまうなどの懸念がある。また，首相を国民が選ぶことで大統領的地位となり，天皇との関係が問題となる。つまり，首相と天皇のどちらが元首であるかという議論がおこる。

＊イスラエルでは，これが原因で5年で廃止された。

7 国政調査権 (➡p.370憲法第62条)

各議院が，法律の制定・予算の議決などの権限や，国政に関する監視機能を果たすための，次のような権限。手続きや方法は各議院規則や**議院証言法**に定められている。

①審査や調査のために議員を派遣できる。
②内閣などに報告や記録の提出を求めることができる。
③証人に出頭を求め，証言や記録の提出を求めることができる。

●**議院における証人の宣誓及び証言等に関する法律(抄)(議院証言法)**　[公布1947(昭22).12　最終改正2022(令4).6]

第1条　[証人の出頭・証言・書類提出の義務]　各議院から，議案その他の審査又は国政に関する調査のため，証人として出頭及び証言又は書類の提出を求められたときは，この法律に別段の定めのある場合を除いて，何人でも，これに応じなければならない。

第5条の7　[尋問中の撮影・録音]①　委員会又は両議院の合同審査会における証人の宣誓及び証言中の撮影及び録音については，委員長又は両議院の合同審査会の会長が，証人の意見を聴いた上で，委員会又は両議院の合同審査会に諮り，これを許可する。

第6条　[偽証の罪，自白による刑の減免]①　この法律により宣誓した証人が虚偽の陳述をしたときは，3月以上10年以下の拘禁刑*に処する。　＊改正刑法施行後

解説　証人喚問　証人は，正当な理由なく出頭や証言を拒否したり，証言の際に虚偽の陳述をすると罪に問われる。このような厳格な規定のため，しばしば証人喚問の代わりに「参考人招致」が行われる。参考人は出頭を拒むことができ，罰則もない。なお，証人や参考人には，原則として旅費と日当が支給される。

議院証言法は1998年の改正により，証人の意見を聴いたうえで，証人喚問中の写真撮影やテレビ中継が許可されるようになった。

8 弾劾裁判所 (➡p.124 5，p.370憲法第64条)

裁判官を罷免するかどうかを決定するために，国会は両議院の議員から成る弾劾裁判所を設置する。国会から独立してその職務を行う。

罷免できる場合	
	①職務上の義務違反や職務を怠った場合
	②裁判官としての威信を失う非行を行った場合

▽弾劾裁判所

注：罷免の裁判の宣告から5年経過した者は，本人の請求により，弾劾裁判所で資格回復の裁判が受けられる。

C 国会改革

1 党首討論　Q 党首討論で何が期待されているか？

いつ	国会会期中は，原則毎週。内閣総理大臣(首相)が本会議や予算委員会に出席する週は行われない。
どこで	国家基本政策委員会の衆参両院の合同審査会
方法	内閣総理大臣と野党の各党首による45分間の討論

●**2021年6月9日の党首討論**

補正予算についてお尋ねしたいと思います。……政府・与党は補正を組まず，また，秋まで国会を閉じると伝えられています。これでは，どんなに早くても，補正を組んでそれが困っている方に届くのは年末になります。残りの予備費だけで……支えることは到底私は不可能だと思います。

△枝野立憲民主党代表(当時)

△菅首相(当時)

……今年度への繰り越している金額がおよそ30兆円あります。これを執行してまずは全力で支援をしていきたい……さらに，今年度の新型コロナの予備費も4兆円あります。今後も必要に応じて，こうしたものを活用して対策を講じていきたいと思います。

解説　活発な議論を期待　党首討論は，イギリス議会にならい，1999年**国会審議活性化法**制定により導入，2000年に現在の形式になった。野党側には，建設的で核心をつく質問，首相には論戦に応じた逆質問など，積極的な姿勢による活発な議論が求められる。

2 副大臣・大臣政務官(政務官)

副大臣	大臣政務官(政務官)
国務大臣の職務の代行，国会答弁，政策の立案。	特定の政策・企画に参画して国務大臣を助け，政務を処理する。
通常は国会議員	

解説　政治家主導の政治を期待　専門知識を身に付けず，責任感が希薄な大臣が多いという批判から，国会審議で官僚(**政府委員**)が大臣に代わって答弁する政府委員制度が1999年国会審議活性化法によって廃止された。また，**副大臣**と**大臣政務官**(両者とも国会議員)が2001年に導入された。これらの改革により官僚主導の政治から政治家主導の政治への転換がはかられたが，依然として専門知識をもつ官僚の力は強い。

6 議院内閣制と行政

ねらい
- 内閣のしくみと権限について理解しよう。
- 内閣と国会の関係について理解しよう。
- 行政の課題を理解しよう。

霞が関付近の各省庁

A 内閣のしくみと働き

議院内閣制
内閣総理大臣任命等

1 議院内閣制

Q 内閣と国会はどのような関係か？

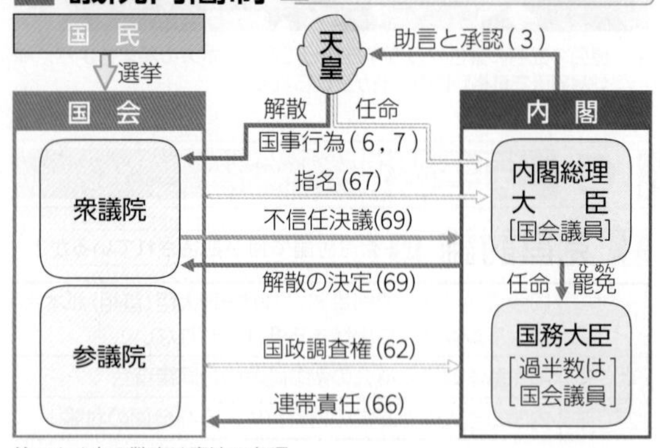

注：( )内の数字は憲法の条項

解説 **内閣と国会の関係** **議院内閣制**とは，内閣を国民の代表である国会の信任の下に置き，一方，内閣は衆議院を解散し，国民の意思を問うことができるという互いに抑制し合う制度である。多数党が内閣を組織する議院内閣制では，内閣・与党の暴走を防ぐために，野党・国民の監視が求められる。

2 内閣が成立するまで

注：( )は憲法の条項，(国)は国会法

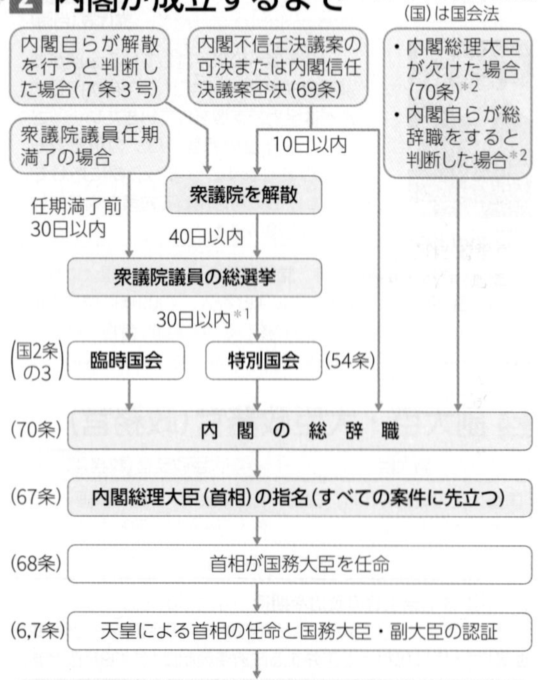

＊1 総選挙の日から30日以内。任期満了の場合は，任期開始の日から30日以内。解散総選挙の場合は特別国会，任期満了総選挙後は臨時国会が召集される。
＊2 国会閉会中の場合，国会が召集され，内閣総理大臣が指名される。

3 内閣の権限

Q 表を元に，各機関への内閣の権限を矢印で示した図をつくってみよう。

	権　限	憲法	内　容
行政関係	行政に関する権限	65条 73条	行政権の主体となり，一般行政事務を執行
	法律の執行と国務の総理	73条1	法律を誠実に執行し，行政事務全般を統括管理
	外交関係の処理	73条2	重要な外交問題は，外務大臣に一任せず，内閣が処理
	条約の締結	73条3	国会の承認が必要
	官吏に関する事務の掌理	73条4	国家公務員法に従って，政府職員関係の事務を行う
	予算の作成	73条5	国会に提出して審議を受ける
	政令の制定	73条6	憲法や法律の規定を実施するために，政令を制定する
	恩赦の決定	73条7	恩赦を決定し，天皇が認証
対天皇	天皇の国事行為への助言と承認	3条 7条	天皇の国事行為は，内閣が助言と承認を行い，責任を負う
対立法	臨時国会の召集の決定	53条	召集は内閣が決定
	参議院の緊急集会の要求	54条②	衆議院の解散中に，必要があれば，緊急集会を要求
対司法	最高裁長官の指名と，その他の裁判官の任命	6条② 79条① 80条①	最高裁長官は内閣が指名し天皇が任命，他の裁判官は内閣が任命。下級裁裁判官は最高裁で指名し内閣が任命

解説 **内閣の権限の強化** 大日本帝国憲法のもとでは，行政権の主体は天皇だったが，日本国憲法では，**行政権は内閣に属し**，内閣及び内閣総理大臣に広く権限を与えている。

●閣議とは？

内閣が政治方針を決める会議。
原則非公開(概要は公表)。

主　宰	内閣総理大臣
構成員	全ての国務大臣
開催日	定例閣議　火・金曜日 臨時閣議　緊急時
議　決	全会一致の原則

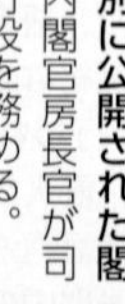
(田中角栄元首相の花押)

案件が決定したら，各大臣は花押と呼ばれる毛筆のサインをする。

特別に公開された閣議　内閣官房長官が司会進行役を務める。

入試クイズ　憲法で行政権の担い手とされる内閣は，法律を制定することはできないが，法律の規定を実施するための政令を定めることはできる。○？×？(➡3，p.120 3)　答：○

＊内閣総理大臣の訴追…内閣総理大臣も国務大臣なので，訴追に対する同意は，内閣総理大臣自らが行う。

4 内閣総理大臣の権限

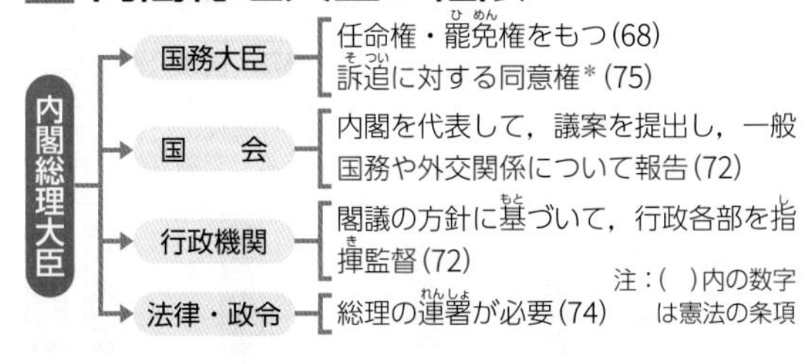

5 日本国憲法下の衆議院解散

回＊	解散年月日	内閣	解散の通称・原因など
24	1948.12.23	②吉田	**なれあい解散** 野党の不信任案を可決
25	52.8.28	③吉田	**抜き打ち解散** 国会召集後突然解散
26	53.3.14	④吉田	**バカヤロー解散** 首相が社会党の質問中に失言。内閣不信任決議を受け解散
27	55.1.24	①鳩山	**天の声解散** 社会党からの首相指名の見返りに早期解散を約束し，組閣後「解散は天の声」と答弁し解散
28	58.4.25	①岸	**話し合い解散** 自社両党首が話し合いで解散
29	60.10.24	①池田	**安保解散** 人心一新を理由に解散
30	63.10.23	②池田	**所得倍増解散** 経済成長の実績を背景に解散
31	66.12.27	①佐藤	**黒い霧解散** 政界不祥事相次ぎ解散
32	69.12.2	②佐藤	**沖縄解散** 沖縄返還決定を背景に解散
33	72.11.13	①田中	**日中解散** 日中国交正常化を背景に解散
34	76.12.5	①三木	解散ではなく，任期満了
35	79.9.7	①大平	**増税解散** 首相が安定多数政権を狙い解散
36	80.5.19	②大平	**ハプニング解散** 前回選挙の自民党大敗により党内分裂。反主流派欠席の本会議で野党の不信任案が可決され解散
37	83.11.28	①中曽根	**田中判決解散** ロッキード事件第一審で田中元首相が有罪判決を受けた直後に解散
38	86.6.2	②中曽根	**死んだふり解散** 高支持率のまま解散し衆参同日選挙を企図した首相が，臨時会召集時に突然解散
39	90.1.24	①海部	**消費税解散** 消費税見直しか廃止かを問う解散
40	93.6.18	①宮沢	**政治改革解散** 政治改革の先送りで生じた混乱を収拾できず，不信任案が可決され，解散
41	96.9.27	①橋本	**名無しの解散**(争点がぼやけていた)
42	2000.6.2	①森	**神の国解散** 首相の発言が問題視され，解散
43	03.10.10	①小泉	**マニフェスト解散** 構造改革の成果を背景に解散
44	05.8.8	②小泉	**郵政解散** 郵政民営化法案の賛否を問う
45	09.7.21	①麻生	**政権交代解散** 民主党への政権交代を導いた解散
46	12.11.16	①野田	**近いうち解散** 解散を迫る野党に対し首相は「近いうち」と答え，その100日後に解散
47	14.11.21	②安倍	**アベノミクス解散** 経済政策の是非を問う
48	17.9.28	③安倍	**国難突破解散** 野党は加計・森友問題の説明が不十分として「疑惑隠し解散」と批判
49	21.10.14	①岸田	**未来選択選挙** 新型コロナウイルス感染症対策や経済政策に早く取り組むため，衆議院議員任期満了前に解散

＊回は，衆議院議員総選挙の回次。▒は衆議院の内閣不信任決議を受けた解散(いわゆる69条解散)。34は，唯一の任期満了。

解説 **内閣の交代** **議院内閣制**をとる日本では，憲法で，衆議院の総選挙後や内閣不信任決議を受けて，内閣が総辞職することを定めている。これら以外にも，首相以外の国務大臣を入れ替える**内閣改造**や，首相である**与党党首の交代**による内閣の総辞職などで，内閣は交代する。

EYE 首相官邸はハイテク装備！

機能強化 2002年4月に完成した現在の首相官邸は，鉄骨鉄筋コンクリートづくりで震度7にも耐えられる構造。新官邸は地下1階にハイテク装置を備えた危機管理センターがあり，24時間体制で**首相のもとへ情報を集め，迅速に首相が判断できる態勢が整えられた。**

首相官邸

●首相官邸の構成

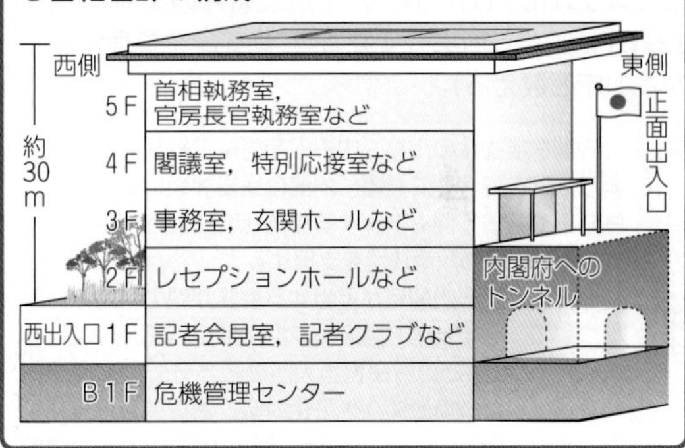

6 衆議院の解散

	69条解散		7条解散
	内閣不信任案の可決		天皇の国事行為
根拠・条文	**憲法第69条[衆議院の内閣不信任と解散又は総辞職]** 内閣は，衆議院で不信任の決議案を可決し，又は信任の決議案を否決したときは，10日以内に衆議院が解散されない限り，総辞職をしなければならない。		**憲法第7条[天皇の国事行為]** 天皇は，内閣の助言と承認により，国民のために，左の国事に関する行為を行ふ。……三 衆議院を解散すること。
回数	4回＊		21回

＊1953・80・93年は，事実上内閣不信任決議に伴う69条解散であるが，解散詔書には7条解散と書かれている。

● 衆議院の解散を決めるのはだれ？

天皇の国事行為 衆議院解散は天皇の国事行為なので，内閣の助言と承認が必要である(憲法第7条)。このため，内閣不信任決議(第69条)がなくても，**内閣は解散の決定をできる**。では，もし内閣を構成する内閣総理大臣と国務大臣の間で意見が割れたら，どうなるのだろうか。

国務大臣の任免権 国務大臣の任免権をもつのは内閣総理大臣(首相)であるため，国務大臣の意見が首相と異なる場合，首相は，その大臣を罷免することも可能である。

つまり，衆議院の解散の決定権は，事実上は首相だけがもっていることになる。

重要用語 ⑮3議院内閣制 ⑮4閣議 ⑮5国務大臣 ⑮6政令

7 日本の行政機構

＊原則14人（復興庁，国際博覧会推進本部設置中は16人）以内，特別に必要がある場合は17人（19人）
（内閣官房資料）

- 会計検査院
- 内閣法制局
- 内閣官房
- 内閣
  - 内閣総理大臣
  - 国務大臣＊
- 人事院
- 国家安全保障会議

会計検査院 国の収支決算は，会計検査院の検査を受けなければならず，内閣に対して独立した地位にある。

人事院 国家公務員の人事に関する機関で中立・専門性確保のため，他の官庁よりも独立性が強い。

- 内閣府
  - 特命担当大臣（沖縄・北方対策担当など）
  - 経済財政諮問会議 など
  - こども家庭庁
  - カジノ管理委員会
  - 消費者庁
  - 金融庁
  - 個人情報保護委員会
  - 国家公安委員会
    - 警察庁
  - 公正取引委員会
  - 宮内庁
- 復興庁
- デジタル庁
- 総務省
  - 公害等調整委員会
  - 消防庁
- 法務省
  - 公安審査委員会
  - 公安調査庁
  - 出入国在留管理庁
- 外務省
- 財務省
  - 国税庁
- 文部科学省
  - 文化庁
  - スポーツ庁
- 厚生労働省
  - 中央労働委員会
- 農林水産省
  - 林野庁
  - 水産庁
- 経済産業省
  - 資源エネルギー庁
  - 特許庁
  - 中小企業庁
- 国土交通省
  - 観光庁
  - 気象庁
  - 海上保安庁
  - 運輸安全委員会
- 環境省
  - 原子力規制委員会
- 防衛省
  - 防衛装備庁

❶ 中央省庁再編と内閣府

1府12省庁とは？ 2001年，それまでの1府22省庁は1府12省庁に再編され，**縦割り行政の是正**と**行政組織のスリム化**がはかられた。1府12省庁の1府は**内閣府**，12省庁は11省と国家公安委員会（警察庁を管理することから1庁と数える）。

内閣府
内閣機能強化のため，中央省庁再編で総理府や経済企画庁などを統合して設置。内閣の重要課題について，企画立案や各省庁間を調整する機能（統合調整機能）を担い，内閣総理大臣の政策決定を支援する。
特命担当大臣 内閣府が担当する重要課題の特定の分野について，長である内閣総理大臣を助ける国務大臣（複数人）。これまでの特命担当大臣の担当分野は，経済財政政策，科学技術政策，少子化対策，消費者及び食品安全，金融，沖縄及び北方対策，原子力防災など。12省庁の長である国務大臣との兼任も多い。

❷ 中央省庁再編よりも後に設置された主な省庁

注：●の数字は設置年の下2ケタ。

防衛省⓪⑦	**防衛庁**から移行。
復興庁⑫	東日本大震災後の復興のため2030年度まで内閣に設置。各省庁・地方公共団体の調整など，復興のための内閣の事務を内閣官房とともに助ける。
出入国在留管理庁⑲	外国人旅行者の入管業務や外国人材受け入れの環境整備などに対応するため，入国管理局から移行。
デジタル庁㉑	デジタル社会形成の司令塔として内閣に設置。各省庁を横断し，デジタル化を推進する。
こども家庭庁㉓	子どもの政策の司令塔として内閣府の外局に設置。

解説 庁から省へ 防衛庁は2007年防衛省へと移行した。防衛庁では内閣府の業務を担う位置づけであるため，予算の要求や閣議を求めるには内閣総理大臣を通す必要があった。しかし，省になることにより，防衛大臣が直接要求できるようになった。

B 行政権の拡大と弊害

1 政府の役割の変遷 Q 人々は政府に何を求めてきたか？ （➡p.57 1，62 ナットク!）

18世紀 安価な政府が理想（夜警国家）
市民革命による権力分立，人権保障宣言
国家は，個人に経済的・政治的に干渉せず，社会の最小限度の秩序維持と治安確保に努めるべきとされた。

→ **20世紀 福祉国家が理想**
資本主義経済の進展・経済的格差の拡大
国家は，社会保障・教育・産業育成政策など，国民生活に積極的に関わり，弱者を救済すべきとされた。

→ **20世紀後半～21世紀 行政国家批判**
政府の役割を見直す行政改革の必要性
行政組織の肥大化・権力強大化，国会のコントロール不足，政府財政難，汚職事件などから行政改革が求められた。

2 公務員数の推移

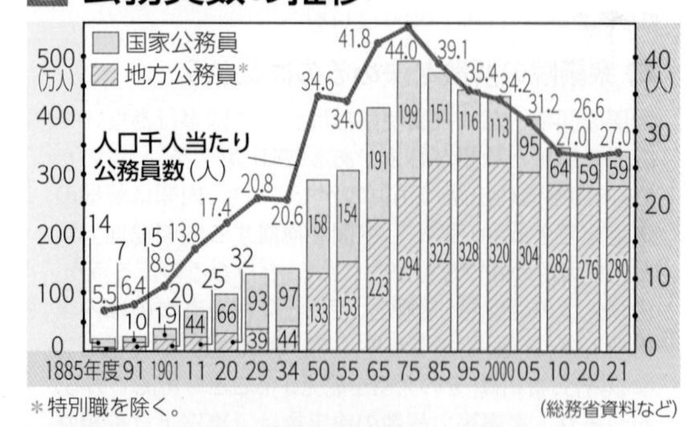

＊特別職を除く。 （総務省資料など）

解説 公務員数の削減 行政改革（➡p.121）の1つとして，民営化などによる公務員数の削減が進められている。

3 委任立法

委任立法とは，法律の実施に必要な命令や細則を，法律の委任に基づいて，「唯一の立法機関」である国会ではない，行政機関などが定めること。政令（内閣），内閣府令（内閣総理大臣）・省令（各省大臣）など。

●委任立法の例

道路交通法（国会）	第4条④ 信号機の表示する信号の意味その他信号機について必要な事項は，**政令で定める。**
道路交通法施行令（内閣）	第2条 **法第4条④に規定する**信号機の表示する信号の種類及び意味は，次の表に掲げるとおりとし，……。

入試クイズ 国会が制定した法律について，その規定を実施する政令を定める権限は，内閣にはない。○？×？（➡3） 答：×

4 省庁別の許認可件数

15475件	国土交通省	厚生労働省	金融庁	経済産業省	農林水産省	環境省	その他
(%)	18.1%	15.8	15.2	14.6	11.4	6.9	18.0

(2017年4月現在) (総務省資料)

解説 **許認可行政** 国民生活保護のため，省庁は，行政手続法に沿って許認可や行政指導を行い，業界を規制する。しかし，規制が多すぎたり不適正だと様々な弊害が生じる。近年は，規制の緩和・撤廃を中心とした規制改革が進められている。

● 規制の役割と弊害

役割	弊害
・事故や環境破壊の防止 ・悪質商法などから消費者を守る。 ・業界の過当競争を防ぎ，倒産や失業を防止	・規制クリアのために時間や人件費が膨大にかかる。 ・規制が利権と結びつき，政治家・官僚・財界(企業)が癒着する。 ・自由な競争が制限される。

探究へのSTEP **ドローンの飛行には安全のため，空港やイベント上空では事前に許可・承認が必要などの規制がある。しかし，荷物の配送や災害救助などへの活用も期待されている。一層のドローン活用のため，どこでも自由にドローンを飛ばせるようにすべきかな？**

^ドローン

視点 規制緩和をすることにより，どのようなことが可能になるか，それによって起こりうる危険性にも着目して考えよう。
効率 **利便性と安全性** **自由・権利** **幸福**

5 官僚の「天下り」 Q 天下りのどのような点が問題か？

官僚の退職時の役職→再就職先
財務官 →国際通貨基金副専務理事
国土交通事務次官 →三井住友信託銀行株式会社顧問
経済産業事務次官 →日本生命保険相互会社特別顧問
農林水産省大臣官房付 →株式会社ニチレイ理事

(2021年度) (内閣人事局資料)

省庁	件数
財務省	387件
国土交通省	350
経済産業省	150
農林水産省	123
法務省	116

注：管理職の国家公務員(2021年度) (内閣人事局資料)

解説 **官僚と企業の癒着の一因** 官僚(国家公務員)が，勤めていた省庁と関係の深い民間企業や団体に再就職することを**天下り**という。国家行政を支えていた官僚の能力を民間に生かせると，天下りを評価する意見もある。しかし，複数の企業を渡り歩いて巨額の退職金を手にしたり，省庁に働きかけて天下りした企業に便宜をはからせる元官僚がいるため，天下りには根強い批判がある。2009年の民主党政権発足後，行政機関による天下り斡旋は全面的に禁止されたが，事実上の天下りはなくなっていないという批判がある。

官僚の早期退職慣行 官僚組織は事務次官を頂点としたピラミッド型で，幹部に昇進できなかった官僚は，定年を待たずに退職するよう勧められ，多くが50歳代半ばで退職する。天下りの根本的な要因として問題視されている。
天下りと職業選択 天下り禁止が職業選択の自由に反するという議論もある。官僚においても職業選択の自由は保障されるが，天下りにおいて適用されるかが争点である。

C 行政改革と行政の民主化

1 行政改革の流れ Q どのような政府をめざしているか？

1985	日本電信電話公社の民営化…日本電信電話株式会社(NTT)設立 日本専売公社の民営化…日本たばこ産業株式会社(JT)設立
1987	日本国有鉄道の民営化…JR発足(JR東海，JR西日本など設立)
1996	行政改革会議設置…**中央省庁の再編・特殊法人などの民営化・公務員数削減**などによる**政治家主導の政治**と**簡素・効率・透明な政府**の実現を求める報告書を提出(1997年)
2001	1府22省庁を**1府12省庁に再編**(➡p.120 7)
2004	国立大学の独立行政法人化
2005	道路関係四公団の民営化…東日本高速道路株式会社など設立
2007	郵政事業民営化…**日本郵政グループ**発足(➡EYE)
2008	**国家公務員制度改革基本法**制定…官僚主導から政治家主導をめざし，各省庁幹部の人事管理を行う**内閣人事局**が設立(2014年)
2009	**行政刷新会議**設置(～12年)…国会議員や民間有識者などが仕分け人として省庁の事業の必要性を判定する「**事業仕分け**」実施。

解説 **「小さな政府」をめざす** **行政改革**の目的の1つは政府支出の削減だが，民間企業の参入を促し経済活性化につなげるねらいもある。一方，営利を目的としない政府でなければ全国一律のサービスは維持できないとして，民営化の流れを批判する声もある。

2 行政の民主化を進める制度・法律

国政調査権 [立法府]	憲法第62条による両議院の権限。行政機関などに証言・記録提出を要求できる。(➡p.117 7)
行政委員会 [行政府]	民主的・適正・能率的な行政のため，他の行政機関からある程度独立した合議制の機関。例えば， **人事院**…国家公務員の給与などの人事行政 **中央労働委員会**…労働争議の斡旋・仲裁・調停など **公正取引委員会**…独占禁止法の実施と運用(➡p.169)
審議会 [行政府]	中央省庁や地方公共団体が任命した民間有識者からなる諮問機関。特定の事項の調査・審議・答申を行う。法的拘束力はないが，行政への民意の反映や行政の監視・抑制を果たす役割を担う。
情報公開制度	地方公共団体から始まり，国にも導入された。(➡p.97)
オンブズマン制度	一部の地方公共団体で実施。国では未実施。(➡p.130)
行政手続法	公正・透明な行政運営をめざし，あらゆる分野の行政手続きの共通事項を定めた法律。1994年施行。
国家公務員倫理法	一定の役職以上の国家公務員に接待・金銭贈与の報告書提出などを義務付けた法律。人事院に国家公務員倫理審査会を設置。2000年施行。

解説 **行政の民主化の理由** 行政権の優越が進み官僚支配の行政に陥り国民の利益が損なわれるのを防ぐため，行政機関からある程度独立した機関や国会，国民による行政の監視が必要である。

EYE 郵政民営化

郵政民営化 郵政民営化は，小泉内閣時代(2001～2006)に積極的に進められ，郵政民営化関連法が成立。
民営化の見直しと震災 2009年，民主党政権が郵政株式売却凍結法を成立させ，民営化を見直した。しかし，東日本大震災を受け，復興財源確保のため，2012年の郵政民営化関連法改正で当初よりも緩やかな民営化を可能にした。
上場 2015年，日本郵政グループ3社の株式が上場。政府は，東日本大震災の復興財源にあてるため，保有する株式を売却している。

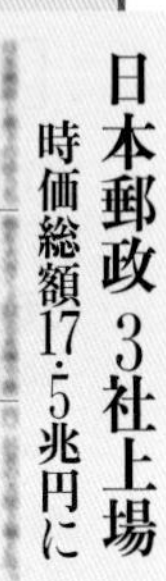
日本郵政 3社上場
時価総額17.5兆円に

(「読売新聞」2015.11.5)

重要用語 131情報公開制度 151国政調査権 156政令 157委任立法 158天下り 159行政改革 179オンブズマン(オンブズパーソン，行政監察官)制度

ポイント整理 6

学習コンテンツ

5 国会の構成と権限

A 国会のしくみ (➲p.114・115)

①**国会の地位**…国権の最高機関であり，唯一の立法機関
②**国会の組織**…二院制(両院制)─┬衆議院…解散あり。任期４年
└参議院…解散なし。任期６年
③**委員会制度**…能率的な議会運営のため，事前に専門的な審議(しんぎ)を十分に行う。
④**国会の種類**…常会(通常国会)，臨時会(臨時国会)，特別会(特別国会)
参議院の緊急集会(衆議院の解散中に緊急の議事を審議する)

B 国会の働き (➲p.115〜117)

①**主な権限**
- **法律の制定**…法律案は，国会議員が提出する議員提出法案(**議員立法**)と，内閣が提出する**内閣提出法案**(**政府立法**)がある。
- **対行政**…・**予算の議決権**　・**条約承認権**　・**内閣総理大臣の指名権**　・**内閣不信任決議権**(衆議院のみ)　・**国政調査権**
- **対司法**…弾劾裁判所の設置

②**議員の特権**…歳費を受ける権利，不逮捕特権，免責(めんせき)特権
③**衆議院の優越**…**法律案の議決**，予算の先議権と予算の議決，条約の承認，内閣総理大臣の指名

C 国会改革 (➲p.117)

①**党首討論の導入**
②**政府委員制度の廃止**，**副大臣・大臣政務官(政務官)の導入**
➡官僚(かんりょう)主導の政治から政治家主導の政治への転換がめざされたが，現状としては官僚の力が依然(いぜん)として強い。

6 議院内閣制と行政

A 内閣のしくみと働き (➲p.118〜120)

①**議院内閣制**…内閣は，国民の代表である国会の信任に基(もと)づいて成立し，国会に対して連帯して責任を負う。
内閣 ――**衆議院の解散の決定，連帯責任**――→ 国会
内閣 ←**内閣不信任決議(衆議院)，内閣総理大臣の指名**―― 国会
→国会と内閣の相互抑制機能 ➡ **与党**の暴走を防ぐ野党・国民の監視が必要
└国会における多数党が内閣を組織

②**内閣の権限**…閣議の決定に基(もと)づいた行政権の行使
- 一般行政事務，**法律の執行**，外交関係の処理，**条約の締結**，**予算の作成**，政令の制定，臨時国会の召集の決定，恩赦(おんしゃ)の決定など
- **天皇の国事行為に対する助言と承認**
- 最高裁判所長官の指名とその他の裁判官の任命

③**内閣総理大臣の権限**
- 国務大臣の任命権・罷免権，**閣議**の主宰，閣議方針に基(もと)づく**行政各部の指揮・監督権**
- 内閣を代表して議案を提出，一般国務及(およ)び外交関係について国会に報告など。

④**行政のしくみ**…内閣が行政機関を指揮監督する。**国務大臣**が各省庁の長。

B 行政権の拡大と弊害(へいがい) (➲p.120・121)

行政権の拡大
➡ 様々な弊害(へいがい)…財政難，汚職事件，縦割(たてわ)り行政，官僚の天下(あまくだ)りなど
➡ 行政改革により「**小さな政府**」をめざす

C 行政改革と行政の民主化 (➲p.121)

①**行政改革**…道路関係四公団の民営化(2005年)，郵政事業民営化(2007年)など
②**行政の民主化の方法**…**国政調査権**・**情報公開制度**・**オンブズマン制度**など

ポイント解説

A 国会のしくみ　憲法は国会を**国権の最高機関**であり，**唯一の立法機関**であると定めている。国会は，国民の意思を反映しやすい**衆議院**と，安定した審議の継続を行う**参議院**の**二院制**をとっている。

B 国会の働き　国会の最も重要な働きは**法律の制定**であるが，その他にも，**予算の議決権**，**内閣不信任決議権**などの行政の監督権，**弾劾裁判所**の設置による司法の監督権，また国政全般に関する**国政調査権**をもつなど，国政の中心機関として働いている。また，両院の議決が異なった場合の議会や政治の停滞を防ぐために，**衆議院の優越**が認められている。また，国会議員は，全国民の代表として独立して行動できるよう歳費を受ける権利，不逮捕特権，免責特権が認められている。

C 国会改革　**党首討論**や副大臣・大臣政務官が導入され，官僚主導の政治から，政治家主導の政治への転換がめざされている。

A 内閣のしくみと働き　**内閣総理大臣**は，国会の議決により国会議員の中から指名され，内閣総理大臣が**国務大臣**を任命する。国会は，内閣不信任決議権により内閣を監視し，内閣は衆議院の解散を決定してこれに対抗できる。内閣が国会の信任に基(もと)づいて成立し，国会に対し責任を負う**議院内閣制**は，行政に国民の意思を間接的に反映することができる。

B 行政権の拡大と弊害　資本主義の発達に伴(ともな)い，国家の役割は**安価な政府**から**福祉国家**，さらには**行政国家**へと変化した。しかしそのために行政組織が肥大化(ひだいか)し，国会のコントロール不足が批判(ひはん)されている。また，財政の悪化や，官僚の「**天下り**」，汚職(おしょく)事件の発生，**縦割(たてわ)り行政**の弊害などの問題が生じている。

C 行政改革と行政の民主化　行政機能の拡大の弊害を防ぐためには，**行政の民主化**が必要である。まずは国会が**国政調査権**を有効活用し，人事院や公正取引委員会などの行政委員会などが本来の役割を果たすことが必要である。国民による行政監視システムとしては，**情報公開制度**や**オンブズマン(オンブズパーソン，行政監察官)制度**がある。また，近年では国営事業の**民営化**(日本道路公団など)をはじめとした**行政改革**が進められており，「**小さな政府**」がめざされている。

菊の花弁と葉の中に紅色の旭日。秋の冷たい霜と夏の強い日差しにも見え，刑罰をめぐる姿勢の厳しさを象徴。

△検察官

▽弁護士

正義と自由を示すヒマワリの中に，公正と平等を示す秤を配置。

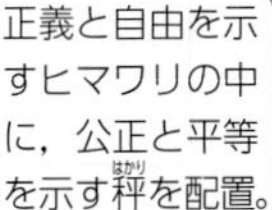

三種の神器の１つで，「正しいものを映す」という八咫の鏡の中に「裁」の字をデザイン。

△裁判官

◁裁判にかかわる法律家のバッジ

司法と国民

7

ねらい
- 公正な裁判のためにどのようなしくみがあるか理解しよう。
- 国民の司法参加のしくみやその意義，大切さについて理解しよう。

A 司法権の独立

司法権の独立
国民審査

1 大津事件

1891(明治24)年５月11日，来日中のロシア皇太子が，大津市を訪れたとき，警備中の巡査にサーベルで切りつけられるという事件がおきた。皇太子は軽傷ですんだがロシアとの関係が悪化することをおそれた政府は，当時の皇室罪をあてはめて巡査を死刑にするようはかった。ところが，刑法には外国皇太子に対する規定はなかったので，司法部内は一般の殺人未遂として扱うほかはないとして政府と対立した。

このとき，児島惟謙大審院長(現在の最高裁長官)は，**「法の尊厳と裁判の独立を守ることこそ国家の自主性を確立する道である」**と，担当の裁判官を励ました。

その結果，無期徒刑(懲役)の判決が下され，近代立憲主義の基本原則である司法権の独立が守られたのである。

解説 **司法権の独立をめぐって** 児島大審院長は，のちに「護法の神」とよばれたが，一部では，「政府の干渉から司法権を守ろうとした気持ちは十分わかる」としながらも「大審院長として担当の裁判官に指示したことは，これまた独立であるべき**裁判官への干渉だ**」という評価もある。

2 司法権の独立

Q なぜ司法権の独立が必要なのか？

注：(　)は憲法の条項

裁判官の独立	**身分の保障(78)** 裁判官は，裁判により，心身の故障のために職務を執ることができないと決定された場合を除いては，公の弾劾によらなければ罷免されない。裁判官の懲戒処分は，行政機関がこれを行ふことはできない。
	職権の独立(76③) すべて裁判官は，その良心に従ひ独立してその職権を行ひ，この憲法及び法律にのみ拘束される。
	経済的保障(79⑥，80②) 裁判官は，相当額の報酬を受ける。在任中，減額はない
裁判所の独立	**すべての司法権は最高裁判所および下級裁判所に属する(76①)**
	特別裁判所の禁止(76②)(➡p.70，371)
	行政機関による終審の禁止(76②) 行政事件の裁判権も裁判所に属する　注：行政機関は「終審」は禁止されているが，「前審」としての裁決や決定などは認められている。
	最高裁判所の規則制定権(77) 裁判所は，裁判所で必要な規則をつくることができる
	違憲審査権(81)(➡p.124 6) 憲法の番人
例外	裁判官の弾劾裁判(64)　国会議員の資格争訟裁判(55)

解説 **公正な裁判のために** 裁判が公正に行われるように，憲法では，裁判官は自らの良心のほかには法以外の何ものにも拘束されないこと，特別の理由なしにはやめさせられないことなど，一般の公務員より一段と強い身分の保障を認めている。

公開の原則 裁判は，原則として公開しなければならない。**公開によって公正な裁判を確保するため**である。例外として，家庭裁判所の審判や調停などはプライバシーを守るため非公開。
傍聴ルール だれでも傍聴できる。撮影・録音は禁止。メモはOK。

3 裁判官の任命と罷免

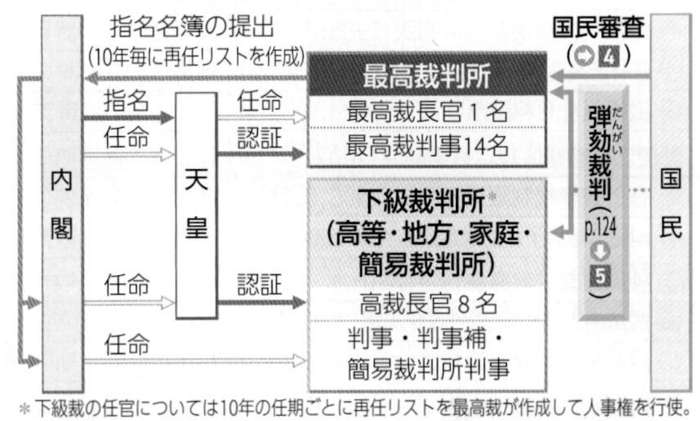

＊下級裁の任官については10年の任期ごとに再任リストを最高裁が作成して人事権を行使。

裁判官がやめなければならない場合	
	①心身の故障のため職務をとれないと裁判で判断された場合 ②弾劾裁判で罷免された場合 ③国民審査で罷免された場合(最高裁の裁判官のみ)
	•定年に達したとき(最高裁・簡裁は70歳，他は65歳) •下級裁判所のみ任期10年。再任可能。

4 国民審査の流れ

Q 誰が誰を審査するのか？

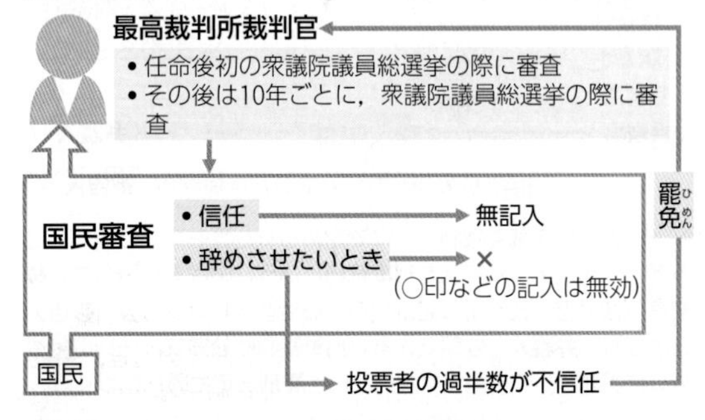

●最近の国民審査の結果－罷免を可とする票数－

氏名	票数
深山卓也	4,490,554(7.85%)
岡　正晶	3,570,697(6.24%)
宇賀克也	3,936,444(6.88%)
堺　徹	3,565,907(6.24%)
林　道晴	4,415,123(7.72%)
岡村和美	4,169,205(7.29%)
三浦　守	3,838,385(6.71%)
草野耕一	3,846,600(6.73%)

氏名	票数
渡邉恵理子	3,495,810(6.11%)
安浪亮介	3,411,965(5.97%)
長嶺安政	4,157,731(7.27%)

(2021.10.31総選挙時)

(　)内は有効投票数に占める罷免可票の割合

△国民審査投票用紙(2021年)

解説 **国民審査** **国民審査**では審査される裁判官の情報が少ないため，正確な審査ができず形式的になっているという批判がある。実際に**国民審査**で罷免された裁判官は１人もいない。
(在外国民審査違憲判決 ➡p.124)

重要用語 152弾劾裁判所　160最高裁判所　161司法権の独立　162国民審査　163違憲審査権(違憲法令審査権，違憲立法審査権)

5 弾劾裁判の手続き

(◎p.117 8)

注：弾劾裁判で罷免された裁判官は2023年までに7人。

国民 最高裁長官 —訴追請求→ **訴追委員会**（衆院議員10名 参院議員10名）—訴追→ **弾劾裁判所**（衆院議員7名 参院議員7名）→ 罷免（裁判員の3分の2以上の同意）

訴追委員会 → 訴追猶予／不訴追

弾劾裁判所 → 不罷免

被訴追者
職務上の義務違反，職務を怠った，裁判官としての威信を失う非行

●これまでの弾劾裁判で罷免になった例

裁判官	訴追理由
東京地方裁判所判事補（1981.11.6）	破産管財人から背広などを贈られ，それを受け取った
大阪地方裁判所判事補（2013.4.10）	電車内で，カメラつき携帯電話で女性を盗撮した

6 違憲審査権（違憲法令審査権，違憲立法審査権）

注：●の数字は本書の関連ページ。

Q どの機関がもつ権限か？

最高裁の違憲判決・決定	違憲とされた内容→判決後の国会などの対応
⑦⑦ **尊属殺人重罰規定違憲判決**（1973.4.4）	刑法の尊属殺の重罰規定→削除
⑨① **薬事法距離制限違憲判決**（1975.4.30）	薬事法の薬局開設の距離制限規定→廃止
⑬⑦ **衆議院議員定数違憲判決**（1976.4.14）	公職選挙法の議員定数規定→（判決前に改正済み）
⑬⑦ **衆議院議員定数違憲判決**（1985.7.17）	公職選挙法の議員定数規定→改正
⑨① **森林法共有林分割制限違憲判決**（1987.4.22）	森林法の共有林の分割制限規定→廃止
⑧⑤ **愛媛玉ぐし料違憲判決**（1997.4.2）	玉ぐし料の公費支出→元知事が支出金を県に賠償
郵便法損害賠償規定違憲判決（2002.9.11）	郵便法の損害賠償の責任範囲規定→改正
⑬⑤ **在外選挙権制限違憲判決**（2005.9.14）	在外選挙を比例代表に限定する規定→改正
⑦⑦ **国籍法婚外子差別規定違憲判決**（2008.6.4）	国籍法の国籍取得条件の差別規定→改正
⑧⑤ **砂川政教分離違憲判決**（2010.1.20）	北海道砂川市が市有地を神社へ無償提供→有償貸与に変更
⑦⑦ **民法婚外子相続差別違憲決定**（2013.9.4）	婚外子の相続分を嫡出子の2分の1とする規定→廃止
⑦⑨ **再婚禁止期間違憲判決**（2015.12.16）	女性再婚禁止期間100日を超える部分→改正
孔子廟訴訟違憲判決（2021.2.24）	那覇市が孔子をまつる施設に土地を無償提供→有償貸与へ
⑫③ **在外国民審査違憲判決**（2022.5.25）	海外に住む有権者が国民審査に投票できない→改正
性同一性障害特例法違憲判決（2023.10.25）	戸籍上の性別変更の要件*→改正をめぐり議論

*性別変更に伴う外観要件については，審理やり直し

解説 **最高裁は「憲法の番人」**
国会や行政官庁の一切の法律・命令・規則・処分が憲法に適合するかを，具体的な事件との関連で審査する権限を**違憲審査権（違憲法令審査権，違憲立法審査権）**といい，すべての裁判所がもつ。特に，最終審を行う最高裁判所は「**憲法の番人**」とよばれる。

●司法審査の限界は？（◎p.103）
統治行為論　高度に政治性のある行政・立法府の行為は，司法審査の対象外とするという考え方。憲法第9条をめぐる訴訟の判決などで憲法判断がしにくい場合に採用される。

B 裁判制度

（刑事手続きの流れと憲法規定 ◎p.87）

刑事裁判 民事裁判等

1 刑事裁判（刑事訴訟）の流れ

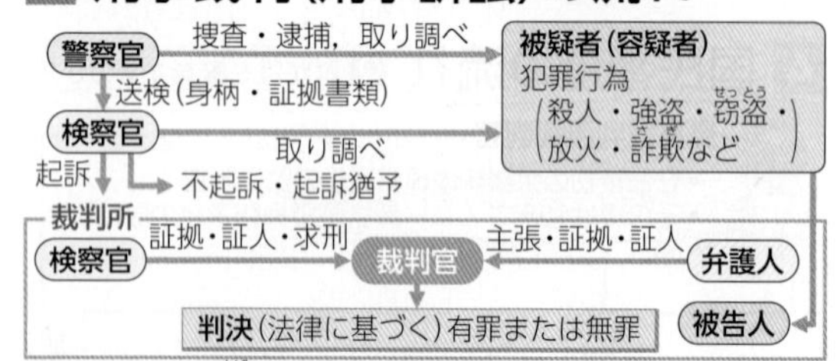

解説 **犯罪を裁く裁判**　法律で定められた罪を犯した疑いのある者に，判決を下す裁判を**刑事裁判**という。国家を代表して，**検察官**が**被疑者**を裁判所に**起訴**する。被疑者は起訴されると**被告人**とよばれ，**弁護人**を依頼できる。刑事裁判は**公開**で，法律の定めなしに犯罪として処罰されないという**罪刑法定主義**に基づく。

2 民事裁判（民事訴訟）の流れ

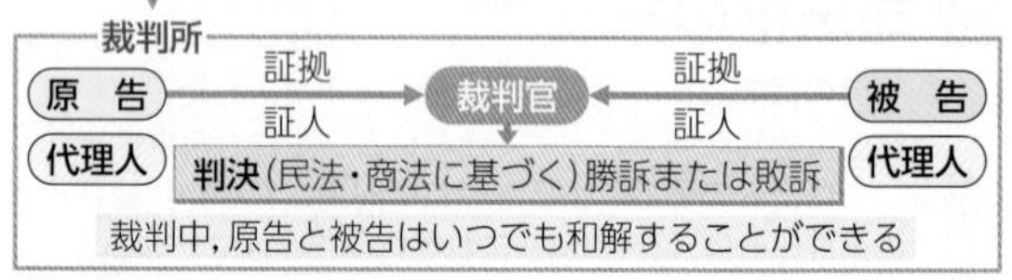

解説 **個人の権利に関する裁判**　個人・団体間の争いが話し合いで解決できない場合に開かれる裁判を**民事裁判**という。裁判中でも**和解**や訴訟取り下げができる。また，行政機関によって国民の権利が侵された場合，行政処分の取り消しを求める**行政裁判（行政訴訟）**（◎4）があり，民事裁判の1つととらえられている。

3 刑罰の種類

（◎p.90）

（①〜⑥は刑罰の軽重の順。①が最も重い。）

生命刑	①死刑	拘置所で絞首刑。
自由刑	②懲役	刑務所に身柄を拘束し労働を強制。無期と有期
	③禁錮	刑務所に身柄を拘束。労働の強制はなし。無期と有期
	⑤拘留	拘留場に身柄を拘束。1〜30日未満
財産刑	④罰金	一定金額を国に納める。1万円以上
	⑥科料	一定金額を国に納める。千〜1万円未満
付加刑	没収 追徴	上記の主刑とは別に行われる処分。犯罪行為に関係する物（凶器や盗品の売却利益など）を取り上げる。

注：2022年，懲役・禁錮が拘禁刑となるなどの改正刑法が成立。2025年までに施行。

解説 **刑罰の目的**　刑罰を科す目的には，犯罪に対してそれ相応の苦痛を与えるべきという考えや刑罰を科すことで他の人々に警告するなどの考えがある。また，犯罪者が過ちを自覚し，立ち直る機会であることも考えられる。最も重い死刑は様々な議論がある。

4 不服申立ての流れ

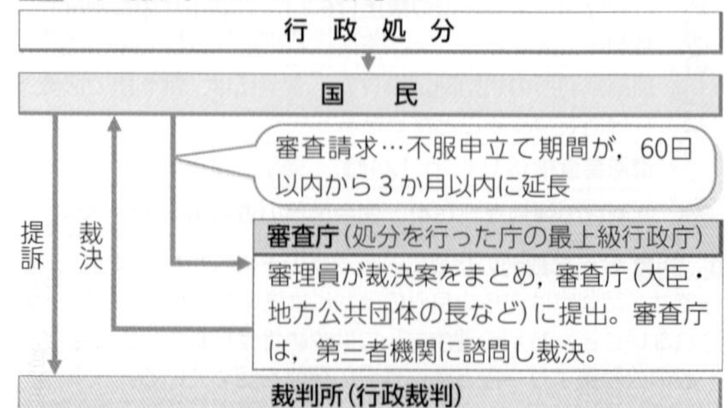

解説 **行政からの処分に対して**　行政からの処分に不服がある場合，行政裁判に訴える他に，行政機関に不服を申し立てることができる。この制度は，2014年の法改正により，公平性の向上や制度の利用のしやすさ・救済措置の充実など改善がなされた。

入試のツボ 司法制度改革の内容（◎p.127 1）がよく問われる。①裁判員制度（◎p.127），②検察審査会の権限強化（◎p.125 7），③被害者参加制度（◎p.126 9）はおさえておこう。

5 三審制 Q 三審制が設けられているのはなぜか？

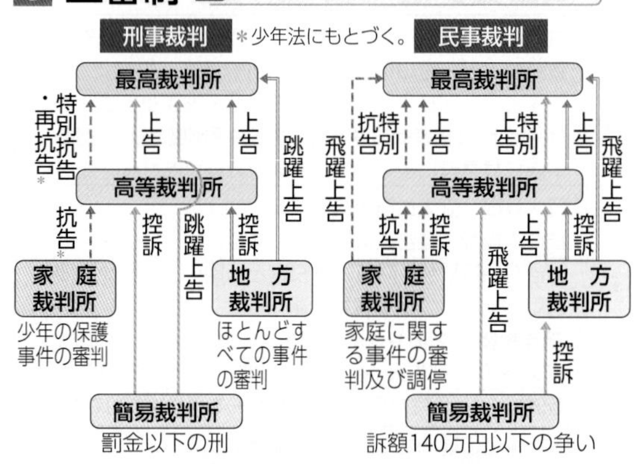

解説 **慎重な審議で人権を守る** **三審制**は，裁判を慎重に行い，間違いをなくして人権を守るために，同一事件について原則３段階で裁判を受けられる制度。

●裁判所の種類

最高裁判所	東京の１か所	高等裁判所	主要都市８か所
地方裁判所	各都府県に１か所，北海道４か所の50か所		
家庭裁判所	同上50か所	簡易裁判所	438か所

控訴　第一審判決に対する不服申し立てで，第二審の裁判所に裁判を求めること。
上告　第二審（控訴審）判決に対して，憲法や過去の判例に違反しているなどの理由で第三審の裁判所へ裁判を求めること。
特別上告　民事裁判において，上告審が高等裁判所の時，その判決が違憲であるとして最高裁判所に行う上訴。
跳躍上告・飛躍（飛越）上告　第一審が違憲判決の時などに控訴審を飛び越えて上告裁判所に直接訴えること。一般的に刑事裁判では跳躍上告，民事裁判では飛躍（飛越）上告という。
抗告　判決ではなく，命令や決定に対する不服申し立て。特に，憲法違反などを理由に最高裁判所へ申し立てる抗告を**特別抗告**という。
再審　確定した判決について，新たな証拠が見つかったことなどで重大な誤りが発覚した時に，有罪判決を受けた者や検察官などの請求によって行われるやり直しの裁判。

6 検察制度 Q 検察庁は，国の三権のどの権力に属するか？

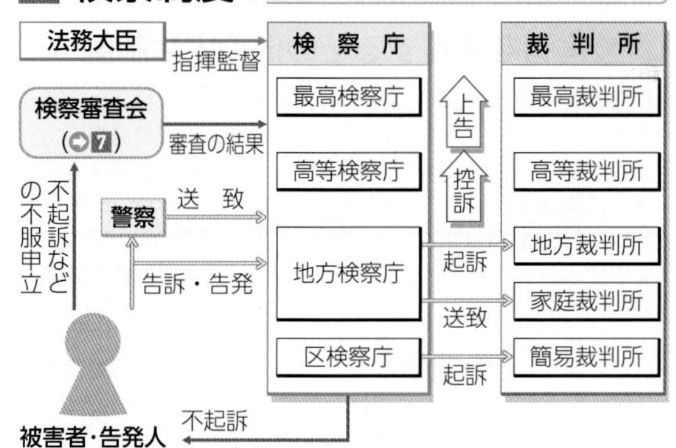

解説 **公益の代表者**　**検察官**は，裁判所に対し，法の正当な適用の請求，裁判の執行の監督を行う。このため，検察官は公共の利益の代表者として，犯罪の捜査と公訴（被疑者を裁判所に訴えること。起訴）を行う。検察制度は，行政権の一作用であり，司法に関する事務を担う検察官は，他省庁の公務員より厚い身分保障を受ける。

7 検察官が不起訴処分とした事件の流れ

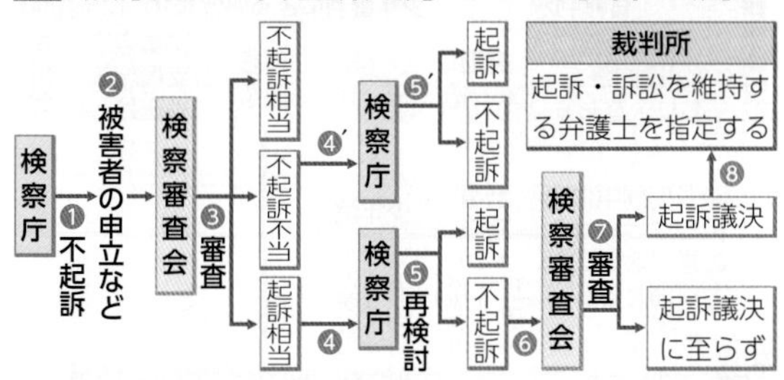

解説 **民意の反映**　**検察審査会**は，民意を反映し，刑事手続きをより適正に行うための機関。**被害者の申立や告訴などを受け，検察審査会は検察官の不起訴処分が適切か審査**（❷・❸）する。起訴相当・不起訴不当と判断された場合は，**検察官が再検討**を行う。なお，2004年の検察審査会法改正により，審査会の権限が強化され，起訴相当（❹）の場合，検察官が再度不起訴と判断（❻）しても，検察審査会が再び起訴すべきと認める（起訴議決）と，裁判所が指定した弁護士が検察官に代わって起訴できる（**強制起訴**，❻〜❽）。2009年に導入。

検察審「津波対応見送った」
原発事故　元会長ら「起訴相当」
（「朝日新聞」2014.8.1）

＊法改正により，2022年から18・19歳は起訴されると実名報道が可能。

EYE 少年法と少年犯罪（➡p.378）

❶ 少年法のポイント

少年法とは　非行少年の矯正と保護処分，少年の刑事事件について定めた法律。基本理念は，人格的に未熟な少年を保護し，教育を通じて更生させる「**保護主義**」。
少年とは　**20歳未満**（18・19歳は「特定少年」）
少年のプライバシー　**審判は原則非公開**（少年の刑事裁判は20歳以上と同じく原則公開）。また，審判を受けることが決まった少年の名前・年齢・職業・住所・風貌など，**本人と特定できるような記事や写真の掲載は禁止**＊。
被害者の権利　殺人・傷害致死など一定の事件について，被害者やその家族が審判を傍聴できる（審判傍聴制度）。また，審判状況の説明を受けたり，記録を閲覧・コピーできる。

❷ 少年法による少年犯罪の扱い

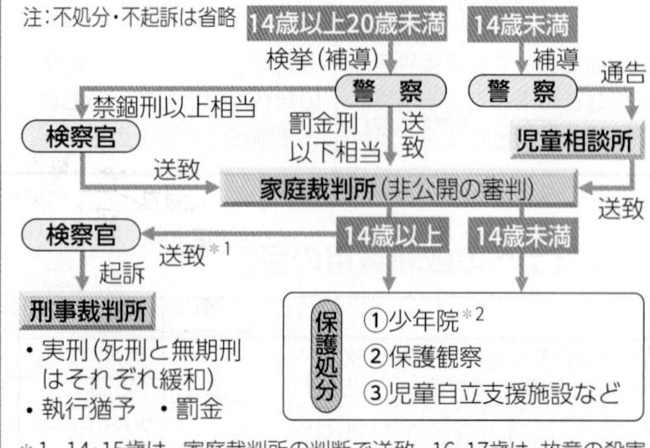

＊1　14・15歳は，家庭裁判所の判断で送致。16・17歳は，故意の殺害事件，18・19歳は懲役・禁錮１年以上の罪の事件は原則，送致。
＊2　収容されている少年の年齢は，「おおむね12歳以上」から26歳未満（少年院法）。

解説 **少年法の改正**　少年犯罪の凶悪化・低年齢化や，少年保護を重視する余り，被害者の心情が顧みられていないとの批判から，2000年の少年法改正により刑事罰の対象年齢の引き下げ（16歳以上→14歳以上）や被害者支援がはかられた（2001年施行）。2021年の法改正では，民法の成人年齢引き下げに伴い，18・19歳を「特定少年」とし，厳罰化や起訴後の実名報道が可能となった（2022年４月施行）。しかし，社会復帰の困難さを懸念する声や精神的未成熟さを考慮すべきとの反対意見もある。

重要用語　⑯弾劾裁判所　⑯最高裁判所　⑯違憲審査権（違憲法令審査権，違憲立法審査権）　⑯刑事裁判（刑事訴訟）
⑯民事裁判（民事訴訟）　⑯行政裁判（行政訴訟）　⑯三審制　⑯検察審査会　⑯少年法

8 裁判を受ける権利の保障 (隣人訴訟 ➡p.95)

❶ 国選弁護制度(刑事裁判)

被告人	起訴後　被告人には必ず弁護人がつき，法律の専門家である検察官と対等の立場で裁判を受けることができる。 国選弁護制度　経済上の理由(現金や預金など50万円が基準)などで弁護人を依頼できない場合，裁判所が**法テラス**(➡p.127 1)を通じて弁護人を選び，**国費で旅費や報酬を支払う**制度。
被疑者	起訴前　次の事件の被疑者は，身柄を拘束された際に，国選弁護制度を利用することができる。 ・殺人・強盗など一定の重大犯罪事件(2006年～) ・窃盗・詐欺・恐喝事件など(2009年裁判員制度導入後～) ・2016年刑事訴訟法改正により身柄を拘束された全事件

解説 **被疑者の国選弁護制度の拡大**　弁護人を依頼できない被疑者の中には，刑事手続きなどを詳しく知らないまま取り調べを受け，不本意な供述調書に署名押印し，裁判で不利な立場に立たされてしまう人もいる。2016年，刑事訴訟法が改正され，被疑者は身柄を拘束された事件全件で制度を利用できるようになった。

●被害者の国選弁護制度
被害者参加制度(➡9)によって刑事裁判の公判に参加する被害者は，公判の出席や被告人質問を弁護士に委任することができる。この弁護士は**被害者参加弁護士**とよばれる。被害者の資力が200万円に満たない場合は，希望すれば国が弁護士を選び，報酬や費用を負担する。

❷ 法律扶助制度(民事裁判)

民事法律扶助　民事裁判で経済上の理由により弁護士に相談や依頼ができない人のために，**法テラスが無料相談や弁護士費用の立て替えをする**。しかし，立て替え費用は原則解決から３年以内に返済する必要がある。

❸ 当番弁護士制度(弁護士会による)

刑事裁判	民事裁判
起訴前において被疑者やその家族などの求めで法律相談に応じる。１回目の接見は無料。	裁判が起きた場合に１回限りの無料相談として行うもの。一部地域の弁護士会で実施。

●弁護士への依頼費用の目安　表中の%はその回答をした弁護士の割合

	着手金	報酬金
わき見運転事故の刑事裁判における加害者の弁護	30万円前後(52.1%の弁護士)	30万円前後(45.0%)
少年事件の少年付添人	20万円前後(45.4%の弁護士)	20万円前後(34.1%)
離婚調停	20万円前後(45.1%の弁護士)	30万円前後(39.6%)

(日本弁護士連合会「アンケート結果にもとづく市民のための弁護士報酬の目安」2008年度)

解説 **裁判費用の大部分は弁護士費用**　弁護士を依頼するときにかかる費用は，実費(コピー代や交通費などの必要経費)と弁護士報酬の２種類。弁護士報酬には，依頼することで払う着手金と成功の程度に応じて払う報酬金などがある。また，訴状や申立書の手数料，書類の郵送料及び証人の旅費日当など法律で定められている訴訟費用がある。民事訴訟費用は基本的に敗訴者が負担するが，弁護費用は自己負担である。

9 被害者参加制度(犯罪被害者参加制度)

対象	対象となる裁判　殺人，傷害，不同意性交等，過失運転致死傷など一定の重大な事件の刑事裁判。2008年導入。 対象者　犯罪被害者・家族，被害者・家族から委託された弁護士(**被害者参加弁護士**)。**国選弁護制度**あり(➡8❶)。事前に検察官に申し出て，裁判所の許可を得る必要あり。
内容	証人尋問　証人に直接質問する。 被告人質問　被告人に直接質問する。 論告(証拠調べ終了後)　検察官とは別に，事実や法律の適用(求刑)について意見を述べる。 被害者参加人への配慮　・名前や住所などを明らかにしなくてもよい。 ・被告人や傍聴席との間についたてを置ける。 ・別室からテレビモニターを通じて参加できる*。
目的	・被害者の前向きな人生の手助けにする。 ・より丁寧に審理し，**事件の真相の究明**につなげる。 ・被告人が有罪の場合，反省・更生を促す効果をもたらす。
懸念	・法廷が報復の場になりはしないか。 ・感情に流され冷静な判断が失われ，**「疑わしきは被告人の利益に」という推定無罪の原則が崩れてしまわないか**。

*2016年刑事訴訟法改正により，別の裁判所からモニターを通じて参加できるビデオリンク方式が導入。

● 被害者を支援するその他の主な制度

損害賠償命令制度　第一審の刑事裁判中に申立を行うと，有罪判決となった後，同じ裁判官が引き続き損害賠償請求について審理し，加害者に損害賠償を命令できる制度。2008年導入。決定に異議申立がなされた場合は民事裁判に移行する(裁判記録は引き継がれる)。殺人や傷害・不同意性交等など一定の犯罪事件の被害者が利用できる。裁判記録が引き継がれるので，新たに民事裁判を起こすよりも被害者に負担がかからない。

傍聴の優先，記録の閲覧・コピー　裁判を優先的に傍聴できるよう配慮される。当該事件の他，損害賠償請求に必要と認められれば，同様の犯罪事件の記録を閲覧・コピーできる。

犯罪被害給付制度　犯罪によって死傷し精神的・経済的な打撃を受けた被害者や遺族に，国が給付金を支給する制度。

10 犯罪者の更生と社会復帰支援

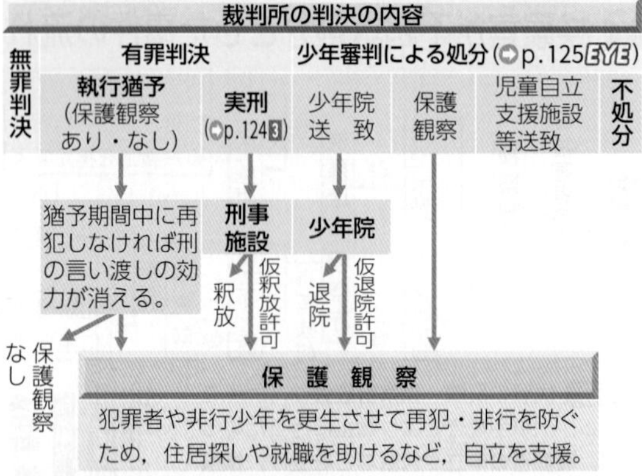

注：刑期満了による釈放時は保護観察なし。

解説 **罪の償いと再犯の防止**　**国会**が定めた法律に従い，犯罪者に受けさせる刑罰の内容を決めるのは**裁判所**だが，罪を償わせ再犯を防ぐために**刑罰を執行するのは行政機関**(法務省の管轄)である。また，刑務所などの刑事施設から釈放された人や保護観察中の人の社会復帰支援は，ボランティアの**保護司**やNPOなどが運営する**更生保護施設**(宿泊場所・食事の提供や就職指導などを行う施設)によって支えられている。

○×入試クイズ　裁判員の参加する裁判では，裁判員と裁判官によって審理が行われるが，有罪か無罪かの判断は裁判員が加わらずに行われる。○？×？(➡p.127 2，p.128 5)　答：×

C 司法制度改革と裁判員制度

1 司法制度改革の背景と主な内容

批判

わかりにくさ　法律用語が難しく，裁判が専門的でわかりづらい。縁（えん）の遠い存在である。

判決への疑問　残虐（ざんぎゃく）な事件で予想よりも軽い判決が出るなど，一般の国民と法曹（ほうそう）（裁判官・検察官・弁護士）の感覚にずれがある。また無実の人を有罪とした**冤罪（えんざい）事件**が発覚しており，起訴後の有罪率が高すぎる（2007年99.6％）。

時間と費用　判決までの時間が長い。裁判費用が高い。

被害者の権利　刑事裁判で，被害者が軽んじられている。

司法制度改革の推進（■の数字は始まった年の西暦の下２ケタ）

裁判の迅速化	**03 裁判迅速化法施行**　第一審は２年以内の終了を目標。 **04 簡易裁判所の権限強化**　訴額上限を90万円から140万円に拡大。原則１日で判決が出る少額訴訟の請求額上限を30万円から60万円に拡大。 **05 知的財産高等裁判所の設置**　専門知識が必要な特許権などの知的財産権にかかわる事件の第二審を行う。東京高等裁判所の特別な支部。 **05 公判前整理手続の導入**（➡2） **06 即決（そっけつ）裁判手続の導入**　殺人や放火などの重大犯罪以外のうち，争いのない明白な事件について，起訴から14日以内に判決を出す刑事裁判の手続き。被疑者（被告人）・弁護人の同意が必要。上訴できない。 **07 裁判外紛争解決手続（ADR）の利用促進**　ADRとは，身近なトラブルを当事者間で解決できない場合，第三者（弁護士や司法書士などの専門家・専門機関）が間に入り，裁判以外の方法で解決をはかること。ADRの知名度を上げ，利用しやすくするために，ADRの業務を行う民間団体に特例を与（あた）える認証制度を導入。 **■ 民事裁判のIT化***　訴状のオンライン提出や口頭弁論のウェブ会議活用などIT化が進められる。
扶助制度	**06 日本司法支援センター（法テラス）の開設**　①無料情報提供サービス，②国選弁護制度に関する業務，③民事法律扶助，④弁護士がいない地域への弁護士派遣，⑤被害者支援団体の紹介などを行う。事務所は各都道府県にあり，全国108か所（2020年４月現在）。 **06 国選弁護制度の拡充**（➡p.126 8 ❶）
法曹改革	**04 法科大学院（ロースクール）の開校** **06 新司法試験の導入**（➡EYE）
市民参加	**09 裁判員制度の導入**（➡2～6） **09 検察審査会の権限強化**（➡p.125 7）
被害者支援	**08 被害者参加制度の導入**（➡p.126） **16 証人らの氏名等の秘匿措置**
被疑者・被告人支援	**16 証拠リスト開示制度導入**　被告人や弁護人の請求で検察官は保管する証拠の一覧表を交付。 **18 被疑者の国選弁護制度拡大**　2016年刑事訴訟法改正により，対象が全ての勾留事件に拡大。 **19 一部事件における取り調べの全過程の録音・録画制度の導入**（2006年から一部試行）　裁判員裁判対象事件と検察独自捜査事件における取り調べの録音・録画が義務化された。
その他	**16 通信傍受の対象犯罪の拡大**　2019年には警察施設に専用機器が導入され，これまで通信事業者の施設でしかできなかった捜査上の通信傍受が警察施設でも可能になった。（➡p.96❸） **18 司法取引の導入**　他人の犯罪を明かす見返りに自身の刑事処分の軽減が得られる。

＊2025年度までに順次実施される。

2 裁判員裁判の流れ

事件（➡p.128 3）

↓

捜査・起訴

↓

公判前整理手続

裁判員の参加前に，裁判官，弁護人，検察官が裁判の進行計画を立てる。なお，手続き終了後の証拠請求は制限される。

内容
- 裁判の争点を整理する
- 裁判（公判）の日程を決める
- 裁判で使う証拠や証人を決める

被告人も出席できるけど，非公開だよ。

↓

裁判員選任手続き（➡p.128 4）

↓

裁判員の仕事（通常3～5日程度）

公判

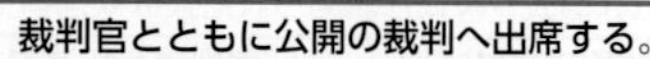

裁判官とともに公開の裁判へ出席する。

▲法廷（模擬裁判）　裁判員も証人や被告人に質問できる。なお，法廷内の配置は，裁判所によって異なる。

↓

評議

公判後，裁判官と裁判員は非公開の議論を行う。

事件を明らかにして，犯罪が成立するか，どのような刑罰がふさわしいか話し合うよ。

↓

評決

有罪かどうか判定し，刑罰の内容を決める（量刑）。
- 全員一致が得られない場合は，多数決。
- 被告人に不利な判断をする場合は，１人以上の裁判官が多数意見に賛成していなければならない。

↓

判決宣告　法廷で裁判長が判決を宣告。同時に裁判員の仕事は終了。

EYE 法科大学院（ロースクール）の現状

❶ 法曹*になるには　＊裁判官・検察官・弁護士のこと。

法科大学院*1 2・3年間 ／ 司法試験予備試験*2 → 司法試験*3 → 司法修習 1年間 → 司法修習生考試 → 法曹資格の取得

＊1 入学には原則，大学卒業と入試合格が必要。＊2 受験資格に制限なし。
＊3 2020年度より法学部に法曹コースが創設可能に。法学部を１年短縮し，５年（法学部３年，法科大学院２年）で司法試験の受験ができる。

❷ 各国の法曹人口（人口10万人当たり）

国	法曹人口
アメリカ	404.5人
イギリス	271.0
ドイツ	232.6
フランス	111.7
日本	37.8

凡例：裁判官／検察官／弁護士

（2007～2019年の最新値）（「裁判所データブック」）

解説　抱える課題　法科大学院は，幅広い知識の取得や，諸外国より少ない法曹人口の増加などをめざして開校。しかし，修了生の司法試験合格率の低迷で志願者が減少し，募集停止・撤退（てったい）が相次いだ。また，経済的負担が少なく，合格への近道として司法試験予備試験の利用が増えており，見直しが行われている。

重要用語　164 刑事裁判（刑事訴訟）　165 民事裁判（民事訴訟）　170 裁判員制度

3 裁判員制度対象となった罪名の内訳

2021年 928人*	殺人 237人	強盗致傷 226	覚せい剤取締法違反 80	現住建造物等放火 77	傷害致死 69	その他

*刑事裁判の第一審全体の*1.9*%　(裁判所資料)

解説 **重大事件を扱う**　裁判員裁判は，死刑や無期懲役(➡p.124 3)など重い刑罰の対象となる，殺人や強盗致死傷などの犯罪を裁く**第一審の刑事裁判**で行われる。裁判員は裁判官とともに，被告人が有罪かどうかを判定し，有罪の場合，刑罰の内容を決める。

4 裁判員の選任手続き

前年秋頃　裁判員候補者名簿の作成・通知　約30万人

裁判所ごとに，選挙権のある人の中から抽選し，翌年の**裁判員候補者名簿**を作成。辞退理由などを調べる調査票が送られる。

裁判員になれない人や辞退が認められた人は候補者にならない

裁判員になれない人	裁判員を辞退できる人
事件の関係者，国会議員，知事，市町村長，検察官，弁護士，警察官，自衛官，法律学の教授など	70歳以上の人，学生，5年以内に裁判員を務めた人，介護・育児などやむを得ない理由がある人など

公判6週間前　裁判員候補者の抽選・呼出状送付　50～70人

公判日が決まると，候補者名簿からくじで**事件ごと**に裁判員候補者が選ばれ，辞退希望を聞く質問票と呼出状が送られる。

辞退が認められた人は呼び出されない

公判初日午前中　裁判員選任手続(非公開)

裁判長が，辞退希望の理由や，不公平な裁判をする可能性がないか，候補者へ質問。検察官・弁護人(被告人)も同席し，除外したい候補者を原則各4人以内で指名できる。

↓抽選

裁判員6人

注：被告人が起訴事実を認めているなど争いがない場合，裁判官1人，裁判員4人。また，必要な場合，補充裁判員も選ぶ。

裁判員は，刑事裁判の基礎知識と事件の説明を受け，公平で誠実に職務を遂行することを宣誓する。

事前勉強は不要。法律や裁判の知識は裁判官が教えてくれる。

裁判へ参加

裁判員には，交通費と日当が支払われる。

解説 **裁判員の心構えと義務**　裁判員は，証拠や自身の経験から判断し，評議で議論する。また，評議中の意見など裁判員でないと知りえないことをもらしてはならないという**守秘義務**があり，違反した場合は，6か月以下の懲役または50万円以下の罰金に処される。この守秘義務などによる不安や審議の長期化により，裁判員辞退率は67.4%(2022年)にものぼるため，国民の裁判員裁判への関心向上や精神的負担の軽減が課題とされている。なお，正当な理由なく欠席した場合，10万円以下の過料が科されることもある。

5 裁判員制度・陪審制・参審制の違い

	裁判員制度	陪審制	参審制
主な国	日本	アメリカ，*イギリス*	*フランス，ドイツ，イタリア*
選び方	**事件ごと**に裁判員を選ぶ	**事件ごと**に陪審員を選ぶ	**一定の任期**で参審員を選ぶ
仕事の内容	**裁判官とともに，**有罪か無罪か判断し，**有罪ならば量刑判断を行う**	**陪審員のみ**で有罪か無罪か判断し，**判事(裁判官)が量刑判断を行う**	**裁判官とともに，**有罪か無罪か判断し，**有罪ならば量刑判断を行う**

注：*青字*は死刑廃止国

注：罪名は統計年次のもの。2023年の法改正により，「(準)強制わいせつ致死傷」は「不同意わいせつ致死傷」に変更。

6 裁判員制度の課題

Q 裁判員制度にはどのような課題があるのか？

❶ 量刑判断の違い

(最高裁判所資料)

●殺人

	死刑・無期懲役	懲役3年超～30年	懲役3年以下(実刑)	執行猶予
裁判官のみの裁判(543人)	*7.4*%	*86.3*	*1.3*	*5.0*
裁判員裁判(1531人)	*5.9*%	*81.4*	*4.4*	*8.3*

●(準)強制わいせつ致死傷

	懲役3年超	懲役3年以下(実刑)	執行猶予
裁判官のみの裁判(153人)	*35.3*%	*22.2*	*42.5*
裁判員裁判(776人)	*42.9*%	*16.5*	*40.6*

注：裁判官のみの裁判は2008年4月～12年3月，裁判員裁判は2009年5月～18年12月。

解説 **裁判員の戸惑い**　裁判官のみの裁判と比べて，裁判員裁判では，**性犯罪は厳罰化**の傾向があり，殺人や強盗致傷などは**執行猶予(特に保護観察付き)**(➡p.126 10)が多い。また，控訴審では第一審判決を破棄する割合が減るなど，**裁判員の判断が尊重される傾向**がある。しかし，量刑判断の難しい重大な刑事裁判ではなく，軽罪や，国が被告となる行政裁判を対象とすべきとの意見がある。ただ対象を軽罪とすると，裁判員裁判の対象事件があまりにも多くなる。また，国際的な密売組織が絡むことのある覚せい剤取締法違反事件は**市民のなじみが薄いので対象から外すべき**との意見もある。

❷ 時間

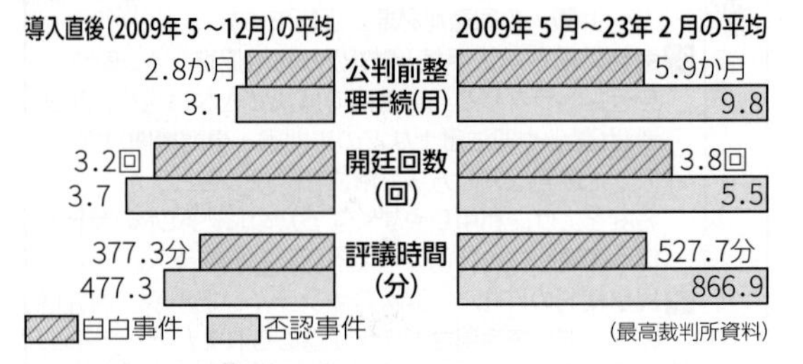

❸ 裁判員の思い

(2009年8月3～6日に行われた裁判の裁判員の感想)

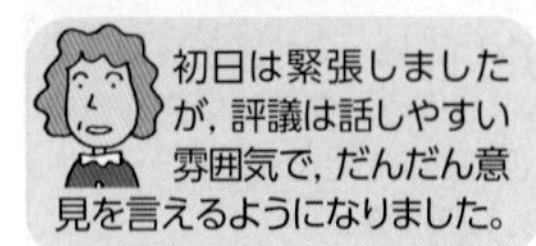

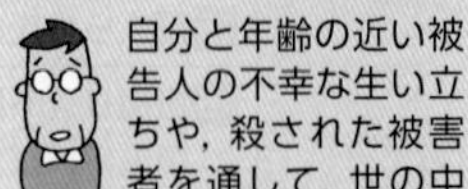

自分と年齢の近い被告人の不幸な生い立ちや，殺された被害者を通して，世の中の不条理を感じました。どうすれば社会が少しでもよくなるだろうかと考えました。

裁判員制度の何を変えれば，よりよい制度になると思うかな？

視点 裁判員や弁護人，裁判官，検察官，被告人，被害者などさまざまな立場に立って考えよう。

効率　**公正**　**民主主義**　**持続可能性**

^地方議会の様子(愛知県)

地方自治とその課題 8

- 地方自治のしくみと意義について理解しよう。
- 地方自治の執行機関と住民の関係について理解しよう。
- 地方自治に関する課題について理解しよう。

A 地方自治のしくみ

地方自治
住民投票

ブライス
(イギリスの政治家，1838〜1922)

地方自治は**民主政治の最良の学校**，その成功の最良の保証人なり

(松山武訳『近代民主政治　第一巻』岩波書店)

トクヴィル(フランスの政治家，1805〜59)

自由な人民の力が住まうのは地域共同体の中なのである。地域自治の制度が自由にとってもつ意味は，学問に対する小学校のそれに当たる。この制度によって自由は人民の手の届くところにおかれる。それによって人民は自由の平穏な行使の味を知り，自由の利用に慣れる。

(松本礼二訳『アメリカのデモクラシー』岩波文庫)

1 日本国憲法の地方自治

Q 地方政治は，どのように運営されるべきか？

地方自治の本旨

憲法第92条〔地方自治の基本原則〕 地方公共団体の組織及び運営に関する事項は，**地方自治の本旨**に基いて，法律でこれを定める。

団体自治

中央政府の干渉を受けず，地方公共団体独自の立場で方針を決定し，運営する

憲法第94条〔地方公共団体の権能〕 地方公共団体は，その財産を管理し，事務を処理し，及び行政を執行する権能を有し，法律の範囲内で条例を制定することができる。

住民自治

地方公共団体はその住民の意思によって運営される

憲法第93条〔地方公共団体の機関，その直接選挙〕② 地方公共団体の長，その議会の議員及び法律の定めるその他の吏員は，その地方公共団体の住民が，直接これを選挙する。

憲法第95条

地方特別法の住民投票
特定の地方公共団体だけに適用される法律は，その地方公共団体の住民の投票で過半数の賛成を得なければ，制定できない。

地方自治特別法 ↑↓ 住民投票

国　会

地方自治法

直接請求権(➡p.130)
- 条例の制定，改廃請求(イニシアティブ)
- 事務監査請求
- 議会の解散請求
- 首長，議員，役員の解職請求(リコール)

解説 **地方自治の原則**　「地方自治の本旨」とは，「地方自治の本来のあり方」という意味。**地方公共団体(地方自治体)**には，住民の快適・安全・健康な生活のために必要不可欠な最低限の水準(**シビル・ミニマム**)を実現することが求められる。そのためには，住民の意思に基づいて，地方公共団体独自の立場で，地方政治を行わなければならない。

2 地方自治のしくみ

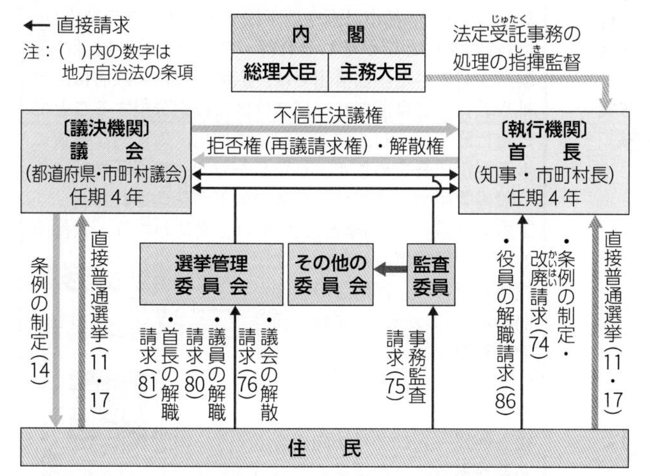

解説 **首長も議員も直接選挙**　地方自治では，国政の議院内閣制と異なり，首長と議会がそれぞれ住民に直接選挙される**二元代表制**を採用している。

3 主な地方行政委員会

種類	選任方法	権限
選挙管理委員会	議会選挙	選挙事務管理
監査委員	普通地方公共団体の長が議会の同意を得て任命	財務・経営の管理についての監査
人事委員会 公平委員会	普通地方公共団体の長が議会の同意を得て任命	人事行政に関する事務処理
教育委員会	普通地方公共団体の長が議会の同意を得て任命	教育行政管理
公安委員会*	普通地方公共団体の長が議会の同意を得て任命	警察の管理
都道府県労働委員会*	知事任命	労働関係調整

＊都道府県のみ設置。

解説 **公平な管理・運営**　地方行政の公平な管理・運営をはかるため，首長からある程度独立した合議制の委員会が組織されている。しかし，地方公共団体の予算を調製し，それを執行する権限や，議会の議決を得なければならない案件の議案を提出する権限はもっていない。

重要用語 171地方自治　172直接請求権　173リコール　174レファレンダム(国民投票，住民投票)　175事務監査請求　176条例

政治

4 首長と地方議会の議員の選挙権・被選挙権

		選挙権	被選挙権
首長	知事	18歳以上の住民	30歳以上
	市町村長		25歳以上
都道府県・市町村議会の議員			その地域に住む25歳以上の住民

5 直接請求権

Q 請求後に住民投票が行われる請求の必要署名数はどれだけか？

直接請求権とは　地方公共団体の住民が，直接，地方政治に参加できる機会を保障した権利である。

種　類	必要署名数	請求先	請求の処理
条例の制定・改廃（イニシアティブ）	有権者の50分の1以上	首　長	議会にかけ議決（過半数で成立），結果を公表
事務監査*1		監査委員	監査し,その結果を公表
議会の解散	有権者の3分の1以上（有権者数が40万人を超える場合は*2）	選挙管理委員会	住民投票にかけ，過半数の賛成があれば解散または解職
議員・首長の解職（リコール）			
主要公務員の解職（副知事・副市町村長・監査委員など）		首　長	議会（3分の2以上出席）にかけ,その4分の3以上の賛成があれば解職

＊1　なお，違法・不当な公金の支出などについては，個々の住民が監査請求をすることができる。これを住民監査請求という。

＊2　有権者40万超～80万人：(有権者数－40万)÷6＋40万÷3　以上
　　有権者80万人超：(有権者数－80万)÷8＋40万÷6＋40万÷3　以上

イニシアティブ（国民発案，住民発案）　国民または住民が，法・条例の制定・改廃についての提案を行うこと

リコール（国民解職，解職請求権）　国民または住民が公職にある者を任期終了前に罷免させる制度

レファレンダム（国民投票，住民投票）　議会が重要案件を議決する場合,国民または住民の投票によって可否を決定すること

6 オンブズマン制度

解説 **行政活動の監視**　**オンブズマン（オンブズパーソン，行政監察官）制度**とは，第三者機関が，行政活動を住民の立場から監視し，行政の公正化・適正化をめざす制度。19世紀のスウェーデンで初めて導入された。日本では，**国家レベルの導入は未実施**だが，地方レベルでは1990年に導入した神奈川県川崎市をはじめ，各地で導入されている。

● 市民オンブズマン団体の活躍

民間の団体　公的なオンブズマン制度とは別に，弁護士や住民による民間の市民オンブズマン団体が積極的に活動しており，官官接待やカラ出張などの不正が明らかになっている。

●市民オンブズマン団体の活動の流れ

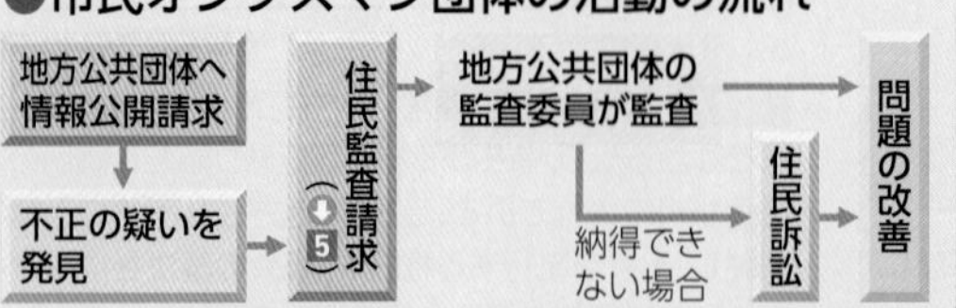

7 住民投票の主な種類

住民投票で問われる内容	法令根拠	結果の法的拘束力
国会がその地方公共団体のみに適用される特別法（地方自治特別法）を制定してもよいか。	日本国憲法第95条　他	あり
議会を解散するか。議員・首長を解職するか。（➡5）	地方自治法	あり
政令指定都市を特別区に再編するかどうか。（➡EYE）	大都市地域特別区設置法	あり
特定の問題について賛成か反対か。	条　例	なし

注：この他，市町村合併特例法によって，合併協議会の設置を問う住民投票（法的拘束力あり）の実施が認められている。

●条例に基づく住民投票の主な実施例

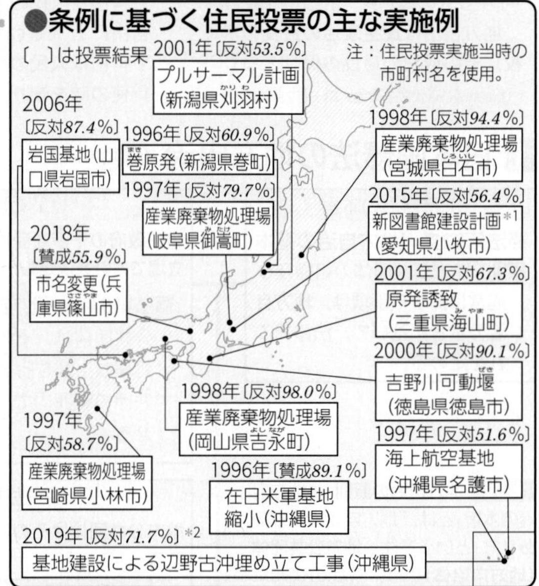

＊1ツタヤ参入のため。＊2国は投票結果を受け入れない姿勢。現在も対立中。

解説 **間接民主制の限界を補う制度**　**条例**に基づく**住民投票**は，地方公共団体がその結果に従う法的義務はないが，地方行政に民意を直接反映させる手段として注目されている。

EYE 住民投票で大阪都構想実現せず

大阪都構想とは　大阪市を廃止して特別区に再編する構想。これまで，都市計画や地下鉄などのインフラ整備（広域行政）を府と市がそれぞれ行ってきたため，財源の無駄が生じていた。都構想では，広域行政は大阪府に，福祉や教育など身近なサービスは区に役割分担することで二重行政を解消し，政策決定の迅速化，効率的な投資による経済成長をめざす。しかし一方で，特別区移行に伴う設備費用や，住民サービスの低下が懸念された。

二度の否決　2015年と2020年の２度にわたり，大都市地域特別区設置法に基づく住民投票が行われ，都構想の是非が問われた。しかし，いずれも僅差で反対が上回った。都構想は実現しなかったが，**少子高齢化・競争力の低下といった課題に，今後も住民一人ひとりが向き合う必要がある。**これは多くの地方公共団体が抱える問題でもある。

大阪都構想 反対多数
住民投票 再び小差
松井市長 任期限りで引退

（「朝日新聞」2020.11.2）

メモ　全国の面白いまちづくり…鬼太郎に逢えるまち（鳥取県境港市），昭和時代をテーマにした商店街（大分県豊後高田市），外国人と共生するまち（群馬県大泉町），山林の「葉っぱ」を商品化（徳島県上勝町）

B 地方公共団体の仕事と市町村合併

1 地方分権一括法による仕事の変化

公共事務
団体委任事務
行政事務
→ **自治事務**

法律の範囲で地方公共団体が地域の実情に合わせて自主的に行う事務。独自の判断が可能。
- 都市計画の決定
- 飲食店営業の許可
- 学級編制の基準・就学校の指定
- 病院・薬局の開設許可

機関委任事務

→ 存続する事務 → **法定受託事務**

本来は国の事務だが，地方で処理した方が効率的なものを地方公共団体が委任されて行う仕事。国の指示や統制を受ける。
- 戸籍事務
- 国政選挙
- パスポートの交付
- 国道の管理

→ **国の直接執行事務**
- 国立公園の管理等
- 駐留軍用地特措法における土地調書等への署名押印の代行等の事務
- 信用協同組合の認可，検査及び業務改善命令等の事務

→ **事務自体の廃止**
- 国民年金の印紙検認事務
- 外国人登録原票の写票の送付等に関する都道府県の経由事務

● 地方分権一括法の内容　Q 一括法の目的は何か？

①機関委任事務制度の廃止　以前，地方公共団体の首長などは国の下部機関として，国の仕事を**機関委任事務**として行っていた(都道府県の仕事の8割，市町村の仕事の4割を占めた)。法施行後，地方公共団体の仕事は，それぞれの実情に合わせて行う**自治事務**と，法令によって国の仕事が地方に委託された**法定受託事務**に整理・削減された。

②紛争処理制度の導入　国が地方公共団体に是正を要求することがある。その要求について地方公共団体が不満の場合，**国地方係争処理委員会**に審査を申し出ることができる。その結果に対しても不満の場合は，地方公共団体が国を高等裁判所に訴えることもできる。

③「課税自主権」の拡大　地方公共団体が独自に，税金を設けたり税率を上げたりできる。これによって，地方の権限が拡大し，個性ある地域づくりを進めるための財源を確保することをめざす(◯p.132④)。

解説　国と地方の関係を改革　地方分権一括法とは，2000年に施行された改正地方自治法をはじめとする475本の法律の総称。機関委任事務制度が廃止され，地方自治体は本来の地方の仕事に専念できるようになった。また，法律の範囲内において独自条例制定の自己決定権が拡充され，国と地方の関係を**中央集権型の「上下関係」から，地方分権型の「対等・協力関係」**へと改めることを目指した。

2 市町村合併の歴史

明治の大合併(1888年)	・近代的地方行政制度の整備のための強制合併 ・最小でも小学校がもてる規模 ・市町村数，約5分の1…7万1314→1万5859
昭和の大合併(1953〜61)	・消防，自治体警察，社会福祉，保健衛生など新しい事務が効率的に行える体制作り ・最小でも中学校がもてる規模 ・市町村数，約3分の1…9868→3472
平成の大合併(1999〜2010)	・(特に国の)財政危機，地方分権，少子高齢化・人口減少への対応 ・市町村数，約2分の1…3232→1727

●市町村数の推移

	市	町	村
1999年3月末	670	1994	568
2010年3月末	786	757	184

(総務省資料)

解説　平成の大合併の特例法　合併によって市町村の自立を促し，国から地方への財政支出を減らすことをねらいとして，1995年に**市町村合併特例法**が改正された。2006年3月まで(2005年施行の特例新法により，2010年3月まで)に合併すれば，国が特別に財政支援するという内容で，**平成の大合併**をもたらした。

3 平成の大合併の効果

プラスの効果	①**財政支出の削減** ・重複する施設・サービスの統合・廃止 ・将来的な議員数・職員数の減少 ②**広域的なまちづくり** ・介護・ゴミ問題などの地域共通の課題への対応 ③**住民の多様なニーズに対応** ・利用できる施設の増加 ④**存在感が高まり，知名度が上昇**
マイナスの効果	①**行政組織の肥大化による住民サービスの質の低下** ・住民一人ひとりへのきめ細かな対応が困難。 ・一部地域の課題に対して迅速かつ柔軟な決定が困難 ・行政と住民との相互理解・信頼関係が薄れた。 ②**市町村面積の拡大による周辺部の衰退** ・旧役所が閉鎖され役所が遠くなり，不便になった。 ③**住民の地域への愛着の損失** ・各地の歴史・文化・伝統などの個性が薄れる。

解説　自治能力の向上につながるか？　合併による市町村規模の拡大は，政府の干渉を排除し独自に方針を決定・実行すべきという**団体自治**の実現には効果的だが，住民の意思を反映すべきという**住民自治**の実現を妨げるという意見がある。合併後の市町村には，各地の多様性を尊重しつつ，どの住民にも安定的に行政サービスを提供していくことが求められている。

EYE 道州制をめぐる議論

地方分権　地方分権改革が進む中，より地域ごとの特性を生かした政治をめざし，国の仕事を今以上に地方へ移譲し，地方がより主体となって政治を行うべきと主張されている。都道府県を道・州として統合・整理し，権限を拡大させる制度である**道州制**もその一つである。

賛否両論　道州制は，中央集権体制による一極集中の解消が期待される。さらに，道・州の各担当行政を整理・明確にすることにより，現状の国・都道府県・市町村における二重・三重行政の無駄を省くことができる。しかし，道州間の経済格差が広がることや国家の一体感の喪失などを心配し，反対する声がある。また，賛成派の中にも，①都道府県をどのように道州に区分するか，②現在の都道府県の仕事はどのように道州と市町村に配分するか，③国の仕事をどの程度道州に移譲するか，などをめぐり議論がある。

●道州制の区割りの一例

重要用語　171地方自治　172直接請求権　173リコール　174レファレンダム(国民投票，住民投票)　175事務監査請求　176条例　179オンブズマン(オンブズパーソン，行政監察官)制度

C 地方公共団体の財政

1 国と地方の税金の配分(2023年度)(財務省資料)

2 地方財政(2023年度)(総務省資料)

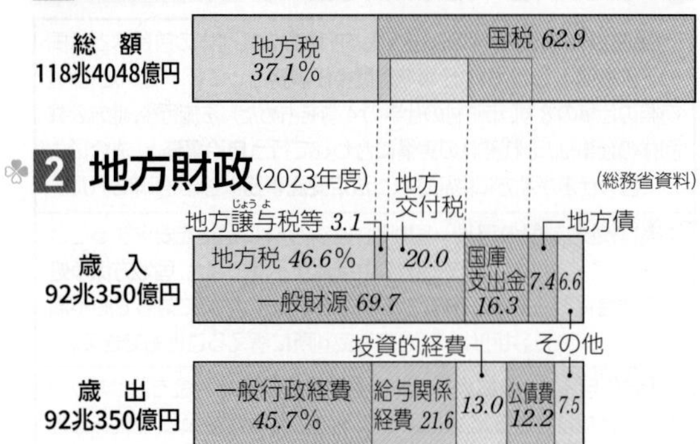

解説 **三割自治から自主財源の拡大へ**　戦後，地方公共団体の多くは，国からの交付金や**地方債**などの依存財源に頼っており，仕事も，国から委任された事務が多かった。こうした中央集権的な性格は**三割自治(四割自治)**と呼ばれ，補助金獲得のために地方が中央官僚をもてなす「官官接待」や，政治家との癒着が批判されてきた。そこで2000年代に，**地方分権一括法**(➡p.131)や**三位一体の改革**(➡5)のように，**地方税**などの自主財源を増やして独自の政策を行いやすくするための**地方分権改革**が進められた。

地方交付税　地方公共団体間の財政力の格差を調整するため，国税から所得税・法人税の33.1%，酒税の50%，消費税の19.5%，地方法人税の全額を地方公共団体に配分したもの
国庫支出金　義務教育費や生活保護費の国庫負担金と補助金や，国から任されている事務についての資金などで，国が地方公共団体に対し，**資金の使い道を指定**して交付する
地方債　公共施設の建設・公営事業・災害復旧事業などの経費に一会計年度を越えて行う借金。起債(地方債を発行もしくは長期借入する)方法は，2006年より国や都道府県の許可が必要とされた許可制から，国や都道府県との協議により発行できる協議制度となった(地方公共団体の財政状況により許可制となる)。協議では国や都道府県知事の同意が必要。国や都道府県の同意を得ずに発行する場合はあらかじめ議会への報告が必要
地方譲与税　国が国税として徴収したものを一定の基準で地方公共団体に譲与する税。自動車重量譲与税など
一般財源　国から使い道を指定されない部分

Q 各財源の構成，歳入総額，人口はどのように違うか？

3 各都道府県の財源構成

地方税	地方交付税	国庫支出金	地方債	その他	都道府県名	歳入総額(億円)	人口(万人)
57.9%		24.8	2.5	14.8	東京	101390	1379
41.7%	6.8	25.1	9.6	16.8	神奈川	30104	922
40.7%	5.6	24.0	13.5	16.2	愛知	31711	753
16.7%	22.9	39.6	6.0	14.8	沖縄	10490	149
16.5%	35.2	23.9	14.8	9.6	高知	5436	69
15.1%	33.9	19.6	11.1	20.3	島根	5886	67

(2021年度)　(総務省資料)

解説 **広がる地方間の財政格差**　人口が多く経済活動が活発な地方公共団体と，そうではない地方公共団体の財政格差が広がっている。背景として，地方公共団体自体の財政状況の悪化と，国から交付される財源の削減があげられる。

4 各地の独自課税(法定外税)の例

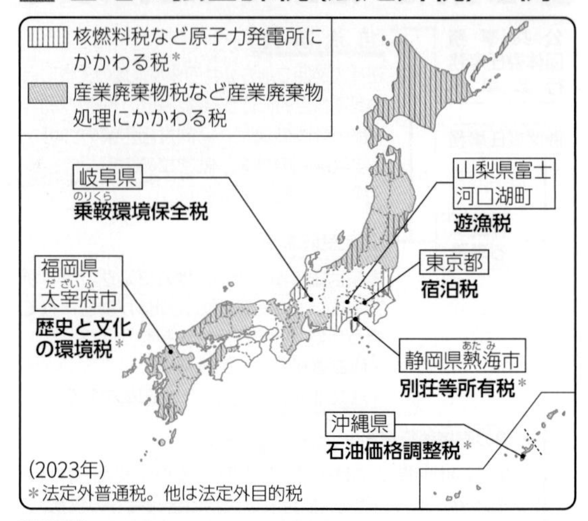

解説 **独自のまちづくり**　**独自課税**とは，自主財源である**地方税**として，独自の課税制度を**条例**で定めること。方法は次の2つ。
①もとからある税金の税率や課税方法などを改める方法。
②新しい税(**法定外税**)を創設する方法。使い道を定めた**法定外目的税**(**地方分権一括法**で新設)と，定めない**法定外普通税**がある。法定外税は，地方分権一括法で導入条件が緩和され，増えている。

5 三位一体の改革

2004年度から始まった，次の3つを行い，財源の地方分権を促して，国と地方の財政再建につなげる改革。

①国からの補助金の削減	2004～06年度で計約4.7兆円を削減。
②地方交付税制度の見直し	2004～06年度で計約5.1兆円を抑制。
③税源移譲	2007年度より**国税**の**所得税**を減らした分，**地方税**の**住民税**を増やすという約3兆円の**税源移譲**を実施。

解説 **地方財政は再建されたか？**　「**三割自治**」(➡p.132 1)と言われるほど地方公共団体の自主財源が少なく，国からの補助金に依存している状況を受け，**三位一体の改革**が行われた。しかし，補助金や**地方交付税**が減った割に税源移譲が少なく，国の財政再建に重点が置かれてかえって地方財政が圧迫されたという批判がある。不足分を**独自課税**(➡4)による増税などで補うことも可能だが，行政サービスや人件費など，地方歳出の抜本的な見直しも望まれる。

●地方財政の推移

＊地方債残高は2021年度。

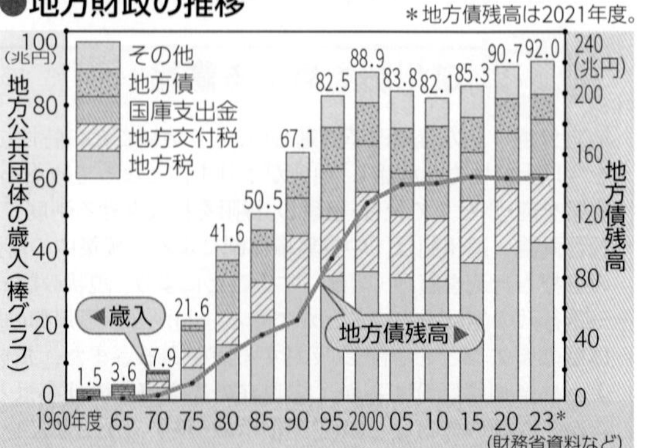

入試のツボ 地方公共団体は，①法律の範囲内で条例を定められること(条例の内容が法律に違反してはならないという意味)，②条例を定めて独自に課税できることをおさえておこう。

D 各地のまちづくり

NPO
まちおこし

1 構造改革特区制度を利用した地域活性化

規制の緩和・撤廃　構造改革特区制度(2003年度～)は，地方公共団体の提案を受け，内閣総理大臣が**市区町村や地域を限定して規制を緩和・撤廃し，地域活性化につなげる制度**。問題がなければ全国展開される。

●構造改革特区の例

城下町いずし"うなぎの寝床"町家特区(兵庫県豊岡市)	2010年認定。城下町は重要伝統的建造物群保存地区で，観光客は多いが滞在時間が短く，地元全体の活性化につながらないことが課題であった。また，高齢化による人口減少で空き家の増加が懸念されるため，保存地区内の空き家を利用した旅館営業を行い，観光による地域活性化を図る。2014年から全国展開。

総合特区制度　規制緩和・撤廃に加え，税金軽減や補助金など国が支援し，地域活性化につなげる制度。**総合特区法**(2011年成立)に基づく。特定産業の国際競争力強化をめざす**国際戦略特区**と，地域の特性を生かした**地域活性化特区**がある。
国家戦略特区制度　限られた地域でのみ規制の特例措置が活用できる制度。**国家戦略特別区域法**(2013年)に基づく。地域主導で行われる構造改革特区・総合特区とは異なり，国が主導で行う。特区における事業が評価されれば，全国展開へ推進される。

2 ふるさと納税

Q ふるさと納税はどのような制度なのか？

ふるさと納税とは　自分が生まれ育った地域などに寄付をすると，所得税や住民税が控除される制度。寄付のお礼として特産物などをもらえることもある。通常，税金は自分が現在住んでいる地域に納めるが，ふるさと納税は，応援したい地域を，税金を通じて支援するしくみ。

メリット	• **寄付者**…寄付先を選ぶことで，使われ方に注目するようになり，税に対する意識が高まる。 税金が控除され，寄付のお礼として特産品がもらえる場合もある。 • **地方公共団体**…自主財源が増え，行政サービスが向上。 地域の魅力を発見するきっかけになる。 • **地域産業**…特産品の需要が増え，宣伝にもなる。
デメリット	• 本来入るべき税金が入らず，税収が減る自治体が出る。 • 行政サービスを受ける人が費用(税)を負担するという地方税の原則が崩れる。 • 寄付がお礼目的になり，本来の趣旨からはずれる。 • 地方公共団体間のお礼競争が過熱する。

あなたは，ふるさと納税に賛成かな？ 反対かな？

視点　ふるさと納税をする人，ふるさと納税で納税額が増えた地方公共団体やその住民，逆に減った側などそれぞれの立場で考えよう。(➡p.133 2)

公正　自由・権利　責任・義務　持続可能性

3 NPOとの連携

NPO(民間非営利組織)とは　営利目的の団体に対し，営利を目的としない民間団体の総称。1998年，条件を満たすNPOに法人格を与え，活動しやすくする**特定非営利活動促進法(NPO法)**が成立。2001年からはNPO支援税制が開始され，行政と住民の橋渡しとしてまちづくりに貢献するNPOが増えている。

NPO法(特定非営利活動促進法)	1998年成立。社会貢献活動を行う非営利団体に法人格を与える法律。都道府県または政令指定都市に申請。法人格を与えられた団体は，NPO法人と呼ばれる。
NPO法人のメリット	・経済活動など，法人名で取引できる。 ・団体に対する信頼性が高まる。 ・税制の優遇措置が受けられる。
NPO法人の活躍分野	福祉，教育・文化，まちづくり，環境，国際協力など。地方公共団体と協働して事業を行うこともある。
NPO法人設立の要件	・営利を目的としない。 ・報酬を受ける役員が全体の3分の1以下 ・宗教普及を目的としない。 ・特定の政党や候補者・議員の支持を目的としない。

解説 **NPO法の課題**　社会的使命を持って，公にない民ならではの取り組みで，自発的に公共政策を担っているNPO法人。営利を目的としないが，営利活動を行うことはできる。2021年4月時点で5万以上のNPO法人が存在するが，その多くは経済的に厳しい状況にある。日本では寄付の習慣が定着しておらず，行政の委託事業に資金を頼るうち，NPO法人の行政の下請け化が進んでいる。**市民社会に立脚した独自の活動を行うためには，経済的に自立できるしくみづくりが求められている。**

EYE 各地のユニーク条例

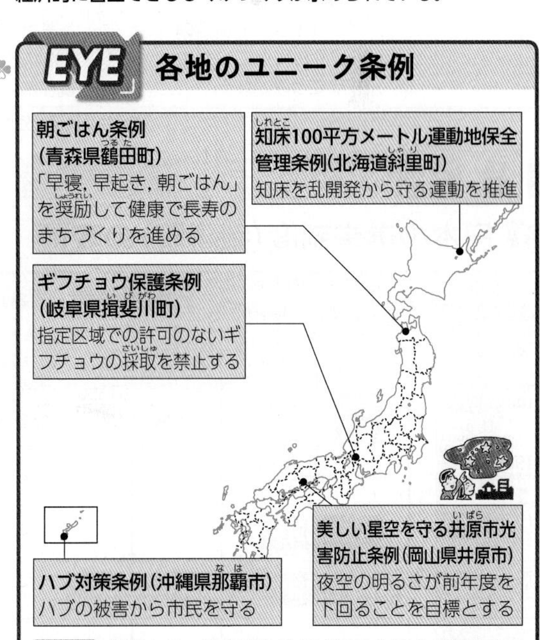

解説 **条例とは　地方議会が，国が定めた法令の範囲内で独自に制定することのできる法令**である。その内容は，個人情報保護，情報公開，環境影響評価，行政手続き，まちづくり基本条例など多くの分野にわたり，なかには地域の実情などに合わせたユニークな条例を定めている地方公共団体もある。

政治

重要用語　176条例　177地方交付税　178国庫支出金　180NPO(民間非営利組織)

9 選挙制度

ねらい
- 選挙のしくみと意義について理解しよう。
- 日本の選挙制度の変遷について理解しよう。
- 日本の選挙制度の課題について理解しよう。

p.138 探究 若い世代の政治参加のあり方を考える

国政選挙の開票作業の様子

A 選挙のしくみ

1 選挙の原則

1. **普通選挙** 一定の年齢に達したすべての国民に選挙権・被選挙権を与える。
2. **平等選挙** 有権者の1票を同価値と考え，平等に扱う。
3. **直接選挙（直接投票）** 有権者が直接候補者を選挙する。
4. **秘密選挙（秘密投票）** 有権者の投票内容を他人に知られないよう保障する。

解説 国民の権利としての選挙 近代民主主義社会では，国民は平等に国政に参加する権利が与えられ，選挙は平等に運用される必要がある。国民一人ひとりが政治意識を高め，積極的に国政に参加することが大切である。

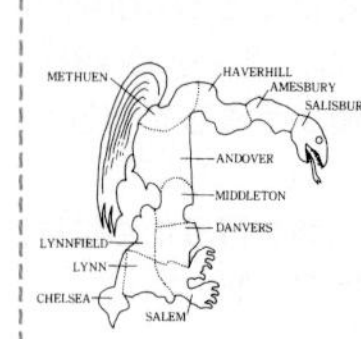

（『世界の議会②アメリカ合衆国』ぎょうせい）

ゲリマンダー 自分の政党に有利な選挙区の区割を決めること。19世紀初め，アメリカの州知事ゲリーがつくった選挙区が，サラマンダー（ギリシャ神話のとかげ）に似ていたので，こう呼ばれる。

2 選挙制度の比較

Q それぞれの選挙制度にはどのような特色があるか？

	大選挙区制	小選挙区制	比例代表制
内容	1つの選挙区から複数（2人以上）を選出する制度	1つの選挙区から1人を選出する制度	政党の得票数に比例した数の当選人を政党に割り振る制度
長所	①**死票**[*1]が少ない ②小政党も当選者を出せる ③全国的で，有能な人物が選べる ④選挙干渉・情実・買収などの不正が減少する ＊1 死票…落選者に投票された票	①大政党の出現が容易で，政局が安定する ②選挙費用が節約される ③候補者の人物・識見をよく知ることができる ④同一政党の候補者がなく，政党本位の選挙になる	①ほとんど死票がなくなる ②選挙は合理的に行われ，選挙費用が少額で済む ③政党本位の選挙になる
短所	①小政党の出現を促し，政局の不安定を招く ②候補者と有権者との結びつきが弱く，投票の判断がしにくく棄権が増える ③同一政党の候補者同士の争いがおき政党本位の選挙になりにくい ④1つの選挙区が広いため選挙費用が多額になりやすい	①死票が多い ②小政党が不利になる ③全国的代表者の適格を欠く地方的な代表者が選出されやすい ④買収・供応・干渉が行われやすい ⑤**ゲリマンダー**[*2]の危険性が高い ＊2 ゲリマンダー…自党に有利になるように選挙区の区割を決めること	①小党分立になる傾向があり，政局が不安定になりがち ②候補者と有権者との接触が弱まる ③政党に属さない人は，立候補できない
国	1994年改正前の日本の衆議院（特に**中選挙区制**と呼ぶ）	アメリカ，イギリス，フランス，マレーシアなど	スウェーデン，ベルギー，イタリアなど

注：長所・短所とも，そのような傾向があるのみで，必ずそうなるとは限らない。

B 日本の選挙制度

普通選挙・選挙のしくみ
衆議院・参議院議員選挙の区割と定数

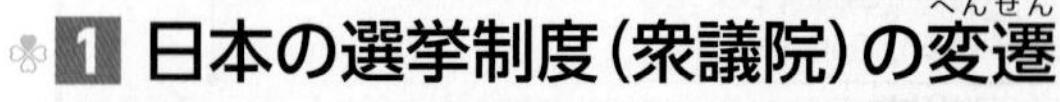

1 日本の選挙制度（衆議院）の変遷

注：内閣欄の①は第1次を示す。
＊地租・所得税など。地価総額600円の地租が15円。年収300円以上所得者に所得税課税（税率1～3％）。小学校教員初任給が月5円（1886年）の時代。

法改正 改正年と内閣	有権者の資格 性別・年齢	有権者の資格 納税	被選挙者の資格	選挙区制	法改正直後の総選挙	有権者の全人口に対する比率（%）（ ）は有権者数 単位：万人	投票率（選挙区）（%）
1889（明22） 黒田	満25歳以上の男子	直接国税＊15円以上	直接国税15円以上納める30歳以上の男子	小選挙区	第1回（1890）	1.1%（45）	93.7
1900（明33） 山県②	制限選挙	直接国税10円以上	満30歳以上の男子	大選挙区	第7回（1902）	2.2（98）	88.4
1919（大8） 原		直接国税3円以上		小選挙区	第14回（1920）	5.5（307）	86.7
1925（大14） 加藤高明	男子普通選挙	—		中選挙区	第16回（1928）	20.0（1241）	80.4
1945（昭20） 幣原	満20歳以上の男女 普通選挙	—	満25歳以上の男女（参議院は30歳以上）	大選挙区	第22回（1946）	48.7（3688）	72.1
1947（昭22） 吉田①		—		中選挙区	第23回（1947）	52.4（4091）	68.0
1994（平6） 細川		—		小選挙区比例代表並立	第41回（1996）	77.6（9768）	59.6
2015（平27） 安倍③	満18歳以上の男女	—			第48回（2017）	83.7（10609）	53.7

入試のツボ 小選挙区制の特徴をおさえておこう。①大政党の出現が容易で，小政党は不利になること，②大選挙区制と比べて投票率の低い候補者は当選しにくくなることが問われた。

＊2015年の公職選挙法改正により，一票の格差を是正するために，鳥取・島根県，徳島・高知県をそれぞれ１つの選挙区とした

2 衆・参議院の選挙制度の違い

衆議院		参議院
全国を**289**に分けた**小選挙区制**	選挙区	１～２つの都道府県を単位とした**選挙区制**。**45**選挙区
全国を**11ブロック**に分ける。政党に投票。各党の得票に応じて当選者配分。選挙区と比例の**重複立候補可**	比例代表	**全国単位**で各党の得票数(政党＋個人票)を集計して当選者を配分。**選挙区と比例の重複立候補不可**
比例の名簿は同一順位に複数候補の記載可(重複立候補に限る)。選挙区の落選者が比例で当選可	比例名簿	比例の名簿は順位をつけずに記載(**非拘束名簿式**)。個人票順に当選者を決める。

特定枠の導入　2018年，公職選挙法改正で**参議院の比例代表選挙に各党が一部に拘束名簿式を活用するか決められる特定枠が導入**された。一票の格差の是正と合区＊により擁立できなくなった候補者の保護が目的と考えられているが，投票制度の複雑化による有権者の混乱や，政党の都合を優先でき，政治不信につながるとの懸念もある。

●特定枠でどうなるの？(当選者３人の場合)

○○党の名簿
㊫有名太郎 (100万票)
□山○子 (40万票) 特定枠
㊫○山○男 (10万票) 第１位
㊫☆野☆子 (５万票) 第２位
⋮

改正前の非拘束名簿式は，得票数の多い順に当選者が決められていた。しかし，**特定枠を活用すると，得票数に関係なく，特定枠の人が優先的に当選できるようになる。**

3 衆・参議院の選挙のしくみ

＊2　2018年，法改正により，参議院の比例代表選挙に特定枠が導入

衆議院(小選挙区比例代表並立制)　465人

小選挙区選挙
本人もしくは政党などが届け出る

選挙区ごとに各党が候補を立てる。無所属，諸派の立候補も可能。289選挙区

立候補

比例代表選挙
政党が提出する名簿にのること

各党がブロック単位の比例代表名簿を順位付きで提出。**小選挙区との重複立候補も可。**重複立候補者同士は同一順位も可。11ブロック

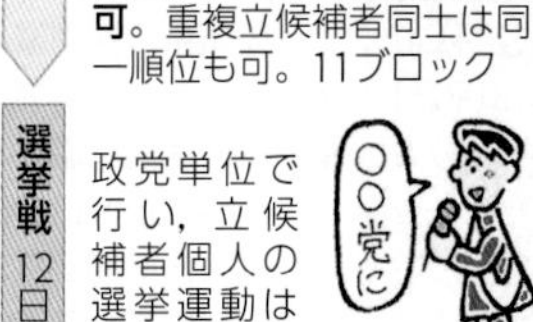

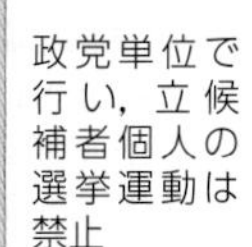

立候補者以外に所属政党も一定の選挙運動が行える

選挙戦 12日間

政党単位で行い，立候補者個人の選挙運動は禁止

解散日より40日以内，任期満了日前30日以内

投票

開票　＊1敗者復活

各小選挙区の得票数１位が当選。ただし有効投票総数の６分の１以上の得票が必要

当選者 289人

ドント式(➡4)を使い，得票で議席を比例配分。同一順位の場合，小選挙区の「惜敗率」で決定

当選者 176人

$$\text{惜敗率(\%)} = \frac{\text{落選者の得票数}}{\text{当選者の得票数}} \times 100$$

解散の場合は選挙の日から30日以内に国会召集
任期満了の場合は任期が始まる日から30日以内に国会召集

＊1　小選挙区での得票数が有効投票総数の10％に満たない重複立候補者は，比例代表選挙でも当選できない。

参議院　3年ごとに定員の半数(124人)を改選

任期満了日前30日以内

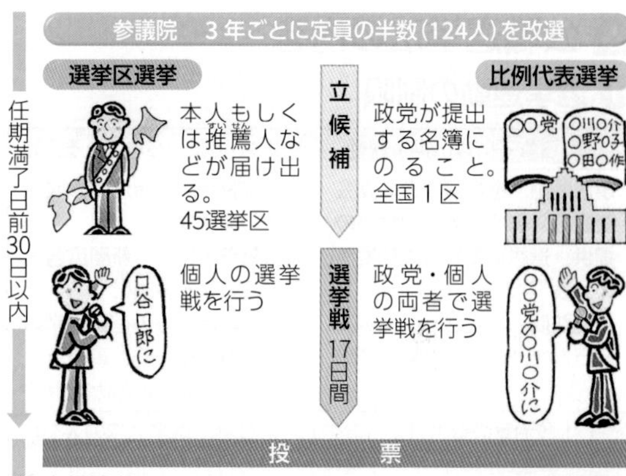

投票

任期が始まる日から30日以内に国会召集

開票

得票数の上位者から当選者を決める

当選者 74人

ドント式(➡4)を使い，各党の得票数(政党＋個人票)で議席を比例配分し，各党ごとに個人票順に当選者を決定＊2

当選者 50人

4 比例代表制(ドント式)

名簿届出政党名		A　党	B　党	C　党
名簿登載者数		4人	3人	2人
得票数		1000票	700票	300票
除　数	1	①1000	②700	⑥300
	2	③500	④350	150
	3	⑤333 $\frac{1}{3}$	233 $\frac{1}{3}$	
	4	250		
当選人数		3人	2人	1人

A党，B党及びC党が候補者名簿を提出し，それぞれ４人，３人，２人の候補者が登載されていたとする。説明の都合上，選挙すべき議員の数は６人とする。

1. まず各政党の得票数を1.2.3…の名簿登載者数までの整数で割る。
2. 次に割って得られた商が表のように出てくるので，その商の一番大きい数値から順に数えていって選挙すべき議員の数(この場合６番目)まで各政党に配分する当選人数を決める。
3. その結果，A党には３人が配分されるので，候補者名簿に記載された順位により，上位３人が当選人となる。

在外選挙制度　国外の有権者が国政選挙で投票できる制度。
期日前投票制度　当日投票に行けない人が，選挙人名簿登録地に設置される期日前投票所で事前に投票できる制度。
不在者投票制度　当日投票に行けない人が，手続きをすることで，選挙人名簿登録地以外で事前に投票できる制度。

重要用語　145衆議院　146参議院　181普通選挙　182直接選挙(直接投票)　183大選挙区制　184小選挙区制　185比例代表制　188政党

5 衆議院議員総選挙における得票率と獲得議席数

●小選挙区における得票率と獲得議席数

得票率：自民48.4%　立憲民主30.0　維新8.4　国民民主2.2　公明1.5　共産4.6　社民0.6　その他4.3

獲得議席数（計289議席）：189議席　57　16　9　6　10　1　1

注：2021年衆議院議員総選挙当時

●比例代表における得票率と獲得議席数

注：2021年衆議院議員総選挙当時

解説 **衆議院選挙における現行制度の問題**　日本の衆議院は，かつて中選挙区制（⇨p.134 2）を採用していたが，政党中心ではなく候補者中心の選挙となり，同一政党内の同士討ちとなった。また，お金の力で選挙結果を左右することや派閥政治につながる恐れもあり，これらを防ぐことや長期単独政権を解消する二大政党制を促し，政権交代を可能にすることをめざして，**小選挙区比例代表並立制**に移行した。しかし，大政党に有利な制度であることや死票が多くなってしまうこと，さらに与党に対抗する野党の解体が進み，野党の票が分散，選挙の得票率と獲得議席数が比例せず，与党と野党の力関係は，一強多弱になった。

6 公職選挙法の内容

❶ 選挙運動の制限

認められていない選挙運動	制限つきで認められている運動
事前運動，複数候補者の立会演説会，署名運動，飲食物の提供，選挙に関する人気投票の公表＊など **戸別訪問**…買収などの選挙違反行為を誘発するとして禁止	**個人演説会，街頭演説，政見放送，電話など** **通常葉書・ビラ・新聞広告・選挙公報などの頒布** **国政選挙と地方の首長選挙の政権公約頒布**…個人事務所や街頭演説会場などのみで行う

寄付行為の禁止

①**政治家の寄付禁止**　お中元・お歳暮，選挙区内の人への葬式の際の供花や花輪などを贈る行為の禁止
②祭りの際など**政治家への寄付の勧誘・要求の禁止**
③**後援団体の寄付の禁止**　市のイベントで賞品を贈ったり，葬式の際に花輪や香典を出す行為は禁止
④**政治家による年賀状等のあいさつ状送付禁止**
⑤**政治家によるあいさつ目的の有料広告の禁止**

＊新聞社などの世論調査は人気投票に当たらないとされる。

解説 **選挙における規則**　公職選挙法は選挙における規則・選挙区や投票方法・罰則などを定めている。表中の**戸別訪問禁止**は，憲法第21条の表現の自由違反との指摘もあるが，最高裁は合憲としている（地裁では違憲判決もある）。また，若い世代の政治参加促進や選挙費用の削減が期待される，インターネットを使った選挙運動（⇨p.137 EYE）が2013年より認められた。

❷ 連座制

対象となる関係者	連座責任の対象となる罪と刑罰
総括責任者，出納責任者，地域責任者	買収罪等の悪質な選挙違反を犯し，罰金以上の刑に処された場合（執行猶予も含む）
候補者・立候補予定者の親族・秘書，組織的選挙運動管理者	買収罪等の悪質な選挙違反を犯し，禁錮以上の刑に処された場合（執行猶予も含む）

解説 **連座責任とは**　候補者と一定の関係にある者が，上の表のような違反行為で刑に処された場合，その候補者の当選が無効になる制度。1994年の公職選挙法改正で，候補者の「連座責任」の範囲が拡大・強化された（**拡大連座制**）。連座責任で当選無効となった者は，その選挙区における公職の選挙に5年間立候補できない（ただし，他の選挙区や小選挙区から比例代表へ移り立候補することは可能）。

7 主な公職選挙法改正

年号	改正点
1950（昭25）	公職選挙法公布
1982（昭57）	参議院議員選挙に拘束名簿式比例代表制の採用
1994（平6）	衆議院選挙に**小選挙区比例代表並立制**採用 政党助成法成立，**拡大連座制**（⇨6❷）
1997（平9）	投票時間の延長，不在投票の要件緩和
1998（平10）	在外選挙制度の導入（⇨p.135）
2000（平12）	衆議院議員定数削減（比例代表20削減） 参議院議員定数削減（10削減） 参議院比例代表選挙に**非拘束名簿式**を採用
2003（平15）	期日前投票導入，政権公約配布解禁
2012（平24）	衆議院議員定数削減（小選挙区5削減）
2013（平25）	インターネット選挙運動解禁
2015（平27）	**選挙権年齢満18歳へ引き下げ** 参議院議員選挙における2県間の合区
2016（平28）	期日前投票時間延長，共通投票所の設置など 衆議院議員定数削減（小選挙区6削減，比例代表4削減）
2018（平30）	参議院議員定数増員（比例代表100人，選挙区148人） 参議院比例代表選挙に特定枠を導入（⇨p.135 2）
2022（令4）	アダムズ方式（⇨EYE）による，衆議院小選挙区の区割変更，比例代表の各ブロックの定数変更

解説 **公職選挙法の見直し**　これまでの改正の目的は主に①一票の格差を解消し，平等選挙を実現，②派閥の対立抗争や政・官・財の癒着の防止である。この実現のため，議員定数不均衡是正のための区割の変更などが行われた。

EYE 新導入！ アダムズ方式

アダムズ方式　国勢調査の結果をもとに適用される衆議院議員の議席配分の計算方法。この方法は，人口を特定の数で割るが，必ず小数点以下を切り上げるため，一人でも人口がいれば，議席が振り分けられる。2022年，アダムズ方式による，衆議院小選挙区の区割と比例代表の各ブロックの定数の改正が行われた。

● アダムズ方式の計算方法（総人口460万人，総定数5）

県	人口（万人）	特定の数字（125万）で割った結果	議席配分
X	250	2	2
Y	200	1.6	2
Z	10	0.08	1

（斜線部）の合計が総定数と一致

入試クイズ　世論をより良く政治に反映させるため，日本では，国政選挙の候補者による選挙運動期間中の戸別訪問が，法律上，認められている。○？×？（⇨6）　答：×

C 日本の選挙制度の課題

(世論と政治参加 ➡p.146)
(定住外国人の地方参政権 ➡p.84)

1 一票の格差 Q 一票の格差はなぜ問題か？

❶ 衆議院議員1人当たり有権者数

多い選挙区		少ない選挙区	
①北海道2区	46万1188人(2.011)	①鳥取1区	22万9371
②北海道3区	46万101(2.006)	②鳥取2区	23万2955
③京 都6区	45万9643(2.004)	③京都5区	23万6343

注：( )は鳥取1区との格差　(2022年9月現在)(総務省資料)

解説 求められる格差是正　一票の価値は，議員1人当たりの有権者数が多い選挙区ほど低くなる。かつて最高裁は，**違憲かどうかの判断基準を，衆議院では格差3倍以上，参議院では格差6倍以上**としていた。しかし近年，**2010年参院選の5.00倍**(2012年判決)，**2014年衆院選の2.13倍**(2015年判決)をともに「**違憲状態**」と判断し，格差是正の必要性を指摘した。これを受け，2016年にアダムズ方式の導入(➡p.136EYE)・衆議院議員定数削減を決定する法改正が行われ，2017年衆院選については**合憲**と判決された。今後も引き続き格差是正が求められている。

ナットク！ 一票の格差

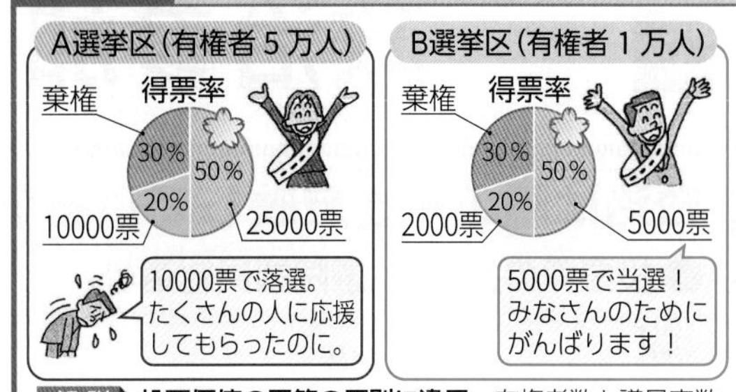

解説 投票価値の平等の原則に違反　有権者数と議員定数の比率が選挙区ごとで異なることを一票の格差という。

探究へのSTEP 一票の価値を完全に平等にすべきかな？

視点 有権者数の違う地方と都市の，住民と議員のそれぞれの立場に立って考えよう。 公正　平等　民主主義

❷「一票の格差」の推移

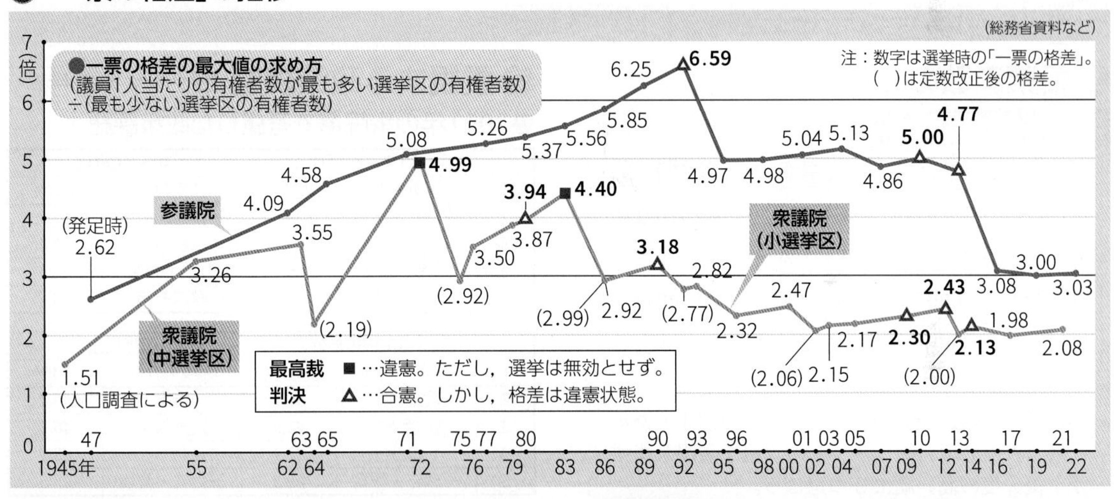

2 投票率の推移 Q 投票率の向上に必要なことは何か？

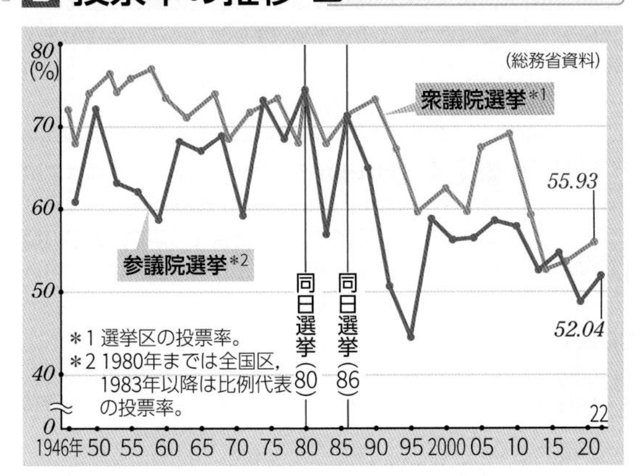

解説 低投票率　投票率の向上をめざし，様々な投票環境が整備された(➡p.136⑦)ほか，郵政民営化(2005年衆院選)・政権選択(2009年衆院選)が関心を集め，2000年代後半は投票率が向上した。しかし，2014年は衆院選投票率が戦後最低を記録した。

EYE ネットでの選挙運動

●ネット選挙運動(満18歳以上)

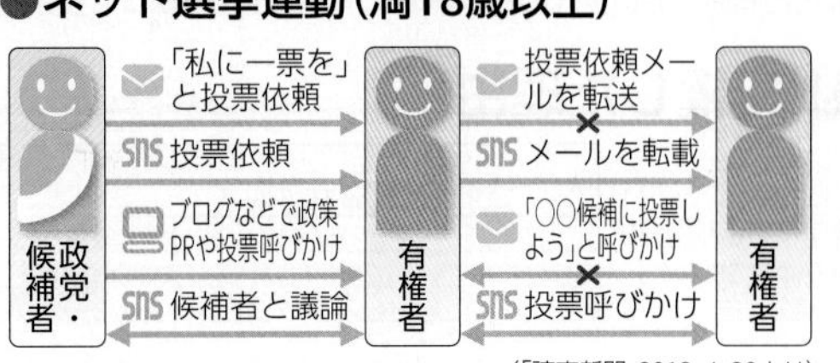

(「読売新聞」2013.4.20より)

解説 ネット選挙運動解禁　2013年，インターネットを使った選挙運動が解禁された。これにより，SNS(ソーシャル・ネットワーキング・サービス)で考えを表明できたり，政策をネットで調べられ，若者の政治的関心の向上が期待されている。一方で，情報格差(デジタル・デバイド)について高齢者などへの配慮が求められている。また，満18歳未満の人の選挙運動は禁止されており，連座制(➡p.136)に対する違反は刑事処分の対象になり，重い処罰を受ける可能性がある。

重要用語 145衆議院 146参議院 184小選挙区制 185比例代表制 186一票の格差

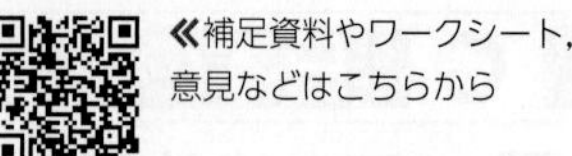

若い世代の政治参加のあり方を考える

政治は誰の声を反映している？

● 投票率の推移（衆議院議員総選挙）

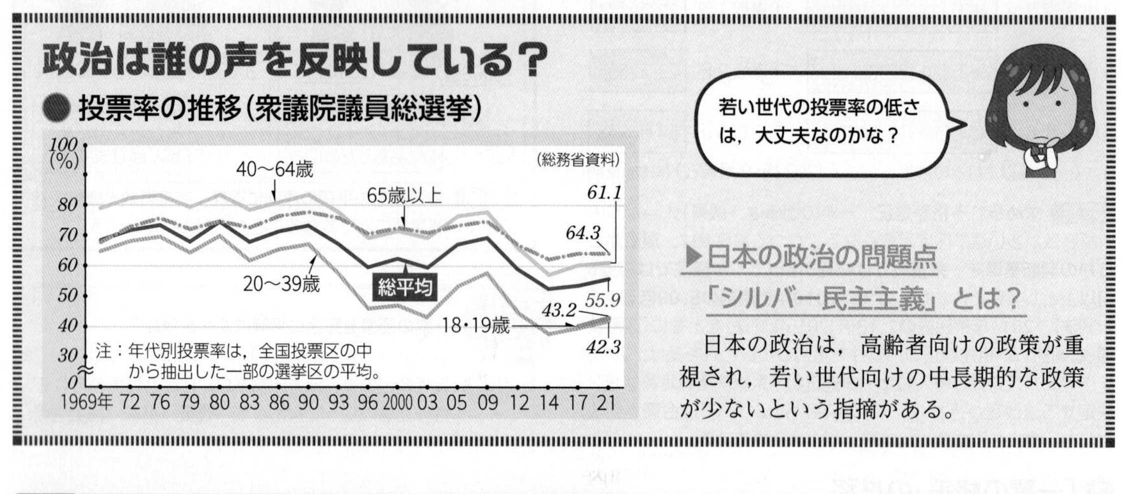

若い世代の投票率の低さは，大丈夫なのかな？

▶日本の政治の問題点
「シルバー民主主義」とは？

日本の政治は，高齢者向けの政策が重視され，若い世代向けの中長期的な政策が少ないという指摘がある。

A 「シルバー民主主義」，何が問題?

❶ 投票者数のちがい

2021年衆議院議員総選挙

	有権者数	×	投票率	=	投票者数
65歳以上	約3600万人	×	64.3％	=	約2310万人
40〜64歳	約4250万人	×	61.1％	=	約2600万人
20〜39歳	約2690万人	×	42.3％	=	約1140万人
18・19歳	約240万人	×	43.2％	=	約100万人

TRY！　あなたが候補者だったら，当選するために❷の表中の項目のうち，どの政策を重視しますか？優先度の高い順に３つ選ぼう。

❷ 重視する政策課題 Q 世代によって差はある？

●2021年の衆院選で考慮した政策課題

	18〜20歳代		30〜40歳代	
1	景気対策	43.5%	景気対策	57.3%
2	子育て・教育	39.5	子育て・教育	51.7
3	コロナ対策	34.7	医療・介護	42.5
4	医療・介護	25.0	コロナ対策	33.5
5	雇用対策	21.0	雇用対策	28.6

	50〜60歳代		70歳以上	
1	医療・介護	56.5%	医療・介護	63.9%
2	景気対策	55.7	年金	55.4
3	コロナ対策	42.9	景気対策	46.1
4	年金	41.1	コロナ対策	43.9
5	子育て・教育	29.2	子育て・教育	27.5

注：複数回答　(明るい選挙推進協会資料)

解説 **結果として公正でない可能性**　投票は１人１票であり，有権者全員に公平にチャンスがあるものである。しかし，少子高齢化と同時に若い世代の投票率の低下で，世代によって投票者数に差が出ると，より多くの票を集められる世代の願いが優先されかねない。若者にとって，不公平な政策が打ち出される可能性がある。

❸ 棄権した理由

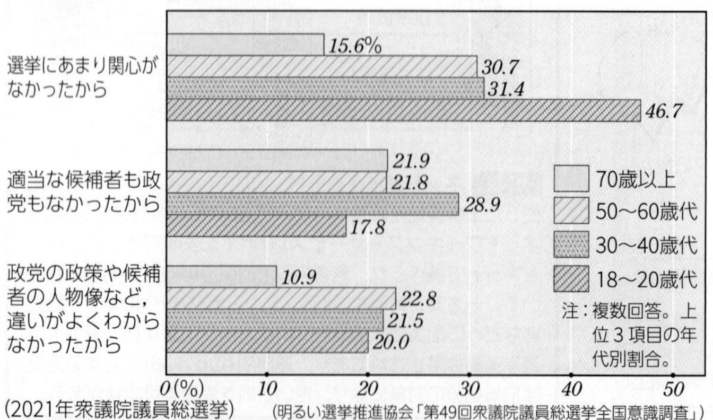

(2021年衆議院議員総選挙)　(明るい選挙推進協会「第49回衆議院議員総選挙全国意識調査」)

解説 **政治は誰が行うのか**　政治的な課題は高齢者だけではなく，若い世代にも関係がある。実際に，働きながらの子育てに不安を抱える声や，大学の授業料の負担軽減を望む声などがあり，課題はどの世代にも身近に存在する。

「政治は自分とは関係ない」などの**政治的無関心**(➡p.149)から，投票に行かない人もいる。権利は適切に行使してこそ意味をもつ。本当に政治に無関心でよいのかな？

メモ　高校卒業後，進学や就職で他地域に引越しても住民票を移さない人は約６割にも上る。しかし，投票は原則，住民票がある地方公共団体で行う。地元に戻らなくても投票できる不在者投票制度があるが，認知度は低い。

B 政治への意識を変えるには?

❶ 投票を体験

模擬投票の様子

架空(かくう)の設定などで実際の投票体験を行う模擬(もぎ)投票を行った人の，政治に対する関心が高まることが期待されている。

❷ 投票啓発(けいはつ)活動

地方公共団体が主導で行っている活動だけでなく，若い世代が自ら進める活動もある。ポスターや啓発グッズなどを通して投票を呼びかける活動が積極的に行われている。

どの政党・候補者に投票したらいいかわからないという意見も多い。投票先の決定方法は，次のページを見よう！

❸ 声をあげることの大切さ

2019年，高校生らが大学入学共通テストの記述問題などの中止を求めた署名を提出。高校生らは「仲間内で言っても始まらない」と感じ，インターネット上で呼びかけた所，2週間足らずで4万2千人分が寄せられた。記述問題などの実施は，導入発表当初より課題が議論されていた。専門家による検討が重ねられ，2021年，文部科学省は導入断念を発表した。

署名を文部科学省職員に提出する高校生

●様々な政治参加

気候保護を訴える若者たち(2019年，ポーランド)　地球温暖化の問題に向き合い，気候保護の政策を求めた。

首相 今国会成立の構え
検察庁法改正案 抗議ツイート急拡大
(「朝日新聞」2020.5.12)

検察庁法改正案への抗議ツイートが急増したことを報じた新聞記事(2020年)　検察庁幹部の「役職定年」を政府の判断で延長できるとした法改正案に対して，SNS上で抗議のツイートが急増した。内閣支持率の下降もあり，政府は「国民の理解を得られていない」として，この国会で法案を成立させることを見送った。

公正な選挙が行われるために，認められていない選挙運動があるよ。p.136❻やp.137EYE，政府のホームページなどを確認して行おう。

C 選挙制度を変えるべきか?

❶ 投票の義務化

国	罰則	適用
オーストラリア	罰金20～50オーストラリアドル	厳格に適用
シンガポール	選挙人名簿から抹消(まっしょう)	厳格に適用
アルゼンチン	罰金10～20ペソ，3年間の公職就任・在職禁止	ゆるやか
ギリシャ	1カ月以下の入獄	ゆるやか
日本	罰則はなし	

解説 **義務か自由か**　棄権(きけん)者に罰則(ばっそく)規定を設け，高い投票率を維持している国がある。しかし，投票が義務化されると「投票したくない」という意思を表示できなくなるという意見がある。また，具体的な政策や政党の支持を持たない有権者の票を得るため，タレント議員が増えるという懸念もある。

❷ 被選挙権年齢の引き下げ

●世界の選挙権・被選挙権年齢

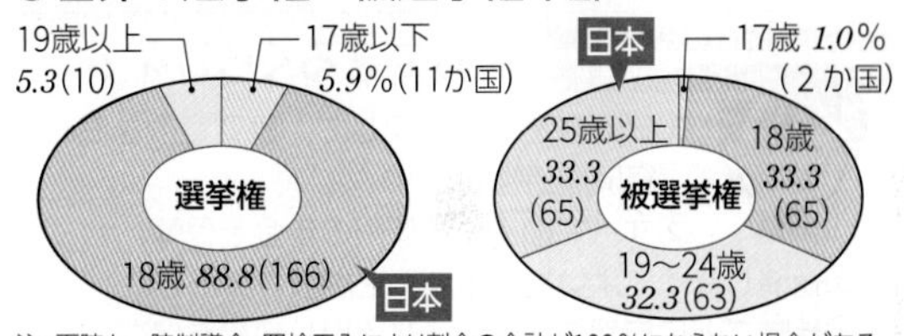

注：下院と一院制議会。四捨五入により割合の合計が100%にならない場合がある。(2020年)　(国立国会図書館資料)

❸ 投票環境の向上

駅前や大型商業施設など，投票所以外で投票できる**共通投票所**がある。買い物などのついでに投票できるため投票率向上が期待される制度だが，二重投票を防ぐための環境整備における財政的負担が大きいことが課題である。2021年の衆議院議員総選挙では，全国で68か所設置された。

共通投票所

❹ 新しい選挙制度例

(1)**ドメイン投票方式**　次世代を担(にな)う子どもにも選挙権を付与する制度。実際には，子どもにとって不利な投票行動を行わないことを前提とし，親権者が投票する。過去にドイツで議論されたが，導入には至(いた)っていない。

(2)**世代別選挙区制度**　有権者を一定の年齢階層ごとに分け，各世代人口に応じて議員定数を配分する制度。世代間の投票率の差に関わらず，各世代から議員を選出することができる。しかし，そもそも日本の年齢階層ごとの人口比率が大きくゆがんでいるため，シルバー民主主義解消の効果は弱いとの指摘がある。

Think & Check

若い世代の政治参加を進めるために，あなたならどのような対策を行うか，考えてみよう。

»自分の考えを，次の視点で確認しよう。

- 継続的に行うことができますか？ **持続可能性**
- 効果や実現可能性はありますか？ **効果** **実現可能性**
- どの世代も納得できる対策ですか？ **幸福** **正義** **公正**

さまざまな意見を冒頭のQRコードで確認

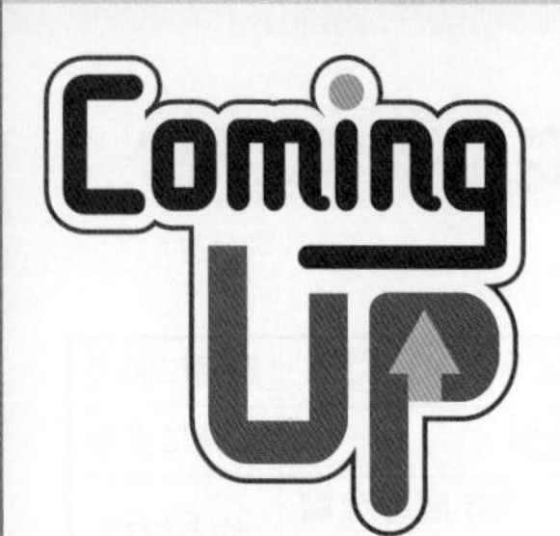

投票先はどうやって決めるの?

ねらい 選挙権年齢が18歳に引き下げられたが，若い世代の投票率の低さが大きな問題となっている。その1つの要因に誰に投票したらいいかわからないという意見もある。どのように投票先を決めるか考えよう。

●模擬投票～どんな人が立候補しているかな?～

候補a 新しい力を創出!

①地方の魅力を発掘して観光客を呼び込み，地域経済の活性化を日本の活力に。
②保育所を増設して女性の社会参画を促進。
③高齢者スポーツ・体力向上を推進，要介護人口を削減。
④モノづくりを担（にな）う若い世代の技能者・職人育成。
⑤原発稼働を進めて二酸化炭素排出量50％削減をめざす。

候補c 格差撲滅!平等社会実現

①原子力発電は全廃。
②すべての高校の授業料を無償化。
③正規・非正規雇用の同一労働・同一賃金を実現。
④障がいをもつ人の資格取得機会・費用を支援。
⑤一定所得以下の世帯の税率を軽減し，消費拡大・経済活性化。

候補b 安心できるくらしを!

①消費税を５％に戻して，購買意欲を高め，経済を活性化。
②すべての人に最低限の年金を保障。
③返済しなくてよい奨学金制度を創設。
④地域ごとに自然エネルギーを活用し自給を促進。
⑤希望するすべての労働者を正規雇用化。

候補d 経済成長こそ力!

①起業を促進し，雇用を創出。
②高校生・大学生の留学費用を援助し，グローバルな人材を育成。
③裕福な人は年金額を減額し，社会保障の費用削減。
④原発を推進し，企業のエネルギーコスト削減。
⑤日本の技術の海外輸出を促進し，経済を活性化。

あなたは，どんな社会になってほしい？３つ書こう。

●

●

●

a①・a②…のように番号を入れよう!

A 政策をカテゴリー分けしてみよう!

景　気	社会保障	教　育

雇用・労働	エネルギー・環境

実際には，候補者によって，主張していないカテゴリーの政策や，１つの政策が複数のカテゴリーに属する場合もあるよ。

メモ　候補者や政策の情報は，街頭演説や政見放送，選挙公報（各家庭に配布），インターネットでの選挙運動（ブログ，SNS）などから得ることができる。

B Aをもとに，カテゴリー別に優先順位を決めよう！

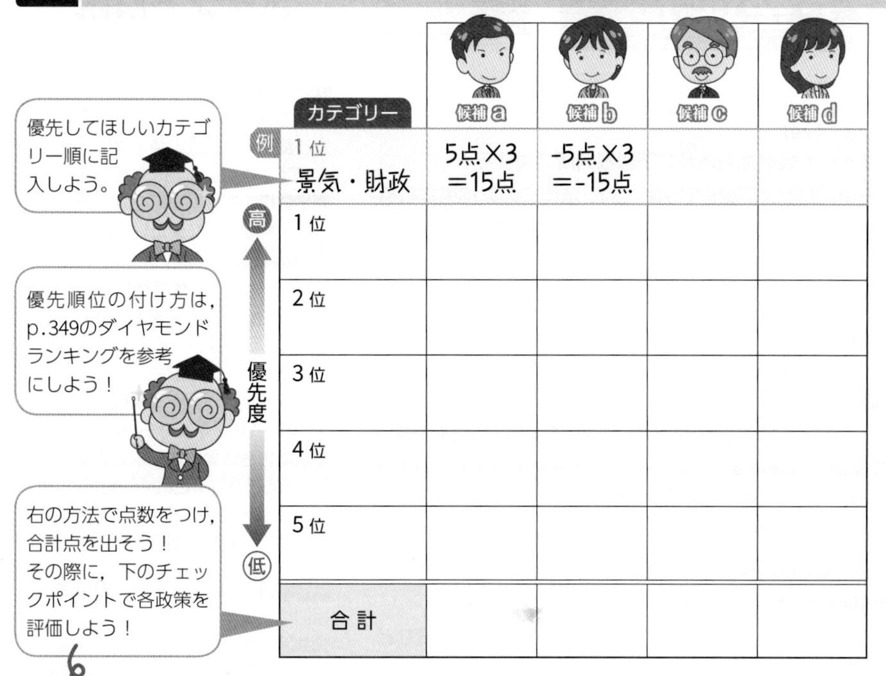

カテゴリー	候補a	候補b	候補c	候補d
例 1位 景気・財政	5点×3 ＝15点	-5点×3 ＝-15点		
1位				
2位				
3位				
4位				
5位				
合計				

点数をつけよう

①各カテゴリーの政策
- 必ず実現してほしい……5点
- どちらかといえば実現してほしい……3点
- どちらかといえばやめてほしい……－3点
- 絶対にやめてほしい……－5点
- 該当なし……0点

②カテゴリーの優先順位が
- 1位……×3
- 2位……×2
- 3位・4位……×1
- 5位……×0.5

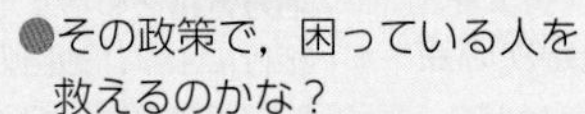

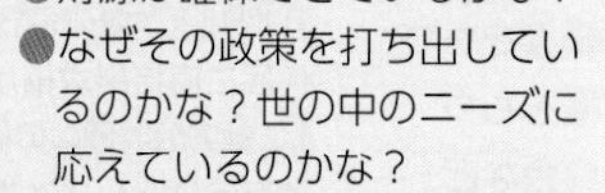

- 財源は確保できているかな？
- なぜその政策を打ち出しているのかな？世の中のニーズに応えているのかな？
- その政策で，困っている人を救えるのかな？
- 実現するための具体的な手段を打ち出しているかな？

合計点が高くても，絶対にやめてほしい政策を出している候補者の場合は，よく考えよう。選挙は，議員を選ぶのと同時に，議員になってほしくない人を落選させることもできる。

100％希望通りの候補者はいないので，「よりよい」候補者を選ぼう。自分の優先度が最も高いカテゴリーで，最も望ましい政策を出している候補者を選んだり，消去法で選ぶのもアリ！

C 候補者だけではなく，政党の考え方でも見てみよう！

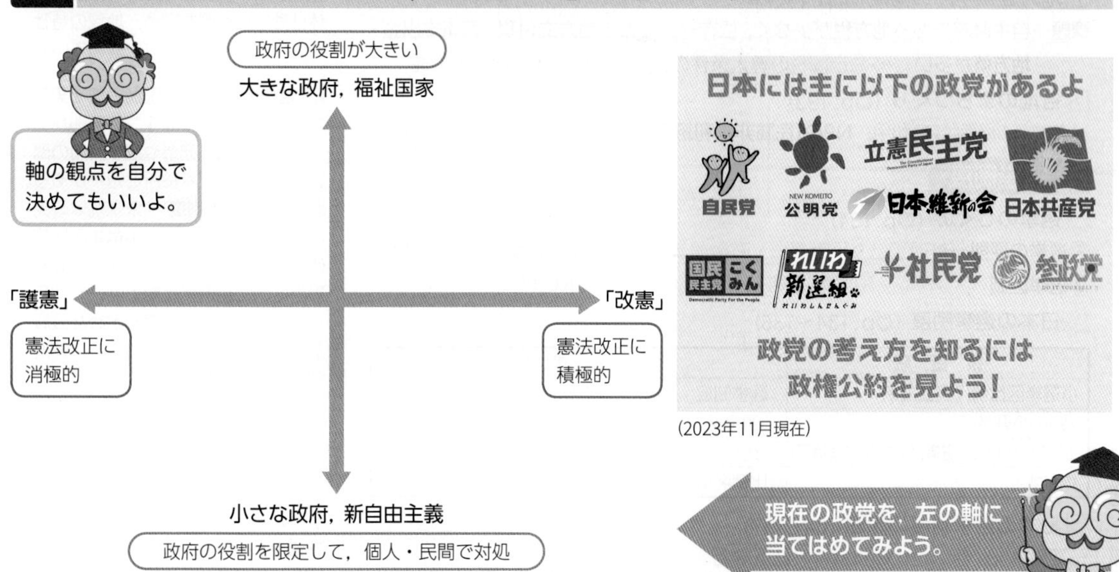

ポイント整理 7

学習コンテンツ

7 司法と国民

A 司法権の独立 (➡p.123・124)

①裁判所の独立…司法権はすべて**最高裁判所**及び**下級裁判所**に属する
②裁判官の独立…良心に従い，独立して職権を行使。憲法・法律にのみ拘束される
③**裁判官の身分保障**…**裁判官の罷免**を限定 ➡ 心身の故障，**弾劾裁判**，国民審査(最高裁)
④違憲審査権…具体的事件に際し，法律その他の国家行為が憲法に違反していないかどうかを判断する権限。すべての裁判所がもつ

B 裁判制度 (➡p.124〜126)

①**刑事裁判**…法律に違反した疑いのある者に判決を下す裁判。検察官が被疑者を起訴
└── **罪刑法定主義**…犯罪に対する刑罰はあらかじめ法律により規定
②民事裁判…個人，団体間の財産や身分に関する権利・義務について，訴訟をおこした**原告**と訴えられた**被告**の，当事者双方が争う裁判。**行政裁判**は，民事裁判の1つ
③**三審制**…判決に不服な場合，上級裁判所に**控訴**，**上告**し，3段階で裁判が可能
④検察審査会…抽選による一般の人で構成。検察官の不起訴処分の適否を審査する
⑤**その他の制度**…刑事裁判の**国選弁護制度**や**被害者参加制度**など

C 司法制度改革と裁判員制度 (➡p.127・128)

迅速で身近なわかりやすい裁判をめざす司法制度改革が行われた。**裁判員制度**など

8 地方自治とその課題

A 地方自治のしくみ (➡p.129・130)

①**原則**…**団体自治**・**住民自治**が不可欠 ➡ **ブライス**「地方自治は**民主主義の最良の学校**」
②**地方自治のしくみ**
┌ **地方議会**…一院制，条例の制定・改廃，予算の議決，首長の**不信任決議権**をもつ
├ **首長(長)**…行政事務全般の指揮・監督，**条例**の執行，議会の解散権をもつ
└ **行政委員会**…教育委員会，選挙管理委員会，人事委員会，監査委員会など
③直接請求権┬ 議会の解散，議員・首長の解職(**リコール**) ➡ **住民投票**が必要
　　　　　　└ ほかに条例の制定・改廃(**イニシアティブ**)，事務監査など
④オンブズマン(オンブズパーソン，行政監察官)制度…第三者機関による行政の監視。

B 地方公共団体の仕事と市町村合併 (➡p.131)

①地方分権一括法の成立…機関委任事務の廃止，**自治事務**と法定受託事務に整理
②**市町村合併**…国の財政支援を定めた市町村合併特例法により市町村合併が進んだ

C 地方公共団体の財政 (➡p.132)

課題…自主財源である**地方税**が少なく，依存財源である**地方交付税**・**国庫支出金**・**地方債**が多い。➡独自課税の導入条件の緩和，三位一体の改革の推進

D 各地のまちづくり (➡p.133)

構造改革特区制度の利用，**NPO(民間非営利組織)**との連携など

9 選挙制度

A 選挙のしくみ (➡p.134)

①**選挙の原則**…普通選挙・平等選挙・直接選挙(直接投票)・秘密選挙(秘密投票)
②**選挙区制**…大選挙区制(中選挙区制)，小選挙区制，比例代表制

B 日本の選挙制度 (➡p.134〜136)

衆　議　院		参　議　院
小選挙区比例代表並立制	選挙制度	選挙区制と比例代表制
289の小選挙区	選挙区	全国を45区
全国11ブロック(**選挙区と重複立候補可**)	比例区	全国単位(**選挙区と重複立候補不可**)
拘束式	比例名簿	**非拘束式**＊

C 日本の選挙制度の課題 (➡p.137)

一票の格差，若い世代の投票率の低下など

ポイント解説

A 司法権の独立　司法権が他の権力に影響されないよう，**裁判所の独立**と**裁判官の独立**と**身分保障**が憲法に規定されている。また，裁判所は**違憲審査権**をもち，国民の自由と権利を守る重要な役割を果たしている。

B 裁判制度　裁判所には，**「憲法の番人」**といわれる**最高裁判所**と**下級裁判所**(高等・地方・家庭・簡易裁判所)がある。裁判には，**刑事裁判**と**民事裁判**がある。**公開**が原則で，人権を保障するため，原則，**三審制**がとられている。裁判終了後でも，新たな証拠が出た場合は**再審**が請求できる。

C 司法制度改革と裁判員制度　裁判の課題解決をめざす**司法制度改革**の一環で，**裁判員制度**が導入された。

A 地方自治のしくみ　**地方自治**の原則は，国家の干渉を受けず，地方公共団体独自の立場で地方行政を行うという**団体自治**と，地域住民の意思で運営するという**住民自治**である。

地方公共団体は，**地方議会**と**首長(長)**などで構成される。議会と首長は，不信任決議権と解散権により相互抑制と均衡の関係にある。また，住民に**直接請求権**が認められている。

B 地方公共団体の仕事と市町村合併　**地方分権**をめざす**地方分権一括法**の施行により，独自の税の徴収や個性的な政策が行いやすくなった。

C 地方公共団体の財政　財源の地方分権を促すために行われた**三位一体の改革**には批判も多く，地方間の財政格差や借入金残高の増大など，地方財政をめぐる課題は多い。

D 各地のまちづくり　地方公共団体は独自に**条例**を定め，地域の特性を生かしたまちづくりを進めている。

A 選挙のしくみ　国民主権を実現するため，選挙には4つの原則がある。選挙制度は，死票や選挙費用の問題などでそれぞれ長所と短所がある。

B 日本の選挙制度　衆議院は政党本位の選挙をめざし，**小選挙区比例代表並立制**を採用した。参議院でも**選挙区制**と**比例代表制**の両方を採用している。選挙の規律を定めた公職選挙法では，**戸別訪問の禁止**，連座制などの罰則が定められている。

C 日本の選挙制度の課題　**一票の価値の不平等**，政治不信や**政治的無関心**による投票率の低下が問題となっている。若者の意見を政治へ反映するため，2016年の参院選より，満18歳から投票が行えるようになった。

＊2018年，公職選挙法改正により，一部に拘束名簿式を活用できる特定枠が導入

△連立政権の党首（1993年7月）

政党政治

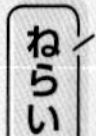
ねらい
- 政党政治のしくみと役割について理解しよう。
- 政党と利益集団や国民との関係について理解しよう。

A 政党政治

1 政党とは　Q 政党の役割とは何か？

エドマンド＝バーク（イギリスの政治家，1729～97）

政党とは，**ある特定の主義または原則**において一致している人々が，その主義または原則に基づいて，**国民的利益を増進**せんがために，協力すべく結合した団体だ。
（丸山敬一『政治学原論』有信堂高文社）

解説 **政治について同じ考えをもつ者が政権獲得をめざす団体　政党**は，議会を通じてその政策や国民的利益を実現するために，選挙で候補者をたて，政権の獲得をめざす持続的・組織的で公的な政治団体である。こうした議会主義政党は，言論・結社の自由のもと，党内民主主義や政党への加入・脱退の自由を原則とする。

● 政党の主な機能
①世の中の様々な利益の集約と政策の形成
②政治的リーダーの育成　③市民を政治の世界へ誘導
④政権・政府の形成（与党）　⑤政府の批判・監督（野党）

2 政党政治の形態

＊小選挙区２回投票制

	長所	短所	国と選挙制度
二大政党制	①有権者にとって政策の争点が理解しやすく，政党の選択が容易 ②政権が安定 ③互いに他党をけん制できる ④政治責任の所在が明白	①有権者の政策の選択幅が狭い ②政権交代によって政治の一貫性や連続性を失う ③少数意見が切り捨てられやすい	イギリス（保守党と労働党） …小選挙区制 アメリカ（民主党と共和党） …小選挙区制
多党制	①有権者が各人各様の政党を選択できる ②少数意見を吸収しやすい	①連立政権により政権が不安定になりやすい ②政治責任の所在が明白でない	フランス …小選挙区制＊ イタリア・スウェーデン …比例代表制
一党制	①長期にわたる安定した政権が可能 ②強力な政治が可能	●独裁制・官僚主義におちいりやすい	中国 朝鮮民主主義人民共和国

注：長所・短所とも，そのような傾向があるのみで，必ずそうなるとは限らない。

探究へのSTEP
日本では，二大政党制，多党制などどのような政党政治が一番良いのかな？
視点　政党政治の各形態の長所と短所を考えよう。
効率　公正　民主主義

B 日本の政党

主な政党の最新情報

1 主な政党

注：□は与党，ほかは野党。
（各政党の変遷 ➡ p.144 2）

自由民主党（与党） 岸田文雄 総裁		衆議院　262人＊ 参議院　118人＊ ＊議長含む。 党員　約112万人	1955年，保守・親米・改憲を掲げ結党。93～94，09～12年を除き政権を担当。
公明党（与党） 山口那津男 代表		衆議院　32人 参議院　27人 党員　約45万人	1964年結党。98年再結成。主な支持母体は宗教団体。
立憲民主党 泉健太 代表		衆議院　95人＊ 参議院　38人＊ ＊副議長含む。 党員　約9.9万人	2017年の衆議院総選挙の際，民進党を離れた国会議員を中心に結党。20年再結成。
日本維新の会 馬場伸幸 代表		衆議院　41人 参議院　20人 党員　約4.8万人	2015年に維新の党を離れた国会議員で結党。2016年党名変更。
日本共産党 志位和夫 幹部会委員長		衆議院　10人 参議院　11人 党員　約27万人	1922年結党・45年再建。社会主義・共産主義，日米安保条約廃棄，護憲などを主張。
国民民主党 玉木雄一郎 代表		衆議院　7人 参議院　10人 党員　約3.5万人	2018年，国民党と民進党が合併して結党。20年再結成。
れいわ新選組 山本太郎 代表		衆議院　3人 参議院　5人	2019年，結党。同年の参議院議員通常選挙で議席を獲得した。
教育無償化を実現する会 前原誠司 代表		衆議院　4人 参議院　1人	2023年に国民民主党を離れた国会議員らで結党。
社会民主党 福島瑞穂 党首		衆議院　1人 参議院　2人 党員　約8000人	1945年，日本社会党結党。革新・護憲を掲げ，55年，野党第1党に。96年党名変更。

注：2023年12月現在。党員は2023年12月問い合わせ。
この他，みんなでつくる党・参政党が，公職選挙法上，政党要件を満たしている。

政治

2 戦後の主な政党系譜

Q 55年体制とは何か？

＊55年体制下，自民党内でどの派閥の領袖(トップ)が党総裁・首相になるかという抗争が激しく，派閥間で「政権交代」する派閥政治が行われた。政局が安定する一方で，派閥の資金集めをめぐる多くの汚職事件が発生した。

日本共産党　左派社会党　右派社会党　日本民主党 54　自由党 50
45再建　51　51
日本社会党　55年体制の成立　自由民主党
民主社会党 60　民社党 69　公明党 64　社会民主連合 78　新自由クラブ 76　86
日本新党 92
55年体制の崩壊　新生党 93　新党さきがけ 93　94
96 新社会党　96 社会民主党　94 公明　94 新進党　96 民主党　96 太陽党
98国会議員不在　98 公明党　98 新党友愛　98 自由党　98 民政党　98解党
保守党 00　02 保守新党　03
03　09 みんなの党　国民新党 05
12 国民の生活が第一　たちあがれ日本　10 日本維新の会 12
14解党　13　12 日本未来の党　13解党　12
結いの党　維新の党 14　12 生活の党　次世代の党 14
15 改革結集の会　15 おおさか維新の会　14 生活の党と山本太郎となかまたち　15 日本のこころを大切にする党
16 民進党　日本維新の会　16 自由党　16　17 日本のこころ
18 国民民主党　立憲民主党 17　希望の党 17　18
18　18解党 18　国民党　希望の党
20解党　20解党　19 れいわ新選組　NHKから国民を守る党 13　19政党要件満たさず
20 国民民主党　立憲民主党 20　23 教育無償化を実現する会　みんなでつくる党 23　20 参政党

政党乱立
○戦後，様々な政党が乱立し離合集散を繰り返す　社会党の分裂，保守政党同士の対立

1955年　自由民主党，日本社会党が誕生

55年体制
- ●保守の自民・革新の社会の「二大政党制」。議席数の差から「1と2分の1体制」ともいわれ，これより**自民党一党優位体制**＊続く
- 76　**ロッキード事件発覚**　田中角栄前首相が，収賄容疑で逮捕された。
- 88　**リクルート事件発覚**　リクルート社と大物政治家・官僚・財界人の贈収賄事件。政治不信高まる。
- 89　消費税導入。参院選で与野党の議席が逆転

1993年　総選挙で自民党の議席が過半数を大幅に下回る。非自民・非共産の細川連立内閣発足

自民党中心の連立政権・二大政党化の進行
- 94　**「自社さ連立」の村山内閣発足**
- ●55年体制下，対峙していた社会党と自民党が組み，国民を驚かせた。野党が結集し，新進党結成
- 96　総選挙で民主党が自民・新進党に次ぐ第3勢力に
- 97　新進党が解党し，6政党に分裂
- 98　参院選で自民党の議席減，民主党・共産党が躍進
- 2000　自由党が連立を解消，「自公保連立」森内閣発足。総選挙で民主党が躍進
- 03　総選挙で社民党の議席減，民主党は議席増
- ●民主党と自由党，自民党と保守新党がそれぞれ合併し，二大政党色強まる
- 05　総選挙で自民党圧勝，単独で過半数の議席獲得。
- 07　参院選で自民党が大きく議席を減らす
- ●民主党が参議院の第一党になり，衆参で与野党が逆転する「**ねじれ状態**」が生じた

2009年　総選挙で民主党が第一党となり政権を獲得
- 10　参院選で民主党が議席を大きく減らす。
- 12　消費税増税法案をめぐり民主党分裂。

2012年　総選挙で自民党が第一党となり政権に復帰
- 14　総選挙で自民・公明党が圧勝
- 16　参院選で憲法改正派の議席数が3分の2超え
- 17　総選挙で自民・公明党が3分の2の議席数を維持
- 19　参院選で自民・公明党が過半数の議席確保。憲法改正派の議席数3分の2届かず
- 21　総選挙で自民・公明党が過半数の議席確保。憲法改正派の議席数が3分の2を超えた
- 22　参院選で自民・公明党が過半数の議席確保。憲法改正派の議席数は3分の2以上を維持。

● 歴代与党
〔 〕は内閣

期間	内閣	与党
1955.11～	〔第3次鳩山～〕	自民
83.12～86.7	〔第2次中曽根〕	自民，新自由クラブ
86.7～	〔第3次中曽根～〕	自民
93.8～94.4	〔細川〕	日本新，社会，新生など8党派
94.4～94.6	〔羽田〕	新生，日本新など5党
94.6～96.1	〔村山〕	社会，自民，新党さきがけ
96.1～96.11	〔第1次橋本〕	自民，社会，新党さきがけ
96.11～98.7	〔第2次橋本〕	自民
98.7～00.4	〔小渕〕	自民，自由(99.1～)，公明(99.10～)
00.4～	〔第1次森～〕	自民，公明，保守(新)
03.11～	〔第2次小泉～〕	自民，公明
09.9～10.6	〔鳩山〕	民主，国民新，社民
10.6～12.12	〔菅・野田〕	民主，国民新
12.12～	〔第2次安倍～〕	自民，公明

3 政治資金の流れ
＊インターネットを利用した寄付も可能　(総務省資料より)

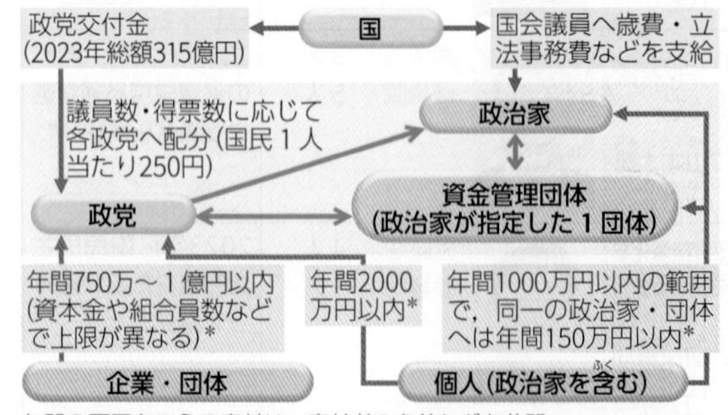

年間5万円をこえる寄付は，寄付者の名前などを公開。
国会議員に関係する政治団体は，人件費以外のすべての支出を公開。

解説 **収支の公開と献金の制限**　政治家は，私設秘書の給与や事務所運営費，選挙費用など，お金がかかる。これらを，政治家個人が受け取る国会議員の歳費(◎p.115)のほか，政治家の資金管理団体が受け取る献金(寄付)や政党からの交付金などで賄っている。こうした政治資金の収支の公開と献金の制限などは**政治資金規正法**で定められ，国民が監視・批判できるようになっている。

4 主な政党の収入の内訳
(「官報」2023.11.24)

政党	政党交付金	事業収入	党費(会費)	寄付(個人・企業・団体)	その他
自由民主党 464.5億円	34.4%	0.9	2.1	6.3	56.3
日本共産党 205.2億円		81.1%	2.5	2.3	14.1
公明党 184.8億円	16.0%	39.5	10.6	0.1	33.8
立憲民主党 116.6億円	58.3%	0.3	0.9	0.1	40.4
日本維新の会 60.7億円	52.2%	0.1	5.0	0.1	42.6

注：政党交付金は，①国会議員が5人以上，もしくは，②国政選挙の得票率が2%以上で国会議員が1人以上　の政治団体に交付。日本共産党は政党交付金を拒否しており，その分の額は他政党に交付される。(2022年)

解説 **国民の税金で政党を助成**　1994年，**政治資金規正法**が改正され，汚職の原因になりやすい政治家個人への企業・団体の献金が禁止され，代わりに公費を政党に交付する**政党助成法**が定められた。しかし，政党支部を通して政治家個人に献金する「ひもつき献金」など抜け道も多く，厳しい監視が必要である。

入試のツボ　特定の支持政党をもたない有権者の集団を，無党派層という。近年拡大傾向にあり，無党派層の投票動向が国政選挙や地方選挙の結果に大きな影響を及ぼしていることをおさえておこう。

EYE 政権公約を比べてみよう

政権公約とは，選挙時に，各政党が政権獲得後に行う政策について，数値目標や達成期限，達成のための財源・段取りなどを具体的に説明して有権者に約束した公約である。日本では2003年の衆議院議員総選挙から頒布(はんぷ)が可能になった。

有権者は，政権公約によって具体的な政策を比較検討し，投票できる。また，有権者が選挙後の達成状況を監視し，次回選挙時に評価することも重要である。

①経済財政　②安全保障

●主な政党の政権公約（一部を要約）

注：2022年参議院議員通常選挙時。政党名は2022年７月現在の政党のもの。

政党	政権公約	政党	政権公約
自由民主党	①人への投資を促進し，賃金増時代を創る。②GDP比２％以上を念頭に防衛費を積み上げ，５年以内に防衛力の抜本的強化に必要な予算水準の達成をめざす。	国民民主党	①賃金上昇率が一定に上がるまで消費税を５％に引き下げ。「インフレ手当」として10万円現金給付。②攻撃を受けた時に備え，「自衛のための打撃力（反撃力）」を整備。
公明党	①政府・労働者団体・使用者団体で新たな合意を結び，第三者委員会を設置し，適正な賃上げ水準の目安を決める。②専守防衛の下，防衛力を整備・強化。	れいわ新選組	①消費税を廃止。安定するまでガソリン税もゼロ。物価上昇が収まるまで季節ごとに10万円を現金給付。②専守防衛と徹底した平和外交で周辺諸国との信頼関係を強化。
立憲民主党	①金融政策の見直し。消費税を時限的に５％へ引き下げ，税収が減った地方へは国が補填。②総額ではなく，防衛予算にメリハリをつけ，防衛力の質的向上を行う。	社会民主党	①消費税を３年間ゼロに。大企業の内部留保へ課税することで財源を得る。②防衛力を大幅に増強することに反対。外交による平和を実現。
日本維新の会	①消費税の軽減税率を３％に段階的に引き下げた後，消費税本体を５％へ引き下げる。②防衛費をGDP比２％目安に増額し，「積極防衛能力」を整備。	NHK党	①消費税や社会保険料などの引き下げを政府に求める。②現実的な国防力を整えるためには，GDP２％程度の防衛費引き上げはすべき。
日本共産党	①消費税を５％へ減税。中小企業支援と同時に最低賃金引き上げ。②軍事費２倍化許さず。ASEAN諸国と協力して東アジアを平和な地域へ。	参政党	①ブロックチェーン（●p.189）を活用したコミュニティづくりと政府発行デジタル円で積極財政と経済社会の活力強化，②日本の舵(かじ)取りに外国勢力が関与できない体制づくり

C 利益集団（圧力団体）

1 政党と利益集団（圧力団体）

Q 政党と利益集団の違いは何か?

	政党	利益集団（圧力団体）
定義	思想・原則，政策などがある程度同じ人々が集まり，その集団に集約された意思や利益の実現を図る	経済的，職能的な**特殊利益**などの達成のため，全国的組織をつくり，公権力に働きかける
特徴	①**政権獲得(かくとく)を目的とし**，綱領(こうりょう)*や政策の実現を図る ②国民からの支持を広く得るため，対立する利益の調整を図り，**国民的利益**を訴(うった)える ③働きかけの対象は，**国民全体** ④その主張・運動・結果について国民に対して**責任を負う**義務がある	①**政権獲得を目的とせず**，公権力に影響を与(あた)えることで利益の達成を図る ②他集団と利害対立し，自己団体の**利益**を訴える ③働きかけの対象は，**政府・議会・政党・議員・官僚(かんりょう)** ④運動の結果に対し，社会的**責任を負わない**

＊政党の基本方針。主義・主張や基本的な政策を示したもの

2 利益集団と政治

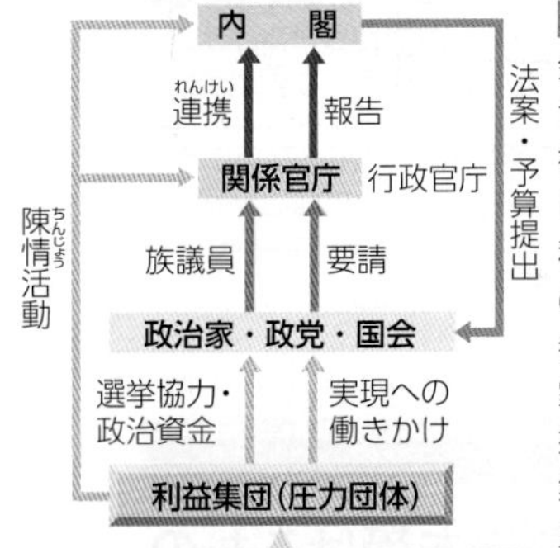

解説 **公権力への働きかけ**　社会の利害が多様化すると，**政党**の世論集約機能は低下する。それを補完し，特定の人々の意思を政治に反映させるのが**利益集団**である。利益集団は自己団体の利益の実現のため，資金提供や選挙時の候補者推薦(すいせん)などを武器に，政党や政治家などに働きかける。ただし，利益集団はあくまでも国民の一部の集団にすぎない。政治権力は，国民全体の利益も重視して，政策を決定していく必要がある。

族(ぞく)議員　特定分野に精通し，政策決定に強い影響力をもつ国会議員。
鉄のトライアングル　国会議員（政界）・官僚（官界）・企業（財界）の癒着(ゆちゃく)構造のこと。議員は，官僚が属(ぞく)する省庁の予算確保や，企業の利益保護に協力。一方，官僚は議員の選挙区に有利な行政活動をし，企業は政治資金を提供する。汚職(おしょく)の要因となる。

3 主な利益集団

（厚生労働省「労働組合基礎調査」など）

	利益集団名	規模	内容
企業	日本経済団体連合会（日本経団連）	1659社・団体等（2021年６月）	「財界の総本山」といわれ，経済対策全般について政府に勧告・進言をしていた経済団体連合会（経団連）と，「財界労務部」といわれ，労働対策を進言していた日本経営者団体連盟（日経連）が2002年に統合して発足
企業	経済同友会	会員数1532人（21年３月）	経営者個人を会員とした財界団体。政府に経済問題を提言
企業	日本商工会議所（日商）	515会議所（21年４月）	全国各地にある商工会議所の総合団体。企業会員による財界組織
労働	日本労働組合総連合会（連合）	組合員数702万人（20年６月）	全日本民間労働組合連合会（1987年）と官公労組が統一
労働	全国労働組合総連合（全労連）	組合員数74万人（20年６月）	共産党系の統一労組懇を母体に結成された反「連合」組織
労働	全国労働組合連絡協議会（全労協）	組合員数10万人（20年６月）	旧社会党左派系の国労などを中心に結成された反「連合」組織
農林	全国農業協同組合中央会（JA全中），全日本農民組合連合会（全日農），全国森林組合連合会（全森連）		その他：日本医師会

11 世論と政治参加

^サッカーワールドカップ開催に盛り上がる人たち(左)と反対デモ(右)(2014年，ブラジル)　デモの様子は日本であまり報道されなかった。

ねらい
- マスメディアやインターネット上での情報が世論にどのような影響を与えているかを理解しよう。
- 世論と政治の関係を理解し，政治参加の意義を理解しよう。

A 世論と政治

1 世論の形成と政治への反映

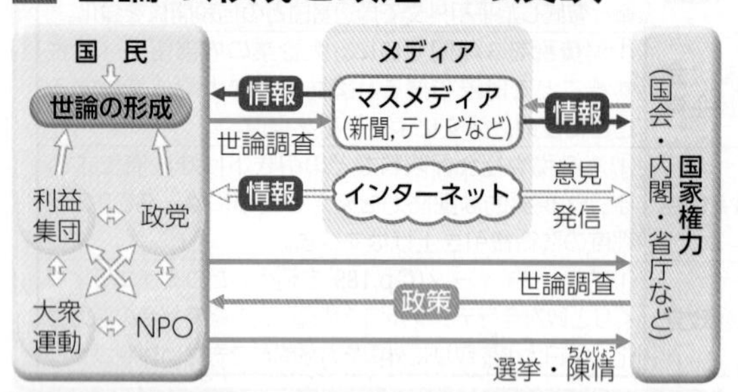

解説 **世論の形成**　民主政治は，民意によって行われる政治である。大多数の国民が共通してもつ意見を**世論**といい，国の政策決定に大きな影響を与える。世論は，**マスメディア**やインターネットの情報をもとに形成される。そのため，自由な世論が形成されるためには，報道の自由が不可欠である。国民も，国家権力や政治家がメディアを利用し，またメディア自身が自らの都合のいいように**世論操作**(➡B 2 ❶)をしていないか，注意する必要がある。

マスメディア　多数の人に向けて情報を送り出すシステムや媒体。新聞・テレビ・雑誌・ラジオなど。世論の形成に大きな影響力をもち，政治への影響も大きいため，国家の三権(立法・行政・司法)に次ぐ「**第四の権力**」ともよばれる。

2 政治への民意の反映

Q：国政に民意は反映されているか

年	①かなり反映されている	②ある程度反映されている	③あまり反映されていない	④ほとんど反映されていない	わからない／⑤無回答
1987年	6.6%	29.1	42.2	10.6	11.5(わからない)
2021年	1.5%	30.4	50.2	16.7	1.2(⑤無回答)

Q：(②〜④の人に)どうすれば民意が国政に反映されるか

- 政治家が国民の声をよく聞く 29.3%
- 国民が国の政策に関心をもつ 19.8
- 政府が世論をよく聞く 15.3
- 国民が選挙のときに自覚して投票する 11.0
- 国民が参加できる場をひろげる 10.0
- マスコミが国民の意見をよく伝える 3.6
- 無回答 11.0

(内閣府「社会意識に関する世論調査」)

解説 **民意の反映と政治的無関心**　上記調査によると，国民の大多数は，民意が国政に反映されていないと感じている。民意が反映されないと感じることは，国民の**政治的無関心**にもつながるため，その正しい反映が望まれる。

マスコミ(マスコミュニケーション)　多数の人に向けた情報伝達。情報の提供が一方的になりやすい性質がある。

B マスメディア

1 マスメディアが影響を受けるもの

- マスメディア自身の考え方
- スポンサー(広告料を支払ってくれる企業)
- 情報を伝える相手(子ども，大人，男性，女性など)の考え方，興味
- 時間や紙面の制限
- 地域性や国の政治・経済などの状況

解説 **情報に左右されないために**　新聞やテレビなどのマスメディアには，それぞれの特徴がある。例えば，新聞は比較的信頼性が高く，日々刻々と変化を見ることができる。また，テレビは映像でわかりやすく，生放送で状況を見ることもできる。さらに，マスメディアが伝える情報は，様々な条件・制約の中で事実を再構成しているため，同じできごとでもメディアによって伝え方が異なることがある(➡p.148 3)。そのため，受け手には，情報を主体的に選択・判断する能力(**情報リテラシー**)が必要になる。なお，特にマスメディアを読み解く能力を，**メディア・リテラシー**という。

新聞の特徴などは，p.350でも紹介されているよ。合わせて見てみよう！

●記者クラブとは？

記者クラブとは，公的機関などを継続的に取材するために大手メディアを中心に構成された任意組織。多くのクラブでは，会員記者以外は会見に出席できない。取材源の独占であり，どこのニュースも画一的になるため，独占取材能力が低下するという批判もある。

^記者クラブによる会見

メモ　新聞の左上や右上に「○版」という表示があり，同じ日の新聞でも異なる場合がある。これは同じ日の新聞でも印刷を分けて新しい情報を入れているからである。

2 マスメディアの影響力

❶ 世論操作

△ヒトラー(1889～1945)

「大衆の受容能力は非常に限られており，理解力は小さいが，そのかわりに忘却力は大きい。この事実からすべて効果的な宣伝は，重点をうんと制限して，そしてこれをスローガンのように利用し，そのことばによって，目的としたものが最後の一人にまで思いうかべることができるように継続的に行われなければならない。」
（平野一郎訳　アドルフ・ヒトラー『わが闘争　1』黎明書房）

解説 **ナチス政権下のドイツ(1933～45年)**　偏った情報は，偏った世論を形成する。**マスメディア**が**ファシズム**の拡大に果たした役割は大きい。ヒトラーは，反政府的な情報をすべて統制し，巧みな演説・宣伝によって，大衆の支持を得た。ヒトラーは，独裁体制という地獄の中でも，マスメディアを巧みに操れば，大衆に天国を幻想させることが可能だと自負していた。

❷ 松本サリン誤報事件　Q どうすれば誤報を防げたのか？

住宅街の庭で薬物実験!?
「あの家が…」周辺住民あ
納戸に薬品二十数点
「オレはもうダメだ」
以前から収集か
座り込む会社員

（❶：「読売新聞」1994.6.29，❷・❸：「毎日新聞」1994.6.29）

◁**松本サリン事件を報じた新聞**
1994年，長野県松本市の住宅街で有毒ガスのサリンが散布され，死者・中毒患者が出る大惨事となった。翌日夜，警察は第一通報者で被害者でもある会社員河野さん宅を家宅捜索。河野さんを犯人であるかのようにみなした。また，マスメディアは，河野さんが農薬調合に失敗して，有毒ガスが発生したと報道し，河野さんは一般の多くの人から誹謗中傷された。しかし，これらは全くの誤報で，後日，河野さんとは全く関係のない真犯人が発覚した。

❸ アナウンスメント効果

(1)アナウンスメント効果の分類

アンダードッグ効果（負け犬効果）	バンドワゴン効果（勝ち馬効果）
劣勢であると報じられた政党・候補者に投票先を決めていない有権者が投票する効果。	優勢であると報じられた政党・候補者に投票先を決めていない有権者が投票する効果。

解説 **公正な選挙**　公職選挙法(➲p.136)では，人気投票の公表は禁止だが，新聞社などが行う世論調査に基づく選挙予測報道は人気投票の公表に当たらない。このような報道が，投票結果に影響を与えることをアナウンスメント効果という。例えば，選挙戦の最中，「圧倒的に優勢」と報道され，「自分一人が投票に行かなくても大丈夫だろう」と考える支持者が出たり，「危ない」と報道され，その陣営が必死に選挙運動を行ったりして，結局マスメディアの選挙予測に反した結果になる場合がある。このようなことから，選挙の公正さを損なう恐れがあるとの声もある。

(2)郵政民営化選挙前後の無党派層と主要政党支持率の推移

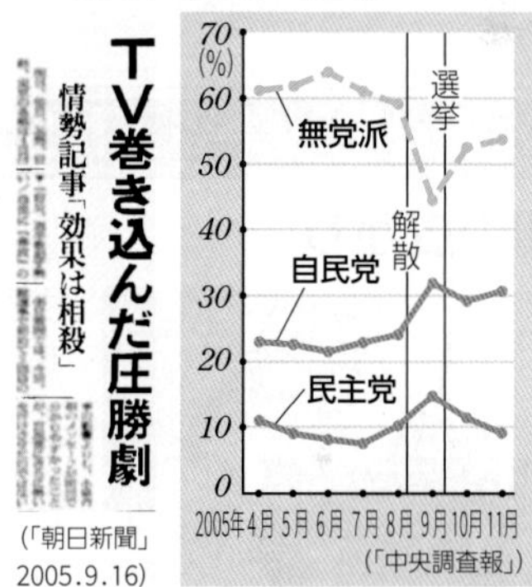

（「朝日新聞」2005.9.16）　（「中央調査報」）

解説 **マスメディアと投票行動**　2005年９月の総選挙では，小泉劇場が話題となり，「総選挙」が話題ランキングで３週連続１位を獲得し，選挙結果に影響を与えたといわれる。

EYE 災害時のマスメディア

貴重な情報源　2011年３月11日，東日本大震災が発生。宮城県石巻市の石巻日日新聞では，津波によって新聞を印刷する機械が使えなくなってしまったため，被災直後の３月12日から６日間にわたり，油性ペンで手書きした壁新聞を避難所などに貼りだした。記者たち自身も被災している中，最前線での取材によって作成されたこの新聞は，被災者たちの貴重な情報源となった。

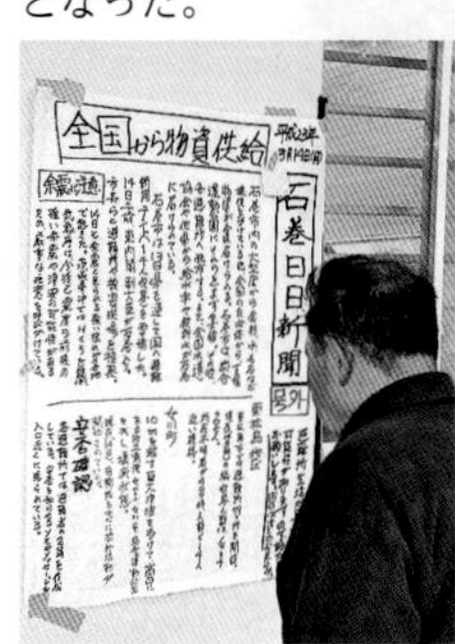

◁**避難所に貼りだされた石巻日日新聞社の壁新聞**　この新聞は困難を乗り越えて発行された歴史的な紙面として，アメリカ・ワシントンのニュース総合博物館に収蔵され，永久保存されている。

災害時のSNS活用　災害時，家族の安否確認や避難所情報など，迅速な情報収集・発信ができるとして，SNS(ソーシャル・ネットワーキング・サービス)の活用が広がっている。地方公共団体においても，地域の災害情報の把握や住民への給水などの情報発信に活用する事例が増加している。

●**災害対応でSNSを情報発信に活用した地方公共団体数**

注：1741市区町村のうちの数　（首相官邸資料）

課題　SNSは情報発信が容易な分，ウソの情報である場合もある(➲p.150・151)。また，住民から発信された情報は，発信者の認識による偏りが出やすいことや，感情に訴える投稿は再送されることが多く必要以上に注目されやすいことなどが課題とされている。

3 報道の仕方による印象の差

● 裁判員裁判への参加意向調査

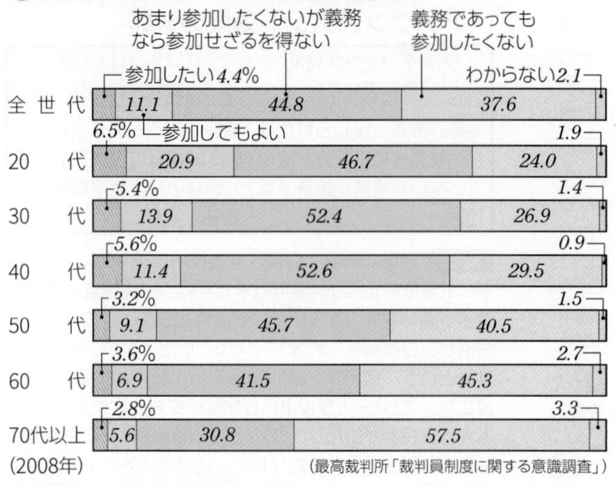

20代「裁判員やる」4人に3人

「参加」全体では6割

裁判員参加「消極的」8割

「義務でも拒否」37%

(右上「読売新聞」2008.4.2, 左下「中日新聞」2008.4.2)

解説 同じ調査でも異なる印象に 右上の２つの記事は，同じ調査を基に書かれているが，異なる印象を受ける。このように，記事は書き手（記者，企業）の考え方に影響を受けるため，より客観的に物事をとらえるには，複数の情報源にあたるとよい。特に新聞は，各新聞社によって特色がみられる。朝刊の１面については，どの内容を１面にするか，トップ記事にするかなど，各新聞社の判断によるため，同じ日の紙面でも構成が異なる。判断基準は，①社会的な重要性，②読者の興味，③内容の面白さなどである。また，社説は各新聞社の考えを読み取ることができる。

C インターネット・SNS

(➡ p.150・151)

1 政治参加の広がり

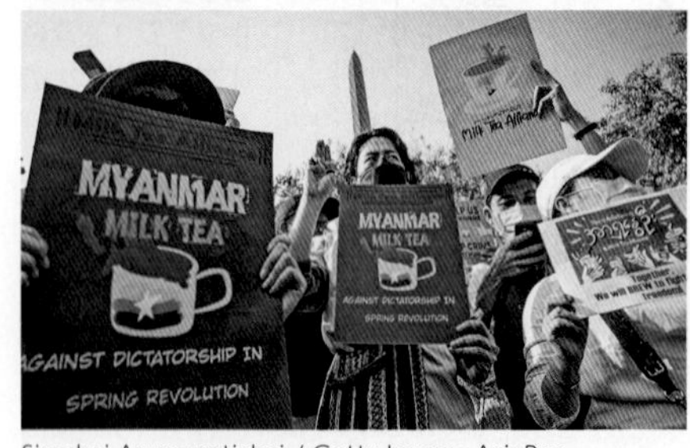

Sirachai Arunrugstichai / Getty Images AsiaPac

立ち上がる青年たち 近年，SNS（ソーシャル・ネットワーキング・サービス）が青年たちの政治参加に大きな役割を果たしている。タイや香港などアジア各地では「ミルクティー同盟」というネットワークがSNSを通して形成され，連帯して民主化運動を行っている。

新しい政治参加 日本でも，#（ハッシュタグ）をつけて政治に対する声や，各政党の公約をわかりやすく紹介したものをSNSに投稿する動きがあり，時には政治や社会を動かすケースもある。こうしたSNSを通した新しい政治参加の方法がとられている。

◁ミャンマーでの軍によるクーデターに抗議するタイの「ミルクティー同盟」(2021年２月)

2 インターネット・SNSの影響力

❶ EU離脱を問う国民投票

イギリスは，2016年の国民投票によってEU離脱を選択した。その選択には，SNSが大きな影響を及ぼしたとされている。人々は，SNSから情報を取得し，投票を行った。しかし，離脱・残留派のSNS上の情報は，コンピュータプログラムによって自動的に投稿されたものもあった。また，SNS上で拡散された離脱派の公約に誤りがあったことが発覚し，この情報を信じて離脱を選択した多数の人々が投票のやり直しを求めた。

その後，EUとの離脱交渉の難航，選挙による離脱派の勝利を経て，2020年１月にEUから離脱した。(➡p.299)

▷国民投票の結果に納得できず声をあげる人々

❷ アメリカ大統領選挙

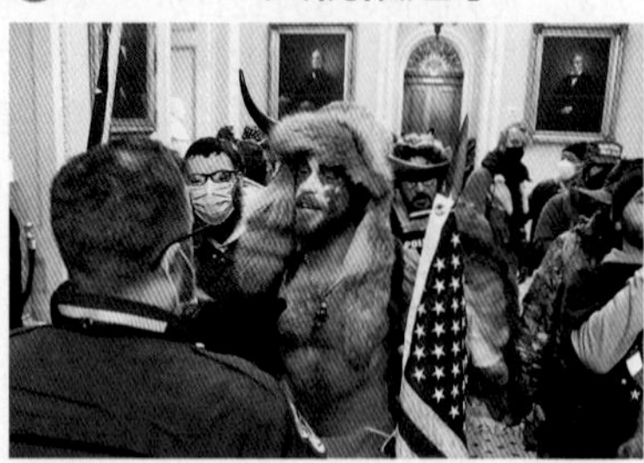

◁アメリカ連邦議会議事堂に乱入するトランプ前大統領の支持者

解説 SNSのデメリット 2021年，アメリカ大統領選挙後に，前トランプ大統領の支持者たちが連邦議会議事堂へ乱入する事件が起こった。アメリカでは，SNSから情報を収集することが多く，この事件においても，SNSで拡散された「選挙で不正が行われた」などの書き込みを信じた支持者によって引き起こされた。インターネットやSNSでは，似た情報しか得ることができなくなったり，異なる意見を得ることがより困難になったりしてしまうことが問題とされている（➡p.151）。

メモ 不正アクセス行為の問題が深刻化してきたことをうけ，2012年，不正アクセス禁止法が改正された。改正法では，不正アクセス行為の厳罰化，防止のための啓発活動の強化などに加え，処罰対象の行為を拡大した。

EYE 問われる情報倫理

インターネットは，匿名性が高く，物理的・時間的制約を受けることがないため，サイバー犯罪は**短期間に不特定多数の人に被害を及ぼしやすい**。また，実際に相手の顔が見えないため，**犯罪への抵抗感が薄れやすい**。しかし，気軽な気持ちで行ってしまったとしても，犯罪であることには変わりはない。サイバー犯罪についての正しい知識や，どのように情報を通じた人との関わりを形成していくかという道筋や方向性を考える，**情報倫理**を身に付けることが重要になる。

情報を扱うとき，どのようなことに注意すべきか，p.150・151を確認しよう！

●サイバー犯罪の相談受理件数の推移

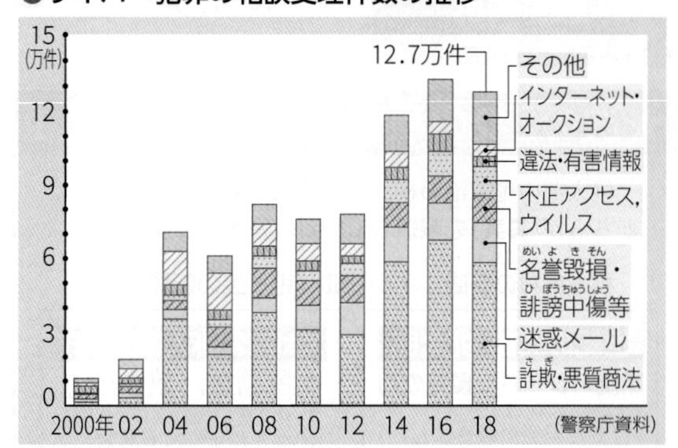

（警察庁資料）

D 現代政治の課題

1 政治的無関心

●投票に行かなかった理由 (2022年参議院議員通常選挙)

理由	%
選挙にあまり関心がなかったから	35.0%
適当な候補者も政党もなかったから	28.0
政党の政策や候補者の人物像など，違いがよくわからなかったから	25.0
仕事があったから	19.1
選挙によって政治はよくならないと思ったから	17.4
体調がすぐれなかったから	16.1
私一人が投票してもしなくても同じだから	13.0

注：複数回答。上位７項目

（明るい選挙推進協会「第26回参議院議員通常選挙全国意識調査」）

解説 **棄権は危険**　政治への無関心は，政治への反感や幻滅からきているといわれる。これを**現代的無関心**といい，投票率の低下(➡p.137 2)などに表れている。しかし，これは人々の能動的な政治参加を前提とする**民主主義社会**にとって大きな問題である。投票率の向上などをめざし，様々な取り組みが行われている(➡p.139)。

2 パブリックコメント（意見公募手続）

パブリックコメントとは，行政機関が政令や省令などの命令を制定するにあたり，事前に案を示し，広く国民から意見や情報を募集すること。パブリックコメントは，政府のホームページ「e-Gov」からも確認・応募することができる。

● パブリックコメントの例

案　件	寄せられた意見
公共交通機関の移動等円滑化整備ガイドライン改訂案	車いすスペースの設置数は，通勤型車両は１車両に１以上とすべき。基準とすべき。
	空港等のアクセスバスやタクシーについて，早急に新規購入車両はリフト付き車両を義務化すべき。
消費者契約法の見直し	消費者自身も情報を収集し，契約その他の内容について理解を深める取り組みを推進すべきであり，消費者教育を通じ，「自立した消費者の育成」の視点も重要である。

政治のことがわからなければ，投票に行かないほうが良いのかな？

視点 政治は誰が行うのか，考えよう。

民主主義　**正義**　**公正**　**平等**　**責任・義務**

● 福沢諭吉「学校の説」(山住正己編「福沢諭吉教育論集」岩波書店)

為政の大趣意＊1は，**その国の風俗，人民の智愚にしたがい，その時に行わるべき最上の政**＊2**を最上とする**のみ。ゆえに**この国にしてこの政あり**，かの国にしてかの政あり。国の貧弱は必ずしも政体のいたすところにあらず＊3。その罪，多くは国民の不徳にあり。

語注：＊1 為政の大趣意…政治の目標　＊2 政…政治
＊3 国の貧弱は必ずしも政体のいたすところにあらず…国が貧弱なのは，政治形態のみに原因があるのではない。

福沢諭吉が生きた時代　当時は，武士が政権を担った幕藩体制から，大日本帝国憲法制定や国会開設といった**議会制民主主義**の新体制へと変わる激動の時代であった。

政治と国民の関係　福沢は，**国の政治には国民の資質が反映される**ので，自ら学び，国の将来を真剣に考えて行動できる国民が増えれば，日本は栄えると説いた。これは，現代にも通じる考えではないだろうか。

国民主権と政治参加　最終的に政治を決める権限を国民がもつという国民主権のもとでは，国民一人ひとりが積極的に政治に参加し，民主政治を維持し，よりよい社会を実現していくことが求められている。

「真実」とは何か？

理由も合わせて答えよう！

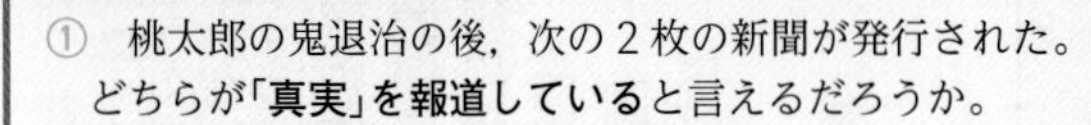

あなたの考えを書いてみよう。

① 桃太郎の鬼退治の後，次の２枚の新聞が発行された。どちらが「**真実**」を報道していると言えるだろうか。

Ⅰ 桃太郎村の新聞

世紀の英雄 桃太郎
凱旋パレードに長蛇の列
桃太郎さん育ての母
「育てた甲斐がありました」
独占長文インタビュー
→2面へ

Ⅱ 鬼ヶ島の新聞

桃太郎奇襲「非人道的迫害」
家屋倒壊，放火…
村　長「決して許してはならない」
専門家「人種差別である」

★真実を報道しているのは…（　　　　　　）

② とあるウイルスの流行で，「__マスクと同じ原料のトイレットペーパーが不足する__」というウソの情報が広まり，「ウソを信じた人が買い占(し)めを行うのでは」と思った人々が買いに走り，**数週間にわたる品不足を引き起こした**。この状況をふまえて，下線部の情報は，「ウソ」だと言えるだろうか。

★下線部の情報は…　（　ウソ　／　真実　）

A 「真実」と「ウソ」の境界とは

①は，立場が違うだけで，どちらの側にとっても真実を報道しているんじゃないかな…。

見え方の違い

事例①のⅠとⅡは，同じ出来事をそれぞれ別の立場から報道したものである。立場が異なると，**同じ出来事でも見え方が異なる場合がある**。そのため，たとえ一面的な報道であっても，一方的にウソだと決めつけるのは難しい。また，それぞれの立場からすると，**自らの報道は「真実」であり，相手の報道は「ウソ」や「フェイク」だと感じる可能性がある**。

②は，最初はウソだったのに，「トイレットペーパーの不足」が真実・現実になってしまったみたい。

「ウソ」が「真実」を引き起こす?

事例②のように，本来「ウソ」であったものが，「真実」を引き起こすケースもある。2020年の新型コロナウイルス流行の際は，インターネット上で「トイレットペーパーが不足する」という流言が拡散(かくさん)され，それを信じた人だけではなく，**「信じた人が買いだめするのでは」と思った人や，ウソだと知っていても店頭で在庫がなくなっているのを目にした人**などが買いだめを行い，品不足が発生した。むしろ，ウソを信じた人は少数であったという調査もある。

◀騒動で空になった陳列棚(ちんれつだな)

B 「フェイク」が支配する社会

フェイクニュースとは　人々の感情に訴え，関心を呼び起こすような虚偽(きょぎ)のニュースのこと。ウソか真実かは，主観によって変わる場合も含(ふく)まれる。広告収入や，社会の混乱など，様々な目的によって発信されていると言われる。

「ポスト・トゥルース」　近年，こうしたフェイクニュースが**世論形成にも大きな影響を及(およ)ぼすようになった**。客観的な事実よりも，感情に訴えかけるものが世論形成に大きく影響する状況は，**「ポスト・トゥルース」**（直訳すると，「脱真実」）と呼ばれる。

「人は見たいように見る」－認知バイアス

これは，古代ローマの軍人・政治家のユリウス＝カエサルの言葉である。人間には，様々な思考や判断のクセ（＝**認知バイアス**）があり，**フェイクニュースの拡散を助長(じょちょう)**したり，**フェイクニュースの訂正を妨(さまた)げたりする要因となる**。

●主な認知バイアス

確証バイアス	自分の意見や価値観に一致(いっち)する情報ばかりを集め，それらに反する情報を無視する傾向 （例）自分が正しいと思う情報のみを見て，信じるようになる
バックファイアー効果	自分の世界観に合わない情報を無視するだけではなく，自分の世界観にさらに固執(こしつ)するようになる現象 （例）フェイクニュースを訂正する情報を見て，フェイクニュースをより一層信じるようになる
バンドワゴン効果	大勢の人がある製品や事柄を選択している場合，それを選択する人がますます増える現象 （例）皆が拡散している情報を良いと思い，さらに拡散する

（参考：笹原和俊著『フェイクニュースを科学する』DOJIN選書）

フェイクニュースやウソに惑わされないようにするにはどうしたらよいのだろうか？右の特集ページを読んで，考えよう！

メモ　フェイクニュースのほうが真実より拡散スピードが速く，また，拡散範囲が広いことが研究で明らかになっている。さらに，フェイクニュースをウソだと見抜けない傾向に年齢差はほとんどないという研究もある。

情報をどのように扱う？

ねらい 情報化が進む中で，あふれる情報に振り回されないようにするにはどうすればよいのだろうか。情報リテラシー（メディア・リテラシー）の力を身に付けよう。

A 情報を賢く利用するには？

●次の①～③は○，×どちらかな？（答えは欄外）

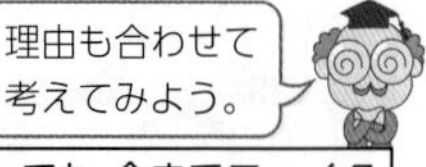

①情報源はわからないけど内容が面白いニュースを発見！情報を広めてもよい？

②調べものは１つのサイトで探して時間を短縮！これで十分？

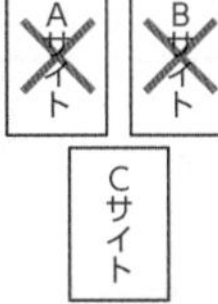

③この情報，変かも。でも，今までフェイクニュースを見たことないから大丈夫！

B その情報は発信しても大丈夫？～こんなことに注意しよう！

❶ 増加する誹謗中傷事件

2020年，あるテレビ番組の出演者の女性を誹謗中傷する投稿が相次ぎ，その女性は自ら命を絶った。中傷を行っていた人物は特定され，書類送検された。近年，こうした誹謗中傷事件は増加しており，**情報モラル**が求められている。

中傷男 きょうにも書類送検
SNS侮辱容疑

（「読売新聞」2020.12.17）

p.89も合わせて確認しよう！また，発信した情報は世界中の人が見る可能性がある。１度拡散されてしまうと，情報を消すことはとても困難であることに注意しよう。

❷ デマの拡散

2016年の熊本地震の際，「動物園からライオンが脱走した」というウソの情報がSNS上で拡散され，地元では不安や混乱が広がった。中には，注意喚起のために善意で情報を広めた人もいた。必要・役に立つと思われる情報を広める場合も，必ず情報の真偽を確かめる必要がある。

熊本地震「ライオン脱走」つぶやき
悪質デマ 見抜く目を
災害時のネット功罪
熊本県警提供／時事

（「中日新聞」2016.7.23）

ファクトチェック　報道や投稿内容が正しいか確認すること。日本では，新聞社による政治家の発言についての真偽の検証や，NPOによる依頼された情報の調査などが行われている。

C 情報は本当？偏っていない？～情報を受け取る際の注意点

❶ フェイクニュースはなぜ広まりやすい？

フェイクニュースが広まる主な要因

解説　拡散される３つの要因　①人々が新しい情報を好んで拡散する傾向にあることや，②怒りの感情によって攻撃的な投稿を発信・拡散しやすくなること，③情報発信者との関係によって信頼性に差が出ることが，フェイクニュースの拡散につながっている。ある研究結果では，75％の人がフェイクニュースを見抜けなかったという。誰もがフェイクニュースを拡散してしまうかもしれない，という意識をもつことが大切である。

❷ 知りたい情報しか得られない環境かも？

好む情報を優先的に表示

自分が興味や関心をもつ情報と似た情報が優先的に表示され，自分の考え方と異なる情報から遠ざかってしまう。この現象をフィルターバブル現象という。

自分と似た意見が返ってくる

インターネット上の閉鎖的なコミュニティ内で自分と同じ意見が返ってくることで，自分の意見を正しいと感じてしまう。この現象をエコーチェンバー現象という。

解説　偏った情報の可能性　インターネットには，検索履歴などをもとに，過去に自分が見た内容と類似の内容を優先的に表示する機能や，自分と同じような意見の人とつながりやすいという特徴がある。そのため，関心のある情報を効率的に集められる一方で，偏った情報を目にしている可能性もある（➡p.148，150）。

Aの答え　①×（情報を拡散する前に必ず真偽を確かめよう。）　②×（複数の情報源を確認して，情報の信ぴょう性・偏りの有無を確かめよう。）　③×（ウソや偏った情報の可能性もあるため，周りの人と話してみよう。）

戦後から現在へ　歴代内閣と日本の歩み

戦後の復興～55年体制～国際社会への復帰

注：㊸・㊹…は第何代かを示す。
◎は父が国会議員。

期間	政党	内閣総理大臣	日本のできごと	景気	世界のできごと
1945.8～1945.10 約2か月	非政党内閣	㊸ 東久邇宮稔彦（ひがしくにのみや なるひこ） 京都 皇族	日本の占領・民主化政策 1945.8 ポツダム宣言受諾。（鈴木貫太郎内閣）（➡p.70） ●食糧・日用品不足，敗戦処理→通貨供給量急増→インフレ		1945.6 ドイツ，東西に分裂 .10 国際連合成立 .11 中国で国共内戦
1945.10～1946.5 約7.5か月	非政党内閣	㊹ 幣原喜重郎（しではら きじゅうろう） 大阪 外務官僚	日本の民主化政策 ①婦人参政権付与　②労働組合の結成奨励 ③教育制度の自由主義的改革 ④圧政的諸制度の撤廃　⑤経済機構の民主化		1946.3 チャーチル，「鉄のカーテン」演説（➡p.255 2）
1946.5～1947.5 約1年	日本自由党・日本進歩党	㊺ 吉田茂（よしだ しげる） 東京 外務官僚 妻の祖父が大久保利通（おおくぼ としみち）	1946.11 日本国憲法公布 .12 傾斜生産方式採用（➡p.192）→復金インフレ発生		
1947.5～1948.3 約9.5か月	日本社会党・民主党・国民協同党	㊻ 片山哲（かたやま てつ） 和歌山 党人派 （社会党）	1948.1 米陸軍長官ロイヤル「日本は共産主義の防壁」 →占領政策の転換 ①政治安定・強化　②経済復興　③「再軍備」		1947.6 マーシャル・プラン .9 コミンフォルム結成 冷戦激化 アジアへ拡大
1948.3～1948.10 約7か月	日本社会党・民主党・国民協同党	㊼ 芦田均（あしだ ひとし） 京都 外務官僚 （民主党） ◎	1948.7 政令201号公布		1948.6 ベルリン封鎖 .8 大韓民国成立 .9 朝鮮民主主義人民共和国成立 →南北朝鮮分断
1948.10～1954.12 約6年2か月	民主自由党→自由党	㊽～㊿ 吉田茂 東京 外務官僚 妻の祖父が大久保利通（おおくぼ としみち）	1949.3 ドッジ，経済安定九原則実施について発表（ドッジ・ライン） 1950.8 警察予備隊発足→自衛隊に発展（1954）（➡p.104） 1951.9 サンフランシスコ平和条約調印（単独講和） 日米安全保障条約調印…安全保障をアメリカに依存 日本経済復興← 1952.4 平和条約発効，独立回復＝主権国家となる	特需景気	1949.4 北大西洋条約機構成立 1950.6 **朝鮮戦争**勃発（ぼっぱつ）（53.7 休戦）（➡p.259 3）
1954.12～1956.12 約2年	日本民主党→自由民主党	52～54 鳩山一郎（はとやま いちろう） 東京 党人派 ◎	1955.9 GATT（➡p.290）加盟 55年体制の始まり（➡p.144 2） 1956.10 日ソ共同宣言調印（領土問題は未解決，➡p.242） .12 国連加盟→国際社会への復帰	神武景気	1955.4 **アジア・アフリカ会議** .5 ワルシャワ条約機構成立
1956.12～1957.2 約2か月	自由民主党	55 石橋湛山（いしばし たんざん） 東京 党人派	高度経済成長時代		
1957.2～1960.7 約3年5か月	自由民主党	56・57 岸信介（きし のぶすけ） 山口 商工官僚 佐藤栄作は弟	1960.1 **新日米安保条約**調印（➡p.106） …アメリカの日本防衛義務の明確化 .5 安保条約批准，衆院で強行採決→60年安保闘争 .6 安保条約自然承認	岩戸景気	1958.1 EEC発足
1960.7～1964.11 約4年4か月	自由民主党	58～60 池田勇人（いけだ はやと） 広島 大蔵官僚	1960.12 **国民所得倍増計画**，閣議決定（➡p.193 B❶） 政治的混乱から経済の時代へ 1964.4 OECD加盟→資本自由化の義務付け。先進国の一員に .10 東京オリンピック開催	オリンピック景気	1961.8 ベルリンの壁構築 1962.10 **キューバ危機**（➡p.259 4）
1964.11～1972.7 約7年8か月	自由民主党	61～63 佐藤栄作（さとう えいさく） 山口 運輸官僚 岸信介は兄	1965.6 日韓基本条約調印　●**40年不況** 1966.1 **戦後初の赤字国債発行**（1965年度補正予算） 1967.12 **非核三原則**表明→1971.11 衆議院で決議（➡p.104 2） 1968.4 小笠原返還協定調印→.6 本土復帰 ●**GNPが資本主義国で2位に** 1971.6 沖縄返還協定調印→1972 返還	いざなぎ景気	1965.2 米，ベトナム北爆開始 1967.7 EC発足 1971.8 ニクソンショック 1972.2 米中共同声明
1972.7～1974.12 約2年5か月	自由民主党	64・65 田中角栄（たなか かくえい） 新潟 党人派	1972.9 日中共同声明調印→日中国交正常化 **列島改造ブーム→地価高騰。**環境破壊の加速 1973.2 変動相場制に移行（➡p.291 1）＝IMF体制崩壊，急激な円高 .10 **第1次石油危機**（➡p.194 C） .11 日ソ共同声明 高度経済成長の終わり	列島改造ブーム	1973.1 ベトナム和平協定調印 .10 第4次中東戦争

メモ　内閣総理大臣を最も多く出している都道府県は山口県である。

安定成長～55年体制の崩壊

在任期間	政党	内閣総理大臣	日本のできごと		世界のできごと
1974.12～1976.12 約2年1か月	自由民主党	㊱66 三木武夫 徳島 党人派	1974 戦後初のマイナス成長 1975.7 改正公職選挙法・改正政治資金規正法公布 1976.2 ロッキード事件が暴露(➡p.144 2) .7 東京地検，収賄容疑で田中角栄元首相逮捕	自由民主党の派閥抗争	1975.4 ベトナム戦争終結 ●東西冷戦の緊張緩和 .11 **第1回先進国首脳会議(サミット)** 石油危機をきっかけに始まった。
1976.12～1978.12 約1年11か月	自由民主党	67 福田赳夫 群馬 大蔵官僚	●内需拡大(公共投資の拡大など積極財政) 1978.8 日中平和友好条約 .11 日米防衛協力の指針(ガイドライン)合意	自由民主党の派閥抗争	
1978.12～1980.7 約1年6か月	自由民主党	68・69 大平正芳 香川 大蔵官僚	●**財政赤字問題化** 1979.1 第2次石油危機 **安定成長の時代** 1980 自動車生産台数，アメリカを抜き世界第1位に	自由民主党の派閥抗争	1979.1 米中国交樹立 イラン革命(～.2) .12 ソ連，アフガニスタン侵攻
1980.7～1982.11 約2年4か月	自由民主党	70 鈴木善幸 岩手 党人派	第二次世界大戦後～1970年代 ケインズ主義に基づく経済政策…大きな政府，福祉国家 ↓行き詰まり 1980年代 市場原理を重視した経済政策へ…小さな政府 ＝新自由主義経済(日本：中曽根内閣～)		●英，サッチャー内閣(1979～90) 1981.1 米大統領にレーガン ●アメリカ，双子の赤字
1982.11～1987.11 約4年11か月	自由民主党・新自由クラブ	71～73 中曽根康弘 群馬 内務官僚	1985.4 電電公社，日本専売公社の民営化。 →日本電信電話(NTT)，日本たばこ産業(JT)発足 .9 **プラザ合意**(➡p.194) 1987.4 国鉄分割，民営化。JR7社開業 **バブル経済の発生**(➡p.195)	超低金利政策	1985 ソ連，ペレストロイカ開始 1986.4 チョルノービリ(チェルノブイリ)原発事故 1987.10 ブラック・マンデー
1987.11～1989.6 約1年7か月	自由民主党	74 竹下登 島根 党人派	1988.7 リクルート事件(➡p.144 2) .12 消費税法成立→1989.4 実施(3%) 1989.1 昭和天皇逝去。平成と改元	バブル景気	●東欧諸国，社会主義を放棄 1989.6 天安門事件
1989.6～1989.8 約2か月	自由民主党	75 宇野宗佑 滋賀 党人派	1989.9 日米構造協議開始(➡p.294 4)	バブル景気	
1989.8～1991.11 約2年3か月	自由民主党	76・77 海部俊樹 愛知 党人派	1991.2 湾岸戦争支援90億ドルを含む補正予算成立 .4 海上自衛隊掃海艇，ペルシア湾へ出発 牛肉・オレンジ輸入自由化 1991 バブル崩壊 **平成不況始まる**		1989.11 ベルリンの壁崩壊 .12 マルタ会談 →**冷戦終結** 1991.1 **湾岸戦争**(～.3) .12 ソ連邦解体
1991.11～1993.8 約1年9か月	自由民主党	78 宮沢喜一 広島 大蔵官僚 ◎	1992.6 **PKO協力法**公布(➡p.112) .9 自衛隊をカンボジアPKOに派遣 1993.7 第40回総選挙で自民党過半数割れ .8 細川護熙非自民・非共産の連立内閣誕生 **55年体制の崩壊**	失われた10年	1993.1 米大統領にクリントン

EYE 戦後日本を支えた歴代首相

唯一の皇族首相　戦後初の首相は，皇族の東久邇宮稔彦。軍部の抗戦派を抑え，無事占領軍を受け入れるため。

「ワンマン宰相」　吉田茂は，大日本帝国憲法下での，衆議院に議席をもたず首相になった最後の人物。5次にわたって内閣を組閣したのは吉田ただ一人。

初の社会党政権　片山哲は，新憲法下での初総選挙で第1党となった日本社会党の委員長であり，国会からの指名を受けた初の首相。

初の自由民主党総裁　鳩山一郎は，「自主外交」としてソ連と国交を回復し，国連加盟を果たした。

『日本列島改造論』　田中角栄は，首相就任前の著書がベストセラーになり，列島改造ブームを巻き起こした。辞任後も政界に絶大な影響力をもち「闇将軍」と呼ばれた。

➡『日本列島改造論』

自民党の派閥抗争　田中角栄・福田赳夫の2派閥で激しい抗争があり，「角福戦争」と呼ばれた。

戦後政治の総決算　中曽根康弘は，ブレインを集めトップダウンで政策を決定し，官僚頼みの調整型政治を打破。

第二次世界大戦後に，ドッジ・ラインの実施に伴ってインフレーションが生じた。
○？×？(➡p.192)

答：×

55年体制の崩壊～民主党政権誕生

注：79・80…は第何代かを示す。
◎は父が国会議員。

期間	与党	内閣総理大臣	日本のできごと	景気	世界のできごと
1993.8 約8.5か月 1994.4	日本新党・日本社会党・新生党・公明党・民社党・新党さきがけ・社民連・民改連	79  **細川護熙** 東京 党人派 (日本新党) 旧熊本藩主 細川家当主	1993.11 環境基本法成立(p.232C 1) .12 コメ市場の部分開放受諾 1994.1 小選挙区比例代表並立制導入など政治改革関連4法成立 高度成長期・バブル経済期とは異なり，弱い景気拡大期だった。	失われた10年	1993.11 EU発足 (p.298)
1994.4 約2か月 1994.6	新生党・日本新党・民社党・公明党・自由党	80  **羽田孜** 長野 党人派 (新生党) ◎			
1994.6 約1年6か月 1996.1	日本社会党・自由民主党・新党さきがけ	81  **村山富市** 大分 党人派 (社会党)	1994.11 税制関連法成立→1997.4 消費税5％に 1995.8 戦後50周年の談話を発表 …戦前・戦中の「侵略」「植民地支配」を公式に謝罪 ●金融機関の破綻相次ぐ(～1998)	金融不安発生	1994.7 北朝鮮の金日成国家主席，死去 1995.1 WTO発足 (p.290)
1996.1 約2年7か月 1998.7	自由民主党・社会民主党・新党さきがけ	82・83  **橋本龍太郎** 岡山 党人派 ◎	1996.4 普天間飛行場の返還を日米間で合意 **●日本版金融ビッグバン構想**(p.187 1) 1997.6 改正男女雇用機会均等法成立 1998.6 金融システム改革法成立 金融監督庁発足		1998.5 インド，パキスタン核実験
1998.7 約1年7か月 2000.4	自由民主党・自由党	84  **小渕恵三** 群馬 党人派 ◎	1998.10 金融再生関連法，金融早期健全化法成立 1999.2 日銀，ゼロ金利政策実施(～2000.8)(p.187 4) .5 日米防衛協力の指針(ガイドライン)関連法(周辺事態安全確保法など)成立(p.106 4,109B)		
2000.4 約1年1か月 2001.4	自由民主党・公明党・保守党	85・86  **森喜朗** 石川 党人派	2000.7 金融庁発足 2001.1 中央省庁の再編(1府12省庁へ) .3 政府，日本経済は戦後初めて「緩やかな**デフレ**状態にある」と発表 日銀，量的緩和政策導入(ゼロ金利政策復活，～2006)		2000.6 南北朝鮮首脳会談 2001.1 米大統領にブッシュ
2001.4 約5年5か月 2006.9	自由民主党・公明党・保守(新)党	87～89  **小泉純一郎** 神奈川 党人派 ◎ 母方の祖父は元逓信大臣	2001.11 テロ対策特別措置法公布…テロとの戦い 2002.9 初の日朝首脳会談。日朝平壌宣言調印 2003.6 有事関連三法成立(p.107 5) 2004.1 自衛隊，イラク派遣 .6 有事関連七法成立 2005.10 郵政民営化法成立 **構造改革**(p.195)	いざなみ景気	2001.9 **米同時多発テロ**発生 .10 米英軍，アフガニスタン攻撃 2003.3 米英軍，イラク攻撃
2006.9 約1年 2007.9	自由民主党・公明党	90  **安倍晋三** 山口 党人派 ◎ 母方の祖父は岸信介元首相	●格差の拡大が社会問題化(p.224) 2006.11 景気拡大期間がいざなぎ景気を超えた 2007.1 防衛省発足		2006.10 北朝鮮，核実験実施(2009，13，16，17年にも) .12 イラク，フセイン元大統領を処刑
2007.9 約1年 2008.9	自由民主党・公明党	91  **福田康夫** 群馬 党人派 ◎ 父は福田赳夫元首相	2008.7 北海道洞爺湖サミット 環境・貧困・食糧・核問題などの解決が世界的な課題として議題に ●原油価格高騰→食品などの値上げ相次ぐ		●米，サブプライムローンによる金融不安 2008.3 チベット騒乱
2008.9 約1年 2009.9	自由民主党・公明党	92  **麻生太郎** 福岡 党人派 ◎ 母方の祖父は吉田茂元首相	2008.10 日経平均株価，5年ぶりに1万円割れ **世界同時株安。100年に1度の世界的大不況**(p.292 2 2) 2009.8 第45回衆議院議員総選挙で自民党大敗		2008.9 リーマン・ブラザーズ破綻。米，株価大暴落 2009.1 米大統領にオバマ
2009.9 約8.5か月 2010.6	民主党・社会民主党・国民新党	93  **鳩山由紀夫** 北海道 党人派 ◎ 祖父は鳩山一郎元首相	2009.9 鳩山由紀夫民主党代表，内閣総理大臣に指名 **「政権交代」自民から民主へ** .11 民主党政権，初の「事業仕分け」 2010.1 自衛隊のインド洋の給油活動，撤収 .5 普天間飛行場の県外・国外移設断念		●ギリシャ危機 2010.5 英国で戦後初の連立政権
2010.6 約1年3か月 2011.9	民主党・国民新党	94  **菅直人** 東京 党人派	2010.7 参院選で，民主党大敗。参院で与党過半数割れ .9 中国漁船が尖閣諸島付近の日本領海で海上保安庁巡視船に衝突 2011.3 東日本大震災。福島第一原子力発電所で，放射性物質が飛散する深刻な事故発生		2010.12 チュニジアで民主化を求める反政府デモ発生。アラブ世界へ民主化運動広がる

メモ 小泉純一郎は，派閥政治を批判。人と群れない，贈答をしないなど，従来の政治家とは異なったため「永田町の変人」と評された。

民主党政権～自民党の政権復帰

＊Islamic Stateの略。

在任期間	政党	内閣総理大臣	日本のできごと	世界のできごと
2011.9 約1年3か月 2012.12	民主党・国民新党	95 野田佳彦 千葉 党人派	2011.11 環太平洋パートナーシップ(TPP)協定交渉参加方針を表明 2012.8 消費税の税率引き上げを含む社会保障・税一体改革関連法成立 .12 第46回衆議院議員総選挙で自民党が圧勝 民主党の議席数は選挙前の4分の1に大幅減	2011.12 北朝鮮の金正日総書記，死去
2012.12 約7年9か月 2020.9	自由民主党・公明党	96～98 安倍晋三 山口 党人派 ◎ 母方の祖父は岸信介元首相 ●「アベノミクス」とは 大規模な金融緩和，財政政策，成長戦略を柱とする経済政策。2015年には子育て・社会保障の充実など新しい目標が示され，一億総活躍社会がめざされた。	政権交代　民主から自民へ 2014.4 消費税8％に　.7 集団的自衛権行使容認を閣議決定(p.107) 2015.6 選挙権年齢を18歳以上に引き下げ .9 安全保障関連法成立(p.108)　.10 TPP大筋合意 2016.4 熊本地震　.5 伊勢志摩サミット開催 2017.6 天皇の退位特例法成立→.12 退位時期を閣議決定 2018.6 成人年齢を18歳に引き下げる法律が成立 .7 参議院議員定数6増　.12 TPP発効 2019.2 日欧EPA発効　.5 新天皇陛下即位。令和と改元 .6 G20大阪サミット開催 .10 消費税10％に。一部に軽減税率が適用 2020.3 東京オリンピック・パラリンピック延期を決定 .4 新型コロナウイルス感染症拡大防止のため，特別措置法に基づく緊急事態宣言を発出(2021年にも発出)	2014.3 露，「クリミア併合」を宣言 .6 「IS＊」樹立宣言 ●世界でテロが多発 ●欧州にシリア難民流入 ●北朝鮮の核問題 2016.6 英，EU離脱決定 2017.1 米大統領にトランプ 2018.6 初の米朝首脳会談 2020.1 英，EU離脱 ●新型コロナウイルス感染症の世界的流行 .6 中，香港国家安全維持法施行
2020.9 約1年1か月 2021.10	自由民主党・公明党	99 菅義偉 秋田 党人派	2020.11 立皇嗣の礼(立皇嗣宣明の儀) 2021.7 東京オリンピック・パラリンピック開催 .9 デジタル庁発足	2021.1 米大統領にバイデン .2 ミャンマーでクーデター発生 .5 中，香港の選挙制度を改変
2021.10	自由民主党・公明党	100～ 岸田文雄 東京 党人派 ◎	2021.10 第49回衆議院議員総選挙で自民党が国会を安定的に運営できる絶対安定多数の議席数を獲得 2022.12 反撃能力を盛り込んだ「国家安全保障戦略」などを閣議決定 2023.3 文化庁，移転先の京都にて業務開始 .5 G7広島サミット開催(p.291)	2022.2 露，ウクライナへ侵攻 2022.9 英，エリザベス女王，死去 2023.10 イスラエルとイスラーム原理主義組織ハマスが武力衝突

EYE 政権交代と二大政党制

❶ 自民党から民主党へ

政権交代へ　2009年の衆議院議員総選挙で，自民党が大敗。民主党が大勝し，民主党を中心とする政権が誕生した。自民党大敗の原因は，格差の拡大や景気低迷などの社会情勢に加え，閣僚の不祥事などの政治不信が政権交代へとつながったとされている。

民主党政権の主な政策　行政の無駄を省くことや子ども手当などの社会保障を充実させることを公約としていた。そのため，予算や行政の無駄がないか判定する事業仕分け(p.121C1)や高等学校の授業料無償化，子ども手当の支給などを行った。しかし，公約に掲げた政策の実現のための財源の確保が困難になり，2012年に成立した社会保障と税の一体改革法で，当初の公約にはなかった消費税の引き上げが行われることになった(p.227B3)。

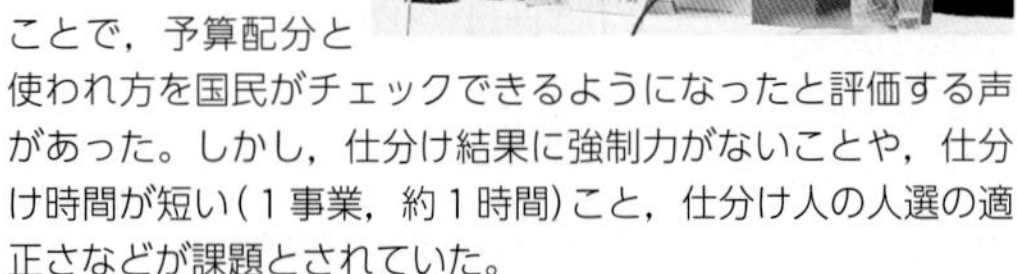

事業仕分けの様子　テレビやインターネットを通じて行われたことで，予算配分と使われ方を国民がチェックできるようになったと評価する声があった。しかし，仕分け結果に強制力がないことや，仕分け時間が短い(1事業，約1時間)こと，仕分け人の人選の適正さなどが課題とされていた。

❷ 民主党から自民党へ

再び自民党政権へ　2010年の参議院議員通常選挙で自民党が圧勝。2012年の衆議院議員総選挙でも自民党が圧勝し，政権を獲得。衆参両院で与党が過半数の議席をしめることになった。消費税増税の際の説明不足や，東日本大震災への対応の遅れなどが民主党の議席を減らした。

自民党政権の主な政策　政権を獲得した自民党は，2015年に安全保障関連法を成立させた(p.108)。経済分野においては，大胆な金融政策など3本の矢と称した「アベノミクス」を行ったほか，2018年にはTPPの発効で，巨大な経済圏が誕生した。今後は，経済格差の解消などが求められている。

TPPの合意内容を説明するベトナムと日本の閣僚

解説　困難な二大政党制の実現　長期単独政権による金権政治や汚職などを防ぐため，二大政党制を促し，政権交代を可能にすることをめざして，1994年に衆議院の選挙制度を小選挙区比例代表並立制に改正した(p.1365)。しかし，近年は野党が分裂・統合をくり返しており，与党に対抗できる勢力がないと指摘されている。また，55年体制崩壊後は，連立政権が常態化しており，二大政党制とは程遠い状態である。

入試クイズ　アメリカでの同時多発テロ事件の発生を受けて，日本では，テロ対策特別措置法が成立した。○？×？(p.112)　答：○

● 衆議院議席数

●は解散後の特別国会で首相を輩出した政党　▼は定数の過半数　▼は定数の3分の2

選挙制度	回	選挙日	解散	議席数（左から順に）	定数
大選挙区制	22	1946.4-10	1945.12-18 新選挙法解散	●日本自由 141 / 日本進歩 94 / 日本協同14 / 社会 93 / 共産 5 / 諸派・無所属 119	466
中選挙区制	23	1947.4-25	1947.3-31 新憲法解散	●131 / 民主 126 / 国協31 / 143 / 4 / 31	466
	24	1949.1-23	1948.12-23 なれ合い解散	●民主自由 264 / 69 / 14 / 社会 48 / 労農 7 / 35 / 29	466
	25	1952.10-1	1952.8-28 抜き打ち解散	●自由 240 / 改進 85 / 右社 57 / 左社 54 / 4 / 26	466
	26	1953.4-19	1953.3-14 バカヤロー解散	自由 199 / 自由(鳩山派)●35 / 76 / 66 / 72 / 5 / 共産 1 / 12	466
	27	1955.2-27	1955.1-24 天の声解散	112 / ●日本民主 185 / 67 / 89 / 4 / 2 / 8	467
			55年体制成立		
	28	1958.5-22	1958.4-25 話し合い解散	●自民 287 / 社会 166 / 共産 1 / 13	467
	29	1960.11-20	1960.10-24 安保解散	●296 / 145 / 民社 17 / 3 / 6	467
	30	1963.11-21	1963.10-23 所得倍増解散	●283 / 144 / 23 / 5 / 12	467
	31	1967.1-29	1966.12-27 黒い霧解散	●277 / 140 / 30 / 5 / 公明25 / 9	486
	32	1969.12-27	1969.12-2 沖縄解散	●288 / 90 / 31 / 14 / 47 / 16	486
	33	1972.12-10	1972.11-13 日中解散	●271 / 118 / 19 / 38 / 29 / 16	491
	34	1976.12-5	任期満了(ロッキード選挙)	●249 / 新自ク17 / 123 / 29 / 17 / 55 / 21	511
	35	1979.10-7	1979.9-7 一般消費税解散	●248 / 4 / 107 / 35 / 社民連2 / 39 / 57 / 19	511
	36	1980.6-22 衆参同日選	1980.5-19 ハプニング解散	●284 / 12 / 107 / 3 / 32 / 29 / 33 / 11	511
	37	1983.12-18	1983.11-28 田中判決解散	●250 / 8 / 112 / 3 / 38 / 26 / 58 / 16	511
	38	1986.7-6 衆参同日選	1986.6-2 死んだふり解散	●300 / 6 / 85 / 4 / 26 / 26 / 56 / 9	512
	39	1990.2-18	1990.1-24 消費税解散	●275 / 136 / 4 / 14 / 16 / 45 / 22	512
	40	1993.7-18	1993.6-13 政治改革解散	223 / 新生 55 / さきがけ13 / ●35 日本新 / 70 / 4 / 15 / 15 / 51 / 30	511
			55年体制崩壊		
小選挙区比例代表並立制	41	1996.10-20	1996.9-27 小選挙区解散	●239 / 社民15 / さきがけ 2 / 新進 156 / 民主 52 / 26 / 10	500
	42	2000.6-25	2000.6-2 神の国解散	●233 / 公明31 / 保守 7 / 127 / 自由 22 / 20 / 19 / 社民 21	480
	43	2003.11-9	2003.10-10 マニフェスト解散	●237 / 34 / 保守新 4 / 177 / 9 / 6 / 13	480
	44	2005.9-11	2005.8-8 郵政民営化解散	●296 / 31 / 国民・日本 6 / 114 / 9 / 7 / 17	480
	45	2009.8-30	2009.7-21 政権選択解散	119 / 21 / 国民 3 / ●312 / 9 / 7 / みんな 5 / 4	480
	46	2012.12-16	2012.11-16 近いうち解散	●293 / 31 / 日本維新 54 / 未来 9 / 56 / 8 / 2 / 18 / 9	480
	47	2014.12-14	2014.11-21 アベノミクス解散	●291 / 35 / 維新 41 / 次世代 2 / 生活 2 / 73 / 21 / 2 / 8	475
	48	2017.10-22	2017.9-28 国難突破解散	●284 / 29 / 日本維新11 / 希望 50 / 立憲民主 55 / 12 / 2 / 22	465
	49	2021.10-31	2021.10-14 未来選択選挙	●261 / 32 / 41 / 国民民主11 / 96 / 10 / 社民 1 / れいわ 3 / 10	465

EYE 内閣総理大臣の在職日数

（「朝日新聞」2020.9.17）

最長在職日数　2019年11月20日，2006年に発足した第1次内閣を含む安倍晋三（あべしんぞう）内閣総理大臣(当時)の通算在職日数が，桂太郎（かつらたろう）の2886日を超えて歴代最長となった。さらに，連続在職日数も2020年8月24日に佐藤栄作の2798日を超えて歴代最長となった。体調不良を理由に，2020年9月16日に総辞職し，最終的な連続在職日数は2822日，通算在職日数は3188日であった。

最短在職日数　一方，最も短い在職日数は，東久邇宮稔彦（ひがしくにのみやなるひこ）の54日である。なお，東久邇宮稔彦の102歳という長寿記録は，世界の首相経験者としてギネスに登録されている。

● 首相在任期間(通算)

1位	安倍　晋三	3188日
2位	桂　　太郎	2886日
3位	佐藤　栄作	2798日
4位	伊藤　博文	2720日
5位	吉田　　茂	2616日
6位	小泉純一郎	1980日
最短	東久邇宮稔彦	54日

注：日数は，組閣時から次の内閣が組閣されるまでの日数を計上。

メモ　国会に指名されれば参議院議員でも内閣総理大臣になれる。しかし，これまで参議院議員で内閣総理大臣になった人物はいない。

ポイント整理 8

学習
コンテンツ

10 政党政治

A 政党政治 (➡p.143)

政党…共通の主義・主張をもつ人々が，政策の実現をめざして結成した団体

	長　所	短　所	国
二大政党制	安定した政権 政治責任が明確	少数意見を吸収しにくい	イギリス，アメリカ
多党制	多様な意見を反映	不安定な連立政権 政治責任が不明確	フランス，イタリア，スウェーデン，日本など
一党制	強力な政治が可能	独裁制，官僚主義におちいりやすい	中国， 朝鮮民主主義人民共和国

B 日本の政党 (➡p.143〜145)

①**55年体制**(1955年〜)…保守の**自由民主党**⇔革新の**日本社会党**
▼
55年体制の崩壊(1993年)…一党優位の自由民主党が選挙で過半数割れ
⬇**連立政権**…多くの政党が生まれ，離合集散を重ねる
民主党中心の連立政権(2009年〜)…総選挙で民主党が圧勝，**政権交代**を実現
▼
自由民主党中心の連立政権(2012年〜)…総選挙で自由民主党が圧勝，政権に復帰

②**政治資金規正法**…政治家や政党の資金の収支の公開と献金の制限などを定める

③**政党助成法**…一定の条件を満たした政党に国が公費を交付することを定める

C 政治を動かすもの (➡p.145)

利益集団(圧力団体)…特定の利益の実現をめざし，政府や議員，関係省庁に働きかける ➡ 政治腐敗を招く恐れ

11 世論と政治参加

A 世論と政治 (➡p.146)

①**世論**…大多数の国民の意見。政策決定に影響力をもつ

②**マスメディア**…国民の「知る権利」の担い手として情報を提供 ➡ 世論形成に影響

B マスメディア (➡p.146〜148)

①**情報リテラシー**…情報を鵜呑みにせず，主体的に選択，判断する能力。
特に，**メディア・リテラシー**はマスメディアを読み解く能力
➡情報を受信する際・発信する際の両方に必要

②**世論操作**…政治家など➡働きかけ➡**マスメディア**➡報道➡国民➡世論の誘導
➡情報を比べて何が正しいのか判断することが必要

③**誤報**…誤った情報が報道されることもある

④**アナウンスメント効果**…選挙予測報道によって，選挙結果に影響を与えること

C インターネット・SNS (➡p.148・149)

①**政治参加**…手軽に情報を発信できるインターネットやSNSを活用した政治参加が行われている

②**影響力**…インターネットやSNS上の情報は，情報の内容に偏りが出ることやウソである可能性がある
➡情報源を見るなど，**情報リテラシー**を身に付けることが求められている

③**インターネットを使ったサイバー犯罪**…詐欺・悪質商法・迷惑メール・**不正アクセス**など
➡サイバー犯罪を未然に防ぐ体制の整備が進められている

④**匿名性を利用した人権侵害**…個人情報の公開，インターネット上の誹謗・中傷
➡利用者のルールやモラルの確立，**情報倫理**が求められる

D 現代政治の課題 (➡p.149)

政治的無関心…選挙棄権，政治運動への不参加，無党派層⬅政治に対する不信感

ポイント解説

A 政党政治　**政党**は国民の意見を集約し国政に反映させる。政党が中心となって行われるのが政党政治で，**二大政党制**，**多党制**，**一党制**がある。

B 日本の政党　日本では保守政党の自由民主党と革新政党の日本社会党が保守優位で対抗する二大政党制(**55年体制**)が続いてきた。しかし，政治腐敗への批判が高まり，55年体制が崩壊した。その後，政党の離合集散が行われ，2009年には民主党が衆議院第1党となり政権交代を実現。2012年には自民党が衆議院第1党となり政権に復帰した。

C 政治を動かすもの　特定の利益のため活動する**利益集団(圧力団体)**は，政党が集約しきれない民意を政治に反映させ議会政治を補う意味をもつが，**族議員**の介入など特定団体の優遇と政治腐敗をもたらす危険もある。

A 世論と政治　世論は，大多数の国民が共通してもつ意見であり，国の政策決定に大きな影響を与える。マスメディアから発信された情報が，世論に大きな影響を及ぼしている。

B マスメディア　マスメディアの情報により世論が形成されるが，反面，マスメディアを利用して世論操作を行えば自己に都合のよい世論形成も可能になる。また，マスメディアの情報検証が不十分で誤報が生じることもある。同じニュースでも，新聞社によって異なる印象になることもあり，**メディア・リテラシー**の力が必要になる。

C インターネット・SNS　インターネットやSNSは，手軽に情報を受信・発信することができる。しかし，受け手が好みそうな情報が優先的に表示される場合がある。また，ウソの情報である**フェイクニュース**の拡散も大きな問題として注目されている。そのため，情報を正しく読み取り，取捨選択する能力(**情報リテラシー**)が求められている。

インターネットには，サイバー犯罪や人権侵害など，多くの課題が存在する。どのように情報と関わっていくかを考える**情報倫理**を身に付けることが重要となっている。

D 現代政治の課題　現代政治の課題として，国民の**政治的無関心**がある。政治運動への不参加，選挙棄権などが増えると，民主政治の崩壊につながる。

1 経済社会の変容

ねらい
- 経済の歩みからどのような経済思想が生まれたか理解しよう。
- 資本主義経済と社会主義経済の違いに着目し，特色や課題，その後の対応を理解しよう。

△政府の歳出削減を訴えるデモ（左）と予算削減に反対するデモ（右）

（経済的選択とは？ ◎p.160EYE）

A 経済と経済思想の流れ

18世紀

産業革命による資本主義経済の確立

工場制機械工業の成立や鉄道の開通など，イギリスで**産業革命**が進展。
→**資本家**と**労働者**の二大階級の形成，大量生産・大量消費社会の到来
→**資本主義経済の確立**

▽蒸気機関車ロコモーション号（1825年，イギリス）

19世紀

資本主義経済の矛盾

- 長時間労働・低賃金などの**労働問題**
- スラム，女性・児童労働などの**社会問題**
- 景気変動による**不況**・**恐慌**時の企業倒産，失業問題

（着色）
△人口急増で大衆の生活環境が悪化したロンドン

20世紀

1929年 世界恐慌

社会主義

1922年	ソビエト社会主義共和国連邦成立。ソ連は恐慌の影響をほとんど受けず
1949	中華人民共和国成立

社会主義国家の安定成長

大きな政府へ

△テネシー渓谷のダム建設（p.159④）

- **完全雇用**実現のため，公共投資を通じて政府が経済に積極的に介入し，**有効需要**を創出。

→**第二次世界大戦後**の多くの先進国で実施
課題 スタグフレーション（◎p.178）の発生，財政赤字の拡大，市場の役割の低下

1970年代 石油危機

停滞・改革の動き

小さな政府への回帰

- 規制緩和や民営化などによって市場原理を最大限に生かし，財政支出を削減する。

→**1980年代以降**の多くの先進国で実施
課題 所得格差の拡大，失業・貧困の拡大

21世紀

2008年 リーマン・ショック

市場経済導入

先進国でゼロ金利などの金融緩和政策，公共投資の拡大

---

❶ アダム＝スミス（1723～90年）

（◎p.39EYE）

自由放任主義

個人の利益をめざす投資が，見えざる手に導かれて，社会の利益を促進する。

人物 イギリスの経済学者・哲学者。古典学派の創始者
主著 『国富論（諸国民の富）』（1776年）
思想 ・個人の利己心に基づく行動が，結局は「**見えざる手**」に導かれて，社会の利益の増進につながる。
- 利益追求には正義の法を守ること（**フェア・プレイ**）が必要。
- 政府の役割は国防，司法，公共施設の整備など最小限にすべき。

→**無用な規制を批判し，自由競争を主張**。→ **小さな政府**

❷ マルクス（1818～83年）（◎p.41）

社会主義

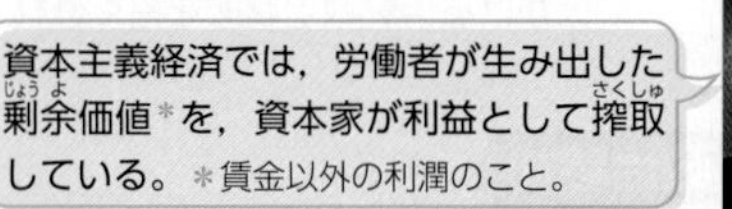

人物 ドイツ出身の経済学者・哲学者。科学的社会主義の創始者
主著 『共産党宣言』（1848年，エンゲルスとの共著），『資本論』（1867年）
思想 ・資本主義は歴史の一形態に過ぎない。やがて革命により**社会主義**に移行する。

❸ ケインズ（1883～1946年）

修正資本主義

供給は需要によって限定される。失業をなくすには，政府が積極的に有効需要を創りだすべきである。

人物 イギリスの経済学者。マクロ経済学の創始者・大成者
主著 『雇用，利子および貨幣の一般理論』（1936年）
思想 ・自由放任主義では，完全雇用を実現できない。政府が国民経済に積極的に関与すべき（**修正資本主義**，**混合経済**）。

❹ フリードマン（1912～2006年）

新自由主義

経済の安定には，通貨供給量を経済成長に合わせて一定の率で増やす必要がある。

人物 アメリカの経済学者。1976年，ノーベル経済学賞受賞
主著 『資本主義と自由』（1962年），『貨幣の最適量その他の論文集』（1969年）
思想 ・ケインズの裁量的政策を批判。
- 経済の安定には通貨供給量を経済成長に合わせて一定の率で増やすことが必要（**マネタリズム**）。
- 規制緩和や民営化などを進め，市場原理を最大限活用すべき。

入試のツボ ①アダム＝スミス…自由放任主義・「見えざる手」・小さな政府，②ケインズ…修正資本主義・有効需要の創出・大きな政府，③フリードマン…新自由主義・マネタリズム・小さな政府。各思想の違いを，キーワードをもとにまとめておこう。

B 資本主義経済の変容

1 資本主義経済と社会主義経済の比較

資本主義経済…上段：原則　下段：現実
社会主義経済…上段：原則　下段：改革後

資本主義経済(市場経済)		社会主義経済(計画経済)
生産手段の私有の下で，**利潤**(りじゅん)**追求**を目的とした商品生産が**私企業**を中心に行われ，**自由競争**が展開される	生産	**生産手段の公有**(国有化)の下で，**国家計画**により生産が行われ，利潤概念(がいねん)はなく，自由競争は行われない
政府の役割が大きくなり(金融・財政政策，公共事業など)，**政府による計画的な経済運営**が行われている(**修正資本主義**)	生産	**利潤概念の導入**，**私企業の一部公認**など，経済発展のための政策がとられた
需要・供給の関係により価格が決定されるとともに，価格の動きにより需要・供給が調整される(**価格機構**)(➡p.170)	価格	**国家が価格の体系を決定**する
独占・寡占(かせん)のため，需要・供給によって価格が決定されないことがある(**独占価格・管理価格**)	価格	**価格の自由化を進め**，供給不足からインフレの傾向も出た
不況・恐慌時には企業の倒産がおこり，失業者が増大する	失業	国営企業の倒産はなく，**失業はない**
政府の経済成長・安定政策により大規模な失業は少なくなった	失業	企業の倒産や合理化のために失業者が出た
所得の格差は大きく，**貧富の格差**が生じやすい	所得分配	労働の量と質により分配を受け，**所得の格差は小さい**
所得の再分配(**累進課税・社会保障**)により，所得格差の縮小を図(はか)っている	所得分配	企業の経営内容によって**所得が異なってきた**

2 大きな政府と小さな政府

政府の役割　小 → 大

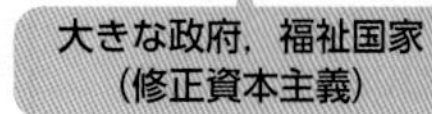

	小さな政府，夜警国家(自由放任主義，新自由主義) アダム＝スミス　フリードマン	大きな政府，福祉国家(修正資本主義) ケインズ	社会主義 マルクス
政府の経済介入	・原則不可。自由競争に任せる。	・金融政策・財政政策により介入	・国家が生産・分配を計画する。
長　所	・競争による，よりよい生産活動	・失業者の減少，社会保障の充実	・生産手段の公有。所得格差が小さい
短　所	・所得格差の拡大	・財政赤字，市場機能の低下	・慢性(まんせい)的な経済停滞(ていたい)

3 ケインズの「有効需要の原理」

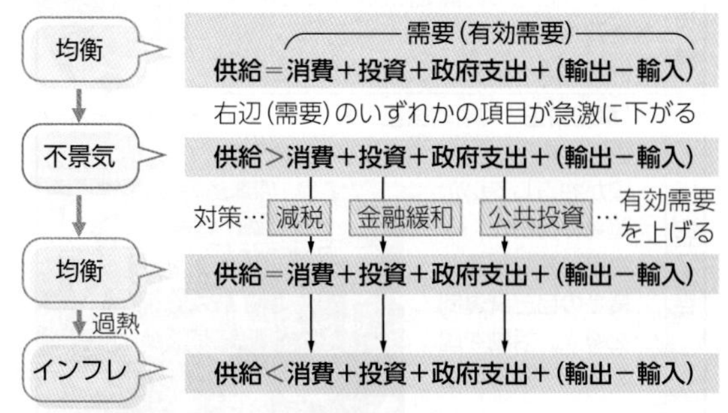

解説 **政府による有効需要の創出**(そうしゅつ)　**有効需要**とは，商品を手に入れたいという単なる欲望ではなく，所得の支出によって裏づけられた需要。ケインズは，経済規模は有効需要によって決まると考え，不況時は政府が低金利政策や公共投資の拡大によって積極的に経済に介入し，有効需要を創出すべきと主張した。

ケインズ革命　ケインズの経済理論の，経済学や社会に与えた影響の大きさを示す語。ケインズ以前の**自由放任主義**(➡p.158)では，恐慌(きょうこう)や失業は一時的なもので，やがて景気は自律的に回復するとした。しかし，1929年の**世界恐慌**を受けて，ケインズは自由放任主義を批判(ひはん)し，**有効需要**が不足した状況では景気は回復せず，**完全雇用**は実現しないと主張。政府が有効需要を創出して景気を回復させ，長期的には消費需要を増やすために**累進課税**(➡p.182)などによって所得平等化を図(はか)るべきと説いた。彼の経済学は一国全体の失業・経済成長・物価などを対象とするため，**マクロ**(巨視的)**経済学**とも呼ばれ，**修正資本主義**の理論的根拠(こんきょ)となった。

4 ニューディール政策(アメリカ1930年代)

有効需要の創出

経済復興	**全国産業復興法**(NIRA，1933.6)　政府による産業統制と労働条件改善を規定 **農業調整法**(AAA，1933.5)　過剰(かじょう)農産物を政府が買い上げて，農産物価格の下落を調整
社会改革	**テネシー渓谷**(けいこく)**開発公社**(TVA，1933.5)　政府企業によるテネシー渓谷の総合開発。失業者の救済と民間企業の電力独占を規制 **ワグナー法**(全国労働関係法，1935.7)　NIRAの違憲(いけん)判決を受けて成立。労働者の団結権・団体交渉権を認める **社会保障法**(1935.8)　連邦政府による老齢(ろうれい)年金，州政府による失業保険・公的扶助(ふじょ)制度
外交	**善隣外交**　中南米諸国との関係改善 **ソビエト連邦の承認**(1933.11)

解説 **政府が経済に介入**　**世界恐慌**によりアメリカ経済が停滞する中で，フランクリン＝ローズベルト大統領は失業者・企業を救済するため**ニューディール政策**を実施し，**政府が積極的に経済に介入**(かいにゅう)した。この政策は直接影響を受けたわけではないが，**ケインズ理論**と同じ側面をもっていた。**ケインズ**(➡p.158❸)は，資本主義が需要不足を生み出す傾向をもっており，その際には政府が公共事業などを実施し，**有効需要**(➡3)**を創出すべき**だと主張した。

ここに経済的自由を理念とする資本主義は変容し，**修正資本主義**(**混合経済**)の段階に入る。国家の役割は増大し，**「大きな政府」**(**福祉国家・行政国家**，➡2)が登場することになった。

重要用語　195資本主義経済　196社会主義経済　197世界恐慌　198ケインズ　199有効需要　200修正資本主義(混合経済)　201フリードマン　202新自由主義　203大きな政府　204小さな政府

5 新自由主義(アメリカ・イギリス1980年代)

・1970年代…**スタグフレーション**(不況とインフレ)

レーガノミックス
レーガン米国大統領の政策

サッチャーリズム
サッチャー英国首相の政策

マネタリズム
・裁量的経済政策を否定，成長に合わせ通貨供給量を一定の率で増加
→後に米国は不況対策として裁量的に増加

「小さな政府」をめざす

レーガノミックス	サッチャーリズム
・減税 ・規制緩和 ・防衛費以外の財政支出の削減，防衛力の強化 →現実は財政支出拡大	・所得・法人税の減税，付加価値税の増税 →現実は，増税 ・財政支出の削減 ・国営企業の民営・合理化 ・規制緩和，競争入札制度

結果

・インフレの緩和	・80年代後半の景気回復
・**双子の赤字**(○p.294 5)	・**失業・貧困の増大　貿易赤字**

解説 **市場原理の活用**　1970年代の石油危機以後，先進国では不況なのにインフレになる**スタグフレーション**が発生，また**財政赤字**が拡大した。これらの問題は，ケインズ理論では解決できなかった。そこで，**フリードマン**(○p.158④)は，経済の安定には通貨供給量を経済成長に合わせて一定の率で増やすことが必要とする考え方(**マネタリズム**)を提唱。**規制緩和や民営化**などを進め市場原理を最大限活用すること，**財政政策よりも金融政策**を重視することを主張した。彼の理論は，1980年代の米英の経済政策に影響を与え，**「小さな政府」**をめざす**新自由主義**と呼ばれる。

EYE 経済的な選択とは？

財・サービスをつくる資源(原料，労働者，機械，土地など)は有限(**資源の希少性**)であるため，経済的な選択を行うことが必要である。

●意思決定をするときの原理

①**トレードオフ**…何かを選択する際，別の選択を諦めること。
例ゲームに使う時間を増やせば，友達との会話・テレビ・睡眠・勉強などの時間を減らすことになる。

②**機会費用**…あるものを得るために放棄したもの。
例大学へ進学した場合，大学に進学せずに働いて得ることができた賃金。

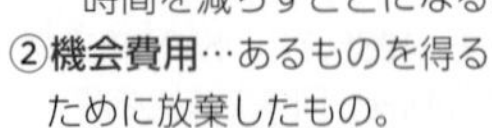

③**限界的な便益と費用**…あるものを少し(限界的に)得て，あるものを少し放棄した時の便益と費用。
例ゲームの時間を少し増やして得る満足度とテレビを見る時間が減ることで発生する満足度の減少。

探究へのSTEP
日本は今後，大きな政府・小さな政府どちらをめざすべきかな？
視点 政府と国民，企業の立場に立ってどちらがいいか考えよう。 公正 幸福 自由 平等 持続可能性 財源の確保と配分
(財政赤字 ○p.183，社会保障改革 ○p.217，226)

C 社会主義経済

1 ソ連型社会主義とその崩壊

1917年　**ロシア革命**
1922　**ソビエト社会主義共和国連邦(ソ連)**成立

背景	・ロシア産業革命と資本主義経済の発達による劣悪な労働環境が問題化。 ・**社会主義思想**(○p.158)の広まり ・第一次世界大戦における民衆の疲弊
結果	・共産党による一党支配の誕生 ・**資本主義経済**から**社会主義経済**へ →企業の国有化，個人取引の禁止など，官僚指令型の**計画経済**

レーニン(1870～1924)　ロシア革命の指導者，ソ連共産党の創設者。

↓

1929　**世界恐慌**発生…ソ連は恐慌の影響をほとんど受けず。

↓

1970年代後半～　**慢性的な経済停滞**

主な原因	・国民の需要を反映しない非効率な官僚指令型の計画経済 →モノ不足，モノ余りの発生。企業の生産意欲，労働者の勤労意欲の減退。 ・政治・軍事を経済政策より優先 →GNPの10%を占める軍事支出などが財政を圧迫し，企業の経済活動全般を阻害。

ソ連時代の国営店

↓

1985～91　**ペレストロイカ**

目標	財・サービスの売買を政府管理から自由な売買へ移行 ＝計画経済を放棄して，市場経済を導入
主な内容	・「綱紀粛正」…規律強化。 ・西側企業との合弁企業の設立を認める。 ・国が独占していた貿易の自由化 ・企業に独立採算制，資金の自己調達制を導入。活動を国の指令下から自由に。
結果	・職場が混乱し生産・供給体制が崩壊。 ・流通機構が未確立。 →経済は一層停滞・混乱。極度のモノ不足になった。 一方，並行して行われた**グラスノスチ**(情報公開)や**新思考外交**(軍縮，他国への介入の停止)により，政治・外交面の改革が進んだ。

ゴルバチョフ(1931～2022)

マクドナルドモスクワ店　1990年1月オープン。2022年，ロシアのウクライナ侵攻を受け，事業撤退。

↓

1991　ソ連解体，市場経済化

中国の社会主義の変容(○p.302)　1949年成立の中華人民共和国では，1978年に**改革開放政策**を打ち出し，外資と中国資本の合弁企業の設立などを促進する**経済特区**を設置。1993年には社会主義の特色である公有制を残しながら市場経済を取り入れる**社会主義市場経済**の導入が憲法に明記された。

重要用語 195資本主義経済 196社会主義経済 197世界恐慌 198ケインズ 202新自由主義

△株主優待商品(日清食品グループ)

企業の働き

ねらい
● 各企業形態のしくみや特色を理解しよう。
● 企業がどのように競争に対応し，社会に対して責任を果たしているか理解しよう。

A 経済の循環

1 経済主体と経済活動

Q 家計・企業のはたらきと政府の役割は何か？

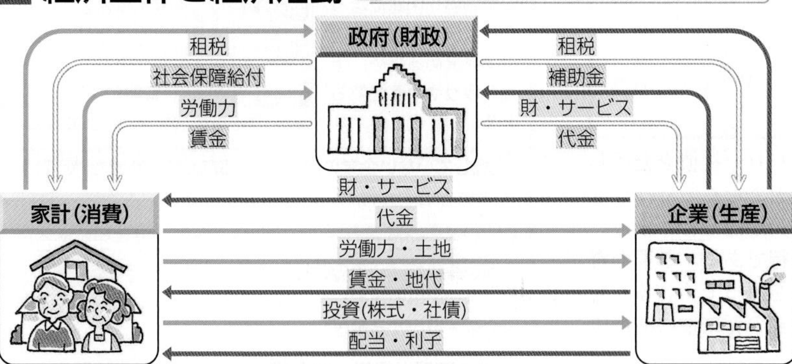

解説 **3つの経済主体** 現代の経済は，**家計・企業・政府**の3つの経済主体が互いに密接に結びつき，経済活動を行っている。また，これらの主体の間には**金融機関**(◯p.184)が存在し，資金の流れを円滑にしている。消費行為の主体である家計は，企業に労働力・資本・土地という生産要素を供給し，賃金や配当などで収入を得て消費や貯蓄を行う。企業は家計から生産要素の提供を受け，**財**や**サービス**を生産・販売して利潤を得る。政府は税金をもとに財政活動などを行い，家計・企業の経済活動を調整する。

B 企業のしくみ

再生産

1 再生産のしくみ

Q 生産活動はどのようにして繰り返されるか？

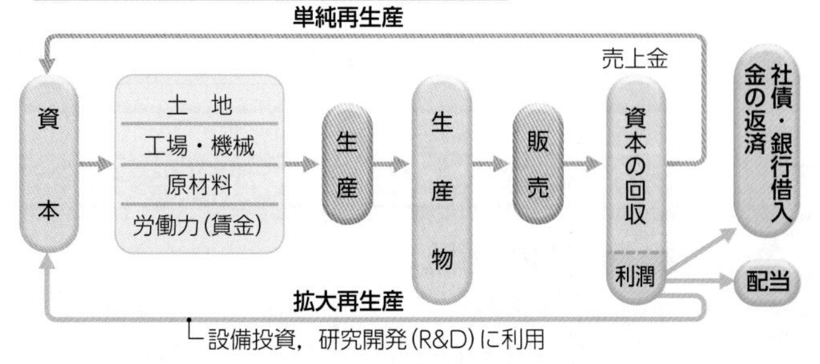

解説 **資本の循環** 資本主義経済において，企業が資本をもとに生産手段と労働力を購入し，商品を生産・販売して資本を回収し，利潤を得る過程を資本の循環という。利潤の一部を資本家に配当として分配し，残りを新たな設備の増加分にまわす場合を**拡大再生産**という。また，投資が拡大しない場合を**単純再生産**，資本の回収が十分にできない場合を**縮小再生産**という。

2 規模の利益(スケール・メリット)

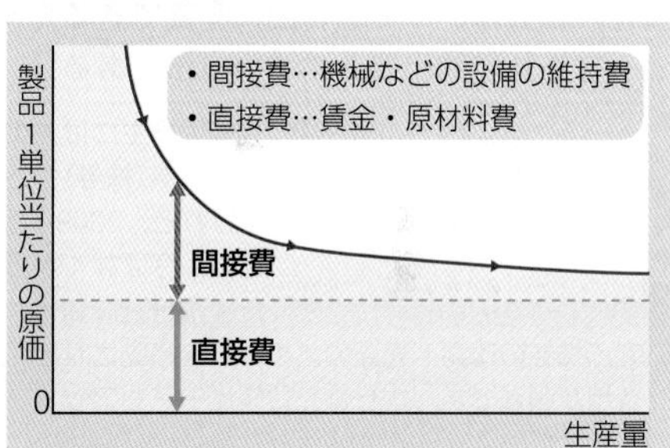

解説 **生産量が増えれば間接費は低下** 製品1単位当たりの直接費は，生産の規模に関わらず一定である。しかし，間接費は生産が拡大すると低下し，一定量を超えるとあまり変わらなくなる。企業は設備に最適な量で生産したり，目標とする生産量にふさわしい設備を整える。

3 企業の種類

Q 日本にはどのような種類の企業があるか？

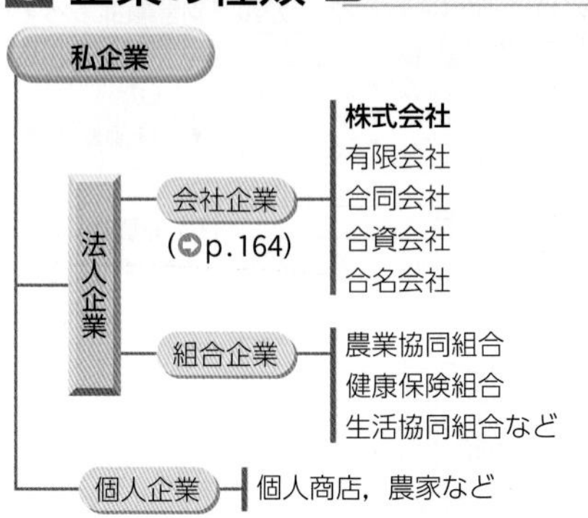

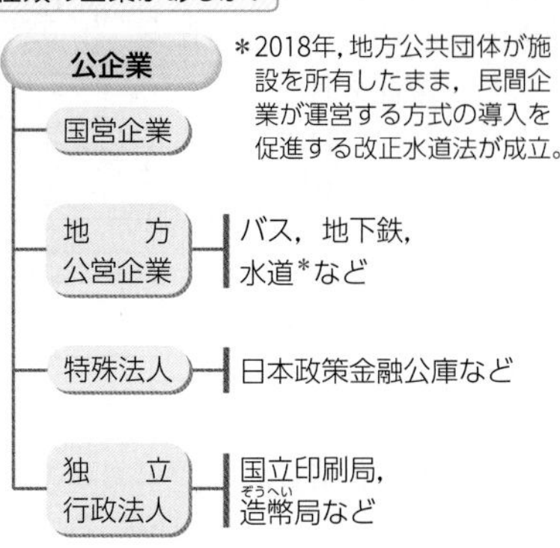

*2018年，地方公共団体が施設を所有したまま，民間企業が運営する方式の導入を促進する改正水道法が成立。

公私合同企業
日本銀行
日本たばこ産業株式会社(JT)
日本電信電話株式会社(NTT)
など

解説 **大多数が私企業** 企業は，民間資本からなる**私企業**，民間と公共の両資本からなる**公私合同企業**，公共資本からなる**公企業**に分けられる。日本では，私企業が大多数を占め，中でも**株式会社**が最も多い。

重要用語 205経済主体 206株式会社

わかりやすい経済講座 株式って何?

A どのようにお金を集めるか?

会社をつくって，大きく商売をやろうと考えた場合，たくさんのお金(資本金)が必要である。そのお金をどのようにして集めたらいいのだろうか。

● 資金調達の方法

外部金融…会社の外部から資金を調達する方法
- **直接金融**…株式や社債の発行
- **間接金融**…銀行などからの融資(ゆうし)(➡p.184 3)

内部金融…企業内部の資金源から調達する方法。利潤から配当などを差し引いた内部留保や減価償却積立金(げんかしょうきゃくつみたてきん)(機械など設備買い替えのための積立)など

借金か株式発行か　銀行から借りたり，社債を発行して集めたお金は，借金なので必ず返さなくてはならない。利益が出なかった場合は，返済が滞(とどこお)ってしまう。

そこで注目されるのが，**株式発行**である。**必要な資金を均一金額の株式に分け，それを買ってくれる人を募(つの)る**のである。多くの人がその会社の将来性に期待すれば，広く資金を集めることができる。

株式会社のメリット　株式発行によって得たお金は，**株主**(株式を保有する出資者)**に返済する必要がない**。これが，銀行借り入れなどと違う点である。このため，経営者にとっては好ましい資金調達の方法といえる。また，**株式はいつでも自由に売買できる**ため，株主にとっても比較的出資しやすい方法である。

以前は株主には左の写真のような証券(**株券**)が渡されていたけれど，2009年から電子化され，今はなくなってしまったよ。電子化によって，株券の印刷・売買のため株券を移動させる費用が削減でき，さらに売買スピードもアップしたんだ。

B 株式を公開する

株式公開とは　株式会社のよさは，広く資金を集めることができる点にある。そのためには，株式を公開する必要がある。**株式公開**は，株式を自由に売買できるようにすることで，証券取引所(代表的なものが東京証券取引所)を通じて売買を認める**上場**によって行われる。

厳しい上場基準　株式の上場は，厳しい審査を通過した株式会社だけに認められるため，その分社会的信用や知名度が増し，広く資金を集めることができる。同時に，企業の社会的責任も大きくなる。

未公開株について　上場していない企業の株式のことを未公開株といい，日本の多くの中小企業の株式は未公開株である。未公開株は，証券取引所を通して売買することはできないが，当事者間の合意や，認められたコミュニティ内でのみ売買ができる制度を利用したりして，資金を調達している。

● 上場のデメリット

経営の自由度が低下　企業は株主の意向(いこう)を意識した経営を迫(せま)られることになる。株主が反対すれば，経営方針を転換(てんかん)せざるを得ないし，株を売却されるかもしれない。近年は株主の力が強く，短期的かつ確実な利益を求めるため，長期的な経営戦略が困難になった。独自の経営方針で事業を進めるため，上場を取りやめる企業もある。

薄れる「上場」の意義

上場の看板、得?損?

資金調達 魅力あせた

買収防衛の奥の手

株式非公開化

時時刻刻

「大胆な施策とれる」

敵対的買収相次ぎ見直し

も株式非公開

(左から「朝日新聞」2005.7.26，2005.8.23)

上場していない企業の例　朝日新聞社，毎日新聞社，新潮社，小学館，竹中工務店，JTB，YKK，エースコック

M&A(➡p.166)のリスク　ある会社の株式を一定の割合以上買い集めれば，その会社を支配することができる。株式の持ち合いの解消が進む中，外資系企業や投資会社が日本企業を合併・買収する動きも出ている。

● 株の取得と経営への影響力

33.3%超	50%超	90%以上
株主総会で3分の2以上の賛成が必要な重要事項の決定を阻止(そし)できる。	過半数の賛成が必要な取締役などの選任が可能になり，実質的にその会社を支配できる。	他の株主にその会社の株式を全部売り渡すことを請求することができる。

C 株価が変化するのはなぜか?

● 新聞の株価欄

- 【①銘柄】企業名
- 【②始値】前場(午前中の取り引き)の最初の株価
- 【③高値】その日の最も高い株価
- 【④安値】その日の最も安い株価
- 【⑤終値】後場(午後の取り引き)の最終の株価
- 【⑥前日比】前営業日に比べて △…株価が上昇した ▼…株価が下落した
- 【⑦売買高】売買が成立した株数(100株)

①銘柄	②始値	③高値	④安値	⑤終値	⑥前日比	⑦売買高
食品						
グリコ	4675	4700	4615	4645	▼ 45	1435
カルビー	3365	3380	3345	3365	▼ 25	2268
キユーピー	2320	2323	2277	2285	▼ 32	2220
輸送用機器						
いすゞ	975	975	951	955	▼ 22	21302
トヨタ自	6932	6945	6900	6911	▼ 56	26382
三菱自	226	226	221	223	▼ 3	56824

⬇

①銘柄	②始値	③高値	④安値	⑤終値	⑥前日比	⑦売買高
食品						
グリコ	4450	4545	4435	4510	△130	2832
カルビー	3080	3080	3020	3025	▼ 10	5537
キユーピー	2260	2264	2232	2259	△ 13	3445
輸送用機器						
いすゞ	981	997	965	995	△ 37	34278
トヨタ自	7390	7503	7369	7503	△236	100753
三菱自	207	210	198	200	▼ 3	148591

(単位：円)　注：売買単位は100株。

メモ　株式のルーツは17世紀初めのオランダにさかのぼる。アジアの香辛料を手に入れるための航海に必要な巨額の費用を，大勢で出し合い，成功した場合の利益を分配するしくみを取り入れたのが東インド会社である。

需要と供給の関係で決まる　上場した株式会社の株式は証券取引所で売買され，ここに株式市場が成立する。一般的に，どこの会社の株式を買うかを考えた場合，業績がよい会社や，これから成長すると見込まれる会社の株式を選ぶ。業績がよければ，配当も高いからである。その会社の株式の買い手が多くなれば，株価は上がる。逆に，業績が悪い会社の株式は買い手が減り，売り手が多くなるため，株価は下がる。こうして売買が行われるなかで，株価は当初の価格に関係なく上下するようになる。つまり，**株価もほかの商品の価格と同じように，需要と供給の関係によって決まる**のである。(➡p.170・171)

東京証券取引所＊　日本の代表的な証券取引所。証券取引所では，株式を売りたい・買いたいという注文をとりまとめ，売買を成立させている。

＊2013年1月，大阪証券取引所と経営統合し，日本取引所グループを設立，その子会社となる。

売買が行われた銘柄(めいがら)と，その株価が回転しながら表示される。回転速度は8段階あり，売買が活発な時ほど速い。

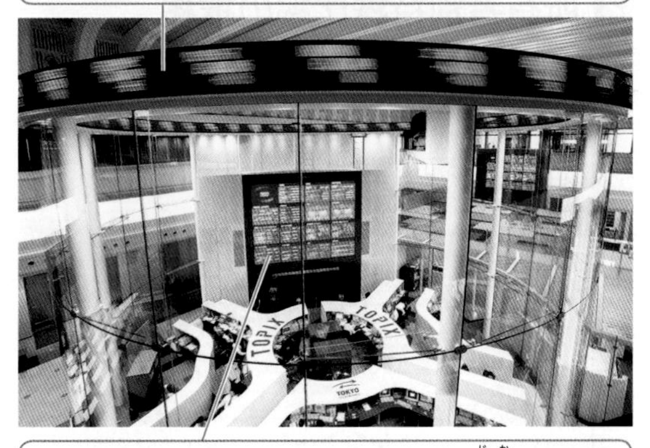

正面スクリーンには，東証上場企業の株式の時価(じか)総額（株価×上場株式数），売買された株式数やその売買代金，日経平均株価などが表示される。

日経平均株価　東京証券取引所プライム市場の上場企業のうち，日本を代表する企業225社の株価の平均。

株価は様々な要因で変化する。例えば，夏の気候が例年よりも暑くなれば，エアコンなどの売れ行きが良くなり，エアコン製造メーカーの株価は上がるが，反対に冷夏になると売れ行きが悪くなるため，株価は下がる。このほかにも，事件や事故，ライバル会社の動き，うわさなどに影響を受ける。

株価が下がったときに買い，上がったときに売れば，その差額がもうけとなる。このようなもうけを期待して，株式の売買を繰(く)り返す投資家も多いが，株価の動きを予測することは，非常に難しい。

任天堂(にんてんどう)の家庭用ゲーム機「Switch(スイッチ)」　新型コロナウイルス感染症の流行により，外出を自粛(じしゅく)し自宅で過ごす「巣ごもり需要」が増加し，ゲーム機の需要が増加。任天堂が提供する「Switch」も販売数が増加。また，任天堂のゲームソフト「あつまれどうぶつの森」が世界的にブームとなったことや，利益率が高いダウンロード版ソフトの売り上げが増えたことなどが注目され，任天堂の株価が値上がりした。

D 株価と景気の関係

株価の変化は，企業ごとに異なるが，株式市場全体の株価（平均株価）は，景気の変動と深く関(かか)わっている。

● 日経平均株価の推移

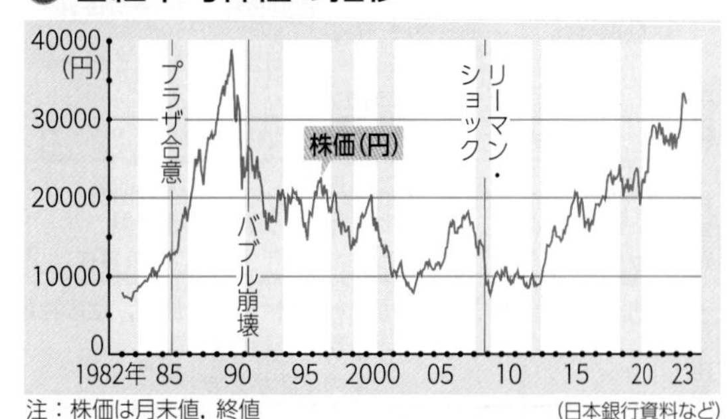

注：株価は月末値，終値　（日本銀行資料など）

景気がよくなる＝モノが売れる → 企業の業績向上 → 株価が上がる／株主への配当が上がる／従業員の給料が上がる → 投資活動の活発化／投資家のもうけ／消費活動の活発化 → 事業拡大 → 景気がよくなる

不景気の時は，これと逆の現象になる。

E 投資が社会を発展させる (➡p.190)

投資活動が企業を育てる　ここで必要になるのが，本当によい会社，社会に必要とされる会社はどこかを見(み)極(きわ)めることである。**株価の変動による利益のみを追求するのではなく，今後，社会の発展に貢献(こうけん)するであろう会社に投資することで，その会社の成長，そして社会の発展に貢献することにつながるのである。**

EYE 投資で応援の気持ちを伝える

ファンドとは，個人や企業からお金を集め，それをもとに，投資会社などが運用すること。近年，特定の事業を応援するためのファンドが人気を集めている。自分の投資が，何かに貢献(こうけん)したことが見えることが魅力(みりょく)。

● 漫画(まんが)『この世界の片隅(かたすみ)に』のアニメ映画化

戦時下の日常を描(えが)く『この世界の片隅に』は，インターネットを通じて不特定多数の人から資金を集めるクラウドファンディングにより，2016年に映画化された。出資は2160円からでき，出資者は制作情報や先行上映などの特典が受けられた。

● 被災地応援ファンド　http://oen.securite.jp/

東日本大震災や熊本地震で被災した商店などの再建資金を集める。出資者は出資企業から製品などの特典を受け取れる。

C 会社と資本の関係

1 会社の形態

＊1 社団・社団法人の構成員(出資者)のことで，従業員のことではない。

	株式会社		有限会社	合同会社	合資会社	合名会社
	公開会社	株式譲渡制限会社				
出資者	有限責任					無限責任
	株主		社員＊1			
経営者	取締役3人以上，監査役1人以上	取締役1人以上，監査役はなくても可	取締役1人以上	業務を執行する社員(有限責任)	業務を執行する社員	業務を執行する社員(無限責任)
＊2 持分譲渡	原則自由	株主総会の承認が必要	社員外への場合は社員総会の承認が必要	原則，他の社員全員の承諾が必要		
その他	従来の株式会社制度に近い。大企業に適する	従来の有限会社のしくみを採用	中小企業などの小規模な会社が多い	ベンチャー・ビジネスの設立に適する	小規模な会社が多い	小規模な会社が多い(家族・親族経営)

会社法施行　有限会社と統合　新設できない　新　設

無限責任　経営上の損失について，出資額を超えて無限に責任を負うこと。

有限責任　出資額を限度に責任を負うこと。つまり，もし会社が倒産しても，出資額を失うだけで，それ以上責任が生じることはない。このため，**出資者が有限責任しか負わない株式会社は多額の資本を集めやすい。**

＊2 持分譲渡…有限会社・合同会社・合資会社・合名会社の社員としての地位・権利(株式会社の場合は株式)を他の人に譲渡すること。

会社法とは　2006年5月施行。これまでの会社に関する各種の法律を統合・再編成した。企業活動のグローバル化やIT化など，現代の経済情勢に対応し，経営組織の柔軟性を高め，起業しやすくすることで，経済の活性化をねらう。

会社法の主なポイント

①**有限会社の廃止(存続は可能)**　有限会社を株式会社に統合。中小規模でも，対外的信用度が高い株式会社を設立しやすくした。

②**最低資本金制度の撤廃**　株式会社設立には，最低1000万円の資本金が必要という制限をなくし，資本金1円での起業も可能になった。

③**合同会社の新設**　経営ルールを社員の総意で決定できる。高度な技術や専門知識をもつ人には，出資額が少なくても多額の配当を支払うこともでき，企業と研究者の共同研究やベンチャー企業の設立がしやすくなる。

2 株式会社のしくみ(公開会社の場合)

Q 所有と経営の分離とはどういうことか？

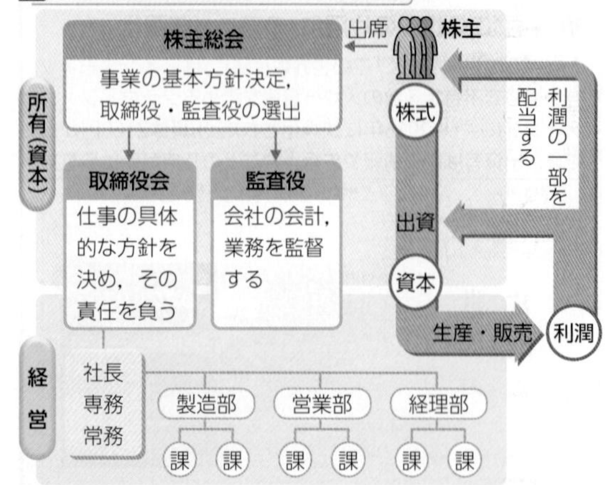

解説 **経営に携わらない所有者**　株式会社のしくみの下では，出資者(会社の所有者)は**株主**と呼ばれる。一方，会社の経営は，**株主総会**で選出された経営者が担当する。これを**所有(資本)と経営の分離**という。

3 所有者別持株比率の推移

Q 株式は誰が所有しているのか？

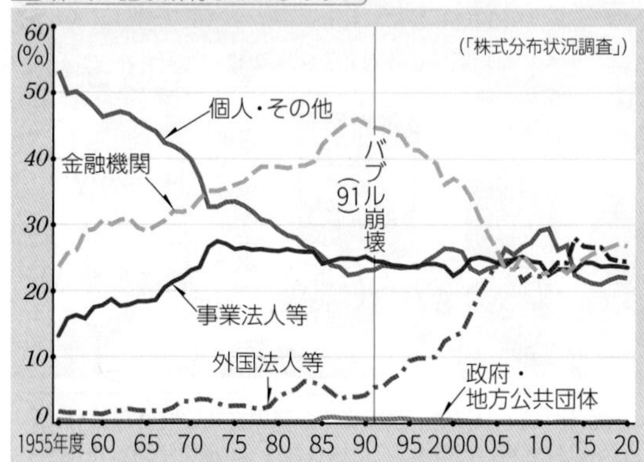

解説 **外国の株主の増加**　バブル崩壊以前の日本では，金融機関や事業法人などの間で**株式の持ち合い**(➲p.165 ナットク!)が行われたため，これら法人の持株比率が高かった(**法人化現象**)。また，法人株主の中で，安定した資産を背景に積極的に株式投資を行う生命保険や損害保険，信託銀行などの機関投資家の割合も高かった(**機関化現象**)。近年，経済のグローバル化が進み，**外国の株主の割合が増加**している。

株主の権利

①配当を受け取る

持株数に応じて，会社の利益の一部を配当として受け取ることができる。ただし，利益が出なかった時や少ない時は，支払われないこともある。

②株主総会での議決権

株主総会は年に1度開かれ，株主に対して経営方針の説明や監査報告，取締役・監査役の選出，配当の決定などが行われる。決議は多数決で行われ，株主は，持株数に応じて与えられた議決権を行使することで，自らの意思を表明できる。株主が経営をチェックできる場でもある。

所有(資本)と経営の分離とは，専門の経営者が企業経営の実権を握ることである。○？×？(➲2)　答：○

D　競争の激化と企業の変容

1 持株会社の禁止から解禁まで

Q 持株会社はなぜ禁止され，なぜ解禁されたか？

1945　財閥解体（➡p.192 A❶）
目的　財閥の支配力を弱め，自由競争を促進

→ **1947　独占禁止法制定　持株会社の設立禁止**
目的　財閥の復活防止
影響　資本力を強化するため，旧財閥系などで株式の持ち合いが進み，企業集団を形成

→ **持ち合い加速**
1964　資本自由化
→外資による買収防止のために持ち合い
影響　系列取り引きなどの閉鎖的企業慣行，株主総会の形骸化，企業の不祥事の多発

→ **持ち合い解消**
1991　バブル崩壊
→経営合理化として，不必要な株式を整理・売却
影響　外資による買収の増加
→競争力強化の必要性

→ **1997　独占禁止法改正　持株会社の設立解禁***（➡p.169）
目的　国際競争力の強化
影響　M&A（➡p.166）の加速，企業集団崩壊

＊金融持株会社の解禁は1998年。

財閥解体は，戦後の経済の民主化政策の1つとして行われたよ。財閥は，日本経済を独占していたんだ。

注：持株会社には自ら事業を営むものもあるが（事業持株会社），一般的には，子会社の支配・運営に専念する企業（純粋持株会社）をいう。

ナットク！ 持株会社と株式の持ち合いの違い

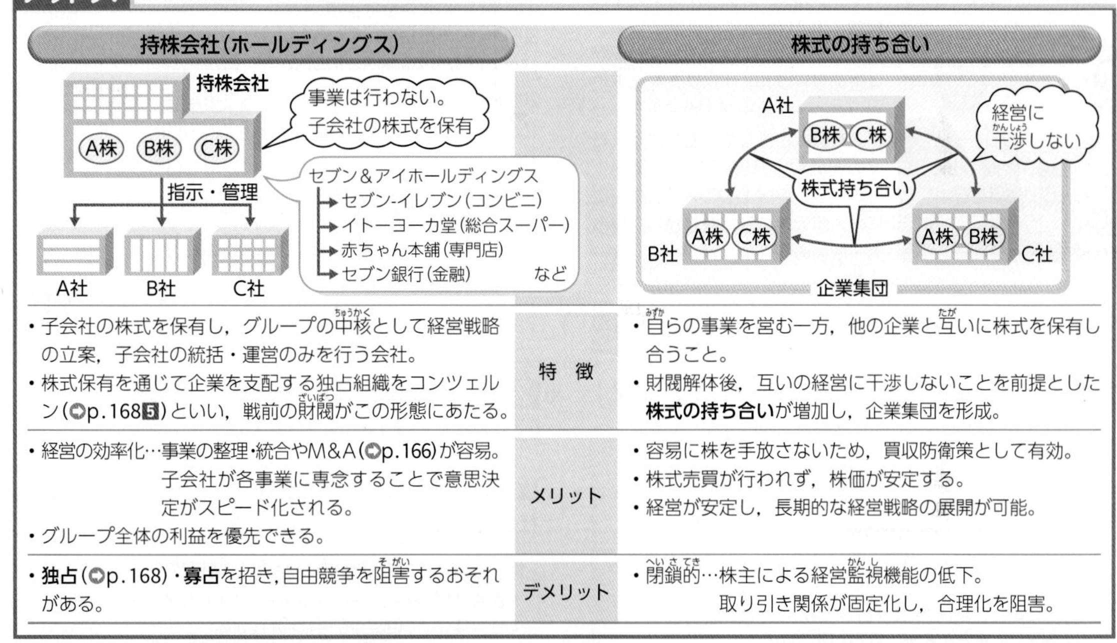

持株会社（ホールディングス）		株式の持ち合い
・子会社の株式を保有し，グループの中核として経営戦略の立案，子会社の統括・運営のみを行う会社。 ・株式保有を通じて企業を支配する独占組織をコンツェルン（➡p.168 5）といい，戦前の財閥がこの形態にあたる。	特徴	・自らの事業を営む一方，他の企業と互いに株式を保有し合うこと。 ・財閥解体後，互いの経営に干渉しないことを前提とした**株式の持ち合い**が増加し，企業集団を形成。
・経営の効率化…事業の整理・統合やM&A（➡p.166）が容易。子会社が各事業に専念することで意思決定がスピード化される。 ・グループ全体の利益を優先できる。	メリット	・容易に株を手放さないため，買収防衛策として有効。 ・株式売買が行われず，株価が安定する。 ・経営が安定し，長期的な経営戦略の展開が可能。
・**独占**（➡p.168）・**寡占**を招き，自由競争を阻害するおそれがある。	デメリット	・閉鎖的…株主による経営監視機能の低下。取り引き関係が固定化し，合理化を阻害。

2 多国籍企業の収益と各国のGDP

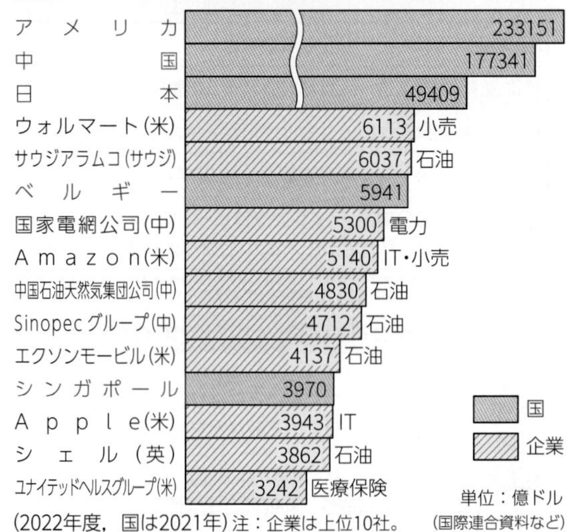

（2022年度，国は2021年）注：企業は上位10社。（国際連合資料など）

解説　一国のGDPを上回る収益　**多国籍企業**とは，世界的視野で開発・生産・販売の最適地を選択し，世界規模で活動する企業のこと。発展途上国に進出した場合，設備投資や技術移転により相手国の工業化を促す一方，鉱産物採掘などが多国籍企業に支配されたり，環境破壊を引き起こす要因となることもある。

3 アウトソーシングを利用した業務

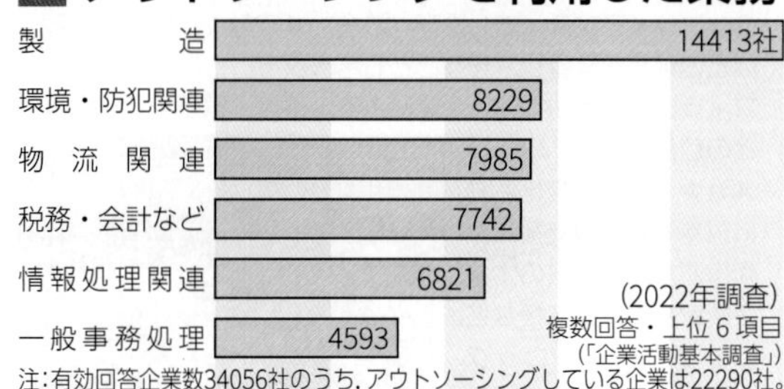

（2022年調査）複数回答・上位6項目（「企業活動基本調査」）
注：有効回答企業数34056社のうち，アウトソーシングしている企業は22290社。

解説　外部への業務委託　競争に勝ち抜くための手段の1つが，外部の専門的な機関に業務を委託する**アウトソーシング**である。主な目的は，自社の中核事業への専念と，コスト削減である。

重要用語　206株式会社　207株主　208所有（資本）と経営の分離　209株式の持ち合い　210持株会社　217多国籍企業

4 M&A(合併・買収)の主な種類

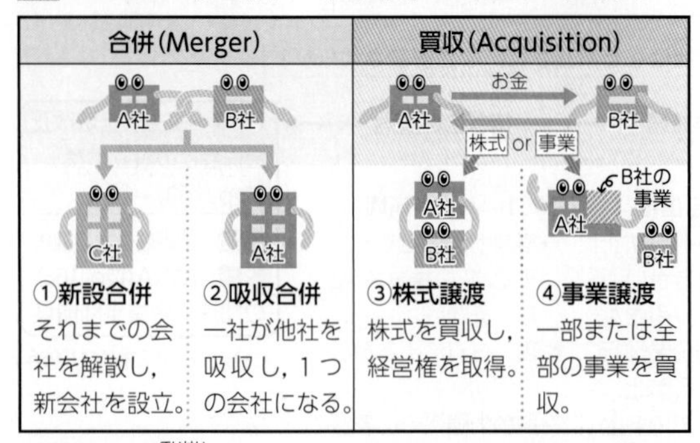

解説 **企業提携** 一般的に，M&Aは企業の合併・買収の他，資本提携などを含めた企業提携をいう。1990年代後半，**持株会社**(➡p.165)の設立解禁や商法改正などの制度改革によって増加した。なお，自己の業種とは関係のない異業種の企業を合併・買収して巨大化を図る複合企業を，**コングロマリット**(➡p.168)という。

サークルKサンクスがファミマに統合 2016年9月，コンビニエンスストア3位のファミリーマートが4位のサークルKサンクスを傘下にもつユニーグループ・ホールディングスを吸収合併した。新たなファミマの店舗約1万8000店は，業界1位のセブン-イレブン・ジャパンに匹敵。巨大な店舗網を生かし，競争力・収益の向上をめざす。

5 M&Aを実施した企業の目的

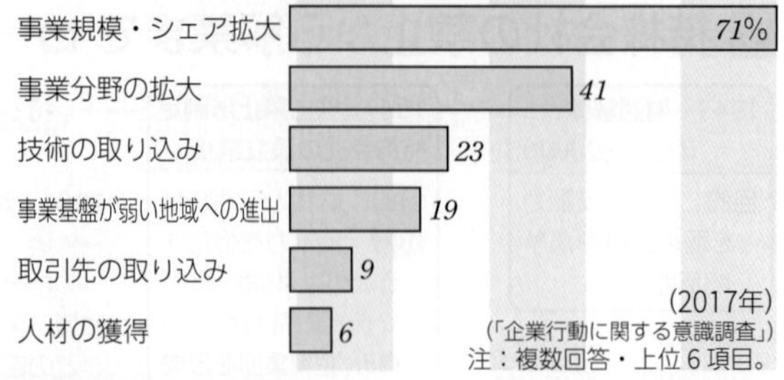

解説 **重要な経営戦略** M&Aは，企業が競争力を強化するための重要な経営戦略である。また，後継者のいない**中小企業**では，顧客の利益や雇用を守るためにM&Aを選択する場合もある。

6 企業のM&A件数の推移

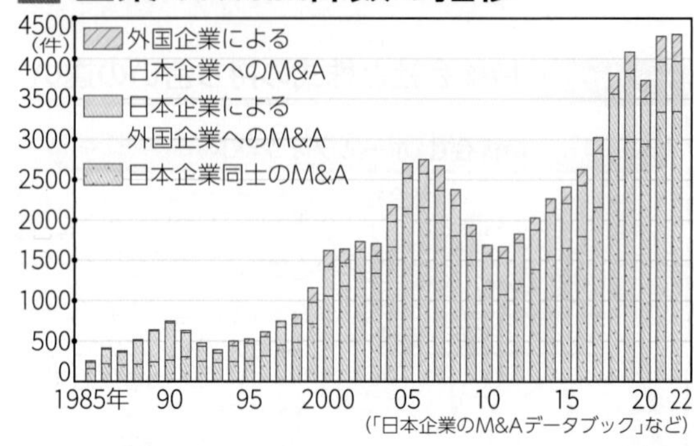

E 企業の社会的責任

＊株主代表訴訟…取締役が会社に損害を与え，会社がその責任を追及しない場合，株主が代わりに提訴できる制度。

1 企業統治(コーポレート・ガバナンス)

企業統治とは 企業が，多様な**ステークホルダー**(顧客や株主，従業員，地域住民などの利害関係者)を尊重したうえで，透明・公正で迅速・果断な意思決定を行うためのしくみ。

企業統治の主な原則と具体例
- 出資者である株主の権利・平等性の確保…株主総会を多くの株主が出席できる休日開催にする。株主代表訴訟*。など
- 適切な情報公開(**ディスクロージャー**)と透明性の確保
- 経営陣が責務を果たす…社外取締役の増加など

解説 **企業統治の強化** 企業の経営監視機能の低下や不祥事の多発が批判され，**企業統治**の強化が求められている。政府の『日本再興戦略』に従って，東京証券取引所は2015年，おもに上記の原則からなるコーポレートガバナンス・コードを定め，上場企業に対して企業統治の強化を事実上義務付けている。

コンプライアンス 法令遵守。法令だけでなく，公平・誠実などの倫理を尊重し，守ることも含まれる。
フィランソロピー 特に企業による，寄付・ボランティアなどの慈善活動。
メセナ 芸術・文化活動に対する企業の支援。美術館運営，演奏会の主催，芸術家への資金支援など。

ラグビークリニック(サントリー) 企業チームの選手による子ども向けのラグビー教室。

2 企業の社会的責任(CSR)

Q 企業は社会的責任を具体的にどのように果たすのか？

企業は，利潤追求だけでなく，社会の一員として持続可能な社会に貢献する責任がある。これを，**企業の社会的責任**(Corporate Social Responsibility)という。

企業の社会的責任の原則と具体例
- 情報公開(**ディスクロージャー**)により説明責任を果たす。
- 意思決定や活動の透明性を確保する。
- **コンプライアンス**(法令遵守)を徹底する。
- **ステークホルダー**(利害関係者)の利害を尊重する。

具体的には…

公正な事業	汚職防止，公正な競争など
対従業員	労働環境・人材育成システムの整備など
対消費者	消費者保護，社会に悪影響を与えない製品の提供
環境保全	汚染予防，廃棄物処理，省エネなど
地域社会	雇用の創出，**フィランソロピー**(ボランティア活動などの慈善活動)，**メセナ**(芸術・文化活動への支援)

社会的責任を実現するための基盤となるのが…

企業統治(コーポレート・ガバナンス ➡1)

あなたは会社をつくることになりました。会社の業務，企業形態，社会的責任などを考えてみよう。

視点 企業と従業員，社会の利益に着目して考えよう。
幸福 **持続可能性** **利便性と安全性**

重要用語 211コーポレート・ガバナンス 212コンプライアンス(法令遵守) 213企業の社会的責任(CSR) 214メセナ 215フィランソロピー 216M&A 218コングロマリット(複合企業)

東京都中央卸売市場（豊洲市場）でのせりの様子

市場機構と政府の働き 3

ねらい
- 市場のしくみと，価格がどのように決まるのか理解しよう。
- 市場機構に対し，政府がどのような役割を果たしているか理解しよう。

A 価格と市場の独占

寡占化
独占禁止法等

1 価格の種類

＊2018年，改正水道法成立。地方公共団体が水道料金の上限を設定し，運営企業がその範囲内で水道料金を設定する新方式を導入。

市場価格	商品が実際に市場で売買されるときの価格。需要と供給の関係で上下する。
均衡価格	需要と供給が一致したときの価格。市場価格は**価格の自動調節機能**（◎p.171）により均衡価格に落ち着く。
生産価格	平均生産費に平均利潤を加えた価格。
自由価格	企業間の自由な競争のもとで成立する価格。競争価格ともいう。
独占価格	1社による独占市場での価格。広い意味で，寡占価格・管理価格を含める場合がある。
寡占価格	寡占市場において，少数の企業が協調して成立させる価格。
管理価格	有力企業が，**プライス・リーダー**（**価格先導者，プライス・メーカー**）として一定の利潤が出る価格を設定し，他企業がそれにならう場合の価格。
統制価格	一定の目的により，国などによって統制される価格。水道料金＊，郵便料金，公共交通機関の料金などの**公共料金**がこれに当たる。

2 価格の変化 Q 価格が変化するのはなぜか？

❶ 電卓の価格の推移

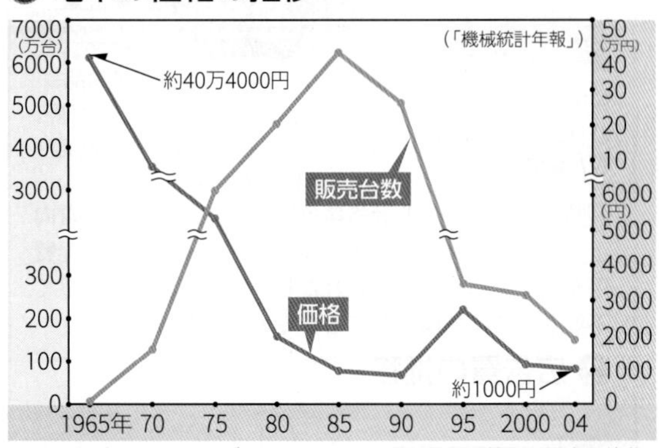

注：1980年からはハンディ型の電卓，2004年は四則演算型の電卓の値段。

解説 **価格の低下** 電卓のように製造技術の発達や企業間競争，生産規模の拡大などにより，価格が低下していくものもある。

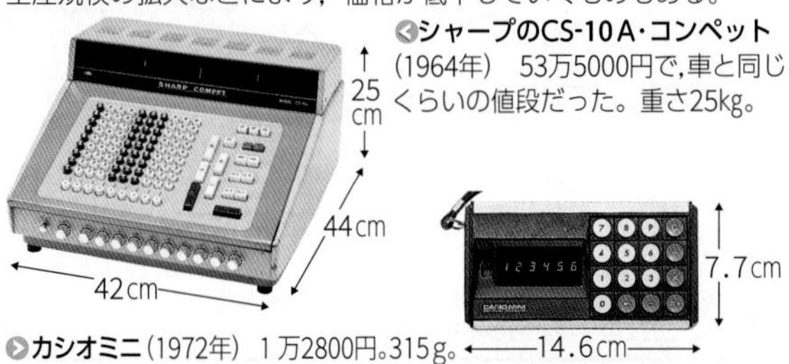

◎シャープのCS-10A・コンペット（1964年） 53万5000円で，車と同じくらいの値段だった。重さ25kg。

◎カシオミニ（1972年） 1万2800円。315g。

3 自由競争と価格の低下

● 電話新規事業者のシェアと料金の推移

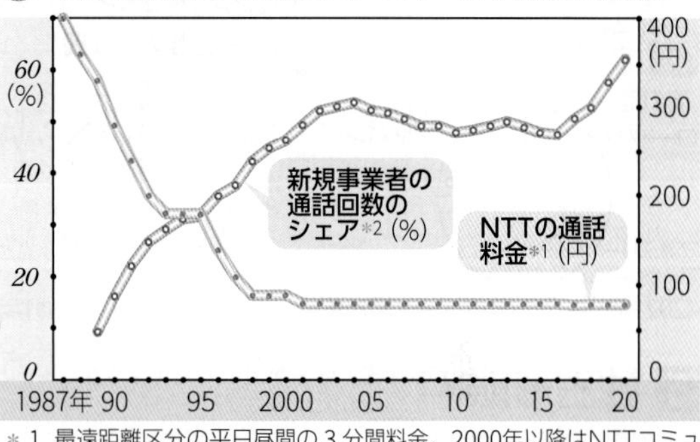

＊1 最遠距離区分の平日昼間の3分間料金。2000年以降はNTTコミュニケーションズの料金。
＊2 各年度の%。1996年度までは加入電話の統計。97年度以降はISDN（デジタル回線）を含む。（電気通信事業者協会資料など）

解説 **独占が崩れると価格が下がる** 1985年に日本電信電話公社が民営化され，これまで**独占**であった電気通信事業に市場原理が導入された。さらに2001年から，電話会社番号をダイヤルしなくても，あらかじめ利用者が電話会社を選択できるようになり（マイライン），料金低下とサービスの拡大が進んでいる。

❷ ビールの価格の推移

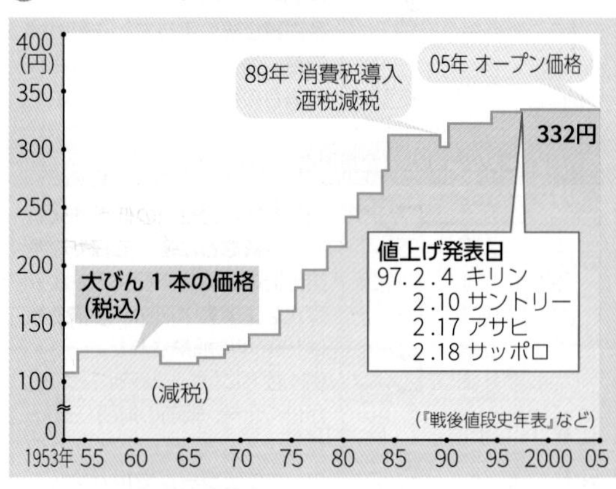

解説 **価格の下方硬直性** 少数の大企業により支配される**寡占**市場では，**管理価格**（◎1）などのように価格が需給関係に左右されず，企業によって意図的に決定される場合がある。このため，需要が減少したり，合理化などによりコストが低下しても，価格が下がりにくくなる**価格の下方硬直性**がみられる。

日本のビール会社は，管理価格によって価格競争を避けてきたが，規制緩和によって小売店の安売り競争が過熱し，ビール会社が設定する希望小売価格の影響力が薄れてきた。2005年から，ビール大手4社はビールを**オープン価格**化し，卸売業者や小売店が入荷価格にコストと適正な利益を加算する制度とした。

経済

重要用語 219市場 220均衡価格 221価格の自動調節機能 222独占 223寡占 225管理価格

4 日本の生産集中度

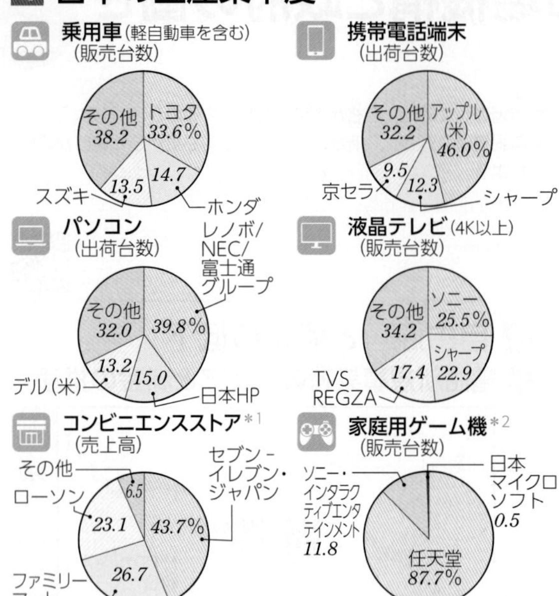

(2021年)*1 2021年度 *2 2020年 (日本自動車工業会資料など)

解説 **寡占化が進む** ある製品の全生産高のうち，上位数社の企業が占める割合を**生産集中度**といい，**独占・寡占**状態の程度を示す指標のひとつとして利用される。大企業のように，設備を整えて大量生産することで，商品1個当たりのコストを減らすという**規模の利益**(➡p.161)も，独占・寡占がおこる一因である。

▲**家電製品売り場に並ぶ海外メーカーの商品** 近年は，海外メーカーが日本に進出し，消費者の支持を得ている。このため，国内メーカー同士の競争だけでなく，海外メーカーとの競争も激しくなっている。

5 独占形態

Q 独占・寡占が進むとどのような問題が起こるか？

カルテル(企業連合)

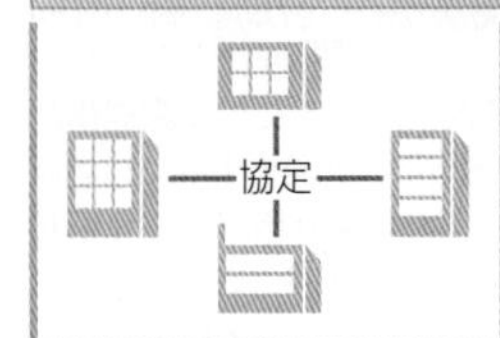

同一産業内の各企業が，価格・生産量・販売地域などについて協定を結ぶことで，競争を避けて利潤の拡大をはかるもの。**独占禁止法**で禁止されている。(➡p.169)

トラスト(企業合同)

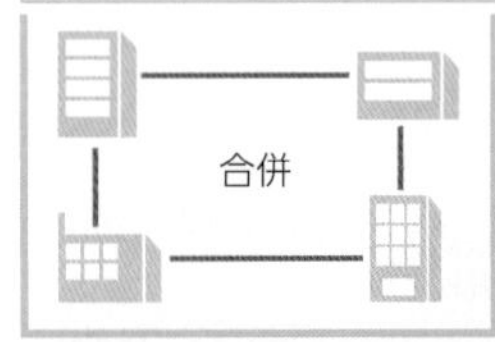

同一産業内の複数の企業が，合併して1つの企業になるもの。**独占禁止法**によって，支配力が過度に強まり，競争が阻害される場合の合併は禁止されている。

コンツェルン(企業連携)(➡p.165 ナットク!)

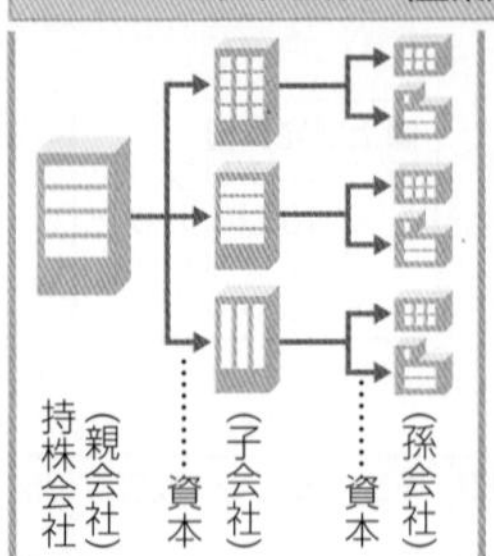

産業資本・金融資本が，株式所有・融資などによって様々な産業分野の企業を支配する，より高次な企業集中形態。**持株会社**は1997年に解禁された。
例：社名に「ホールディングス」が付く企業，戦前の財閥(三菱・住友・三井など)，アメリカのロックフェラー，モルガン

解説 **自由競争が崩れる「独占」** 企業はより多くの利潤を獲得するために，相互に結び合う。しかし独占・寡占化が進むと，自由競争は制限され，**価格の下方硬直性**(➡p.167 2 ❷)などがおきる。

●コングロマリット(複合企業)

異業種の企業が，**M&A**(合併・買収，➡p.166)によって1つの企業になるもの。特にアメリカ企業が巨大化のためによくとる手法。

EYE 見た目や中身で勝負！

非価格競争とは 商品のデザイン・品質・機能，広告・宣伝，アフターサービス，ブランドのネームバリューなど，価格以外の競争のこと。市場の寡占化が進むと，価格競争が弱まり，**非価格競争**に重点が置かれる。

❶ 非価格競争の例

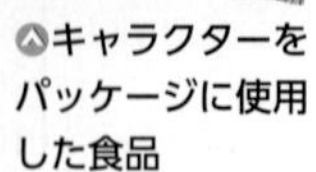

▲**キャラクターをパッケージに使用した食品**

▲**コンビニのオリジナル冷凍食品** 単身世帯，共稼ぎ世帯などに好評。コンビニは，独自スイーツの開発など，非価格競争が激化している。

消費者への影響 非価格競争によって，商品の品質向上や，サービスがよりよくなる。一方，宣伝・開発費用が商品価格に上乗せされたり，過剰な広告によって，不要なものまで購入してしまうおそれもある。

❷ 広告費の推移

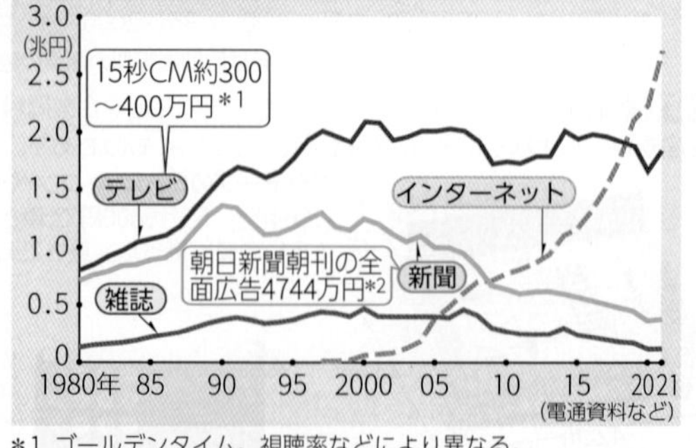

*1 ゴールデンタイム。視聴率などにより異なる。
*2 2022年2月。カラーの場合。

入試クイズ 少数の企業が市場を支配するような寡占市場のもとでは，非価格競争が弱まる傾向にある。○？×？(➡EYE) 答：×

B 政府の役割

1 独占禁止法の主な内容

Q 独占禁止法は何をめざしているか？

独占・寡占規制	・私的独占の禁止（３条） ・独占的状態の規制（８条の４）
経済力の集中規制	・他の国内の会社の株式を所有することで，事業支配力が過度に集中する会社の設立・転化の禁止（９条） ・金融会社の株式保有の規制（11条） ・合併の制限（15条） ・事業譲受けなどの制限（16条）
カルテル規制	・不当な取引制限の禁止（３条） ・国際的協定・契約の制限規定（６条） ・不況時や合理化のためのカルテルは，一部認められていたが，1999年に禁止。
経済力濫用規制	・不公正な取引方法の禁止規定（19条） 補助立法…下請代金支払遅延等防止法
適用除外制度	・小規模事業者及び消費者の共同行為（22条） 小規模の事業者の相互扶助を目的とする協同組合を認める ・**再販売価格維持制度**（23条） 出版物の質の安定や文化の振興・普及のため，著作物（書籍，新聞，雑誌，CDなど）の価格維持を認める。

独占禁止法の改正―持株会社の設立解禁（○p.165 ナットク!）

1997年の独占禁止法改正により，持株会社の設立が原則解禁され，「事業支配力が過度に集中する」場合のみ，規制の対象になった。戦後，自由競争を阻害するとして禁止されてきた持株会社は，国際競争の激化やバブル崩壊後の不況のなか，経営の効率化を図って競争力を得るために，必要性が高まった。

解説 **競争の促進**　戦後の経済改革の一環として，アメリカの法にならって，1947年に**独占禁止法**が制定された。私的独占・不当な取引制限・不公正な取引方法などを禁止し，事業者の公正かつ自由な競争の確保，国民経済の民主的で健全な発達の促進を目的としている。

2 公正取引委員会…独禁法の番人

Q 公正取引委員会の役割は何か？

公正取引委員会は，独占禁止法の目的を達成するための国の行政委員会（○p.121 2）。内閣府に属しているが，内閣から独立しており，「**独禁法の番人**」と呼ばれている。

権限
- ①独禁法に基づく違反事件の排除
- ②経済実態調査や各種の届け出・報告の受理
- ③他の経済立法に対する独占政策からの調整
- ④不公正な取り引き方法の指定
- ⑤違反事件に対する検察庁への専属告発

● 独占禁止法に違反すると…？

公正取引委員会が独占禁止法違反と判断した企業には，罰則が設けられている。また，違反と判断されない場合でも，疑いのある行為の改善が求められる。

●2021年度の独占禁止法違反による処理数

違反行為を速やかにやめさせる行政処分	３件
課徴金を課す	31事業者

（公正取引委員会資料）　総額21億8026万円

3 市場の失敗（市場機構の限界）

Q 市場のはたらきと政府はどのような関係にあるか？

公共財の供給	社会的には必要だが利益が出ないので，民間企業では供給されないもの。（例）道路，港湾，公園など
外部不経済	ある経済主体の活動が市場を通さずにほかの経済主体に不利益を与えるもの。（例）公害，環境破壊など
外部経済	ある経済主体の活動が，市場を通さずにほかの経済主体に利益を与えること。 （例）駅ができて便利になったなど。
寡占市場	自由競争によって市場が寡占化されると，価格競争が行われなくなり，消費者に不利益となる。
情報の非対称性	もっている情報の量・質が，経済主体によって違うこと。（例）生産者が商品の欠陥を隠して販売

外部不経済の内部化

ある工場の排水が原因で汚染が発生し，近隣住民が被害を受けたとする。この外部不経済をどう解消したらよいだろうか。

政府が補償　利潤の追求だけを目的とするのであれば，工場側は，汚染を回避するための費用を生産コストに含めようとはしない。自由競争において不利になるからである。住民への補償は税金，つまり市場の外部で負担することになる。

市場に反映　しかし，工場に排水の浄化装置を取り付けることを義務付ければ，公害は発生しない。そして，対策にかかった費用は工場で生産される製品の価格に上乗せされ，製品の購入者が負担することになる。このように，**環境負荷に対するコストを市場価格に反映させることを，「外部不経済の内部化」**という。

解説 **市場の働きは万能ではない**　自由な経済活動のもとでは，自動調節機能によって適正な価格が決まり，資源の最適配分がなされる（○p.171）。しかし，自由な市場の働きに委ねていてはうまくいかない場合もある。このような市場の欠陥・限界を**市場の失敗**という。このような場合には，規制や公共投資などの手段を用いて政府が介入する必要がある。（**財政政策**，○p.180 6）

しかし，政府が市場に介入することで，逆に市場の働きを阻害してしまうおそれもある（**政府の失敗**）。例えば，無駄な道路建設や規制による国内産業の国際競争力の低下などである。近年では規制緩和や民営化によって，これまで政府の役割とされてきた分野においても市場原理を導入しようとする動きもみられる。

探究へのSTEP

救急車は無料で利用することができるが，緊急時以外に利用する事例が発生し，本当に必要な人を助けられないことがおきている。これを解決するために，救急車を有料化すべきかな？

視点　救急車を利用したい人，医療関係者（医師・看護師など）の立場に立って考えよう。

公正　幸福　効率　正義

わかりやすい 経済講座 価格はどう決まるの?

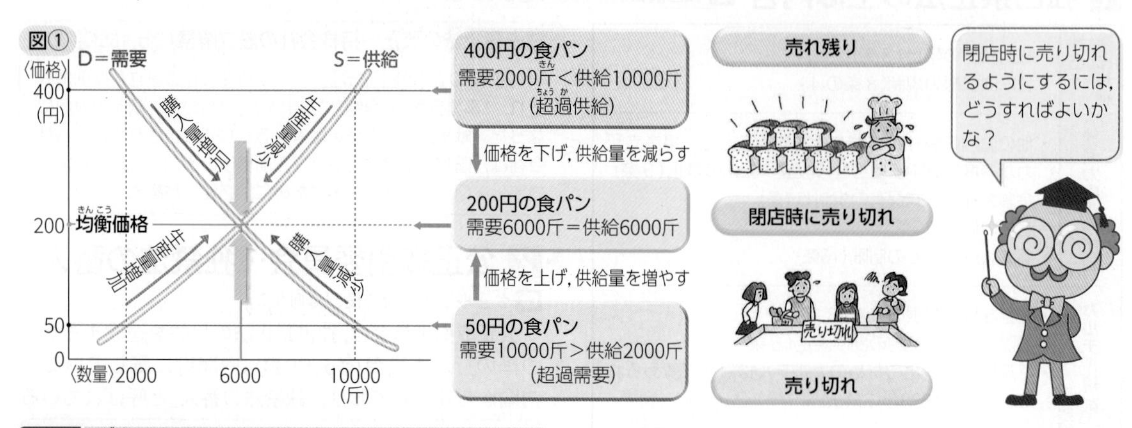

A 前提

自由競争　ある1つの商品を考えた場合，その需要者(買い手)と供給者(売り手)が，その商品の価格の変化に対して，どう行動するかをグラフ上に表したものが，**需要曲線**と**供給曲線**である。ここでは，人間が経済的に合理的に行動する「**経済人**」であること，また，需要者も供給者も多数存在する市場，すなわち「**自由競争市場**」であること，この2つを前提とする。

B 価格の動きに対する需要者(買い手)の行動

価格が下がると多く買う　大部分の需要者は，食パンの価格が400円だった場合，高いから買い控え，全体で2000斤の需要にとどまるだろう。逆に，価格が50円になった場合，安いから，全体で10000斤の需要があるだろう。安いから多くの需要者が食パンを買うだろうと考えられるからである。

需要曲線　このように，ある商品の価格の高低によって需要量は増減し，これを，縦軸を価格，横軸を数量としたグラフで示すと，図①のDのように右下がりの曲線になると考えられている。これを**需要曲線**という。

C 価格の動きに対する供給者(売り手)の行動

価格が上がると多く売る　一方，多くの供給者は，扱っている食パンの価格が高ければ，生産・販売を増やして，売り上げや利益を伸ばそうと考え，食パンの価格が400円の時には，全体で供給は10000斤にもなるだろう。逆に，価格が安ければ，多くの供給者はもうからないから，供給を減らし，食パンが50円の時には，全体で供給は2000斤に落ち込むだろう。

供給曲線　これをグラフで示すと，図①のSのように右上がりの曲線になると考えられている。これを**供給曲線**という。

D 価格はどのように決まるのか

売れ残ると価格を下げ，供給を減らす　図①を例にすると，食パンの価格が400円だった場合，需要量が2000斤だったのに対し，供給量は10000斤もあった。この8000斤もの供給過剰の状態は，価格の低下をもたらすはずである。

売り切れると価格を上げ，供給を増やす　また，食パンの価格が50円だった場合，10000斤の需要に対し，供給量は2000斤で，8000斤もの供給不足である。この場合，少々価格は高くても買い手はすぐ見つかるだろう。価格は上がり，価格の上昇に伴って，食パンの供給量は増加し，需要量は減少していくことになるだろう。

均衡価格　このようにして，結局，価格は需要曲線と供給曲線の交わる価格，200円に落ち着くことになる。これを**均衡価格**という。

需要＜供給	→	価格下落	→需要＝供給	均衡価格
需要＞供給	→	価格上昇		

価格が需要と供給を調整　ここで重要なことは，価格の動きによって需要量と供給量が調整され，均衡価格において需要量と供給量が一致することである。図①の場合，食パンの価格が200円の時，需要量・供給量のいずれも6000斤となるわけである。

E 商品の種類によって曲線は変わる

商品の種類によって需要・供給曲線も特異なものとなる。

供給曲線について，土地やコンサートのチケットのように供給に限りのあるものについては，図②のS1のように垂直，もしくは垂直に近いものになる。逆に水のように供給に余裕のあるものは，S2のように水平に近いものになる。

また，需要曲線についても，生活必需品は価格の高低の影響をあまり受けず，曲線の傾きはD1のように急なものになり，逆にぜいたく品は価格の影響を受けやすく，D2のように曲線の傾きはゆるやかなものになる。

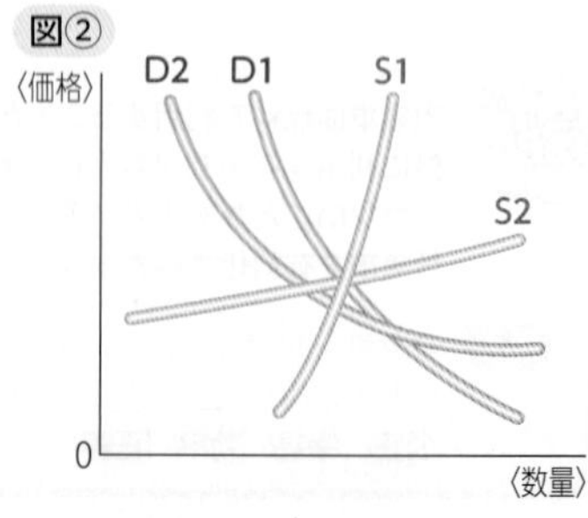

入試のツボ　どのような時に需要・供給曲線がどう移動するか，おさえておこう。例えば，商品に対する購買意欲が高まった時に，他の条件に変化がない場合，まず初めに需要曲線が右へシフトする。(➡F)

F 曲線の移動

条件の変化は需要・供給曲線をシフト(移動)させる。

❶ 需要曲線の移動

一般的に**所得が上昇**した場合，価格が同じでもより多く買うようになるので，需要曲線は**図③**のようにDからD3へ(右へ)シフトする。また，需要者に**人気のある商品**の需要曲線も右へシフトする。さらに，テレビなどで紹介された商品や，栄誉ある賞を受賞した書籍やCDなどの需要曲線も，一時的には右へ大きくシフトするはずである。

これとは逆に，需要曲線がDからD4へ(左へ)シフトすることがある。新製品の登場などによって**人気がなくなった商品**，例えば，フィルム式のカメラは，デジタルカメラが登場し，その機能が充実していくのに伴って需要が減り，その需要曲線を大きく左へシフトさせたはずである。このような商品は，やがて市場から姿を消すことになるかもしれない。この場合，需要曲線そのものがグラフの左側へ消え去ってしまったと考えることができる。

❷ 供給曲線の移動

一般的に，**豊作**の場合は供給量が増えるので，供給曲線は**図④**のようにSからS3へ(右へ)シフトする。また，**技術革新**によって生産効率が上がったり，原材料価格の低下，労働者の賃金が低下したりした場合も，**同じ費用でより多く作ることができるようになる**ため，供給曲線は右へシフトする。

これとは逆の場合に，供給曲線はSからS4へ(左へ)シフトする。つまり，**不作**の場合や，原材料価格の上昇，労働者賃金の上昇などによって，**生産費用が上がった場合**などである。また，**災害や戦争**などによって工場が被害を受けた場合も，商品の供給量が減少するため，左へシフトする。

関税(⊙p.290)，**間接税**(⊙p.181・182)など供給者への課税によって，政策的にある商品の価格が税金分高くなる場合には，供給曲線はSからS5へと上方シフトする。

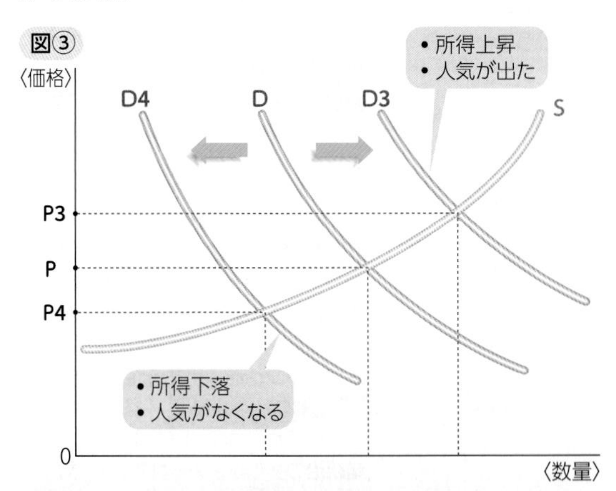

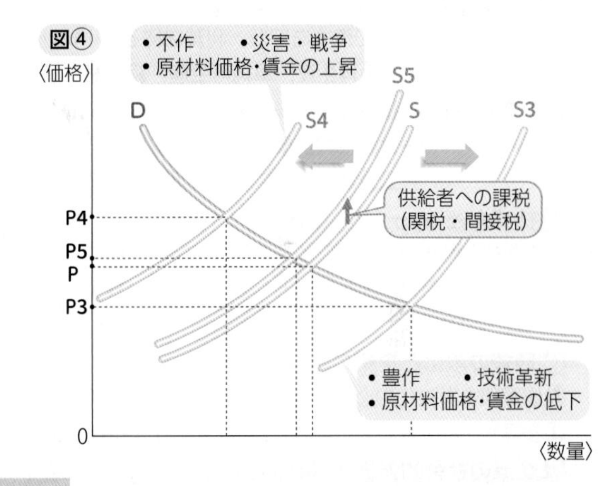

G 価格の自動調節機能

価格の自動調節機能　需要と供給によって価格が上下し，価格の動きによって需要量と供給量が調整されることを**価格の自動調節機能(市場機構，価格機構)**という。

資本主義経済においては，何をどれだけ生産するかは各企業の判断に任されており，その意味で無政府的生産が行われている。こうして資本主義経済は常に過剰生産の危険性をはらんでいるが，その危険性を回避するのが市場機構である。

この市場機構にはほかに見事な機能が備わっている。前に見たように，需要曲線が右へシフトするのは，需要者に人気のある商品，需要者がより必要とする商品の場合だが，これにより価格は**図③**の**P**から**P3**へ上昇する。価格の上昇は供給者の意欲を喚起し，供給曲線も右へシフトすることになる。また，需要曲線が左にシフトするのはこの逆であり，その商品はやがて市場から消滅してしまうかもしれない。

資源(原材料，土地，機械，労働力など)の最適配分
こうして，社会的に必要とされる商品を製造する企業(産業)は発展し，不要な企業(産業)は消滅していく。発展する産業で多くの労働者は働くことになるし，資源や資金も，こうした産業へ多く投入されることになる。このことによって一国の経済は発展する。アダム=スミスの言う通り，**個々人の利己心に基づく行動が，社会全体の利益を促進することになるのである。**ただし，アダム=スミスは無条件に利益追求が是認されるのではなく，正義の法を守ること(フェア・プレイ)を条件とした。

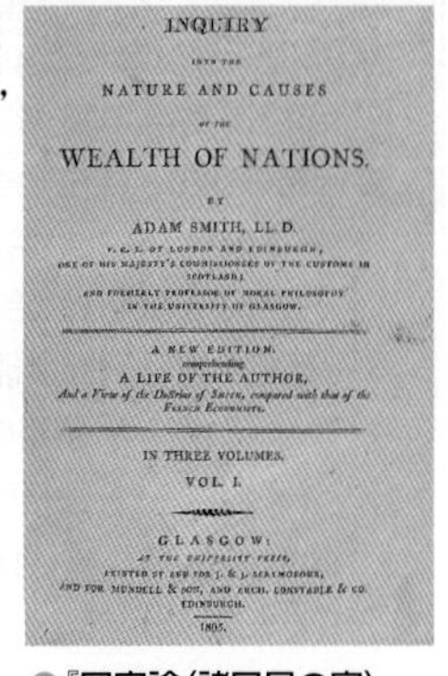
INQUIRY
INTO THE
NATURE AND CAUSES
OF THE
WEALTH OF NATIONS.
BY
ADAM SMITH, LL.D.
A NEW EDITION.
A LIFE OF THE AUTHOR.
IN THREE VOLUMES.
VOL. I.
GLASGOW:

⊙『国富論(諸国民の富)』
(アダム=スミス ⊙p.158)

ポイント整理 9

学習コンテンツ

1 経済社会の変容

A 資本主義経済と社会主義経済の変容 (➲p.158～160)

①**資本主義**　自由放任主義（アダム＝スミス）➡失業・景気変動（←世界恐慌）➡**修正資本主義**（ケインズ）➡財政赤字（←石油危機）➡**新自由主義**（フリードマン）

↑批判

②**社会主義**　**社会主義思想**（マルクス）➡経済の停滞➡計画経済の放棄

B 資本主義経済と社会主義経済 (➲p.159)

資本主義経済		社会主義経済
生産手段の私有，自由競争	**生　産**	**生産手段の公有（国有化），計画経済**
需要と供給の関係で決定	**価　格**	国家が決定
所得格差が大きい	**所得分配**	所得格差が小さい

2 企業の働き

A 経済の循環 (➲p.161)

経済主体
- **家計**…企業に生産要素を供給し，賃金などを得て，**消費・貯蓄**を行う
- **企業**…財・サービスを**生産・販売**し，利潤を得る
- **政府**…**財政活動**を通して，家計・企業の経済活動の調整を行う

B 企業のしくみ (➲p.161)

①**資本の循環**…企業が資本をもとに生産手段と労働力を購入➡商品を生産・販売して資本を回収，利潤を得る➡再び生産活動を行う
- **拡大再生産，単純再生産，縮小再生産**

②**企業の種類**
- **私企業**…………民間資本からなる。日本の企業の大部分を占める
- **公私合同企業**…公共と民間の両資本からなる
- **公企業**…………公共資本からなる

C 株式会社 (➲p.162～164)

株式会社…資本金を少額で多数の**株式**に分割…**所有（資本）と経営の分離**

利潤の一部を**配当**として受け取る…**株主**↑　↑**経営者**

株主総会──→選出

D 競争の激化と企業の変容 (➲p.165・166)

①国際競争力強化の必要性➡**持株会社**の設立，企業間の合併・買収（M&A）など

②**多国籍企業**…複数の国にまたがって，世界規模で生産・販売活動を行う企業

E 企業の社会的責任（CSR） (➲p.166)

①**企業統治（コーポレート・ガバナンス）**の強化…株主代表訴訟や社外取締役の増加，情報公開（ディスクロージャー）による透明性の確保など

②**企業の社会的責任**（CSR）…**コンプライアンス**（法令遵守），情報公開（ディスクロージャー），**メセナ**，**フィランソロピー**など，社会の一員としての責任

3 市場機構と政府の働き

A 価格と市場の独占 (➲p.167・168，170・171)

①**価格の変化**…自由競争市場では，価格は**需要**と**供給**の関係で決まる＝**市場価格**
- **需要**＜**供給**（供給過剰）➡価格下落➡需要増・供給減
- **需要**＞**供給**（供給不足）➡価格上昇➡需要減・供給増

→需給一致＝**均衡価格**
- **価格の自動調節機能**➡**資源の最適配分**

②**寡占・独占**
- →**価格の下方硬直性**
- →価格競争の低下──→**非価格競争**の激化

B 政府の役割 (➲p.169)

市場の失敗…公共財・寡占市場・**外部不経済**（公害等）・外部経済・所得分配の不平等など⬅政府による規制・介入（**独占禁止法**など）

ポイント解説

A 資本主義経済と社会主義経済の変容
市場原理にすべてを委ねた自由放任主義の欠点を解消するため，誕生したのが修正資本主義である。しかし，これも行政の肥大化や財政赤字を生んだ。その後登場したのが，政府の介入を否定する新自由主義で，1980年代のアメリカやイギリスで取り入れられた。一方，資本主義を批判する形で生まれた社会主義は，経済の行き詰まりから体制が崩壊し，相次いで市場経済を導入した。

B 資本主義経済と社会主義経済
資本主義経済の原則的特徴は，**生産手段の私有と自由競争**，社会主義経済は，**生産手段の公有（国有化）と計画経済**。

A 経済の循環　現代の経済は，**家計・企業・政府**の3つの**経済主体**からなる。経済主体は互いに密接に結びつき，経済活動を行う。

B 企業のしくみ　企業は，利潤を目的に生産活動を行い，得た利潤をもとに新たな設備投資を行って**拡大再生産**を実現しようとする。

C 株式会社　日本の私企業の代表は**株式会社**。企業の大規模化で，資本が多くの株主に分散し，株主は企業の経営に関わることが少なくなった（**所有と経営の分離**）。

D 競争の激化と企業の変容　国際競争力強化のため，**持株会社**が解禁され，**M&A**が加速した。近年は，一部の業務を他企業に委託する**アウトソーシング**を活用する企業もある。

E 企業の社会的責任　経営監視機能の低下や不祥事の多発を受け，**企業統治**の強化が求められている。また，企業は，利潤追求だけでなく，**社会的責任（CSR）**を果たす必要がある。

A 価格と市場の独占　**市場**とは，財・サービスの買い手（**需要**）と売り手（**供給**）が自由に売買を行う場所。**自由競争**の結果，価格は需給の一致する均衡価格に落ちつく。価格には，市場の需給関係を調節する**自動調節機能**があり，これを通じて社会全体の資源が最も効率的に配分される（**資源の最適配分**）。

一部の大企業に生産が集中するようになった**寡占市場**では，**管理価格**が形成されやすく，コストが下がっても価格が下がりにくくなる**価格の下方硬直性**が見られる。

B 政府の役割　**市場の失敗**（市場原理に委ねておいては解決されない問題）の解決には，政府の規制が必要。

△ **1週間分の食料**　物質的に豊かなことは「幸福」だろうか。

国富と国民所得

- 国富や国民所得とは何かを理解しよう。
- 国民所得の求め方を理解しよう。
- GDPの特徴と，問題点を理解しよう。

A 経済活動と豊かさ

社会資本
GDP

1 国富と国民所得　Q 国富とは何か？

投資
今年1年間の国富増加分
前年度までの国富
ストック
今年1年間の経済活動
今年1年間の国民所得（フロー）
貯蓄
消費

国富とは
土地
住宅・建物
建物以外の構築物
機械・設備
国内の実物資産（金融資産を除く）
＋
対外純資産

解説 **国民所得を生み出す国富**　一国内で，1年間の生産量や投資額，所得など，一定期間の経済活動によって新たに生み出されたものの量を**フロー**という。フローは，**国内総生産（GDP）**や**国民所得（NI）**などの指標によって表される。また，**国富**は**ストック**（ある一時点の蓄積高(ちくせきだか)）の指標で，国民所得などのフローを生み出す元本(がんぽん)でもある。これは，社会資本（➡2）を含(ふく)むので，その国の生産力や福祉(ふくし)水準の指標ともなる。

● 日本の国富の推移

	1970年	1990年	2020年
①非金融資産	294.8	3481.0	3309.2
⑴生産資産	120.9	1002.1	2056.2
・固定資産	98.1	891.9	1833.2
住宅	20.7	208.3	426.2
その他の建物・構築物	52.0	511.9	1166.2
機械・設備など	25.4	173.8	229.3
・知的財産生産物	—	8.9	153.5
・在庫	22.8	101.3	69.5
⑵非生産資産（自然資源）	173.9	2478.8	1253.0
・土地	163.0	2477.4	1246.0
宅地	127.1	2114.8	1066.5
耕地	28.1	196.0	40.1
②対外純資産	1.7	50.5	359.3
③国富合計（①＋②）*	296.5	3531.5	3668.5

＊四捨五入により，①・②の合計と一致しない場合がある。
単位：兆円　注：年によって計算の基準が異なる。（「国民経済計算」）

2 社会資本の国際比較　Q 社会資本とは何か？

❶ 1km²当たりの道路延長（2017年）

国	道路延長
フランス	2015m
日本	964
アメリカ	730
中国	508

注：日本は幅員5.5m以上。（「世界の統計」）

❷ 生徒1000人当たりの公立学校*数（2018年度）

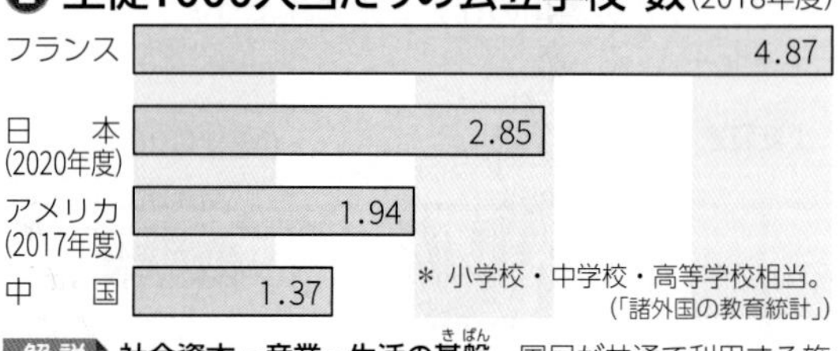

国	学校数
フランス	4.87
日本（2020年度）	2.85
アメリカ（2017年度）	1.94
中国	1.37

＊小学校・中学校・高等学校相当。（「諸外国の教育統計」）

解説 **社会資本＝産業・生活の基盤(きばん)**　国民が共通で利用する施設・設備を**社会資本**という。利益を追求する私企業では供給されないため，政府が整備する必要がある。社会資本は，**産業関連社会資本（生産関連社会資本）**（道路や港湾(こうわん)，鉄道など）と**生活関連社会資本**（公共住宅，上下水道，国公立病院，学校，公園など）に分けられる。日本では，高度経済成長期に産業関連社会資本の整備が優先され，生活関連社会資本は立ち遅れた。しかし，現在は整備が進められている。

3 各国のGDPと1人当たりのGDP

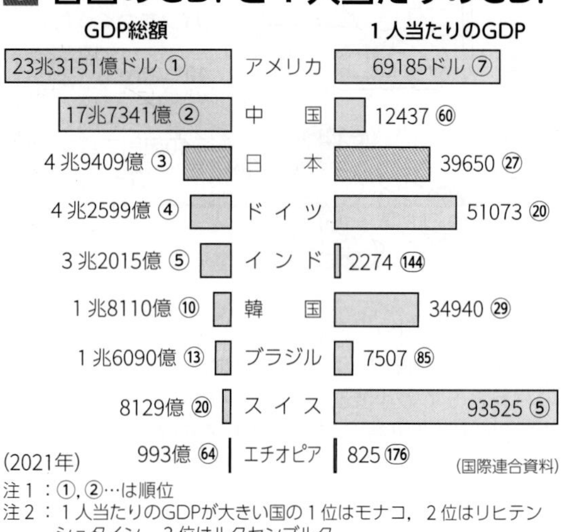

GDP総額	国	1人当たりのGDP
23兆3151億ドル ①	アメリカ	69185ドル ⑦
17兆7341億 ②	中国	12437 (60)
4兆9409億 ③	日本	39650 ㉗
4兆2599億 ④	ドイツ	51073 ⑳
3兆2015億 ⑤	インド	2274 (144)
1兆8110億 ⑩	韓国	34940 ㉙
1兆6090億 ⑬	ブラジル	7507 (85)
8129億 ⑳	スイス	93525 ⑤
993億 (64)	エチオピア	825 (176)

（2021年）　（国際連合資料）
注1：①，②…は順位
注2：1人当たりのGDPが大きい国の1位はモナコ，2位はリヒテンシュタイン，3位はルクセンブルク。

解説 **GDP＝豊かさの指標？**　戦後，日本のGDPは世界のトップレベルにまで成長した。また，1人当たりのGDPも大きい。しかし，GDPが大きい国がすなわち豊かな国なのだろうか。

経済

重要用語　230国内総生産（GDP）　231国民所得（NI）　233国富　234フロー　236社会資本

わかりやすい経済講座 国民所得はどのように求めるか?

A 国内総生産(GDP)

国内総生産(GDP)は，一国内で，通常1年間に新たに生産された生産物(財とサービス)の総額である。ここでいう生産物とは市場で売買される商品である。**市場で売買されるものはGDPに含まれ，そうでないものは含まれない。**

次の場合，GDPに含まれるかどうか考えてみよう。

(1)母がつくってくれた弁当をもって学校へ行く。
(2)手づくりのチョコレートを友達に贈った。

この場合，弁当もチョコレートもGDPには含まれないが，これらの材料はお金を出して市場で買ったものであり，GDPに含まれることになる。

また，市場で売買されるものであれば，公害対策費など，**本来ないほうが望ましいもの，好ましくないものでも**GDPに算入されることに注意しておこう。

次に，GDPの算出の仕方をみてみよう。

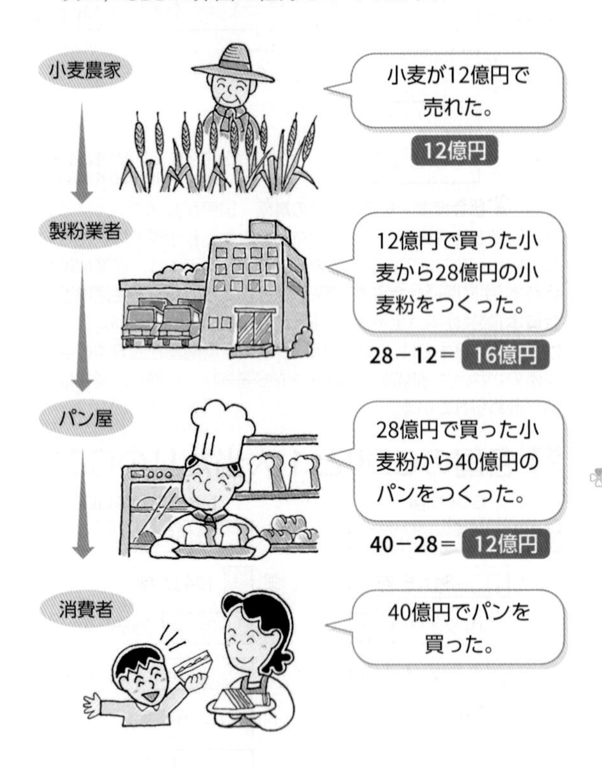

上の例を一国の生産のすべてとすると，GDPは12億円・16億円・12億円を合計した40億円となる。製粉業者の材料としての小麦12億円，パン屋の材料としての小麦粉28億円は重複して計算されるので，こうした**中間生産物**の価格は除かなければならないからである。したがって，GDPは最終生産物の総額でもあり，上の場合の最終生産物であるパンの40億円と一致する。

国内総生産＝国内の総生産額－中間生産物の総額
＝最終生産物の総額

B 国民総生産(GNP)

一国の国民が，通常1年間に生産した生産物の総額が国民総生産(GNP)である。海外で生産・販売活動を行う自国企業の売上はGNPに算入されるが，**GNPの増加は国内の経済活動が活発であることを意味しない。**

1980年代半ば以降に問題となった「**産業の空洞化**」(◯p.295)は，自国企業の海外進出，特に人件費が安く，製品コストの引き下げが可能な中国などアジア諸国への生産拠点の移転によって生じた。この場合，雇用の増大などによる活発な経済活動の恩恵を受けるのは移転先の国々であり，日本国内では工場が減少し，生産額は減少し，労働者は失業の危機にひんする。

こうした経済のグローバル化が進展する中で，近年GNPにかわってGDPが利用されることになった。

また，近年はGNPの概念を所得面から見た**GNI(国民総所得)**が使われることも多い。GNIは，国民全体の所得の合計を表したもので，GNP値と等しい。

国民総生産＝国内総生産＋海外からの純所得(海外からの所得－海外への所得)

C 国民純生産(NNP)

GNPは新たに生産された生産物の総額であったが，新たに生産された価値となると，GNPから**減価償却費(固定資本減耗費)**を除かなければならない。

次のように考えてみよう。企業は機械などの生産設備を使って商品の生産を行うが，機械は使うたびに，この価値を減らしていく。この機械の価値の減耗分(固定資本減耗分)は商品価格に含まれ，したがって売り上げに含まれている。実際，企業はこの減耗分を売り上げの中から差し引いて，銀行などに積み立てており，これを減価償却費という。やがて企業は，この積立金を使って，新しい機械を購入することになる。

GNPに含まれている機械の価値の減耗分(固定資本減耗分)，すなわち減価償却費を差し引くことによって，新たに生産された価値，すなわち付加価値(ここでは市場価格表示の付加価値)**であるNNPが算出されることになるわけである。**

国民純生産＝国民総生産－減価償却費(固定資本減耗分)

物価の変動を考慮することなく示されるGDPの変化率が，実質経済成長率である。 ○?×?(◯F) 答：×

D 国民所得(NI)

GNPもNNPも市場価格で計算されていた。しかし，新たに生産された価値という観点からすると，市場価格には問題がある。

まず，商品の中には，その価格に税金を含んでいるものがある。この税金を一般的に**間接税**(◎p.181)といい，酒税やタバコ税などがある。この税金分だけ商品価格は高くなり，NNPは，その分だけ増加することになる。

また，逆に商品価格が本来の価格より安く設定されているものもある。本来の価格に設定した場合，外国企業との競争に敗れてしまうようなときには，政府が**補助金**を出して，意図的に安い価格に設定するのである。この場合，NNPは，その分だけ減少することになる。

NNPから間接税を引き，補助金を加えることによって国民所得(NI)が算出される。ここにおいて初めて，純粋に新たに生産された価値(付加価値)の総額をみることができる。

国民所得＝国民純生産－間接税＋補助金

E 国民所得の三面等価

一国で生産された所得は，その生産に関わった人達に分配され，支出されることになる。

生産国民所得・分配国民所得・支出国民所得は，この所得の流れのそれぞれの内容をみるためのもので，その額は理論上同じである。このことを国民所得の**三面等価の原則**という。

❶ 国民所得の三面等価

単位：兆円

生産国民所得		分配国民所得		支出国民所得	
第１次産業	3.7	雇用者報酬	288.7	民間最終消費支出	294.0
第２次産業	87.5	財産所得	27.1	政府最終消費支出	117.7
第３次産業	274.1	企業所得	76.1	国内総資本形成	140.6
海外からの純所得	26.7			経常海外余剰	23.7
				固定資本減耗など	－184.2
合計	391.9兆円	合計	391.9兆円	合計	391.9兆円

注：名目，要素費用表示。四捨五入のため，合計は一致しない場合がある。(2021年)

(「国民経済計算年報」)

❷ 国民所得の組み立て

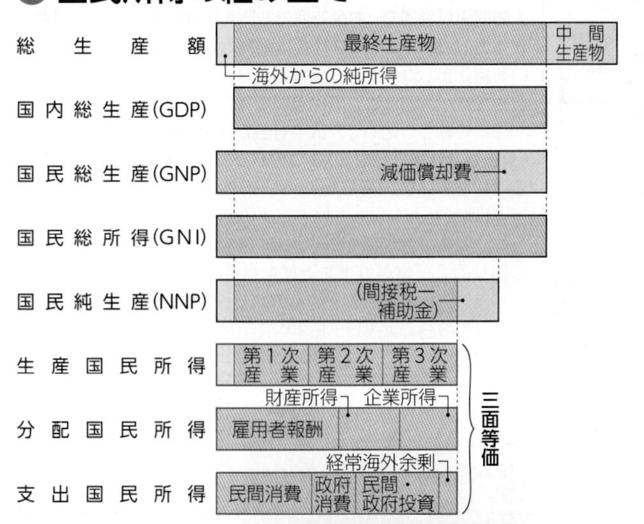

F 経済成長と経済成長率

経済成長とは経済活動の規模が拡大することであり，GDP(GNP，NI)が増加することである。**経済成長率は，このGDP(GNP，NI)の増加率である。**

次の場合，経済成長率はどれだけになるか考えてみよう。

ある年度のGDPが100兆円で，次の年度にそれが105兆円になった場合の経済成長率は？

答えは５％である。経済成長率を求める算式は次の通りである。

$$経済成長率＝\frac{本年度GDP－前年度GDP}{前年度GDP}\times 100$$

ところで，物価が上昇して，仮にその上昇率が５％であった場合，どうだろうか。この場合，物価の上昇が経済成長をつくり出したことになり，実質の経済成長率は０％である。

物価上昇率を考慮せずに単純に算出した経済成長率を名目経済成長率といい，**物価変動を考慮し，GDPデフレーター(物価指数)で修正した実質GDPを用いて算出した経済成長率を実質経済成長率**という。実質経済成長率を求める算式は，次のとおりである。

$$実質GDP＝\frac{名目GDP}{GDPデフレーター}\times 100$$

$$実質経済成長率＝\frac{本年度実質GDP－前年度実質GDP}{前年度実質GDP}\times 100$$

G 経済成長は豊かさをもたらすか？

これまでみてきたのは，生産活動によって生み出された所得，いわば稼ぎであり，**フロー**(流れ)である。これに対して，この所得(稼ぎ)などによって蓄積された成果(**ストック**)であるのが資産(**国富**)である(◎p.173)。

所得(フロー)が大きくなるのは良いことであるが，それだけでは真に経済的に豊かであるとはいえない。所得には，市場で売買されるものもあれば，本来ないほうが望ましいもの，好ましくないものが含まれていることに注意すべきである。

国富は住宅，工場，機械・設備などを含み，したがって，国民の生活基盤となるものであり，かつ生産基盤となるものである。その意味でストックが経済的豊かさを決定するカギになるといえる。

重要用語　229国民総生産(GNP)　230国内総生産(GDP)　231国民所得(NI)　232三面等価の原則　233国富　234フロー　235経済成長率　253間接税

B 豊かさとは

1 豊かさとGDP

Q GDPは何を示す指標か？

ここに，平穏無事で，公衆衛生もゆきとどいた社会があるとします。ただ不幸にして少数の失業者があると仮定します。

この社会には，夏になっても蚊が一匹もいません。そこで何人かの失業者たちは，ある日，相談のすえ一案を練りました。どこかの国から蚊を輸入してきて，それを繁殖させ，同時に，蚊取り線香をつくって売ろうというのです。

この案は，すべてがうまくゆき，その社会では，いままではいなかった蚊に悩まされることになりましたが，蚊取り線香の生産は新たに生じ，失業者もなくなり国民所得はふえました。

さて，これを経済的福祉の向上といえるでしょうか。もちろん，いえそうもありません。

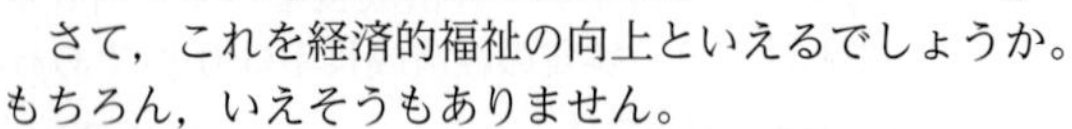

(都留重人『経済学はむずかしくない』講談社)

GDPが大きい国ほど，その国の人々の幸福度も高くなるのかな？

視点 GDPの問題点に着目して考えよう。
自分自身や社会にとって，「幸福」とは何か考えよう。
幸福

EYE 「世界で一番貧しい大統領」

簡素な生き方 大統領公邸ではなく，郊外の質素な自宅に住み，大統領としての給料の9割を貧しい人のために寄付。常にノーネクタイで，友人から贈られた中古車で出かけ，食堂で一般の人々と共に昼食をとる。南米のウルグアイのホセ・ムヒカ元大統領(任2010～15年)は，「世界で一番貧しい大統領」と呼ばれ，多くの国民に慕われた。

「貧しさ」とは？ **「貧しい人とは，限りない欲をもち，いくらあっても満足しない人のこと」**と彼は言う。生きていくには，働いて収入を得なければならないが，多くを望まず，好きなことを自由にできる簡素な生き方こそが幸せであるという彼のメッセージは，世界中の人々から注目されている。

▲運転するムヒカ元大統領

わたしは，自分を貧しいとは思っていない。いまあるもので満足しているだけなんだ。わたしが質素でいるのは，自由でいたいからなんだ。お金のかかる生活を維持するために働くより，自由を楽しむ時間がほしいんだ。

(くさばよしみ『世界でいちばん貧しい大統領からきみへ』汐文社)

◀**ムヒカ元大統領**(1935～) 2012年の国連持続可能な開発会議(リオ+20)で，現代の大量消費社会を批判し，持続可能な発展のために簡素な生き方に変えるべきとスピーチした。

2 豊かな暮らしとは

● よりよい暮らし指標

注：暮らしの11の分野について，各国を計測・比較する指標。

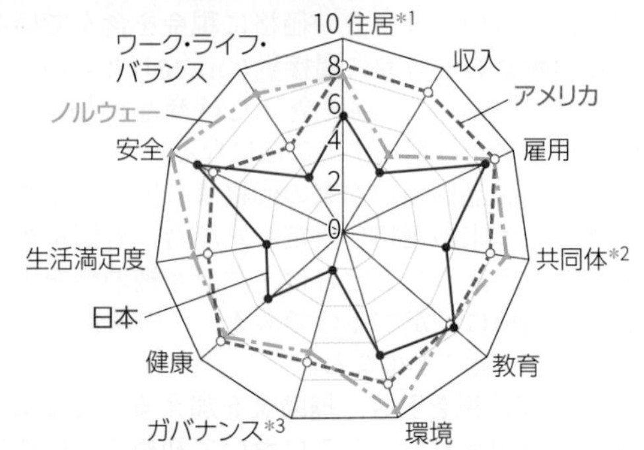

*1 1人当たりの部屋の数，水洗トイレの整備率等
*2 困ったときに頼れる親戚・友人がいると回答した人の割合
*3 投票率，立法過程の透明性

(OECD「Better Life Index 2020年版」)

GDPから環境破壊による経済的損失などを差し引いた**グリーンGDP**，国の発展度合いを人間中心の数値で表す**人間開発指数(HDI)** (➡p.306)などの指標もある。これらは豊かさを測る指標になりうるかな？

この人に聞く

株式会社 風と土と 代表取締役
阿部裕志さん

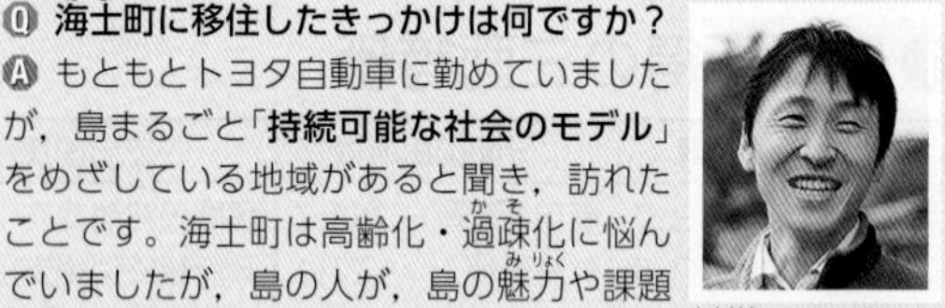

Q 海士町に移住したきっかけは何ですか？

A もともとトヨタ自動車に勤めていましたが，島まるごと「**持続可能な社会のモデル**」をめざしている地域があると聞き，訪れたことです。海士町は高齢化・過疎化に悩んでいましたが，島の人が，島の魅力や課題を熱心に語り，どうすれば島が良くなるかを真剣に議論していました。そういう人たちに出会って，「まちの人と一緒に，みんなが幸せに生きていける社会を作りたい」と思ったんです。今は，島内で起業し，島の課題解決に向けたプロジェクトの企画・運営などを行う地域づくり事業や，企業などに対する研修を行う人材育成事業，出版事業を行っています。

Q 阿部さんが考える「幸せな社会」とは？

A 学生時代，自転車で国内外を旅してきました。その中で，**人間関係が希薄で，お金で何でも買えるけれど，人として「生きる力」が弱い…そんな社会は限界なんじゃないか**という思いを抱きました。でも，海士町には，思いやりのある支え合う生き方が大切にされているんです。

ここで暮らし始めて，**人や社会が持続可能であるためには，「暮らし」「仕事」「稼ぎ」の3つのバランスが大切**だと考えるようになりました。「暮らし」とは，自然とともに生きる力。「仕事」は地域社会を作っていくための活動。昔の農村社会のように，将来の世代のために地域に貢献することです。「稼ぎ」は周りの人が喜ぶ成果を上げながら必要な対価を得る労働。人と自然，人と人，人と労働のバランスがとれた新しい生き方を，この島で実践し，日本中に広めていきたいです。

◀**島の生き方を学ぶ研修「海士五感塾」** 漁師や農家の方たちから海士町の取り組みやそれに対する思いを学ぶ。

映画「鬼滅の刃　無限列車編」(2020年10月)　「鬼滅の刃」の経済波及効果は2000億円以上ともいわれる。

景気変動と物価

ねらい
- 景気とは何かを理解しよう。
- 景気変動が国民生活に与える影響を理解しよう。
- 景気を安定させるための，政府や日本銀行の役割を理解しよう。

A 景気の循環と対策

景気変動
インフレとデフレ

1 日本の景気動向指数

Q 景気は，どのように変化するか？

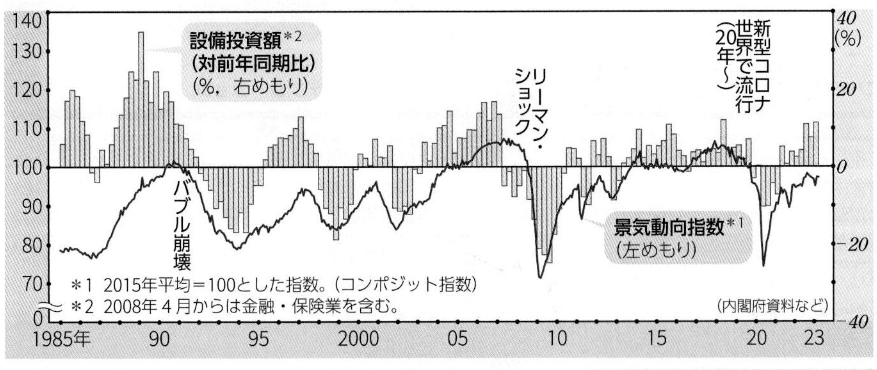

解説 **景気は循環する**　グラフをみると，日本経済は**好況**(好景気)と**不況**(不景気)を繰り返していることがわかる。これは**資本主義経済**の一般的な特徴ともいえる。

景気動向指数　東証株価指数や有効求人倍率，家計の消費支出，失業率など，景気に敏感に反応する指標の動きを統合して，景気変動を測る指標。目的・作成方法の異なる次の2つがある。

コンポジット指数(CI)	ディフュージョン指数(DI)
景気変動のスピードや強さを示す。景気拡張期は上昇，後退期は下降。	景気変動の各経済部門への波及度を示す。景気拡張期は50%を上回り，後退期は下回る。

2 景気変動と政府・日本銀行の役割

Q 各局面で経済活動と景気対策はどのように変化するか？

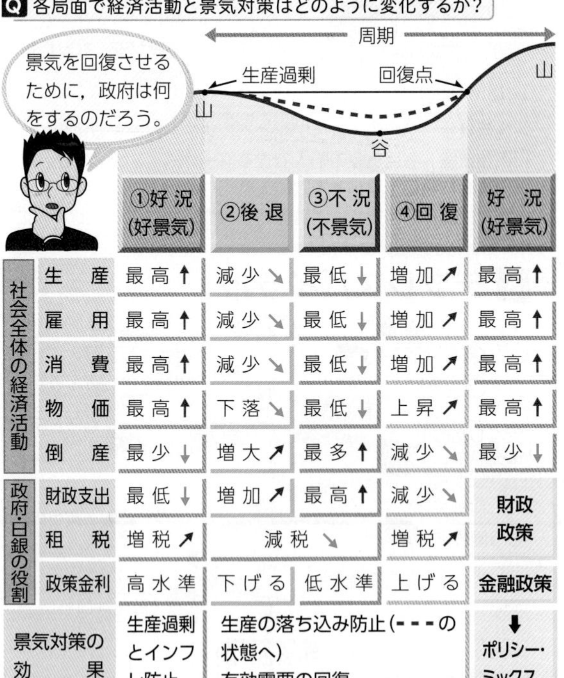

		①好況(好景気)	②後退	③不況(不景気)	④回復	好況(好景気)
社会全体の経済活動	生産	最高↑	減少↘	最低↓	増加↗	最高↑
	雇用	最高↑	減少↘	最低↓	増加↗	最高↑
	消費	最高↑	減少↘	最低↓	増加↗	最高↑
	物価	最高↑	下落↘	最低↓	上昇↗	最高↑
	倒産	最少↓	増大↗	最多↑	減少↘	最少↓
政府・日銀の役割	財政支出	最低↓	増加↗	最高↑	減少↘	財政政策
	租税	増税↗	減税↘		増税↗	
	政策金利	高水準	下げる	低水準	上げる	金融政策
景気対策の効果		生産過剰とインフレ防止	生産の落ち込み防止(---の状態へ) 有効需要の回復			↓ ポリシー・ミックス

解説 **繰り返す景気変動**　資本主義経済の特徴である景気変動(景気循環)は，**好況→後退→不況→回復**の4局面からなる周期で変動する。こうした景気変動は，一般に自由競争のもとで無計画に生産が行われ，供給が需要(有効需要)を上回り，売れ残りが発生するために起こるといわれる。

このような景気変動の波を抑えるために，政府・日本銀行は財政政策(➡p.180 6)と金融政策(➡p.186)を組み合わせ，経済目標を実現させる。こうした経済政策を**ポリシー・ミックス**という。

●シュンペーター (1883～1950)

人物 オーストリア出身の経済学者
主著 『経済発展の理論』(1912年)
『景気循環論』(1939年)など
思想 画期的な新技術や新しい組織・経営など，従来とは異なる新しい方法で経済活動を行う**イノベーション**は，経済を発展させる原動力であり，これにより資本主義は発展する。しかし，経済の発展に伴い，イノベーションを創造する資本主義精神は衰え，やがて資本主義は崩壊すると考えた。また，イノベーションは，古いものを破壊して新しいものをつくり出す「**創造的破壊**」を引き起こし，これを繰り返すことによって**景気変動**(**コンドラチェフの波** ➡3)をもたらすと主張した。

3 景気変動の周期と要因

キチンの波(約40か月)	企業の在庫の増減から生じる。(在庫循環)
ジュグラーの波(約10年)	設備更新のための投資が集中することにより生じる。(**設備投資循環**)
クズネッツの波(約20年)	住宅など建造物の建て替えが集中することにより生じる。(建築循環)
コンドラチェフの波(約50年)	**技術革新**(**イノベーション**)をはじめ，金産出，戦争などが要因となって生じる。

解説 **4つの周期**　景気変動(景気循環)には4つの周期があるが，ジュグラーの波が景気循環の基本的な形態である。

重要用語 195資本主義経済　237景気変動(景気循環)　238好況(好景気)　239不況(不景気)　240技術革新(イノベーション)　241物価　242インフレーション

B 物価の変動

1 インフレーション(インフレ)

要因

コスト・プッシュ・インフレ	ディマンド・プル・インフレ
供給側の要因によるインフレ ・人件費や材料費などのコスト増加分を価格に転嫁(てんか)	**需要側の要因によるインフレ** ・財政支出の拡大 ・過度の金融緩和(かんわ)政策 ・輸出増大による通貨量の増大，国内の商品不足

需要(お金の量) ＞ 供給(商品の量)

物価が継続的に上昇して，お金の価値が下がる。
＝インフレーション

暮らしへの影響

所得	・名目賃金は上昇するが，それ以上に物価が上昇した場合，実質的に賃金は減少。 ・年金生活者などの定額所得者にとっては物価上昇の影響が大きく，生活が苦しくなる。
資産	・お金の価値が下がり，預貯金などは実質的に減少。 ・借金の負担が実質的に軽くなる。 ・土地などの不動産に投機し，利益を上げる場合もある。
消費	・お金より物の価値が相対的に上がるため，一時的に消費が増えるが，一般家庭では所得・資産の目減(めべ)りが激しいため，長期的には消費を抑(おさ)え，確実な預貯金を増やす。

貯金していたのに，ゲームの値段が上がって買えない！

解説 **景気と物価の変動**　一般的に，好況時は**インフレ**が発生するが，不況時にインフレが進行する場合もあり，これを**スタグフレーション**という。通常，適度に景気がよく，正常な経済状態の下(もと)では，物価は年に２～３％上昇する。物価の変化をみる指標(しひょう)には，消費者が購入する商品の価格変動を示す**消費者物価指数**や，企業間で取り引きされる商品の価格変動を示す**企業物価指数**などがある。

2 インフレの速度による分類

注：年率100%の場合，１年で物価は２倍になる。

クリーピングインフレ(しのびよるインフレ)　年率４～５％程度の，じりじりと物価が上がり続ける状態。第二次世界大戦後の欧米で見られた。

ギャロッピングインフレ(駆(か)け足のインフレ)　年率10%を超(こ)える物価上昇。1970年代の日本の「狂乱物価」(➲p.194 C)など。

ハイパーインフレ　物価が短期間に暴騰(ぼうとう)する状態。戦争や政治的混乱などで莫大(ばくだい)な財政赤字が発生し，紙幣(しへい)を増発すると起こる。第一次世界大戦後のドイツ，第二次世界大戦後の日本，2008年頃のアフリカのジンバブエなど。

▶札束で遊ぶ子ども(ドイツ)
第一次世界大戦後，英仏への賠償(ばいしょう)金支払いのために，紙幣を大量発行。1914年に１kg0.32マルクだったライ麦パンが，1923年には3990億マルクになった。

3 デフレーション(デフレ)

要因

・不況による需要不足
・安い製品の大量輸入
・円高による輸入原材料の低下
・企業間競争の激化
・技術革新による生産効率の上昇

需要(お金の量) ＜ 供給(商品の量)

物価が継続的に下落して，お金の価値が上がる。
＝デフレーション

暮らしへの影響

所得	・実質賃金は増加するが，企業の収益が悪化するため，名目賃金は減少。 ・年金生活者などの定額所得者生活水準が上昇する。
資産	・お金の価値が上がり，預貯金などが実質的に増加。 ・借金の負担が実質的に重くなる。
消費	・デフレが続くと，将来的な値下がりを期待して消費を控(ひか)える。 ・実質金利が上昇するため，住宅などの購入や企業の設備投資が減少する。

欲しかったゲーム，値段が安くなったから買おうかな。

名目賃金　○○円のように額面で表すことができる賃金。
実質賃金　名目賃金で購入できる財・サービスの大きさ。名目賃金に物価上昇率を考慮に入れたもの。
実質賃金＝名目賃金÷消費者物価指数

4 デフレスパイラル

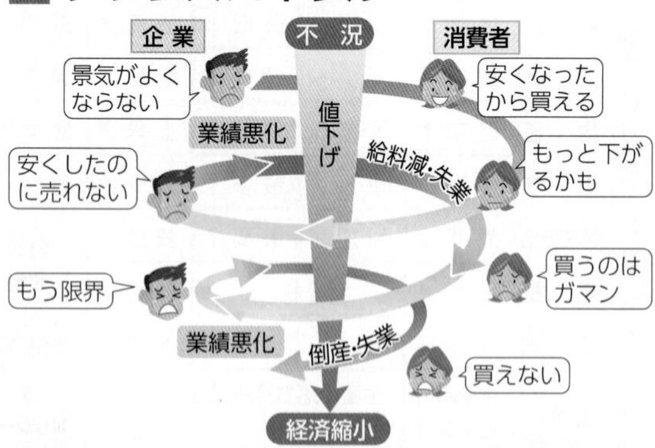

解説 **負の連鎖**　物価の下落と経済の縮小の悪循環を**デフレスパイラル**という。バブル崩壊(ほうかい)後の日本はこの状態に陥(おちい)った。

▶880円の激安ジーンズ
1990年代後半から，日本ではモノやサービスの価格が下がり，値下げをしてもモノ・サービスが売れにくい状態が続いた。

重要用語　238好況(好景気)　239不況(不景気)　241物価　242インフレーション　243デフレーション　244スタグフレーション

DEPT WATCH 日本の借金時計 日本の借金 1120兆7780億9913万円

△日本の借金時計　国と地方の長期債務残高を示したもの。
https://www.takarabe-hrj.co.jp/debtwatch

財政の役割

6

ねらい
- 租税のしくみと役割を理解しよう。
- 市場経済における政府の役割を理解しよう。
- 日本の財政の課題を理解しよう。

p.226 探究 今後の社会保障制度のあり方を考える

A 財政のしくみ

1 財政のしくみ

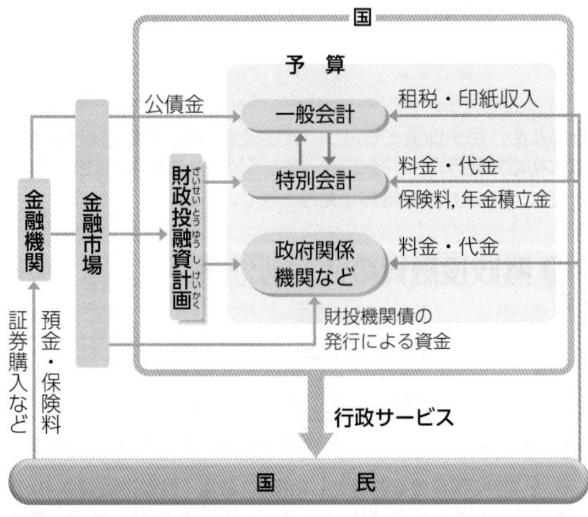

解説 **政府の経済活動**　**財政**とは，国民の税金・保険料などを財源に，国民生活に必要なサービスを行う国・地方公共団体の経済活動のこと。国の財政収支の見積もり（予算）は，通常の活動のための**一般会計**，特定の事業・資金運用のための**特別会計**，**政府関係機関予算**の３つを基本とし，いずれも**国会の議決が必要**である。

2 財政の機能

①資源配分の調整	利潤追求を目的とする民間企業によっては，外交・国防・司法・警察・教育・道路・港湾などの公共的な財・サービス（**公共財**）は十分に供給されない。こうした公共財を政府が供給することで，適切な資源配分を実現する機能をいう。 
②所得の再分配	自由競争で生じる所得格差を是正する機能をいう。歳入面では**累進課税**（p.182）により高所得者に高い税負担を求め，相続税を課すことにより資産の再分配も行う。歳出面では低所得者を**社会保障**を通じて保護することによって行われる。 
③景気の安定化	自動的に景気を安定させる機能である**自動安定化装置（ビルト・イン・スタビライザー）**と，政府がその時の経済状況に応じて意図的に景気を安定させる機能である**裁量的財政政策（フィスカル・ポリシー）**の２通りの手段を通じて行われる。（p.180 6） 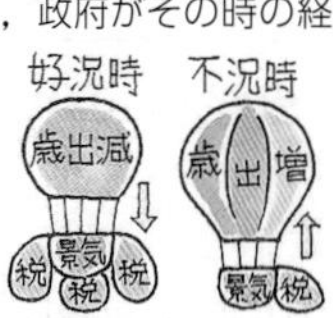

3 一般会計の歳入・歳出

Q 歳入・歳出の特色は何か？

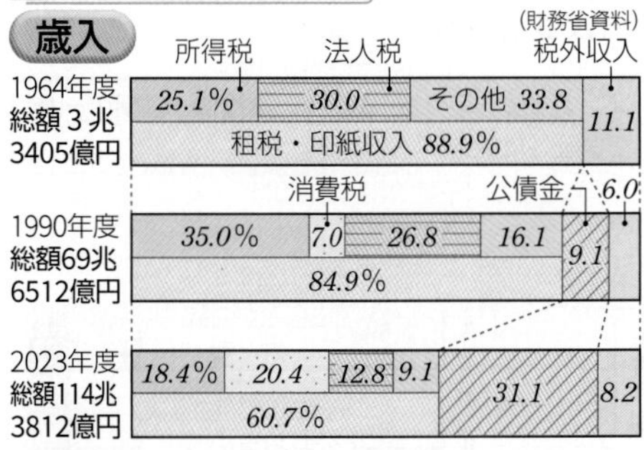

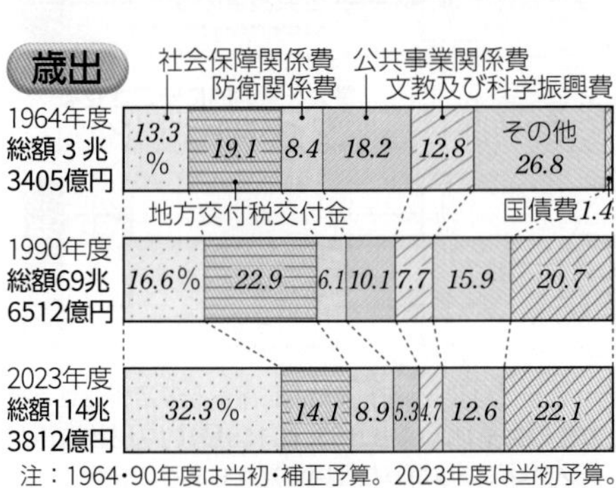

注：1964・90年度は当初・補正予算。2023年度は当初予算。

2023年度予算を一般家庭に例えると…

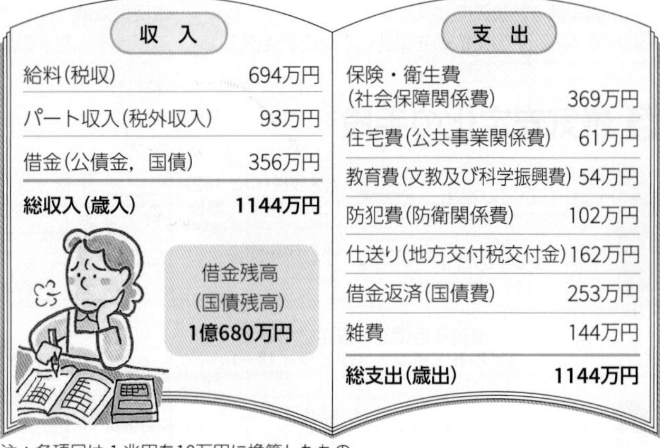

収入	
給料（税収）	694万円
パート収入（税外収入）	93万円
借金（公債金，国債）	356万円
総収入（歳入）	**1144万円**

支出	
保険・衛生費（社会保障関係費）	369万円
住宅費（公共事業関係費）	61万円
教育費（文教及び科学振興費）	54万円
防犯費（防衛関係費）	102万円
仕送り（地方交付税交付金）	162万円
借金返済（国債費）	253万円
雑費	144万円
総支出（歳出）	**1144万円**

注：各項目は１兆円を10万円に換算したもの。
四捨五入のため，合計が総額に一致しない場合がある。　（財務省資料）

解説 **増加する国債の発行と社会保障関係費**　一般会計予算の歳入は主に租税によって成り立っているが，近年，**国債**（国の借金 p.183）の発行による公債金への依存度が高まっている。歳出については，急速な高齢化に対応するための社会保障関係費の割合が高い。また，国債費（国債の返済費）の割合も高く，政策経費として使える割合が減少し，財政を圧迫している。

重要用語　245財政　246資源配分の調整　247所得の再分配　248景気の安定化　249自動安定化装置（ビルト・イン・スタビライザー）　250裁量的財政政策（フィスカル・ポリシー）　251財政投融資　258国債

Q 国債の発行について，財政法ではどのように定められているか？

＊かつての特例法は１年限りの赤字国債発行を定めるもので，毎年国会で審議が行われていた。しかし，2012年以降，複数年度にわたる赤字国債発行を可能にする特例法が成立している。

4 財政法（抄）［公　布　1947（昭22）.3　最終改正　2021（令3）.5］

第１条〔目的〕 国の予算その他財政の基本に関しては，この法律の定めるところによる。

第４条〔歳出財源の制限〕 国の歳出は，公債又は借入金以外の歳入を以て，その財源としなければならない。但し，公共事業費，出資金及び貸付金の財源については，国会の議決を経た金額の範囲内で，公債を発行し又は借入金をなすことができる。

第５条〔公債発行・借入金の制限〕 すべて，公債の発行については，日本銀行にこれを引き受けさせ，又，借入金の借入については，日本銀行からこれを借り入れてはならない。但し，特別の事由がある場合において，国会の議決を経た金額の範囲内では，この限りでない。

第14条〔歳入歳出予算〕 歳入歳出は，すべて，これを予算に編入しなければならない。

建設公債の原則　建設公債は社会資本整備などの公共事業費の財源として発行されるもので，資産となって次世代に残るため，財政法で発行が認められている。一方，**赤字国債**は一般会計予算の赤字を補うためのもので，次世代に負担を残すため，財政法で発行が禁止されている。

公債の市中消化の原則　日銀引き受けによる公債発行を禁止し，個人や一般金融機関が公債を買い取る形で発行するという原則。公債を日銀が買い取ると，政府の求めに応じて際限なく紙幣が発行され，インフレを引き起こす可能性がある。
（例）戦後，日銀引き受けの復金債発行により，ハイパーインフレが発生（◯p.178 2，p.192 A 2）

解説 **財政の基本原則を規定**　財政法は国の予算や財政の基本原則に関する法律である。第４条の建設公債の原則に従えば，赤字国債は発行できないが，特例法＊を定めれば発行することができるため，**特例国債**ともいう。赤字国債（特例国債）は，**1965年度に初めて発行**され，その後，歳入不足のため**1975～1989年度までと，1994年度以降毎年発行**されている。

5 財政投融資のしくみ

Q 財政投融資の目的は何か？

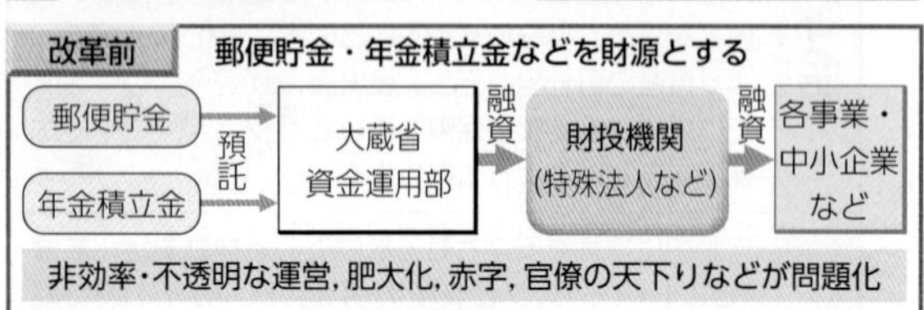

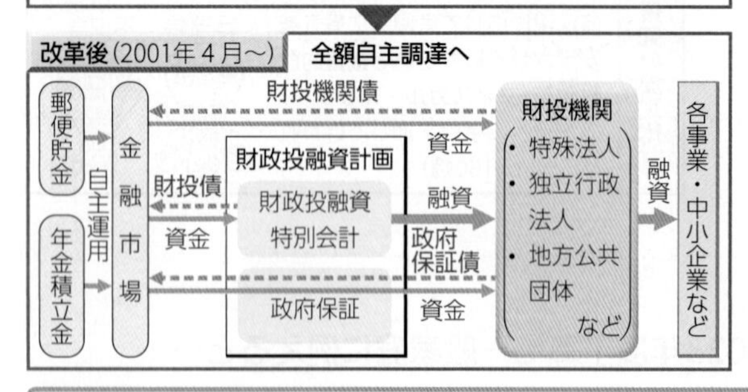

財投機関債　財投機関が発行する債券のうち，政府が元本・利子の支払いを保証していない債券。

政府保証債　財投機関が発行する債券のうち，政府が元本・利子の支払いを保証した債券。

財投債　国債の一種。

● 財政投融資の使途別分類

（財務省資料）

総額 16.3兆円（2023年度）

中小零細企業	海外投融資等	社会資本	産業・イノベーション	農林水産業	教育	住宅	その他
5.0兆円（*30.6*％）	3.5（*21.8*）	2.9（*18.0*）	1.1（*6.5*）	0.8（*4.9*）	0.8（*4.9*）	0.8（*4.7*）	1.4（*8.6*）

解説 **財政資金を財源とした投資・融資**　**財政投融資**は，社会資本整備や中小企業・農林水産業への支援のように，民間企業では困難な長期・大規模な事業を行うための資金を投資・融資する公的な金融制度。特殊法人や政府関係機関などの財投機関を通じて国の政策を実現する目的があり，「**第二の予算**」と呼ばれる。

かつては，**郵便貯金**や**年金積立金**などの公的資金が自動的に流入するしくみであり，運営が非効率・不透明だった。さらに官僚の特殊法人への**天下り**（◯p.121 5）などが批判され，2000年代に改革が行われた。現在は，財投機関が発行する**財投機関債**や**政府保証債**と，国の特別会計で発行する**財投債**によって資金調達するしくみである。

6 景気安定化の手段

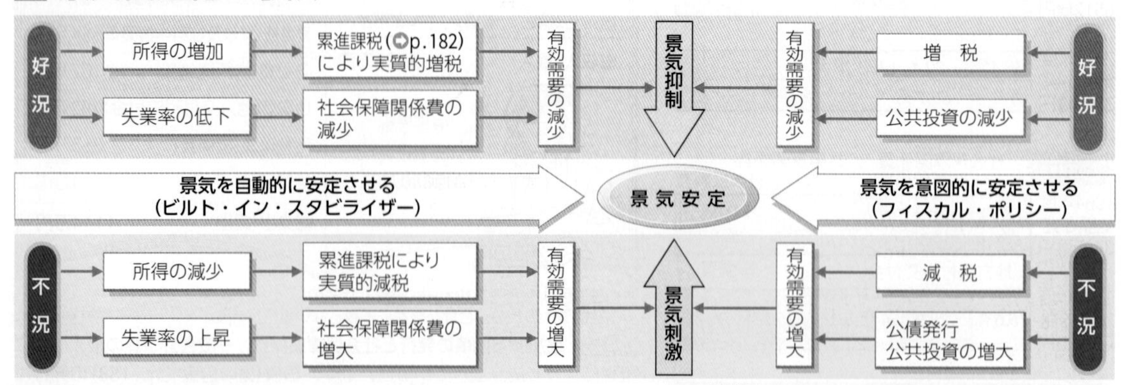

解説 **財政による景気の安定化**　財政による景気の安定化には**ビルト・イン・スタビライザー**と**フィスカル・ポリシー**がある。前者は景気の自動安定化装置で，財政のなかに制度的に組み込まれている。後者は裁量的財政政策で，意識的に景気を安定化させる機能である。後者の**ケインズ**（◯p.158，p.159 3）的な財政政策が財政赤字や**インフレ**につながったという批判もある。

入試のツボ　財政と租税は頻出分野。特に，①財政の３つの機能（◯p.179 2），②ビルト・イン・スタビライザーとフィスカル・ポリシーの意味（◯6），③赤字国債の発行（◯4），④財政投融資の使途（◯5），⑤所得税と消費税の特色（◯p.182 7）をまとめておこう。

B 租税のしくみ

1 日本の租税　Q 税金にはどのような種類があるか？

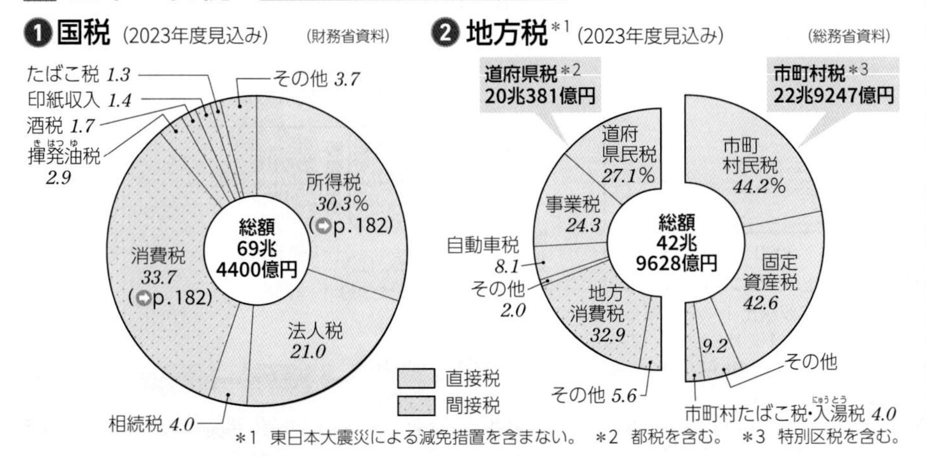

*1 東日本大震災による減免措置を含まない。 *2 都税を含む。 *3 特別区税を含む。

解説 租税法律主義
租税の新設や変更は，国会が法律で定める必要がある（憲法第84条の**租税法律主義**）。**公平・中立・簡素**の条件を満たす税が理想である。

国税　国が課し徴収する税。
地方税　地方公共団体が課し徴収する税。
直接税　税を負担する担税者と，納める義務のある納税者が同じ税。
間接税　担税者と納税者が異なる税。

2 国税の直間比率

Q 日本の国税の直間比率の特徴は何か？

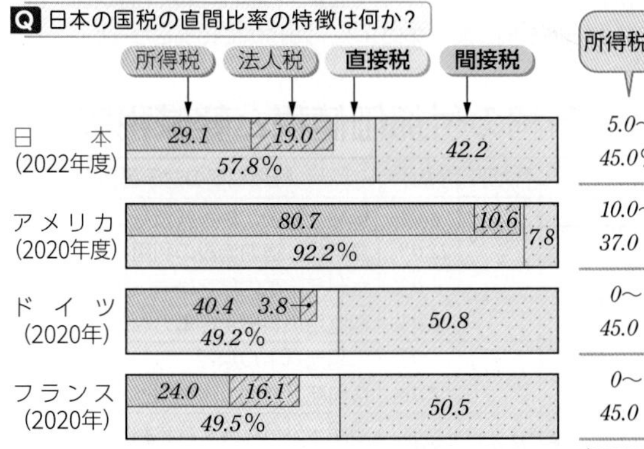

（「財政金融統計月報」）

所得税率	法人税率	付加価値税率
5.0～45.0%	23.2%	10.0%
10.0～37.0	21.0*	―
0～45.0	15.0	19.0
0～45.0	25.0	20.0

*連邦法人税率
(2023年)　(財務省資料など)

解説 直間比率の見直し　戦前，日本の国税の中心は間接税であったが，戦後は1949年のシャウプ勧告（p.192）以来，直接税中心の税制が確立された。しかし，高齢化に伴って生産年齢人口（15～64歳）の割合が減り，彼らの**所得税**に頼る税体系では対応できなくなってきたため，直間比率の見直しが進められている。1989年，間接税である消費税が税率３％で導入され，1997年に５％（うち地方消費税１％）に引き上げられた。さらに，2012年成立の社会保障と税の一体改革関連法によって，消費税は2014年に８％（同1.7%），2019年に10％（同2.2%）に引き上げられた（p.227B❸）。

EYE なぜ税金を納めるのか？

●税金は何に使われるのか？

教育費

公立高校（全日制）の生徒１人当たり **約1,000,000円**

警察・消防費

国民１人当たり **約41,911円**

市町村のゴミ処理費用

国民１人当たり **約18,690円** (2018年度)

国民医療費の公費負担額

国民１人当たり **約130,887円**

(国税庁資料など)

その他 外国の救急車は有料の国がほとんどだが，日本では税金が使われているため無料。

●もし税金がなくなったら？

何十年も前，アメリカのカリフォルニア州では，税金が安い方がいいということで，税金を安くする法律ができた。そのためある町では収入が減り，ついに警察官の給料が払えなくなり，全員をやめさせてしまった。ほかにも高速道路はガタガタに，教育費は減らされ，郡立病院や市民ホールは閉鎖，入院患者は強制退院させられたそうである。

(大蔵省印刷局『税金なぜなぜ質問箱』より)

福沢諭吉は『学問のすゝめ』の中で，「政府は法令を設けて人々の生活や安全を守るが，それに必要な費用がないので，税金として国民に負担してもらう。これは，政府と国民双方が合意した約束事である」と書いているよ。

重要用語 249自動安定化装置（ビルト・イン・スタビライザー） 250裁量的財政政策（フィスカル・ポリシー） 251財政投融資 252直接税 253間接税 257消費税 258国債

3 所得税と累進課税

Q 累進課税制度がとられている理由は何か?

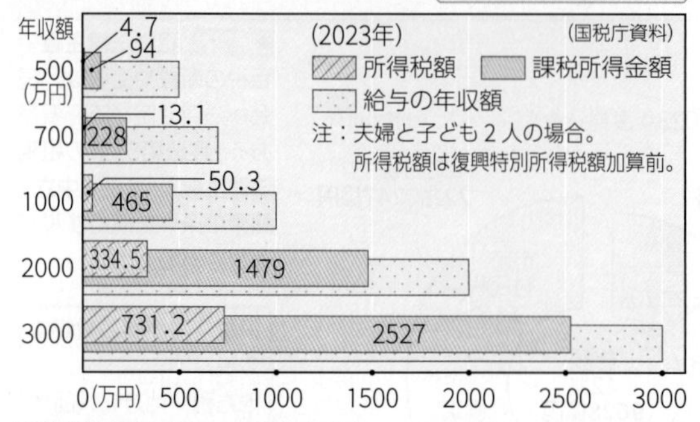

解説 **所得が高いほど税率が高い** 上のグラフから年収額500万円と3000万円の人を比較すると，年収額比1：6に対して，課税所得額比は約1：27，所得税額比は約1：156となる。このように所得税は，**累進課税**の適用により所得の多い人にはより高い割合の負担を求める(**垂直的公平**)しくみとなっている。

また，所得税は捕捉率(国税庁が所得額をどれくらい把握できるかを表す割合)が就業形態により異なる。給与所得者と比べ，自営業者や農業従事者の捕捉率が低く，不公平であるという批判もある。

❶ 所得税率

適用課税所得	税率
~195万円以下	5%
195万円超~330万円以下	10%
330万円超~695万円以下	20%
695万円超~900万円以下	23%
900万円超~1800万円以下	33%
1800万円超~4000万円以下	40%
4000万円超	45%

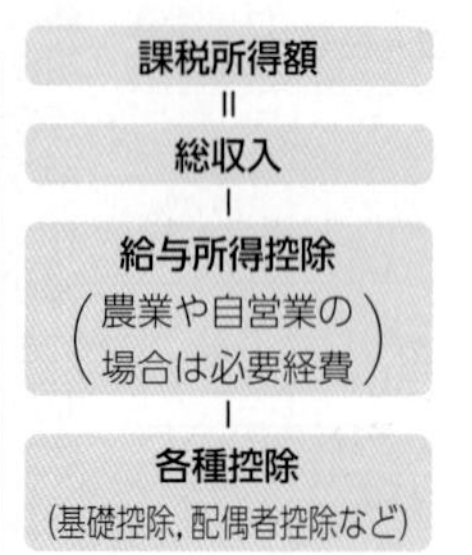

❷ 所得税額の計算例 課税所得650万円の場合

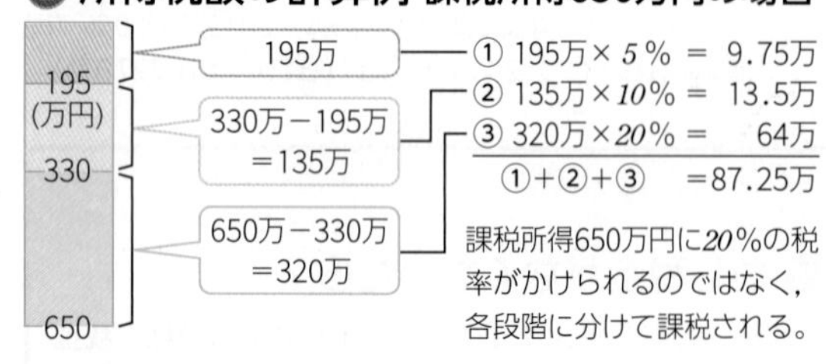

4 所得税の所得再分配効果

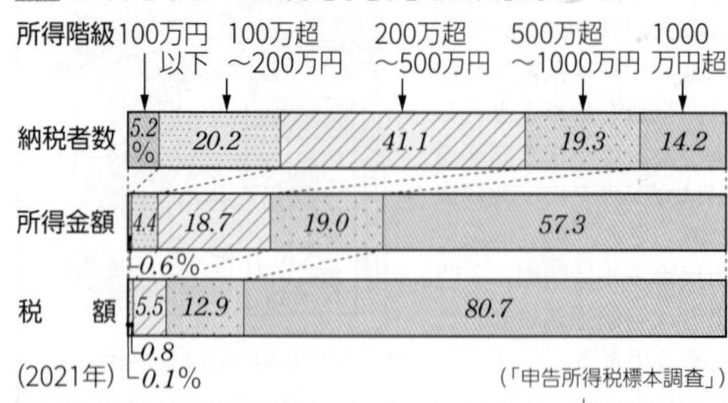

解説 **所得の再分配効果** 人数にして約1割を占めるに過ぎない所得階級1000万円超の人々が，累進課税制により所得税額の約8割を負担していることから，**所得の再分配効果**がわかる。

5 消費税のしくみ

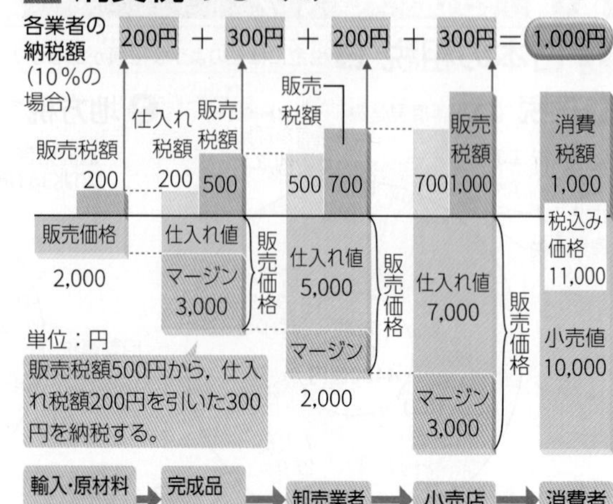

解説 **広く課税** 消費税は，生産・流通の各段階の付加価値に課税する**付加価値税**で，消費者が税を負担し，事業者が納税する**間接税**である。同じ消費額に同じ税率を課すという点で公平だが，**逆進性**の問題が指摘される(➡7)。税率は，1989年導入時3%，1997年に5%，2014年に8%，2019年に10%になった。

6 各国の付加価値税と軽減税率

国	標準税率	軽減税率	軽減税率の対象品目
スウェーデン	25.0%	6.0%	書籍，新聞，旅客輸送など
		12.0%	食料品，宿泊施設の利用など
イギリス	20.0%	0%	食料品，国内旅客輸送，医薬品など
		5.0%	家庭用燃料および電力など
ドイツ	19.0%	0%	太陽光パネルなど
		7.0%	食料品，新聞，旅客輸送，映画など
日本	10.0%	8.0%	酒類・外食を除く飲食料品，週2回以上発行の新聞の定期購読料

(2023年1月現在) (財務省資料など)

解説 **低所得者への配慮** 軽減税率制度の目的は，生活必需品の税率を低くして，低所得者の税負担を軽くし，**逆進性を緩和**すること。日本でも，2019年10月より，消費税率10%への引き上げに伴って，税率8%の軽減税率制度が導入された。

7 所得税と消費税

	長所	短所
所得税	・累進課税により，負担能力に応じて課税できるため，**垂直的公平**に優れている。 ・負担者を特定できるので，各種控除などを設定することで，担税力に応じたきめ細かい配慮ができる。	・業種によって**捕捉率**が異なるため，水平的公平に欠ける。 ・高い税率が勤労意欲を阻害しやすい。 ・景気によって税額が変動するため，財源が安定しない。
消費税	・消費額が同じであれば担税力(所得額)も同じと考えられるため，**水平的公平**に優れている。	・所得が低い人ほど負担が重くなる(**逆進的**)。 ・負担者個々の事情を配慮しにくい。

あなたは，所得税と消費税，どちらが公平な税だと考えるかな?

視点 高所得者と低所得者，それぞれの立場で考えよう。
就業形態による捕捉率の違いに着目して考えよう。

メモ 会社員などの給与所得者の所得税は，給与が支払われる際，会社などの支払者が必要な金額を差し引き，納税者本人に代わって納付する源泉徴収により納められている。

持続可能な財政をめざして

ねらい　日本の国債残高は年々増加し，財政を圧迫している。日本の財政の現状や国債残高が増加した原因，財政赤字の問題点を理解し，今後，日本が健全な財政体質を取り戻すためにはどうしたらよいのか考えてみよう。

A 日本の財政の現状

❶ 国債発行額と国債依存度

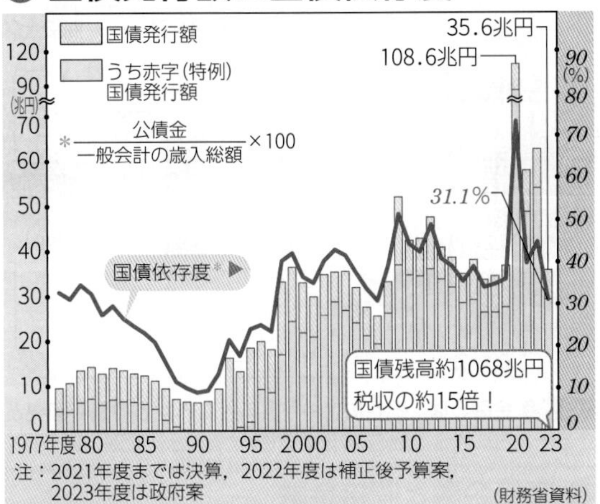

注：2021年度までは決算，2022年度は補正後予算案，2023年度は政府案　（財務省資料）

解説 **歳出の拡大と国債発行**　バブル崩壊以降，歳出総額と税収の差が拡大し，その差は国債発行で補われた。歳出増加の要因としては，高齢化に伴う社会保障費の増大や，不況下での公共事業・失業対策費の増加などがあげられる。2020年度は，新型コロナウイルス感染症対策のための歳出が拡大し，国債発行額が大幅に増加した。

❷ 各国の政府債務残高の対GDP比

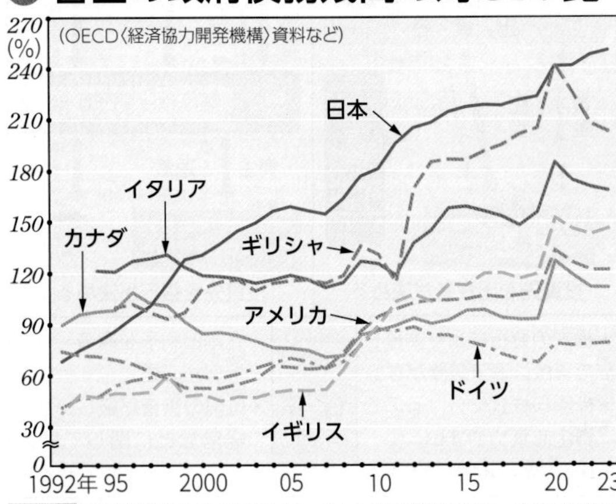

解説 **財政健全化をめざして**　日本の財政状況は，主な先進国の中で最悪である。政府は，財政健全化に向け，2025年度までに国・地方をあわせた**基礎的財政収支（プライマリー・バランス）**を黒字化することを目標に掲げている。

> **基礎的財政収支（プライマリー・バランス，PB）**　財政状況を表す指標の1つ。政策に必要な経費を，その年度の税収でまかなえているかどうかを示す。次の式で表される。
> **PB＝（歳入－公債金収入）－（歳出－国債費）**

日本とギリシャの国債の違い

日本の国債は**約83%が国内で保有**されている。一方，2009年に巨額の財政赤字が発覚し，財政危機に陥ったギリシャの国債は，**約７割が海外から購入され，海外に対しての借金**になっていた。そのため，粉飾決算発覚により政府への信用が低下し，外国資本が引き上げられ，資金調達が困難になり海外に対する借金が払えなくなった。日本の債務残高の対GDP比はギリシャより高いが，日本の国債は円で返済するため，ギリシャ同様の債務不履行には陥らない。しかし，国債の大量発行により，国民生活に大きな影響を与えるようなインフレ（➡p.178）が発生する可能性がある。その他にも，財政赤字には様々な問題（➡B）があり，財政健全化が求められる。

B 財政赤字の問題点

①財政の硬直化　→　国民生活の悪化

国債は国の借金であるから，返済しなければならないものである。借金の返済が多くなれば，国民が必要とするところに予算が振り分けられず，財政は硬直化する。

②世代間の不公平　→　将来の国民に借金を残す

現在の国の借金（国債残高）を返済するのは将来の国民である。借金をして，ある意味で楽をするのは現在の世代で，将来の世代は，その分増税も受け入れなければならなくなる。

③金利の上昇　→　景気に悪影響

国債の大量発行は，国と銀行との間に資金調達をめぐる競合を起こし，金利を上昇させる。そして，金利が上昇すると，企業はお金を借りにくくなり，景気回復を遅らせる。

C どのような改革が必要か？

● 主な国税の税収の推移（所得税と消費税の特徴 ➡p.182 7）

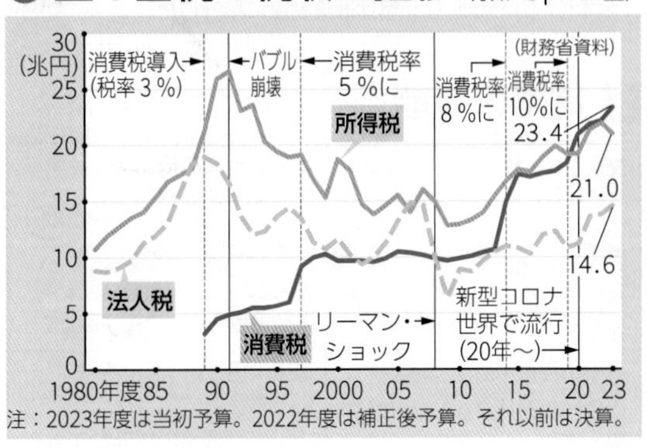

注：2023年度は当初予算。2022年度は補正後予算。それ以前は決算。

2019年10月に消費税率が10%に引き上げられた（➡p.181 2）が，依然として日本の財政は厳しい状況にある。高齢化に伴い社会保障費が増大していく中で，持続可能な財政のために，どのような対策が必要か。**歳入と歳出の両面から考えてみよう。**

重要用語　230国内総生産（GDP）　254垂直的公平　255水平的公平　256累進課税　257消費税　258国債

7 金融の役割

日本銀行

ねらい
- 金融のしくみを理解しよう。
- 金融機関，中央銀行の役割を理解しよう。
- 金融政策の目的と，手段を理解しよう。

A 金融のしくみ

通貨制度
貨幣等

1 通貨制度 Q なぜ管理通貨制度に移行したのか？

金本位制	・通貨は金の保有量に基(もと)づいて発行 ・紙幣(しへい)は自由に金と交換できる(兌換(だかん)紙幣)	長所 物価が安定する 短所 金の流出入で通貨量が決まるため，国際収支の動向で景気の変動が決定する
管理通貨制度	・通貨は国の信用に基づいて発行。中央銀行が供給量を管理 ・紙幣は金と交換できない(不換紙幣)	長所 景気調整のための金融対策がとりやすい 短所 通貨の発行量が増大してインフレを生じさせやすい

兌換(だかん)銀行券

「此券引換(このけんひきかえ)に金貨五圓相(きんかごえんあい)渡可申候(わたしもうすべくそうろう)」と書いてある。

つまり，この券と金貨5円を交換できる，ということだよ。

解説 **金本位制から管理通貨制度へ**　**金本位制**は19世紀初めにイギリスで確立された。日本でも，それまでの銀本位制にかえて1897年より金本位制となった。しかし，1929年の**世界恐慌**とそれに続く1930年代の金融恐慌のなかで，各国は金輸出禁止，金兌換(だかん)停止の措置(そち)をとり，金本位制は崩壊(ほうかい)した。日本も1931年に金本位制から離脱し，**管理通貨制度**に移行した。

2 貨幣の機能

交換手段…貨幣(かへい)と引き換えに欲しいモノ・サービスを入手する 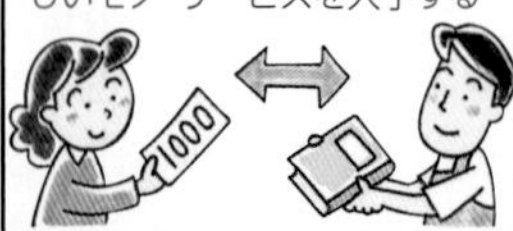	**価値の貯蔵手段**…将来必要な時まで価値を保存する 
価値の尺度(しゃくど)…モノ・サービスの価値を通貨(共通の尺度)数量で表す 	**支払い手段**…商品を先にもらって後で支払う信用取引において，債務の決済(けっさい)をする 

3 金融の循環(じゅんかん) Q 金融機関はどのような役割を果たしているか？

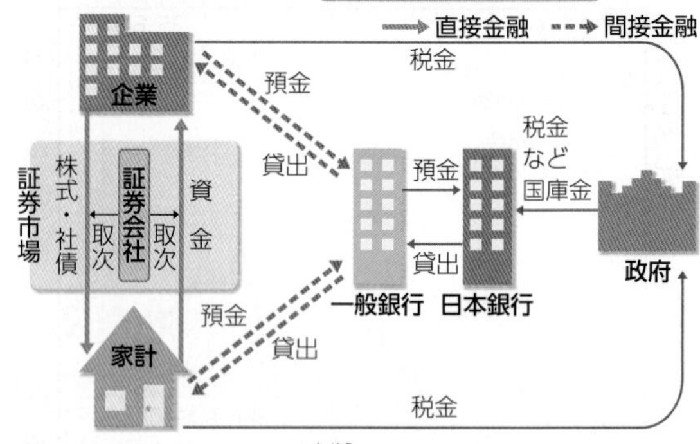

解説 **金融とは**　お金に余裕(よゆう)があるところからお金を必要とするところに資金を融通(ゆうずう)(資金の貸借(たいしゃく))することを**金融**という。

直接金融と間接金融

直接金融		間接金融
株式や社債の発行により，出資者から直接資金を調達		金融機関からの貸出(融資)により，資金を調達
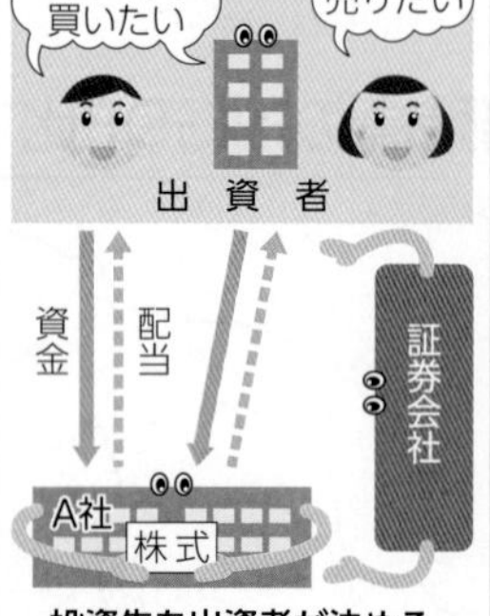		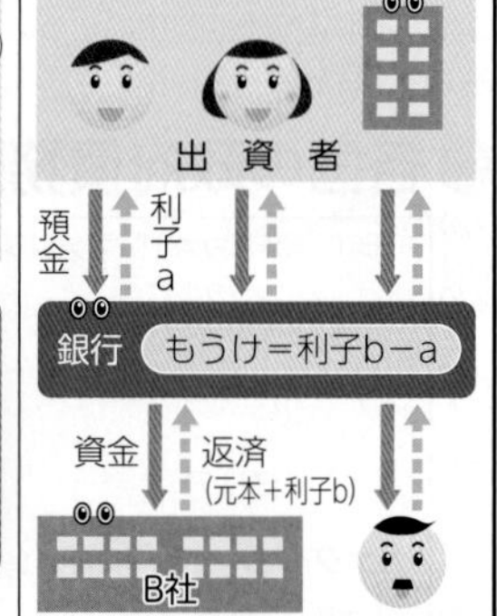
投資先を出資者が決める		投資先を銀行が決める
・株式の発行により調達した資金は返済義務がない ・少額の株式に分けるので資金を集めやすい ・株主の意向が経営に影響する	企業	・元本と利子を返済 ・担保(たんぽ)が必要 ・融資(ゆうし)の審査(しんさ)が厳しいが，経営などに関して助言をうけることができる
・元本割れリスクが高いがもうけが期待できる	出資者	・安全だが銀行が仲介料(ちゅうかいりょう)を取る分，もうけは少ない

もし，あなたが起業をするなら，どのように資金調達するかな？

視点 資金の調達方法のメリット，デメリットを比較して考えよう。効率

メモ　1万円札の左下の光る部分は，角度を変えると絵柄が桜・金額(10000)・「日」の文字を図案化したものに変化する。これは偽造を防止するために紙幣にほどこされた技術の1つである。

4 銀行の業務

業務	区分	種類	内容
預金業務	要求払い預金	当座預金	小切手(➡写真)使用による資金の出し入れ。無利子
		普通預金	通帳式で預金の出し入れが常時可能。低利子(利子がつかないものもある)
		通知預金	7日間以上の据え置き期間を設け,預金者は2日前に払い戻しの通知をする
	定期性預金	定期預金	3か月,6か月,1年など一定期間払い戻しをしないことを契約した預金。期間が長いほど高利子
貸出業務	貸付	証書貸付	借用証書による資金の貸出
		手形貸付	借り手に,銀行を受取人として約束手形(➡写真)を振り出させ,資金を貸し出す
		当座貸越	借り手が当座預金の残高を超えて手形や小切手を振り出した場合,一定限度内で銀行が立替払いを行うもの
	手形割引		商業手形などを,満期日までの利息分を差し引いて,手形所有人から銀行が買い取る
	コールローン		金融機関どうしのごく短期間の貸付
為替業務	内国為替		国内の遠隔地間の貸借の決済などを,実際に現金を送ることなく行うしくみ。送金,振込みのほか,公共料金やクレジットカードの口座振替など
	外国為替		為替取引が外国との間で行われること。(➡p.287)
有価証券投資			国債や社債,株式に投資して資金運用する
信託業務			委託された財産を運用し,利益を委託者に還元する

解説 **銀行の業務** 銀行の業務は主に**預金・貸出・為替**の3つの業務がある。このほか,金融の自由化(➡p.187)により,これまで禁止されていた証券や保険などの運用や信託業務も行うようになった。

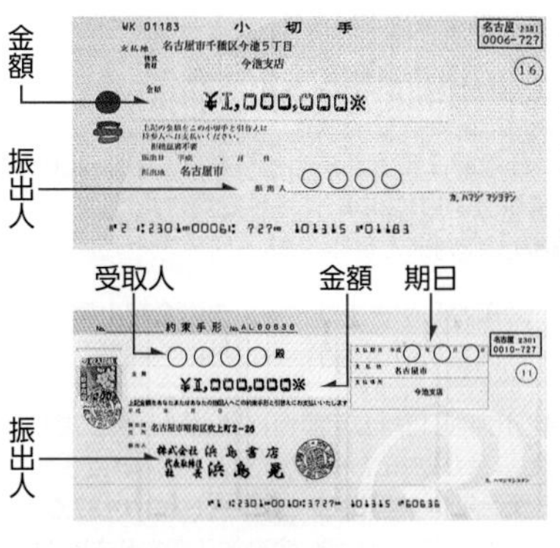

➡小切手 振出人が銀行に対して,記載された金額を所持人に支払うことを委託する有価証券

➡約束手形 振出人が受取人に対し,一定の金額を一定の期日に支払うことを約束した有価証券

● 為替のしくみ

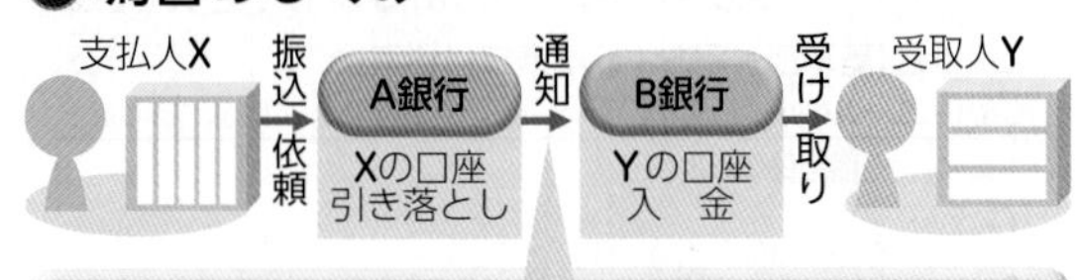

日本銀行(1日1回,他の取引とまとめて決済)

A銀行の日銀当座預金口座 → 決済 → B銀行の日銀当座預金口座

引き落とし　　入金

この人に聞く　企業融資を担当する銀行員さん

Q 資金を貸すかどうかというのは,どのように決めるのですか。

A 企業に関していうと,まず,毎年の決算書で,利益や資産など経営状態を見ます。それに加えて,その業界の展望,会社の将来性なども評価します。決算書の数字だけで判断しないよう,経営者さんの夢や考えを含め,総合的に判断するように心がけています。また,私たちはお客様の業界のプロではありませんが,金融のプロとして,決算書や工場などを見て改善できる部分はないか,探したりもします。

企業のほとんどは中小企業なんです。担当者はみな,お客様に,日本を背負っていく企業に成長していただきたい,応援したいという思いがあります。しかし一方で,みなさまからお預かりした預金が融資に回るので,融資においてはしっかりした判断基準が必要なのです。

Q バブル経済が崩壊して銀行の経営が悪化した時,政府が税金を使って銀行に資金を融通したのはなぜですか。

A もし銀行が倒産してしまったら,みなさまが預けていた預金がなくなって,大変な迷惑をかけてしまいます。また,銀行から融資を受けている企業さんも,資金が調達できなくなってしまいます。銀行は,お金を経済に循環させるポンプ役ですから,銀行の経営悪化のせいで経済パニックが起きないよう,政府が支援するのだと思います。

5 信用創造　Q 預金はどのように増えていくか?

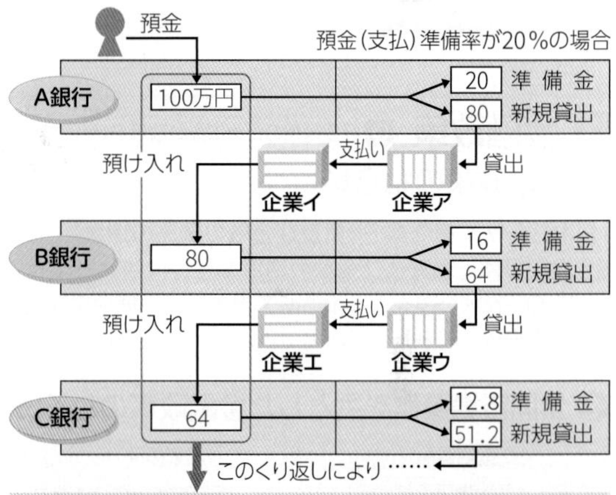

預金総額=100+80+64+…=約**500万円**>**最初の預金額**(100万円)

最初の預金額(100万円)÷預金準備率(20%=0.2)

解説 **お金をつくり出す機能** 銀行(図中**A**)は,預金のうち一部を預金準備のために残しておき,残りを企業(**ア**)などに貸し出す。企業は,貸し出されたお金を取り引き先(**イ**)への支払いなどにあて,支払いを受けた企業(**イ**)はこのお金を銀行(**B**)に預け入れる。すると銀行(**B**)は一部を預金準備金として残し,残りを企業(**ウ**)などに貸し出す。この繰り返しにより,銀行への預金額の総計は,最初の預金額よりも大きくなる。これを**信用創造(預金創造)**と呼ぶ。

信用創造は,銀行の帳簿上の数字が増えること。「預金は銀行にある,いつでも引き出せる」という信用があるから成立するよ。銀行が貸さなければ,世の中のお金は増えず,経済が停滞するので,信用創造は非常に重要なしくみだよ。銀行の経営状態が不安で,預金者が一斉に預金を引き出そうとする(取り付け騒ぎ)と,銀行はお金がなくなり倒産する可能性がある。その場合に備え,預金の一定割合以上を日銀の当座預金に預ける制度を**準備預金制度**というよ。

B 日本銀行と金融政策

1 日本銀行の役割 Q 日本銀行の役割は何か？

政府の銀行	国庫金の出納(すいとう)(支出と収入)，国債償還(しょうかん)利子払い，為替(かわせ)管理などの政府の出納業務を行う。
発券銀行	管理通貨制度のもとで，日本銀行券を独占的に発行する。 注：硬貨は政府が発行する。
銀行の銀行	一般企業や個人との取り引きは行わず，市中金融機関だけを対象に取り引きを行う。当座預金の受け払い，貸出の実行，国債や手形等の売買など。

解説 **3つの役割** **日本銀行**は，日本の**中央銀行**として上にあげた3つの役割をもち，これを通じて金利やお金の量を調整し，物価を安定させるための**金融政策**(➡3)を実施する。

➡**大口出納**(おおぐちすいとう) 日本銀行が一般金融機関とお金のやり取りをする窓口。1日に，平均して約4543億円分のお金が出入りする。

2 マネーストック (旧マネー・サプライ。2008年6月名称変更)

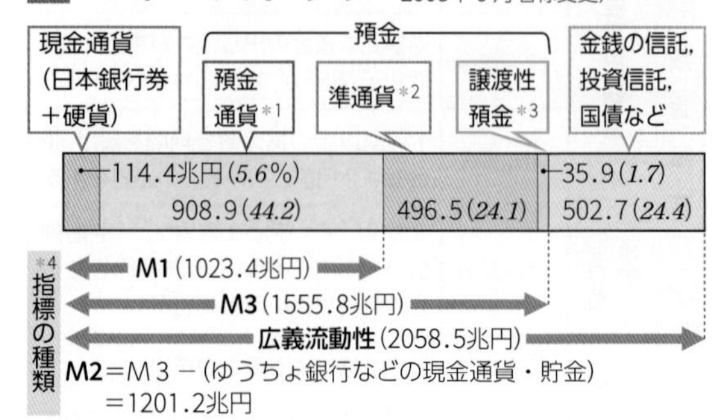

＊1 当座預金，普通預金など　＊2 定期預金，定期積金など
＊3 第三者に譲渡できる銀行の預金証書　(2022年平均)
＊4 四捨五入のため，合計が総額に一致しない場合がある。(日本銀行資料)

解説 **経済全体の通貨の総量** **マネーストック**とは，金融部門から経済全体に供給されている通貨量のことで，具体的には，企業や個人，地方公共団体などの経済主体(金融機関，中央政府〈国〉は除く)が保有する通貨量の残高を集計したものである。預貯金や国債なども，引き出したり売ったりすれば通貨として利用できるので，統計に含まれる。通貨の定義や発行主体の違いによって，4つの指標に分けられる。マネーストックは，経済活動の大きさ，つまり好況時に増え，不況時に減る傾向があり，金融政策を決定する判断材料の1つとなる。

3 金融政策 Q 日銀は何のために金融政策を行うのか？

❶ 金融政策のねらい

日本銀行法 第2条〔通貨及び金融の調節の理念〕 日本銀行は，通貨及び金融の調節を行うに当たっては，物価の安定を図ることを通じて国民経済の健全な発展に資することをもって，その理念とする。

❷ 公開市場操作を主とした金融政策のしくみ

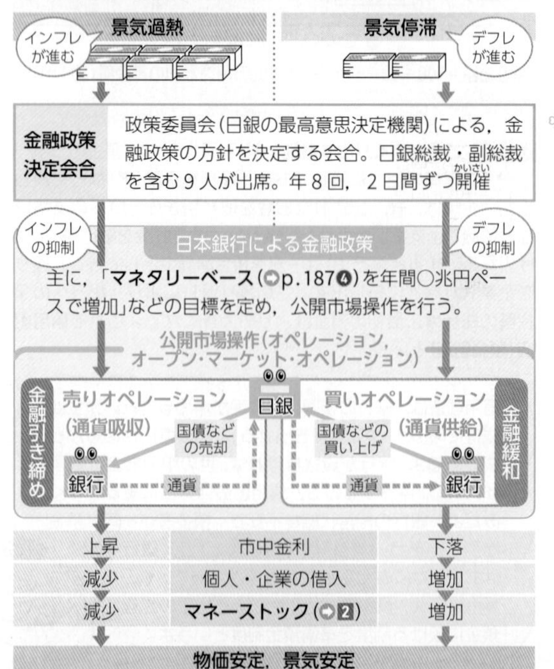

解説 **金融政策とは** 日銀は**物価の安定**をはかり，国民経済を発展させるために**金融政策**を行う。これは，物価が不安定な状況では，個人や企業が消費や投資の適切な判断ができなくなるためである。しかし，実際の金融政策の決定においては，物価だけでなく景気や雇用(こよう)の状態なども考慮(こうりょ)に入れられる。

❸ 様々な金融政策

＊現在は利用されていない。

金融引き締め		金融緩和
公定歩合引き上げ	公定歩合操作*	公定歩合引き下げ
預金準備率引き上げ	預金準備率操作*	預金準備率引き下げ
売りオペレーション	公開市場操作	買いオペレーション

公定歩合 日銀が金融機関に資金を貸し出す際の金利。2006年に「基準割引率および基準貸付利率」に名称変更された。
政策金利 金融政策の操作対象となる金利。

金融引き締め… 政策金利引き上げ ➡ 市中金利上昇↑
金融緩和… 政策金利引き下げ ➡ 市中金利下落↓

金利の自由化前は，市中金利が公定歩合に連動するよう規制されていたため，公定歩合が政策金利だったが，1994年に金利の自由化が完了し，政策金利は**無担保コールレート**(➡p.187❹)に変更された。ただし，2013年4月以降，金融政策の操作対象は，政策金利から**マネタリーベース**(➡p.187❹)に変更されている。

●**公定歩合(基準割引率および基準貸付利率)と無担保コールレート*の推移**　不況　＊月平均 (日本銀行資料など)

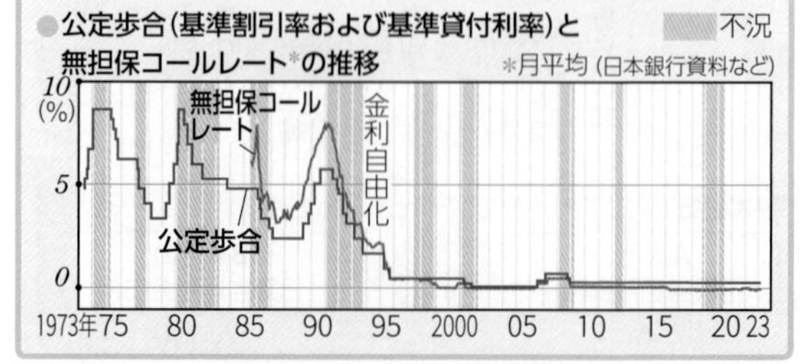

入試クイズ　コール市場は，民間の金融機関と金融機関以外の法人企業が短期間の資金の貸し借りを行う場である。○？×？(➡3❹)　答：×

＊2016年9月，マイナス金利付き量的・質的金融緩和を強化する「長短金利操作付き量的・質的金融緩和」を導入。

❹ 1999年以降の金融政策

実施年月	政策名称・内容（青字…金融政策の操作対象）
1999.2～2000.8	**ゼロ金利政策**　無担保コールレート（➡右）を実質的にゼロに誘導
01.3～06.3	**量的緩和政策**　日銀当座預金残高（➡右）を5兆円程度に増額（のち30～35兆円規模にまで拡大）
06.3～7，10.10～13.4	**ゼロ金利政策**　無担保コールレートをおおむねゼロ％（2010年10月以降は0～0.1％前後）で推移
13.4～16.1	**量的・質的金融緩和**　消費者物価指数の前年比上昇率2％の目標を達成するまで（**インフレターゲット**），マネタリーベース（➡右）を年間約60～70兆円のペースで増加（のち80兆円に拡大）。
16.1～	**マイナス金利付き量的・質的金融緩和**＊　2％のインフレターゲット達成のため，マネタリーベースを年間約80兆円ペースで増加。また，日銀当座預金に部分的に初めてマイナス金利を適用。市中銀行は日銀に預金すると，預金が目減りすることになる。

解説　**金融緩和**　1999年以降，**デフレ脱却**をめざし，様々な**金融政策**が行われている。2013年には，**マネタリーベース**などの量的な指標を操作目標とする量的緩和と，償還までの期間が長い国債やリスクのある資産の買い入れを行う質的緩和を組みあわせた「量的・質的金融緩和」が導入された。

無担保コールレート（翌日物）　金融機関どうしで短期間の資金の融通を行う市場（コール市場）における，代表的な金利の呼び名。

●コール市場

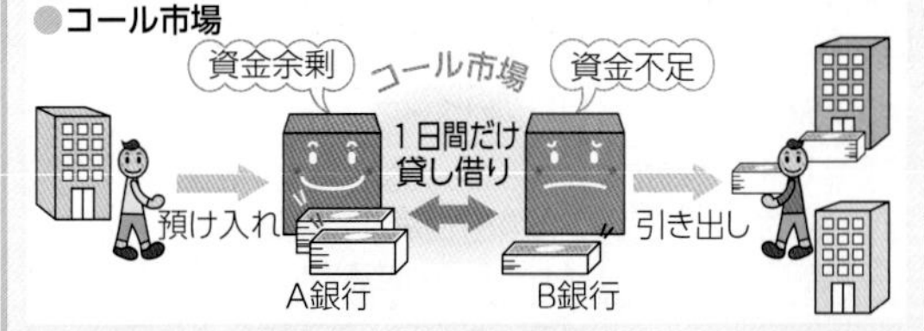

日銀当座預金　金融機関が支払準備金として，日銀に預けている預金。金融機関どうし・日銀と取引する時の決済にも使われる。無利息（ゼロ金利）が原則だったが，2008年の金融危機の際に部分的に0.1％のプラス金利が導入され，2016年には部分的にマイナス金利が導入された。

マネタリーベース　現金通貨と日銀当座預金残高の合計。

●無担保コールレート＊1，日銀当座預金残高，マネタリーベースの推移

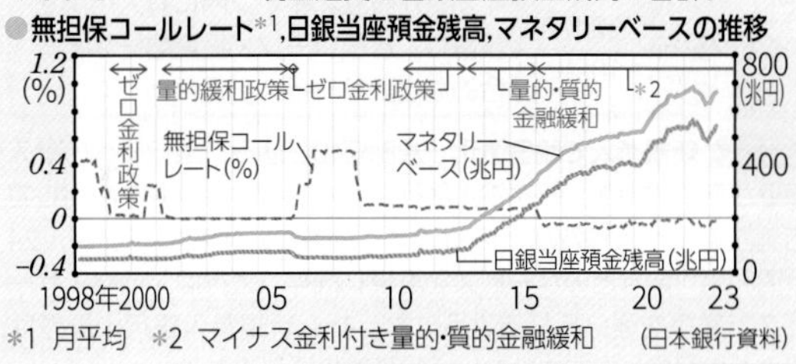

＊1 月平均　＊2 マイナス金利付き量的・質的金融緩和　（日本銀行資料）

C 金融の自由化と競争の激化

1 自由化の流れ

護送船団方式
①金利規制
②業務分野規制
・長期（1年以上）・短期（1年未満）金融の分離
・銀行・証券・信託業務の分離
③金融商品や店舗新設に対する規制
④国内と海外の金融市場の分断

（目的：金融機関の倒産防止）

（背景）
1945　終戦　産業の復興が急務
→家計の資金を調達し，企業へ低利で融資

・金融システムの安定
・高度経済成長の実現
・非効率・横並び経営

金融自由化
金利自由化
1979　自由金利の譲渡性預金導入
1985～94　預金金利の段階的自由化
金融業務の自由化
1980　改正外国為替法施行…外国との取引の原則自由化
1993　子会社設立による銀行・証券・信託の相互参入

（証券（国債・株式・社債）市場との競合）

資金調達方法の多様化
●企業の直接金融の増加
1973　石油危機
→国債の大量発行＝**国債化**

（外国の圧力への対応）

国際化
日本の規制に対する批判の高まり
→1984　日米円ドル委員会報告
・日本の金融・資本市場の自由化
・外国金融機関の日本市場参入

1970～80年代　欧米金融市場の国際化→日本の金融市場空洞化

（競争力強化）

1991　**バブル崩壊**（➡p.188，195）

日本版金融ビッグバン（1996年）
原則　Free，Fair，Global
目的　・東京市場を欧米並みの国際金融市場に改革
・個人金融資産の有効活用
→金融制度の抜本的改革
・持株会社（➡p.165）設立による銀行・証券・信託・保険の相互参入（1998年）
・新外為法施行（1998年）…外貨預金，海外との債券・株式売買の自由化など
・金融商品・サービス多様化
・市場・ルール整備

⊙金利の自由化により登場した様々な金融商品

法人の外部資金直接調達費

年	銀行借入	社債	株式
1970～74	83.9％	5.9	10.2
1975～79	63.8	17.7	18.5
1981～85	35.7	33.3	31.0

（「法人企業統計調査」）

「2つのコクサイ化」
金融自由化は，「国債化」と「国際化」の2つの側面から進められた。
石油危機後に大量発行された国債は，自由金利の商品として出回った。今まで銀行に集中していたお金が国債市場へ移動することへの対策として，金利自由化への第一歩が進められた。
また，経済の国際化に伴い，アメリカからの市場開放要求が高まり，金融自由化が加速した。

解説　**護送船団方式から国際競争へ**
証券市場の発達による資金調達方法の多様化や国際化の進行によって，日本の金融市場は緩やかな自由化に向かった。しかし，急速に自由化を進めて成長する欧米諸国と比べて，依然として残る規制は海外から批判を集め，日本の金融市場での取り引きの減少や外資系金融機関の撤退など，空洞化を招いた。さらにバブル崩壊後は，不良債権処理に追われる金融機関を，国際競争に対応できるよう改革する必要性に迫られたこともあり，**日本版金融ビッグバン**が掲げられ，自由化を急速に進めた。

重要用語　241物価　242インフレーション　243デフレーション　258国債　263日本銀行　264マネーストック　265金融政策　266公定歩合　267公開市場操作　268預金準備率操作　269公定歩合操作　270日本版金融ビッグバン

（フィンテック ➲p.189）

2 銀行業への新規参入

銀行名	開業年	特色
ジャパンネット銀行	2000年10月	富士通，旧さくら銀行などが設立。日本初のインターネット専業銀行
セブン銀行	2001年5月	イトーヨーカ堂が設立。セブンイレブンでのATM決済業務。2005年4月から，イトーヨーカ堂店内に有人店舗設置
ソニー銀行	2001年6月	ソニーが設立。外貨預金や住宅ローンなど総合的な金融サービスを提供するインターネット専業銀行
楽天銀行	2001年7月	2009年より楽天が株主。個人向け決済を行うインターネット専業銀行
イオン銀行	2007年10月	イオンが設立。イオン内に有人店舗を設置し，各種ローン・投資信託など総合的な金融サービスを提供

解説 新規参入で競争激化 規制緩和が進み，銀行業への参入障壁が低くなった。新規参入銀行は，インターネットを利用して店舗設備費や人件費などのコストを削減し，手数料が安い，24時間利用可能などのサービスを実現。既存の銀行は，価格・サービスで競争を強いられるようになった。新規参入銀行の課題は，親会社の経営に左右されない経営基盤の確立である。

EYE 見えない「お金」電子マネー

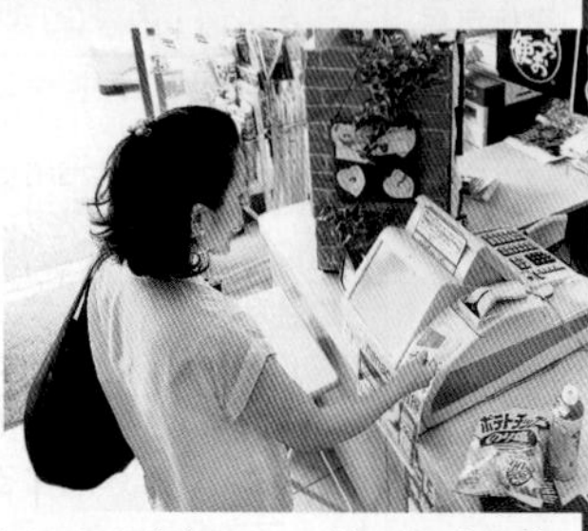

➲ICカード（Suica）をかざして支払い完了

電子マネーは，お金を電子情報に書き換えICカードや，スマートフォンなどに取り込んだもので，**キャッシュレス決済**（現金を使わない支払い方法）の手段。あらかじめ入金（チャージ）した分を使えるプリペイド式と，クレジットカード（➲p.238）と同様に使った金額を後で請求されるポストペイ式がある。

●電子マネーとクレジットカード・現金との違い

クレジットカードとの違い	・電子マネーは，使用時に署名や暗証番号による本人確認が不要。
現金との違い	・電子マネーは読み取り機にかざせば支払いが終わり，ポイントもたまる。 ・電子マネーは使える店舗が限られており，利用（入金）限度額がある。

D バブル崩壊と金融への影響

1 金融システム不安とその解消

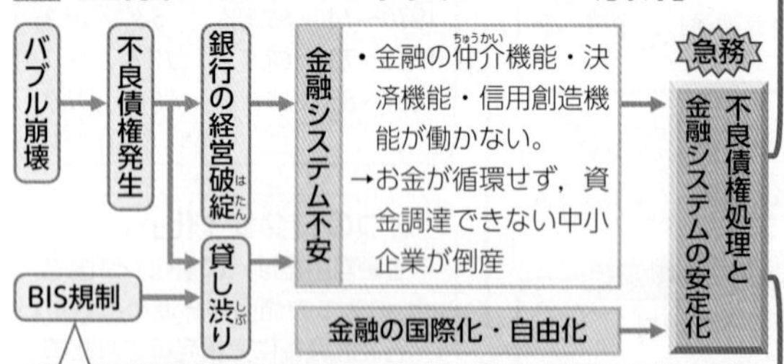

国際的に活動する銀行の，自己資本比率（資産のリスクに対する自己資本の割合）の測定方法や達成すべき最低水準*などを定めた国際統一基準。バーゼル合意，バーゼル規制ともいう。日本の銀行は，不良債権処理による自己資本比率の低下を抑えるため，貸し渋りを行った。

＊自己資本比率8％が最低基準とされ，さらに，経済状況が悪化した際に取り崩しができる「資本保全バッファー」2.5％を最低基準に上乗せすることなどが求められている。その他，システム上重要な銀行に求められる追加の資本もある。

2 金融機関の破綻件数

（「朝日新聞」2010.9.10）

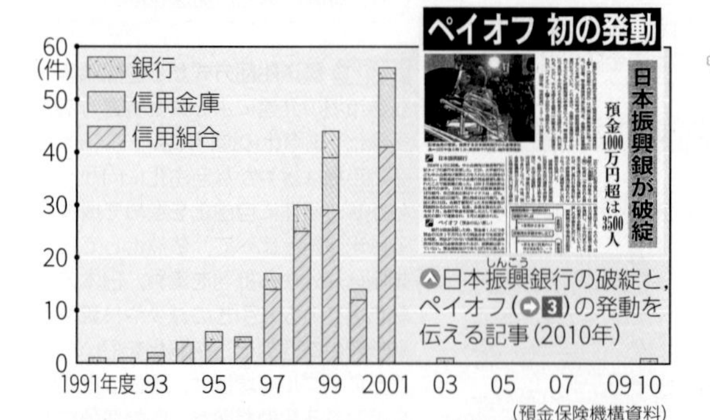

➲日本振興銀行の破綻と，ペイオフ（➲3）の発動を伝える記事（2010年）

（預金保険機構資料）

解説 相次ぐ破綻 金融機関は，バブル期に放漫な過剰貸し付けを行ったため，バブル崩壊後**不良債権**を抱えた。そして，破綻に追い込まれる金融機関が増加した。

3 ペイオフ

❶ 預金保護のしくみ

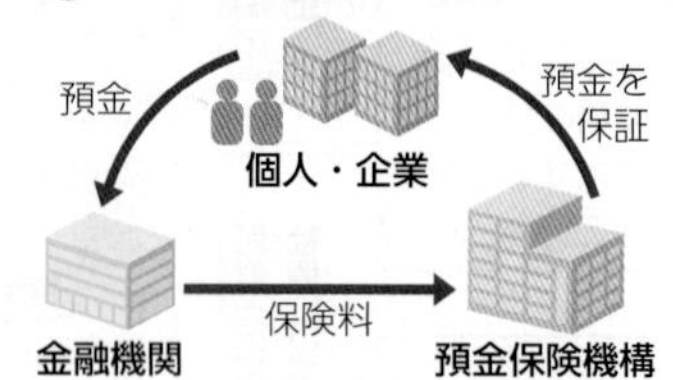

解説 預金は自己責任で守る **ペイオフ**とは，金融機関が破綻した際に，預金保険機構が一定限度額まで預金を保護する（払い戻す）こと。バブル崩壊後は金融機関の破綻が相次ぎ，政府は金融危機を防ぐために一時凍結した（全額払い戻す）。解禁後，2010年に日本振興銀行が破綻し，初めてペイオフが発動された。

❷ ペイオフ制度の変遷

1971 ペイオフ制度 一定限度額まで預金保護 → **1996 ペイオフ凍結** 全額保護 → **2002 段階的解禁 2005 全面解禁** 原則，元本1000万円までとその利息を保護

注：当座預金や無利息の普通預金など，利息の付かない決済用預金は全額保護。外貨預金，譲渡性預金は保護対象外。

4 金融業界の再編

Q 再編の目的は何か？

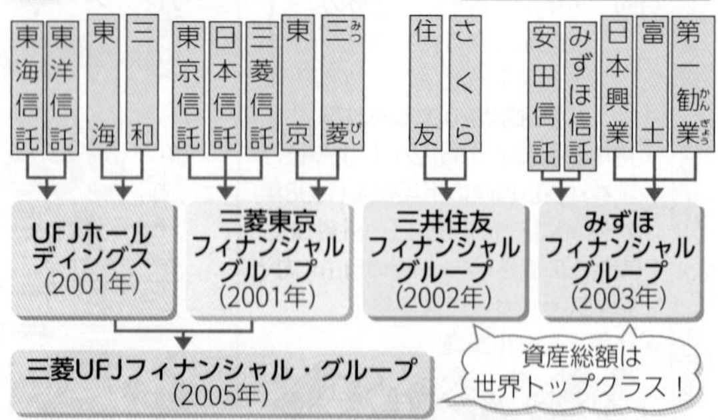

解説 三大金融グループへ 不良債権処理に苦しむ金融機関は大規模な合併で経営健全化を図り，国際競争力を強化した。

日本では，消費者金融の無計画な利用による多重債務や自己破産の増加に対処するため，ペイオフが解禁されている。○？×？（➲3）

答：×

フィンテックで社会はどう変わる?

ねらい 近年，フィンテック(FinTech，金融〈Finance〉と技術〈Technology〉を組み合わせた言葉)と呼ばれる情報通信技術を活用した新しい金融サービスが世界的に拡大している。フィンテックとはどういったもので，どのようなサービスがあるか理解しよう。またフィンテックにはどのような課題があるか考えよう。

A フィンテックで変わる金融サービス

❶ 現金いらずでスムーズに決済！

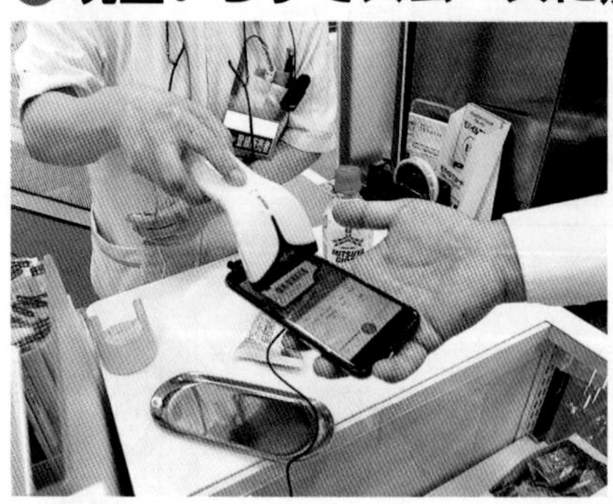

スマートフォンを使った決済 QRコードやバーコードを読み込むなどして支払いを行う。近年，QRコード決済の利用金額は，急速に拡大している。

❷ 家計管理もスマホでカンタン！

家計簿アプリ「マネーフォワード ME」 スマートフォンにアプリをダウンロードするなどして利用。銀行口座やクレジットカードと連携して収支を分類し，可視化して管理できる。

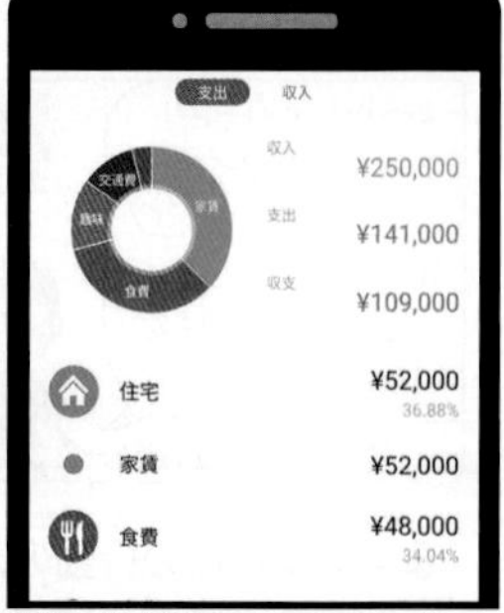

提供／株式会社マネーフォワード

❸ その他のフィンテックサービスの例

資産運用	例：**ロボアドバイザー**…AI(人工知能 ➲p.54)を活用し，年齢や収入などをふまえ，その人に合った金融商品の組みあわせ(ポートフォリオ)の提案などを行ってくれる。
資金調達	例：**クラウドファンディング**(➲p.163EYE)…インターネットを通じて，不特定多数の人から資金を集める方法。「クラウド」(Crowd＝群衆)と「ファンディング」(Funding＝資金調達)を組み合わせた造語。
送金	例：**海外送金**…端末からオンラインで送金。銀行口座を持たない人の送金も可能(→**C**)。

● 仮想通貨って何？

どのようなものか　**仮想通貨(暗号資産)**は，インターネット上で代金の支払い等に利用できる電子データのことで，「ビットコイン」や「イーサリアム」など，多くの種類がある。仮想通貨は**法定通貨**(日本円や米国ドルなど)と相互に交換できる。

仮想通貨を支える技術　仮想通貨は，一般的に**ブロックチェーン**と呼ばれる技術によって記録され，管理される。ブロックチェーンは，データの改ざんや破壊が困難なしくみであり，仮想通貨にとどまらず，様々な分野での活用が期待される。

●ビットコインと法定通貨(日本円)の特徴

ビットコイン		法定通貨(日本円)
システムが自動的に発行	発行者	日本政府(硬貨) 日本銀行(紙幣)
システムへの信用	価値の裏付け	日本政府への信用

(経済産業省資料)

B フィンテックの課題

● 世代別のインターネット利用率

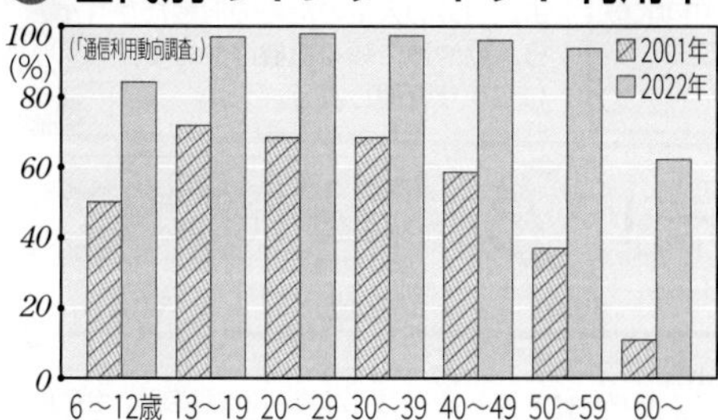

解説 **情報利用の格差**　情報通信機器の普及に伴い，情報技術を使いこなせる人たちとそうでない人たちの間に，経済的・社会的格差が生じる問題を**デジタル・デバイド**と呼ぶ。新しい技術を使いこなせない人々への配慮が必要である。

他にも,不正アクセスによるスマートフォン決済の不正利用や仮想通貨の流出など,情報セキュリティの面で課題もある。

C フィンテックがつくる未来

● 口座を保有している15歳以上の人の割合

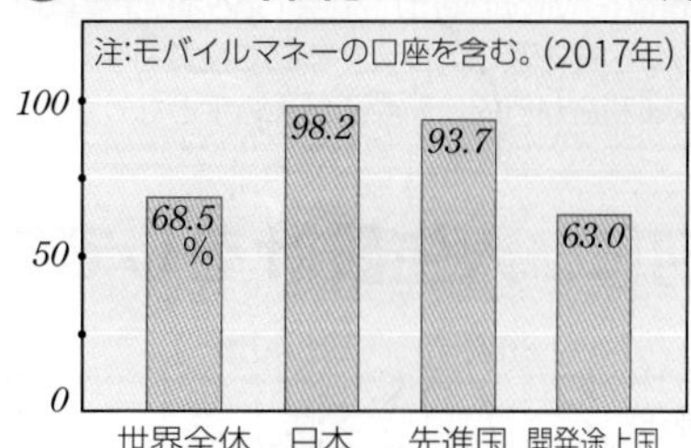

(「The Global Findex Database 2017」)

解説 **金融サービスをすべての人に**　世界には，開設にかかる費用の問題などにより，口座をもてない人もいる。口座がないと，預貯金や資金の借り入れが難しくなる。フィンテックにより，こうした格差の是正が期待される。

「エムペサ」を利用するマサイ民族の男性(ケニア)　ケニアでは携帯電話を使ったモバイル送金サービス「エムペサ」が普及している。近年，携帯電話が急速に広がり，アフリカでの普及率は8割を超える(2014年現在)。「エムペサ」は，2007年のサービス開始以来，銀行口座を持たない貧困層を中心に利用者が拡大した。

重要用語　271 バーゼル合意(BIS規制)　272 ペイオフ　273 デジタル・デバイド

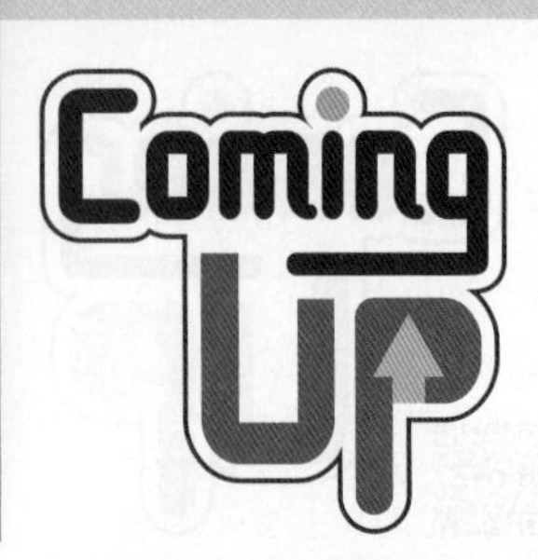

さまざまな金融商品と資産運用

ねらい 少子高齢化の進展に伴い，年金の給付水準の低下が予測されており，資産運用を通じた「自助」の必要性が高まっているといえる。金融商品の種類やしくみ，リスクとリターンの関係について理解しよう。また，どのように金融商品を選択し，資産運用を行っていけばよいのか考えよう。

A この行動，どこが問題？ ●ついに貯金300万円を達成！しかし…

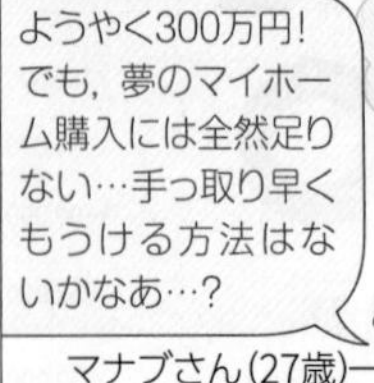

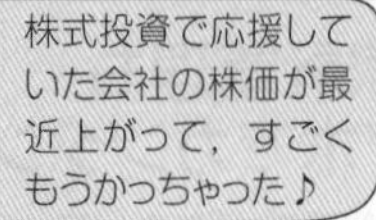

●マナブさんの行動の問題点は？

①金融商品の特徴やリスクを調べていない

金融商品には様々な種類があり，リスクやリターンも各商品により異なる。金融商品の特徴を理解し，自分の目的に合った投資を行う必要がある(➡B)。

②人生設計や資金計画を立てずに投資を行っている

今後の人生でいつ，どのくらいのお金が必要なのかを考え，その資金をどのように準備するのかといった計画を立てて投資を行う必要がある(➡C)。

投資の結果の責任は，自分自身で負う必要があるため，冷静に判断して行う必要があるよ。このページで，賢く資産運用するための方法を学習していこう。

B 預貯金と投資の違いをおさえよう！

	預貯金	投資対象の金融商品 債券	株式	FX(外国為替証拠金取引)
内容	金融機関に預けるお金。いつでも払い戻せる**普通預金**，一定期間預ける**定期預金**など。インフレ(➡p.178)になると，価値が目減りする。	新規発行や発行済みの**債券**(**国債**，**地方債**，**社債**など，資金の借用証書)の償還日(返済日)前の売買や利子で利益を得る。	**株式**(株主としての権利 ➡p.164)を株式市場で売買し，利益を得る。	**外国通貨**の売買による差額で利益を得る。元手となる資金の25倍まで取引できる。
元本割れリスク	利益は小さいが，元本割れは原則ない。(ペイオフ ➡p.188)	**あり**(市場金利や発行体の信用度などで価格変動)	**あり**(会社の業績などで価格変動)	**あり**(為替変動や元手の何倍もの取引で損をすると，多額の赤字に)

●リスクとリターンの関係

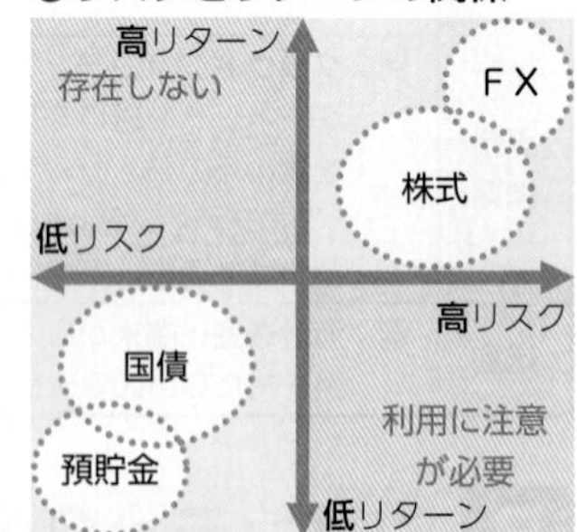

投資 長期的な資金の増加を目的に資金を投じること。投資には，経済や社会の発展に寄与するという側面もある。環境(Environment)や社会(Social)，企業統治(Governance)に配慮しているかを重視して企業を選び，投資する**ESG投資**も注目されている。

投機 短期的な価格変動による利益が目的。勘や運が決め手となりがち。

低リスク・高リターンの金融商品はないよ。自分の人生のためのお金だから，勘や運に頼る**投機**はやめて，しっかり管理しよう。

C 投資する前に，人生設計をしてみよう！

下のマナブさんの例を参考に，人生設計をしてみよう！

マナブさんのライフプランと資金計画

年齢	出来事
27歳(現在)	
28歳	結婚
31歳	第１子誕生
33歳	住宅購入
34歳	第２子誕生
50〜60歳	・夫婦共働き。 ・子どもは２人とも公立で大学まで進学。

注：28歳以降は世帯計。金融広報中央委員会「生活設計診断」(www.shiruporuto.jp/public/document/container/sindan/)より作成

27〜80歳収入 3億2292万円：勤労所得(退職金を含む) 2億6101万円／年金 2805／借入金・その他 3386

27〜80歳支出 1億9380万円：生活費 8405万円／住宅購入費 3000／教育費 1337／結婚・出産費 304／借入金返済 3329／その他 3005

いくら投資に使う? 貯蓄 1億2912万円

人生設計と資金計画に合わせて，自分の目的に合った金融商品を選び，冷静に判断して投資をしよう！

ポイント整理 10

学習コンテンツ

4 国富と国民所得 (p.173～176)

国民総生産(GNP)	生産物の総額－**中間生産物**の総額＝最終生産物の総額
国内総生産(GDP)	GNP－海外からの純所得(海外からの所得－海外への所得)

①実質経済成長率＝$\frac{本年度の実質GDP－前年度の実質GDP}{前年度の実質GDP}\times 100$

②**社会資本**
- 産業関連社会資本(生産関連社会資本)…道路・鉄道など
- 生活関連社会資本…公共住宅・都市公園など

5 景気変動と物価 (p.177・178)

①政府・日本銀行の役割

		好況時	不況時
財政政策	財政支出	抑制	増大
	租税	増税	減税
金融政策	政策金利	引き上げ	引き下げ

②**景気変動の周期**…**キチンの波**, **ジュグラーの波**, クズネッツの波, コンドラチェフの波

③**物価の変動**
- インフレーション…物価が継続的に上昇し, お金の価値が下がる
- デフレーション…物価が継続的に下落し, お金の価値が上がる

6 財政の役割

A 財政のしくみ (p.179・180, 183)

①財政機能
- **資源配分の調整**…私企業では供給できない公共財の提供
- **所得の再分配**…累進課税(高所得者に高率の課税)・社会保障(低所得者保護)
- **景気の安定化**
  - 自動安定化装置(ビルト・イン・スタビライザー)…財政の中に組み込まれる
  - **裁量的財政政策(フィスカル・ポリシー)**…意識的に景気を安定化させる

②財政投融資…特殊法人や独立行政法人などの財投機関を通じて, 社会資本整備や中小企業支援などのために投資・融資する制度

③**日本の財政危機**…巨額の国債残高(債務残高の対GDP比は, 先進国中で最悪)

B 租税のしくみ (p.181・182)

租税
- 直接税…納税者と担税者が同一(**所得税**・**法人税**・**相続税**など)
- 間接税…納税者と担税者が別(**消費税**・酒税など)

→ **直間比率**の見直し

7 金融の役割

A 金融のしくみ (p.184・185)

①**通貨制度**　**金本位制**⇒**管理通貨制度**…中央銀行が通貨量を管理⇒景気調節が可能

②**金融**
- 直接金融…**企業**⇐株式や社債の購入(証券市場)⇐**出資者**
- 間接金融…**企業**⇐貸付⇐**金融機関**⇐預金⇐**出資者**

B 日本銀行と金融政策 (p.186・187)

①**日本銀行の役割**…政府の銀行, 発券銀行, 銀行の銀行

②**金融政策**…物価を安定させ, 国民経済の発展を図ることが目的

公開市場操作…金融政策の手段。売りオペ, **買いオペ**によって金利や通貨量を調整

1999年以降…デフレ脱却のため, 市中の通貨量を増やす**金融緩和政策**を実施

C 金融の自由化と競争の激化 (p.187・188)

護送船団方式→金融自由化(1979～)→**日本版金融ビッグバン**(1996)（←バブル崩壊）

（金融自由化の背景：国債発行・直接金融の増加, 金融の国際化）

D バブル崩壊と金融への影響 (p.188)

不良債権処理と金融システムの安定化が急務…**ペイオフ**の凍結と解禁, 業界再編

ポイント解説

国富と国民所得　GNPは一国の経済規模を示す指標である。近年は, **経済成長率**など国内経済を示す指標には**GDP**が用いられる。実質経済成長率は物価の変動を考慮に入れて算出した成長率である。国富も一国の経済規模を示すが, 国民所得が1年間に生産された価値の流れ(**フロー**)を示すのに対し, 国富はある時点までに蓄積された価値(**ストック**)を示す。

景気変動と物価　景気は**好況**→**後退**→**不況**→**回復**の4つの局面を繰り返す。政府は景気変動の幅を小さくするために, **財政政策**と**金融政策**を併用すること(**ポリシー・ミックス**)が多い。

2001年以降, 日本はデフレ状態に陥った。デフレにも関わらず消費が伸びず, 企業の収益が悪化して景気がさらに悪くなるという悪循環を, **デフレスパイラル**という。

A 財政のしくみ　政府は財政活動によって市場の欠陥を補い, また景気を安定化に導く。**自動安定化装置(ビルト・イン・スタビライザー)**は, **累進課税**と社会保障制度により, 自動的に景気を調整する。**裁量的財政政策(フィスカル・ポリシー)**は, 政府が税の増減と公共支出の増減を行い, 意識的に景気を調整する。

B 租税のしくみ　**租税**には, **直接税**と**間接税**がある。公平・中立・簡素を満たす税制が望ましい。

A 金融のしくみ　金融市場に出回るお金を**通貨**という。現在日本では通貨量を**日本銀行**が管理(**管理通貨制度**)している。

金融機関は, **預金**・**貸し出し**・**為替**などの業務を行って企業・家計・政府の仲立ちをする。

B 日本銀行と金融政策　金融政策の中心的手段は**公開市場操作**である。金融機関に国債などを売る**売りオペ**, 国債などを買う**買いオペ**を通じて, 通貨量を操作する。

C 金融の自由化と競争の激化
自由化は, 証券市場の発達と国際化により段階的に行われたが, 日本版金融ビッグバンにより急速に進んだ。

D バブル崩壊と金融への影響
バブル崩壊で金融機関は不良債権処理に追われ, 金融システム不安が問題となった。金融機関の破綻による金融危機を防ぐため, **ペイオフ**は一時凍結された。金融業界の再編も進んだ。

戦後から現在へ

戦後日本経済の歩み

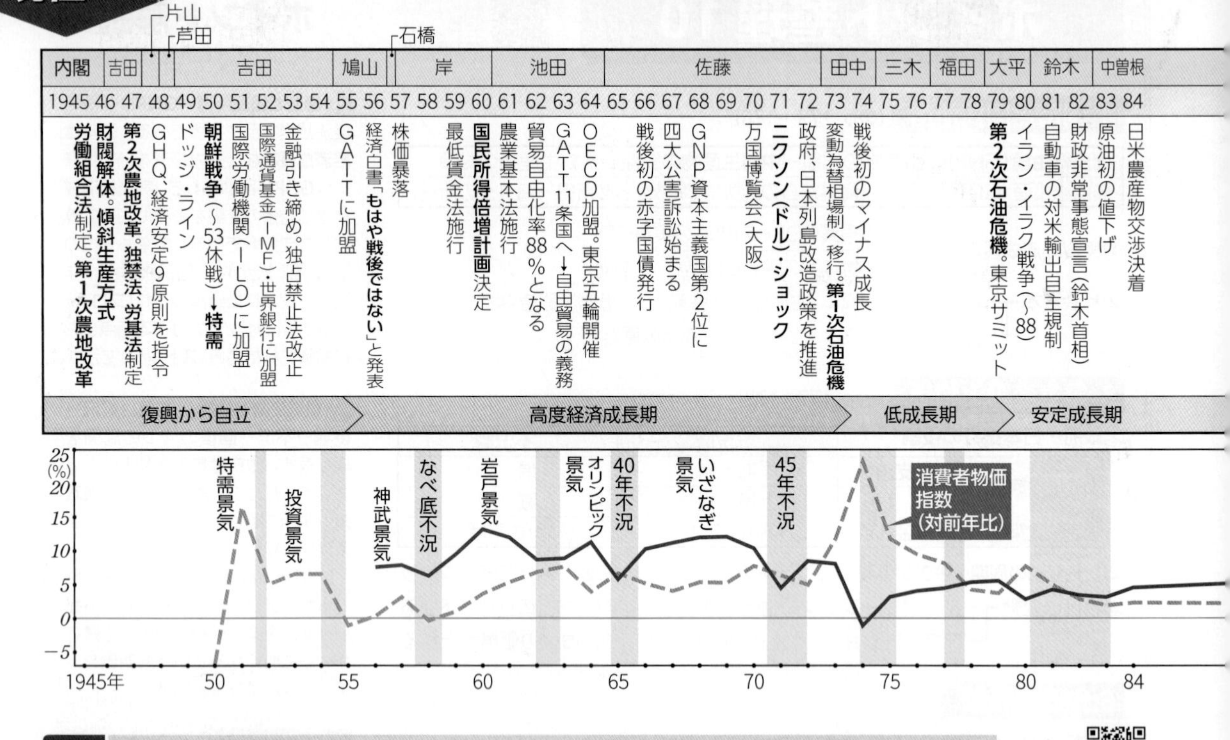

A 戦後の復興

朝鮮特需

❶ 経済の民主化(3大改革)

財閥解体	持株会社整理委員会が発足し，4大財閥(三井，三菱，住友，安田)をはじめとする財閥の本社を解散させ，持株を一般に売却し，彼らの支配力を奪った。 ➡市場，特に企業間の競争を高めることになり，経済発展の活力となった。
農地改革	2次にわたって行われ，最終的に不在地主のすべての土地を小作人に売却，在村地主の土地保有は1町歩(北海道は4町歩)以内として小作人に優先的に安価で売却した。 ➡自作地が増えたことにより農家の生産意欲が高まり，所得上昇・消費意欲の向上につながった。
労働民主化	**労働三法**(労働組合法，労働関係調整法，労働基準法)(➲p.203)を制定，それまで制限していた労働運動を認めた。 ➡賃金などの労働条件が改善され，その結果，消費も著しく増加した。

❷ 傾斜生産方式

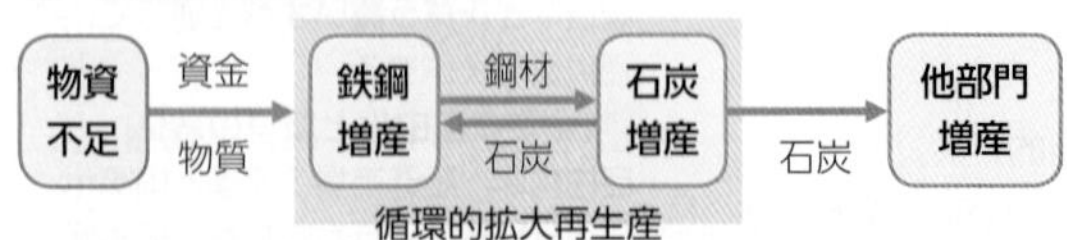

解説 **基幹産業の復興を重視** 戦後，生活物資が不足し，生産再開が急務となった。そこで，1947〜48年に，限られた資金や物資，労働力を石炭・鉄鋼部門に(後に肥料・電力部門にも)重点的に投入して増産を図り，生産が一定の基準に達した後，それを他の部門に流し，生産の全面的拡大をねらう**傾斜生産方式**がとられた。この資金は，経済復興のための債券(**復金債**)を発行してまかなわれた。過剰な資金が投入された結果，生産は拡大したが，通貨量が増大し，インフレ(➲p.178)が進行した。

❸ 経済安定9原則とドッジ・ライン

Q ドッジ・ラインの目的とその効果は何だったか？

経済安定9原則(1948年)…GHQによる指令

<目的> 経済安定とインフレ収束
<内容> 均衡予算，徴税強化，融資規制，賃金安定，物価統制，貿易・為替管理の強化，輸出の振興，鉱工業生産の増強，食糧供給の改善

↓ 具体化

ドッジ・ライン(1949年)…ドッジ公使による経済安定政策

- **超均衡予算*の実現**
  …**シャウプ勧告**に基づく直接税中心の税制の確立，あらゆる補助金の削減など
  *歳入が歳出を上回る黒字を前提とする予算
- **インフレ抑制，物価安定**
  …復金債(➲❷)の発行停止など
- **貿易振興，国際経済への復帰**
  …単一為替レートの設定(1ドル＝360円)

ドッジ (1890〜1964)

解説 **日本経済の安定と自立のために** GHQ経済顧問ドッジ公使は，日本経済を米国の援助と政府の補助金に頼る不安定な「**竹馬経済**」と表現した。**ドッジ・ライン**は黒字財政・インフレ収束と同時に生産縮小をもたらし，日本は深刻な不況(安定恐慌)に陥った。その後，**朝鮮戦争**(1950年〜53年休戦)の勃発で，米国から軍需物資の補充・修理などの特別調達需要(**特需**)が舞い込んだ。これにより，生産が拡大し，外貨が増えたことで，ドッジ・ラインによる不況から脱出した。

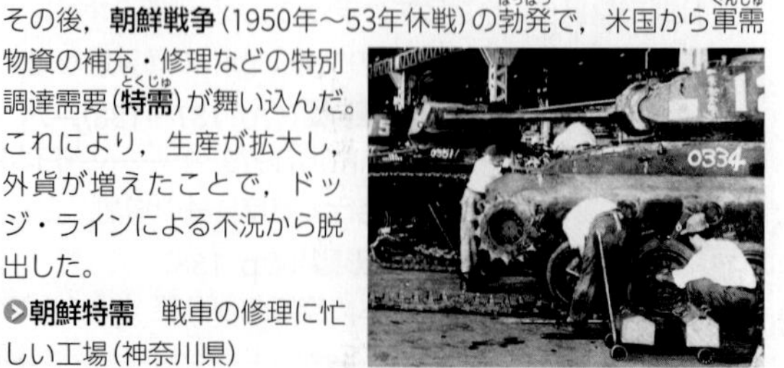

朝鮮特需 戦車の修理に忙しい工場(神奈川県)

メモ 池田勇人は総選挙の自民党テレビCMで「皆さんの所得を10年で2倍にします。わたしはうそは申しません。」と話し，流行語となった。それまで安保改定反対の安保闘争で政治的に混乱していた日本は，ここから経済路線へと転換した。

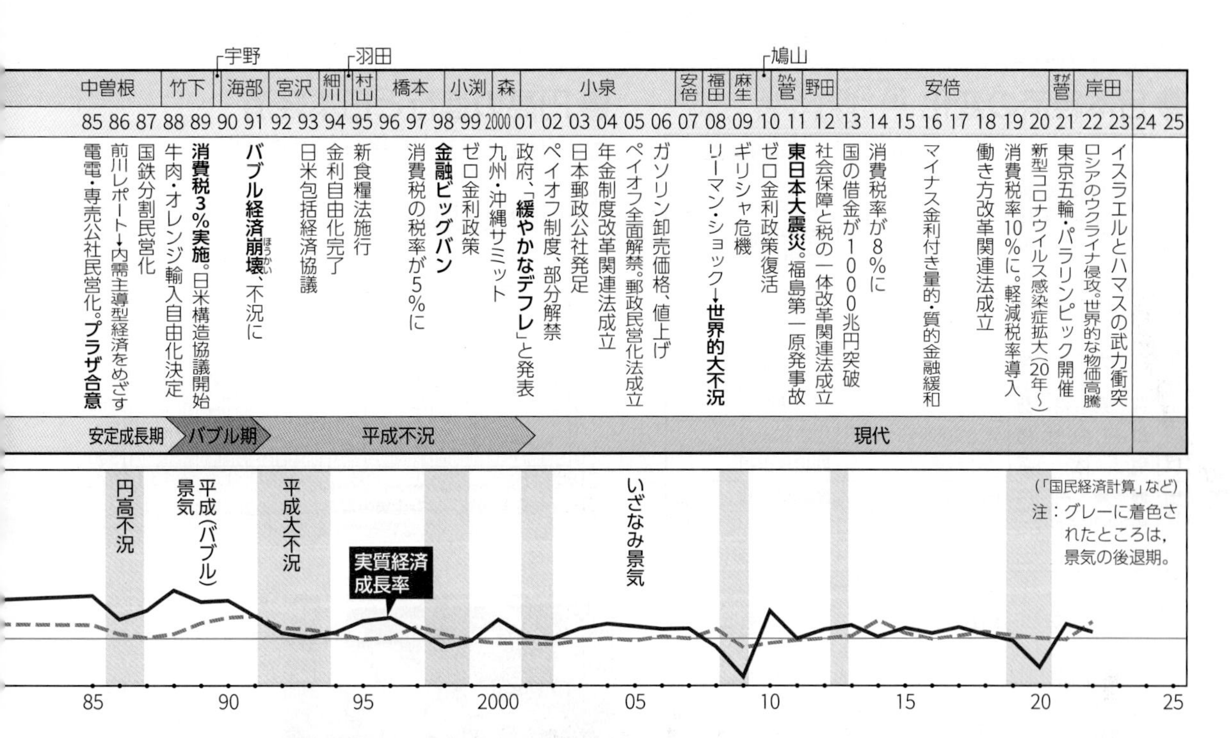

B 高度経済成長

❶ 高度経済成長の要因

高い設備投資	**高い貯蓄率**…日本の貯蓄率は諸外国に比べて高く，この貯蓄が設備投資資金にまわった。 **技術革新**…外国の技術の導入が1955年頃に急増。 **財閥解体**…企業間競争が激化し，設備投資を促進。 **「国民所得倍増計画」**…財政投融資による低利貸出，工場団地建設，税制優遇政策など。
豊富で良質な労働力	戦後，6・3制の義務教育制度により良質な労働力が供給された。また，外国と比べ賃金が低かった。
消費水準の向上	農地改革・労働民主化により，農民や労働者の所得水準が向上し，消費意欲が高まった。
ドル高・円安の固定相場制	1971年8月のニクソン・ショックまで，1ドル＝360円で相対的に安く，非常に輸出に有利であった。
豊富で安価な資源	第1次石油危機まで，安価な石油を大量消費することができ，重化学工業化が進んだ。
低い防衛費	憲法第9条及び日米安全保障条約（➲p.106）により，諸外国と比べ防衛関係費が低く抑えられた。

●月給を10年で2倍に！

△池田勇人首相

政治的対立から経済の時代へ　1960年，池田勇人内閣は岸前内閣下での安保政策重視を一転させて経済政策を前面に打ち出し，**「国民所得倍増計画」**を政策の中心に据えた。これは，10年間で実質国民総生産を2倍にして完全雇用を達成し，農業と工業，大企業と中小企業，地域間などの格差是正をめざすものであった。

所得倍増の達成　政府は減税と公定歩合（➲p.186❸）の引き下げ，財政支出の増大によって設備投資の促進と国民の購買力の増大を図り，さらに，貿易自由化の促進によって産業の国際競争力強化をめざした。日本全体が所得倍増にまい進した結果，経済は年11％に迫る勢いで成長し，1967年には目標を達成。**高度経済成長**を実現させた「国民所得倍増計画」は，戦後日本経済の大きな転換点となったが，都市部と農村，大企業と中小企業などの格差は拡大した。

●民間設備投資と実質国民総生産

年度	民間設備投資	実質国民総生産
1960	7.1兆円	26.2兆円
1965	10.7	41.6
1970	29.9	72.1
1975	30.3	93.3

（経済要覧など）

❷ 主な耐久消費財の普及率

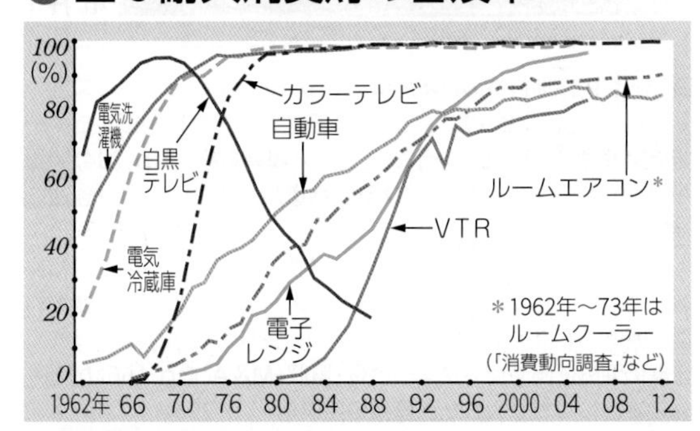

●高度経済成長の光と影

高度経済成長期，設備投資と技術革新により，重化学工業が大きく進展した。また，国民の所得が上昇し，生活水準が向上するのに伴い，消費意欲が高まり，大量消費の時代に突入した。1960年代には白黒テレビ・洗濯機・冷蔵庫の**「三種の神器」**が，1970年代には自動車・カラーテレビ・クーラーの**「3C」**が普及した。

一方，大量生産・大量消費時代の陰で，1960年代後半から，慢性的なインフレ，公害の多発，生活関連社会資本や福祉の立ち遅れなどの弊害が目立ち始め，**「くたばれGNP」**という流行語ができた。

写真提供／昭和館

△三種の神器

❗重要用語　229国民総生産（GNP）　242インフレーション　274経済の民主化　275高度経済成長　276国民所得倍増計画　288労働三法　356朝鮮戦争

C 石油危機と安定成長期

●日本経済の変化

Q 石油危機の前後で日本経済はどのように変わったか？

		石油危機前	石油危機後
経済全体の総称		「量」経済（モノ中心）	「質」経済（サービス・ソフト化）
時代区分		高度成長時代	情報経済時代 安定成長時代
産業構造	産業の特徴	**重厚長大（エネルギー多消費型）**	**軽薄短小（省エネルギー型）**
産業構造	主力産業	鉄鋼・自動車	エレクトロニクス・通信・バイオテクノロジー
産業構造	貿易姿勢	輸出重視	輸入重視
財政	政府の性格	大きな政府	小さな政府
財政	税体系	直接税重視	間接税重視
国際環境	通貨制度	固定相場制	変動相場制
国際環境	世界GNPに占める割合	5％	10％
国際環境	経済圏	大西洋の時代	太平洋の時代

（『ゼミナール日本経済入門』日本経済新聞社より）

解説 **石油危機と日本経済**　1973年の**第１次石油危機**で世界中が深刻な不況に陥った。資源の海外依存度が高い日本への影響は大きく，「**狂乱物価**」と呼ばれるほど物価が高騰した。金融引き締め（➡p.186③）など，政府が介入し需要を減らす総需要抑制政策により物価は鎮静化に向かったが，景気が急激に下降し，翌1974年には実質経済成長率が**戦後初のマイナス成長**となった。その後，省エネ・省資源をめざす産業転換や企業の減量経営などにより不況を乗り越え，日本経済は安定的な成長をみせた。

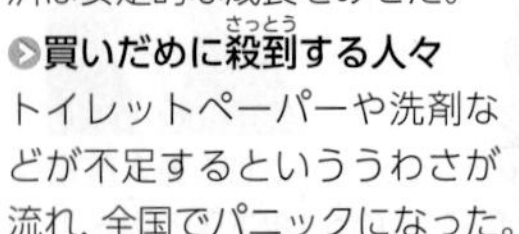

▶買いだめに殺到する人々
トイレットペーパーや洗剤などが不足するといううわさが流れ，全国でパニックになった。

●産業別就業人口の推移

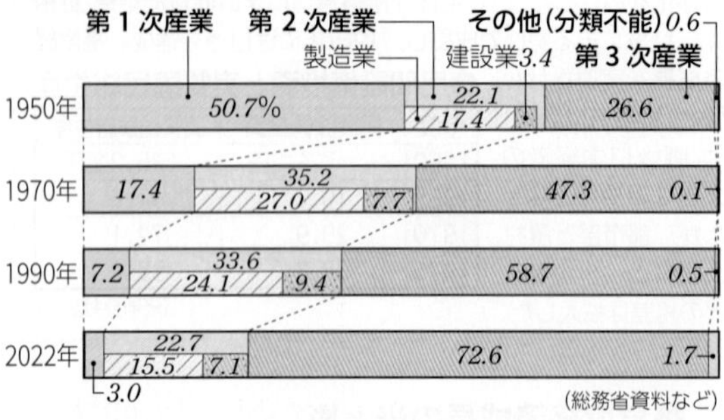

（総務省資料など）

解説 **「量」経済から「質」経済へ**　経済が成長し，生活水準が向上すると，モノよりも知識や情報などのソフトウェアに対する需要が高まり，第３次産業の比重が増大する。また，第３次産業以外の産業においても，ソフトウェアの役割が重要になってくる。この傾向を**経済のサービス化・ソフト化**という。日本では，石油危機を契機として進み，それまでの経済の量的拡大に代わり，生活の質の向上や個人の生きがいなどの「質的拡充」が重視された。

産業構造の高度化　経済が成長・発展するにつれて，産業の中心が第１次産業から第２次産業へ，さらには第３次産業へと移っていくことを**産業構造の高度化**という。これはペティによって指摘され，コーリン＝クラークによって実証されたため，**ペティ・クラークの法則**と呼ばれる。

D プラザ合意と円高不況

●円高の進行と日本経済

●円相場と対外直接投資の推移

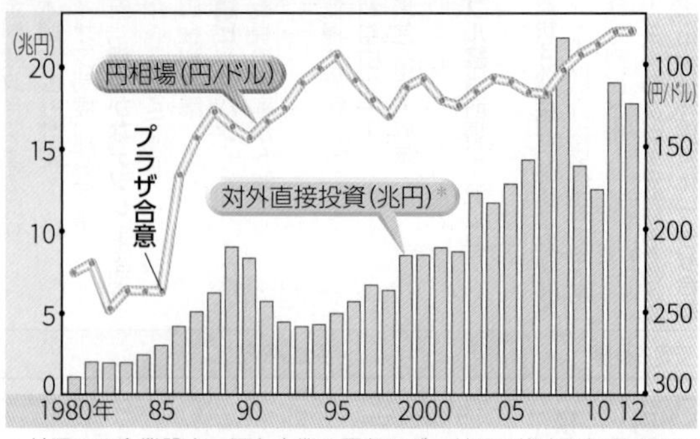

＊外国での企業設立，既存企業の買収など，外国に資本を投下すること。年度。1995年度までは届出ベース，1996年度以降は実績ベース。

（「財政金融統計月報」など）

◀アメリカ人の工員と日本人技術者（アメリカ，ジョージア州）
1970年代以降，円高の影響と貿易摩擦を解消するため，海外に進出する日本企業が増加した。

プラザ合意（1985年）
ドル高を是正するため，日・米・英・西独・仏による為替市場への協調介入についての合意。ニューヨークのプラザホテルでの先進5か国財務相・中央銀行総裁会議（G5）において発表された。参加各国が協調してドルを売り，ドル安に導くことで，アメリカの輸出競争力の強化・貿易赤字の改善がねらいであった。

ドル高修正へ協調強化

五カ国蔵相会議で合意

市場に積極介入

日本は内需拡大

円一時228円台に

日銀，大量円買い

（「朝日新聞」1985.9.24）

◀先進5か国財務相・中央銀行総裁会議に出席した各国財務相

解説 **円高進行下の日本経済**　ドル高・円安のもとでの輸出の拡大により，石油危機による不況から脱し，景気は回復した。一方外交面では，貿易不均衡の拡大から「**貿易摩擦**」（➡p.294）問題が発生していた。1985年に**プラザ合意**がなされ，円高が急速に進展。日本は，輸出産業を中心に不況に陥った（**円高不況**）。このため，政府は輸出主導型経済から内需主導型経済への構造転換をめざし，情報処理サービスやソフトウェア，IC産業など知識集約型産業への転換を図ろうとした。また，円高と貿易摩擦を背景に，企業の海外進出や海外企業の合併・買収（**M&A** ➡p.166）が進み，対外直接投資が増大した。（**産業の空洞化** ➡p.295）

入試クイズ　プラザ合意による円安が１つの要因となって，国内の輸出産業が苦境に陥った。○？×？（➡D）　答：×

E バブル以降の日本経済

❶ バブル経済の発生と崩壊

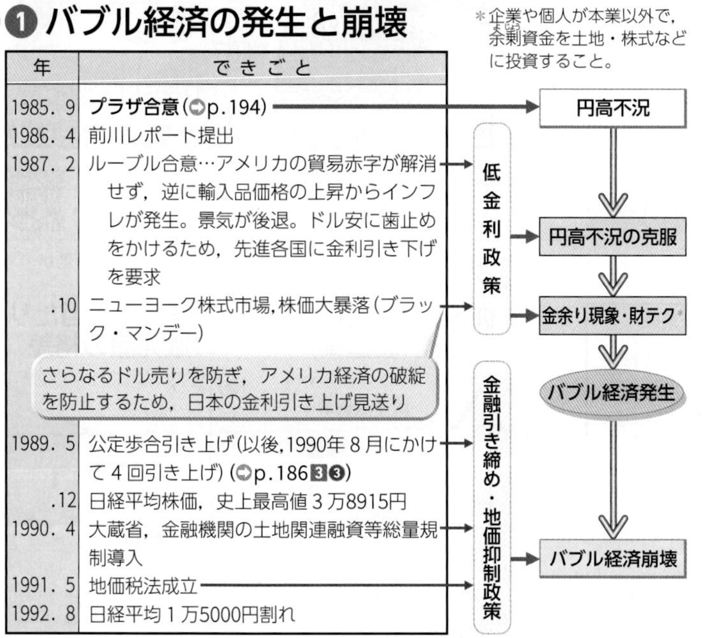

年	できごと
1985. 9	プラザ合意（➡p.194）
1986. 4	前川レポート提出
1987. 2	ルーブル合意…アメリカの貿易赤字が解消せず，逆に輸入品価格の上昇からインフレが発生。景気が後退。ドル安に歯止めをかけるため，先進各国に金利引き下げを要求
.10	ニューヨーク株式市場，株価大暴落（ブラック・マンデー）
1989. 5	公定歩合引き上げ（以後，1990年8月にかけて4回引き上げ）（➡p.186 3❸）
.12	日経平均株価，史上最高値3万8915円
1990. 4	大蔵省，金融機関の土地関連融資等総量規制導入
1991. 5	地価税法成立
1992. 8	日経平均1万5000円割れ

＊企業や個人が本業以外で，余剰資金を土地・株式などに投資すること。

バブルの背景　土地は儲かる!?

戦後，日本では土地は必ず値上がりするという「土地神話」が定着していた。さらに，1980年代に中曽根内閣のもとで規制緩和が行われ，都市再開発が進められると，不動産・建設業者は土地の取得に乗り出し，銀行も積極的な不動産融資を行ったため，地価は高騰していった。

解説 金余りが生んだバブル経済　1987年のルーブル合意とブラック・マンデーによるアメリカ経済への影響を配慮し，日本の低金利政策は維持された。これによって生まれた余剰資金は土地・株式の購入に振り向けられ，これまで土地・株取り引きに関係なかった企業・個人までもが値上がりによる利益を期待して売買を繰り返した。その結果，**地価や株価は実際の価値をはるかに超えて高騰し，バブル経済に発展した。**

地価の異常な高騰は，マイホームがもてない，相続税が払えないなどの弊害を生んだため，政府・日銀は金融引き締め・地価抑制政策を実施した。これにより地価・株価は暴落。バブル経済は崩壊し，長引く不況の幕開けとなった。

（➡p.188 D）

❷ 不良債権の発生　Q バブル期の融資のあり方は何が違っていたのか？

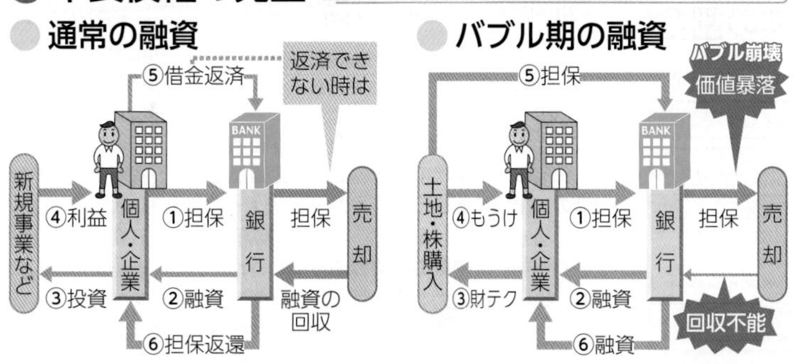

解説 銀行の放漫な過剰貸し付け　銀行は融資する時，土地などの不動産や株式などの有価証券を**担保**として預かる。貸付金が返済されない場合は担保を売却して返済に充てる。通常，融資額は担保の市場価格の7割程度だが，バブル期には値上がりを見込んで市場価格以上の金額を融資した銀行もあった。この過剰な貸付金は，バブル崩壊後に**巨額の回収不能な不良債権**となり，銀行の資金不足を招き**経営を圧迫**した。政府は**多額の公的資金を注入**して不良債権処理を助け，さらに，破綻した大銀行を一時国有化する緊急措置などを定めた**金融再生法**が1998年に成立した。

❸ 失われた10年

●不良債権額と貸出金対前年比の推移

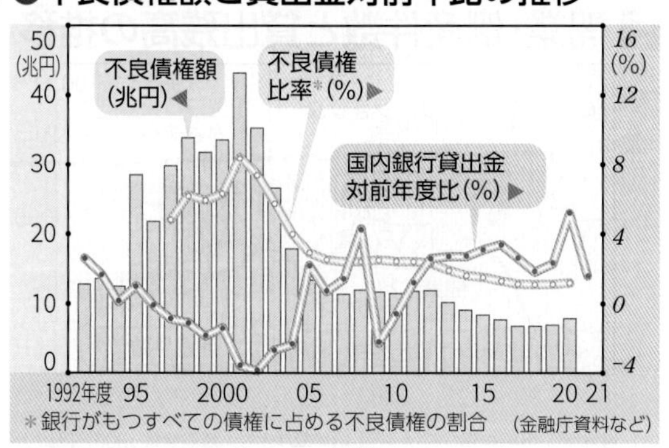

＊銀行がもつすべての債権に占める不良債権の割合　（金融庁資料など）

解説 失われた10年　バブル崩壊後の1990年代の経済の低迷は，「**失われた10年**」と呼ばれる。**不良債権**により経営を圧迫され，融資に慎重になった銀行の**貸し渋り**は，不況下の企業活動をさらに圧迫。倒産する企業が増加（➡p.196）し，銀行の不良債権処理が進まないという悪循環に陥った。銀行の経営破綻を救うため，政府は多額の公的資金を注入し，日銀は金融緩和政策を進めた。

❹ 規制緩和と格差の拡大

●小泉構造改革　Q 何をめざした改革だったのか？

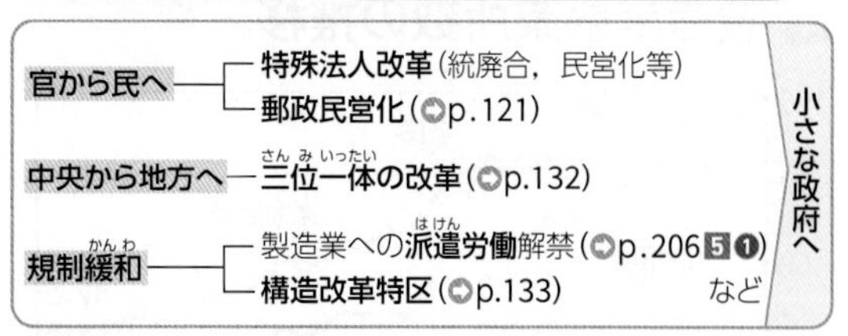

解説 民営化と規制緩和　小泉内閣（2001～06年）は，財政健全化や経済活性化などを掲げ，**小さな政府**をめざす**新自由主義的政策**（➡p.158）をとった。「改革なくして成長なし」を理念とした，民営化や他分野に渡る規制緩和をはじめとする大規模な**構造改革**である。この時期，日本の景気は回復傾向に向かい，2002年から始まった景気拡大は6年1か月に及んだ。一方で，構造改革の結果，非正規雇用者が増加し，所得格差が拡大した（➡p.224）。

その後，第2次安倍内閣（2012～20年）は，デフレ脱却と持続的な経済成長を掲げ，「**アベノミクス**」と呼ばれる経済政策を展開。①大胆な金融政策，②機動的な財政政策，③民間投資を喚起する成長戦略，という「三本の矢」が掲げられた。

重要用語　216 M&A　241 物価　277 石油危機　278 経済のサービス化・ソフト化　279 産業構造の高度化　280 バブル経済　401 プラザ合意　408 産業の空洞化

8 中小企業

ロケットの部品も手がける北嶋絞製作所(東京都大田区)

ねらい
- 中小企業が日本の経済のなかで果たす役割について理解しよう。
- 中小企業の現状と，様々な取り組みについて調べてみよう。

A 中小企業の現状

1 中小企業の範囲(中小企業基本法第2条)

業　種	資本金	従業員
製造業その他の業種	3億円以下	300人以下
卸　売　業	1億円以下	100人以下
小　売　業	5000万円以下	50人以下
サービス業	5000万円以下	100人以下

注：資本金・従業員のどちらかの条件を満たせば中小企業

解説 **多様で活力ある中小企業へ**　1963年に制定された中小企業基本法は，**中小企業**の定義及び中小企業政策を規定している。当初は，大企業と中小企業の生産性格差の是正を目標としていたが，産業構造の変化や国際化に対応するため1999年に改正され，中小企業の経営革新と創業促進，及び経営基盤の強化などによって，多様で活力ある成長発展の実現を理念としている。

2 日本経済に占める中小企業の割合

❶製造業(2019年)　(「工業統計調査」)

	大企業	中小企業
事業所数	1.9%	98.1
従業者数	33.9%	66.1
出荷額	53.0%	47.0

❷小売業(2016年，＊は2015年)　(「経済センサス」)

	大企業	中小企業
商店数	1.9%	98.1
従業者数	24.3%	75.7
販売額＊	30.7%	69.3

3 大企業と中小企業

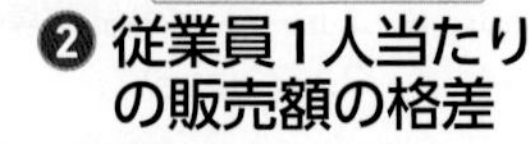

❶ 従業員1人当たりの格差(製造業)

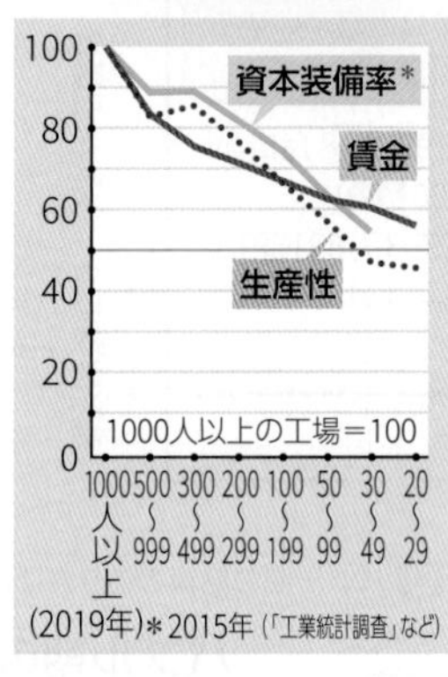

(2019年)＊2015年(「工業統計調査」など)

❷ 従業員1人当たりの販売額の格差

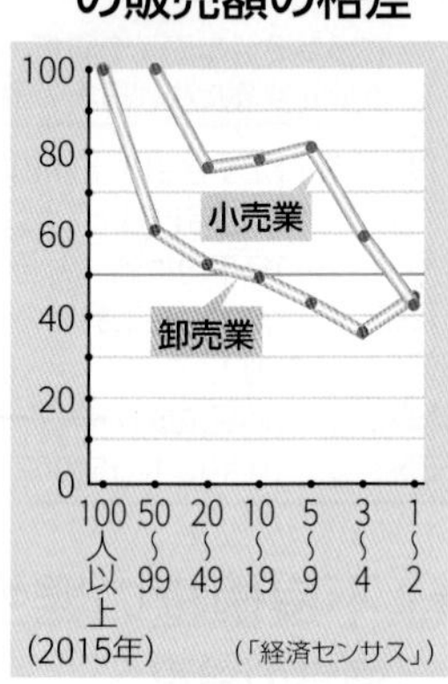

(2015年)　(「経済センサス」)

注：資本装備率＝$\frac{\text{機械・設備などの資本額}}{\text{従業者数}}$

注：卸売業は100人以上の企業＝100，小売業は50人以上の企業＝100としたときの指数。

解説 **日本経済の二重構造**　日本経済の中に，先進技術をもつ近代的な大企業と前近代的な中小企業が並存する状態を，**日本経済の二重構造**という。資本力・生産性・賃金が高い大企業は，中小企業を**下請け・系列化**。中小企業は景気によって発注量を変えられるなど，**景気の調節弁**の役割を負わされている。しかし中には，独自の技術力を生かして，既存の産業のすきまを埋めるような**ニッチ産業**で活躍したり，革新的な技術やアイデアをもとに活躍する**ベンチャー・ビジネス**を展開する企業も増えている。

> **下請け企業**　大企業などの生産の一部を継続的に発注される企業。
> **系列企業**　株式所有や役員派遣などで関係を結ぶ企業群。

4 製造業事業所数の推移

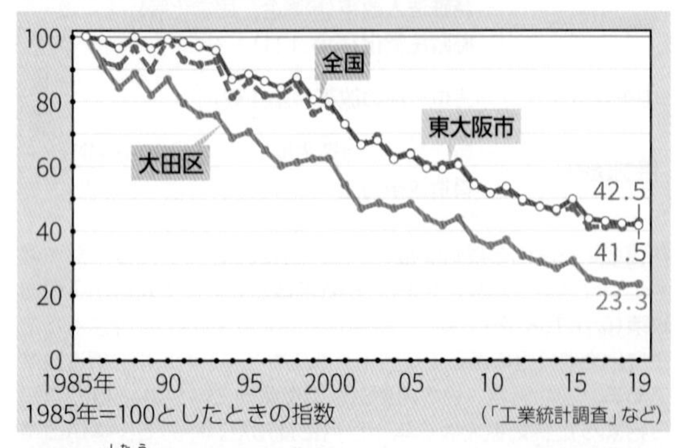

1985年=100としたときの指数　(「工業統計調査」など)

解説 **下請け企業の経営危機**　バブル崩壊後，**下請け企業**は親会社の経営不振により，経営危機に陥った。特に下請け工場が集中する東大阪市と東京都大田区の事業所の減少は著しい。さらに，製造コストが安いアジア諸国との競争激化や大企業の海外進出による**産業の空洞化**(◯p.295)なども倒産増加の一因となっている。

5 開業・倒産件数と貸出残高の推移

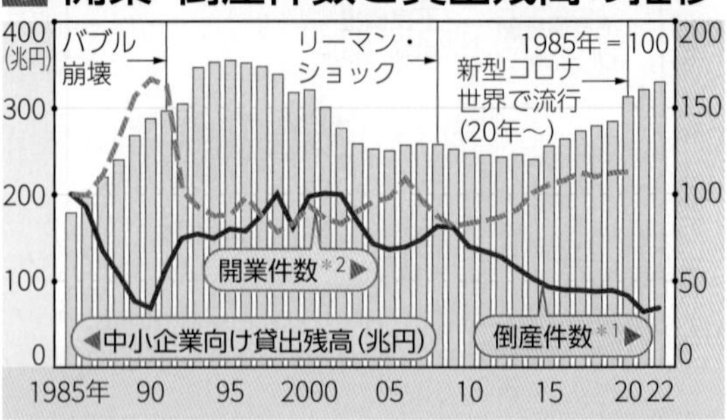

＊1 資本金1億円未満の法人・個人企業のうち，負債金額1000万円以上の企業数の指数。　＊2 会社の設立登記数の指数。(「中小企業白書」など)

解説 **銀行と中小企業**　バブル崩壊後，銀行は**不良債権**(◯p.195)を抱え，新規の融資を控える「**貸し渋り**」や返済期限前に貸出金を回収する「**貸しはがし**」を行った。さらに，2008年の**リーマン・ショック**後，多くの銀行が融資に慎重になり，中小企業の資金繰りは悪化した。2010年代後半には徐々に貸出金も増えていった。

メモ 福井県鯖江市では，福井をメガネの産地としてアピールするため，産地統一ブランドを立ち上げた。生産から販売まで一括して行い，「作る産地」から「売る産地」への変換を図っている。

B 中小企業の取り組み

1 ベンチャー・ビジネス

❶ベンチャー・ビジネスの事例

ミドリムシ

ミドリムシで世界を救う　株式会社ユーグレナは，微細藻類ユーグレナ(和名：ミドリムシ)を使った機能性食品，化粧品等の開発・販売，バイオ燃料の生産などを行っている。創業者の出雲充さんは，大学在籍時にバングラデシュを訪れ，栄養失調に苦しむ人々を助けたいと思った。それが創業の原点だ。植物と動物両方の性質をもつユーグレナには，人間に必要な栄養素のほとんどが含まれている。出雲さんはその可能性に着目し，大学卒業後ユーグレナ社を立ち上げた。

昨日の不可能を今日の可能に　ユーグレナに関する研究は何十年も前から行われていたが，大量培養が困難を極めることから，実用化は無理だとされていた。出雲さんらは過去の研究資料をもとに実験を重ね，2005年，世界で初めてユーグレナの食用屋外大量培養を実現。近年は，バイオ燃料の開発にも力を入れており，2021年にはユーグレナなどを原料としたバイオジェット燃料による初フライトが成功した(➲p.313 EYE)。

今後の目標　創業のきっかけとなったバングラデシュの栄養と貧困問題の根本的な解決などをはじめとするサステナビリティ*を軸とした事業を展開することで，持続可能な社会を実現することをめざしている。自由で勢いのあるベンチャー企業だからこそ，新しい課題にスピード感をもって正面から立ち向かえる。

＊持続可能性のこと。

ユーグレナの粉末を使用した食品　1日1ｇ(10億個)のユーグレナを摂取すれば，不足しがちな栄養素を補える。
写真提供：ユーグレナ

❷ベンチャー・キャピタルの年間投資額の推移

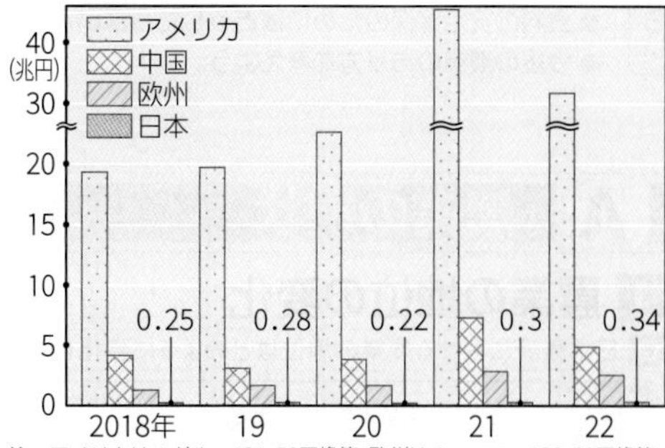

注：アメリカは1ドル＝131.50円換算，欧州は1ユーロ＝138.09円換算，中国は1人民元＝19.49円換算。(ベンチャーエンタープライズセンター資料)

解説　資金面での支援　ベンチャー企業に投資・融資する機関を**ベンチャー・キャピタル**という。グラフから，日本の投資額はアメリカ・中国・欧州と比べて低い。ベンチャー企業は，創業からの年数が短いことや，担保となる資産が少ないことなどから，投資を渋られるケースがある。そのため，資金を調達しやすいように，ベンチャー・キャピタルや新興企業向けの株式市場がある(➲p.162)。様々なベンチャー企業が成長し，新しい商品や市場を生み出すことは，経済の活性化につながる。

●起業に大切な業績の明確化

事業内容を明確化　起業をするには，資金調達が必要で，具体的な計画書である事業計画書が大切になる。出資してもらうには，明確さが求められる。

事業計画書に書くことの例

・事業構想(事業の概要や課題など)
・事業内容(事業の特色や販売計画など)
・資金計画表(設備にかかる費用や自己資産の計画など)
・損益計画表(起業後の売り上げや経費の計画など)

起業後　一定期間の経営成績がわかる損益計算書や，財務状況がわかる貸借対照表(バランスシート)などを作成し，経営状態を明確にすることが求められる。

EYE 技術革新と中小企業

技術革新の可能性　中小企業は，一般的に大企業と比べて生産性が低く，人材不足に悩む場合が多い。これらの課題を解決する切り札として期待されているのが，AI (➲p.54，211)やビッグデータなどの新しい技術の活用である。

多大な経済効果　右の事例のように，新しい技術を活用することで，様々な課題を解決できる可能性がある。実際に，AIやビッグデータなどの導入により，１人当たりの生産性が約10倍に向上した企業もあるという。さらに経済産業省によると，中小企業へのAI導入により，**2025年までに11兆円の経済効果が生まれる**という。このため，経済産業省は新しい技術の導入に必要な費用やノウハウのサポートも行っている。

●AIやビッグデータの活用事例

収集したたくさんのデータをもとに混雑する時間などを予想できる。

商品をスキャンするとＡＩが画像を認識し，自動で会計ができる。

ビッグデータ　ICTの発達に伴い，インターネット上に蓄積された膨大なデータのこと。これを解析することで，新商品の開発やサービス向上などに役立てられる。しかし，大量の個人情報を扱うため，プライバシー保護が課題である。今後はIoTの発展で，より多くのビッグデータが集まると期待されている。

ICT(Information and Communication Technology)　情報通信技術の略称。メールやSNS，インターネットでの情報検索など，ICTを活用して，人と人，人とモノが繋がり，情報・知識を共有できる。

IoT(Internet of Things)　あらゆるモノがインターネットとつながるしくみや技術のこと。モノのインターネットとも呼ぶ。

9 日本の農業問題

エアドーム型の水耕栽培施設

ねらい
- 日本の農業の課題と，政府の対策を理解しよう。
- 食料の安定確保のためにはどうしたらよいか，考えよう。
- 今後の農業のあり方を考えよう。

A 農業の現状

日本の稲作

1 農業の地位の変化

Q 日本経済における農業の地位はどのように変化したか？

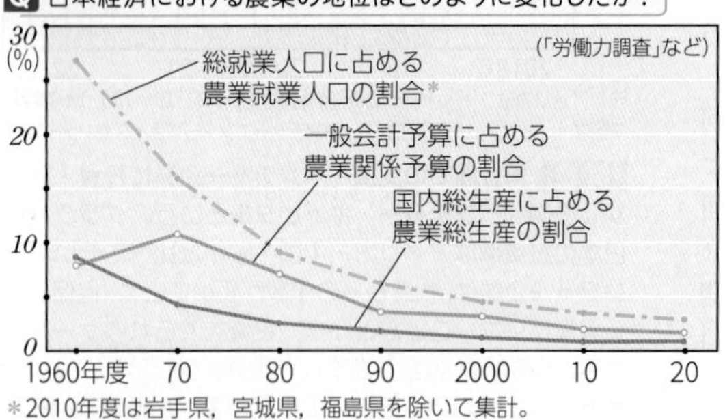

＊2010年度は岩手県，宮城県，福島県を除いて集計。

解説 **農業の地位の低下** 1960年以降の高度経済成長期に工業生産が増加し，農村から工場のある都市へ労働力が移動した。このため農業就業人口や生産量は減少し，国民経済における農業の地位は低下していった。

2 農家数と農家区分の推移

Q 農家数はどのように変化しているか？

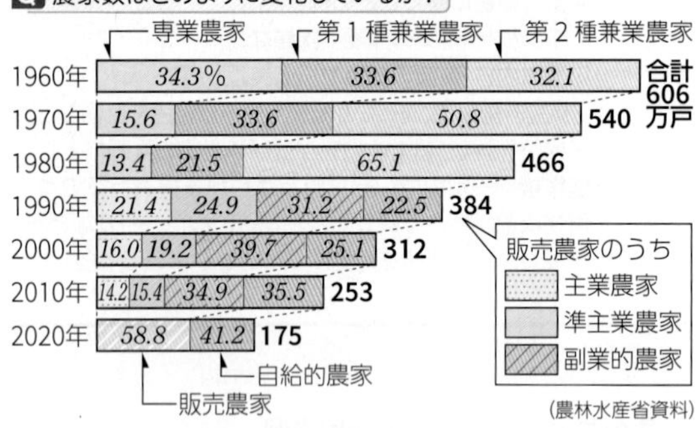

旧分類
- **専業農家**…兼業従事者がいない農家
- **第1種兼業農家**…農業所得が主で，兼業従事者がいる農家
- **第2種兼業農家**…農外所得が主で，兼業従事者がいる農家

主副業別分類
- **販売農家**…経営耕地面積が30a（テニスコート11.5面分）以上，または農産物販売額が50万円以上ある農家
  - **主業農家**…農業所得が主で，65歳未満の農業従事60日以上の者がいる農家
  - **準主業農家**…農外所得が主で，65歳未満の農業従事60日以上の者がいる農家
  - **副業的農家**…65歳未満の農業従事60日以上の者がいない農家
- **自給的農家**…販売農家より生産規模が小さい農家

解説 **減少する農家** 工業化で農家数は減少し，農業以外で収入を得る**兼業化**が進んだ。家族の1人が他産業に就くと兼業農家，他産業を退職した高齢者のみでも専業農家となる区分が，農家の実態を表さなくなり，1995年から主副業別分類が導入された。

3 農業の人口構成の推移

Q 現在の日本の農業の担い手は誰か？

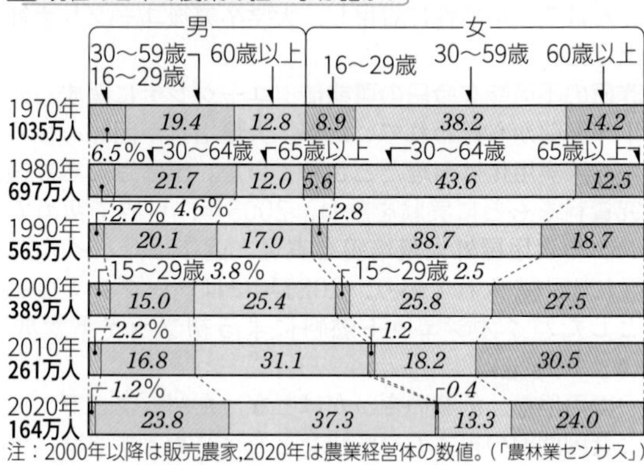

注：2000年以降は販売農家,2020年は農業経営体の数値。（「農林業センサス」）

解説 **高齢化する農業** 農家の中では，兼業化や若者の農業離れが進んだ。労働力の中心は高齢者であり，**後継者不足**や耕作放棄地の増加が問題になっている（EYE）。

EYE 企業の力で農地を守る

農業の再生をめざして 農業の担い手の高齢化や耕作放棄地の拡大という課題を解決するため，2009年，農地法が改正されて農地の取得や貸借に関わる規制が緩和され，**個人や企業の農業参入**がしやすくなった。2014年度からは，遊休農地を各農家から借り受けてまとめ，農地を必要とする人に貸す農地中間管理機構が設置された。

イオンアグリ創造株式会社の農場 耕作放棄地を活用。ここで栽培された農産物はイオングループの店舗で販売される。

耕作放棄地と農業参入法人数の推移

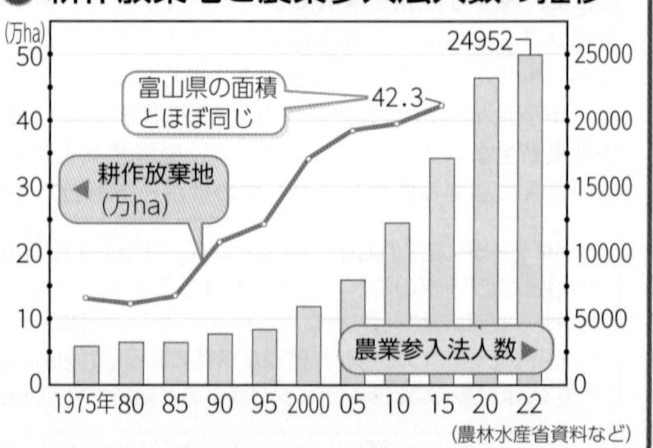

（農林水産省資料など）

入試クイズ 農業生産額や農業就業人口は減少し続けているが，中山間地域をふくめて耕作放棄地は増加傾向にない。○？×？（EYE） 答：×

4 農業の生産性

Q 日本の農業の生産性はどのようになっているか？

❶ 他産業との比較

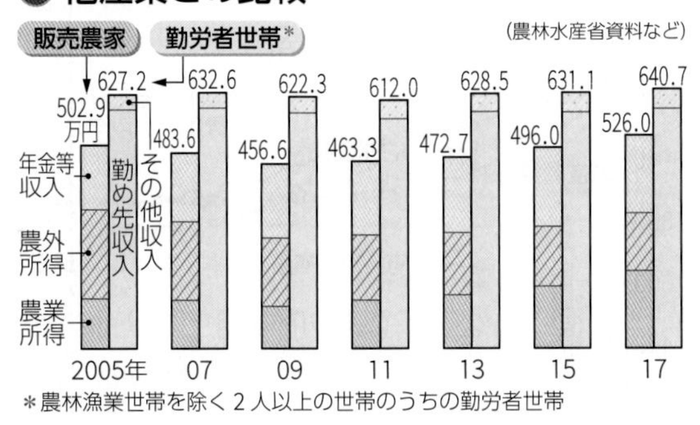

＊農林漁業世帯を除く2人以上の世帯のうちの勤労者世帯

❷ 国際比較

	日　本	アメリカ	フランス
農地面積（万ha）	444	40555	2870
国土面積に占める割合（%）	*11.8*	*41.3*	*52.3*
就業者1人当たり農地面積（ha）	2.0	185.3	41.1
就業者1人当たり穀物生産高（t）＊	4.7	219.4	93.6
収穫面積1ha当たり小麦生産高（t）＊	3.6	3.2	6.8

（2017年，＊は2018年）　　（国連食糧農業機関〈FAO〉資料）

解説 **小規模零細農家が多い**　農業技術の発達や機械化によって，単位面積当たりの生産量は大幅に向上した。しかし，他の産業や諸外国と比べると，1人当たりの生産性が低い。この原因としては，戦後の**農地改革**（➡p.192A❶）による農地の細分化や，農地法による農地の売買・貸借の規制，農家が先祖の資産・遺産としての土地を手放したがらないために，規模の拡大が図りにくいことなどがあげられる。持続可能な力強い農業の実現のため，企業参入で規模の拡大を図る（➡p.198EYE）など，生産性を高める取り組みが進められている。

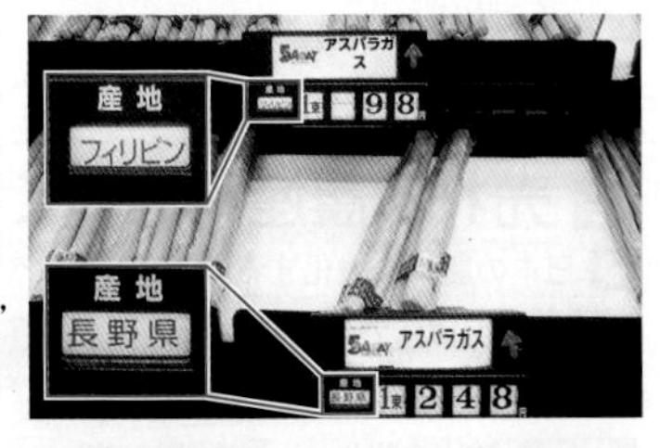

➡スーパーマーケットに並ぶ外国産の野菜と国産の野菜　1人当たりの生産性の低さに加えて，政府の農業政策による価格保護もあり，日本の農産物は，外国と比べて価格が高い。

5 低下する食料自給率

$$食料自給率 = \frac{国内生産}{国内消費仕向（国内生産＋輸入－輸出∓在庫増減）}$$

❶ 主要農産物の食料自給率（重量ベース）

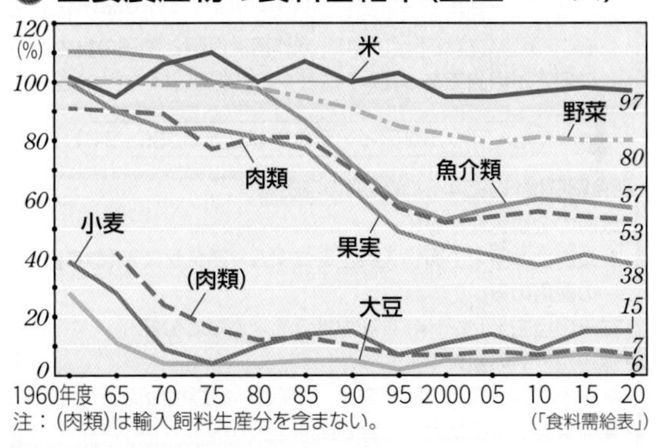

注：(肉類)は輸入飼料生産分を含まない。　（「食料需給表」）

❷ 各国の食料自給率（カロリーベース）

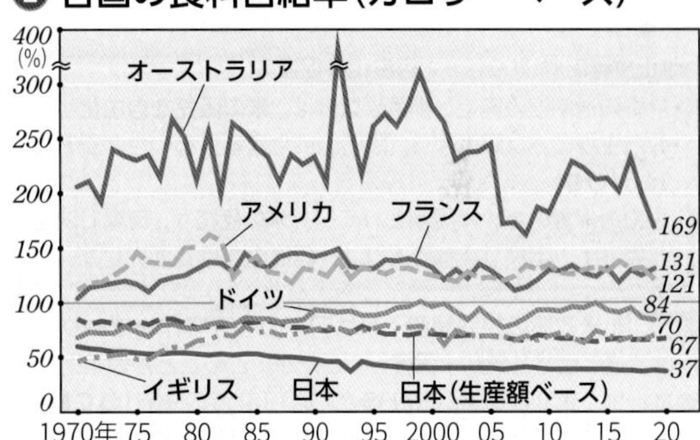

注：畜産物の輸入飼料生産分は含まない。日本は年度。　（「食料需給表」）

解説 **食料消費構造の変化**　**食料自給率**の低下の要因は，米の消費量の低下，飼料・原料を輸入に頼る畜産物・油脂の消費量の増加，野菜など生鮮食品の輸送技術の発達など。安い外国産の輸入を望む意見の一方で，**ポストハーベスト**の問題や，国内農業の維持，**食料安全保障**の観点から，自給率向上を望む意見もある。

食料安全保障　食料輸入の停止や不作など不測の事態が生じても，国が国民に食料を安定供給できるようにしておくこと。
ポストハーベスト　輸送中の害虫やカビなどの発生を防ぐため，収穫後の農作物に農薬を散布すること。

B 政府の農業政策

1 農業政策の変遷

Q 食料・農業・農村基本法成立の背景と，その目的は何か？

	旧農業基本法（1961年）	食料・農業・農村基本法＊（1999年）
目的	・農業の発展と農業従事者の地位の向上 ・生産性と生活水準（所得）の，農業・工業間格差の是正	・国民生活の安定向上，及び国民経済の健全な発展
内容	・米の需要減少に対応し，米以外の農産物への転作をはかる ・規模拡大，機械化などによる農業経営の近代化 ・流通の合理化 ・農産物価格の安定と農業従事者の所得確保など	・食料の安定供給の確保 ・農業の多面的機能の発揮 　国土の保全　水源のかん養 　自然環境の保全　文化の伝承 　良好な景観の形成　など ・農業の持続的な発展 ・農村の振興

＊食料安全保障の強化などをめざし，2023年，見直しが行われている。　（農林水産省資料より）

解説 **農工格差の是正から食料安定供給・農業の多面的機能重視へ**　基本法とは，特定の行政分野における基本政策や基本方針を示すために制定される法律である。旧農業基本法のもと，農工間の格差解消をめざしたが，高度経済成長により実現できなかった。また，政府による農家保護が農業の合理化を阻害したという批判もある。その後，急速な経済発展や国際化にともない，食料自給率の低下や農家の高齢化，食料安全保障に対する国民の不安といった新たな問題が生じた。このような変化に対応するために，新農業基本法である**食料・農業・農村基本法**が制定された。

重要用語 284食料・農業・農村基本法

2 米に関する政策 Q 規制緩和はどのように進んだのか？

❶ 食糧制度の変遷

食糧管理制度　米の価格・流通規制
- 政府が米を全量買い上げ。流通と価格を管理
- 米の買い入れ価格を売り渡し価格よりも高く設定（**逆ザヤ**）
  ▶戦中・戦後の食糧不足の中で，**米作農家保護と国民の食生活の安定が目的であったが**，逆ザヤの負担が重くなりすぎた

↓ GATTウルグアイ・ラウンド交渉（1986～94）

新食糧制度（1995年）　**米流通の自由化**
- 政府の全量管理を緩和
  ▶政府は備蓄米の買い入れとミニマム・アクセス米（◯C❶）の運用のみ
- 従来の自由米（ヤミ米）を計画外流通米として公認
- 流通ルートの拡大
  ▶生産者は小売店や卸売業者，消費者への直接販売が可能に
- 集荷業者や販売業者が登録制に
  ▶スーパー，コンビニでも米の販売が可能に

↓

改正食糧制度（2004年）　**自由化の促進**
- 計画流通制度の廃止▶備蓄米以外は，**米の販売を自由化**
- 政府主導の減反政策から，段階的に生産者主導の生産調整に移行（◯❷）
- 生産者保護のために規制されていた**米の価格が，市場で決定**
- 年間20t以上扱う業者であれば，届け出だけで販売可能

解説 **米政策の規制緩和**　米は日本の基幹農作物であり，政府は流通と価格を統制・保護してきたが，このことが競争力を弱めたという批判がある。1993年のGATT交渉の決着（◯C❶）を受け，米の市場開放に向けた準備として，1995年から**新食糧法**に基づく**新食糧制度**を実施し，流通の大幅な自由化を認めた。さらに，国際競争力を強化するため，2004年から**改正食糧法**に基づく**改正食糧制度**を実施し，市場原理を強化した。

❷ 米の生産調整

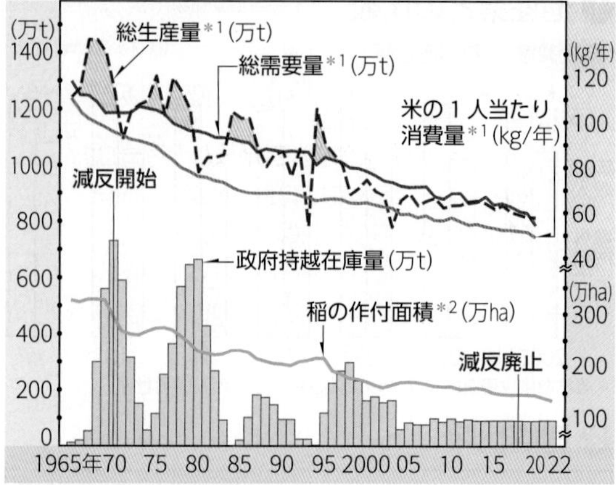

＊1は年度　＊2は水陸稲の合計　（「食料需給表」など）

解説 **米余りの解消**　米は，農家とその他の世帯との所得格差を補うために政府に高く買い取られ，生産過剰となった。そこで1970年から作付面積を減らす生産調整（いわゆる**減反政策**）を実施したが，食生活の変化による消費量の減少と，生産技術の向上で米余りは続いている。2018年からは新たな米政策が始まり，輸出の拡大や米粉の利用促進など，新たな需要の開拓も含め，生産者が主体的に生産・販売を行う必要がある。

●生産調整の変遷

1970～2003年…**国が主導**（いわゆる**減反政策**）。麦・大豆や飼料作物への転作優遇を中心に，主食用の米の作付面積を減らす。

2004～17年…作付面積への配分から生産数量目標の配分に移行し，**生産者主導**で生産調整できるよう段階的に移行。2010～17年は生産調整実施者に定額助成（**戸別所得補償制度**）。

2018年～…国が設定する生産数量目標を廃止（**減反政策の廃止**）。戸別所得補償制度も廃止。

C これからの農業

1 貿易自由化に向けた動き

1955	GATT（◯p.290）加入。以後，GATT中心に交渉
60～79	大豆・鶏肉・バナナ・豚肉などの輸入制限撤廃
91	牛肉・オレンジの輸入制限撤廃
93	**GATTウルグアイ・ラウンド農業交渉合意** ・原則として米以外のすべての**農産物の関税化** ・米は，**ミニマム・アクセス**機会（◯下）の提供
99	ミニマム・アクセス超過分の**米の関税化**を受け入れ
2001	WTOドーハ・ラウンド交渉開始（◯p.290❷❶）…難航。以後，**FTA・EPA**締結（◯p.300）を促進
15	アメリカを含む12か国で**TPP大筋合意**（◯p.301） ・輸入農林水産物の約82％の品目で**段階的に関税撤廃** ・米は，関税（341円／kg）を維持したが，アメリカ・オーストラリアに対しては**無関税の輸入枠**を設置
18	アメリカ以外の11か国による**TPP*発効**（アメリカは17年に離脱） *2023年，イギリスが加入。中国・台湾・エクアドルなどが加入を申請中。

ミニマム・アクセス　最低輸入数量。1993年，日本は米の関税化を拒否し，代わりにミニマム・アクセスを受け入れた。ミニマム・アクセスでの輸入分はすべて政府が買い取り，加工用に販売したり，国際支援に使われている。

セーフガード　WTOが認める緊急輸入制限措置。TPPでも，牛肉・豚肉などに輸入急増時の関税引き上げが認められている。

2 売れる農産物をつくる

Q 日本の農業を強化するには，どのような取り組みが必要か？

▶**香港の百貨店で売られる福岡産高級いちご**

解説 **輸出の強化**　世界的な日本食ブームと，アジア諸国の所得水準の向上を背景に，アジアを中心に農産物の輸出が増加している。

解説 **6次産業化**　農林漁業者が第1次産業の生産だけでなく，第2次産業の加工，第3次産業の流通・販売を一体的に行うなどの取り組みを，**6次産業化**（＝第1次×第2次×第3次）という。従来，生産者は価格の決定ができなかったが，加工・販売などを行うことで**付加価値**を生み出し，納得する価格をつけることができる。農業の経営基盤の強化，地域の活性化などが期待できる。

◀**原材料の生産**（上）**と販売される製品**（下）（伊賀の里モクモク手作りファーム）

ポイント整理 11

学習コンテンツ

戦後日本経済の歩み

A 戦後の復興 (➲p.192)

①**経済の民主化**…**財閥解体・農地改革・労働民主化**

②**戦後の経済**…生活物資の不足➡生産再開を急ぐ必要性

- **傾斜生産方式**…基幹産業の復興に重点➡復金債の増発➡**インフレ**が進行
- **ドッジ・ライン**(1949年)…経済安定９原則(1948年)を具体化
  ➡黒字財政・インフレ収束。生産が縮小➡深刻な不況に(**安定恐慌**)
- **朝鮮戦争**(1950～53年休戦)➡**特需**により，ドッジ･ラインによる不況から脱出

B 高度経済成長 (➲p.193)

①**高度経済成長**…1955～1970年代初めにかけて，日本経済が著しく成長

②**要因**…高い設備投資(高い貯蓄率・技術革新など)，豊富で良質な労働力

C 石油危機～プラザ合意 (➲p.194)

①**石油危機**…石油価格の高騰➡深刻な不況➡省エネ・省資源政策で**安定成長**へ

②**産業構造の高度化**や**経済のサービス化・ソフト化**が進む

③**貿易摩擦問題**➡**プラザ合意**➡**円高不況**

D バブル以降の日本経済 (➲p.195)

①政府の**低金利政策**…土地・株式への投資増大➡**バブル経済**➡**バブル崩壊**

②**バブル崩壊後，経済が低迷(失われた10年)**

➡小泉内閣による新自由主義的な「構造改革」➡安倍内閣による「アベノミクス」

8 中小企業

A 中小企業の現状 (➲p.196)

①**中小企業の役割**…企業数･出荷額などで大きな割合を占め，日本経済を支えている

②**日本経済の二重構造**…近代的な大企業と前近代的な中小企業

┌(資本力・生産性・賃金等において格差がある)
└➡大企業の**下請け・系列化**…**景気の調節弁**の役割

③**ベンチャー･ビジネス**…新しいアイデアや独自の技術をもとに新事業を展開する企業

B 中小企業の取り組み (➲p.197)

生き残りへの道…独自の技術を生かす。企業同士の連携

9 日本の農業問題

A 農業の現状 (➲p.198・199)

①**農業の衰退**…農業の担い手の高齢化，後継者不足➡農家数の減少

②**高い農産物価格**…生産性の低さや政府の保護政策➡価格競争力が弱い

③**食料自給率**の低下…食生活の変化(米消費の減少，肉・油脂の需要増)，輸送技術の進歩，海外との価格差など➡輸入増加

B 政府の農業政策 (➲p.199・200)

①**農業政策**
- **農業基本法**(1961年)…農業と他産業との格差是正をめざす
- **食料･農業･農村基本法**(1999年)…食料の安定供給の確保･農業の多面的機能の発揮･持続的な発展･農村の振興

②**米政策**
- **食糧管理制度**(1942～95年)…政府が米の価格と流通を管理
  - 米の消費量の低下➡生産調整(**減反**)
- **新食糧制度**(1995年)…政府の規制を緩和➡**米取り引きの自由化**
- **改正食糧制度**(2004年)…計画流通制度廃止，規制緩和の促進

C これからの農業 (➲p.200)

農産物の貿易自由化➡**企業参入**や**6次産業化**，和食ブームを生かした輸出拡大などで国内農業の競争力を強化し，日本の農業の活性化を図る

ポイント解説

A 戦後の復興　戦後の**経済の民主化政策**は，経済発展の原動力となった。一方，政府は**傾斜生産方式**を採用して石炭や鉄鋼などの基幹産業の生産増強をはかったが，その資金を債券発行に頼り，**インフレ**になった。これに対し，**ドッジ･ライン**が実施され，インフレは収束したが，生産が減少して**安定恐慌**に陥った。しかし，**朝鮮戦争**の**特需**で景気は回復した。

B 高度経済成長　高度経済成長期には，GNPは平均約10％の成長を示した。その最も大きな要因の１つは，**設備投資の拡大**であった。

C 石油危機～プラザ合意　**石油危機**によって日本経済は深刻な不況になったが，省エネ・省資源政策などによって乗り越えた。産業構造は大きく転換し，**経済のサービス化・ソフト化**が進んだ。**貿易摩擦**や，**プラザ合意**以降の**円高不況**で，日本は内需主導型経済へと転換した。

D バブル以降の日本経済　低金利政策で生まれた余剰資金が土地や株の売買に流れ，**バブル経済**を迎えたが，崩壊後は深刻な不況に陥った。バブル崩壊後の1990年代の経済低迷は**失われた10年**と呼ばれた。小泉内閣(2001～06年)は**構造改革**を行い，この時期景気は回復に向かったが，所得格差の拡大など新たな問題も出てきた。2012年，安倍内閣は経済政策「アベノミクス」を打ち出した。

A 中小企業の現状　**中小企業**は大企業の**下請け**になったり，**系列化**される場合が多く，景気により発注量が変えられるなど，**景気の調節弁**の役割を負わされてきた。一方，独自の技術で新分野を開拓し，急成長するベンチャー・ビジネスもある。

B 中小企業の取り組み　独自の技術を生かしたり企業同士で連携することで，生き残りを図っている。

A 農業の現状　食生活の変化，価格競争力の弱さから国内農業は苦境に立たされ，担い手が減少・高齢化している。

B 政府の農業政策　1999年に**食料・農業・農村基本法**が新しく制定された。また，米は**新食糧法**の施行とその後の改正により，生産・流通面での規制が緩和された。

C これからの農業　農産物の貿易自由化に向けた動きがあり，**6次産業化**などで国内農業の競争力を強化する必要がある。

ポイント

10 労働条件と労働関係の改善

プロ野球 スト決行

「新規参入時期」決裂

選手会と球団側 18・19日の全試合

70年の歴史で初

優勝争い「

プロ野球史上初のストライキ

(「読売新聞」2004.9.18)

ねらい
- 労働者の権利やそれを守る法律について理解しよう。
- 日本の労働環境の変化や，その特徴を理解しよう。
- 近年の雇用や労働の課題を理解しよう。

》p.80 探究 男女が対等な社会を考える

A 労働基本権

1 憲法と労働法の法体系

		関連する労働法 ( )は制定年，赤字…労働三法
憲法第27条	勤労の権利(第1項)	**職業安定法**(1947)…この法律に基づいて公共職業安定所(ハローワーク)を設置 **障害者雇用促進法**(1960)，雇用対策法(1966) **雇用保険法**(1974)…失業者への失業給付や失業予防など，雇用安定事業に関する法律 **男女雇用機会均等法**(1985)(➡p.377) **高年齢者雇用安定法**(1986)(➡p.210 9)
	勤労条件の基準の法定(第2項)	**労働基準法**(1947)…労働条件の最低基準を規定(➡p.375) **最低賃金法**(1959)…労働者に賃金の最低額を保障する法律(➡p.225 C❶) **労働者派遣法**(1985)…労働者派遣事業の適正な運営と，派遣労働者の保護に関する法律 **育児・介護休業法**(1991)(➡p.207❷) **パートタイム・有期雇用労働法**(1993)(➡p.206❹) **労働契約法**(2007)…労働契約に関する民事ルールを規定した法律
	児童の酷使禁止(第3項)	児童福祉法(1947)，児童扶養手当法(1961) 母子及び父子並びに寡婦福祉法(1964)
憲法第28条	労働三権 ├団結権 ├団体交渉権 └団体行動権(争議権)	**労働組合法**(1945)*…労働三権を具体的に保障，不当労働行為を禁止(➡p.376) **労働関係調整法**(1946)…労働争議の調整手続きや争議行為の制限などを定める(➡p.377)

*1949年，全文改正

2 労働三権

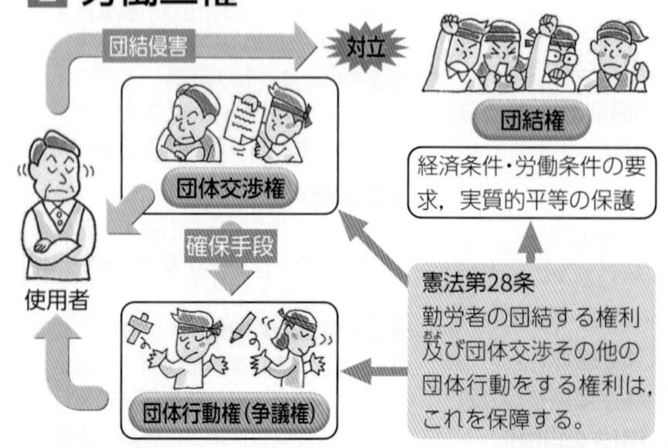

解説 **勤労の権利と労働三権** 憲法第27条で**勤労の権利**を，第28条で労働者の**団結権，団体交渉権，団体行動権(争議権)**の**労働三権**を保障している。これら4つの権利を**労働基本権**という。団結権とは，**労働組合**をつくり団結する権利，団体交渉権とは労働条件の維持改善のため使用者と交渉する権利，団体行動権とは，ストライキなどの争議行為を行う権利である。

3 公務員の労働三権の制限

❶ 日本の公務員の労働三権

Q 日本で公務員の労働三権が制限されているのはなぜか?

		団結権	団体交渉権	団体行動権(争議権)
民間企業		○	○	○
国家公務員	自衛官，警察・刑務所職員など	×	×	×
	一般職員	○	△	×
	造幣局・国立印刷局職員など	○	○*	×
地方公務員	警察・消防職員	×	×	×
	一般職員	○	△	×
	公営企業職員(市電・水道など)	○	○*	×

○承認 △協約締結権なし ×否認
* 管理及び運営に関する事項は団体交渉の対象外。

❷ 各国の公務員の労働三権

	団結権	団体交渉権	団体行動権(争議権)
アメリカ	○ FBI*1，軍人などを除く。	△ 手続き事項(業務評価の方法等)は認められる。	×
ドイツ	○	○ 官吏*2は労働協約締結権なし。	○ 官吏*2を除く。
イギリス	○ 警察官と軍人を除く。	○ 労働協約は法的拘束力なし。	○ 警察官と軍人などを除く。
フランス	○ 軍人を除く。	△	○ 警察官，看守，司法官などを除く。

○承認 △協約締結権なし ×否認
*1 アメリカ連邦捜査局 *2 行政において中心的役割を果たす公務員

解説 **公務員の労働三権** 日本では，労働三権は民間企業の労働者には保障されているが，公務員の労働三権は制限され，特に争議行為は全面的に禁止されている。これは，公務員は公共性が強く，国民生活への影響が大きいという理由からである。この代償措置として，人事院(➡p.120 7)を設け，公務員の給与改定勧告や不利益処分の審査などを行っている。

国際労働機関(ILO)は，2002年から日本に対して，公務員の労働三権は，自衛官や警察職員などの例外を除いて原則的に認めるべきであると指摘を繰り返しているが，見直しには至っていない。

女性が時間外労働や深夜労働を行うことは，法律上，原則として禁止されている。○?×?(➡B 1) 答：×

B 労働三法

1 労働基準法の主な内容 (➲p.375)

章	条　項目	内　容
1 総則	1.労働条件の原則	人たるに値する生活を営むための必要を充たすべきもの。この法律の労働条件は**最低基準**
	2.労働条件の決定	労働者と使用者が**対等の立場**で決定
	3.均等待遇	国籍,信条又は社会的身分による差別禁止
	4.男女同一賃金の原則	**女性**に対して，賃金差別禁止
	5.強制労働の禁止	暴行，脅迫等による強制労働禁止
	6.中間搾取の排除	法で許される以外に，他人の就業に介入して利益を得てはいけない
	7.公民権行使の保障	労働時間中に選挙権等を行使できる
2 労働契約	13.労基法違反の労働契約	労基法の基準に達しない労働条件を定める労働契約は**無効**
	15.労働条件の明示	労働契約の締結の際，労働者に労働条件を明示
	19.解雇の制限	業務上の負傷・疾病,出産による休業期間及びその後30日間は解雇できない
	20.解雇の予告	**最低30日前**に予告しなければならない
3 賃金	24.賃金の支払	通貨で，直接，全額を月１回以上，一定日に支払う
	26.休業手当	使用者の責任による休業の場合，賃金の60％以上を支払う
4 労働時間、休憩、休日及び年次有給休暇	32.労働時間	**１週間40時間以内。１日８時間以内**
	34.休憩	６時間を超えた時は最低45分，８時間を超えた時は最低１時間
	35.休日	毎週**最低１回**
	37.割増賃金	時間外・休日労働に対し25％以上50％以下*の割増賃金を支払う。時間外労働が月60時間を超えた場合，超過分については50％以上。深夜労働に対しては25％以上。
	38.時間計算	一定の要件を満たす場合に，実労働時間ではなくみなし時間によって労働時間の計算を行う（裁量労働制）
	39.年次有給休暇	６か月継続勤務で10日,以後１年毎に加算,最高20日とする
6 年少者	56.最低年齢	**満15歳未満**の児童の**労働禁止**（映画製作・演劇などは例外）
	58.未成年者の労働契約	親又は後見人が未成年者に代わって労働契約を締結できない
	61.深夜業	**満18歳未満**の者の**深夜労働**（午後10時～午前５時）の禁止
6-2 妊産婦等	65.産前産後	**前６週，後８週間**の休業を保障
	68.生理休暇	休暇請求の場合，就業禁止
8 災害補償	75.療養補償	業務上の負傷・疾病の時，使用者は療養の費用を負担

＊平成６年の政令５では時間外労働は25％以上,休日労働は35％以上。

解説 **労働条件の最低基準**　**労働基準法**は1947年に公布され，労働条件のほとんどの領域について定めた労働者保護法であり，**労働組合法・労働関係調整法**とともに，**労働三法**と呼ばれる。労働基準法が定めるのは,労働条件の最低基準なので,この基準以下の労働協約や就業規則は無効となり，基準以下の労働条件を適用した使用者には，刑事罰が科される。また，労働基準監督機関として，都道府県労働局や**労働基準監督署**が各地に設置されている。

2 不当労働行為—労働組合法 (➲p.376)

不当労働行為にあたる禁止事項

- 労働組合員であることなどを理由に，解雇したり不利益な取り扱いをすること
- 労働組合への不加入，もしくは脱退を条件に雇用すること（黄犬契約）
- 正当な理由なしに，団体交渉を拒否すること
- 労働組合の結成や運営を支配，または介入すること
- 労働組合の運営のための費用を援助すること
- 労働委員会に申し立てをしたことなどを理由に，解雇したり，不利益な取り扱いをすること

解説 **労働組合法による救済**　労働者や**労働組合**が行う組合活動に対して使用者が妨害，抑圧，干渉したり弱体化をはかる行為を不当労働行為といい，労働組合法で禁止されている。この不当労働行為の禁止は，憲法第28条の労働三権の保障を具体化したものである。不当労働行為が発生した場合は，労働委員会に救済を求め，認められれば救済命令が出される。

3 労働争議の処理—労働関係調整法 (➲p.377)

●**労働組合と使用者の争い**

労働争議 → 労使間の自主的交渉 → 解決

労使間の自主的交渉 → 交渉決裂 → 労働委員会

- **斡旋**　斡旋員が労使間の交渉の仕方や中身についで助言を与える。→解決／→斡旋の打ち切りなど
- **調停**　調停委員会を設置し，当事者の意見を聴取して調停案を作成。それに基づいて解決をはかる。→調停成立／→調停不成立
- **仲裁**　仲裁委員会を設置し，労使の意見陳述を聞き入れ，仲裁裁定を示す。→仲裁裁定により決定。**裁定には従わなくてはならない**

解説 **労働関係調整法に基づく解決**　**労働関係調整法**は，労働関係の公正な調整を図り，労働争議の予防や解決を目的とする。労使間の紛争は自主的解決が建て前であるが，それが困難な時は労働委員会が**斡旋・調停・仲裁**を行い，解決を図る。労働委員会は，労使の各代表と公益委員（第三者）からなる機関である。

個人と使用者の争いを解決するには

解雇・配置転向などの労働条件や職場環境などについて労働者個人と使用者の争いの場合，以下の解決方法がある。

(1)個別労働紛争解決促進法に基づく解決(2001年)

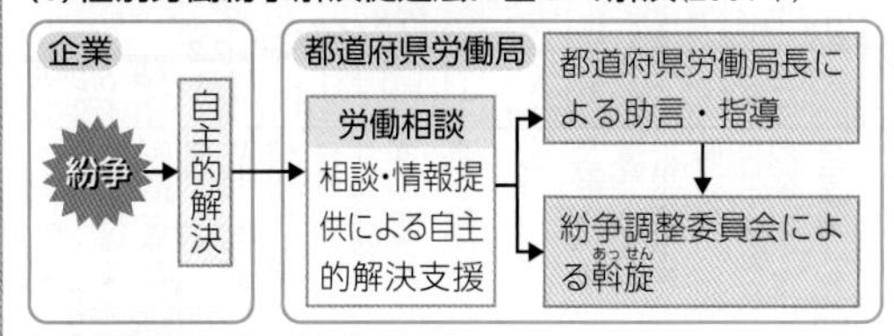

(2)労働審判法に基づく解決(2006年)

…(1)では解決しにくい紛争の場合。より実効性が高い。

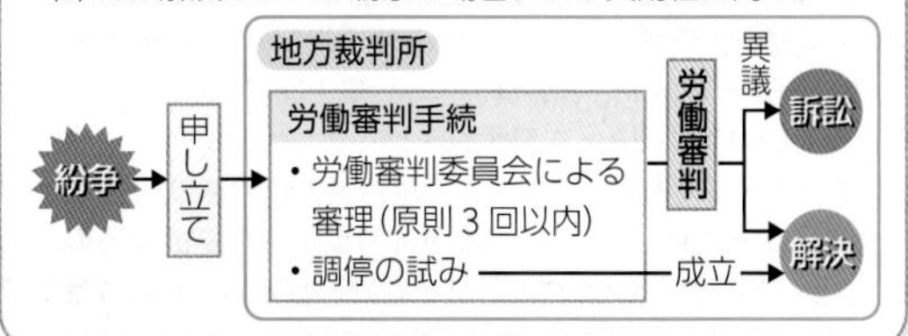

重要用語 287労働基本権　288労働三法　289労働組合　292労働者派遣法　293男女雇用機会均等法　294育児・介護休業法　346国際労働機関(ILO)

経済

C 労働組合の現状

1 労働組合の種類

Q 日本の労働組合は，どの形態が多いか？

種類	形　態	特　　徴
職業別組合	熟練労働者が同一職種・職業で組織する	イギリスでは現在も残っているが，**日本にはほとんどない。**
産業別組合	同一産業に属する全労働者が組織する	職業別組合が，合同により大規模な産業別組合に発展したものが多く，**欧米で主流**。日本では，企業別労働組合を単位として鉄鋼，自動車など大産業別の「連合体」として組織されたものが大部分である。
企業別組合	企業・事業所を１単位として，正規の従業員で組織する	**日本の労働組合は，ほとんどがこの形態**。終身雇用や年功序列，企業内福利厚生施設などの日本固有の事情により発展したと考えられる。

2 労働組合組織率の推移

Q 労働組合の組織率が低下している原因は何か？

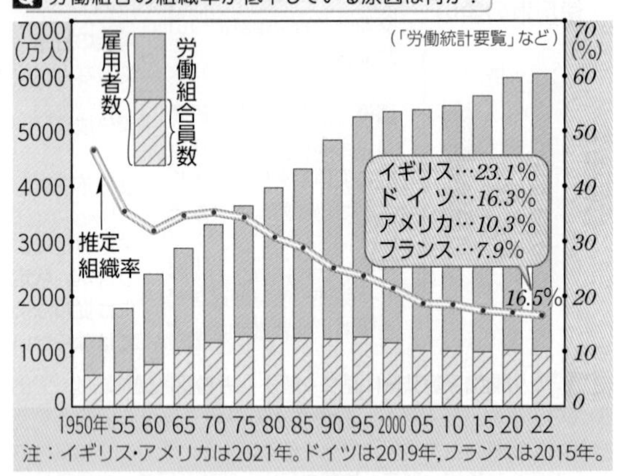

注：イギリス・アメリカは2021年。ドイツは2019年，フランスは2015年。

● 産業別の労働組合組織率

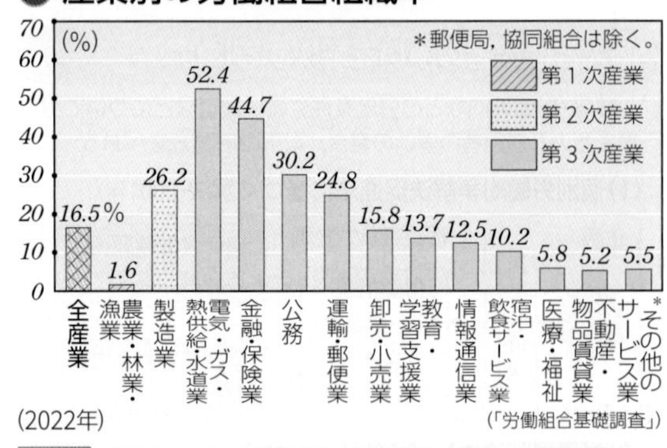

（2022年）　（「労働組合基礎調査」）

解説 **組織しにくい労働形態**　労働組合組織率低下の原因としては，①第３次産業の増加（サービス業は事業規模が製造業よりも小さく組織化が困難），②正社員比率の減少，③若者の組合離れなどがあげられる。また，大企業と中小企業の間でも格差があり，中小企業では組合がないところが多い。

しかし，近年，正社員のみであった組合員の範囲を，非正社員まで拡大する企業もあり，非正社員のみの労働組合を結成する例もある。こうした動きもあり，パートタイム労働者の組合員数は増加傾向にあるが，全体の組織率を大きく向上させるには至っていない。

D 労働を取り巻く課題

1 労働力人口と労働力率の推移

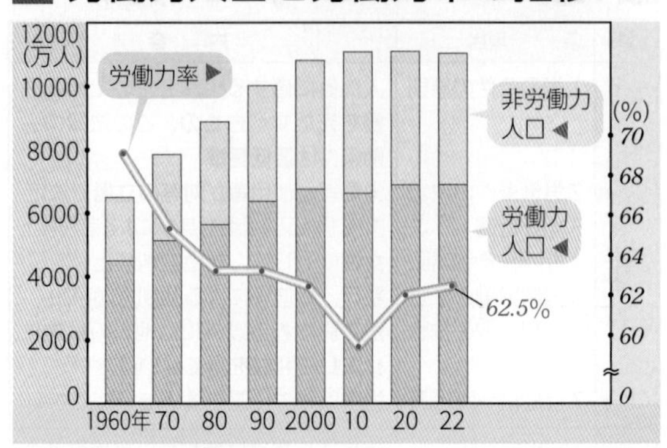

注：労働力率＝$\frac{\text{労働力人口}}{\text{満15歳以上人口}}$×100　（「労働力調査」など）

解説 **日本の労働力率**　高校や大学などへの進学率の上昇と高齢化により，労働力率は低下傾向にあった。しかし，近年，女性や高齢者の労働力人口が増加しており，労働力率は上昇傾向にある。**労働力人口**とは，満15歳以上の就業者と完全失業者（調査時点で無職で求職中の者）の合計。**非労働力人口**とは，労働力人口以外をさし，学生・家事に専念する人・定年退職した高齢者などが含まれる。

2 求人倍率の推移

Q 景気と求人倍率はどのような関係があるか？

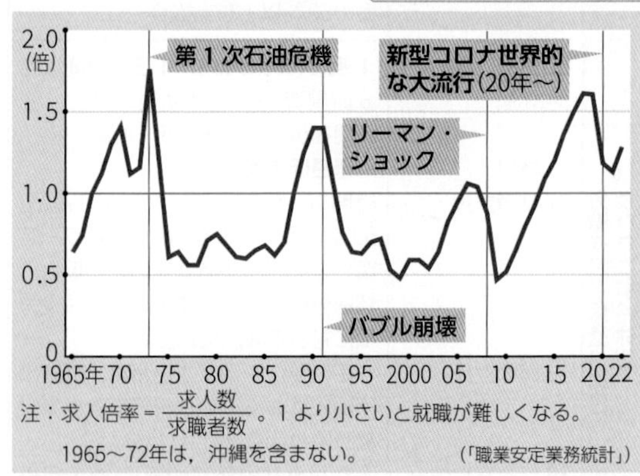

注：求人倍率＝$\frac{\text{求人数}}{\text{求職者数}}$。1より小さいと就職が難しくなる。
1965～72年は，沖縄を含まない。　（「職業安定業務統計」）

解説 **不況時は就職難**　バブル崩壊後，企業は新規雇用を抑制し，非正社員の需要が高まった。また，リーマン・ショック後は，企業の内定取り消しや非正社員の契約打ち切りなどが相次いだ。一方，2010年代は少子高齢化や景気回復によって，慢性(まんせい)的な人手(ひとで)不足に陥(おちい)った。その後，新型コロナウイルス感染症の拡大（2020年～）の影響で，失業者が増加した。

EYE 雇用のミスマッチ（➡p.25EYE）

若い世代の雇用問題として，求職者側と企業側の希望が合わない，ミスマッチがある。このため，若者は非正社員になったり，就職しても短期間で離職する場合が多い。

●新規学卒者の3年目までの離職率

中　学	62.4%
高　校	39.2
短大等	42.0
大　学	32.0

（厚生労働省資料）（2016年卒）

ミスマッチの原因には，学生の大企業志向が中小企業の求人に応(こた)えられていないことや，求人が多い業種や職種に応募が少ないこと，あるいは企業が求める能力と求職者の希望・能力が合わないことなどがあり，その解消が課題となっている。

メモ　コンピュータを使うことによって起きる精神的な障害のことを，テクノストレスという。IT化が進む中で，社会問題化した。

3 日本型雇用の変化

❶ 各国の失業率の推移

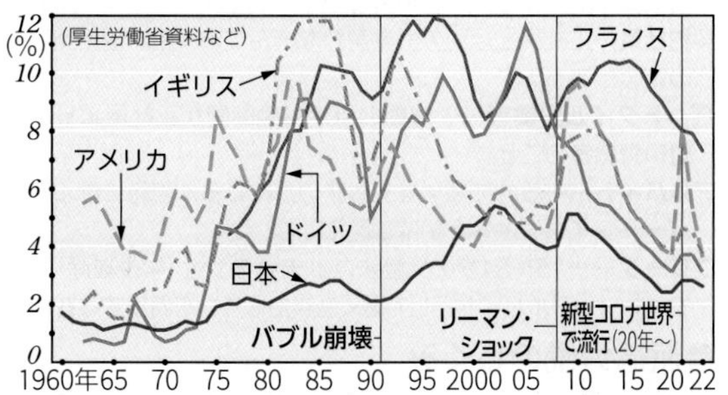

解説 **日本的経営方式とその崩壊**　**終身雇用制**と**年功序列型賃金**という日本独特の雇用形態は，失業率を低く抑える要因だったが，バブル崩壊直後は企業の合理化(リストラ)や雇用形態の変化(◯p.206 5)によって制度の維持が困難になり，失業率が上昇した。

終身雇用制　正社員として採用したら，定年まで雇用すること。
年功序列型賃金　勤続年数に応じて賃金が上昇する制度。バブル崩壊後の不況により，近年は，年俸制など業績に応じて賃金が決まる成果主義を導入する企業もあるが，業績の公正な評価方法が課題となっている。

❷ 年齢別失業率の推移　Q どの年齢の失業率が高いか？

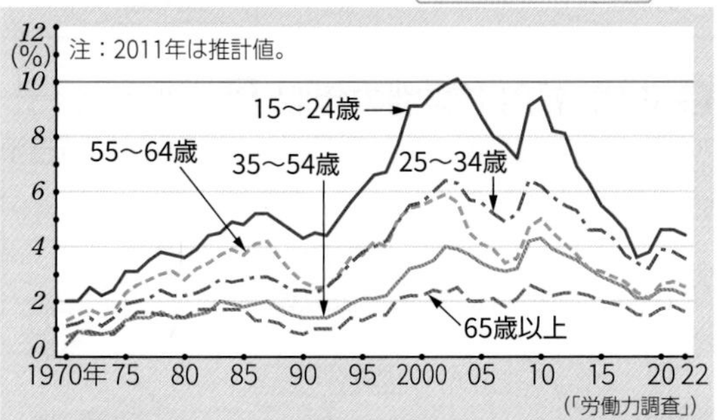

解説 **高い若年世代の失業率**　若年世代の失業率が高い理由としては，日本では正社員を解雇しづらいため，企業が若者の新規採用を抑えることによって雇用の調整を行うことや，若年世代は求人があっても，満足できる仕事が見つかるまで探し続ける自主的な失業をする場合が多いことなどがある。

EYE 失業したら，どうする？

会社をやめた，または解雇されて収入が途絶えた場合，雇用保険に加入していれば失業手当を受けられる。

失　業
↓
失業手当の給付
…90日～360日(年齢や働いていた期間，離職理由により異なる。)
注：求職申し込み後7日間，及び自己都合の離職の場合はさらに3か月間，給付を受けられない。

給付条件
①公共職業安定所(ハローワーク)で「求職申し込み」をし，求職活動を行っている
②離職前に一定期間以上，雇用保険に加入している

雇用保険は，①31日以上の雇用見込みがあり，②労働時間が週20時間以上であれば必ず加入。

↓ 給付期間を過ぎても仕事が見つからず，生活が困窮
生活保護(◯p.222)…最後のセーフティネット

4 長時間労働の現状と弊害

❶ 各国の1人当たりの年間総実労働時間の推移

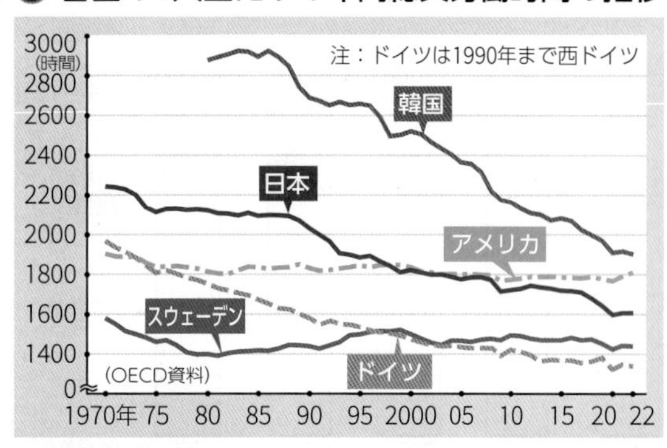

解説 **労働時間は減少したか？**　政府は，1990年代より総労働時間1800時間の目標を掲げ，時短政策を進めてきた。**最近では，一律の時短政策を見直し，労使が労働現場の実態に合わせて労働時間を決める方式に転換した。** しかし，はっきりした統計がない日本の事務系労働者のサービス・ずるずる・ふろしき残業は，いまだに世界的に批判を浴びており，労働生産性がほかの先進諸国に比べて低いことも指摘されている(◯❷)。

❷ 労働生産性の国際比較

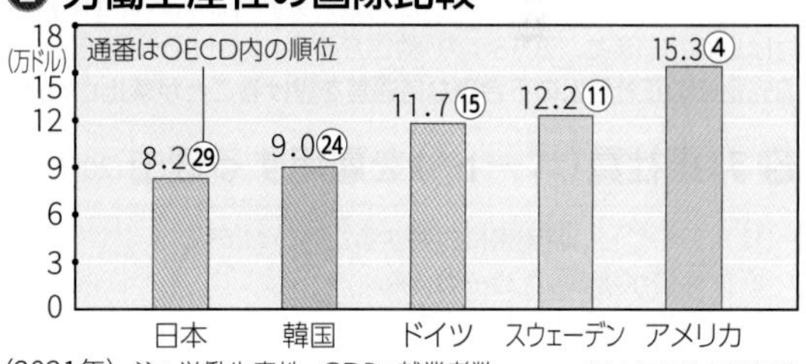

(2021年)　注：労働生産性=GDP÷就業者数　(日本生産性本部資料)

❸ 過労死の不安

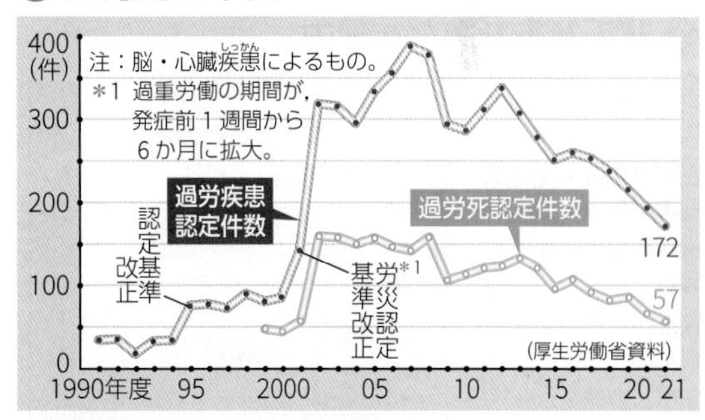

解説 **過労死の防止を**　**過労死**とは，過重な長時間労働やストレスによって脳・心臓疾患などを発症し，死にいたること。2014年，国・地方公共団体・事業主・国民の責務を明らかにし，過労死などの対策を進めるための過労死等防止対策推進法が成立した。また，2018年に成立した**「働き方改革」関連法**(◯p.209)では，時間外労働の上限規制や，年5日の年次有給休暇を労働者に取得させること＊2が使用者に義務付けられるなど，**ワーク・ライフ・バランス**(◯p.210 E 1)の実現がめざされている。

＊2 対象は年次有給休暇を10日以上付与されている労働者。

◯2015年12月，大手広告代理店の新入社員だった24歳の女性が，過重労働による過労の蓄積とストレスなどにより，過労自殺に追い込まれた。女性の母親は「命より大切な仕事はない」と語り，労働環境の改善を訴えている。　(「毎日新聞」2016.10.8)

新入社員「過労自殺」
労基署認定
残業月105時間
「体も心もズタズタ」…

重要用語　289労働組合　290終身雇用制　291年功序列型賃金

5 非正社員の増加

❶ 雇用形態別雇用者数の推移

＊その他を含む。

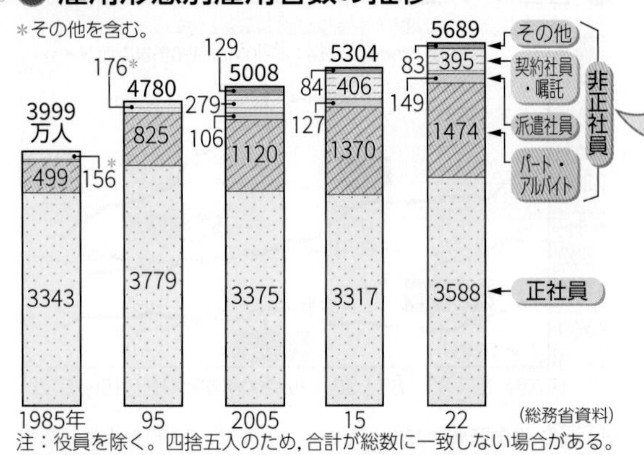

(総務省資料)

注：役員を除く。四捨五入のため，合計が総数に一致しない場合がある。

解説 **企業の合理化と規制緩和**　1990年代以降の不況で企業が合理化や新規雇用の抑制を進めた結果，非正社員の需要が高まった。特に派遣労働者は，1985年の**労働者派遣法**制定時には対象業務が規制されており，専門的知識等を必要とする業務のみであったが，次第に緩和され，2004年からは製造業への派遣の解禁，派遣期間の延長などが認められたため，市場が急速に拡大した。

しかし，派遣労働者の不安定な立場が問題となり，法改正によって日雇派遣の原則禁止，雇用安定措置の実施等が派遣会社に義務付けられた。また，2018年の「働き方改革」における改正では，**派遣先企業の正社員との不合理な待遇差を設けることが禁止**された。

派遣労働者…労働者派遣事業者（派遣元企業）と雇用契約を結び，要請があった企業（派遣先企業）に派遣され，そこでの指揮命令に従って業務を行う者。

契約社員…正社員とは別の労働契約を結んで働く者。雇用期間の定めがある。

パートタイム労働者…１週間の所定労働時間が正社員よりも短い労働者のこと。

アルバイト…一般的には学業や本業のかたわら，臨時に働く者。パートタイム労働者と明確な区別はない。

フリーター…15～34歳の男性または未婚の女性（学生を除く）で，パート・アルバイトとして働く者またはこれを希望する者。

●派遣労働のしくみ

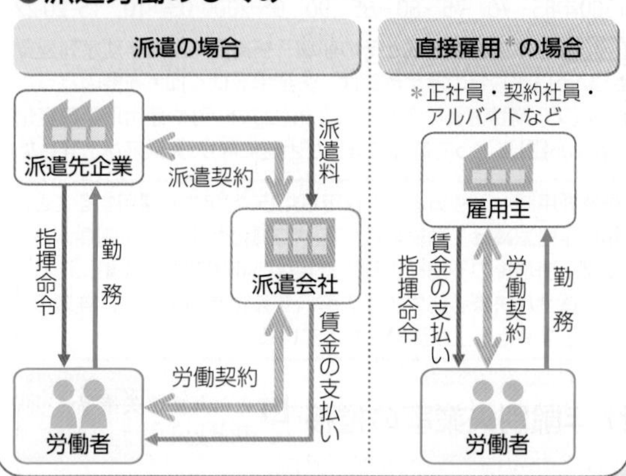

❷ 非正社員（パート＊）を雇用する理由（2016年）

① １日の忙しい時間帯に対処するため…*41.6%*
② 人件費が割安なため…*41.3%*
③ 仕事内容が簡単なため…*36.0%*
④ 人を集めやすいため…*27.7%*
⑤ 正社員の代替要員の確保のため…*23.1%*

注：複数回答可。
（厚生労働省資料）

＊名称に関わらず，所定労働時間が正社員よりも短い労働者。

❸ 非正社員を選んだ理由

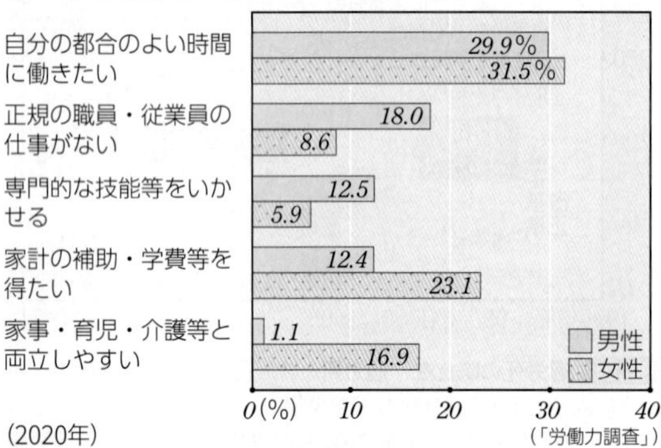

(2020年)
（「労働力調査」）

❺ 年代・雇用形態別の年収

Q 年収にどのような違いがあるか？

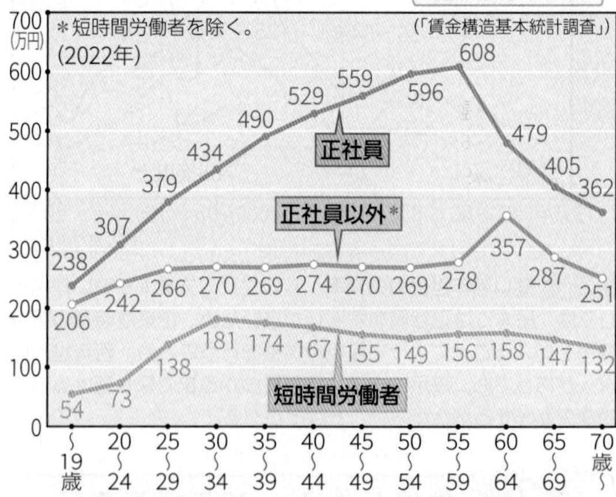

解説 **正社員との格差**　働く側にとって，非正社員は自分の都合に合わせて労働時間や期間を調節できるというメリットがある。しかし，賃金は正社員に比べて低く，年齢に応じた上昇率も低い。また，雇用契約期間に期限があるため不安定で，教育訓練の機会も少ないため，技術習得がしにくいという問題がある。

❹ パートタイム・有期雇用労働法［公布1993.6　最終改正2020.3］

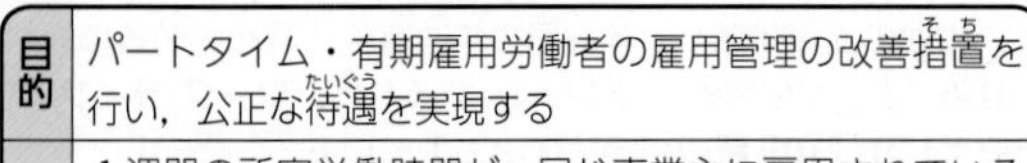

目的	パートタイム・有期雇用労働者の雇用管理の改善措置を行い，公正な待遇を実現する
対象	１週間の所定労働時間が，同じ事業主に雇用されている正規職員に比べて短い労働者。または，期間の定めのある労働契約を締結している労働者。名称は問わない
主な内容	・労働条件を文書などで明示する（第６条） ・有期・無期に関わらず，職務の内容・人材活用のしくみなどが正社員と同じ場合，差別的取り扱いの禁止（第９条） ・通常の労働者へ転換する機会をつくる（第13条）　など

❻ 非正社員の増加が経済に与える影響

日本の育児・介護休業法は，育児のための短時間勤務や残業免除の請求を，女性労働者に比べて男性労働者に対しては制限している。○？×？（➡p.207❷）　答：×

(男女が対等な社会を考える ➡p.80・81)

6 働く女性をめぐる問題

❶ 男女の賃金格差

国	賃金
デンマーク*1	94.9
スウェーデン	92.6
OECD平均	88.4
フランス*2	88.2
イギリス	87.7
ドイツ*1	86.1
アメリカ	82.3
日本	77.5
韓国	68.5

注:男性の賃金を100としたときの女性の賃金。フルタイム労働者。(2020年, *1は2019年, *2は2018年) (男女共同参画局資料)

解説 **差がある男女の賃金** 日本の女性の賃金は男性と比べて低い。その差は長期的にみると縮小傾向にあるが,欧米諸国と比べるとまだ差がある。これは,女性の勤続年数が男性よりも短いことや,管理職に女性が少ないこと(➡p.80)などが要因である。また,パートタイム労働者に占める女性の割合が多いことも男女の賃金格差の理由になっている。

❷ 育児・介護休業法

[公布1991.5 最終改正2022.6]

対象		**男女労働者**。一定の条件を満たせば,アルバイトや契約社員など有期従業員も取得可能
休業期間	育児	・子が1歳になるまで(保育所が見つからないなど,場合によっては最長2歳になるまで) ・両親がともに育児休業を取得する場合は,子が1歳2か月になるまで(パパ・ママ育休プラス)
	介護	・要介護状態にある家族(配偶者,父母及び子,配偶者の父母,及び厚生労働省令で定めるもの)1人につき通算93日間
事業主の責務		・育児・介護休業の申し出を拒むことはできない ・休業を理由とする解雇・不利益取り扱いは禁止。また,これを理由としたハラスメントの防止措置を講ずる義務 ・3歳までの子を養育する労働者に対し,短時間勤務制度・所定外労働の免除の義務化 ・妊娠や出産の申し出をした労働者に対し,育児休業等の制度の周知や取得の意向の確認を義務化

注:同法に休業中の賃金補償の規定はないが,雇用保険法に基づき,休業開始後6か月間は休業前賃金の67%,それ以降は50%支給。

解説 **育児と仕事の両立のために** 1995年,育児休業法は介護休業法を盛り込んだ**育児・介護休業法**に改正された。しかし,男性の育児休業取得率は低く,理由として「職場の雰囲気」「休業中の収入の減少」「仕事が忙しい」などがあげられる。このため,育児休業ではなく,有給休暇を利用する父親も多い。こうした状況を受け,2021年の改正では,子の出生直後の時期に男性が育児休業を柔軟に取得できる制度が創設されるなど,男性の育休取得促進がはかられた。

◀**事業所内の保育施設** 保育施設の充実により,従業員の仕事と家庭の両立をサポートすることができる。

重要用語 ⑯フリーター ㉒労働者派遣法 ㉓男女雇用機会均等法 ㉔育児・介護休業法

❸ 労働関係法改正のポイント

	内容	改正前	改正後
男女雇用機会均等法	募集・採用・配置・昇進	男女差別の防止は企業の**努力義務**	男女差別**禁止**
	定年・退職・解雇,教育訓練・福利厚生	男女差別禁止	変更なし
	違反企業への制裁措置	なし	企業名公表
	職場のセクハラ防止	なし	企業に**防止義務**
	ポジティブ・アクション	規定なし	国が支援
労働基準法	女性の時間外労働	原則年150時間以内	**撤廃**
	女性の休日労働	原則禁止	**撤廃**
	女性の深夜業	特殊業種(看護師など)以外禁止	**撤廃**

解説 **男女平等の職場をめざして** 1985年に成立した**男女雇用機会均等法**(➡p.377)は,1997年に改正法が成立し,大幅に強化された。同時に労働基準法の女性保護規定も撤廃された。これは,女性の職域を広げる一方,女性に男性と同じ長時間労働を強いる面もある。2016年の均等法改正では,女性の妊娠・出産等を理由としたハラスメント(嫌がらせ)の防止措置が事業主に義務付けられた。

7 外国人労働者数の推移

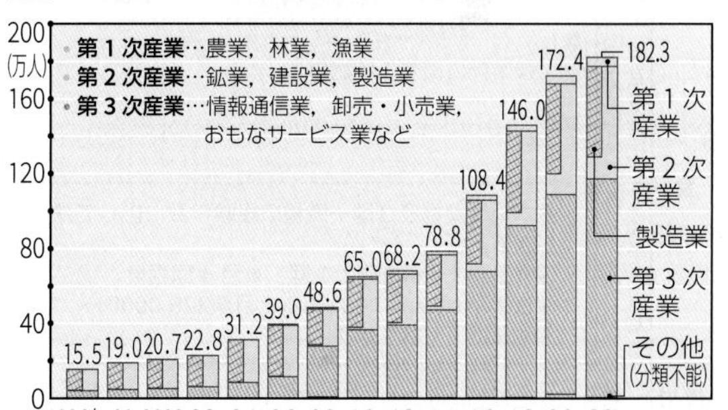

注:2007年の制度改正により,それ以前の統計と接続しない。(厚生労働省資料)

解説 **受け入れ拡大へ** これまで,日本政府は高度な知識や技術をもつ外国人は積極的に受け入れる一方,単純労働に携わる外国人労働者は,一部の例外を除き,事実上認めてこなかった。しかし,2018年の出入国管理及び難民認定法改正により新たな在留資格である「**特定技能**」が創設され,**外国人労働者の受け入れ拡大が決まった**。人手不足解消が期待される一方,低賃金で不当に労働させられている外国人もおり,労働環境の整備が求められる。

●在留資格別外国人労働者の割合

	身分に基づく在留資格	専門的・技術的分野の在留資格	技能実習	資格外活動	その他
総数182万人	32.7%	26.3(うち特定技能 4.3)	18.8	18.2	4.0

(2022年)(厚生労働省資料)

在留資格:外国人が日本に入国・在留する際の,地位や身分,活動可能な範囲を類型化したもの。
身分に基づく在留資格:定住者,永住者,日本人の配偶者など。
専門的・技術的分野の在留資格:就労目的で在留が認められる。特定技能もこれに含まれる。
特定技能:2018年の法改正で新たに創設。農業や建設,介護,外食業など,人手不足が深刻な14分野*1で,就労目的での在留が可能。
技能実習*2:国際貢献を目的に,発展途上国等の外国人を受け入れ,仕事を通じて技能・知識を伝える。
資格外活動:許可をうけて,在留資格で認められている活動のほかに行う,収入を伴う活動。留学生のアルバイトなど。

*1 特定技能1号の場合 *2 2023年,人権侵害の指摘があるこの制度を廃止し,人材の確保と育成を目的とした新たな制度へ変更するための議論を進めている。

求人票を使って「働く」を考える

ねらい 求人票には，就職先を選ぶ際に必要な情報が記されている。書かれている内容や，どのような点に注意して見るべきかを理解しよう。また，求人票を通して，ワーク・ライフ・バランス（仕事と生活の調和）はどのようにして実現できるか，これからの働き方はどうあるべきかを考えよう。

A 求人票を見てみよう！

求人票には，具体的な労働条件などが示されているよ。どのような内容が書かれているか読み取ってみよう。また，あなたが就職先を決める時，どのような点を重視したいか考えてみよう。

賃金・手当

①賃金		月額（a＋b）　205,000円　～　290,000円 ※（固定残業代がある場合はa＋b＋c）
	基本給(a)	基本給（月額平均）又は時間額　月平均労働日数（21.5日） 185,000円　～　255,000円
	定額的に支払われる手当(b)	資格　手当　5,000円　～　10,000円 処遇改善　手当　15,000円　～　25,000円 手当　円　～　円 手当　円　～　円
	固定残業代(c)	なし（　円　～　円） 固定残業代に関する特記事項 ［　］
	その他手当付記事項(d)	・基本給は資格及び同一職種の経験年数に応じて決定します。 ・深夜手当：6,000円／1回　※月4回程度 ・深夜手当（月4回）を含めると月額229,000円～314,000円となります。
賃金形態等		月給　円　～　円 その他内容［　］
通勤手当		実費支給（上限あり）　月額　35,000円
賃金締切日		固定（月末以外）　毎月　20日
賃金支払日		固定（月末以外）　当月　25日
昇給		あり（前年度実績　あり） 金額　1月あたり　0円　～　5,000円（前年度実績）
賞与		あり（前年度実績　あり）　年2回（前年度実績） 賞与月数　計　4.00ヶ月分（前年度実績）

労働時間

②就業時間	変形労働時間制（1ヶ月単位） （1）　～ （2）　～ （3）　～ 又は　～　の間の　時間 **就業時間に関する特記事項** ［変形労働時間制により，(1)7：00～16：00，(2)10：00～19：00，(3)16：00～翌10：00とし，シフト表で決定する。((3)は休憩120分)］
③時間外労働時間	時間外労働あり　月平均　10時間 36協定における特別条項　なし 特別な事情・期間等 ［　］ └（➲C❶）
休憩時間	60分　｜　年間休日数　108日
④休日等	その他 週休二日制　その他 ［4週8休　シフト制］ 6ヶ月経過後の年次有給休暇日数　10　日

その他の労働条件等

加入保険	退職金共済	退職金制度
雇用　労災　~~公災~~　健康　厚生　~~財形~~　~~その他（　）~~	未加入	あり（勤続　3年以上）

企業年金	~~厚生年金基金~~　~~確定拠出年金~~　~~確定給付年金~~

定年制　あり（一律　65歳）　再雇用制度　あり（上限　70歳まで）　勤務延長　なし

入居可能住宅　~~単身用　あり~~　~~世帯用　あり~~［　］

利用可能託児施設　なし
［託児施設に関する特記事項］

（厚生労働省資料をもとに作成）

●求人票の内容をチェックしてみよう！

（労働基準法 ➲p.203，375，　最低賃金法 ➲p.225C❶）

①賃金
賃金の支払い方法は労働基準法で，賃金の最低基準は最低賃金法で定められている。
注意点 実際に受け取る賃金は，記載されている金額から社会保険料や税金などを差し引いた金額（手取り賃金）。

企業等の採用に関する情報は，WEBサイトで確認できる場合もある。その際も，しっかりと労働条件を確認し，採用後にトラブルにならないように注意しよう。

②就業時間
1日および1週単位の労働時間の上限については，労働基準法で定められている。

③時間外労働時間（➲C❶）
時間外労働の上限は，労働基準法で定められている。

④休日等
使用者が与えなければならない休日については，労働基準法で定められている。
注意点 **週休2日制と完全週休2日制のちがい**
・**週休2日制**…2日休日がある週が，月に1回以上
・**完全週休2日制**…毎週2日の休日がある

入試クイズ　労働者の働き方改革を総合的に推進するために，法律上，時間外労働に罰則付きの上限が設けられた。○？×？（➲C❶）　答：○

B 契約自由の原則と労働法

● 労働基準法違反の契約は無効！

考えてみよう！　左のイラストのように，労働契約では，労働基準法が定める労働条件に達しない部分は無効になる。このように契約自由の原則が制限されるのは，なぜだろう？

解説 **労働者の保護**　**契約自由の原則**（➡p.237）は，対等な立場での契約を前提（ぜんてい）としている。しかし，**労働契約**において，労働者と使用者の間には，情報の質や量，交渉力に格差があり，使用者に対して労働者が弱い立場にある。そのため，労働者を保護する観点から，**労働基準法**（➡p.203）をはじめとする労働法により，契約自由の原則が制限される。

C ワーク・ライフ・バランスの実現に向けて

❶「働き方改革」（➡p.210 E 1）

●残業時間の上限規制

これまでは…
- 労使が合意して協定を結び，届け出を行えば，**月45時間，年間360時間**まで残業が可能（「**36（サブロク）協定**」）
- さらに，特別な協定を結べば，**制限なく残業が可能**

⬇ **「働き方改革」による変更で…**

- 時間外労働は**月45時間，年360時間**まで
- 特別な事情がある場合でも，**残業の上限時間は月100時間未満**とする（年間720時間以内など条件あり）
- 上記に違反した場合の罰則を設ける

●勤務間インターバル制度の導入促進

	勤務終了時刻↓		通常の始業時刻↓	
制度なし	勤務			勤務
制度あり	勤務	勤務間インターバル		勤務

一定の休息時間をとれるよう，始業時刻をくり下げる

解説 **働く人の健康を守る**　EU諸国では，「勤務間インターバル制度」が導入されている。これは，終業時刻から次の始業時刻までの間隔（インターバル）を規定するもの。2018年に成立した「働き方改革」関連法により日本でも普及促進がめざされることになったが，現状で導入している企業は3.7%（2019年）にとどまっている。

❷ テレワーク

柔軟な働き方　テレワークとは，情報通信技術（ICT）を活用した，場所や時間にとらわれない働き方のことで，「tele＝離れた所で」と「work＝働く」を合わせた造語。

●テレワークのイメージ

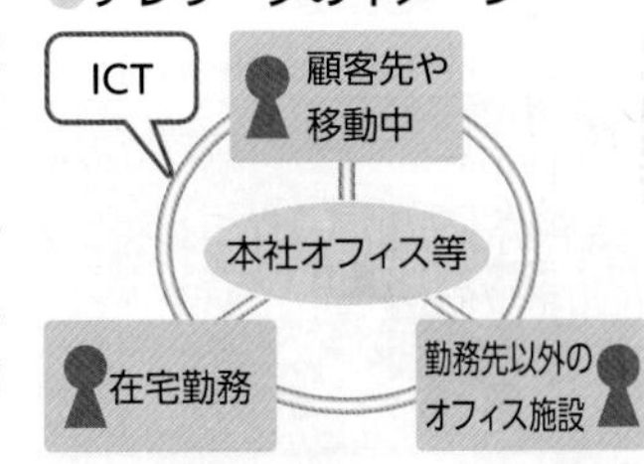

メリットは？　自宅などで仕事ができるため，通勤や移動の負担が減り，**ワーク・ライフ・バランス**（➡p.210）の実現につながる。また，育児や介護を抱える人，身体の不自由な人など，これまで通勤が困難だった人も働きやすくなる。一方で，労働時間や働きぶりなど労務（ろうむ）管理の困難さや，職場内や取引先とのコミュニケーション不足などが課題としてあげられている。

▶**オンラインでの会議の様子**　新型コロナウイルス感染症の拡大（2020年～）を受け，テレワークを導入する企業が増加した。

❸ 働く目的は何か？

働くことの意義を，収入・社会とのかかわり・自己実現などの観点で考えてみよう。

	お金を得るため	社会の一員として，務めを果たすため	自分の才能や能力を発揮するため	生きがいをみつけるため	わからない
18～29歳	65.1%	10.8	13.0	10.6	0.5
30～39歳	72.2%	10.8	8.0	8.7	0.3
40～49歳	70.6%	12.9	6.6	9.5	0.4
50～59歳	62.8%	14.6	6.1	14.5	2.0
60～69歳	52.0%	16.4	8.9	19.2	3.5
70歳以上	37.3%	16.7	7.6	27.2	11.2

(2019年)　（「国民生活に関する世論調査」）

◀**インターンシップの様子**　学生が在学中に企業などで就業体験を行うインターンシップ（➡p.26）は，その業界や仕事内容を理解し，自身の適性や将来の設計について考えるきっかけになる。

右下の2次元コードを読み込むと，今後の進路選択の際に役立つ「進路・仕事ってどう選ぶの？」というページが見られるよ。これを参考に，働くことや自分の将来について考えてみよう！

(求人票を使って「働く」を考える ➡p.208)

8 企業規模別の障がい者雇用率の推移

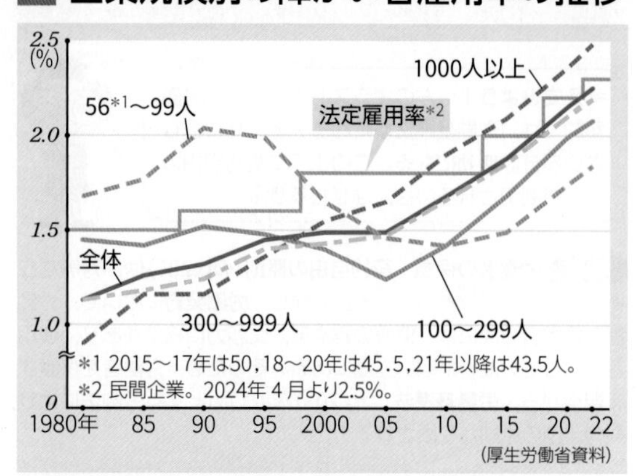

解説 **進まぬ障がい者雇用**　国は**障害者雇用促進法**で，企業等における障がい者の法定雇用率を定めているが，達成していない企業も多い。達成していない企業は，国に納付金を納める(中小企業は一部猶予)。2018年，行政機関などで障がい者雇用数の不適切な計上が発覚。適切な運用が求められている。

◀障がい者を対象とした就職面接会(岡山県総社市)　総社市は，2011年から「障がい者千人雇用」という目標を掲げ，約6年で達成。当初は消極的だった企業も，障がい者を雇用し，共に働くうちに団結力が上がり，職場の雰囲気が良くなったという。

9 65歳以上の労働者数の推移

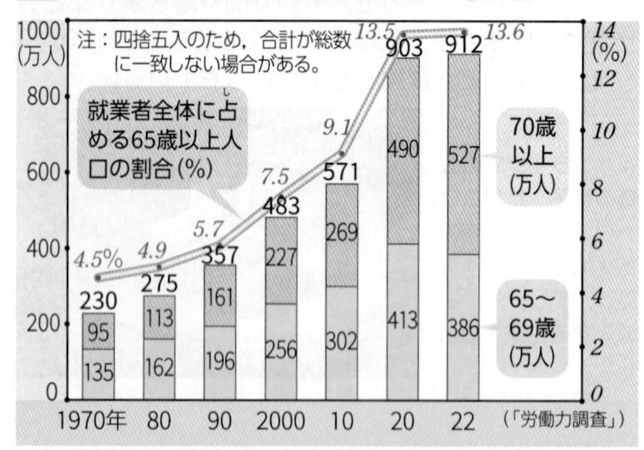

解説 **高齢者の雇用の延長**　高齢者の雇用について定めている**高年齢者雇用安定法**では，定年退職年齢を65歳未満に定めている企業について，①定年の引き上げ，②継続雇用制度の導入，③定年の定めの廃止のいずれかの措置を導入することを義務づけている。また，2020年の改正で，70歳までの就業機会の確保が努力義務になった。

探究へのSTEP　働きやすい職場とは，どのような職場かな？

視点　下の①～⑤の立場を1つ選び，その人にとって働きやすい職場や制度にはどのようなものがあるか考えよう。

①非正社員　②身体の不自由な人
③外国人労働者　④育児中の人　⑤高齢者

幸福　正義　公正　個人の尊厳　自由　平等

E 働き方の見直し

1 ワーク・ライフ・バランス

● 働き方改革の主な内容

(厚生労働省資料)

労働時間法制の見直し
●**残業時間の上限規制**(➡p.209C❶)…時間外労働は原則月45時間，年360時間まで。特別条項を結んだ場合でも，最大月100時間未満(年間上限720時間など条件あり)
●**勤務間インターバル制度**(➡p.209C❶)**の普及促進**
●**フレックスタイム制の拡充**
●**年5日の年次有給休暇の取得**…年次有給休暇が10日以上付与される労働者に対し，年5日の年次有給休暇を取得させることを使用者に義務づけ。
雇用形態に関わらない公正な待遇の確保
●**不合理な待遇差の禁止**…正社員と非正社員との間で，基本給や賞与，福利厚生などあらゆる面で不合理な待遇差を禁止。

解説 **仕事と生活の調和**　2018年に成立した**働き方改革関連法**では，働き過ぎを防いで労働者の健康を守ることを通じた**ワーク・ライフ・バランス**の実現がめざされている。また，正社員と非正社員の間の不合理な待遇差を解消するため，**同一労働同一賃金**の実現なども求められる。

ワーク・ライフ・バランス(仕事と生活の調和)　一人ひとりがやりがいを感じながら働き，その責任を果たすとともに，家庭や地域生活などにおいても多様な生き方を選択・実現すること。また，ワーク・ライフ・バランス社会実現の中核となる概念として，**ディーセント・ワーク**(働きがいのある人間らしい仕事)という考え方が注目されている。
フレックスタイム制　1か月以内の一定期間における総労働時間を定めておき，出社・退社の時刻を労働者にゆだねる制度。

2 ワークシェアリング

ワークシェアリング…一人ひとりの労働時間を短縮し，仕事をより多くの労働者で分け合うしくみ。1人当たりの賃金は減少する

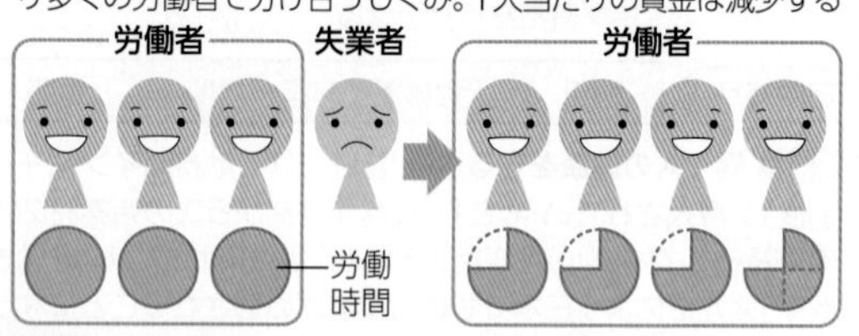

種類	・**緊急避難型**…不況による一時的な業績悪化の回避 ・**雇用維持型**…中高年従業員の雇用確保 ・**雇用創出型**…失業者に新たな就業機会の提供 ・**多様就業対応型**…勤務形態を多様化し，女性や高齢者などより多くの労働者に就労機会を提供
普及が進まない理由	・サービス残業が多く，労働時間が明確でない。 ・研究開発など，業種によっては導入が難しい。 ・同一価値労働・同一賃金ではない…年功序列賃金や，正社員・非正社員での賃金水準の違いのため，時短分の賃金計算や労務管理が複雑になる。

解説 **ワークシェアリングの可能性**　ワークシェアリングの導入国としてはオランダが有名だが，日本では緊急避難的に導入されるのみであった。しかし，働き過ぎ(➡p.205❹❸)や，少子高齢化による労働力人口(➡p.204D❶)の減少が指摘されるなか，中長期的な視点から見れば，正社員と非正社員の格差を是正し，多様就業対応型のワークシェアリングを導入することは，人材の確保と，ワーク・ライフ・バランスの実現が期待できる。

未来の仕事はどう変わる？

ねらい 近年，様々な企業でAI(➡p.54)やロボットの導入が進んでいる。これにより，仕事の内容や働き方も大きく変化していくことが予想される。技術の進歩は，雇用にどのような影響を与えるのだろうか。また，この変化に対応するために，働き手にはどのような能力が求められるのか考えよう。

(AIで暮らしはどう変わる？ ➡p.54)

A　AIに仕事が奪われる？

❶ 職業がAIやロボットに代替される可能性

代替可能性が高い職業	代替可能性が低い職業
銀行窓口係	観光バスガイド
自動車組立工	グラフィックデザイナー
新聞配達員	外科医
データ入力係	作曲家
電車運転士	小学校教員
ビル清掃員	スポーツインストラクター
レジ係	美容師

注：野村総合研究所資料より，人工知能やロボット等による代替可能性が高い(低い)とされた100種の職業から抜粋し，五十音順で掲載。

解説　技術の進歩と雇用　パターン化された作業やデータの処理などの仕事はAIやロボットに取って代わられるかもしれない。一方，創造性や他者との協調が必要な業務などは将来的にも人間が担っていくといわれている。また，雇用の代替と同時に，AIに関わる新しい業務や事業が創出され，新たな雇用が生まれることが予想されている。

自動運転列車(福岡県福岡市)　JR九州の香椎線では，自動運転列車が導入された。踏切のある区間での自動運転の導入は，日本初。

AIを搭載したロボットが接客するカフェ(東京都渋谷区)　人型ロボット「pepper」が注文の受付や接客を行う。

写真：つのだよしお／アフロ

❷ AIに期待されること

●職場においてAIが果たす役割・機能は何か？
- 既存の労働力を省力化する　41.0%
- 不足している労働力を補完する　35.0%
- 既存の業務効率・生産性を高める　35.0%
- これまでに存在しなかった新しい価値をもった業務を創出する　26.5%

総務省「ICTの進化が雇用と働き方に及ぼす影響に関する調査研究(2016年)」より作成
注：AIが導入されている，もしくは今後導入される計画がある職場の就労者に対するアンケート

解説　AIは敵？味方？　日本は，少子高齢化(➡p.214)が進み人口が減少し，深刻な労働力不足に陥ることが予想される。こうした労働力不足への対策として，AIの活用が期待されている。また，仕事の一部をAIに担わせることによる業務の削減や効率化も期待される。

● AIによる業務の効率化，省力化

AIの活用により，今ある仕事の一部を効率化することが可能になる。代替可能性が高いとされる職業でも，その職業のすべての業務がAIに取って代わられるとは限らない。定型的な業務をAIに任せ，人間は人間にしか行えない業務を行うことで，AIとの「共存」が可能になる。

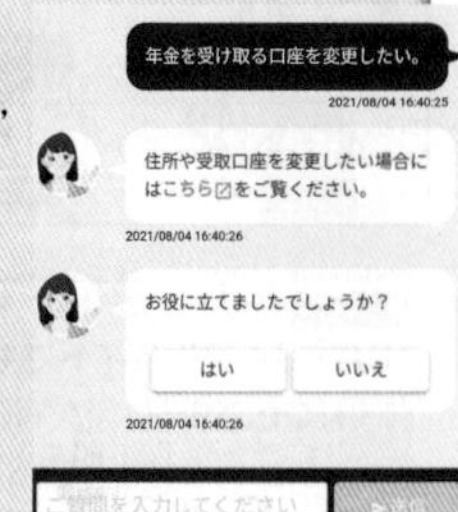

AIを活用したチャットボットによる自動応答　チャットボットとは，会話を自動で行うプログラムのことで，企業や地方公共団体の問い合わせ対応業務などに導入されている。簡単な質問への対応をチャットボットに任せることで，担当者の負担を軽減し，その分の時間を専門的な質問への対応などに割くことができる。

B　AI時代に必要なことは？

Q 今後どのような能力が求められるだろう？

● AIの普及に対応するため企業が求めるスキル

スキル	%
チャレンジ精神や主体性，行動力，洞察力などの人間的資質	63.8%
コミュニケーション能力やコーチングなどの対人関係能力	61.9
企画発想力や創造性	54.7
情報収集能力や課題解決能力，論理的思考などの業務遂行能力	45.7
語学力や理解力，表現力などの基礎的素養	21.0

(2017年)
(厚生労働省資料)

EYE　AIによる採用，公正な判断は可能？

採用活動で，AIを導入する企業が増えているという。AIに公正な判断は可能なのだろうか。

AIによる選別　AIはデータを学習し，判断を下す。例えば，過去の合格者のデータをAIに学習させる。するとAIは，過去の合格者と共通した特徴をもつ人を高く評価する。これにより，採用活動にかかる時間の削減が期待できる。

人権侵害のリスクも…　例えば，過去の合格者の性別や人種に偏りがあるとする。AIはそのデータを学習するため，判断にも偏りが生じる。AIのみに頼った採用活動を行えば，企業の意図に関わらず差別が助長される可能性もある。こうしたAIの特徴やリスクを理解し，適切に活用していくことが求められる。

採用面接　相手はAI

(「朝日新聞」2019.7.5)

メモ　AI(人工知能)やロボット，IoT(➡p.197 EYE)といった新たな技術を，様々な産業や生活に取り入れることで，経済の発展と社会的な課題の解決を両立していく社会であるSociety5.0の実現がめざされている。

「ブラックバイト」って何?

ねらい　近年，「ブラックバイト」と呼ばれるアルバイトが問題となっている。ブラックバイトとはどのようなものだろうか。また，なぜこのような問題が生じたのだろうか。問題点とその背景を知り，ブラックバイトの被害にあわないためにはどうしたらよいか，今の自分にできることを考えてみよう。

A ブラックバイトを見抜けるか?

● アルバイト先で…これって問題あり?なし?

①有給休暇を取りたいと言ったら…

アルバイトに有給休暇なんてあるわけないでしょ

②ケーキの販売ノルマを達成できなかったら…

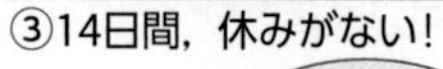

④アルバイトを辞めたいと言ったら…

答え　①〜④すべて「問題あり」!

①パート・アルバイトでも，有給休暇がもらえる　労基法第39条1項(➡p.203)は，年次有給休暇が付与される条件を①6か月間継続勤務し，②全労働日の8割以上出勤していること　としている。

②給料の天引きは違法。買い取り義務もなし　労基法第24条1項は，「賃金は，通貨で，直接労働者に，その全額を支払わなければならない」としており，天引きは違法。また，法的に買い取りの義務はない。

③休みが取れないのは違法　労基法第35条1項(➡p.203)は，週1日は休みを与えなければならないとしている(特別の定めがある場合は，4週を通じて4日以上)。

④損害賠償請求は違法　民法第627条1項は，期間の定めのない労働者はいつでも退職の申し入れができ，申し入れから2週間で退職できる*としている。このため，損害賠償請求は違法。

＊会社によっては就業規則で2週間以上の申し入れの予告期間を定めている場合もあり，就業規則・民法のどちらを優先するかは，状況に応じて異なる。退職したいときは，まずは就業規則を確認しよう。

● アルバイトで何らかのトラブルがあった人の割合

(大学生，大学院生，短大生，専門学校生)

トラブルがあった	トラブルはなかった
48.2%	*51.8*

●労基法違反に関するトラブル(上位3項目)
- 準備や片付けの時間に賃金が支払われなかった…*13.6*%
- 1日に労働時間が6時間を超えても休憩時間がなかった…*8.8*%
- 実際に働いた時間の管理がされていない…*7.6*%

●労使間のトラブル(上位3項目)
- 採用時に合意した以上のシフトを入れられた…*14.8*%
- 一方的に急なシフト変更を命じられた…*14.6*%
- 採用時に合意した仕事以外の仕事をさせられた…*13.4*%

(2015年)　(厚生労働省資料)

B ブラックバイトとは

冒頭のマンガのような，違法なアルバイトが問題となっている。なかでも，正社員並みの仕事を任されたり，シフトを一方的に決められたりすることによって，学生生活に支障をきたすようなアルバイトは，ブラックバイトと呼ばれる。

● ブラックバイト問題の構造

学生側
- ●生活費を稼ぐため，アルバイトを辞められない
  - ・授業料が高い
  - ・奨学金制度の不備
  - ・不況による仕送りの減少
- ●労働法に対する無知

企業側
- ●賃金の安い学生を戦力とすることで，コストを下げたい
  - サービス競争の激化

→ ブラックバイト

解説　**立場の弱さを利用**　一部の企業が，学生の無知や立場の弱さを利用し，問題を引き起こしている。こうした問題は学生だけでなく，中高年のパート・アルバイトにも生じているという。

C ブラックバイト被害にあわないために

(1)事前の情報収集　労働基準法(➡p.203)など，労働に関する法律の知識を得ておくことが大切。厚生労働省やNPOなどがマニュアル・パンフレットをインターネット上で公開しているので，確認してみよう。

(2)証拠を残す　雇用契約書は必ず保管し，勤務時間・拘束時間などおかしいと思うことがあれば，メモをしたり，写真を撮るなどして証拠を残しておこう。

(3)相談機関　国の相談機関(労働基準監督署，総合労働相談コーナーなど)や，労働組合のホットライン，NPOなどがある。無料で利用できるものも多い。

●アルバイト側も注意!

アルバイト店員が，来店した有名人の個人情報をネット上に書き込んだり，職場で不適切な写真を撮影し，SNSに投稿するといった行為が問題となっている。これらの行為は，他者の権利を侵害するだけではなく，企業の評判を下げ，廃業に追い込んでしまう場合がある。また，本人も損害賠償を請求されたり，退学処分など，社会的制裁を受ける可能性がある。

アルバイト店員の立場であっても，社会の一員として，他者の権利を尊重し，法令を守って行動することが求められる。

メモ　過重労働，残業代の不払い，パワーハラスメントなどによって，労働者を「使いつぶす」企業は「ブラック企業」とよばれて問題になっている。

ポイント整理 12

10 労働条件と労働関係の改善

A 労働基本権 (➡p.202)

①**労働基本権**─┬─**勤労の権利**(憲法第27条)
　　　　　　　└─**労働三権**(憲法第28条)…**団結権・団体交渉権・団体行動権(争議権)**

②**公務員の労働三権**…制限される。日本では争議行為は全面禁止

B 労働三法 (➡p.203)

- **労働基準法**…労働条件の最低基準を規定
- **労働組合法**…労働三権を具体的に保障。不当労働行為を禁止
- **労働関係調整法**…**労働争議**の予防・解決➡労働委員会による斡旋・調停・仲裁

C 労働組合の現状 (➡p.204)

①**形態**…日本の**労働組合**の大半が**企業別組合**➡企業と労組の関わりが深い
　　└➡交渉能力が弱い

②**組織率の低下**…第3次産業の増加・正社員比率の減少・若者の組合離れ
　　└─一般的に事業所の規模が小さい➡組織化が困難

➡労働組合の再編成の必要性

D 労働を取り巻く課題 (➡p.204〜207, 210)

①**日本的経営方式の変化**─┬─中高年労働者のリストラ➡**終身雇用制**の崩壊
　　　　　　　　　　└─**年功序列型賃金**➡**年俸制**など成果主義の導入

②**労働時間**…長時間労働➡時間短縮の動き⇔サービス残業➡過労死

③**雇用形態の多様化**…派遣労働者・パート・アルバイトなど非正社員の増加

増加の背景─┬─企業側の雇用事情の変化(合理化，新規雇用抑制，即戦力重視)
　　　　　├─**労働者派遣法**改正(2004年)…製造業への派遣解禁，派遣期間延長
　　　　　└─若者の就業意識の低下

➡正社員と非正社員の格差拡大…消費低迷，税収減少，社会保障財源の減少など。
労働者派遣法，**パートタイム・有期雇用労働法**などの改正による待遇の改善も

④**男女の格差**…賃金，雇用形態(女性にパートタイム労働者が多い)，昇進など

⬅結婚・出産による離職

- **格差是正のための法改正**

┌**男女雇用機会均等法**(1997・2006年に大幅改正・強化)
│　・募集，採用等における性差別・間接差別禁止，セクハラ防止措置義務など
└**労働基準法**(1997年改正)
　　・女性保護規定の撤廃…時間外，休日労働・深夜業の制限の撤廃

- **仕事と育児の両立支援の法律**

育児休業法(1991年成立)…男性にも育児休業を保障
⬇……1995年改正
育児・介護休業法(1999年施行)…育児休業や介護休業に関する制度と，育児や介護を行いやすくするために事業主が講ずべき措置などを規定

⇔男性の取得率が低い…育児休業がとりにくい環境にある

⑤**外国人労働者**…2018年の出入国管理及び難民認定法の改正により，外国人労働者の受け入れ拡大が決定

⑥**障害者雇用**…**障害者雇用促進法**で定められた法定雇用率未達成の企業が多い

⑦**高齢者雇用**…**高年齢者雇用安定法**で雇用期間延長を促進

E 働き方の見直し (➡p.208〜210)

①**ワーク・ライフ・バランス**…働き方を見直し，仕事と生活の調和を図る

②**ワークシェアリング**…労働時間を短縮し，より多くの労働者で仕事を分け合うこと

③**働き方改革**…多様な働き方の実現，生産性の向上などをめざす。

➡ワーク・ライフ・バランス社会の実現

ポイント解説

A 労働基本権　日本国憲法は**労働基本権(勤労の権利・労働三権)**を保障している。公務員の労働三権は，国民生活への影響が大きいという理由で制限されてきたが，現在，見直しが検討されている。

B 労働三法　労働三権に基づいて労働者を保護するために制定された。
労働基準監督署は，労働基準法などの法律に基づき，労働条件についての監督指導を行う。

C 労働組合の現状　日本の労働組合は大半が**企業別組合**で，単独では交渉力が弱いので，多くは全国組織に加入している。
近年，組織率の低下などから，労働組合は再編成の必要に迫られている。

D 労働を取り巻く課題　バブル崩壊後の不況で中高年労働者のリストラが進み，非正社員が増加するなど，**終身雇用制**が成り立たなくなっている。また，**年功序列型賃金**に代わり，成果主義の賃金体系(**年俸制**など)を導入する企業もあり，日本特有の雇用慣行が変わりつつある。
日本の労働時間は，**週休2日制**が普及し，減少傾向にあるが，サービス残業や過労死などの問題は残っている。また，**テクノストレス**のような新しい労働災害が発生している。
非正社員が増加したことにより，賃金や社会保障などの面で正社員との格差問題が浮上した。格差の拡大は，消費の縮小・税収減少・少子化の加速など，経済・社会に大きな影響をもたらすため，対策が急務である。
女性は，結婚や出産などでいったん離職せざるを得ないことが多い。このため，男女労働者の間に格差が存在する。近年は，**男女雇用機会均等法**の改正や，**育児・介護休業法**などによって，仕事を継続する女性が増えているが，差別の残存や，制度を十分に活用できないという現実もある。

E 働き方の見直し
近年は，少子高齢化による労働力人口の減少や，育児や介護との両立など多様な働き方を求める人の増加を受けて，**ワーク・ライフ・バランス**の実現をめざした，**働き方改革**が進められている。企業は，業務や従業員数などを見直し，生産性を高める必要がある。

11 少子高齢化の進展と社会保障

ねらい
- 社会保障制度のしくみや役割，意義を理解しよう。
- 日本の社会保障制度の特徴を理解しよう。
- 少子高齢化が進む日本における，社会保障制度の課題を理解しよう。

p.226 探究 今後の社会保障制度のあり方を考える

みそ汁の塩分濃度を測って減塩指導（長野県佐久市）

A 家族の変化

1 家族構成の変化

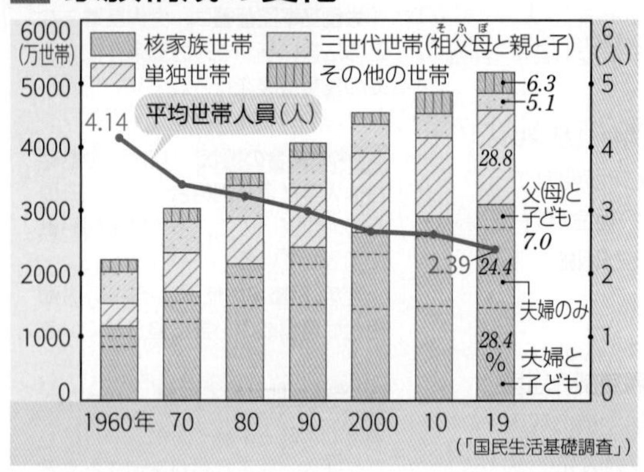

解説 **世帯人員減少の理由** 戦後，民法が改正され，戦前の家長を中心とした「家」制度が廃止された。そして，経済発展とともに地方から都市へ若者が集中。さらに少子高齢化が進み，単独世帯や，夫婦のみ・親と未婚の子からなる**核家族**が増えている。

2 高齢者のいる世帯と児童のいる世帯の推移

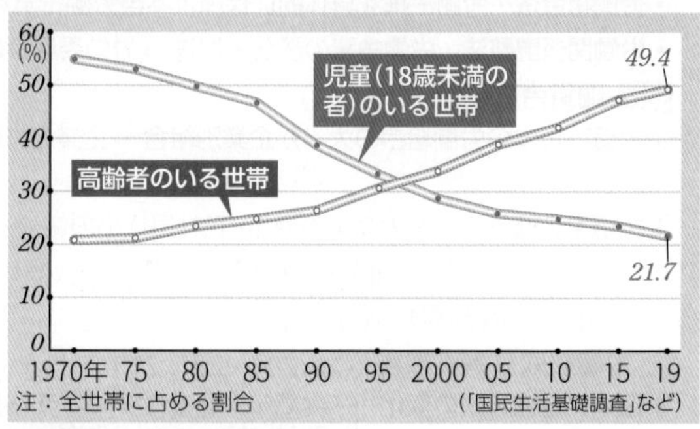

解説 **減少する世代間の交流** 1997年に，高齢者のいる世帯が児童のいる世帯を上回って以来，その差は年々拡大している。また，三世代世帯が減少していることから（➡1），祖父母・父母・子どもをつなぐ縦の軸が失われ，家事・育児・しつけ・道徳などが伝承されにくくなっている。また，高齢者の介護を含めて，家族の扶養能力が低下している（➡p.221 4❶）。

B 少子高齢社会の到来

1 高齢化の進展

❶ 各国の高齢化率の推移

Q 日本の高齢化の特徴は何だろう？

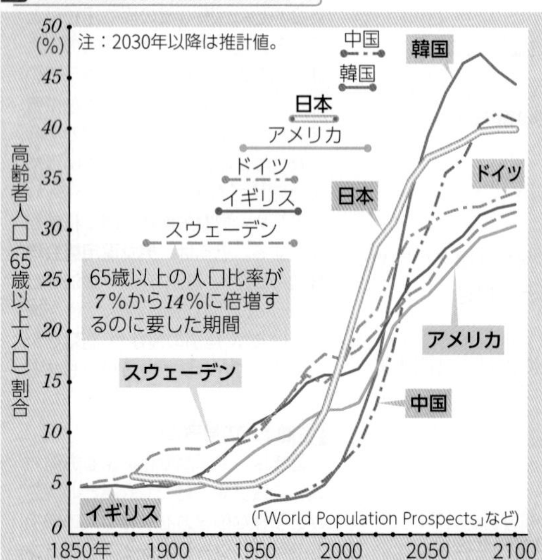

解説 **急速に進む日本の高齢化** 全人口に対する65歳以上の人口の割合が7％を超えた社会を高齢化社会，さらに14％を超えた社会を**高齢社会**という。日本は1970年に高齢化社会に，1994年に高齢社会に突入した。

❷ 平均寿命の推移

Q 高齢化の原因は何だろう？

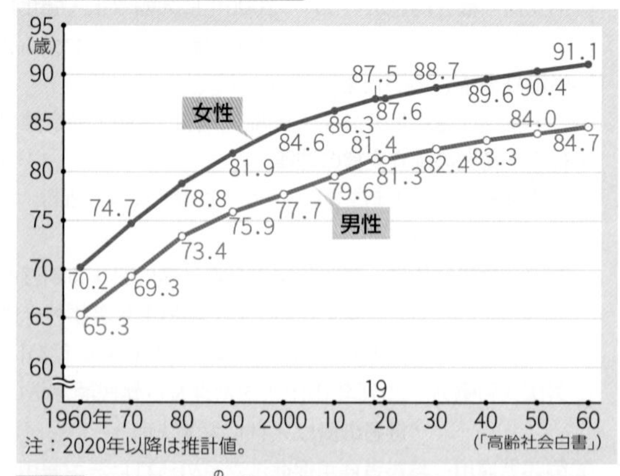

解説 **平均寿命の延び** 高齢化が進んだ原因として，平均寿命が延びたことと，出生率の低下による若年人口の減少（➡p.215）があげられる。医療技術の進歩や生活環境・食生活の改善によって，戦後，死亡率は大幅に減少した。

高齢化率 全人口に占める65歳以上の人口の割合。
平均寿命 その年に生まれた子が平均して何年生きられるかを示すもの。

入試クイズ 日本は，他の先進国と比べて，高齢化率が7％から14％に至るまでの期間が長いという特徴があるとされている。○？×？（➡B 1❶） 答：×

2 少子化の進展

❶ 出生数と合計特殊出生率の推移

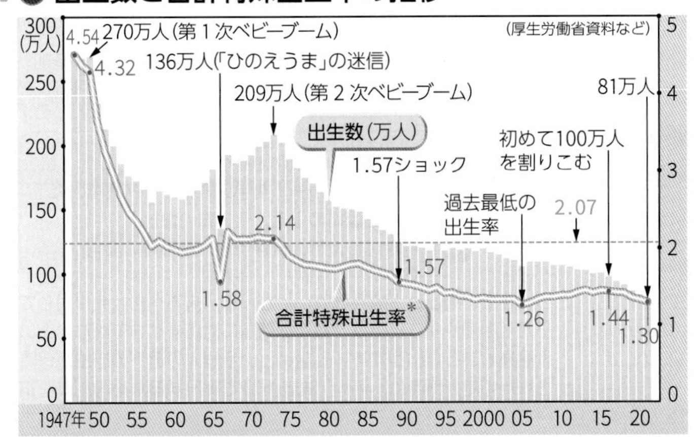

＊1人の女性が一生に産む平均の子どもの数。人口を維持するには2.07(2021年)が必要。

解説 進む少子化とその背景　第二次世界大戦直後，海外からの復員や引き揚げで子どもがたくさん生まれ，「ベビーブーム」となった。しかし，避妊手段の急速な普及などにより，合計特殊出生率は急激に減少。1970年前後に「第2次ベビーブーム」となったものの，その後は減少傾向にある。背景には，女性の社会進出の進展に伴って晩婚化が進み，1人の女性が出産する子どもの数が減少したことや，結婚観が多様化し，生涯結婚しない非婚化も進んでいることなどがあげられる。その結果，日本の合計特殊出生率は，1970年代半ばから，人口を維持できる水準に達していない。

❷ 理想の子ども数をもたない理由

Q なぜ出生率が低下したのか？

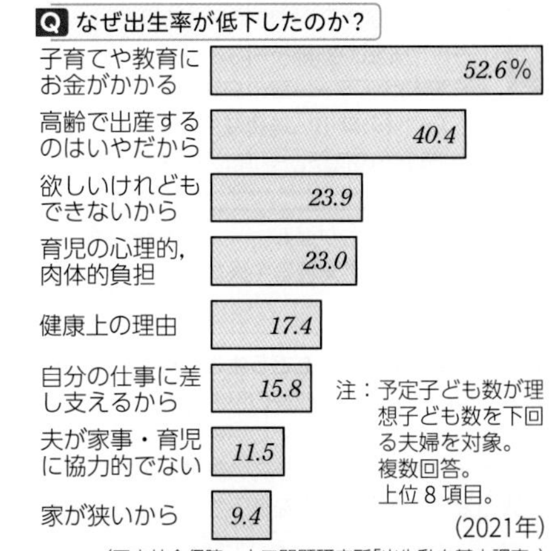

(国立社会保障・人口問題研究所「出生動向基本調査」)

解説 社会的要因も影響　国立社会保障・人口問題研究所の調査によると，夫婦が実際にもつつもりの子ども数は，2015年では2.01人で，夫婦が理想的だと考える子ども数の2.32人を下回っている。理由は様々であるが，不景気や非正規雇用の増加，将来の年金への不信など経済的な不安，仕事と家庭の両立が困難な労働環境など，社会的背景も影響している。

3 日本の人口ピラミッド

Q 人口構成の変化は社会保障制度のあり方にどのような影響を与えたか？

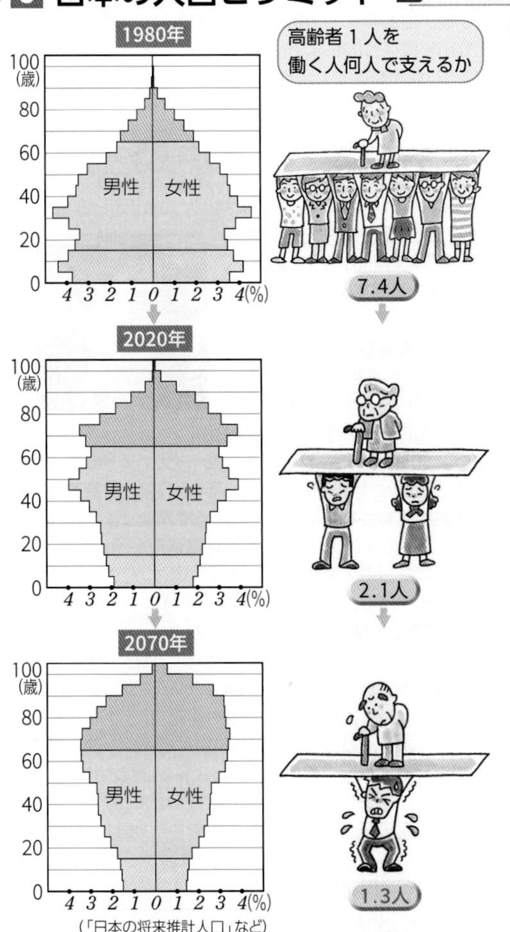

(「日本の将来推計人口」など)

解説 急務となった社会保障制度改革　戦前の日本の人口ピラミッドは，「多産多死」のピラミッド型(富士山型)であった。戦後，平均寿命の延び(➲p.214❷)や，少子化の進行が背景となって，「少産少死」の紡錘型(つぼ型)に変化しており，**少子高齢化**が進んでいることが読み取れる。このため，**現役世代が年金や医療などを支える現在の社会保障のしくみのままでは，財源を維持できず，負担と給付のバランスが崩れる**。現役世代に過剰な負担がかかることは，公正ではない。誰もが納得かつ安心できる持続可能な制度への改革と，社会保障の支え手を増やす努力が必要である。(➲p.226)

4 人口減少社会

❶ 日本の人口の推移

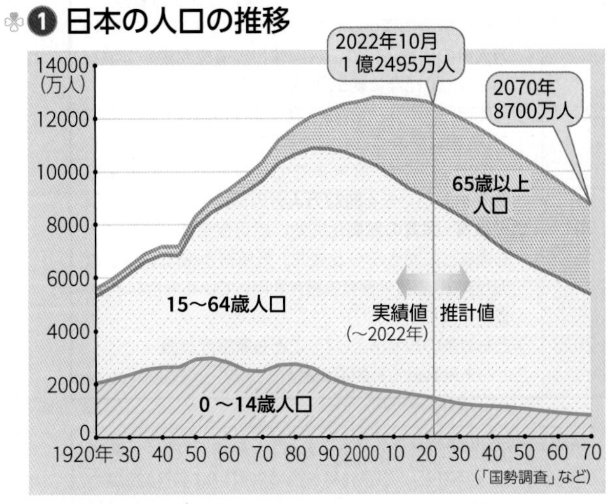

(「国勢調査」など)

解説 人口減少社会へ　日本は，2005年に出生数が死亡数を下回る自然減に転じ，2007年からは自然減が続いている。また，2016年，総務省は国勢調査の結果，日本の総人口(外国人も含む)が減少に転じたと発表した。日本は人口減少社会に突入している。

経済

重要用語 297少子高齢社会　299社会保障制度

❷ 人口減少　このままいくと日本はどうなる？

経済
- 労働人口の減少（2022年6902万人→2040年5460万人*）→専門知識や熟練技術などの不足
- 貯蓄率が低下→投資の抑制
- 市場規模の縮小・消費減少
➡競争力の低下，経済成長の抑制

財政
- 税収減少→財政赤字の拡大
- 1人当たりの国債残高の増加

社会保障制度
- 社会保障関係費の増大
- 保険料収入の減少→給付の引き下げと保険料負担の増加
- 介護の負担が増加，介護人材の不足

少子高齢化・人口減少社会

教育
- 学校の統廃合が進む
- 数字上は大学受験者全員が入学可能

社会
- 核家族化・少子化→社会性・ルールを学ぶ家庭の教育機能の低下
- 不動産価格の下落，空き家の増加
- 過疎化の進行，交通渋滞・就職難の緩和

＊経済成長が進まず，若者，女性，高齢者などの労働参加が現状のまま推移した場合の推計。経済成長・労働参加が進んだ場合は6195万人。

解説 **人口減少社会をどう生きるか**　人口が減少すると，市場規模の縮小による経済成長の停滞や労働力人口の減少につながり，社会保障制度のあり方などにも影響を及ぼす。しかし，こうしたマイナス影響の一方でプラスの影響もある。

人口減少は社会の活力を低下させるため，一定の人口を確保するべきであるという意見は強い。しかし，来るべき社会に対して，子どもを増やすことだけで様々な問題に対応すべきではないという意見もある。出産する・しないという個人の選択の自由が保障された中で，同時に，活力のある社会を実現するための制度を築いていくことが必要である。

C 少子高齢社会への施策

1 政府の少子化対策，子ども・子育て支援策

年	対策
1990	前年の合計特殊出生率1.57と判明…過去最低記録を下回る
1994	**エンゼルプラン**策定…子育てと仕事の両立支援など
1999	**新エンゼルプラン**策定(エンゼルプラン見直し)
2003	少子化社会対策基本法…総合的な少子化対策の推進 次世代育成支援対策推進法…子育て環境整備のため，地方公共団体と企業が行動計画を策定
2004	少子化社会対策大綱策定 ↓実現のための具体的施策 **子ども・子育て応援プラン**(新新エンゼルプラン)
2008	新待機児童ゼロ作戦…保育サービスなどの充実・強化
2010	子ども・子育てビジョン…**子ども手当**創設*1，公立高校の実質無償化*2など *1 2011年度で廃止。2012年度から児童手当が復活。 *2 2014年度入学生から所得制限が設けられた。
2012	子ども・子育て関連3法(子ども・子育て支援法，認定こども園法，関係法律の整備等に関する法律)成立(社会保障と税の一体改革の一環，➲p.227B❸)
2013	待機児童解消加速化プラン…2017年度末までに，**約40万人**分の保育の受け皿を確保し，**待機児童**の解消をめざす(2015年に**約50万人**分に拡大)
2017	子育て安心プラン… 2018年度～19年度末までの2年間で，待機児童解消に必要な約22万人分の予算を確保。2018年度～20年度末までの3年間で，女性就業率80％に対応できる**約32万人**分の保育の受け皿を整備
2019	**幼児教育・保育の無償化**開始。認可保育所，認定こども園などに通う3～5歳児，低所得世帯の0～2歳児が対象(認可外保育施設を利用している場合などは，支給金額に上限あり)
2023	子ども政策の司令塔として，**こども家庭庁**設置 こども未来戦略方針閣議決定

幼保一体化　幼稚園(文部科学省管轄)と保育所(厚生労働省管轄)を統合すること。幼児教育を行う幼稚園は1日4時間程度のため，女性の社会進出に伴い利用者が減少。一方親に代わって乳幼児を保育する保育所では，希望しても入所できない待機児童の問題がある。統合により，親の就労にかかわらず誰もが利用でき，安心して働ける社会とすることがねらい。

解説 **仕事も結婚・出産・子育ても選べる社会を**　政府は当初，保育サービスの拡充を中心とした少子化対策をとったが，エンゼルプラン策定後も，少子化は止まらなかった。そこで，子育てや，仕事と子育ての両立の負担を緩和するため，子育て家庭を社会全体で支援し，男性も含めた働き方の見直し(**ワーク・ライフ・バランス**の推進，➲p.210❶)が打ち出された。

フランスでは，1990年に1.78だった合計特殊出生率が2010年には2.02にまで回復した*1。フランスの取り組みを見てみよう。

＊1　2020年は1.82。

この人に聞く　フランスで育児をしながら働くナタリーさん

Q フランスでは子どもがいる世帯に対してどのような支援策がありますか？

A さまざまな育児支援政策があります。例えば，
①所得に応じた家族・育児補助
②所得にかかわらず得られる育児補助
③低所得世帯のための出生補助
④保育のための補助　⑤年間の税制優遇
などです。④は，ベビーシッター(ベビーシッターの家で預かってもらう，または自宅に来てもらう)や公営の保育園を利用する場合に支給されます。所得によって異なりますが，月約500ユーロ*2です。⑤は，かかった保育費用が，税額から引かれます。わたしの場合，子どもが2人いますが，このような制度があるおかげで，夫婦で仕事を続けやすくなっています。

Q 制度で改善してほしい点はありますか？

A ベビーシッターの家で子どもを預かってもらう場合，保育スペースが不足しています。しかし，ベビーシッターに家に来てもらうと，費用が2倍と，とても高額で，なかなか利用できません。また，わたしはとてもいいベビーシッターが見つかって満足ですが，自治体からはリストが提供されるだけなので,良いベビーシッターを見つけるのは非常に難しいです。

公営の保育園の場合は平均して2年待ち(つまり妊娠前に登録しなくてはなりません)で，時間の融通がきかず，夜間保育もないなど，問題もあります。

＊2　約61000円(2020年平均)

フランスでは，労働者を対象とした政府による公的な社会保険制度が，他の諸国に先駆けて導入された。○？×？(➲p.217D)　答：×

2 高齢者対策 Q 高齢者のための政策は，社会の変化の中でどのように変化したか？

年	対策
1989	**ゴールドプラン**(高齢者保健福祉推進10か年戦略)策定…ホームヘルパー，デイサービス，ショートステイなど在宅福祉と，特別養護老人ホームなど施設福祉サービスの基盤整備の促進
	↓急速な少子高齢化
1994	**新ゴールドプラン**…ゴールドプランの目標の引き上げ
1997	**介護保険法**成立(2000年導入)(➡p.221)
1999	**ゴールドプラン21**…介護保険制度導入をふまえ，在宅・施設福祉サービス基盤や人材の拡充，高齢者の健康づくり・介護予防・生きがい活動支援，高齢者に配慮した地域づくりなど
2005	高齢者虐待防止法成立…虐待の防止，迅速で適切な支援
2012	オレンジプラン(認知症施策推進５か年計画)策定…認知症の早期診断・早期対応の推進，人材の育成など
2015	新オレンジプラン策定…認知症患者が住み慣れた地域のよい環境で自分らしく暮らしていける社会をめざすための国家戦略。医療と介護の連携，認知症への理解推進など

解説 **介護支援から活力ある高齢社会へ** 少子高齢化が急速に進展する中で，高齢者の介護が課題となった。当初は施設の整備に焦点が置かれていたが，次第に介護サービスの質や，高齢者が生きがいをもって社会に参加できる活力のある高齢社会に重点が置かれるようになった。また，バブル崩壊後の経済・財政情勢の悪化などから，福祉政策として税金でまかなわれていた介護サービスは，**社会保険方式の介護保険へと移行**した(➡p.221)。

▶認知症カフェ 認知症の患者とその家族や，介護・医療の専門家，地域住民などが集いコミュニケーションをする。オレンジプランにも位置づけられ，日本全国で広がりつつある。

D 社会保障制度の発展

救貧制度(公的扶助)

救貧法は，貧困は個人の責任とする立場に立って，労働能力のある貧困者は作業所に収容して強制的に労働させ，労働能力がない貧困者を救済するというものであった。

▲エリザベス１世

防貧制度(社会保険)

失業による貧困が増大すると，貧困は個人の責任ではなく社会の責任であるとして，労働者は相互扶助の組合をつくり，労働運動をおこすようになった。これに対しビスマルクは，労働運動を弾圧(ムチ)する一方で，懐柔策として疾病保険などの社会保険(アメ)を推進した(アメとムチの政策)。

▲ビスマルク

社会保障制度の確立

社会保険のあり方を検討するため設けられた社会保障制度改革委員会の委員長ベバリッジは，「社会保険及び関連制度」という報告書を作成。６つの基本原則などを掲げ，社会保障のあるべきすがたを明示した。

解説 **貧困救済から社会保障へ** 資本主義の発展により生まれた貧困者や労働者を救済するために，**救貧法**(イギリス)や**疾病保険法**(ドイツ)が制定された。その後，イギリスでは**ベバリッジ報告**に基づいて「**ゆりかごから墓場まで**」といわれる総合的な社会保障制度が確立し，各国の社会保障の発展に影響を与えた。日本でも，日本国憲法25条に**生存権**が規定され，権利として社会保障が確立した。

年	世界
1601	(英)**エリザベス救貧法**制定
	産業革命
1883	(独)**疾病保険法**制定…ビスマルクの社会保障政策の始まり
1911	(独)ドイツ国保険法制定…各種社会保険の統一
	(英)国民保険法制定…失業保険制度の始まり
1919	(独)**ワイマール憲法**制定…**生存権**を初めて保障
1929	世界大恐慌
1935	(米)**社会保障法**制定…「社会保障」という言葉を初めて使用
1942	(英)**ベバリッジ報告**発表
	ILO，「社会保障への道」採択
1944	ILO，**フィラデルフィア宣言**採択
1946	(英)国民産業災害保険法，国民保険法制定
1948	(国連)世界人権宣言採択
1952	ILO，「社会保障の最低基準に関する条約(102号条約)」採択
1964	(ヨーロッパ８か国)ヨーロッパ社会保障法典採択
1981	(スウェーデン)社会サービス法制定
1990	(米)障害者差別禁止法制定

年	日本
1874	**恤救規則**制定…日本初の貧困者の救済措置 *1 救い恵むこと
1922	**健康保険法**制定…日本初の社会保険制度
1938	**国民健康保険法**制定
1944	厚生年金保険法制定(54年，全面改正)
1946	日本国憲法第25条に**生存権**が規定
	生活保護法制定(50年，全面改正)
1947	労働者災害補償保険法，失業保険法，**児童福祉法**制定
1949	**身体障害者福祉法**制定
1958	**国民健康保険法**全面改正→国民皆保険(61年，達成)
1959	**国民年金法**→国民皆年金(61年，達成)
1960	精神薄弱者福祉法(97年，**知的障害者福祉法**に改称)，身体障害者雇用促進法制定
1963	**老人福祉法**制定
1964	母子福祉法制定(81年，**母子及び寡婦福祉法**に改称)
1971	児童手当法制定
1973	70歳以上の高齢者，及び一部の身体障害者の医療費無料化制度実施(「福祉元年」)
1974	**雇用保険法**制定
1982	老人保健法…高齢者医療費の自己負担復活
1984	健康保険法改正…被保険者本人負担１割に
1985	年金制度改正…基礎年金導入
1986	老人保健法改正…医療費の一部自己負担
1987	障害者雇用促進法制定
1995	育児休業法を，**育児・介護休業法**に改正
1997	健康保険法改正…被保険者本人負担２割に
	介護保険法制定
2000	健康保険法改正…高齢者・高所得者の負担増
2002	健康保険法改正…被保険者本人負担３割に
2004	**年金改革関連法**成立
2008	**後期高齢者医療制度**施行
2010	社会保険庁を廃止し，日本年金機構発足
2012	社会保障と税の一体改革関連法成立
2015	共済年金を厚生年金に統一

注：▒▒は福祉六法

重要用語 124生存権 297少子高齢社会 298ベバリッジ報告 299社会保障制度 300社会保険 307介護保険制度

E 日本の社会保障制度

1 日本の社会保障制度と意義

Q 日本の社会保障制度にはどのようなものがあるか？

区分	種類	内容	財源
社会保険	年金保険	高齢になった時や障がいを負(お)った時，家計を支える人が亡くなった時などに年金を受けることができる 国民年金，厚生年金保険	保険料と税金が財源*
	医療保険	傷病(しょうびょう)や出産，死亡した時に給付を受けることができる 国民健康保険，健康保険，船員保険，各種の共済組合，後期高齢者医療制度	
	雇用保険	働く人が加入する保険で，失業した時に一定期間保険金を受けることができる。保険料は労使折半(せっぱん)	
	労働者災害補償保険	働く人が全額会社負担で加入し，業務(ぎょうむ)による傷病の時に保険金が支給される	
	介護保険	介護が必要になった時に介護サービスを受けることができる（◎p.221）	
公的扶助(ふじょ)（生活保護）		国が，生活に困っている家庭に健康で文化的な最低限度の生活を保障する（生活扶助・教育扶助・住宅扶助・医療扶助・出産扶助・生業扶助・葬祭(そうさい)扶助・介護扶助の８つ）	税金が財源
社会福祉		国や地方公共団体が，児童，高齢者，身体・知的障がい者，母子家庭の保護をしたり，施設などをつくる	
公衆衛生		国や地方公共団体が，国民の健康を守るために保健所を中心に感染症予防対策などを行う。また，生活環境の整備や公害対策・自然保護も行う	

＊労働者災害補償保険は，事業主の保険料を財源とする。（一部国庫補助あり）

❶ 社会保障とは

社会保障	自助	けがや病気，高齢など，将来のリスクに対して，自分で健康管理や貯蓄(ちょちく)などを行って備えること
	社会保険（共助）	将来のリスクに対してお金（保険料）を出し合い，共同で備えるもの
	公的扶助（公助）	すべての人が平等に最低限度の生活を営むことができるように，政府が税金を使って支援するもの

日本の社会保障制度としての社会保険には，税金も投入され，公助と共助から成り立っている。

解説 **社会保障の意義**　人は誰(だれ)でも年をとり，病気やけがなど予想外のできごとによって働けなくなることがある。そのような不測の事態に，自分の力だけで備えておくのは難しい。また，感染症や生活環境の悪化などにより健康的な生活ができなくなることもある。憲法第25条の**生存権**（◎p.92）を保障し，すべての人が安心して暮らせるように，社会全体で支え合うしくみが**社会保障制度**である。

❷ 日本の社会保険のしくみ

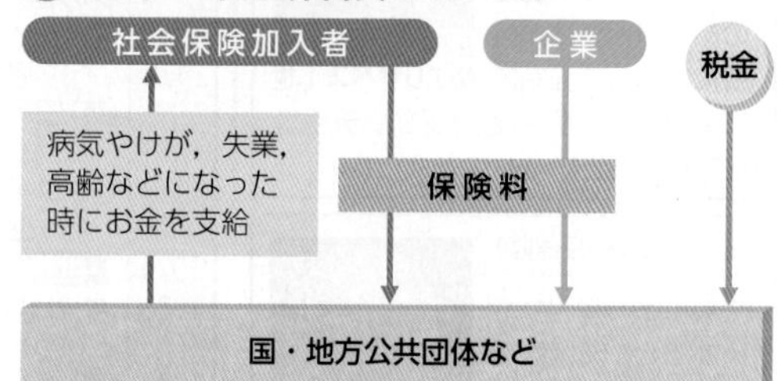

❸ 所得階級別の所得再分配状況

Q 所得によって社会保障の負担と給付にはどのような関係があるか？

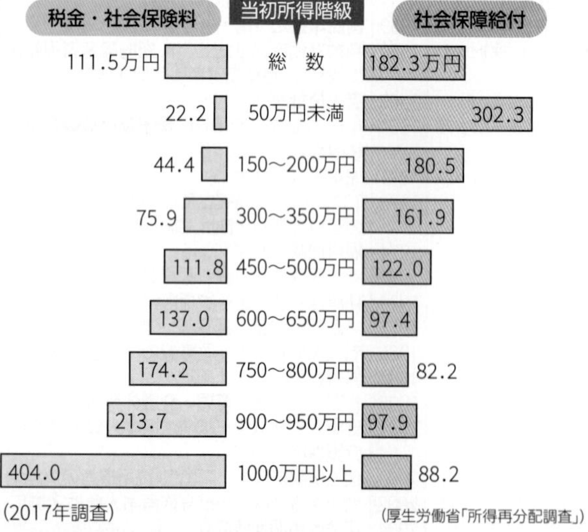

（2017年調査）　（厚生労働省「所得再分配調査」）

解説 **社会保障の所得再分配効果**　所得が高い人ほど，より多くの税金や社会保険料を負担する。一方，所得が低い人は，少ない負担額でより多くの社会保障給付を受けることができる。社会保障制度を通じて，所得格差が縮小されていることが読み取れる（◎p.179❷，224A❷）。

EYE 老後に年金をもらうには？

加入　20歳の誕生月の前月に日本年金機構から通知が来るので，加入の手続きをする。

最低10年間保険料を納付

▶学生の間，納付できない場合は…
学生納付特例（◎p.219❺）を利用。

▶所得が低くて納付できない場合は…
全額免除(めんじょ)・一部納付，若年者納付猶予(ゆうよ)（◎p.219❺）などの各種免除制度を利用。

▶会社員に扶養(ふよう)される配偶者の場合は…
第3号被保険者（◎p.219❶）になる手続きをすれば，本人が保険料を負担しなくてもよい。

受給　年金支給開始年齢（65歳*1）に達する３か月前に通知が来るので，手続きをし，受給開始。

＊1　男性は1961年４月２日以後，女性は1966年４月２日以後に生まれた人の場合。

年金は，**最低10年間保険料を納めないともらえない**。保険料が納められない場合，上の図のような手続きをすれば，この期間に合算される*2。

何もしないでいると未納となり，期間には合算されない。将来年金を受給したい場合は注意しよう。

＊2　期間には算入されるが，年金額には反映されないものもある。

世代間扶養の考え方に基づき，現役世代の保険料で年金給付等に必要な財源を賄う制度の仕組みは，賦課方式と呼ばれる。○？×？（◎p.219❷❸）　答：○

2 公的年金制度

Q 公的年金は制度によってどのような違いがあるか？

(厚生労働省資料など)

制度	被保険者	財源 保険料*1	財源 国庫負担	支給開始年齢*2 (2022年度)	老齢(退職)年金 平均年金月額 (2022年3月末)
国民年金	20歳以上60歳未満の自営業者・学生など	月額16,590円 (2022年4月)	基礎年金にかかる費用の1/2	65歳 (2022年3月末)	5.6万円
国民年金	会社員・公務員など	——			
国民年金	会社員・公務員などの配偶者	——			
厚生年金	70歳未満の会社員及び船員など	*18.3%* (2022年9月)		男性:64歳*4 女性:62歳	14.9万円
厚生年金	公務員			64歳	
厚生年金	私立学校の教職員	*16.832%**3			

＊1 %は月収に対する比率で，労使折半が原則。 ＊2 段階的に65歳まで引き上げられる。
＊3 2022年9月。段階的に18.3%まで引き上げられる。 ＊4 船員などは62歳。

❶ 年金制度のしくみ

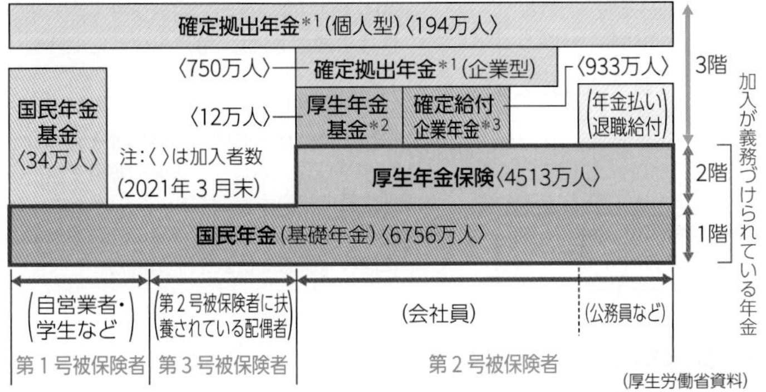

(厚生労働省資料)

＊1 日本版401kとも呼ばれる。掛け金を加入者が運用し，運用実績に応じて給付額が決まる年金。個人型は2017年から加入範囲が拡大。 ＊2 2014年4月以降，新設は認められていない。
＊3 掛け金や加入期間に基づいてあらかじめ給付額が決まっている年金。

解説 **職種による違いの解消** 職種によって分かれていた年金制度は，加入する制度によって給付や負担が異なるという問題から1985年に一元化され，20～59歳のすべての人が加入する**国民年金**と，職種別の上乗せ分(**厚生年金**など)となった。かつては公務員を対象とした共済年金があったが，2015年10月に厚生年金に統一された。また，個人型確定拠出年金の加入者範囲の拡大により，預貯金や民間の保険以外の**自助**の選択肢が広がったが，各自の責任・判断で運用する必要がある。

❷ 世代ごとの保険料負担額と年金給付額(2015年試算)

2015年の年齢 ( )は生年	厚生年金*1 保険料(万円)A	厚生年金*1 給付(万円)B	厚生年金*1 倍率B÷A	国民年金*2 保険料(万円)C	国民年金*2 給付(万円)D	国民年金*2 倍率D÷C
70歳(1945年)	1000	5200	5.2	400	1400	3.5
60歳(1955年)	1400	4600	3.3	500	1200	2.4
50歳(1965年)	2000	5300	2.7	800	1300	1.6
40歳(1975年)	2600	6200	2.4	1000	1500	1.5
30歳(1985年)	3300	7500	2.3	1300	1900	1.5
20歳(1995年)	4100	9200	2.2	1500	2300	1.5

＊1 同年齢の夫婦で，夫が20歳から60歳まで加入し，妻はその間第3号被保険者であると仮定。
＊2 20歳から60歳まで第1号被保険者で保険料を納付すると仮定。1人分の試算。
注：経済が再生し，労働市場への参加が進み，人口増加率は現在と同程度と仮定。金額は物価上昇率で現在の価値に換算。 (厚生労働省資料)

解説 **世代間の格差** 2004年，少子高齢化に対応するため，年金改革関連法が制定され，保険料の段階的引き上げと給付抑制が図られた。しかし，今後の少子化の動向によって，負担や給付は変わる可能性がある。さらに，世代間の格差も解消されていない。公正かつ持続可能な年金制度への改革が必要である。(➲p.226)

❸ 年金財源の調達方法

積立方式		賦課方式
掛け金を積み立てておいて，老後に給付を受ける	しくみ	掛け金を現在の高齢者への年金給付にあてる
少子高齢化の影響を受けにくい	長所	物価が上がっても影響を受けない
物価が上がると積立金が目減りする	短所	高齢化が進むと，現役世代の負担が重くなる

解説 **積立方式と賦課方式** 日本の年金制度は積立方式でスタートしたが，1960～70年代にインフレが続いたことに加え，積立金不足のおそれがあったことから，賦課方式を加えた修正積立方式に変わった。現在では，賦課方式を基本とし，積立方式を取り入れている。アメリカ，ドイツなども同様の方式を採用している。

❹ 国民年金未納率の推移

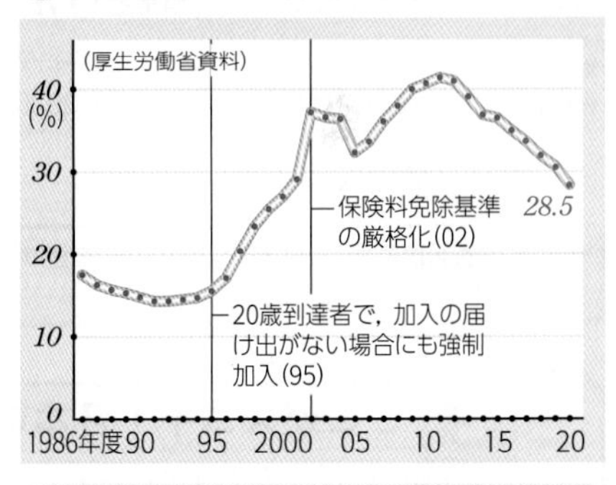

主な未納理由(滞納者，上位5項目)
①保険料が高く，支払うのが困難
②納める保険料に比べて，受け取る年金額が少ない
③年金制度の将来が不安・信用できない
④忘れていた，後でまとめて払おうと思っていた
⑤厚生労働省・日本年金機構が信用できない
(2020年) (「国民年金被保険者実態調査」)

解説 **雇用不安と国民年金未納** 国民年金の未納率が増加した背景には，負担と給付の世代間格差や不祥事などから生じた年金制度への不信感のほか，厚生年金の加入条件を満たさず，収入が不安定な非正規労働者の増加などがあると考えられる。このままでは，将来，低年金・無年金の低所得高齢者が増加するおそれがある。

❺ 国民年金保険料の免除・猶予制度

- **全額免除・一部納付** 本人・世帯主・配偶者の前年所得が一定額以下，失業のほか，生活保護(➲p.222❺)や障害基礎年金を受ける人などは，保険料を全額または一部免除される。
- **保険料納付猶予** 20歳以上50歳未満で，本人・配偶者の前年所得が一定額以下の場合。納付猶予期間は年金額に反映されないので，追納(後払い)が必要。
- **学生納付特例** 在学中の納付を猶予する(年金額に反映するためには，追納が必要)。

重要用語 124生存権 247所得の再分配 299社会保障制度 300社会保険 301公的扶助(生活保護) 302社会福祉 303公衆衛生 304年金保険(公的年金) 305医療保険 307介護保険制度

経済

3 医療保険制度

(厚生労働省資料など)

制度	被保険者	保険料(2023年度*1)(比率は月収に対するもの)	疾病・負傷時の負担 本人	家族
国民健康保険	農業従事者，自営業者，退職者など	1世帯当たり平均保険料調定額(年額) 138,028円(2021年度)	義務教育就学前…2割	
健康保険	主に中小企業の被用者	本人 5.00% 事業主 5.00%(全国平均)	義務教育就学後から70歳未満…3割	
	健康保険組合のある事業所の被用者	9.27%(平均，推計。労使負担率は組合により異なる)	70歳以上75歳未満…2割(現役並み所得者3割)	
船員保険	船員	本人 4.75% 事業主 6.10%		
共済組合	国家公務員	本人 3.80% 事業主 3.80%(平均)	注：医療費の負担額は上限が設けられており，上限を超えた場合は，超過分が支給される(高額療養費制度)。	
	地方公務員など	本人 4.75% 事業主 4.75%(平均)		
	私立学校教職員	本人 4.41% 事業主 4.41%(平均)		
後期高齢者医療制度	75歳以上，65～74歳で障害認定を受けた者	1人当たり平均保険料(月額) 6,358円(2020・21年度)	1割*2(現役並み所得者3割)	

*1 共済組合は2020年度。
*2 一定以上所得のある人の負担割合は2割。

後期高齢者医療制度 2008年に発足。対象者は，各都道府県の広域連合が運営する，独立した医療制度に加入する。

● 医療保険のしくみ

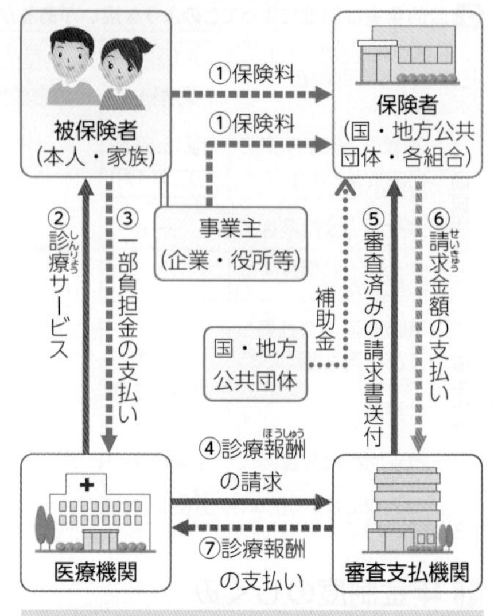

①被保険者(健康保険・船員保険・共済組合は事業主も)は，毎月保険者に保険料を支払う。
②③治療が必要になった場合は，医療機関にかかり，被保険者は一部負担金を支払う。
④⑤医療機関は，審査支払機関の審査を経て，保険者に診療報酬を請求。
⑥⑦保険者は審査支払機関を経て，医療機関に診療報酬の支払いを行う。

EYE ここがスゴイ！日本の医療保険制度(国民皆保険)

注：健康保険証は，2024年12月，マイナ保険証へ移行予定。

病院で治療を受けたら次のような紙をもらった。次の紙を見て，右のクイズに答えよう。

医療費請求・領収書

初・再診料	投薬料	注射料	処置料	手術料
270点	84点	0点	780点	1440点
検査料	画像診断料	その他		保険点数合計
0点	167点	0点		2741点

負担率	患者負担金	保険外費用	その他	請求金額
3割	8,223円	0円	0円	8,223円

領収金額
8,223円

クイズ① 病院の窓口で支払った金額はいくらか。
クイズ② 医療保険が適用される前の，実際にかかった費用はいくらか。(※保険点数1点＝10円で計算)

(答はp.221右下)

ヒント 日本の医療保険制度は，患者の負担を原則3割としているね。残りの7割は，各医療保険が負担するよ。

日本では，健康保険証を見せれば，いつでも原則3割負担で質の高い医療を受けることができる。また，病院も自由に選ぶことができる(フリーアクセス)。しかし，これは世界では決して当たり前ではない。高い健康水準を実現する日本の医療システムは，世界的に高い評価を受けている。

❶ 各国の健康水準

	新生児死亡率*1	平均寿命*2 男	平均寿命*2 女	1人当たり年間医療費
日本	0.1%	81.1年	87.1年	4766ドル
スウェーデン	0.2	80.6	84.1	5447
イギリス	0.3	79.7	83.2	4070
韓国	0.2	79.5	85.6	3192
アメリカ	0.4	76.1	81.1	10586

(2018年) *1は2017年，*2は2016年 (世界保健機関資料など)

❷ 各国の医療保険制度

アメリカ 公的医療保険は，高齢者及び障がい者を対象とした**メディケア**，低所得者を対象とした**メディケイド**のみで，それ以外は民間の医療保険に加入する。2009年に就任したオバマ大統領(当時)が医療保険制度改革を進め，これまで大きな課題だった無保険者は減少しつつあるが，人口の約9％である2854万人が無保険者である(2017年)。

中国 都市在住者と農村在住者で加入する医療保険が異なる。都市部の会社員は強制加入だが，それ以外は任意加入。自己負担率は市や県ごとに設定が異なる。農村部では地域による差異が大きい。

マレーシア 公的な医療保険制度は存在しないが，公立の医療機関は政府からの支出があるため，自己負担は少ない。民間の医療機関は費用が高く，富裕層や民間の医療保険に加入している人などが利用している。

○×入試クイズ 医療保険制度では，国民健康保険などとは別に，後期高齢者を対象にした制度が実施されている。○？×？(➡3) 答：○

4 介護保険制度

Q 介護保険制度が導入された背景は何か?

❶ 介護保険のしくみ

(厚生労働省資料など)

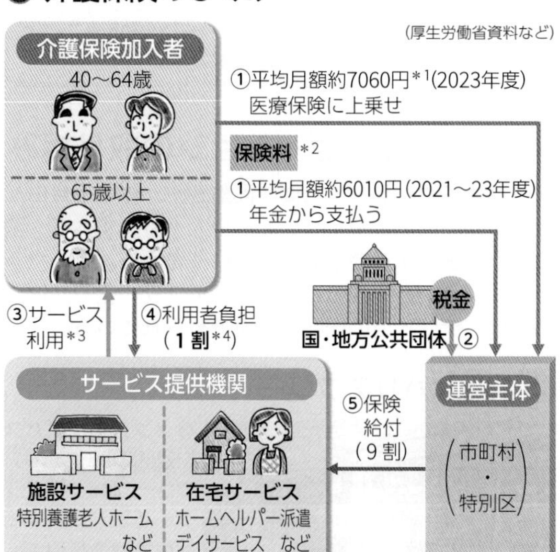

*1 事業主負担を含む。　*2 地方公共団体によって異なる。
*3 40〜64歳は16種類の特定の病気にかかっている人が利用できる。
*4 所得280万円以上の人は2割。340万円以上の人は3割。

解説 **介護は社会全体で** 少子高齢化と核家族化(➲p.214A 1)の進展によって，家族だけでは介護を担いきれないという問題が生じてきた。このため，2000年に**介護保険法**が施行され，介護を社会全体で支えるしくみ(社会保険方式)が導入された。

しかし，要介護者が急増し，介護保険の費用は急速に増大。持続可能な制度とするため，給付の見直しや自己負担額の見直しなどが進められている(➲❸)。

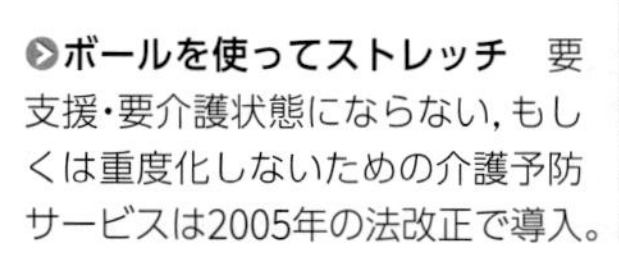

ボールを使ってストレッチ 要支援・要介護状態にならない，もしくは重度化しないための介護予防サービスは2005年の法改正で導入。

❷ 介護認定の基準

(2019年10月施行)

要支援・要介護度	状　態	在宅サービスの利用限度額(月)
要支援1	介護の必要はないが，要介護状態に陥らないよう，身の回りのこと(家事や身支度，金銭・薬の管理・服用など)に支援が必要	5万 320円
要支援2		10万5310円
要介護1	立ち上がり，歩行などが不安定。身の回りのことに一部介護が必要。	16万7650円
要介護2	要介護1の状態に加え，食事や入浴，着がえなどに一部介護が必要	19万7050円
要介護3	立ち上がり，歩行などが自力でできない。ほぼ全面的な介護が必要	27万 480円
要介護4	日常生活能力が低下し，全面的な介護が必要	30万9380円
要介護5	日常生活能力が著しく低下し，全面的介護が必要。意思疎通が困難	36万2170円

注：自己負担は利用額の1割。(所得280万円以上の人は2割。340万円以上は3割。)

❸ 介護保険法の主な改正ポイント

●2005年改正
- 介護予防サービスの導入(➲❶)
- 食費・居住費を入所者の負担に(低所得者には補助あり)
- 低所得者に対する保険料負担の軽減　など

●2014年改正
- 年金収入が280万円以上の人は，サービスの自己負担額が1割から2割に
- 低所得でも預貯金1000万円以上の入所者は食費補助を対象外に
- 低所得高齢者の保険料軽減の拡充　など

●2017年改正
- 所得が340万円以上の人はサービスの自己負担額を3割に
- 40〜64歳の保険料を，収入に応じて負担するしくみに変更　など

介護を助けるロボット

少子高齢化が進行し，介護を必要とする人は増加しているが，介護現場では人手が不足している。また，介護は非常に重労働で，介護者の肉体的・精神的負担が大きい。そこで，介護者の手助けをしたり，介護が必要な人を助けるロボットの開発が進められている。

クマ型介護支援ロボット「ROBEAR」 被介護者を抱える，支えるなどの補助ができ，ベッドから車いすへの移動などを人に代わって行うことができる。
提供／理化学研究所

アザラシ型ロボット「パロ」 人の呼びかけに反応するなど本物の動物のように触れ合うことが出来る。うつの改善やストレスの軽減などが期待される。

社会福祉士　**籾山英樹さん**

家が三世代同居で，小さいころからおばあちゃん子だったことがきっかけで高齢者福祉に興味を持つようになり，福祉系の学校へ進学しました。

社会福祉士の仕事は，まずは利用者さんや家族の方の話を親身になって聞くことです。そして，問題を解決するために制度やサービス機関をわかりやすく説明し，解決策を一緒に考えます。また，申請の代行をしたり，適切なサービスが受けられるように関係機関へ報告・連絡・相談をしたりしています。介護は，肉体的にも精神的にも大変で難しい仕事ですが，利用者さんや家族の方が安心した笑顔を見せてくれた時は，とてもやりがいに感じます。問題なのは，仕事内容のわりには賃金と社会的な評価が低いことです。

ぼくは，利用者さんにとって何が一番幸せかを常に考えながら働いています。家族の方は，介護サービスを「受ける側」と考えず，私達と「一緒に提供する」と考えてほしいです。そうすることで，家族と私達に強い信頼関係と安心感が生まれ，より良いサービスができると思います。

p.220クイズの答…① 8,223円　② 27,410円

重要用語 305医療保険　306後期高齢者医療制度　307介護保険制度

5 公的扶助(生活保護)

❶ 最低生活費(東京都23区など*1 の場合)

	生活扶助*2	住宅扶助*3	教育扶助*4	合計
夫(33歳) 妻(29歳) 子(2歳)	158,910円	69,800円	—	228,710円
単身世帯(75歳)	73,170円	53,700円	—	126,870円
夫(65歳) 妻(65歳)	120,240円	64,000円	—	184,240円
母(35歳) 子(10歳) 子(7歳)	192,700円	69,800円	5,200円	267,700円

＊1 生活様式・物価の違いで6つの区分あり。 ＊2 冬季は地区別に加算あり。 ＊3 東京都の上限額。 ＊4 他に教材・給食・交通費は実費支給。学習支援費は年間16000円以内の支給。
(2019年10月現在) (厚生労働省資料などより作成)

解説 **最後のセーフティネット** **生活保護**は，預貯金や，活用していない土地などの資産を売却し，親族からの扶助を得てもなお，厚生労働省が定める最低生活費に満たない場合に受給できる。受給額は，最低生活費から給料や年金などの収入を差し引いた額で，国・地方公共団体が税金で負担する。また，生活保護受給者は，届け出により，国民年金保険料の支払いが免除される(➡p.219❺)。2018年，生活保護世帯の子どもが大学や専門学校に進学した時に，最大30万円の進学準備給付金を支給する制度が創設された。

❷ 生活保護世帯数と生活保護費の推移

Q 受給が増えているのはどの世帯か？

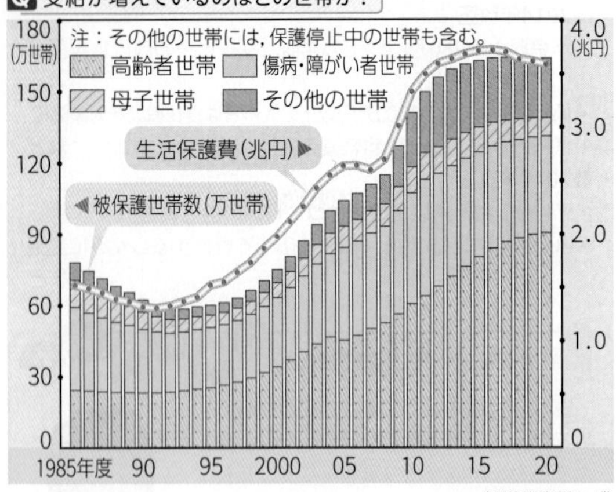

(総務省資料など)

◆ベーシック・インカムとは？

ベーシック・インカム(BI)とは，政府が福祉政策を行わない代わりに，最低限の生活のために必要な現金を，無条件で全国民に支給すること。かねてから，ベーシック・インカムをめぐる議論や社会実験が各国で行われてきたが，新型コロナウイルス感染症の拡大による失業や生活困窮により，再び注目が集まった。

●ベーシック・インカムに対する意見

肯定的な意見	否定的な意見
・支援が必要な人に，もれなく給付を行うことができる ・無条件支給のため，審査等にかかるコストが削減できる	・巨額の財源が必要 ・勤労意欲を減退させる可能性がある

探究へのSTEP 国が社会保障を行う理由は何かな？

視点 社会保障制度の役割や意義に着目して考えよう。
幸福 正義 公正 個人の尊厳

6 ノーマライゼーションの取り組み

ノーマライゼーションとは 高齢者や，体の不自由な人など，ハンディキャップをもつ人々も，すべて一緒に普通に暮らす社会をめざすという考え方。ノーマライゼーションの実現のため，バリアフリー化や，ユニバーサルデザインの開発などが進められている。

❶ 身近なバリアフリー

ノンステップバス 交通機関や街のバリアフリー化は，バリアフリー新法(2006年施行)で促進されている。

補助犬の同伴について啓発するマーク 身体障害者補助犬法(2002年施行)により，公共施設，交通機関，ホテルなどは，補助犬の同伴を拒否することが禁じられている。

●そのほかのバリアフリー化をめざす法律
- **ハートビル法**…病院，ホテル，博物館など，不特定多数の人が利用する建築物をつくる際，バリアフリーに配慮することを定めた法律。
- **交通バリアフリー法**…公共交通事業者が駅やバスターミナルなどを新設・改造する際に，バリアフリー化することを義務付けた法律。

❷ ユニバーサルデザイン

年齢や性別，身体能力を問わず，すべての人が使いやすいように配慮されたデザインを，**ユニバーサルデザイン**という。

持ちやすいフォークとスプーン

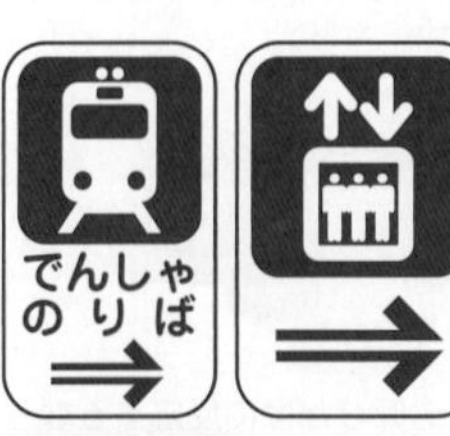

駅の案内標識 地理に不慣れな人や，外国人にもわかりやすい。

腰をかがめなくてよい自動販売機 つり銭口や取り出し口が機械の中央にあり，高齢者や体が不自由な人も取り出しやすい。硬貨も一度に投入できる。

格差をどうすべきか？

★資産をどのように配分すべきだろうか？*

あなたの考えを書いてみよう。

①Aさん，Bさん，Cさんの３人によって成り立つ社会があるとする。この社会では，それぞれ次のような資産を持っていた。

Aさん
3

Bさん
2

Cさん
1

②Aさんは商才があり，資産を５にすることができた。Bさんも働いた結果，３になった。しかし，Cさんの資産は変わらず，１である。

Aさん
5

Bさん
3

Cさん
1

③さて，このような場合，**政府はどのように介入し，資産を配分（再分配）**すべきだろうか？

★あなたの考えは…	(5，3，1) → (　　，　　，　　) ※介入しない場合は，(5，3，1)と書こう。

＊参考：岡本裕一朗『世界を知るための哲学的思考実験』朝日新聞出版

A 政府が介入し，格差を解消すべきか？

⑴ 「政府の介入は必要ではない」とする立場

①→②で，格差は広がったけど，誰も不正はしていないよね。頑張ったのに努力が認められないと，やる気がなくなるよ。

再分配は所有権の侵害（しんがい）

アメリカの哲学者，ノージック（➡p.47）らリ**バタリアニズム（自由至上主義）**の立場は，社会的平等よりも，個人の自由の確保と，国家権力の制限を重視する。そのため，福祉政策のような所得の再分配は，**個人の所有権の侵害**であるとして反対する。

▲ノージック

⑵ 「政府の介入は必要である」とする立場

今の社会って，働いても豊かになれないことが問題になっているよね。だから，政府が介入をして，格差を是正（ぜせい）すべきだと思う。

資本主義社会は格差を拡大する

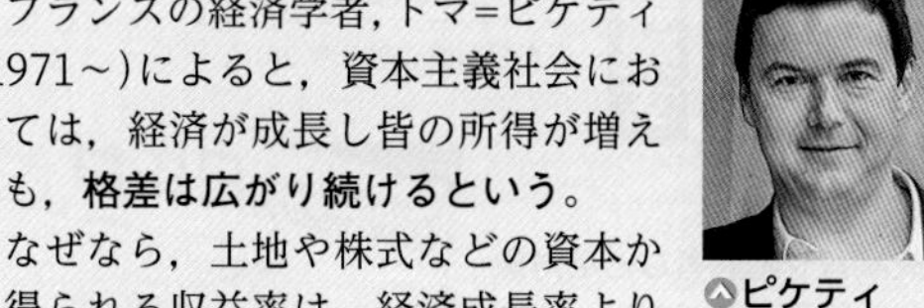

フランスの経済学者，トマ＝ピケティ（1971～）によると，資本主義社会においては，経済が成長し皆の所得が増えても，**格差は広がり続けるという**。

なぜなら，土地や株式などの資本から得られる収益率は，経済成長率よりも常に大きい。そのため，資本をもつ豊かな層は，**経済が成長すると資本からより大きな収入（配当・利子など）を得続ける**ため，格差は拡大するのだという。

▲ピケティ

B 誰もがCさんになりうる

(5，3，1)→(4，3，2)　Aさんはたまたま運がよかっただけで，誰もがCさんになりうると思う。だから，AさんはCさんに資産を配分すべきだと思う。

「無知のヴェール」（➡p.15⑤Ⓑ）

ロールズ（➡p.47）は，もし，皆が自分の境遇（きょうぐう）や地位，もって生まれた能力などの情報がない状態（「**無知のヴェール**」の背後にいる状態）であれば，**最も恵まれない立場の人の境遇を改善するような選択をする**と考えた。そして，単に恵まれた境遇にあったというだけで，利益を得ることがあってはならないという。

▲ロールズ

C 完全に平等な社会をめざす

(5，3，1)→(3，3，3)　不平等は社会に不安をもたらすので，政府は平等に資産を配分すべきだと思う。

歴史の中で，そのような社会が存在したことがあるんだ。

社会主義の失敗

マルクス（➡p.41）の思想に影響を受けた**レーニン**（1870～1924）は，1922年，世界初の**社会主義**国家である**ソビエト社会主義共和国連邦**（ソ連）を建国した。

しかし，計画経済はモノ不足・モノ余りの発生，労働者の意欲の減退（げんたい），慢性（まんせい）的な経済停滞（ていたい）を引き起こし，1991年にソ連は解体した。

思考実験＋α 最低の生活水準が５（生きていけるための衣食住が保障されている状態）だとして，次のア・イの時はどうする？*

ア Aさん，Bさん，Cさん＝(10，5，4)　　イ Aさん，Bさん，Cさん＝(100，10，5)

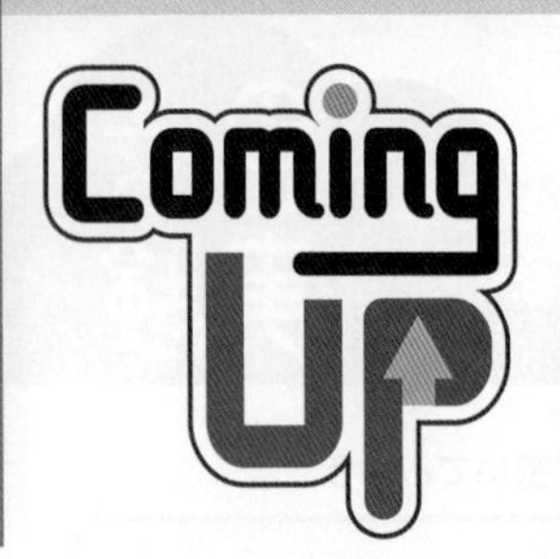

格差問題を考える

ねらい 2009年，政府は初めて日本の相対的貧困率を発表した。「一億総中流社会」といわれた日本で，「所得格差」「貧困」が社会問題として浮上してきたのである。格差が拡大した原因は何か。それが社会にどのような影響をもたらすのか。そして，これからの社会がどうあるべきか，考えてみよう。

A 格差は拡大しているか?

❶ 日本の世帯所得のジニ係数

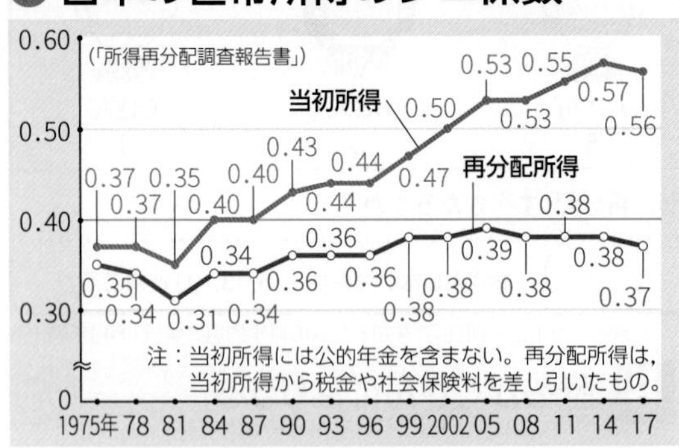

ジニ係数　世帯ごとの所得格差を表す数字。0～1の間の数字で表される。ジニ係数が0であれば所得が均等に配分される完全平等の状態で，1に近づくほど，格差が大きい状態となる。一般的に，ジニ係数が0.3～0.4の時が，格差はあるものの競争も促進され，適当な状態であるが，0.4を超えると社会不安を引き起こす恐れがあるとされる。

❷ 各国のジニ係数と相対的貧困率

ジニ係数（当初所得）	ジニ係数（再分配所得）	国	相対的貧困率*
0.52	0.38	アメリカ	15.1%
0.40	0.34	韓国	16.3
0.50	0.33	日本	15.7
0.51	0.37	イギリス	12.4
0.44	0.29	スウェーデン	9.2
0.45	0.27	デンマーク	6.5

(2018～21年)　(OECD資料)

*国民の所得を低い方から順番に並べ，真ん中の値の半分に満たない人の割合

絶対的貧困　衣食住など，人間が生きていくうえで必要とする最低限のものが満たされていない状態を貧困とする。主に，発展途上国での貧困の把握に用いられる。
相対的貧困　それぞれの属する社会での一般的な生活水準に達していない状態を貧困とする。主に，先進国での貧困の把握に用いられる。

解説 ジニ係数の上昇が意味するもの　ジニ係数の上昇は，高齢化・核家族化の進展が大きな要因だとされる。一般的に，高齢になるほど同世代間での所得格差が大きくなる。また，❶の統計の当初所得には公的年金が含まれていないため，年金以外の収入がない高齢世帯が増えれば，ジニ係数は上昇する。

所得格差は，**累進課税**制度(⇨p.182)や**社会保障制度**(⇨p.217)によってある程度改善され，日本の**所得の再分配**による格差縮小効果は高まってきている。

B 所得格差はなぜ拡大したか?

● 給与階級別所得者割合

注：1年勤続者が対象

● 男女別(2021年)

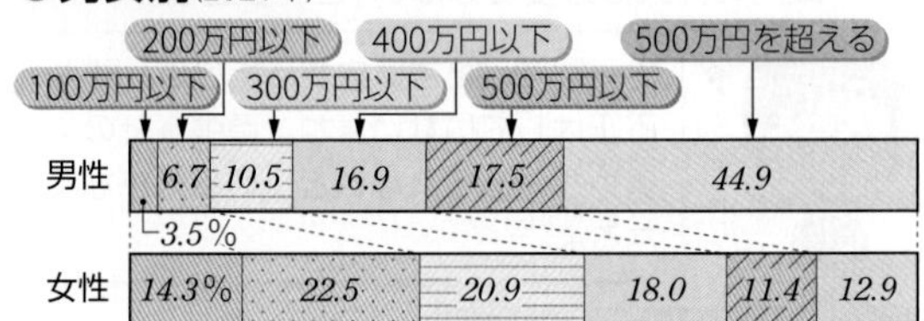

(「民間給与実態統計調査」)

解説 非正社員の増加と自由競争の促進　格差拡大の背景には，不景気のために新規雇用が抑制され，若い世代を中心に非正社員が増加したことがあげられる(⇨p.206)。また，企業のリストラによって失業した場合，正社員としての再就職の道はせまく，以前の職場よりも低い賃金，もしくは非正社員として働かざるを得ない人も多く，同世代間でも格差が拡大した。

また，女性労働者は，男性労働者に比べ，低収入で不安定な非正規雇用に就く割合が高く，男女間の賃金格差(⇨p.207❶)も深刻である。伝統的な性役割分担意識によって，家事や育児，介護との両立のため，非正規雇用を選ばざるを得ない女性労働者も少なくない。

⇦2001年～2006年まで続いた小泉政権下で，郵政や道路公団などの民営化(⇨p.121❶，EYE)，労働者派遣などの規制緩和(⇨p.206❺❶)が推し進められた。規制緩和は参入機会の平等を保障する一方，規制が必要な弱者をも窮地に追い込んでしまうという面もある。
(「朝日新聞」2008.9.26)

⇨**失業者や困窮者などを対象にした相談会**(2020年)　新型コロナウイルスの感染拡大により，非正社員の解雇や，期間満了後の契約を結ばない雇い止めが相次いだ。

メモ　平均と比べて貧しいかどうかをはかる相対的貧困に対し，絶対的貧困はある一定の基準を満たすかどうかではかられる。例えば世界銀行は，1日2.15ドル未満で生活する人を絶対的貧困層と定義している。

C 格差がもたらしたもの

❶ 世帯主の就労状態別の相対的貧困率

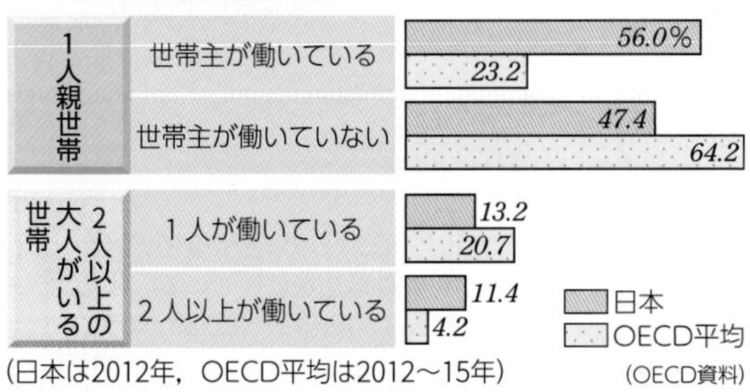

(日本は2012年，OECD平均は2012～15年)　(OECD資料)

解説　働いても豊かになれない　日本は1人親世帯の貧困が深刻である。これは，その大半が母子世帯，かつ，女性労働者の約6割が非正社員であることが原因であるが，働いているにもかかわらず貧困という状況は，国際的にみて特殊である。必死で働いても生活保護水準，もしくはそれ以下の収入しか得られない人々は，**ワーキングプア**(働く貧困層)と呼ばれ，問題となっている。

●各国の1時間あたりの最低賃金額　注：円換算

日本	アメリカ	ドイツ	イギリス	フランス	韓国
961円	1030	1740	1596	1634	1008

(2023年1月現在)　(「データブック国際労働比較」など)

解説　賃金の最低額　最低賃金とは，使用者が労働者に支払わなければならない賃金の最低額であり，**最低賃金法**(➲p.202A❶)に基づいて設定されている。最低賃金には，都道府県ごとに定められる地域別最低賃金や，特定の産業や職業に設定される特定最低賃金がある。労働者の生活保障のために引き上げを求める声がある一方で，引き上げによる人件費の増加が経営を圧迫し，雇用の維持が困難になるとする意見もある。

❷ 子どもの相対的貧困率の推移

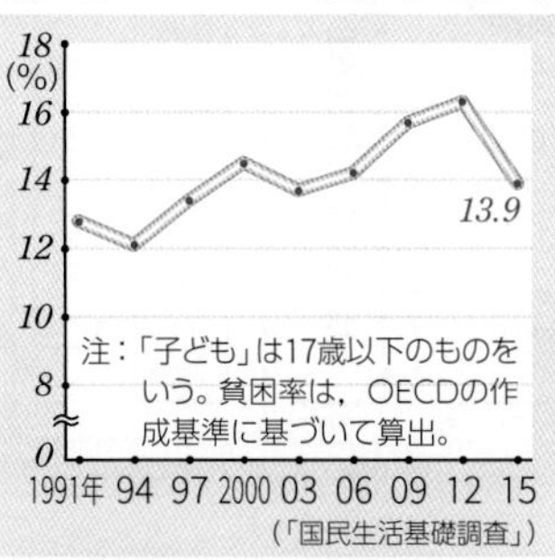

解説　子どもの貧困
2015年の日本の子どもの相対的貧困率は13.9%にのぼり，計算上は約7人に1人が相対的貧困の状態にある。また，日本は最貧困層の子どもと，中間層の子どもの間の格差が大きいことも指摘されている。

❸ 格差の社会的影響

経済
- 消費の減少
→企業の収益減少
→景気悪化

財政
- 税収の減少
→財政赤字の拡大

社会保障
- 保険料未納者の増加
- 生活保護受給者の増加
→社会保障制度の破綻

格差の拡大 ➡ 貧困世帯の増加

教育
- 子どもが十分な教育を受けられない
→進学・就職で不利
→子ども世代も低所得に
→格差の固定化

労働
- 労働力の質の低下
→日本の技術力の低迷

社会
- 社会不安の増加
→治安の悪化

D 社会はどうあるべきか?

格差はない方が良いか？　格差がなくすべてが平等に分配される社会では，誰もが幸福になるのだろうか。歴史をさかのぼれば，このような社会の多くは停滞し，崩壊した(➲p.160C)。努力した人もしない人も「平等」で，チャレンジする自由がなければ，人は努力を無駄と考える。やる気を引き起こし，社会・経済を発展させる原動力は，頑張ればできるという希望である。努力の結果の格差という意味では，あってよいだろう。

現代の「格差社会」は何が問題か？　正社員として働く機会が縮小し，非正社員もしくは失業状態から抜け出せないこと，そして，その場合の雇用保険などのセーフティネットが不十分なことは大きな問題である。また，家庭の経済的理由で教育をうける機会が制限され，それが進学や就職で不利に働き,子どもの将来の経済水準を決定してしまう**格差の固定化**も深刻な問題である。

将来に希望をもてる社会をきずくにはどのようなしくみが必要か。一人ひとりが考えるべき問題である。

➲NPO法人キッズドアが運営する無料の学習会　キッズドアは，経済的な理由などで十分な教育を受けられない子どもを対象に，無料で参加できる学習会を運営している。こうした教育支援により，格差の固定化を防ぎ，すべての子どもが夢や希望を持てる社会の実現をめざしている。

注：写真は新型コロナウイルス感染症拡大前に撮影。

EYE 子ども食堂

子どもの食を地域で支える　全国で,「**子ども食堂**」という取り組みが広がっている。これは，経済的な理由で十分に食事をとれない子どもや，1人で食事をする「孤食」の子どもたちなどに，NPOやボランティア，地域の飲食店経営者などが中心となって，無料または格安で食事を提供する取り組みである。栄養のある食事を提供することで，健康の格差を是正するだけではなく，様々な状況の子どもや保護者を温かく迎え入れ，問題発見やフォローをする場所にもなっている。

➲食事を準備するボランティアの方々　連携しつつ，手際よく準備。食材は購入するものもあるが,全国からの寄付も多い。

➲提供される食事の例　栄養バランスにも配慮されている。

➲いただきます！　ゆっくり，話しながら，楽しく食べる。食事の後片付けは子どもたちも自主的に手伝うという。利用者,ボランティア，支援者など，関わる人すべてが喜びを感じられる場になっている。

今後の社会保障制度のあり方を考える

3 すべての人に健康と福祉を　10 人や国の不平等をなくそう

《補足資料やワークシート，意見などはこちらから

ここも見よう！ 少子高齢社会（➡p.214）

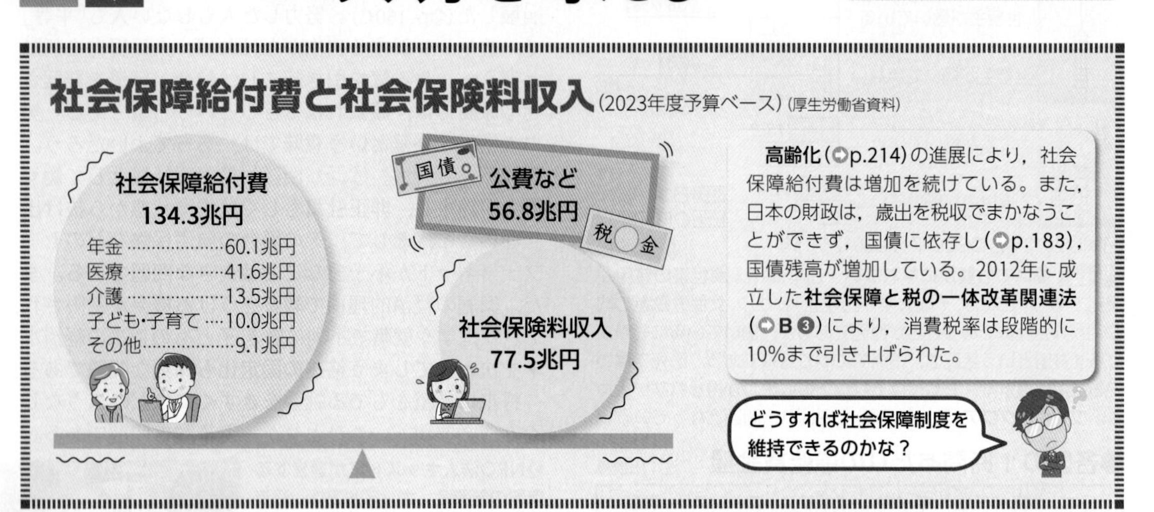

高齢化（➡p.214）の進展により，社会保障給付費は増加を続けている。また，日本の財政は，歳出を税収でまかなうことができず，国債に依存し（➡p.183），国債残高が増加している。2012年に成立した**社会保障と税の一体改革関連法**（➡B❸）により，消費税率は段階的に10%まで引き上げられた。

どうすれば社会保障制度を維持できるのかな？

A 日本の社会保障制度の現状は？

ここも見よう！ ・国債発行額と国債依存度（➡p.183❶） ・各国の政府債務残高の対GDP比（➡p.183❷）

❶ 社会保障給付費と項目別社会保障財源の推移

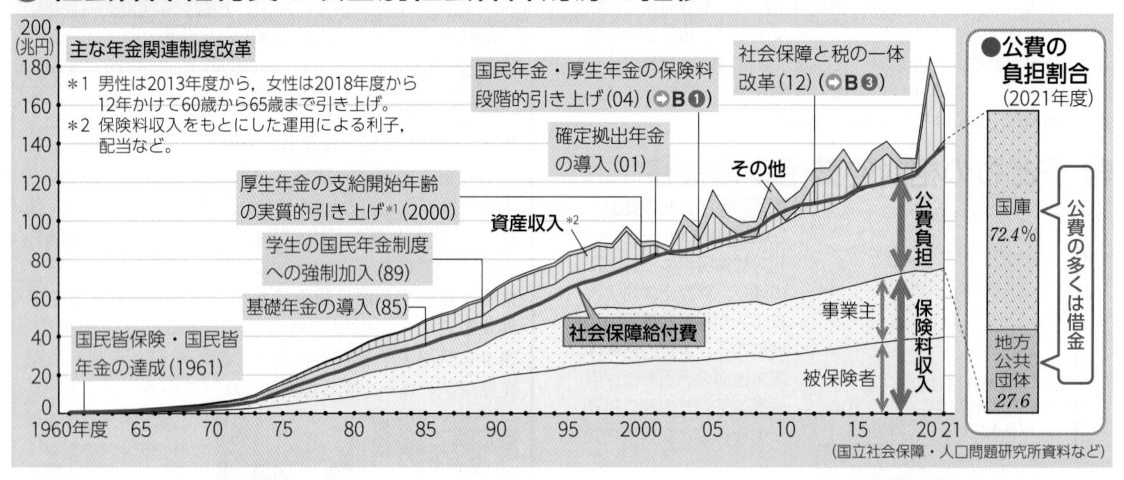

（国立社会保障・人口問題研究所資料など）

❷ 給付と負担の現状

ここも見よう！ 世代ごとの保険料負担額と年金給付額（➡p.219❷）

高齢者世帯

●1世帯当たり平均所得の内訳

稼働所得	公的年金・恩給	財産所得	その他
21.5%	62.3	6.9	9.3

給料や事業などの所得

（2020年）（「国民生活基礎調査」）

若者世帯

●税や社会保険料の負担感 注：20～29歳

生活が苦しくなるほど重い	生活にはあまり影響しないが負担感がある	特に負担感はない	その他・不詳
32.0%	50.6	14.4	3.0

（2019年）（「社会保障に関する意識調査」）

●**老齢年金の平均受給額（月額）**（「厚生年金保険・国民年金事業年報」）

	男性	女性
国民年金	59,013円	54,346円
厚生年金	163,380円	104,686円

（2021年度末）

●**社会保険料の本人負担額（月額）**（全国健康保険協会資料など）

25歳　月収27万円の場合　（2023年）　注：東京都の場合

厚生年金保険料23,790円　**健康保険料**13,000円　**雇用保険料**1,620円

解説 **高齢者の所得**　高齢者世帯の約4分の1は，所得のすべてが公的年金・恩給（おんきゅう）である（2020年）。受給する年金が国民年金のみの場合や，無年金の場合，苦しい生活を余儀（よぎ）なくされることもある。

解説 **現役世代の負担**　現役世代は，社会保険料に加え，所得税などの税金を納める。保険料の負担額と年金の給付額に世代間格差がある（➡p.219）ことも課題である。

メモ　2004年，将来の現役世代の保険料負担軽減のため，現役世代の人口減少や，平均余命の伸びに合わせて，年金の給付水準を自動的に調整するしくみであるマクロ経済スライドが導入された。

B これまでの改革

❶ 各保険料率の推移

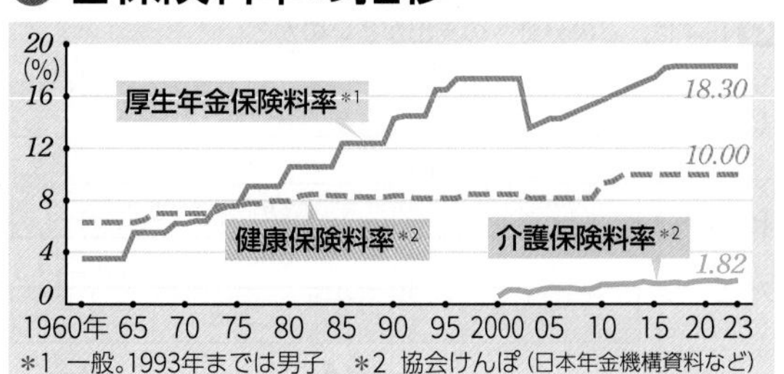

*1 一般。1993年までは男子　*2 協会けんぽ（日本年金機構資料など）

解説 引き上げが続く保険料率　国民年金保険料（月額）は，2005〜17年度まで毎年280円*引き上げられた。また，国民年金保険料は所得に関わらず定額で，低所得者ほど所得に占める保険料の割合が高い。＊その年の物価や賃金の伸び率に合わせて額面は変動。

❷ 医療保険の自己負担の変遷　注：外来の場合

高齢者（70歳以上）	被用者保険本人
・1973年…負担なし（1983年より定額負担） ・2001年…１割（月額上限あり） ・2002年…１割（現役並み所得者は２割） ・2006年…１割（現役並み所得者は３割） ・2008年…70〜74歳は２割，75歳以上１割*（現役並み所得者は３割）	・1973年…定額 ・1984年…１割 ・1997年…２割 ・2003年…３割

＊一定以上所得のある人の負担割合は２割。

❸ 消費税増収分の使途（2022年度）（内閣官房資料）

将来世代への負担のつけ回し軽減 5.8兆円	社会保障の充実 4.01	基礎年金の安定化 3.5	

社会保障の充実：幼児教育・保育・高等教育の無償化，子ども・子育て支援新制度の実施，医療・介護保険制度の改革など

消費増税による経費増への対応 0.63

解説 社会保障の財源に　2012年成立の**社会保障と税の一体改革関連法**により，当時５％であった消費税率は，段階的に10％に引き上げられた。増収分はすべて社会保障の財源とされる。

C どのような社会にしたいか？

Q 日本の給付と負担にはどのような特徴があるかな？

❶ 主な国の政府の社会保障支出と国民負担率

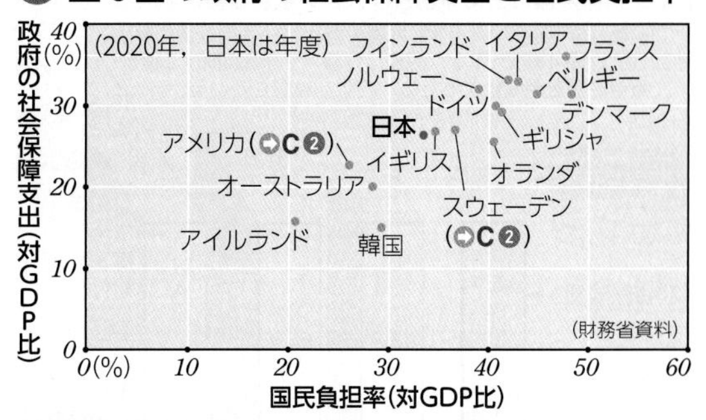

Q ２つの考え方のメリット・デメリットは何かな？

❷ 高福祉・高負担と低福祉・低負担

高福祉・高負担　スウェーデンの例

負担 国民負担率36.7%（2020年，対GDP比）
給付 例：十分な積立ができなかった人には，国の財源による「保証年金」を支給。
税金や社会保険料は高いが，社会保障が充実→ **大きな政府**

低福祉・低負担　アメリカの例

負担 国民負担率26.1%（2020年，対GDP比）
給付 例：国民皆保険制度は無く，民間医療保険の利用者が多いが，保険料が高額で加入できない人もいる。
負担は少ないが，社会保障給付は抑制される→ **小さな政府**

ここも見よう！
・国税の直間比率（➡p.181❷）
・所得税と消費税（➡p.182❼）
・所得階級別の所得再分配状況（➡p.218❸）
・社会保障制度の課題（➡p.228）

D 持続可能な制度をめざして

●健康長寿で医療費も削減－長野県の事例

1950〜60年代頃　**塩分摂取（せっしゅ）量の多い食生活を背景に，高い脳卒中死亡率が問題に**

▼

1960年代頃〜　**全県を挙げての「減塩運動」**
・ボランティアなどが各家庭を訪ね，みそ汁・漬物の漬け汁などの塩分濃度を測り，具体的な減塩アドバイス
・野菜の摂取を促進（そくしん）（野菜は塩分の排出をうながす）

▼ 草の根の活動を続け…

平均寿命が全国１位に（男性1990年，女性2010年）*
医療費も全国平均と比べ，低く抑えられている

＊最初に全国１位になった年。（厚生労働省資料）

●子育て支援の充実－フィンランドの事例

・**母親手当**…育児パッケージ（➡写真），もしくは現金170ユーロを支給。
➡ベビーケアアイテムやベビー服など，約40点が入っている。
・**育児休業**…両親ともに同じ期間の育児休業が取得できる制度。子どもが２歳になるまで，両親合わせて320日取得が可能。

解説 少子化対策の充実　日本の社会保障給付費のうち，子ども・子育てへの給付が占める割合は約１割となっている（2023年度）。子育て支援の充実など，少子化対策の推進は，社会保障制度の持続可能性にもつながる。

Think & Check

誰もが将来にわたって安心して暮らしていけるような社会保障制度にするために，どのような改革が必要か，給付と負担のバランスに着目して考えてみよう。

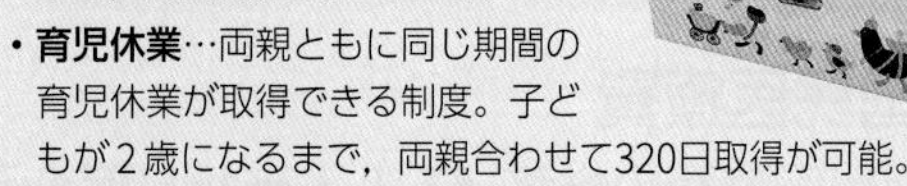

≫自分の考えを，次の視点で確認しよう。
● どの立場の人も納得できる改革ですか？ **公正　個人の尊厳**
● 財源は確保できていますか？ **財源の確保と配分**
● 将来の世代に負担を残していませんか？ **持続可能性**

さまざまな意見を冒頭のQRコードで確認

重要用語　245財政　257消費税　258国債　299社会保障制度　300社会保険　304年金保険（公的年金）　305医療保険

F 社会保障制度の課題

1 社会保障関係費の推移

Q 社会保障額に占める割合が大きい項目は何か？

＊1 介護保険制度導入以前は，介護の費用は社会福祉費に算入。
＊2 社会保障４経費(年金，医療，介護，少子化対策)に関する予算額を明確化するため，内訳を見直している。

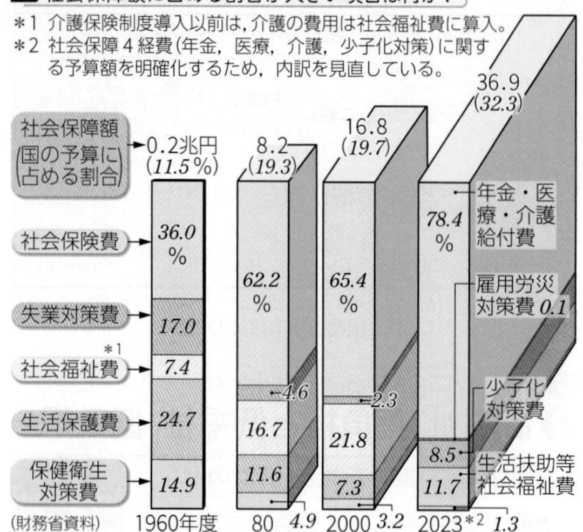

解説 **社会保障関係費の増加** 社会保障関係費は，1961年に「**国民皆保険・皆年金制度**」が導入されたことや，1960・70年代の高度経済成長期に社会保障が積極的に拡大されたこと，その後の少子高齢化の急速な進展により，増大した。

2 社会保障給付費の推移

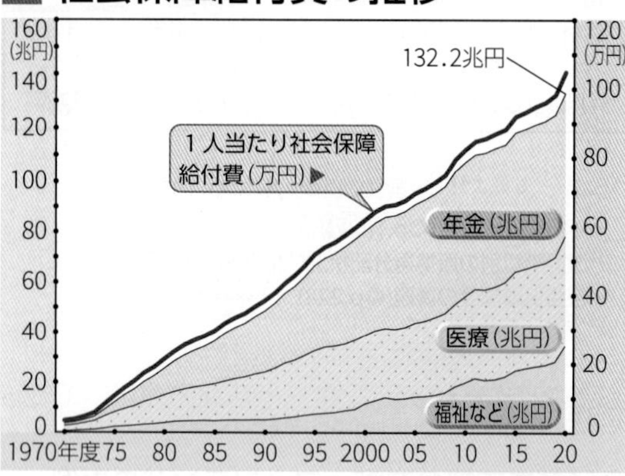

(国立社会保障・人口問題研究所資料)

・**社会保障関係費**(**1**)…国の歳出(➡p.179 **3**)のうち，社会保障のために使われた費用。
・**社会保障給付費**(**2**)…税金や年金・医療保険料を財源として国民に給付されたお金・サービスの総額。

3 国民医療費

❶ 国民医療費の推移 ❷ １人当たり医療費

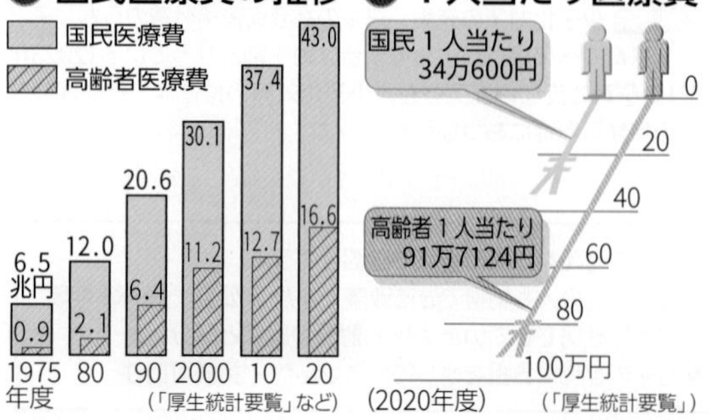

4 政策分野別社会支出の割合

Q 日本は，どの分野への支出が多いのか？

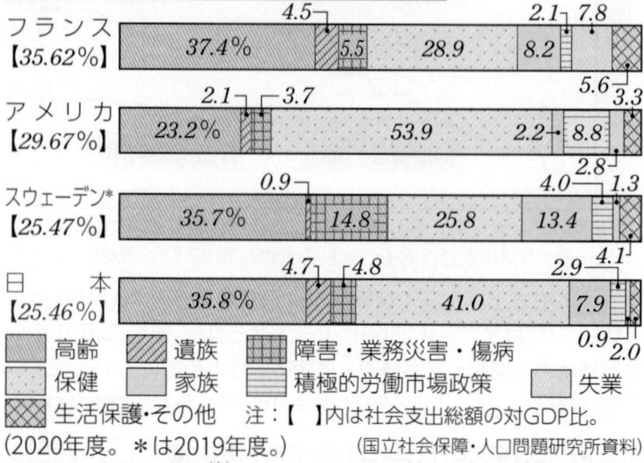

(2020年度。＊は2019年度。) (国立社会保障・人口問題研究所資料)

解説 **政策分野の偏り** 日本は，高齢者と保健分野の比率が大きい。体の不自由な人たちへの支援，子育て支援などの家族政策，失業者への教育訓練などの充実を求める意見もある。

5 社会保障の規模と国民の負担

Q 給付と負担にはどのような関係があるか？

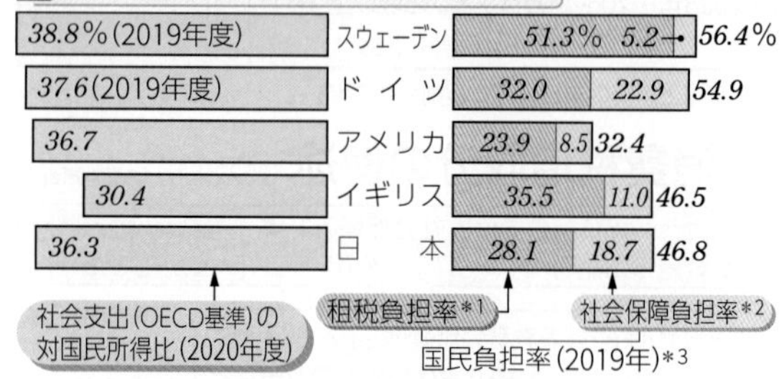

＊1 国税と地方税の合計の国民所得に対する割合。
＊2 保険料など社会保障負担額の国民所得に対する割合。
＊3 日本は2023年度見通し。四捨五入のため，＊1と＊2の合計と＊3が一致しないことがある。 (財務省資料など)

解説 **高福祉・高負担** 社会支出の対国民所得比が高い国ほど，国民の負担も大きい傾向にある。国民負担率の中身に注目すると，スウェーデン，イギリスは租税負担率が大きく，ドイツは保険料などの社会保障負担率が他国と比べて大きい。

●社会保障の類型

北欧型(スウェーデン，ノルウェーなど)	大陸型(フランス，ドイツなど)	アメリカ型(アメリカ，カナダなど)
公的社会保障の規模		
大規模(大きな政府)	**中～大規模**(家族の役割が大きい)	**小規模**(小さな政府)
負担・給付のあり方		
・高福祉・高負担 ・財源は**税中心**で，**平等**に給付	・**社会保険**が中心 →職業上の地位に応じた給付	・低福祉・低負担 ・**民間**保険中心

解説 **様々な福祉のあり方** 社会保障のあり方は，よく上のように分類される。政府が供給しない福祉は，家族，市場，地域社会，NPOなどが担う。日本はどの類型にも属さないが，家族の役割が大きい点では大陸型に似ており，給付が小さい点でアメリカ型に似ているといわれる。

ポイント整理 13

学習コンテンツ

11 少子高齢化の進展と社会保障

A 家族の変化 (➲p.214)

核家族の増加 ➡ 世代間の交流が減少，家族の扶養(ふよう)能力が低下

B 少子高齢社会の到来 (➲p.214〜216)

①**高齢化**…日本は65歳以上の人口が総人口の14％を超えた**高齢社会**
②**少子化**…生まれる子どもの数が相対的に減少している
→ **人口減少社会へ**

C 少子高齢社会への施策 (➲p.216・217)

①**少子化への対策**
- エンゼルプラン(1994)…子育てと仕事の両立支援，生活環境整備
- 子ども・子育て関連３法(2012)…**待機児童**の解消，環境整備など

②**高齢社会への対策**
ゴールドプラン(1989。94見直し)…在宅・施設福祉サービスの基盤整備
➡ **ゴールドプラン21**(1999)…活力ある高齢社会をめざす高齢者保健福祉施策
➡ **新オレンジプラン**(2015)…高齢者が住み慣れた地域のよい環境で自分らしく暮(く)らしていける社会をめざす

D 日本の社会保障制度 (➲p.217〜222)

①**日本の社会保障制度**…権利としての社会保障 ⬅ 憲法第25条「**生存権**」の規定
- **社会保険**…病気，高齢，失業，介護，労働災害に対する保険の給付
  ➡ **医療保険**，年金保険，**雇用保険**，労働者災害補償(ほしょう)保険，**介護保険**
- **公的扶助(ふじょ)(生活保護)**…生活困窮(こんきゅう)者への保護
- **社会福祉**…児童，母子家庭，障がい者，高齢者に対する保護，施設の建設
- **公衆衛生**…国民の健康の維持・促進，生活環境の保全

②**社会保険**
- **年金保険** (**国民皆年金**)
  - **国民年金**(基礎年金)…日本に居住する20〜59歳のすべての人が加入
  - **厚生年金**…会社員・公務員などが加入

問題点　国民年金保険料未納，厚生年金に加入できない非正社員の増加

- **医療保険** (**国民皆保険**)
  - 健康保険(会社員)，船員保険(船員)，共済組合(公務員など)
  - 国民健康保険(農業・自営業者など)
  - **後期高齢者医療制度**(75歳以上，65〜74歳で障害認定を受けた人)
- **介護保険**
  ⑴**成立の背景**…核家族化・少子化，高齢者世帯の増加 ➡ 家族間介護が困難に
  ⑵**しくみ**…利用者はサービス利用料の１割負担(一定の所得がある人は２〜３割)，残りは保険料(40歳以上の国民から徴収)と税金
  ⑶**問題点**…低所得者対策・施設サービスへの集中・要介護認定のばらつき

③**公的扶助(生活保護)**　雇用情勢の悪化 ➡ 生活保護受給世帯の増加

④**社会福祉**
ノーマライゼーション…すべての人がともに普通に生活しようという考え方
➡ 実現するためには**バリアフリー化・ユニバーサルデザイン**の開発などが必要

E 社会保障制度の問題点 (➲p.224〜228)

①**世代間格差**…負担と受給のバランスが世代によって異なる
②**財源確保の問題**…高齢化に伴(ともな)う**社会保障関係費**の増大 ➡ 国債の大量発行
➡ ・**医療保険**…保険料の引き上げ，自己負担の増加
・**年金保険**…保険料の段階的な引き上げ，年金支給開始年齢の引き上げ
　└年金を負担する現役世代の痛み　└年金を受ける人の痛み
➡ **社会保障と税の一体改革**…消費税増税(2014年〜８％，2019年〜10％)。増収分は社会保障の維持・充実のために使用。現役世代への支援拡充
⬅➡ **問題**　５％の増税では赤字を改善できない，社会保障の抜本的改革が先送り

ポイント解説

A 家族の変化　1960年代以降，日本では**核家族化**が進み，祖父母・父母・子どもの世代間のきずなが失われるとともに，親の介護や子の養育などの家族の扶養(ふよう)能力が低下している。

B 少子高齢社会の到来　医療の進歩による平均寿命の延びと，出生数の減少により，**少子高齢化**が急速に進んだ。2005年には，日本の人口は初めて自然減に転じた。

C 少子高齢社会への施策　育児と仕事の両立支援は，保育サービスの充実という形で進められてきたが，近年は男性も含めた働き方の見直しや地域ぐるみの子育て支援も求められている。

高齢化対策としては，高齢者が尊厳を保ちながら暮らすためのサービスのあり方に重点が置かれている。

D 日本の社会保障制度　**社会保障**は，病気や高齢，失業から人々を守り，公的に最低限度の生活を保障するものである。全国民を対象とする制度としての社会保障が確立したのは，イギリスの**ベバリッジ報告**(**「ゆりかごから墓場まで」**)によってであった。日本では，戦後，日本国憲法第25条に**生存権**と国の社会保障義務が規定され，国民の権利としての社会保障が確立した。

日本の社会保障制度は**社会保険**，**公的扶助(生活保護)**，**社会福祉**，**公衆衛生**の４部門からなり，社会保険は保険料と税，その他の３部門は税でまかなう。

誰もが普通に暮らせる社会をつくる**ノーマライゼーション**という立場に立って，**バリアフリー**社会を実現するために，本当に役立つサービスや施設の充実をめざす必要がある。

E 社会保障制度の問題点　社会保障関係費に占(し)める割合の中で最も高いのは**社会保険**であるが，支払った保険料などの負担額と将来受け取ることができる金額は，**世代が若くなるほど負担額の方が大きくなるという世代間の格差**が存在し，社会保障制度の抜本的な改革が求められている。

今後さらに進む高齢化に伴(ともな)う財源(ざいげん)確保(かくほ)の問題に対応するために，国民負担の引き上げや年金支給開始年齢の引き上げなどが進められ，現役世代の人口減少や平均余命の伸びに合わせて，年金の給付水準を自動的に調整するしくみである**マクロ経済スライド**も導入されている。

12 公害の防止と環境保全

水銀に関する水俣条約採択のようす(2013年)

ねらい
- 公害の歴史と現状を理解しよう。
- 経済活動と公害対策の両立が必要であることを理解しよう。
- 公害対策における政府や企業の役割を理解しよう。

A 公害の歴史と現状

足尾銅山鉱毒事件
四大公害病等

1 日本の公害関係年表

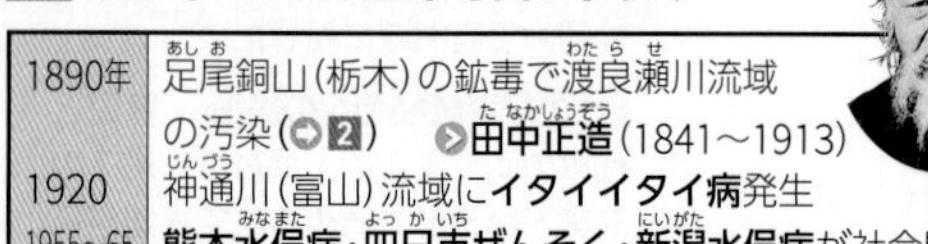

年	できごと
1890年	足尾銅山(栃木)の鉱毒で渡良瀬川流域の汚染(➡2)　➡田中正造(1841～1913)
1920	神通川(富山)流域に**イタイイタイ病**発生
1955～65	**熊本水俣病・四日市ぜんそく・新潟水俣病**が社会問題化
1967	**公害対策基本法**・航空機騒音防止法制定
1968	大気汚染防止法・騒音規制法制定
1970	**汚染者負担の原則(PPP)**導入(➡p.233 3)
1971	**環境庁**設置(2001年 環境省)。イタイイタイ病・新潟水俣病訴訟第一審で患者側勝訴。PCB汚染問題化
1972	「人間環境宣言」採択。四日市ぜんそく第一審・イタイイタイ病控訴審で患者側勝訴
1973	熊本水俣病訴訟で患者側勝訴。公害健康被害補償法制定
1975	大阪空港公害訴訟で住民側勝訴
1976	川崎市で全国初の環境アセスメント条例成立
1993	**環境基本法制定**(公害対策基本法は廃止)(➡p.232C 1)
1995	水俣病未認定患者救済の政治決着(一時金の支払いなど)
1996	水俣病患者団体は，チッソ・国・熊本県と和解。関西訴訟のみ和解拒否，審理を継続
1997	**環境影響評価法**(➡p.232C 2)制定
1999	**ダイオキシン類対策特別措置法**制定
2000	循環型社会形成推進基本法制定
2004	水俣病関西訴訟の最高裁判決で患者側勝訴
2006	石綿健康被害救済法施行(➡p.232B 2)
2009	水俣病被害者救済特措法制定
2013	水俣病認定訴訟で，最高裁が初認定(➡p.231 EYE)。イタイイタイ病，被害者団体と原因企業が，被害者への補償などで合意し，救済問題が決着
2017	**水銀に関する水俣条約**発効(2013年採択)

四大公害の被害

戦後の高度経済成長(➡p.193)は，公害というひずみを生み出した。しかし，経済発展がもたらす豊かさの陰で公害への関心は薄く，救済が遅れ，多くの尊い生命や健康が奪われた。被害者やその家族の苦しみは現在も続いていることを忘れてはならない。

◀マスクをして通学する子どもたち
▼四日市コンビナート　製油所などからの煙で，ぜんそくに苦しむ人が続出した。

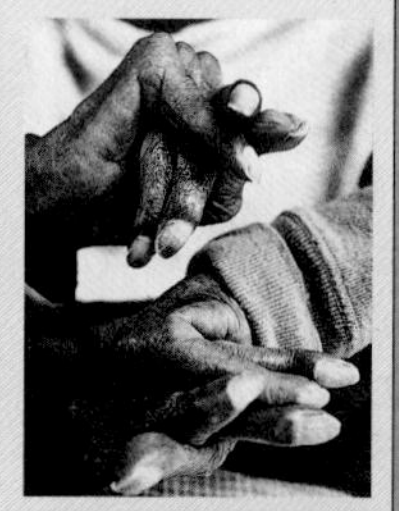
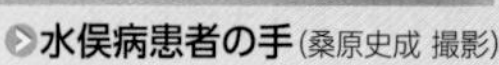
▶水俣病患者の手(桑原史成 撮影)

2 日本の公害の原点－足尾銅山鉱毒事件

被害惨状　古河鉱業が経営する栃木県の足尾銅山から排出された鉱毒は渡良瀬川を汚染し，魚を死滅させ，流域の農作物に被害を与えた。特に，1890(明治23)年の洪水で，その被害は激化した。また，精錬所から排出される亜硫酸ガスは，森林を枯死させていった。

▲抗議運動をしていたころの田中正造(49歳)

正造・農民と政府・企業の闘い　これに対し，農民たちは銅山の操業停止と損害賠償を求める運動を起こし，地元出身の代議士，田中正造はその先頭に立って闘った。「**鉱毒の害というものは，……地面がなくなると同時に人類もなくなってしまう。そのままに置けば人民は死に国家はなくなってしまう。**」正造はこう警告し，10年もの間，議会で鉱毒問題を追及し続けた。

しかし，富国強兵・殖産興業策をとる明治政府と古河鉱業の強い結びつきは，正造や農民の訴えをさえぎる厚い壁であった。ついに正造は議員を辞職し，1901年には天皇に直訴するという非常手段をとった。このことは人々に衝撃を与え，鉱毒問題は社会問題へと発展した。

谷中村の廃村　結局政府は鉱毒流出の原因を治水問題とすりかえ，谷中村遊水地計画を推進。栃木県会は村全体を買収し，住民の抵抗にもかかわらず，家屋を強制的に解体。谷中村は明治近代国家建設の犠牲となり，滅びていった。

提供／足尾に緑を育てる会

◀渡良瀬川源流域(日光市足尾町，2016年)　銅山の煙害によって荒廃した土地は約3500haで，東京ドーム約749個分である。

提供／足尾に緑を育てる会

▶足尾町での植樹活動(2016年)　約100年前から植樹や種まきなどが行われ，荒廃地の半分ほどまで緑化された。動物から苗木を守る必要もあり，元に戻すには長い年月がかかる。

メモ　水俣病未認定問題の1つに，胎児性水俣病の問題がある。母親の胎内にいる間に水銀の影響を受け，知能などに影響が生じることがある。水俣病特有の症状が出ないこともあり，国の認定基準では認定されないことが多く，救済の遅れが問題である。

3 四大公害訴訟(四大公害裁判)

注：被認定者数は2019年3月末までの合計。( )内は現存被認定者数。四日市ぜんそくは2018年3月末までの合計。

		新潟水俣病	四日市ぜんそく	イタイイタイ病	水俣病(熊本水俣病)
被害発生地域		1964年ごろ，新潟県阿賀野川流域	1960年ごろ，三重県四日市市コンビナート周辺	戦前から，富山県神通川流域	1953年ごろ，熊本県水俣地区周辺
症状		知覚・運動障害などの神経症状や，内臓などに影響	ぜんそく発作にみまわれたり，呼吸困難をおこす。	骨がボロボロになり，「痛い痛い」と言い，亡くなる。	新潟水俣病と同じ
原因		工場廃水中のメチル水銀	亜硫酸ガス	カドミウム	工場廃水中のメチル水銀
被認定者		715人(138人)	2104人(358人)	200人(4人，他要観察者1人)	2282人(339人)
訴訟	提訴日	1967年6月12日	1967年9月1日	1968年3月9日	1969年6月14日
	被告	昭和電工	昭和四日市石油ほか5社	三井金属鉱業	チッソ
	判決日	1971年9月29日	1972年7月24日	1972年8月9日(控訴審)	1973年3月20日
	判決	**患者側全面勝訴** 企業側に反証がない限り，因果関係は推認され立証できるとし，工場排水のメチル水銀を原因とした。	**患者側全面勝訴** コンビナートを形成している企業は，共同して責任を負わなければならない(共同不法行為)。	**患者側全面勝訴** 疫学的方法で因果関係が証明できれば賠償請求ができるとし，鉱山から流れるカドミウムを原因とした。	**患者側全面勝訴** チッソ工場排水のメチル水銀と水俣病発病との因果関係は肯定できる。

解説 **公害対策を促した四大公害裁判** **四大公害裁判**は，企業や行政の公害への取り組み姿勢を大きく変えさせた。1967年に**公害対策基本法**が制定され，1971年には**環境庁**が設置された。しかし，これらの裁判では，国や地方公共団体の対応の遅れに関する責任(行政責任)は直接問われなかった。行政責任を最高裁が認めたのは，水俣病関西訴訟判決(2004年)においてである。

EYE 水俣病未認定患者の問題

認定されない患者たち 現在の水俣病認定基準は1977年に定められたもので，認定されれば補償金などを受け取ることができる。しかし，手足の感覚障害と，ほかの症状の組み合わせが確認事項としてあり，感覚障害のみの患者などは認定申請を棄却された。結果として未認定患者は増加し，国や県などを相手に，損害賠償や棄却処分の取消しなどを求める訴訟が相次いだ。

政治決着による救済 1995年と2009年の2度にわたり，国は未認定患者に対し，医療費や一時金などを支給する政治決着を図ってきた。高齢化などの事情もあり，多くの患者がこれを受け入れたが，いまだに救済の枠から外れる患者もいる。

新たな運用指針 2013年，最高裁判所は感覚障害のみの女性(故人)を，水俣病と初めて認定した。この判決を受け，環境省は2014年，認定基準の新たな運用指針を提示。複数の症状確認という条件に，手足の感覚障害だけでも認定するという補足がなされた。しかし，原因物質との因果関係の証明も必要であり，認定の幅は広がっていないとの声もある。

4 公害病の認定患者

Q 被害はどのような地域に多いか？

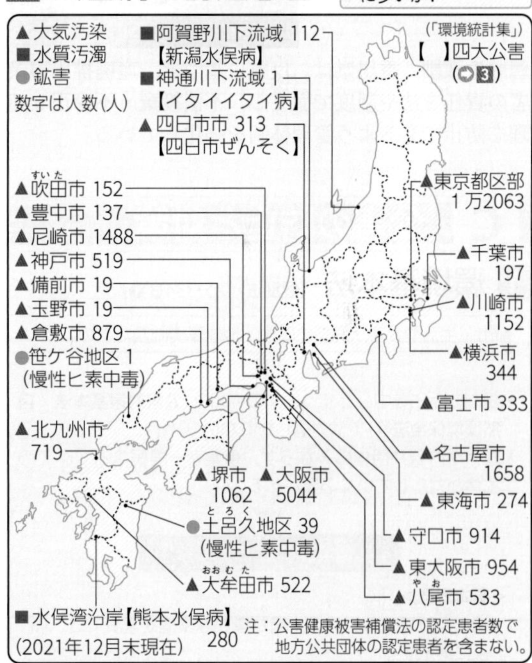

解説 **工業がさかんな地域で多く発生** 1960年代の高度経済成長期には，生産が増大して経済が発達した反面，生産第一主義により企業が公害対策への投資を怠り，政府も十分な規制を行わなかったため，**産業公害**が多発した。産業公害の被害は，重化学工業が発展した太平洋ベルト地帯に集中している。また，都市化が進むにつれて，自動車の排気ガスによる**大気汚染**，騒音，ゴミの増加などの都市公害が増加している。(5)

5 公害苦情受理件数

Q 近年はどのような公害が多いか？

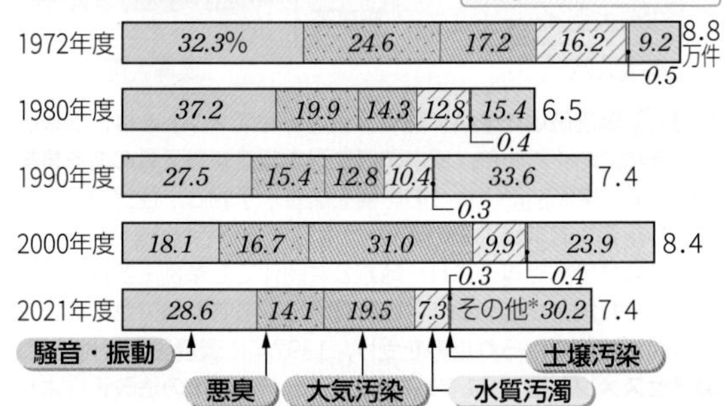

＊1994年度より路上駐車，ペットの被害などは除く。(公害等調整委員会資料)

解説 **公害苦情** **環境基本法**(p.232)が規定する，騒音・振動・悪臭・大気汚染・水質汚濁・土壌汚染・地盤沈下を合わせて**典型七公害**という。典型七公害以外の苦情件数(2021年度:約2.2万件)のうち約4割が廃棄物投棄によるものである。廃棄物投棄の約8割が家庭生活から発生した一般廃棄物である。

重要用語 275高度経済成長 310典型七公害 311新潟水俣病 312四日市ぜんそく 313イタイイタイ病 314水俣病(熊本水俣病) 315四大公害訴訟(四大公害裁判) 316公害対策基本法 317環境庁 318環境基本法 319汚染者負担の原則(PPP)

B 現代の公害

1 産業廃棄物の不法投棄

豊島への不法投棄　戦後の経済成長の中で大量生産・大量消費・大量廃棄をしてきた結果，大量の産業廃棄物(産廃)が都市や工場から豊島(香川県)に持ち込まれ，不法投棄された。住民は1993年に公害調停を申請し，2000年，県は処理業者への適切な指導・監督を怠った行政責任を認め，産廃などの撤去を行うこととなった。2003年に開始された廃棄物などの処理は2019年７月に完了し，現在は地下水の水質の観測を継続しており，事業全体で800億円を超える費用がかかっている。

不法投棄された産廃
不法投棄現場からはダイオキシンなどの有害物質も検出された。

不法投棄現場の現在の姿
撤去された産廃などの量は約91.3万トンに達した。現在は整地され，地下水の水質の観測を継続している。

豊島の教訓　香川県は，反省に基づき，産廃排出事業者の責任を法や制度で徹底し，不法投棄・不適正な処理を防止できるよう管理体制を強化している。

2 新しい公害

❶ ハイテク汚染

IC(半導体)の洗浄などに使用されるトリクロロエチレンやテトラクロロエチレンなどの化学物質が原因で，土壌や地下水が汚染され，**ハイテク汚染**と呼ばれる問題となっている。こうした物質は発がん性が疑われており，環境や人体に悪影響を及ぼす危険がある。

❷ アスベスト(石綿)

アスベスト(石綿)は天然の鉱石で，建築物の耐火材・断熱材などに広く用いられてきた。吸い込むと，10～40年の潜伏期間を経て，中皮腫(がんの一種)や肺がんを引き起こす危険性がある。1975年に建材への吹きつけ作業が禁止されたが，代替が困難であるうえに，安価であるため規制が遅れた。アスベストが１％以上含まれる製品の製造・使用が禁止されたのは，2004年のことである。

アスベストの除去作業

2006年，労災補償で救済できない石綿工場の周辺住民，元従業員の遺族などを対象とした**石綿健康被害救済法**が施行。また，2014年の最高裁判決を受け，国は損害賠償金を支払うことになった。

C 公害の防止と対策

環境アセスメント

1 環境基本法 (個別法 ➡p.334B❶)

都市・生活型公害，廃棄物問題，地球環境問題などの広がり

▼

- 規制の手法を中心とする従来の枠組み(**公害対策基本法・自然環境保全法**等)では対処しきれない
- 国・地方公共団体のみならず，事業者・国民などすべての主体が対応していく必要がある

▼

環境基本法(1993年)

<基本理念>
- 現在及び将来の世代の人間が豊かな環境を享受でき，将来に継承する
- 環境への負荷の少ない持続的発展が可能な社会をつくる
- 国際的協調による環境保全の積極的推進

●国，地方公共団体，事業者，国民の責務を明らかにする
●**環境基本計画**(環境保全のための総合的・長期的な施策)，公害防止計画(公害防止を総合的に講じるための計画)などの規定

解説 **環境基本法**　都市公害の増加や地球規模の環境問題などにより，これまでの公害対策基本法や自然環境保全法の枠組みでは不十分になったため，1993年に**環境基本法**が制定された。この法律は，環境保全についての新たな理念や試みを示しており，日本の環境政策の基盤となる法律である。この法律に，国が講ずるための施策として**環境アセスメント**(➡❷)の推進が明記され，1997年に環境影響評価法が成立した。

2 環境アセスメント(環境影響評価)

● 環境アセスメントの流れ

Q 環境アセスメントの目的は何か？

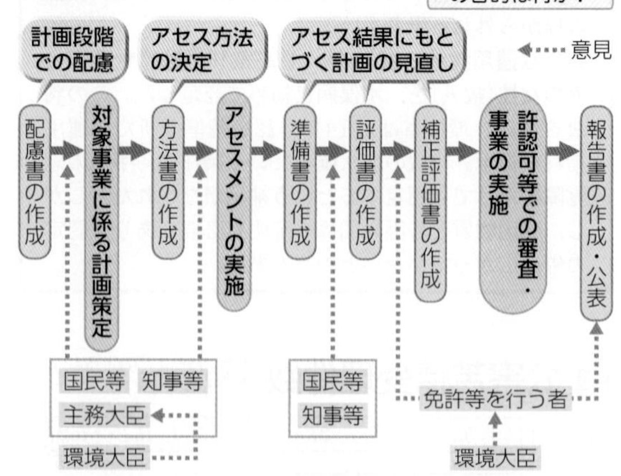

解説 **環境破壊を未然に防ぐ**　環境アセスメントとは，環境破壊を未然に防ぐために，環境破壊を引き起こすおそれのある事業に関して，実施前に環境への影響を調査・予測し，住民の意見を反映したうえで事業計画の変更・見直しを行う手続き。1972年に初めて公共事業で導入され，地方公共団体でも条例・要綱の制定が進められた。1993年に成立した環境基本法で環境アセスメントの推進が位置づけられたのを受け，1997年に**環境影響評価法**(**環境アセスメント法**)が成立した。さらに，2011年の法改正により，事業の構想段階から環境への影響を配慮する手続きが新設された。

入試クイズ　日本では，汚染による健康被害などに関して，企業がその汚染を故意に生じさせたのでなければ，法律上，被害について賠償する必要はないとされている。〇？×？(➡p.233❸)　答：×

3 企業と国の公害への対応

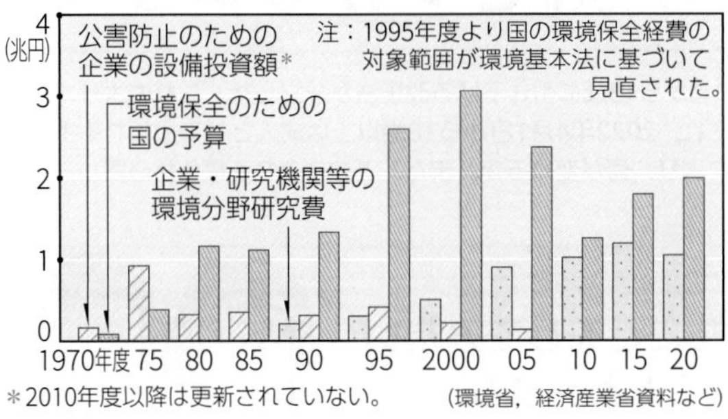

＊2010年度以降は更新されていない。　(環境省，経済産業省資料など)

解説 **公害対策から環境保全へ**　公害の社会問題化をきっかけに，国や企業は公害・環境に対して取り組むようになり，環境問題を解決するための技術開発が積極的に進められている。

● 環境問題に対する原則・規制

汚染者負担の原則(PPP)

汚染を発生させた者が公害防止費用や，環境を元に戻すための費用などを負担しなければならない(**外部不経済の内部化**，➲p.169 3)という原則。1972年のOECD環境委員会で国際ルールと定められた。日本は，**公害健康被害補償法**(1973年制定)などにこの原則を取り入れている。

無過失責任の原則(➲p.240 2)

公害による健康被害を出した場合，公害の発生者に故意や過失がなくても，損害賠償責任を負わせるもの。
大気汚染防止法や水質汚濁防止法に取り入れられている。

濃度規制と総量規制

- **濃度規制**…汚染物質の発生源である工場・事業場の煙突ごとに，汚染物質の排出濃度を規制する方式。
- **総量規制**…ある一定の地域や工場全体などを単位に，汚染物質の排出総量を規制する方式。発生源が密集した場合でも，環境基準が確保できる。

発展途上国では，経済成長の過程で，かつての先進国のように公害が引き起こされている。発展途上国の公害対策は，先進国と同じ水準で行われるべきかな？

視点 公害対策により，発展途上国の経済成長が遅れてしまうとしたら，どうすべきか考えよう。
幸福　**正義**　**公正**　**個人の尊厳**　**効率**

EYE 日本の環境技術を世界へ

公害なき発展をめざして　かつて公害先進国といわれた日本。その失敗を乗り越えるなかで培ってきた技術が，今，経済発展をめざす国々から注目を集めている。
環境技術の普及に積極的な地域である北九州市の，北九州国際技術協力協会では，発展途上国からの研修員の受け入れや，現地での技術指導などを行っている。

➲太陽光発電パネルの設置実習　地球温暖化の進行や原発問題などで，クリーンエネルギーへの関心が高まり，多くの海外研修生が訪れる。

D 自然環境保護活動

諫早湾干拓

1 日本の主なナショナル・トラスト運動

(日本ナショナルトラスト協会資料)

解説 **自然と文化財を守る**　**ナショナル・トラスト運動**は，自然や歴史的産物を開発から守るために市民が寄付金を集め，土地を買い取ったり寄贈を受けたりして保存・管理する運動である。1895年にイギリスで始まり，今では世界中に広がっている。

2 諫早湾干拓*事業

＊干拓とは，海や湖を堤防で仕切り，内部の水を排水して陸地をつくること。

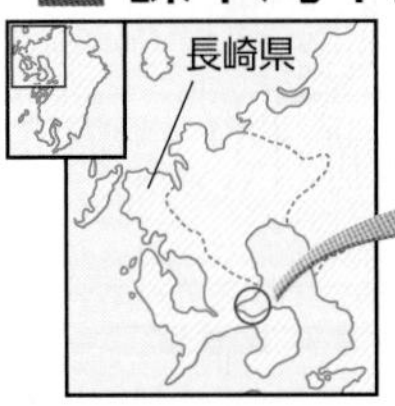

❶ 干拓事業の経緯

戦後の食糧不足→水田開発のために干拓開始→減反政策
→畑地の造成と防災対策を目的に国営の諫早湾干拓事業開始
→潮受け堤防による湾の締め切り(1997年)

❷ 干拓事業をめぐる構図

開門賛成派(漁業者側)		国		開門反対派(農業者側)
潮受け堤防による湾の締め切りで，養殖ノリ不作などの被害。	開門請求訴訟→	開門せず，基金による和解を目指す方針。	←開門差止請求訴訟	開門すると農作物への被害が発生するおそれがある。

❸ 主な判決の内容

Ⓐ2010年，5年間の開門を命じる福岡高裁判決が確定。
Ⓑ2019年，開門を認めない判決が最高裁で確定。
Ⓒ2022年，開門を命じた確定判決(Ⓐ)の無効化を国が求めた訴訟の差し戻し審で，福岡高裁は国の訴えを認める判決。2023年，漁業者側の上告を最高裁が棄却し，福岡高裁判決が確定。

解説 **開門をめぐる争い**　諫早湾干拓事業では，排水門開門をめぐって複数の訴訟が行われ，相反する確定判決(➲❸ⒶⒷ)が存在していた。しかし，2023年の最高裁の決定(➲❸Ⓒ)により，司法判断が「開門禁止」に統一され，長年にわたる法廷闘争は事実上決着した。

重要用語 285減反政策　316公害対策基本法　318環境基本法　319汚染者負担の原則(PPP)　320環境アセスメント(環境影響評価)　321ナショナル・トラスト運動

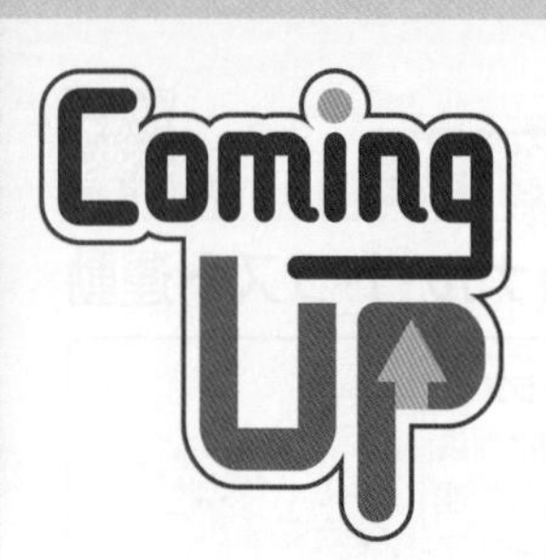

18歳で成人に！ 気をつけることは？

ねらい　2018年，民法の成人年齢を20歳から18歳に引き下げる改正法が成立した。これにより，約140年ぶりに成人年齢が変更され，2022年4月1日から18歳以上は成人として扱われるようになった。成人年齢引き下げにより，何が変わるか。また，どのような心構えが必要か，考えてみよう。

18歳で成人になったら，今までできなかったことをしてみたい。
でも，成人になるって言われると，不安なこともあるな…。

❶ クレジットカードや携帯電話を，親の同意なしで自分で契約してみたい！

大学は県外へ！
自分の住むところは自分で決めて
契約したい！

❷ 大人になるということだから，お酒だって飲んでみたい！

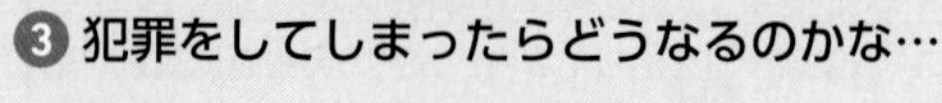

❸ 犯罪をしてしまったらどうなるのかな…

今まで20歳未満は少年法で名前など報道されなかったけれど，守られなくなるのかな？

A 民法の成人年齢引き下げに伴う主な変更点

	**親の同意なしに１人で契約ができる＊** これまで，20歳未満が契約を行う際，法定代理人（親など）の同意が必要だった。改正で，18歳から法定代理人の同意なしに，クレジットカードや携帯電話などの契約ができるようになった。
	**10年パスポートの取得ができる** これまで，20歳未満は有効期間が５年のパスポートしか取得することができなかった。改正で，18歳から有効期間が10年のパスポートも取得することができるようになった。
	**１人で民事訴訟を起こせる（➡p.124）** これまで，20歳未満が民事訴訟を起こす際は，保護者や弁護士などの法定代理人を選任する必要があったが，改正で，18歳から１人で訴訟を起こせるようになった。
	**法律上取得できる資格・免許が増加** これまで取得できなかった公認会計士や司法書士，医師免許などの資格・免許が18歳から取得できるようになった。しかし，取得には大学卒業や実務補習などが必要になるものもある。

	**性別変更の申し立てができる** これまで，家庭裁判所に性別変更を申し立てる場合は，20歳以上で要件を満たすことが必要であった。改正で，18歳以上で要件を満たしていれば，申し立てることができるようになった。
	**女性の結婚できる年齢が男性と一緒に** これまで，男性の婚姻できる年齢は18歳以上であるのに対し，女性は16歳以上であった。改正で，男女共に婚姻できる年齢は18歳以上に統一された。

＊支払い能力や返済能力が認められない場合は，契約できないことがある。
注：検察審査員（➡p.125），裁判員（➡p.127）の対象年齢は2022年から，18歳以上に変更。

成人年齢が引き下げられたのは，イギリスやドイツなど多くの国の成人年齢が18歳であったからだよ。また，日本は少子高齢化が進んでおり，今後の日本を担う若者の社会参加を促すこともめざされているんだよ。

クイズの答え　解約できる。　消費者契約法が改正され，就職などにおいて不安をあおった勧誘による契約は取り消すことができるようになった（➡p.240）。

18歳で成人になるけど，できないこともあるよ。また，できることが増えたことで，注意が必要になることもあるんだよ。

❶ 1人で契約できるが，消費者トラブルに注意！

未成年者として守られなくなる　成人年齢引き下げに伴い，法定代理人(親など)の同意がない契約を取り消すことができる**未成年者取消権**(➡p.237)も18歳から行使できなくなった。

消費者トラブルに注意　成人になったばかりの若者は，契約に関する経験や知識が少ないこともあり，安易に契約してしまう傾向にある。また，「絶対に儲かる」などとうまい話にのせられたり，断りにくい状況に追い込まれて契約してしまう場合もある。

よく考えて契約しよう　経験・知識が乏しい若者を狙う悪質な業者もいる。契約の際は，内容をよく理解するようにしよう。また，困ったら各地の消費生活センター(➡EYE)などに相談しよう。

クイズ　この契約，取り消せる？

就職活動で不安な時，「このままでは就職できず，一生成功しない」と言われてしまい，不安にかられて10万円のセミナーを申し込んでしまった。

答えはp.234のページ下

(消費者保護 ➡p.236～240)

❷ お酒は20歳になってから！

20歳以上を維持　成人年齢は18歳に引き下げられたが，若者の健康への影響や依存のおそれがあるものは，20歳未満の禁止を維持した。

●20歳未満は禁止の主なもの

喫煙

飲酒

公営ギャンブル
競馬，競輪，競艇，オートレース

❸ 今まで通り，18歳も少年法で保護されるけれども…

(少年法 ➡p.125)

適用年齢は維持，しかし…　少年法の適用年齢は20歳未満のまま維持された。しかし，18・19歳は「特定少年」として位置付けられ，少年法による保護の対象となる一方で，17歳以下の者とは異なる立場となる。この改正により，18・19歳への措置は厳罰化され，起訴*された場合には実名報道も可能になった。厳罰化に関して，少年の保護や教育を通じた更生をめざす少年法の理念に反するのではないかという意見もある。

＊公判ではなく，書面審理で刑を言い渡す略式手続の場合を除く。

B 成人年齢引き下げによる様々な影響

❶ 少年法の適用年齢

(「毎日新聞」2021.5.22)

18、19歳厳罰化
起訴後の実名報道解禁
改正少年法成立

❷ 養育費の負担

負担は何歳までか　現在，離婚による子どもの養育費は，20歳までとする場合が多い。成人年齢引き下げ後も子どもの経済的・社会的な自立が考慮されるため，18歳までに引き下がるわけではない。しかし，この養育費支払いに関する認知度は低く，離婚後に子どもを養育する家庭では不安が残る。

18・19歳も「大人」として扱われるよ。そのため，自分自身で考えて選択，行動し，責任を果たす必要がある。主権者，消費者として自分を守り，社会に働きかけていくために必要な知識やスキルを身に付けていこう。

EYE 消費者トラブル，困ったら？

困ったときは…　消費者トラブルで困ったときは，**国民生活センター**や，各地の**消費生活センター**，**消費生活相談窓口**で相談できる。また，**日本司法支援センター**(法テラス)(➡p.127C❶)は，法的トラブル解決のための法制度の紹介や，相談窓口の案内を実施しており，経済的に余裕のない人に対して，無料の法律相談も行っている。

➡消費者ホットライン　「188」(局番なし)に電話をかけると，近くの相談窓口を案内してもらえる。

消費者の行動が社会を変える　消費生活センターなどへの相談内容をもとに，違法な営業をしている事業者に対する措置や，消費者への注意喚起が行われる。このように，消費生活センターなどの窓口へ相談することは，自身のトラブル解決だけでなく，多くの消費者の利益にもつながる。

13 消費者保護と企業の責任

ねらい
- 契約とは何かを理解しよう。
- 消費者の権利と責任を理解しよう。
- 消費者を守る法律や制度について理解しよう。

出典：消費者庁ウェブサイト (https://www.caa.go.jp/publication/pamphlet/)

悪質商法に対して注意を呼びかけるチラシ

A 消費者問題の歴史

消費者主権
消費者の権利等

1 消費者問題年表

注：（網掛け）は法律

1947	**独占禁止法**，**食品衛生法**制定
1948	主婦連合会（主婦連）結成
1951	日本生活協同組合連合会（日生協）結成
1952	全国地域婦人団体連絡協議会（地婦連）結成
1955	**森永ヒ素ミルク中毒事件**（➡A2）。スモン病発生
1956	全国消費者団体連絡会（全国消団連）結成
1961	日本消費者協会発足
1962	中性洗剤有害論争。**サリドマイド事件**（➡A2）
1968	**消費者保護基本法**公布。**カネミ油症事件**（➡A2）
1969	チクロ（人工甘味料）使用禁止
1970	**スモン病**問題化で，**キノホルム（整腸剤）使用禁止**（➡A2）。**国民生活センター**発足
1971	農薬BHC，DDT使用禁止
1972	全国消団連のPCB（ポリ塩化ビフェニール）追放大会
1973	第１次石油危機（物不足深刻化）
1974	石油業界やみカルテル事件。日本消費者連盟（日消連）発足
1976	**訪問販売法**制定
1978	金沢地裁，スモン訴訟に原告勝訴判決
1979	滋賀県，合成洗剤規制条例を制定
1983	**サラ金規制法**制定
1989	消費税導入。**薬害エイズ（HIV）訴訟**（➡A2）提訴
1994	**製造物責任法（PL法）**（➡p.240）制定
1996	薬害エイズ訴訟和解
1999	JAS法制定
2000	牛乳の集団食中毒事件。**消費者契約法**（➡p.240）成立。訪問販売法を改正し，特定商取引法に。
2001	国内でBSE（牛海綿状脳症）感染牛発見
2002	食品表示偽装事件・無認可食品添加物混入事件多発
2003	食品安全基本法制定。ヤミ金融対策法制定
2004	消費者保護基本法を改正し，**消費者基本法**に。
2005	振り込め（オレオレ）詐欺。アスベスト被害（➡p.232）。耐震強度偽装問題
2006	貸金業法改正（2010年完全施行） 消費者契約法改正（**消費者団体訴訟制度**導入）
2008	中国産冷凍餃子中毒事件，汚染米転売問題など 薬害肝炎被害者救済特措法制定…**薬害C型肝炎**患者（➡A2）に給付金を支給。対象者が少ないことが課題
2009	**消費者庁発足**。自動車会社が大規模リコール（〜2010）
2011	福島第一原子力発電所の事故。食品に含まれる放射性物質の濃度が注目される。風評被害も発生
2013	食品表示法制定…食品衛生法，JAS法，健康増進法の食品表示規定を統合し，わかりやすい表示をめざす 化粧品会社が，健康被害が出た美白化粧品を回収。ホテルや百貨店等の食材虚偽表示。冷凍食品農薬混入事件
2014	中国の期限切れ肉使用問題
2016	廃棄食品横流し問題
2018	**民法**改正…成人年齢を18歳に引き下げ（2022年４月〜）

2 食品被害と薬害

＊その後の研究で，ダイオキシンの一種が原因物質であることが判明

食品被害	**森永ヒ素ミルク中毒事件**	1955年，森永乳業徳島工場で粉ミルクに多量のヒ素が混入。乳児に原因不明の発熱，嘔吐などの中毒症状が発生。
食品被害	**カネミ油症事件**	1968年，米ぬか油製造工程で有毒なPCB＊（ポリ塩化ビフェニール）が混入，皮膚疾患，しびれなどの症状を特徴とする「油症患者」が発生。72年にPCBの使用禁止。
薬害	**サリドマイド事件**	1960年ごろ，大日本製薬が販売したサリドマイド剤（睡眠剤）をつわり止めとして服用した母親から，手足に障害をもつ子どもが生まれた。販売停止・回収措置が遅れ被害拡大。
薬害	**スモン事件**	1955年ごろからキノホルム（整腸剤）を使用した人に下半身麻痺，しびれなどの症状が発生。70年にキノホルムの使用・販売中止。
薬害	**薬害エイズ事件**	HIVに汚染された非加熱輸入血液製剤を投与された血友病患者などが感染。危険を知りながら，販売中止・回収措置を怠った国や製薬会社などの刑事責任が問われた。
薬害	**薬害C型肝炎**	出産や手術の際に止血剤として汚染された血液製剤を投与された人が，C型肝炎ウイルスに感染。血液製剤を製造販売した企業，製造を承認した国の責任が問われた。

B 消費者を取り巻く環境

1 市場の主権者は消費者？

解説 **消費者は主権者か**　本来，**市場の主権者**である消費者が自由に商品を選択し，消費者の好みが企業の生産のあり方を決める（**消費者主権**）。しかし，次のような影響で，消費者は企業より弱い立場にあることが多く，また，冷静な判断を失いがちである。
- **情報の非対称性**…経済主体間で，情報の量・質に差があること。消費者が欠陥や性能など商品の十分な知識をもつことは難しい。
- **依存効果**…企業の広告や宣伝に，個人の消費が影響されること。
- **デモンストレーション効果**…他人の消費行動に，個人の消費が影響されること。周囲の人が持っているから購入するなど。

個人の消費行動が友人など他者の消費行動に影響されることは，デモンストレーション効果と呼ばれる。○？×？（➡B1）　答：○

(契約自由の原則と労働法 ➡p.209 B)

2 契約 Q 契約とはどのようなものか?

本を買う

売買契約

CDを借りる

賃貸借契約

クリーニングに出す

請負契約

契約が成立するには

- 「売りたい」「買いたい」など，申し込みと承諾という**両者の意思が相互に一致した時に成立する。**
- **原則，口頭で成立する。**

契約を解消できる場合

- 詐欺や強迫などによる，自分の意思に反する契約の場合
- 未成年者*が親など法定代理人の同意なしに契約した場合
  ただし，次の場合は未成年者の契約でも解消できない。
  - 小遣いの範囲内の契約の場合
  - 年齢を偽ったり，未成年者が保護者署名欄に無断でサインをして契約した場合
- 相手が契約内容を守らない場合
- 契約時に解消できるとした場合
- 当事者間で解消に合意した場合

クイズ 契約を解消することはできる? (答はp.240の右下)

①同じ商品が，別のお店で値引きされて売っていた。返品して安い方を買いたい。

②買った本のページが破れていたので，交換したい。

③17歳の高校生が親に内緒で50万円のバイクを買った。親はバイクを返品して代金を取り戻したい。

＊2022年4月1日から，成人年齢は18歳に引き下げられ，18歳から法定代理人(親など)の同意なしに契約を結ぶことが可能になった。

解説 契約とは 2人以上の人の間で交わされる，法的責任を伴う約束を**契約**という。契約が成立した場合，当事者に権利や義務が発生する。例えば，売買契約であれば，売り手には，代金を受け取る権利(**債権**)，商品を渡す義務(**債務**)が生じ，買い手には，商品を受け取る権利(**債権**)，代金を支払う義務(**債務**)が生じる。**契約は成立すると，法的に守る義務が発生し，一方的には解消できない。**違反した場合は，損害賠償を請求される場合がある。

●契約自由の原則

- 締結の自由…契約を結ぶか結ばないかの自由
- 相手方選択の自由…誰と契約を結ぶかの自由
- 契約内容の自由…契約の内容を決める自由
- 方式の自由…契約方法を決める自由(契約書や口頭など)

解説 契約自由の原則 当事者の自由意思に基づいて契約を結ぶことを**契約自由の原則**という。契約自由の原則は，私法における，私的な権利・義務関係は個人の自由意思に基づいて決定すべきという**私的自治の原則**(➡p.58 B 1)に基づいている。

●未成年者取消権

私法には，**権利能力平等の原則**(➡p.58 B 1)が存在する。つまり，すべての人が契約を結び，権利をもち，義務を負う資格がある。しかし，未成年者は経験や知識が少なく，判断能力も乏しい。それによって不利益を被らないよう，未成年者の契約は，一定の条件を満たせば取り消しが可能となっている。

注：成人年齢引き下げにより，18・19歳は未成年者取消権が認められなくなった。

3 消費者をめぐる様々なトラブル

❶ 悪質商法(問題商法) Q どのような手口があるか?

手口	内容	対策
マルチ商法 	「まず自分が商品を買って会員になり，新たな会員を紹介していくと，大きな利益が得られます」と言われて商品を買わされるが，新たに会員を紹介できず，損をする。	簡単に儲かる話はない。友人の誘いでも慎重に
キャッチセールス 	駅前や繁華街で，アンケート調査を装って近づき，喫茶店や営業所に誘い込む。巧みな言葉でアクセサリーや化粧品などの購入を勧められ，強引に契約させられる。	知らない人について行かない。不要なものははっきりと断る
かたり商法 	「消防署の方から来ました」と官公庁と間違えるような言動や服装で消火器や浄水器などを売りつけられる。「法律で設置が義務付けられた」と契約を迫られる場合もある。	身分証の提示を求め，本物の機関に問い合わせる
インターネット・トラブル 	インターネットで商品を購入したが，画面で見たものと違う商品が届いたり，料金を支払ったのに商品が届かなかったりする。販売者に連絡がつかないことも多い。	購入前に信頼できる店か，返品条件などを確認する

解説 知識がないとだまされやすい 消費者に問題のある方法で取引を持ち掛け，不当に利益を得る悪質商法は様々な手口がある。特に，高齢者や若年者は知識が乏しいと考えられ，ねらわれやすい。近年は，悪質商法のほか，電話やメールで身分を偽り，お金を振り込ませる「振り込め詐欺」も問題となっている。契約(➡B 2)とは何かや，悪質商法や詐欺の手口・対策を理解しておくことが重要である。

❷ 企業と消費者の情報格差

横浜・マンション傾斜
杭工事 ずさんな施工管理

リコール780万台に拡大
米連邦地検が調査開始

(左から「毎日新聞」2014.10.23,「朝日新聞」2015.10.16)

耐震強度の偽装で取り壊されるマンション

解説 情報公開の必要性 ずさんな商品管理や利益優先など，社会的責任を欠いた企業の行動による被害が問題となっている。商品が多様化・複雑化するなかで，消費者が欠陥の有無や，性能など商品に対する十分な知識をもつことは難しい(**情報の非対称性** ➡p.236 B 1)。消費者と企業の情報量の格差のために，消費者がトラブルに巻き込まれる例も多い。

重要用語 322契約自由の原則 323消費者保護基本法 324消費者庁 325クーリング・オフ 326製造物責任法(PL法) 327消費者契約法

❸ キャッシュレス時代の危険性

(1) クレジットカードのしくみ

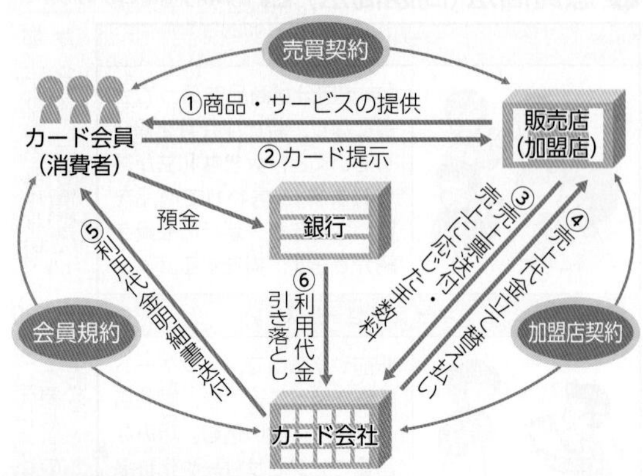

解説 クレジットカードの利用は借金 クレジットカードは，代金の支払いは後でよいという大きな魅力があるが，お金を使ったという実感をもちにくく，使いすぎる恐れがある。また，無計画な利用によって，**多重債務**に陥る人も多い。クレジットカードの利用は，「必ず支払いできる」という消費者の信用に基づいたカード会社との契約である。カードでの支払いは，借金であるということを理解した上で利用することが大切である。

多重債務 借金を返すために複数のクレジットカード会社や消費者金融からの借金を繰り返し，債務がいくつも重なり，返済が困難になること。クレジットカードなどを使った金融機関からの小口融資(キャッシング)は，無担保・保証人なしで簡単に借りられるため，安易な利用は多重債務を生む。

(2) 自己破産件数とクレジットカード発行枚数の推移

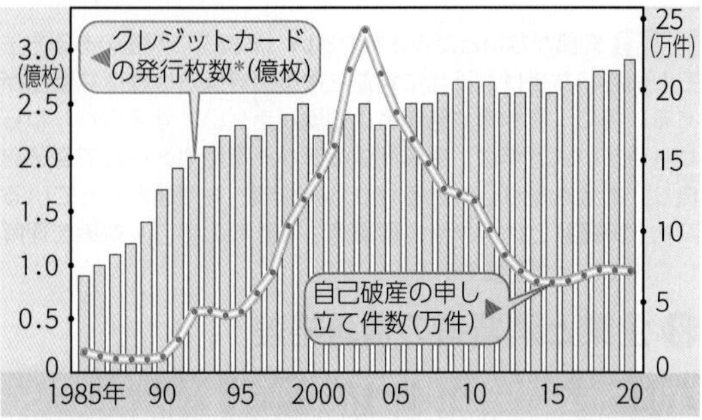

＊各年とも3月末の数値。2004年以後数値見直し。(日本クレジット協会資料など)

(3) 多重債務の解決法

任意整理	裁判所を介さずに，利息制限法に基づいて借金の減額などを債権者と交渉し，和解する。弁護士などの法律の専門家に依頼することが多い。
特定調停	裁判所の調停委員会が斡旋して，当事者間の合意を成立させる。
個人再生手続	破産する前に借金を整理できる制度。一定の条件下で継続的な収入が見込める場合，原則3年間の返済計画を作成。裁判所が認可し，計画通りに返済すれば，残額は免除される。
自己破産	裁判所の監督下で財産を処分して債権者に配分する。破産の手続きは，裁判所への申し立てにより始まる。

破産者になると……

①免責を受けるまでは，弁護士，公認会計士などになれない。
②信用情報機関に最長10年間記録が残るので，クレジットの利用ができない。
③破産手続き中は，裁判所の許可がなければ居住地を離れることができない。
④債務の取り立てが止まる。選挙権・被選挙権は制限されない。

解説 制約がある自己破産 自己破産は，返済を免除されることで生活の立て直しをはかる手段であるが，社会的・経済的な制約がある。また，申請すればすべての人が借金を免除されるわけではない。安易に考えるのではなく，生活を見直し，多重債務に陥らないようにすることが大切である。

多重債務に陥らないために

- 将来の収入の見通しを慎重に考え，無理なく確実に返済できない場合はお金を借りない。
- 高金利の消費者金融やクレジットカードのキャッシングは安易に利用しない。
- 消費者金融やクレジットカードのキャッシングを利用する場合は，金利計算を必ずやってみる(➡EYE)。
- クレジットカードなどの枚数は，自分で管理できる範囲にとどめ，多くなり過ぎないように注意し，他人には貸さない。
- 安易に保証人にならない。
- 返済のための借り入れはしない。 など

(金融広報中央委員会資料より)

EYE 借りる前に考えよう！

金利には上限がある！ お金を借りると，必ず利息を含めて返済しなくてはならない。金利の上限は貸し出す金額に応じて15～20%と法律で定められており，これを超える金利は無効。また，多重債務(➡❸)を防ぐために，年収の3分の1を超える借り入れはできない。しかし，借りられなくなった人の中には，都道府県知事の登録を受けていなかったり，法外な高金利で貸し付けを行ったりする業者(ヤミ金融)から借金し，返済できずに脅迫的な取り立ての被害に遭うこともあり，問題となっている。

本当に必要？ 借りる前に，生活を見直し，借金が本当に必要か，返済できるかを十分に検討する必要がある。

「すぐに返せるから大丈夫」と安易な気持ちでいると，借金はあっという間にふくらむ。借金をする前に必ず利息を計算し，返済できる金額かどうか，確認しよう。

借金＝元金(最初に借りたお金)＋**利息**(元金×金利)
　　＝**元金×(1＋金利)**　年利÷365×利用日数

例 30万円を年利18％で借りる。翌月に別の金融機関から年利18％で借金して返済することを繰り返すと…
- 1か月の金利＝18％÷12か月＝1.5％

⇒5年後の借金＝30万円×(1＋0.015)$^{60(か月)}$≒**73万2966円**

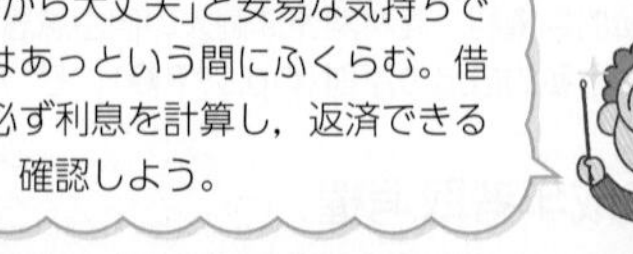

消費者からの苦情相談などを受け付けている国民生活センターは，各都道府県が設置している。○？×？(➡p.239❸) 答：×

C 消費者主権と消費者保護行政

1 消費者の四つの権利

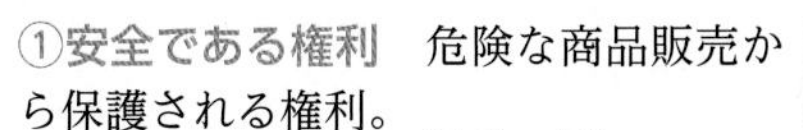

①安全である権利　危険な商品販売から保護される権利。

②知らされる権利　虚偽や誤った表示，広告，宣伝などから保護され，また，選択を行うために十分な知識が与えられる権利。

③選択できる権利　競争価格で種々の財，サービスにいかなる場合にも接することが保証される権利。

ケネディ元大統領

④意見を聞いてもらう権利　消費者の意見が政策立案に当たって十分に考慮され，行政当局において公正かつ迅速に処理されることが保証される権利。

解説 **消費者運動の基本理念**　消費者問題が深刻化する中，**アメリカのケネディ大統領**は，特別教書(1962年)で**消費者の四つの権利**を示した。消費者の現実の地位を正しく認識したうえで，この権利を実現するための施策の必要性を指摘したのである。この権利は消費者運動の基本理念となり，また，消費者保護基本法のモデルともなった。

Q 消費者保護基本法が改正された背景は何か？

2 消費者基本法

消費者保護基本法(1968年公布)

- 消費者保護行政の基本法
- 事業者の活動に一定の規制を加えるとともに，消費者を行政の**保護対象**と捉え，消費者利益の確保をはかる。
- 国・地方公共団体・事業者の責務を定め，消費者に対する危害防止，規格・表示の適正化，公正かつ自由な競争の確保，啓発活動及び教育の推進などについて定める。

- 規制緩和の進展，市場原理の活用
- IT化・国際化の進展…新商品・サービスの登場，消費者トラブルの多様化・複雑化

消費者基本法(2004年)

- 消費者の権利の尊重と，**消費者の自立の支援**
  …消費者の安全や教育機会の確保，被害をこうむった場合の迅速な救済措置などを消費者の権利として明記
- 事業者の責務の拡充
  …消費者の安全および取り引きにおける公平の確保，消費者に対して明確かつ平易な情報提供など
- 消費者の責務
  …消費生活に必要な知識習得，情報収集を積極的に行う，など

解説 **保護から自立支援へ**　1968年に制定された**消費者保護基本法**は，消費者保護行政の基本であった。しかし，販売方法の多様化により新しい消費者問題が発生し，行政はクーリング・オフ制度，製造物責任法，消費者契約法などで対応してきた。近年は，規制緩和が進み，市場原理が導入される中で，事業者の公平かつ自由な競争を促進し，その中で消費者が主体的に行動し，自らの利益を確保する必要が生じてきた。また，消費者トラブルも複雑化し，従来のような行政による事業者の活動の規制のみでは対応できなくなった。そのため，2004年，消費者保護基本法は，消費者の自己責任の確立を求めた**消費者基本法**に改正された。

3 消費者庁

2009年，**消費者庁**が発足した。これまでの関係省庁ごとにバラバラに対応してきた縦割りの消費者行政では，いずれの省庁にも規制する法律がなく，責任の所在が明確でない「すき間事案」への対応が遅れ，被害の拡大を防止できなかった。この反省から，消費者庁は消費者行政の司令塔として情報を一元化し，迅速な対応と被害拡大の防止をめざす。

●消費者行政のしくみ

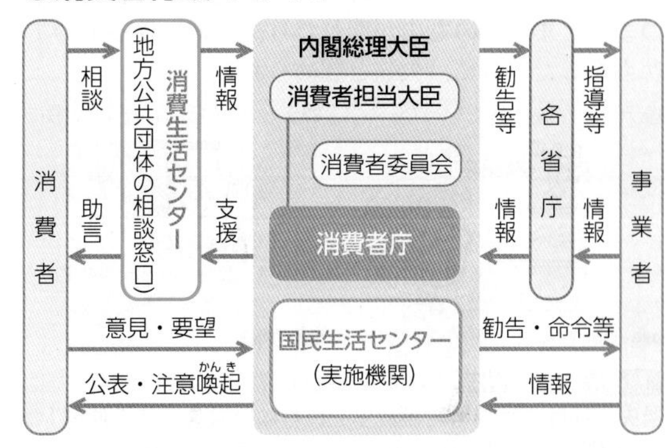

4 消費者を保護する制度・法律

❶ クーリング・オフとは

訪問販売のセールスマンの巧みな勧誘にのせられたり，強引な勧誘に負けて冷静な判断ができずに商品の購入やサービスの契約をしてしまった場合に，一定の条件の下で消費者からの一方的な契約の解除を認める制度が**クーリング・オフ**である。

クーリング・オフを行うために

●クーリング・オフができる取引と期間

- 訪問販売，電話勧誘販売，訪問購入，エステ，学習塾，語学教室など…契約から**8日以内**
- 現物まがい商法…契約から**14日以内**
- マルチ商法，内職・モニター商法…契約から**20日以内**

●クーリング・オフできないもの

- 店に出向いて買ったもの＊1
- 通信販売で買ったもの＊2
- 訪問販売でも，法律で規制対象外とされる商品(使用後の化粧品・健康食品などの消耗品，現金で3000円未満の商品など)

通知書

次の契約を解除します。

契約年月日	○年○月○日
商品名	○○○○
契約金額	○○○○円
販売会社	○○○○

支払った代金○○円を返金し，商品を引き取ってください。

○○年○月○日
氏名　○○○○

①書面(はがきでもよい)や電子メールなどで通知する。
②書面の両面コピーや，送信済みメールを保存する。
③書面の場合は，「特定記録郵便」または「簡易書留」で販売会社などの代表者にあてて送る。

＊1 キャッチセールス・アポイントメント商法・エステ・学習塾・語学教室など，店舗で契約しても，クーリング・オフできる場合もある。
＊2 通信販売業者によっては返品条件を設けている場合もある。返品できるかどうかや返品条件について記載がない場合は，8日以内であれば返品できる。

❷ 製造物責任法(PL法)

Q どのような場合に適用されるのか？

(1) PL法とは

Product Liabilityの略。製品の欠陥により，利用者の身体や財産が被害を受けた場合，**製造業者に過失が無くても賠償責任を問うことができる(無過失責任)**。製造業者の過失を立証する必要がなくなったため，被害者の迅速な救済が可能となった。

(2) PL法の定める欠陥とは

法律では，「通常あるべき安全性を欠いていること」と定義している。具体的には，製造物以外のものや人に損害をもたらすような製品の安全性の不具合をいう。つまり，まわりのものが壊れたり，普通に使っていてケガをした場合に，欠陥と認められる。

テレビが映らなくなった。

テレビから火が出て火事になった。

➡ 欠陥でない

➡ 欠陥

解説 **無過失責任** 相手に損害を与えた場合でも，故意または過失がなければ損害賠償責任を負わない**過失責任の原則**(p.58 B 1)が私法の原則である。しかし，製品の欠陥の場合，企業の過失を，製品に関する情報を十分に持たない消費者が証明するのは難しい。そのため，**製造物責任法**では，消費者保護の観点から，**無過失責任**が定められている。

PL法にもとづく訴訟

2008年，当時1歳9か月の男の子が，凍らせたこんにゃくゼリーをのどに詰まらせて死亡。両親は，一般的なゼリーより弾力性があるこんにゃくゼリーは，食品としての安全性に欠陥があったとして，PL法にもとづいてメーカーに損害賠償を請求した。判決は，「通常の安全性を備えており，欠陥はない」として，地裁・高裁ともに原告側の訴えを棄却した。

同様の事故は過去にもたびたび起こり，訴訟にもなったが，いずれも和解。判決が出されたのはこれが初めて。

事件を受けて改善された警告表示 右が改善後。

(3) どんなことに注意すればよいか

- 製品の警告表示や取扱説明書をよく読み，誤使用や目的外の使用を避ける。
- メーカーも，わかりやすい取扱説明書や，警告表示マークをつける。

口に入れない
(おもちゃ)

発火注意
(家電製品)

警告表示マーク

(4) 誰に請求するか

製品の製造業者，輸入品は輸入業者に請求する。事故があった場合は，製品を保存したり写真に撮っておく。

❸ 消費者契約法

事業者が消費者と結ぶ契約すべてを対象とし，不当な商品・サービスの売買契約の取り消しを可能にした法律。消費者の利益を守ることを目的とする。ただし，事業者に不適切な行為があったかどうかは，基本的に消費者が証明しなくてはならない。

●不適切な勧誘で契約した場合*

- 老人ホームで「個室」と説明されて入所申し込みをしたが，相部屋だった。➡ 重要な項目について，うそをいっていた。
- 「絶対もうかる，当分円高にならない」といわれ，外国債を購入したが，円高になって損をした。
  ➡ 将来不確実なことを，確実だと断定的にいっていた。
- 隣に高層ビルが建つことを知っていながらそれを告げず，日当たり良好と説明され，マンションを購入した。
  ➡ 利益のみを強調し，都合の悪いことを知っていて隠した。
- 事務所でレジャー会員権の勧誘を受け，帰りたいといっても帰らせてもらえず，仕方なく契約した。
  ➡ 勧誘を拒否したにもかかわらず，強引に契約させた。

契約を取り消すことができる。
(不適切な勧誘によって，誤認もしくは困惑して契約したと気付いたときから1年以内で，契約から5年以内)

*2019年6月より，いわゆるデート商法や霊感商法などによる契約も取り消し可能な対象に追加。また，2022年12月の改正で，霊感商法による契約を取り消すことができる期間の延長などが定められた。

●契約条項が消費者に一方的に不利益

- スポーツジムでけがをして治療費を請求したが，「いっさい損害賠償をしない契約になっている」といわれた。
  ➡ 事業者の損害賠償責任を免除(または制限)する条項
- 1年後の結婚式場を予約し，翌日にキャンセルしたら，費用の80％をキャンセル料として請求された。
  ➡ 不当に高額な解約金

契約条項の一部または全てを無効にできる。

消費者契約法において，一度結んだ契約を取り消したり，無効にすることができるのはなぜかな？

企業と消費者が持っている情報や能力の格差に着目して考えよう。**公正**

EYE 消費者市民社会をめざして

消費者の責任 私たちの消費行動は，社会や自然環境に影響を及ぼしうる。消費者としての責任を自覚し，環境や人，社会に配慮して商品を選択する**エシカル消費**(p.335 D)などを通して，持続可能で公正な社会の形成に参画する**消費者市民社会**の実現が求められる。

森にやさしいチョコレート 森を育てながら農作するアグロフォレストリーという農法で作られている。チョコレートを食べ，森林の再生にも貢献できる。

p.237クイズの答
①× ②○ ③○

ポイント整理 14

学習コンテンツ

12 公害の防止と環境保全

A 公害の歴史と現状 (➡p.230・231)

①公害の原点…**足尾銅山鉱毒事件**
明治政府の殖産興業政策➡足尾銅山の鉱毒が渡良瀬川を汚染➡深刻な被害

②四大公害訴訟…**新潟水俣病，四日市ぜんそく，イタイイタイ病，水俣病**(熊本水俣病)➡すべて**患者側の全面勝訴**。

③**高度経済成長期の歪み**　経済発展のため，生産第一主義➡産業公害の多発

B 現代の公害 (➡p.232)

①**産廃問題**…処分業者の情報公開と行政の十分な監視などが求められる

②**ハイテク汚染**…IC洗浄に使われる化学物質が土壌や地下水を汚染する

C 公害の防止と対策 (➡p.232・233)

①**政府の政策**
- **環境基本法**(1993年)…**公害対策基本法**にかわって成立。環境への負荷の少ない，持続的発展の可能な社会の構築をめざす
- **環境影響評価法**(1997年)…公共事業による環境への影響を事前に調査・予測し，環境破壊のおそれがある場合には計画の変更や修正を行う

②**公害防止のための原則・規制**
- **汚染者負担の原則(PPP)**…汚染を発生させた者が公害防止費用などを負担
- **無過失責任の原則**…公害により人体に被害を与えた場合は，公害の発生者に過失がなくても損害賠償責任を負わせる
- **総量規制**…一定地域ごとに有害物質の総排出量を決めて規制

D 自然環境保護活動 (➡p.233)

①**ナショナル・トラスト運動**…貴重な自然や歴史的産物を，住民が買い上げるなどして，保存・管理する市民運動

②**干拓事業**…農地造成に必要。災害防止に役立つ⇔生物の宝庫である干潟は重要

13 消費者保護と企業の責任

A 消費者問題の歴史 (➡p.236)

消費者問題⬅安全性や被害者救済への対策が不十分⬅生産者の利潤追求
- 食品や薬品による健康被害…カネミ油症，薬害エイズ事件等

B 消費者を取り巻く環境 (➡p.236〜238)

①**消費者主権**…消費者は自由に商品を選択でき，消費者の好みが企業の生産のあり方を決める➡現実は，消費者が十分な知識をもてない場合も多い

②**契約**…成立すると，法的に守る義務が発生し，一方的な解消はできない
契約自由の原則…契約は当事者の自由な意思に基づき結ばれる

③悪質商法(問題商法)による被害

④多重債務，自己破産…原因にはクレジットカードの無計画な利用などがある

C 消費者主権と消費者保護行政 (➡p.239・240)

①**消費者の四つの権利**…ケネディ元大統領が提示(1962年)。消費者運動の基本理念
└安全の権利，知らされる権利，選ぶ権利，意見を聞いてもらう権利

②**消費者庁**(2009年)…問題への迅速な対応と被害拡大の防止をめざす

③**消費者保護**
- **消費者保護基本法**…2004年，**消費者基本法**に改正
- **クーリング・オフ**…一定の条件下で，消費者が一方的に契約を解除できる
- **製造物責任法(PL法)**…欠陥商品による被害について，企業に賠償責任を請求できる
- **消費者契約法**…不当な売買契約や悪質な業者から消費者を保護

ポイント解説

A 公害の歴史と現状　**足尾銅山鉱毒事件**は，資本主義発達段階における政府主導の工業化が背景にあった。

高度経済成長期には，企業は**生産第一主義**をとり，公害対策を怠った。政府も経済成長を優先したため産業公害の被害が各地に広まり，**四大公害訴訟**を通じて公害規制を要求する運動が展開された。

B 現代の公害　ごみを処分する形ではなく，大量生産・大量消費・大量廃棄のあり方を見直す必要がある。

C 公害の防止と対策　公害反対運動の高まりを受けて，**公害対策基本法**が制定された。その後，都市公害の増加や地球規模の環境問題への対策として**環境基本法**が制定され，公害対策基本法は廃止された。また，1997年には**環境影響評価法(環境アセスメント法)**が制定。2011年の改正で事業の計画段階から環境への影響を考慮することが必要となった。

D 自然環境保護活動　イギリス発祥の**ナショナル・トラスト運動**は，世界各地に広がった。

諫早湾干拓事業によって，干潟に関する一般的な関心が高まり，その役割が見直されるようになってきた。その結果，干拓事業が中止されるケースも出てきた。

消費者保護と企業の責任

大量生産・大量消費の時代になると，企業の利潤追求の陰で主権者である消費者が被害を受ける**消費者問題**が発生した。これに対し，政府は**消費者保護基本法**を中心に**消費者保護**を行ってきた。その後，欠陥商品から消費者を守る**製造物責任法(PL法)**と，不当な契約から消費者を守る**消費者契約法**が制定され，消費者保護の両輪となった。

消費者庁は，**国民生活センター・消費生活センター**と連携し，消費者問題に取り組んでいる。

近年は，販売方法の多様化により悪質商法による被害や契約トラブル，クレジットカードによる債務問題などが多発し，行政側も**クーリング・オフ**の制度などで対応している。2004年，消費者保護基本法は，消費者の自立支援に重点を置いた**消費者基本法**に改正された。消費者主権の確立のためにも消費者自身が契約の意味やトラブルの対処法を理解して，責任ある行動をとる必要がある。

ポイント

日本の領土

ねらい 日本の領土にはどのようなものがあり，どのような歴史的背景があるのだろうか。それを踏まえた上で，竹島・北方領土問題を解決するためには何が必要か考えてみよう。

A 北方領土問題

❶ 北方領土の歩み

年	できごと
1854	❶**日露和親条約**…択捉島・得撫島間を国境とし，樺太は両国人雑居の地
1875	❷**樺太・千島交換条約**…樺太をロシアに譲渡，占守島から得撫島までの千島列島を獲得
1905	❸**ポーツマス条約**…南樺太を獲得
1943	❹**カイロ宣言**…米・英・中首脳会談。日本領土の処分を決定(日本が奪った地域からの日本追放など)
1945	❺**ヤルタ秘密協定**…米・英・ソ首脳会談。ソ連に南樺太の返還，千島列島の譲渡を約束 ❻**ポツダム宣言**…日本の主権を本州・北海道・四国・九州と連合国が定める諸小島に限定
1951	❼**サンフランシスコ平和条約**…千島列島と南樺太を放棄
1956	**日ソ共同宣言**(国交回復)…ソ連は，国後・択捉は解決済みとし，歯舞・色丹は平和条約締結後に引き渡すことを規定 ●冷戦の激化…ソ連，領土問題の存在を認めず
1960	**グロムイコ書簡**…ソ連が，歯舞・色丹引き渡しの条件に「日本領土からの全外国軍隊の撤退」を追加
1991	**日ソ共同声明**…領土問題として北方4島を明記 ●ソビエト連邦解体
1993	**東京宣言**…「領土問題を解決して平和条約を締結する」
2001	**イルクーツク声明**…日ソ共同宣言，東京宣言の再確認
2010	メドベージェフ大統領，国後島訪問
2016	日ロ首脳会談(17～19年も実施)(➲❹)

❷ 日本の国境の変化

Q 地図中に赤でも青でもない白い場所がある。なぜ？

(「われらの北方領土」)

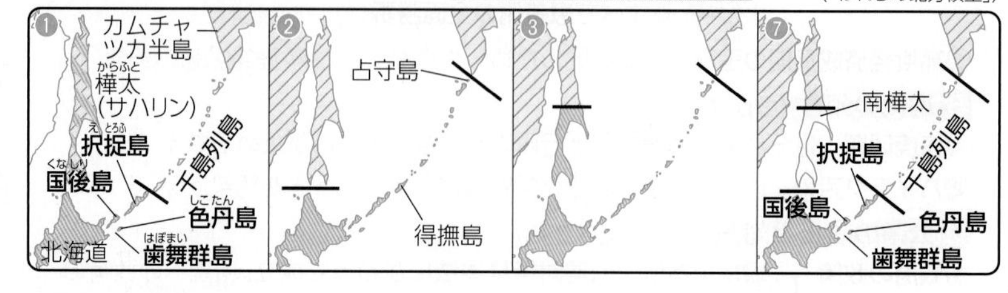

❸ 日本とロシアの主張

争点	日本政府の見解	ロシア(ソ連)の主張
北方４島は千島列島(❷で日本領となり，❼で放棄した)に含まれるのか？	❷で千島列島とされている18島に，４島の名はない。**４島は千島列島に含まれない**	歯舞・色丹は北海道の一部だが，**択捉・国後は千島列島に属する**
❹で，日本は奪い取った地域から追い出されるとされているが，北方４島はそれに当たるのか？	千島列島は❷で日本領になったのであり，❹の**奪い取った地域には含まれない**	千島列島は❹に規定される日本が奪い取った地域である
千島列島をソ連領と定めた❺の効力はあるのか？	❺は連合国が戦後処理の方針を述べただけで，**領土についての最終決定ではない**。日本は❺に参加しておらず，拘束されない	❺で，アメリカ・イギリスの同意を得て，**４島のソ連への引き渡しが確認された**
日本領を制限した❻は最終決定なのか？	領土の最終決定は❼によって行われた	日本は❻を受諾している。ソ連は❼に参加していない

解説 **北方領土**の４島は，**日露和親条約で日本領と確認されて以降，一度も外国領となったことがない日本固有の領土**であるというのが日本政府の立場である。

❹ 北方領土の今

露大統領 北方領土訪問

ソ連含め首脳で初

国後島 日本の警告無視

(「毎日新聞」2010.11.1)

➲ロシアのメドベージェフ大統領(当時)は，2010年11月，ソ連・ロシアの時代を通じて初めて，大統領として国後島を訪問した。ロシアは北方領土の開発を加速させている。

⌄択捉島の街並み

◀**日ロ首脳会談**(2016年12月)　北方４島における，「共同経済活動」に関する協議開始に合意し，この活動は，平和条約締結に向けた重要な一歩であるとされた。そして，2018年，日ロ首脳会談で，日ソ共同宣言を基礎に平和条約交渉を加速させることに合意した。しかし，2022年にロシアがウクライナに侵攻し，日本を含む多くの国がロシアを批判し制裁を加えたこともあり，ロシアとの交渉は進んでいない。

クイズ 政府が1981年に定めた「北方領土の日」とはいつか？　①江戸時代の商人高田屋嘉兵衛が，北方領土での日ロ対立を解決した９月26日　②日露和親条約に調印した２月７日　③日ソ共同宣言に署名した10月19日

B 竹島問題

❶竹島の歩み

1600年代	鳥取藩米子の商人が，渡航して漁業を行う
1905	❶閣議決定で竹島を日本に編入
1946	❷GHQ覚書…竹島や沖縄を日本領から除く(ただし領土の最終決定ではない)
1951	**サンフランシスコ平和条約**
1952	韓国が李承晩ラインを引く
1954	韓国の警備隊が常駐し，実効支配
1965	**日韓基本条約**…竹島の領有権問題については見送り

❷日本と韓国が主張する国境

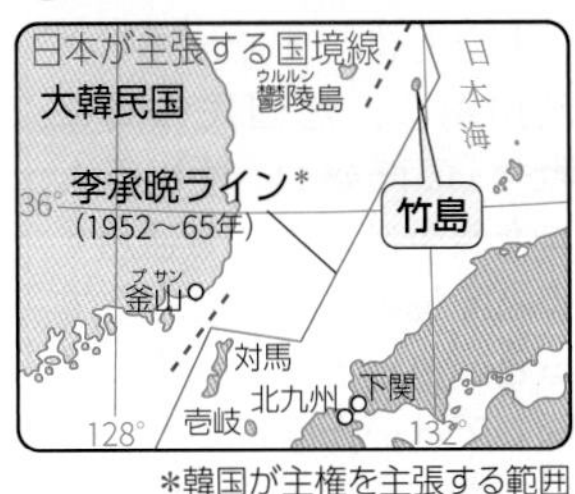

*韓国が主権を主張する範囲

❸日本と韓国の主張

争　点	日本政府の見解	韓国の主張
竹島が日本領となったのはどのような状況か？	❶は竹島を日本領と再確認したもの。新聞にも発表され，**密かに行われたものでも，奪い取ったものでもない**	❶は外国にも日本国民にも知らされず**密かに行われたもの**である。日本が**植民地支配を進める過程で，不法に奪った**ものである
竹島の所有を定めた最終決定は何か？	❷に，竹島は日本から除かれるとされているが，❷は領土の最終決定ではない。実際，❷に明記された沖縄は，日本に返還されている	最終決定ではないとしている❷の項目は，必要があれば修正される可能性を残しているだけで，実際に修正する覚書は存在しない

解説 **竹島**には，1954年以降，韓国が警備隊を置いているが，**歴史的にも国際法上も日本固有の領土である**というのが日本政府の立場である。

❹竹島の今

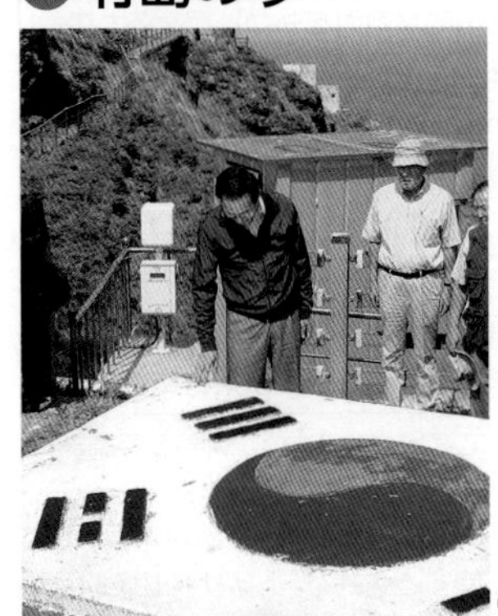

解説 1954年，日本政府は竹島問題について**国際司法裁判所**(➡p.245)の判断を仰ぐことを韓国政府に申し入れた。韓国側は，竹島の韓国の領有は明らかであるとして拒否した。(日本は1962年，2012年にも提案)

◀竹島を訪れる李明博大統領(当時)(2012年8月)

◆尖閣諸島

❶尖閣諸島の歩み

1895	閣議決定で日本領に編入
1951	❶**サンフランシスコ平和条約**…尖閣諸島を含む南西諸島はアメリカの施政権下に
1971	❷**沖縄返還協定**…アメリカ，南西諸島の権利を放棄
	●1968年，東シナ海に石油埋蔵の可能性が浮上。1971年，中国・台湾が領有権主張
1972	**日中共同声明**…日中国交正常化
1992	中国，尖閣諸島領有を法律で明示
2012	日本が尖閣諸島を国有化

❷尖閣諸島の位置

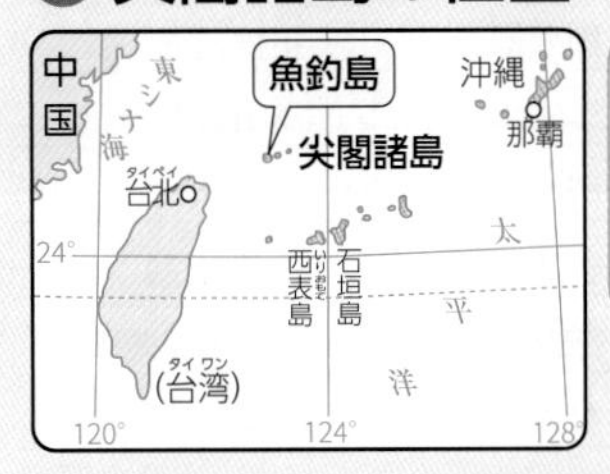

中国は，日中共同声明において日本が領土問題の存在を認めたと主張していますが，日本は否定しています。

❸日本と中国の主張

争　点	日本政府の見解	中国の主張
尖閣諸島が日本領になったのはいつか？	1895年1月の閣議決定で日本領となったものである。下関条約で譲り受けた**台湾には含まれない**	下関条約の3か月前に日本が奪い取ったものである
尖閣諸島は台湾に含まれるのか，南西諸島の一部か？	尖閣諸島は台湾ではなく，**南西諸島の一部である**。❶でアメリカの信託統治領となり，❷で日本に返還されている。また，中国は尖閣諸島が❶でアメリカの信託統治領となったときに反対していない	日本はポツダム宣言を受諾して降伏したのであり，**台湾に付属する尖閣諸島を返還したことを意味する**。中国は❶に参加しておらず，認められない。アメリカは❷と尖閣諸島問題は関係がないとしている

解説 中国は，1970年代後半，東シナ海の石油開発の動きが出たときに，**尖閣諸島**の領有権を問題化。**尖閣諸島は，そもそも日本固有の領土であり，領土問題自体が存在しない**というのが日本政府の立場である。日本は，2012年9月に，尖閣諸島の3島を国の所有とした。

❹尖閣諸島の今

⌃尖閣諸島海域で，中国公船(奥)を監視する海上保安庁巡視船

解説 中国の公船は，日本の尖閣諸島国有化以降，頻繁に日本の**領海**に侵入。日本政府は，中国政府に厳重に抗議している。

1 国家主権と国際法

ねらい
- 国際法の意義，役割，課題について理解しよう。
- 領土に関する国際的な取り決めについて理解しよう。
- 領土問題を平和的に解決する努力の大切さを理解しよう。

各国の主権が認められたウェストファリア会議(1648年)

A 国際社会と国際法

国際司法裁判所

1 国際社会と国内社会の比較

Q 国際社会と国内社会の違いは何か？　○ある　△不十分

国内社会		国際社会
個人(国民)	構成単位	主権国家*
○憲法など	法	△国際法
○裁判所	司法機関	△国際司法裁判所(p.245)
○国会	立法機関	△国際会議
○内閣	行政機関	△国連・国際機構
○	警察力	△国連(安保理)
○	自衛権	○軍隊

＊現在は，国際機関，多国籍企業，NGOも国際社会の構成単位。

解説 「国際社会」とは　各国は，政治・経済・文化を通じて１つの社会を形成しており，これを**国際社会**と呼んでいる。**国際社会は独自の主権・国民・領域をもつ主権国家**(p.246 1)**によって構成される**が，しばしば自国の利益を主張する力と力の対立の場となり，戦争が繰り返されてきた。この反省から，国家の主権も正義の規律に従うべきであるとする**国際法**の考え方が生まれた。

2 国際社会をつくったウェストファリア条約

ウェストファリア条約(1648年)の主な内容
- 領邦君主はその領土に応じ，外交主権を含むほとんど完全な独立主権を認められた
- スイス・オランダの独立が正式に承認された

解説 主権国家体制の確立　三十年戦争(1618～48年)は，ドイツ(神聖ローマ帝国)のキリスト教の新旧両派の争いに，ヨーロッパ諸国が干渉した国際的宗教紛争である。**ウェストファリア会議**は，この戦争を終結させる条約を結ぶために開かれた，**近代史上初の国際会議**とされている。この会議で結ばれたウェストファリア条約は，神聖ローマ帝国内の領邦君主に完全な独立主権を認めたので，帝国は事実上解体し，約300の領邦国家に分裂した。**この会議(条約)以降，「主権国家」(p.246 1)が国際社会を構成する単位となっていった。**

ウェストファリア条約350周年記念式典(1998年)　ヨーロッパ20か国の国王・大統領が集まった。

3 国際法の父 グロティウス

Q なぜ「国際法」が必要とされたのか？

グロティウス
(1583～1645年)

　わたしは，すでに述べた理由から，**諸国民の間に，戦争〔の開始〕に対しても，また戦争遂行中にも通用するある種の共通法が存在するということを，完全に確信してはいた**が，これについて著作を企てるについては，多くの重大な原因があった。わたしは，キリスト教世界のいたるところで，……戦争に関する放縦さをみてきた。
　すなわち，人々が些細な理由からあるいはまったく理由もなしに武器へと殺到し，いったんこれを手にすると，あたかも一片の布告によって公然と狂暴さが解き放たれ，あらゆる悪行が許されるかのように，神法および人法に対する尊敬の念が消え失せてしまうのである。

(筒井若水『現代資料国際法』有斐閣)

解説 国際法の誕生　オランダの外交官であった**グロティウス**は，三十年戦争の惨禍を目にし，軍人や指導者の悪行を規制し，戦争の悲惨さを緩和するための正義の法が存在することを，自然法の考えから説いた(『戦争と平和の法』)。**戦時においても国家が従うべき一定の規範が存在する**という考え方は，その後の**国際法**の発展に重要な役割を果たしたため，彼は「国際法の父」「自然法の父」と呼ばれている。

4 国際法の分類

成立による分類	国際慣習法	不文法で，多数の国家が習慣的に繰り返してきた国際慣行を法的な効力をもつと認めるもの [例:**公海自由の原則***，内政不干渉の原則]
	条約	国と国の意思が合致して成立する，文書による国家間の合意(条約・協定・憲章など p.245 5) [例:子ども(児童)の権利条約，国際連合憲章]
適用時による分類	平時国際法	通常の状態における国際間の法律関係を規制。公海自由の原則，条約の一般的効力，紛争解決など [例:南極条約，ラムサール条約]
	戦時国際法	戦争時において適用されるもの。開戦の手続き・方法，捕虜の取り扱い，中立法規など [例:捕虜の待遇に関する条約，集団殺害罪の防止及び処罰に関する条約(ジェノサイド条約)]

＊現在では，国連海洋法条約に規定。

国際司法裁判所(ICJ)に国際法違反を提訴することができるのは国家のみであり，訴えられた国家は原則として裁判に応じる義務を負う。○？×？(p.245 6)　答：×

5 主な国際条約 Q 国際法には，どのようなものがあるのか？

	条約（一部略称）	採択年	日本批准年	主な内容
国際関係	国際連合憲章	1945	1956	国連の組織，戦争を違法行為とするなどの基本原則（◎p.379）
	外交関係に関するウィーン条約	1961	1964	公館，外交官の保護など，外交使節の特権を規定
人権	難民の地位に関する条約	1951	1981	難民の定義，差別や迫害の恐れのある場所への送還の禁止（◎p.278）
	国際人権規約	1966	1979	「世界人権宣言」（◎p.62）を発展させ，人権保障を条約化（◎p.377）
	女子差別撤廃条約	1979	1985	男女の事実上の平等をめざし，性による差別や排除を制限（◎p.378）
	子ども（児童）の権利条約	1989	1994	18歳未満の者への差別・虐待の禁止，意見表明権，プライバシーの保護（◎p.62）
領域	南極条約	1959	1960	南極の平和的利用，科学的調査の自由，領土権主張の凍結
	宇宙条約	1966	1967	大気圏外における，探査・利用の自由，領有・大量破壊兵器配備の禁止
	国連海洋法条約	1982	1996	「公海自由の原則」など，世界の海洋において，各国がとるべき行動の指標（◎p.246）
環境・文化	ラムサール条約	1971	1980	水鳥などの生息地である湿地環境の保護（◎p.322）
	世界遺産条約	1972	1992	世界に点在する文化・自然遺産を人類の財産として保護（◎p.322）
	ワシントン条約	1973	1980	絶滅の恐れのある野生動物の国際的な商取引を規制（◎p.318 2）

● 破壊されたバーミヤン大仏

◎顔面部分は，中世にイスラーム教徒により，削られていた。

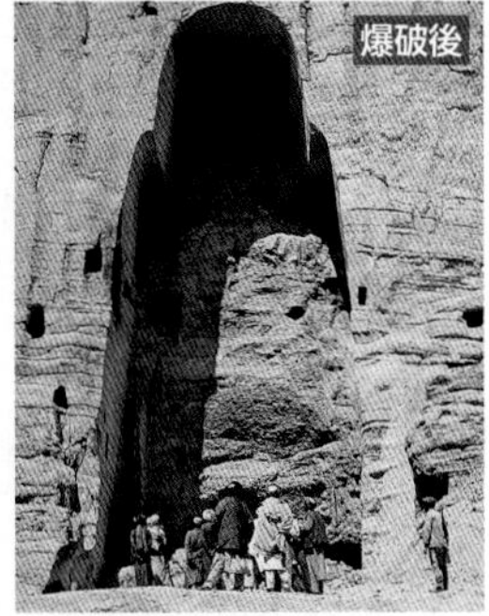

◎ダイナマイトによって，大仏は跡形もなく消え去った。

失われた人類の遺産　アフガニスタン北東部のバーミヤンは，シルクロードの交差点に位置するため，4～6世紀頃に仏教文化が栄え，2体の巨大な大仏が建造された。2001年3月，当時のターリバーン政権は，**イスラームの偶像崇拝を禁止する教えにそむく**ものとして，バーミヤン大仏を含む国内の全仏像を破壊するように指令した。これに対しユネスコをはじめ世界各国から非難が寄せられたが，結局バーミヤン大仏は完全に破壊されてしまった。

バーミヤンの今後　アフガニスタンは世界遺産条約を締結しているが，バーミヤン大仏は世界遺産として未登録だった。アフガニスタン情勢は不安定であるが，**バーミヤン大仏を再建しよう**という意見や，**人類が犯した過ちとして現状のまま保存しよう**という意見がある。

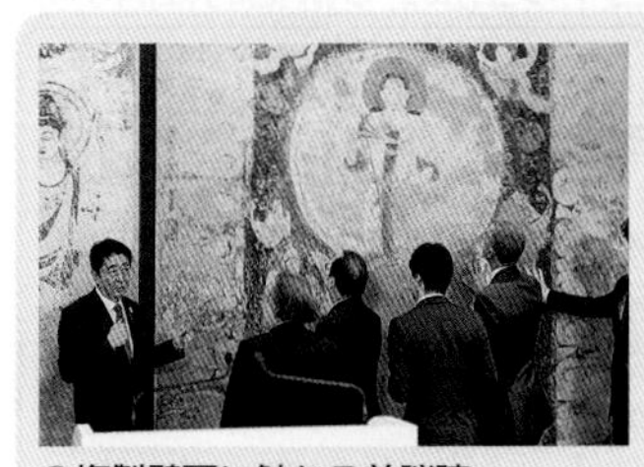
◎複製壁画に触れる首脳陣

テロに屈しない　2016年，伊勢志摩サミットの会場で，バーミヤン大仏天井壁画の複製作品が展示された。大仏とともに破壊された壁画だが，日本のプロジェクトチームが，クローン文化財*として復元した。「テロには屈しない」という決意を込めての展示であった。

*同素材同質感を再現した，高精度な複製品。外形だけでなく，作品のコンセプト・精神性の再現までをも追求している。

[International Court of Justice]
6 国際司法裁判所（ICJ） Q 国際司法裁判所の課題は何か？

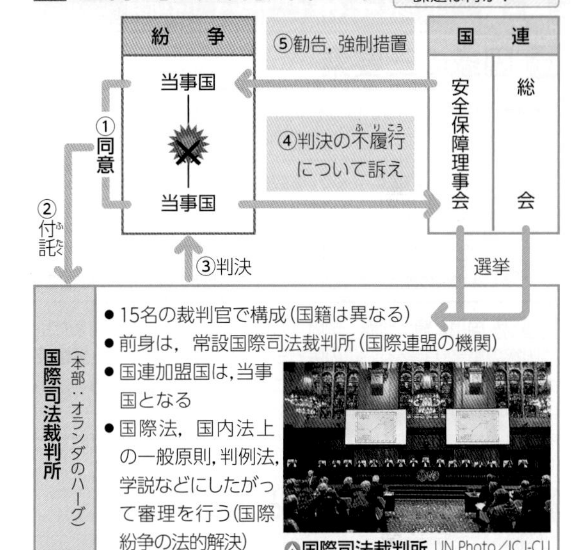

◎国際司法裁判所 UN Photo／ICJ-CIJ

解説 **国際紛争の法的解決**　国際裁判は，**訴えられた国の同意があって初めて成立する**。つまり，当事国双方が自国有利と考えた場合以外は，裁判とならない。各国が**国際司法裁判所**の管轄権を認め，訴訟に応じる姿勢を表明することが期待される。

● 核兵器の使用は国際法違反か？

国際司法裁判所は，国連の主要機関や専門機関に要請された場合，勧告的意見を出す。勧告的意見には法的拘束力はないが，裁判所の権威が伴っている。

1994年，**核兵器の使用や威嚇は国際法に違反するのか**について，国連総会が勧告的意見を求めた。1995年に行われた口頭陳述では，核保有国と非同盟諸国の主張が対立した。また，広島・長崎両市の市長も陳述を行った。1996年に出された勧告的意見では，「**核兵器は非人道的**」とされた。

勧告的意見（1996年）
一，**核兵器の使用・威嚇は一般的に国際法違反。**
一，ただし，自衛のための使用については判断できない。
一，国際社会は，核軍縮を進める義務がある。
一，他国の領土を脅かす目的で使用することはできない。

重要用語　328国際法　329ウェストファリア条約　330グロティウス　331公海自由の原則　332国際司法裁判所（ICJ）　448世界遺産条約

EYE 個人を裁く国際刑事裁判所(ICC) [International Criminal Court]

非人道的犯罪　冷戦終結後，非人道的な行為(**集団殺害・戦争犯罪・人道に対する犯罪・侵略犯罪**)を指揮した個人を処罰する必要があるという国際的な世論が高まった。

裁判所の創設　基本は犯罪が発生した各国で対応することが求められている。しかし，その国に被疑者の捜査・訴追を行う能力や意思がない場合のみ，国際刑事裁判所が機能するしくみ(補完性の原則)で，1998年創設が採択され，2002年に発効された。

常任理事国の不参加　国連安全保障理事会常任理事国の**アメリカ**，**中国**，**ロシアが未加盟**で，参加が強く求められている。

●国際刑事裁判所(ICC)の主な有罪判決

判決年	被告人	罪状　→量刑
2012年	ルバンガ(コンゴ解放愛国軍元最高司令官)	15歳未満の子どもに対する，兵士としての強制徴用 →禁錮14年
2016年	マハディ(イスラーム過激派組織元戦闘員)	歴史的建造物(マリの世界遺産)の破壊　→禁錮９年
2019年	ヌタガンダ(コンゴ解放愛国軍)	殺人，民間人に対する攻撃の指示，性暴力，15歳未満の子どもに対する強制徴用 →禁錮30年

B 国家主権と領土問題

主権と領域
国連海洋法条約等

1 国家の三要素

主 権(政府)	独立性(他国からの不干渉，平等な扱い) 最高性(国家権力は，国内において最高の権力)
国 民	国家を構成する人々。複数の民族で構成されていることが多い。
領 域	領土，領海(日本は12海里*)，領空(大気圏内) ＊領海の幅は，沿岸国が12海里までの範囲で自由に決定できる。

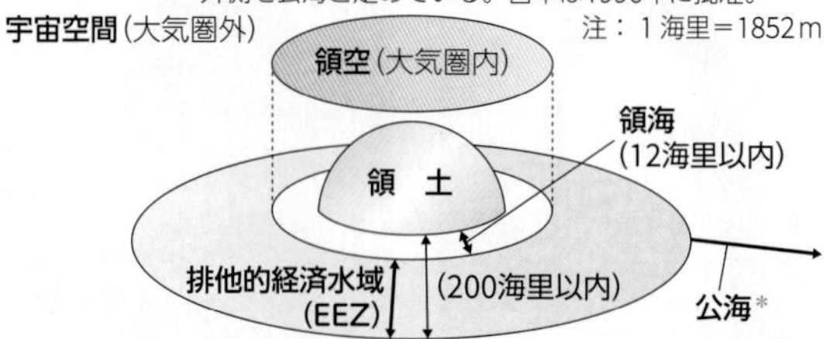

解説 **国境と領土問題**　国際社会は，上記の三要素を備えた主権国家の集まりである。この中でも，**「領域」をめぐって，国際社会ではしばしば国家間の紛争が起こる**。各国の領域を定める国境は，いずれも長い歴史の中で次第に今日の形に収まったものである。ヨーロッパの国境線は，２度の世界大戦での結果を反映したものであり，第二次世界大戦後に独立を果たしたアジア・アフリカ諸国は，植民地時代の国境を継承した。しかし，国境を定めた条約の有効性や，資源の獲得をめぐって領土問題が起こることや，民族の分布と国境線の位置が異なるため，紛争が起こることがある。(➲p.242)

2 国連海洋法条約と沖ノ鳥島

排他的経済水域　国連海洋法条約(1994年発効)は，**ある国の領土から200海里を，外国が無断で水産物や鉱産資源をとることなどができない排他的経済水域と定めている。**

日本の国土より広い水域を確保できる沖ノ鳥島
東京の南1700kmにある沖ノ鳥島は，放っておくと島が水没する可能性があった。このため，建設省(現国土交通省)が1989年度までの３年間に約300億円かけて，**コンクリートなどを使って「領土保全」**した。沖ノ鳥島は，日本の国土面積よりも広い約40万km²の排他的経済水域を確保している。

中国が岩と主張　中国は，国連海洋法条約第121条３項「**人間の居住又は独自の経済的生活を維持することのできない岩は，排他的経済水域…を有しない**」を根拠に，沖ノ鳥島は岩であると主張する。それに対して日本は，同条約121条１項「**島とは，自然に形成された陸地であって，水に囲まれ，満潮時においても水面上にあるものをいう**」を根拠に，島であると主張。中国は，**漁業資源と海軍の行動の自由を確保するために**，同島を岩と主張していると考えられる。日本は，経済活動を実証するために灯台を建設し，港湾の整備を進めている。

▲工事をする前の沖ノ鳥島

▲工事後の沖ノ鳥島

● 日本の主張する排他的経済水域

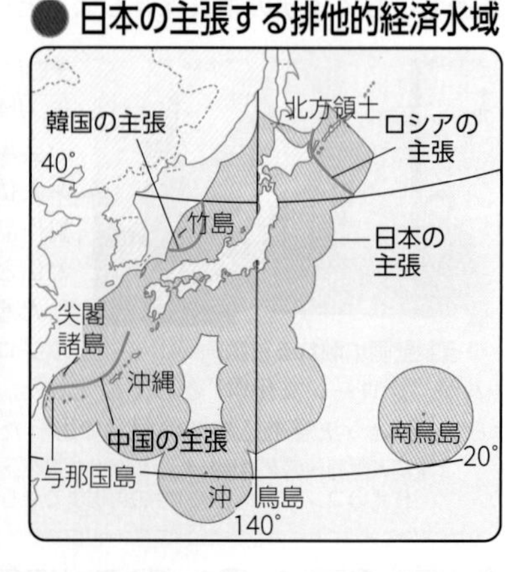

重要用語 333国際刑事裁判所(ICC)　334国家の三要素　335排他的経済水域(EEZ)

国連加盟国の首脳が集まったミレニアムサミット(2000年)

国際連合

2

ねらい
- 国際連合の役割を理解しよう。
- 国際連合の国際平和への取り組みを理解しよう。
- 国際連合の課題を理解しよう。

A 国連の成立

国際連盟
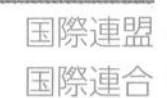
国際連合

1 安全保障の方法

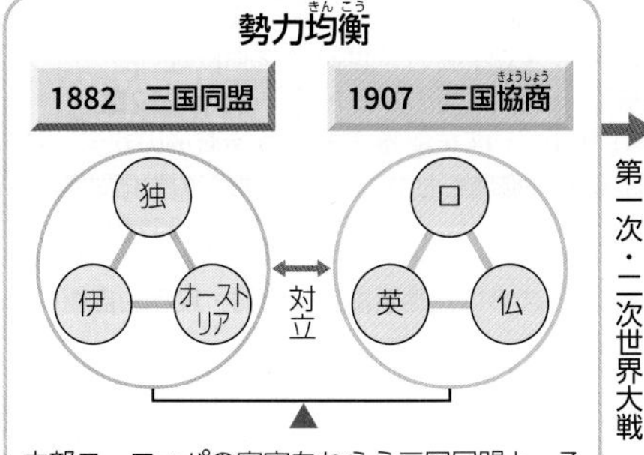

中部ヨーロッパの安定をねらう三国同盟と，それに対抗して勢力均衡を図る三国協商との対立は，**軍備拡張競争に陥り**，第一次世界大戦を引き起こした。第二次世界大戦も同様の背景をもつ。

第一次・二次世界大戦

集団安全保障(集団的自衛権 p.104ナットク!)

1919　国際連盟規約　1945　国際連合憲章

(例) 湾岸戦争(p.261)

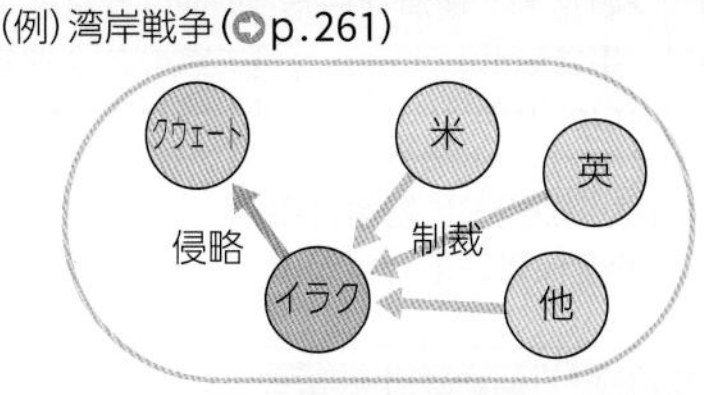

全世界的な国際平和維持機構の下に全加盟国が相互不可侵を約束し，どの1国でも侵略国になれば，他の全加盟国が集団的制裁を加え，国際平和を維持しようというもの。冷戦中は機能しなかったが，湾岸戦争で初めて機能した。

解説 **勢力均衡と集団安全保障**　**勢力均衡**とは，敵対関係にある国家や国家群の軍事力を均衡させることによって，互いに攻撃を加えることができないようにして，平和を維持しようというものである。この考え方には，核抑止論(p.266 2)に通じるものがある。しかし，軍事力のバランスが崩れると戦争が発生するということから，第一次世界大戦後に**集団安全保障**という新しい平和維持の方法が考えられ，これが**国際連盟・国際連合の基本原理**となった。

2 国際連盟から国際連合へ

Q 国際連盟・国際連合はどのようにして成立したのか？

1914.7〜1918.11　第一次世界大戦
↓ 戦争への反省

1918.1　ウィルソンの平和(原則)14か条
アメリカ大統領**ウィルソン**が議会への教書として発表し，①軍備縮小，②民族自決の原則に基づく植民地問題の公正な解決，③国際連盟の設立などを示した

← 思想的影響 ← **カントの永久平和論**(1795年 p.38 1)
ドイツの哲学者**カント**は，人間を戦争の手段として扱ってはならないとし，人格の尊厳と平等を主張した。さらに国際連盟設立の基本思想に影響を与えた

ウィルソン
(1856〜1924)

↓ 平和(原則)14か条を会議の基本原則とした

1919.1　パリ講和会議
国際連盟の創設を決議
↓
1919.6　ヴェルサイユ条約
第一次世界大戦の対独講和条約。この条約の第1編が国際連盟規約である
↓
1920.1　国際連盟，成立
第一次世界大戦の反省から，アメリカ大統領ウィルソンが集団安全保障(1)を基本原理とする国際連盟の設立を提唱したことにはじまる
↓
1928.8　戦争放棄に関する条約(不戦条約)
侵略戦争の放棄。自衛戦争は認める
↓
1929.10　世界恐慌
↓ 国際連盟の平和維持機能が不十分
1939.9〜1945.8　第二次世界大戦
↓ 戦争と国際連盟の失敗への反省
1941.8　大西洋憲章
ローズベルト(米)とチャーチル(英)が国際連合の基本理念と戦後の平和構想について会談
↓
1942.1　連合国共同宣言
ローズベルトが「United Nations(連合国)」という名称を初めて使用
↓
1944.8〜10　ダンバートン・オークス会議
米・英・ソ・中4か国代表が参集し，国際連合設立の原則を具体化した「一般的国際機構設立に関する提案」を作成
↓
1945.2　ヤルタ会談
米・英・ソの3首脳が，国連安全保障理事会の表決方法(**五大国の拒否権制** p.248 2)を決定
↓
1945.4〜6　サンフランシスコ会議
国際連合憲章(p.379)を採択
↓
1945.10　国際連合の正式成立

国際

重要用語　339国際連盟　340国際連合(国連)　341集団安全保障

3 国際連盟と国際連合の比較

Q 国際連盟と国際連合の違いは何か？

	加盟国	組織	表決の方法	機能	問題点
国際連盟 (League of Nations) 1920年設立 本部：ジュネーブ(スイス)	59か国(1934年) 発足時42か国 **大国の不参加**(米は不参加。ソ連は1934年加盟，1939年除名) 日・独は1933年，伊は1937年に**脱退**	•総会…全加盟国で構成 •理事会…創設当初4常任理事国(英・仏・伊・日)と4非常任理事国(のちに数が変動) •事務局，常設国際司法裁判所，国際労働機関	•総会…**全会一致制** •理事会…**全会一致制**	•集団安全保障…**経済制裁のみ** •国際協力…軍事同盟や経済ブロックのため成果は上がらず	①米・ソ両大国の発足時の不参加 ②表決が全会一致制で，運営が難航 ③制裁措置が経済封鎖のみで，**安全保障機能が不十分**
国際連合 (United Nations) 1945年設立 本部：ニューヨーク(アメリカ)	193か国(2023年現在) 発足時51か国 はじめから**五大国参加** 米・英・仏・ソ(現在はロシア)・中(初めは中華民国〔台湾〕，1971年に中華人民共和国が加盟し代表権が台湾から移る)	•総会…全加盟国で構成 •**安全保障理事会**…5常任理事国と任期2年の10非常任理事国の計15理事国。常任理事国は**拒否権**をもつ •事務局，経済社会理事会など (➡p.249)	•総会…一般事項は出席投票国の**過半数**，重要事項は3分の2以上で表決 •安全保障理事会…手続き事項は9理事国，他は5常任理事国を含めた9理事国の賛成で表決(➡B2)	•集団安全保障…**経済制裁**と**国連軍による武力制裁** •国際協力…世界の人類の基本的人権を擁護する機関をもつ	①冷戦時，米ソの拒否権の発動により，安全保障機能の行使が不十分 ②財政難(➡p.252 4) ③冷戦後の安全保障機能の強化問題(➡p.252 3)

解説 **平和的解決と自衛権**　国際連合は，加盟国に**紛争の平和的な解決を義務付けている**。しかし，安全保障理事会が紛争に対する措置をとるまでは，加盟国に**個別的・集団的自衛の権利を認めている**。

B 国連のしくみと歩み

安全保障理事会

1 国連加盟国の推移(➡p.260 3)

Q 加盟国の数と地域バランスはいつ，どのように変化したか？

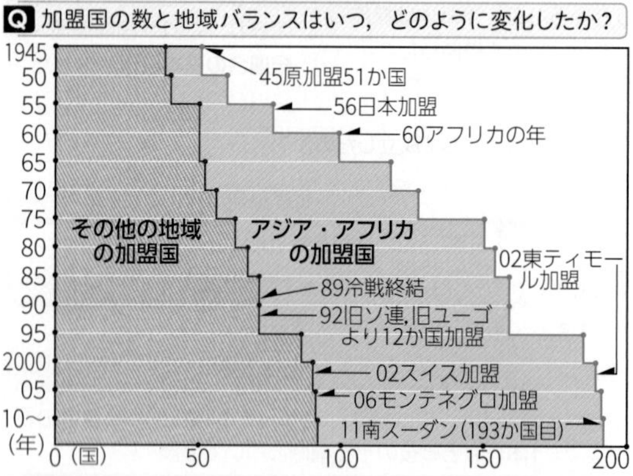

解説 **全地球的組織**　第二次世界大戦の「**連合国**」**の組織**として成立した国連は，今や世界のほぼすべての独立国が加盟する組織となった。加盟国の増加に伴い，**アジア・アフリカの加盟国の割合が大きく**なり，一律に一国一票が与えられる**総会では，同地域の発言力が強まっている**。

EYE スイス，国連加盟

2002年3月に行われた国連加盟の是非を問うスイスの国民投票で，加盟賛成が多数を占め，スイスが190番目の加盟国となることが決まった(9月，正式に加盟)。永世中立国であるスイスの加盟は，冷戦終結と湾岸戦争(➡p.261)を機に，国連が**全地球的な安全保障と国際貢献の役割**を担う組織となったことを示すといえる。

2 拒否権発動回数の推移

(回) 80 / 40 / 30 / 20 / 10 / 0
1946〜55年　56〜65　66〜75　76〜85　86〜95　96〜2005　06〜15　16〜23*

ソ連・ロシア連邦　アメリカ　イギリス　中国　フランス

50 朝鮮戦争開始　62 キューバ危機　79 ソ連アフガン侵攻　89 冷戦終結

➡ウクライナ侵攻非難決議に拒否権を行使するロシア(2022年)

(国際連合資料など)
*10月末まで

解説 **国際情勢を反映する拒否権**　**安全保障理事会**の表決では，常任理事国に**拒否権**(「**大国一致」の原則**)が認められ，**5か国のうちの1か国でも反対すると決議は成立しない**(欠席・棄権した場合，拒否権を行使したとみなされない)。これには，大国の足並みがそろわず実効性の伴わない決議を避ける役割もある。

●「平和のための結集」決議(1950年11月)

拒否権行使によって安保理が機能せず

↓ 総会で加盟国の3分の2の賛成

加盟国に軍事的措置を勧告できる…拘束力はない

注：総会が会期中でない時は，安保理9理事国か加盟国過半数の請求により，緊急特別総会(➡p.249)を招集できる。

解説 **拒否権への対抗手段**　**「平和のための結集」決議**は，朝鮮戦争(➡p.259)の際にソ連の拒否権行使によって安保理が適切な対応をできなかったことを機に，国連総会で採択された。しかし，実際に**軍事的措置が発動されたことはない**。

国際連合ができて世界は平和になったのかな？

視点 国連の意義，限界，五大国に着目して考えよう。
平和　公正　対立　協調

クイズ p.248 EYEの写真で，①〜③のポスターは，賛成，反対どちらのポスターか。

答　①反対(国旗の白十字が消えかかっている)，②賛成(地球と握手で国際貢献を象徴)，③反対(中立が斧で叩き割られている)

3 国連のしくみ

注：( )内の数字は設立年。
＊1957，65，70，74，80，86，91，96，2004，08，15，22年に選出。

事務局
国連の行政機関

- **事務総長**
  最高責任者。安全保障理事会の勧告によって総会が任命。任期５年

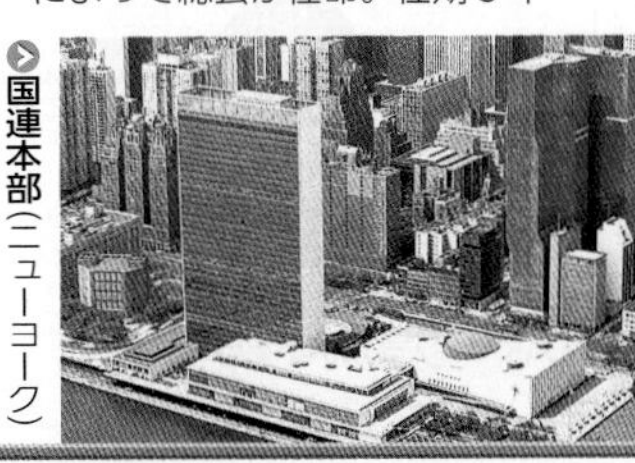
国連本部（ニューヨーク）

国際司法裁判所（ICJ） p.245 6
国連の司法機関

- **構成**
  安全保障理事会と総会が選出する15人の裁判官で構成

信託統治理事会
信託統治地域の施政を監督

最初は11地域あったが，すべて独立したため，1994年から活動停止

平和構築委員会（PBC，2005）p.253

総　会
国連の議会

- **構成**
  全加盟国で構成。
  各加盟国代表は５名以内
- **総会**
  通常総会…毎年９月の第３火曜日から，およそ３か月にわたって開かれる
  特別総会…安全保障理事会か加盟国の過半数の要請により事務総長が招集
  緊急特別総会…安全保障理事会の９理事国以上の要請，加盟国の過半数の要請により，24時間以内に招集。これまでに11回開かれた（p.250）
- **権限**
  国連の機能全般に関して討議し，加盟国・安全保障理事会に勧告
- **表決**
  投票権は１国１票で，一般事項は出席投票国の過半数，重要事項は出席投票国の３分の２以上の賛成で議決される

国連総会

安全保障理事会
国際平和と安全の確保

- **構成**
  常任理事国…５か国（アメリカ，ロシア，イギリス，フランス，中国）が拒否権をもつ（p.248 2）
  非常任理事国…10か国（アジア・アフリカ５，ラテンアメリカ２，東欧１，西欧・その他２）。総会が２年の任期で選ぶ
  非常任理事国は，２期連続して務めることはできない。国連発足当初は６か国であった。日本はこれまでに12度選ばれており＊，加盟国中最多である
- **権限**
  国際紛争や紛争になりそうな状態を調査して，調整方法や解決手段を勧告。侵略の行為があったかどうかを決定し，侵略防止のために経済封鎖を要請。経済封鎖などが不十分な場合，侵略国に対し武力行動をとることができる

安全保障理事会

- 軍事参謀委員会
- 平和維持活動（PKO）p.251

国際原子力機関（IAEA，1957）p.267 1 1
原子力の平和的利用を図り，軍事利用を防ぐ

包括的核実験禁止条約機関（CTBTO）
化学兵器禁止機関（OPCW）

- 国連人権理事会（UNHRC，2006）p.253
- 主要・会期・常設委員会
- アドホック組織
- その他の下部機関

経済社会理事会
国連の経済・社会的活動を行う

- **構成**
  54理事国。任期３年で，毎年総会で３分の１ずつ改選

- 地域委員会
- 機能委員会
  統計委員会，社会開発委員会，女性の地位委員会，人口開発委員会，麻薬委員会，持続可能な開発委員会　など
- 会期・常設委員会

専門機関

世界気象機関（WMO，1873）
各国との気象情報の効果的な交換
万国郵便連合（UPU，1874）
郵便による諸国民の交流と国際協力
世界知的所有権機関（WIPO，1883）
工業所有権・著作権を含む知的財産権（知的所有権）の保護
国際労働機関（ILO，1919）
諸国民の労働条件の改善
国連食糧農業機関（FAO，1945）
世界の栄養水準と農林水産業の生産性の向上，農村の生活の改善
国際復興開発銀行
（IBRD，世界銀行，1945）p.289 1
国際通貨基金（IMF，1945）p.289 1
国連教育科学文化機関
（UNESCO，1946）p.322 3
世界保健機関（WHO，1948）
世界中の人々の健康を最高水準に保つ
など

世界貿易機関（WTO，1995）p.290
関税及び貿易に関する一般協定（GATT）に代わって設立された，世界貿易推進及び問題処理のための機構

総会によって設立された機関など

国連児童基金（UNICEF，1946）
発展途上国の子どもの生活，教育，保健衛生などの向上
国連パレスチナ難民救済事業機関
（UNRWA，1949）
国連難民高等弁務官事務所
（UNHCR，1951）p.278 3
国連世界食糧計画（WFP，1963）p.345 3 1食料援助により，発展途上国の発展を図る
国連貿易開発会議
（UNCTAD，1964）p.307 5
国連開発計画（UNDP，1965）p.306 1
国連環境計画（UNEP，1972）p.322 3
国連大学（UNU，1973，本部東京）
全地球的な緊急問題の研究
国連女性機関（UN Women，2010）
など

重要用語　339 国際連盟　340 国際連合（国連）　341 集団安全保障　342 総会　343 安全保障理事会　344 拒否権　345 国連児童基金（UNICEF）　346 国際労働機関（ILO）　347 国連教育科学文化機関（UNESCO）

4 国連の歩みと活動

赤字…安全保障問題(平和維持・軍縮など)
青字…人権問題　　…環境問題　　…南北問題(人口，食料，難民，旧植民地関連)

事務総長	年	できごと	国連の動き(決議)，特別会議など	条約・宣言の採択
リー(ノルウェー)	1945	第二次世界大戦終結	国際連合発足(51か国)	10月，国際連合憲章発効(➡p.379)
	1946		ロンドンで第1回総会。ソ連，初の拒否権行使	軍縮大憲章
	1947		パレスチナ分割案採択(➡p.277**B**)	
	1948	第1次中東戦争	初のPKO派遣(➡p.251)	ジェノサイド条約，世界人権宣言(➡p.62)
	1950	朝鮮戦争(➡p.259)	安保理，北朝鮮非難決議→「国連軍」設置(正規の国連軍ではない) 「平和のための結集」決議(➡p.248 2)	
	1951		国連難民高等弁務官事務所(UNHCR)設置(➡p.278)	
	1952		軍縮委員会開催	
ハマーショルド(スウェーデン)	1953	朝鮮休戦協定	朝鮮問題特別総会	
	1956	第2次中東戦争	緊急特別総会①	
		ハンガリー反ソ暴動	緊急特別総会②，日本加盟	
	1958		緊急特別総会③(レバノン問題)	
	1959			子どもの権利宣言，南極条約(➡p.245 5)
	1960	コンゴ動乱	緊急特別総会④	植民地独立付与宣言
		アフリカの年	アフリカより17か国加盟	
	1961	非同盟会議(➡p.260 3)	中国加盟問題，重要事項に	
ウ＝タント(ビルマ 現ミャンマー)	1962	キューバ危機	ウ＝タント総長による調停	
	1963	(➡p.259)		部分的核実験禁止条約(➡p.267 1) 人種差別撤廃宣言
	1964		国連貿易開発会議(UNCTAD)①開催(➡p.307 5)	
	1965	ベトナム戦争本格化(～75)(➡p.259 5)		人種差別撤廃条約
	1966			国際人権規約(➡p.377)
	1967	第3次中東戦争	緊急特別総会⑤，安保理でイスラエル撤退勧告(➡p.276**A❶**)	婦人差別撤廃宣言 宇宙条約(➡p.245)，初の非核地帯条約(➡p.270)
	1968			核拡散防止条約(NPT)(➡p.267 1)
ワルトハイム(オーストリア)	1971		中国，加盟→台湾は脱退	
	1972		人間環境会議→国連環境計画を創設	人間環境宣言 世界遺産条約(➡p.322 4)
	1973		東西ドイツ加盟	
	1974	(73)第4次中東戦争	世界人口会議，世界食糧会議，資源特別総会	新国際経済秩序樹立宣言(➡p.307 5)
	1978	ベトナム，カンボジア侵攻	世界人種差別撤廃会議，軍縮特別総会①	
	1979	ソ連，アフガン侵攻(➡p.274)	インドシナ難民会議	女子差別撤廃条約(➡p.378)
	1980	イラン・イラク戦争	緊急特別総会⑥，⑦(中東問題)	
	1981		緊急特別総会⑧(ナミビア問題)	非人道的兵器条約
デクエヤル(ペルー)	1982		緊急特別総会⑨(ゴラン問題)，軍縮特別総会②	
	1984		国際人口会議	
	1986	ペレストロイカ(➡p.160)	アフリカ特別総会	
	1988	イラン・イラク戦争停戦	軍縮特別総会③	
	1989	マルタ会談で冷戦終結(➡p.260**D** 1)		死刑廃止条約
	1990	東西ドイツ統一	子どもサミット	
		イラク，クウェート侵攻	安保理，イラクへの武力行使容認	
	1991	湾岸戦争(➡p.261)	湾岸戦争停戦決議	
		ユーゴ紛争(➡p.275)，ソ連解体		
ガリ(エジプト)	1992		地球サミット(➡p.321 1)，ソマリアPKO派遣(➡p.252 3)	
	1993	パレスチナ和平成立	安保理改革作業部会設置(➡p.253 1❶)。ソマリアPKO撤退 世界人権会議→国連人権高等弁務官設置	
	1994		信託統治理事会が活動停止，国際人口開発会議	
	1995		世界女性会議	総会にて，旧敵国条項削除を採択。NPTを無期限延長
	1996			包括的核実験禁止条約(➡p.267 1)
アナン(ガーナ)	1997		緊急特別総会⑩(イスラエルの入植地問題)	
	1998	インド・パキスタン核実験		
	2000	南北朝鮮首脳会談 中東和平崩壊(➡p.276❷)	特別総会女性2000年会議，ミレニアムサミット(➡p.247)	
	2001	米同時多発テロ	小型武器会議，エイズ特別総会	
	2002		子ども特別総会，環境開発サミット，スイス加盟(➡p.248 EYE)	
	2003	イラク戦争		
	2005		G4の安保理拡大案，廃案(➡p.253 1)	
	2006	北朝鮮がミサイル発射，核実験	→安保理で，北朝鮮の核実験に対する制裁決議(2009，13，16，17年)	
潘基文(パンギムン)(韓国)	2012		国連持続可能な開発会議(リオ＋20)(➡p.321)	
		＊国連の加盟国ではなく，投票権はない。	総会にて，パレスチナをオブザーバー国家＊と承認する決議を採択	
	2014		総会にて，ロシアのクリミア編入の住民投票は無効との決議を採択	
	2015			SDGs採択(➡p.8)
グテーレス(ポルトガル)	2017			核兵器禁止条約(➡p.272)
	2022	ロシア，ウクライナ侵攻(➡p.264)	緊急特別総会⑪。拒否権行使には，国連総会での説明が必要になった	
	2023	イスラエル・ハマス武力衝突	→安保理で，戦闘休止を求める決議採択(米英ロ棄権)	

リー(ノルウェー)

ハマーショルド(スウェーデン)

ウ＝タント(ミャンマー)

ワルトハイム(オーストリア)

デクエヤル(ペルー)

ガリ(エジプト)

アナン(ガーナ)

潘基文(パンギムン)(韓国)

グテーレス(ポルトガル)

メモ　今日は何の日？　3／21国際人種差別撤廃の日　3／22世界水の日　6／5世界環境の日　7／11世界人口の日　9／21国際平和の日　10／1国際高齢者の日　10／16世界食料の日　10／24国連の日　12／3国際障害者の日　12／10人権の日

PKO

C 国連の課題

1 国連の紛争処理システム

Q 国連は，どのように紛争を解決するのか？

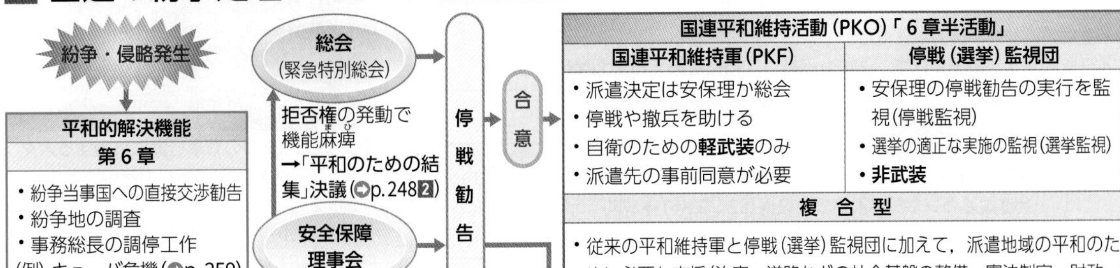

キューバ基地撤去始まる
ウ・タント総長が声明
作業あすにも完了
ソ連送還へ船舶待機
国連引き続き活動

(「毎日新聞」1962.11.1)

北制裁 安保理が決議
禁輸・貨物検査を強化
全会一致

(「読売新聞」2016.3.3)

➡2016年，北朝鮮による核実験・事実上のミサイル発射を受け，国連安保理は北朝鮮に対する制裁決議を採択した。

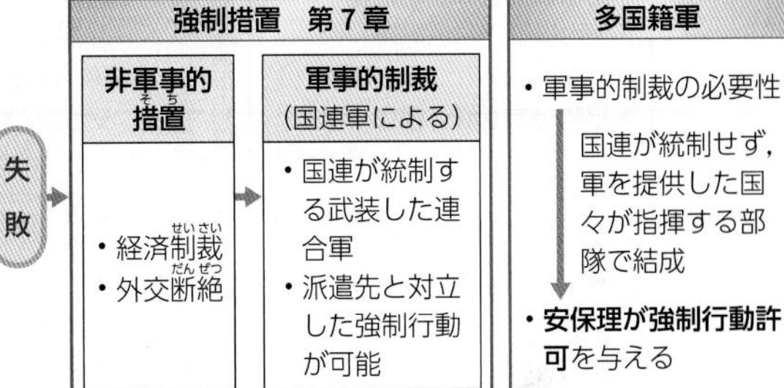

解説 **「６章半活動」のPKO**　国連憲章は，武力紛争が起こった際の対処策として，**平和的手段(第６章)**と，国連軍の派遣などの**強制的な手段(第７章)**を規定している。しかし，冷戦下で大国の思惑が一致せず，憲章に基づく本来の**国連軍はまだ１度も編成されたことがない**。これに代わるものとして，慣行的に**国連平和維持活動(PKO)**が行われている。**PKOは憲章に明確な規定がなく**，第６・７章の中間的な性格であるため，**「６章半活動」**といわれる。その目的はあくまでも紛争の再発を防ぐことにあり，一方への軍事的制裁を目的としたものではない。このため，原則として**自衛のため以外には武力を行使しない**。軍事的制裁が必要となった場合には，**多国籍軍**が編成されることがある。1988年，PKO活動に対して，**ノーベル平和賞**が贈られた。

2 PKO部隊の展開した地域

＊1 PKO協力法により，日本が初参加したPKO。
＊2 PKO協力法により，日本の自衛隊が初参加したPKO。
＊3 2017年５月,日本は施設部隊撤収。司令部要員は残留。

冷戦期にPKO部隊が派遣された国・地域
冷戦後にPKO部隊が派遣された国・地域
①〜⑫ 活動中のPKO(2023年２月末現在)
PKO協力法により日本が参加したPKO。年は日本の参加期間(2023年２月末現在)

1996〜2013 ④兵力引き離し監視隊(ゴラン高原)
1992〜93 カンボジア暫定統治機構＊2
1994 エルサルバドル監視団
1999 東ティモール・ミッション
2002 東ティモール暫定行政機構
2002〜04 東ティモール支援団
2007〜08,10〜12 東ティモール統合ミッション
2008〜11 スーダン・ミッション
2011〜 ⑩南スーダン共和国ミッション＊3
1992 アンゴラ監視団＊1
1993〜95 モザンビーク活動
2010〜13 ハイチ安定化ミッション

(国際連合資料など)

解説 **冷戦期・後のPKO**　PKO部隊は，2023年２月末までに**71回編成**された。この内，**冷戦下の40年間**(〜1989年)に編成されたのが**18回**，**冷戦後**に編成されたのが**53回**である。地域的に見ると，冷戦期にはアジアやアフリカへの派遣が多かったが，冷戦後はアフリカや東欧への派遣が増えた。また，冷戦期は東西対立を背景にした**国家間の紛争**が多く，PKO活動は国家の間に入り紛争の悪化や再発を防ぐことが主な使命だった。これに対し，冷戦後は，**一国内における内戦型の紛争**や，**民族紛争**へと変化していった。その結果，PKO部隊の任務も複雑化・多様化することになった(➡p.252 3)。
(日本のPKO活動 ➡p.112)

	名　称	総人員数	死亡者数	設立年月		名　称	総人員数	死亡者数	設立年月
①	国連休戦監視機構(パレスチナ，スエズ運河など)	380	52	1948.5	⑦	国連コソボ暫定行政ミッション	352	56	1999.6
②	国連インド・パキスタン軍事監視団	110	13	1949.1	⑧	国連コンゴ民主共和国安定化ミッション	17753	259	2010.7
③	国連キプロス平和維持隊	1011	183	1964.3	⑨	国連アビエ暫定治安部隊	3156	51	2011.6
④	国連兵力引き離し監視隊(シリアのゴラン高原)	1256	57	1974.6	⑩	国連南スーダン共和国ミッション	17429	121	2011.7
⑤	国連レバノン暫定隊	10365	329	1978.3	⑪	国連マリ多面的統合安定化ミッション	17430	303	2013.3
⑥	国連西サハラ住民投票監視団	469	20	1991.4	⑫	国連中央アフリカ多面的統合安定化ミッション	18486	176	2014.4

(2023年２月末現在)(国際連合資料)

重要用語 142 PKO協力法(国連平和維持活動協力法)　143 国連平和維持活動(PKO)　350 冷戦

3 PKOの役割の変質

Q 冷戦後，PKOの役割はどのように変化したのか？

1950 1990 2000 現代

第１世代のPKO（伝統的PKO）
- 主に停戦監視，兵力引き離し
- 三原則＝①**当事国の同意**，②**中立保持**，③**自衛を超える武力は行使しない**

⬇ 冷戦の終結，民族紛争の激化➡国連の積極的関与

第２世代のPKO
- **複合的な機能**（平和維持，選挙監視，国づくりの支援など）をもつPKO
…（例）国連カンボジア暫定統治機構（92～93年）➡成功
＝①②③は適用されるが，平和維持以上に，平和構築の役割が大きい

⬇ ガリ事務総長の提案「平和への課題」（92年）

第３世代のPKO
- **紛争勃発前の予防活動**
…（例）国連予防展開隊（マケドニア，95～96年）
- **平和強制（執行）部隊**
…（例）第２次国連ソマリア活動（93～95年）➡失敗
＝当事国の受け入れ同意なしに派遣
➡①に反する
＝重装備で自衛の範囲を超えた武力行使
➡③に反する

➡ ブラヒミ報告（2000年）…平和維持機能と平和構築機能の連携強化を提案

第４世代のPKO
- 統合ミッション型（PKOと国連専門機関が統合して活動）
（例）国連シエラレオネミッション（99～2005年）
＝三原則の修正
①**主な当事者の合意**
➡ 内戦で当事者多数
②不介入も含む中立性から**公平性**に
③**住民の保護などのため武力行使が可能**

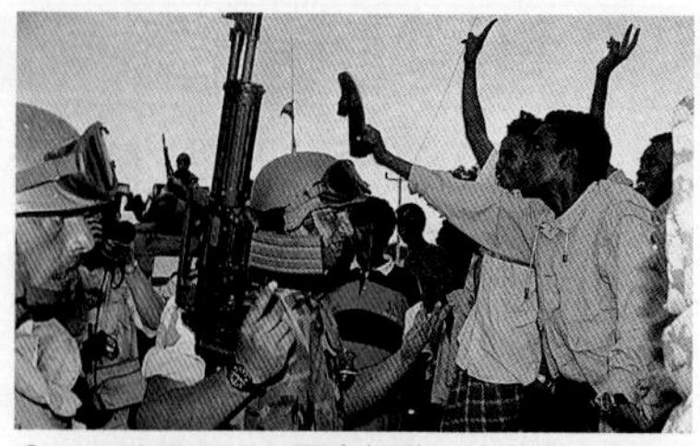

ソマリアPKOの軍事行動に抗議する人々
ソマリアPKOには，アメリカを中心とする28か国，２万8000人の部隊が参加し，年間軍事費15億ドル規模の軍が派遣された。しかし，PKO側は81人の死者を出し，現地の住民にも多数の犠牲者を出して撤退した。

解説 **求められる役割の変化** 冷戦後のPKOは平和維持以上に，**平和構築の役割**が求められるようになった。これにより，PKO部隊の任務は複雑多岐に渡るようになる。国連は紛争解決能力を高めるため，**平和強制（執行）部隊の役割**をもつPKO部隊を派遣。しかし，ソマリアPKOでその試みは失敗し，一時，PKO部隊の派遣に消極的になった。その後，平和維持・構築機能の連携強化のため，三原則の見直しが行われた。中立・不作為ではなく公平性を堅持（和平合意違反に対し，遵守を求める）などの修正が加えられるなど，新たなPKOの形が模索されている。

4 国連の財政問題

❶ 国連の予算―他地域との比較―

	予算
アメリカ	4兆6380億ドル
日本	8448億ドル
ニューヨーク市	1011億ドル
東京都	594億ドル
国連*	約98億ドル

＊通常・平和維持活動・後方支援施設予算。 (2023年度) (外務省資料など)

❷ 国連分担金（通常予算分担率の推移）

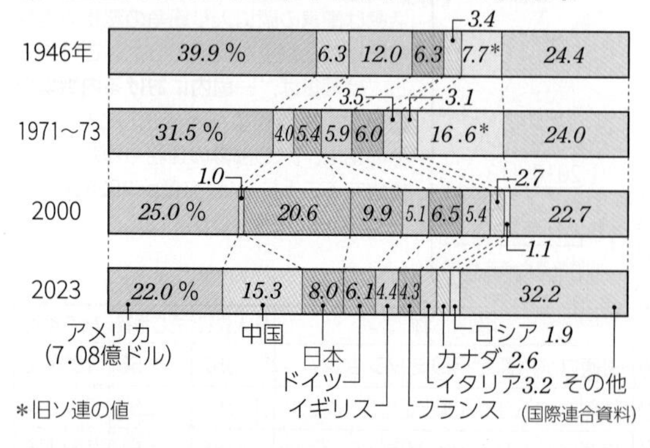

＊旧ソ連の値 (国際連合資料)

❸ 各国の未払い国連分担金

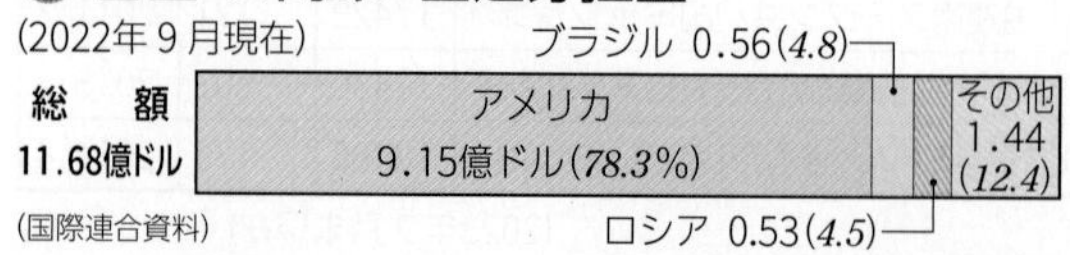

(国際連合資料)

EYE 日本人の国連職員数

●各国の国連職員数

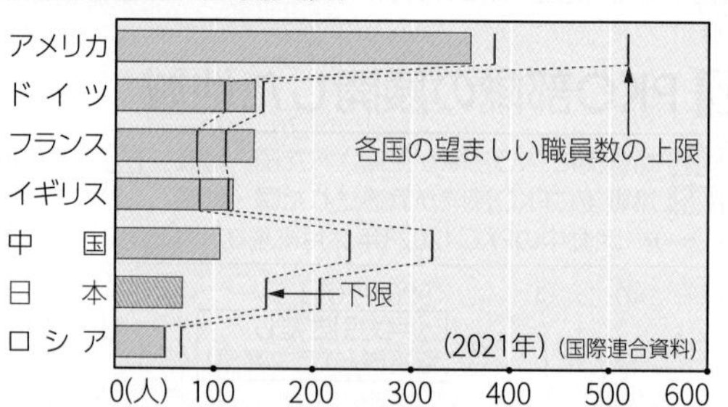

日本に望まれている国連職員数は世界で３番目に多い。しかし，日本人の国連職員数は望ましい職員数の下限にさえほど遠い状況にある。理由としては，高い語学力や実務経験が求められることなどが考えられる。なお，「望ましい職員数」は，国連予算の分担率や人口に，地理的バランスを加味して算出される。

探究へのSTEP 国際連合は，完璧な組織かな？

視点 紛争処理，財政，安保理に着目して考えよう。
平和 財源 公正 対立 協調

解説 **厳しい国連の財政** アメリカや日本政府と比較すると，**国連の財政規模は極めて小さい**。国連予算の分担率は各国のGNIを基準に算出される。しかし，最大負担国であるアメリカは，国連のリストラと分担金比率の見直しを求めて支払いを渋る傾向が強く，**分担金の未払いが国連財政を苦しめている**。過去２年間の分担金以上の支払いを延滞すると，原則総会での投票権を失う。

入試クイズ PKOには，軽度の武装により紛争地域の治安維持を行うだけでなく，非武装の要員による選挙の監視などを任務とするものもある。○？×？ (➡p.251 1) 答：○

D 国連改革

1 安全保障理事会改革

Q 安保理が抱える問題にはどのようなものがあるか？

❶ 安保理改革をめぐる動き

年	日本・諸外国の動き
1986	国連賢人会議，国連改革を勧告(財政問題)
1992	**日本，国連演説で安保理改革を主張**
	国連総会，安保理議席の見直しを促す決議
1993	**日本，安保理で責任を果たすことを表明**
	国連，安保理改革作業部会を設置
1994	作業部会，理事国拡大で一致
	日本，常任理事国入りに意欲を表明
1997	作業部会議長(マレーシア)が，常任5(先進国2，アジア・アフリカ・中南米から1ずつ)と非常任4の拡大を提示
2005	日本，ドイツ，インド，ブラジルの4か国(G4)が提案した安保理拡大案は，廃案となった

解説 **安保理改革の要求**　1945年の創設以来，国連は基本的な構造を改革せずにきた。**冷戦終結後，安保理の役割を見直そうとする動き**が活発化するのにあわせて，日本は積極的な姿勢を表明してきた。

❷ 安保理の改革問題

安全保障理事会の問題点

①**加盟国の主権平等に反する拒否権**…常任理事国のうち1か国でも拒否権を発動すると議案が否決される。このような権限が，第二次世界大戦の戦勝国(米・英・ロ・仏・中)にしか認められていないというのは，あまりに時代錯誤であるとともに，加盟国の主権平等に反する

②**安全保障理事会の構成国の地域的偏り**…欧州に偏った構成国。欧州の国々の意見は常任理事国の米・英・ロ・仏によって比較的反映されていると感じられるが，加盟国の3分の2を占めるアジア・アフリカなどの第三世界の国々の意見は反映されていないという不満がある

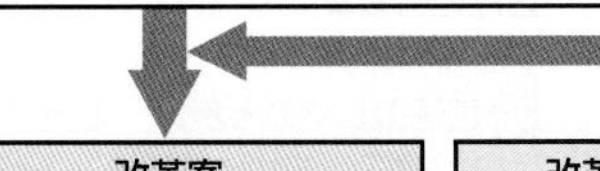

改革案

①**拒否権の廃止**→特権の拒否権が奪われるので，常任理事国は反対し，不可能

②**構成国の拡大**→地域バランスに配慮した構成国の拡大は，合意可能

改革を促進する理由

①加盟国の3分の2を占めた**第三世界諸国**

②第二次世界大戦敗戦国の**日本・ドイツの経済成長**

↓

国際政治への発言力を強めた

解説 **安保理拡大への抵抗**　2005年，国連創設60周年を機に，日本，ドイツ，インド，ブラジルの4か国(G4)は安全保障理事会の常任理事国入りをめざした。しかし，常任理事国入りをめざす国の隣国は，その国が国際社会における力を増大させることを懸念して反発する傾向がある。また，本来なら議論を主導すべき現常任理事国(五大国)も，常任理事国の拡大は自国の地位の相対的な低下を招くため，改革の進展に消極的である。結局，韓国・イタリア・パキスタンのコンセンサスグループ，アメリカ，中国が反対し，アフリカ連合(AU, ➡p.296)の同調も得られず，G4の安保理拡大案は廃案となった。

▶**日本の常任理事国入りに反対するデモ**(2005年，ニューヨーク)

2 平和構築委員会(PBC)の活動
[Peacebuilding Commission]

平和構築委員会(PBC)の設立　アンゴラやルワンダのように，紛争から抜け出した国の約半数が，5年以内に再び紛争状態に戻っている現状がある。PKO撤退後，紛争から永続的な平和に移行する際に直面する，さまざまな課題に戦略的に対応する機関として2005年に平和構築委員会が新設された。2017年現在，リベリア，シエラレオネなど6か国に対して活動を行っている。

多くの課題　紛争再発を防ぐ活動の成果は少しずつ上がっているが，期待された役割を果たしているとは言えない。認知度の低さ，人員・予算規模が増えていないこと，現地での平和構築委員会に対する理解不足が課題として挙げられ，効果的な平和構築の戦略が求められている。

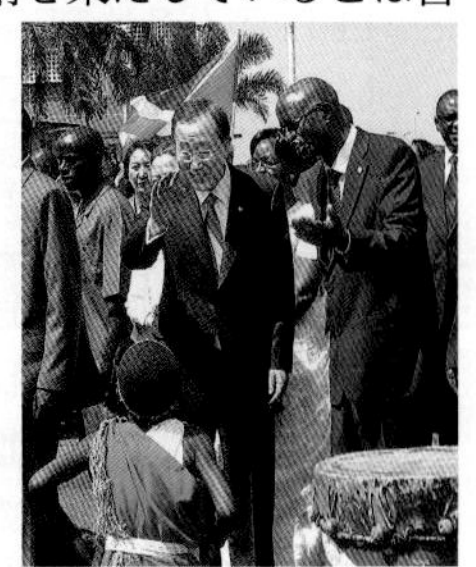

▶**PBC活動中のブルンジを訪れる，潘国連事務総長(当時)**　平和の定着と，国家の再建が進められている。

3 国連人権理事会(UNHRC)の設置
[United Nations Human Rights Council]

組織・活動方法の見直し　2006年国連総会決議により，従来の国連人権委員会(経済社会理事会の機能委員会)に替えて，総会下部機関の常設理事会として国連人権理事会が新設された。世界の人権問題への対処能力強化のためには，改組が必要だとするアナン国連事務総長(当時)の提言をもとにした設置で，人権委員会の組織・任務の引き継ぎや，見直しが行われた。

●人権委員会と人権理事会との相違点

	人権委員会	人権理事会
会期	6週間(3～4月)	計10週以上(一年通じ定期的)
理事国数	53か国	47か国
地域配分	アジア12，アフリカ15，ラテンアメリカ11，東欧5，西欧10	アジア13，アフリカ13，ラテンアメリカ8，東欧6，西欧7
その他	・理事となる国に特に資格を設けない	・総会の3分の2の多数により，人権侵害を行った理事国資格を停止可能 ・理事となる国は「最高水準」の人権状況でないとなれない

現在の活動　2011年，シリアのアサド政権による反政府デモ弾圧に関する非難決議を採択し，シリアの人権状況を継続的に監視するチームを設置した。大規模な人権侵害に対し，即座に対応できたことは評価されているが，状況は改善されていない。米ロなど，各国の協力が必要である。

シリア 市民拘束500人超
デモ弾圧 死者は計400人に

(「朝日新聞」2011.4.27)

国連人権理事会の主な任務

①人権と基本的自由への対処・保護・促進・監視　②人権分野の協議・技術協力・人権教育　③人権分野の国際法の発展　④総会へ定期的な状況の報告　など

重要用語　343安全保障理事会　344拒否権　348平和構築委員会(PBC)　349国連人権理事会(UNHRC)

ポイント整理 15

学習コンテンツ

1 国家主権と国際法

A 国際社会と国際法 (➡p.244〜246)

①**国際社会**…独立，平等な立場の主権国家を構成単位とする社会

②**国際社会の成立**
三十年戦争後に締結
ウェストファリア条約(1648年)…主権国家の誕生と「国際社会」の認識

③国際法**の成立**=グロティウス…国際法の必要性を説く ➡**「国際法の父」**と呼ばれる

④**国際法**…国際社会における秩序を維持し，諸国家間の関係を規律する法

国際慣習法	多数の国家が行ってきた慣行を，法的な効力をもつと認めたもの	公海自由の原則，内政不干渉の原則　など
条約	国家間の合意を文書化したもの	外交関係に関するウィーン条約，**世界遺産条約**　など

⑤国際司法裁判所…紛争当事国双方の付託により，裁判を行う
国際刑事裁判所…個人を裁く裁判所。1998年に規程を採択，2002年に発効

B 国家主権と領土問題 (➡p.242・243，246)

①国家の三要素
- 主権…独立性・最高性
- **国民**
- 領域…**領土**，**領海**(日本は12海里)，**領空**(大気圏内)

②**日本の領土**
- **竹島問題**…韓国が不法占拠　• **尖閣諸島**…中国が領有権を主張
- **北方領土問題**…ロシアが**国後島**・**択捉島**・**色丹島**・**歯舞群島**を不法占拠

2 国際連合

A 国連の成立 (➡p.247・248)

①**安全保障の方法**
勢力均衡…対抗する各国の軍事力のつり合いによって国際平和を維持
⬇　➡軍備拡張競争，軍事同盟の結成と拡大 ➡ 第一次世界大戦の勃発
集団安全保障…世界規模の国際機構を組織。侵略国には加盟国全体で制裁

②**国連の成立**
国際連盟の成立(1920年)…大国の不参加。迅速な議会運営が困難
⬇　制裁の発動が不十分　➡ 日・独・伊の脱退
第二次世界大戦の勃発(1939年)…国際連盟の崩壊
⬇ ⬅国際連合憲章の採択
国際連合の成立(1945年)

B 国連のしくみと歩み (➡p.248〜250)

国連のしくみ
- 総会…全加盟国により構成。国連に関するすべての問題を討議
- 安全保障理事会…国際平和と安全保障問題を検討
  - **「大国一致」の原則**…常任理事国は**拒否権**の発動が可能
  - 常任理事国…5か国(アメリカ・イギリス・ロシア・フランス・中国)
  - **非常任理事国**…10か国(総会で選出。任期は2年)
- 国際司法裁判所…国際紛争を法的に解決
- 経済社会理事会…経済・社会・文化などの分野で調査・報告を行い，勧告する
- **事務局**，信託統治理事会

C 国連の課題 (➡p.251〜253)

①平和維持活動(PKO)**の限界**…三原則をこえたPKOの失敗。新しいPKOへの模索
②**財政問題**…財政規模が小さい，**国連分担金**の未払い
③国連改革…常任理事国拡大の検討，平和構築委員会・国連人権理事会が設立

ポイント解説

1 A 国際社会と国際法　**ウェストファリア条約**の締結により，互いに独立・平等な立場の主権国家からなる「国際社会」が認識された。

「国際法の父」と呼ばれる**グロティウス**は，国際社会の秩序維持のため**国際法**の必要性を説き，その発展に貢献した。国際法には，長年の慣習に基づく**国際慣習法**と，国家間の合意を文書化した**条約**があるが，統一的な立法機関はなく，違反行為に対する制裁が不十分であるなどの問題もある。国際法を運用して国家間の紛争の裁判を行うのが，**国際司法裁判所**である。

B 国家主権と領土問題　**主権・国民・領域**が国家を形づくる三要素であるが，特に領域をめぐっては，国家間の紛争がしばしば起こっている。

日本は，韓国とは竹島の領有権問題，ロシアとは**北方領土問題**を抱えている。

2 A 国連の成立　**勢力均衡**は軍事力のバランスが崩れる危険性をもち，平和維持には至らなかった。第一次世界大戦後，**集団安全保障**のしくみである**国際連盟**が設立されたが，全会一致の議決方式のため迅速な対応がとれず，有効な制裁手段も欠いており十分に機能しなかった。その反省から，新しい平和維持機関として，**国際連合憲章**に基づき，**国際連合**が設立された。

B 国連のしくみと歩み　国際連合は全加盟国が参加する**総会**，国際平和に関する問題の決定権をもつ**安全保障理事会**，国際紛争を法的に解決する**国際司法裁判所**などで構成される。安全保障理事会は，「大国一致」の原則に基づき**拒否権**をもつ5**常任理事国**と，総会で2年ごとに改選される10**非常任理事国**とで構成される。

C 国連の課題　国連憲章には，武力紛争への対応策として**平和的手段**(第6章)と，国連軍の派遣などの**強制的な手段**(第7章)が規定されている。日本は国連軍への参加は認めていない。憲章に規定のない**PKO**は，その中間的存在であることから，**「6章半の活動」**といわれる。PKOは，あくまでも軍事的制裁でなく，紛争の再発防止を目的としている。

国連の役割は増大しているが，**国連分担金**の未払いなどによる財政難や，安全保障理事会の改革問題など，多くの課題を抱えている。

国際社会の動向

3

ねらい ● 冷戦，冷戦後の流れをたどり，現在の国際社会には，どのような課題があるか理解しよう。

◀マルタ会談　1989年12月，G=H=ブッシュ米大統領とゴルバチョフソ連議長が会談し，「冷戦」の終結を宣言。

A 冷戦の始まり（1940年代後半）

冷戦
ベルリンの壁

1 冷戦構造の形成

Q「冷戦構造」とは，どのようなものか？

資本主義陣営（西側）	対立	社会主義陣営（東側）
1947年 トルーマン・ドクトリン（主義）…米による共産主義の封じ込め政策	政治	1947年 コミンフォルム（共産党情報局，～1956）…東欧各国の共産党の協力機関
1947年 マーシャル・プラン…米による欧州の経済復興への援助計画	経済	1949年 経済相互援助会議（コメコン，～1991）…社会主義諸国の経済協力組織
1949年 北大西洋条約機構（NATO*）	軍事	1955年 ワルシャワ条約機構（WTO*，～1991）
*North Atlantic Treaty Organization		*Warsaw Treaty Organization

解説 **東西対立**　第二次世界大戦後，アメリカ・ソ連をそれぞれ頂点とする，2つの陣営の対立が始まった。西側からは，チャーチルの**「鉄のカーテン」演説**（➡**2**）を前ぶれとして，冷戦の開始宣言というべき**トルーマン・ドクトリン**（➡**3**）が発表された。これに対し，東側は各国の共産党の提携と情報交換を目的として，**コミンフォルム**を設置。東西の対立が進行した。

2 チャーチルの「鉄のカーテン」演説（1946年）

▲チャーチル

　いまやバルチック海（バルト海）のシュテッティン（シュチェチン）からアドリア海のトリエステまで，1つの**鉄のカーテン**がヨーロッパ大陸を横切っておろされている。これらすべての有名な都市とその周辺の住民たちは，ソ連の勢力圏内に入っている。そして，何らかのかたちでソ連の影響をうけているのみならず，モスクワからのきわめて強力でかつ増大しつつある支配に服している。　（松本重治編『世界の歴史16』中央公論社）

解説 **鉄のカーテン**　1946年，戦中に英国首相を務めたチャーチルが米国大統領のトルーマン（➡**3**）に招かれて，ミズーリ州フルトンで演説をした。彼は，欧州が共産主義の東欧と自由主義の西欧に分かれている状態を，共産圏の閉鎖的秘密主義を皮肉って「欧州大陸には**鉄のカーテン**（➡**4**）がおろされている」と評した。その後，この「鉄のカーテン」は東西分裂を象徴する言葉となり，冷戦の緊張状態を表す表現として盛んに用いられた。

3 トルーマン・ドクトリン（1947年）

▲トルーマン

　もしギリシャが武装した少数派の支配に陥るならば，その隣国であるトルコへの影響は緊急かつ重大なものであろう。混乱と無秩序は，中東全体に波及するであろう。
　さらに，独立国家としてのギリシャが消滅するならば，戦争の損害を回復しつつ自国の自由と独立の維持のために大きな困難と闘っているヨーロッパ諸国に，深刻な影響を与えるであろう。　（杉江栄一編『現代国際政治資料集』法律文化社）

解説 **冷戦の始まり**　1947年，アメリカ大統領トルーマンは，共産主義勢力が強まっていたギリシャ，トルコへの経済援助を要請する議会演説を行い，共産主義**封じ込め政策**を提唱した。これは，その後のアメリカ外交の基本路線となった。同年，国務長官マーシャルは，**マーシャル・プラン**（➡**1**）を発表したが，これは後に，共産主義の拡大を防ぐための西欧への軍事的援助という性格を強めた。

国際

4 第二次世界大戦後のヨーロッパ（冷戦期）

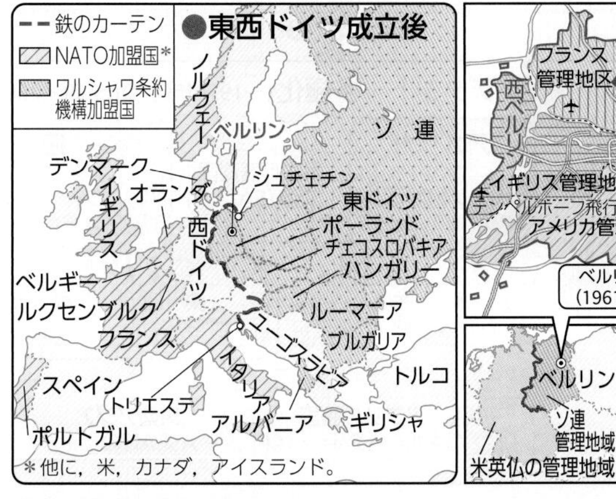

*他に，米，カナダ，アイスランド。

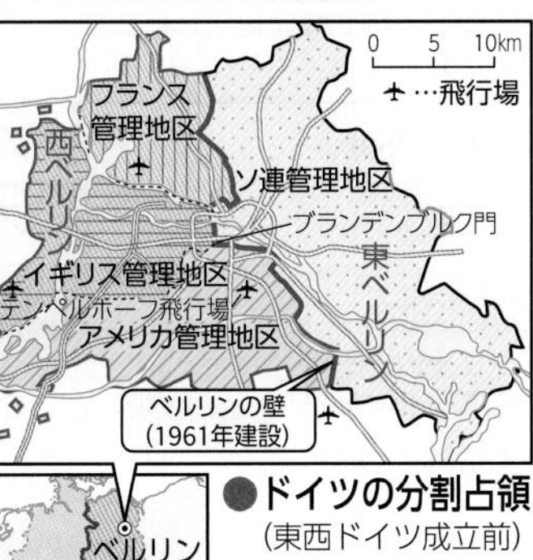

●ドイツの分割占領（東西ドイツ成立前）

*ベルリンはソ連管理地域の中にあり，米英仏ソが分割占領。

解説 **ヨーロッパの冷戦**　第二次世界大戦後のドイツと都市ベルリン*は，米・ソ・英・仏による4か国共同管理（分割占領）下にあったが，1948年6月，ソ連がドイツ西部の米英仏管理地域の通貨改革に対抗し，米英仏管理地域から西ベルリンに至る交通路を遮断（ベルリン封鎖）。米英仏は，西ベルリン市民の生活必需品供給のため，のべ27万回に及ぶ空輸作戦を展開して対抗した。この問題は1949年，ベルリン封鎖解除に関する米・ソ・英・仏四国協定成立により，約11か月ぶりに解決。しかし1961年には，総延長160kmに及ぶ「ベルリンの壁」が建設され，ドイツの民族的悲劇をもたらした。その後，1989年に起こった東独の民主化運動の中で壁は崩壊し，冷戦は終結へと向かった。（➡p.260D）

重要用語 350冷戦　351トルーマン・ドクトリン　352マーシャル・プラン　353経済相互援助会議（コメコン）　354北大西洋条約機構（NATO）　355ワルシャワ条約機構（WTO）　364ベルリンの壁

5 戦後の国際関係の流れ

時期	米大統領	年	資本主義陣営(西側)	東西	社会主義陣営(東側)	ソ・ロ	中
❶東西対立(冷戦→熱い戦争)／西欧諸国の後退 アメリカの圧倒的優位	ローズベルト	1945	米，原爆保有→	ヤルタ会談			
				国際連合成立(◎p.247)			
		1946	チャーチル，「鉄のカーテン」演説→		東欧・バルカン地域に社会主義国成立 ソ連圏の形成	スターリン	
	トルーマン	1947	トルーマン・ドクトリン発表(◎p.255)→				
			マーシャル・プラン発表(◎p.255 1)→		←コミンフォルム結成(◎p.255 1)		
		1948		大韓民国・朝鮮民主主義人民共和国成立	←ベルリン封鎖(～49)		
		1949	北大西洋条約機構(NATO)(◎p.258 1)→		←経済相互援助会議(コメコン)(◎p.255 1)		
			対共産圏輸出統制委員会設置	東西ドイツ成立	←ソ連，原爆保有宣言		
					中華人民共和国成立		毛沢東
		1950		→朝鮮戦争(～53休戦 ◎p.259)←			
		1951	対日講和条約，日米安保条約→		←中ソ友好同盟相互援助条約(1950)		
米ソの現状固定化としての平和共存	アイゼンハウアー	1953	米韓相互防衛条約→	朝鮮休戦協定	スターリン没	マレンコフ	
		1954	東南アジア条約機構(SEATO)→	ジュネーブ休戦協定			
		1955		ジュネーブ4巨頭会談		ブルガーニン	
			バグダード条約機構(METO)(59年改組)→		←ワルシャワ条約機構(WTO)(◎p.258 1)		
		1956			ポーランド，ハンガリー反ソ暴動		
		1957			←ソ連，大陸間弾道弾(ICBM)開発		
		1958	ヨーロッパ経済共同体(EEC)発足		東欧の動揺・中ソ対立激化 ソ連の外交政策転換(雪どけ)・一定の枠内における米ソ協調	フルシチョフ	
		1959	仏ド＝ゴール政権成立	米ソ首脳会談			
	ケネディ	1962	この頃日本が高度経済成長→	キューバ危機(◎p.259)←			
❷デタント(緊張緩和)・多極化／日・欧(EC)の復興とアメリカの地位低下 仏の自主外交(多極化)		1963		部分的核実験禁止条約調印(◎p.267 1)			劉少奇
	ジョンソン	1964	仏，中国承認		←中国核実験		
		1965		→ベトナム戦争本格化(～75)(◎p.259 5)←		ブレジネフ	
		1966	仏，NATO軍事機構脱退		中国で文化大革命開始(～76)		
		1967	ヨーロッパ共同体(EC)発足				
		1968		核拡散防止条約(NPT)調印(◎p.267 1)	プラハの春		
	ニクソン	1969			中ソ国境紛争		毛・林体制
		1971	ニクソン(ドル)・ショック(◎p.291 1)		中華人民共和国国連加盟		
		1972	米，外交政策転換	米中共同声明			毛沢東
				米ソSALT I調印(◎p.268)			
				日中共同声明			
		1973	第1次石油危機	東西ドイツ国連加盟			
	フォード	1975	第1回サミット(◎p.291)	欧州安全保障協力会議(CSCE)*			
	カーター	1978		日中平和友好条約	社会主義路線の多様化		華国鋒
		1979	第2次石油危機	米中国交樹立			
❸新冷戦／核戦争の脅威				米ソSALT II調印(◎p.267)	←ソ連，アフガニスタン侵攻	アンドロポフ／チェルネンコ	胡耀邦
	レーガン	1985			ソ連，ペレストロイカ開始	ゴルバチョフ	
		1987		米ソ中距離核戦力(INF)全廃条約*調印(◎p.267)			
		1989		*2019年に失効。	東欧民主化，ベルリンの壁崩壊	東欧革命	趙紫陽

＊1995年に旧ソ連なども含めて，欧州安全保障協力機構(OSCE)に改組。

年	アジア・アフリカ	区分
1946	インドシナ戦争(～54◎p.259 5)	アジア諸国の独立
1947	インド，パキスタン分離独立	
1948	イスラエル成立	
	第1次中東戦争(～49◎p.276)	
1949	インドネシア成立	
1952	エジプト革命	第三世界の誕生
	第三世界(非同盟諸国)	
1954	周恩来(中)・ネルー(印)会談(平和5原則)	
1955	アジア・アフリカ会議(平和10原則 ◎p.260)	
1956	第2次中東戦争(～57)	
1959	キューバ革命	アフリカ諸国の独立
1960	アフリカの年(独立相次ぐ)	
1961	第1回非同盟諸国首脳会議(◎p.260 3)	
1962	アルジェリア独立	
1963	アフリカ統一機構成立	
1964	第1回国連貿易開発会議(UNCTAD ◎p.307 5)	
1967	第3次中東戦争	非同盟主義(多極化)
	東南アジア諸国連合(ASEAN)の発足(◎p.296)	
1968	OAPECの発足	
1973	第4次中東戦争	
1976	ベトナム社会主義共和国成立	
1978	エジプト・イスラエル和平協定	
1979	イラン革命，中越戦争	
1980	イラン・イラク戦争(～88)	南北問題
1981	南北サミット(メキシコ，カンクン)	
1982	イスラエル，レバノン侵攻	

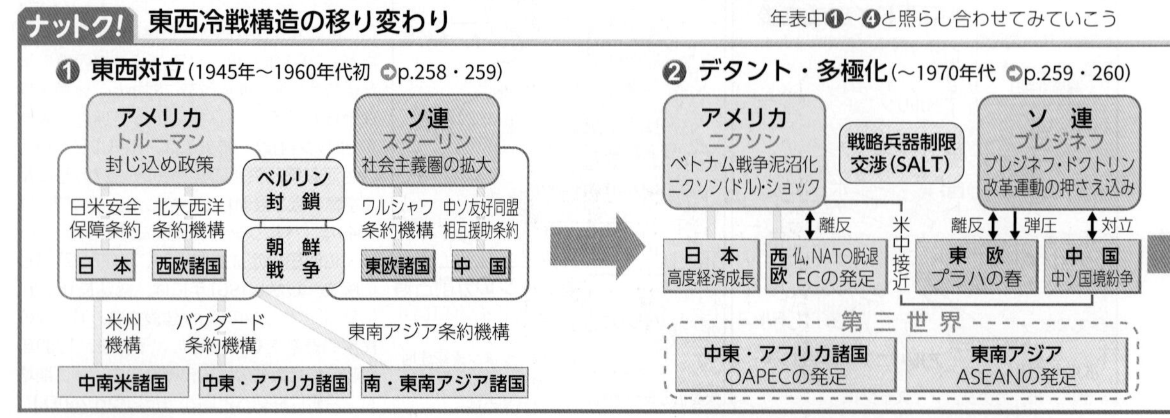

入試のツボ チャーチルの「鉄のカーテン」演説，トルーマン・ドクトリンなど，第2次世界大戦後の流れをつくる発言をした人物・内容をまとめておこう。

	米	年	資本主義陣営(西側) / 社会主義陣営(東側)	ソ・ロ	中		年	第三世界(非同盟諸国)	
❹ポスト冷戦 核戦争の脅威低下	ブッシュ(父)		米ソ首脳マルタ会談で冷戦が終結(◯p.260D❶)	ゴルバチョフ/エリツィン	江沢民	民族主義の台頭 中国の経済発展			民族紛争の激化
		1990	東西ドイツ統一 (◯p.260D❶)				1990	イラク，クウェート侵攻	
		1991	湾岸戦争(◯p.261) 米ソSTARTⅠ調印(◯p.268) ユーゴ紛争始まる コメコン，ワルシャワ条約機構解体 ソ連解体，独立国家共同体(CIS)成立 (◯p.298)				1991	湾岸戦争(◯p.261) 南ア，アパルトヘイト廃止(◯p.62) カンボジア和平成立(◯p.259❺)	
	クリントン	1993	欧州連合(EU)発足 米ロSTARTⅡ調印(◯p.268)				1993	イスラエルとPLO，暫定自治協定に調印(◯p.276A❷)	
		1995	仏，核実験 核拡散防止条約延長(◯p.267❶)				1995	ラビンイスラエル首相暗殺	
		1996	包括的核実験禁止条約採択(◯p.267❶)				1998	インド・パキスタン核実験	
		2000	南北朝鮮首脳会談	プーチン					
単独行動主義 テロの脅威	ブッシュ(子)	2001	アメリカ同時多発テロ(◯p.261)				2001	アフガニスタン，ターリバーン政権崩壊	
		2002	米ロ・モスクワ条約調印(◯p.268) 日朝首脳会談…北朝鮮が日本人の拉致を認める				2002	中東和平崩壊 アフリカ連合(AU)成立	
		2006	北朝鮮がミサイル発射，核実験実施 安保理，北朝鮮の核実験に対して制裁決議(2009，13，16，17年)		胡錦濤		2003	イラク戦争(◯p.262)	
		2007	南北朝鮮首脳会談 メドベージェフ	メドベージェフ					
	オバマ	2010	米ロ・新START調印(◯p.268) 北朝鮮，韓国を砲撃				2011	アラブ世界の民主化運動(◯p.263)	
		2011	米軍がアル＝カーイダのオサマ・ビンラディン殺害				2013	エジプトでクーデター	
		2014	ロシアのクリミア併合を，欧米諸国等が違法占拠と非難	プーチン	習近平		2014	イスラームスンナ派の過激派組織が「IS」樹立宣言。	
		2015	アメリカとキューバが国交回復				2015	イラン核合意(18年，米離脱)	
	トランプ	2018	南北朝鮮首脳会談 米朝首脳会談(2019年２，６月にも実施)				2016	イランとサウジアラビアが断交(2023年，国交正常化に合意)	
		2020	英，EU離脱(◯p.299) 北朝鮮，南北共同連絡事務所を爆破 中国，香港国家安全維持法の成立・施行 米，ヒューストンの中国総領事館を閉鎖。中，成都の米総領事館を閉鎖				2017	有志連合がISの拠点を奪還	
							2020	イスラエルとUAE，バーレーン，スーダン，モロッコが国交正常化に合意	
	バイデン	2021	米軍，アフガニスタンより撤退				2021	アフガニスタン，再びターリバーンが支配	
		2022	ロシア，ウクライナ侵攻(◯p.264)				2023	イスラエルとイスラーム原理主義組織ハマスが武力衝突	

EYE 世界終末の時計

(Bulletin of the Atomic Scientists資料)

注：この時計は，核戦争や環境破壊などによる世界の終末を午前０時とし，その接近度を表示するものである。核の脅威に環境・経済問題を加味して更新される。

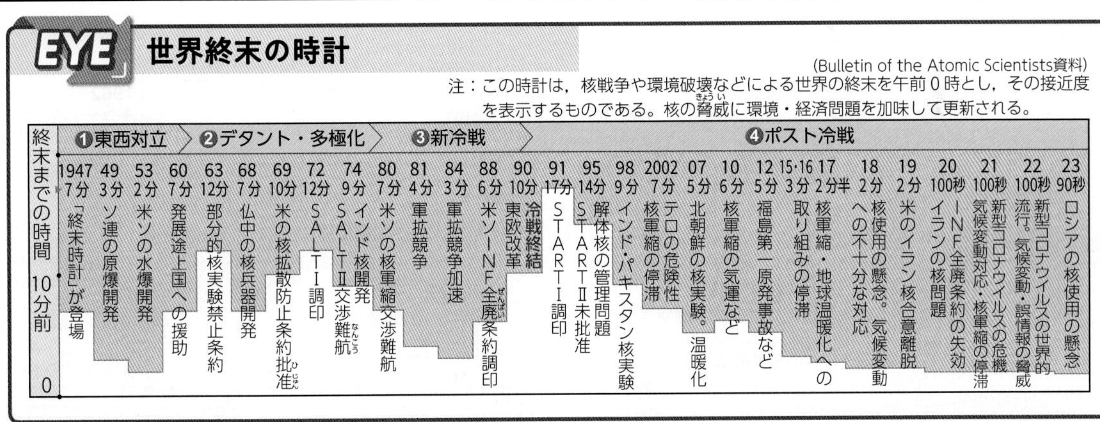

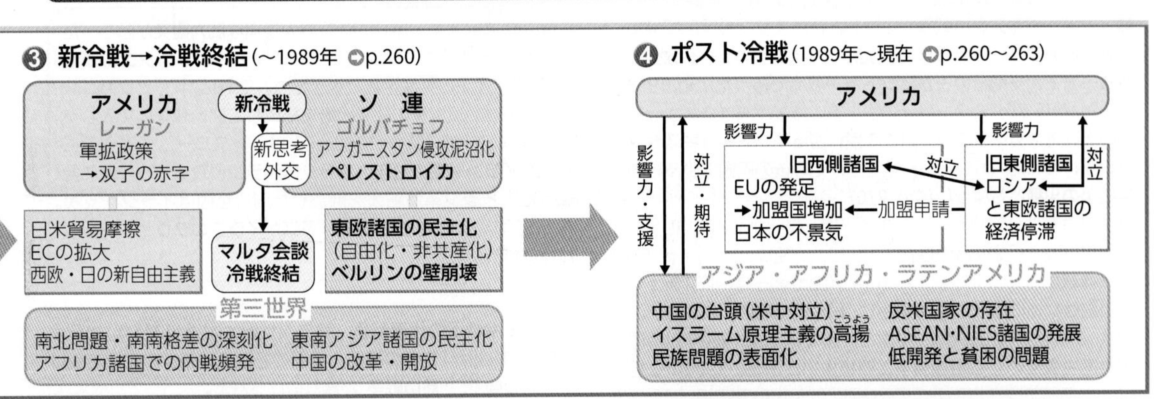

❗重要用語 ㉛トルーマン・ドクトリン ㉜マーシャル・プラン ㉝経済相互援助会議(コメコン) ㉞北大西洋条約機構(NATO) ㉟ワルシャワ条約機構(WTO) ㊱朝鮮戦争 ㊲キューバ危機 ㊵ベトナム戦争 ㊺マルタ会談

B 冷戦期の国際関係

朝鮮戦争
インドシナ紛争

1 冷戦期の東西対立(ヤルタ体制)

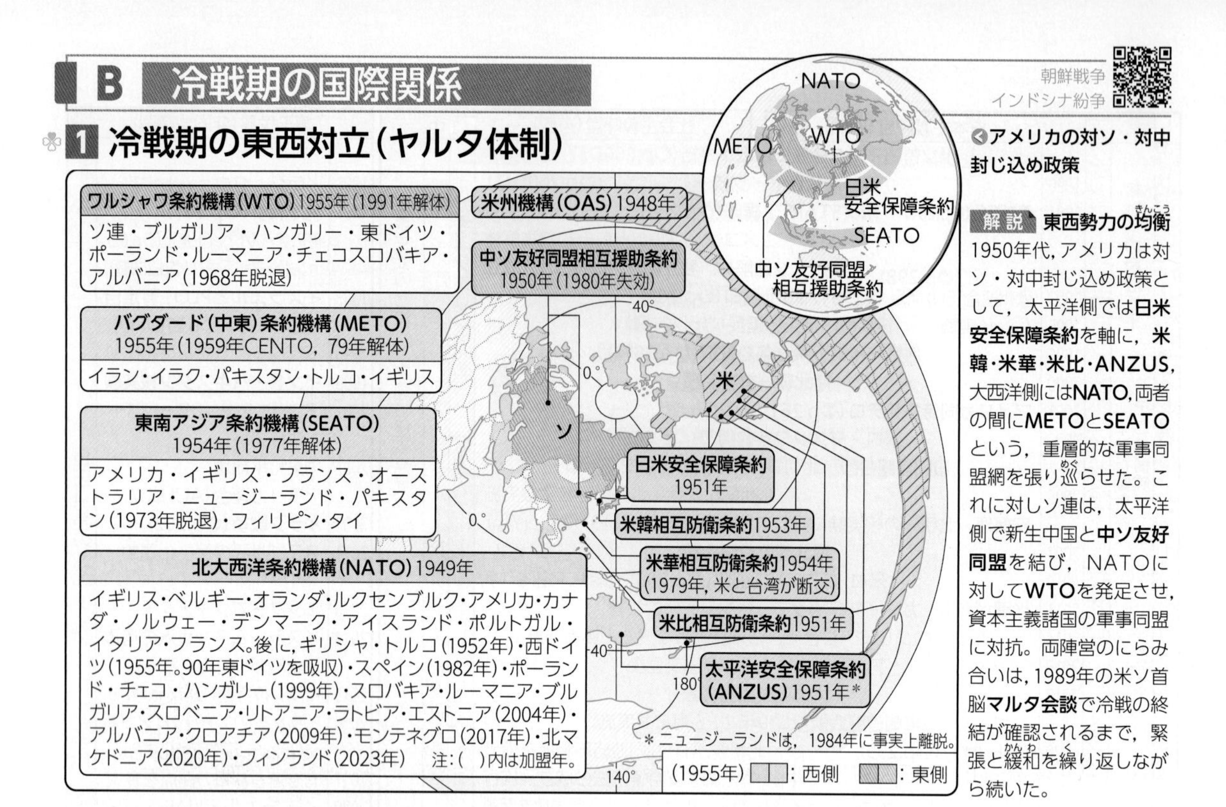

◀アメリカの対ソ・対中封じ込め政策

解説 **東西勢力の均衡**(きんこう)
1950年代，アメリカは対ソ・対中封じ込め政策として，太平洋側では**日米安全保障条約**を軸に，**米韓・米華・米比・ANZUS**，大西洋側には**NATO**，両者の間に**METO**と**SEATO**という，重層的な軍事同盟網を張り巡(めぐ)らせた。これに対しソ連は，太平洋側で新生中国と**中ソ友好同盟**を結び，NATOに対して**WTO**を発足させ，資本主義諸国の軍事同盟に対抗。両陣営のにらみ合いは，1989年の米ソ首脳**マルタ会談**で冷戦の終結が確認されるまで，緊張と緩和(かんわ)を繰(く)り返しながら続いた。

2 冷戦期の主な国際紛争

Q 冷戦期の紛争は，どのようなところで起きているか？

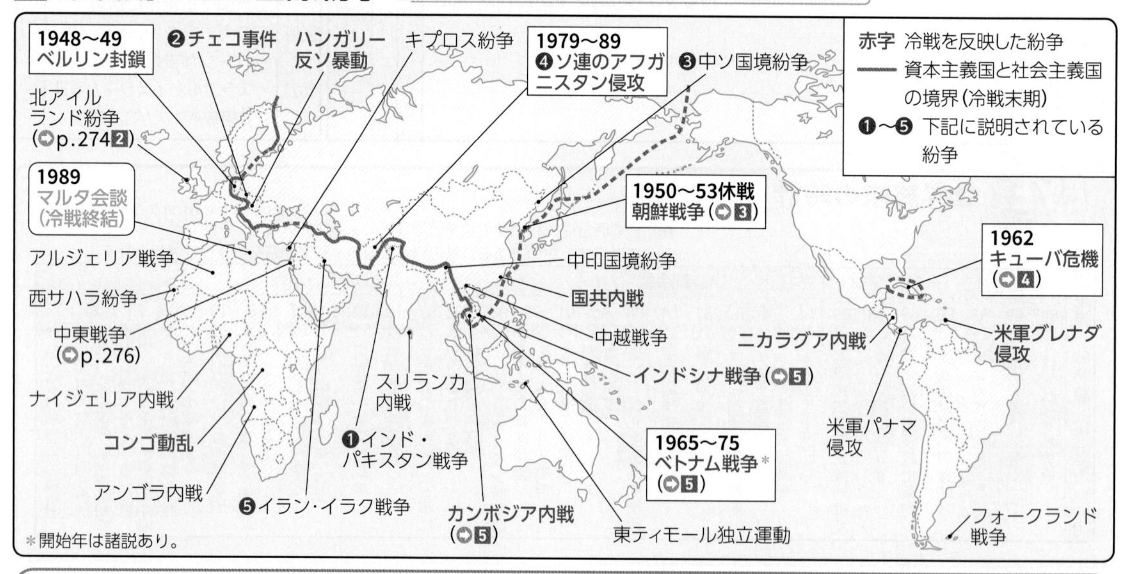

❶**インド・パキスタン戦争**　インドとパキスタンの間の国境に位置するカシミール地方では，**住民の大半がイスラーム教徒である一方で，支配者の王がヒンドゥー教徒であった**ため，1947年のインド，パキスタンの分離独立時に帰属(きぞく)が決まらなかった。その領有権をめぐって両国間で**3度に渡るインド・パキスタン戦争**が行われた。カシミール地方は，その後の両国による**核開発競争の火種**ともなった(p.270)。

❷**チェコ事件**(1968年)　ドプチェク第一書記が進めた自由化・民主化の改革(**「プラハの春」**)に対して，ソ連などワルシャワ条約機構軍が介入し，チェコスロバキア全土を占領。ドプチェクら首脳はソ連に連行され，自由化・民主化路線は阻止(そし)された。

❸**中ソ国境紛争**(1969年)　中国とソ連の間では，1960年以降国際共産主義をめぐる路線論争と覇権(はけん)争いが激化。1969年3月には，**ダマンスキー島(珍宝島(ちんぽうとう))で大規模な武力衝突(しょうとつ)**が起こった。

❹**ソ連のアフガニスタン侵攻**　ソ連がアフガニスタンに軍を送り，親ソ連派の共産主義政権を樹立(じゅりつ)。それに対し，アフガニスタンの人々は反ソ連の武装組織を結成して武力闘争に突入した。

❺**イラン・イラク戦争**(1980～88年)　イスラーム原理主義に基(もと)づく**イラン革命**の翌年，イラクのイラン侵攻をきっかけに始まった。イラン革命拡大を懸念(けねん)した周辺諸国はイラクを支援。この戦争で経済の疲弊(ひへい)，過剰(かじょう)な軍備が**イラクのクウェート侵攻につながった**。

解説 **冷戦下の代理戦争**　第二次世界大戦後(1945年)から冷戦終結(1989年)までの期間，世界の各地では米ソの支援を受けた勢力の間で，**「熱い戦争」**が繰(く)り広げられた。

北大西洋条約機構(NATO)は，ソ連の解体に伴い軍事同盟としての役割を終え，米州機構(OAS)の非軍事部門に編入されている。○？×？(1)　答：×

3 朝鮮戦争（1950～53年休戦）

Q なぜ，南北の間で戦争が起こったのか？

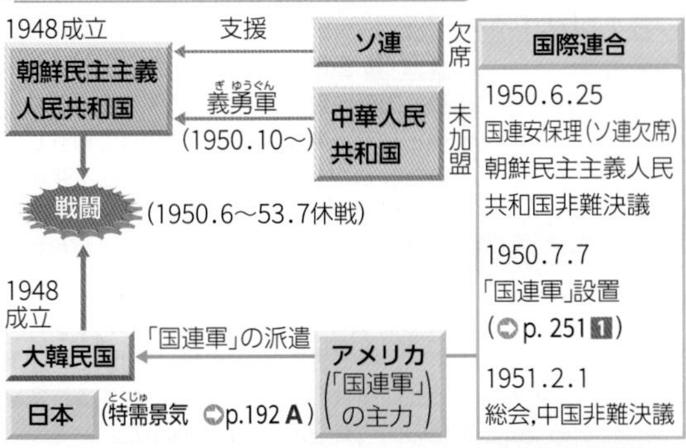

漢江を渡り進軍する「国連軍」

解説 **アジアの熱い戦争**　1950年，冷戦はアジアで「**熱い戦争**」に発展し，**朝鮮戦争**が勃発した。米ソ対立が激化する中で起こったこの戦争は**米ソの代理戦争**といわれ，これによって西ドイツのNATO軍編入や東南アジア条約機構(SEATO)結成など，西側陣営の再軍備が促進された。これに対し，ソ連側も55年にワルシャワ条約機構を成立させ，西側と対決する姿勢を示した。

4 キューバ危機（1962年）

Q キューバ危機は，冷戦にどのような影響をもたらしたのか？

①1898年，スペインから独立，米の影響下に
ソ連 → キューバ ← アメリカ
③ミサイル基地の設置を図る
②1959年，カストロらが，米に支援された独裁政権を倒す。のち，社会主義国に
④キューバの海上封鎖で対抗
キューバ危機
⑤ソ連が譲歩し，核戦争は回避

キューバ危機でにらみ合う米ソ船

解説 **デタント（緊張緩和）**　**キューバ危機**は，冷戦期に初めて**核戦争の勃発が現実的となった**瞬間であった。これ以後，偶発的な核戦争の勃発を避けるため，米ソ間に**ホットライン（直通電話回線）**が設置された。また，**米ソの核軍縮交渉が進展するきっかけともなった（デタント）**。

5 インドシナ紛争

Q 冷戦下のアジアでは，どのような紛争が起こっていたのか？

親ソ…ソ連が支援　越…ベトナム

年	ベトナム関係	カンボジア関係
1945	ベトナム民主共和国（北，親ソ中）独立宣言	
1946	**インドシナ戦争開始**…フランスがベトナムの再植民地化を図る	
1949	ベトナム国（南，親仏）成立	
		カンボジア王国独立（シアヌーク国王）
1954	**インドシナ戦争休戦協定に調印**	
1955	ベトナム共和国（南，親米）成立	
1960	南ベトナム解放民族戦線結成	
1965	米，北ベトナム空爆（北爆）…**ベトナム戦争本格化**	
1970		クーデターでシアヌークが失脚し，親米政権に
1973	ベトナム和平協定調印，米のベトナム撤退完了	
1975	北ベトナムが南を解放…**ベトナム戦争終結**	
1976		民主カンボジア（親中ポル＝ポト政権）成立（100万人を殺害）
	ベトナム社会主義共和国成立…南北ベトナム統一	
1978	**ベトナムがカンボジアに侵攻**	
1979		カンボジア人民共和国（親越ヘン＝サムリン政権）成立
	中国がベトナムに侵攻…中越戦争	
1982		シアヌーク，ポル＝ポトら，反越連合政府を樹立
1989	ベトナムがカンボジアから撤退	
1991		**カンボジア和平協定調印**
1993		国連の支援でカンボジア王国成立（シアヌーク国王）
1995	アメリカと国交樹立	

❶ 1975年までの構図

⟷ 対立　── 支援

解説 **ベトナム戦争**　日本軍の引き上げ後，（北）ベトナムは旧宗主国のフランスを破った（**インドシナ戦争**）が，南北の分断を招いてしまった。さらに，ソ連側勢力の拡大を恐れたアメリカが，南を支援したことから，**ベトナム戦争**が起こった。この戦争で，米軍は5万人が戦死し，**建国以来初の敗戦**を喫した。

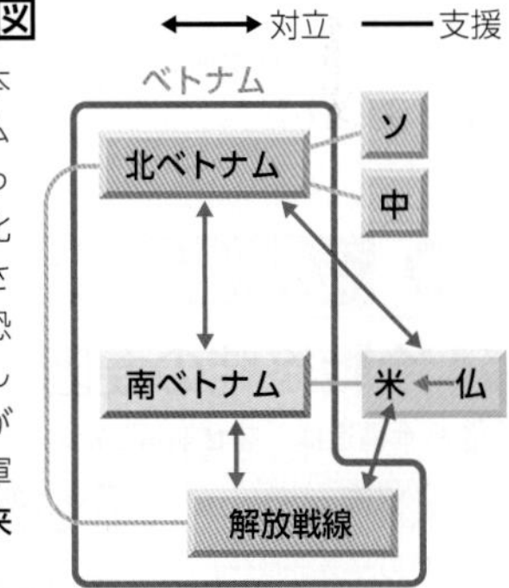

❷ 1979～91年の構図

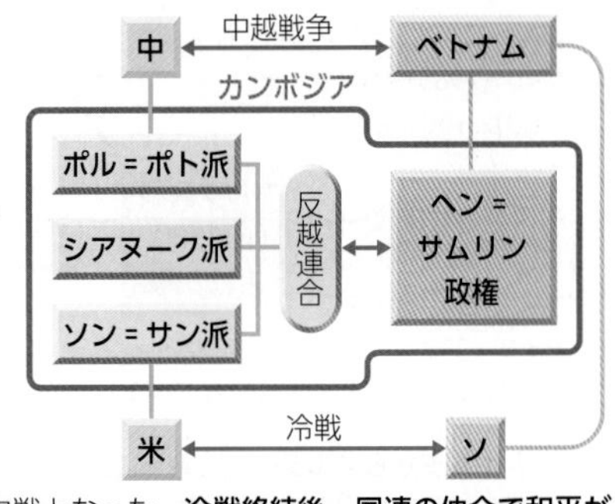

解説 **カンボジア内戦**　アメリカに勝利したベトナムはカンボジアに侵攻し，親ベトナム政権を立てた。一方，元国王のシアヌーク，元首相のポル＝ポトらは反ベトナム連合を結成し，泥沼の内戦となった。**冷戦終結後，国連の仲介で和平が成立**し，連合政府が成立した。

重要用語 137日米安全保障条約　354北大西洋条約機構（NATO）　355ワルシャワ条約機構（WTO）　356朝鮮戦争　357キューバ危機　358ホットライン　359デタント（緊張緩和）　360ベトナム戦争　361カンボジア内戦　365マルタ会談

C 多極化と第三世界の台頭(1960年代初頭)

アジア・アフリカ会議

1 二極化から多極化へ

Q 米ソ以外の新たな勢力には何があげられるか?

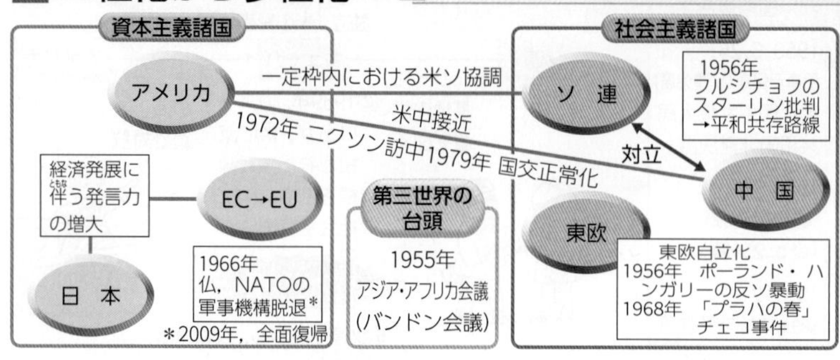

解説 **多極化する世界** 第二次世界大戦後，国際政治は米・ソ両大国をそれぞれの極として，東西両陣営に分かれて対立していた。しかし1960年代に入ると，西側陣営ではヨーロッパ共同体(EC)・日本の経済発展によって，アメリカの地位が相対的に低下し，東側陣営では中ソ対立の激化，東欧諸国のソ連に対する自立が見られた。また，第三世界勢力(➡2)も台頭し，国際社会は多数の国が主導性を発揮する，多極化の時代を迎えることとなった。

2 平和10原則(1955年)

Q 「非同盟諸国」は，何をめざしたのか?

平和10原則(1955年)

1. 基本的人権と国連憲章の尊重
2. 主権と領土保全の尊重(①)
3. 人類と国家間の平等(④)
4. 内政不干渉(③)
5. 単独・集団の自衛権尊重
6. 大国有利の集団的防衛排除
7. 武力侵略の否定(②)
8. 国際紛争の平和的解決(⑤)
9. 相互の利益・協力促進
10. 正義と国際義務の尊重

( )内は，平和5原則を継承

解説 **第三世界の登場** 東西対立による冷戦が激化する中，アジア・アフリカを中心とする諸国はそのいずれにも属さないこと(**非同盟中立**)をめざして**第三世界を形成**し，積極的に平和を求める動きを起こした。まず1954年，中国の**周恩来首相**とインドの**ネルー首相**は**平和5原則**を発表し，これを両国だけでなく世界中の国々に適用すべきだとした。翌年，日本を含むアジア・アフリカの29か国は，インドネシアのバンドンに集まり，**アジア・アフリカ会議(バンドン会議)**を開催した。会議では，平和5原則を具体化し，反植民地主義と民族自決主義を内容とする**平和10原則**が採択された。

3 アジア・アフリカの独立国 (➡p.248 1)

Q アジア・アフリカ諸国の独立は，どのような影響を与えたのか?

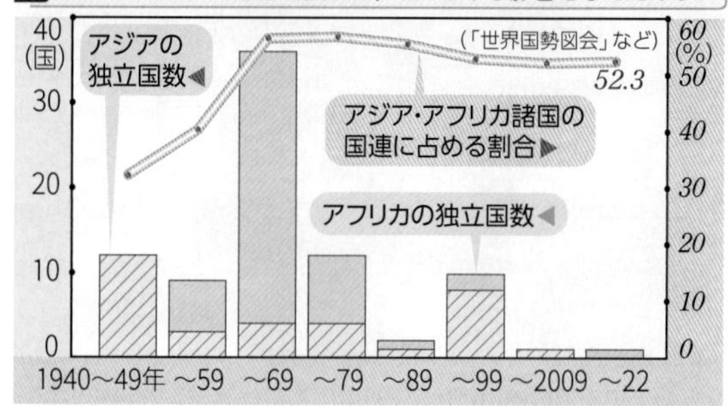

解説 **独立の達成** 帝国主義諸国による植民地支配の下にあったアジア・アフリカの諸国が，独立を勝ち取ったのは第二次世界大戦後である。1960年にはアフリカの17か国が独立し，**「アフリカの年」**と呼ばれた。これらの新しい独立国は，自らが長年にわたって他国の支配を受けていた歴史的経験から，植民地主義に反対し続けている。1961年からほぼ3年おきに**非同盟諸国首脳会議**が行われ，会議の加盟国は約120か国となり，国際連合の中でも大きな勢力となっている。近年では，アジアやアフリカ，中東，ラテンアメリカなどの新興国は「グローバル・サウス」と呼ばれている。

D 冷戦後の国際関係(1989年～)

1 冷戦終結の要因

Q 冷戦構造は，なぜ崩壊したのか?

- **ソ連**
  - 国防費の経済圧迫／社会主義経済の停滞 → 軍縮の進展(➡p.268)
  - → ペレストロイカ，グラスノスチ(1985～91年)(➡p.160 C)
  - 新思考外交 → ソ連封じ込めの終了
  - → 東欧の民主化 → マルタ会談(1989年)=冷戦の終結
  - → 民主主義の高揚／保守派クーデター失敗(1991年8月) → ソ連解体(1991年12月) → アメリカが唯一の超大国に
- 反核運動 → 軍縮の進展
- **アメリカ**
  - 「双子の赤字」(1980年代)(➡p.294 5) → 軍縮の進展
- 軍縮の進展 → ソ連封じ込めの終了 → マルタ会談(1989年)=冷戦の終結 → 湾岸戦争(1991年)(➡p.261 3) → アメリカが唯一の超大国に

◀**東西ドイツの統一**(1990年) ベルリンの壁崩壊からわずか1年で実現した。

(「朝日新聞」1991.12.22)

独立国家共同体が誕生
ソ連邦69年で消滅
ゴ大統領退陣決
11共和国が調印

▶**ソ連消滅**(1991年) 11の旧ソ連構成国によって，ゆるやかな主権国家の統合をめざす，**独立国家共同体(CIS)**が発足。ゴルバチョフ大統領が辞任し，69年間続いたソ連が消滅した。

解説 **ヤルタからマルタへ** 冷戦下における軍拡競争は，米ソ両国に巨額の財政負担を強いた。また，ソ連のゴルバチョフのペレストロイカ(改革)・新思考外交によって東欧の民主化，東西対立の緩和がもたらされた。このような状況下で開かれた**米ソ首脳のマルタ会談で，米ソ首脳は東欧の改革支持や，ドイツの統一問題などについて合意，冷戦終結が宣言された**のである。

入試クイズ 植民地支配から独立したアジア・アフリカ諸国は，冷戦期には，東西の各陣営との同盟を重視する立場を表明した。○?×?(➡C) 答:×

2 冷戦後の主な国際問題・紛争 (◎p. 274 2)

Q 冷戦後の紛争の特色は何か?

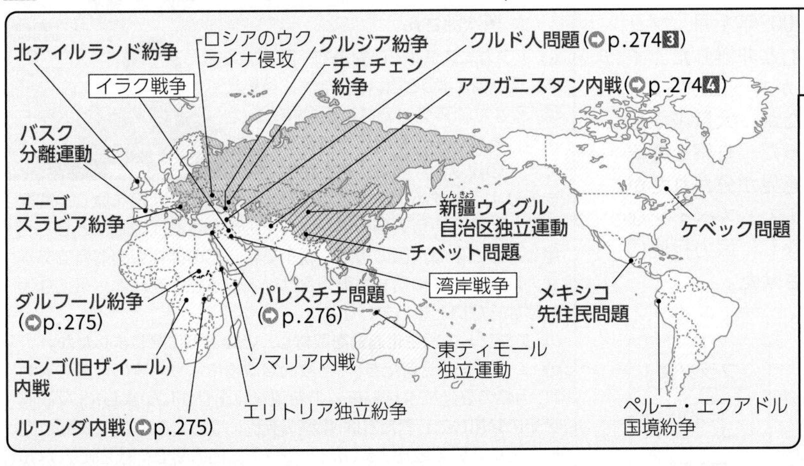

解説 **多発する民族紛争** 冷戦時代には,米ソの対立を背景とする代理戦争が各地で勃発した(◎p.258)。冷戦終結後,地域紛争は冷戦構造から離れ,**民族を争点**とするようになった。ソ連やユーゴスラビアでは,冷戦期に抑えられていた民族問題が吹き出し,各民族が独立を求めて国が解体し,その後**民族紛争**や民族間の対立が起こった。民族紛争はアジアやアフリカでも勃発し,虐殺や大量の難民が生じた(◎p.278)。

3 湾岸戦争(1991年)

Q 湾岸戦争は,冷戦後の世界にどのような影響を与えたのか?

❶ 湾岸戦争の構図

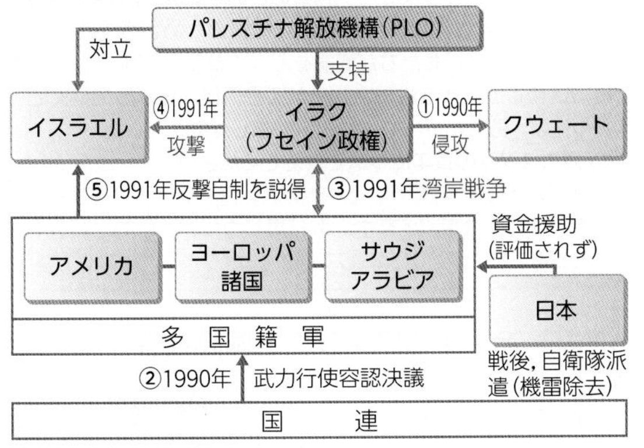

解説 **湾岸戦争の背景** イラン・イラク戦争(1980〜88年)での**財政難と人心不安を打開するため**,イラクは1990年にクウェートに侵攻した。それまで親イラク的であったアメリカもイラクを非難し,多国籍軍の中心として攻撃した。これに対しイラクは,パレスチナを占領するイスラエルを引き合いに出して反論した。

❷ 湾岸戦争の結果と影響

結果	•アメリカ軍を中心とした「**多国籍軍**」は,ハイテク兵器によって,ほとんど人的犠牲を出さずに勝利
意味	•冷戦中の東西対立に代わり,第三世界で大規模な紛争が起こった •**国連を中心とした国際社会が,侵略国に対し一致団結して武力制裁を加えた**
影響	•イラクがイスラエルによるパレスチナ占領と,自国のクウェート侵攻を結びつけたため,**パレスチナ問題**(◎p.276・277)**解決の必要性**が認識される ➡この年,中東和平会議開催 •これ以後,アメリカ軍がサウジアラビアに駐留したことが,**イスラームの間での反アメリカ感情**を呼び起こす ➡アメリカ同時多発テロなど(◎4) •日本では,130億ドルの経済支援が評価されなかったため,国際貢献のあり方が模索されるようになる ➡翌年**PKO協力法成立**(◎p.112)

4 アメリカ同時多発テロ事件(9・11事件)

❶ アメリカ同時多発テロ事件(2001年)

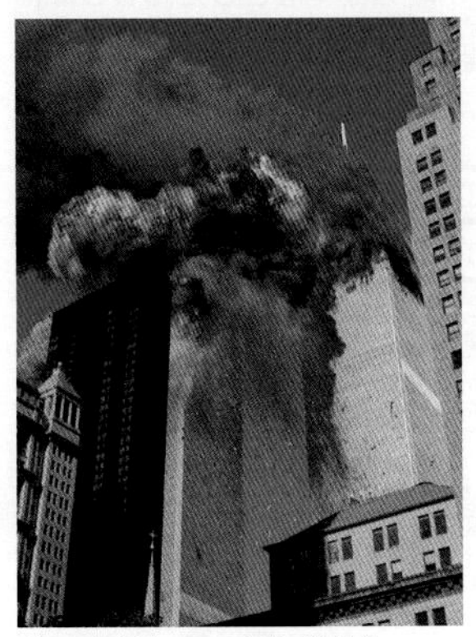
Chao Soi Cheong/AP/WWP

◎**旅客機が世界貿易センタービルに激突** 2001年9月11日,ハイジャックされた旅客機が,ニューヨークの世界貿易センタービルやワシントンの国防総省に次々と激突。計3000人以上が死亡する大惨事となった(うち,日本人の死者・行方不明者は24人)。

◎**アル=カーイダの指導者オサマ・ビンラディン** 2011年5月,死亡。

❷ アフガニスタン攻撃 (◎p.274)

ターリバーン政権崩壊 テロの首謀者はイスラーム原理主義過激派組織アル=カーイダ。この組織をかくまっていたのが,イスラーム原理主義を掲げるアフガニスタンのターリバーン政権であった。アル=カーイダの指導者を引き渡せというアメリカの要求にアフガニスタンが応じなかったため,2001年10月よりアメリカはアフガニスタンを攻撃し,ターリバーン政権を崩壊させた。*

*2021年,ターリバーンはアフガニスタンの首都カブールを奪還

●「イスラーム原理主義」とは

イスラーム(イスラム教)に基づいた伝統社会の復興をめざす思想。欧米型の近代化や社会・政治様式を採り入れたことが貧困をはじめとする諸問題の原因であると考えている。原理主義は,直接テロと結びつくものではない。しかし,原理主義勢力の中にはアル=カーイダのように,穏健な方法での解決は無理と考え,テロを含む非合法活動を行う過激派が存在する。

重要用語 362第三世界 363アジア・アフリカ会議(バンドン会議) 364ベルリンの壁 365マルタ会談 366湾岸戦争 367アメリカ同時多発テロ事件(9・11事件) 381パレスチナ問題

5 イラク戦争(2003年)

明確な安保理決議なしで攻撃　2002年1月，ブッシュ大統領はイラクを「悪の枢軸」と非難した。イラクに大量破壊兵器保持の疑いがあったからだ*。イラクは国連の査察を受け入れたが，大量破壊兵器の保持も廃棄も確認できなかった。査察を継続すべきかどうか国連安保理内で意見が分かれたが，2003年3月，アメリカはイギリス・スペインなどとともに明確な安保理の決議なしに武力行使に踏み切り，フセイン政権を崩壊させた。

*結局，大量破壊兵器は発見されなかった。

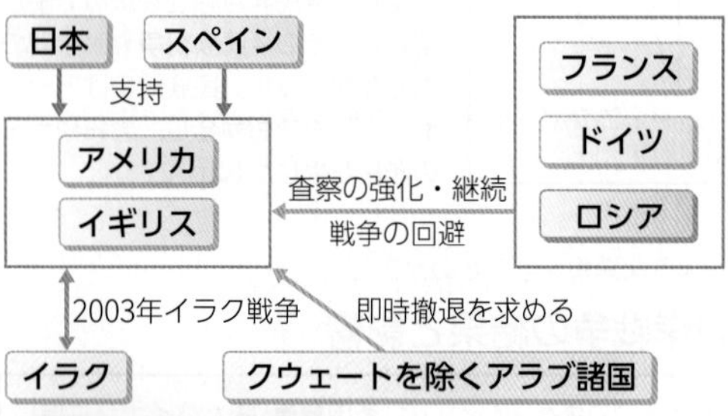

2003年12月，フセイン元大統領を拘束。2006年末，処刑。(「読売新聞」2003.12.16)

政権崩壊後の治安　戦闘終結後もイラクではテロが頻発し，米軍は駐留を続けた。2010年，オバマ大統領は戦闘任務の終結を宣言し，戦闘部隊が撤退。その後は，北部に勢力を広げたスンナ派過激組織(IS➡p.263B)と，政府軍の戦闘が続き，2017年，政府軍がISの拠点を奪還。同年，ISは事実上崩壊。

6 朝鮮民主主義人民共和国(北朝鮮)問題

日本人拉致問題　日本人が北朝鮮に連れ去られた問題。2002年，日朝首脳会談で北朝鮮は拉致を正式に認め，謝罪した。

北朝鮮による拉致被害者の帰国(2002年10月15日)　5人の拉致被害者は約24年ぶりに日本の家族と対面することができた。しかし，その後，北朝鮮は拉致問題は解決済みとして，その他の被害者や，北朝鮮が「死亡」と通知してきた被害者の安否再調査については，現在も解決していない。

北朝鮮と国際社会

北朝鮮の核問題を協議する場として2003年から行われてきた日・米・韓・中・露・北朝鮮による**6か国協議**は，2009年に北朝鮮が離脱を宣言して以降，再開されていない。その後，金正恩体制に移行後もミサイル・核開発を加速させてきた。2018～19年にかけて韓国やアメリカと首脳会談を行い，朝鮮半島の完全な非核化の実現をめざす宣言に署名したが，交渉は進展していない。

北朝鮮にとって核・ミサイル開発は，アメリカの北朝鮮敵視政策撤回の切り札であり，非核化実現は容易ではない。

この人に聞く

NHKニューデリー支局長(元カイロ支局長)
太 勇次郎さん

Q アフガニスタンでの紛争で，日本に何を伝えようと思いましたか。

A アフガニスタンでは，紛争により，建物の多くが破壊されました。その建物の片隅で，何とか生き延びようとする人々の姿がありました。その状況を見て，武器を持って殺し合う人間の愚かさ，その愚かさを代理戦争として利用しようとする大国の思惑，紛争で苦しむのは社会的弱者であり，武力による紛争は何も生み出さないということを日本へ伝えなければならないと感じました。

Q エジプトの民主化運動を取材し，どのように感じましたか。

A エジプトの若者たちは，独裁的な政権により言論の自由を奪われ，汚職の蔓延により将来への希望を見出せずにいました。反政府デモに参加した若者たちは，警察の発砲にひるむことなく，命がけで前に進んでデモを続けました。エジプト国内の閉そく感を破り，なんとか国を良くしたいという若者たちの強い思いに驚かされました。

Q 海外取材の中で，最も忘れられない取材を教えてください。

A アメリカ軍と戦っているイスラム過激派組織のメンバーにインタビューする機会がありました。19歳のこの若者は，「父はアメリカ軍によって殺害された。だから私は復讐のため武器を取った。私が死んでも弟や子どもたちが武器をとって戦う」と話していました。暴力は憎しみだけを生み，さらなる暴力につながっていくという負の連鎖。悲しい現実を身にしみて感じた取材でした。

Q アフガニスタンの青年について教えてください。

A アフガニスタンの若者の多くが十分な教育を受けられませんでした。今，少しずつ平和と自由を取り戻しつつある中で，教育を受けられる喜びと大切さを実感しています。

ナットク! 冷戦後のアメリカと国際社会

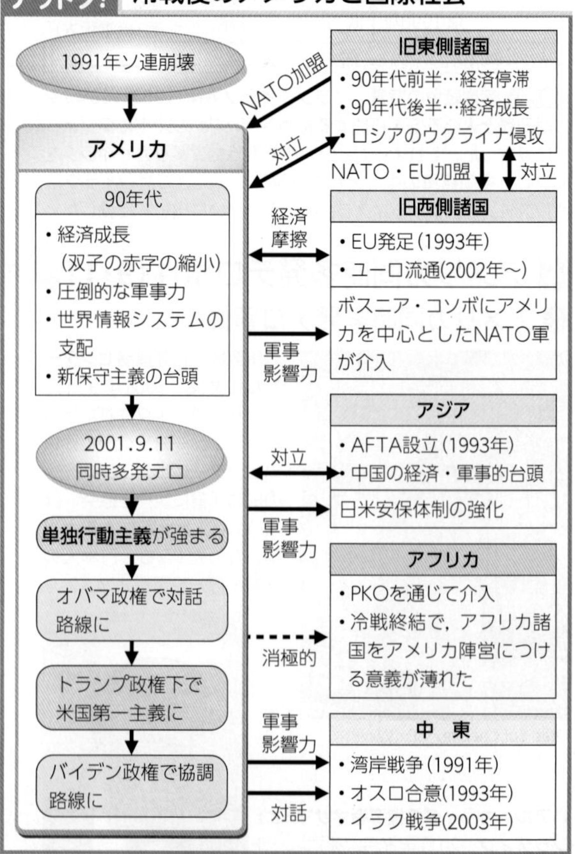

重要用語　143国連平和維持活動(PKO)　354北大西洋条約機構(NATO)　366湾岸戦争　368イラク戦争　409欧州連合(EU)

「アラブの春」とその後

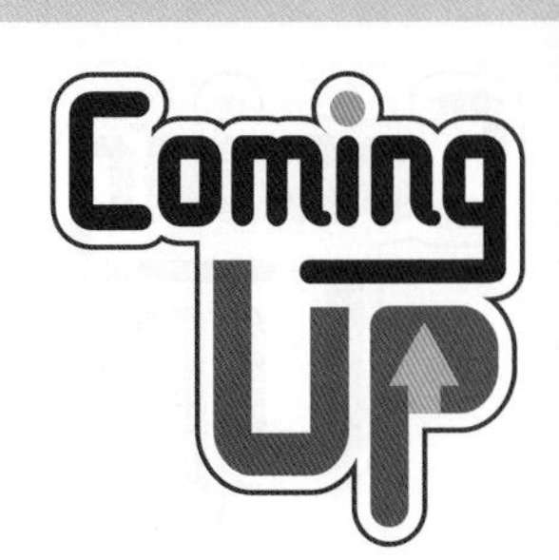

ねらい　2011年，チュニジアで起きた革命はアラブ諸国に波及（はきゅう）した。エジプトのムバラク政権（1981～2011）やリビアのカダフィ政権（1969～2011）を崩壊させ，さらに，湾岸首長諸国，シリアなどでも民主政治を求める反政府暴動が起きた（「アラブの春」）。現在のアラブ諸国の状況を確認し，世界の政治・経済にどのような影響を与えているのか考えてみよう。

A 「アラブの春」

❶「アラブの春」の広がり

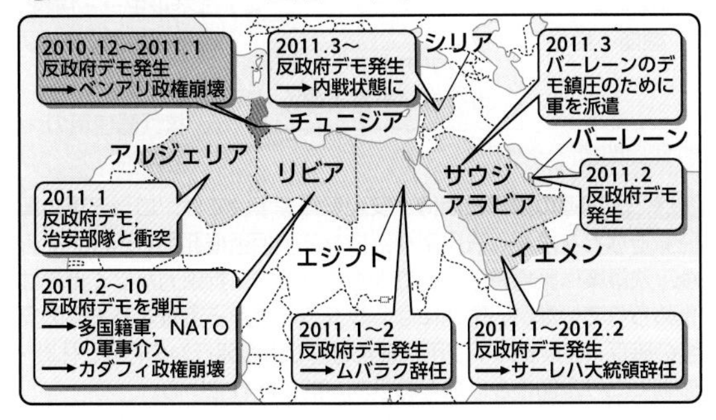

❷「アラブの春」の流れ

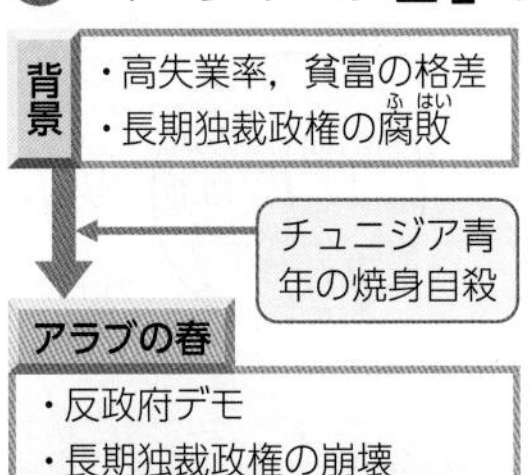

解説　きっかけは1人の青年　2010年，生活に必要な商売道具を没収（ぼっしゅう）されたことなどから，チュニジアの青年が焼身自殺をした。事件はフェイスブックなどのソーシャルメディアを通して広まり，民衆の怒りは，反政府デモという形で爆発。翌月には大統領が亡命し，23年間続いた政権が崩壊（ほうかい）する事態となった。革命の波はアラブ諸国に広まったが，政権崩壊後の主導権争いなどにより，民主化が頓挫（とんざ）している国もある。

●エジプト

△エジプトの民主化デモ　△ムバラク

解説　遠のく民主化　2011年，民主化デモによりムバラク政権が退陣。しかし，後任の大統領への失政批判が高まり，2013年に軍がクーデターを決行。現在は，元軍人の大統領が政権を担（にな）っている。

●リビア

△カダフィ　△NATOによる空爆

解説　長期独裁後の混乱　2011年，チュニジア革命の波及による内乱や，NATOの軍事介入を経て，カダフィ政権が崩壊（ほうかい）。その後，政治的混乱が続いたが，2021年，暫定（ざんてい）国民統一政府が成立。

B シリア内戦と「IS」

❶シリア内戦の動き

＊1 2018年はロシアのみ。

年	できごと
1970	革命。その後から現在まで，アサド家の独裁が続く
2011	各地で反政府デモ。政府は弾圧し，死者発生
	安保理の対シリア決議で，ロ中が拒否権発動（12,14,16～20年[*1]）
2012	アサド大統領が内戦状態であることを認める
	国外からイスラーム（イスラム教）スンナ派武装勢力が流入
2013	政府側が化学兵器を使用したとして，米英仏が非難
	米ロがシリアの化学兵器廃棄（はいき）に合意
2014	1月に和平交渉「ジュネーブ2」開催（2月に中断）
	シリアの一部とイラクの一部を占領したイスラームスンナ派過激組織が「IS[*2]」の樹立を宣言
	アメリカが，シリア領内のISを標的に空爆開始
2016	和平交渉「ジュネーブ3」開催（何度も中断）
2017	ISが事実上崩壊
2018	安保理，シリアでの30日間の停戦を求める決議を採択
2019	ISの最高指導者バグダディ死亡

◁**スンナ派武装組織を歓迎するイラク北部の住民たち**（2014年，イラク）　背景には，武装組織や北部住民の多くはスンナ派，政府はシーア派中心の政権という，宗派間の対立がある。

❷シリア内戦の構図

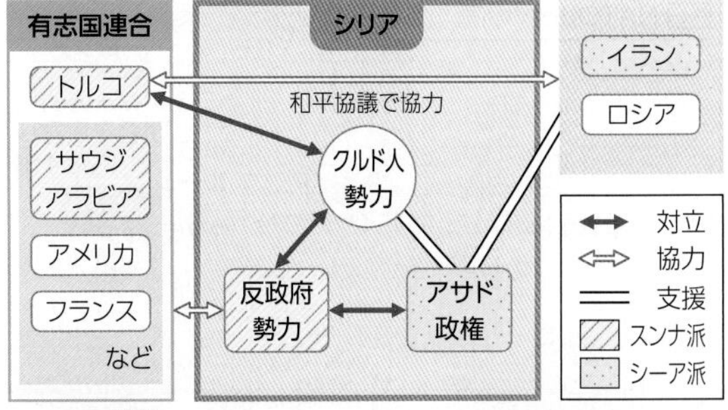

解説　混迷（こんめい）のシリア　2011年，アサド政権と反政府勢力との間に武力衝突（しょうとつ）が発生。その後，反政府勢力諸派（しょは），他国から流入した過激派組織，自治を求める国内のクルド人勢力（➡p.274❸）が衝突し合う，内戦状態へ突入。米ロなどがISへの攻撃を行い，2017年，ISは事実上崩壊したが，現在も内戦が続いている。

◁**シリア，アラブ連盟に復帰**（2023年）　ロシアの支援もあり，内戦はアサド政権が優勢となっている。内戦を機に，アサド政権は国際社会から孤立。しかし，2023年，凍結されていたアラブ連盟の参加資格が12年ぶりに認められた。

＊2 Islamic Stateの略。メディアは「イスラム国（IS）」「イスラム過激派組織『イスラム国』」等と表記。「イスラム国」という表記は，この組織が国であるという誤解や，イスラームへの偏見につながるという指摘がある。日本・米国政府，国連は，「ISIL」と表記しているが，過去の組織名との指摘もある。

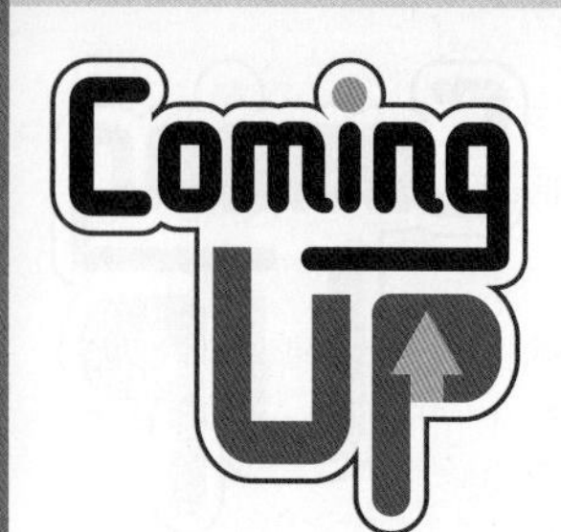

ロシアのウクライナ侵攻

ねらい 2022年，ロシアがウクライナに軍事侵攻した。侵攻の歴史的・地理的な背景や，各国の関係をつかもう。また，侵攻による国際社会への様々な影響についても知り，私たちの生活にはどのような影響があるか考えてみよう。さらに，侵攻は，なぜ防げなかったのか，解決するためにはどのようにすべきか考えてみよう。

A 侵攻の背景

❶ロシア・ウクライナの歴史

9世紀	**キエフ公国建国** →ロシア・ウクライナ・ベラルーシ共通の祖とされる
1917	**ウクライナ人民共和国樹立宣言**
1922	ソ連成立 (**ウクライナ，ソ連の構成国となる**)
1954	ソ連，クリミア半島の帰属をロシアからウクライナに移管
1989	**冷戦終結**
1991	ソ連解体 **ウクライナ独立宣言**
2004	オレンジ革命。親欧米政権発足
2010	親ロシア政権発足
2014	親欧米政権発足 **ロシア，クリミア併合を宣言** ロシア系住民が多いウクライナの東部で分離独立運動
2019	親欧米のゼレンスキー政権発足
2022	**ロシア，ウクライナに軍事侵攻**

▲プーチン大統領(ロシア)

▲ゼレンスキー大統領(ウクライナ)

❷NATOの拡大

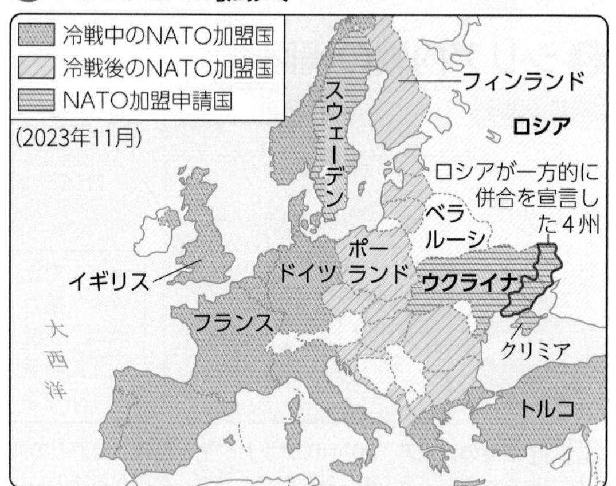

❸ウクライナをめぐる関係

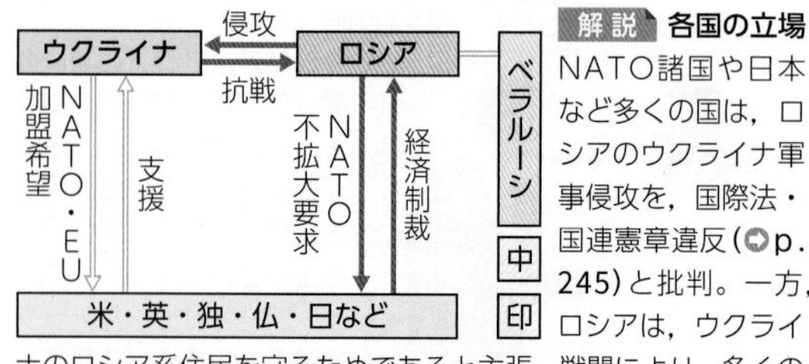

解説 各国の立場 NATO諸国や日本など多くの国は，ロシアのウクライナ軍事侵攻を，国際法・国連憲章違反(➡p.245)と批判。一方，ロシアは，ウクライナのロシア系住民を守るためであると主張。戦闘により，多くの民間人が犠牲となり，難民が発生している。

B 侵攻による影響

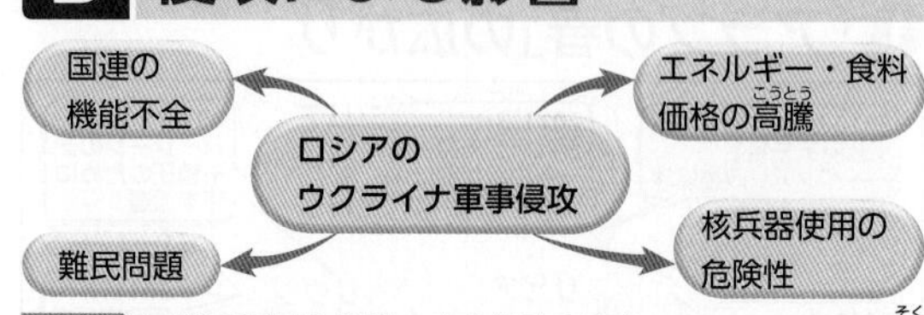

解説 国連の限界と期待 安全保障理事会では，ロシア軍の即時撤退などを求める決議案が，ロシアの拒否権発動で否決。その後，決議案は緊急特別総会で採択されたが，拘束力がなく侵攻は止められていない。国連には，ウクライナから避難する人々の安全の確保，核兵器の不使用，原発周辺での戦闘行為の停止，休戦・停戦に向けた働きかけなどの役割が期待されている。

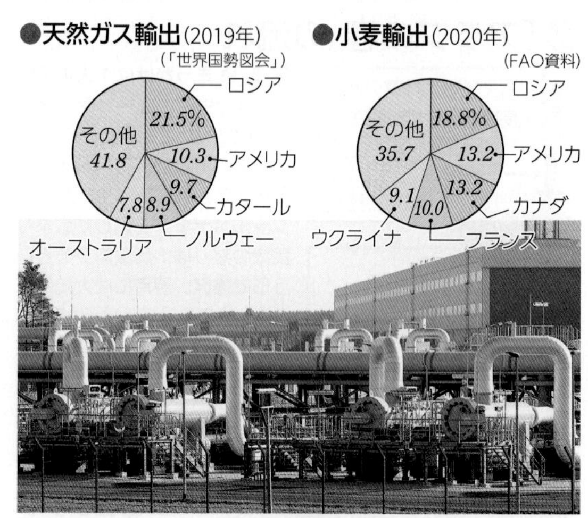

▲ノルドストリーム2(ロシアからドイツへ走る天然ガスパイプライン) ロシアは，世界の天然ガス輸出の約2割，ロシアとウクライナは，世界の小麦輸出の約3割を占めている。そのため，世界のエネルギーや小麦の価格が高騰し，特に発展途上国の人々の生活を圧迫している。ノルドストリーム2は，ロシアのウクライナ侵攻を受けて計画を停止した。

▲ウクライナ東部から避難してきた人々(2022年2月) ロシアのウクライナ軍事侵攻により，多くの難民が発生した。日本にも多くの人々が避難している。

ポイント整理 16

3 国際社会の動向

A 冷戦の始まり (➲p.255〜257)

冷戦…米ソ両大国を中心とした東西両陣営の対立

アメリカ，資本主義諸国 西側 ➡	対立	⬅ 東側 ソ連，社会主義諸国
トルーマン・ドクトリン発表	政治	コミンフォルム結成
マーシャル・プラン発表	経済	経済相互援助会議(コメコン)成立
北大西洋条約機構(NATO)成立	軍事	ワルシャワ条約機構(WTO)成立

緊張…ベルリン封鎖(1948〜49年)
⬇ 朝鮮戦争(1950〜53年休戦)…アジアで起きた熱い戦争(米ソの代理戦争)
緊張と緩和…日・欧(EC)の復興と，アメリカの地位低下
⬇ キューバ危機(1962年)…米ソ全面核戦争の危機回避
⬇ └➡デタント(緊張緩和)へ
新冷戦…ソ連のアフガニスタン侵攻(しんこう)(1979〜89年)
⬇
緩和…ゴルバチョフの登場とペレストロイカの進展(ソ連)，軍縮の進展(米ソ)
⬇
冷戦終結…マルタ会談で宣言(1989年) ➡ 東西ドイツの統一(1990年)
⬇ ➡ 南北朝鮮の国連加盟(1991年)
ポスト冷戦…民族紛争，地域紛争の増加。テロの脅威(きょうい)

B 冷戦期の国際関係 (➲p.258・259)

①朝鮮戦争(1950〜53年休戦)
②キューバ危機(1962年)
③インドシナ紛争

ベトナム戦争(1965〜75年)* 北ベトナム ⬅ ソ連・中国が支援
代理戦争
南ベトナム ⬅ アメリカが支援

*開始年は諸説あり。

カンボジア内戦(1979〜91年) 内戦…反ベトナム連合 ➡ ⬅ 親ベトナム政権
└➡ 冷戦終結後，国連の仲介で和平成立

C 多極化と第三世界の台頭 (➲p.260)

平和５原則(1954年)…周恩来(しゅうおんらい)首相(中国)とネルー首相(インド)が発表
⬇
アジア・アフリカ会議(バンドン会議)(1955年)
⬇ └ 平和10原則を採択…平和５原則の具体化，反植民地主義と民族自決主義
非同盟諸国首脳会議…東西どの陣営にも属さず，反植民地主義を基本に団結
1961年以降，ほぼ３年ごとに開催(かいさい)

D 冷戦後の国際関係 (➲p.260〜264)

①国際紛争 冷戦期 米ソの代理戦争…朝鮮戦争，ベトナム戦争など
冷戦後 民族間の対立が表面化 ⬅ 米ソの影響力の弱体化
└➡ 世界各地で，民族・宗教をめぐる武力紛争が多発
②湾岸戦争 イラクによるクウェート侵攻(1990年)
➡ 米を中心とする多国籍軍によるイラク空爆(1991年１月)
国連を中心とした国際社会が侵略国に武力制裁 ┘
➡ クウェートを解放(1991年２月)
③アメリカ同時多発テロ(2001年９月11日) ➡ アフガニスタン攻撃
④イラク戦争 米英主導のイラク攻撃 ➡ フセイン政権崩壊(2003年)

ポイント解説

A 冷戦の始まり 戦後の社会主義勢力の拡大により，米ソ関係は協調から対立へと変化，冷戦が始まった。両陣営は，政治・経済・軍事面などで激しく対立，ベルリン封鎖，朝鮮戦争などが起こるが，キューバ危機の回避により，デタント(緊張緩和)が訪れた。その後，米ソの地位低下，第三世界の台頭により，多極化の時代に移行した。
ソ連のアフガニスタン侵攻を機に，再び両国間の緊張が高まり，新冷戦の時代に突入した。しかし，ゴルバチョフの登場とともに軍縮が進展し，マルタ会談で冷戦終結が宣言された。
冷戦終結後は，民族・地域紛争が各地で発生している。

B 冷戦期の国際関係 冷戦下では世界各地で代理戦争が起こった。
アジアでは，朝鮮戦争，ベトナム戦争が起こった。ベトナム戦争は，東側勢力の拡大をおそれたアメリカが，南を支援して北ベトナム(親ソ中)を空爆したため，泥沼化した。
1962年に起こったキューバ危機は，米ソ対立が最高潮に達した事件であり，初めて核戦争の可能性が現実のものとなった事件であった。結局，ソ連の譲歩で核戦争の危機は回避された。この結果，米ソ間の核軍縮交渉が進むことになり，国際情勢はデタント(緊張緩和)の時代に移行した。

C 多極化と第三世界の台頭 1960年代に入ると，両陣営で米ソから自立する動きが見られ，第三勢力が台頭するなど，多極化と呼ばれる時代を迎(むか)えた。第三世界の国々は，アジア・アフリカ会議(バンドン会議)に参加，中国の周恩来首相とインドのネルー首相が発表した平和５原則を具体化した平和10原則を採択し，非同盟諸国首脳会議を開催するなど，第三世界の台頭を印象づけた。

D 冷戦後の国際関係 冷戦時代には，米ソの対立を背景とする代理戦争が各地で起こった。冷戦後は，米ソの影響力が弱まったために，それまで抑(おさ)え込まれていた民族紛争が，旧ソ連・旧ユーゴスラビア諸国など東ヨーロッパをはじめとする世界各地で起こるようになった。

4 核兵器と軍縮問題

ねらい
- 軍拡が進んだ理由を理解しよう。
- 軍縮の経過や課題を理解しよう。
- さらに軍縮を進める方法を考えよう。

p.272 探究 核兵器禁止条約を考える

長崎で平和と核廃絶を訴えたフランシスコ教皇(2019年)

A 核兵器の脅威

核兵器と軍縮

1 軍拡・軍縮年表

…米ロ(ソ)の2国間条約

時代	核保有	年	主なできごと
原子爆弾	㊍米	1945	アメリカ，広島と長崎に原爆投下
	ソ	1946	国連総会，軍縮大憲章を採択
		1950	ストックホルム・アピールを採択…原子兵器の使用禁止などを訴え，5億人が署名
冷戦	英	1952	国連軍縮委員会創設
	水素爆弾	1954	米の水爆実験で，第五福竜丸が被爆(→3)
		1955	ラッセル・アインシュタイン宣言…科学者が核廃絶と戦争廃止を訴える
			広島で第1回原水爆禁止世界大会
		1957	第1回パグウォッシュ会議…科学者の軍縮運動
			国際原子力機関(IAEA)設立(→p.267)
	仏	1959	南極条約(→p.245 5)に調印
デタント(緊張緩和)		1962	キューバ危機(→p.259)
	中	1963	部分的核実験禁止条約に調印(→p.267 1)
		1967	ラテンアメリカ及びカリブ核兵器禁止(トラテロルコ)条約に調印。日本,非核三原則表明(→p.104 2)
		1968	核拡散防止条約(NPT)に調印(→p.267 1)
	印	1972	米ソSALT I に調印(→p.268)
			米ソ弾道弾迎撃ミサイル(ABM)制限条約に調印
		1978	国連軍縮特別総会(82，88年)
		1979	米ソSALT II に調印(→p.268)
新冷戦			ソ連，アフガニスタンに侵攻
	中性子爆弾	1980	ミクロネシア，パラオに非核憲法
		1983	米，戦略防衛構想(SDI)を発表
		1985	南太平洋非核地帯(ラロトンガ)条約に調印
		1987	米ソ中距離核戦力(INF)全廃条約*に調印(→p.268)
冷戦の終わり		1989	**マルタで米ソ首脳会談(冷戦終結)**
ポスト冷戦		1991	米ソSTART I に調印(→p.268)
		1993	米ロSTART II に調印(→p.268)
			化学兵器禁止条約に調印(→p.269)
		1995	核拡散防止条約を無期限延長
			中国・フランスが核実験を行う
			東南アジア非核兵器地帯(バンコク)条約に調印
		1996	アフリカ非核兵器地帯(ペリンダバ)条約に調印
			包括的核実験禁止条約(CTBT)を採択(→p.267 1)
			国際司法裁判所が「核兵器の使用は，一般的に国際法違反」とする(→p.245 6)
		1997	対人地雷全面禁止条約に調印(→p.269)
	パ	1998	インド・パキスタンが核実験を行う
		2001	米，ABM制限条約離脱を表明(2002年失効)
		2002	米ロモスクワ条約に調印(→p.268)
		2006	中央アジア非核兵器地帯条約に調印
			朝鮮民主主義人民共和国が核実験(09，13，16年)
		2008	クラスター爆弾禁止条約に調印(→p.269)
		2010	米ロ新STARTに調印(→p.268)
		2013	武器貿易条約に調印
		2016	国連総会で，核兵器禁止条約の交渉開始決議を採択
		2017	核兵器禁止条約採択(2021年発効)(→p.272)

注：核保有の欄の丸は，各国の核保有時期を示す。　＊2019年失効。

2 核軍拡へかりたてた「核抑止論」

Q なぜ，核軍拡が行われたのか？

核抑止論

敵から核攻撃を受けても，反撃できるだけの核兵器をもっていれば，お互いに核攻撃ができない(**恐怖の均衡**)。

反論

お互いが相手以上の核兵器をもとうとするので，**際限なく軍拡競争**が続いてしまう。

解説 **恐怖の均衡**　冷戦時代，米ソとも核抑止論を唱えて，核兵器の保有数と威力の増大に努めた。しかし，**際限のない核競争は，両国に巨額の財政負担を強い**，財政の悪化を招いた。

3 第五福竜丸事件と反核運動

「死の灰」　1954年3月，アメリカが西太平洋の**ビキニ環礁で水爆実験**を行った。ちょうどその時，東方160 kmの海上で操業中だったマグロ漁船・**第五福竜丸が放射能をおびた「死の灰」を浴びた**。2週間後に静岡県焼津市に帰港したが，23名が「急性放射能症」と診断され，1人が死亡した。

邦人漁夫、ビキニ原爆実験に遭遇

23名が原子病

一名は東大で重症と診断

水爆か

死の灰つけ遊び回る

(『読売新聞』1954.3.16)

反核運動　この事件を機に，日本では**反核運動**が盛り上がる。翌年8月，**広島で第1回原水爆禁止世界大会**が開かれ，11か国が参加した(以後，毎年開催)。1980年代初頭には，イギリス・オランダ・西ドイツなどで反核運動が展開された。これらの運動は，**INF全廃条約**(→p.268)にも影響を与えた。

「ゴジラ」　1954年11月，生きのびた恐竜が水爆実験によって突然変異し，東京を火の海にするという映画が発表された。これには，核・戦争の暗さを引きずりつつも平和への祈りが感じられる。

©1954 東宝

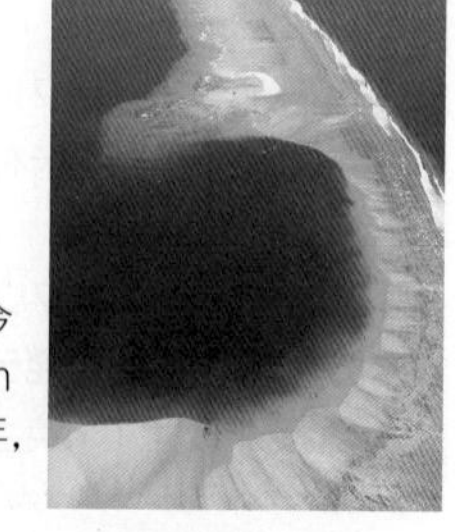
現在のビキニ環礁　サンゴ礁には，今も実験でできた直径約2 km，深さ60 mのクレーターが残っている。2010年，世界文化遺産に登録。

入試のツボ　PTBT，NPT，CTBT，TPNWの内容と問題点をまとめておこう。

B 軍縮・軍備管理協定

(核兵器禁止条約 ➲p.272)

1 核の多国間協定

＊核爆発直前の核物質を調べる実験で，核爆発を伴わない。現在のコンピュータ技術を利用すれば，実際に核実験を行わなくとも，核開発は可能。

国連、CTBT採択
賛成158カ国 インド、署名拒否表明
核爆発実験を禁止
(「朝日新聞」1996.9.11)

	部分的核実験禁止条約(PTBT)	核(兵器)拡散防止条約(NPT)	包括的核実験禁止条約(CTBT)
内容	大気圏，宇宙空間，水中における核実験を禁止する条約。**限定的だが初めての核軍備管理協定。** 前年の米ソ核戦争寸前の状態に陥ったキューバ危機がきっかけとなった。	米，ロ(旧ソ連)，英，仏，中を核保有国(核兵器国)と限定し，**非核保有国が核兵器を新たにもつこと，保有国が非保有国に核兵器を譲ることを禁止**する条約。非保有国は，査察を含む保障措置協定を，**国際原子力機関(IAEA)**と結ぶことが義務づけられている。	部分的核実験禁止条約で除外されている地下核実験を含め，**すべての核実験を禁止**する条約。
成立・参加国	1963年，米，英，ソの間で調印，同年発効。 締約国数は125か国(2023年)。	1968年，米，英，ソの核保有国を含む62か国が調印，1970年発効。 締約国数は192か国(2023年)。仏・中は冷戦終結後の1992年に締結。インド・パキスタン・イスラエルは未署名。2003年，北朝鮮脱退を表明。	1996年，国連総会で採択。 2023年2月現在186か国が署名(インド・パキスタン・北朝鮮は未)，177か国が批准(米・中・イスラエルなどが未)。原子炉をもつ発効要件国44か国のうちの批准は36。このため，**未発効**。
問題点・その後の動き	この条約は**地下核実験を禁止していない**ため，すでに地下実験の段階に入った**米ソのみに有利**で，それ以外の国の核実験を阻むものという理由から，フランスと中国は未署名。しかし，フランスと中国の核実験も徐々に地下実験に変更され，地上での実験は，1980年の中国を最後に行われていない。	新たな**核保有国の出現阻止(水平拡散)には効力があるが，核保有国の核の増大(垂直拡散)には無抵抗。**このため非保有国には不公平感があり，インド・パキスタンは未署名。1995年，発効から25年目を迎え，NPT延長会議が開かれた。一部の非核保有国の反対があったが，1996年中に包括的核実験禁止条約(CTBT)をまとめるという条件付きで，**無期限延長が決定**。その後は，5年ごとに運用検討会議が開かれている。	①爆発を伴わない実験(臨界前核実験＊)までは禁止していない，②核兵器の廃絶時期を盛り込んでいないなどの点で，**公認核保有5か国の優位性を維持，強化するにすぎないとの批判**がある。インドとパキスタンは署名せず，1998年に核実験を行った。1999年にはアメリカの上院が批准を否決。しかし2009年，国連安保理が核なき世界をめざす決議を採択し，その中には包括的核実験禁止条約(CTBT)の発効をめざすことが明記された。

ナットク! 核軍縮の流れ

- 部分的核実験禁止条約(PTBT) …地下核実験以外を禁止
  - 核(兵器)拡散防止条約(NPT) …核保有国の拡大を防ぐ
    - 包括的核実験禁止条約(CTBT) …地下核実験も禁止
      - 核兵器禁止条約(TPNW) …核兵器の保有・開発など禁止

◁臨界前核実験が行われている研究所(アメリカ)

解説 核実験は減ったのか？ 部分的核実験禁止条約によって，地下以外での核実験が禁止されたが，地下では核実験が続けられた。さらに，**包括的核実験禁止条約**によって，爆発を伴うあらゆる核実験が禁止されたが，米ロなどは核兵器の信頼性保持を名目に，**臨界前核実験**＊を行っている。現実的にはこれらの条約は，現状を追認しているだけともいえる。

[International Atomic Energy Agency]
❶ 国際原子力機関(IAEA) (1957年設立)

目的	原子力の平和利用を進め，世界の平和と健康と繁栄に貢献する
業務	**核の軍事利用への転用防止**(保障措置業務) **保障措置協定(1972年)による措置** ・保障措置協定を締結している非核保有国が，ウランやプルトニウムを軍事利用していないか，確認する **追加議定書(1997年)による措置** ・保障措置協定で未申告の原子力活動の申告を義務づける ・未申告の施設への，査察員の補完的なアクセスを認める
問題点	①核拡散防止条約に加盟していない国に対しては無力 ②追加議定書の締結を進める必要性 (2022年7月現在，追加議定書の締約国は139か国)

解説 IAEAの核査察 NPT加盟の非核保有国は，**核物質を扱うすべての施設をIAEAに申告して保障措置(査察)を受ける義務がある。**当初の査察は，核物質があると申告された施設でしか行われなかった。しかし冷戦終結後，隠れた核開発を発見できる査察体制が求められ，1997年に追加議定書を採択。2005年，IAEAとエルバラダイ事務局長(当時)はノーベル平和賞を受賞。また2009〜2019年まで，日本の天野之弥さんが事務局長を務めた。

▷保障措置(査察)の様子

❷ 核実験回数の推移

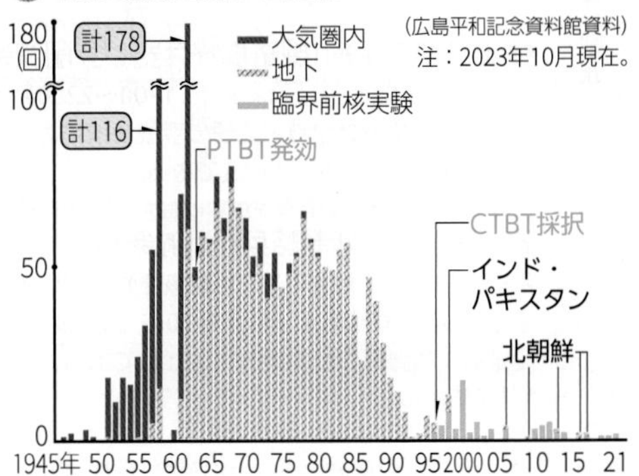

(広島平和記念資料館資料)
注：2023年10月現在。

解説 核実験の歴史 核保有国は，**核弾頭の性能向上や，古くなった核弾頭の性能の確認などのために，核実験を定期的に行ってきた。**1945年からこれまでに実施された核実験の回数は，2000回以上に達している。

重要用語 ㊱㊾部分的核実験禁止条約(PTBT) 370核(兵器)拡散防止条約(NPT) 371包括的核実験禁止条約(CTBT) 372核兵器禁止条約(TPNW) 373中距離核戦力(INF)全廃条約 374START(戦略兵器削減条約) 375化学兵器禁止条約

2 核の米・ロ(ソ) 2 国間協定

注：〔交渉開始年，調印年〕

Q アメリカとロシア(ソ連)は，どのように軍縮を進めてきたのか？

核運搬手段に上限

❶ SALTⅠ(第1次戦略兵器制限交渉)〔1969年，1972年〕

対象…戦略(長距離)核弾頭の**運搬手段**＝大陸間弾道ミサイル(ICBM)，潜水艦発射弾道ミサイル(SLBM)。戦略爆撃機は除く。

目標…総数を，**現状**(建造中のものも含める)を**上限**として，5年間凍結。

問題点…①MIRV(➡右図，ミサイル1基に複数の弾頭をのせ，発射後に弾頭をそれぞれの目標に向けて誘導・着弾させる方式)について規定がなかったので，米ソとも**MIRV化に専念**し，結局は核弾頭数の急増を招く。②米ソ間での，核戦力の均衡をつくり出すことが目的。核弾頭の削減には至らず(SALTⅡも同様)。

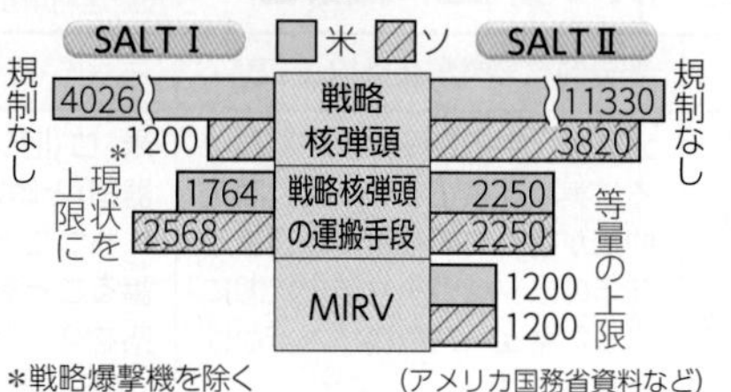

核運搬手段に米ソ等量の上限

❷ SALTⅡ(第2次戦略兵器制限交渉)〔1972年，1979年〕

対象…戦略(長距離)核弾頭の**運搬手段**＝ICBM，SLBM，**戦略爆撃機**。

目標…総数を，**米ソとも2250を上限**とした。また，**MIRV化されたICBM，SLBMにも上限**を設定。

結果…条約は1979年に署名されたが，その年のソ連によるアフガニスタン侵攻によって批准されず，結局，**発効に至らなかった**。その後も両国は，条約に反する行動をとらなかったが，1986年にアメリカが条約の上限を超える核配備を行う。

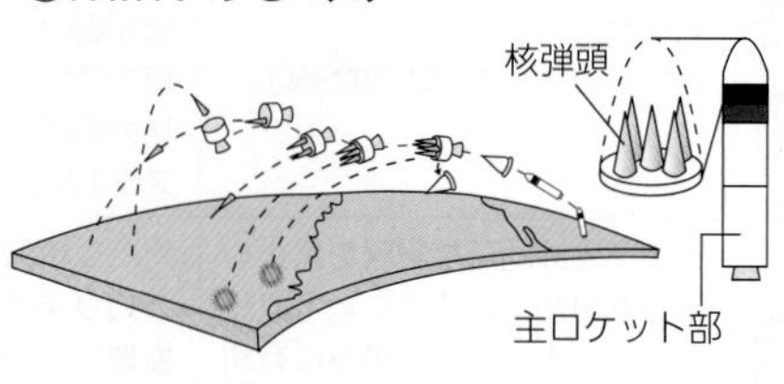

核運搬手段の削減

❸ 中距離核戦力(INF)全廃条約〔1981年，1987年〕

対象…中距離核ミサイル(射程距離500～5500km)

目標…**全廃**し，以後も同種の兵器をもたない。さらに廃棄状況を確認するための査察についても定める(1991年実施完了)。

問題点…①史上初の核弾頭の運搬手段の廃棄条約であるが，核弾頭そのものは廃棄の対象外。米ソは，核弾頭を運搬手段から取り外すだけで保有し続け，**核弾頭数は減らず**。②取り外された核弾頭数は，全体の8％。

注：2019年8月失効。

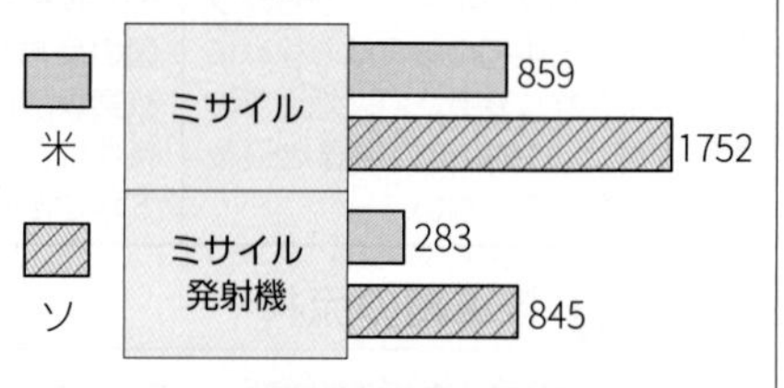

核運搬手段と核弾頭の削減

❹ STARTⅠ(第1次戦略兵器削減条約)〔1982年，1991年〕

対象…核運搬手段に加え，戦略**核弾頭**。

目標…核弾頭の数量を，**米ソとも6000発に削減**。また，年7回までの抜き打ち査察ができる。

結果…1991年のソ連解体で，ロシア・ウクライナなど4か国が核保有国に。1994年ウクライナ議会が批准し，発効。2001年，実施完了。2009年，失効。

問題点…①史上初の**核弾頭の廃棄**であるが，削減の中心は旧式化したICBMであり，最新のSLBMについては条約の枠外の上限が定めてあるのみ。②核弾頭解体後の核物質(プルトニウム)の処理・管理の方針が不明確。

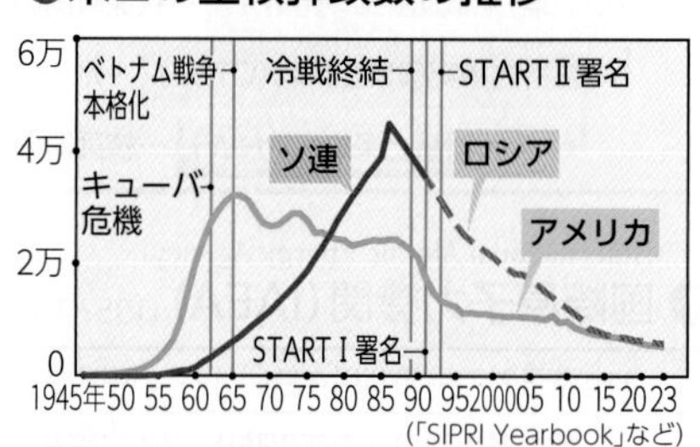

核弾頭の大幅な削減

❺ STARTⅡ(第2次戦略兵器削減条約)〔1992年，1993年〕

目標…核弾頭数を2007年末までに**3000～3500発に削減**。また，**MIRVを全廃**。

結果…2002年，米の弾道弾迎撃ミサイル(ABM)制限条約脱退を受け，**ロシアが無効声明**。

❻ モスクワ条約(戦略攻撃兵器(力)削減条約)〔2001年，2002年〕

目標…核弾頭数を2012年末までに**1700～2200発(現有の3分の1)に削減**。

問題点…核弾頭の削減・処理の手段を双方の自由裁量としており，核弾頭を実戦配備から外して貯蔵できる。

＊2021年，5年間の延長が決定したが，2023年2月にロシアが履行停止を表明。

❼ 新START(新戦略兵器削減条約)＊〔2009年，2010年〕

目標…2018年2月までに，戦略核弾頭の配備数を米ロとも**1550発に削減**。運搬手段は，配備数の上限を**各700**，未配備も含めた総計を**各800に削減**。

問題点…核弾頭の配備数を対象としており，配備から外した核弾頭の廃棄義務はない。

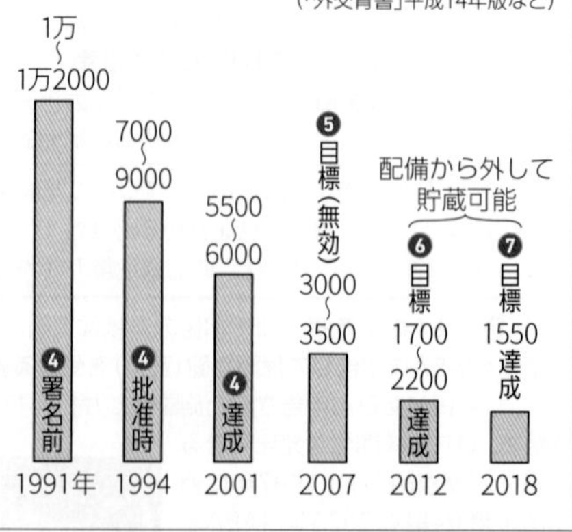

解説 **米ソ核協定の進展**　キューバ危機(➡p.259)で核戦争の危険が現実のものとなって以降，米ソは核軍縮を推進してきた。**SALTは，「核兵器」そのものではなく，核をつむミサイルを制限するもの**であった。その後，**INF全廃条約で初めてミサイルの廃棄がめざされ，STARTでは「核兵器」そのものの削減へと踏み出した**。交渉進展の背景には，冷戦が終結して米ロが双方を壊滅させるまでの核を維持する必要がなくなったことがある。しかし現実は，米ロが戦力を維持する上で，大勢に影響のない条約が結ばれてきたといえる。一方で米ロは，戦略防衛構想，ミサイル防衛(MD)計画など，核兵器を無力化する戦力の開発を推進した。

入試クイズ 化学兵器禁止条約は，化学兵器の生産を禁止しているだけでなく，既に生産された化学兵器の廃棄も義務づけている。○？×？(➡3)　答：○

3 その他の主な軍縮・軍備管理協定

＊2023年，アメリカがウクライナにクラスター爆弾を供与。

	化学兵器禁止条約	対人地雷全面禁止条約（オタワ条約）	クラスター爆弾禁止条約（オスロ条約）
内容	①**化学兵器の使用，開発，生産，貯蔵を全面禁止**する。②化学兵器・生産施設を発効後，原則10年以内に破棄する。化学兵器禁止機関の設置により，③違反の疑いがある施設を受入国の承諾なしに査察，④産業施設に対しても査察が認められる。**イラン・イラク戦争や湾岸戦争がきっかけ**となり，アメリカが条約締結を進めた。	**対人地雷の使用，開発，生産，取得，貯蔵，保有，移転を禁止**する。地雷禁止国際キャンペーン（ICBL）などのNGOが強力なキャンペーンを行い，カナダなどの関係国を動かし，締結に至った（**オタワ・プロセス**）。	**クラスター爆弾の使用，開発，保有を禁止**する。対人地雷全面禁止条約と同様，NGOが各国政府に働きかけ，ノルウェー政府がリーダーシップを発揮し，締結に至った（**オスロ・プロセス**）。
成立・参加国	1993年署名，1997年発効 締約国数：193か国（2023年） （イスラエルは署名済み未批准）	1997年署名，1999年発効 締約国数：164か国（2023年）	2008年署名，2010年発効 締約国数：110か国（2023年）
不参加国・問題点	中東有数の軍事大国エジプトや，アジアでは北朝鮮が未署名。	**アメリカ，ロシア，中国，インドなどの軍事大国や韓国，北朝鮮，イスラエル，イランなどが未署名**。現在も未署名国が地雷を輸出しているため，紛争地域では地雷被害が続いている。	**軍事大国であるアメリカ**＊**，ロシア，中国，インドなどが未署名**。主要生産国，保有国が未署名のため，どこまで実効性があるのか疑問の声も少なくない。

❶ 化学兵器の全面禁止に向けて

第一次世界大戦において化学兵器の被害が出たことを受け，**ジュネーブ議定書**（1925年）で**戦争時**の化学兵器の使用は禁止されていたが，開発・生産・貯蔵までは禁止されていなかった。**イラン・イラク戦争**や**湾岸戦争**で化学兵器の使用やその疑いが指摘され，危機感を抱いたアメリカが条約締結を進め，化学兵器の開発・貯蔵・使用の**全面禁止**を定めた，**化学兵器禁止条約**が締結された。

防護マスクをつけ，イラク戦争に向かう米兵

❷ 悪魔の兵器　地雷

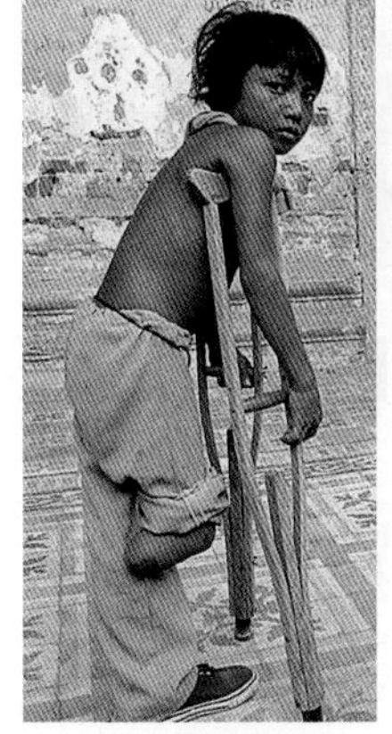

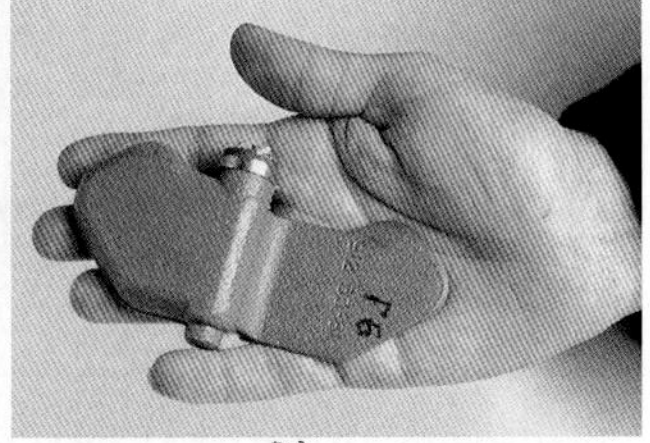

地雷　空から蝶のようにクルクルと降ってくるためバタフライと呼ばれるもの。子どもが手にとるとそこで爆発する。

地雷で片足を失った少年（カンボジアの首都プノンペン）

対人地雷の目的は殺害ではなく，重傷を負わせ，敵の戦意を喪失させること。製造が容易・安価であり，一度敷設されれば半永久的に作動する。地雷・不発弾による死傷者数は13万755人＊で，子どもや女性など非戦闘員も被害を受けることから，「悪魔の兵器」と呼ばれている。

＊1999〜2018年までの累計値。

❸ クラスター爆弾のしくみ

クラスター爆弾とは，親爆弾が空中で爆発し，数個〜数千個の子爆弾を地上にばらまき，さらに子爆弾から数百個の鉄球が飛び出す兵器。子爆弾が不発で残ることが多く，一般市民が不発弾に触れて爆発被害にあう事態が多発しており，「第２の地雷」と呼ばれている。

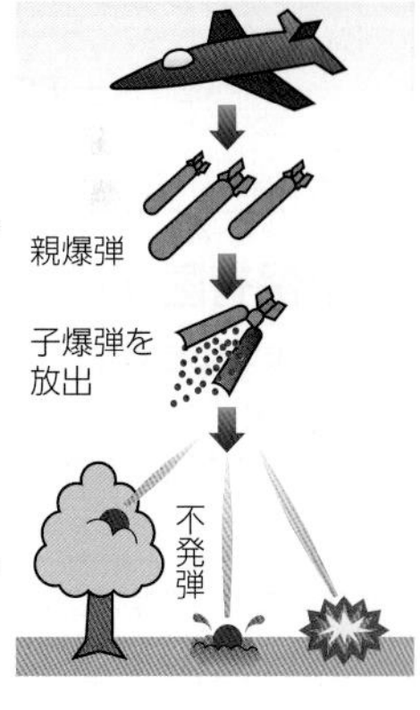

武器貿易条約を採択
国連総会、賛成多数で

（「読売新聞」2013.4.3）

●武器貿易条約（ATT）

2013年，国連総会は，通常兵器の国際取引を初めて規制する「武器貿易条約」を採択。通常兵器（戦車・攻撃用ヘリコプター・ミサイルなど）が市民への攻撃や人道犯罪に使用される可能性がある場合，輸出入や自国領内の移動などを認めないとする内容である。

●信頼醸成措置（CBM）

敵対する国家や国家集団間で，誤解や誤算による武力紛争の発生や拡大を防止するための措置を，信頼醸成措置（CBM）という。**事軍演習の事前通告**や，**国防白書の刊行**，**査察の容認**などを通じ，相互の政治的意図と軍事能力を読みやすくし，**心理的な脅威を減らす**ことが目的である。近年では**米中間の軍高官の相互訪問**が行われた。

信頼醸成措置の例

- **キューバ危機**（➡p.259）**後のホットライン設置**（1963年）
  米ソの間に設置された直通の通信回線。緊急時，首脳同士が敏速に連絡をとり，危機を回避することがねらい。
- **欧州安全保障協力会議（CSCE）のヘルシンキ宣言**
  CSCEは，欧州の安全保障に関する地域的国際機関として，冷戦下の1975年に設立。設立の際のヘルシンキ宣言には，軍事演習の事前通告などの信頼醸成措置が，国際文書として初めて明記された。

重要用語　357キューバ危機　373中距離核戦力（INF）全廃条約　374START（戦略兵器削減条約）　375化学兵器禁止条約　376対人地雷全面禁止条約（オタワ条約）　377クラスター爆弾禁止条約（オスロ条約）　378信頼醸成措置（CBM）

C 核拡散・軍備の現状

1 核拡散の現状　Q 現在，核兵器は世界にどれほど広がっているのか？

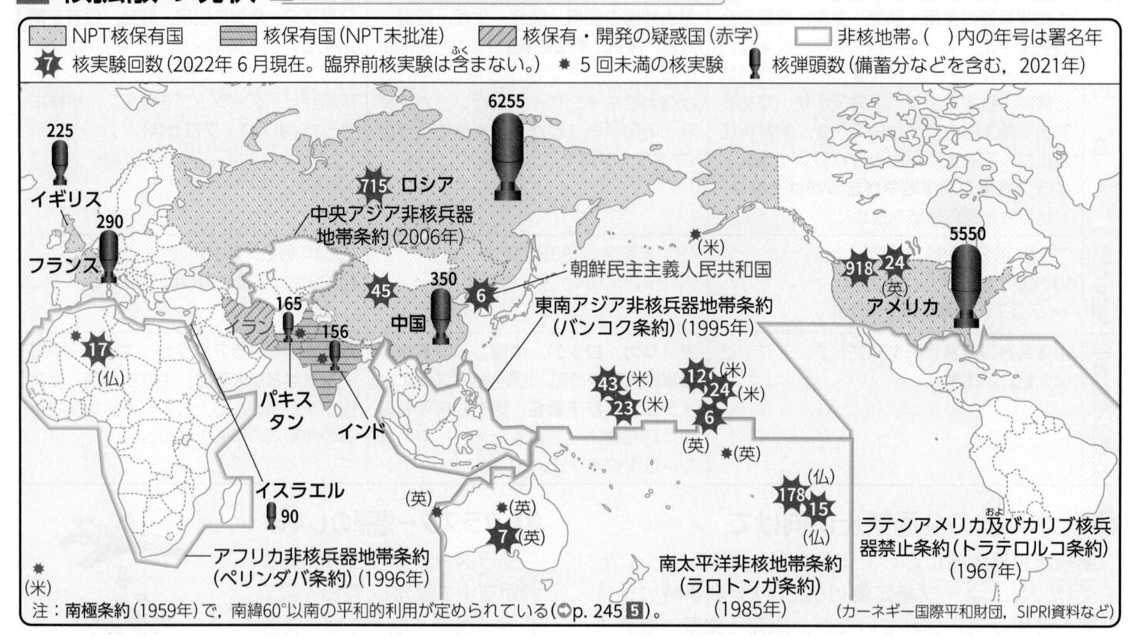

注：南極条約(1959年)で，南緯60°以南の平和的利用が定められている(➡p. 245 5)。　(カーネギー国際平和財団，SIPRI資料など)

● 核保有国(NPT未批准)，保有・開発疑惑国

インド・パキスタン　カシミール地方を巡る3度の武力衝突(➡p.258 2)後，インドは1974年に核実験を実施。パキスタンも核兵器開発を加速させた。1998年5月にインドが，同月，対抗する形でパキスタンが核実験を行い，国際社会の緊張が高まった。

イスラエル　核保有宣言はしていないが，事実上の核保有国といわれる。

イラン　2015年に，イランは，国連常任理事国・ドイツ・EUと核問題で合意。ウラン濃縮活動の制限と，IAEAの査察受け入れを容認。2018年に，アメリカが核合意から離脱し，イランに経済制裁を再開。2019年以降，イランが段階的に合意の履行を停止。

北朝鮮　1992年にIAEAと保障措置協定を締結したが，申告した核施設・核物質と実態とが違うことが判明。1993年にIAEAの査察を拒否し，NPT脱退を通告(後に撤回)。2002年に米朝関係が悪化し，2003年にNPT脱退宣言。その後6か国協議で核問題を協議するも，2005年に核保有宣言。2006年から6度，核実験を行った。ミサイル発射実験も行っている。

◀**自国の核実験成功の新聞を持つパキスタン人**　1998年5月，インドとパキスタンはあいついで地下核実験を行った。

▲**イラン核合意**　2015年，国連常任理事国・ドイツ・EU・イランとの間で，イラン核開発を制限する合意が成立した。

北朝鮮6回目核実験
爆発規模 過去最大
「ICBM用水爆成功」

(「毎日新聞」2017.9.4)

解説　**核兵器の拡散**　冷戦時代より，五大国による核兵器の寡占状態が続いてきたが，1998年のインドとパキスタンの核実験によって終止符が打たれた。両国以外にも核兵器の保有が確実視される国や，過去に核開発を行ったことを表明した国がある。また，2004年にはパキスタンの核開発者が，朝鮮民主主義人民共和国・リビア・イランに核技術を流出させたことを認め，核の闇市場ともいうべき世界的ネットワークの存在が明るみに出た。ソ連崩壊後の混乱の中で，核関連企業・研究所から核技術や核物質が不正に持ち出されたとの情報もあり，国だけでなく，テロリストの手に核物質が渡ることも危惧されている。

●非核地帯
非核地帯とは，核拡散を防止する手段の1つで，ある地域の複数の国家が条約を締結し，その地域において核兵器の生産や取得のみならず，他国による核兵器の配備も禁止するもの。**現在では，南半球のほぼ全域が非核地帯となっている。**

探究へのSTEP　なぜ，軍縮は進まないのかな？

視点　「ゲーム理論」(➡p.272)に着目して考えよう。
平和　対立　協調

入試クイズ　21世紀初頭の通常兵器取引において，輸出額の上位5か国には，国連安全保障理事会の常任理事国のいずれかが常に入っている。○？×？(➡3)　答：○

2 国防費の変化

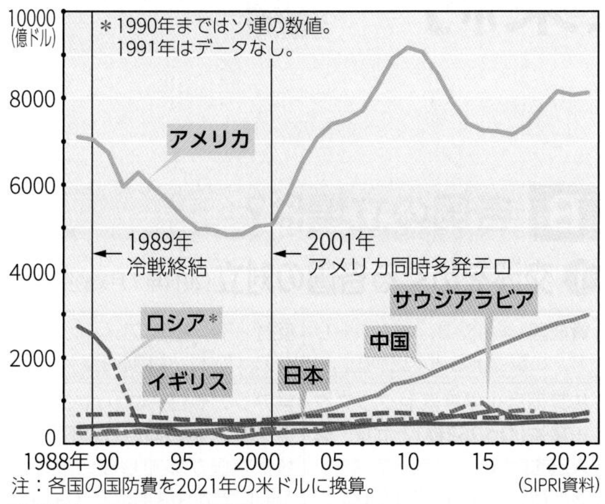

注：各国の国防費を2021年の米ドルに換算。　(SIPRI資料)

解説 **冷戦からテロとの戦いへ**　冷戦終結を受けて，1990年代にアメリカ・ロシアの国防費は減少した。しかし2000年以降，アメリカ同時多発テロ以後のテロとの戦いやイラク戦争への出費のため，各国の国防費は上昇している。とくに，中国の国防費は急増している。

3 兵器の輸出・輸入

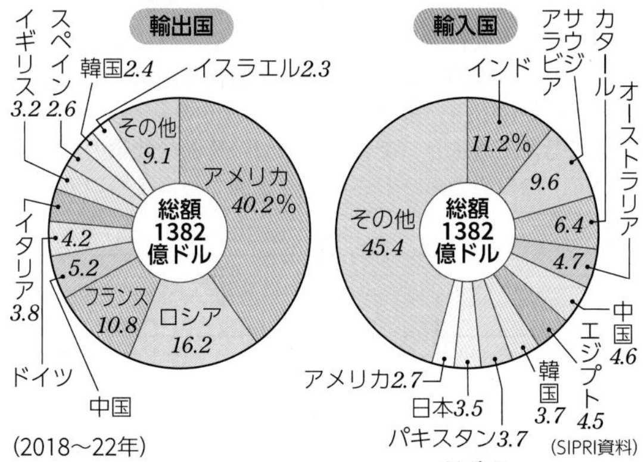

(2018～22年)　(SIPRI資料)

解説 **兵器の拡散**　世界の平和を守るべき**安保理**(あんぽり)**の常任理事国が，輸出国の上位**に顔を並べている。第三世界諸国は，稼(かせ)いだ外貨を軍備拡張にあて，国民生活を圧迫(あっぱく)し，地域の緊張を高めている。

● 軍縮を阻(はば)む「死の商人」

新型兵器は，各地で開かれる「**国際兵器見本市**」で披露(ひろう)され，各国へ売られる。中には紛争当事者の双方に武器を売りつける者もおり，彼らは**死の商人**とも呼ばれる。この流れは，冷戦の終結を迎(むか)えても変わっていない。ロシアは経済を立て直す一手段として，兵器輸出に力を入れてきた。

◎国際兵器見本市(トルコ)

武器輸出三原則　日本は，**武器輸出三原則**(◎p.104 2)を設けて武器の輸出を原則禁止としてきたが，2014年4月，新たに防衛装備移転三原則が閣議決定され，条件を満たせば可能となった。2014年7月，政府はこの新原則のもとで初めて，日本企業がミサイルの部品をアメリカへ輸出することと，イギリスと共同研究を行うことを承認した。

4 ミサイル防衛(MD)

冷戦期，主に米ソ間での核弾頭ミサイルを迎撃する技術が開発されてきた。アメリカは1983年に戦略防衛構想(SDI)を発表。これはソ連の核ミサイルを意識し，宇宙にレーザー兵器を配備する計画であった。

冷戦後　非核保有国へのミサイル拡散が深刻化。アメリカはミサイル防衛(MD)を打ち出した。近年では，北朝鮮のミサイル発射実験などをうけ，日本や韓国とも協力して防衛システムの確立を進めている。一方，このようなアメリカの動きは，軍備拡張戦争を招くとの批判もある。

◎**ミサイル迎撃システム**(PAC 3)　2012年4月，北朝鮮がミサイル(北朝鮮は人工衛星と主張)を発射した際，自衛隊はミサイル迎撃システムを配備した(写真は沖縄県石垣(いしがき)島)。

5 ロボット兵器

ロボット兵器が戦争へ　人に代わって，偵察(ていさつ)や軍事作戦を行うロボットの開発が進んでいる。目的は，戦場での**兵士の削減**(さくげん)**と犠牲**(ぎせい)**の抑制**(よくせい)である。人的被害が少なくなるので，今までよりも安易に戦争に突入するのではないかと心配されている。

◎**無人飛行機**　敵を偵察・確認し，ミサイルで攻撃する。米軍のアフガニスタン空爆で使用された。パイロットが戦場に行く必要がなく，ジェット機より格段に安価である。

全長約11m

EYE サイバー攻撃の脅威

サイバー攻撃　国家が組織するサイバー軍やハッカー集団が，敵対する他国の政治組織，軍事組織，国民生活インフラにインターネット上から攻撃を行うこと。2017年には，日本を含む約150か国が攻撃を受け，医療機関での診療が行えなくなるなどの被害が出た。

新たな戦争の場　アメリカ国防省はサイバー空間(インターネット上の空間)を陸・海・空・宇宙に次ぐ「**第5の戦場**」と定義し，サイバー攻撃にもミサイルなどの通常兵器による報復(ほうふく)攻撃を辞(じ)さないと明言した。

中国と北を念頭 軍事報復も

サイバー空間「第5の戦場」

米国防総省 初の戦略

サイバー被害150カ国に

日本も2件 週明け拡大の恐れ

(左「産経新聞」2011.7.15，右「中日新聞」2017.5.15)

探究 核兵器禁止条約を考える

≪補足資料やワークシート，意見などはこちらから

何を訴えているの？

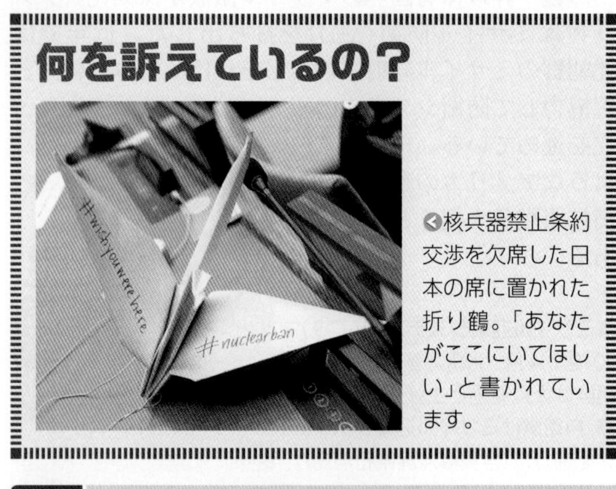

◁核兵器禁止条約交渉を欠席した日本の席に置かれた折り鶴。「あなたがここにいてほしい」と書かれています。

A 核兵器禁止条約とは？

被爆者（ヒバクシャ）の苦痛に配慮　2017年に採択(さいたく)された核兵器禁止条約は，核兵器を「非人道的兵器」と位置づけ，保有や開発，核による威嚇(いかく)を法的に禁じるものである。

核軍縮につながるか？　この条約交渉は，非核保有国とNGO団体らが連携して推進した。しかし，**アメリカなどの核保有国は交渉に参加していない**。自国の安全保障を「核の傘(かさ)」に依存する日本やNATO加盟国も不参加で，実効性のある核軍縮への見通しは立っていない。

日本の役割は？　日本は，核保有国が不参加の条約は実現可能性が低く，かえって保有国と非保有国の対立を招きかねないとして，**NPTやCTBT** (◯p.267)など既存(きぞん)の枠(わく)組みでの核軍縮を主張している。しかし，唯一の戦争被爆国である日本に参加を求める声は大きい。条約は，批准国・地域が発効要件の50に達し，2021年１月に発効した。

▽核兵器禁止条約の採択を歓迎する広島市民

Think & Check

唯一の戦争被爆国の日本は，核兵器禁止条約に，どのようにかかわるべきか考えよう。

≫自分の考えを，次の視点で確認しよう。

- 核兵器の廃絶に，最も効果的なかかわり方ですか。**平和**
- 被爆者やその家族，核保有国，核非保有国，「核の傘(かさ)」に依存する国々と立場を変えても納得できるかかわり方ですか。**公正**

さまざまな意見を冒頭のQRコードで確認

B 各国の立場は？

❶ 交渉をめぐる各国の対立（2017年７月条約採択時）

賛成国（メキシコ，オーストリア，エジプトなど122か国）	**反対・不参加国**（アメリカ，ロシア，日本，中国など）
核兵器は化学兵器やクラスター爆弾（◯p.269❸）と同様，**非人道的兵器**として禁止すべき。核拡散防止条約（NPT◯p.267 1）で核保有国に課された核軍縮交渉が進展していない。	東アジアやヨーロッパでの安全保障上，**核の抑止力は不可欠**。核保有国が参加しない限り，条約に実効性は期待できない。核軍縮は，保有国の交渉によって段階的に進められるべき。

❷ ゲーム理論と信頼醸成(じょうせい)措置

ゲーム理論とは？　人はみな，友達，同級生，親などさまざまな人間関係の中に生きている。他の人と接する場合，相手の立場や気持ちを考えて行動することが大切である。そのような人間行動を科学的に分析するために応用された理論がゲーム理論であり，東西冷戦時代の国家の関係などを考える際にも用いられてきた。

実際に考えてみよう　では，国家間の協調的政策の実現について，次の表であらわされる国家間ゲームを用いて考えていこう。

（平成23年度センター試験「政治・経済」より）

		B国	
		協調的	非協調的
A国	協調的	A国４点，B国４点	A国１点，B国５点
	非協調的	A国５点，B国１点	A国２点，B国２点

このゲームでは，A国とB国の２つの国家が，互いに相談できない状況で，「協調的」もしくは「非協調的」のどちらかを１回のみ，同時に選択する。そして，２国は該当するマスに書いてある得点を得る。ここで２国は自国の得点の最大化だけに関心をもつとする。それぞれの国はどのような選択をするのであろうか。

ゲームの結果は…　A国が「協調的」の場合，B国は「協調的」で4点，「非協調的」を選ぶと５点を得る。A国が「非協調的」の場合，B国は「協調的」で１点，「非協調的」を選ぶと２点を得る。つまり，A国が「協調的」・「非協調的」のどちらでも，B国は「非協調的」であった方が得点は高い。この状況はA国とB国を入れ替えても同様で，２国が自国の得点の最大化だけを考えるならば，２国とも**「非協調的」を選択する**ことになる。これを「囚人(しゅうじん)のジレンマ」という。ゆえに，協調的政策の実現には他のしくみが必要となるのだ。

実際は　現在，世界各国は，不要な軍事的衝突を防ぐためや，軍縮のため，対話による意思疎通と，協調的政策の実現に努力を続けている。これを信頼醸成措置（CBM）という。

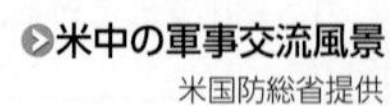

▷米中の軍事交流風景
米国防総省提供

ポイント整理 17

学習コンテンツ

4 核兵器と軍縮問題

A 核兵器の脅威 (➡p.266)

軍拡から軍縮へ

核軍拡＝**核抑止論**…核兵器の報復力で，相手の攻撃を抑制

- ⇐米ソのデタント(緊張緩和) ⇐**キューバ危機**の回避
- ⇐核軍拡競争による多額の財政負担(米ソ)
- ⇐世界各地での**反核運動**の高揚 ⇐**原水爆禁止世界大会** ⇐第五福竜丸事件

↓

軍備管理と核兵器の制限
- **部分的核実験禁止条約(PTBT)**
- **核拡散防止条約(NPT)**
- **戦略兵器制限交渉(SALTⅠ，SALTⅡ)**

⇐ゴルバチョフ政権(ソ連)の発足

↓

より積極的兵器削減と核兵器廃絶
- **中距離核戦力(INF)全廃条約**＊
- **戦略兵器削減条約(STARTⅠ・Ⅱ，新START)**，**モスクワ条約**
- **包括的核実験禁止条約(CTBT)**

＊2019年に失効。

B 軍縮・軍備管理協定 (➡p.267～269，272)

①多国間協定

条約	調印・発効	内容
部分的核実験禁止条約(PTBT)	1963年　米・英・ソ間で調印 同年発効	初めての核軍備管理協定。 地下核実験は禁止せず
核拡散防止条約(NPT)	1968年　調印 1970年　発効	非核保有国が新たに核兵器をもつことを禁止
包括的核実験禁止条約(CTBT)	1996年　国連総会で採択 **未発効**	すべての核実験を禁止。 米の未批准などで未発効
核兵器禁止条約(TPNW)	2017年　国連総会で採択 2021年　発効	核兵器の保有や開発，核による威嚇を禁止

②米・ロ(ソ)の2国間協定

SALTⅠ(第1次戦略兵器制限交渉)1972年調印
└核運搬手段(核を搭載するミサイル)に上限

⬇

SALTⅡ(第2次戦略兵器制限交渉)1979年調印
└核運搬手段に米ソ等量の上限

⬇

中距離核戦力(INF)全廃条約1987年調印
└核運搬手段の削減

⬇

STARTⅠ(第1次戦略兵器削減条約)1991年調印

⬇

STARTⅡ(第2次戦略兵器削減条約)1993年調印

⬇

モスクワ条約(戦略攻撃兵器(力)削減条約)2002年調印

⬇

新START(新戦略兵器削減条約)2010年調印

(STARTⅠ～新START：核弾頭の削減)

③その他の主な軍縮・軍備管理協定
- 化学兵器禁止条約
- 対人地雷全面禁止条約
- クラスター爆弾禁止条約

C 核拡散・軍備の現状 (➡p.270・271)

冷戦時代…米・ロ・英・仏・中による核兵器の寡占状態
└➡**冷戦終結後**…インド・パキスタンの核実験(1998年) ➡核拡散が現実の問題に

ポイント解説

A 核兵器の脅威　冷戦は**核抑止論**に基づく軍備拡張競争を引き起こし，米ソ両国の財政を悪化させた。また，**第五福竜丸**がアメリカの水爆実験によって被爆した事件を契機に日本で高まった反核運動は，その後世界各地に広がった。さらに**キューバ危機**によって核戦争の勃発が現実的なものとなったことから，米ソ間の核軍縮交渉が進展し，**核拡散防止条約**，**SALT**など，核兵器制限と軍備管理が本格化した。さらに冷戦が下火になったことを機に，**中距離核戦力全廃条約**，**STARTⅠ**が締結され，冷戦終結後には，**STARTⅡ**，**包括的核実験禁止条約**が締結された。

B 軍縮・軍備管理協定　**部分的核実験禁止条約**発効後は，地下で核実験が続けられた。**包括的核実験禁止条約(CTBT)**は，爆発を伴うすべての核実験を禁止したが，今度は，コンピュータによる**臨界前核実験**がアメリカやロシアなどで進められている。アメリカやロシアなどは，この臨界前核実験は**CTBT**違反ではないと主張しているが，CTBTの精神に違反するとして批判されている。

国際原子力機関(IAEA)は，**核査察**を重要な任務とする国際機関である。核査察とは，平和利用のための核物質や施設が，軍事目的のために転用されないよう監視するもので，IAEAの査察官を各国に派遣するなどして実施している。**核拡散防止条約(NPT)**加盟の非核保有国は，IAEAと保障措置協定を結び，核査察を受ける義務がある。

核兵器禁止条約が2021年に発効したが，核保有国や，安全保障を「核の傘」に依存する国々は参加していない。日本も参加していない。

C 核拡散・軍備の現状　核兵器は，冷戦時代より5大国のみが保有してきた。しかし，インドやパキスタン，北朝鮮の核実験や，核保有の疑いのある国の存在など，核拡散は現実のものとなっている。

核兵器解体には多額の費用が必要で，ロシアでは十分な核の管理・保管体制が取れず，核流出の恐れが指摘されている。全世界的な軍縮の実施に向け，国際的な兵器の移動を監視するしくみの確立が望まれる。

5 人種・民族問題

◎パレスチナ暫定自治協定の調印(1993年)

ねらい
- 人種・民族問題の原因や解決への取り組みを理解しよう。
- 人種・民族問題に対して私たちができることを考えよう。
- 難民問題の原因や解決への取り組みを理解しよう。

》p.276 探究 パレスチナ問題を考える

A 様々な民族問題

1 人種・民族とは

人種	人類を，外見上の特色で分類したもの。モンゴロイド(黄色人種)，コーカソイド(白人)，ネグロイド(黒人)など
民族	言語・習慣・宗教など文化を共有し，仲間意識を共有する人々

2 人種・民族問題の類型 (◎p.258 2)

Q これまでに，どのような人種・民族問題が発生しているのか？

独立・自治を求めるもの	チェチェン問題(ロシア)	独立を求めるチェチェン共和国と，ロシアが対立。対立激化を受け，2度に渡りロシアが軍事侵攻(チェチェン紛争)。2009年，ロシアは紛争の終結を宣言し，駐留軍を撤退。しかしその後も，チェチェン武装勢力によるテロ事件が発生している
	ケベック問題(カナダ)	フランス系の住民が独立を求めている。1995年の住民投票では，独立賛成が49.4%，反対が50.6%であった
	チベット問題	中国のチベット自治区が，高度な自治を求めている。チベット人への弾圧，人権侵害が問題となっている
	クルド人問題(◎3)	
	シリア内戦(◎p.263)，ユーゴスラビア紛争(◎p.275)	
国内での勢力争い	ソマリア内戦(PKOの失敗◎p.252 3)	1980年代後半の，反政府武装闘争に端を発する内戦。大統領追放後，氏族間抗争に拍車がかかり，内戦が激化。2012年，21年ぶりに統一政府が樹立
	アフガニスタン問題(◎4) ダルフール紛争，ルワンダ内戦(◎p.275)	
国境・帰属関係	北アイルランド紛争(イギリス)	プロテスタント系住民と少数派のカトリック系住民が対立。1998年和平合意。2007年自治政府復活
	印パ戦争(◎p.258 2)，パレスチナ問題(◎p.276)	
その他	アメリカ黒人問題	1960年代の公民権運動(◎p.46)によって，法制度上での差別はなくなったが，生活の中での差別は今も残る
	アボリジニー問題(オーストラリア)	先住民族の子どもを，同化政策の一環として家族から離別させるなどの差別が行われていた。近年，共生が進められている
	ユダヤ人問題(◎p.276)，アパルトヘイト(◎p.62)	

3 クルド人問題

Q なぜクルド人は，「悲劇の民族」と呼ばれるのか？

解説 **国をもたない巨大民族** クルド人の全人口は2500〜3000万人で，その居住区は，**第一次世界大戦後に引かれた国境線によって数か国に分断され**，以後各国でしばしば政府との対立が起こっている。イラクに住むクルド人は，1980年代末，フセイン政権によって数千人が虐殺されたとされる。湾岸戦争(◎p.261)直後に，政権打倒のため一斉蜂起したが，多くの難民を生む結果となった。最近では，シリア内戦の中で勢力を増し，分離独立をめざす動きも見せており，特にトルコとの対立が続いている。

4 アフガニスタン問題

Q この問題には，どのような背景があったのか？

アフガニスタン
イラン
インド
パキスタン

1919	第3次アフガン戦争後，イギリスから独立
1973	クーデターがおこり，国王を追放
1979	**ソ連の侵攻を受け，親ソ政権がたてられる** (図：アフガニスタン — ソ連 →支援→ 政府 ✕ 反政府ゲリラ ←支援← 米・パキスタン)
1989	和平合意に基づき，**ソ連軍が撤退を完了**
1992	**ソ連軍撤退後も内戦状態が続き，共産主義政権が崩壊**
1996	**ターリバーン**(イスラーム原理主義勢力)**が首都を制圧**し，イスラーム国家を樹立…極端なイスラーム法支配(◎p.245)
1997	**反ターリバーンの三勢力が結集し，北部同盟を結成** (図：ロシア → 北部同盟 ✕ ターリバーン ← パキスタン)
2001	**ターリバーン政権**，アメリカ同時多発テロ(◎p.261)の容疑者の引き渡しに応じず，**米英軍などに攻撃を受ける**(米・英はパキスタンにターリバーンを支援しないよう，圧力をかけた) (図：米・英など → 北部同盟 ✕ ターリバーン　パキスタン ←圧力) **ターリバーン政権が崩壊**し，暫定政権が発足
2004	**新憲法制定，新政権発足**
2020	アメリカと反政府勢力ターリバーンが和平合意
2021	**米軍，アフガニスタンより撤退。再びターリバーンが支配**

解説 **アフガニスタンの行方** アフガニスタン問題は，ソ連の支援を受けた政府と，アメリカなどの支援を受けた反政府ゲリラ間の紛争という，**冷戦構造下での内戦**にはじまった。ソ連軍の撤退後も安定した政権が登場せず，内戦が続いた。やがてターリバーンが制圧，極端なイスラーム主義政策を行った。2001年，米英軍の攻撃を受け，ターリバーン政権は崩壊。2021年，米軍が撤退，再びターリバーンが支配。治安は回復していない。

入試クイズ　コソボでは，国連安全保障理事会の議決に基づいてNATO(北大西洋条約機構)軍が空爆を行った。○？×？　答：×

5 ユーゴスラビア紛争

❶ 複雑な民族分布

（「THE WORLD FACTBOOK」）

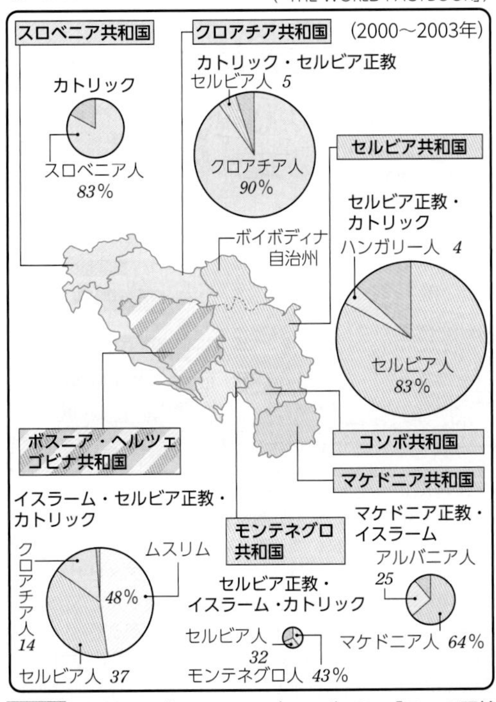

解説 **人種のモザイク**　ユーゴスラビアは，「**7つの国境，6つの共和国，5つの民族，4つの言語，3つの宗教，2つの文字，1つの国家**」といわれ，異なる文化をもつ人々が複雑に混在する地域だった。東側陣営として1つにまとまっていた各民族は，冷戦終結によって，独立をめざし争いがおこった。特に民族構成が複雑だったボスニアでは，激しい内戦となった。結局，**ユーゴ地域は7つの国家に分裂**した。

注：ユーゴスラビアでは，1971年よりムスリムが民族として承認された。

❷ 紛争の経過

1918	オーストリア・ハンガリー帝国，オスマン帝国が崩壊し，セルブ・クロアート・スロヴェーン王国成立
1945	ユーゴスラビア連邦人民共和国成立（ティトー首相）
1980	ティトー大統領死去
1989	冷戦終結
スロベニア，クロアチア　対　セルビアの紛争	
1991.6	スロベニア，クロアチアが独立宣言。セルビアを中心とする連邦軍が両国を攻撃
1992.1	ECがスロベニア，クロアチアの独立を承認
ボスニアの紛争（ムスリム，クロアチア人　対　セルビア人）	
1992.3	ボスニア・ヘルツェゴビナが独立宣言。紛争が拡大
.4	セルビアとモンテネグロが（新）ユーゴスラビアを結成
1994.4	NATOがボスニアのセルビア人勢力に対して空爆を実施
1995.12	ボスニア・ヘルツェゴビナ，クロアチア，ユーゴの3首脳がボスニア和平協定に調印
コソボ紛争（アルバニア人　対　セルビア人）	
1998.2〜.3	ユーゴのセルビア治安部隊がコソボ解放軍に対して掃討作戦を展開（紛争が激化）
1999.3	NATOがユーゴに対して大規模な空爆を実施
.6	セルビア勢力がコソボから撤退，空爆停止
2000.10	ユーゴのミロシェビッチ大統領が失脚
2001.6	ミロシェビッチ元大統領が旧ユーゴ国際刑事裁判所に引き渡される
2003.2	ユーゴ連邦が，連邦国家「セルビア・モンテネグロ」へ改編
2006.6	モンテネグロ独立
2008.2	コソボ独立

旧ユーゴスラビア　イタリア　ギリシャ

旧ユーゴ国際刑事裁判所　1991年以降のユーゴスラビア領域内で，国際人道法の重大違反を犯した個人を裁く裁判所。2001年にはミロシェビッチ元大統領が裁判所に引き渡され，その後，殺人や略奪など66件の罪について起訴された（2006年，拘留中に死亡）。

ミロシェビッチ元大統領

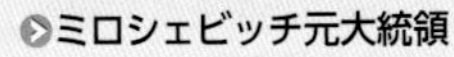

●エスノセントリズムを超えて

愛国心と自民族中心主義　自国を愛することなしに，他国を愛することはできない。その意味で愛国心をもつことは非常に重要である。しかし，愛国心が排外主義的な傾向をもつと，**エスノセントリズム（自民族中心主義）**に陥るおそれがある。

文化相対主義　そこで必要なのは，「自文化を基準にして異文化を優劣評価する態度をやめ，すべての文化は個々の存在価値をもっている」という文化相対主義の考え方である。

レヴィ-ストロースの文化相対主義

フランスの人類学者レヴィ-ストロースは，すべての歴史，社会，民族に共通して無意識的に存在する「構造」を明らかにしようとする構造主義を確立した。彼は，ブラジルの民族調査により，太古から現在まで続く民族社会の思考と西欧社会の科学的思考は，共通の構造をもっていることを明らかにし，質的に優劣をつけられるものではないとした。これは，「西欧的でない民族社会が，西欧社会より劣っている」とする西欧中心の文化観を否定した文化相対論である。

レヴィ-ストロース（1908〜2009）　フランスの人類学者。主著は『悲しき熱帯』，『野生の思考』

6 ルワンダ内戦

＊今のコンゴ民主共和国。

●ルワンダ難民の流出数

ザイール 約140万人
ウガンダ 約1万人
タンザニア 約27万人
ルワンダ
ブルンジ約35万人（内閣府資料）

解説 **隣人を虐殺する悲劇**　ベルギーが植民地として支配していた時代に，言葉も宗教も変わらない少数派のツチ族，多数派のフツ族の分類を利用した統治が行われたことから対立の歴史が始まる。80〜100万人が虐殺され，難民200万人以上がザイール＊など近隣諸国へ流入した。

1994年，虐殺を行ったフツ過激派を追放し平和を回復。国内に安定をもたらしたツチ族主体の「ルワンダ愛国戦線」のカガメ大統領が和解を進め，経済成長を軌道に乗せた。

虐殺された人々の墓標（1997年）多くの人々が虐殺されるとともに，多くの孤児もうまれた。

探究へのSTEP　なぜ，人種・民族問題はなくならないのかな？

視点　文化，宗教，格差，国境などに着目し，考えよう。

文化相対主義　国際理解

重要用語　㉓エスノセントリズム　㉔文化相対主義　97アパルトヘイト（人種隔離政策）　379クルド人問題　380ユーゴスラビア紛争　381パレスチナ問題

国際

パレスチナ問題を考える

《補足資料やワークシート，意見などはこちらから

10 人や国の不平等をなくそう　16 平和と公正をすべての人に

A パレスチナ問題の経過

❶ シオニズム～中東和平会議

1897　第1回シオニスト大会（バーゼル）
シオニズム運動の本格化

イギリスの二枚舌外交

1917 **バルフォア宣言**	1915 **フセイン・マクマホン協定**
英がパレスチナの地にユダヤ人国家の建設を約束	英がアラブ人にパレスチナの地の占有を認める

1920　イギリスによるパレスチナ委任統治
1920年代～ ユダヤ人の入植増加→アラブ人・ユダヤ人の対立激化
1939～45　ナチス・ドイツのユダヤ人迫害（はくがい）

1947　国連総会，**パレスチナ分割案**可決（➡B）　←拒否←　**アラブ連盟**結成

1948　**イスラエル国**建国

1948～49　**第1次中東戦争（パレスチナ戦争）**
原因：イスラエル建国に対するアラブ連盟の不満
→ **パレスチナ難民**発生（約70万人）↓ 周辺アラブ諸国に移動

1956　エジプトのナセル大統領が**スエズ運河国有化宣言**

1956～57　**第2次中東戦争（スエズ戦争）**
原因：スエズ運河国有化に反対する英仏とイスラエルが結託

1964　**パレスチナ解放機構（PLO）**結成

1967　**第3次中東戦争（6日間戦争，6月戦争）**
原因：エジプトのアカバ湾封鎖に対するイスラエルの奇襲（きしゅう）
- イスラエルの領土5倍に　• **パレスチナ難民**
- 国連の調停（安保理決議242号の採択）（➡B）

1973　**第4次中東戦争（10月戦争）**
原因：第3次中東戦争での失地回復をめざすアラブ側の攻撃
- アラブ産油国の**石油戦略→第1次石油危機**

1974　エジプト・イスラエル兵力引き離し協定
国連，パレスチナ人の民族自決権承認。PLOにオブザーバー資格を与える決議採択
1978　キャンプ・デーヴィッド合意（アメリカ・エジプト・イスラエル3首脳）
1979　**エジプト・イスラエル平和条約**→1982 シナイ半島をエジプトへ返還
1987～インティファーダ（反イスラエル蜂起（ほうき）の過激化）
1988　PLO，パレスチナ国家樹立宣言

1989 **冷戦終結**	1991 **湾岸戦争**
アメリカからイスラエルへの援助が減少	PLOはイラクを支持して，アラブ諸国から孤立

双方の財政難

1991　**中東和平会議開催**（マドリード）…中東和平交渉開始

問題の背景は？

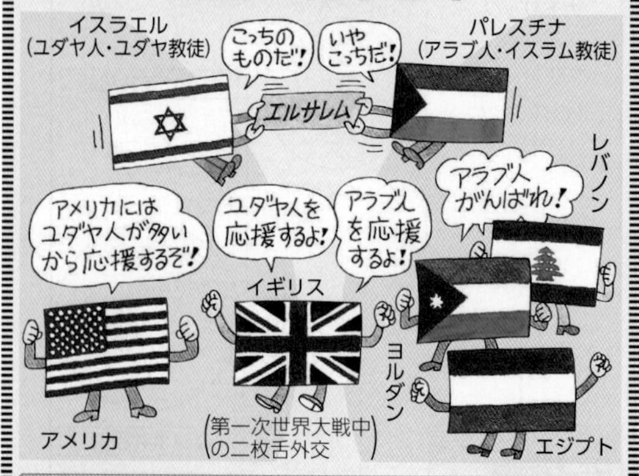

ユダヤ人迫害　2世紀，ユダヤ人はローマ帝国によってパレスチナを追われ，各地に離散（りさん）したが，キリストを死に追いやったとして，長い間迫害された。また，ナチス・ドイツのホロコースト（大虐殺（ぎゃくさつ））により，多くがアメリカへ逃（のが）れた（以後ユダヤ人の資金力はアメリカ社会で大きな影響力をもち，アメリカはイスラエル寄りの政策をとる）。
シオニズム　19世紀末，「迫害を受けるのは自らの国家をもたないためだ。祖先が住み，神が約束した安住の地であるシオンの丘（パレスチナ）にユダヤ人国家を建設しよう」とするシオニズム運動が起こった。

❷ 難航する和平交渉 注：青字はイスラエルのできごと

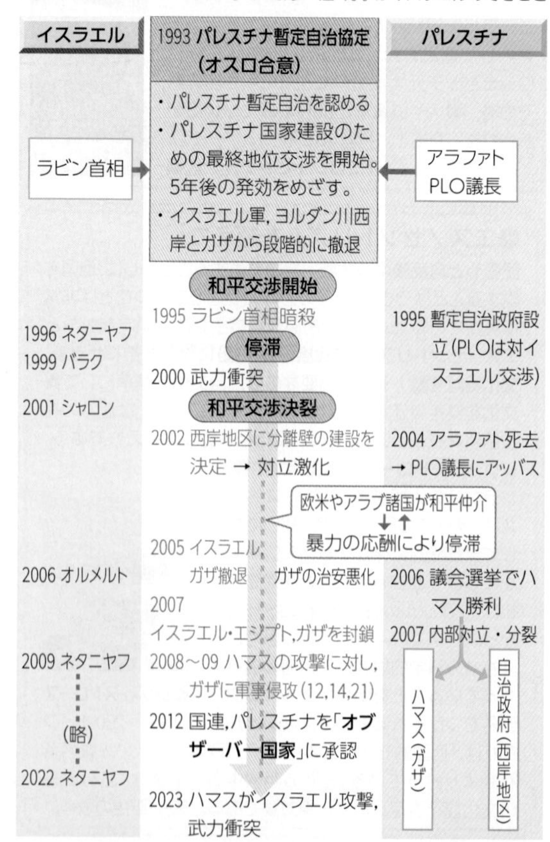

入試のツボ　パレスチナ問題は，パレスチナをめぐるユダヤ人とパレスチナ人（アラブ人）の間の争いである。この問題の背景と歴史を理解しておこう。

B 領土の変遷

*2 2019年，アメリカのトランプ大統領は，ゴラン高原について，イスラエルの主権を認める文書に署名。しかし，国際社会はこの決定に反対している。

❶ 第1次中東戦争（1948～49年）

パレスチナ分割案での
アラブ人国家
ユダヤ人国家
戦争後のイスラエル
レバノン
シリア
スエズ運河
エルサレム（国際管理地区）
ヨルダン
エジプト
サウジアラビア
紅海

❷ 第3次中東戦争（1967年）

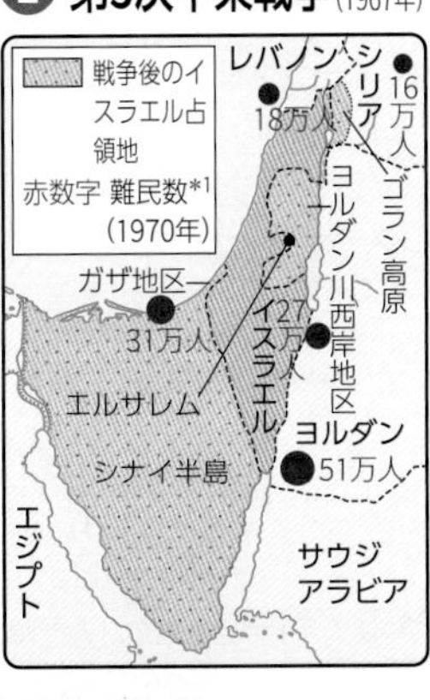

❸ 現在のパレスチナ

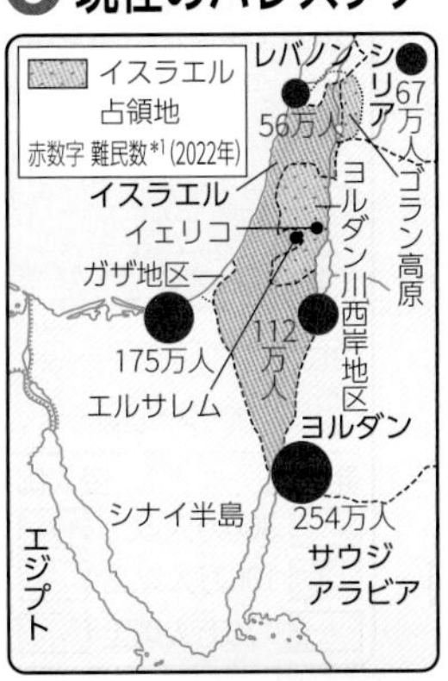

*1 UNRWA（国連機関）登録数

解説 中東戦争以降の領土問題 1943年時点では，ユダヤ人の土地はパレスチナの7％を占めるにすぎなかった。しかし，1949年には77%，1967年にはシナイ半島，ガザ地区，ヨルダン川西岸地区，東エルサレム，そしてゴラン高原*2を占領し，100%を占めた。現在，パレスチナ自治区は約10%である。また，ゴラン高原は，軍事戦略上の要所であり，水源確保の上でも極めて重要で，イスラエル・シリア和平交渉の焦点となっている。**パレスチナの撤退要求に対し，イスラエルは領土維持を主張している。**

C エルサレム問題

エルサレム旧市街 エルサレムは，ユダヤ教，キリスト教，イスラーム（イスラム教）にとっての聖地である。

解説 首都問題 1947年の国連によるパレスチナ分割案（➡A）では，エルサレムは国際管理地区とされた。しかし，イスラエルは，第1次中東戦争で西エルサレムを，第3次中東戦争では東エルサレムも占領した。**イスラエルはエルサレムを首都と定めているが，国際社会では認められていない***3。

*3 2017年12月，アメリカのトランプ大統領は，エルサレムをイスラエルの首都として承認することを表明。2018年にアメリカ大使館をエルサレムに移転。

D パレスチナ難民問題

● 難民登録されているパレスチナ人

場所	人数
ヨルダン川西岸地区	112.3万人
ガザ地区	175.4
レバノン	55.7
シリア	67.4
ヨルダン	254.3
合計	665.3*4

（2022年）（UNRWA〈国連パレスチナ難民救済事業機関〉資料）

パレスチナ難民キャンプ

解説 必要となる国際的な援助 第1次中東戦争で約70万人（48年難民），第3次中東戦争でも多くのパレスチナ人が祖国を追われて難民となった（67年難民）。現在もその数は増え続けており，生活環境は厳しい。**彼らの帰還，補償などの問題をめぐっては，国際的な資金援助が必要となる。**

*4 四捨五入のため，各項目の合計と一致しない場合がある。

E パレスチナ問題の現状

入植地の拡大 第3次中東戦争（1967年）以降，アメリカの支持を受けるイスラエルは，ヨルダン川西岸地区，ガザ地区（2005年撤退）の占領地の固定化をすすめてきた。ヨルダン川西岸のイスラエル人入植地は年々拡大の一途をたどっている。パレスチナ人の居住区は分断され，将来，一体性をもった国家をつくることは困難になっている。

シリア
イラク
イラン
エジプト
サウジアラビア
レバノン
シリア
イスラエル
ガザ地区
西岸地区
ヨルダン川
エルサレム
ヨルダン

イスラエルによる封鎖が続くガザ地区 イスラエルは，テロ対策などを名目に壁やフェンスを建設。パレスチナ人の移動や流通は制限され，生活は困窮している。

二国家共存は可能か？ パレスチナは，140近くの国から国家としての承認を受け，国連でも「オブザーバー国家」として認められている。しかし，イスラエルとパレスチナ間は暴力の応酬が続き，和平交渉は停滞。特に，トランプ政権下でアメリカがイスラエル寄りの政策を進め，パレスチナを支援してきたアラブ諸国がイスラエルとの関係改善に動く*5など，パレスチナ問題の解決は国際社会から取り残されてきた。2023年，再び大規模な軍事衝突が発生。事態は深刻化している。（2023年11月末現在）

Think & Check

さまざまな意見を冒頭のQRコードで確認

パレスチナ問題を解決するためには，どのような方法があるか考えてみよう。

≫自分の考えを，次の視点で確認しよう。
- イスラエルとパレスチナの両国が妥協できる解決方法ですか？ 公正 平等
- 領土・エルサレム・パレスチナ難民・入植地・分離問題についてもふれていますか？
- イギリス・アメリカなどの先進国，アラブ諸国の役割についてもふれていますか？

重要用語 350冷戦 366湾岸戦争 381パレスチナ問題

*5 2020年，アメリカの仲介で，イスラエルとアラブ首長国連邦（UAE）・バーレーン・スーダン・モロッコが国交正常化に合意。イスラエルとアラブ諸国の国交正常化は1979年のエジプト，1994年のヨルダン以来。

B 難民問題

UNHCR

1 難民の現状

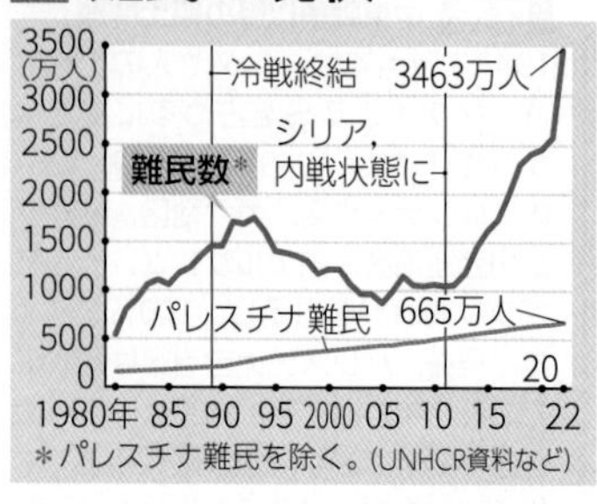

＊パレスチナ難民を除く。(UNHCR資料など)

世界計　4128万人
(2022年末)

ウクライナ568　ロシア[128]　アフガニスタン566　トルコ[357]　パキスタン[174]　ポーランド[97]　イラン[343]　バングラデシュ[95]　ドイツ[208]　レバノン[138]　パレスチナ665　ミャンマー125　ベネズエラ545　スーダン84[110]　コロンビア[246]　中央アフリカ75　シリア655　ペルー[98]　南スーダン229　ヨルダン[324]　コンゴ(民)93　ソマリア79　ウガンダ[146]　エチオピア[88]

発生国		受入国
	300万人以上	
	100万人以上	
	70万人以上	

注：赤字は発生人数，[青字]は受入人数。　(UNHCR資料など)

2 難民の地位に関する条約

〔採択1951　発効1954　日本批准1981〕

第１条〔定義〕Ａ(2)…人種，宗教，国籍もしくは特定の社会集団の構成員であることまたは政治的意見を理由に迫害を受けるおそれがあるという十分に理由のある恐怖を有するために，国籍国の外にいる者…
第３条〔無差別〕締約国は，難民に対し，人種，宗教または出身国による差別なしにこの条約を適用する。
第33条〔追放及び送還の禁止＝ノン・ルフールマンの原則〕①締約国は，難民を，いかなる方法によっても，人種，宗教，国籍もしくは特定の社会的集団の構成員であることまたは政治的意見のためにその生命または自由が脅威にさらされるおそれのある領域の国境へ追放しまたは送還してはならない。　(UNHCR資料)

解説 **難民とは**　条約では，難民を**人種，宗教，国籍，特定の社会集団の構成員，政治的意見により祖国から逃れざるを得なくなった人々**としている。紛争により祖国を離れる人を，条約規定を広く解釈して難民と認める立場と，認めない立場がある。飢餓や異常気象などの経済的な事情によって逃れた人は，難民とは認定されない。また，国外に出ることができず，国内で避難生活を送る人は**国内避難民**と呼ばれる。条約では，難民をいかなる理由があっても再び生命や自由の危険のある国に送り返してはならない(**ノン・ルフールマンの原則**)と定めている。この条約と1966年採択の議定書を合わせて「難民条約」と呼ぶ。

3 国連難民高等弁務官事務所(UNHCR)

▲エチオピアの難民キャンプを訪問した緒方さん(1991年)

1951年から，**①難民に避難先での生活援助をし，雇用や教育などの保護を与え，②本国への帰還や③庇護国，第三国への定住の補助を行っている。**2022年末現在，135か国・地域で530の事務所を展開し，職員は20739人で，NGOとも協力している。これまでに5000万人以上の難民の生活再建を支援し，ノーベル平和賞を２度受賞。1991年～2000年，緒方貞子さん(1927～2019年)がUNHCRの責任者である高等弁務官を務めた。

4 増加を続けるシリア難民

▶**ゴムボートで地中海を渡るシリア難民**(ギリシャ，2015年)

▼**難民の受け入れに反対するデモ**(チェコ，2015年)

解説 **難民受け入れをめぐる対立**
シリア内戦(➡p.263)の泥沼化は，多くの難民を生み出した。特に2015年には，約100万人のムスリム難民がヨーロッパに押し寄せ，EU諸国は，その受け入れをめぐり対立した。ヨーロッパではイスラーム過激派や一部の難民による犯罪・テロ行為が発生しており，当初難民の受け入れに積極的だったドイツなどの国々でも，難民の受け入れに反対する世論が高まった。

EYE 日本の難民政策

解説 **日本と難民**　日本の難民受け入れ数は，先進国の中では格段に少ない。日本が難民の出身国と地理的・歴史的に遠い国であることが影響し，申請自体が少ないためである。しかし，認定される割合も先進国の中では低く，審査が厳しいことをうかがわせる。一方，日本のUNHCRへの拠出金額は世界有数である。また2010年度より政府は，現在避難している国に定住することも母国に帰ることもできない難民を，第三国定住難民として受け入れ，難民の日本社会への定着を支援する取り組みを行っている。

● 主な国の難民認定(2022年)

国名	申請数(人)	認定数(人)	認定の割合
アメリカ	75万2693	4万6629	6.2%
ドイツ	32万2831	4万6787	14.5%
イギリス	9万4729	1万8551	19.6%
イタリア	7万6910	7193	9.4%
日本	8233	203	2.5%
中国	355	42	11.8%

(UNHCR資料)

 重要用語 382難民の地位に関する条約　383国連難民高等弁務官事務所(UNHCR)

写真：今村健志朗／JICA

日本の国際貢献と役割 6

ねらい
- 国際社会における我が国の役割を理解しよう。
- 人間の安全保障，SDGs（➡p.8）などを実現していくことが，世界の安定や発展につながることを理解しよう。

A 戦後の日本外交と国際貢献

1 日本外交と国際貢献の歩み

●青字は日本の主な国際貢献

1945	ポツダム宣言受諾…敗戦
1950	朝鮮戦争勃発
1951	サンフランシスコ平和条約調印→**主権回復**
	日米安全保障条約調印
1952	日華平和条約→台湾を支持し，中華人民共和国を認めず
1953	奄美諸島が日本に復帰
	世界銀行から日本への借款が開始（～1966年，1990年完済）
1954	●技術協力の開始（研修員の受入れと，専門家の派遣）
	●戦後の賠償と経済協力の開始（対ビルマ：現ミャンマー）
1956	日ソ共同宣言→**国連総会が日本の加盟を可決**
1957	**日本外交の三原則**　①自由主義諸国との協調　②国連中心主義　③アジアの一員としての立場の堅持
	国連安保理の非常任理事国に当選
1958	●最初の円借款（対インド）で本格的な経済協力開始
1960	日米安全保障条約を改定
1965	日韓基本条約に調印→**日韓国交正常化**
1968	小笠原諸島が日本に復帰
1969	●無償資金協力の開始
1970	日米安保条約，自動延長
1972	沖縄が日本に復帰
	日中共同声明→**日中国交正常化**，日華平和条約破棄
1975	第１回サミットに出席
1978	日中平和友好条約に調印
1989	●ODA額が世界一（1990年を除き～2000年）
1992	●PKO協力法が成立し，カンボジアへ自衛隊を派遣
2002	小泉首相が訪朝，拉致被害者５人帰国（04年に家族帰国）
2015	日韓は慰安婦問題で「最終的かつ不可逆的」な解決等に合意

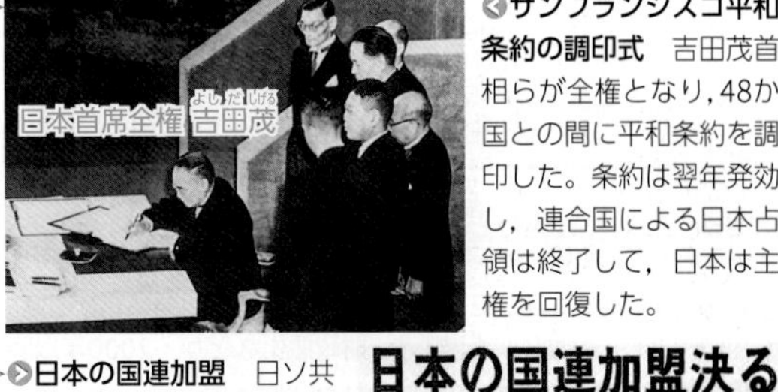

サンフランシスコ平和条約の調印式　吉田茂首相らが全権となり，48か国との間に平和条約を調印した。条約は翌年発効し，連合国による日本占領は終了して，日本は主権を回復した。

日本の国連加盟　日ソ共同宣言で，ソ連は日本の国連加盟に対し，安保理で賛成することを表明。日本の国連加盟は，安保理での承認を経て，国連総会で全会一致で承認された。
（「朝日新聞」1956.12.13）

日本の国連加盟決る
安保理で全会一致
すぐ総会へ送りこむ
次々に賛成演説

初の日中首脳会談　日中共同声明を出したことにより，日華平和条約は破棄された。日中間の戦争状態の終結と国交樹立を確認し，中国は対日賠償請求権の放棄を宣言した。

2 日本の果たすべき役割とは何か

項目	割合
環境・地球温暖化・感染症対策を含む保健などの地球規模の課題解決への貢献	62.5%
人的支援を含んだ，地域情勢の安定や紛争の平和的解決に向けた取り組みを通じた国際平和への貢献	61.2
軍縮・不拡散の取り組みなどを通じた世界の平和と安定への貢献	46.1
世界経済の健全な発展への貢献	37.1
自由，民主主義，基本的人権，法の支配といった普遍的な価値を広めるための国際的な努力	35.6

注：複数回答・上位５項目
（2022年）　（内閣府「外交に関する世論調査」）

解説　経済援助だけではない役割　日本が国際社会に求められている役割は，PKOや国際救助活動，環境問題などの地球的諸課題，軍縮を通じた国際平和など，経済援助のみではなく多岐に渡る。

[Official Development Assistance]

B 日本のODA

1 日本の経済協力の分類

（2020年）単位：億ドル

政府資金	政府開発援助（ODA）	二国間（JICAが担当）	**贈与**	54.7
			├**無償資金協力**（返済義務を課さない資金協力）	30.7
			└**技術協力**（発展途上国からの研修員の受け入れ，専門家・青年海外協力隊の派遣（➡p.281），開発協力）	24.0
			政府貸付（円借款）など（低利で長期の資金融資）	47.7
		多国間	**国際機関に対する出資・拠出など**（世界銀行，ユニセフなどに対し資金協力）	34.2
	その他の政府資金		**輸出信用**（発展途上国の輸入業者の代金支払いに対し，日本輸出入銀行が行う融資など）	0.03
			直接投資金融など	48.9
			国際機関に対する融資など	—
民間資金			**輸出信用**（民間銀行が行う輸出信用）	−54.1
			直接投資（支店などの海外進出，経営支配目的の資本輸出）	250.3
			その他二国間証券投資など	−42.1
			国際機関に対する融資など	−21.0
民間非営利団体による贈与				6.1

注：純額（過去の援助の債務返済額を差し引いた額）ベース　（外務省資料）

重要用語　136サンフランシスコ平和条約　137日米安全保障条約（安保条約）　142PKO協力法（国連平和維持活動協力法）　343安全保障理事会　356朝鮮戦争　384政府開発援助（ODA）

2 ODA額の変遷と内訳

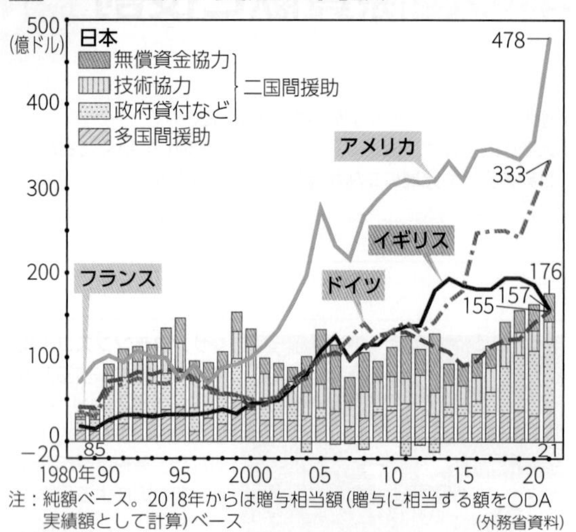

注：純額ベース。2018年からは贈与相当額(贈与に相当する額をODA実績額として計算)ベース　(外務省資料)

解説 **日本の援助の歴史**　1960年代半ば以降は，DAC(◎p.307 5)加盟国として援助国に転換した。財政悪化などから**2000年以降ODA予算は減少**傾向にあるが，今もなお，世界有数の援助国である。

一方，他の先進国では冷戦終結後援助額が伸び悩んだが，2000年以降に**増額**している。背景には，国連がミレニアム開発目標を掲げたことや，テロなどの脅威が貧困から生じているとの認識がある。

3 二国間ODAの地域別内訳

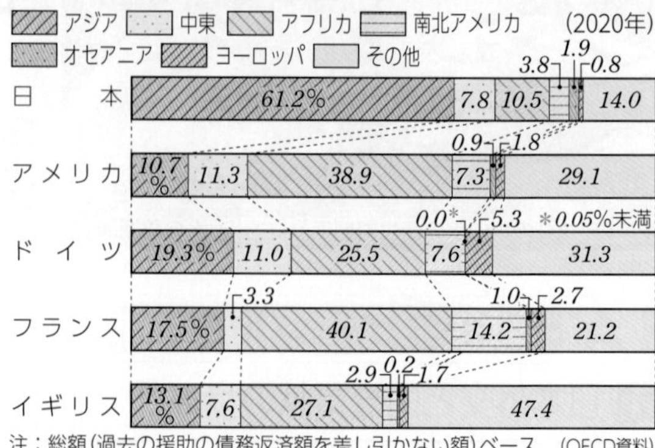

注：総額(過去の援助の債務返済額を差し引かない額)ベース　(OECD資料)

解説 **日本はアジア重視**　日本のODAは**対アジア援助の割合が大きい**のが特徴である。もっとも，対アジア援助は1970年には94.5%，1980年には71.3%を占めていたが，アジア諸国の発展に伴い**その比率は低下**し，近年は**対アフリカ・中東援助が増加**している。中国へのODAは，①軍事費の増大や，他国への武器輸出，②経済発展(◎p.302)，③中国自身が他国に援助していることなどから，2007年末までに新規円借款の供与を終了。そして，2021年度末ですべての中国へのODAを終了。フランスやイギリスはかつての植民地であるアフリカ諸国への援助が多い。

4 日本のODAの特色

Q 日本はどのような援助を行っているか？

❶ 供与額とGNI比率

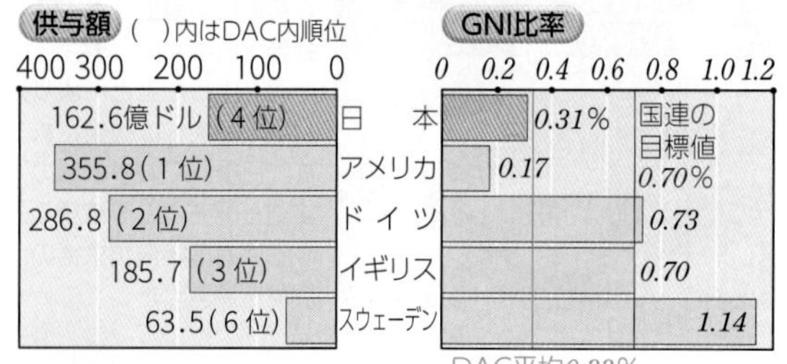

(2020年) 注：贈与相当額ベース　(外務省資料)

❷ 贈与比率とアンタイド比率

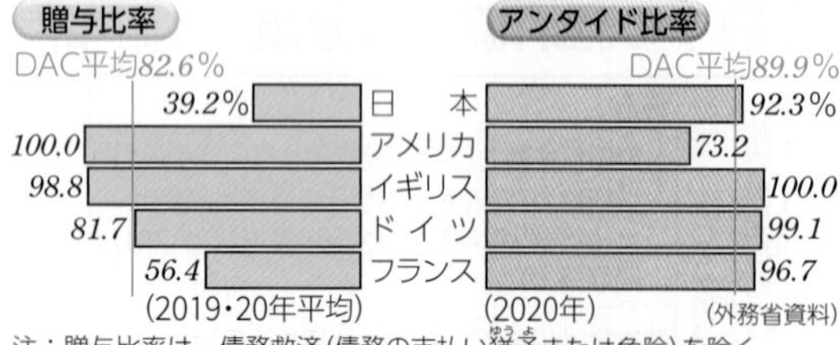

(外務省資料)

注：贈与比率は，債務救済(債務の支払い猶予または免除)を除く。
タイドとは，援助金の使い道を援助供与国の企業に限定すること。援助供与国の発展途上国への輸出や海外投資の拡大をねらったもので，アンタイドはそのような限定がないこと。約束額ベース。

解説 **金額と形態**　日本のODAは，**GNI比率はDAC諸国の平均を下回り**，国連の目標値には遠く及ばない。援助の形態は，かつてはアジア諸国への政府貸付(円借款)が多く，**贈与比率が低い**という特徴があった。これは日本自身が戦後，アメリカ・国際機関から資金を借りてインフラを整備し，経済発展をして返済してきたことをふまえ，「自助努力の支援」を基本としているからだ。しかし近年，**貧困率の高いアフリカ諸国への無償資金援助が増えつつある。民間企業・地方公共団体の技術・ノウハウの活用**も始まっている。また，かつては**タイド(ひもつき)**が多いという批判があったが，1980年代以降改善された。

5 近年のODA政策の変遷

1991	湾岸戦争…日本は巨額の資金援助を行ったが，国際社会から評価を得られなかったと批判 ↓ 援助対象国の民主化や人権，軍事政策などとODAとの関係見直し
1992	**ODA大綱**(1992年6月閣議決定) (1) 環境と開発の両立 (2) **軍事的用途や国際紛争助長につながる使用は回避** (3) **発展途上国の軍事支出，大量破壊兵器・ミサイルの開発・製造，武器の輸出入の動向に注意** (4) 発展途上国の民主化の促進，市場経済導入への努力，基本的人権と自由の保障に留意
90年代後半	**ODAの見直し** 背景に財政赤字，国益や効率性を重視すべきといった世論
2001	アメリカ同時多発テロ→アメリカODA予算増額 日本，ODA額減額。首位をアメリカに譲る
2002	EU諸国，ODA予算増額姿勢
2003	ODA大綱の改定。**国益重視**の理念や，**人間の安全保障**(◎p.281)などの視点を盛り込む
2007	日本，ODA額世界第5位(純額ベース)に後退
2015	**開発協力大綱**(2015年2月閣議決定)　主な改正点 ・民政目的・災害救助活動など，**受け入れ国の軍関係者による，非軍事目的の活動への協力を，個別具体的に検討** ・開発が進んだ中所得国にも必要に応じた協力を行う
2023	**新開発協力大綱**(2023年6月閣議決定)　主な改正点 ・食料・エネルギーなどのサプライチェーンの強化，**デジタル技術の活用**などの課題に協力して対処 ・従来型の支援に加え，要請を待たずにメニューを提案する「**オファー型協力**」の強化 ・透明・公正な開発協力ルール等の普及と実践

入試クイズ　日本の政府開発援助(ODA)は，援助を受ける国の国民一人当たりの国民総生産(GNP)に応じて決められるため，最貧国に最も多く割り当てられる。○？×？(◎3)　答：×

C 人間の安全保障

Q「人間の安全保障」とは，どのようなものか？

人間の安全保障　現在の国際社会で，地球規模の課題に効果的に対処するためには，国家がその国境と国民を守るという伝統的な「国家の安全保障」の考え方のみでは対応が難しい。そこで，**国家の安全保障を補完し，強化するものとして提唱されたのが，人間一人ひとりに焦点を当てる考え方「人間の安全保障」**である。これは，誰一人取り残さないというSDGsにつながっていく。

「人間の安全保障基金」の設立　1999年，日本主導のもと，国連に「人間の安全保障基金」が設立。この基金は，**国際社会が直面する貧困・環境破壊・紛争・難民問題など，多様な脅威に取り組む国際機関の活動に，人間の安全保障の考え方を反映させ，実際に人間の生存・生活・尊厳を確保していくことを目的として設立**された。

● 人間の安全保障基金の支援実績件数

合計238件（4.4億ドル）	アジア太平洋・中央アジア	アフリカ	中南米・カリブ諸国	欧州	中東・アラブ地域	複数地域にまたがる案件
件数	96件	69	31	23	7	12

（1999～2016年）　（外務省資料）

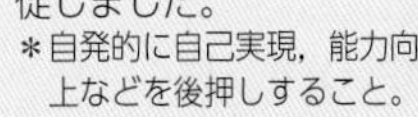

「人間の安全保障委員会」　2001年日本が国連に提案し「人間の安全保障委員会」が創設。共同議長に，緒方貞子元国連難民高等弁務官とノーベル経済学賞受賞のアマルティア＝セン（➲p.47）が選出され，人々の生存・生活・尊厳の確保を目的に，人々の「保護」と「能力の強化」の必要性を提言した。以下は委員会が提言した項目。

- 紛争や武器拡散からの人々の保護
- 紛争後の平和維持のための基金設立
- 貧困地の公正な貿易と市場の支援
- 最低生活水準の実現　・基礎保険医療の普及を優先実施
- 基礎教育の完全普及による人々の能力の強化　など

➲人間の安全保障基金により，紛争で身寄りのない子どもたちに職業訓練が行われ，自立の支援がされている。（アフガニスタン）
写真提供／UN PHOTO／ESKINDER DEBEBE

➲人間の安全保障基金により訓練された地元青年たちの手によって，不発弾の除去が進められる。（レバノン）
写真提供／UN／AUGUST FELIX HEID

探究へのSTEP
日本が国際社会で貢献している点，貢献が不十分な点はどこかな？

視点　国際平和，環境，人権，経済発展などに着目して考えよう。**平和**　**持続可能性**　**人間の安全保障**

この人に聞く
JICA海外協力隊に参加し，モザンビーク共和国で活動した　**山本拓功さん**

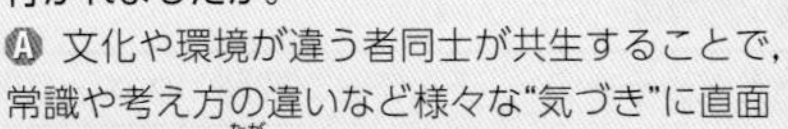

Q どのような使命（姿勢）を持って，派遣国へ行かれましたか。

A 文化や環境が違う者同士が共生することで，常識や考え方の違いなど様々な“気づき”に直面し，それがお互いの成長のきっかけになると考えていました。技術を伝えることだけが国際協力ではないと思います。

Q 派遣国で行った活動内容を教えてください。

A 野菜/米栽培・養鶏などの産業支援を通して地域住民の収入向上を図るとともに，エンパワーメント*支援を行いました。現地の住民の多くが農家で，彼らは政府から支給される種子を用いて，自給用に栽培し，残ったものを市場に売りに行っていました。これでは，市場の需要とは関係なく作物が流通するため，買い叩かれてしまい，現金収入の向上につながりません。そこで，農家と一緒に流通量・価格などの市場調査を行い，「作った物を売るのでは無く，売れる物を作る」という考え方を伝えました。そして，いつまでに・何を・どのくらい生産すべきかなどを主体的に考えることを促しました。

＊自発的に自己実現，能力向上などを後押しすること。

D NGOによる国際貢献

NGOとは　「Non-Governmental Organization」の略で，「非政府組織」を意味する。NGOとは，「政府」「国家」の枠にこだわらず**「地球」や「地域」を優先して考え，活動する非営利の組織**である。例えば，地球環境問題に対処する際，各国政府は自国の利益を第一に考えざるを得ない。しかしNGOは，人類全体，そして生態系を含めた地球全体の利益を考えて行動する。

❶ NGOの役割

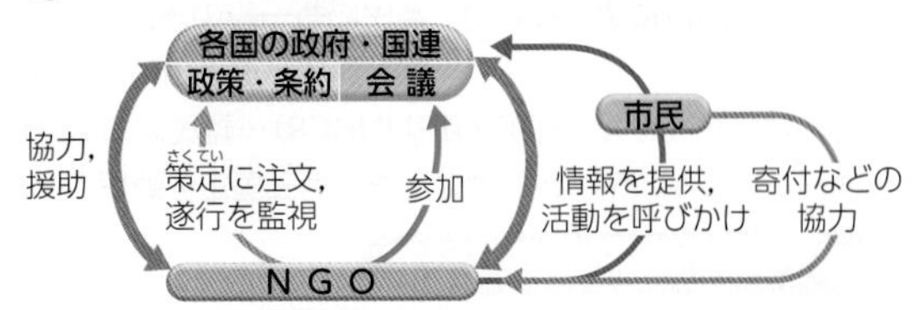

❷ 世界で活躍するNGO

国際赤十字　**赤十字国際委員会**，各国赤十字社（9割以上の国で設立）などの総称。国際委員会は，**戦場での負傷者の保護**を目的とし，1863年スイスで設立。ノーベル平和賞を3度受賞。

国境なき医師団　EUやUNHCR（➲p.278）と提携して，世界各地の**戦災地，災害被災地，難民キャンプなどでの救援活動**を行う。1971年に結成。75の国と地域で活動（2018年）。1999年にノーベル平和賞を受賞。

シェア（国際保健協力市民の会）　1983年に設立した日本のNGO。医師や看護師を中心に結成され，**タイ，カンボジアなどで保健医療活動**を展開。**日本で暮らす外国人の医療支援**も行っている。

重要用語　384政府開発援助（ODA）　385人間の安全保障　386SDGs（持続可能な開発目標）　387NGO（非政府組織）

ポイント整理 18

5 人種・民族問題

A 様々な民族問題 (➡p.274)

独立・自治を求めるもの	チェチェン問題，ケベック問題，クルド人問題など
国内での勢力争い	アフガニスタン問題，ダルフール紛争，ルワンダ内戦など
国境・帰属に関わるもの	北アイルランド紛争，パレスチナ問題など
その他	アメリカ黒人問題，アボリジニー問題など

B ユーゴスラビア紛争 (➡p.275)

①**背景**…異なる文化をもつ民族が複雑に混在する地域

②**経過** **スロベニア，クロアチア対セルビアの紛争** ➡ スロベニア，クロアチアの独立をECが承認
⬇
ボスニア・ヘルツェゴビナ紛争 ➡ ボスニア和平協定
⬇
コソボ紛争 ➡ NATO軍による空爆

C パレスチナ問題 (➡p.276・277)

第１次中東戦争(1948〜49年)…原因：イスラエル建国に対するアラブ連盟の不満
⬇ **パレスチナ難民**の発生
第２次中東戦争(1956〜57年)
⬇ 1964年**パレスチナ解放機構(PLO)**を結成
第３次中東戦争(1967年)
⬇ •イスラエルの領土５倍へ •新たなパレスチナ難民の発生
第４次中東戦争(1973年)
⬇ アラブ産油国の石油戦略 ➡ 第１次石油危機
冷戦終結(1989年)
⬇ 米からイスラエルへの援助が減少
パレスチナ暫定自治協定(1993年)
…イスラエルとPLOの相互承認 ➡ 和平会議決裂(2000年)
課題：最終地位交渉，ゴラン高原返還交渉，エルサレム問題，
パレスチナ難民問題，入植地・分離壁(フェンス)問題 など

D 難民問題 (➡p.278)

①**難民の地位に関する条約**…難民にも一般の外国人と同等の待遇を与えること，強制追放・送還の禁止 などを定める。
②国連難民高等弁務官事務所(UNHCR)…難民の国際的保護，救援活動の支援
③日本の難民政策…政府は難民を，**第三国定住難民**として受け入れ，定住を支援

6 日本の国際貢献と役割

A 日本のODA (➡p.279・280)

政府開発援助(ODA)…政府の財政資金による援助

日本のODAの特色

- **供与額**…世界有数だが，近年減額傾向。対GNI比率は低い
- **内容**…かつては，アジア諸国を重視。無償援助(贈与)比率は低く，有償援助(借款)の割合が高かったが，近年，アフリカ諸国への無償援助が増加
- **ひもつき(タイド)**…かつては，援助金の使途を日本企業に限定
➡現在は，**ひもなし(アンタイド)**がほとんど

B 人間の安全保障 (➡p.281)

国際社会の人間一人ひとりに焦点を当て，人間の生存・生活・尊厳の確保を目的

C NGO(非政府組織) (➡p.281)

NGO(非政府組織)…利益追求を目的とせず，政府から独立した民間団体

ポイント解説

A 様々な民族問題 冷戦の終結や民族主義(ナショナリズム)の高揚に伴い，民族の分離・独立運動が活発化して，世界各地で紛争が多発している。一方では，南アフリカ共和国の**アパルトヘイト**撤廃など，問題解決に向けて前進した動きも見られる。今後は，民族間の協調と融和へのさらなる努力が求められる。

B ユーゴスラビア紛争 ユーゴスラビアは，異なる文化をもつ人々が複雑に混在する地域だった。そのため，冷戦終結によってソ連の影響力が弱まると，民族間の争いが起こり，大規模な内戦へと発展した。

C パレスチナ問題 1993年に**パレスチナ暫定自治協定**が結ばれて，パレスチナ人による自治がはじまったが，2000年に和平会議が決裂した。その結果，**最終地位交渉**，シリアへの**ゴラン高原返還交渉**，エルサレム問題，パレスチナ難民問題，入植地・分離壁(フェンス)問題は進展がみられていない。イスラエルのパレスチナ自治区への侵攻・占領と入植地拡大，パレスチナの過激派によるテロという暴力の連鎖により，双方の不信は根強く，解決に向けての先行きは不透明である。

D 難民問題 人種・宗教・政治的意見などを理由とする迫害や紛争から逃れ，外国に保護を求める人々が**難民**である。難民救済のため，**難民の地位に関する条約**が採択され，**国連難民高等弁務官事務所**を中心に，難民の支援活動が続いている。日本政府は，現在避難している国に定住することも母国に帰ることもできない難民を，第三国定住難民として受け入れ，支援している。

A 日本のODA 日本の**政府開発援助(ODA)**は，1990年代世界一であった供与額が近年減額傾向にあり，対GNI比率はDAC諸国の平均を下回る。以前批判を受けていたタイド(ひもつき)は改善された。

B 人間の安全保障 人間の安全保障は，国家の安全保障を補完し，強化するためのもの。人間の一人ひとりに焦点をおき，国際社会における，人間の生存・生活・尊厳を確保していく。

C NGO **NGO(非政府組織)**は，発展途上国への独自の援助活動を推進し，国際世論への影響力を強めている。

写真提供：名古屋港管理組合

国際経済のしくみ　7

ねらい
- 経済のグローバル化を理解しよう。
- 日本の国際収支の特色を理解しよう。
- 国際経済安定化のためのしくみを理解しよう。

A 貿　易

1 世界の貿易額の推移

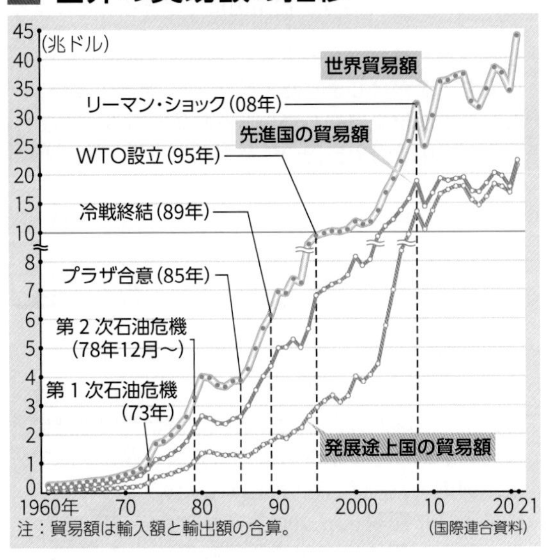

注：貿易額は輸入額と輸出額の合算。　(国際連合資料)

2 主な国の貿易額の推移

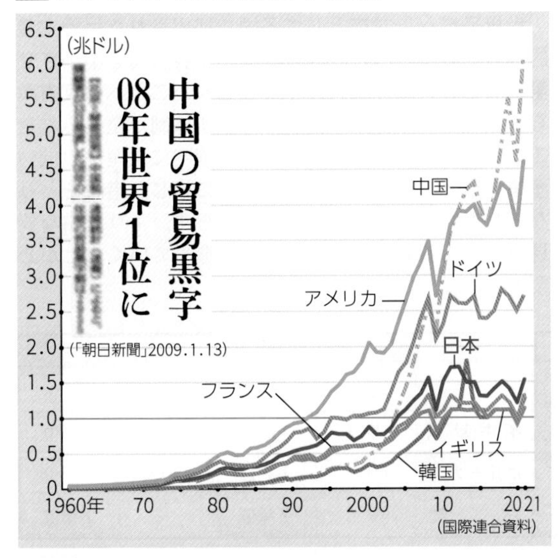

(国際連合資料)

解説 **自由貿易の進展**　世界の貿易額は，２度の**石油危機**(オイルショック ➡p.194)を経験しながらも，順調に増加してきた。近年の内訳としては，先進国，発展途上国とほぼ半々である。また，アジア諸国の貿易の増加率が高く，特に中国の増加が著しい。1980年代後半以降は，**サービス貿易**(運賃，保険，旅行，宣伝費など)額が増加し，近年では**財貿易**の約３割に相当する額となっている。世界の貿易は，モノ依存型からサービス型へと傾きつつある。

3 水平的分業と垂直的分業

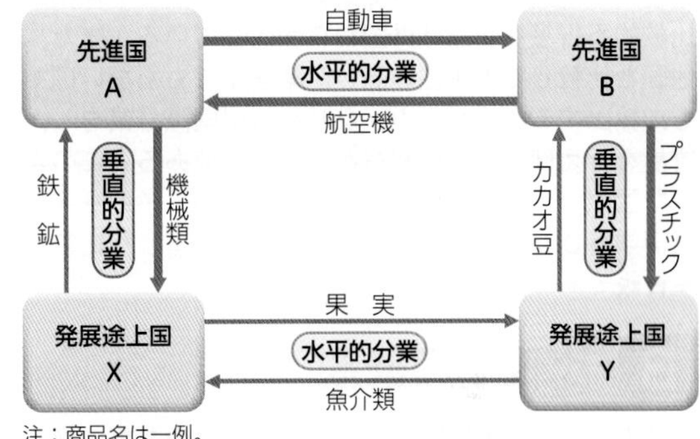

注：商品名は一例。

解説 **国際分業**　世界では，自国で生産しきれない商品を貿易することで補う**国際分業**が行われている。先進国間では，単価の高い工業製品を貿易することで補完し合うような，**水平的分業**が進んでいる。一方，先進国と発展途上国との間で，工業製品と食料・原料を貿易する分業体制を**垂直的分業**という。かつては，日本とアジアの国々は，垂直的分業が多かった。近年は，日本企業のアジア進出，アジアの経済発展により，アジア各国から衣類，家電製品などの製品が日本に輸入され，水平的分業に変わりつつある。

4 主な国の貿易依存度

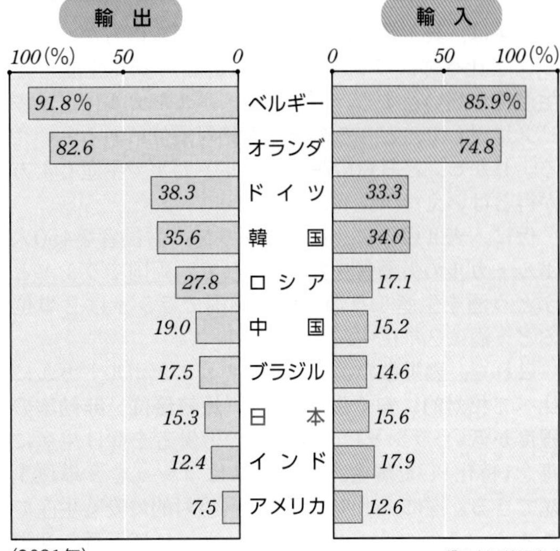

(2021年)　(「日本国勢図会」)

解説 **貿易依存度とは**　国内総生産(GDP)に対する貿易額(輸出額・輸入額)の割合のことである。日本は貿易立国と呼ばれているが，EU諸国の貿易依存度の方が高い。アジアでは，韓国が高い。これは，国内市場が比較的小さく，国外に市場を求めるからである。

重要用語　277石油危機　388自由貿易

わかりやすい経済講座

どうして貿易を行うのか? 比較生産費説

A 国際分業

自動車の生産性が高い国が自動車をつくって輸出し，コメの生産性が高い国がコメをつくって輸出する，という分業のシステムでは，すべての産業について生産性の低い国は生産して輸出する商品がない。

実際の国際分業では，他国と比べてすべての産業で高い生産性をもつ国でも，必要な商品をすべて国内で生産せずに，外国と比べて比較的得意な商品を輸出し，比較的不得意な商品は外国から輸入している。また，他国と比較して生産性の高い産業を全くもたない国でも，輸出する商品がある。なぜならば国際分業をし，貿易を行えば，相互に利益があるからである。このような国際分業の利益を根拠付ける理論が，イギリスの経済学者**D.リカード**(1772～1823)の提唱した**比較生産費説**である。

B 比較生産費説

リカードは，生産物の価値はその生産のために投入された労働量によって決定されるとした。これを**労働価値説**という。例えば，一国内において10人の労働者が1か月働いて生産した商品Aは，5人の労働者が1か月働いて生産した商品Bよりも価値・価格が高いという考え方である。

Ⅰ	1単位の生産に必要な労働者数	
	ラシャ(毛織物の一種)	ぶどう酒
イギリス	150人	300人
ポルトガル	100人	50人

(イギリス→ポルトガル：ラシャ ⅔の労働者で生産，ぶどう酒 ⅙の労働者で生産)

例えば，表Ⅰ▲のように，ポルトガルの方が，イギリスと比べて，ラシャ，ぶどう酒とも安く生産でき，生産性が高いとする。この場合，ポルトガルは，イギリスに対して，どちらの商品も**絶対優位**にあるといえる。しかし，どちらの商品もポルトガルで生産した方が得とはいえない。

仮に，表Ⅱ▶のように，イギリスの労働者を450人，ポルトガルの労働者を150人として，両国でラシャとぶどう酒を生産した場合は，両国でラシャは2単位，ぶどう酒は2単位生産される。

これを，表Ⅲ▶のように，イギリスがポルトガルに比べて**相対的に安く生産できる**(**比較優位**。**非効率の程度が低い**)ラシャに，すべての労働者を傾け生産に専念(**特化**)した場合，イギリスはラシャを3単位生産できる。逆に，ポルトガルは，相対的に安く生産できるぶどう酒の生産に専念すると，ぶどう酒を3単位生産できる。**つまり，両国で，比較優位にある商品に生産を特化することによって，両国でより多くの商品を生産でき，増えた商品を貿易によって交換すれば，今までよりも多くの商品を消費でき，お互いが豊かになる。この理論を比較生産費説という。**

C 自由貿易と保護貿易

比較生産費説に基づいて，イギリスがラシャの生産に特化し，ポルトガルがぶどう酒の生産に特化するとどのようなことになるだろうか。ラシャは工業製品であり，ぶどう酒は農業製品である。イギリスはラシャの生産を足がかりにして工業化を押し進めることができるが，ポルトガルの方はいつまでたっても工業化を達成することができず，農業国にとどまることになる。

自由貿易　リカードの生きた時代は，世界で最初の**産業革命**がはじまったイギリスが「**世界の工場**」としての地位を確立しつつあった時である。すなわち，自由貿易で自国の工業製品を世界に輸出することはイギリスの国益であり，リカードが比較生産費説に基づいて自由貿易を主張することは，イギリスの国益にかなったことでもあった。

保護貿易　これに対し当時，イギリスより工業化が遅れ，農業国の段階にあったドイツの経済学者**F.リスト**(1789～1846)は，各国の経済発展段階には違いがあり，ドイツのように発展の遅れた国では，国内の幼稚産業を保護するために輸入品に**関税**(○p.290②)をかけたり，**輸入制限**をする保護貿易政策をとることが必要であると主張した。

世界恐慌への対応として各国で採用された保護主義的な貿易政策(**ブロック経済**)が，世界貿易を縮小させ，**第二次世界大戦**の原因の1つとなったことへの反省から，戦後はより自由な貿易をめざす体制が整えられた。この体制のもと，発展途上国など国内に生産性の低い産業を抱えている国ではその実情に応じた措置をとりながらも，保護主義的な動きをとらず，より自由な貿易を実現する方向へと国際協力を進めていくことが必要である。

Ⅱ		ラシャ(毛織物の一種)		ぶどう酒	
		労働者	生産量	労働者	生産量
特化前	イギリス	150人	1単位	300人	1単位
	ポルトガル	100人	1単位	50人	1単位
	合計		2単位		2単位

Ⅲ		ラシャ(毛織物の一種)		ぶどう酒	
		労働者	生産量	労働者	生産量
特化後	イギリス	450人	3単位		
	ポルトガル			150人	3単位
	合計		3単位		3単位

入試クイズ　政府が特定の国内産業を保護・育成するために，関税障壁を設けることは，保護貿易政策と呼ばれる。○?×?　答：○

国際収支をどうみるか?

わかりやすい 経済講座

A 国際収支とは

国際収支とは，**一国の一定期間の外国とのモノ・サービス・カネの取り引きの収支**であり，これをまとめたものが**国際収支表**である。国際収支表の各収支をみることで，その国の外国とのモノ・サービス・カネの流れの特色をつかむことができる。

国際収支表は，各国比較をできるようにという観点から，**IMF(国際通貨基金** ➲p.289)の国際収支マニュアルに基づき，作成・公表されている。IMF国際収支マニュアルは2008年に第6版が公表され，日本では2014年より第6版準拠の新形式の統計に移行した。

B 日本の国際収支表

(単位：兆円)

旧形式	新形式		2021年	2022年
経常収支	経常収支	財・サービスの取り引き，所得の受け払いなどの収支	21.5	11.5
貿易・サービス収支	貿易・サービス収支	財・サービスの取り引きの収支	−2.5	−21.2
a貿易収支	a貿易収支	モノの輸出入による代金の受け取り(輸出)と支払い(輸入)の収支	1.8	−15.7
bサービス収支	bサービス収支	輸送，旅行，その他のサービス(金融，通信，著作権・特許権の使用料など)取り引きの収支	−4.2	−5.4
所得収支 →	第一次所得収支	海外資産(海外の支店・工場，株・債券など)からの利益(配当や利子を含む)，海外の企業などから得た給料などの所得の収支	26.4	35.2
経常移転収支 →	第二次所得収支	国際機関への拠出金，政府などによる食料や医療品などの無償援助，海外で働く人々の本国への送金など，対価をともなわない資金移動の収支	−2.4	−2.5
資本収支(名称廃止)				
その他資本収支 →	資本移転等収支	対価をともなわない資金移動のうち，無償資金援助による海外での道路や港湾建設などの社会資本形成，債務免除などの収支	−0.4	−0.1
投資収支 →	金融収支	対外金融資産・負債(直接投資，株・債券・金融商品の売買，輸出入代金・外貨準備など)の収支	16.8	6.5
外貨準備増減 →	外貨準備	政府と日本銀行が保有する外貨(ドル)を集計したもの。受け取ったお金が，支払ったお金よりも多ければ外貨の準備が増加し，逆の場合は減少する。この外貨準備は，輸入代金支払いのために必要である。	6.9	−7.1
誤差脱漏	誤差脱漏	差額の調整額	−4.3	−4.9

注：四捨五入のため，合計が総額に一致しない場合がある。 (財務省資料)

旧形式
経常収支 ＋ 資本収支 ＋ 外貨準備増減 ＋ 誤差脱漏 ＝ 0

新形式
経常収支 ＋ 資本移転等収支 − 金融収支 ＋ 誤差脱漏 ＝ 0
(資産 − 負債)

解説 国際収支表の読み取り方 国際収支表は，同価値のものを交換するという考えに基づき，財・サービスと，カネのやり取りが同時に記載(複式計上方式)されている。

例えば，日本のトヨタ自動車から米国の自動車販売会社へ自動車を100億円輸出すると，米国の自動車販売会社は指定された米国の銀行の口座に100億円を振り込む。この行為は，国際収支表では貿易収支に100億円，金融収支(資産)に100億円計上される。つまり，**国際収支表は，すべての取り引きがゼロになるように計上**されている。

次に，計上する際の符号の付け方は，経常収支と資本移転等収支では，**資金の流入はプラス，資金の流出はマイナス**に計上する。

金融収支の**資産・負債の増加はプラス，資産・負債の減少はマイナス**に計上する。金融収支が**プラス表示ということは，資産が多く，資金が流出している**ことを意味する。逆に，**マイナス表示ということは，負債が多く，資金が流入している**ことを意味する。

●国際収支の各項目の符号の意味

項目	符号の意味
経常収支 資本移転等収支	プラス…資金の流入 マイナス…資金の流出 注：旧形式から変わらない。
金融収支	**資産**(日本から海外への投資)**−負債**(海外から日本への投資) **金融収支がプラス表示…資産の方が多い(資金の流出)** **金融収支がマイナス表示…負債の方が多い(資金の流入)** 注：新形式から変更された。

重要用語 388自由貿易 389保護貿易 390国際収支

B 国際収支

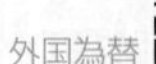

1 戦後の日本の国際収支の推移

Q 国際収支の推移から何がわかるか?

	1946~50年平均	51~55	56~60	61~65	66~70	71~75	76~80	81~85	86~90	91~95
	復興期		高度経済成長期			低成長期		安定成長期	バブル期	崩壊後
経常収支	**145**	**105**	**23**	**−272**	**1240**	**1382**	**2326**	**23318**	**69082**	**112296**
貿易収支(輸出−輸入)	−188	−393	93	391	2725	5382	11153	33949	84934	131534
輸出	395	1507	3120	5887	13454	39415	93792	154992	247981	360030
輸入	583	1900	3027	5496	10729	34033	82639	121043	163047	228496
サービス収支及び所得収支	−68	442	−21	−608	−1310	−3665	−8015	−9088	−11943	−11199
経常移転収支	401	55	−50	−55	−175	−335	−1137	−1543	−3909	−8039
資本収支	**−16**	**−13**	**−23**	**146**	**−410**	**−2404**	**−4066**	**−32211**	**−89540**	**−43497**

(単位:100万ドル) 注:IMFの旧形式で計上されたもの。 (「通商白書」1984年・「日本国勢図会」より)

復興期
- 復興のための輸入超過
  →貿易収支の赤字
- アメリカの経済援助
  →経常移転収支の黒字
- 朝鮮特需(➡p.192A❸)
  →サービス収支の黒字

高度経済成長期
- 高度経済成長(➡p.193)
  →貿易収支は黒字に拡大
- 貿易規模の拡大による輸送費や,技術導入による特許使用料の支払い増大
  →サービス収支の赤字の増加

低成長期
- 変動相場制による円高や2度の石油危機の影響(➡p.194)で日本企業が海外進出
  →資本収支の赤字増加

安定成長期以後
- 円高による海外旅行ブーム
  →サービス収支の赤字拡大
- 大幅な貿易収支黒字の発生
  →経常収支が莫大な**黒字**
- 海外への投資(企業の海外進出)
  →資本収支は大幅**赤字**

2 近年の経常収支の推移

Q どのような特徴が見いだせるか?

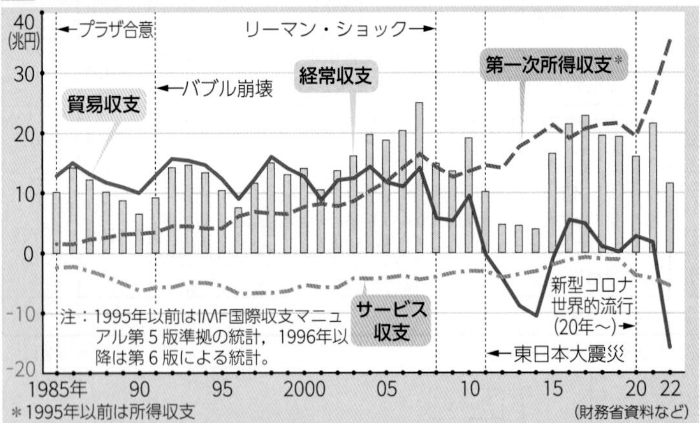

*1995年以前は所得収支 (財務省資料など)

貿易収支 2011年,東日本大震災の影響で原発が停止し,資源の輸入が増え,赤字になった。16年に黒字化したが,世界的な資源価格の高騰,歴史的な円安の進行などにより輸入額が拡大。22年は再び赤字になった。
サービス収支 長く赤字が続いている。近年は,訪日外国人客の増加などによって赤字幅が縮小しつつあったが,2020年より新型コロナウイルス感染症の世界的流行で訪日外国人客が大幅に減り,赤字幅が拡大している。
第一次所得収支 日本は長年の貿易黒字を原資とし,海外に子会社を設立したり,海外証券へ投資したりしてきた(金融収支)。この投資の収益により,近年第一次所得収支の**黒字が拡大**。**貿易立国から投資立国へ**と変化しつつある。

3 主な国の国際収支

Q 各国の国際収支の特色は何か?

(単位:億ドル)(2022年)

	日本	アメリカ	ドイツ	フランス	中国	韓国
経常収支	910	−9716	1727	−567	4019	298
貿易収支	−1174	−11830	1186	−1443	6686	151
サービス収支	−412	2318	−310	546	−923	−55
第一次所得収支	2687	1486	1576	811	−1936	229
第二次所得収支	−191	−1690	−725	−481	191	−26
資本移転等収支	−9	−46	−195	113	−3	0.01
金融収支	541	−8048	2437	-600	3142	388

注:IMF国際収支マニュアル第6版による統計。
四捨五入のため,経常収支は内訳の合計と一致しない場合がある。(IMF資料)

解説 **アメリカの赤字** 経常収支を見ると,アメリカの赤字額が突出している。アメリカは,輸入超過で貿易収支が赤字(➡p.294),さらに,外国からの証券投資が株式市場に大量に流入しており,金融収支も赤字で,世界最大の債務国となっている。

4 各国の外貨準備高の推移

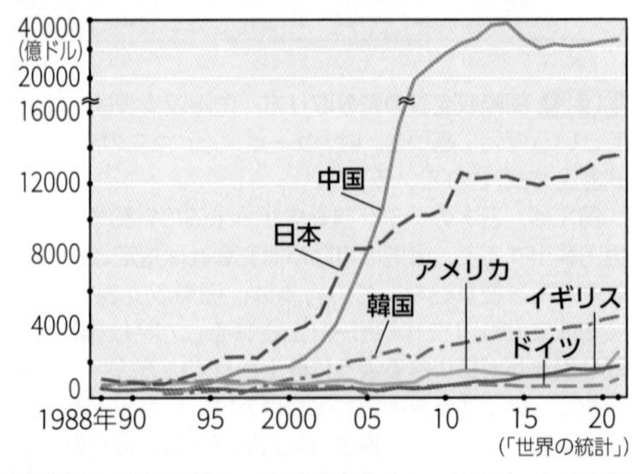

(「世界の統計」)

解説 **外貨準備高** **外貨準備高**とは,政府・中央銀行が保有する金や外貨のことで,対外的な支払いに用いられ,その国の国際的信用力を示す。日本の外貨準備高は,貿易収支の黒字により大幅に増大し,2005年まで世界一であった。しかし2006年,中国の外貨準備高が日本を抜き,世界一となった。

入試クイズ 外国為替市場において円への需要が増加したとき,他の条件に変化がないとすれば,変動為替相場制の下では外国の通貨に対して円安が進行する。○?×? 答:×

C 外国為替のしくみ

1 1ドル＝100円の場合

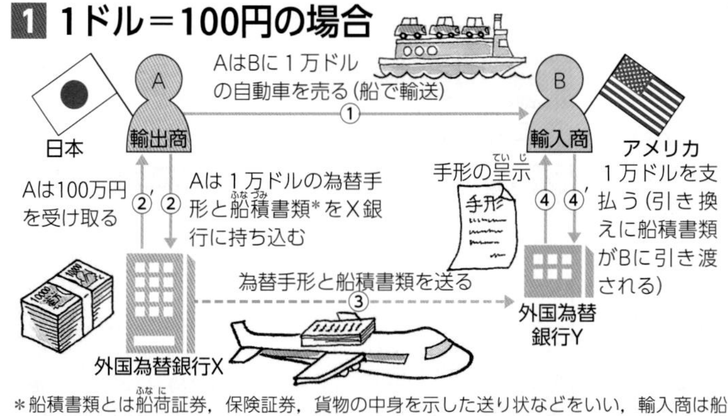

＊船積書類とは船荷証券，保険証券，貨物の中身を示した送り状などをいい，輸入商は船荷証券を船会社に示すことによって輸入貨物を受け取ることができる

注：外国為替銀行XとYの決済は，銀行Xにある銀行Yの預金から100万円引きおとすことによって行う。外国為替取引を行う銀行は，各国の取引銀行に相手国通貨で預金を用意している

解説 **他国への支払い方法**　為替とは，現金輸送のコストと危険を省くため，遠隔地間の金銭上の債権・債務の決済，あるいは資金移動を，**現金の輸送をせずに，金融機関を通じて行うしくみ**である。国際間で行われる場合を外国為替という。

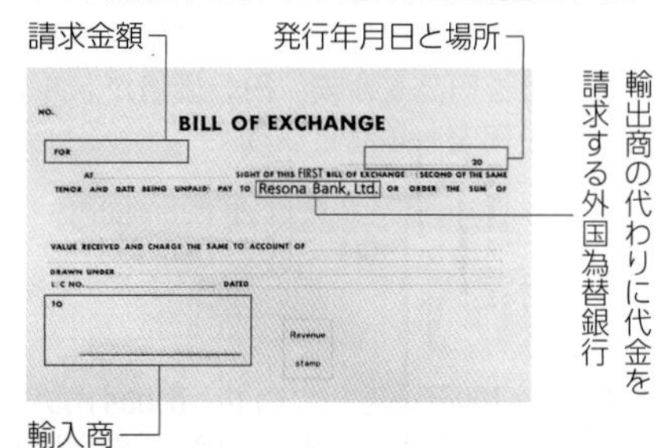

外国為替手形(Bill of Exchange)

2 外国為替市場

外国為替市場とは　通貨と通貨を交換する市場。株式市場のような**特定の場所をもたず**，電話やコンピュータの端末で取り引きが行われる。銀行間で取り引きをする**インターバンク(銀行間)市場**と，カスタマー(対顧客)市場などがあるが，一般にはインターバンク市場で為替相場(為替レート)が決まる。

従来は外貨の売買をする**銀行(ディーラー)**が，仲介業者(**ブローカー**)を通して，電話で取り引きを行うことが多かったが，近年は手数料が安く速い，**コンピュータでの取り引きが大半**を占める。また，ブローカーを介さず銀行同士が直接取り引きを行うことが多くなった。

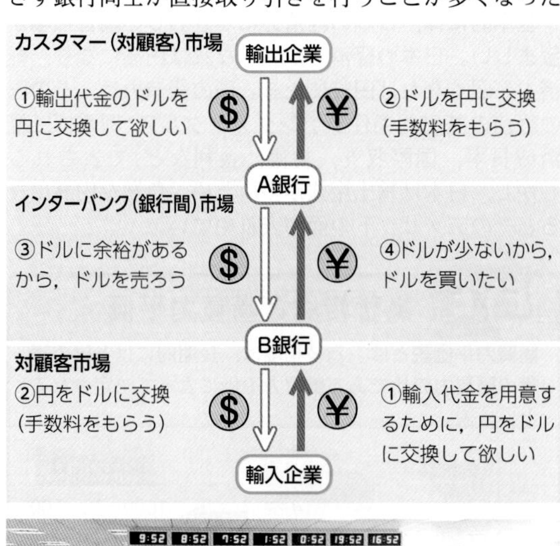

ディーリングルーム

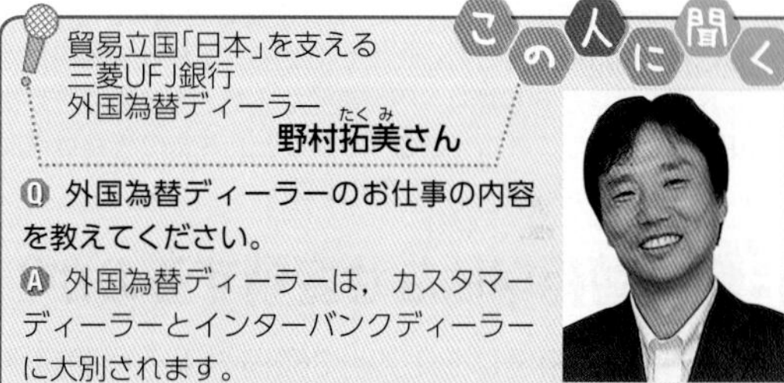

Q 外国為替ディーラーのお仕事の内容を教えてください。

A 外国為替ディーラーは，カスタマーディーラーとインターバンクディーラーに大別されます。

まず，**カスタマーディーラーは，お客様から円・ドルなどの通貨の交換の注文を受ける仕事です。**お客様は，海外に自動車を輸出する自動車メーカー，石油を海外から輸入する石油会社などです。日本の輸出企業は，輸出して得たドルを円に交換する必要があります。なぜなら，社員の給料，国内の取引会社の支払いを円で行わなければならないからです。一方，日本の輸入企業は，円をドルに交換し，輸入代金をドルで支払う必要があります。このように，企業がビジネスを進めるうえで，通貨の交換は必要不可欠なものとなっています。

次に，**インターバンクディーラーは，カスタマーディーラーがお客様から受けた通貨の交換の注文に対し，迅速に適切な為替相場(通貨の交換比率)で対応できるように，必要な通貨を用意し提供する仕事です。**どのように用意するかというと，銀行間で通貨を交換し合う市場があり，そこで調達します。迅速に，できるだけ安く調達するように心がけています。

Q 苦労する点は，どのようなところですか。

A 為替相場はときに大きく乱高下することがあります。そのようなときでも，インターバンクディーラーは，お客様の通貨の交換に，迅速かつ適切な為替相場で対応しなければならず，一瞬も気を抜けません。また，**相場を予想することも必要ですが，これはとても難しい仕事です。**例えば，これ以上，ドルは安くならないだろうと思いドルを買っても，その後さらにドル安が進み，もっと安くドルを調達できたのにと後悔することも少なくありません。

Q やりがいは何ですか。

A 一般的に，国境を越えた商品の売買(貿易)や，人の移動(旅行，出張など)には，通貨の交換が必要となります。私たちの仕事は，**貿易立国「日本」，世界で活躍する「日本企業」・「日本人」を支えるものだと自負しています。**

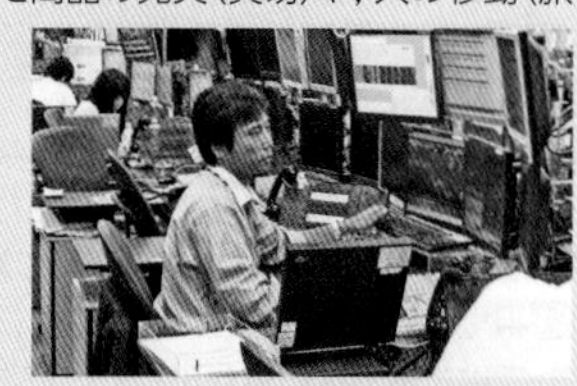

ディーリングを行う野村さん

重要用語　390 国際収支　391 為替相場(為替レート)

わかりやすい

経済講座 ｜ 円高・円安とは？

A 円高・円安とは何か？

通貨の交換比率を，**為替相場**(かわせ)(**為替レート**，◯p.287⑥)といい，為替相場において**円の価値がドルに対して上がることを円高ドル安**，**円の価値がドルに対して下がることを円安ドル高**という。

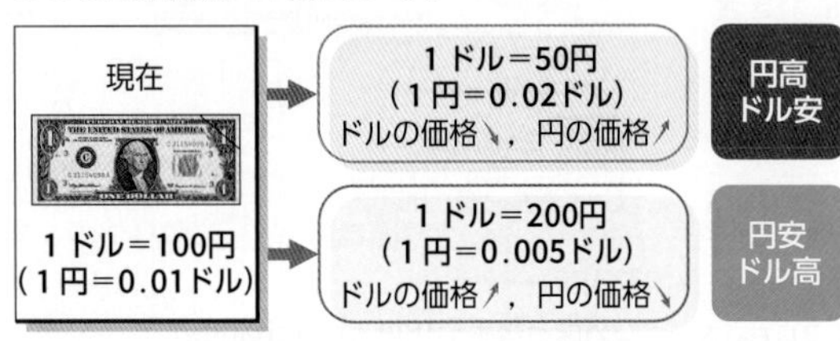

例えば，1ドル＝100円のとき，「1ドルは100円と交換できる」ということを示している。これは，モノの値段と同じように，1ドルの価格が100円だと考えることができる。1ドル＝50円になると，ドルの価格が安くなり，円が高くなったと考えることができる(**円高ドル安**)。1ドル＝200円になると，ドルの価格は高くなり，円の価格は安くなった(**円安ドル高**)。

B 為替相場はなぜ変動するのか？

かつて，為替相場は１ドル＝360円のように固定されていた(**固定相場制** ◯p.291①)が，現在では**変動相場制**になっている。

変動相場制では，為替相場は原則，通貨(実際には**外国為替手形** ◯p.287①)に対する需要と供給(◯p.170, 171)の関係で変動する。

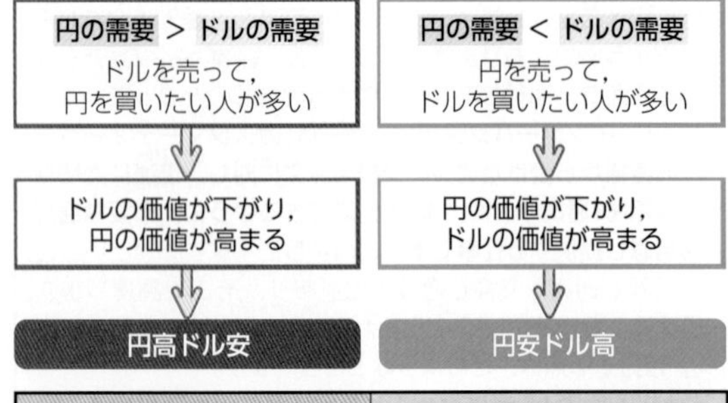

円の需要が増える主な要因		ドルの需要が増える主な要因
•海外へ商品を輸出 →輸出品の代金をドルでもらい，国内で使用するため円に換えたい	貿易	•海外の商品を輸入 →輸入品の代金の支払いをドルで行うため，ドルに換えたい
•海外の企業が日本に出店，日本の企業を買収 •海外の投資家が日本の株式や債券を購入する	資本取引	•海外に工場を建てる •日本の投資家が海外の株式や債券を購入する
•高い →日本にお金を預けたい	日本の金利	•安い →海外にお金を預けたい

この他にも，**為替差益**(さえき)のみを求めた**投機マネー**（ハイリスク・ハイリターンの売買差益をねらって短期的に動く，巨額資金)も為替相場に影響を与える。現在では，為替相場を変動させる要因としては，貿易は影響が小さく，資本取引，投機マネーの影響が大きくなっている。

C 円高・円安になるとどうなるか？

❶ 円高のメリット・デメリット

メリット	•輸入品(商品，原材料)の価格が低下し，物価が下落 •海外旅行費用の低下
デメリット	•輸出品の価格が上昇し，輸出が減少 •安い輸入品に対抗するために生産費の安い海外へ生産拠点を移転，それにともなう雇用機会の減少(**産業の空洞化** ◯p.295)

超円高 うめく輸出産業

減産、挽回さなかの75円台

東海の中小メーカーから

「発注、海外に回る」「減給検討」「廃業も」

(「朝日新聞」2011.8.20)

❷ 円安のメリット・デメリット

メリット	•輸出品の価格が低下し，輸出が増える •輸出企業の収益上昇による賃金上昇と雇用機会の増加 •外国から日本への旅行者が増加
デメリット	•輸入品(商品，原材料)の価格が上昇し，物価が上昇 •海外旅行費用の上昇

円安 一時150円台

政府の牽制 きかず

32年ぶり水準

(「朝日新聞」2022.10.21)

D 円高と円安，どちらがよいのか？

基本的には，日本の経済力にふさわしい為替相場が望ましい。日本の経済力が強くなれば円高になり，経済力が弱くなれば円安になる。国の経済力は，その国の経済の基礎的条件**ファンダメンタルズ**(例えば，経済成長率，国際収支，物価，金利など)で表される。しかし，日本は輸出産業が多いため，急激な円高になるとそのデメリットの面が表れやすい。

EYE 為替相場と購買力平価(こうばいりょくへいか)

購買力平価説とは　為替相場は，長期的には各国の通貨の購買力の比である購買力平価によって決定されるという説。

日本で1000円

アメリカで10ドル

購買力平価
1000÷10＝100
↓
1ドル＝100円

異なる通貨の購買力の比較　野菜や肉など様々な商品が入った買い物かごがあるとする。この買い物かごの商品全体の日本での値段がa円，アメリカでの値段がbドルのとき，a÷b(日本での値段の，アメリカでの値段に対する比率)を購買力平価という。購買力平価は，OECD(◯p.307⑤)や世界銀行(◯p.289①)などが，調査対象品目(買い物かごに入れる商品)やその重みづけを考えながら算定している。

メモ　2022年，急激な円安の進行を受け，円安のいきすぎを抑えるために，ドルを売って円を買う公的介入(平衡操作，為替介入)が24年ぶりに行われた。また，この際，公的介入の事実を明らかにしない「覆面(ふくめん)介入」も行われた。

D 国際経済安定化のしくみ

1 IMF・GATT体制

Q 戦後，国際経済の安定はどのように図られたのか？

ブレトン・ウッズ協定

1944年７月に，連合国44か国の代表が**ブレトン・ウッズ**（アメリカ，ニューハンプシャー州）に集まって開かれた連合国通貨金融会議で締結された協定。**戦後の新しい国際通貨金融の運営方針を決めた**もので，国際通貨基金（IMF）協定条文と国際復興開発銀行（IBRD）協定条文がある。これによって**IMFとIBRDが設立**された（→**ブレトン・ウッズ体制**）

国際通貨基金（IMF）

1945年設立　加盟190か国（2023年現在）

〔目的〕 国連のほかの国際協力機関とともに世界経済の拡大均衡，加盟国の所得水準の上昇，雇用の拡大を推進するなど

〔機能〕

①**為替相場の安定**…各国は，金及び米ドルに対する自国通貨の固定レート（平価）を設定し，これを維持する（ただし，1973年以降，主要国が変動相場制になり，この機能はなくなった。➡p.291 1）

②**為替制限を撤廃**…為替の自由化のことで，外国為替の売買や保有を自由にする

③**IMFからの短期資金融資**…一時的な国際収支（➡p.285）不均衡に陥った国に対し，IMFが提案した経済政策を受け入れるという条件で，外貨資金供与の便宜が与えられる

国際復興開発銀行（IBRD）

1945年設立　加盟189か国（2023年現在）

〔目的と機能〕 戦災国の復興と発展途上国の開発を援助。そのため，加盟国の政府または企業に**資金の長期的**（平均15～20年）**な貸し出し**を行う

世界銀行グループ

IBRDの融資条件は厳しく，企業融資の場合は政府の保証を必要とする。また，金利も高い。こうした欠点を補うため，国際開発協会（IDA），国際金融公社（IFC），多国間投資保証機関（MIGA），投資紛争解決国際センター（ICSID）が設立され，世界銀行グループを形成している

関税と貿易に関する一般協定（GATT）

1948年発効　1994年の**ウルグアイ・ラウンド**の合意（マラケシュ協定）により，1995年，**世界貿易機関（WTO）**に発展（➡p.290）
加盟164か国・地域（2023年現在，WTO加盟国数）

解説 **自由主義経済圏安定のために**　1929年の**世界恐慌**をきっかけにおきた経済的混乱に対処するため，当時の先進諸国は輸入制限，為替切り下げ競争を行って極端な自国産業保護政策を進め，**閉鎖的なブロック経済圏**を形成した。これが相互の対立を生み第二次世界大戦の一因となったことから，第二次世界大戦の終わりごろ，アメリカを中心にして，国際経済をより自由で開放的なシステムに変革しようという動きがおこった。国際金融安定のための**国際通貨基金（IMF）**協定と，**国際復興開発銀行（IBRD）**協定に，貿易面での**GATT**を加えた**IMF・GATT体制**は，**為替の安定，発展途上国の援助，自由貿易の促進によって，貿易の拡大を図り，資本主義諸国の経済を発展させることを目的としている**。他に，発展途上国の援助や貿易の拡大を図る**国連貿易開発会議**（**UNCTAD** ➡p.307 5），**国連食糧農業機関**（**FAO**）などの国連を中心とした組織もある。なお，1995年にGATTは**WTO**に発展した（➡p.290 3 ❶）。

EYE 日本の戦後復興を支えた世界銀行

戦後の日本は，世界銀行から巨額の貸し付け（1953～1966年，８億6290万ドル，利率4.625～6.625％，31件）を受けた。借りた資金により，発電所・新幹線・高速道路を建設し，製鉄所・自動車工場・造船所などの製造設備を整え，戦後復興を果たした。借入金の返済が終わったのは，1990年である。現在，日本は，世界銀行の第２の資金供与国となり，発展途上国の発展のために貢献している。

愛知用水（1961年完成）

●世界銀行から日本への主な融資事業

調印年	受益企業	事業内容
1953	関西電力	多奈川火力発電２基
1955	八幡製鉄	厚板圧延設備
1956	トヨタ自動車 三菱造船	挙母工場トラック・バス用工作機器 長崎造船所ディーゼルエンジン製造設備
1957	愛知用水公団	愛知用水事業分
1958	関西電力	黒部第四水力発電
1961	日本国有鉄道	東海道新幹線
1963	日本道路公団	東京－静岡間高速道路

黒部第四ダム（1963年完成）

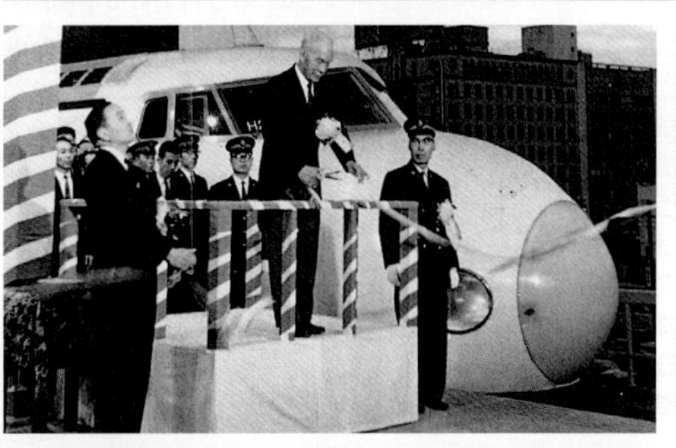
東海道新幹線（1964年完成）

重要用語　391為替相場（為替レート）　392IMF・GATT体制　393国際通貨基金　394国際復興開発銀行　395関税と貿易に関する一般協定　396ウルグアイ・ラウンド　397世界貿易機関（WTO）　398固定相場制　399変動相場制　408産業の空洞化

2 関税と貿易に関する一般協定(GATT)

❶ GATT・WTOのラウンド交渉

Q GATT・WTOの役割は何か?

交渉の名称	交渉年	参加国・地域	主な交渉内容	関税の平均引き下げ率
第1回一般関税交渉	1947	23	**関税引き下げ**	——
第2回一般関税交渉	1949	13	〃	——
第3回一般関税交渉	1950～51	38	〃	——
第4回一般関税交渉	1956	26	〃	——
ディロン・ラウンド交渉(第5回)	1961～62	26	〃	7(%)
ケネディ・ラウンド交渉(第6回)	1964～67	62	関税引き下げ,アンチダンピング措置＊1	35
東京ラウンド交渉(第7回)	1973～79	102	関税引き下げ,**非関税障壁低減**	33(工業品)
ウルグアイ・ラウンド交渉(第8回)(➡p.200 1)	1986～94	123	農業分野の自由化＊2,**サービスや知的財産権**(➡p.91 2)分野のルール作成,**WTO設立**	日本が60,米・EUが30(工業品)
ドーハ・ラウンド交渉(第9回)	2001～(停滞)	164＊3	**アンチダンピング措置の濫用防止**,環境と貿易	

❷ GATTの3原則

① **自由**…関税と非関税障壁の撤廃＊4
② **多角**…多国間交渉(ラウンド)
③ **無差別**…最恵国待遇(ある国に対して関税を引き下げると,すべての加盟国に適用される)。内国民待遇(輸入品に対して国内品と同じ待遇を与える)

解説 **GATTの役割** **GATTは,自由貿易の拡大を図るため,貿易の流れを阻む障壁を多国間の交渉によって取り除くことを目的としたもの**である。貿易の流れを阻む障壁とは,国内産業の保護などのために輸入品に課せられる関税や,輸入を認める製品の量をしぼる輸入数量制限,輸入手続きの煩雑化などを指し,このうち**関税以外の輸入制限を非関税障壁という**。GATTのラウンド交渉により,関税の引き下げが行われ,非関税障壁の低減も進んだ。このようにGATTは戦後の西側の自由貿易発展に大きく寄与した。

＊1 ダンピングとは他国との競争で優位となるために,製品を国内よりも安く外国に売ること。ダンピングに対して,特別の関税を課すことをアンチダンピング措置という。
＊2 日本のコメ輸入の関税化など
＊3 第12回定例閣僚会議(2022年6月)開催時
＊4 例外として,セーフガード(➡p.200 1)あり。WTOにも継承

3 世界貿易機関(WTO)

Q なぜGATTをWTOに発展させたのか?

❶ GATTとWTOの比較

GATT		WTO
関税と貿易に関する一般協定(**多国間協定**の1つ)	正式名称	世界貿易機関(**国際機関**)
弱い	紛争処理強制力	**強い**(決定に従わない国に,別分野で対抗措置を行うことを認めている)
モノ	紛争処理の対象	モノ・**サービス・知的財産権**(世界知的所有権機関[WIPO]と協力関係)
2～3年かかる	処理期間	15か月以内の解決が目安
規定があいまい	貿易ルールの有無など	調査期間を明確化するなど自由貿易のためのルールが確立
調印国の1国でも反対したら対抗措置は実施できない(コンセンサス方式)	紛争処理の決定方法	全加盟国の反対がない限り対抗措置の実施が可能(ネガティブ・コンセンサス方式 ➡❷)
重要な貿易問題の交渉・処理がGATTを通さずに行われることが多かった	問題点	アメリカなど主要国の脱退で弱体化する可能性がある

解説 **強化された権限** 国際機関ではなかったGATTは,多国間協定のかたまりのようなものであった。これが,1994年の**ウルグアイ・ラウンド**において策定されたマラケシュ協定によって,国際機関として生まれ変わった。大きな特色としては,**モノだけでなく知的財産権やサービス貿易などの分野において国際的なルールが確立された**こと,加盟国間の**紛争を処理する「貿易裁判所」的な機能が強化**されたことがあげられる。

❷ WTOの紛争処理手続き

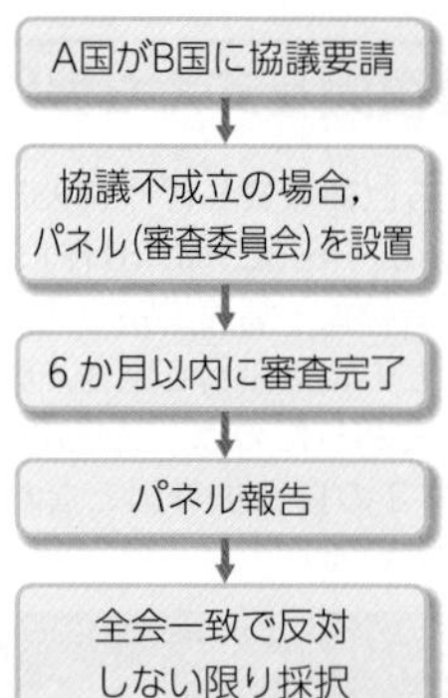

例えば,A国がB国をWTOの紛争解決機関に提訴した場合,独立した立場の構成員からなる**パネル**(審査委員会)が設置される。パネルは審査後,判断報告を発表する。GATTの規則ではB国が反対すればこの報告は採択されなかったが,新しい規則では「**各国が全会一致で報告を採択しないと決定しない限り,報告は採択される**」と定めている。このため,B国の違反判定にA国が反対することはありえないから,**パネル報告は有効**となる。

B国が,パネル報告に従わない時は,A国は対抗措置をWTOに申請し認められれば,輸出入制限や高い関税をかけるなどの対抗措置をとることができる。対抗措置は,紛争になった分野以外でも可能。

➡2012年,日本・アメリカ・EUは,中国が行っているレアアースの輸出規制が,WTOの規定に違反するとして,WTOに提訴し,14年に勝訴が確定した。レアアースとは,生産量・流通量が少なく希少価値の高い鉱産資源で,様々な工業製品に利用されている。中国は,レアアースの全世界生産の約8割を占めている。

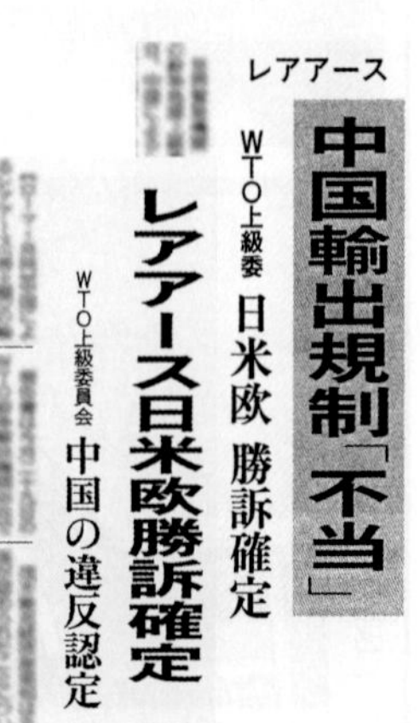
レアアース
中国輸出規制「不当」
WTO上級委 日米欧 勝訴確定
レアアース日米欧勝訴確定
WTO上級委員会 中国の違反認定

右(「読売新聞」2014.8.8)
左(「中日新聞」2014.8.8)

入試のツボ WTOは,GATTよりも紛争処理の機能が強化された。WTOは,GATTからどのような点が発展したのかまとめておこう。

E 戦後の国際経済の歩み

1 国際通貨制度の変遷(へんせん)

Q 戦後，通貨制度の安定にはどのような対策がとられたのか？

戦前　世界恐慌に対処するため，先進国は輸入制限や自国通貨の為替(かわせ)切り下げを行い，自国産業保護を進め**ブロック経済圏**(けん)を形成。これにより世界経済が縮小し，第二次世界大戦の一因となった。

↓

固定相場制／旧IMF（ブレトン・ウッズ）体制

1949.4～　**金・ドル本位制**

金 1オンス（＝約31g）⇔35ドル　1ドル＝360円

IMFは**為替相場の安定**のため，第二次世界大戦の荒廃(こうはい)をまぬがれ圧倒的優位にあるアメリカのドルを**基軸通貨**（国際通貨）とし，金との交換を保証する**固定相場制**をとった

↓

1960年代～　**ドル危機**

アメリカは，ベトナム戦争による**軍事支出の増大**や**対外援助**などによって**経常収支が赤字**に→ドルを金に交換する動きが強まり，大量の金が米から流出（米ドルの信認が低下し基軸通貨としての地位が揺(ゆ)らぐ）

↓

変動相場制

1971.8　**ニクソン（ドル）・ショック**

金⇦交換停止⇨ドル

ニクソン米大統領は，突然**ドルと金の交換停止**を発表**〈ブレトン・ウッズ体制の崩壊(ほうかい)〉**

ニクソン

↓

固定相場制／スミソニアン体制

1971.12　**スミソニアン協定**

1ドル＝308円

国際通貨の混乱を防ぐため，ワシントンのスミソニアン博物館で先進10か国の財務相・中央銀行総裁会議が開かれ，**固定相場制をドル切り下げで調整**

↓

変動相場制／キングストン体制

1973　主要国は変動相場制に移行

↓

1976　**キングストン合意**

ジャマイカの都市キングストンで，IMF暫定(ざんてい)委員会が開かれ，**変動相場制への移行を正式承認**

2 円相場の推移

Q 円相場はどのような時に上下しているのか？

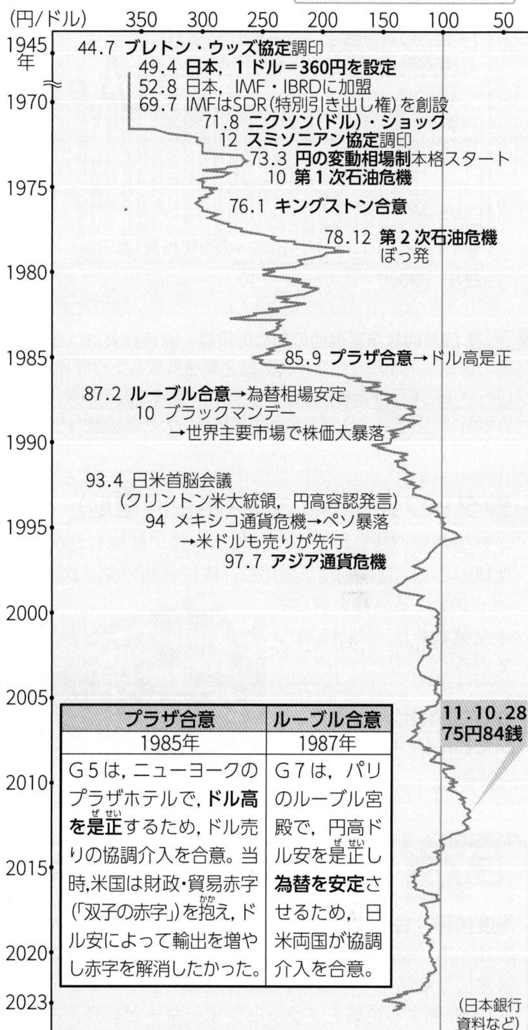

プラザ合意 1985年	ルーブル合意 1987年
G5は，ニューヨークのプラザホテルで，**ドル高を是正**(ぜせい)するため，ドル売りの協調介入を合意。当時，米国は財政・貿易赤字（「双子の赤字」）を抱(かか)え，ドル安によって輸出を増やし赤字を解消したかった。	G7は，パリのルーブル宮殿で，円高ドル安を是正(ぜせい)し**為替を安定**させるため，日米両国が協調介入を合意。

3 サミット（主要国首脳(しゅのう)会議）の参加国

G20
EU　アルゼンチン
オーストラリア
インドネシア　韓国
メキシコ　サウジアラビア
トルコ　AU*
中国　インド
ブラジル　南アフリカ

G8
ロシア

G7
日本，アメリカ，イギリス，
フランス，ドイツ，
カナダ，イタリア

＊2023年のG20で加盟が決定。
注：*青字*はBRICS 5か国。2024年より，エジプト・エチオピア・イラン・サウジアラビア・アラブ首長国連邦の5か国がBRICSに加盟。

解説 **世界のトップが集まる会議**　G7はGroup of Sevenの略で，G8・G20も同様である。これらの国による会議では，各国政府の最高責任者（首脳）の会議（サミット）と財務大臣・中央銀行総裁会議が注目を集める。1975年に始まった首脳会議は，毎年，各国もち回りで開催(かいさい)され，議題は世界情勢の変化に対応してきた。財務大臣・中央銀行総裁会議は，国際経済や通貨の問題を話し合うが，アジア通貨危機（➡p.292）を受け，1999年からは従来のG8に新興国(しんこうこく)を加えたG20で話し合われている。さらに，2008年の世界金融危機後には首脳による会議に格上(かくあ)げされ，現在はG20首脳会議が世界経済の第一の協議の場となっている。

首脳会議の役割の変遷(へんせん)

1975年　石油危機下での世界的不況を受け第1回サミット開催
- 主な議題：**国際経済問題**
- メンバー：**G7**（ドイツは1990年東西ドイツ統一まで西ドイツ，カナダは1976年～）

1979年　ソ連のアフガニスタン侵攻(しんこう)（➡p.274 4）
- 主な議題：国際経済・**政治問題**→西側の結束を示す場に

1989年　冷戦の終結
- 主な議題：地域紛争なども含(ふく)む**世界的な政治・経済問題**
- メンバー：G7，ソ連（1991年）→ロシア（1992年*～）
- ＊正式メンバーとしては1997～2013年（G8）

2008年　世界金融危機（➡p.292）
- 主な議題：**G20**…経済問題，**G7**…開発・安全保障

重要用語　122知的財産権（知的所有権）　395関税と貿易に関する一般協定（GATT）　396ウルグアイ・ラウンド　397世界貿易機関（WTO）　398固定相場制（固定為替相場制）　399変動相場制（変動為替相場制）　400ニクソン（ドル）・ショック　401プラザ合意　403サミット（主要国首脳会議）

F 経済のグローバル化 (FTA・EPA ◯p.299)

(FTA・EPA ◯p.299)

1 世界の直接投資額の推移

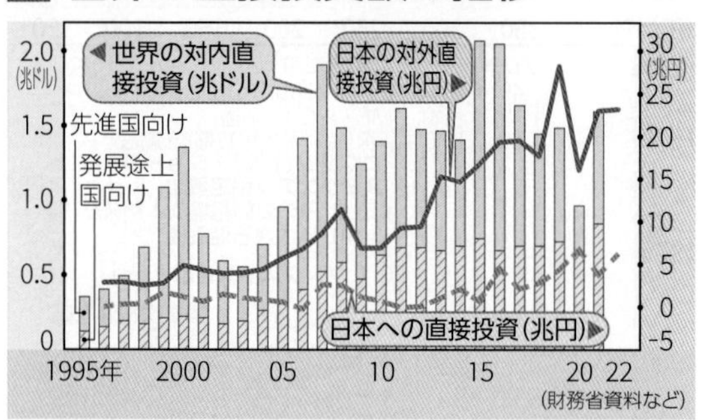

解説 国際的な事業展開のための投資 直接投資は，企業が外国に現地法人を設立したり，外国企業を買収したりすること。グローバル化を示す指標の1つ。現在は，複数の国で事業展開し，世界規模で活動する多国籍企業が世界経済に大きな影響力をもつ。

●タックス・ヘイブン(租税回避地)

外国企業の誘致のために課税を免除・低減した国や地域のこと。この制度を悪用し，脱税目的でタックス・ヘイブンに子会社を設立する企業もあり，問題となっている。

◎1万8000社以上が登記していたビル(イギリス領ケイマン諸島)

EYE プラットフォーマーの活躍

高度情報社会に欠かせない企業 ウェブブラウザや通販サイト，SNSのように，インターネットを使った情報発信や商品・サービスの提供の基盤(プラットフォーム)を提供する企業をプラットフォーマーという。その多くは，利用者が目にする広告を主な収入源としている。

規制の必要性 グローバル化を促し，企業の発展や生活の利便性を高める反面，大量の個人情報を保有することからくる懸念や，利益の多くが本社のある国に吸い上げられ，利用国の経済に還元されない点などが問題視されている。そこで，このようなプラットフォーマーの活動を意識した法規制の整備が進められている。

● 主なプラットフォーマーの売上高の内訳

- Google*1：広告 85.0%／15.0（その他）
- Amazon*1：11.0（クラウド）／サービス(コンテンツを含む) 6.1／電子商取引 78.6／4.3（その他）
- Facebook*1：98.5／1.5
- Apple*1：14.0／ハードウェア(OSを含む) 79.4／6.6
- バイドゥ*2：80.1／12.5／7.4
- アリババ*2：6.9／6.2／85.7／1.2
- テンセント*2：18.7／56.4／24.9

*1 アメリカの企業。頭文字から，GAFAと呼ばれる。Facebookは2021年，社名をMetaに変更。
*2 中国の企業。頭文字から，BATと呼ばれる。
(2018年)(総務省資料)

2 2つの経済危機

市場経済が広がり，ICT(情報通信技術)が発展し，**経済のグローバル化**が進んでいる。金融の自由化も進み，金融市場では一国のGDPよりも大きな金額が絶えず国境を越えて動いている。このため，一国の経済が悪化すると瞬く間に世界に波及するようになった。

❶ アジア通貨危機(1997年)

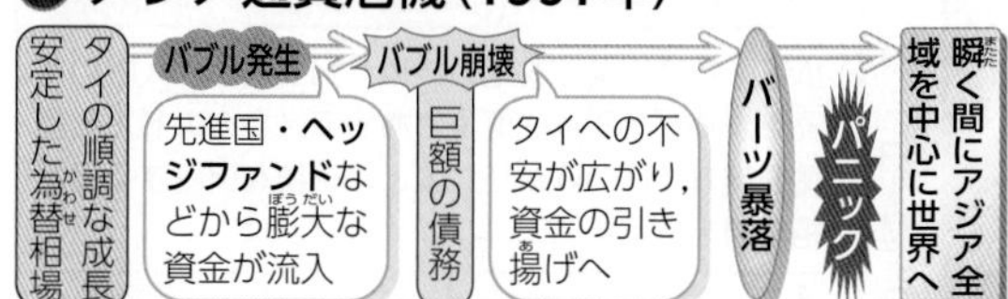

解説 タイからアジア全域を中心に世界へ 1980年代後半から，東南アジア諸国は順調な経済発展を遂げており，日本をはじめとする先進国・**ヘッジファンド**などから株・バーツ(タイの通貨)などの購入のため，大量の資金が流入した。しかし，輸出の減少・バブル崩壊から，資金引き揚げが始まり，1997年にはタイのバーツが暴落。それがパニック状態でアジア全域へ広がって，各地で金融危機が発生した(**アジア通貨危機**)。IMF(◯p.289)はアジア諸国に資金援助を行った。この危機の影響は，アジアのみならずロシアや中南米などにも伝播した。

ヘッジファンド 富裕層や金融機関から集めた巨額の資金を，様々な金融商品で運用して，リスクを避けつつ利益を求める投資。

❷ 世界金融危機(2008年)

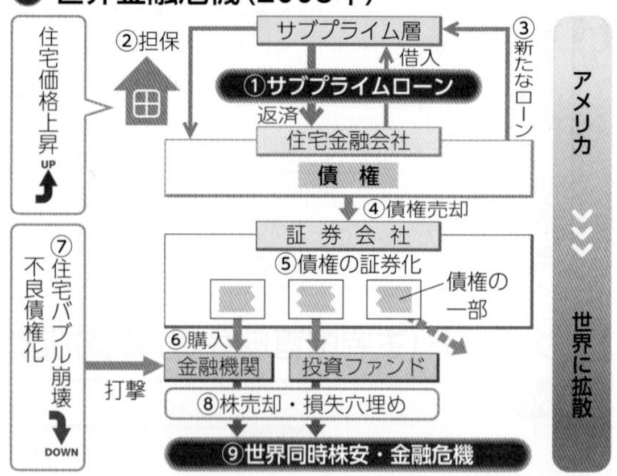

サブプライムローン 通常なら金融機関が貸したがらない低所得者(サブプライム層)向けの住宅ローン。住宅価格が上昇を続けたアメリカでは，返済不能になっても住宅を担保に新たなローンを組み返済資金にできたため，住宅金融会社は資金を貸し付けた。このローンの債権(お金を返してもらう権利)は他の債権と組み合わされ，**証券化商品**として金融機関・投資家に売られた。しかし，2006年半ば以降住宅価格が下落。この債権を組み込んだ証券化商品に投資していた世界中の金融機関・投資家に損失を与えた。

解説 アメリカから世界へ 2008年，アメリカで，サブプライムローン関連の証券化商品で巨額の損失を抱えた大手証券会社リーマン・ブラザーズが経営破綻したことをきっかけに，金融不安が一気に高まった(**リーマン・ショック**)。銀行の資金繰りは悪化し，株価も下落。世界各国の景気も急速に悪化した(**世界金融危機，世界同時不況**)。輸出に依存し景気拡大してきた日本には円高と株価下落という形で波及し，急速に景気が後退した。

入試クイズ アメリカから金が流出したことなどを背景に，アメリカ政府は1970年代に米ドルと金との交換の開始を表明した。○？×？ 答：×

G 日本の貿易

(➡p.300・301 探究)

1 世界の輸出額に占める各国の割合

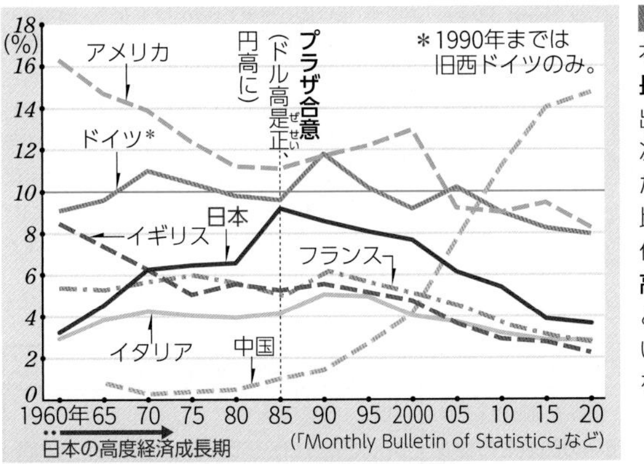

解説 貿易立国日本 日本の**輸出額は，高度経済成長にともなって増加**し，輸出額はアメリカ・ドイツに次ぐ世界第3位まで成長した(ただし，輸入は輸出に比べると少ない)。1980年代後半からは**貿易摩擦や円高傾向などで輸出は頭打ち**となった。さらに最近は安い中国製品におされて割合をさげている。

ドル高修正へ協調強化
五カ国蔵相会議で合意
円，一時228円台に
日銀，大量円買い
市場に積極介入
日本は内需拡大
中国，輸出額も日本抜く
アジア最大貿易国に

▲プラザ合意
(「朝日新聞」1985.9.24)

(「読売新聞」2005.4.15)

2 日本の輸出入品目の変化

Q 日本の貿易品目は，どのように変化したのか？

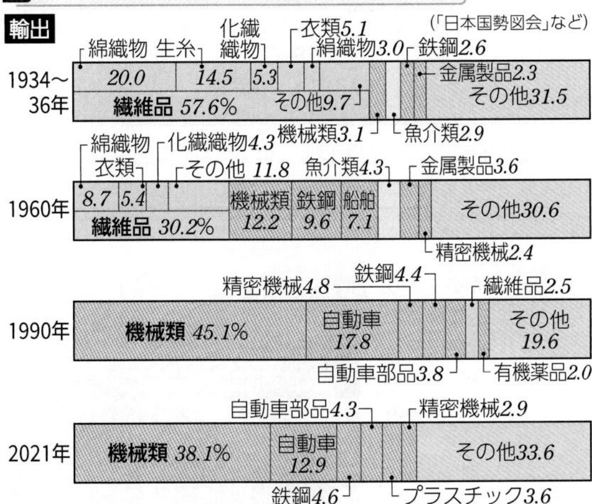

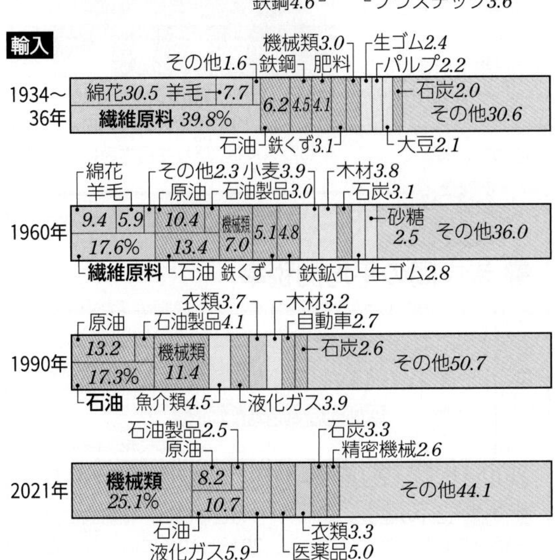

解説 加工貿易型から製品輸出入型へ 日本の貿易構造を品目別にみると，輸出では**戦前の繊維を中心とした軽工業製品から，重化学工業製品へとシフト**していることがわかる。また，**最近は加工貿易型から製品輸出入型へと変化している**。ただし，日本は一次産品の輸入が多いため，欧米と比較すると依然として製品輸入比率は低い。

3 日本の輸出入先の変化

Q 日本の貿易相手国は，どのように変化したのか？

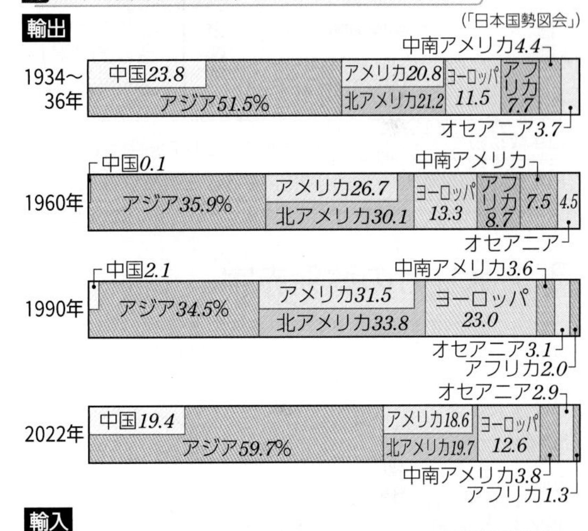

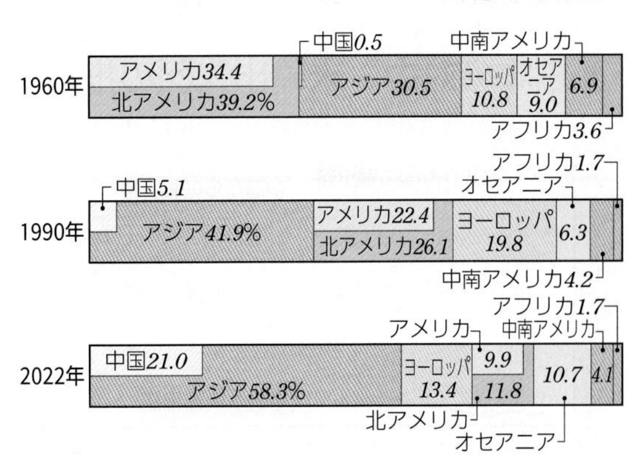

解説 アジアの割合が増加 戦後，長らく**アメリカ**が日本の輸出相手国第1位であったが，2009年に中国が1位となって以降，**アメリカと中国**が1位を争っている。また，**輸入先はアメリカから中国を中心とするアジアに変化**した。この理由の1つとして，日本企業が，人件費の安いアジアで製造した製品を輸入するようになったことがあげられる(➡p.295)。

4 日米貿易摩擦の推移と対応

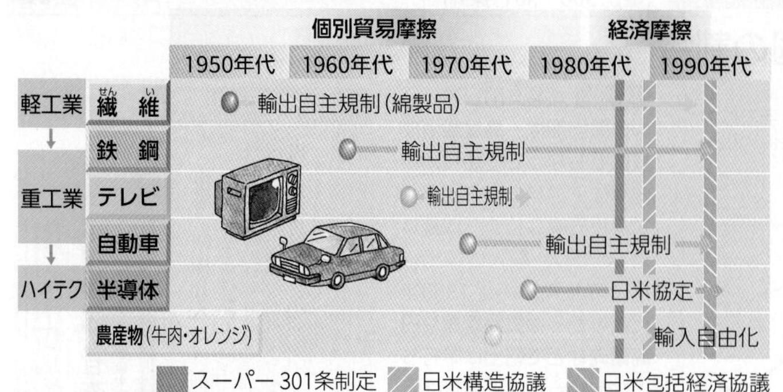

解説 **対米貿易の黒字**　戦後，日本の輸出額が増えるにつれて，最大の貿易相手国・アメリカとの間で，日本の一方的な黒字状態が続き，**貿易摩擦**が生じた。1980年代後半以降は貿易だけでなく，投資や産業政策など経済の幅広い分野で対立が生じ，**経済摩擦**に発展した。日本は，輸出の自主規制，現地生産への切り替え，二国間協定の締結などで対応してきたが摩擦は解消せず，アメリカは**スーパー301条**という強権で対抗した。1980年代後半～2000年代前半には，**日米構造協議**，**日米包括経済協議**が行われた。2020年には，農産品や工業品の関税を撤廃・削減する**日米貿易協定**が発効した。

スーパー301条(1988～97, 99～2001)	日米構造協議(1989～90)	日米包括経済協議(1993～01)
アメリカは，日本製品の大量流入に対抗するために，1988年**「スーパー301条」**を制定した。これは，アメリカが「不公正な貿易を行いアメリカに損害を与えている」と判断した国に対して，**一方的に制裁措置をとる**ものである  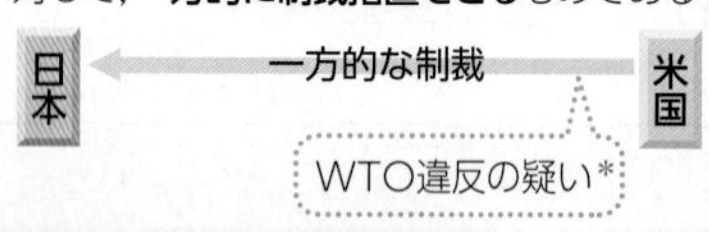 日本 ← 一方的な制裁 米国 WTO違反の疑い*	貿易不均衡の原因となっている，両国経済の**構造的な障壁を解明し，市場の開放をめざす** 日本 ← 日本の閉鎖的な市場の開放 米国 米企業の経営戦略の改善 → ①排他的な取引慣行(建設業界の入札談合など)の是正，②独占禁止法などによる系列企業取引の監視を行うことを約束	日本の貿易黒字やアメリカの財政赤字といったマクロ経済政策や，個別の産業の問題などを協議。 日本 ← 黒字削減の数値目標を要求 米国 管理貿易につながるとして反発 → 交渉成果の評価に客観的な基準を設けることには合意

日米貿易協定(2020年発効)　アメリカのTPP離脱(◯p.301)を受けて交渉された協定。アメリカ側は主に工業製品の関税撤廃・削減，日本側はTPPの範囲内で豚肉や牛肉などの農産品や加工食品の関税撤廃・削減を行うことになった。

＊スーパー301条は，GATTやWTOへの提訴という手順を踏まないため。

5 アメリカの貿易赤字

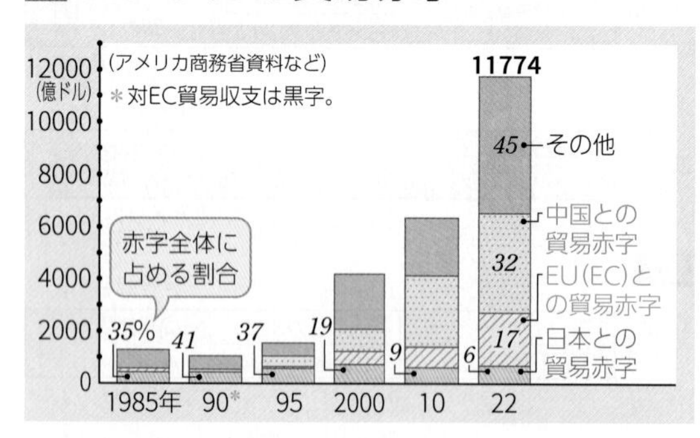

解説 **双子の赤字**　冷戦期のアメリカは，軍事費の増大による**財政赤字**に苦しんだ。同時に，国内での過剰な消費が原因で，外国製品が大量に流入し，**貿易赤字**にも苦しむようになった(**双子の赤字**)。この問題は特に日本との間で大きく，**日米貿易摩擦**を引き起こした。現在はアメリカの貿易赤字の中で，中国が最大の割合を占めている。

◯**ジャパン・バッシング**(1980年，デトロイト)　日本車の大量流入によって失業した人々は，怒りを日本車にぶつけた。

6 日本の対中・米輸出入額の推移

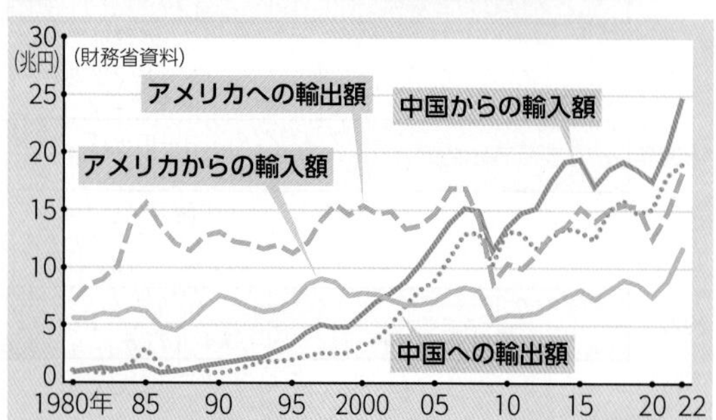

解説 **アメリカとは黒字，中国とは赤字**　アメリカ，中国，日本の3か国で，世界のGDPの4割以上を占め，この3か国は緊密な貿易関係を築いている。日本は，アメリカとは，日本の一方的な輸出額超過が続き，中国とは，1988年から日本の輸入額超過が続いている。これは，中国に拠点を置き，中国で生産した製品を日本へ輸入する日系企業が増えたことも原因の1つである。

EYE 米中貿易摩擦と日本

● 米中間の平均関税率

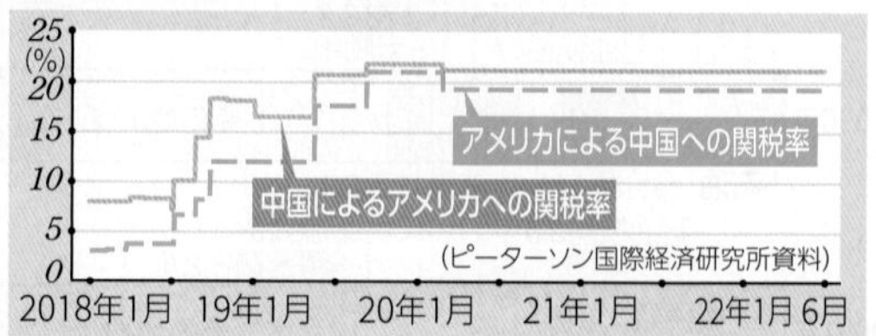

解説 **世界の覇権争い**　アメリカと中国は，国際的に強い影響力をもち，対立している。2018～19年には，互いの輸入品に対して，関税の引き上げを繰り返すなどの激しい貿易摩擦が生じた。また，アメリカ政府は2019年，安全保障上の脅威があるとして，中国の大手通信機器メーカーへの半導体製品の輸出を大きく制限した。米中間の摩擦は，中国に拠点を置く日本企業の生産活動の縮小にもつながり，日本を含む世界の貿易や経済活動を停滞させる要因となる。

入試のツボ　1980年末の「日米構造協議」は，日本の閉鎖的な市場の開放，米国企業の経営改善が議題となった。日米の経済協議は，1993年からの「日米包括経済協議」に引き継がれていった。2つの協議の違いをまとめておこう。

産業の空洞化

ねらい かつて日本の貿易は，原材料を輸入して工業製品を輸出する「加工貿易」とよばれた。しかし，貿易摩擦(まさつ)や円高などにより，1980年代後半から海外での生産を行うようになった。この生産拠点(きょてん)の海外移転を，「産業の空洞化」と捉(とら)えるかどうかは，議論が分かれている。日本の製造業は，どのように変化しているのだろうか。

注：近年は，米中貿易摩擦や，新型コロナウイルスの流行による物流の混乱などを理由に，生産拠点や仕入先を海外から国内へ変更する動きも出ている。

A 生産拠点の海外移転

◀**ユニクロ** 中国の安い労働力を使って，衣料の価格破壊(はかい)を引き起こした。近年は中国の人件費が上がってきたため，アジア諸国でも生産を行っている。

生産拠点の海外移転の原因

①アメリカなど先進国との貿易摩擦
②プラザ合意後の円高による，日本製品の価格競争力の低下
③日本の人件費の上昇

欧米
・貿易摩擦の解消
・円高対策

アジア
・安い人件費 ・安い土地代
・安い電気，水道代
・巨大な市場

日本 → 海外移転（欧米へ） / 海外移転（アジアへ） / 輸出（アジア→欧米）

企業
●生産減少
↓
・雇用の減少
・設備投資の減少
・輸出の減少

安い逆輸入品 → ●物価の下落

解説 **海外生産が進んだ理由** 1980年代後半から，生産拠点の海外移転が起こった。アメリカなど先進国との貿易摩擦を解消するために輸出相手国内で現地生産するようになったこと，1985年のプラザ合意後に進行した円高による日本製品の価格競争力の低下，日本における人件費の上昇などが，その原因である。

❶ 日本の海外生産比率と対外直接投資

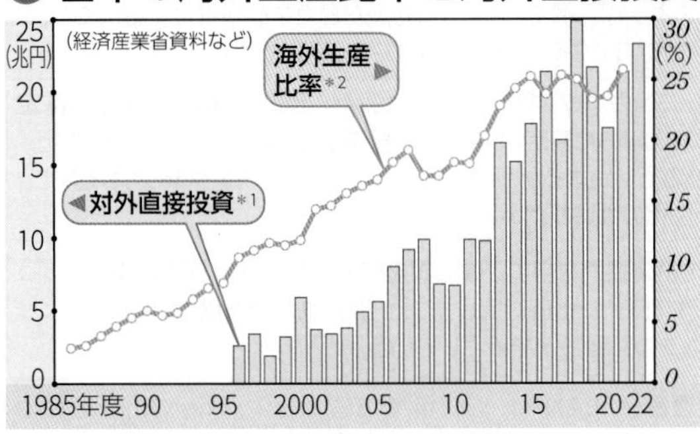

＊1 海外に企業をつくったり，外国企業の経営権を取得したりすること
＊2 現地法人売上高÷(現地＋国内)法人売上高×100(製造業)

❷ 業種別の海外生産比率

業種	海外生産比率（%）
輸送機械	47.0%
はん用機械*	34.4
情報通信機械	27.4
化学	23.4
非鉄金属	20.6
鉄鋼	19.2

＊様々な機械に組み込まれて用いられる機械。ボイラーやポンプなど。

(2021年度)

(「海外事業活動基本調査」)

B 産業の空洞化の議論

産業の空洞化 生産拠点の海外移転により，国内生産・雇用が減少し，国内産業が衰弱(すいじゃく)化することは「**産業の空洞化**」とよばれる。しかし，現在起こっている事態を「産業の空洞化」と捉(とら)えるかどうかには，様々な議論がある。

●産業の空洞化と捉える見方

海外生産比率の上昇や，製造業の事業所数の減少に着目すると，現在の日本の製造業は，空洞化していると捉えられる。中小企業が廃業(はいぎょう)し，中小企業間のネットワークが弱体化していることも指摘されている。ものづくりの技術が伝承されず，技術水準が低下することも危惧(きぐ)されている。

●産業の空洞化と捉えない見方

●製造業の衰退を否定する見方

量産品の生産工場は海外に移転したが，**高付加価値製品**は国内で製造されることが多い。国内産の部品の輸出も増えている。また，企業は国内に１つはマザーファクトリーとして工場を残していることが多い。

▶**自動車部品の組み付け**(宮城県の工場) 高度な技術を要する，自動車や電気製品の部品の輸出は増加傾向にある。

中国から注文、製造
最前線
東京・大田区の中小企業グループ
技術生かし

◀東京都大田(おおた)区の町工場の高い技術力を見込んで，中国の医療器具メーカーから注文が入ってきた。このように，日本には，世界有数のシェア，技術力をもつ中小企業が多くあり，すでに世界中のメーカーと取引している。

(「朝日新聞」2002.3.9)

●製造業の衰退を容認しつつ，産業の空洞化を否定する見方

生産拠点の海外移転は，**産業構造の高度化**(➡p.194C)の１つの過程である。日本の産業はサービス産業に移行し，短期的には解雇(かいこ)される労働者が出るが，長期的には解雇された労働者も，競争力のある他の産業に吸収されるだろう。

でも，私たちは解雇されたら困る！次の職業に就(つ)けるのかな？

成長のためには このように，国内産業の現状認識は様々である。しかし，今後，日本の国際競争力を成長させるには，流出した生産拠点にかわる産業の創出が必要である。また，サービス産業化が進むのであれば，製造業労働者の職業訓練が必要となろう。現状を的確に認識して，変化に対応することが求められている。

重要用語 405日米貿易摩擦 406日米構造協議 407日米包括経済協議 408産業の空洞化

8 地域経済統合

欧州議会場(仏，アルザス地域圏の首府ストラスブール)

ねらい
- 地域経済統合の動きを理解しよう。
- 地域経済統合が，その地域と世界に与える影響を理解しよう。

p.300 探究 日本の貿易政策を考える

1 主な地域経済統合

Q 各地域では，どのような形で経済統合が進んでいるのか？

EU
APEC

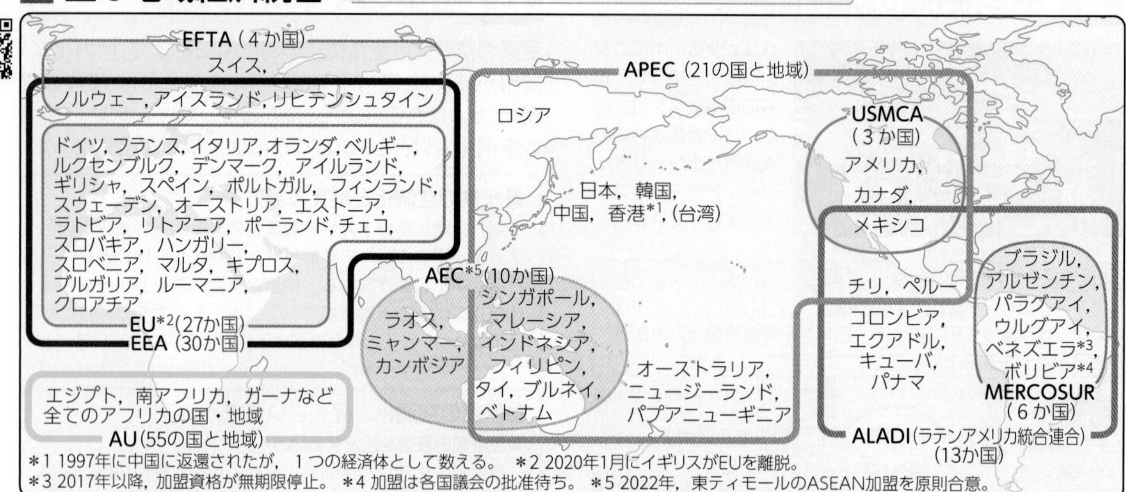

＊1 1997年に中国に返還されたが，1つの経済体として数える。 ＊2 2020年1月にイギリスがEUを離脱。
＊3 2017年以降，加盟資格が無期限停止。 ＊4 加盟は各国議会の批准待ち。 ＊5 2022年，東ティモールのASEAN加盟を原則合意。

区分	地域	名称 / 人口・GNI	設立年・種類	概要
先進国間の地域統合	ヨーロッパ	欧州共同体(EC) ↓ 欧州連合(EU) 4.5億人・17.3兆ドル	1967年 68年関税同盟 93年共同市場 99年共通通貨	**欧州経済共同体(EEC)・欧州石炭鉄鋼共同体(ECSC)・欧州原子力共同体(EURATOM)**を統合して，**欧州共同体(EC)**が設立され，1993年には，市場統合がほぼ完成。さらに経済共同体から外交・司法も含む国家統合をめざす欧州連合条約(**マーストリヒト条約**)が1993年に発効して，ECは**欧州連合(EU)**となった。2016年，イギリスは国民投票でEU離脱を選択。2019年，総選挙の結果を受け，2020年1月にEUを離脱。
		欧州自由貿易連合(EFTA) 0.1億人・1.3兆ドル	1960年 自由貿易協定	EECに対抗して，加盟国間の工業製品の自由貿易，単一市場の形成などを目的として設立。しかし，EU(EC)の勢力に押され，加盟国が減少した。
		欧州経済地域(EEA) 4.5億人・17.8兆ドル	1994年 自由貿易協定	EUとEFTAの合意により発足。域内では，貿易，資本・労働力などの移動が自由となり，工業製品は域内での関税がゼロになる。域外に対してもより調和のとれた税率適用に努める。
	アメリカ	米国・メキシコ・カナダ協定(USMCA) 5.0億人・26.9兆ドル	2020年 自由貿易協定	アメリカ・メキシコ・カナダが加盟する，1994年発効の**北米自由貿易協定(NAFTA)**を包括的に見直した協定。NAFTAと同様に域内の貿易・投資の自由化，貿易紛争処理手続きなどを定めるが，自動車分野の関税免除規定が厳しくなるなど，NAFTAと比べて自由化の性質が弱い。
先進国・発展途上国間の地域統合		アジア太平洋経済協力(APEC) 29.7億人・59.9兆ドル	1989年 地域協力	アジア太平洋初の経済協力を目的とする政府間公式協議体。急速に進行しつつある世界全域の経済ブロック化に対抗しつつ，「**開かれた地域協力**」を掲げ，より開放的な自由貿易圏をつくることをめざしている。
発展途上国間の地域統合	アジア	ASEAN経済共同体(AEC) 6.7億人・3.2兆ドル	2015年 自由貿易協定	**東南アジア諸国連合(ASEAN)**は，1967年，参加国の経済・政治・文化・社会の協力を目的に設立。1993年，域内の経済協力拡大のため，AFTA(ASEAN自由貿易地域)を設立。2015年末，AFTAを原型とするASEAN経済共同体(AEC)が発足。関税の撤廃はめざしているが，国内産業保護策は残る緩やかな経済統合。
	中南米	南米南部共同市場(MERCOSUR) 3.1億人・2.3兆ドル	1995年 関税同盟	域内の関税や非関税障壁を撤廃し，対外共通関税を設ける関税同盟。将来的には共同市場をめざす。
	アフリカ	アフリカ連合(AU) 13.9億人・2.6兆ドル	2002年 地域協力	アフリカの55か国・地域が加盟する世界最大の地域機関である。より高度な政治的・経済的統合の実現と，紛争の予防・解決をめざして，アフリカ統一機構(OAU)から発展改組された。2019年，アフリカ域内の自由貿易を促進する「アフリカ大陸自由貿易圏(AfCFTA)設立協定」が発効した。

注：参加国は2023年4月現在。人口・GNIは2021年の数値。 (国際連合資料など)

入試クイズ 欧州連合(EU)加盟国は，すべて，経済通貨同盟(EMU)の構成国となっており，単一通貨ユーロを導入している。○？×？(p.298) 答：×

2 地域経済統合の段階と影響力

段階	内容	具体例
自由貿易協定(FTA➡p.299)	域内関税・数量制限の撤廃	AEC
関税同盟	域外共通関税	MERCOSUR
共同市場	資本・労働の自由移動	EU
経済同盟	域内経済政策の調整	EU
完全な統合	超国家機関による政策の統一	

❶ 人口

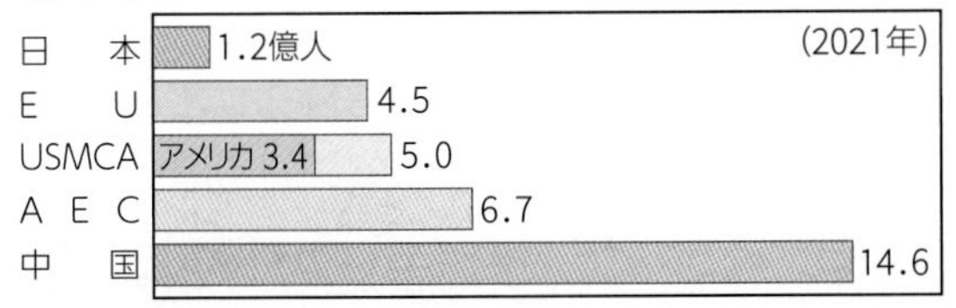

❷ GNI

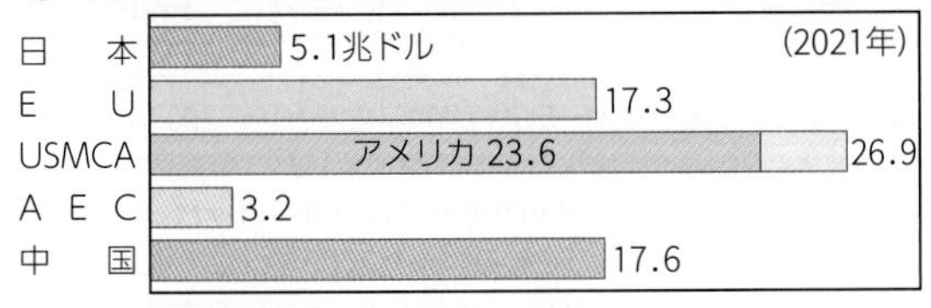

❸ 世界の輸出に占める割合

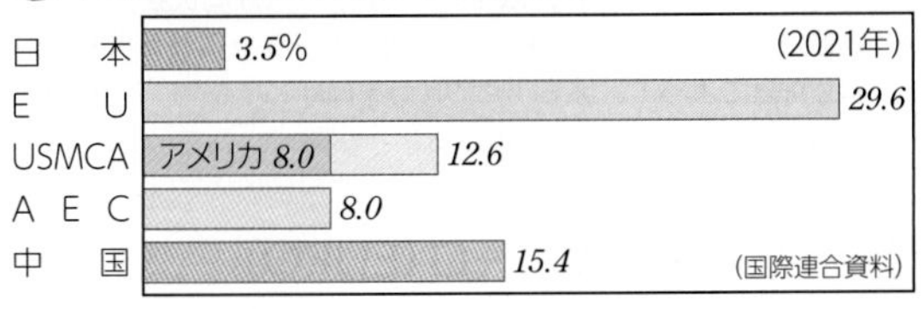

3 経済ブロックの長所・短所

Q 地域経済統合の危険性は，どのような点にあるのか？

ブロック化とは，ある地域の各国間での**ヒト・モノ・カネの出入りを自由にして，地域経済を活性化させる**ことである。しかし，経済ブロック加盟国が，非加盟国との貿易に際して不利な条件をつけるなどの保護主義的政策をとると，それに対抗するために世界各地に経済ブロックが形成される。

実際，1929年の**世界恐慌**後に，保護主義的な経済ブロックが形成され，結果的に国際貿易の縮小・産業の衰退・多くの失業者をもたらし，**第二次世界大戦の原因の1つ**となった。このように**保護主義的な経済ブロックは，一時的に地域経済を発展させるが，長期的には国際経済の発展を阻害する可能性がある。**

そのようなことにならないために，経済ブロック間での関税などの障壁をより低くして，開かれた経済ブロックをつくっていく必要がある。

地域内

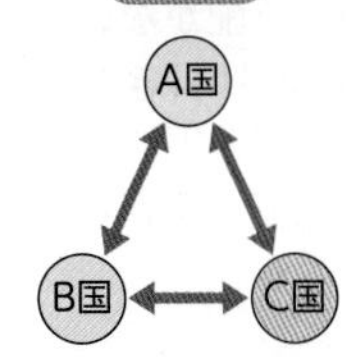

経済の活性化が促進される。

地域外

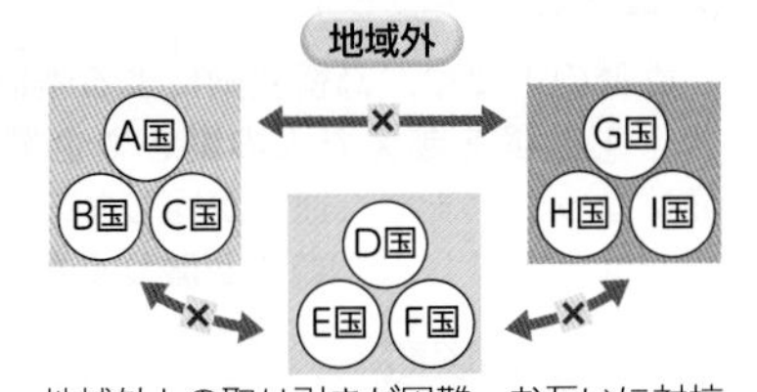

地域外との取り引きが困難。お互いに対抗するため各地に地域ブロックができ，国際貿易は縮小する。

4 米国・メキシコ・カナダ協定(USMCA)

NAFTAよりも保護主義的 1994年発効の**北米自由貿易協定(NAFTA)**を見直し，2020年に発効した協定。NAFTAの内容が再交渉された要因としては，NAFTA発効後にメキシコ・カナダからアメリカへの輸入が急増し，アメリカの対メキシコ・カナダの貿易赤字が増えたことがあげられる。このためUSMCAでは，アメリカの保護主義的な意向が強く反映される形となった。

協定のポイント

①**自動車分野**
- **原産地規則の厳格化**…関税の免除に必要な，域内で生産された部品の割合を，NAFTAの62.5%から，75%まで段階的に引き上げる。
- **賃金条項**…時給16ドル以上の高賃金の労働者が生産を担う割合を，約4割まで段階的に引き上げる。
- **対米輸出枠の設定**…アメリカへの乗用車・SUVの輸出が年間260万台を超えたら，高関税が課される。

②**農業分野**…NAFTAと同様，3か国共通ではなく，各国間で関税の撤廃や引き下げる品目について合意。

③**協定期限**…16年。ただし，発効後6年以内に内容を見直し，合意されれば，さらに16年延長できる。

④加盟国が非市場経済国(中国を想定)とFTAを締結した場合，他の2か国はUSMCAを破棄できる。

解説 **日本企業への影響** 日本企業の中には，賃金の安いメキシコに自動車の生産拠点を置き，NAFTAを活用してアメリカへの輸出を有利に進めてきた企業もある。USMCAのもとでは，アメリカへ生産拠点を移すなど，経営戦略の見直しが求められている。

トヨタ自動車「カムリ」 北米現地調達率90%以上

5 アジア太平洋経済協力(APEC)

先進国と発展途上国による，アジア太平洋地域の経済協力組織。近年ではテロ対策など地球規模の問題も扱う。

活動の3つの柱

①**貿易・投資の自由化**…APECプトラジャヤ・ビジョン2040(「貿易・投資」「イノベーションとデジタル化」「力強く，均衡ある，安全で，持続可能かつ包摂的な成長」の3つの経済的推進力を追求するビジョン)の実現をめざす。

②**貿易・投資の円滑化**…域内でできるだけ統一された基準を採用して，貿易・投資を行いやすくし，「開かれた地域協力」をめざす。

③**経済・技術協力**…域内の発展の格差縮小と障害除去をめざす。域内が援助・被援助の関係を乗り越え，対等なパートナーとして，自主的に国際協力を推進していくよう促す。

APECの中の日本 2020年，海外に住む日本人の75%の102万人がAPEC地域に住んでいる他，APEC地域への日本からの直接投資も多い。また，2020年の日本の貿易総額の77%をAPEC地域が占める。日本は，APECの一員として今後さらに域内の協力を進める必要がある。

重要用語 409欧州連合(EU) 410米国・メキシコ・カナダ協定(USMCA) 411アジア太平洋経済協力(APEC) 412東南アジア諸国連合(ASEAN) 413南米南部共同市場(MERCOSUR) 414FTA(自由貿易協定)

6 欧州連合(EU)

❶ 統合への歩み

ドイツ・フランスの国境地帯でとれる石炭・鉄鉱石をめぐって両国は対立し，戦争が引き起こされてきた。そこで資源を共同管理する機関をつくり，ヨーロッパの和平をめざした。

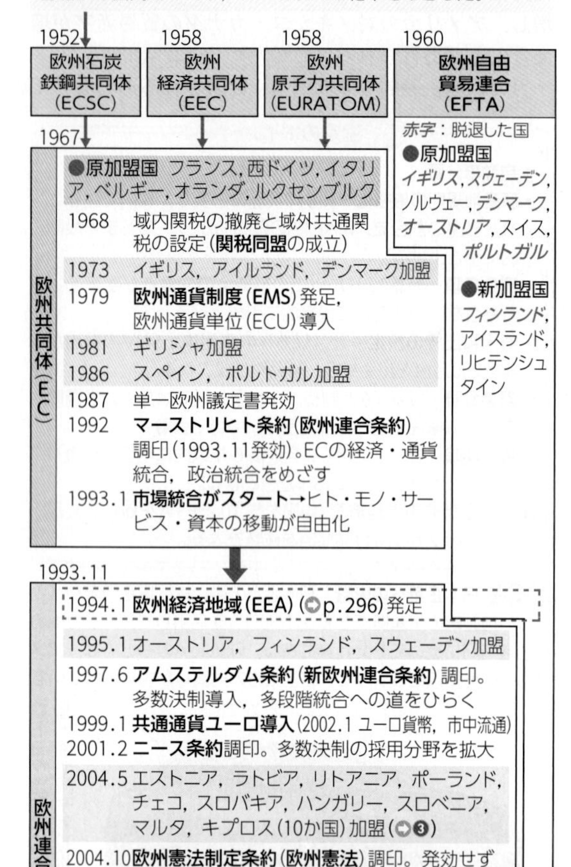

❷ EUのしくみ

欧州理事会
最高協議機関 (各国首脳，欧州理事会議長〔EU大統領〕，欧州委員会委員長)

EU理事会	欧州議会
決定機関(各国閣僚級)	諮問・共同決定機関(議員751人)

欧州委員会	欧州対外活動庁
執行機関(各国1名の28委員)	EU版外務省

❸ 加盟国の変遷

注：赤字はユーロ参加国

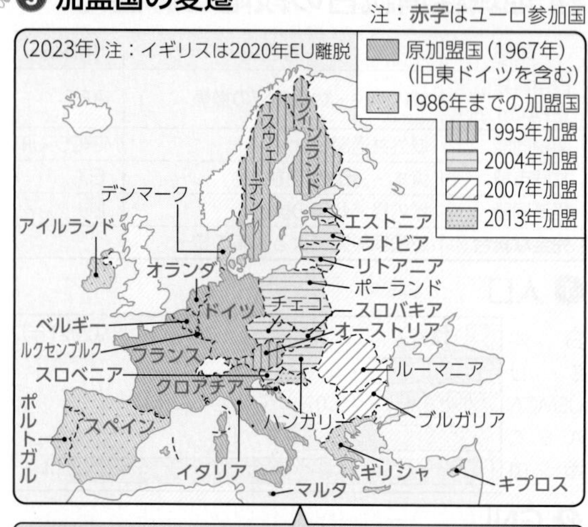

加盟候補国 トルコ，北マケドニア，モンテネグロ，セルビア，アルバニア，ウクライナ，モルドバ，ボスニア・ヘルツェゴビナ

解説 **EUの東方拡大** EUは2004年に25か国，2007年に27か国に拡大。2013年にはクロアチアが加盟した。新加盟国には旧社会主義国も含まれ，**「平和で分断のないヨーロッパ」**というEU悲願の目標に近づくものである。また2009年，リスボン条約の発効により，「大統領」「外相」に当たるポストが創設され，政治統合が一歩進んだ。しかし，2016年，イギリスは国民投票によりEU離脱を選択した(❻)。EU各国では，ギリシャ債務危機(❺)や移民問題によって，反EU派が勢力を伸ばしている。これが引き金となり，「離脱ドミノ」が起こることが警戒されている。

❹ 欧州共通通貨ユーロ(EURO)

欧州共通通貨ユーロ 2002年，EU12か国で**ユーロの市中流通**が始まり，欧州の通貨統合が達成された。ユーロ圏人口は3億を超え，EUがめざす，外交・司法を含む政治統合の土台となるとされる。

ユーロ硬貨は8種類，紙幣は7種類

(1) ユーロ参加のための厳しい条件

❶**インフレ率**…最も インフレ率の低い3か国の平均より1.5%以内
❷**財政**……• 財政赤字の対GDP比が，3%以内
• 政府債務残高の対GDP比が，60%以内
❸**為替**……過去2年間，為替相場が通常変動幅内で，切り下げが行われていない。
❹**金利**……長期国債の利回りが❶の3か国の平均より，2%以内

(2) ユーロのメリット

両替の不要や，為替変動による差損の心配がないため，①**国境を越えた人の動きや企業の取り引きが活発**になった。また，通貨が同じなので加盟各国の価格差がはっきりし，②**競争が激しくなり物価が下がる**。

(3) ユーロの課題

景気対策 ユーロ圏の金融政策は欧州中央銀行が行うため，各国が**景気対策**をとりにくいとの批判がある。

入試クイズ マーストリヒト条約によって，欧州共同体(EC)が設立された。○？×？ 答：×

❺ EU加盟国の債務残高の対GDP比

(Eurostat資料)

200 (%) / 150 / 100 / 50 / 0

ギリシャ　イタリア　ポルトガル　ユーロ圏平均　EU平均　スペイン　ドイツ　フランス　アイルランド　ルクセンブルク

2000年 02 04 06 08 10 12 14 16 18 20 22

解説 ギリシャ危機の影響 2008年の世界金融危機と2009年に発覚したギリシャ危機によって，EU諸国の財政は悪化。その後，回復傾向にあったが，新型コロナウイルス感染症の拡大による財政状況の悪化が懸念されている。

ギリシャ危機 2009年，ギリシャ政府が巨額の財政赤字を隠していたことが発覚し，ギリシャの国債が暴落。この国債を大量に購入していた欧州の銀行は経営が悪化し，世界的に株価・ユーロが下落した。EUとIMFは，ギリシャが緊縮財政と赤字削減を行うことを条件に，2010年から同国を支援した(2018年支援終了)。

❻ イギリスのEU離脱

◎EU離脱を喜ぶ市民(ロンドン)

国民投票で選択 イギリスは，2016年の国民投票でEUからの離脱を選択した。しかし，離脱後のEU加盟国との貿易や金融の取引などのあり方を定める協定案をめぐり，政府と議会が対立。国民に再度離脱を問うために議会下院が解散された。2019年の総選挙では，EU離脱の公約を掲げた保守党が過半数の議席を獲得し，2020年，**イギリスはEUから離脱**した。

EUとの関係 イギリスはEUと，貿易・投資・漁業・データ保護・エネルギーと持続可能性・社会保障など，幅広い分野の自由貿易協定(FTA)を含む，新たな通商・協力協定を締結(2021年発効)。同協定の原産地規則を満たす商品は，EU加盟国と関税なしで貿易ができる。

●2016年の国民投票における各立場の主張

離脱派	・人の移動が自由なため移民が増加し，雇用環境の悪化，社会保障の負担増加，住宅や学校の不足，治安の悪化を招いている。 ・EUへの巨額の拠出金がなくなれば，その分をイギリスのために使える。 ・EUによる規制が多く，独自の政策ができない。
残留派	・EU域内の共通関税を採用できない可能性があるなど，経済への打撃が大きい。 ・EUと共同でテロなどの脅威に対応できる。 ・移民は多くの税金を払っており，また，イギリス経済において重要な労働力。 ・離脱すれば，残留派が多いスコットランドの独立再燃，北アイルランドの和平に悪影響。

7 FTA・EPAとは

EPA(経済連携協定)
Economic Partnership Agreement
ヒト・モノ・カネの移動(FTAに加え，投資，知的財産権など)の自由化・円滑化を図り，幅広い経済関係をめざす。

FTA(自由貿易協定)
Free Trade Agreement
貿易障壁(関税，輸出入制限など)**の削減・撤廃**

解説 経済のグローバル化 FTA・EPAは国家間の経済活動の自由化をめざす協定で，1990年代以降に急増した(◎p.300❶)。背景には，冷戦終結などを機とするグローバル化の進展や，**WTO(世界貿易機関)**の交渉難航(◎p.290 2❶)がある。1990年代以降，多くの発展途上国がWTOに加盟し，先進国と発展途上国の利害対立が表面化した。そのため，全会一致の原則をとるWTO交渉よりも，比較的短期間で合意でき，当事国の国内状況にも柔軟に対応できるFTA・EPAを優先する国が増えてきたのである。

ナットク! 国際経済の中での自由貿易の進展

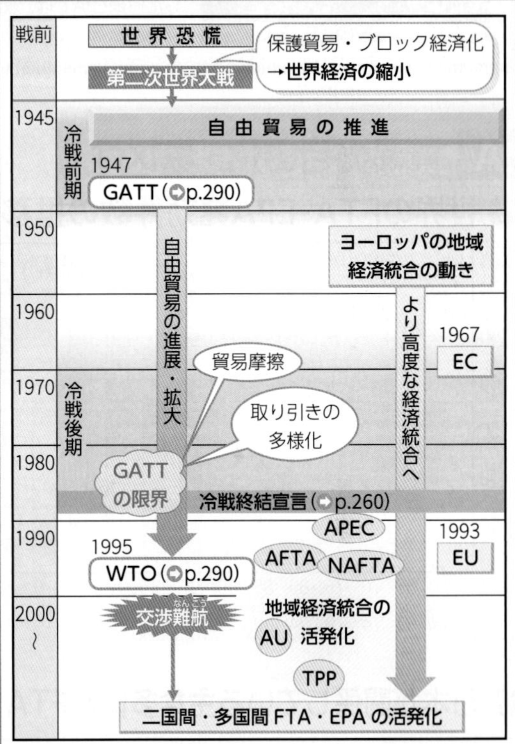

解説 より多様な自由貿易へ 戦後，GATTは自由貿易を推進し，拡大をもたらしたが，1970年代以降は貿易摩擦問題の発生や，サービス・知的財産など取り引きが多様化。GATTのルールでは対応しきれなくなり，**WTO**に発展した。しかし，近年は貿易交渉の難航から，**FTA・EPAが活発化**している(◎7)。また，**冷戦の終結**により，共産主義諸国が市場経済に移行したことや，**EC・EU**(◎p.298)の動向は，世界的に**地域経済統合**を促した。地域経済統合は，特定の国との間で経済関係を強化するために行われるもので，戦前の経済ブロック(◎p.297 3)とは意味合いが異なる。

探究へのSTEP EU加盟国であることのメリットとデメリットは何かな？

視点 高所得のEU加盟国と低所得の加盟国のそれぞれの立場で考えよう。**財源の確保と配分** **公正**

重要用語 393国際通貨基金(IMF)　395関税と貿易に関する一般協定(GATT)　397世界貿易機関(WTO)　409欧州連合(EU)　414FTA(自由貿易協定)　415EPA(経済連携協定)

日本の貿易政策を考える

《補足資料やワークシート，意見などはこちらから

ここも見よう!
p.198～200, 293～295, 299

17 パートナーシップで目標を達成しよう

貿易の自由化は，何をもたらすか？

値下げされたオーストラリア産の牛肉　2015年に発効した日豪EPAでは，関税の撤廃や引き下げが行われた。

A 貿易の自由化，現状は？

❶ 世界のFTA・EPA発効件数の推移

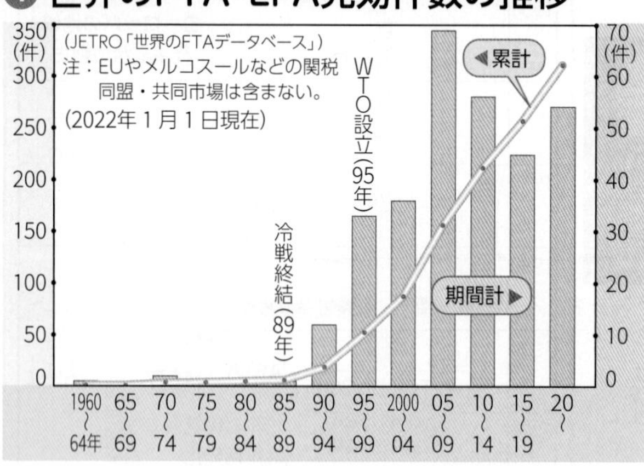

❷ 日本が関係している主な多国間FTA・EPA

注：(年)は発効年。＊1 交渉中(2023年7月現在)　＊2 2022年，東ティモール加盟を原則合意。＊3 2023年7月，正式加入。国内手続きを経て発効。

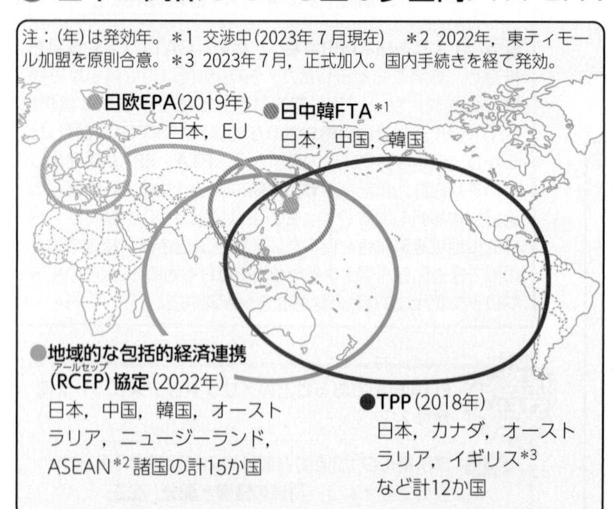

❸ 日本の貿易額に占めるFTA・EPA相手国の割合

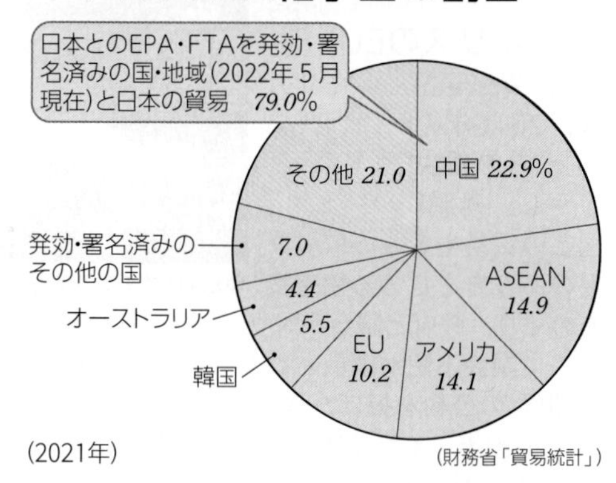

❹ 各FTA・EPAの経済規模 (2022年)

	人口(億人)	貿易総額(億ドル)	名目GDPの合計(億ドル)※( )は世界のGDP比率
RCEP協定	23.4	140297	294046 (29.2%)
日中韓FTA	16.3	93687	238596 (23.7%)
TPP＊	5.8	89166	146207 (14.5%)
日欧EPA	5.7	162545	208725 (20.8%)
米欧FTA	7.9	200514	421041 (41.9%)

＊イギリスを含む。　(国際連合資料など)

解説 **経済のグローバル化**　1990年代以降，WTOでの交渉の遅れから，**FTA (自由貿易協定)・EPA (経済連携協定)** が急激に増えた(p.299)。企業の貿易コストを下げるFTA・EPAは，市場の拡大，競争の促進につながるだけでなく，国際社会におけるその国の影響力を強める効果がある。WTO交渉を重視した日本は当初，二国間FTA・EPAには消極的だったが，2000年前後から方針を転換した(2023年2月現在，発効・署名済みFTA・EPAは21件)。

メモ　TPPやRCEP，日中韓FTAは，APEC参加国・地域で自由な貿易を行うアジア太平洋自由貿易圏(FTAAP)実現のための道筋とされている。

B FTA・EPAの具体的な内容は？

❶ TPP 包括的・先進的TPP協定(2018年発効)

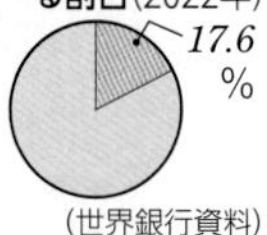

参加国 日本，オーストラリア，ニュージーランド，シンガポール，ブルネイ，ベトナム，マレーシア，カナダ，ペルー，チリ，メキシコ，イギリス　注：アメリカは2017年に離脱。中国・台湾・ウクライナなどが加入を申請。

内容 環太平洋の国々で，貿易，投資の自由化，知的財産など幅広い分野でルールを統一するための経済連携協定。

日本の貿易への影響 工業製品の関税撤廃率は高いが，国内産業を守るため，農林水産物の関税撤廃率は低い。

輸入
①米…関税(341円/kg)は維持。豪州に対して，日本の無関税輸入枠を段階的に増やす。
②牛肉…関税を段階的に削減。38.5%から16年目で9%。
③マグロ，サケなど…十数年で関税撤廃。

輸出
①農林水産物…米，牛肉，水産物，茶などで関税撤廃。
②工業製品…99.9%の関税撤廃。

❷ 日欧EPA (2019年発効)

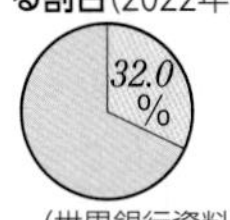

参加国と内容 日本とEUの経済連携協定。

輸入
①ソフト系チーズ(カマンベールなど)…輸入枠を設け，15年間で無税に。
②ワイン…関税を即時撤廃。
③パスタ・チョコレート菓子…10年間で関税撤廃。

輸出
①農林水産物…醤油，牛肉，緑茶などで関税撤廃。
②工業製品…乗用車は8年目に，一部の自動車部品が即時撤廃

その他
①知的財産一般…双方の高レベルの制度を利用。
②地理的表示(GI)…産地などのブランドを保護する制度。

❸ RCEP協定 地域的な包括的経済連携協定(2022年発効)

参加国 日本，中国，韓国，オーストラリア，ニュージーランド，ASEAN*10か国(ブルネイ，カンボジア，インドネシア，ラオス，マレーシア，ミャンマー，フィリピン，シンガポール，タイ，ベトナム) *2022年，東ティモール加盟を原則合意。
注：インドは2019年に離脱。青帯の国はTPPに参加していない国。

内容 ASEAN加盟国と，ASEANとFTAを締結しているアジア太平洋地域の国々による，貿易・投資・知的財産・電子商取引など幅広い分野でルールを整備するための経済連携協定。

日本の貿易への影響 中国・韓国とは初のEPA。RCEP参加国との貿易は日本の貿易額の約5割にあたり，影響は大きい。

輸入
①農林水産物…米，麦，牛肉，豚肉などは関税削減の対象外。
②工業製品…衣類やプラスチック製品などが即時・段階的に関税撤廃。

輸出
①農林水産物…中国へのパックご飯・ホタテ貝・清酒など，韓国への板チョコレート・清酒など，インドネシアへの牛肉・醤油の関税を段階的に撤廃。
②工業製品…輸出品目の約92%の関税を撤廃。

C FTA・EPAの課題は？

❶ 関税の撤廃による影響

Q 消費者・生産者が受けるメリット・デメリットは何か？

消費者への影響	・輸入品が安く買えるようになる。 ・残留農薬の基準値など，国内よりもゆるい安全基準に従った商品が増える危険がある。 ・食料輸入が増えて**食料自給率**が下がると，輸入がストップした時に食料が確保できなくなる(⊃p.199)。
生産者への影響	・外国産の安い農産物が入ってきたら，日本の農産物ではたち打ちできず，国内農業の衰退につながる。 ・原料を輸入している商品のコスト削減ができ，収益が増える。 ・外国での価格競争力が強まり，売上アップが望める。

解説 **輸出産業に追い風，日本の農業には向かい風？** 輸入品にかかる**関税は，国内産業を保護する機能をもつ**。保護したい分野と輸出を強化したい分野は国により異なるため，FTA・EPA交渉では，どの品目の関税をどう引き下げるかが大きな争点となる。

原産地規則 FTA・EPAによる関税の撤廃・削減の対象となる，原産品について定めたルールのこと。例えば，最終的に出来上がった工業製品に対して，輸入部品をどの程度の割合に抑えていれば原産品とする，など。原産地規則が厳格かどうかで，貿易の自由化の度合いが異なる。

❷ ISD条項

解説 **訴訟濫用のおそれ** ISD条項は，FTA・EPAに含まれる投資に関わる規定の1つ。日本が結んだEPAのほとんどに含まれる。同条項を活用して，先進国企業が発展途上国政府を訴えることが多い。しかし，投資先の国の裁判所ではなく国際法廷が裁く点や，法制度の内容を訴えることができる点が，国家主権の侵害につながると問題視する意見もある。そこで近年は，**EU**が結ぶFTAや**USMCA**(⊃p.297)，**RCEP**のように，廃止や見直しの動きがある。

例…カナダの産業廃棄物をアメリカで処理する事業を行うアメリカ企業が，カナダ政府の廃棄物輸出禁止措置で事業継続が不可能に。この措置は，他国企業からカナダ企業を保護する意図があるとされ，カナダ政府に損害賠償の支払いが命じられた。

❸ その他

①**知的財産権の侵害**…EPAで定める知的財産権のルールを，貿易拡大で予想される海賊版や模造品の増加に対応できるような内容にしておく必要がある。
②**人の移動**…EPAで来日して働く外国人も増える。適切な受け入れ体制の整備など，社会全体の変化も必要である。

Think & Check

日本の貿易政策は，どのように進めればよいだろうか。FTA・EPAの具体的な内容や課題に着目して，考えてみよう。

»自分の考えを，次の視点で確認しよう。
● 現在だけでなく，未来の人々も幸せに暮らせますか？ **持続可能性**
● 大きな負担がかかる産業はありませんか？ **公正**
● 負担がかかるとしたら，その対策まで考えられていますか？ **正義**

さまざまな意見を冒頭のQRコードで確認

重要用語 122知的財産権(知的所有権)　397世界貿易機関(WTO)　414FTA(自由貿易協定)　415EPA(経済連携協定)

9 新興国の動向

ねらい
- 新興国が経済成長を実現した要因を理解しよう。
- 新興国の課題を理解し，持続可能な社会の形成のために，どのような取り組みが必要か，考えよう。

経済特区深圳(シェンチェン)(中国)

A 躍進した中国経済

改革開放政策

1 改革開放の歩み

年	できごと	
1949年	中華人民共和国成立	社会主義国家建設
1953	**第一次五か年計画**…工業化と農業の集団化	
1950年代前半	戦前の農工業生産に回復したが，強引な計画経済や共産党支配への批判が強まる。 ↓批判を抑(おさ)え，社会主義国家建設を進める	
1958	**「大躍進(だいやくしん)」運動** → **失敗**	
1959	劉少奇(りゅうしょうき)が，自由市場・農業の請負(うけおい)制など**市場経済のしくみを一部導入**	
1966	**プロレタリア文化大革命**(～76)…劉少奇・鄧小平(とうしょうへい)らを資本主義化をめざす修正主義者と批判	
1976	文化大革命を推進した4人組を逮捕。 **「四つの現代化」**…農業・工業・国防・科学技術	四つの現代化と改革開放
1978	**鄧小平**の指導で**改革開放政策**をとる…社会主義を基本とし，**経済特区**などを設ける(下図)。	
1989	**天安門(てんあんもん)事件**。経済成長が一時停滞	
1993	憲法に**「社会主義市場経済」**と明記	
1997	**香港(ホンコン)**がイギリスから返還…50年間は**一国二制度**	
1999	**マカオ**がポルトガルから返還	
2001	**世界貿易機関(WTO)に加盟**	
2008	**北京オリンピック**	
2010	**上海万博**	
2012	日本の尖閣(せんかく)諸島国有化に対する**反日デモ**	
2014	香港で**民主化を求める反政府デモ**	
2020	香港国家安全維持法施行	

解説 **社会主義市場経済とは**　社会主義の特色である**国有企業などの公有制**を残しながら，資本主義の特色である**市場経済**を導入した経済である。しかし，中国の**改革開放政策**が進むにつれて，公有制が崩(くず)れつつある今，共産党の一党独裁という政治面での社会主義と，経済面の資本主義と言い換えることもできる。

● 中国の経済開放区

●…**経済特区**　外国からの資本・技術などを吸収する目的で設けられた区域。税制などで外資優遇策がとられる。
▲…**経済開発区**　経済特区に準じた外資優遇策がとられる都市。経済特区は金網などで区域外と隔離されるが，経済開発区は隔離されず中国国内への開放が認められる。

解説 **発展の拠点，経済特区**　経済特区には，外国企業や外資と中国資本の合弁企業が数多く設立され，日本企業などの看板が立てられ工業団地も建設されている。大都市周辺の農村も余剰(よじょう)農産物を大都市で販売することができるので豊かである。

2 中国，東ヨーロッパなどの経済成長率

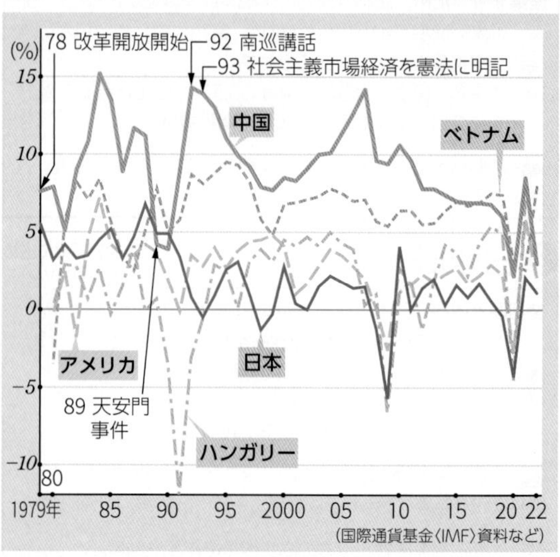

解説 **世界有数の経済成長率を持続**　中国の1980年代以降の実質経済成長率は，おおむね5～15%の間で推移している。同じように市場経済を導入した東ヨーロッパと，中国・ベトナム(ドイモイという経済開放政策を行う)とは，明暗がはっきりしている。また，中国の貿易は，2000年代から急増し，日本の輸出額を抜き，世界有数の輸出国となった。外貨準備高も増加し，2006年には日本を抜いて世界一となった。

3 中国WTO加盟の理由

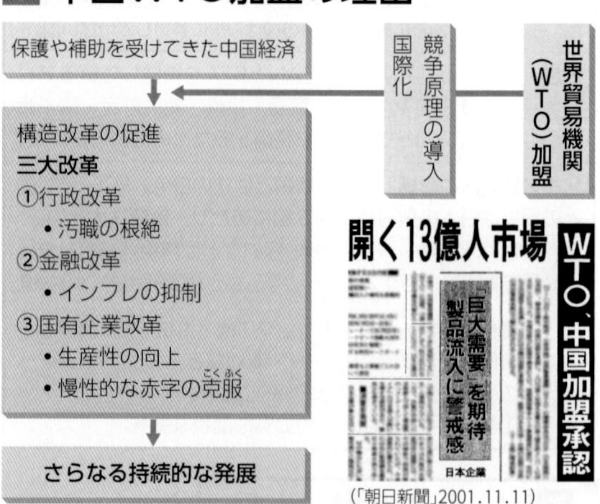

(「朝日新聞」2001.11.11)

解説 **競争導入で構造改革，さらなる発展をめざす**　中国の**世界貿易機関(WTO)加盟**は，単に国際化をめざすためだけではない。真の目的は，WTOの基本原則のフェアなルールでの競争を国内経済に導入し，**構造改革(行政改革，金融改革，国有企業改革)**を促進し，さらなる発展をめざすことにあったといわれる。

クイズ　日本の携帯電話契約件数は，1億8026万件(19年末)。では，中国は何件か(18年末)？
①約1600万件　②約1億6000万件　③約16億件

答 ③ (01年7月に世界一に)

B 中国経済の課題

1 省・地区別のGDP

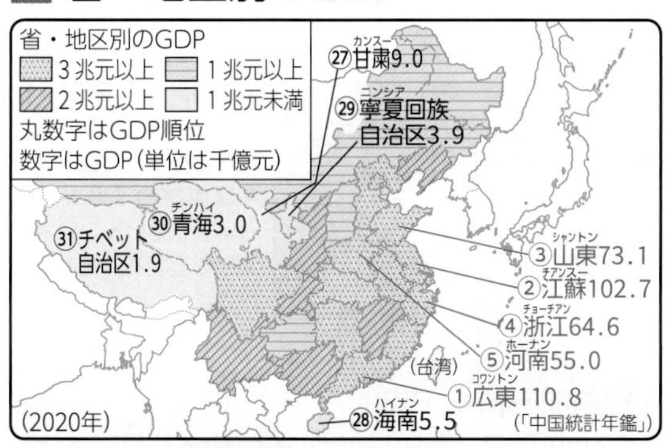

解説 **地域経済格差の拡大** 沿岸部と内陸部の間には大きな経済格差がある。豊かな生活や所得を求めて農村部から都市部へ人が流れ込んでおり，社会問題となっている。

2 失業率

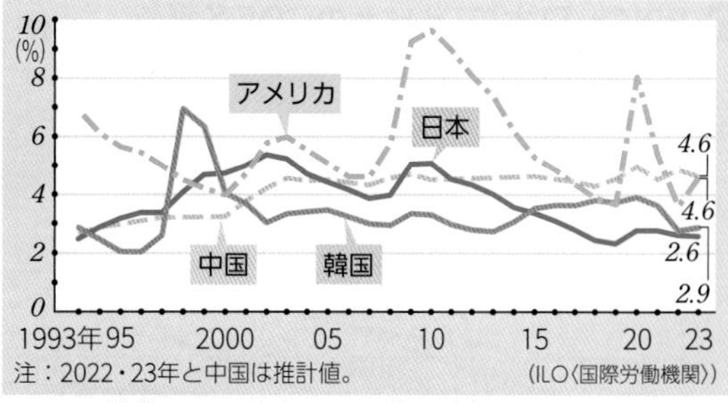

解説 **貧富の格差の拡大** 中国の失業率は，振れ幅は小さいが長期的には増加傾向にある。また，近年は16～24歳の若年失業率が問題になっている。若年層は貯蓄が少ないうえに，セーフティネットから漏れている人も多く，失業は貧困や格差拡大につながりやすい。

3 農村の課題

農村の問題

①農村と都市の所得格差
- 公式統計でも農村の所得は，都市の3分の1

②社会資本の未整備
- 人口当たり病床数が都市の約半分
- 水道，電気，電話の未整備

③開発に伴う環境破壊，公害

④開発に伴う土地の強制収用
- 農民の暴動に発展する場合もある

▼

政府の対策

①農村の義務教育費の免除，農民にかかる農業税の廃止

②社会資本の整備

③汚染物質排出量の削減，家電製品のリサイクル，太陽熱温水器の普及政策

工場排水で汚染された井戸水を飲まざるを得ない農民 この村の死因の7割がガンである。農村の1億1000万人の飲み水に安全上の問題があるという報告もある。

中国の農村戸籍問題

中国の国民は，出生地により農村戸籍と都市戸籍に分けて管理されている。公共サービスの内容が戸籍の種類で異なるため，農村から都市部に移住した出稼ぎ労働者は，社会保障や教育を満足に受けることができない。この問題の解決のため，都市の規模に応じた，都市戸籍の取得制限の撤廃・緩和が進められている。

農村では，道路などの社会資本整備が進められている。また，農民が工事に携わることによって，収入を得ている。

EYE 21世紀のシルクロード？中国の世界戦略

●「一帯一路」のルートと参加国

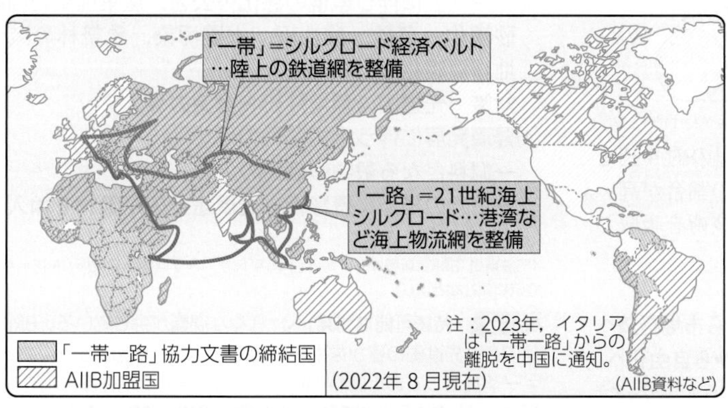

中国とロンドンを結ぶ貨物列車

解説 **経済的影響力の拡大** 中国は，中国とヨーロッパを陸・海路で結ぶ「**一帯一路**」の経済圏構想を掲げ，鉄道や港湾などのインフラの整備をはじめとする積極的な対外投資を展開している。2015年には，この構想を金融面から支える**アジアインフラ投資銀行(AIIB)**が設立された(G7のうち日本とアメリカは不参加)。しかし，多額の債務を抱えることなどを嫌い，計画の中止や見直しを表明する国もあり，今後の動向が注目される。

重要用語 397世界貿易機関(WTO) 416改革開放政策〔中国〕 417社会主義市場経済 418ドイモイ 419BRICS

C BRICS

注：2024年より，エジプト・エチオピア・イラン・サウジアラビア・アラブ首長国連邦の５か国がBRICSに加盟。

1 「BRICs」から「BRICS」へ

❶ BRICs・日本・アメリカのGDP予測(➡p.305 2)

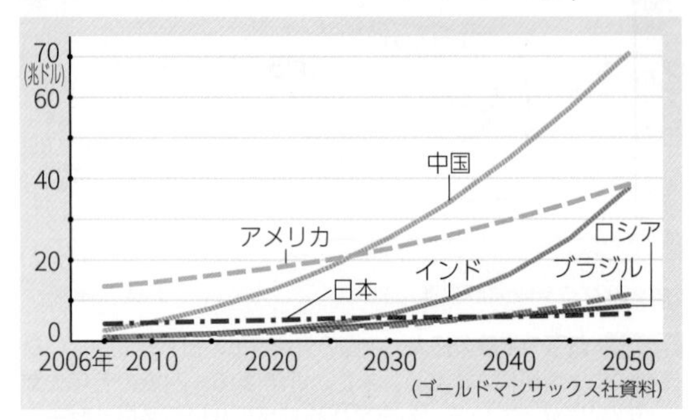

解説 **成長への期待**　高い経済成長が予想されるブラジル・ロシア・インド・中国は，その頭文字を取って「BRICs（ブリックス）」と呼ばれる。2011年には南アフリカがこれに加わった(BRICS)。

❷ BRICs・日本・アメリカの1人当たりGDP

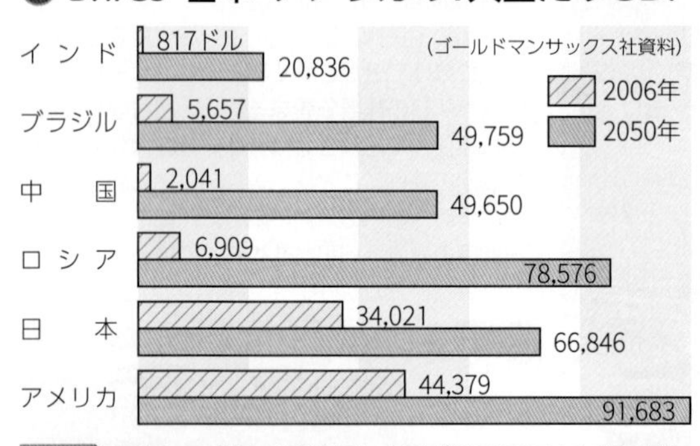

解説 **BRICsの成長**　2010年に中国がGDPで日本を追い越した。今後もBRICs(BRICS)諸国は成長を続け，2020年代後半には中国がアメリカを追い越し，2030年頃にはインドが日本を追い越すと予測されている(➡❶)。ただし，その人口の多さから1人当たりのGDPでは2050年の予測でも差がある。

❸ 発展の要因

Q 日本の高度経済成長の要因と比較してみよう(➡p.193・194)。

(1)**豊富な天然資源**…▼**産出資源の世界に占める割合**

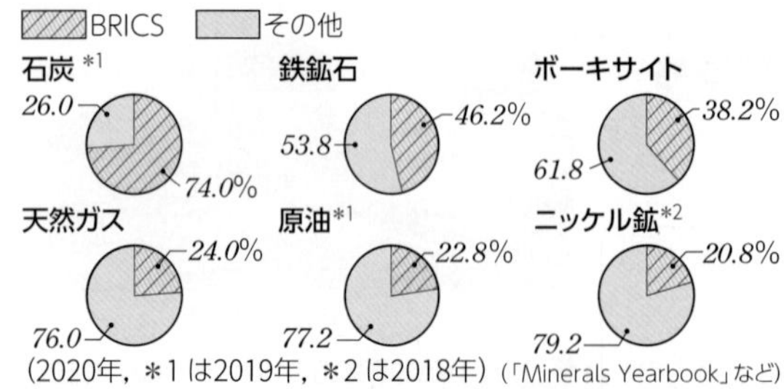

(2020年，＊1は2019年，＊2は2018年)(「Minerals Yearbook」など)

(2)**豊富な労働力**…BRICSだけで，世界人口の約４割を占（し）める。また，働き手となる15～64歳の割合が高い。

(3)**外資の積極的な導入**…先進国の企業の技術を吸収し，生産性が向上

(4)**購買（こうばい）力をもった中間層の増加**

(5)**経済の自由化**…**中国・ロシアが計画経済から市場経済へ**(➡p.160C，302)。**ブラジル・インドも統制から自由化へ。**

(門倉貴史『BRICs新興する大国と日本』平凡社，みずほ総合研究所『BRICs』東洋経済新報社などより)

2 「BRICS」の課題

❶ インドの現状

◀**首都デリーのショッピングモール**　インドには，購買力をもった富裕層・中間層が約２億人いるといわれている。日本の人口を上回る消費市場があることになる。

▶**インドのIT企業**　インドはIT産業が盛（さか）んなため，外国企業からのソフトウェア開発の依頼が多い。

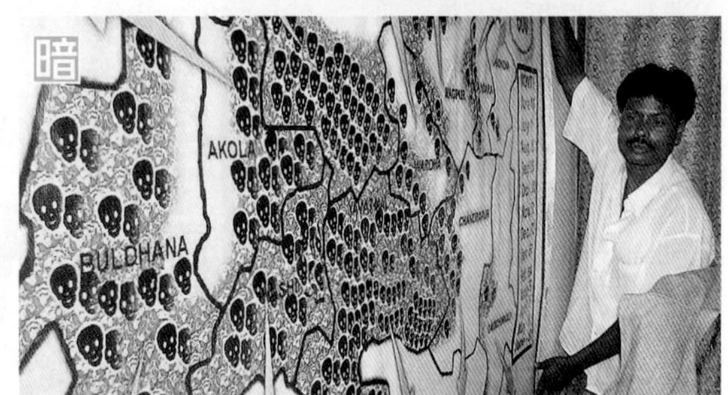

▲**農村地域の自殺者分布図**　経済成長に取り残された貧しい農村では，生活の苦しさから多くの自殺者が出ている。

❷ 課題

(1)**貧富の差が大きい**…所得格差を小さくし，消費を担（にな）う中産階級をもっと増やしていかないと，成長にブレーキがかかる。

(2)**原油の輸入増加**…**近年，中国・インドは，成長に伴（ともな）う資源需要に国内供給が追いつかず，原油をはじめ，資源輸入を拡大。**
→原油価格の上昇　→**世界の経済に悪影響**
対策…省エネの推進

(3)**経済発展に伴う環境の悪化**…公害，産業廃棄物問題，砂漠化，黄砂（こうさ），酸性雨，水質汚染，熱帯林の減少，地球温暖化などの発生
対策…先進国の環境技術・対策の導入

(4)**経済発展に伴う食肉輸入の増加**
→飼料となる穀物の価格の上昇
→**世界の経済に悪影響。発展途上国が穀物を輸入できなくなる。**

(門倉貴史『BRICs新興する大国と日本』平凡社，みずほ総合研究所『BRICs』東洋経済新報社などより)

解説 **「持続可能な開発」へ**　様々な課題が生じている。BRICS諸国は，先進国の豊かな生活を支えるため，環境破壊や，エネルギー消費をしてきた側面もある。経済発展と環境保護の両立を実現させる「持続可能な開発」への転換が求められている。

メモ　ケニアで生まれた送金・決済サービス，M-PESA（エムペサ）。携帯電話のショートメッセージ機能を使い，M-PESAの代理店を介して現金をやり取りでき，銀行口座は不要。携帯電話の普及率が高い発展途上国を中心に爆発的に普及し，経済成長を支えている。

D ポストBRICS

1 ポストBRICSとは

NEXT11	VISTA
バングラデシュ，エジプト，インドネシア，イラン，韓国，メキシコ，ナイジェリア，パキスタン，フィリピン，トルコ，ベトナムの11か国。 ゴールドマンサックス社が人口の多さなどに着目し，2005年に提唱。	ベトナム，インドネシア，南アフリカ共和国，トルコ，アルゼンチンの５か国を，英語の国名の頭文字をつなげて呼んだもの。 門倉貴史（経済評論家）が天然資源や政情安定度などに着目し，2006年に提唱。

解説 **ポストBRICS**　BRICSの次に経済成長が予想される国々として，NEXT11やVISTAなどのグループが考えられている。予想の根拠としては，労働人口の多さ，外国資本の導入，安定した政情などがある。

2 ポストBRICSのGDP予測 (➡p.304 1 ❶)

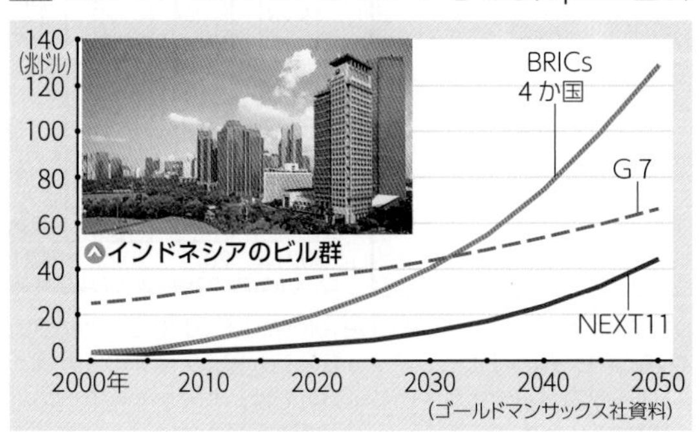

⬆インドネシアのビル群

解説 **経済成長が予測される国々**　ポストBRICSと言われるNEXT11の総GDPは，2050年にはG７の４分の３，BRICs４か国の３分の１にまで近付くと予測されている。

3 世界のシェアにおける韓国企業の割合

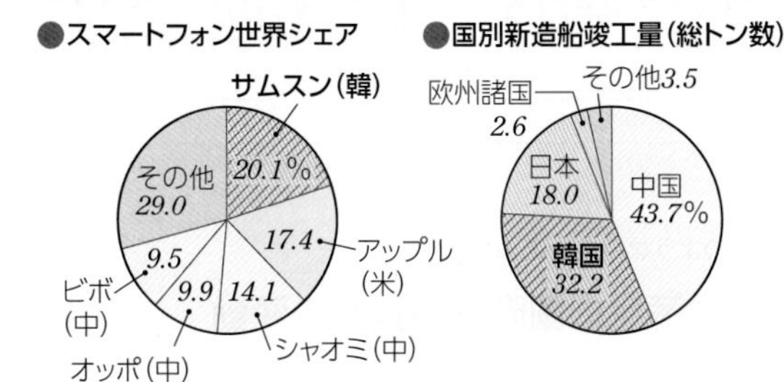

●国別粗鋼生産量

韓国 3.6　その他 22.3　中国 56.7%　ロシア 3.8　アメリカ 3.9　日本 4.4　インド 5.3

(2020年)

●粗鋼生産量上位６社（百万トン）

①中国宝武鉄鋼集団(中)	115.3
②アルセロール・ミッタル(ルクセンブルク)	78.5
③河鋼集団(中)	43.8
④江蘇沙鋼集団(中)	41.6
⑤日本製鉄(日)	41.6
⑥**ポスコ(韓)**	40.6

(世界鉄鋼協会資料)

解説 **韓国企業の成長と課題**　韓国企業は電子機械産業や造船業などで世界的なシェアを築いた。しかし，国内では財閥主導の経済による格差の広がりが問題となっている。また，2016年には海運大手が経営破綻し，世界の物流に大きな影響を与えた。

4 ベトナムのドイモイ

⬅モノが少ない。当時，ベトナムに行く時には，日用生活品一式を持っていく必要があった。

➡外国製のお酒，タバコ，缶詰，ミネラルウォーター，扇風機，テレビなどモノにあふれている。

解説 **ベトナムの経済発展**　ベトナムは社会主義国であるが，1986年から経済の開放政策（**ドイモイ〈刷新〉政策**）をとり，めざましく経済が発展した。1995年には**東南アジア諸国連合**（**ASEAN**，➡p.296）に加盟した。また，かつてベトナム戦争を戦ったアメリカとも国交を回復し，アメリカ資本の流入もみられる。1997年のアジア通貨危機の影響で，一時その成長にかげりがみられたが，その後は急成長を遂げ，2007年にはWTOに正式加盟した。長く続いた貿易赤字は2012年に黒字となった。輸出品の多くは衣服や靴などの軽工業品だったが，近年は携帯電話や電子部品なども増加している。今後は，インフラの整備，原材料や部品の現地調達，高い物価の解消などが課題である。

5 発展するトルコの自動車産業

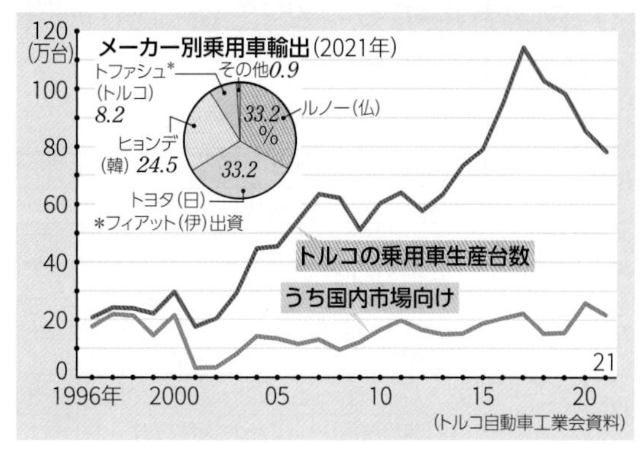

解説 **トルコの自動車輸出**　トルコは中東とヨーロッパの間に位置している。そのため，地理的な条件と安い人件費を生かし，自動車組み立て輸出がさかんに行われている。2021年には，乗用車が約78万台生産され，うち約57万台が輸出された。現在の課題は，高い技術の必要なエンジンなどが現地生産できず，輸入に頼っているため，得られる利益が少ないことである。

国際

10 南北問題

ねらい
- 貧困・格差の現状を理解しよう。
- 世界で貧困・格差が生じる原因を考えよう。
- 貧困の削減や格差の解消に向けた取り組みを調べよう。

(現 南スーダン)　食品の廃棄(日本)
撮影／ケビン・カーター

UNCTAD
南南問題等

1 人間開発指数にみた南北問題の現状　Q なぜ南北問題というのか？

人間開発指数(HDI)　各国の発展の度合いを，経済中心の数値でなく人間中心の数値で表すもので，**国連開発計画(UNDP)**が発表。**保健**(平均寿命)，**教育**(教育年数)，**経済**(GNI)の指数から算出。日本は，1位になったこともあるが，最近は20位以内で上下している。

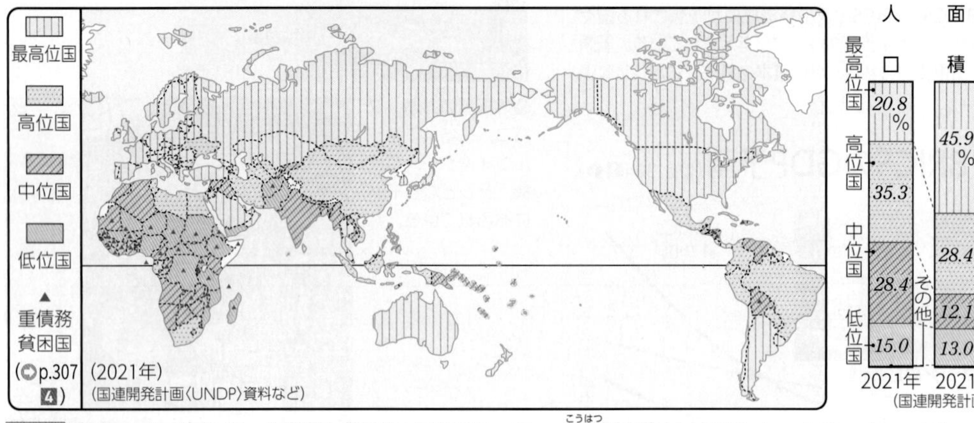

	人口	面積	二酸化炭素排出量	GNI
最高位国	20.8%	45.9%	43.0%	66.6%
高位国	35.3	28.4	46.1	26.4
中位国	28.4	12.1	9.4	5.6
低位国	15.0	13.0	1.4	1.4
	2021年	2021	2020	2021

その他
(国連開発計画〈UNDP〉資料など)

解説 **地球のアンバランス**　先進国と発展途上国の間に，非常に大きな経済格差がある問題を「**南北問題**」という。主に先進国が北側に，発展途上国が南側に位置することからこう呼ばれる。また，発展途上国の中でも特に経済発展が遅れている国を，**後発発展途上国**(LDC，Least Developed Countries)という。2022年現在，国連によってアフリカの33か国，アジアの9か国，その他4か国が指定されている。最近では，ますます南北間の格差が広がっている。

2 南北の格差　Q 格差によって，どのような問題が生じているか？

●1000人当たり新生児死亡数(2020年)

タンザニア	20人
バングラデシュ	17
アメリカ	3
日本	1未満

●中等教育就学率*(2016～20年)

国	%
タンザニア	14.2%
バングラデシュ	63.1
アメリカ	96.3
日本	99.4

●人口1万人当たり医師数(2014～19年)

タンザニア	0.6人
バングラデシュ	6
アメリカ	26
日本	25

●平均寿命(2019年)

タンザニア	67.3年
バングラデシュ	74.3
アメリカ	78.5
日本	84.3

＊中等教育は，日本の中学校・高等学校に相当する。
(世界保健機関〈WHO〉資料など)

3 モノカルチャー経済　Q 発展途上国の輸出品目にはどのような特色があるか？

❶ 輸出品目別割合

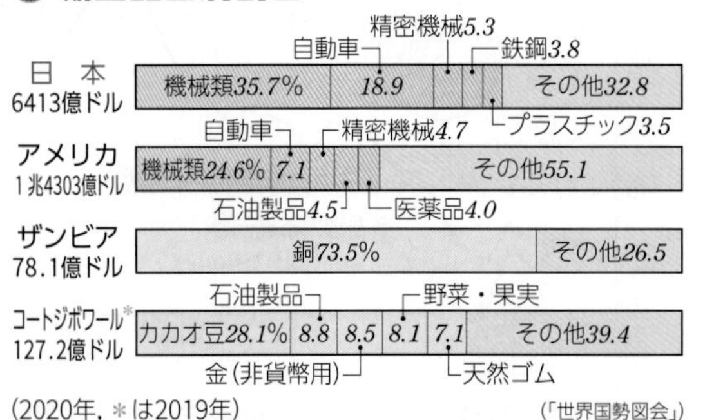

(2020年，＊は2019年)　(「世界国勢図会」)

❷ 一次産品の国際価格指数の変動

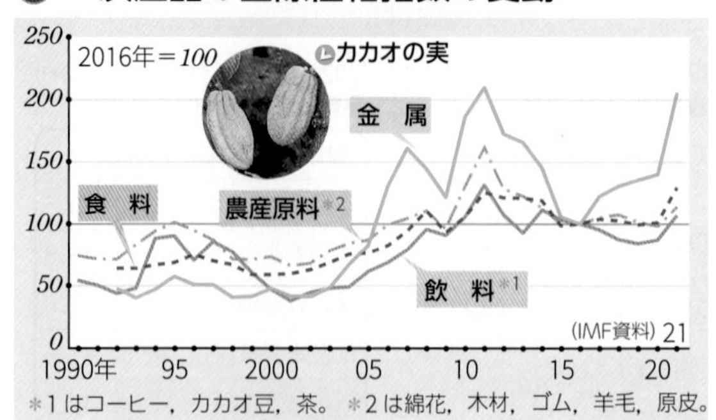

＊1はコーヒー，カカオ豆，茶。＊2は綿花，木材，ゴム，羊毛，原皮。

解説 **南北格差が生じる理由**　発展途上国の経済は，数種類の一次産品(農産物・水産物・鉱物などの未加工で自然から採取したままの産物)の輸出に頼っており，これを**モノカルチャー経済**という。これは，発展途上国の多くが，**第二次世界大戦以前に欧米諸国の植民地**であり，その時代に特定の食料，嗜好品，工業原料などに限定した生産を強要されていたことが背景にある。先進国が輸出している工業製品に比べて一次産品は，①利益が少なく，②値上がり幅が小さく，③世界経済や天候などの影響で価格が不安定である。また，鉱物の場合は，やがて必ず枯渇するという問題もある。

入試のツボ　発展途上国は，ストリートチルドレン，スラム，環境破壊，モノカルチャー経済など様々な問題を抱えている。発展途上国の現状・課題をまとめておこう。

4 累積債務問題

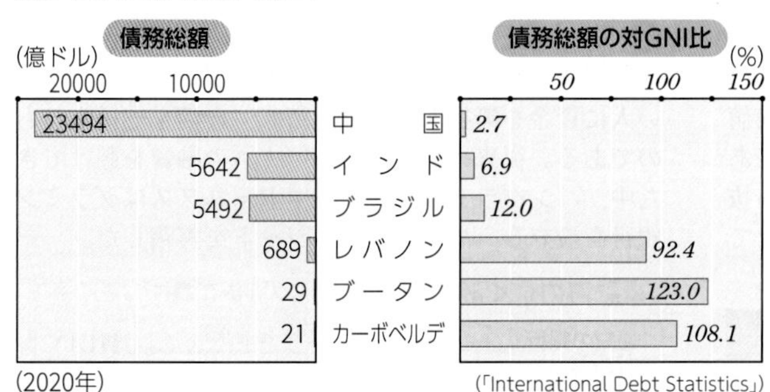

解説 **債務危機と対策**　発展途上国は，先進国から資金を借り入れ，経済発展をめざした。しかし，1970年代の**石油危機**の影響で返済資金が不足し，**対外債務**が膨らんだ。80年代にはメキシコなど中南米諸国が**債務危機**に陥った。**累積債務問題**は，債務総額の高い国よりも，債務総額の対GNI比の高い国(**重債務貧困国**〈HIPC〉)の方が，深刻である。それらの国に対しては，債務の返済繰り延べ(**リスケジューリング**)や帳消しが行われる。しかし，2020年の新型コロナウイルスの感染拡大によって，多くの国が債務危機に直面し，債務を返済できず債務不履行(デフォルト)に陥る国も出ている。また，現在は中国が，多くの発展途上国で対外債務の大半を占める債権国となっている。

5 南北問題に取り組む組織

Q 南北問題には，どのような対策がとられているのか？

開発援助委員会(DAC)		国連貿易開発会議(UNCTAD)
経済協力開発機構(OECD)の下部組織	形態	国連総会直属の常設機関
先進国による援助組織	特色	発展途上国が主導権を握る会議
1960年(翌年改組)	設立	1964年
パリ(フランス)	本部	ジュネーブ(スイス)
31か国(日本など先進国)とEU(2023年)	加盟	195の国・地域(2023年)
毎年，閣僚級会議	開催	4年に1度，総会
発展途上国への効果的な援助の調整・促進	目的	貿易と開発援助を中心に南北問題の討議
	1960年代	一次産品の価格安定化，発展途上国への貿易優遇
「基本的人間ニーズ(人間の生活に最低限必要なもの)」の充足の必要性について報告	1970年代	**NIEO(新国際経済秩序)樹立宣言**(1974年，国連総会で採択)…自国の天然資源を自由に管理すること(**資源ナショナリズム** p.326)，多国籍企業の活動の規制などにより，先進国に有利な国際経済制度を改善する
「**持続可能な開発**(現在と将来を満足させられる開発)」の必要性について報告	1980年代	累積債務の軽減について検討
新開発戦略の採択(1996年)…①発展途上国は自国の開発に主体的に取り組み，先進国も協力する，②政府による以外の手段も考慮に入れ，各国の事情に適した援助を行う	1990年代以降	環境問題，UNCTADの機構改革，グローバル化の恩恵をすべての国が受けるべきと主張(2000年)
国連総会は**ODA額の対GNI比目標(0.7%)**を定めたが，DAC加盟国の多くが未達成(p.280 4)	課題	南北対話の行きづまり

国連貿易開発会議

6 南南問題　持てる国と持たざる国

シンガポールの街並み

「南」の格差　石油危機以降，発展途上国間での格差が生じた。**OPEC(石油輸出国機構)**加盟国やブルネイのように豊富な石油資源を産出する国や，**アジアNIES(新興工業経済地域)**やBRICS(p.304)のように経済発展を遂げた新興国のように，徐々に先進国に近い生活水準に到達した国々と，**飢餓や累積債務に苦しみ，貧困から抜け出せない後発発展途上国との間に格差や利害対立が生じた**のである。これを，「**南南問題**」という。

❶ 南北・南南問題

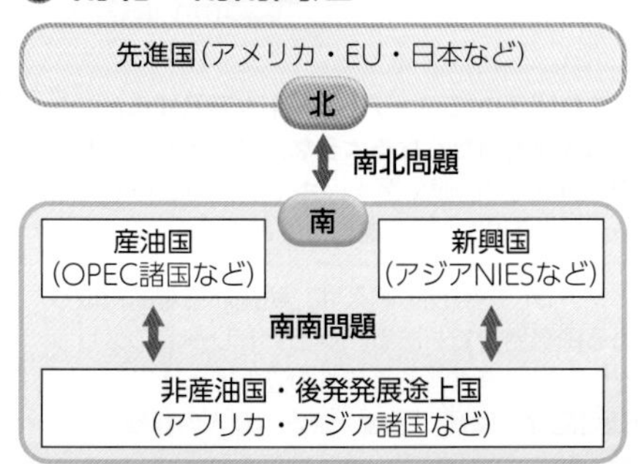

❷ 1人当たり国民総所得(GNI)

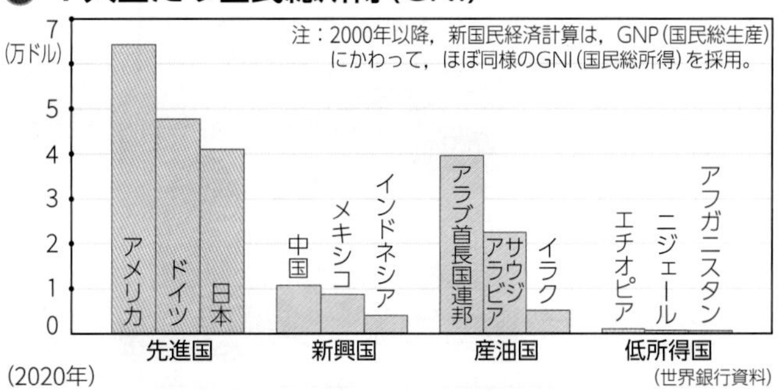

重要用語 420南北問題　421国連開発計画　422後発発展途上国　423モノカルチャー経済　424累積債務問題　425国連貿易開発会議　426NIEO(新国際経済秩序)樹立宣言　428南南問題　429アジアNIES　452資源ナショナリズム　453OPEC

7 格差の解消をめざした取り組み SDGs

❶ フェアトレード(公正な貿易) (エシカル消費 ➡p.335)

自立を支援 フェアトレードは，環境や人にやさしい方法で発展途上国の人々がつくった商品を，公正な値段で継続的に購入し，彼らの自立を支援することである。最終的な目標は，発展途上国の人々が貧困から抜け出し，輸出だけに頼らない真の自立を果たすことである。

●コーヒー豆の価格

フェアトレードコーヒー 810円
通常コーヒー 718円
…フェアトレード商品はそうでない商品と比較すると，100円近い価格差がついている。
注：グアテマラ産 200g，税込。2019年
(カルディコーヒーファーム資料)

▲フェアトレード商品が並ぶお店

◀認証ラベル 適正価格，安全性などの一定の基準を満たしているとフェアトレード認証団体が認めた商品に貼られている。

●主な国のフェアトレード認証ラベル商品の総売上高と1人当たり年間売上高

国	総売上高(円)	1人当たり年間売上高(円)
アイルランド	333億	7099
スイス	704億	8405
イギリス	2556億	3855
アメリカ	1181億	365
日本	**114億**	**89**

(2016年) (フェアトレードインターナショナル資料)

❷ マイクロクレジット

無担保で少額を融資 マイクロクレジットとは，貧しい人に資金を無担保で少額融資し，自活を支援するものである。従来の銀行が貧しい人への融資を避けてきた中，バングラデシュのムハマド＝ユヌスはグラミン銀行を設立し，マイクロクレジットを実践した。

●融資のしくみ ＊ベンガル語で「農村・村落」の意味

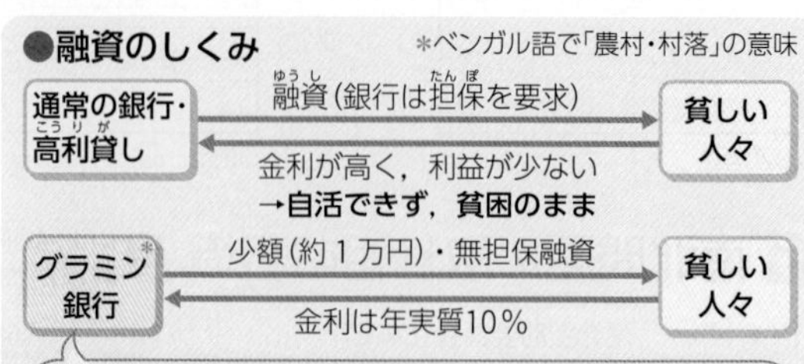

●マイクロクレジットの特徴
- 返済や自立のための支援
- 女性を中心に融資
- 5人ほどのグループを作らせ，メンバー同士で返済計画を点検する

▲グラミン銀行の職員に借金を返済する女性達 REUTER/AFLO
女性は，家族のことを考えて融資を使い，返済率も高い。また，女性が経済力をつけると，家族が貧困から抜け出せることがわかってきた。融資を利用して，アヒルを飼って卵を販売したり，織機を購入して布を生産したりしている。

通常の企業が目指す利益最大化とともに社会貢献をも目的とするグラミン銀行のような企業活動を，ソシアル・ビジネスと名付けたい。寄付を元とした援助ではなく，ビジネスとして成り立つ支援が広まれば，今より多くの企業や人が参加できると考えられる。

▶**2006年のノーベル平和賞を受賞したグラミン銀行元総裁ムハマド＝ユヌス** グラミン銀行は，2019年5月現在，918万人に融資を行い，マイクロクレジットは世界数十か国に広がった。

EYE 高校生もできるSDGs (➡p.8)

貧困の悪循環 世界には，清潔な生理用品を買えずに，不潔な古布や古紙などで代用せざるを得ない人々がいる。貧しくて生理用品が買えずに，生理になると学校を休んでしまい，十分な教育を受けられずに大人になり，貧困から抜け出せない女性も多い。

布ナプキンで支援 そこで，日本の高校生たちが，洗えば繰り返し使える布ナプキンの普及をめざして，手作りの布ナプキンを現地に送ったり，布ナプキンの作り方を現地の高校生にオンライン経由で伝える活動をしている。活動には男子生徒も参加していて，男女問わず女性特有の問題を考えるきっかけにもなっている。

女性達が自立して，女性でよかったと思える社会になればいいな。

▶布ナプキンを作る名城大学附属高等学校の生徒達

探究へのSTEP

どうすれば，日本でフェアトレードが普及するかな？多くの人が買いたくなるような，フェアトレード商品のPOP広告(店頭に置く，キャッチコピーやイラスト入りの簡単な広告)を作ってみよう。

視点 フェアトレード商品の購入は，私達が日常的に取り組める国際協力でもある。フェアトレードのメリットを生産者・消費者それぞれの立場で考えてみよう。
持続可能性 幸福 正義 公正 個人の尊厳

ポイント整理 19

7 国際経済のしくみ

A 貿　易（➡p.283・284）

戦後の国際貿易…２度の石油危機を経ながらも進展。サービス貿易の増加。

B 国際収支（➡p.285・286）

国際収支
- 経常収支
  - **貿易・サービス収支**…商品の貿易，旅行・運輸などサービスによる収支
  - **第一次所得収支**…雇用者報酬（ほうしゅう），利子や配当など海外投資による投資収益
  - **第二次所得収支**…国連分担金，食料・医薬品などの無償（むしょう）資金援助
- **資本移転等収支**…無償で社会資本形成，債務免除
- **金融収支**…海外支店設置などの**直接投資**，利子や配当が目的の投資
  - **外貨準備**…政府や中央銀行が保有する外貨の増減

C 外国為替のしくみ（➡p.287・288）

為替相場（為替レート）…異なる通貨の交換比率
- **固定相場制（固定為替相場制）**…各国の政策により，一定の交換レートを維持
- **変動相場制（変動為替相場制）**…外国為替市場における需給バランスなどによって相場が変動

D 国際経済安定化のしくみ（➡p.289・290）

ブレトン・ウッズ協定
- **国際通貨基金（IMF）**…為替相場の安定，国際収支の赤字国などへの資金融資
- **国際復興開発銀行（IBRD，世界銀行）**…戦災国の復興，発展途上国の開発を援助

関税と貿易に関する一般協定（GATT）➡1995年**世界貿易機関（WTO）**に発展

E 戦後の国際経済の歩み（➡p.291）主要国の**変動相場制**への移行を承認

IMF・GATT体制―ニクソン・ショック（金とドルの交換停止）➡**スミソニアン体制**➡**キングストン体制**

ドル危機（ドルに対する信認低下）

F 経済のグローバル化（➡p.292）

原因…市場経済の拡大・**ICT（情報通信技術）**の発展・金融の自由化など

➡アジア通貨危機（1997年），世界金融危機（2008年）

G 日本の貿易（➡p.293・294）

①**貿易品目の変化**　加工貿易型➡製品輸出入型

②**貿易相手の変化**　**輸出**　アメリカ中心➡対中輸出増　**輸入**　アジアの割合が増加

③**日米貿易摩擦**…日本の一方的な対米貿易黒字。

➡アメリカの**双子の赤字**（財政赤字と貿易赤字）

…近年はアメリカの対中国貿易赤字が拡大し，中国との貿易摩擦が激化。

8 地域経済統合（➡p.296〜301）

EU（ヨーロッパ），**USMCA**（北アメリカ），**APEC**（アジア・太平洋），**AEC**（東南アジア）

9 新興国の動向

A 中国経済（➡p.302・303）

改革開放政策…**社会主義市場経済**，**経済特区**・経済開発区，**WTO**加盟

地域経済格差・貧富の格差，環境破壊・公害，汚職などが課題

B BRICS（➡p.304・305）

豊富な資源や労働力を背景に，ブラジル・ロシア・インド・中国・南アフリカが発展

経済的な成長が見込める国々のグループとして，NEXT11やVISTAなどがある

10 南北問題（➡p.306〜308）

①**南北問題**⬅一次産品輸出に依存する**モノカルチャー経済**（利益が少なく，不安定）
　└▶**対策**…**開発援助委員会（DAC）**・**国連貿易開発会議（UNCTAD）**

②**南南問題**　OPEC加盟国・**アジアNIES**⬅➡非産油国・**後発発展途上国**

ポイント解説

A 貿易　戦後の国際貿易は，石油危機を経ながらも進展。財貿易が中心だがサービス貿易も増えている。

B 国際収支　国際収支とは，1国の一定期間の外国とのモノ・サービス・カネの取引の収支をまとめたものである。

C 外国為替のしくみ　通常，国際的な取り引きは**外国為替**により決済される。その際必要となる，異なる通貨の交換比率を，**為替相場（為替レート）**という。

D 国際経済安定化のしくみ　IMFと貿易協定である**GATT**による国際経済体制をIMF・GATT体制という。GATTは**WTO**に発展した。

E 戦後の国際経済の歩み　**IMF・GATT体制**は，アメリカの経済力を背景にした**固定相場制**であった。**ドル危機**によりアメリカは，金とドルの交換を停止（**ニクソン・ショック**）。**スミソニアン協定**で調整が行われたが，主要国は**変動相場制**に移行した。

F 経済のグローバル化　市場経済の拡大や**ICT（情報通信技術）**の発展などによって，世界経済のグローバル化が進んでいる。

G 日本の貿易　日本は，原材料を輸入して工業製品を輸出する**加工貿易**を行ってきたが，最近では製品輸入が増え，製品輸出入型貿易へ変化した。また，アメリカとの貿易不均衡（ふきんこう）は深刻な**貿易摩擦**（まさつ）を発生させた。

地域経済統合　EUをはじめとして，経済統合の動きは，世界各地に広がっている。日本は，二国間**EPA（経済連携協定）**に加えて，近年はTPP（TPP11が2018年発効）やRCEP協定（2022年発効），日欧EPA（2019年発効）などの多国間EPAを進めている。

A 中国経済　**改革開放**政策によって，世界有数の輸出国に成長。貧富の格差，環境破壊，汚職などが課題。

B BRICS　BRICSと呼ばれる国々が経済的に発展。安価な労働力などを背景に，発展途上国が成長。

南北問題　発展途上国（南）と先進国（北）との経済格差問題を**南北問題**という。経済的自立の遅れが原因。

発展途上国の中でも，**OPEC諸国**など資源保有国や急速な経済成長を遂（と）げた**アジアNIES**と，**非産油国**や**後発発展途上国**との間に生じた経済格差の問題を，**南南問題**という。

1 地球環境問題

ねらい
- 地球環境問題の要因と内容を理解しよう。
- 地球環境問題の解決に向けた国際的な取り組みの成果を調べよう。
- 持続可能な社会の形成には，何が必要か，考えよう。

p.314 探究 カーボンニュートラルの実現を考える

地球シミュレータが解析した21世紀末の地球

赤色から黄色に近づくほど，気温上昇が大きい。

画像提供／東京大学気候システム研究センター・国立環境研究所・地球環境フロンティア研究センター・文部科学省「人・自然・地球共生プロジェクト」

A 自然と人間

1 地球環境の破壊 Q どこで，どのような地球環境の破壊が起きているのか？

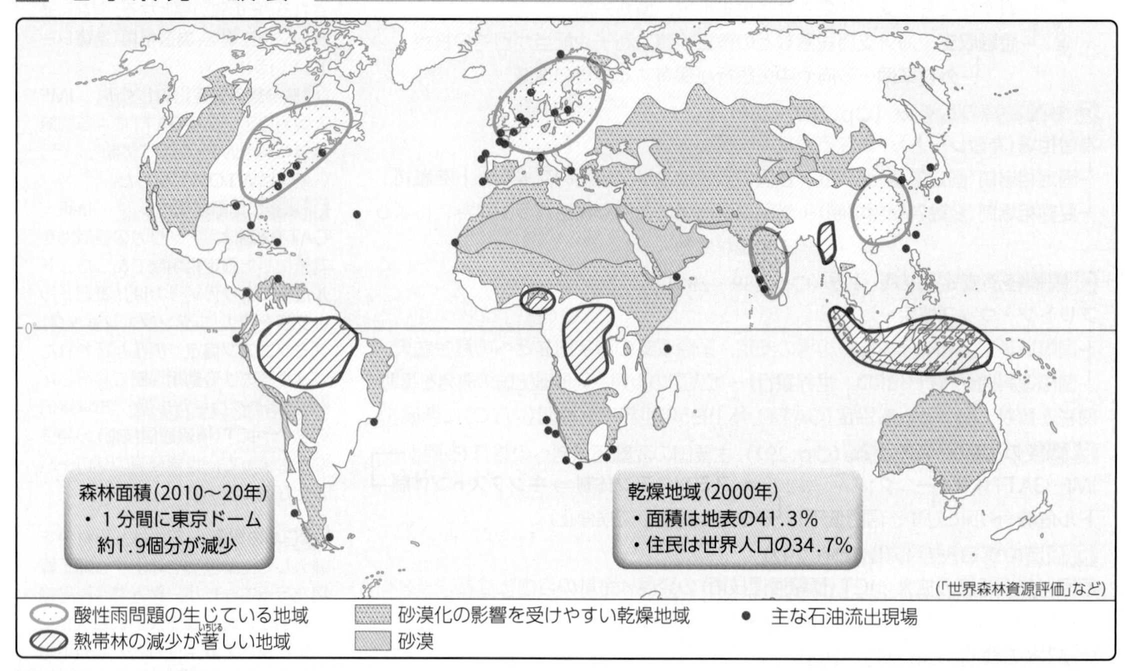

解説 広がる環境破壊 地球規模の環境破壊として，**地球温暖化**（p.312～315）や**オゾン層の破壊**（p.316），**酸性雨**（p.317），**森林破壊**（p.318），**砂漠化**（p.319），**海洋汚染**（p.320）などが問題となっている。解決に向け，国際的な取り組み（p.321）が進められているが，一人ひとりが持続可能な社会を目指して行動していく必要がある。

2 地球環境問題の相互関係 Q 環境問題の要因にはどのようなものがあるのか？

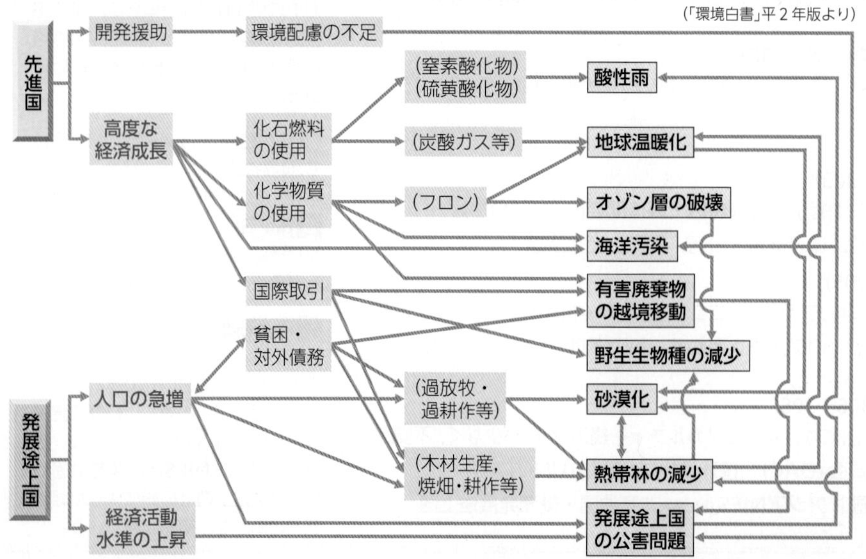

解説 環境問題の要因と対策 環境問題の主な要因としては，先進国における資源の浪費につながる大量生産・大量消費・大量廃棄や，発展途上国の人口増加などがあげられる。そして今後は，発展途上国の経済発展によってさらに環境破壊が進むと考えられており，先進国と発展途上国の間には環境問題をめぐる対立が起こっている（p.314）。そのため，先進国には発展途上国に対する環境改善の資金，技術の提供を進めるとともに，**自らの生産，消費のあり方を改める**ことが求められている。

メモ 捕鯨については，生態系のバランス，鯨という動物の文化的な位置づけなど様々な観点から，意見の対立が続いている。

3 生態系（エコシステム）

Q 生態系のしくみは，どのようになっているのか？

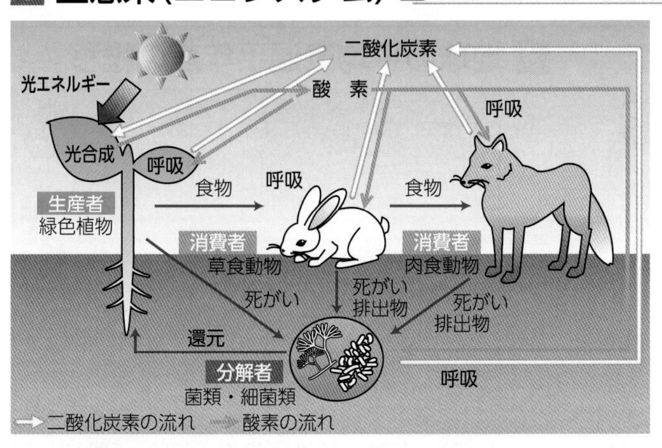

　太陽のエネルギーによって成長する緑色植物は，有機物と酸素を生産する（生産者）。それを草食動物が食べ，さらにそれを肉食動物が食べる（消費者）。そして，動物の排出物や死がいはカビやバクテリアなどが分解し，植物の成長に役立つように還元する（分解者）。

　このように，自然は緑色植物（生産者），動物（消費者），カビ，バクテリアなど（分解者）の３つの要素が複雑に関連し合って成り立っている。

　人間を地球の生態系における循環の一員として考える時，私たちは，その自然の秩序をよく理解し，そのバランスを崩すような開発行為や廃棄物の処理に慎重でなければならない。

4『沈黙の春』

豊かな自然　アメリカの奥深くわけいったところに，ある町があった。生命あるものはみな，自然と一つだった。町のまわりには，豊かな田畑が碁盤の目のようにひろがり，穀物畑の続くその先は丘がもりあがり，斜面には果樹がしげっていた。……

呪い　ところが，あるときどういう呪いをうけたわけか，暗い影があたりにしのびよった。いままで見たこともきいたこともないことが起りだした。若鶏はわけのわからぬ病気にかかり，牛も羊も病気になって死んだ。どこへ行っても，死の影。……そのうち，突然死ぬ人も出てきた。何が原因か，わからない。大人だけではない。子どもも死んだ。

沈黙の春　自然は沈黙した。……ああ鳥がいた，と思っても，死にかけていた。ぶるぶるからだをふるわせ，飛ぶこともできなかった。春がきたが，沈黙の春だった。

（レイチェル＝カーソン『沈黙の春』新潮文庫）

沈黙の春　—生と死の妙薬—　レイチェル・カーソン　青樹簗一 訳　新潮文庫

△レイチェル＝カーソン（1907〜64）

解説　文明社会への警告　レイチェル＝カーソンは1962年出版の『沈黙の春』で，DDTなどの農薬による環境汚染について，鋭い警告を与え，環境保護の大切さを認識させた。

5『奪われし未来』

　1996年，アメリカの科学者シーア＝コルボーンらは，『奪われし未来』を発表して，人間がつくり出した**化学物質による環境汚染を警告**した。人類の生存さえも脅かす化学物質の恐ろしさを予言し，第二の『沈黙の春』（➡4）といわれている。未来を奪われないために何をするべきか問いかけている。

△『奪われし未来』

▷シーア＝コルボーン（1927〜2014）

環境ホルモン

　環境ホルモンは，正式には「外因性内分泌かく乱化学物質」といい，体外から入って正常なホルモンの動きをかく乱する。『奪われし未来』で社会的に関心を集めるようになった。代表例がダイオキシン類で，ダイオキシン類の中には，発がん性のあるものもある。

ダイオキシン類の発生源　化石燃料を原料としたものを低温で燃焼すると，ダイオキシン類が発生する。そこで，有害物質の出にくい素材の使用や，高温の焼却炉を使うといった対策がとられている。

6 主な化学物質対策

POPs条約 採択：2001年 発効：2004年 日本批准：2002年	正式名称は，残留性有機汚染物質に関するストックホルム条約。人の健康と環境の保護のため，環境に長期間残る有機汚染物質（POPs, Persistent Organic Pollutants）の廃絶・削減をめざす。
化学物質排出把握管理促進法 公布：1999年	特定の有害な化学物質の排出量の届け出を事業者に義務付けるなどして，環境への負担を未然に防止するための法律。

解説　環境リスクの考え方　化学物質を「安全」と「危険」に分けることはできない。環境リスク（化学物質が人の健康や生態系に悪影響を及ぼす可能性）は，その物質の有害性の程度と暴露量（化学物質を取り込んだ量）によって決まる。有害性が高くても，暴露量がわずかであれば環境リスクは低いが，有害性が低くても暴露量が大量であれば，環境リスクは高くなる。

▷**人間が排出した化学物質やゴミの影響を受けるホッキョクグマ**　北極圏の生態系で食物連鎖の頂点にいるホッキョクグマ。温暖化で，生態系が変化してエサとなる生き物が減り，氷が溶け出して活動範囲も狭まっている。極地は，世界各地で排出された化学物質が気流や海流に乗って集まる場所でもあり，体内からは，環境ホルモンである高濃度PCB（ポリ塩化ビフェニル）が検出されている。

重要用語　431生態系（エコシステム）　432地球温暖化　438オゾン層の破壊　439酸性雨　440森林破壊　443砂漠化　444海洋汚染

B 地球温暖化 (➡p.314・315 探究)

1 温室効果とは

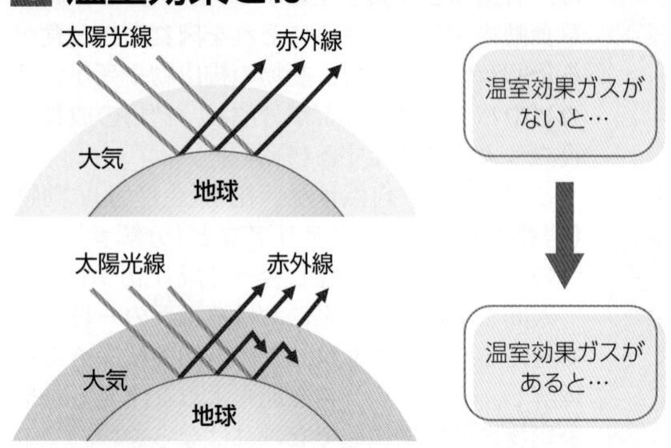

解説 **温暖化のしくみ**　大気中に放出された二酸化炭素などの気体は，太陽から届く日射を透過し，日射を受けて温度の上昇した地球が放射する赤外線の一部を吸収することで，地球を温室のように温める温室効果をもつ。温室効果をもたらす気体を**温室効果ガス**という。温室効果ガスの濃度が上昇すると，温室効果が高まる。

2 主な温室効果ガス

二酸化炭素	化石燃料を燃焼する際などに発生。
メタン	廃棄物の埋め立てや，天然ガスを採掘する際などに発生。
フロン (➡p.316)	エアコンや冷蔵庫などの冷媒として開発された人工物質。オゾン層破壊物質でもあり，モントリオール議定書で規制されている。

解説 **人間活動の影響**　気候変動に関する研究報告や影響，対策などを評価する国際機関である，**気候変動に関する政府間パネル(IPCC)**は，第6次評価報告書(2021年発表)で，2019年の大気中の二酸化炭素の濃度は過去200万年間で最も高く，メタンの濃度も過去80万年間で最も高いと報告した。IPCCによれば，これら温室効果ガス濃度の上昇が，主に化石燃料の消費量の拡大，つまり人間活動によることは疑う余地がなく，世界の平均気温は1850〜1900年から2010〜19年で1.07℃上昇したという。

注：地球温暖化に関しては様々な説がある(➡p.313)。

3 地球の平均気温平年差の推移

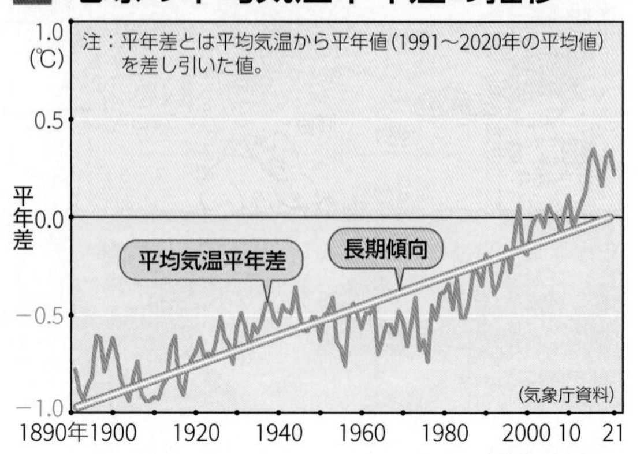

4 化石燃料の消費量と二酸化炭素濃度の推移

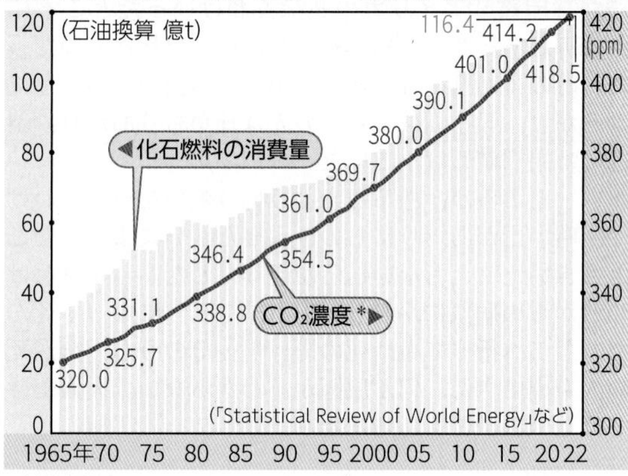

＊基準観測点はハワイ島・マウナロア山。

解説 **進む温暖化**　地球の気温と二酸化炭素濃度は上昇している。IPCC(➡2)は2021年，1850〜1900年から2081〜2100年の気温上昇は，対策をせずに化石燃料に依存し続ければ4.4℃だが，21世紀半ばに二酸化炭素排出量を実質的にゼロにすれば1.4℃の上昇に抑えられるとの予測を報告した。

5 温暖化が及ぼす気候変動・影響

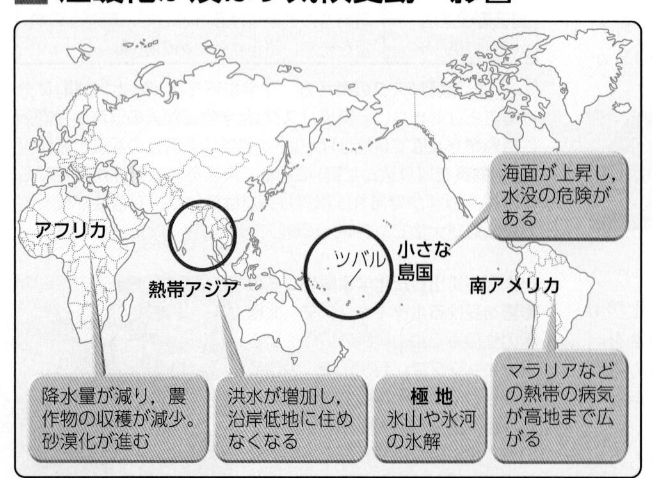

大潮時に地中からわき出す海水(ツバル)　南太平洋にあるツバルは，さんご礁からなる島国であるため平均海抜がわずか2m以下と低く，海岸の浸食や井戸の塩化，塩害による農作物の収穫の激減など，深刻な被害を受けている。これらは地盤沈下が原因との見方もあるが，温暖化による海面上昇で生活が困難になる可能性もある。　写真提供／FoE Japan

解説 **海面上昇と異常気象の頻発・激甚化**　IPCC(➡2)は，21世紀を通じて海面上昇はほぼ確実に続き，1995〜2014年の平均と比べて，2100年までに最大で1.01m上昇すると予測している。また，熱波や大雨などの異常気象は，気温が上昇するにつれて頻度も激しさも増すという。技術・資金力の乏しい発展途上国が受ける影響は大きいと考えられ，先進国の支援が求められている。

入試クイズ　環境ホルモン(内分泌かく乱物質)の一種とされるダイオキシン類は，廃棄物の焼却などによって発生することがある。○？×？(➡p.311 5)　答：○

6 対策

❶ 気候変動枠組み条約締約国会議の歩み

1992	**気候変動枠組み条約（地球温暖化防止条約）**採択（1994年発効） **内容** 温室効果ガス濃度の安定化を目標に，地球温暖化がもたらす影響を防止するための枠組みを定める。1995年より毎年，気候変動枠組み条約の締約国会議（COP）を開催する **課題** 具体的な削減義務を規定していない	温暖化対策の開始
1997	COP 3（**地球温暖化防止京都会議**） …京都（日本） **京都議定書**採択（2005年発効） **内容** 温室効果ガス排出量削減の数値目標を国別に設定。2008～2012年の間に，先進国全体で1990年比5.2％削減。日本の削減義務は **6 ％** **課題** ①経済成長が著（いちじる）しく，温室効果ガスの主要排出国となった中国やインドなどの新興国を含（ふく）む**発展途上国の削減義務がない** ②守れなかった場合の措置（そち）が明記されていない	京都議定書の発効
2001	アメリカが京都議定書から離脱	
2004	ロシアが京都議定書に批准（ひじゅん） →2005年**京都議定書発効**	
2012	COP18 …ドーハ（カタール） **ドーハ合意** **内容** 京都議定書の延長期間（第 2 約束期間）を，2013～2020年とする（**日本・ロシアは不参加**） **課題** 京都議定書の第 2 約束期間に削減義務を負う国の排出量は**世界の約15％のみ**	ポスト京都議定書問題
2015	COP21 …パリ（フランス） **パリ協定**（2016年発効） **内容** すべての締約国が温室効果ガス排出量削減目標を 5 年ごとに国連に提出し，対策を行うことを義務化。2020年以降に，平均気温の上昇を産業革命前から 2 度未満とし，さらに1.5度未満になるよう努力する **課題** 目標達成の義務はない	パリ協定の発効
2021	アメリカがパリ協定に復帰 （2017年離脱表明，2020年正式離脱）	

温暖化に対する様々な意見

地球温暖化に対しては懐疑（かいぎ）的な意見があり，温暖化の原因を太陽活動などの自然現象とする説や，そもそも温暖化していないという説もある。地球の長期的な温度変化をみたとき，寒冷な「氷期」と温暖な「間氷期」を繰（く）り返しており，現在の気候変動を周期的なものと捉（とら）えることもできる。また，IPCC（➲p.312 2）の過去の報告書の誤（あやま）りや，温暖化の政治利用も指摘（してき）されており，様々な視点から温暖化を考える必要がある。

CO_2温暖化説に懐疑（かいぎ）的意見	CO_2温暖化説の意見
• 2000年頃から地球の平均気温はCO_2の上昇に比べて上昇していない。 • 太陽活動の変動で気温が上昇し，海中のCO_2が放出されてCO_2濃度は上昇している。 • 北極の氷の減少は海流の変化によるもので，南極大陸の氷は増加している。 • 気温上昇は，大気汚染による世界的なヒートアイランド化が原因である。	• 産業革命以降，CO_2排出量が急増しており，平均気温も急上昇している。 • 20世紀後半の太陽活動は活発化しておらず，現代の温暖化の原因ではない。 • 南極大陸の氷の増加は海水温の上昇で水蒸気が発生・降雪したためで，温暖化が進み降雪しないと氷は減少して海面上昇する。 • ヒートアイランドの影響は大都市部に限られる。

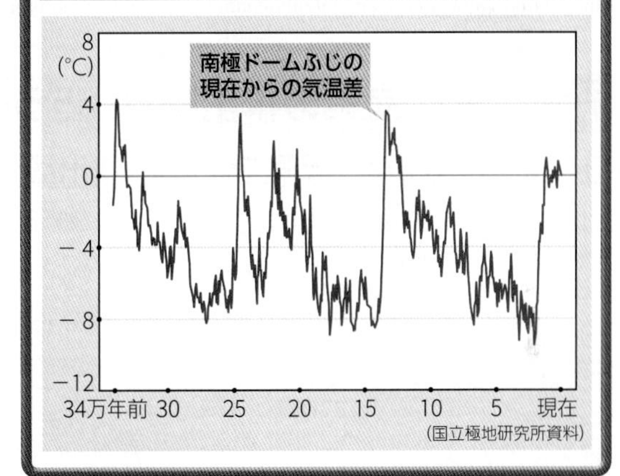

（国立極地研究所資料）

❷ 京都メカニズム

Q 排出量削減のために，どのようなしくみが認められたか？

京都メカニズム
共同実施（JI） …先進国*同士が共同で温暖化対策事業を実施した場合，事業による削減量を当事国間で分け合う。
クリーン開発メカニズム（CDM） …先進国*が発展途上国に温暖化対策事業の技術・資金支援をした場合，事業による削減量を当事国間で分け合う。
排出量取引（ET） …削減義務国間で，余っている排出枠を取り引きする。

*ロシアなどの市場経済移行国を含む，気候変動枠組み条約の附属書 I 国。

解説 **市場原理の活用** 京都議定書では，排出量削減の他，**植林活動による森林増加分を削減量に加える**ことや，**京都メカニズム**（市場原理を活用した国家間取引のしくみ）が認められた。パリ協定でも市場メカニズムを活用した排出量削減が認められている（➲p.315B）。

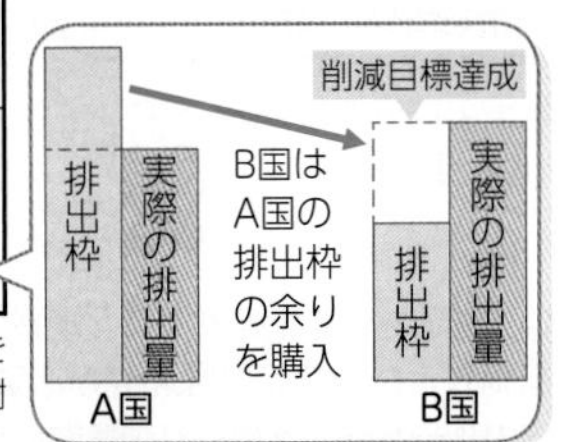

EYE 小さな藻（も）をジェット燃料に！

➲**微細藻類（びさいそうるい）ユーグレナを原料とするバイオ燃料を導入した小型ビジネスジェット機** ユーグレナ社（➲p.197）は，ユーグレナ（和名：ミドリムシ）由来の油脂や使用済み食用油などを原料とするバイオ燃料を開発。ジェット機やバス，フェリーなどの燃料として普及を進めている。

写真提供：ユーグレナ

解説 **石油に代わるバイオ燃料** 植物を原料にした燃料を，**バイオ燃料**という。植物は光合成で二酸化炭素を吸収するので，バイオ燃料を燃焼しても，理論上は空気中の二酸化炭素は増えないとされる。しかし，主に原料とされてきたのはトウモロコシや大豆などで，食料・飼料の価格高騰（こうとう）や農地開発による森林破壊などが課題であった。そこで，食料・飼料とならず，農地開発を必要としない藻（も）やおがくず，使用済みの食用油などを原料とするバイオ燃料の開発が進んでいる。

重要用語 432 地球温暖化　433 気候変動枠組み条約（地球温暖化防止条約）　434 地球温暖化防止京都会議　435 京都議定書　436 パリ協定　437 排出量取引

探究 カーボンニュートラルの実現を考える

≪補足資料やワークシート，意見などはこちらから

ここも見よう！
➡p.312・313，321~324，334・335

2つの燃料スタンド，共通点は？

△電気自動車（Electric Vehicle）用の充電スタンド

△水素を燃料として使う燃料電池自動車用の水素スタンド

「カーボンニュートラル」とは？

温室効果ガス（厳密には二酸化炭素）の排出量を削減（さくげん）しながら，削減が困難な量を他の場所での削減・吸収量で埋め合わせることで，実質的に排出量をゼロにした**脱炭素社会**のこと。2023年5月現在で158か国・地域が，2070年までのカーボンニュートラルの実現を宣言。ガソリン車から電気自動車・燃料電池自動車への移行，航空機や船舶などの低炭素・脱炭素燃料の開発・導入，石炭火力発電の削減といった，化石燃料の使用を減らす取り組みも進められている。

A 二酸化炭素の排出国は，どういう国か？

❶ 世界のエネルギー起源二酸化炭素排出量

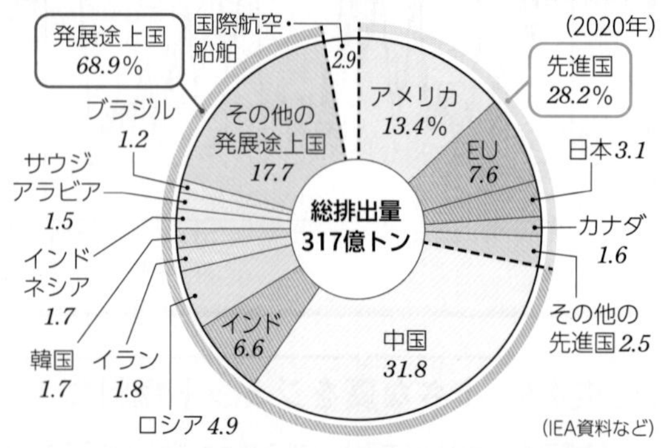

❷ 各国の二酸化炭素排出量の推移

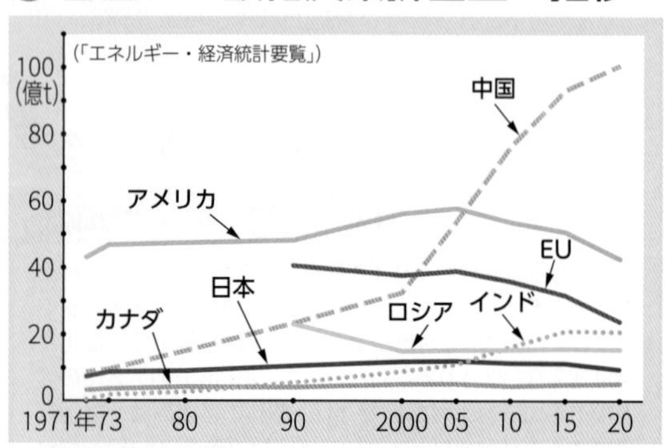

❸ 1人当たりの二酸化炭素排出量とGDP1ドル当たりの二酸化炭素排出量

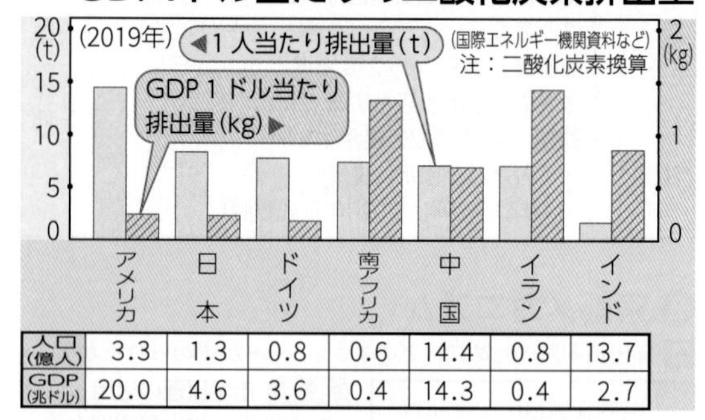

	アメリカ	日本	ドイツ	南アフリカ	中国	イラン	インド
人口（億人）	3.3	1.3	0.8	0.6	14.4	0.8	13.7
GDP（兆ドル）	20.0	4.6	3.6	0.4	14.3	0.4	2.7

❹ 国家間の対立

Q 立場によってどのように意見が異なるのか？

解説 **持続可能な開発が必要** 温暖化の主原因とされる二酸化炭素の排出量は，経済の発展に伴（ともな）い増加してきた。なお，❸のGDP1ドル当たり排出量は，少ないほど経済活動が効率化できていることを示す指標である。現在は，経済の発展と排出量の削減を両立した持続可能な開発が必要という共通認識はあるものの，国際ルール作りをめぐり国家間に根強（ねづよ）い対立がある。

 メモ 日本の温室効果ガス排出量について，京都議定書では，1990年比で6％の削減義務を負った。

B 国際ルールには，どのような課題があるか？

❶ 京都議定書からパリ協定へ

Q 表中の「目標の範囲」の排出量を，A❶のグラフで確認してみよう。

京都議定書		パリ協定
1997年→2005年	採択→発効	2015年→2016年
2008～12年 …第１約束期間 2013～20年 …第２約束期間	対象期間	2020年以降 平均気温上昇を産業革命前から２度未満，さらに1.5度未満になるよう努力する
先進国全体	目標の範囲	世界全体
あり（先進国のみ）	国別の目標達成義務	なし。全締約国に，自主的な削減目標の５年ごとの更新・提出を義務付け。
京都メカニズム（◯p.313）	市場メカニズムによる排出削減	排出量取引，二国間クレジット（◯C❸）など
先進国に義務あり	資金支援	先進国に義務あり。発展途上国は自主性に任せる。

❷ 各国の温室効果ガス排出削減目標

国・地域	2030年の削減数値目標	温室効果ガス排出量の実質的ゼロ実現の目標
日本	2013年度と比べ46%削減（さらに50%に向け挑戦を続けていく）	2050年までに実現
アメリカ	2005年と比べ50～52%削減	
EU	1990年と比べ55%以上削減	
イギリス	1990年と比べ68%以上削減	
ブラジル	2005年と比べ43%削減	
ロシア	1990年と比べ30%削減	2060年までに二酸化炭素排出量実質的ゼロを実現
中国	GDP当たり二酸化炭素排出量を2005年と比べ65%以上削減	
インド	GDP当たり排出量を2005年と比べ33～35%削減＊	2070年までに実現

注：2020～21年（COP26終幕まで）に表明された目標。
＊は2015年に表明。 （外務省資料など）

解説 気温上昇を最小限に 2021年，IPCCは，現状の各国の削減目標では21世紀末に2.7度気温が上昇すると報告した（◯p.312❹）。同年開催のCOP26では，気温上昇を1.5度未満に抑えるため，各国は2022年末までに目標を見直すことを合意した。

「共有地の悲劇」を地球温暖化に当てはめると…？

あるところに，誰もが利用できる共有の牧草地があった。牛１頭を増やすことで発生するコストやリスクは，牧草地の利用者全員の負担となるので，個人の負担は軽減される。一方で，牛の売却による利益は全て，牛の飼い主のものとなる。この条件下では，牛飼いにとっての合理的な選択は，牛を増やすことである。結果，すべての牛飼いが牛を増やし，過放牧により牧草地の牧草が食べ尽くされ，全員が牛を飼えなくなってしまう。

ルールを決め，守る 左は，ギャレット＝ハーディン（生物学者，1915～2003 ◯p.346）の論文「共有地の悲劇」で登場するたとえ話。この悲劇を避けるためには，牧草地の利用者たちがルールを決め，それを守るという方法がある。自国の利益のために経済発展を続けた結果，地球温暖化が進んで人類が危機に瀕しないよう，各国は利害を調整し，ルールをよりよいものにしていく必要がある。

ここも見よう！
プラスチックゴミを減らす（◯p.324）
エシカル消費のススメ（◯p.335）

C カーボンニュートラルを実現するには？

❶ 二酸化炭素は回収して，埋める

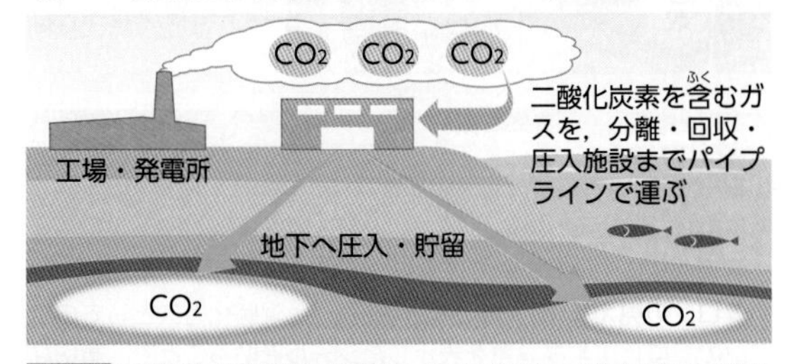

解説 対象は大規模排出施設 上はCCS＊（二酸化炭素回収貯留）という技術で，回収した二酸化炭素を燃料や製品の製造などに利用するCCUS＊とともに開発・実用化が進んでいる。排出量削減の有効な手段とされるが，貯留場所は限られ，将来漏れ出す可能性や環境への影響が未知数という課題がある。

＊Carbon dioxide<二酸化炭素>，Capture<回収>，Utilization<利用>，Storage<貯留>

❷ 化石燃料の使用を減らす

●水素，バイオマス，太陽光，風力エネルギーの開発・普及（◯p.332），原発の再稼働（◯p.330），省資源・省エネルギーの推進（◯p.333）など

❸ 二国間クレジット（JCM）を活用する

途上国等への優れた脱炭素技術等の普及や対策実施を通じ，実現した温室効果ガス排出削減・吸収への日本の貢献を数値として評価するとともに，日本の排出削減目標の達成に活用するしくみを**二国間クレジット制度**という。パリ協定第６条で規定された市場メカニズムの１つ。

- 日本とのＪＣＭ署名国数：28か国（2023年10月現在）
- 温室効果ガス想定年間削減量：280万t（CO_2換算）以上＊

＊240件以上のプロジェクトを実施中 （公益財団法人地球環境センター資料など）

Think & Check

カーボンニュートラルを実現して地球温暖化を最小限にとどめるには，どのようなルールや取り組みが必要か，考えてみよう。

》自分の考えを，次の視点で確認しよう。
- どのような立場の人も受け入れられるものですか？ **公正**
- かかる費用と得られる効果のバランスはとれていますか？ **効率**
- 現在，そして未来の人々も続けていけるものですか？ **持続可能性**

C オゾン層の破壊

1 原因と現状

❶ オゾン層とフロン

地球のバリア　地上から約10～50㎞上空にオゾン層がある。仮に上空のオゾンを１気圧０℃の地表に集めたとすると，わずか３㎜の厚さしかないが，太陽から降り注ぐ，生物に有害な紫外線を吸収して，地上に降らさないようにするバリアの役割を果たしている。

オゾン層破壊物質　このオゾン層を破壊する，代表的な物質が**フロン**である。フロンは，安価で人体への影響も少ないため，冷蔵庫やエアコンの冷媒（れいばい），スプレーのガスなど，様々な用途に使用されてきた。オゾン層破壊力の強いフロンは2009年末までに，フロン以外のオゾン層破壊物質は2014年末までに全廃されたが，破壊力の小さいフロンは現在も使用されている(➡2)。オゾン層を破壊しない代替（だいたい）フロンも開発されたが，温室効果ガス(➡p.312 1)でもあるため，問題となっている。

❷ オゾンホール

1979年10月

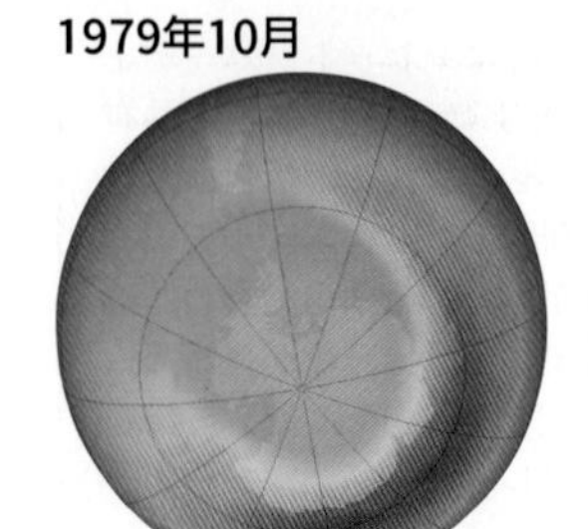

2015年10月

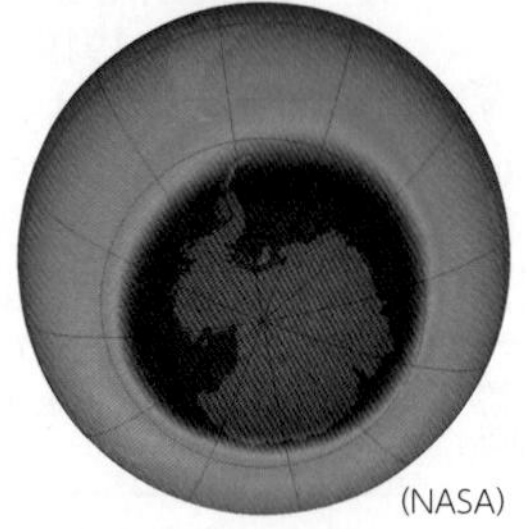

(NASA)

▲**南極上空のオゾンホール**　赤色の部分はオゾンの量が多く，黄，緑，青，紫色になるに従って量は少なくなる。南極上空のようにオゾンの量が極端に少ない場所はオゾンホールと呼ばれる。

❸ 紫外線が及（およ）ぼす影響

Q オゾン層が破壊されるとどうなるのか？

フロンの濃度の増加
↓
オゾン層の破壊
↓
地上の紫外線量の増加
↓
- 白内障（はくないしょう）の増加
- 皮膚（ひふ）ガンの増加
- 免疫（めんえき）機能の低下
- 海洋生態系の変化
- 作物収量の減少

（白内障の増加・皮膚ガンの増加・免疫機能の低下）→ 人体への被害
（海洋生態系の変化・作物収量の減少）→ 生態系への被害

実験で証明　紫外線で皮膚がん

（「朝日新聞」1997.6.6）

解説　生態系や人体に影響　オゾン層が破壊されると地上に届く紫外線の量が増加するが，それによって植物の成長が阻害（そがい）されたり，海中の微生物プランクトンが減少するなど，生態系の異変（いへん）が引き起こされる。また紫外線は人体へも大きな影響を与（あた）える。国連の試算（しさん）によれば，大気中のオゾンが10％減ると紫外線が26％増加し，それによって皮膚ガンにかかる人が30万人にのぼると推定されている。

2 対策

❶ オゾン層破壊物質規制の歩み

1974	オゾン層破壊の原因はフロンにあるという学説が発表され，国際的にフロンを規制しようとする動きが高まる
1985	**オゾン層保護のためのウィーン条約**採択（88年発効） ↓具体化　目的：国際的に協調してオゾン層の保護に取り組んでいくこと
1987	**モントリオール議定書**採択（89年発効）
2010	世界気象機関と**国連環境計画（UNEP）**が，オゾン層の破壊に歯止めがかかったと発表
今後	**フロン全廃**。長期的にみて，大気中のフロンの量は減っていくと予想される。1980年代以前の水準に回復するのは2050年以降になる見込み

●モントリオール議定書

ウィーン条約に基（もと）づき採択。正式には「オゾン層を破壊する物質に関するモントリオール議定書」。フロンなどのオゾン層破壊物質の具体的な規制措置（そち）を定める。予想以上の破壊の進行状況から，何度も規制の前倒しが行われている。

オゾン層破壊力の強いフロン（CFCなど）は2009年末に全廃。破壊力の小さいフロン（HCFC）も原則2030年までに全廃すること，温室効果の高い代替フロンも2019年から段階的に削減することが定められている。

❷ 日本の取り組み

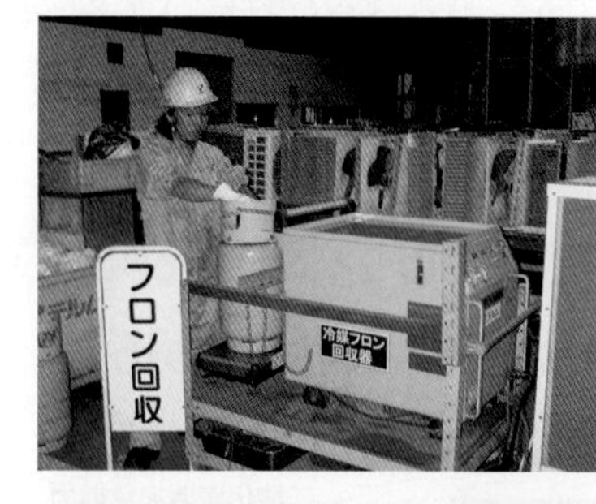

◀**回収されるフロン**　2001年に「特定製品に係（かか）るフロン類の回収及（およ）び破壊の実施の確保等に関する法律（フロン回収破壊法）」が制定され，機器を廃棄（はいき）する際，適正な回収や処理が義務付けられた。

フロン使用機器

●地球温暖化防止のため、適正にフロンを回収しましょう。
●CO_2（温室効果ガス）56 トンに相当するフロンを使用。

▲**フロンの見える化**　フロン使用機器に，温暖化ガスとしてのフロンの二酸化炭素換算量を表示したシールを貼ることで，適切なフロン回収を呼びかけるとともに，フロン問題の啓発（けいはつ）を行うことがねらい。現在，見える化は義務付けられておらず，企業が自主的に取り組んでいるが，広がりつつある。

写真提供／日本コカ・コーラ

▶**ノンフロン自動販売機**　フロンも代替フロンも使用せず，環境にやさしい。コカ・コーラは，日本国内に設置されたすべての自動販売機のノンフロン化を進めている。

オゾン層が破壊されると，ヒトの健康や生態系に悪影響を及ぼすおそれがあることから，モントリオール議定書で二酸化炭素の排出削減目標値が決定されている。○？×？(➡C2)　答：×

(➲p.310)

D 酸性雨

1 原因と現状 Q なぜ酸性雨は発生するのか？

❶ 酸性雨発生のメカニズム

解説 **生態系に影響** 化石燃料を燃やすことで発生する**硫黄酸化物**や**窒素酸化物**は，長距離をただよう間に化学変化し，雨や雪，霧などに溶け込んで，pH5.6以下の酸性雨となって降り，生態系に影響を与える。

❷ 酸性雨のpH

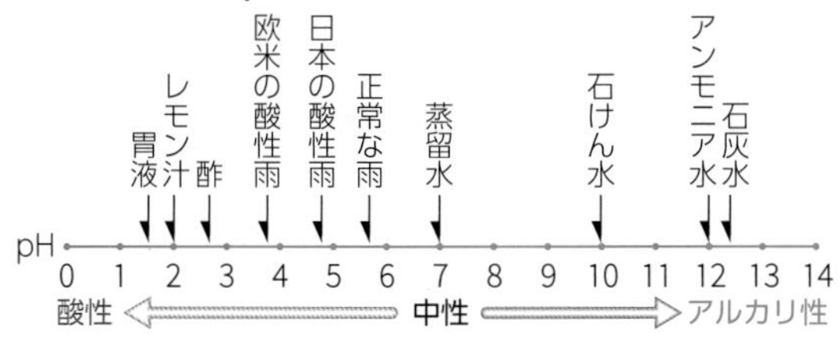

❸ 国境を越える酸性雨

大気中の汚染物質 酸性雨の原因物質は，大気中に含まれているため，汚染源と被害地域が一致するとは限らず，汚染源を特定することも難しい。そのため，国内だけで酸性雨対策をしていても問題は解決されない。

日本でも降っている酸性雨 日本では高度経済成長の結果，1970年代に深刻な酸性雨の被害を受けたため，汚染物質の排出量に規制をかけている。しかし，経済発展を遂げる中国大陸で排出された汚染物質が，日本列島にやってきており，各地で酸性雨が降っている。

同じような問題はアメリカやヨーロッパなど世界各地でみられ，全世界的な対策が必要とされている。

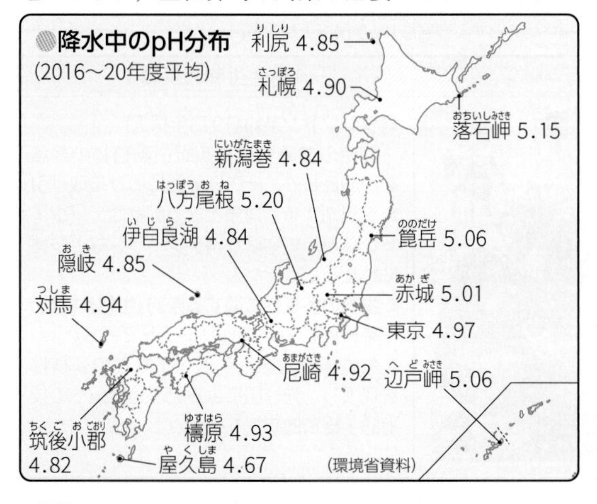

❹ 酸性雨の影響

⊿ハルツ山脈(ドイツ) 酸性雨によって木々が枯れた。

⊲酸性雨などによって侵食された影像(フランス ルーアン)

2 対策

ヨーロッパ	1979	**長距離越境大気汚染条約採択** 各国に越境大気汚染の防止を求め，酸性雨の影響に関する研究の推進や，国際協力の実施などを規定した
	1985	**ヘルシンキ議定書採択** 硫黄酸化物に関する議定書
	1988	**ソフィア議定書採択** 窒素酸化物に関する議定書
アジア	2001	**東アジア酸性雨モニタリングネットワーク稼動開始** 日本の提言で，日本・中国・韓国・ロシアなどが参加。 目的：各国共通の手法で酸性雨のモニタリング(監視)を行うことにより，東アジア地域の酸性雨について共通の理解をもち，環境や人への悪影響を防ぐための情報交換を行うなど，参加国が協力すること

EYE バイオコークスで環境改善

バイオコークスとは，稲わらや茶殻，リンゴの皮などの植物性廃棄物(バイオマス)を粉砕・圧縮・加熱・冷却して作られる固形燃料のこと。2005年に近畿大学で石炭コークスの代替燃料として開発された。燃焼しても硫黄酸化物が発生せず，酸性雨の抑制効果がある。また，原料がバイオマスであるため，二酸化炭素の削減にもつながる。

種類	価格
石炭コークス(日本)	5～6万円
バイオコークス(日本)	4～5万円
バイオコークス(東南アジア)	1万円
バイオコークス(東南アジア→日本)	2～3万円

注：1トン当たりの価格，近畿大学試算。

私たちの課題

(◎p.310)

E 森林破壊

1 原因と現状

❶ 森林減少の背景　Q なぜ森林破壊が起こるのか？

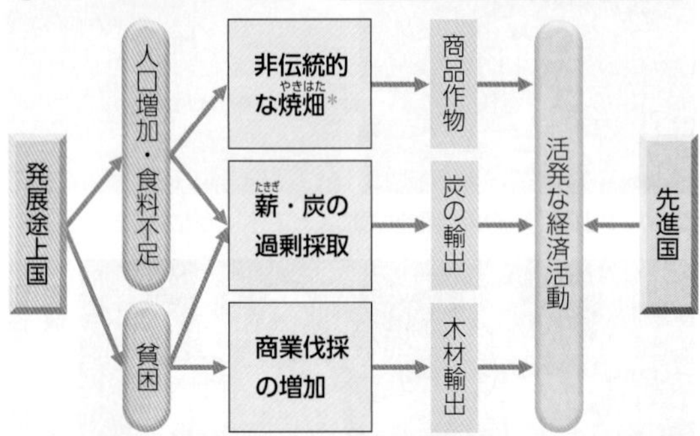

＊焼畑は，森林を伐採し焼き払い作物を栽培する農法。伝統的な焼畑は，数年ごとに場所を移して焼畑を行い，土地が十分に回復したら再び畑として利用する。新たに参入した住民らによる非伝統的な焼畑は，土地の回復を待たずに焼くため，土地が疲弊してしまう。

❷ 森林面積の変化

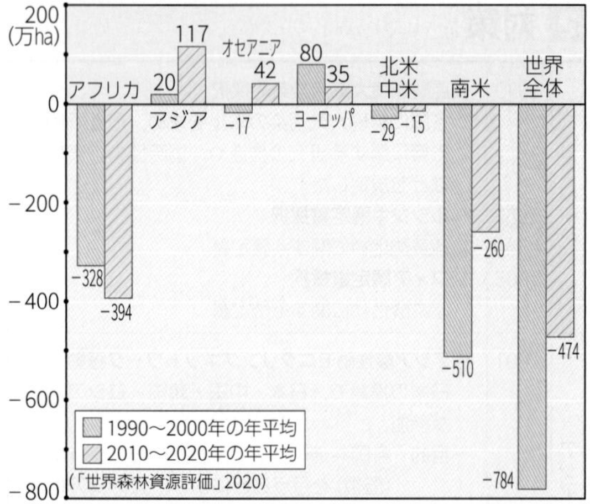

解説 消える森林　2020年の森林面積は，世界全体で約41億ha(陸地の31％)。しかし森林は，2010〜2020年の間に，1年に約474万haずつ減った。アフリカ，南米，東南アジアの熱帯林が特に減少している。一方で，生態系の回復や水土保全などをめざした植林によって，人工林の面積(世界の森林面積の7％，2020年)は増加しつつある。

ブラジル　パラグアイ　アルゼンチン　1973年　2003年

△減少する熱帯林

❸ 森林の減少による影響

(1)地球温暖化(◎p.312〜315)　森林は光合成により大気中の二酸化炭素を吸収している。そのため，森林の減少は地球温暖化に重大な影響を与える可能性がある。

(2)砂漠化(◎p.319)　木々は水分を土壌に蓄えるはたらきをするので，木々がなくなると土壌が乾燥し，砂漠化しやすくなる。

(3)災害の拡大　木々は根で土壌を押さえるはたらきをもつ。森林が減少することで，山崩れや崖崩れなどの災害が起こりやすくなる。

(4)生物多様性への影響　森林の伐採は，そこに棲む野生生物の生態系も破壊してしまう。熱帯林には地球上の野生生物種の50〜80％が存在していると考えられているが，すでに様々な野生生物が絶滅の危機にある。また，有用な薬用植物の多くが熱帯林で発見されており，このような**遺伝資源**の損失が心配される。

絶滅が心配される主な野生生物

2 対策

注：2021年，COP26で，2030年までに森林破壊を止め，回復させるとする宣言に100か国以上が署名。

森林の保護	野生生物の保護
●**木材伐採・輸出の制限** インドネシア，マレーシア …丸太の輸出禁止・規制 ブラジル…主要樹種の伐採禁止 ●**森林原則声明** 1992年地球サミットで採択された。法的拘束力はないが，緑化の行動や発展途上国の取り組みに対して国際的な援助や協力の必要性が示された。 ●**NGO，企業などによる植林活動** ▶**NGO「オイスカ」によるマレーシアでの植林ツアー** 	●**ワシントン条約**(1973年採択) 絶滅のおそれのある野生動植物の保護を目的として，その国際間における取り引きを規制する。対象となる動物は，ゾウ・トラなど，植物はサボテン・ランなど多種にわたる。 ●**生物の多様性に関する条約(生物多様性条約)**(1992年地球サミットで署名) 生物種・生態系・遺伝子などの多様性を保護し，先進国による発展途上国への技術的・経済的支援を行う。

メモ　生物多様性条約に基づいて，2010年に名古屋議定書が採択された。遺伝資源の利用と公正な利益配分について定められ，利用には提供国の事前の同意が必要とされる。

(➡p.310)

F 砂漠化

1 原因と現状 Q なぜ砂漠化が進むのか？

砂漠化とは，土地の乾燥だけではなく，土壌流出や塩害などによる土地の荒廃を含む問題である。**砂漠化対処条約（砂漠化防止条約）**（➡3）では，「乾燥，半乾燥及び乾燥半湿潤地域＊における土地の劣化」を砂漠化と定義している。

＊平均年間降水量などにより，乾燥地は，極乾燥地域とこれら３地域の４地域に区分される。

❶ 砂漠化のメカニズム

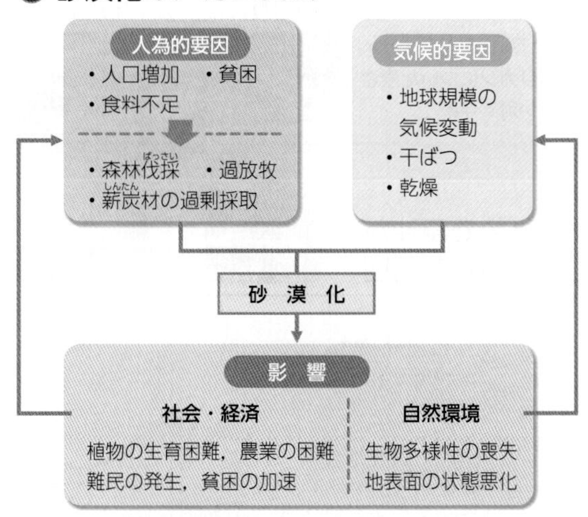

❷ 砂漠化の深刻度

注：極乾燥地域（約１億ha）を除く乾燥地において砂漠化の進んでいる面積。

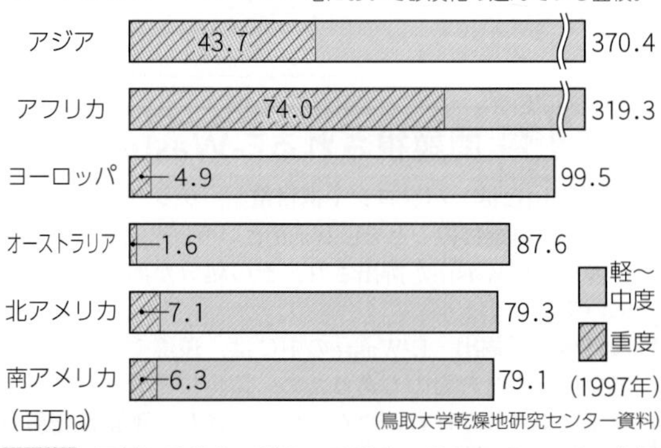

（鳥取大学乾燥地研究センター資料）

解説 深刻な砂漠化の状況 砂漠化の影響を受けやすい乾燥地は，世界の地表面積の約41％を占めており，そこで暮らす人々は20億人以上に及ぶ。砂漠化は，作物の不作や水不足を引き起こし，貧困の原因となる。

都市に迫る砂漠（モーリタニア）

2 様々な砂漠化

❶ 土壌流出

土壌流出 露出した下層土には草も生えない。（タンザニア）

❷ 塩害

塩分が吹き出した農地（アメリカ）

塩害は，乾燥地域の土壌で過剰に水を供給した場合に起きる，土中の塩分が吹き出してくる現象である。地表に吹き出した塩は，農作物の生育を阻害する。そのため塩害が進むと，その土地は放棄されることもある。

3 対策

Q どのような対策がとられているのか？

● 砂漠化対処条約（砂漠化防止条約）

1992年	国連環境開発会議（地球サミット）で，条約作成のための委員会設置を基本合意
1994	**砂漠化対処条約（砂漠化防止条約）**を採択（パリ） …日本を含む86か国が署名
1996	砂漠化対処条約の発効
1997	第１回締約国会議開催，102か国が参加
2017	第13回締約国会議で，2018～2030年の戦略目標に合意

正式名称を「深刻な干ばつ又は砂漠化に直面する国（特にアフリカの国）において砂漠化に対処するための国際連合条約」という。砂漠化防止の長期的な行動計画の作成や先進国の資金・技術援助などを定めている。2023年７月現在，締約国は196か国。

点滴栽培（カタール） 小さな穴を開けたホースから水を流して植物に与える。土壌中には保水剤として，紙オムツに使われている吸水性樹脂が入っている。

周囲を粘土で囲んだ改良かまど（チャド） 石を置くだけの従来のかまどに比べて，熱効率が良いので，薪を節約できる。

写真提供／緑のサヘル

重要用語 440森林破壊 441生物の多様性に関する条約（生物多様性条約） 442ワシントン条約 443砂漠化

私たちの課題

G 海洋汚染

(➲p.310，プラスチックゴミ問題 ➲p.324)

1 原因 Q なぜ海が汚れるのか？

- 陸からの汚染…工場や家庭からの排水など
- 海底活動からの汚染…海底油田開発，埋立工事など
- 投棄による汚染…廃棄物の不法投棄
- 船舶からの汚染…運航による油膜，タンカー事故など
- 大気からの汚染…降雨などによる大気汚染物質の流入

(国連海洋法条約 第207～212条による分類)

2 漂流・漂着ゴミ

漂着するゴミ　世界中の海岸に多数のゴミが漂着している。他国から流れ着くことも多く，日本からも流出している。**漂流ゴミは，海全体のゴミのほんの一部**と言われており，流出を防ぐ対策が求められている。

ゴミで死ぬ動物　これらのゴミは，景観をそこない，漁業や海運に影響を及ぼすだけではなく，海に棲む動物の生命も脅かしている。えさと間違えて食べたり，ゴミに絡まり死んでしまう事例が多数報告されている。

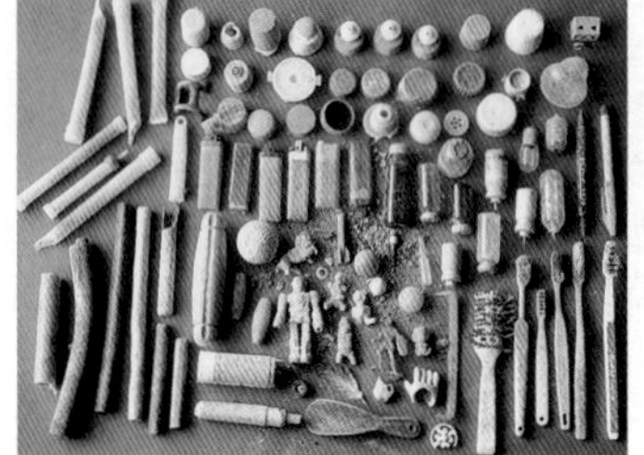

コアホウドリのヒナの死骸(3羽分)から回収した，体内に残っていたプラスチックゴミ 親鳥は，漂流するプラスチックゴミを，本来のえさ(イカや魚など)と間違えて飲み込み，ヒナにも与えてしまう。

写真提供／一般社団法人JEAN　http://www.jean.jp

3 原油の流出

メキシコ湾原油流出事故　2010年4月，メキシコ湾の海底にある原油掘削基地が爆発。原油をくみ上げるパイプが破損し，大量の原油が流出した。事態が収拾するまでの約3か月半で，流出した原油は約490万バレル(78万kℓ)。日本の1日当たりの原油消費量とほぼ同じだ。

生態系の深刻な被害　事故による海洋環境への悪影響は著しい。原油流出域のイルカやウミガメなどが激減し，絶滅の危険性も指摘されている。異常な病変をもつ魚も報告され，生息地の回復には，数十年以上かかると推定されている。

ペリカンについた原油を洗い流す作業

● 事故で原油が流出した範囲

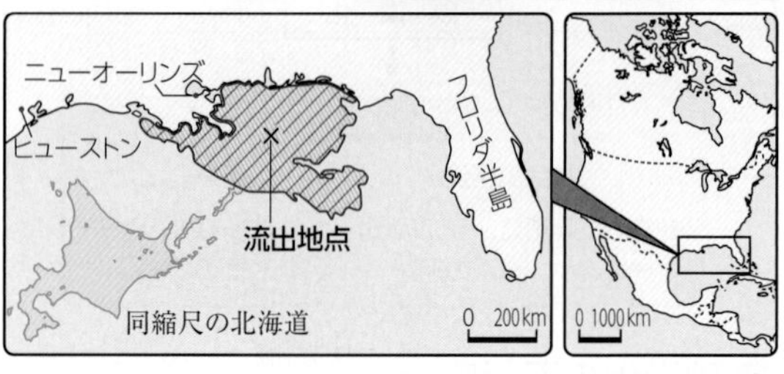

H 有害廃棄物の越境移動

1 主な国の有害廃棄物の輸出入量

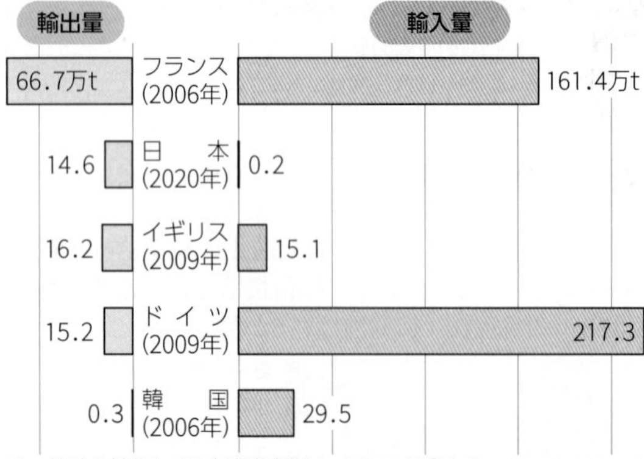

注：統計の対象とする有害廃棄物は，国により異なる。(環境省資料など)

解説 ゴミを他国へ　1980年代，規制が緩く，処理費用が安いという理由で，発展途上国に有害廃棄物が輸出され，輸出先での不適切な処理や，引き取りを拒否され海洋に投棄するといった問題が深刻化した。このため，1989年にスイスのバーゼルで**バーゼル条約**が採択され，特定の有害廃棄物＊の輸出時は輸出先の事前了解を必要とし，輸出が契約通りできなかった場合は輸出国が引き取りを含む措置を行うことなどが定められた。日本では，特定有害廃棄物の輸出に政府の承認を必要とする(バーゼル法)が，国内の処理技術の向上や廃棄物の削減も必要である。

＊農薬や鉛蓄電池など。2021年からはリサイクルに適さない汚れたプラスチックゴミも含む。放射性廃棄物は含まない(他条約で規制)。

EYE 問題視されるE-Waste(イーウェイスト)

E-Wasteとは　パソコンや携帯電話，テレビなどの電子機器の廃棄物のことをE-Wasteという。先進国では毎年多くのE-Wasteが排出され，その処分が問題となっている。

海外へ不正輸出　E-Wasteの中には，環境や身体に有害な物質を含むものもあるため，慎重に処分またはリサイクルされなければならない。しかし，**不正に発展途上国へ輸出され**，不適切な処理がされて**深刻な環境被害・健康被害を引き起こしている事例**も報告されている。

解決へ向けて　海外へ不正輸出されるE-Wasteの中には，日本製品も含まれていると言われており，日本では環境省が適切な処理を呼びかけている。EUなどでは，電気電子機器への鉛や水銀などの使用を原則禁止する「グリーン・デザイン」の奨励など，各国で動きが見られるようになったが，まだ解決には至っていない。

ドリルやかなづちを使って廃家電を分解し，基盤を集める男性(ベトナム)

入試のツボ 国連人間環境会議のスローガンは，「かけがえのない地球」。地球サミット(国連環境開発会議)の共通理念は，「持続可能な開発」。主な国際会議の名称と内容をまとめておこう。

Ⅰ 環境保全の取り組み

(ナショナル・トラスト運動 ➡p.233)

地球サミット
京都議定書等

1 国際的な動き

1971	**ラムサール条約**採択(➡p.322 5)
1972	ローマ・クラブが「**成長の限界**」を発表 **国連人間環境会議**…ストックホルム(スウェーデン) **世界遺産条約**採択(➡p.322 4)
1973	**ワシントン条約**採択(➡p.318 2)
1985	オゾン層保護のためのウィーン条約採択(➡p.316 2)
1987	**モントリオール議定書**採択(➡p.316 2) ←具体化
1988	気候変動に関する政府間パネル(IPCC)設置
1989	**バーゼル条約**採択(➡p.320 H)
1992	**国連環境開発会議(地球サミット)** …リオデジャネイロ(ブラジル)
1994	**砂漠化対処条約(砂漠化防止条約)**採択(➡p.319 3)
1997	**地球温暖化防止京都会議**(COP 3) …京都府 ・「**京都議定書**」を採択(➡p.315)
2002	**持続可能な開発に関する世界首脳会議(環境・開発サミット)** …ヨハネスブルク(南アフリカ)
2010	生物多様性条約第10回締約国会議(COP10) …名古屋市 ・「名古屋議定書」を採択(➡p.318メモ)
2012	**国連持続可能な開発会議(リオ+20)** …リオデジャネイロ(ブラジル)
2013	水銀に関する**水俣**(みなまた)**条約**採択
2015	国連総会で**SDGs(持続可能な開発目標)**策定(➡p. 8) 京都議定書に続く**パリ協定**採択(➡p.315)

●ローマ・クラブ「成長の限界」(1972年)

科学者や経済学者による民間団体であるローマ・クラブが，報告書「成長の限界」を発表。現在のままの人口増加，工業化が続けば，環境は自然が許容できる範囲を超(こ)えて悪化し，100年以内に成長は限界点に達すると警告した。

●国連人間環境会議(1972年)

参加者：世界113か国の代表など
成果：
- 「**かけがえのない地球**(only one earth)」をスローガンに，「**人間環境宣言**」を採択
- **国連環境計画**(**UNEP**)を設立(➡p.322 3)

▲国連人間環境会議

●地球サミット(1992年)

参加者：約180の国・地域の代表と8000に及(およ)ぶNGOなど
成果：
- **リオ宣言**(21世紀の地球環境保全のための原則)採択
- **アジェンダ21**(上記宣言を達成するための行動計画)採択
- **生物多様性条約**(➡p.318 2)，**気候変動枠組み条約(地球温暖化防止条約)**(➡p.313)の署名
- 「**持続可能な開発(持続可能な発展)**」(➡2)が共通の認識に

▲**閉幕式のあとのガリ国連事務総長**(一番左)**ら**(1992年当時)

▼10年

●環境・開発サミット(2002年)

参加者：191か国の代表(参加首脳104人)，8000人以上のNGO関係者など
成果：
- アジェンダ21の実績の検証
- 「ヨハネスブルク宣言」，アジェンダ21を促進するための「実施計画」を採択

▲**環境・開発サミット**

▼10年

●リオ+20(2012年)

参加者：約190の国・地域の代表と，各国政府関係者，国際機関，及び市民社会などから約３万人
成果：
- 環境と経済成長の両立を目指す**グリーン経済**が先進国・発展途上国の共通の取り組みであると認識された。
  しかし，新興国・途上国の反発により，期限や数値目標など具体策には踏み込めず，具体的にグリーン経済をどのように実現していくかが課題となった。

▲**閉会式に参加する潘基文**(パンギムン)**国連事務総長**(一番左)，**ブラジルのルセフ大統領**(左から２番目)**ら**(2012年当時)

2 持続可能な開発をめざして

1992年の地球サミットでは，**将来の世代が得るはずの経済的・社会的利益を損なわず，環境を利用していこうという**，「**持続可能な開発(持続可能な発展)**」の基本理念が共通の認識となった。この開発を実現するために，**環境倫理**(➡❶)の議論や，**予防原則**(➡❷)を取り入れた政策が広まりつつある。

❶ 環境倫理の３つの柱

- **自然の生存権**…すべての生物，生態系，景観などにも生存権があり，人間は勝手にそれらを否定してはならない。
- **世代間倫理**…現代の世代は，将来の世代に対して責任があり，将来世代の生存可能性を奪(うば)ってはいけない。
- **地球の有限性**…地球の資源は無限ではなく有限であり，資源を循環的に使用したり，補ったりしていかなければならない。

解説 **環境倫理とは** 深刻化する環境破壊を背景に，**環境と人間の関係においてどのような価値判断・意思決定を行うか**を問う倫理的視点。地球環境問題を考える際，これらの環境倫理も考慮にいれる必要がある。

❷ 予防原則

予防的措置(そち) ＞ 因果(いんが)関係の証明

環境は破壊されると，回復することが不可能，または，かなりの時間を要する。

解説 **予防原則とは** 新技術や環境開発などが，人の健康や環境に重大な影響をもたらすおそれのある場合，**因果関係が科学的に十分証明されていなくても，予防するための措置を積極的に採用する立場**のこと。将来の世代が受ける可能性のあるリスクを事前に防止・緩和(かんわ)するという，**世代間倫理**(➡❶)を背景にしている。

重要用語 386 SDGs 433 気候変動枠組み条約 434 地球温暖化防止京都会議 441 生物の多様性に関する条約(生物多様性条約) 444 海洋汚染 445 国連人間環境会議 446 国連環境開発会議 447 持続可能な開発

3 環境保護のための国連機関

国連教育科学文化機関（UNESCO）

教育，科学，文化の発展と推進を目的とする国連の専門機関。
設立：1946年
本部：パリ（フランス）
活動：義務教育の普及，自然遺産（◎4）の保護　など

国連環境計画（UNEP）

国連人間環境会議で採択された「人間環境宣言」を実施に移すための機関。
設立：1972年
事務局：ナイロビ（ケニア）
活動：国連諸機関の環境に関する活動を総合的に調整する。**生物多様性条約**（◎p.318 2），**ワシントン条約**（◎p.318 2），**バーゼル条約**（◎p.320 H）等の事務局にも指定されている。

4 世界遺産条約（◎p.245 5）

世界遺産は，人類共通の財産として未来に受けついでいくものとして，世界遺産条約によって登録されており，「文化遺産」，「自然遺産」，「複合遺産」の３つに区分される。そのなかで，すぐれた価値をもつ地形や生物，景観などを含む地域は「自然遺産」として登録されている。

小笠原諸島（東京都）　2011年に新たに自然遺産に登録された。
写真提供／環境省小笠原自然保護官事務所

マチュ・ピチュ（ペルー）

原爆ドーム（広島県）　日本の文化遺産は他に，姫路城（兵庫県）や平泉（岩手県），富岡製糸場（群馬県）など。

世界の主な自然遺産	**グランドキャニオン**（アメリカ），**グレートバリアリーフ**（オーストラリア），**ガラパゴス諸島**（エクアドル），**キリマンジャロ国立公園**（タンザニア），**黄龍**（中国）
日本の自然遺産	**屋久島**（鹿児島県），**白神山地**（青森県・秋田県），**知床**（北海道），**小笠原諸島**（東京都），**奄美大島・徳之島・沖縄島北部及び西表島**（鹿児島県・沖縄県）

5 ラムサール条約　Q 湿地を守る意義は何か？

ラムサール条約は，1971年イラン北部のラムサールで採択された，湿地を保全するための条約である。正式名称は「特に水鳥の生息地として国際的な重要な湿地に関する条約」という。2023年９月現在，2494か所の湿地が登録，保護されている。湿地は**多様な生物が存在する場所**である。また，水を浄化する作用もあり，**生態系を保護**する面でも大きな役割を果たしている。

● 日本の主なラムサール条約登録地

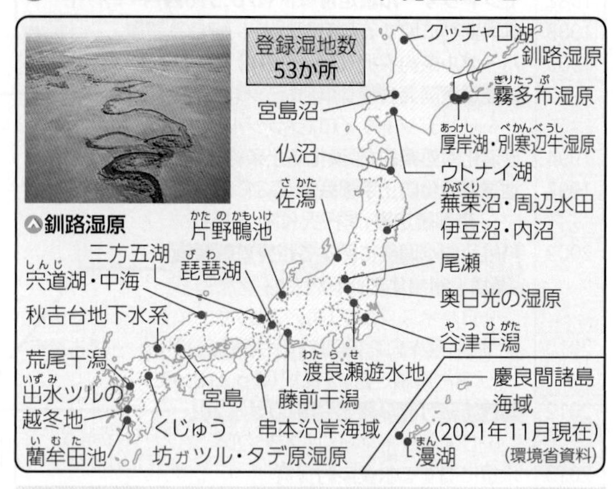

釧路湿原

埋め立て候補地から，ラムサール条約登録地へ！
愛知県名古屋市の藤前干潟は，ゴミの処分場として埋め立てられることが計画されていたが，市民の約15年にわたる運動などにより計画は中止され，2002年にラムサール条約登録地となった。また，藤前干潟の埋め立て問題は名古屋市のゴミ収集制度の見直しのきっかけとなり，２年間で２割のゴミ削減に成功した。

藤前干潟

6 環境NGO

環境NGOとは　NGOは国家の枠にこだわらず活動する非営利の組織・団体である（◎p.281）。環境NGOは，環境の保全のために活動している。大規模に活動する国際的なものから，草の根の活動を行う団体まで幅広い。国際的なものでは，野生動物の保護に取り組む「**世界自然保護基金（WWF）**」などが有名である。

国家の枠を超えて活躍　NGOは国家の利害に関係なく，それぞれの理念に基づいて，環境問題に関する情報を発信したり，政策に関する意見を公表したりしているため，環境保全に積極的な主張ができ，世論（◎p.146）に影響を与えやすい。今や，環境NGOの活動はなくてはならないものであり，注目されている。

サンゴの健康度調査
©WWFジャパン／安村茂樹

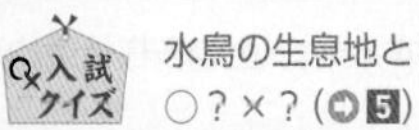

水鳥の生息地として重要な湿地の保全と適正な利用に関するバーゼル条約が採択された。○？×？（◎5）　答：×

7 カーボンプライシング

炭素の価格付け　温室効果ガスの排出量に応じて，企業や家庭が費用を負担する政策を，**カーボンプライシング**という。例えば，**炭素税**や**排出量取引制度**である。

炭素税	・二酸化炭素排出量に応じて，化石燃料に課す税金。 ・1990年代前半に導入したフィンランドやスウェーデンなどでは，排出量削減とGDP成長の両立を達成。 ・日本：**地球温暖化対策税**…2012年導入。化石燃料の輸入者や採取者に課税。年間約2600億円の税収は，再生可能エネルギーの技術開発や省エネルギー設備の導入支援など，二酸化炭素排出抑制施策に使用。 注：石油石炭税や揮発油税なども炭素税とみなす指摘あり。
排出量取引制度	・企業などに温室効果ガス排出量の上限(排出枠)を設定し，企業間の排出枠の売買を認める制度。 ・EU，アメリカ・カナダの一部の州，韓国などが導入。 ・日本では，東京都・埼玉県が導入。

世界全体の排出量を減らせるか？　**パリ協定**の目標達成のため，カーボンプライシングは世界的に導入が進んでいる。しかし，負担の高い地域から低い地域へと企業が転出する可能性があり，**産業の空洞化**や，転出先の排出量が増加すること(**カーボンリーケージ**)が心配されている。省エネ設備への補助金や他の税金を減らすなど，他の政策と組み合わせていく必要がある。

8 環境マネジメントシステム「ISO14001」

ISOとは，世界の規格を統一する国際標準化機構という国際民間組織の略称である。1992年の国連環境開発会議(地球サミット)(➡p.321 1)の成果を受け，96年にISOが環境に関する国際規格として環境マネジメントシステム「ISO14000」シリーズをつくった。そのうちの「ISO14001」は，**企業や組織が，環境保全に取り組んでいるかを審査する**もので，基準を満たしていると認められた企業(組織)は，認証を受けて登録される。

日本では，これ以外に環境に関する国際規格がないため，他の国と比べて登録件数が多い。また，認証取得が外国との取り引き条件になっていることも多く，取り引きのために取得する企業もある。2020年5月現在では，16308件の組織が登録されている。

● マネジメントシステムの流れ

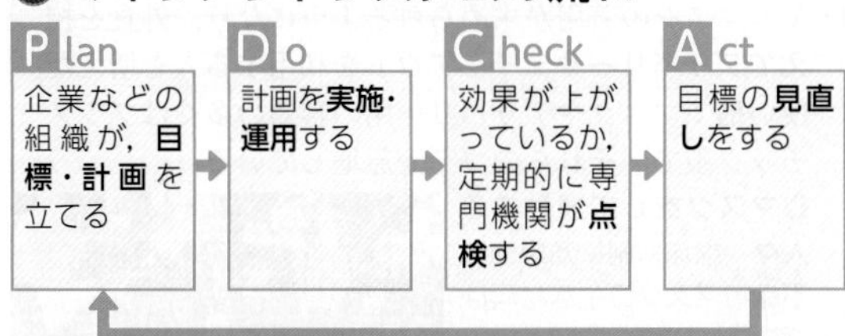

このように，「P-D-C-A」の4つのサイクルを踏み，目標を達成することが求められる。認証後も，このサイクルを繰り返す。

解説　**継続的な改善がねらい**　ISO14001は，具体的な対策の内容を定めたものではないため，どのような対策をとるかは，個々の企業や組織にゆだねられている。それぞれの組織の実情にあった無理のないシステムを構築し，継続的に改善していくことが求められている。

9 Think Globally Act Locally

Q 私たちにできることは何か？

環境問題に取り組む姿勢として，「**地球規模で考え，地域で行動をしよう**」という「Think Globally Act Locally」が掲げられている。環境に配慮した生活をおくる消費者をめざす「**グリーンコンシューマー**」の考え方も浸透してきている。環境に配慮した生活をおくるために，私たちにできることは何かを考えよう。

● グリーンコンシューマー10原則 ●

Q A～Eに当てはまる語句を考えよう。　(答は資料の下)

1. 必要なものだけを買う
2. ごみは買わない。容器は［ A ］使用できるものを選ぶ
3. ［ B ］の商品は避け，長く使えるものを選ぶ
4. 使う段階で［ C ］への影響が少ないものを選ぶ
5. 作るときに環境を汚さず，作る人の［ D ］をそこなわないものを選ぶ
6. 自分や家族の健康や安全をそこなわないものを選ぶ
7. 使ったあと，［ E ］できるものを選ぶ
8. 再生品を選ぶ
9. 生産・流通・使用・廃棄の各段階で資源やエネルギーを浪費しないものを選ぶ
10. 環境対策に積極的なお店やメーカーを選ぶ

(グリーンコンシューマー・ネットワーク『地球にやさしい買い物ガイド』講談社より)

答：A 再，B 使い捨て，C 環境，D 健康，E リサイクル

EYE あなたが世界を変える日

セヴァン・カリス＝スズキさんは，8歳の時に訪れたアマゾンで森が燃やされている光景にショックを受け，地球環境のための活動を始めた。

そして，1992年にブラジルのリオデジャネイロで開催された**国連環境開発会議**(➡p.321 1)でスピーチするチャンスを得た。当時12歳の彼女の6分間のスピーチは，世界各国のリーダーに深い感銘を与えた。

大学では生態学と進化生物学の学位を取得，2002年にはNGOを立ち上げ，来日講演も果たした。母となった今もなお，地球環境問題に取り組んでいる。

オゾン層にあいた穴をどうやってふさぐのか，
あなたは知らないでしょう。
死んだ川にどうやってサケを呼びもどすのか，
あなたは知らないでしょう。
絶滅した動物をどうやって生きかえらせるのか，
あなたは知らないでしょう。
そして，今や砂漠となってしまった場所にどうやって森をよみがえらせるのか，
あなたは知らないでしょう。
どうやって直すのかわからないものを，こわしつづけるのはもうやめてください。

(セヴァン・カリス＝スズキ著，ナマケモノ倶楽部編・訳『あなたが世界を変える日』学陽書房より)

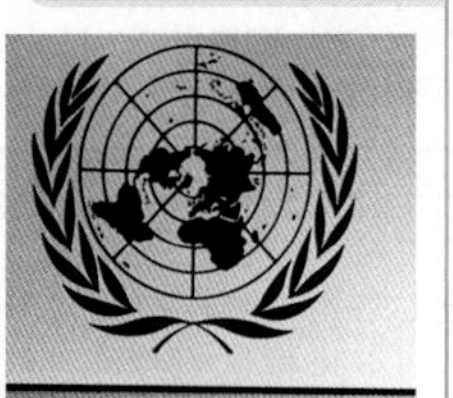

◀**国連環境開発会議でスピーチするセヴァンさん**(12歳)

私たちの課題

重要用語　347国連教育科学文化機関(UNESCO)　387NGO(非政府組織)　436パリ協定　437排出量取引
446国連環境開発会議(地球サミット)　448世界遺産条約　449ラムサール条約　450炭素税　451グリーンコンシューマー

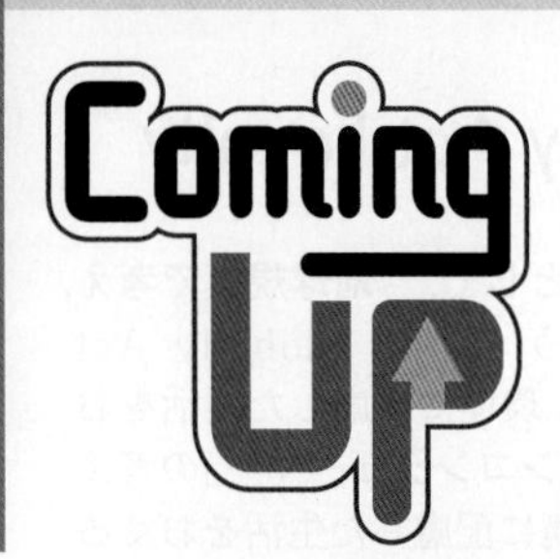

プラスチックゴミ問題

ねらい 軽くて耐久性があり，製品加工がしやすいプラスチックは，日常生活のあらゆる場面で使われている。しかし，自然界で分解されにくいことから，プラスチックゴミによる海洋汚染が問題になっている。脱プラスチックの取り組みを調べ，自分にできることを考えよう。

(海洋汚染 ➡p.320，循環型社会 ➡p.334)

A 海洋プラスチックゴミの現状

◀海岸に打ち上げられたゴミ ポイ捨てや，屋外に放置されたプラスチックが河川に入り，海に流れ込む。

▶プラスチックゴミとウミガメ 海洋生物が，漂流しているビニル袋などを，食べ物と間違えて食べてしまうこともある。現在，多くの海洋生物が，プラスチックゴミが胃にたまり続けて食べ物を取り込めなくなり，餓死しているという。

解説 **深刻な海洋汚染** 適切に処理されないプラスチックゴミが年間約800万トン，海に流出し，2050年には海に住む魚の重さを上回るともいわれている。劣化し非常に細かくなった**マイクロプラスチック**は，プランクトンや魚などの体内に入り，私たちの食卓にも上っている。

B リサイクルだけでは不十分?

日本のプラスチックゴミの処分方法

(プラスチック循環利用協会資料)

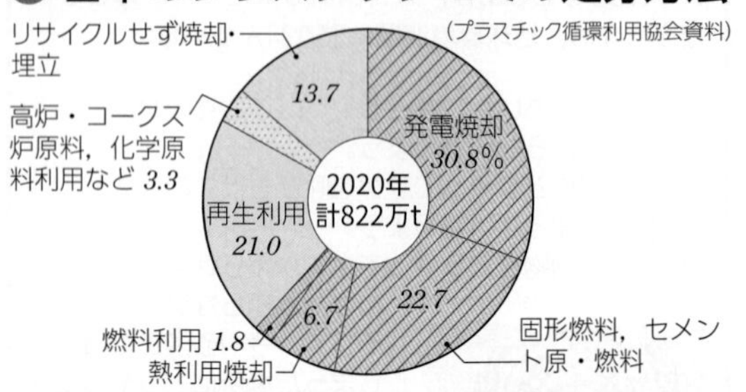

サーマルリサイクル	マテリアルリサイクル	ケミカルリサイクル
プラスチックを高温で焼却し，エネルギーとして回収する方法。	プラスチックを溶かし，資源として使う方法。	プラスチックを石油やガスなどに分解し，原料や燃料として使う方法。

解説 **ゴミを減らす必要性** 日本で回収されたプラスチックゴミのリサイクル率は86%(2020年)と高く，その大半はサーマルリサイクルである。しかし，適切に分別回収されずに捨てられるプラスチックゴミもある。このため，製品の開発製造から流通までの各段階で，プラスチックゴミを減らし，再資源化を進めるための**プラスチック資源循環法**が2022年に施行された。

C 脱プラスチックの取り組み

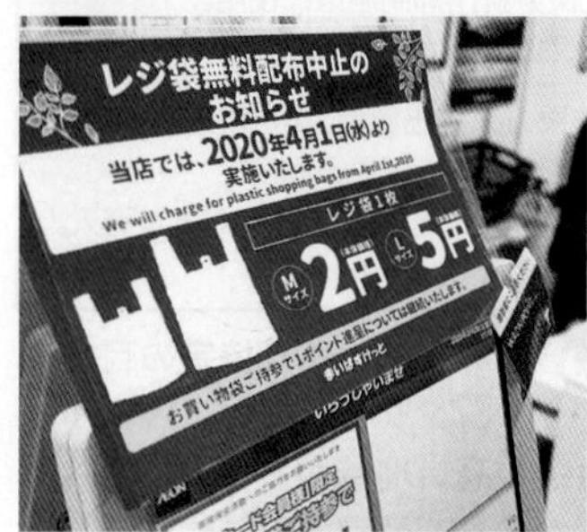

◀レジ袋有料化 2020年から全国でプラスチック製買い物袋の有料化が実施された。

▶紙製ストロー 使い捨てのスプーンやマドラーなども，プラスチック製から紙・木製に代える動きがある。

2021年5月25日撮影

▲容器ボトルの再利用システム 「Loop」は，アメリカやフランスで2019年に始まった取り組みで，2021年に日本でも始まった。購入者が商品使用後に容器を持参すると，後日，容器代が返却される。返却された容器は洗浄され，繰り返し使われる。使い捨て容器とは異なり，ステンレスやガラスなど耐久性が高い素材で，衛生面に配慮したシンプルなデザインの容器が使われる。

写真提供：イオンリテール株式会社及びLoop Japan合同会社

コロナ禍のゴミ問題

2020年の新型コロナウイルス感染症の拡大によって，マスクの着用が求められるようになり，外食を控えてデリバリーやテイクアウトを利用する人も増えた。使い捨てマスクやデリバリー用の容器の多くはプラスチック製で，それらのゴミが急増している。

▶マスクをして通勤する人々 飛沫抑制に効果的な不織布マスクの主な材料はプラスチック。使用後は可燃ゴミとして処分する必要があるが，使用量の増加とともに，ポイ捨ても目立つようになった。2020年には，世界で15億枚以上が海に流出したという。消毒用アルコールの空き容器や手袋なども世界各地の川や海で見つかっていて，生態系への悪影響が懸念されている。

ポイント整理 20

1 地球環境問題

［ ］は採択年

A 自然と人間 (➡p.310・311)

環境への配慮が不足した活動の継続…世界的な人口増加，開発優先の経済政策，工業化・都市化の進展，大規模な開発
⇓
地球環境問題の発生

B 様々な地球環境問題 (➡p.312～320，324)

①**地球温暖化**…二酸化炭素などの**温室効果ガス**濃度の上昇により，地球の気温が上昇
- **原因** 工業化の進展➡**化石燃料**の大量消費➡温室効果ガス排出量の増加
- **影響** 海面上昇による低地の水没，局地的豪雨，内陸地域の乾燥化など
- **対策** 気候変動枠組み条約［1992年］，**京都議定書**［1997年］，**パリ協定**［2015年］など

②**オゾン層の破壊**…地球を覆う(おお)オゾン層が破壊され，地球上に降り注ぐ紫外線が増加
- **原因** スプレーのガス，クーラーの冷媒(れいばい)などに利用された**フロン**の大量消費
- **影響** 皮膚(ひふ)ガンや白内障(はくないしょう)の危険が増し，農作物の収穫が減少
- **対策** **モントリオール議定書**(フロン規制を具体化)［1987年］など

③**酸性雨**…**硫黄(いおう)酸化物**や**窒素(ちっそ)酸化物**が大気中で酸性化し，雨や雪に溶(と)けて降る
- **原因** 工場，自動車などから排出される硫黄酸化物や窒素酸化物
- **影響** 樹木の立ち枯(が)れや，湖沼の酸性化に伴(ともな)う生態系破壊を引き起こす
- **対策** 排煙脱硫(だつりゅう)・脱硝(だつしょう)装置の設置，東アジア酸性雨モニタリングネットワークなど

④**森林破壊**…熱帯林を中心とした森林面積の減少
- **原因** 非伝統的な焼畑農業，薪(たきぎ)の過剰(かじょう)採取，不適切な商業伐採(ばっさい)，森林以外への転用
- **影響** 干(かん)ばつ・砂漠化を誘発(ゆうはつ)，温暖化を加速，希少動植物の減少・絶滅の危惧(きぐ)
- **対策** 発展途上国の経済的自立と貧困の解消，木材以外のエネルギー源の確保

⑤**野生生物や自然の保護**…生息環境の悪化，生態系の変化により野生動植物が減少
- **原因** 商業目的の乱獲(らんかく)，熱帯林の伐採など人間活動による生息地の消滅・分断
- **影響** 人類共通の財産である多様な**遺伝子資源**の損失
- **対策** **ワシントン条約**［1973年］，**生物多様性条約**［1992年］など

⑥**砂漠化**…土地の乾燥，土壌(どじょう)流出や塩害なども含(ふく)む土地の劣化(れっか)
- **原因** 干ばつなどの気候変動，森林伐採・過度の焼畑・過放牧などの人間の活動
- **影響** 植物の育たない不毛の土地が広がる・生物多様性の喪失
- **対策** **砂漠化対処条約**［1994年］，乾燥地域の人口抑制と乾燥地農業の開発

⑦**海洋汚染**…油，有害物質による汚染，ゴミの漂流
- **原因** タンカーの事故や海上輸送ルートに沿った油の流出，廃棄物の投棄
- **影響** 海洋環境に被害を与え，生態系を破壊
- **対策** 海洋汚染防止のための条約の整備

⑧**有害廃棄物の越境移動**…規制の緩(ゆる)い国に輸出される有害廃棄物の増加
- **原因** 有害廃棄物の大量発生による処理の困難
- **影響** 有害廃棄物の輸出・投棄による環境破壊
- **対策** **バーゼル条約**［1989年］，企業のモラルの向上

⑨**化学物質による汚染**…行政･企業･市民が一体となって環境リスクを削減する努力が必要

C 環境保全の取り組み (➡p.321～323)

1972年 国連人間環境会議…「**かけがえのない地球**(only one earth)」をスローガン
「**人間環境宣言**」を採択 ➡ **国連環境計画(UNEP(ユネップ))**発足
⇓
1992年 国連環境開発会議(**地球サミット**)…「**持続可能な開発(発展)**」が共通理念
リオ宣言，**アジェンダ21**の採択

- **世界遺産条約**…自然遺産として，すぐれた価値をもつ地域を保護
- **ラムサール条約**［1971年］…水鳥の生息地として重要な湿地を保護
- **炭素税**の導入…日本では，2012年より化石燃料に課税

ポイント解説

A 自然と人間 急激な工業化・都市化，開発優先の経済政策は，経済発展をもたらした。しかしその一方で，大量生産・消費・廃棄の社会構造，大規模な開発による環境への負(ふ)荷(か)が蓄積され，国境を越え広域的な影響をあたえる深刻な地球環境問題を発生させた。

B 様々な地球環境問題 具体的な地球環境問題としては，**地球温暖化**，**オゾン層の破壊**，**酸性雨**，**森林破壊**，**砂漠化**，**野生生物の減少**，**大気汚染・海洋汚染**，**有害廃棄物の越境移動**などがある。地球温暖化による内陸地域の乾燥化は，砂漠化を進行させる。また，砂漠化やオゾン層の破壊，酸性雨による生態系の破壊，森林破壊は，野生動植物の減少を引き起こしている。このように地球環境問題は，原因と被害が相互に結びつき，新たな問題を発生させるという複雑な問題である。

また，近年，化学物質による地球規模の環境汚染も深刻になっている。環境リスクを減らすために，化学物質とどのようにつき合っていくかが課題である。

C 環境保全の取り組み **国連人間環境会議**は，環境問題をテーマとするはじめての国連会議であり，「**かけがえのない地球**」を守るため「**人間環境宣言**」を採択，環境問題を専門に扱(あつか)う**国連環境計画(UNEP)**が発足した。

その後，問題の深刻化と関心の高まりを受けて開催された**国連環境開発会議(地球サミット)**では，将来世代の利益を損(そこ)なうことなく，環境を利用していこうという，「**持続可能な開発**」の理念に基(もと)づく**リオ宣言**が採択された。国連以外にも，多数の**環境NGO**が地道な活動を続けており，成果をあげている。

企業レベルでは，**環境マネジメントシステム「ISO14001」**を取得し，各社が環境保全に取り組んでいる。また，個人レベルでは「Think Globally Act Locally(地球規模で考え，地域で行動しよう)」という姿勢が掲(かか)げられているが，「Act Locally」とはどのようなことをすればよいか。それは，環境に配慮(はいりょ)した生活を送ること(**グリーンコンシューマー**をめざすこと)，「**エコマーク**」のついた環境にやさしい商品を選ぶこともその1つである。

2 資源・エネルギー問題

全長315mの箱舟形太陽光発電施設「ソーラーアーク」(岐阜県)

ねらい
- 資源が有限であることを理解しよう。
- エネルギー資源のそれぞれの特色を理解し，持続可能な社会の形成のためにはエネルギー資源をどう使えばよいか，考えよう。

p.330 探究 日本のエネルギー政策を考える

A 世界の資源・エネルギー問題

エネルギー革命
レアメタル等

1 世界の資源・エネルギー問題の歩み

1950年代

エネルギー革命
- 主要なエネルギー源が**石炭から石油**へ
- **国際石油資本(メジャー)**による世界の石油産業の独占

国際石油資本：石油の採掘から販売までを行う大企業。現在，エクソンモービル，シェル，BP，コノコフィリップス，シェブロン，トタルエナジーズの6社がスーパーメジャーと呼ばれている。

1960年代

資源ナショナリズム
- **OPEC(石油輸出国機構)の結成**(1960)
  加盟国(2024年1月現在)：
  イラン，イラク，サウジアラビア，クウェート，ベネズエラ，リビア，アラブ首長国連邦，アルジェリア，ナイジェリア，ガボン，赤道ギニア，コンゴ共和国
- **OAPEC(アラブ石油輸出国機構)の結成**(1968)
  メジャーとの価格交渉を行う

1970年代
- **第1次石油危機**(1973)
  第4次中東戦争の際，産油国が産油削減・輸出制限・値上げを行い，世界経済が混乱
- **第2次石油危機**(1979)
  イラン革命で原油輸出が中断

1980年代

石油に依存してきた先進国は，**産業構造の見直し，新エネルギー・省エネルギー技術の開発**へ
- 石油の高値による需要の減少，非OPEC国の産油量増加により，原油価格下落
- 原油価格は市場で決定されるようになる

1990年代〜現在
- 湾岸戦争(1991)→原油価格高騰
- 2003年以降，**中東情勢の悪化，中国・インドの石油消費量の増加，投資資金の原油市場への流入**などにより原油価格が高騰
- シェール革命により北米で天然ガス・石油増産(p.327 EYE)，世界経済の減速による需要の減少により，原油価格下落

注：新型コロナからの回復による石油需要増，ウクライナ情勢の悪化などを受け，近年は再び原油価格高騰

ネオンの消えた銀座通り(1973年)
企業や商店は，節電のため午後9時を合図に野外看板やネオンを消した。

❶ エネルギー消費量の推移

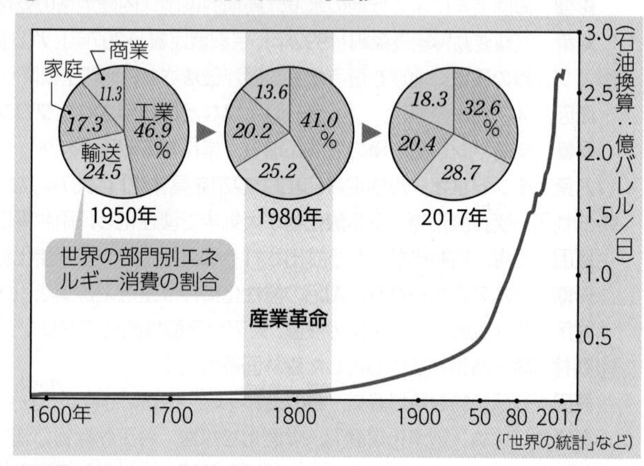

(「世界の統計」など)

解説 急増する消費量 産業革命以前は火や水，風などの自然のエネルギーの使用が中心だったため，エネルギー消費は少なかった。しかし，産業革命を境に蒸気機関・発電機など新たな動力が発明され，エネルギー消費が急増し，今も増え続けている。

❷ 資源ナショナリズム

資源ナショナリズムとは 自国に存在する資源を，自国で開発・管理して，利益を守ろうとする動きのこと。戦後，世界の資源は，先進国の少数の大企業によって独占されていた。しかし，1950年代ころから，資源保有国(特に発展途上国)の間で，経済的な自立をめざして資源ナショナリズムの動きが高まってきた。OPEC，OAPECの結成や，2度の石油危機は，そのような流れの中で生じてきたものであった。

資源は誰のものか 1974年の国連資源特別総会では，資源に対する主権は保有国にあり，保有国の利益のために資源は利用されるべきという原則が確認された。

❸ 原油価格の推移

＊1バレルは約159リットル。石油をつめて運んだ樽に由来する。

(BP「Statistical Review of World Energy」など)

メモ 石油・石炭・天然ガス・地熱などの自然からそのまま得られるエネルギーを一次エネルギーと呼び，一次エネルギーを変換・加工した電気やガソリンなどを二次エネルギーと呼ぶ。

2 主な資源の可採年数

資源	可採年数	(1989〜91年)
天然ガス	49.8年	(53.7年)
鉄鉱石	55.3	(181.7)
原油	61.4	(46.2)
ウラン	87.1	(66.7)
石炭	102.3	(146.3)

可採年数＝埋蔵量／年間生産量

注：天然ガス・原油・ウランは確認埋蔵量，それ以外は経済的採掘可能な埋蔵量で算出。経済的採掘可能な埋蔵量は確認埋蔵量より小さい。(2014〜20年，( )は1989〜91年)　(「世界国勢図会」など)

解説 **限りある資源**　資源は無限ではない。今後，新たな埋蔵(まいぞう)資源の発見や，新しい技術の開発で資源の消費量が減少する場合もあるが，可採年数は長くはない。そのため，資源の節約と新しいエネルギーの開発が急がれている。

3 主な資源の国別の埋蔵量割合

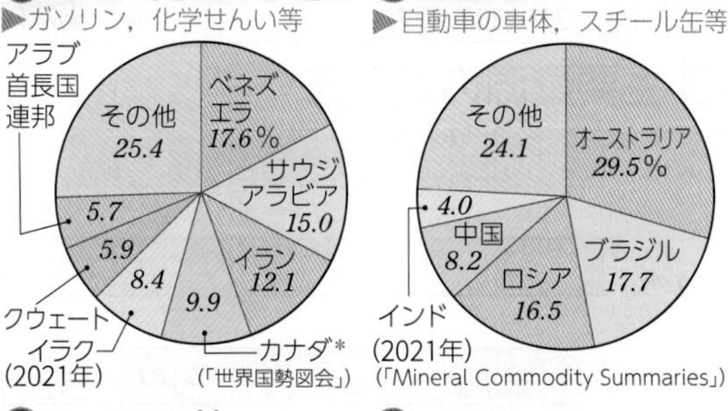

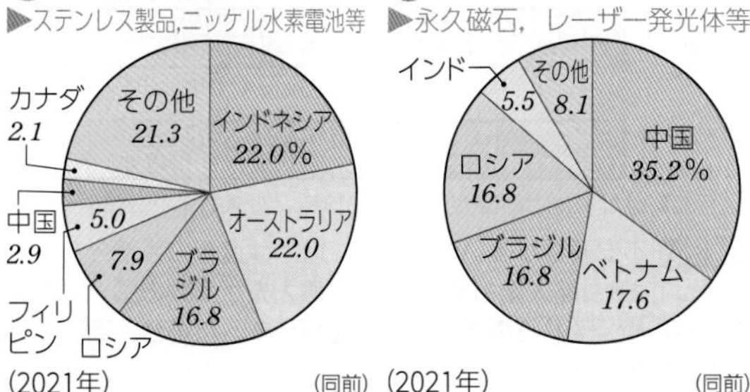

注：▶は各々の資源の最終生産物の例。

解説 **偏(かたよ)る資源**　主な資源は特定の地域に偏っていて，**日本は資源が乏(とぼ)しい**。特に近年は，ニッケルや**レアアース**(希土類(きどるい))などの**レアメタル**(希少金属)の安定確保が重要な課題となっている。

●資源の宝庫，日本の「都市鉱山」

コバルト，ニッケル，インジウムといった生産量や流通量がわずかで希少価値が高い金属を，**レアメタル(希少金属)**という。レアメタルは，ハイテク製品の製造に欠かせないが，生産国が偏(かたよ)っていることが多く，日本のように資源の乏(とぼ)しい国では，価格の上昇の影響を受けやすい。

そこで進められているのが携帯電話やデジタルカメラなど，小型のハイテク商品のリサイクルである。2013年4月には，**小型家電リサイクル法**(➡p.334 B❶)が施行され，リサイクルの促進(そくしん)が期待されている。

▶**廃棄，回収された携帯電話**　高濃度でレアメタルを含(ふく)む製品もあるため，「**都市鉱山**」と呼ばれる。

4 偏(かたよ)る消費

① エネルギー消費と人口

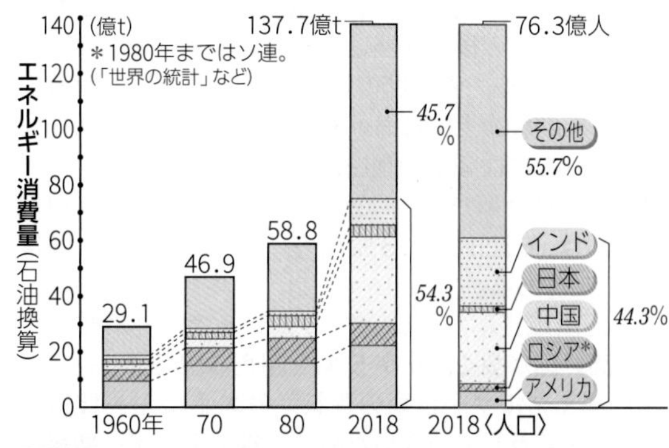

解説 **エネルギー消費と人口のアンバランス**　エネルギー消費は年々増加しており，その約半分を上位5か国が消費している。中国・インド以外の3か国が世界人口に占める割合は，非常に低い。

② エネルギー消費の格差

Q エネルギーを多く消費しているのはどこか？

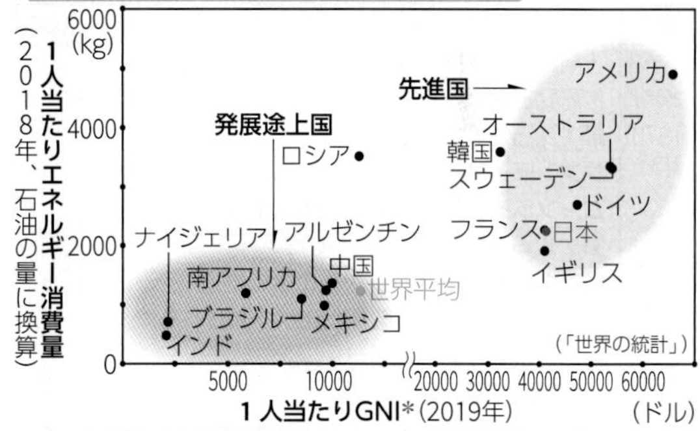

＊2000年以降，新国民経済計算は，GNP(国民総生産)にかわって，ほぼ同様のGNI(国民総所得)を採用。

解説 **エネルギー消費の不公平**　地域別のエネルギー消費では，発展途上国の割合が大きくなりつつある。しかし**1人当たりエネルギー消費量でみると，先進国と発展途上国の間には大きな格差がある**。発展途上国で生活する人々には，生命を維持するため，また生活向上のためにもっと多くのエネルギーが必要である。しかしこれらの地域では人口が著(いちじる)しく増加しており，人口増加に見合うエネルギー源の確保が問題となる。

EYE シェール革命って何？

シェールガスとは　地下2000〜3000mの頁岩(けつがん)(シェール層)の隙間(すきま)にある天然ガスのことで，石油が含まれていることも多い。採掘に高度な技術が必要なため長年実用化が進まなかった。しかし，2000年代に技術革新が進み，採算が取れるようになったことから，米国では生産量が急増。安定供給がのぞめるようになった。このような変化は，「**シェール革命**」と呼ばれた。

周辺諸国との関係　アメリカは天然ガス輸出国に転じ，また第1次石油危機後の1975年以来禁止してきた原油輸出を一部再開。エネルギーをめぐり，中東諸国やロシアなど，従来からの輸出国との関係は変化しつつある。同時に，エネルギー価格の下落は，日本経済にも大きな影響を与えている。

▶**シェールガスの採掘場**

私たちの課題

重要用語　277石油危機　452資源ナショナリズム　453OPEC(石油輸出国機構)

5 発展途上国のエネルギー問題

Q なぜ先進国と発展途上国の間に対立が起こるのか？

石油危機直前の1971年のエネルギー需要は，先進国を100とすると，発展途上国は15と大きな差があった。しかしその後，発展途上国のエネルギー消費量の増加は著しく，先進国の増加率をはるかに上回る国もある。発展途上国におけるエネルギー消費の増加率が大きいのには３つの理由がある。

(1) **人口増加率が高い**　2015年から2020年の人口増加率は，先進国が0.3％なのに対し，発展途上国は1.3％である。

(2) **経済成長率が高い**　特にアジアでは経済成長率の高い国が多く，年率５％を超える国もある。

(3) **省エネルギー技術の遅れ**　省エネルギー技術が発展・普及していないために，省エネルギー型経済になっていない。

今後，同じ傾向が続けば，世界のエネルギー需要は増え続け，2030年には1.4倍（2007年比）になる見込みだ。増加するエネルギー需要と，環境・資源のバランスをめぐり，先進国と発展途上国の間で対立が起きている。

● 先進国と発展途上国の主張

私たちだってエネルギーを大量に消費して豊かになりたい。今まで先進国は好きなだけエネルギーを消費し環境を破壊して発展してきたのだから，身勝手な言い分だ。

B 日本の資源・エネルギー問題

（➲p.330･331 探究）

日本のエネルギー問題の歩み
石油危機等

1 日本の資源・エネルギー問題の歩み

年代	出来事	
戦後	・GHQのもと，発電所・鉱山などの整備	エネルギー需要増
1950年代	・高度経済成長（➲p.193）	
1960年代	・高度成長が続き，エネルギー需要が大きくのびる	
1970年代	第１次石油危機（1973）	石油依存の見直し，省エネルギーの推進，石油代替エネルギーの導入・開発
	サンシャイン計画（1974）…新エネルギーの開発	
	ムーンライト計画（1978）…省エネルギーの開発	
	第２次石油危機（1979）	
	省エネルギー法（1979）…省エネの推進 ・原子力発電を含む電源開発が推進される	
1980年代	原油価格の急落（1986）	
	地球環境技術開発（1989） 環境負荷の低減に関する技術研究開発	
1990年代	湾岸戦争による原油の高騰（1991）	
	ニューサンシャイン計画（1993） サンシャイン計画，ムーンライト計画，地球環境技術開発などを一本化。	
	新エネルギー法（1997） 新エネルギーの開発・導入の促進をめざす。	
2000年代	**新・国家エネルギー戦略**（2006） エネルギーの安全保障を軸にした国家戦略。2030年までに石油依存率を40％以下の水準にするなど，具体的な数値目標を掲げる。	
2010年代	東日本大震災（2011）	
	革新的エネルギー・環境戦略（2012） 脱原発社会の実現・グリーンエネルギー革命の実現・エネルギーの安定供給の目標を掲げる。	
	第４次エネルギー基本計画（2014） 原発は重要なベースロード電源と位置づける一方，再生可能エネルギー導入を積極的に推進	
	第５次エネルギー基本計画（2018） パリ協定（➲p.315）を受け，再エネの主力電源化，原発の安全性向上などを進める。	
2020年代	**第６次エネルギー基本計画**（2021） 2050年のカーボンニュートラル（脱炭素社会）の実現をめざし，再エネ主力電源化，原子力の安全性確保，水素・アンモニア発電などの技術開発・普及を促進。	

解説 脱炭素社会へ　近年の日本では，安全，安定供給，電力コストの低減，温室効果ガス排出量の削減の原則（3E+S ➲p.330）のもと，エネルギー政策が進められている。

2 主要資源の輸入先

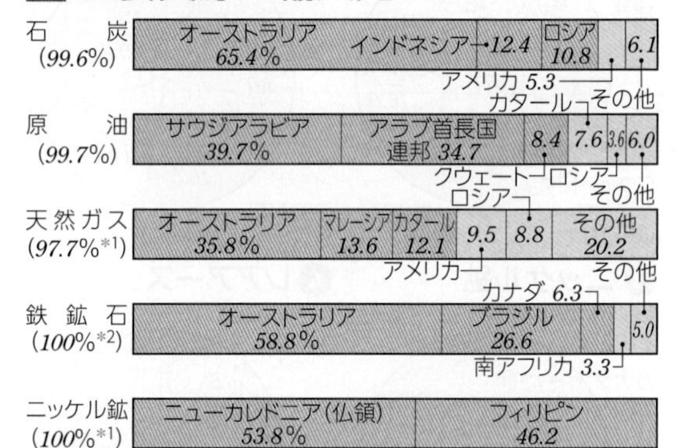

（2021年）注：（ ）内は輸入依存度。＊1は2019年。＊2は2017年。（財務省資料など）

解説 不安要素が多い資源供給　日本は資源の大部分を輸入に頼っており，輸入量も多い。また，輸入先が少数の国々に偏っているため，それらの国からの供給が止まった場合，混乱を招く恐れがある。

3 エネルギー別供給割合

Q 日本が依存しているエネルギーは何か？

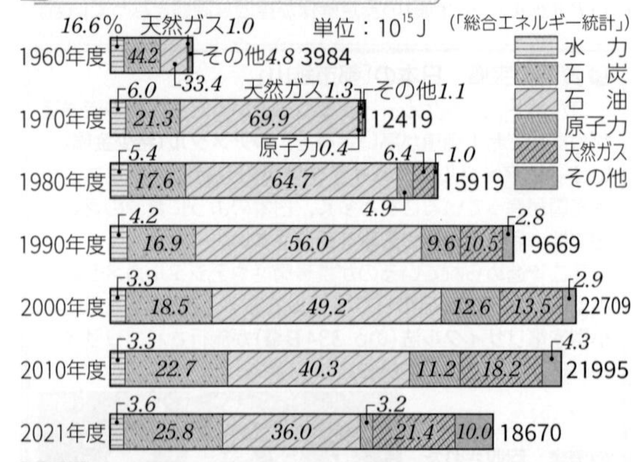

解説 石油依存からの脱却　石油危機以降，日本は石油依存の割合を低下させるため，原子力や天然ガスの開発，**省エネ・省資源政策**に取り組んできた。また，地球環境問題の深刻化により，太陽光やバイオマスといった**再生可能エネルギー**の開発・導入も進められている。

メモ 石油危機の際，日本では原料不足や資材の高騰，操業時間の規制などにより物価が急騰した。また，「モノがなくなる」という消費者のパニックから，全国各地でモノの買い占めが起こった。

4 日本の原子力発電所（➡p.331）

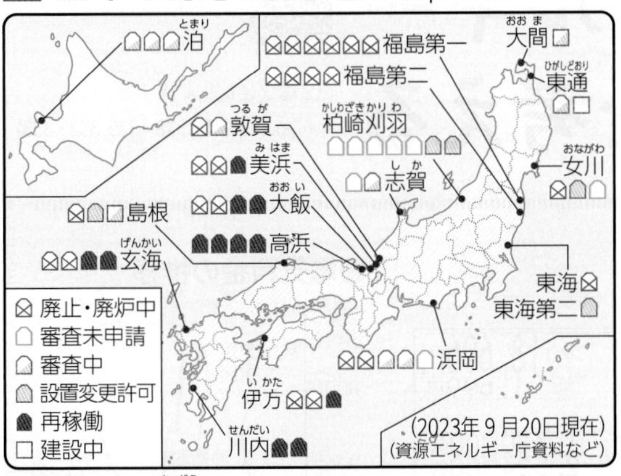

解説 **原発再稼働へ**　福島第一原発事故後，各地の原発は再稼働が難しい状況だったが，**新規制基準**が施行され，2015年8月に初めて新基準によって川内原発が再稼働した。現在，各地の原発で新基準に基づく設置変更などの審査が行われている。

5 各国の総発電量に占める原子力の割合

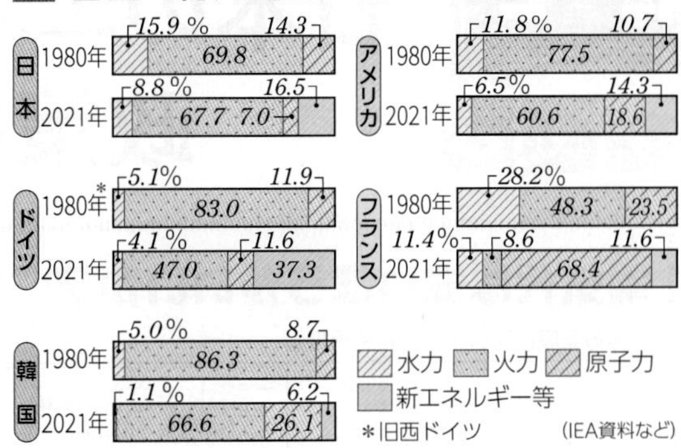

解説 **原子力依存の見直し**　原子力発電は，少量のウランから大量のエネルギーを得ることができるため，石油に代わるものとして各国で使用されてきた。しかし，2011年の福島第一原子力発電所の事故により，日本だけでなく，世界各国で原子力発電をめぐる政策を見直す動きがある。

6 日本の核燃料サイクル

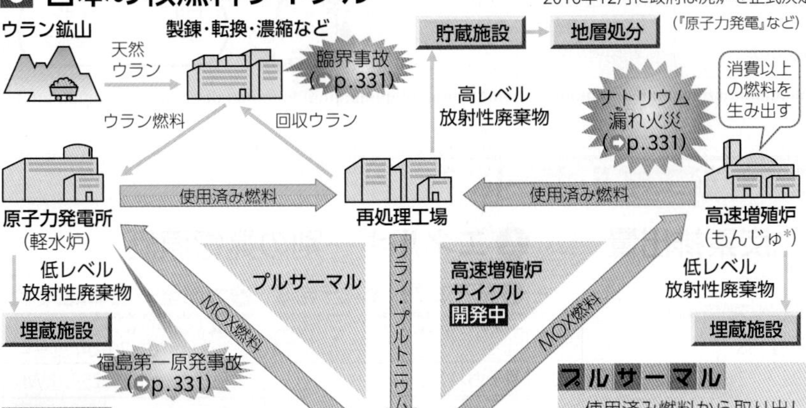

＊1995年事故で試運転停止。2010年5月試運転再開後，同年8月事故で停止。2016年12月に政府は廃炉を正式決定，高速増殖炉の開発は継続する方針。（『原子力発電』など）

解説 **燃料のリサイクルと放射性廃棄物**　核燃料サイクルとは，使用済み核燃料からウランやプルトニウムを取り出し（再処理），再び燃料として利用する計画である。再処理を行うと，資源の節約や放射性廃棄物の量を減らすことができる。しかし**高レベル放射性廃棄物**は必ず生じ，これを半永久的に放射性物質が漏れないように貯蔵・処分しなくてはならない。どこで貯蔵・処分するのかは，大きな問題となる。

プルサーマル
使用済み燃料から取り出したプルトニウムとウランを混ぜて作ったMOX燃料を，ふつうの原子炉（軽水炉）で使用する方式。ウラン資源を1～2割節約できる。2009年11月，国内初のプルサーマルが実施された。

▶**フランスから船で輸送され，陸揚げされるMOX燃料**（2009年5月）

◀**高レベル放射性廃棄物のガラス固化モデル**
30～50年間地上で貯蔵したのち，地下300m以上深くに地層処分する計画になっている。

EYE 燃える氷「メタンハイドレート」

新たな資源　メタンハイドレートは，水分子の中にメタンガスが閉じ込められた氷のような物質で，永久凍土や深海底下など，低温，高圧の環境に存在する。化石燃料の1つであるが，**燃やしたときの二酸化炭素の排出量は，石油の約70%**であり，日本周辺を含め，世界中に広く存在するとされる。また，温暖化によってメタンハイドレートから温室効果ガスであるメタンが放出される可能性も指摘されていて，そうなる前に資源として活用すべきという意見もある。

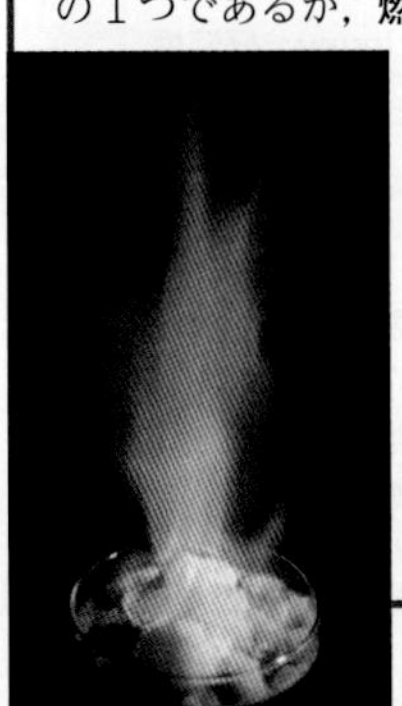

◀**燃焼するメタンハイドレート**
提供／(独)石油天然ガス・金属鉱物資源機構

▶**地球深部探査船「ちきゅう」**　メタンハイドレートの採掘試験に使用された。全長は210メートル（新幹線約8両分），船底からの高さは130メートル（30階建てのビルに相当）。

技術の確立をめざして　2012～13年には，愛知県の渥美半島沖で，世界初のメタンハイドレートの海洋産出試験が行われた（その後2017年にも実施）。今後，商業化生産に必要な技術が確立されれば，発電燃料，燃料電池，都市ガスなど，様々な用途に使用できると期待されている。

重要用語　454 原子力発電　455 臨界事故　456 再生可能エネルギー

日本のエネルギー政策を考える

≪補足資料やワークシート，意見などはこちらから

7 エネルギーをみんなに そしてクリーンに　12 つくる責任 つかう責任　13 気候変動に具体的な対策を

ここも見よう！
（➡p.312～315, 328・329, 332・333）

電気代は安いほうがいいか？

ある家庭に届いた電気料金明細書

ご請求予定額（概算）	18,696円
（うち消費税等相当額）	1,699円
基本料金	1,430円00銭
電力量料金 1段料金	2,524円80銭
電力量料金 2段料金	4,591円80銭
電力量料金 3段料金	12,550円86銭
燃料費調整額	−4,609円02銭
再エネ発電促進賦課金	2,208円

電気使用量に応じた料金。燃料費調整額は，火力発電の燃料（原油・LNG（液化天然ガス）・石炭）の価格変動を反映させるための項目。

固定価格買取制度やFIP制度（➡p.332）による，電気利用者の負担金。

●電気料金の推移

9000（円/月）　8000　7000　6000　0
2010年 12 14 16 18 20 21
料金改定実施
消費税8％に
再生可能エネルギー発電促進賦課金導入
注：東京電力の標準世帯のモデル料金。2015年以降の下落は，原油価格の下落による。
（総合資源エネルギー調査会資料）

再生可能エネルギー発電って割高なの？

A　クリーンで低コストなエネルギーは？

❶ 各発電に伴う二酸化炭素排出量

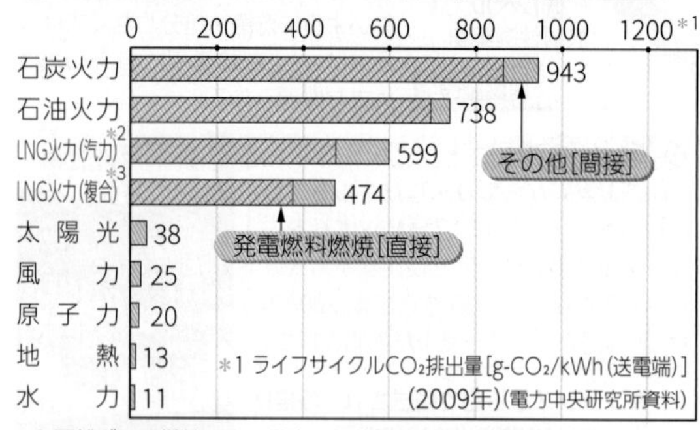

*1 ライフサイクルCO_2排出量［g-CO_2/kWh（送電端）］（2009年）（電力中央研究所資料）

*2 天然ガスの燃焼により発生した蒸気を利用した発電
*3 天然ガスの燃焼により発生した高温のガスと，その排ガスの熱により発生した蒸気を合わせて利用した発電

❷ 一般家庭の電気1年分の発電に必要な燃料

ウラン	天然ガス	石油	石炭
11グラム（0.011kg）	0.48トン（480kg）	0.75トン（750kg）	1.14トン（1140kg）

注：一般家庭が1か月で使う電力量を300キロワット時として算出（電気事業連合会資料）

❸ 設備利用率

バイオマス	地熱	火力	廃棄物	水力	風力	原子力	太陽光
69.6%	56.3	44.8	38.3	19.6	19.6	13.6	13.1

設備利用率(%)＝年間発電電力量÷（年間時間数×設備容量）×100
注：設備がどのくらい有効に利用されるかを示す指標。
（2021年推計値）（電力広域的運営推進機関資料）

❹ エネルギー別の発電原価

❶資源エネルギー庁発電コスト検証グループ試算（2020年）

原子力	11.5～円/kWh
火力	10.7（LNG），12.5（石炭），26.7（石油）
地熱	16.7
風力	19.8（陸上），30.0（洋上）
太陽光	12.9（事業用），17.7（住宅）

❷大島堅一立命館大学教授（当時）試算*（1970～2010年度平均）

原子力	10.25円/kWh
火力	9.91
水力	7.19

*国家財政から支出されているコストを含む（日本原子力研究開発機構の運営費，電源立地地域に対する交付金など）。

解説 **原発は安い？** 発電コストの試算は多様である。また，原発は事故発生時の損害賠償額や廃棄物処理費用などが膨大である。

●エネルギー政策の基本原則「3E+S」とは？

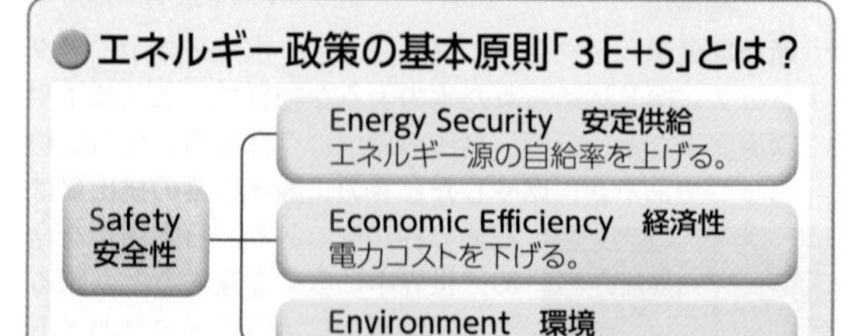

解説 **カーボンニュートラルの実現**（➡p.314・315） 日本政府は，3E+Sの原則のもと，将来的に火力発電の割合を減らし，再生可能エネルギーの割合を拡大させる方針である。原子力については，依存度を減らす方針を掲げているが，脱炭素化の重要な電源の1つと位置付けている。

メモ 原発の運転期間は「原則40年・最長60年」とされていたが（➡p.331 B❶），2023年に成立したGX脱炭素電源法により，安全審査や裁判所の命令などで停止した期間を除くことで，60年超の運転が事実上可能になった。

B 原発の存廃が議論されているのは，なぜか？

❶ 原子力事故の国際評価尺度

	レベル	過去の事故
事故	7 深刻な事故	●チョルノービリ原発事故（1986年，ソ） ●福島第一原発事故（2011年）
	6 大事故	
	5 所外へのリスクを伴う事故	●ウインズケール原子炉事故（1957年，英） ●スリーマイル島原発事故（1979年，米）
	4 所外への大きなリスクを伴わない事故	●東海村臨界事故（1999年）
異常事態	3 重大な異常事象	
	2 異常事象	●美浜発電所２号機蒸気発生器伝熱管損傷事故（1991年）
	1 逸脱	●「もんじゅ」ナトリウム漏えい事故（1995年）

レベル7 チョルノービリ原子力発電所爆発事故

1986年４月26日，旧ソ連のチョルノービリ（チェルノブイリ）原発で爆発事故が起きた。飛散した放射性物質はヨーロッパに広く及び，日本でも大気から微量の放射性物質が検出された。この事故では，多くの死亡者だけでなく，重い放射線障害で入院し，白血病や甲状腺障害に苦しむ人が周辺住民などに多発した。

レベル7 福島第一原子力発電所事故

2011年３月11日の東日本大震災により，福島第一原子力発電所ではすべての電源を喪失し，原子炉や使用済燃料を冷却できなくなった。このため，核燃料や炉心が溶け，水素爆発が発生。放射性物質が飛散する深刻な事故が起き，多くの住民が避難を強いられた。現在も原子炉に残る核燃料を水で冷やし続けており，高濃度の放射性物質を含む汚染水が発生し続けている。

（「朝日新聞」2011.3.13）

レベル4 茨城県東海村の臨界事故

1999年９月30日，茨城県JCO東海事業所で，核分裂が連鎖的に起き，高温を発生させる臨界事故が起きた。作業の効率をあげるため，法律に違反したマニュアルを勝手に作った上，そのマニュアルさえも守っていなかった。この事故は日本の原子力開発史上において，初めて死者を出す惨事となった。

●原子力規制委員会と新規制基準

地震・津波対策の強化　福島第一原発事故の反省から，原子力の安全規制と事故防止の役割を一元的に担う行政組織として，2012年に原子力規制委員会（環境省の外局）が発足し，原子力施設の安全性を判断する新たな規制基準が2013年に施行された。地震・津波・テロ対策が強化され，基準を満たさない原発は改修工事をしなければならない。また，新規制基準と同時に，原発の運転期間を原則40年（基準をクリアすれば１回に限り最大20年間延長できる）とする制度*も施行された。

＊GX脱炭素電源法により，60年超えの運転が事実上可能。

❷ 核のごみ処理

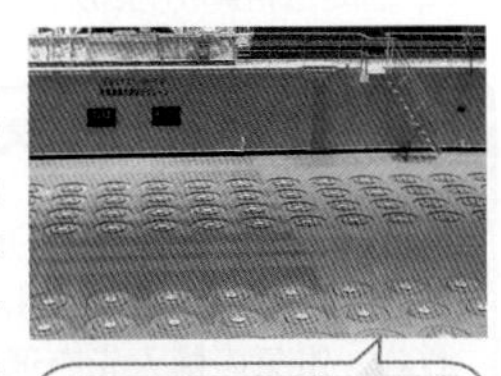

放射性廃棄物がもとのウラン鉱物レベルまで無害化するのに，数万年かかる。

青森県六ヶ所村の高レベル放射性廃棄物貯蔵管理センター　核燃料サイクル（p.329）を経た**高レベル放射性廃棄物**が，冷却のため一時的に貯蔵されているが，地層処分を行う最終処分場が決定していない*。原子力発電を行う限り，核のごみは出続ける。

＊2020年，北海道寿都町と神恵内村で，最終処分場選定の第一段階である文献調査（論文・データによる地層調査）を開始。

❸ 世界のウラン埋蔵量

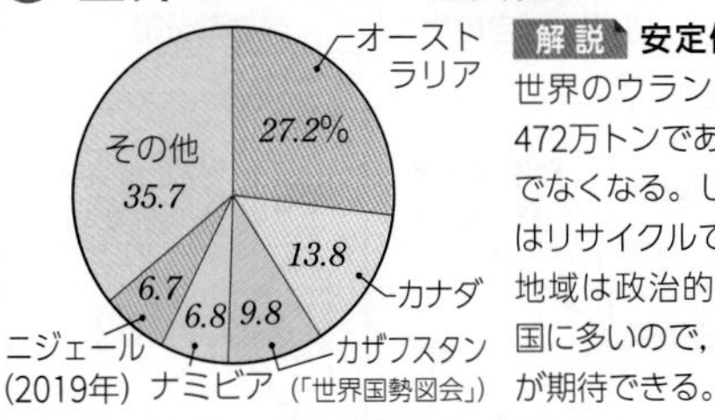

解説 安定供給が可能　世界のウラン埋蔵量は，約472万トンであり，約87年間でなくなる。しかし，核燃料はリサイクルできる上，埋蔵地域は政治的に落ち着いた国に多いので，安定した供給が期待できる。

C 世界の動向は？

❶ 各国の原子力発電政策

原発廃止・廃止予定	**イタリア***，**オーストリア**，**オーストラリア**　原発非利用を法制化し，現在，原発を利用せず。 **ベルギー**　７基のうち５基を2025年までに廃止。２基は2035年まで維持。 **ドイツ**　2023年４月に脱原発を完了。 **スイス**　2050年までの廃止を2017年に国民投票で決定。
原発活用・拡大	**韓国**　脱原発方針だったが，2022年に白紙化。推進に転換。 **フランス**　原発依存度を引き下げる予定だが，稼働は継続。 **イギリス**　重要な低炭素電源として原発を維持。 **アメリカ**　スリーマイル島原発事故で原発建設凍結。2001年，原発推進に転換。一方，安価なシェールガス開発が進み，原発の新規建設計画はスローペース。 **ロシア**　ソ連崩壊で原発の新規建設が途絶えたが，2000年代以降，運転開始。 **中国**　経済成長で電力需要増加。2010年代後半に世界有数の原発大国になった。 **インド**　電力需要増加と低炭素化のため，原発拡大方針。

＊イタリア政府は原発の再導入を検討。

❷ 再生可能エネルギーへの世界の投資額

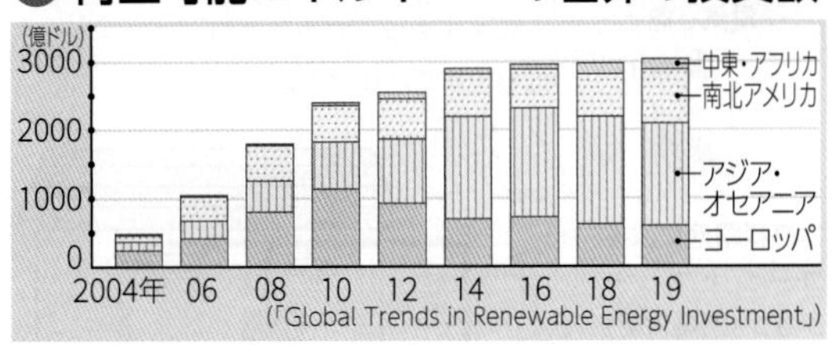

（「Global Trends in Renewable Energy Investment」）

Think & Check

今後，原発と再生可能エネルギー発電はどのくらいの割合にするとよいか，考えてみよう。

»自分の考えを，次の視点で確認しよう。
- 安全性，安定供給，コストを考慮していますか？ 利便性と安全性　効率
- カーボンニュートラルを実現できますか？ 持続可能性

さまざまな意見を冒頭のQRコードで確認

重要用語　454原子力発電　455臨界事故　456再生可能エネルギー

C 再生可能エネルギー

(➡p.330・331 探究)

1 エネルギーの種類

Q 新エネルギーとは何か?

段階	区分		
実用化段階	エネルギー全般	●石油	
	石油代替エネルギー	●石炭 ●天然ガス	●原子力
	再生可能エネルギー	●大規模水力発電	●地熱発電(フラッシュ方式)
普及段階	新エネルギー	●中小規模水力発電	●雪氷熱利用
		●太陽光発電	●温度差熱利用
		●太陽熱利用	●バイオマス発電
		●風力発電	●バイオマス熱利用
		●地熱発電(バイナリー方式)	●バイオマス燃料製造
研究開発段階		(●波力発電) (●海洋温度差発電)	(●潮流発電)

革新的なエネルギー高度利用技術
●燃料電池
●クリーンエネルギー自動車
●天然ガスコージェネレーション
など

(資源エネルギー庁資料など)

解説 化石燃料への依存からの脱却(だっきゃく) **再生可能エネルギー**は，自然の営みの中で再生され，枯渇(こかつ)の心配がなく，発電時に二酸化炭素を排出しない。このうち，技術的に実用段階に達しつつあるが，経済性の面での制約から普及が十分でないものを**新エネルギー**という。化石燃料に代わるエネルギーとして普及が期待される一方で，大規模発電所建設をめぐって，森林伐採(ばっさい)，土壌(どじょう)流出，景観(けいかん)の悪化などの新たな課題も生じている。

➡ユーラス六ヶ所(ろっかしょ)ソーラーパーク(青森県) 東京ドーム約50個分の土地を利用し，約51万枚のパネルを設置。総発電量は一般家庭の約3万8000世帯相当。

➡土湯(つちゆ)温泉16号源泉バイナリー発電所(福島県) 温泉協同組合が中心となって立ち上げた，温泉の源泉を利用する地熱発電事業。利用後の温泉水は旅館に配給される。発電収入は，地域活性化に使われている。

写真提供：自然エネルギー財団

バイオマス発電

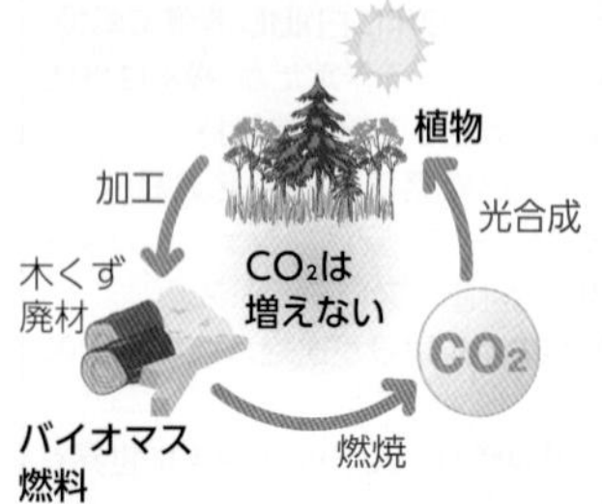

解説 バイオマス発電 間伐材(かんばつざい)・生ごみなどの生物資源をバイオマスという。植物由来のバイオマスを燃焼しても，植物は光合成で二酸化炭素を吸収しているので，**理論上は空気中の二酸化炭素は増えない**といわれる。京都議定書における取り扱(あつか)い上も，二酸化炭素を排出しないものとされた。

燃料電池

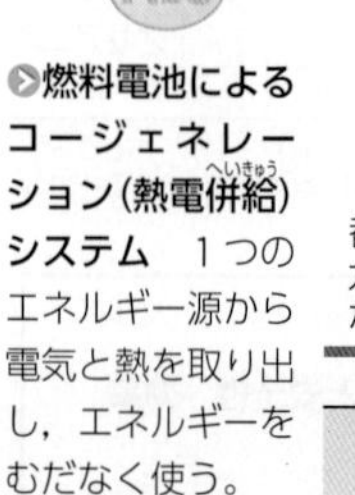

解説 クリーンエネルギー 燃料電池とは，水素と酸素を化学反応させて電気を発生させる装置(そうち)のことで，**排出物は水だけ**なので，クリーンなシステムとされる。燃料となる水素は，都市ガスやメタノールから取り出すことができる。

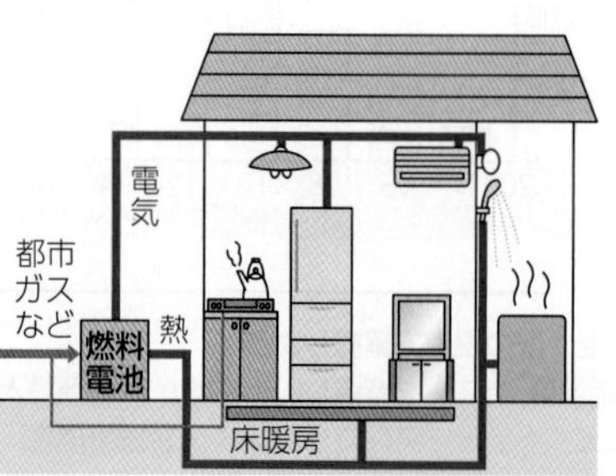

➡燃料電池によるコージェネレーション(熱電併給(へいきゅう))システム 1つのエネルギー源から電気と熱を取り出し，エネルギーをむだなく使う。

2 再生可能エネルギー固定価格買取制度

再生可能エネルギーによる発電事業者
太陽光発電
中小規模水力発電
風力発電　地熱発電
バイオマス発電
住宅用太陽光

＊電気料金に上乗せされている。

電気利用者

電気料金と賦課(ふか)金＊の支払い ↑ ↓ 電気の供給

電気の買い取り ← → 売電

電力会社など

解説 再エネ主力電源化をめざして 家庭や企業が再生可能エネルギーで発電した電気を，電力会社が一定期間，一定の価格で買い取り，電気利用者が賦課(ふか)金を支払う固定価格買取制度は，2012年に導入された。2022年には，需給バランスに応じて変動する売電価格にプレミアム(補助額)を上乗せするFIP制度が導入され，固定価格買取制度からの移行が進められている。

EYE 電力システム改革

日本の電気事業は，各地域の電力会社10社が独占してきたが，2016年4月に**電力の小売全面自由化**が行われ，電気の購入先を選べるようになった。2020年4月には，送配電事業の中立性を高めるため，発電・小売事業と送配電事業を分離する**発送電分離**が行われた。様々な事業者が参入したが，契約に関する消費者トラブルや，エネルギー価格高騰(こうとう)による事業撤退(てったい)に伴(ともな)うトラブルなども生じている。

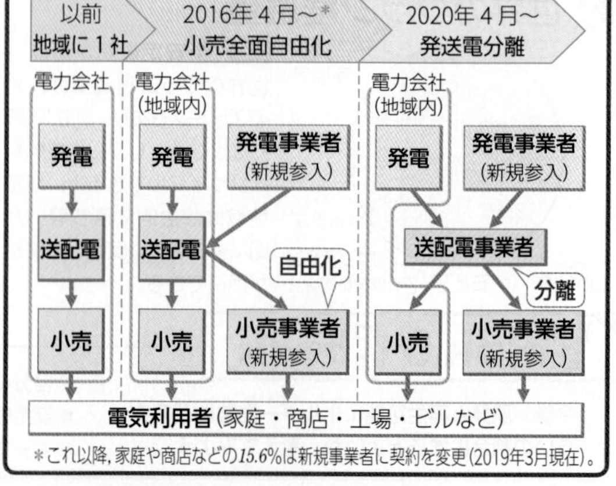

＊これ以降，家庭や商店などの15.6%は新規事業者に契約を変更(2019年3月現在)。

入試クイズ 発電する際に発生する熱を，温水や蒸気の形で電気と同時に供給するコージェネレーションの仕組みが利用されている。○?×? (➡C1)

答：○

D 省資源・省エネルギー

1 主な資源のリサイクル率

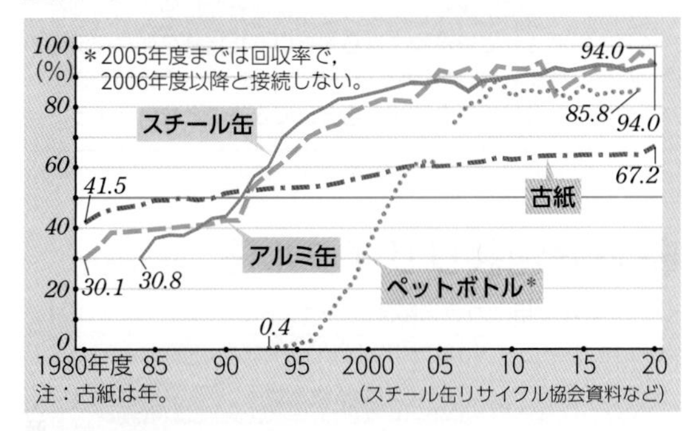

注：古紙は年。　（スチール缶リサイクル協会資料など）

2 循環型社会とは（◎p.334，335）

循環型社会とは，2000年に制定された「**循環型社会形成推進基本法**」の中で，「**天然資源の消費量を減らして，環境負荷をできるだけ少なくした社会**」と定義されている。それまでの大量生産・大量消費・大量廃棄型の社会から，資源・エネルギーの循環的な利用がなされる社会をイメージした言葉として使われるようになった。また，循環型社会を実現するための政策として，３Ｒが呼びかけられている。

●循環型社会の概念と３Ｒ

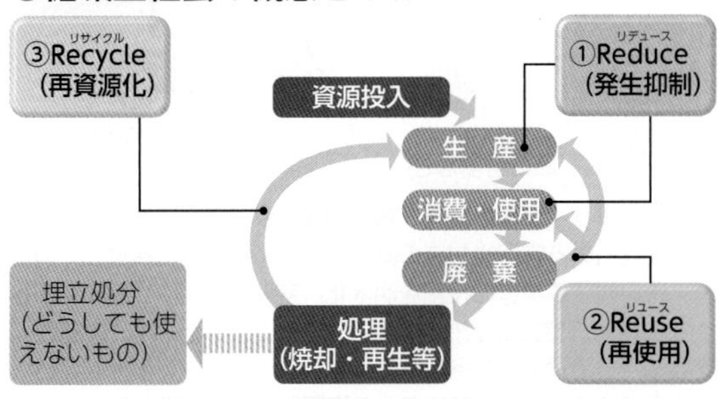

●３Ｒ＊とは

＊不要なものを断るRefuseや，修理して使うRepairを加え４Ｒや５Ｒとする場合もある。

① Reduce（廃棄物の発生抑制）

製品の生産・消費・使用時にできるだけ廃棄物を出さないようにすること。

- 企業は，製品の長寿命化，軽量化をはかる
- ゴミになりそうなものは買わない，包装の少ないものを選ぶ（**グリーンコンシューマー**◎p.323 9）

② Reuse（再使用）

いったん使用されたものを繰り返し利用すること。

- **リターナブル容器**（回収・洗浄して再利用する容器）
- フリーマーケット，リサイクルショップの利用

③ Recycle（再資源化）

廃棄物や製品の製造に伴い発生した副産物などを，再び資源として利用すること。
（◎p.334B）

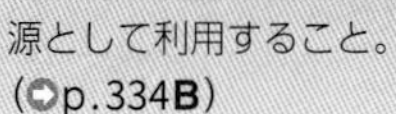

◎**減装商品**　容器の包装が少なく，でるゴミが少ない。(Reduce)

3 企業の取り組み

❶ 電化製品の消費電力量の推移

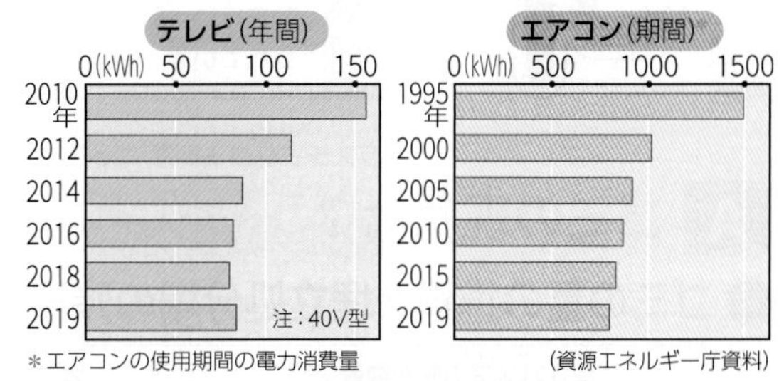

＊エアコンの使用期間の電力消費量　（資源エネルギー庁資料）

解説　省エネルギー製品の開発　石油危機以降，企業の多くは，省資源・省エネルギー製品の開発を進めてきた。電化製品の省エネ性能を高めることは，地球温暖化対策としても有効である。また，製品そのものだけではなく，製品を製造する工場の省エネ化や，製造過程で排出される廃棄物をなくす**ゼロ・エミッション**（◎p.335C）も進められている。

❷ 環境にやさしい製品

1989年「環境にやさしい」商品の目印として「**エコマーク**」が誕生した。日本環境協会が環境保護につながるかどうかの基準に照らして認定する。2020年６月現在，4222の商品がエコマークの認定をされている。

2010年からは，表彰制度も行い，環境にやさしい製品の普及拡大につとめている。

◎エコマーク

◎**2011年「プロダクト・オブ・ザ・イヤー」に選ばれたサーモスのステンレスボトル**　特に環境性能に優れた商品に贈られる。

4 スマートグリッド

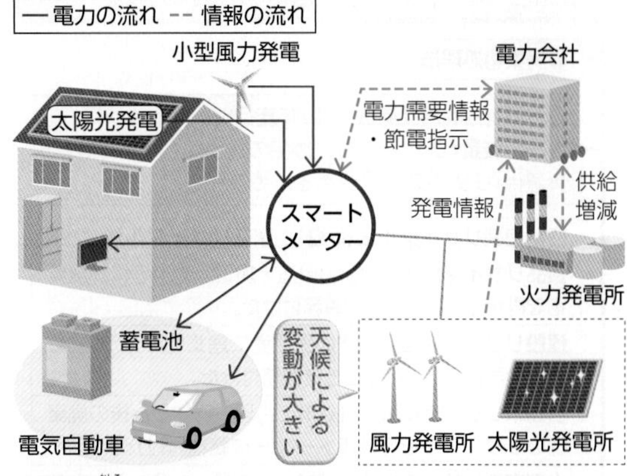

解説　賢く電力を利用　**スマートグリッド**とは，情報技術を活用して電力を効率よく使うための送電網のことで，「賢い送電網」や「次世代送電網」と訳される。一般世帯・工場・オフィスなどの電力需要者と，電力会社と発電所が通信ネットワークでつながることで，いつ・どこで・どのくらい電力を使っているかという情報をリアルタイムで把握することができ，その時々に適切な発電量を発電所に指示したり，電力を必要としている場所に無駄なく送電することができるとして，注目されている。

重要用語　456再生可能エネルギー　457太陽光発電　458バイオマス発電　459コージェネレーション（熱電併給）　460循環型社会　461リサイクル　462スマートグリッド　466ゼロ・エミッション

循環型社会をめざして

ねらい 大量生産・大量消費・大量廃棄を改め，環境に配慮し，限りある資源を有効に使う循環型社会がめざされている。近年は，資源を循環させて廃棄物を減らすといった持続可能な経済活動を行い，新たな産業や雇用につなげる循環経済（サーキュラーエコノミー）への転換も進められている。関連する法律の内容や様々な取り組みを調べ，自分にできることを考えよう。

（プラスチックゴミ問題 ➡p.324）

A ゴミの現状は？

● ゴミの量の推移と埋立処分場の残量

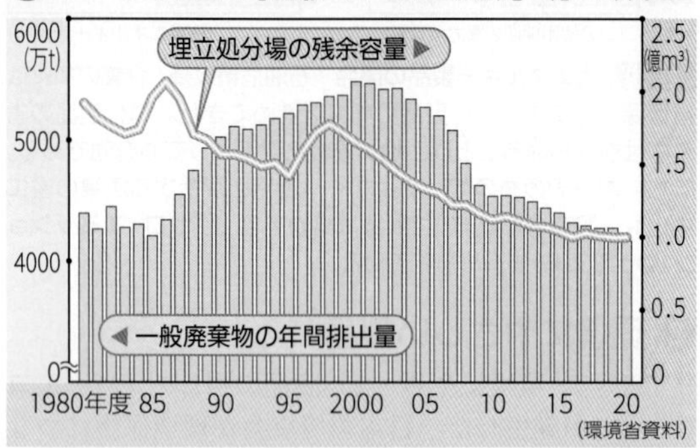

（環境省資料）

解説 **ゴミの分別とリサイクルが必要** 可燃ゴミを焼却処分した後の灰や，リサイクルできない不燃ゴミは，埋立処分場に運ばれる。埋立処分場の残余容量は限界が近づいており，ゴミの分別やリサイクルを進めて，ゴミ排出量をより一層減らす必要がある。

B 循環型社会をめざす法律

❶ 基本法と個別法

環境基本法（➡p.232）

循環型社会形成推進基本法（2001年施行）
大量廃棄を改め，循環型社会をめざすための法律。国民，事業者，市町村，政府の役割を明らかにしている。

- ●**廃棄物処理法**
- ●**資源有効利用促進法**（2001年施行）
  ゴミの減量（リデュース），製品の再使用（リユース），再資源化（リサイクル）を進めるための法律。

容器包装リサイクル法（➡❷）	家電リサイクル法（➡❸）
食品リサイクル法 食品の製造・加工販売業者に，廃棄物を再資源化することを義務付けた。	
建設リサイクル法 工事の受注者に建築物の分別解体，廃材の再資源化を行うことを義務付けた。	
自動車リサイクル法 自動車を処理・解体した後の廃棄物のリサイクルを自動車メーカーに義務付けた。	
小型家電リサイクル法 デジカメやゲーム機など，小型家電のリサイクルを努力義務とした。	

- ●**グリーン購入法**（2001年施行）
  省庁など国の機関に，率先してリサイクル品など環境負荷の少ない製品を買うよう義務付けている。
- ●**プラスチック資源循環法**（2022年施行）（➡❷解説）

❷ 容器包装リサイクル法（1997年施行）

対象品目：ガラス製容器・ペットボトル・プラスチック及び紙製容器包装

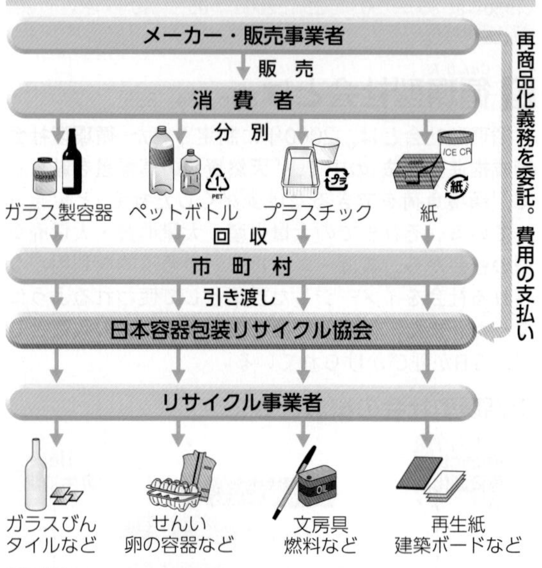

解説 **リサイクルの義務** **容器包装リサイクル法**は，家庭ゴミの多くを占める容器や包装の回収とリサイクルを義務付け，消費者・市町村・事業者の役割を明確化。容器軽量化やリサイクルしやすい素材の開発などを促した。また，2022年には，製品の開発製造から流通までの各段階で，プラスチックゴミの抑制と再資源化を進めるため，**プラスチック資源循環法**が施行された。

❸ 家電リサイクル法（2001年施行）

対象品目：洗たく機・衣類乾燥機　冷蔵庫・冷凍庫　テレビ（ブラウン管式・液晶式・プラズマ式）　エアコン

リサイクルの料金＊例

洗たく機・衣類乾燥機（2022年4月）	2530円
テレビ	2970円
エアコン	990円
冷蔵庫・冷凍庫	4730円

リサイクル率（2021年度）

洗たく機・衣類乾燥機	92%
テレビ	81%
エアコン	92%
冷蔵庫・冷凍庫	80%

- **消費者**：•家電の引き渡し •料金の支払い
- **家電小売店**：•家電の引き取り
- **家電メーカー**：•家電の引き取り •リサイクル
- **資源**

＊メーカーやサイズなどにより異なる

（財団法人家電製品協会資料）

解説 **拡大生産者責任** 家電リサイクル法は，対象品目を捨てる際，消費者が料金を支払い，小売店が引き取り，生産者が処理・リサイクルすることを義務付けている。生産者の責任を廃棄にまで拡大することを**拡大生産者責任**といい，リサイクルしやすい製品の開発を促す。購入時に料金を支払う自動車やパソコンと違い，廃棄時に支払う方式は，不法投棄を助長しているともいわれる。

入試クイズ　国や地方自治体が環境負荷の少ない商品などを調達することが，グリーン購入法によって推進されている。○？×？（➡B❶）　答：○

C ゼロ・エミッションの取り組み

ゴミをゼロにする　**ゼロ・エミッション**とは，国連大学が提案した構想で，人間の活動によって発生した排出物をゼロにすることをめざす経済・生産のあり方のこと。ある産業から排出される廃棄物を，別の産業で資源として活用するなど，社会全体の連携が求められる。循環型社会の実現に必要なシステムである。

ワンガリ＝マータイ（1940〜2011）　ケニアの環境活動家で，ノーベル平和賞受賞者。植林活動の他，「MOTTAINAI」運動を展開し，世界に発信した。

❶ ビール製造における工場内廃棄物処理

	排　出	再　利　用
①原　料	•アルミ,ポリ袋	•アルミ地金，製鉄高炉還元材
②製　麦		
③仕込み	•ビール粕	•飼料
④発　酵	•余剰酵母	•飼料，健康食品（乾燥ビール酵母）原料
⑤貯　蔵		
⑥ろ　過	•ケイソウ土	•土壌改良材
•洗びん	•びんくず	•ビールびん原料
•空びん	•生ビール樽	•ステンレス地金
•検査	•缶ぶた包装紙	•段ボール原料
⑦缶詰め,びん詰め,樽詰め		
⑧検　査	•段ボール	•段ボール原料
⑨出　荷	•ビールケース	•プラスチックパレット原料

解説 **廃棄物ゼロのビール業界**　ビール業界は，比較的早い段階で，**ゼロ・エミッション**に向けて取り組み，国内のビール各社は，すべて達成している。また，ビール酵母の入ったヨーグルトなどを開発することで，再資源化の用途も拡大している。さらに，ビールびんは，**デポジット制**（小売店が販売時に消費者から容器代を預かり，容器を返却すると代金が戻ってくる制度）により，何度でも再利用している。

❷ 廃棄物をエネルギーに変える

牛のふんをリサイクル　岩手県の葛巻町では，毎日大量に出る家畜の排せつ物からバイオガスを取り出し，電気と熱を供給している。また，林業が盛んであることから，木材を加工する過程で出るおがくずや木の皮から，木質ペレットと呼ばれる燃料を製造するなど，産業廃棄物ともいえるものを，有効なエネルギーにリサイクルしている。その他にも，風力発電と太陽光発電も積極的に行われ，町全体の電力自給率は100％を超えている。

バイオガスプラント　牛のふんと生ゴミを発酵させてバイオガスを作る施設。

D エシカル消費のススメ

買い物で変える未来　人・地域・社会・環境に配慮した消費行動のことを，**エシカル消費**（倫理的消費）という。私たちは，何かを購入する時，価格や品質といった尺度で選択しがちである。しかしその裏で，劣悪な環境で働く人々や，学校に行けずに働かされている子どもがいるかもしれない。また，生産過程で，環境破壊が起きている可能性もある。エシカル消費とは，このように，商品が作られた背景や，その商品を選ぶことによる社会への影響を考え，それに配慮して消費を行うこと。循環型社会を実現するための身近な取り組みとしても注目されている。

❶ エシカル消費の具体例

人・社会への配慮	•**フェアトレード商品**（p.308）を選ぶ。 •売上金の一部が寄付につながる商品を選ぶ。 •体の不自由な人の支援につながる商品を選ぶ。
地域への配慮	•**地産地消**の商品を選ぶ。　•**伝統工芸品**を購入する。 •被災地の応援につながる商品を選ぶ。
環境への配慮	•温室効果ガス排出量の削減（p.314）につながる商品を選ぶ。 •使い捨てプラスチック容器を使っていない商品を選ぶ（p.324）。 •食品ロスを減らす（p.345）…賞味期限の近い商品を選んで売れ残りを減らしたり，食材を小分けで冷凍して食べ残しを減らす。 •電球を省エネタイプに交換する。 •ゴミの分別ルールを守る。

ドギーバッグの使用　食べ残した食品を持ち帰る容器をドギーバッグという。食べ残しによる食品ロスを減らすのに効果的。

❷ 主な認証ラベル・マークの一覧

レインフォレスト・アライアンス認証　環境や労働者に配慮した持続可能な農法で栽培された製品に付けられる。

エコマーク　生産から廃棄まで，環境への負荷が少ない商品に付けられる。

MSC「海のエコラベル」　水産資源や環境に配慮して獲られた水産物に付けられる。

RSPO認証　熱帯林の環境や地域社会などに配慮して作られたパーム油製品に付けられる。

FSC®認証　環境や人権に配慮して，適切に管理されている森林から生産された木材と製品に付けられる。

重要用語　460 循環型社会　461 リサイクル　463 資源有効利用促進法　464 容器包装リサイクル法　465 家電リサイクル法　466 ゼロ・エミッション

ポイント

ポイント整理 21

学習コンテンツ

2 資源･エネルギー問題

A 世界の資源･エネルギー問題 (➲p.326～328)

①エネルギー使用の歩み

自然のエネルギーの使用…火や水，風など

⬇ エネルギー使用量は少ない

18世紀後半：産業革命…新しい動力の開発，工業化の進展

⬇ エネルギー使用量の増大

1950年代：エネルギー革命…主要なエネルギー源が石炭から石油へ

⬇ 石油の大量消費による枯渇の危険性，価格の高騰

新エネルギーの台頭

②**資源ナショナリズム**…資源保有国が，先進国に支配されてきた資源を自らの手に取り返し，自国の利益をはかろうとするもの

⬇

発展途上国の安価な資源に依存していた先進諸国に打撃

③**偏る資源・偏る消費**

- 資源は特定の地域に偏って存在
  ➡資源の少ない日本は，資源の安定供給という課題がある
- 大量にエネルギーを消費する先進国⟺1人当たりの消費量が少ない発展途上国
  ➡発展途上国では人口増加が続いており，人口増加に見合うエネルギー源の確保が課題

④**発展途上国のエネルギー消費の急増**…
- 人口増加率が高い
- 経済成長率が先進国より高い
- 省エネルギー技術の遅れ
- 非商業エネルギー(薪・炭など)から商業エネルギー(石油・石炭など)への転換

⬇

環境問題悪化を懸念する先進国との対立

B 日本の資源・エネルギー問題 (➲p.328～331)

①**石油依存からの脱却**

- 2度の**石油危機**を経験し，石油依存の見直しへ
- 省エネ・省資源化，原子力発電の割合を高める政策

②**原子力発電の是非**

- 福島第一原子力発電所の事故以前は，日本の総発電量の約4分の1を占める
- 廃止か存続か
  - **廃止**…大事故の危険性，放射性廃棄物処理の問題など
  - **存続**…大量のエネルギー供給が可能，廃止すると電力不足のおそれ

C 再生可能エネルギー (➲p.332)

…**太陽光発電**，**風力発電**，**地熱発電**，**バイオマス発電**など

二酸化炭素を排出しない，**再生可能**⟺発電コストが高い。安定供給の面での不安

- **革新的なエネルギー高度利用技術**…燃料電池，コージェネレーション(熱電併給)などエネルギーを効率的に利用する技術

D 省資源・省エネルギー (➲p.333～335)

①**リサイクルに関する法律**

容器包装リサイクル法	1997年施行 2000年完全施行	家庭などから出るペットボトルや紙容器などを回収し，再商品化することを義務づける
資源有効利用促進法	2001年施行	ごみの減量(**リデュース**)，製品の再使用(**リユース**)，再資源化(**リサイクル**)の促進を義務づける
循環型社会形成推進基本法	2001年施行	大量廃棄を改め，循環型社会をめざす

②**家庭電化製品の省エネ化**…消費電力の節減が進む

③**循環型社会**…資源を有効に使い，環境への負荷をできるだけ少なくした社会の構築

ポイント解説

A 世界の資源・エネルギー問題

工業化の進展は，資源・エネルギー消費量の増大をもたらした。現代社会は膨大なエネルギー消費の上に成り立っている。

それまで発展途上国の安い資源に依存してきた先進国は，発展途上国が自国の経済自立のために起こした**資源ナショナリズム**の動きに，打撃を受けた。

資源を大量に消費する社会は，資源枯渇の危機をもたらした。**石油危機**を契機として先進国を中心に資源の有限性の認識が高まり，**代替エネルギー**の開発，**省エネルギー**への取り組みが本格化した。また，発展途上国で産出される資源の多くは，先進国で消費され，エネルギー消費量の南北格差が問題となっている。しかし，近年，発展途上国のエネルギー消費量が急増したため，エネルギー消費量の増大が資源や環境問題の悪化を招くと主張する先進国と対立するようになった。

日本は資源の多くを輸入に頼り，資源の輸入先も偏っているため，資源供給は大変不安定な状況にある。

B 日本の資源・エネルギー問題

石油依存から脱却するために，**原子力**や天然ガスの開発が進められたが，原子力発電の是非については安全性か，エネルギーの安定供給かという議論が展開されている。

C 再生可能エネルギー

太陽光や**風力**，**地熱**，**バイオマス**，**水素エネルギー**などは，枯渇の心配がなく，発電時に二酸化炭素を排出しないため，開発・普及が期待されている。

D 省資源・省エネルギー

1995年に成立し，1997年に施行された**容器包装リサイクル法**は，2000年に対象を広げて完全施行された。翌年には，**家電リサイクル法**と，**食品リサイクル法**が施行された。また，同年，**資源有効利用促進法**と**循環型社会形成推進基本法**も施行されるなど，**循環型社会**の形成に向けての法整備は整いつつある。

ゼロ・エミッションに取り組む企業もある。私達も，商品が作られた背景や，その商品を選ぶことが社会にどう影響を与えるかを配慮しながら消費を行う(**エシカル消費**)というように，身近なところから循環型社会の実現に取り組んでいく必要がある。

クローン羊「ドリー」

科学技術の発達と生命の問題 3

ねらい
- 科学技術の発展が私たちの生活にもたらす影響を知ろう。
- 生命に関わる技術には，どのような問題があるか考えよう。
- 人間とはどのような存在か考えよう。

p.343 思考実験「いのち」を操作してもよいか？

A 科学技術の光と影

燃料電池車

光

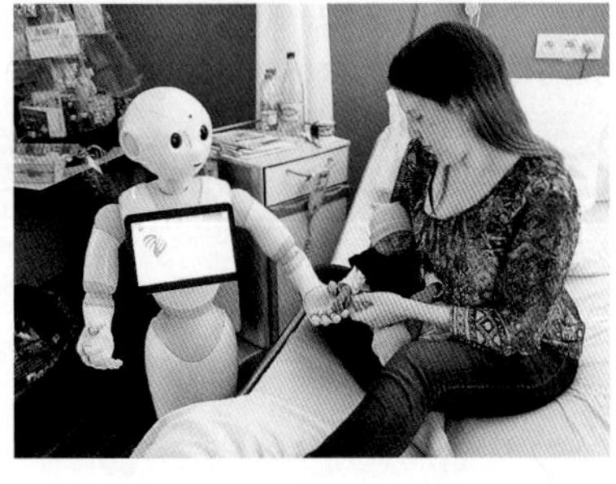
ヒト型ロボット「Pepper」（ソフトバンク） ベルギーの病院で受付係として採用され，来院者の案内や情報提供を行う。多言語に対応し，感情機能をもつ。

水素ステーション（東京都）
写真提供/岩谷産業

燃料電池車「MIRAI」（トヨタ自動車） 水素を燃料とし，走行時に二酸化炭素を排出しない。

ヒトiPS細胞 すでに分化した体細胞を未分化の状態に戻して作製する。患者本人の細胞から作製できる（p.339 3）。
写真提供/京都大学教授 山中伸弥

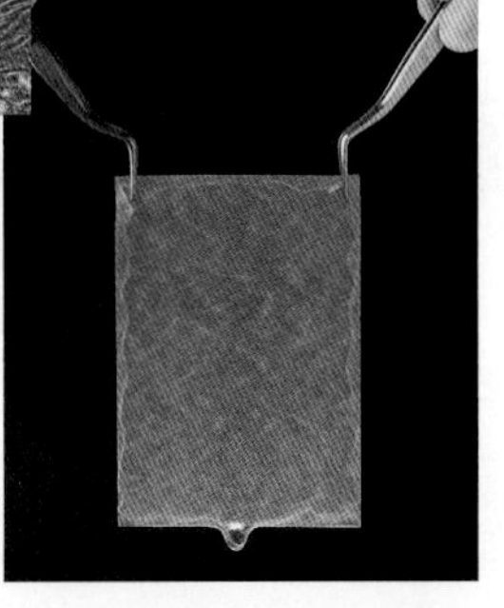
培養中の人工皮膚 ヒトの細胞からつくりだされる人工皮膚は日本ですでに移植例がある。アメリカなどでは，商品として販売されている。
写真提供/J-TEC

影

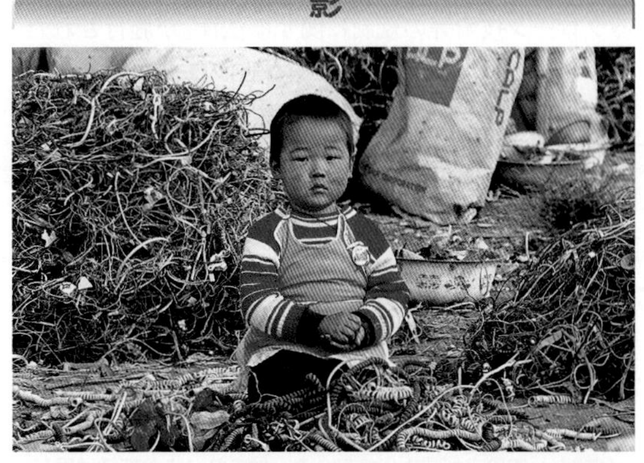
©Greenpeace/Behring-Chisholm
廃棄されたケーブルの山で遊ぶ子ども（中国） 先進国で使用済みとなった電子・電気機器が，中国やインドなどへ持ち込まれ，劣悪な環境で廃棄・リサイクルされている。中に含まれている鉛などの有害物質が，住民の健康や環境を脅かしている。（p.320 EYE）

アメリカの五大湖周辺で見つかったくちばしが変形した鳥 工場から排出される有毒な化学物質が原因とみられる。化学物質は，農薬や生活排水などにも含まれており，それらが野生生物の体内に取り込まれ，生態系を脅かすなどの被害を与えている。（p.311 5 6）

劣化ウランに汚染された戦車から売り物になりそうな金属をはがす少年（イラク） 核開発の過程で生まれる核廃棄物の劣化ウランは，湾岸戦争，コソボ紛争，イラク戦争などで砲弾として使用された。劣化ウランは，大気・土壌中に広がり，体内でガンや白血病を引き起こす。戦争は最大の環境汚染である。

メモ 使用済みあるいは故障した人工衛星，打ち上げロケットの上部などの，「スペースデブリ」と呼ばれる宇宙ゴミも問題になっている。スペースデブリの増加は，将来的には人類の宇宙開発の妨げになる恐れがある。

B 生命工学(バイオテクノロジー)の発達

1 クローン技術

Q クローン技術の可能性と問題点は何か?

❶ クローン羊の誕生

1996年，世界初の体細胞クローン哺乳類である羊の「ドリー」(➡p.337)が誕生した。これ以降，牛・豚・猫など，次々にクローン動物が誕生し，将来，ヒトへの応用も技術的に可能になるという見方が広まった。そのため，各国では，クローン技術のヒトへの応用を規制する動きが強まり，日本でも2001年に「ヒトに関するクローン技術等の規制に関する法律」が施行された。

体細胞クローンのサル 2018年，中国の研究チームが体細胞クローンのサル2匹を誕生させることに成功した。体細胞を使った技術で霊長類を誕生させたのは初。研究チームはヒトのクローンをつくるつもりはないとしているが，技術的にはヒトのクローン誕生に近づいた。

体細胞クローンとは 動物の体細胞から，全く同じ遺伝子をもつ動物をつくる技術。現在は，主に優良家畜の安定生産を目的として研究が進められている。生まれつきの特徴は同じだが，育つ環境が違うため，全く同じ個体になることはない。

❷ ヒトへの応用

●体細胞「クローン人間」はこうして生まれる

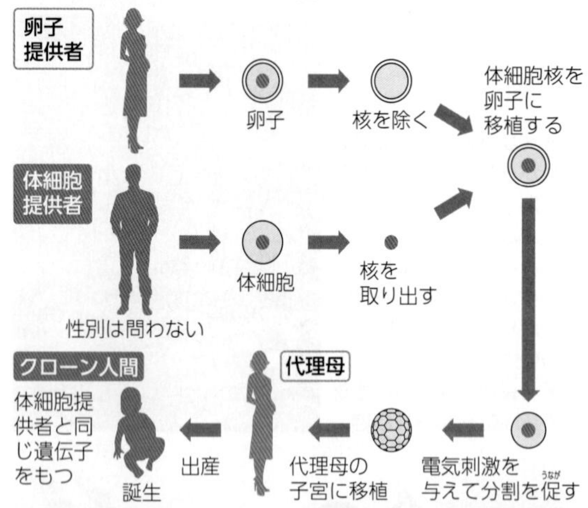

倫理的な問題点	ヒトへの応用で期待されること
・クローン人間とそうでない人の間で差別が生じる ・生まれてくる人が安全に成長できるかわからない ・人間のかけがえのなさ，尊厳をおびやかす　など	・不妊症の夫婦や，同性愛者のカップル，パートナーのいない人などが自分の遺伝子を引き継ぐ子どもをつくることができる ・移植用の皮膚や臓器を再生する再生医療への応用　など

もしも，クローン技術の安全性が確立されたなら，ヒトのクローンをつくっても良いのだろうか？

視点 クローン技術で生まれた人とそうでない人は，何が異なるだろうか。**個人の尊厳** **生死**

2 遺伝子組みかえ(GM)

新しい性質 遺伝子組みかえとは，ある生物から目的の性質をもつ遺伝子を取り出し，性質を改良したい生物の中に組み込んで，**新しい性質をもたせること**である。GM(=genetically modified)とも呼ばれている。

表示の義務化 現在のところ，遺伝子組みかえ作物は，国内での商用栽培はされていないが，一部の品目について，海外からの輸入を行っている。輸入される遺伝子組みかえ作物については，厚生労働省が安全性を確認しているが，長い期間で見た人体や環境への影響を心配する声もある。遺伝子組みかえ作物を原料とする食品は，その**表示が義務付けられている**。

「遺伝子組換えでない」と書かれた食品表示 遺伝子組みかえ農産物と混ざらないように管理された農産物を使用している場合は，任意でこのような表示をしてもよい*。

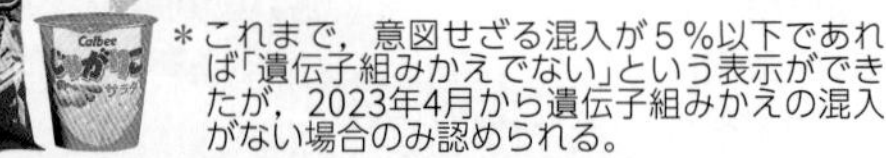

＊これまで，意図せざる混入が5％以下であれば「遺伝子組みかえでない」という表示ができたが，2023年4月から遺伝子組みかえの混入がない場合のみ認められる。

❶ 遺伝子組みかえ食品の利点と問題点

利　点	問題点
・短期間での品種改良 ・農作物の育ちにくい環境で栽培可能な農作物の開発により，人口増加に伴う食料不足の解消 ・アレルギー原因物質などの除去	・新しい性質を加えたことによる新たなアレルギー反応の可能性 ・長年の蓄積による影響(発がん性，新たな毒性)の可能性 ・人為的操作による生態系への影響

❷ 遺伝子組みかえに関する取り決め

●カルタヘナ議定書

正式名称は「バイオセーフティに関するカルタヘナ議定書」といい，2003年に発効した。同議定書は，遺伝子組みかえ作物等の使用による，生物多様性(➡p.318 1 ❸，2)への悪影響を防止するため，遺伝子組みかえ作物を取り引きする時には，原則として輸入国による許可を義務付けている。日本も批准しており，国内法としてカルタヘナ法を制定し，この法律の規制の下で研究や産業への利用が進められている。

入試クイズ　遺伝子組みかえ作物を使った食品について，日本は，その表示を義務づける法律がない国の一つである。○？×？(➡2)　答：×

3 再生医療

Q 再生医療には，どのようなものがあるのか？

再生医療とは，事故や病気，老化等によって損傷を受けた身体器官を，再生させることをめざす医療のことである。なかでも，あらゆる細胞に分化する多能性をもつ，**ES細胞（胚性幹細胞）**や**iPS細胞（人工多能性幹細胞）**を使用した再生医療が注目を集めている。

●ES細胞（胚性幹細胞）

受精卵の成長過程の胚の一部から作られる。そのため，人間に成長する可能性のある胚を壊すという倫理的な問題がある。また，患者本人の細胞から作ることができないため，拒絶反応の危険性がある。

●iPS細胞（人工多能性幹細胞）

すでに分化した体細胞を未分化の状態に戻して作られる。2006年，京都大学の山中伸弥教授がマウスの皮膚細胞から世界で初めて作製した。患者本人の体細胞から作製でき，拒絶反応や倫理問題も克服できると考えられているが，ガン化の危険性も指摘されており，研究が進められている。2014年には日本で，世界初のiPS細胞からの網膜細胞移植手術が実施された。なお，山中教授は，iPS細胞の研究が認められ，**2012年にノーベル医学・生理学賞を受賞**した。

⌃山中伸弥教授

〈iPS細胞のつくり方〉

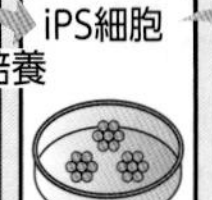

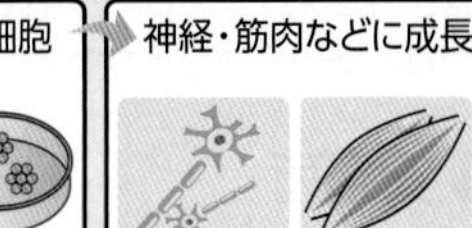

4 ヒトゲノム

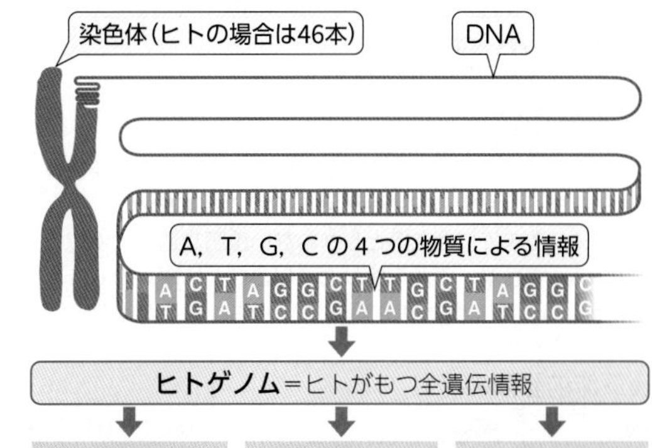

解説 **ゲノム解読**　2003年，日本・アメリカなど6か国の研究機関が参加した「ヒトゲノム計画」のもとで，**ヒトゲノム**（ヒトの全遺伝情報）のほとんどが解読された。また，2022年，アメリカなどのチームが，当時解読されなかった残りの約8％も完全に解読したと発表。

▶2018年11月，中国の研究者がゲノム編集で受精卵の遺伝子を改変し，人間の赤ちゃんを誕生させたと発表。HIV*感染を防ぐための遺伝子改変だというが，世界中から大きな批判の声が上がった。現在，受精卵をゲノム編集して子どもを誕生させることは，日本を含め各国で原則禁止されている。

➡p.343「いのち」を操作してもよいか？

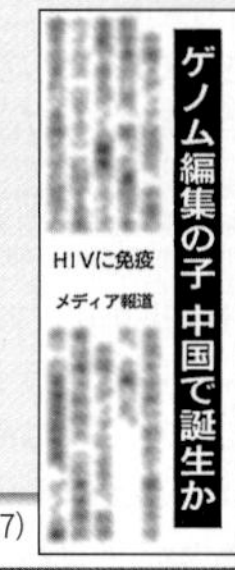

（「朝日新聞」2018.11.27）

＊ヒト免疫不全ウイルス

EYE 遺伝子解読の光と影

● 遺伝子解読で何が可能になるか？

オーダーメイド医療　ある病気にかかりやすいかどうか，ある薬に対して副作用がおこりやすいかどうかについての個人差を遺伝子レベルで解明すれば，**もっとも有効で副作用の少ない治療法**を行うことが可能になる。

ゲノム創薬　また，疾病や体質の原因となる遺伝子を突き止めることで，**効率的に医薬品開発を行うことができる**ようになる。ゲノム創薬は従来の創薬に比べて成功率が高く，開発期間の大幅な短縮，費用の削減が見込まれている。

遺伝子診断　遺伝子研究が進めば，自分が将来なりやすい病気をあらかじめ知ることができるようになる。しかし，病気の遺伝子をもつことで就職の際に不利になったり，生命保険に加入できないなど，新たな差別が生まれる可能性がある。遺伝情報というのは，**究極の個人情報**であり，その**扱い方や社会的ルールを確立することが必要**である。

遺伝子診断が可能にした選択
－アリス・ウェクスラーさんの事例－

ハンチントン病　遺伝子が原因で引き起こされる難病のひとつに，「ハンチントン病」がある。この病気は，脳の一部が委縮し，物事を認識する力，動作・感情をコントロールする力を失っていく。何年もかかって進行し，治療法はまだ確立されていない。

病因遺伝子の特定　アメリカのアリス・ウェクスラーさんとその家族は，母親の発病をきっかけにハンチントン病の研究や，研究の助成活動を始めた。その結果，1983年に病因遺伝子の特定に成功し，遺伝子診断によって将来の発病が予測できるようになった。

遺伝子診断を受けるか　ハンチントン病は片方の親が発病した場合，子どもに50％の割合で遺伝する。アリスさんと妹のナンシーさんは，悩んだが，診断を受けないことにした。検査を行うことによって，将来いつか発症するということはわかっても，いつ発症するかはわからない。**曖昧さをもちながらも，知らないほうがよりよく生きられるのではないか**と考えた末の決断だった。

知らないでいる権利　診断によって自分の病気を知ることで，**その後の人生をコントロールできる**といった利点もあるが，遺伝子に起因する重大な疾患の場合，治療法が確立されているとは限らない。診断を受けないという選択も，**知らないでいる権利**として尊重される必要がある。

（武藤香織ほか訳『ウェクスラー家の選択　遺伝子診断と向きあった家族』新潮社より）

私たちの課題

C 生命に関わる問題

1 生命の誕生

着床前診断

体外受精させた受精卵から一部の細胞を取り出し，染色体や遺伝子を調べ，異常のない受精卵を子宮に戻す方法。

成人になるまでに命を落としかねない重篤な遺伝性疾患の可能性がある場合や，流産をくり返す場合などに限られてきたが，2021年，成人後に発症する病気にも条件付きで対象を広げる方針が示された。

●着床前診断の流れ

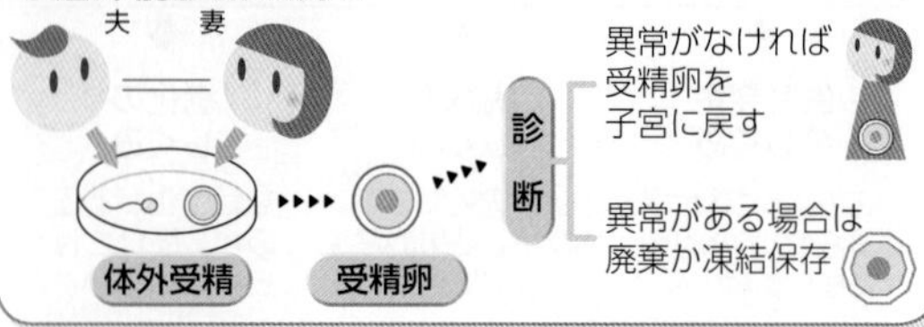

出生前診断

妊娠中に受精卵や胎児の状態を調べる検査の総称。

2013年より，採血だけで高精度の検査ができる新型出生前診断が臨床研究として実施され，2018年から一般診療として実施されている。ただし，高齢妊娠や染色体疾患の可能性があるなどの条件を満たす場合に限られ，検査対象の疾患は3つ。

解説 出生前診断の増加 母体へのリスクが低い新型出生前診断の開始や，高齢妊娠の増加などを背景に，出生前診断の実施数は近年増加している。これらの検査により，安心して出産に臨める，出産に伴う不安が軽減されるなどの声がある一方，検査の扱い方によっては命の選別や否定につながるのではという声もあり，慎重な検査体制の強化や正しい情報の周知などが求められている。

● 第三者が関わる生殖医療

(1)代理出産 「ベビーM事件」(アメリカ)

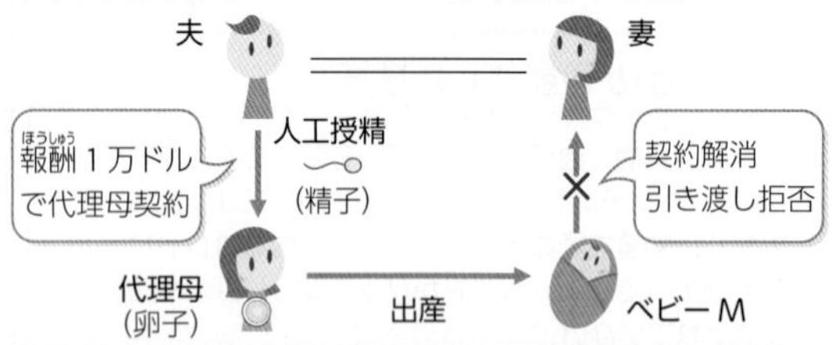

州最高裁判所は，代理母契約を無効とするも，養育権は夫にあるとして，代理母には訪問権を認めた。

(2)主な国の第三者が関わる生殖医療規制*1

	日本	中国	インド	アメリカ	イタリア
提供精子による体外受精	○*2	○	○	○	×
提供卵子による体外受精	○*2	○	○	○	×
提供胚(受精卵)の移植	×	×	○	○	×
夫婦の受精卵による代理懐胎	×	×	○	△*3	×

*1 法またはガイドラインなどによる。 *2 日本生殖補助医療標準化機関の慎重な審議を経て，実施される。 *3 州により異なる。

解説 代理出産の是非 第三者の女性が代わりに妊娠・出産する**代理出産**が一部の国では実施され，新たな課題も生じている。日本では，子の売買や身体の商品化，第三者の女性への負担，家族関係の複雑化につながるなどの理由から認められていない。

2 死の問題

Q 尊厳死と安楽死の違いは何か？

❶ 尊厳死

延命治療を行わない 尊厳死とは，死が不可避な末期状態の患者が，本人の意思に基づいて，延命治療を行わず**人間としての尊厳を保ったままの死を迎えること**である。例えば，植物状態になっても，生命維持装置をつけて延命治療をすることを望まず，自然死を迎えることを選ぶような場合である。

問題点 しかし，末期状態の患者が，自分の尊厳の尊重よりも，家族への経済的な負担を苦慮し，延命治療を断る場合も考えられる。また，意識不明の状態で，本人の意思の確認ができない場合，家族による意思の推定だけで延命治療を中止してもよいのか，などの問題がある。

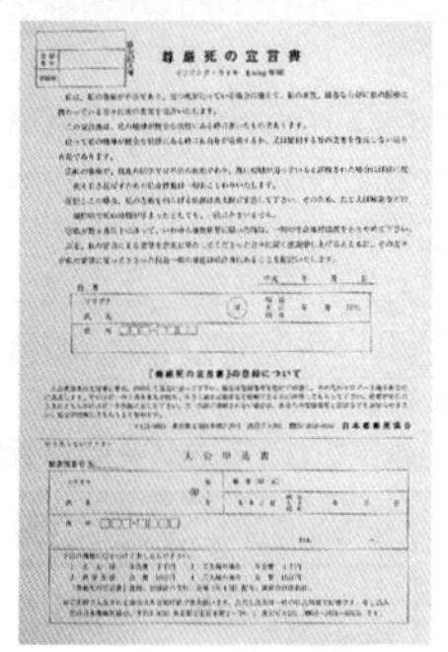
尊厳死の宣言書

▶リヴィング・ウィル(尊厳死の生前意思) 日本尊厳死協会では，リヴィング・ウィルを発行，登録している。アメリカのカリフォルニア州では，リヴィング・ウィルを残しておけば，法的に効力をもつ。

❷ 安楽死

安楽死とは，耐え難い肉体的苦痛があり，回復の見込みがない患者に，患者本人の意思に基づいて**積極的な方法で死を迎えさせること**である。安楽死をめぐっては，医師の「殺人」または「自殺ほう助」ではないかという抵抗感が強く，患者の苦痛に対して死をもって解決するのではなく，末期医療の充実を図るべきだという意見もある。オランダのように安楽死が合法化されている国もあるが，日本では認められていない。

●オランダ「安楽死法」の安楽死の条件

①患者自身の熟慮によるはっきりした意思表示がある。
②医師と患者の間に強い信頼関係が存在する。
③患者の苦痛が耐え難く，病気の回復が見込めない。
④第三者の医師と協議し，複数の医師の合意がある。
⑤16歳以上を対象とするが，親権者の同意があれば12歳以上でも可能とする。

解説 安楽死の基準を定めるべきか 2001年，オランダで安楽死が法制化された。国として「安楽死法」が成立したのは世界初である。また，これを受け，ベルギーでも2002年に安楽死法が成立し，2014年，法改正により世界で初めて**年齢制限を撤廃した**。

日本でも，安楽死事件がたびたび起きてきた。安楽死の基準を法制化するべきという意見もあるが，議論が続いている。

安楽死を選ぶことは，「自己決定」の1つだろうか？

視点 「自己決定」と認める場合・認めない場合の，それぞれの課題に着目して考えよう。
幸福 個人の尊厳 正義

入試のツボ オランダやベルギーでは安楽死が合法化されているが，日本では安楽死を認める法律は制定されていないことに注意しよう。

3 終末期医療(ターミナルケア)

穏やかに死を迎える　近年，**ホスピス**という言葉が聞かれるようになってきた。これは末期患者に対して緩和ケアなどの終末期医療を行う施設，またはそのような活動のことで，患者の意思を尊重し，延命治療などの積極的な医療介入を行わず，痛みのコントロール，精神的・社会的・宗教的ケアを行うことで，穏やかな死を迎えることができるようにするものである。

在宅ホスピス　日本では認可された病院に，末期がんとエイズ患者を対象とした緩和ケア病棟が設置されている。アメリカでは在宅ホスピスが中心であるのに対し，日本では在宅ホスピスはあまり浸透していないのが現状である。しかし，最期の時を自分の家で，家族とともに安らかに過ごしたいと願う人は多く，今後は在宅ホスピスのできる環境を整えていく必要がある。

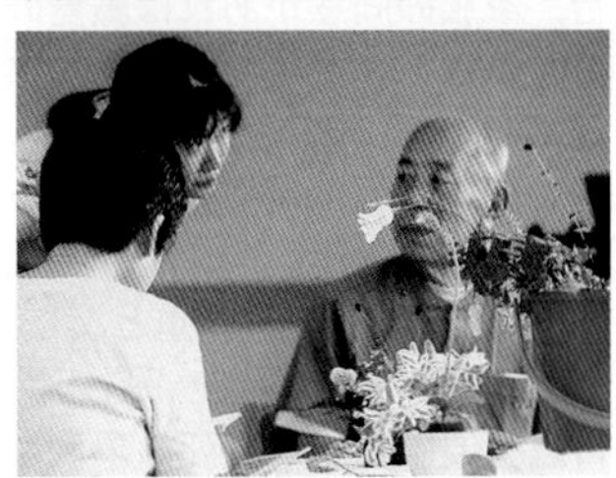

ホスピス　ホスピスの語源は，ラテン語の「ホスピティウム(温かいもてなし，宿所)」である。

4 インフォームド・コンセント

インフォームド・コンセントとは，患者が医者から十分な説明を受けた上で，治療法に同意すること。現代の医療では，治療の方針を患者が自分で決める，という**自己決定権**(p.97)が認められてきている。自己決定を行うためには，患者は自分の病状や選択できる治療法について十分に理解している必要がある。

● 治療の決め方

●説明と同意(インフォームド・コンセント)を十分に実施している(医師)

①	②	③	④	⑤
11.5%	53.8	25.0	8.7	1.0

●医師の説明に納得し，治療を受けている(患者)

①	②	③	④	⑤
11.6%	28.1	44.5	13.3	2.5

①非常にそう思う　②かなりそう思う　③ややそう思う
④あまりそう思わない　⑤全くそう思わない

(2017年)　(「医師と患者のコミュニケーションに関する調査」)

解説　患者主体の医療をめざして　インフォームド・コンセントの実施について，医師と患者の間に意識の差があることがわかる。患者主体の医療の実現のためには，分かりやすい説明と適切な情報提供，さらに医師と患者のコミュニケーションを高めることが必要である。

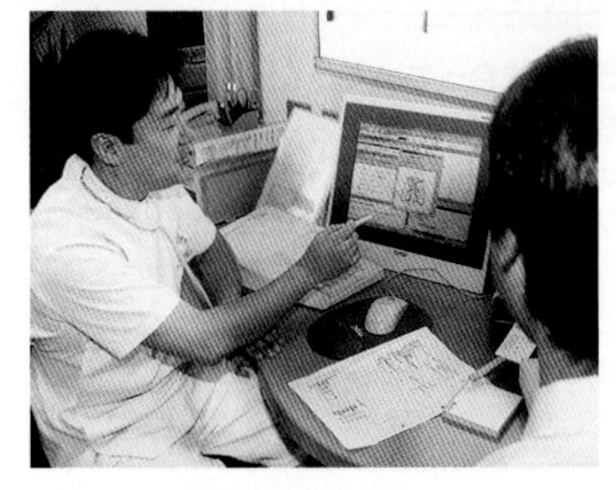

電子カルテ　画面を見ながら具体的に説明できるため，患者も理解しやすい。医療のIT化によって，質の高いインフォームド・コンセントや，医療の効率化，カルテの改ざん防止などが期待される。

5 生命倫理(バイオエシックス)

近年，生殖医療や延命治療など，人の生命に関する技術が飛躍的に発達し，医師と患者の問題を扱った従来の「医療の倫理」だけでは対応できない問題が生じてきた。こうした背景から，生命科学や医療技術の発達と，生命の尊厳という理念の間の倫理的原則を，様々な分野から考察する学問として，**生命倫理**(バイオエシックス)が広がってきた。

● 生命倫理の概念

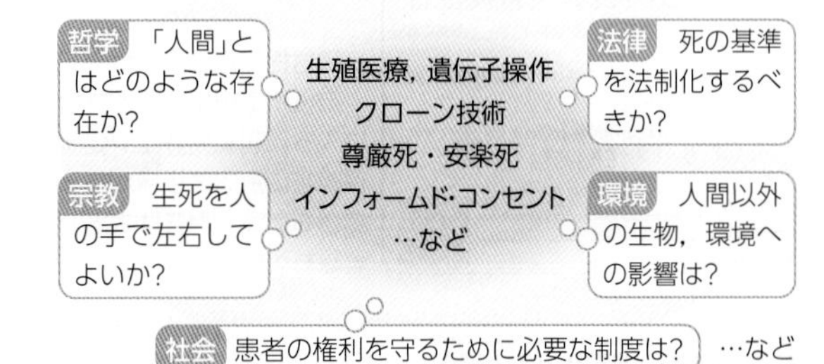

EYE 死をどのように迎えるか

生命の長さよりもいかに生きるか　新しい生命倫理の原則として，**生命の質**(クオリティ・オブ・ライフ，QOL)という考え方が浸透してきた。QOLは，残された人生をどのように生きるかに重点を置き，意識のないまま生命を維持する延命治療や，延命により苦痛が長引くことなどの人道的な意味を問うている。**ホスピス**(3)は，QOLを可能な限り達成することを目的としている。これらは，どのような状況においても，生命そのものに絶対的な価値を置く**生命の尊厳**(サンクティティ・オブ・ライフ，SOL)とは異なる考え方である。

QOLとSOLのバランス　近年，QOLの浸透に伴い，SOLとの対立や，それらを両立させるにはどうしたらよいかが論じられている。QOLを歓迎する声も多いが，理性や自己意識をもつことが，「生命の質がある」とするならば，植物状態の患者だけではなく，精神的な障がい者や，胎児も生命の質を否定される可能性がある，という批判もある。慎重な議論が必要である。

●終末期医療に関する考え方

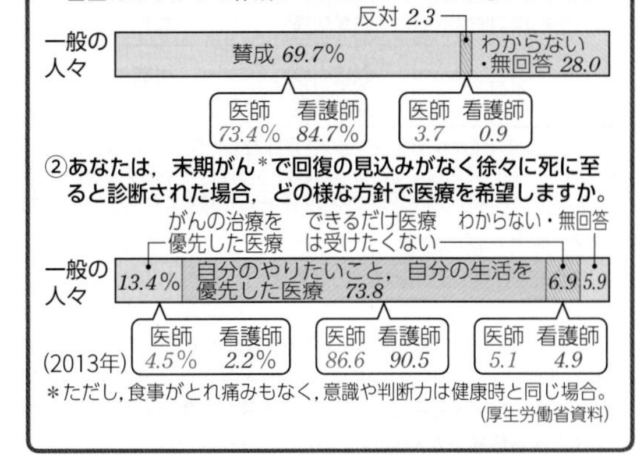

重要用語　468インフォームド・コンセント　469生命倫理(バイオエシックス)

6 脳死と臓器移植

① 臓器移植とは

臓器移植とは，病気や事故で臓器が機能しなくなった時に，人の健康な臓器を移植する医療行為である。

臓器移植法では，**条件を満たした場合に，脳死判定を行ったり，移植のための臓器を死体や脳死の人の体から摘出し移植手術をすることができる**としている。条件とは，

①本人の書面による同意と，家族の同意。もしくは，
②本人の意思が不明の場合，家族の書面による同意。

《1．2．3．いずれかの番号を◯で囲んでください。》
1．私は，脳死後及び心臓が停止した死後のいずれでも，移植の為に臓器を提供します。
2．私は，心臓が停止した死後に限り，移植の為に臓器を提供します。
3．私は，臓器を提供しません。
《1又は2を選んだ方で，提供したくない臓器があれば，×をつけてください。》
【心臓・肺・肝臓・腎臓・膵臓・小腸・眼球】
〔特記欄：　　　　　　　　　　　　〕
署名年月日：　　年　　月　　日
本人署名（自筆）：
家族署名（自筆）：

◎臓器提供意思表示カード
市役所や郵便局などで手に入る。運転免許証や健康保険証に意思表示欄がある場合もある。現在はネット登録も可能。

② 日本の脳死の定義

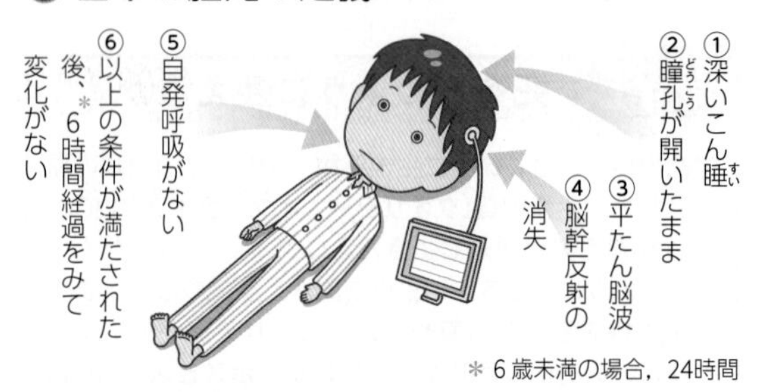

＊6歳未満の場合，24時間

●脳死と植物状態の違い

脳　死	植物状態
• **脳幹を含む脳全体の機能が永久に不可逆的に停止** • 自発呼吸ができず，人工呼吸器で循環機能を保っている • 現在の医療では助からないとされている	• **大脳と小脳の一部または全部の機能が停止** • 脳幹が機能しているため，自発呼吸，血液循環が行える • 回復する可能性がある

③ 臓器移植法改正のポイント

改 正 前		改 正 後
本人の書面による同意と家族の同意が必要	脳死判定・臓器摘出	本人の意思が不明の場合，**家族の同意があれば可能**
15歳未満は提供不可	年齢制限	**なし**
不可	親族への優先提供	**可能**（書面での意思表示が必要）＊

＊レシピエント（臓器移植を受ける人）登録をした親族がいることが前提。また，提供先を指定し，その人以外への提供を拒否する意思を表示していた場合は，臓器移植そのものを見合わせることとされている。

解説 渡航移植の問題　日本では，ドナー数の圧倒的な不足，15歳未満の臓器移植禁止などの理由から，海外へ渡って移植を受ける例が増加し，問題となっていた。2008年，国際移植学会が自国内での臓器確保・移植に努めるべきとする宣言を発表し，WHOも同趣旨の指針を承認する見込みとなった。そこで，臓器移植を規定した臓器移植法の改正論議が国内で急速に進み，2009年に**改正臓器移植法が成立**し，2010年に施行された。

④ 脳死下の臓器移植の流れ

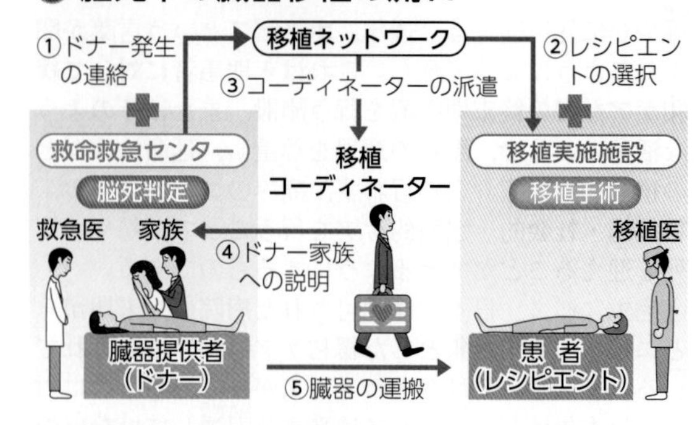

⑤ 臓器移植法の問題点

(1)被虐待児からの臓器提供　本人の意思が不明な場合，家族の同意があれば臓器の提供ができるため，虐待を受けていた子どもから提供される危険性がある＊。

(2)親族への優先提供　親族への優先提供は，提供臓器の配分の公平性を欠くという意見や，臓器提供とは「誰かを救いたい」という善意であり，「親族を救いたい」という自己の利益の尊重となじむのかという意見もある。

(3)脳死は「人の死」か　脳死状態から心停止までに30日以上要する長期脳死の事例や，脳死判定の正確性への疑問がある。現時点では，脳死状態になると回復する見込みは限りなく低いとされているが，将来的には医療の発展により，助かる可能性もある。

＊改正法では，日頃から被虐待児への対応ができている病院でのみ臓器提供を行うと規定しているが，子どもが虐待を受けているかどうかの判定は難しく，現時点では被虐待児からの提供の可能性も否定できない。

EYE 世界の臓器移植

● 人口100万人当たりの臓器提供者数

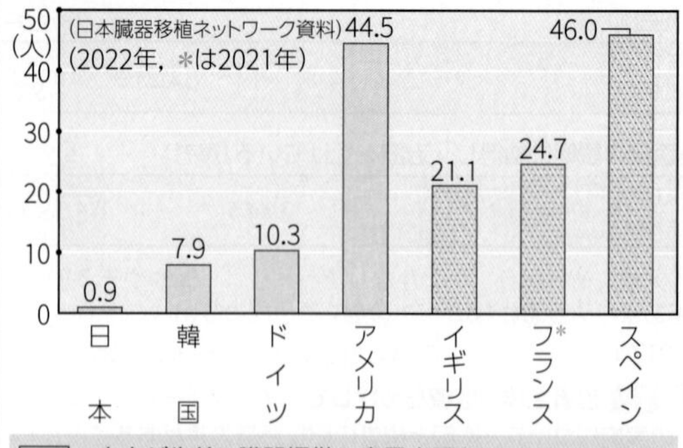

□…本人が生前に臓器提供の意思表示をしていた，もしくは家族が同意した場合に臓器提供が行われる制度を採用
▨…本人が生前，臓器提供に反対の意思を残さない限り，臓器提供をするものとみなす制度を採用

解説 臓器移植にどう向き合っていくか　日本では，臓器移植法改正（➡③）後も，ドナー不足は続いている。背景には，脳死を人の死として受け入れることへの抵抗感や，臓器提供の施設が限られていることなどがあると言われている。

今後，あなたも脳死・臓器移植の当事者となる可能性がある。臓器移植を望む立場になったら，自分が脳死と判定されたら，家族が脳死と判定されたら――等，様々な立場から，臓器移植にどう向き合っていくか考え，家族と話し合ってみよう。

「いのち」を操作してもよいか?

★夢の技術!?子どもを「デザイン」する?

あなたの考えを書いてみよう。

技術の進歩により，これから生まれてくる子どもの遺伝子操作を，**安全に，かつ手頃な価格**で行えるようになった。

遺伝子を操作することで，より形質を美しくしたり，足を速くしたり，頭脳明晰(めいせき)にしたりすることが可能である。

このような場合，**あなたは子どもの遺伝子操作を行うだろうか？**

① 操作しない　② 操作する

★あなたの考えは…　記号：　理由：

A 遺伝子の操作は「不自然」か?

①**操作しない**　遺伝子操作は，なんだか「不自然」な気がして，抵抗(ていこう)があるなあ・・・。

「自然」＝「良い」　とは限らない

「自然」であることが，「良い」ということには**直接結びつかない**ということに注意しなければならない。

例えば出産について考えてみると，産道を通って新生児が生まれてくる出産が「自然」かもしれないが，骨盤(こつばん)の大きさや逆子などの理由から，「自然」ではない帝王切開(せっかい)*も一般的に行われている。むしろ，帝王切開を行わなければ，より高い危険が伴(ともな)うケースが多い。

この他，美容整形や植毛なども「自然」ではないかもしれないが行われている。遺伝子操作との違いは何だろうか。

＊子宮切開により新生児を取り出す手術

B より良い特性を選んで，何が悪い?

②**操作する**　より良い特性を持って生まれたほうがいい人生を歩めると思うよ。

「新優生学」は，認められるか

遺伝子操作は，**優生学**につながるという批判がある。優生学とは，優秀な遺伝形質を保存するため，そうでない遺伝形質を排除(はいじょ)する思想。ナチスの人種差別政策に利用され，差別思想であると批判されている。

しかし，ナチスの優生学が国家により強制されたものであるのに対し，個々の親の自由意思に基づいた優生学は「**新優生学**」(**リベラル優生学**)と呼(よ)ばれ，**生殖の自由・権利である**という意見がある。

自由意思にもとづいた優生学であるならば，許容されるべきだろうか。新優生学の問題点は何だろうか。

C 選択の「自由」は誰にある?

①**操作しない**　遺伝子操作は，子どもの人生を決めてしまう可能性があると思う。子どもにも，自分の人生を決める「自由」があると思う。

遺伝子操作は元に戻せない

ハーバーマス

ハーバーマス(➲p.45)は，遺伝子操作は親が子どもに対して一方的な影響力をもってしまう点を問題視する。

例えば，親が子どもに特定の能力を伸ばしてほしいと期待を寄せる場合もあるが，これは原則的に子どもの側からの拒否が可能である。しかし，**遺伝子操作は，将来子どもが不満を抱(いだ)いても元に戻すことができない**。

このハーバーマスの意見に対しては，遺伝子操作が人生のすべてを決めるわけではない，という指摘もある。

②**操作する**　親には，自分の子どもの特性を選ぶ「自由」があると思う。「産む・産まない」を決められるなら，特性だって選んでいいよね？

親の「自由」な自己決定を認める

J.S.ミル

J.S.ミル(➲p.40)の自由主義の原則によると，判断能力のある大人なら，自分の身体と心に関して，**他人に危害を及(およ)ぼさない限り**，たとえその決定が当人にとって不利益なことでも，自己決定の権限をもつ(「**他者危害原理**」)という。この立場からすると，遺伝子操作が他人に危害を与えるものでないならば，禁止することはできない。

一方で，これから生まれてくる子どもの特性を決めることは，親の「自己決定」に含(ふく)まれるのだろうか。

思考実験＋α　ア 自分とは異なる立場からの反論を考えてみよう。イ「操作する」・「しない」だけではなく，「ここまでなら認められる」「この部分に関しては法規制が必要」など，より詳細な観点でも検討してみよう。

4 世界の人口・食料問題

ねらい
- 世界の人口と食料に関する課題を理解しよう。
- 人口問題と食料問題のつながりを理解しよう。
- 世界の飢餓をなくすためには，どうしたらよいか考えよう。

p.346 思考実験 沈みそうな救命ボートをどうすべきか？

地震の被災地に物資を運ぶヘリ（ネパール）

A 人口問題

1 世界の人口

解説 **アジア，アフリカの人口が爆発的に増加** 産業革命以降，人口は増加し，特に20世紀以降に急増している。これを**人口爆発**という。地域的に見ると，アジア，アフリカが増加し，ヨーロッパは将来的には減少すると考えられる。

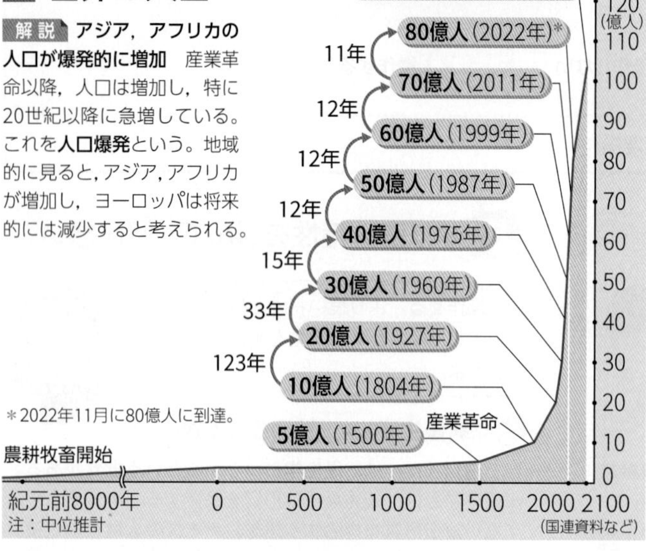

2 地域ごとの人口の変化

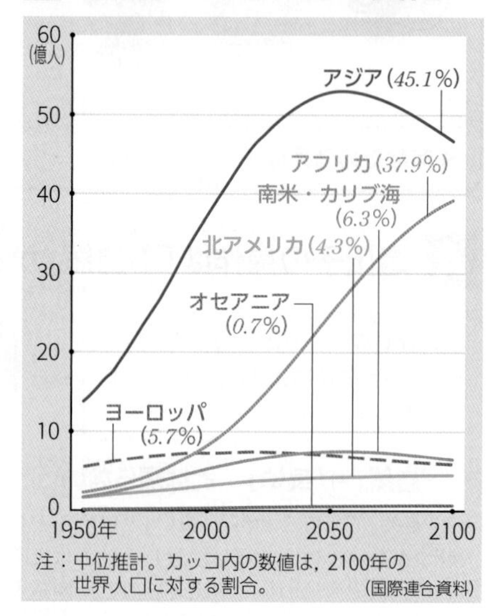

注：中位推計。カッコ内の数値は，2100年の世界人口に対する割合。（国際連合資料）

3 人口爆発の原因と影響

❶ 人口ピラミッド

解説 **富士山型からつぼ型へ** 発展途上国の人口ピラミッドは，多産多死で富士山型（ピラミッド型）である。先進国は，少産少死型で出生率がほぼ一定であれば，つりがね型になる。さらに，出生率が毎年減少していくと，つぼ型に移行する。

●富士山型［多産多死］（ピラミッド型）

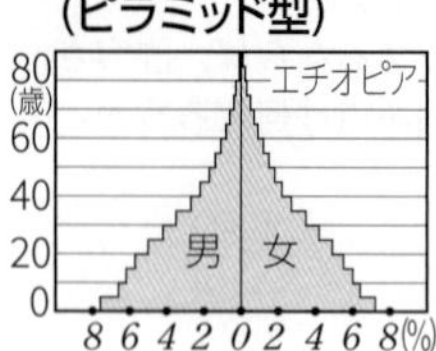

●つりがね型［少産少死］

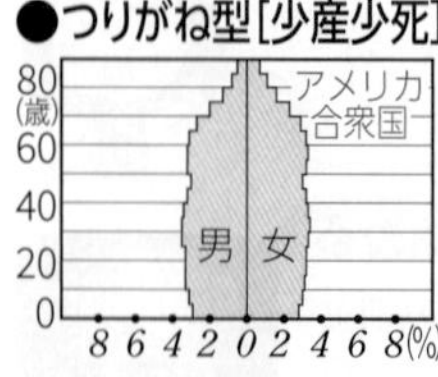

●つぼ型［少産少死］

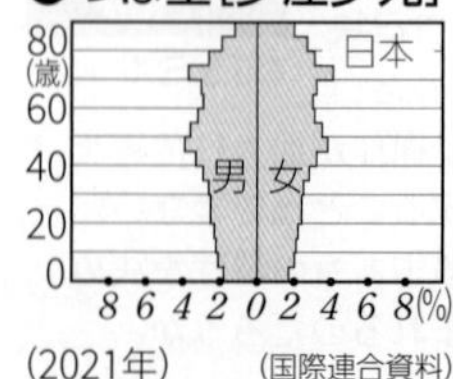

(2021年) （国際連合資料）

❷ 人口爆発と貧困・飢餓

背景	◎死亡率の低下 ・衛生状態の改善 ・乳児死亡率の低下 ・平均寿命の延長 ◎高い出生率 ・労働力の確保 ・老後の扶養 ・宗教上の理由

▼ 多産多死から多産少死へ変化

▼ 人口爆発　　都市化

影響	・都市の住環境の悪化 ・教育の遅れ，失業 ・環境破壊 ◎貧困・飢餓

4 取り組み

● 国連人口基金（UNFPA）

概要	・世界の人口問題を，単なる数の問題ではなく，人間の尊厳の問題として取り組んでいる国連機関
目的	・貧困削減　・望まない出産をなくす。 ・安全な出産　・エイズ対策 ・女性が尊厳ある人生を送る。など
活動	・家族計画の推進，避妊薬の開発，広報・教育活動 ・1974年　世界人口会議（ルーマニア） ・1984年　国際人口会議（メキシコ） ・1994年　**国際人口開発会議**（エジプト） 「**性と生殖に関する健康/権利**」を導入

国際人口開発会議　1994年，エジプトのカイロで開催。**人口問題と開発問題は切り離せない**ことが示され，「性と生殖に関する健康/権利」という考え方が提唱された。

> **性と生殖に関する健康/権利の完全普及**などを，個人の選択によって実施し，一人ひとりの福利を向上させる
> ➡その結果として，人口の安定をめざす

性と生殖に関する健康/権利　「リプロダクティブヘルス/ライツ」とも呼ばれる。性に関して身体的・精神的・社会的に健康であり，すべての人が安全で満ち足りた性生活を営み，結婚をする・しない，子どもを産む・産まない，産むなら何人産むかを自由に決められる権利をもつこと。

近年は，これに「セクシュアル・ライツ」（セクシュアリティを自分で決められる権利）を加え，**セクシュアル・リプロダクティブ・ヘルス/ライツ（SRHR）**と呼ばれることも多い。

メモ　中国は人口抑制のために一人っ子政策を採用したが，少子高齢化が進み，2016年に廃止。2021年，第３子出産の禁止を廃止することを決定。

B 食料問題

1 「HUNGER MAP」 Q 飢餓はどの地域で多く発生しているか？

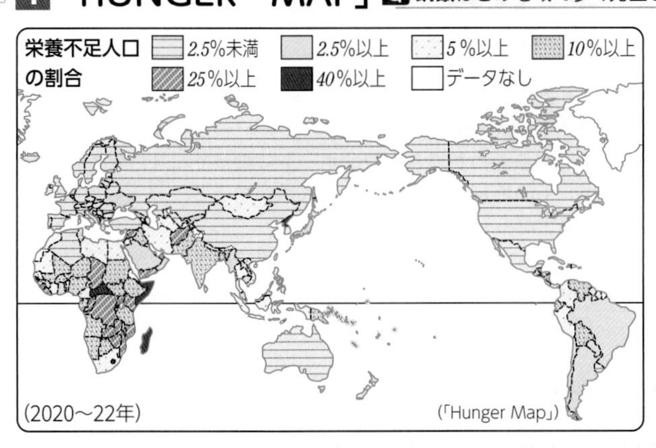

数字で見る飢餓

- 世界ではおよそ8億2100万人（9人に1人）が飢餓に苦しんでいる。そして，飢餓人口のほとんどが発展途上国に集中している。
- 飢餓人口が最も多い地域はアジアであり，その数は5億人以上である。そして，その多くは南アジアに住んでいる。
- 飢餓蔓延率が最も高い地域はアフリカである。特に東アフリカでは，人口の3分の1近くの人々が栄養不足に苦しんでいる。
- 南アジアとサハラ以南のアフリカ地域では，3人に1人の子どもが発育阻害（低身長）の状態にある。

（国連世界食糧計画資料より）

2 なぜ食料のアンバランスが起こるのか

❶ 肉1kgをつくるために必要な穀物量

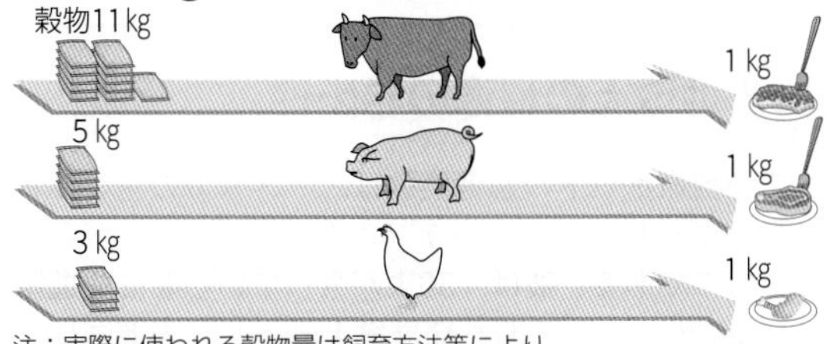

注：実際に使われる穀物量は飼育方法等により変動する。とうもろこし換算による試算。　（農林水産省資料）

❷ 穀物生産量と食生活別の穀物需要予測

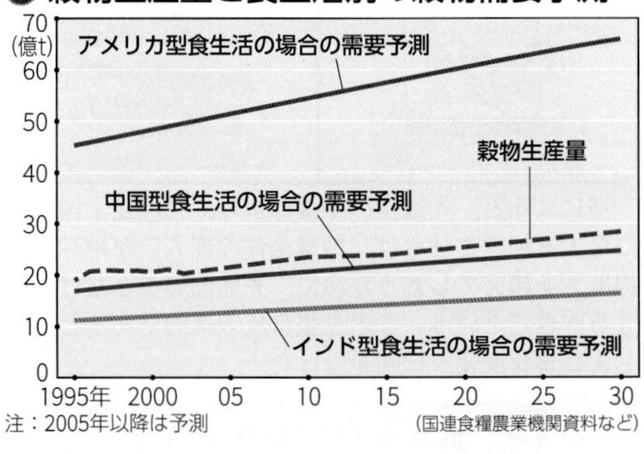

注：2005年以降は予測　（国連食糧農業機関資料など）

❸ 食品ロスの問題 （世界は2011年，日本は2021年度）

- **世界**の食品ロス…**約13億トン**＊／年（食料生産量の3分の1）
- **日本**の食品ロス…**約523万トン**／年（東京ドーム約4杯分）
  - うち事業系食品ロス…279万トン（*53.3%*）
  - 家庭系食品ロス…244万トン（*46.7%*）

＊25億トンを超えるという推計もある。　（農林水産省資料）

解説 **世界中で生じる食品ロス**　**食品ロス**とは，食べられるのに捨てられてしまう食べ物のこと。日本で発生する食品ロスは，小売店の売れ残りや，飲食店などの食べ残しのような**事業系食品ロス**と，家庭の食べ残しなどから生じる**家庭系食品ロス**がある。

なお，食品ロスは発展途上国でも発生している。ただし，先進国とは異なり，技術不足で収穫できない，インフラが整っていないために市場に出回る前に腐ってしまうことなどが背景にある。

食品ロスの増加は，環境悪化を引き起こすだけではなく，将来的な人口増加による食料危機に適切に対応できなくなる可能性がある。

3 飢餓や食料危機への対策

❶ 国連機関の取り組み

FAO（国連食糧農業機関）

1945年設立。すべての人々が栄養ある安全な食べ物を手にいれ，健康的な生活を送ることができる世界をめざし，以下のような活動を行う。

- 栄養改善や生活水準向上などのためのプロジェクトの実施
- 世界の食料生産・農林水産業の状況の把握・監視
- 世界の食料・農林水産業に関する政策の提言　など

WFP（国連世界食糧計画）

- 1961年，国連総会とFAO総会の決議により設立。1963年より活動。**国連唯一の食料支援機関**。
- 紛争地域を中心とした食料支援や，飢餓撲滅に向けた活動などが認められ，2020年には**ノーベル平和賞を受賞**。
- 2019年，WFPは88か国で約9700万人に食料支援を行った。日本は，世界第6位のWFPの支援国（2016年）。

❷ 様々な取り組み

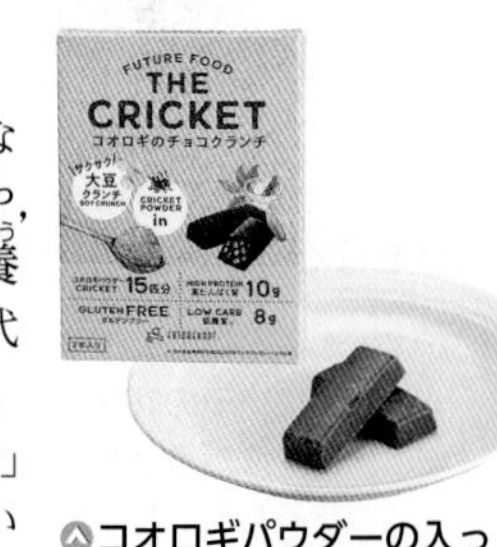

△**コオロギパウダーの入ったチョコクランチ**　手軽にタンパク質がとれる。

代替食の可能性　近年，大豆など植物を材料とした代用肉や，動物から採取した細胞を培養してつくる「**培養肉**」などの代替食の研究が進められている。

また，昆虫を食べる「昆虫食」や，藻類を使い環境負荷の低い食用油を生産するなど，新しい「食品」の開発も注目されている。

広がるフードバンク　フードバンクとは，食品の品質に問題はないが，包装の破損や印字ミス・過剰在庫などの理由で流通できない食品を企業から引き取り，必要としている施設や困窮世帯などに無償で提供するボランティア活動である。アメリカで始まり，現在は日本を含む世界中で広がりを見せている。

飢餓をなくすために，あなたにできる身近な取り組みを考えてみよう。

視点 その取り組みは，長期的に続けられることだろうか。**持続可能性**

私たちの課題

重要用語 471 人口爆発　472 FAO（国連食糧農業機関）　473 WFP（国連世界食糧計画）

沈みそうな救命ボートをどうすべきか?

—資源の希少性を考える—

★今にも沈みそうな救命ボートが!あなたはどうする?

あなたの考えを書いてみよう。

あなたは最大60人まで乗ることができる救命ボートに乗っており，すでに50人が乗船している。ボートの性質上，これ以上の人数が乗ると，悪天候の場合などに不安定になる危険性がある。

すると，向こうから100人が乗って沈みかけている救命ボートがやってきた。乗船者は,「**そちらの船に乗せてくれ**」と叫んでいる。さて，**あなたはどうすべきだろうか？**

① **全員を乗せて，船は沈む**	② **10人を選んで乗せる**
③ **安全を優先し，1人も乗せない**	④ **その他**

★あなたの考えは…　記号：　理由：

A より多くの人を救う?安全を優先する?

●より多くの人を救う立場

② 救命ボートは60人まで乗れるから，**10人を選んで乗せれば，助かる人数が最も多くなる**よ。

功利主義(➡p.13,40)

功利主義は，**社会全体の利益が最も大きくなる社会を良い社会**と考える。②は，最も助かる人数が多いので，功利主義的と言える。

しかし，功利主義は少数の犠牲の正当化につながる危険もはらんでいることに注意しなければならない。

表を埋めてみよう。(答えはページ下)

	助かる	助からない
①		
②		
③		

では，その10人はどうやって選べばよいのだろうか？緊急事態で実現できるだろうか？考えてみよう。

●安全を優先する立場

③ 60人乗せると，船は不安定になるよ。**すでに乗っている50人の安全を優先して，誰も乗せなくていい**と思う。

●その他

④ **何とかして全員生き延びる方法はないかな？**体力のない人を船に乗せて，体力のある人はボートの縁につかまって泳いでもらうとか…。

B 地球上の資源の希少性

この救命ボートの思考実験は，アメリカの生物学者であるギャレット＝ハーディン(1915〜2003)が考案したものである。彼は，50人が乗っている船を**先進国**，100人が乗っている船を**発展途上国**とし，先進国による発展途上国への支援を否定(＝③)した。

50人の船＝**先進国**

100人の船＝**発展途上国**

彼によると，先進国の支援により，発展途上国の人口増大を加速させれば，**地球全体の総人口が地球の負担能力を超えてしまうために，先進国のことだけを考えるべき**だという。この主張は反人道的であるとして，さまざまな反発・批判を受けた。

EYE 誰が生存するべきか？

私たちの生活が環境に与える負荷を土地面積で表した指標として，**エコロジカルフットプリント**がある。この指標を使えば，私たちの生活を維持するのに，地球が何個分必要かを数値で表すことができる。

●**もし世界人口がその国と同様の生活をしたら，地球は何個分必要？**

アメリカ	地球5.0個分	中国	地球2.3個分
日本	地球2.9個分	インド	地球0.7個分
イギリス	地球2.6個分	世界全体	地球1.7個分

(2017年)　(Global Footprint Network資料)

有限な資源を有効に使うには… 功利主義的に「より多くの人を生存させる」という視点でみると，先進国の人間よりも，発展途上国の人間が生存したほうが，有効に資源を使えることになる。この点もふまえ，今後，地球の有限な資源をどう利用していくべきか考えよう。

A功利主義の表の解答：① 助かる…0人，助からない…150人／② 助かる…60人(※船が不安定になり，転覆する可能性もある)，助からない…90人／③ 助かる…50人，助からない…100人

ポイント整理 22

学習コンテンツ

3 科学技術の発達と生命の問題

A 科学技術の光と影 (⊃p.337)

①**光**…様々な機能をもつロボットの開発，**生命工学**(バイオテクノロジー)の発達
②**影**…化学物質による健康被害や環境汚染，核開発や戦争に伴う汚染

B 生命工学(バイオテクノロジー)の発達 (⊃p.338・339)

①**クローン技術**…同じ遺伝子をもつ家畜を受精卵や細胞からつくり出す技術
クローン羊の誕生 ⇒ クローン人間を規制する法整備 ⇒ 規制のない国での研究
②**遺伝子組みかえ**(GM)…性質を改良したい生物の中に，他の遺伝子を組み込むこと
⇒ 遺伝子を組みかえた作物を原料とする食品にはその表示を義務づけ
③**再生医療**…損傷を受けた身体器官を再生させる医療
⇒ ES細胞(**胚性幹細胞**)やiPS細胞(**人工多能性幹細胞**)などの研究が進む
④**ヒトゲノム**…ヒトの全遺伝情報。2022年に完全解読が完了した

C 生命に関わる問題 (⊃p.340〜342)

①**生命の誕生**…**着床前診断**，出生前診断などにより，生まれる前に重篤な遺伝性疾患の有無などを検査できるようになった
②**尊厳死**…**人間の尊厳**を保ったままの死を求めること
⇒ 生命維持装置をつけるなどの延命治療を行わない
③**安楽死**…末期がんなどの極度の苦痛を避けるため，医師が患者を死なせること
└→ 抵抗が根強い ⇔ オランダ，ベルギー，ルクセンブルクでは安楽死法が成立
④**ホスピス**…末期患者に対して**緩和ケア**などの終末期医療を行う施設や活動
⇒ 積極的な医療介入を行わず，穏やかな死を迎えさせる
⑤**インフォームド・コンセント**…十分な説明を受けた上での同意 ⇒ **自己決定**
⑥**生命倫理**(**バイオエシックス**)…科学技術を生・死・病気などの生命現象に，どのように使用すべきかを，宗教・文化・法制度など多面的に考察すること
背景…科学技術の発達 ⇒ **生殖医療**，延命治療技術の進歩 ⇒ 生命の価値が問われる
⑦**脳死と臓器移植**…**臓器移植法**では，条件を満たした場合に，**脳死**判定を行ったり，移植のための臓器を死体や脳死の人の身体から摘出し，移植手術をすることができるとしている
⇒ 2009年の**改正臓器移植法**の成立により，本人の意思が不明の場合も，家族の同意があれば臓器提供が可能になった

ポイント解説

A 科学技術の光と影　**科学技術の発達**は，日常生活を便利に，快適に，豊かにした。しかしその半面で，化学物質による汚染など様々な問題が生じている。

B 生命工学の発達　体細胞**クローン**動物は続々と誕生しており，将来的にはヒトへの応用が可能という見方もあるが，倫理的な問題があり，規制されている。**遺伝子組みかえ**作物は農業生産性の向上につながるが，長期的な安全性を心配する声もある。**iPS細胞(人工多能性幹細胞)**を使用した**再生医療**が注目を集めており，研究が進められている。**ヒトゲノム**の解読により，遺伝子研究は新たな局面を迎えているが，生命の問題について考える必要も出てきた。

C 生命に関わる問題　医療技術の発達により，**着床前診断・出生前診断**が可能になったが，「命の選別」につながらないような配慮が求められている。人間としての尊厳を保ったまま死を迎える**尊厳死**，耐え難い肉体的苦痛があり，回復の見込みがない場合に本人の意思に基づいて積極的な方法で死を迎える**安楽死**，積極的な医療介入を行わず，緩和ケアを行う**ホスピス**など，「最期」の迎え方に関する考え方は多様化している。人の命に関する技術が発達したことで，**生命倫理**の問題は複雑化している。

4 世界の人口・食料問題

A 人口問題 (⊃p.344)

①**人口爆発**…世界人口が急激に増加しており，特に発展途上国の人口爆発が著しい
├背景…衛生状態の改善などによる死亡率の低下，労働力の確保や宗教などを理由とした出生率の高さなど
└影響…人口増加に食料生産や都市化が追いついておらず，**貧困・飢餓**が生じる
②**人口爆発への対策**…国連人口基金(UNFPA)による広報・教育活動など
⇒ **国際人口開発会議**では，**性と生殖に関する健康／権利**(リプロダクティブヘルス／ライツ)という考え方が提唱された

B 食料問題 (⊃p.345)

①**食料分配のアンバランス**…食にあふれる先進国と，**飢餓**問題が生じる発展途上国
⇒ 先進国・発展途上国ともに，**食品ロス**が問題となっている。食品ロスは，環境悪化や，人口増加による食料危機への対応が難しくなることが心配される
②**飢餓や食料危機への対策**…FAO(国連食糧農業機関)による栄養改善，WFP(国連世界食糧計画)による食料支援，代替食，フードバンク活動など

ポイント解説

A 人口問題　アジア・アフリカ地域を中心に，**人口爆発**が生じている。一方で，先進国は少子化などにより，長期的には人口減少に向かいつつある。発展途上国では，人口爆発に対して生産が追いつかず，**貧困**や格差，**飢餓**などの問題が生じている。**国連人口基金**(UNFPA)は，家族計画の推進，避妊薬の開発，広報・教育活動などを行っている。

B 食料問題　先進国と発展途上国では，食料分配のアンバランスが生じている。また，**食品ロス**は世界中で生じており，深刻な問題となっている。食料問題に対しては，国連機関である**FAO(国連食糧農業機関)**や**WFP(国連世界食糧計画)**による支援が行われている他，代用肉や「昆虫食」などの代替食の開発，フードバンク活動などが行われている。

探究スキル1(➡p.10), 探究スキル2(➡p.13)もチェックしよう！

探究スキル3

「主体的・対話的で深い学び」 虎猫の巻

課題を見つけ、解決しよう！

現代社会には様々な課題がある。私達は次の時代を担っていくものとして，それらの諸課題に取り組んでいかなければならない。問題の解決のためには，まずは問題を多角的に(倫理，社会，文化，政治，経済など)分析し，「その問題の本質は何か」を見極め，その問題に対し多様な意見，立場があることを知る必要がある。その上で，私達は「何をすべきか」「何ができるのか」を総合的に考えていかなければならない。

ここでは，課題を見つけ，解決策を考えるにはどうしたらよいかを学んでいこう。

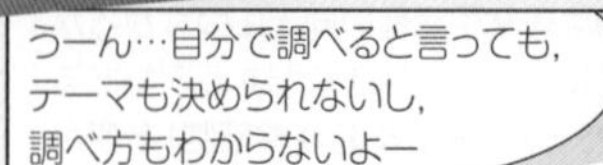

どうやって進めたらいいの？

うーん…自分で調べると言っても，テーマも決められないし，調べ方もわからないよー

政治とか経済とか難しいし，キョーミないし，自分で調べるのめんどくさーい

わっ何?!

興味ない，めんどくさいとは聞き捨てならない…！猫の巻…いや虎の巻を進呈するから極意を学ぶのだ！

…あなた誰?

猫がしゃべってる…夢かな…?

「主体的・対話的で深い学び」の進め方

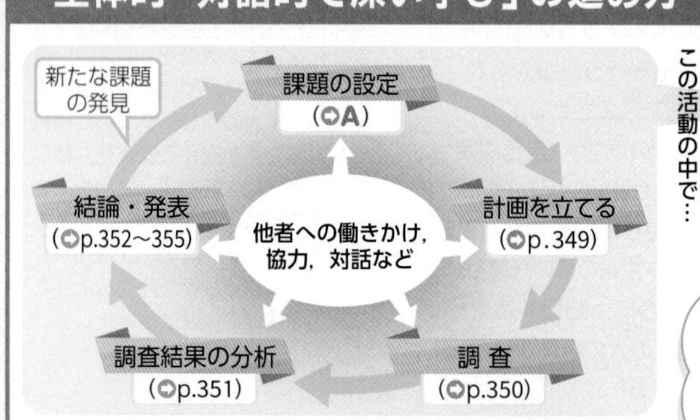

この活動の中で…

- 私達は何を知っていて，何ができる？
- 知っていること・できることをどう使う？
- どのように社会や世界と関わり，生きていく？

考え・取り組むことで…

様々な場面で使える力に！

活動を通して，自分の考えがどう変わったのか，どのような知識や能力を身につけたのかをふり返り，次の学びにつなげていくことが大切だよ。

A 課題を設定しよう

step 1 大まかな課題を見つけよう

資料集・教科書・新聞・本・雑誌・テレビ・インターネット，友達・家族・先生との会話などから，興味・関心のあることや，疑問に思ったことを書きだしてみよう。

その中のいくつかを課題案としよう。

step 2 課題を絞りこもう

一つひとつの課題案に対して，興味のある点，疑問点を洗い出し，調べ方についてもアイデアを出してみよう。

みんなで話し合いながら意見，アイデアを出し合ってもよい。出たアイデアを図にまとめながら話し合いをすると，みんなで考えを共有しながら議論ができるし，それぞれの考えを整理するときに便利だよ。その中から，具体的で，最も興味深く，調べ方の見通しが立っている課題を1つ選びだそう。

課題の絞り込みに使える，思考を洗い出し，整理するためのスキルを紹介するよ。右ページを見てみよう！

色々ある！思考のスキル

アイデアを出したい！

ブレーンストーミング

あるテーマに対して自由に意見を出し合い，アイデアを引き出すための発想法。

やり方のポイント

①奇抜（きばつ）な考えやユニークなアイデアは大歓迎
　これまでの考え方や先入観にとらわれず，自由に考えよう。

②人のアイデアを批判しない
　批判されると，アイデアを出しにくくなる。批判や評価をせずに，人のアイデアを受け止めよう。

③他の人が出したアイデアを生かそう
　他の人のアイデアに対して，「こうするともっといいんじゃない？」と発展させるアイデアを出そう。

④質より量
　質を気にするより，どんどんアイデアを出そう。

物事の重要度が客観的にわかる！

ダイヤモンドランキング

あるテーマに関連する複数の事柄を，重要度に応じて順位をつけ，ひし形に配置することで，自分の価値観を客観的にみる手法。

カードやふせんに考えを９つ書き，重要度に応じてひし形に配置しよう。

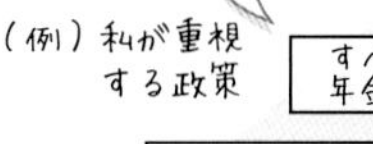

（例）私が重視する政策

すべての人に年金を保障

消費税を５％に　失業者への支援

再生可能エネルギーの推進　高校授業料無償化　待機児童の解消

原発の廃止　奨学金制度の充実

大企業の税金値上げ

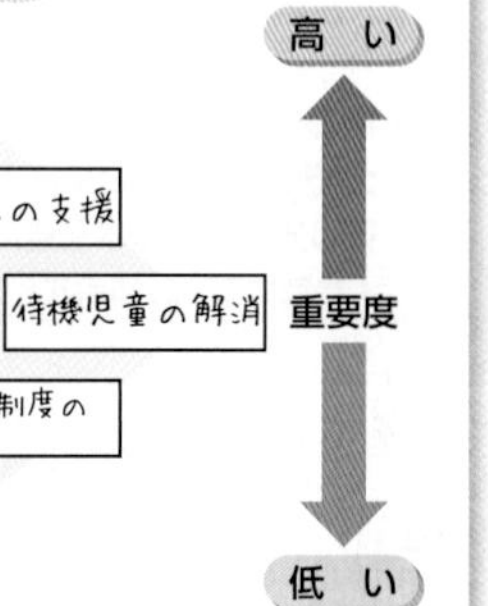

思考を整理したい！

マインドマップ

あるテーマから連想されることばやイメージを放射（ほうしゃ）状に書き連（つら）ねていく手法。自分の考えを目に見える形で表すことによって，思考を整理することができる。

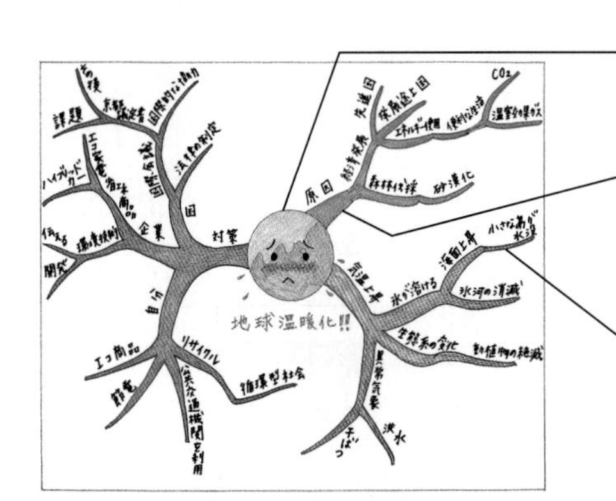

①紙の真ん中に，中心となるテーマを絵で描く。

▼

②中心から太く大きな枝（メイン・ブランチ）を伸ばし，テーマから連想することばを書く。

▼

③木のようにさらに枝（ブランチ）を伸ばしていく。枝は離さずに描き，木の枝のようにだんだんと細くしていく。

明らかにしたい課題は，「○○について」という形よりも，**「なぜ～か？」「～はどうすべきか？」という問いの形で立てる**と，方向性が絞（しぼ）られて，調査や分析をするときに，すべきことが明確になるよ。

B 計画を立てよう

課題が決まったら，計画を立てよう。計画書には，次のようなことを書こう。

①研究課題	何を明らかにしようとしているのか。	（例） なぜふるさと納税は人気なのか？
②仮説	調査の結果，明らかになると考えられること。	・各地のおいしいものや特産品などが得られる ・節税になる
③調査方法 （➡p.350）	いつ，どこで，誰（だれ）が，何を，どのような方法で調査するか。	・今週／Aさん／ふるさと納税をしている人の数はどれくらいか（インターネット） ・来週／Bさん・Cさん／ふるさと納税のしくみと，メリット・デメリット（図書館）
④まとめ方 （➡p.352）	どのような方法でまとめるか。	・各自で調べたことを持ち寄り，レポートにまとめる ・レポートをもとに模造紙にまとめ，プレゼンテーションを作成する

POINT1 計画は，思い通りに進まないことも多い。ゆとりをもって立てよう。また，状況に応じて柔軟（じゅうなん）に見直していこう。

POINT2 仮説を裏付けるような調査結果が得られなくても，なぜ仮説通りの結果にならなかったのかを考察しよう。そこから新たな結論が生まれたり，次の仮説につながっていくよ。

C 調査しよう

それぞれの調査の長所・短所を理解したうえで，目的に応じた調査方法を選び，調査をしよう。複数の方法を組み合わせるのもよい。調査したことは，カードやノートにまとめておこう。その際，調べた日時，情報源，調査結果，自分の意見なども書き留めておこう。

01 書籍

○ 信頼性が高い。内容がまとまっている
× 最新の情報を反映していないことがある

探し方のポイント

- 図書館の検索機や書店のウェブサイトなどで，分野や書名をもとに探す。
- 同じ分野で他の本を見たいときは，本の巻末などにある，「参考文献」の情報をヒントに探すと見つかりやすい。

◀**辞書・統計本類** 調べ始めに役立つ。最初に用語の正確な意味を確認することで，思い込みや誤解による間違いを防げる。統計本には，統計の分析や，統計に関する近年の日本・世界の動きなども書かれている。

02 インターネット

○ 世界中の最新情報を手早く入手できる
× 信頼性に欠けるものがある

探し方のポイント

- 公的機関(政府，省庁，独立行政法人など)・研究機関(大学，資料館など)・大企業(新聞社，テレビ局)などのウェブサイトの情報は，信頼性が比較的高い。
- その情報がいつ掲載されたものかを必ず確認する。

検索のコツ (例:景気動向指数を知りたいとき)

景気動向指数 site:go.jp ［検索］

特定の機関のウェブサイト内の情報を探したいときは，「site:」+ドメイン名を入力。(「go.jp」は日本政府のドメイン名)

03 新聞

○ 信頼性が比較的高い。日々刻々の変化がわかる
× 書き手の視点に制約される

探し方のポイント

- 図書館には，過去の新聞も縮刷版として保管されている。テーマ別の切り抜きもある。
- 報道の仕方がそれぞれの新聞社によって違うので，複数の記事を見る(▶)。

各紙，次のような判断基準で１面を決めているよ。
①社会的な重要性(国民生活に関係が深いか)
②読者の興味・関心(読者が読みたいと思うか)
③内容のおもしろさ(読者がおもしろいと感じるか)
トップ記事だけではなく，見出しのつけ方，社説などにも各紙の考え方が反映されているので，比べてみよう。

同じ日の朝刊でもこんなに違う！

(「朝日新聞」2010.10.26)　(「毎日新聞」2010.10.26)　(「読売新聞」2010.10.26)

04 電話取材

○ 専門家の最新の話が聞ける
× 長時間の話はできない

聞き方のポイント

- 必ず身元を明らかにし(学校，学年，名前など)，どのような目的で話を聞きたいのか，十分に説明し，同意を得た上で行う。
- 相手の都合を尊重する。
- さらに詳しい話を聞きたい場合は，面会のお願いをする。

そんなに緊張しなくても大丈夫だよ

お,お,お,おそれいります!
わ,わ,わ,わたくし…

05 資料館・博物館

○ 実物を見ることができる。専門家から話を聞くことができる
× 写真やコピーをとれないものが多い

利用のポイント

- 専門家の話が聞きたい場合は，事前に約束をしておく。
- 最初に学校名，学年，名前，取材目的を伝える。
- 校外で人に会うときは，必ず先生に事前に報告する。

06 アンケート

○ 多くの人の意見をまとめて調べられる
× 多くの人の協力が必要

実施のポイント

- 調査の目的を必ず説明する。
- アンケート結果を目的以外に利用しない。
- アンケート用紙の最後に，協力のお礼を入れる。

D 調査結果を分析しよう

1 資料の分析

集めた情報は，比較をするとわかりやすくなる。比較して分析する方法には，次のようなものがある。

❶ 表による比較

各比較項目について，どの観点に特徴があるかがわかりやすい。

(例)　↓比較する対象

	スーパー	コンビニ	百貨店
品揃えがよい	△	×	○
安い	○	△	×
営業時間が長い	△	○	×
身近な場所にある	△	○	×
詳しい説明が聞ける	△	×	○

↑観点

❷ ベン図による比較

2～3のものの共通点や相違点を比較するのに適している。

(例)

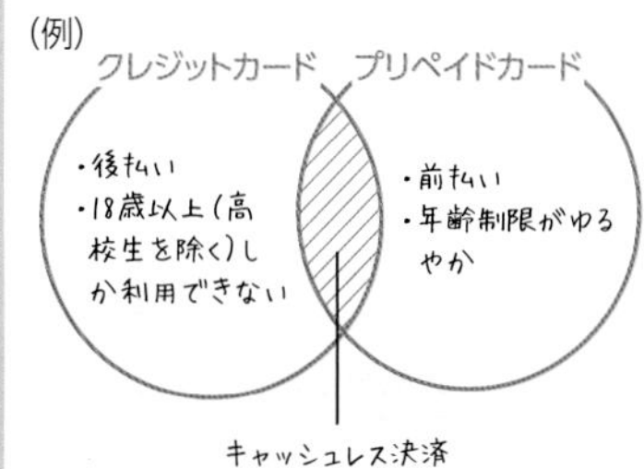

❸ ポジショニング法による比較

比較するものが，全体のどの位置にあるかがわかりやすい。中央の交点から離れるほど，観点が大きい(小さい)。

(例)

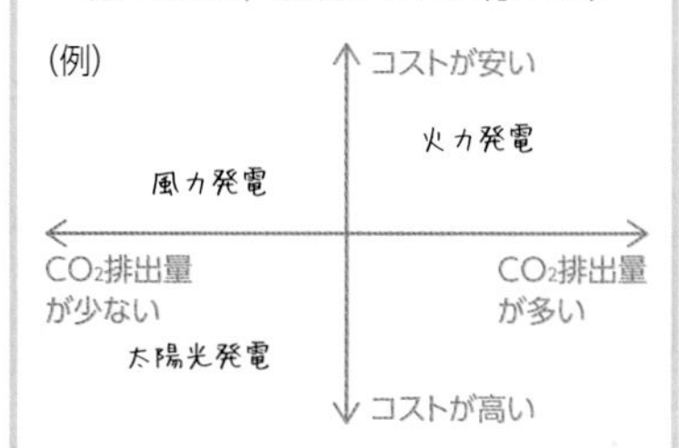

2 統計の読みときポイント

統計を見る前にCHECK!

- □ 信頼のおける統計調査か？
- □ 調査人数はどれくらいか？少なすぎないか？
- □ 調査対象はどのような人か？特定の集団に偏っていないか？
- □ 調査地域に偏りはないか？
- □ いつの調査か？目的の時期の調査か？
- □ 単位は何か？割合か実数か？千，万，億，兆などにも注意！

●オススメ統計サイト

e-Stat
(政府統計の総合窓口)
www.e-stat.go.jp

政府の実施するさまざまな統計のデータが見られる。なお，ここで見られるのは数値データが中心なので，グラフや表などが見たい場合は，各省庁のサイトに掲載されている白書を見るとよい。

❶ 見た目に注意！　■ゴミの年間排出量の推移

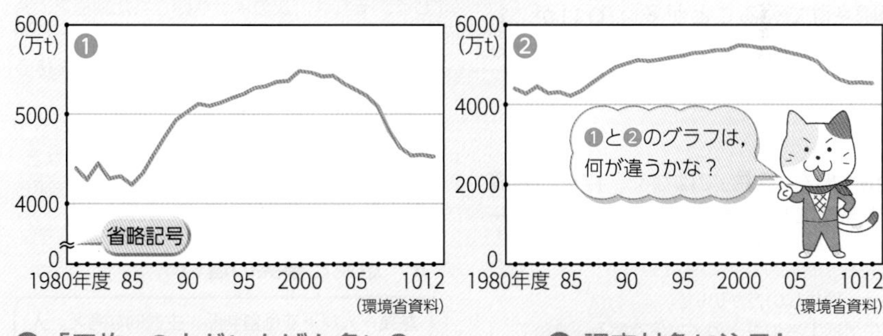

(環境省資料)

POINT 左の2つのグラフは，見た目は違うように見えるけれど，**同じデータを使っている**。❶のグラフは，❷のグラフよりもタテメモリの間隔が広いので，増減の変化が強調されて見える。グラフに省略記号がついているときは，メモリの取り方に注意しよう。

❷ 「平均」の人がいちばん多い？

■日本の人口ピラミッド

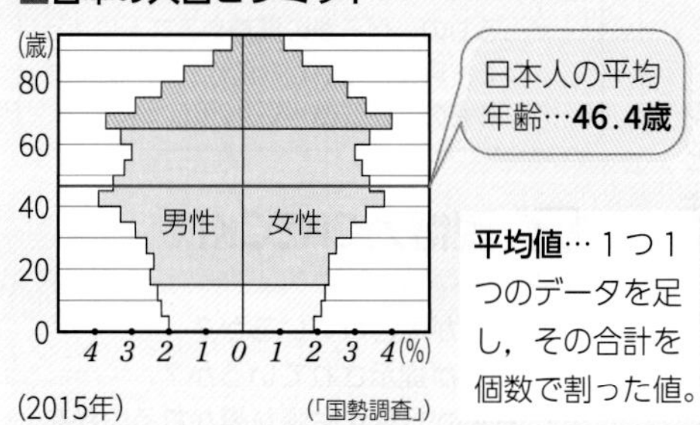

(2015年)　(「国勢調査」)

平均値…1つ1つのデータを足し，その合計を個数で割った値。

POINT 「平均」はある集団の中でいちばん多い値…というイメージがあるけれど，それは間違い。上のグラフのように，平均の人が最も多いわけでもない。平均だけではなく，個々のデータを見ないと実態はつかめない。

❸ 調査対象に注目！

■雇用形態の割合

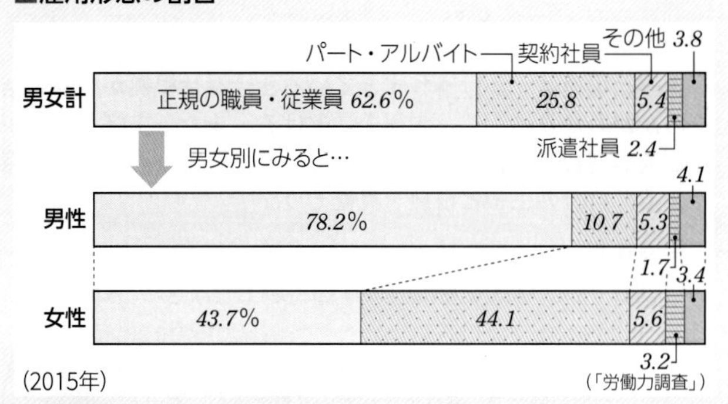

(2015年)　(「労働力調査」)

POINT 性別・年代・地域・所得など，様々な区分でデータをより細かく見てみると，全体の数値に表れないことが見えてくる。

E 考えをまとめよう

1 レポートのまとめ方

レポートは，**序論・本論・結論**でまとめよう。書き出す前に，骨格となる構成メモを作ってからまとめると，書きやすくなる。

①序論	テーマを提示し，レポートの目的を述べ，どのような結論を導くものかを明確にする。
②本論	調査方法と結果，結果に対する考察を述べる。
③結論	②からわかった結論をまとめ，感想や意見，今後の課題などを書き添える。
参考文献	調査に使用した文献や資料を提示する。一般的には，著者名，『書名』，発行所，発行年の順に書く。ウェブサイトの場合は，タイトル・URLのほかに，閲覧日も書く。

2 説得力のある主張をするには

❶ 主張・根拠・論拠をそろえよう

集めたデータ(**根拠**)から，どのようなことが言えるか(**主張**)，そして，その根拠と主張がなぜつながるのか(**論拠**)をまとめよう。この３つは，次の図のような関係になっている。

根拠　主張を導くもとになる証拠・データ。(➡❷)
→ **主張**　自分が言いたい事。結論，判断。
論拠(理由付け)　根拠から，なぜ主張が導かれるかを説明するもの。根拠に意味づけをするもの。

(参考：福澤一吉『議論のレッスン』NHK出版)

論拠は，ふだんの会話では隠されていることが多い(➡Ⅰ)が，レポートや論文，議論などでは，**この論拠を明らかにすることによって，説得力が増す**。

❷ どのような根拠が適切か

主張のもとになる根拠は，個人的な「**意見**」ではなく，誰にでも確認が可能な「**事実**」であることが望ましい(➡Ⅱ)。調査して集めたデータなどを根拠として示そう。

× 化石燃料は環境に悪い。だから，使わない方がいい。
○ 化石燃料のCO_2排出量は，再生可能エネルギーの××倍である。よって，化石燃料は，再生可能エネルギーよりも地球温暖化への影響が大きい。

❸ 主張と根拠の飛躍

主張と根拠は，かけ離れすぎていると，なぜ根拠が主張に結びつくのかがわかりにくく，説得力に欠ける。また，主張と根拠がほとんど同じ場合，主張する意味がなくなってしまう。これらの点に注意して，自分の主張と根拠を見直そう。

× 地球の気温が上昇しているので，トウモロコシを植えるべきだ。
× 遺伝子を組み換えるので，遺伝子組み換え食品はやめた方がよい。

書き上げたレポートは，時間が経ってからもう一度見直そう。客観的に自分の文章を読むことで，改善点が見えてくるよ。

●表現をくふうしよう

読み手にわかりやすいレポートにするために，次のようなくふうをするとよい。

- **目次**をつける。
- **見出し**をつける。
- **グラフ**や**表**をいれる(➡p.353)。
- **写真**や**イラスト**を効果的に配置する。
- **簡潔な文章**を心がける。箇条書きにするなど，一文一文が長くならないようにする。
- 調べたことと，自分の意見をしっかりと**区別**する。

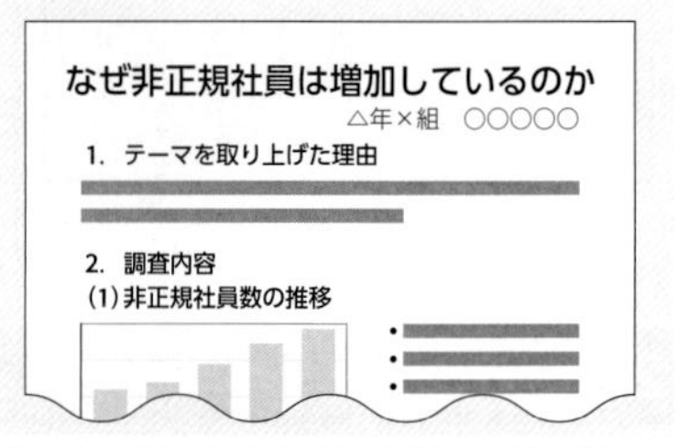

Ⅰ　隠された論拠の例

どうして昨日の部活に来なかったの？
風邪をひいちゃって…

Aさん

Bさん

Aさんが「どうして」と**理由**とたずねているのに対して，Bさんは「風邪をひいた」と**事実**で答えている。しかし，会話が成立しているように感じる。それは，次のような隠された論拠を，AさんとBさんが共有しているからである。

- 風邪をひいている人は安静にしていたほうがよい
- 風邪をひいている人は，他者に風邪をうつさないように，出歩かない方がよい　など

論拠が共有されていない場面では，論拠を明らかにすることで説得力が増す。

Ⅱ　意見と事実の違い

意見…人が下す価値判断。主観的な考え。人によって異なる。
事実…証拠をあげて，裏付けをすることができるもの。何らかの調査やテストによって，真実かどうかを客観的に判定できるもの。

説得力CHECK!

- □ 主張が示されているか？
- □ 根拠が提示されているか？
- □ 根拠からなぜ主張が導かれるのかを説明する論拠（理由付け）があるか？
- □ 根拠から主張へ飛躍しすぎていないか，同じ内容になっていないか？

3 効果的なグラフ・図を入れよう

レポートを視覚的にわかりやすいものにするには，集めたデータをグラフや図にするとよい。各グラフ・図の性質を理解して，示したいデータが最も効果的に見せられるようなものを入れよう。

❶ 棒グラフ
数量の変化を見せるのに効果的！

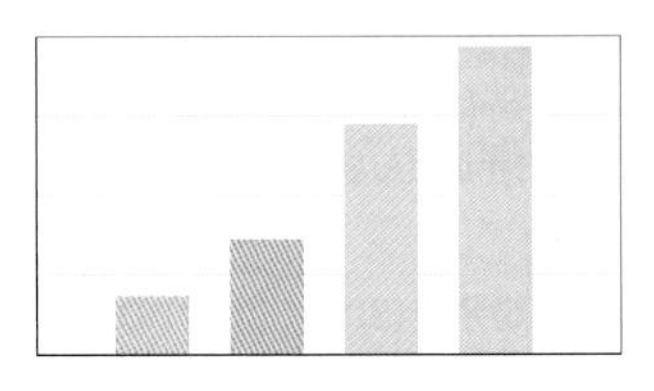

実際のグラフを見てみよう！ ➲p.199 4 ❶

❷ 折れ線グラフ
時系列の変化を見せるのに効果的！

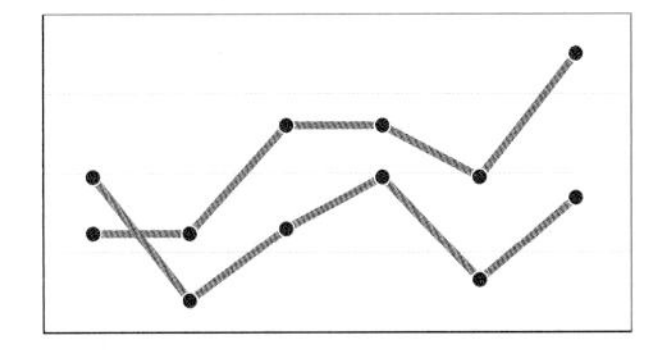

見てみよう！ ➲p.198 1

❸ 円グラフ
割合を見せるのに効果的！

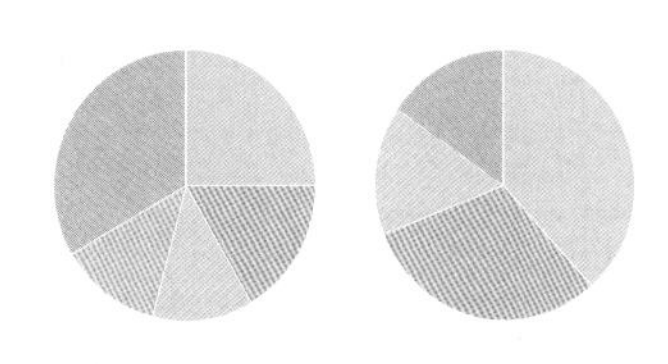

見てみよう！ ➲p.168 4

❹ 帯グラフ
割合の変化を見せるのに効果的！

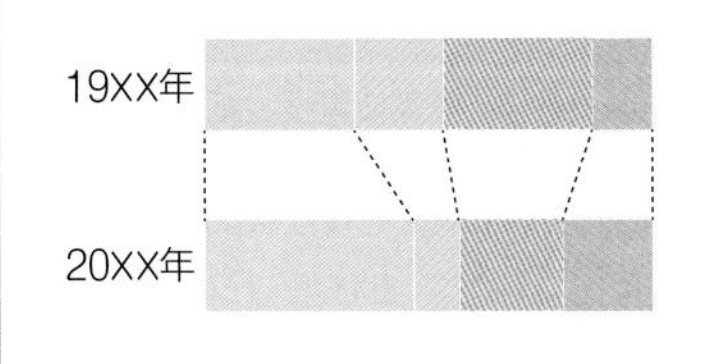

見てみよう！ ➲p.179 3

❺ 散布図
2つの関係を見せるのに効果的！

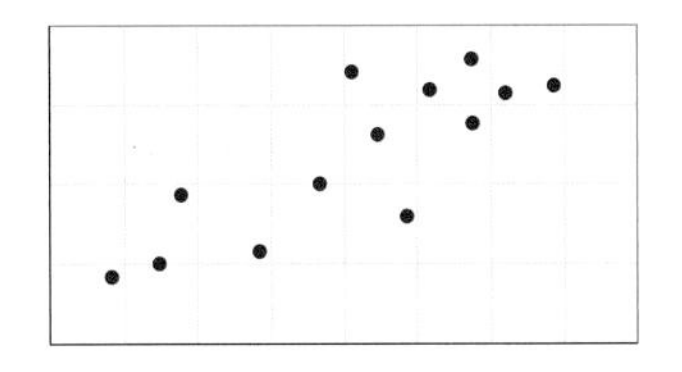

見てみよう！ ➲p.227 C ❶

❻ 主題図
地理的な特徴を見せるのに効果的！

見てみよう！ ➲p.345 1

クイズ　次のA～Fは，上の表❶～❻のどの種類のグラフ・図を使うと最も効果的にデータを見せられるかな？

A　日本の歳入の内訳(%)
B　1970年度と2022年度の日本の歳出の内訳の比較
C　各国の１人当たりGDPの比較
D　世界の主な国際問題・紛争
E　１人当たりGNIと１人当たりエネルギー消費量の関係
F　円相場の推移（すいい）

(答えはp.354のページ下)

	A市	B市
人口密度	1310.9人/㎢	54.2人/㎢
老年人口の割合	22.9%	43.9%
森林面積の割合	66.7%	83.9%
宅地面積の割合	19.6%	1.6%

● 実際のグラフの例

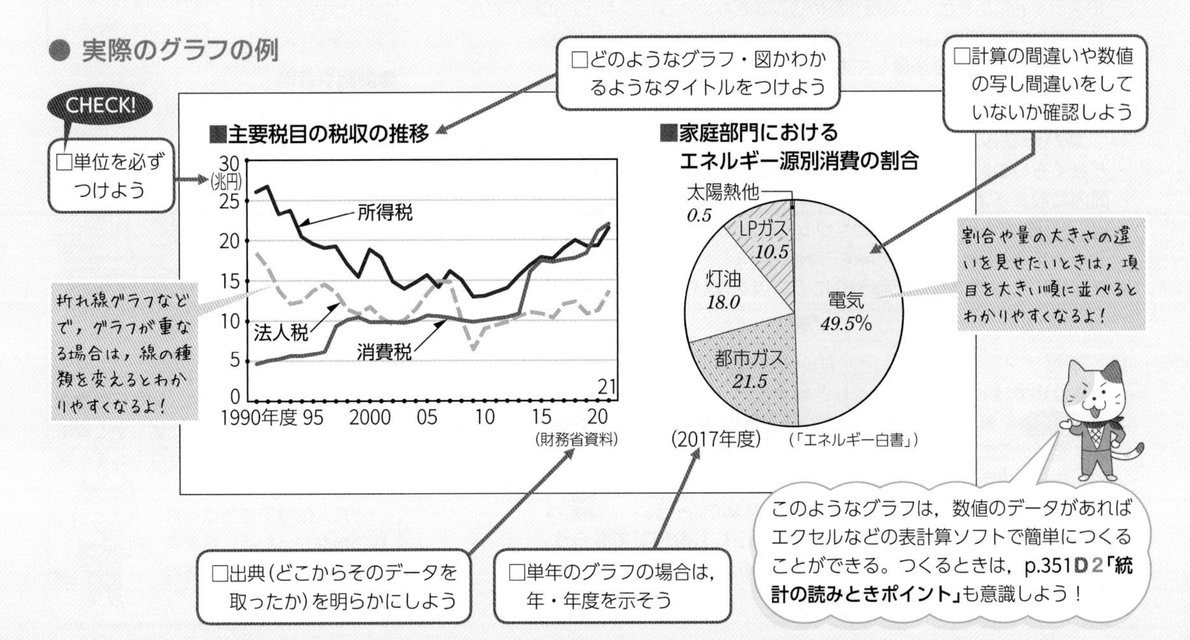

F 発表しよう

1 プレゼンテーション

❶ プレゼンテーションとは？

発表者が聞き手に対して，考えや意見を提案し，聞き手の理解を得る活動。資料や道具を効果的に使い，聞き手の心をつかむ魅力的なプレゼンテーションをしよう。

❷ プレゼンテーションの構成

まず，発表内容の全体の構成を考えよう。構成の例としては，右のようなものが考えられる。発表の構成はレポート(➡p.352)と似たものになる場合が多いので，レポートをすでに書いている場合は，レポートを参考にして構成を考えよう。

プレゼンテーションは，**適切な時間配分**と，**効果的な資料の提示**が重要。定められた時間制限の中で，各発表項目について，どこまで詳しい情報を加えるか，調整しよう。

プレゼンテーションの構成例
（10分の場合の例）
- **発表の背景と目的**（２分）
- **調査内容**（３分）
- **調査に基づく考察**（３分）
- **まとめ**（２分）

聞き手が持っている知識や，発表の目的に合わせて，どこに時間を割くのか考えよう。

❸ プレゼンテーションの流れ

A 発表プログラムの作成
- 持ち時間，会場の広さ・設備，参加人数の確認
- グループ発表の場合は，役割分担を決める。
- 発表の台本・進行表をつくり，使用する資料，道具，資料の提示のタイミング，発表者の立ち位置などを考える。

▼

B 資料作成
- 発表用資料(➡Ⅰ)を準備する。

  POINT 情報は短く端的にしよう。「読んで」わかるのではなく，「見て」「聞いて」心に残ることが大切。プレゼンテーションソフトを用いる場合は，１つのスライドにたくさんの情報を詰め込みすぎないようにしよう。30秒でわかる程度の情報が望ましい。
- 質問に対する答えを準備しておく。

▼

C リハーサル
- どれくらいの時間がかかるかを実際に試して，時間内に収まるように調整する。

  POINT 本番でうまくいかなかったときのために，カットする場面をあらかじめ決めておくとよい。
- 聞き手になったつもりでわかりにくい点を洗い出し，発表を見直す。

▼

D 本番
- 大きな声ではっきり，ゆっくりと話す。

  POINT 原稿の棒読みにならないように気を付けよう。相手の反応を見ながら，身振り，手振り，アイコンタクトを入れて話そう。発表に慣れてきたら，発表用資料は要点のみをまとめたものにして，自分の言葉で話そう。

- クイズや問いかけなどを取りいれ，聞き手にも参加してもらう。
- 最後に結論，主張をはっきりと聞き手に伝える。
- 聞き手も，積極的に参加する(➡Ⅱ)。

POINT プレゼンを考える前に，次の３点を明確にしよう。
(1)**発表の目的**（何のために発表するのか。情報提供か，問題分析か，新たな提案か）
(2)**明らかにしたい課題と結論**
(3)**聞き手にどんな知識や関心があるか**

●短時間発表（30秒～１分）の場合…

①**結論**
「私は…と考えます。」

▼

②**根拠・論拠**（２個程度）
「なぜなら，……だからです。」

◎発表内容を簡潔に黒板・紙フリップなどにまとめて発表すると，話しやすく，聞き手の記憶にも残りやすい。

Ⅰ 様々な発表用資料

●プレゼンテーションソフト

図や写真を大きく示せる，指示棒などが使える

地球温暖化の原因①

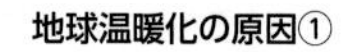

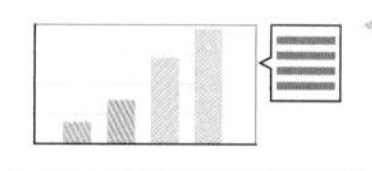

〇 図やグラフを効果的に使い簡潔にまとめる

✕ 文字が小さい 文章が長くて多い

地球温暖化が進んだ原因は、第一に、CO_2排出量が世界的に増えたことにある。
→1960年の排出量と比べて、2016年は○倍まで増加した。

●動画や音声

静止画よりも注意をひきやすい

●実物・パンフレット

説得力を高める

➡（例）フェアトレード商品

Ⅱ 聞き手のポイント

プレゼンテーションは，**聞き手の役割も重要**である。聞き手は，話し手と視線を合わせて，納得したときはうなずくなど，協力的に聞こう。

また，納得できた点・納得できなかった点，発表者に聞きたいことなどがあれば，メモしておこう。

 p.353クイズの答え…A：❸ B：❹（別解：❸） C：❶ D：❻ E：❺ F：❷

2 ディベート

❶ ディベートとは？

　あるテーマについて，肯定(賛成)と否定(反対)の２つの立場に分かれて，討論を行うこと。しっかりとした根拠に基(もと)づいて主張することが求められる。

　勝敗にこだわることよりも，テーマをそれぞれの立場から見たり，様々な角度から検討したりすることで，**テーマに対する理解を深める**ことが大切。

ディベートをすることで，**問題に対する理解力・分析力，論理的に議論する力**がつくよ。

❷ ディベートの進め方

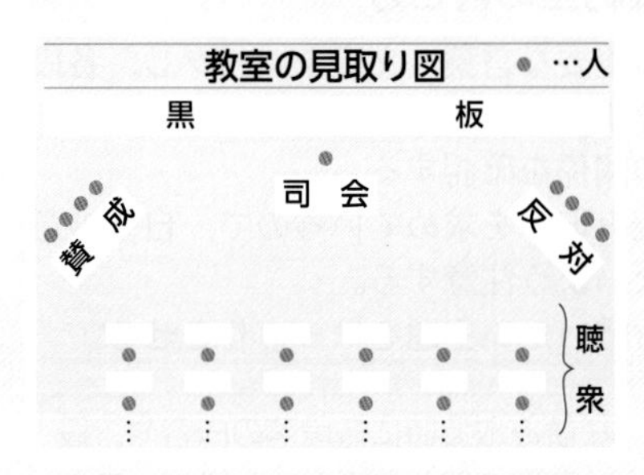

賛成・反対は必ずしも自分の本心と同じである必要はない。反対の立場で考えるのも，物事を深く考えるのに役立つよ。

●準備しておくとよいもの

□主張を整理したメモ
出だしの言葉を決めておくとスムーズに話し出せる。

出だし　私達は男性の育児休業取得を義務化すべきだと考えます。
根拠1　取りたくても取れない人が取りやすくなる・・・

□主張の根拠を示す模造紙(もぞう)・配布資料
具体的な数値があると説得力が増す。

否定　男性の育児休業取得を義務化すべきではない
1. 育休に関するアンケート調査
「育休を取得しない理由」

□相手の主張・質問を予想し，反論・回答やその根拠となる資料
慌てずに論理的な反論・回答ができる。

●予想される否定側からの質問
質問　経済的な事情で育休を取得したくない人はどうするのか。
→海外の補助金制度の事例を紹介

□参考になりそうな本・資料
予想外の質問にも答えられる。

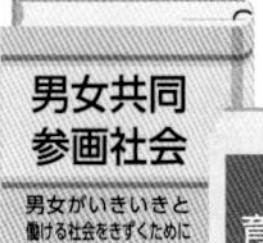

●ディベートの基本的な流れ

局面	内容	時間(例)
立論	明確な根拠を示し，テーマに対する主張をする	各５分
作戦タイム		３分
反対尋問(じんもん)	相手の根拠の不備(ふび)を指摘する	各３分
作戦タイム		３分
反駁(はんばく)	反対尋問をふまえ，自分の主張の正しさを説明する	各３分
最終弁論	討論をふまえ，それぞれの主張が正しいことを主張する	各３分
判定	観点に基(もと)づいて判定を行う	

❖判定ポイント

□わかりやすい発表だったか？
□十分な声の大きさで，聞き取りやすい速度だったか？
□説得力があったか？
□相手の論理を崩(くず)していたか？
□資料を適切に提示できたか？

<注意点>

- 自分の考えと似ている・似ていないことを理由に，判断しないこと。
- 話し手の話し方，性格など，表面的なことに左右されて，判断しないこと。
- 議論の一部分のみを取り上げて，判断しないこと。全体を見て判断する。

聞き手は，自分の考えはいったん置いておいて，肯定側・否定側の意見に耳を傾(かたむ)けよう。

▼ディベートが終わったら…

◆自己評価しよう！(Ａ・Ｂ・Ｃの三段階)
(1) 立論は論理的に行えたか？……………………………………(　　　)
(2) 的確に質問ができたか？……………………………………(　　　)
(3) 質問に適切に答えられたか？…………………………………(　　　)
(4) 最終弁論では，要点をおさえた内容になっていたか？…(　　　)
(5) 話し方や態度，時間配分はよかったか？……………………(　　　)

ここまで学習をしてきてどうだった？

ヤッター★
さあドラマ見よ〜
ガクッ

　課題を見つけ，解決策を考えることを通して身につく力は，大学に入った後や，社会人になってからも求められる力である。身近なニュースや話題に常にアンテナを張り，課題を見つけ，考えていくクセをつけよう！

A 小論文の基本

1 小論文と作文の違い

作　文	•自分の感想や印象を述べる。
小論文	•社会現象，問題を分析したり，それに関する自分の見方や考え方を述べる。 •読み手に正確に意見もしくは意思を伝えるために，筋道の通った論理的な文章を書く。

2 小論文の手順，時間配分（100分の場合）

① 設問文の読み込み（5分）
↓
② 課題文，資料等の読み込み（15分）
↓
③ 構成メモの作成（20分）
↓
④ 文章化（30分）
↓
⑤ 推　敲（10分）
↓
⑥ 清　書（20分）

①〜③に十分に時間をかける。構成がしっかりしていれば，文章化にはあまり時間はかからない。推敲は落ち着いて必ず行うこと。

3 設問文を読み込む

•何が問われているのか，条件は何か，何を論述すればよいのか。
•自分の意見が求められているのか，資料などの客観的な読み取りが求められているのか。

出題者の意図を見抜こう。

4 問題のパターン別小論文の書き方

●問題パターン

①課題文要約型	題材として与えられた文章の要約が求められる
②論題型	「〜について述べよ。」という論題が与えられ，その論題に関する自分の考えをまとめることが求められる
③資料読み取り型	題材として与えられた資料（グラフ，図表，絵など）が示す意味や問題点を読み取り，自分の見方，考え方をまとめることが求められる

①〜③のパターンは併用されることが多いよ。

課題を見つけ，解決しよう！
（➲p.348〜355）のコーナーも参考になるよ。確認してみよう！

❶ 課題文要約型の書き方

•読みながら重要な言葉，文章をマークし，各段落の内容をまとめる。
•段落相互の関係を確認する。
•客観的な読み取りを求めているので，自分の意見を交えないよう注意する。
•著者が最も言いたい主題をはっきりさせる。

読み取る時に各段落の内容や，段落間の関係をまとめた構成メモを作ると頭の中が整理できるよ。

❷ 論題型の書き方

(1)論題型のいろいろなパターン

題材がある場合	題材の中に論述すべき内容のヒントや出題者の求めているものが隠されているので，よく題材を読み込む。
使用すべきキーワードが与えられている場合	キーワードから連想されるものを書き上げ，つながり，構成を良く練って論述する。

(2)書き方のコツ

•最初に結論を決定する。結論は独創性に富んだものの方が高く評価される。
•しかし，筋道の通った論理で結果を導かなければならない。論理的な文章が構成できない場合には，結論を考え直す。
•結論の妥当性を根拠づける客観的，具体的事例や自分自身の経験などをあげる。
•各段落の内容や具体例，段落間の関係をまとめた構成メモを作ってから文章化する。（➲p.357 5）

❸ 資料読み取り型の書き方

(1)資料を読み取るために

•資料が示している内容の意味や問題点を把握し，その現象の原因を考える。
•資料が複数ある場合には，各資料が示している内容の関連性を考える。
•資料を提示した出題者の意図を見抜く。出題者の意図とは全く逆の資料の見方をしても説得力があれば高評価が期待できる。

(2)書き方のコツ

- 資料の示している内容の意味や問題点を並列して述べるだけではなく，意味や問題点などの相互関連性も論述する。
- 自分の考え方まで求められている場合には結論を明快に論述する。

5 構成メモの作成

❶ 段落構成の仕方

序論（導入，問題提起，自分の意見）

本論（論拠）

- 考察の材料（課題文・資料から読みとったこと，事実，体験など）
- 自分の考察（反対意見に対する考察を含めてもよい）

結論（自分の意見のまとめ）

- 論拠を踏まえた自分の意見

　この構成が説得力のある構成といわれる。必ずこの構成でなければいけないということではない。大切なことは，自分の意見を明確にし，説得力のある論拠を示すことである。

❷ 書き方のコツ

- 字数が500字以下のような短い小論文では，段落構成の形式にこだわることはない。
- 各段落に何を書くか。キーワードとなる言葉や文章を書き出す。
- それぞれのキーワードや文章の関係（対立，影響，理由，方法など）を明記し，矢印や線で結ぶ。
- 各段落の大まかな字数配分を決める。
- 書き出しに工夫する。読みたいと思わせるような文章を考える。

6 書き方の注意点

❶ 文章

- 文体を統一する。通常，話し言葉は避け，文末表現は常体「だ」「である」を用いる。
- 俗語や流行語を用いない。
- 字数不足，字数超過のないようにする。字数制限がある場合には，少なくとも９割以上は書く（1000字制限の場合は900字以上）。制限字数は１字でも超えない。
- 主語と述語を対応させる。
- 助詞（て，に，を，は）を正しく用いる。
- 簡潔，明快でひきしまった文章を書く。そのために，一文をむやみに長くしない。
- 疑問形の文を組み込むなど，単調化を防ぐ工夫をする。また，同じ語句や表現の重複は避ける。

❷ 推敲

- 誤字，脱字はないか。
- 不正確，不適切な表現はないか。
- 内容に不足や矛盾はないか。
- 論旨が明快で読み手が理解しやすいか。

❸ 清書

- 楷書で丁寧に書く。

7 日ごろの準備

❶ 知識の吸収

ある程度の知識がないと質の高い小論文を書くことは難しい。内容が貧弱では高い評価は得られない

課題文要約型	課題文の内容と関連する知識をもっていた方が課題文を理解しやすい
論題型	書くべき素材となる知識がないことには何も書けない
資料読み取り型	資料の示している内容に関連する知識をある程度持っていないと，その内容の意味や問題点が理解しにくい

本書を十分に活用するとともに，毎日の生活の中で，小論文で問われやすい事柄については新聞や本などで知識を吸収しておく

❷ 読むことと書くことを繰り返す

- 興味や関心，疑問をもった内容の**新聞記事**，**本**を読んで，内容を要約するとともに自分の考えをまとめる。
- 小論文の過去問題に挑戦してみる。

8 小論文でよく問われる項目

項目	割合（%）	主な内容
①社会保障	10.0%	・公衆衛生（コロナウイルス対応，医療・ワクチン問題など）・貧困・格差問題　・少子高齢社会
②基本的人権の保障	9.0	・ジェンダー平等　・多様性　・子どもや障がい者などの権利
③情報技術の進展	8.1	・AI　・ビッグデータ　・情報技術
④労　働	6.6	
⑤地球環境問題	6.2	

注：2020・2021年入試で出題された小論文のうち，公民分野に関わる問題に占める割合。

0　5　10（%）

check an essay
わかりやすい小論講座

B 実例問題

1 情報技術の進展 (2020年群馬大学)

次の文章を読んで，以下の問に答えなさい。

導入

なんでも便利だからって，産業やテクノロジーにまかせておくと，⑴僕たちの「自分」を成り立たせている，情報の生態系が破壊されてしまう可能性だってある。だから，科学技術を自然と調和しながら利用する方法を探るように，みんなが「情報のエコロジー」っていう考え方をとりいれて，情報技術をもっと自由に人間らしく使っていくにはどうしたらいいかを考えることが，とても大事だと思っています。

（中略）

事例

書かれた文字や，人から聞く話でしか物事を伝えられない時代には，見たことがないものの実際の姿については，想像するほかなかった。絵画も，実際の姿を写実的に描いたのではなく，それ自体，想像にもとづいて描かれたものも多かっただろうし，人びとが多くの絵画を自由に見られるわけでもなかった。ところが，写真や映像がやりとりされるようになると，想像力には出番がなくなってくる。産業的に大量生産されたイメージをあまりに大量に与えられすぎると，人間は自分でイメージをつくり出す力を次第に使わなくなっていってしまうんだ。イメージの過剰が，かえってイメージの貧困という事態を生み出しているということなんだね。

（中略）

想像力の貧困は，イメージが過剰なことだけじゃなくて，たとえばテレビを通じて，みんなが同時に同じイメージを受け取っていることからも生じている。どんなイメージも共有されているような世界では，あらゆることが「あ，あれね」「知ってる，知ってる」「もうわかってるよ」で済まされてしまうことになる。そこでは，それぞれの人がもつ単独性は失われて，みんなが，誰でもない，なんとなく「みんな」みたいな存在になってしまう。

想像力というのは，「実際に経験していないことを，こうではないかとおしはかる」ものでもあります。いくら同じイメージを共有していても，他の人の経験やそのときの気持ちは，本当は見えていないんだ。でも想像して「おしはかる」ことで，僕たちは他の人の経験を分かち合い，ともに手をつなぐ場所を探すことができる。一緒にアイデアを出しあって，いろんなことを計画することだって可能だ。だけど，「全部わかってる」「どうせ同じでしょ」と言って，お互いの心のなかにある「世界」に想像をめぐらさなくなると，社会はつながる力を失い，分裂してしまう。想像力には，他人を思いやることで，社会を成り立たせているという側面もあるわけだ。

まとめ

そしてもし，人びとが誰も想像しなくなる時代がきたら，なにが起こると思う？イメージを描けなくなり，他人を思いやれなくなるだけじゃないんだ。もちろんそれもとっても重大な事態なんだけど，最終的には，その世界には「未来」がなくなってしまうんです。

「未来」というのはまだ訪れていない時のことだよね。未来の世界というのは，想像のなかにしかない。そして，想像力をつかって自分たちの世界や自分の人生の未来を思い描くことで，僕たちは新しいことを企て，実行していくエネルギーを得ている。だから，想像力とは，人びとの「未来」を成り立たせている「心のエネルギー資源」でもあるんだ。

でも，この「心のエネルギー資源」は，石油や天然ガスみたいな自然のエネルギー資源に限りがあるように，間違った状況に置かれると，湧き出てこなくなってしまいます。⑵この世界の未来を持続可能なものにするためにも，みんながそれぞれの想像力をいきいきと発揮することが，絶対に必要なんです。

出典：石田英敬『自分と未来のつくり方—情報産業社会を生きる』岩波書店，2010年

（出題の都合上，一部表記を改めた。）

問１　自然環境の破壊から生態系を守ろうとするエコロジーの考え方になぞらえて，筆者は，現代の情報環境の大きな変化に対して「情報のエコロジー」という考え方を提唱している。では，下線⑴の「僕たちの「自分」を成り立たせている，情報の生態系が破壊されてしまう」とはどのような事態をいうのだろうか。本文における筆者の説明を要約しなさい。（200字以内）

問２　筆者は，想像力という「心のエネルギー資源」の大切さを主張して，下線⑵のように述べている。では，「みんながそれぞれの想像力をいきいきと発揮する」ために，いま私たちはどうすればよいのだろうか。本文をふまえて，あなたの考えを述べなさい。（400字以内）

p.356・357に掲載されている小論文を書く際のポイントを参考に，実際の入試問題にチャレンジしてみよう。また，右ページでは，実際に書く上でのポイントを解説しているよ。合わせて確認して，小論文に強くなろう！

問１にチャレンジ

文章要約型の克服
ステップ Ａ 設問文の読み込み

条件としては，
①下線(1)がどのような状態をいうのか，筆者の説明を要約。
②200字以内。
字数制限・字数配分を考えながら，まとめよう。

ステップ Ｂ 対策

極意

①段落ごとのキーセンテンス（中心になる文章）に下線を引く。左の課題文中に引かれている赤い下線を見てみよう。
②段落ごとに何が書かれているかをまとめる。
③構成メモを作ると各段落の関係をつかみやすい。下の構成メモ例を見てみよう。

●課題文の構成メモ例

「情報社会における生き方」

導入 情報社会の現状
情報化が進むことによる社会の変化

事例 想像力の貧困
①イメージの過剰
➡想像する力を使わなくなる。
②テレビなどで同じイメージを共有
➡他人の心の中の世界を想像できなくなる。
➡社会はつながる力を失ってしまい，分裂してしまう。

まとめ 未来への影響
①想像力は「未来」をつくる「心のエネルギー資源」
②「心のエネルギー資源」は間違った状況に置かれると湧き出さなくなってしまう。

解答例

問１

人びとはこれまで様々な場面において想像することにより，他人を思いやることで社会とつながったり，新たな可能性を見出したりしてきた。しかし，情報技術の発展により，自分自身でイメージをつくり出すことができなくなり，他人の気持ちを想像できず思いやれなくなってきている。その結果，経験していないことに対して発想することができなくなり，新しいことを企てられず，「未来」が成り立たなくなるという事態。（193字）

問２にチャレンジ

論題型の克服
ステップ Ａ 設問文の読み込み

条件としては，
①いきいきと想像力を発揮するために私たちができることについて，自分の考えを述べる。
②400字以内。

ステップ Ｂ 対策

極意

自分の考えが求められているので，**課題文の論評は不要**。しかし，考えをまとめる際は参考にする。

また，**課題文にない意見**を追加しないと，課題文と同じ内容になりアピール度が弱くなる。

論理的な文章が構成できない場合には，結論を考え直す必要もでてくる。構成メモを作成しよう。

参考 課題文に対する意見表明型の克服

課題文を参考に自分の考えを求められた場合は，自分の立場を明確にする。

①課題文の考えに賛成し，自分の考えを追加する
②課題文の考えに条件付きで賛成する
③課題文に反対する

①の立場は，追加する事項をしっかりアピールし，課題文と同じ内容は避ける。
②③の立場は，構成メモを見て，構成の弱いところを見つけ論述する。

解答例

問２

私たちは，情報について「消費する」ものではなく，「活用する」ものであるとの意識を持つことが必要であると考える。情報技術の発達により，例えば芸能人の名前がわからない場合などには，現在の情報環境は解決のために非常に有効に機能する。しかし，今回問われているような「どうすればよいか」というような問題を解決するためには，検索機能はあまり意味をなさない。もちろん，現在の検索機能でも解決のために必要な情報などは得られるだろう。しかし，その情報を活用し解決策を講じるのは，人間の想像力をおいて他にないのである。そのためには，得られた情報について単純にうのみにするのではなく，様々な観点から吟味することが重要であると考えられる。そうすることで，一面的でない，他者に配慮した意見が構築できるようになるはずである。そして，このような意識を常に持つことこそが，筆者の言う「想像力」の発揮につながると考えられる。（395字）

2 地球環境問題 (2021年琉球大学)

問　近年，PM2.5などを筆頭に，大気中の微粒子量が増加傾向にあり，健康被害も危惧されている。一方で，海中ではこれまで数十年間にわたって排出・廃棄されつづけたプラスチックが海洋生物に悪影響を及ぼし始めている。2020年現在，プラスチック製品の使用量や環境排出量を減らすための取り組みが各国で進んでいる一方，海洋環境中に残ったプラスチックの量はほとんど減少していない。沖縄周辺のサンゴ礁域でも，海中や底質を調べると直径５mm以下のマイクロプラスチックが見つかる。これらマイクロプラスチックはサンゴ礁の生物にどのような悪影響を及ぼすと考えられるか。具体的な例を１つあげなさい。また，その具体例に対してどのような方法で悪影響を軽減できると考えられるか。合わせて600字程度で述べなさい。

問題にチャレンジ

論題型の克服

ステップ A 設問文を読み込もう

条件としては，
①マイクロプラスチックがサンゴ礁の生物に与える悪影響を具体的な例を１つあげて説明する。
②その具体例に対して，どのような方法で悪影響を軽減できるか述べる。
③600字程度

ステップ B 構成メモをつくろう

論題型は論述の自由度が高い。その分，最初にしっかり文章構成を考えてつくる。次の構成メモを参考にしよう。

●構成メモ（生徒作品例）

第１段落　サンゴ礁への悪影響の具体例
⋮
第２段落　具体的な解決策とまとめ
⋮

ステップ C 実際に書いてみよう

自分の構成メモに合わせて，小論文を記述してみよう。小論文が完成したら，「生徒作品例」，「小論博士の添削」，「修正した小論文」を読んで，どこがどのように修正されたか順番に確認していこう。

生徒作品例

サンゴを例とする。サンゴはプランクトンをえさとしているが，誤ってマイクロプラスチックを食べることがある。マイクロプラスチックは栄養にならないので，マイクロプラスチックで満腹になると，サンゴは栄養をとれず栄養失調の状態になると予想される。また，プラスチックは汚染物質を吸着しやすく，細菌に汚染されたマイクロプラスチックを摂取すると，マイクロプラスチック自体が排出されても細菌はサンゴの体内に残ってしまい，病気になる確率が高くなる。また，サンゴは，体内の褐虫藻と共生関係にあり，サンゴが排出した二酸化炭素を褐虫藻が光合成に使用し酸素を作っているため，マイクロプラスチックを摂取することでサンゴが栄養不足になると，体内の褐虫藻も減少し，白化する。サンゴが白化し死滅すると，サンゴ礁を住処としている魚や様々な海の生物は住処や繁殖場所を失い，それらをえさとする海洋生物全体が減少する。

影響の軽減対策として，すでに海洋放出されているマイクロプラスチック，プラスチックごみの回収技術の開発が必要だろう。また，今後海中にマイクロプラスチックを排出しないため，世界全体の取り組みとして，プラスチック製品の製造と使用の削減，使用したプラスチック製品はマイクロ化する前に確実に処理すること，地上や河川からの海洋へのプラスチックごみの流出を防ぐ対策が必須と考える。(568字)

知っているサンゴの知識が明確に書けている部分はとてもよい。しかし，さらによくなるポイントがあるよ。右のページを見てみよう。

●小論文のコツ　論拠を明らかにしよう

説得力のある説明をするには，主張・根拠・論拠を揃えて説明しよう。論拠を示すことで，説得力が増すよ。

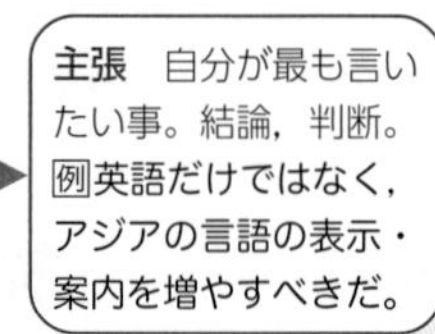

根拠　主張を導くもとになる証拠・データ。
例アジアからの訪日外国人が多い。言語で困る訪日外国人が多い。

→ **主張**　自分が最も言いたい事。結論，判断。
例英語だけではなく，アジアの言語の表示・案内を増やすべきだ。

論拠（理由付け）　根拠から，なぜ主張が導かれるかを説明するもの。根拠に意味づけをするもの。普段の会話では隠されていることが多い。
例言語は，ただ通じればいいというだけではなく，その国の人を「受けいれている」気持ちを示す。自分の言語表示があれば，嬉しくなり，消費や再訪が増えるだろう。

(参考：福澤一吉『議論のレッスン』NHK出版)

●小論博士の添削～ここを修正しよう～

具体例は，明確・簡潔に！
- 下線部aのように，どのような事例か明確にすると，この後の文章が明確になる。
- 下線部bのように，どのような影響があるのかをしっかりと明記すること，解決すべき点はどこにあるのか明確にすることが大切である。

段落の最初・最後のつなぎの文章は有効
下線部cのように，段落を意味づけることにより，読みやすくなる。

数値とキーワードは有効
下線部dのように，数値やキーワードを入れると，説得力が増す。しかし，数値が違っていたり，間違った解釈の用語を使っていたりすると逆効果になってしまうので，注意しよう。

解決策は具体的に
解決策を提案する場合は，より具体的なものとすると説得力が増す。また，それによる効果も合わせて書けると，より一層，明確な考えとなる。

自分の意見を見直し，補強する
世界や国・企業・個人と様々なレベルや視点に応じて明記する。自分の意見を見直し，多面的・多角的に検討すると，具体的に書きやすい。

自分の小論文を見直し，書きなおしてみよう。また，小論文では，普段の学習で身につけた知識をしっかり書くことが，とても大切だよ。
[資料集のここも確認しよう]
- プラスチックゴミの問題点や取り組み例など
→p.310，320，324
- SDGs
→p.8～9

修正した小論文

マイクロプラスチックはサンゴ礁の生物に大きな悪影響を与える。a例えば，サンゴ礁の白化である。bサンゴが誤ってマイクロプラスチックを摂取すると，体内に取り込んでいる褐虫藻が光合成が出来ず，栄養を得られないサンゴは白化してしまう。白化が続くとサンゴは死んでしまう。その結果，サンゴ礁を住処とする魚や様々な海の生物は住処や繁殖場所を失い，それらをえさとする海洋生物全体が減少することにもつながる。

cこのような悪影響を軽減するための対策として，2つ提唱したい。まずは，すでに海洋放出されているマイクロプラスチックやプラスチックごみの回収技術の開発である。現状，膨大な量とその小ささから回収は困難とされているが，海洋生物への影響を考えると放置は許されない。dプラスチックゴミは，毎年数百万トンが海に流出しているという統計もある。一部の人や国では対処できない規模のため，全世界が協力して取り組むべき課題である。次に必要なことは，プラスチックゴミの削減である。例えば，化粧品にマイクロプラスチックが使われていることに対し，一部の国ではマイクロプラスチックが海に流出しないよう，ビーチでの使用を禁止している。まずは，私たちがこのような現状と世界の取り組みを知ることが大切である。そして，環境にやさしい製品を選ぶ意識をもつことが重要である。企業は，利益だけでなく，CSRの観点から環境に優しい製品を作っていくことが必要である。(600字)

用語解説

●マイクロプラスチック
5mm以下の微細なプラスチックのこと。まちから出たプラスチックゴミが風雨や川の流れによって砕かれたり，紫外線によって分解されたりして小さなプラスチック片(へん)となる。自然に分解されることがないため，長期滞在・蓄積(ちくせき)されていくと考えられている。また，マイクロプラスチックを海洋生物が食べてしまうことや，その海洋生物を食する人への影響が懸念(けねん)されている。

●サンゴ礁
サンゴは，プランクトンを食したり，体内に取り込んだ褐虫藻と呼ばれる藻の光合成によって得られる栄養素を吸収したりして生息している刺胞(しほう)動物。サンゴが集まるサンゴ礁は，入り組んだ構造のため，魚や貝などの多くの生物の住処となっている。しかし，近年，地球温暖化やマイクロプラスチックなどの影響により，サンゴと褐虫藻が共生できず，サンゴがうまく栄養をとれなくなる白化現象が起こっている。この白化現象は，海洋生物に大きな影響を与えるため，解決しなければならない課題として世界的に取り組みが行われている。

3 社会保障 （2021年お茶の水女子大学）

問　以下に示す図１は「夫は外で働き，妻は家庭を守るべきである」という考え方に関する意識の変化，図２は15～64歳の就業率の変化，図３は非正規雇用労働者の割合の変化を示しています。この３つの図をもとに，日本の性役割の変化の傾向とそれについて考えたことを論じなさい。（1000字以内）

図１　「夫は外で働き，妻は家庭を守るべきである」という考え方に関する意識の変化（男女別）

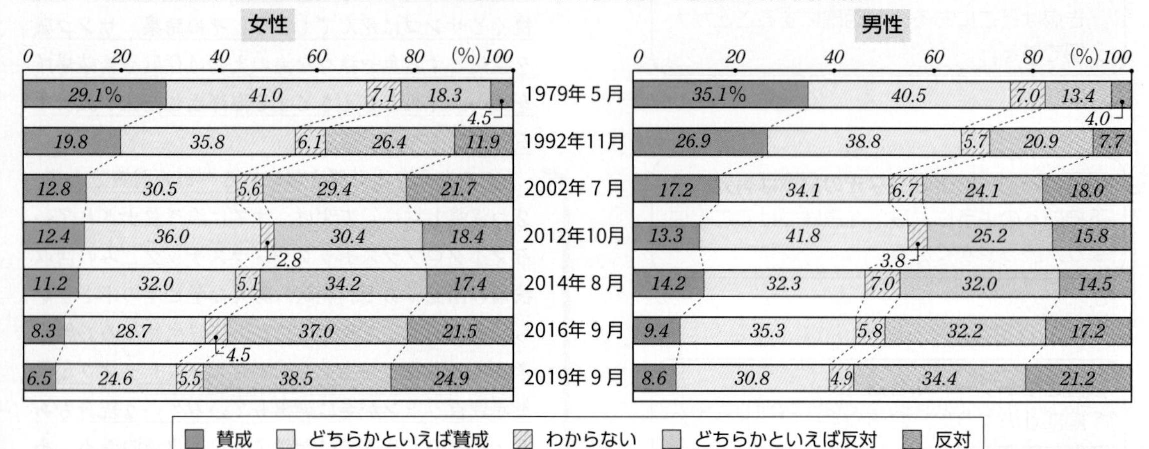

注：2014年以前の調査は20歳以上の者が対象。2016年及び2019年の調査は，18歳以上の者が対象。

（「男女共同参画白書」）

図２　生産年齢人口（15～64歳）の就業率

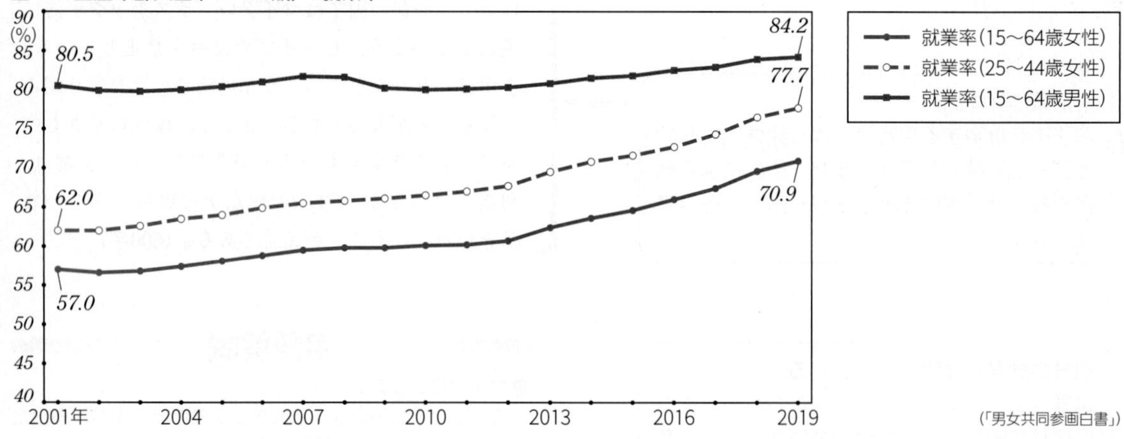

（「男女共同参画白書」）

図３　非正規雇用労働者の割合の推移（男女別）

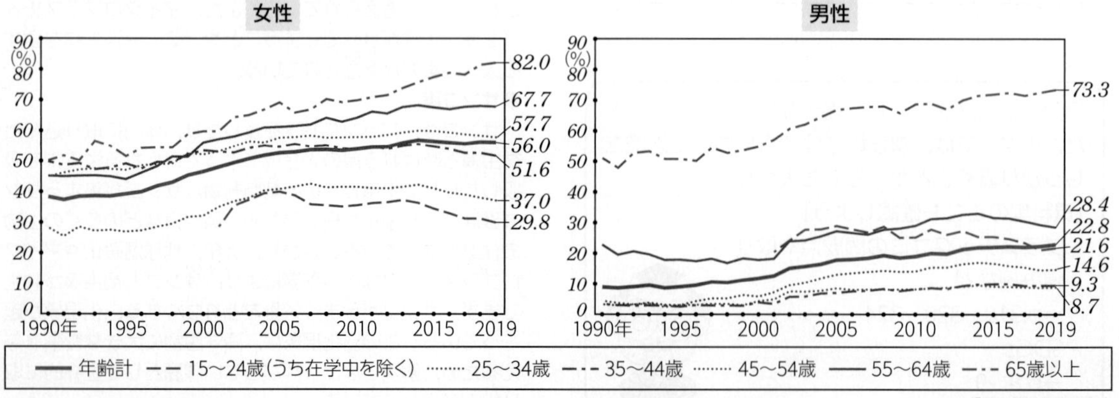

（「男女共同参画白書」）

問題にチャレンジ

資料読み取り型の克服
ステップ A 設問文の読み込み

条件としては,
①図１～３から，性役割の変化の傾向を読み取る。
②読み取ったことから考えたことを論述する。
③1000字以内

ステップ B 対策

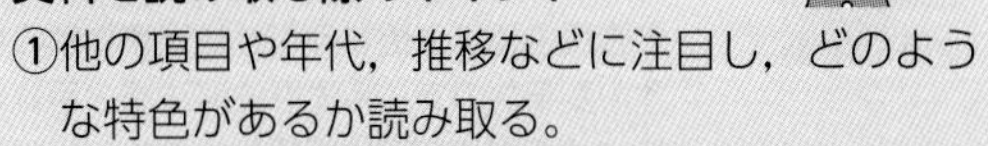

極意

資料を読み取る際のポイント
①他の項目や年代，推移などに注目し，どのような特色があるか読み取る。
②「15～64歳（現役世代）」「65歳以上（主に退職している世代）」「25～44歳（子育て世代）」などのグループ分けをして注目する。
③複数の資料がある場合は，それぞれの資料との関連についても考える。

それぞれのグラフからわかったことを下の表のように書き出してみよう。そして，気づいたことや考えたこともメモしておこう。

資料読み取り型の問題は，**資料の分析**が重要になるよ！

●読み取りメモ（例）

図１	・「夫は外で働き，妻は家庭を守るべきである」という意識は，男性の方が強い傾向にある。 ・1979年から比較すると，「賛成」「どちらかといえば賛成」の割合は減少している。
図２	・15～64歳で比べると，2001年では男性の就業率と女性の就業率では約20％の差があったが，2019年には約10％と差は小さくなっている。 ・25～44歳女性でみると，2019年の就業率は約８割となっている。
図３	・非正規雇用労働者の割合は，どの年齢で比べても，男性よりも女性の方が高い。 ・女性の非正規雇用労働者の割合は，年齢が上がるごとに高くなる傾向にある。 →結婚・出産・育児などが，女性の就業形態に影響を及ぼしている。

解答例

図１から，「夫は外で働き，妻は家庭を守るべきである」という考えに賛成・どちらかといえば賛成と答えた人の割合は2019年では男性約４割，女性約３割あり，性別役割分担意識は残っているが，1979年から減少傾向にあることがわかる。図２では，女性の就業率は上昇しており，2019年の25～44歳の女性では約８割となっている。しかし，図３を見ると，2019年の非正規雇用労働者の割合は，女性の年齢計が56.0％に対し男性の年齢計は22.8％で約30％の差がある。結婚・出産・子育て期となる25～44歳についても，男性は正社員で女性は非正規雇用で働いている傾向にある。これらは，女性が家事・育児を行うという意識が残っていることや，家事・育児と仕事の両立が厳しいと感じている女性が多いことを示していると考えられる。

（1）性役割の変化の傾向

子育て世代の女性が働きづらいという問題は，日本経済にとっても悪影響であると考える。家事・育児で女性が退職することは，本人のキャリアの形成につながらず，企業にとっても人材確保が困難になり，労働力人口の減少が深刻になる。また，仕事を続けるにあたり，子どもを産まない，または理想の人数まで産まないという決断をする場合もあり，少子化にもつながる。

これらを解決するために，２つの提案をしたい。まずは，男性が育児休業を取りやすい環境づくりである。日本には様々な育児休業制度があり，共働き世帯の男性が育休を１歳２か月まで延長できる「パパ・ママ育休プラス」などもある。しかし，男性の育児休業取得率は女性と比べると圧倒的に低い。2022年の育児・介護休業法の改正で企業は従業員へ育児休業の取得を促進することが義務づけられたが，これだけでは十分とはいえない。男性が育児休業を取得した企業へ奨励金を支給するなどの取り組みを行う地方公共団体がある。このような取り組みが広がることで，さらに男性が育児休業を取得しやすい環境づくりが可能になる。もう１つは，働き方の柔軟性を認める社会づくりである。テレワークやフレックスタイム制度などそれぞれの生活にあった働き方ができるよう環境を整えることで，子育て世代が働きやすくなると考える。

男女ともに働きやすく，安心して子育てできる環境をつくることは，少子高齢化や労働人口の減少など，日本社会の様々な課題の解決につながる。当事者や政治家だけでなく，一人ひとりが意識し，この問題に向き合うことが重要である。（988字）

（2）読みとったことから考えたこと，対策

ポイント　資料からわかった課題やその課題の背景から，どのような解決策が考えられるか具体的に書こう。

法令集

1 日本国憲法 〔公布 1946(昭21)年11月3日 施行 1947(昭22)年5月3日〕

朕は，日本国民の総意に基いて，新日本建設の礎が，定まるに至つたことを，深くよろこび，枢密顧問の諮詢及び帝国憲法第73条による帝国議会の議決を経た帝国憲法の改正を裁可し，ここにこれを公布せしめる。

御名御璽

昭和21年11月3日

内閣総理大臣兼 外務大臣	吉田　茂	国務大臣	斎藤隆夫
		逓信大臣	一松定吉
		商工大臣	星島二郎
		厚生大臣	河合良成
国務大臣 男爵	幣原喜重郎	国務大臣	植原悦二郎
司法大臣	木村篤太郎	運輸大臣	平塚常次郎
内務大臣	大村清一	大蔵大臣	石橋湛山
文部大臣	田中耕太郎	国務大臣	金森徳次郎
農林大臣	和田博雄	国務大臣	膳桂之助

日本国憲法

日本国民は，正当に選挙された国会における代表者を通じて行動し，われらとわれらの子孫のために，諸国民との協和による成果と，わが国全土にわたつて自由のもたらす恵沢を確保し，政府の行為によつて再び戦争の惨禍が起ることのないやうにすることを決意し，ここに主権が国民に存することを宣言し，この憲法を確定する。そもそも国政は，国民の厳粛な信託によるものであつて，その権威は国民に由来し，その権力は国民の代表者がこれを行使し，その福利は国民がこれを享受する。これは人類普遍の原理であり，この憲法は，かかる原理に基くものである。われらは，これに反する一切の憲法，法令及び詔勅を排除する。

日本国民は，恒久の平和を念願し，人間相互の関係を支配する崇高な理想を深く自覚するのであつて，平和を愛する諸国民の公正と信義に信頼して，われらの安全と生存を保持しようと決意した。われらは，平和を維持し，専制と隷従，圧迫と偏狭を地上から永遠に除去しようと努めてゐる国際社会において，名誉ある地位を占めたいと思ふ。われらは，全世界の国民が，ひとしく恐怖と欠乏から免かれ，平和のうちに生存する権利を有することを確認する。

われらは，いづれの国家も，自国のことのみに専念して他国を無視してはならないのであつて，政治道徳の法則は，普遍的なものであり，この法則に従ふことは，自国の主権を維持し，他国と対等関係に立たうとする各国の責務であると信ずる。

日本国民は，国家の名誉にかけ，全力をあげてこの崇高な理想と目的を達成することを誓ふ。

第1章　天　皇

第1条〔天皇の地位・国民主権〕 天皇は，日本国の象徴であり日本国民統合の象徴であつて，この地位は，主権の存する日本国民の総意に基く。

第2条〔皇位の世襲と継承〕 皇位は，世襲のものであつて，国会の議決した皇室典範の定めるところにより，これを継承する。

第3条〔天皇の国事行為と内閣の助言・承認及び責任〕 天皇の国事に関するすべての行為には，内閣の助言と承認を必要とし，内閣が，その責任を負ふ。

語注・比較憲法

朕　秦の始皇帝以来，皇帝や天皇が「われ」の意に用いる。

枢密顧問　大日本帝国憲法下の天皇の諮問機関である枢密院の構成員。議会からも独立し，内閣の施政を左右できた。

諮詢　相談。問いはかること。

裁可　天皇が政治各機関の案文を承認し許可すること。

御名御璽（➲p.373）　大日本帝国憲法下で，天皇が議会の協賛した法案などを確定的に成立させるためや，天皇の意思表示の勅語などへの署名押印。

帝国憲法と日本国憲法（➲p.70）　天皇主権を国民主権に変更することは国家体制の根本の変革なので，帝国憲法第73条の手続きによる新憲法制定は疑問とされた。しかし，日本の再建，米ソの対立，連合軍の占領下といった条件のなかで，憲法改正の延引はできず，第73条による手続きで行われた。

前文　フランスやアメリカ合衆国など前文のある憲法は多い。日本国憲法の前文を改めるにも第96条の改正手続きが必要である。

恵沢　慈恵と恩沢，めぐみ。

惨禍　むごいわざわい。

主権　ここでいう主権とは，国の政治のあり方を最終的に決定する力の意味。(➲p.72,246)　また，第3段落3行目の「主権」は国家の独立性を意味する。(➲p.246)

信託　信用して委託する。主権在民の国家基本概念。

普遍の原理　あまねくすべてにあてはまる基本法則。

法令　法律・政令・省令や条例など。

詔勅　天皇の意思を伝えるための詔書・勅書・勅語のこと。

崇高　気高く尊いこと。

専制　一人の判断で事を決めること。

隷従　奴隷のように意思を殺して従うこと。

偏狭　度量の狭いこと。

恐怖と欠乏　1941年，アメリカ合衆国大統領F.D.ローズヴェルトが議会にあてた教書で，基本的自由をあげて，言論・信仰・欠乏から・恐怖から，の4つの自由を示した。「恐怖から」とは戦争のない平和を，「欠乏から」とは健康な生活を保つことを意味する。
この考え方は，世界人権宣言(➲p.62)の基調となっている。

・第1条・

象徴　校章が学校を，鳩が平和を表すように，抽象的な観念を表現する具体的なもの。

・第2条・

皇室典範　皇室に関する，皇位継承，皇族の身分，摂政，皇室会議などについての法律(昭和22年1月16日公布)。

左ページの
日本国憲法前文を
英語でも読んでみよう！

THE CONSTITUTION OF JAPAN

We, the Japanese people, acting through our duly elected representatives in the National Diet, determined that we shall secure for ourselves and our posterity the fruits of peaceful cooperation with all nations and the blessings of liberty throughout this land, and resolved that never again shall we be visited with the horrors of war through the action of government, do proclaim that sovereign power resides with the people and do firmly establish this Constitution. Government is a sacred trust of the people, the authority for which is derived from the people, the powers of which are exercised by the representatives of the people, and the benefits of which are enjoyed by the people. This is a universal principle of mankind upon which this Constitution is founded. We reject and revoke all constitutions, laws, ordinances, and rescripts in conflict herewith.

We, the Japanese people, desire peace for all time and deeply conscious of the high ideals controlling human relationship, and we have determined to preserve our security and existence, trusting in the justice and faith of the peace-loving peoples of the world. We desire to occupy an honored place in an international society striving for the preservation of peace, and the banishment of tyranny and slavery, oppression and intolerance for all time from the earth. We recognize that all peoples of the world have the right to live in the peace, free from fear and want.

We believe that no nation is responsible to itself alone, but that laws of political morality are universal; and that obedience to such laws is incumbent upon all nations who would sustain their own sovereignty and justify their sovereign relationship with other nations.

We, the Japanese people, pledge our national honor to accomplish these high ideals and purposes with all our resources.

日本法令外国語訳データベースシステム（法務省）

第４条〔天皇の権能の限界，国事行為の委任〕 ①　天皇は，この憲法の定める国事に関する行為のみを行ひ，国政に関する権能を有しない。
②　天皇は，法律の定めるところにより，その国事に関する行為を委任することができる。

第５条〔摂政〕 皇室典範の定めるところにより摂政を置くときは，摂政は，天皇の名でその国事に関する行為を行ふ。この場合には，前条第１項の規定を準用する。

第６条〔天皇の国事行為（１）－任命権〕 ①　天皇は，国会の指名に基いて，内閣総理大臣を任命する。
②　天皇は，内閣の指名に基いて，最高裁判所の長たる裁判官を任命する。

第７条〔天皇の国事行為（２）－その他〕 天皇は，内閣の助言と承認により，国民のために，左の国事に関する行為を行ふ。
一　憲法改正，法律，政令及び条約を公布すること。
二　国会を召集すること。
三　衆議院を解散すること。
四　国会議員の総選挙の施行を公示すること。
五　国務大臣及び法律の定めるその他の官吏の任免並びに全権委任状及び大使及び公使の信任状を認証すること。
六　大赦，特赦，減刑，刑の執行の免除及び復権を認証すること。
七　栄典を授与すること。
八　批准書及び法律の定めるその他の外交文書を認証すること。
九　外国の大使及び公使を接受すること。
十　儀式を行ふこと。

第８条〔皇室の財産授受〕 皇室に財産を譲り渡し，又は皇室が，財産を譲り受け，若しくは賜与することは，国会の議決に基かなければならない。

・第３条・（➡p.72）
国事行為　内閣の責任のもとに，天皇が国家の各機関が決定したことに儀礼的・形式的に参加して行う行為。
・第４条・（➡p.72）
権能　権限能力の意。
・第５条・
摂政　天皇に代わって，天皇の国事行為を行う役。皇位継承の順番で皇室会議の議により就任する。
準用　ある事項について規定している法令を，適当な修正を施して他の事項に適用すること。
・第７条・（➡p.72）
政令　憲法や法律の規定を実施するため，及び法律の委任した事項を定めるために内閣が決めて出す命令。
全権委任状　外交上，特定の事項に関する交渉や条約締結の権限を与える証明文書。
信任状　外交官の正当な資格を証明する文書。
大赦　政令で罪の種類を定め，刑の執行を免除すること。
特赦　特定犯人に対して刑の執行を免除すること。
復権　刑の宣告により失われた資格や権利を回復すること。
栄典　名誉のしるしとして与えられる位階・勲章など。
批准　内閣が条約を最終・確定的に同意する手続き。
・第８条・
賜与　身分の高い者から下の者に与えること。

第２章　戦争の放棄

第９条〔戦争の放棄，戦力の不保持，交戦権の否認〕①　日本国民は，正義と秩序を基調とする国際平和を誠実に希求し，国権の発動たる戦争と，武力による威嚇又は武力の行使は，国際紛争を解決する手段としては，永久にこれを放棄する。

②　前項の目的を達するため，陸海空軍その他の戦力は，これを保持しない。国の交戦権は，これを認めない。

・第９条・(➡p.101)

交戦権　①戦争をする権利，②戦争の際に国際法で交戦国に認められている諸権利，の２説。

国権の発動たる戦争　太平洋戦争など，国家主権の発動として，宣戦布告により開始される戦争。

戦力　戦争のために人的・物的に組織された総合力を備えたもの……との学説あり。

CHAPTER II. RENUNCIATION OF WAR

Article 9. Aspiring sincerely to an international peace based on justice and order, the Japanese people forever renounce war as a sovereign right of the nation and the threat or use of force as means of settling international disputes.

In order to accomplish the aim of the preceding paragraph, land, sea, and air forces, as well as other war potential, will never be maintained. The right of belligerency of the state will not be recognized.　日本法令外国語訳データベースシステム（法務省）

第３章　国民の権利及び義務

第10条〔日本国民たる要件〕日本国民たる要件は，法律でこれを定める。

第11条〔国民の基本的人権の享有，基本的人権の永久不可侵性〕国民は，すべての基本的人権の享有を妨げられない。この憲法が国民に保障する基本的人権は，侵すことのできない永久の権利として，現在及び将来の国民に与へられる。

第12条〔自由及び権利の保持責任・濫用禁止・利用責任〕この憲法が国民に保障する自由及び権利は，国民の不断の努力によつて，これを保持しなければならない。又，国民は，これを濫用してはならないのであつて，常に公共の福祉のためにこれを利用する責任を負ふ。

第13条〔個人の尊重〕すべて国民は，個人として尊重される。生命，自由及び幸福追求に対する国民の権利については，公共の福祉に反しない限り，立法その他の国政の上で，最大の尊重を必要とする。

第14条〔法の下の平等，貴族制度の禁止，栄典の授与〕①　すべて国民は，法の下に平等であつて，人種，信条，性別，社会的身分又は門地により，政治的，経済的又は社会的関係において，差別されない。

②　華族その他の貴族の制度は，これを認めない。

③　栄誉，勲章その他の栄典の授与は，いかなる特権も伴はない。栄典の授与は，現にこれを有し，又は将来これを受ける者の一代に限り，その効力を有する。

第15条〔国民の公務員選定罷免権，公務員の本質，普通選挙・秘密投票の保障〕①　公務員を選定し，及びこれを罷免することは，国民固有の権利である。

②　すべて公務員は，全体の奉仕者であつて，一部の奉仕者ではない。

③　公務員の選挙については，成年者による普通選挙を保障する。

④　すべて選挙における投票の秘密は，これを侵してはならない。選挙人は，その選択に関し公的にも私的にも責任を問はれない。

第16条〔請願権〕何人も，損害の救済，公務員の罷免，法律，命令又は規則の制定，廃止又は改正その他の事項に関し，平穏に請願する権利を有し，何人も，かかる請願をしたためにいかなる差別待遇も受けない。

第17条〔国及び公共団体の賠償責任〕何人も，公務員の不法行為により，損害を受けたときは，法律の定めるところにより，国又は公共団体に，その賠償を求めることができる。

・第10条・

日本国民たる要件　国籍法に定められており，出生と帰化がある。

・第11条・(➡p.75)

享有　生まれながらに受け，もっていること。

独第19条②　基本権は，いかなる場合であっても，その本質的内容において侵害されてはならない。

・第12条・(➡p.75)

米修正第９条　この憲法において一定の権利を列挙したことをもって，人民が保有するその他の権利を否定し，または軽視したものと解釈してはならない。

・第13条・(➡p.75)

世界人権宣言第１条(➡p.62)

独第１条①　人間の尊厳は不可侵である。これを尊重し，かつ保護することは，すべての国家権力の義務である。

仏人権宣言第１条(➡p.61)

・第14条・(➡p.77)

信条　（個人の）宗教信仰・世界観・政治的思想など。

門地　家柄のこと。

華族　大日本帝国憲法下の貴族階級。公・侯・伯・子・男の爵を有する旧公家，大名，維新の功労者の家柄である。

・第15条・(➡p.94)

普通選挙　納税額・財産の有無などの経済条件や，教育程度，信仰などの社会的条件によって選挙権の制限をしない選挙。

・第16条・(➡p.94)

請願　国民が，国や地方公共団体に対して，希望を申し出ること。

米修正第１条　連邦議会は，……政府に請願する権利を奪う法律を制定してはならない。

・第17条・(➡p.95)

不法行為　ここでは，故意または過失によって違法に他人に損害を加えること。

第18条〔奴隷的拘束及び苦役からの自由〕 何人も，いかなる奴隷的拘束も受けない。又，犯罪に因る処罰の場合を除いては，<u>その意に反する苦役</u>に服させられない。

第19条〔<u>思想及び良心</u>の自由〕 思想及び良心の自由は，これを侵してはならない。

第20条〔信教の自由，国の宗教活動の禁止〕 ① 信教の自由は，何人に対してもこれを保障する。いかなる宗教団体も，国から特権を受け，又は政治上の権力を行使してはならない。

② 何人も，宗教上の行為，祝典，儀式又は行事に参加することを強制されない。

③ 国及びその機関は，宗教教育その他いかなる宗教的活動もしてはならない。

第21条〔集会・結社・表現の自由，通信の秘密〕 ① 集会，結社及び言論，出版その他一切の表現の自由は，これを保障する。

② <u>検閲</u>は，これをしてはならない。通信の秘密は，これを侵してはならない。

第22条〔居住・移転・職業選択の自由，外国移住・<u>国籍離脱</u>の自由〕 ① 何人も，公共の福祉に反しない限り，居住，移転及び職業選択の自由を有する。

② 何人も，外国に移住し，又は国籍を離脱する自由を侵されない。

第23条〔学問の自由〕 学問の自由は，これを保障する。

第24条〔家族生活における個人の尊厳・両性の平等〕 ① 婚姻は，両性の<u>合意</u>のみに基いて成立し，夫婦が同等の権利を有することを基本として，相互の協力により，維持されなければならない。

② 配偶者の選択，財産権，相続，住居の選定，離婚並びに婚姻及び家族に関するその他の事項に関しては，法律は，個人の尊厳と両性の本質的平等に立脚して，制定されなければならない。

第25条〔国民の生存権，国の社会保障的義務〕 ① すべて国民は，健康で文化的な最低限度の生活を営む権利を有する。

② 国は，すべての生活部面について，社会福祉，社会保障及び公衆衛生の向上及び増進に努めなければならない。

第26条〔教育を受ける権利，教育を受けさせる義務〕 ① すべて国民は，法律の定めるところにより，その能力に応じて，ひとしく教育を受ける権利を有する。

② すべて国民は，法律の定めるところにより，その保護する子女に<u>普通教育</u>を受けさせる義務を負ふ。義務教育は，これを無償とする。

第27条〔勤労の権利義務，勤労条件の基準，児童酷使の禁止〕 ① すべて国民は，勤労の権利を有し，義務を負ふ。

② 賃金，就業時間，休息その他の勤労条件に関する基準は，法律でこれを定める。

③ 児童は，これを酷使してはならない。

第28条〔勤労者の<u>団結権</u>・<u>団体交渉権</u>・その他<u>団体行動権</u>〕 勤労者の団結する権利及び団体交渉その他の団体行動をする権利は，これを保障する。

第29条〔<u>財産権</u>〕 ① 財産権は，これを侵してはならない。

② 財産権の内容は，公共の福祉に適合するやうに，法律でこれを定める。

③ 私有財産は，正当な補償の下に，これを公共のために用ひることができる。

第30条〔納税の義務〕 国民は，法律の定めるところにより，納税の義務を負ふ。

第31条〔<u>法定手続</u>の保障〕 何人も，法律の定める手続によらなければ，その生命若しくは自由を奪はれ，又はその他の刑罰を科せられない。

第32条〔裁判を受ける権利〕 何人も，裁判所において裁判を受ける権利を奪はれない。

・第18条・(➡p.87)

その意に反する苦役 本人の意思に反して強制される労役。

・第19条・(➡p.85)

思想及び良心 両方とも内心でのものの見方・考え方を指す。思想，世界観，主義・主張をもつことの自由。良心は倫理的側面，思想は論理的側面ともいえる。

・第20条・(➡p.85)

・第21条・(➡p.86)

検閲 文書その他何らかの形式で発表されようとしているものを，公的権力が事前に審査したり，発表を止めたりすること。大日本帝国憲法下やGHQ占領下で行われた。

・第22条・(➡p.91)

国籍離脱 日本の国籍を離れること。なお，国籍法は，他国の国籍を取得した場合に限り，日本国籍を離脱できるとしている。

・第23条・(➡p.85)

・第24条・(➡p.83)

合意 意思の合致。

・第25条・(➡p.92)

ワイマール憲法第151条① 経済生活の秩序は，すべての者に人間たるに値する生活を保障する目的をもつ正義の原則に適合しなければならない。……

・第26条・(➡p.93)

普通教育 専門教育や職業教育に対置される概念。国民育成のための，共通に必要な一般的・基礎的教育をいい，日本では９年間の義務教育をさす。

・第27条・(➡p.93，202)

世界人権宣言第23条

伊第４条 共和国は，すべての市民に対して労働の権利を認め，この権利を実効的にするための諸条件を推進する。……

・第28条・(➡p.93，202)

団結権・団体交渉権・団体行動権（争議権） (➡p.202)

独第９条③ 労働条件及び経済条件を維持し促進するために団体等を結成する権利は，何人に対しても，かつすべての職業に対して，これを保障する。……

・第29条・(➡p.91)

財産権 所有権などの物権・債権・著作権・特許権や水利権など財産的性格をもつすべての権利。

・第31条・(➡p.87)

法定手続 マグナ・カルタ第39条以来の重要原則で，米憲法修正第５条を受け継いだ条文。生命・自由・財産の制約には正当な法手続を必要とする。

米修正第５条 ……何人も，法の適正な手続（due process of law）によらずに，生命，自由または財産を奪われない。……

・第32条・(➡p.95)

第33条〔逮捕に対する保障〕 何人も，現行犯として逮捕される場合を除いては，権限を有する司法官憲が発し，且つ理由となつてゐる犯罪を明示する令状によらなければ，逮捕されない。

第34条〔抑留・拘禁に対する保障，拘禁理由の開示〕 何人も，理由を直ちに告げられ，且つ，直ちに弁護人に依頼する権利を与へられなければ，抑留又は拘禁されない。又，何人も，正当な理由がなければ，拘禁されず，要求があれば，その理由は，直ちに本人及びその弁護人の出席する公開の法廷で示されなければならない。

第35条〔住居侵入・捜索及び押収に対する保障〕 ① 何人も，その住居，書類及び所持品について，侵入，捜索及び押収を受けることのない権利は，第33条の場合を除いては，正当な理由に基いて発せられ，且つ捜索する場所及び押収する物を明示する令状がなければ，侵されない。

② 捜索又は押収は，権限を有する司法官憲が発する各別の令状により，これを行ふ。

第36条〔拷問及び残虐な刑罰の禁止〕 公務員による拷問及び残虐な刑罰は，絶対にこれを禁ずる。

第37条〔刑事被告人の諸権利〕 ① すべて刑事事件においては，被告人は，公平な裁判所の迅速な公開裁判を受ける権利を有する。

② 刑事被告人は，すべての証人に対して審問する機会を充分に与へられ，又，公費で自己のために強制的手続により証人を求める権利を有する。

③ 刑事被告人は，いかなる場合にも，資格を有する弁護人を依頼することができる。被告人が自らこれを依頼することができないときは，国でこれを附する。

第38条〔供述の不強要，自白の証拠能力〕 ① 何人も，自己に不利益な供述を強要されない。

② 強制，拷問若しくは脅迫による自白又は不当に長く抑留若しくは拘禁された後の自白は，これを証拠とすることができない。

③ 何人も，自己に不利益な唯一の証拠が本人の自白である場合には，有罪とされ，又は刑罰を科せられない。

第39条〔遡及処罰の禁止・一事不再理〕 何人も，実行の時に適法であつた行為又は既に無罪とされた行為については，刑事上の責任を問はれない。又，同一の犯罪について，重ねて刑事上の責任を問はれない。

第40条〔刑事補償〕 何人も，抑留又は拘禁された後，無罪の裁判を受けたときは，法律の定めるところにより，国にその補償を求めることができる。

第4章 国 会

第41条〔国会の地位・立法権〕 国会は，国権の最高機関であつて，国の唯一の立法機関である。

第42条〔国会の両院制〕 国会は，衆議院及び参議院の両議院でこれを構成する。

第43条〔両議院の組織〕 ① 両議院は，全国民を代表する選挙された議員でこれを組織する。

② 両議院の議員の定数は，法律でこれを定める。

第44条〔国会議員及び選挙人の資格〕 両議院の議員及びその選挙人の資格は，法律でこれを定める。但し，人種，信条，性別，社会的身分，門地，教育，財産又は収入によつて差別してはならない。

第45条〔衆議院議員の任期〕 衆議院議員の任期は，4年とする。但し，衆議院解散の場合には，その期間満了前に終了する。

第46条〔参議院議員の任期〕 参議院議員の任期は，6年とし，3年ごとに議員の半数を改選する。

第47条〔選挙に関する事項の法定〕 選挙区，投票の方法その他両議院の議員の選挙に関する事項は，法律でこれを定める。

・第33条・

司法官憲 司法に関する職務を行う役人の意。ここでは裁判官をさす。

令状 裁判官による，強制処分を許可した文書。

・第34条・

抑留 行動の自由を一時的に拘束すること。逮捕に引き続く留置など。

拘禁 拘置所などに留置し，社会生活と隔離すること。

米修正第4条 不合理な捜索及び逮捕または押収から，その身体，家屋，書類及び所有物の安全を保障される人民の権利は，これを侵してはならない。……

独第104条② 自由剥奪の許容及びその継続については，裁判官のみが決定するものとする。……

・第36条・(➲p.87)

残虐な刑罰 不必要な精神的，肉体的苦痛を内容とする，一定の時代と環境において，人道上残酷と認められる刑罰。

・第37条・

審問 詳しく問いただすこと。

・第38条・

供述 司法関係官に対して陳述すること。

自白の証拠能力 自白は証拠の王であるといわれるが，任意性のない自白には，証拠としての能力はない。

自白の証明 ③は自白の証明力を制限して，根本的には自白主義をとらないという意味で，補強証拠がなければ有罪にできない。

・第39条・

遡及処罰の禁止 行為がなされた時点で適法であれば，法律が変わったからという理由で処罰されることはない，刑事訴訟法上の原則。

一事不再理 ①無罪判決確定後に同じ事件で再び責任を問うてはならず，②同じ犯罪を再び裁判して処罰してはならないという刑事訴訟法上の原則。二重の危険の禁止の原則ともいう。また，特に②の原則を二重処罰の禁止と呼ぶ説もある。

・第40条・(➲p.95)

・第41条・

国権の最高機関 国民に直接選挙された議員からなる国会が，国政の中心にあるという国政国会中心主義を示した政治的美称ととらえられてきた。国会が内閣や最高裁判所よりも強い権力をもつということではない。

立法機関 立法作用を担当する国家機関。立法の国会中心主義。

・第42条・

両院制 国会が二院で構成されるということは，国会が2つの合議体から成る複合的合議体であるということ。二院は相互に独立して意思を決定し，両者の一致が国会の意思となる。各国で考え方は異なる。

仏第24条② 国会は，国民議会と元老院から成る。

米第1条第1節 ……連邦議会は，上院及び下院でこれを構成する。

・第45条・

解散 衆議院の全議員の資格を失わせること。内閣が解散決定権をもつ。

第48条〔両院議員兼職の禁止〕 何人も，同時に両議院の議員たることはできない。

第49条〔議員の歳費〕 両議院の議員は，法律の定めるところにより，国庫から相当額の歳費を受ける。

第50条〔議員の不逮捕特権〕 両議院の議員は，法律の定める場合を除いては，国会の会期中逮捕されず，会期前に逮捕された議員は，その議院の要求があれば，会期中これを釈放しなければならない。

第51条〔議員の発言・表決の無責任〕 両議院の議員は，議院で行つた演説，討論又は表決について，院外で責任を問はれない。

第52条〔常会〕 国会の常会は，毎年１回これを召集する。

第53条〔臨時会〕 内閣は，国会の臨時会の召集を決定することができる。いづれかの議院の総議員の４分の１以上の要求があれば，内閣は，その召集を決定しなければならない。

第54条〔衆議院の解散と総選挙，特別会，参議院の緊急集会〕 ①　衆議院が解散されたときは，解散の日から40日以内に，衆議院議員の総選挙を行ひ，その選挙の日から30日以内に，国会を召集しなければならない。

②　衆議院が解散されたときは，参議院は，同時に閉会となる。但し，内閣は，国に緊急の必要があるときは，参議院の緊急集会を求めることができる。

③　前項但書の緊急集会において採られた措置は，臨時のものであつて，次の国会開会の後10日以内に，衆議院の同意がない場合には，その効力を失ふ。

第55条〔議員の資格争訟〕 両議院は，各々その議員の資格に関する争訟を裁判する。但し，議員の議席を失はせるには，出席議員の３分の２以上の多数による議決を必要とする。

第56条〔議院の定足数，議決方法〕 ①　両議院は，各々その総議員の３分の１以上の出席がなければ，議事を開き議決することができない。

②　両議院の議事は，この憲法に特別の定のある場合を除いては，出席議員の過半数でこれを決し，可否同数のときは，議長の決するところによる。

第57条〔会議の公開と秘密会，会議録，表決の記載〕 ①　両議院の会議は，公開とする。但し，出席議員の３分の２以上の多数で議決したときは，秘密会を開くことができる。

②　両議院は，各々その会議の記録を保存し，秘密会の記録の中で特に秘密を要すると認められるもの以外は，これを公表し，且つ一般に頒布しなければならない。

③　出席議員の５分の１以上の要求があれば，各議員の表決は，これを会議録に記載しなければならない。

第58条〔役員の選任，議院規則，懲罰〕 ①　両議院は，各々その議長その他の役員を選任する。

②　両議院は，各々その会議その他の手続及び内部の規律に関する規則を定め，又，院内の秩序をみだした議員を懲罰することができる。但し，議員を除名するには，出席議員の３分の２以上の多数による議決を必要とする。

第59条〔法律案の議決，衆議院の優越〕 ①　法律案は，この憲法に特別の定のある場合を除いては，両議院で可決したとき法律となる。

②　衆議院で可決し，参議院でこれと異なつた議決をした法律案は，衆議院で出席議員の３分の２以上の多数で再び可決したときは，法律となる。

③　前項の規定は，法律の定めるところにより，衆議院が，両議院の協議会を開くことを求めることを妨げない。

④　参議院が，衆議院の可決した法律案を受け取つた後，国会休会中の期間を除いて60日以内に，議決しないときは，衆議院は，参議院がその法律案を否決したものとみなすことができる。

・第49条・

歳費（◯p.115）　国庫から国会議員に毎年支給される報酬。国会法で，一般職の国家公務員の最高の給料額より少なくない額とされている。

・第50条・第51条・

不逮捕特権と免責特権（◯p.115）　この２つの特権は，議会制度の確立と不可分の関係で発達してきた。

表決　議案に対する可否の意思の表示。多数決によるのが普通。

・第52条・

常会（◯p.115）　毎年定例に開かれる国会。国会法では，「１月中に召集するのを常例とす」とし，会期は150日とされている。

・第54条・

総選挙　衆議院議員の全員交代のための選挙。議員の任期満了の際にも，この語を用いるが，この条項は適用されない。

参議院の緊急集会（◯p.115）　衆議院解散中のために，臨時会を召集してとるような措置が不可能なときに，参議院の集会で臨時措置を行うもの。

・第55条・

争訟　訴訟を起こして争うこと。議員の資格争訟の裁判は各議院の自律権としての作用で，第76条の例外である。

・第56条・

憲法に特別の定　第55条の，「出席議員の３分の２以上」のように，事項について特に定めているもの。

・第57条・

頒布　分かちくばること。

独第42条①　連邦議会は，公開で議事を行う。その議員の10分の１又は連邦政府の申立てに基づいて，３分の２の多数をもって，非公開の決定ができる。……

・第58条・

役員　議長・副議長・仮議長・常任委員長・事務総長を役員とする。

懲罰　公開議場における戒告，陳謝，登院停止，除名の処分。

・第59条・

米第１条第７節②　下院及び上院で可決された法律案は，法律として成立する前に，すべて合衆国大統領に送付されなければならない。……

衆議院の優越（◯p.116）（◯第59条②～④，第60条，第61条，第67条）

両議院の協議会（◯p.114，116）　衆議院と参議院で議決が異なった場合，両院の代表による話し合いによって意見を調整する機関。法律案の場合が任意であるのと異なり，予算の議決・条約の承認・内閣総理大臣の指名で両院の議決が異なった場合は，必ず開催される。

第60条〔衆議院の予算先議と優越〕 ①　予算は，さきに衆議院に提出しなければならない。

②　予算について，参議院で衆議院と異なつた議決をした場合に，法律の定めるところにより，両議院の協議会を開いても意見が一致しないとき，又は参議院が，衆議院の可決した予算を受け取つた後，国会休会中の期間を除いて30日以内に，議決しないときは，衆議院の議決を国会の議決とする。

第61条〔条約の国会承認と衆議院の優越〕 条約の締結に必要な国会の承認については，前条第２項の規定を準用する。

第62条〔国会の国政調査権〕 両議院は，各々国政に関する調査を行ひ，これに関して，証人の出頭及び証言並びに記録の提出を要求することができる。

第63条〔国務大臣の議院出席の権利と義務〕 内閣総理大臣その他の国務大臣は，両議院の一に議席を有すると有しないとにかかはらず，何時でも議案について発言するため議院に出席することができる。又，答弁又は説明のため出席を求められたときは，出席しなければならない。

第64条〔弾劾裁判所〕 ①　国会は，罷免の訴追を受けた裁判官を裁判するため，両議院の議員で組織する弾劾裁判所を設ける。

②　弾劾に関する事項は，法律でこれを定める。

第５章　内　閣

第65条〔行政権と内閣〕 行政権は，内閣に属する。

第66条〔内閣の組織，国務大臣の文民資格，国会に対する連帯責任〕

①　内閣は，法律の定めるところにより，その首長たる内閣総理大臣及びその他の国務大臣でこれを組織する。

②　内閣総理大臣その他の国務大臣は，文民でなければならない。

③　内閣は，行政権の行使について，国会に対し連帯して責任を負ふ。

第67条〔国会の内閣総理大臣の指名，衆議院の優越〕 ①　内閣総理大臣は，国会議員の中から国会の議決で，これを指名する。この指名は，他のすべての案件に先だつて，これを行ふ。

②　衆議院と参議院とが異なつた指名の議決をした場合に，法律の定めるところにより，両議院の協議会を開いても意見が一致しないとき，又は衆議院が指名の議決をした後，国会休会中の期間を除いて10日以内に，参議院が，指名の議決をしないときは，衆議院の議決を国会の議決とする。

第68条〔国務大臣の任命と罷免〕 ①　内閣総理大臣は，国務大臣を任命する。但し，その過半数は，国会議員の中から選ばれなければならない。

②　内閣総理大臣は，任意に国務大臣を罷免することができる。

第69条〔衆議院の内閣不信任と解散又は総辞職〕 内閣は，衆議院で不信任の決議案を可決し，又は信任の決議案を否決したときは，10日以内に衆議院が解散されない限り，総辞職をしなければならない。

第70条〔内閣総理大臣の欠缺又は総選挙後の内閣総辞職〕 内閣総理大臣が欠けたとき，又は衆議院議員総選挙の後に初めて国会の召集があつたときは，内閣は，総辞職をしなければならない。

第71条〔総辞職後の内閣の職務執行〕 前２条の場合には，内閣は，あらたに内閣総理大臣が任命されるまで引き続きその職務を行ふ。

第72条〔内閣総理大臣の職権〕 内閣総理大臣は，内閣を代表して議案を国会に提出し，一般国務及び外交関係について国会に報告し，並びに行政各部を指揮監督する。

第73条〔内閣の職権〕 内閣は，他の一般行政事務の外，左の事務を行ふ。

一　法律を誠実に執行し，国務を総理すること。

二　外交関係を処理すること。

・第60条・

予算　国の歳入・歳出の見積りをいう。国の支出や国庫金の支出は，定められた準則に従って運用されることが必要である。

・第61条・

条約　他国との間に，文書による一定事項の合意をまとめること。条約・交換公文・協約・協定・憲章などの名で呼ばれる。

仏第53条①　……条約もしくは協定は，法律によってしか批准あるいは承認することはできない。……

・第62条・(➲p.115，117)

国政調査権　この権限によって，議員を派遣することも認められている。調査の範囲としては，国政の全般にわたるが，司法に関しては一定の制限がある。

・第64条・(➲p.117)

弾劾裁判所　弾劾裁判所は，衆・参各７名の国会議員によって構成される。国会の機関ではなく，憲法上の特別の機関であるため，国会閉会時でもその職務を遂行できる。

・第65条・

米第２条第１節①　執行権(行政権)は，アメリカ合衆国大統領に属する。……

・第66条・

文民　軍人でない人。civilianの訳。

連帯責任　日本国憲法下では内閣全体が国民の代表機関である国会に対して責任を負っている。大日本帝国憲法下では，行政権の主体である天皇に各国務大臣が個別に責任を負っていた。

首長　主宰する者。

・第67条・

仏第８条①　共和国大統領は，首相を任命する。共和国大統領は，首相からの政府辞職の申し出に基づき，首相を解任する。

・第68条・

国務大臣　特定の行政事務の分担をする各省大臣と，特定の分担をもたない無任所大臣(といっても担当政務はあるが)をいう。

・第69条・

総辞職　内閣総理大臣及び国務大臣のすべてがその職を辞すること。

・第70条・

欠缺　官公職に欠員を生ずること。

内閣総理大臣の欠缺　①内閣総理大臣の辞職や死亡など，②内閣総理大臣が国会議員の資格を失ったとき，をさす。

病気の場合はあらかじめ指定された内閣総理大臣臨時代理(通常は内閣官房長官)が代行する。内閣総理大臣の自発的辞職は内閣の総辞職を意味する。

・第72条・

国務　国家の行政事務。

外交関係　外交関係事務も国務の一部であるが，対外機能の重要性から特に報告を責務とした。

・第73条・

総理　一切の行政権を統轄すること。

三　条約を締結すること。但し，事前に，時宜によつては事後に，国会の承認を経ることを必要とする。
四　法律の定める基準に従ひ，官吏に関する事務を掌理すること。
五　予算を作成して国会に提出すること。
六　この憲法及び法律の規定を実施するために，政令を制定すること。但し，政令には，特にその法律の委任がある場合を除いては，罰則を設けることができない。
七　大赦，特赦，減刑，刑の執行の免除及び復権を決定すること。

第74条〔法律・政令の署名及び連署〕 法律及び政令には，すべて主任の国務大臣が署名し，内閣総理大臣が連署することを必要とする。

第75条〔国務大臣の訴追〕 国務大臣は，その在任中，内閣総理大臣の同意がなければ，訴追されない。但し，これがため，訴追の権利は，害されない。

第6章　司　法

第76条〔司法権と裁判所，特別裁判所の禁止と行政機関の終審的裁判の禁止，裁判官の独立〕 ①　すべて司法権は，最高裁判所及び法律の定めるところにより設置する下級裁判所に属する。
②　特別裁判所は，これを設置することができない。行政機関は，終審として裁判を行ふことができない。
③　すべて裁判官は，その良心に従ひ独立してその職権を行ひ，この憲法及び法律にのみ拘束される。

第77条〔最高裁判所の規則制定権〕 ①　最高裁判所は，訴訟に関する手続，弁護士，裁判所の内部規律及び司法事務処理に関する事項について，規則を定める権限を有する。
②　検察官は，最高裁判所の定める規則に従はなければならない。
③　最高裁判所は，下級裁判所に関する規則を定める権限を，下級裁判所に委任することができる。

第78条〔裁判官の身分保障〕 裁判官は，裁判により，心身の故障のために職務を執ることができないと決定された場合を除いては，公の弾劾によらなければ罷免されない。裁判官の懲戒処分は，行政機関がこれを行ふことはできない。

第79条〔最高裁判所の構成，国民審査，定年，報酬〕 ①　最高裁判所は，その長たる裁判官及び法律の定める員数のその他の裁判官でこれを構成し，その長たる裁判官以外の裁判官は，内閣でこれを任命する。
②　最高裁判所の裁判官の任命は，その任命後初めて行はれる衆議院議員総選挙の際国民の審査に付し，その後10年を経過した後初めて行はれる衆議院議員総選挙の際更に審査に付し，その後も同様とする。
③　前項の場合において，投票者の多数が裁判官の罷免を可とするときは，その裁判官は，罷免される。
④　審査に関する事項は，法律でこれを定める。
⑤　最高裁判所の裁判官は，法律の定める年齢に達した時に退官する。
⑥　最高裁判所の裁判官は，すべて定期に相当額の報酬を受ける。この報酬は，在任中，これを減額することができない。

第80条〔下級裁判所の裁判官，任期，定年，報酬〕 ①　下級裁判所の裁判官は，最高裁判所の指名した者の名簿によつて，内閣でこれを任命する。その裁判官は，任期を10年とし，再任されることができる。但し，法律の定める年齢に達した時には退官する。
②　下級裁判所の裁判官は，すべて定期に相当額の報酬を受ける。この報酬は，在任中，これを減額することができない。

第81条〔最高裁判所の違憲審査権〕 最高裁判所は，一切の法律，命令，規則又は処分が憲法に適合するかしないかを決定する権限を有する終審裁判所である。

条約を締結……　条約の締結は，原則的に内閣の批准によって達せられる。その前後に国会の承認が必要である。
掌理　つかさどりおさめる。
特にその法律の委任が……　政令には憲法第31条からみても罰則を設けることはできないが，法律が委任した範囲内では，設定することができる。(例：道路交通法の委任によって違反者に罰則を付加すること)

・第74条・
連署　2名以上の人が，同一文書に署名すること。
主任の国務大臣　内閣府など各省を分担管理する国務大臣。なお内閣府の主任の国務大臣は内閣総理大臣である。
・第75条・
内閣総理大臣の同意……　国務大臣がみだりに刑事訴追されると，行政が停滞して内閣が不安定になるおそれがある。よって，国務大臣の訴追を慎重にするため内閣総理大臣の同意を必要とする。
・第76条・(➲p.123)
司法権　法律を適宜に用いて具体的に争訟を解決する国家作用をいう。
特別裁判所　最高裁判所を頂点とする裁判所組織の系列外に設けられ，特定の身分や種類の事件の裁判をする所。弾劾裁判所と議員の資格争訟裁判を行う際の議院を例外として，法の下の平等に反することから禁止される。
終審　これ以上の上訴はできない，最終審理の裁判所。
その良心　裁判官個人の思想や世界観を意味するものではなく，職務を公平無私に行わねばならぬとする心。
独立してその職権を……　客観的な法規範によって裁断する。
・第77条・
訴訟　裁判所に訴えること。
検察官　犯罪を捜査し，証拠に立って公訴を行い，刑の執行を監督する。
・第78条・(➲p.123)
懲戒　公務員が義務違反などをした場合，公紀維持のため，制裁を行うこと。
・第79条・
国民審査(➲p.123)　……この国民審査制度はその実質において解職の制度であり……(昭和27.2.20最高裁大法廷)
定年　最高裁判所の裁判官は満70歳に達した時に退官すると裁判所法第50条で定められている。
・第80条・
下級裁判所裁判官の定年　簡易裁判所のみ満70歳，他は65歳。
再任　再任の場合も，改めて最高裁判所の指名簿によって行われる。
・第81条・
違憲審査権　日本の違憲審査権はアメリカ型で，具体的な事件において適用すべき法令の違憲性を審査するものである。ドイツやイタリアでは特別に設けられた憲法裁判所が，具体的事件とは関係なく抽象的に法令や国家行為の違憲審査を行う。(➲p.124)

第82条〔裁判の公開〕 ① 裁判の対審及び判決は，公開法廷でこれを行ふ。
② 裁判所が，裁判官の全員一致で，公の秩序又は善良の風俗を害する虞があると決した場合には，対審は，公開しないでこれを行ふことができる。但し，政治犯罪，出版に関する犯罪又はこの憲法第３章で保障する国民の権利が問題となつてゐる事件の対審は，常にこれを公開しなければならない。

・第82条・
対審 対立する当事者が，裁判官の前で，互いに弁論をたたかわせること。民事訴訟（裁判）の口頭弁論，刑事訴訟（裁判）の公判手続きなどがこれに当たる。
政治犯罪 国家の政治的秩序を侵害する違法行為。

第７章 財 政

第83条〔財政処理の要件〕 国の財政を処理する権限は，国会の議決に基いて，これを行使しなければならない。
第84条〔租税法律主義〕 あらたに租税を課し，又は現行の租税を変更するには，法律又は法律の定める条件によることを必要とする。
第85条〔国費支出及び国の債務負担と国会の議決〕 国費を支出し，又は国が債務を負担するには，国会の議決に基くことを必要とする。
第86条〔予算の作成及び国会の議決〕 内閣は，毎会計年度の予算を作成し，国会に提出して，その審議を受け議決を経なければならない。
第87条〔予備費〕 ① 予見し難い予算の不足に充てるため，国会の議決に基いて予備費を設け，内閣の責任でこれを支出することができる。
② すべて予備費の支出については，内閣は，事後に国会の承諾を得なければならない。
第88条〔皇室財産・皇室費用〕 すべて皇室財産は，国に属する。すべて皇室の費用は，予算に計上して国会の議決を経なければならない。
第89条〔公の財産の支出又は利用の制限〕 公金その他の公の財産は，宗教上の組織若しくは団体の使用，便益若しくは維持のため，又は公の支配に属しない慈善，教育若しくは博愛の事業に対し，これを支出し，又はその利用に供してはならない。
第90条〔決算，会計検査院〕 ① 国の収入支出の決算は，すべて毎年会計検査院がこれを検査し，内閣は，次の年度に，その検査報告とともに，これを国会に提出しなければならない。
② 会計検査院の組織及び権限は，法律でこれを定める。
第91条〔内閣の財政状況報告〕 内閣は，国会及び国民に対し，定期に，少くとも毎年１回，国の財政状況について報告しなければならない。

・第83条・
財政処理 もともと議会は，国家（行政）権力から国民が不当な負担をさせられないよう，国の財政の適切な監督をするために生じた。
・第84条・
租税 国または地方公共団体が必要な経費を支払うために，国民から強制的に徴収する収入。
・第85条・
債務 借入金を返済する義務をいう。
国の債務 国が財政上の需要を充たすのに必要な経費を調達するために負担する債務。具体的には公債発行をいう。
・第86条・
会計年度 ４月１日に始まり翌年３月31日まで。
・第87条・
予備費 予見できない出費に備えるために予算に一括計上される費用。
・第88条・
皇室費用 天皇と皇太子など内廷皇族の日常生活費である内廷費，皇族の品位保持のためにあてる皇族費，皇室の行う公的行為のための宮廷費。
・第89条・
便益 都合のいい利益となること。
・第90条・
会計検査院 国の収支決算を検査し，そのほか法律に定める会計の検査を行う。内閣から独立した機関であり，検査官は裁判官に準ずる身分の保障がなされる。

第８章 地方自治

第92条〔地方自治の基本原則〕 地方公共団体の組織及び運営に関する事項は，地方自治の本旨に基いて，法律でこれを定める。
第93条〔地方公共団体の議会，長・議員等の直接選挙〕 ① 地方公共団体には，法律の定めるところにより，その議事機関として議会を設置する。
② 地方公共団体の長，その議会の議員及び法律の定めるその他の吏員は，その地方公共団体の住民が，直接これを選挙する。
第94条〔地方公共団体の権能〕 地方公共団体は，その財産を管理し，事務を処理し，及び行政を執行する権能を有し，法律の範囲内で条例を制定することができる。
第95条〔特別法の住民投票〕 一の地方公共団体のみに適用される特別法は，法律の定めるところにより，その地方公共団体の住民の投票においてその過半数の同意を得なければ，国会は，これを制定することができない。

・第92条・(➲p.129)
地方公共団体 地方行政の単位として，都道府県・市町村・特別区などをいう。
地方自治の本旨 地方自治の本来の趣旨の意。内容的には，⑴団体自治の原則，⑵住民自治の原則。
・第93条・(➲p.129)
吏員 地方公共団体の職員をさすが，現在の選挙制度では在在しない。（旧教育委員などがこれに当たる）
・第94条・(➲p.129)
条例 地方公共団体が管掌する事務に関して，法律の範囲内でその議会の議決によって制定する法。
・第95条・
一の地方公共団体のみに適用される特別法
１つまたは複数の地方公共団体に対する，特定的例外的な法律をいう。例えば広島平和記念都市建設法・国際港都建設法（横浜・神戸）といったもの。

第９章　改　正

第96条〔憲法改正の手続，その公布〕①　この憲法の改正は，各議院の総議員の３分の２以上の賛成で，国会が，これを発議し，国民に提案してその承認を経なければならない。この承認には，特別の国民投票又は国会の定める選挙の際行はれる投票において，その過半数の賛成を必要とする。

②　憲法改正について前項の承認を経たときは，天皇は，国民の名で，この憲法と一体を成すものとして，直ちにこれを公布する。

・第96条・

米第５条　連邦議会は，両議院の３分の２が必要と認めるときには，この憲法の修正を発議する。……

国民の名で　憲法改正権力の主体が国民であるという意味。国民主権に基づく。

第10章　最高法規

第97条〔基本的人権の本質〕この憲法が日本国民に保障する基本的人権は，人類の多年にわたる自由獲得の努力の成果であつて，これらの権利は，過去幾多の試錬に堪へ，現在及び将来の国民に対し，侵すことのできない永久の権利として信託されたものである。

第98条〔憲法の最高法規性，条約及び国際法規の遵守〕①　この憲法は，国の最高法規であつて，その条規に反する法律，命令，詔勅及び国務に関するその他の行為の全部又は一部は，その効力を有しない。

②　日本国が締結した条約及び確立された国際法規は，これを誠実に遵守することを必要とする。

第99条〔憲法尊重擁護の義務〕天皇又は摂政及び国務大臣，国会議員，裁判官その他の公務員は，この憲法を尊重し擁護する義務を負ふ。

・第97条・(◯p.75)

憲法の最高法規性の根拠として「基本的人権の永久不可侵性」を置くことを再確認している。

・第98条・

最高法規性　国の法体系の頂点に存するという性格。

米第６条②　この憲法，この憲法に従って制定される合衆国の法律，及び合衆国の権限に基づいて既に締結され，または将来締結されるすべての条約は，国の最高法規であって，すべての州の裁判官は，各州の憲法または法律にこれに反する定めがある場合にも，これに拘束される。

遵守　したがい，守ること。

条規　各条項・規定を意味するが，前文も含まれる。

確立された国際法規　多くの国によって拘束力のあるものと認められている国際法規。国際慣習法のこと。

・第99条・

擁護　かかえ守ること。ここでは憲法を破壊する行為に対して抵抗し，憲法の実施を確保することの意味。

米第６条③　……上院議員及び下院議員，各州の議会の議員，並びに合衆国及び各州のすべての執行府(行政府)及び司法府の公務員は，宣誓または確約により，この憲法を擁護する義務を負う。

第11章　補　則

第100条〔施行期日，施行の準備〕①　この憲法は，公布の日から起算して六箇月を経過した日（昭和22年５月３日）から，これを施行する。

②　この憲法を施行するために必要な法律の制定，参議院議員の選挙及び国会召集の手続並びにこの憲法を施行するために必要な準備手続は，前項の期日よりも前に，これを行ふことができる。

第101条〔経過規定⑴－参議院未成立の間の国会〕この憲法施行の際，参議院がまだ成立してゐないときは，その成立するまでの間，衆議院は，国会としての権限を行ふ。

第102条〔経過規定⑵－第１期参議院議員の任期〕この憲法による第１期の参議院議員のうち，その半数の者の任期は，これを３年とする。その議員は，法律の定めるところにより，これを定める。

第103条〔経過規定⑶－憲法施行の際の公務員〕この憲法施行の際現に在職する国務大臣，衆議院議員及び裁判官並びにその他の公務員で，その地位に相応する地位がこの憲法で認められてゐる者は，法律で特別の定をした場合を除いては，この憲法施行のため，当然にはその地位を失ふことはない。但し，この憲法によつて，後任者が選挙又は任命されたときは，当然その地位を失ふ。

・第100条・

起算　計算しはじめること。

EYE　憲法の原本

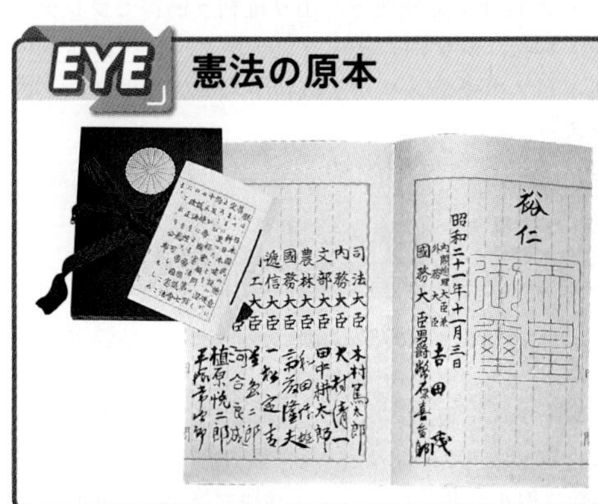

◀**日本国憲法**　日本国憲法の原本は，Ａ４判サイズ。「朕は日本国民の総意に…」の文と天皇の御名御璽，吉田茂内閣総理大臣や各大臣の毛筆の署名がある。そのあとに続く憲法の条文は毛筆ではなく，タイプで打たれている。原本は東京・北の丸の国立公文書館地下２階の貴重書庫に，菊の紋章付きの黒漆塗りの文箱に入れられ，桐のタンスに納められている。

「裕仁」とは，昭和天皇のことです。

法令集

2 大日本帝国憲法（抄） （➡p.70）

発布 1889(明22)年2月11日 施行 1890(明23)年11月29日

第1章 天皇

第1条 大日本帝国ハ万世一系ノ天皇之ヲ統治ス

第2条 皇位ハ皇室典範ノ定ムル所ニ依リ皇男子孫之ヲ継承ス

皇室典範 皇室に関する法規範。大日本帝国憲法下では皇室典範は法律ではなく，憲法と同格とされた。

第3条 天皇ハ神聖ニシテ侵スヘカラス

第4条 天皇ハ国ノ元首ニシテ統治権ヲ総攬シ此ノ憲法ノ条規ニ依リ之ヲ行フ

元首 条約締結権などの権限を有し，対外的に国家を代表する機関。
総攬 すべてを掌握すること。

第5条 天皇ハ帝国議会ノ協賛ヲ以テ立法権ヲ行フ

協賛 事前に審議し，同意を与えること。

第6条 天皇ハ法律ヲ裁可シ其ノ公布及執行ヲ命ス

裁可 天皇が政治各機関の案文を承認し許可すること。法律の成立には，帝国議会の協賛，つまり各議院の出席議員の過半数の賛成が必要で，その後，天皇の裁可を経て公布された。

第7条 天皇ハ帝国議会ヲ召集シ其ノ開会閉会停会及衆議院ノ解散ヲ命ス

第8条 ① 天皇ハ公共ノ安全ヲ保持シ又ハ其ノ災厄ヲ避クル為緊急ノ必要ニ由リ帝国議会閉会ノ場合ニ於テ法律ニ代ルヘキ勅令ヲ発ス

勅令 この条文の勅令とは緊急勅令である。緊急勅令は帝国議会の閉会中に法律に代わるものとして発せられるが，帝国議会の事後承諾が必要である。

② 此ノ勅令ハ次ノ会期ニ於テ帝国議会ニ提出スヘシ若議会ニ於テ承諾セサルトキハ政府ハ将来ニ向テ其ノ効力ヲ失フコトヲ公布スヘシ

第9条 天皇ハ法律ヲ執行スル為ニ又ハ公共ノ安寧秩序ヲ保持シ及臣民ノ幸福ヲ増進スル為ニ必要ナル命令ヲ発シ又ハ発セシム但シ命令ヲ以テ法律ヲ変更スルコトヲ得ス

第11条 天皇ハ陸海軍ヲ統帥ス

統帥権 軍の指揮・命令を行う権限。大日本帝国憲法下では，天皇が有し，立法・行政・司法の三権の関与は許されていなかった。

第13条 天皇ハ戦ヲ宣シ和ヲ講シ及諸般ノ条約ヲ締結ス

第2章 臣民権利義務

第18条 日本臣民タルノ要件ハ法律ノ定ムル所ニ依ル

第20条 日本臣民ハ法律ノ定ムル所ニ従ヒ兵役ノ義務ヲ有ス

兵役ノ義務 軍に入り，軍務に服する義務。第21条の納税の義務，小学校令による義務教育とともに，臣民の三大義務といわれた。

第21条 日本臣民ハ法律ノ定ムル所ニ従ヒ納税ノ義務ヲ有ス

第22条 日本臣民ハ法律ノ範囲内ニ於テ居住及移転ノ自由ヲ有ス

第23条 日本臣民ハ法律ニ依ルニ非スシテ逮捕監禁審問処罰ヲ受クルコトナシ

第24条 日本臣民ハ法律ニ定メタル裁判官ノ裁判ヲ受クルノ権ヲ奪ハルヽコトナシ

第25条 日本臣民ハ法律ニ定メタル場合ヲ除ク外其ノ許諾ナクシテ住所ニ侵入セラレ及捜索セラルヽコトナシ

第26条 日本臣民ハ法律ニ定メタル場合ヲ除ク外信書ノ秘密ヲ侵サルヽコトナシ

信書 手紙。

第27条 ① 日本臣民ハ其ノ所有権ヲ侵サルヽコトナシ

② 公益ノ為必要ナル処分ハ法律ノ定ムル所ニ依ル

第28条 日本臣民ハ安寧秩序ヲ妨ケス及臣民タルノ義務ニ背カサル限ニ於テ信教ノ自由ヲ有ス

第29条 日本臣民ハ法律ノ範囲内ニ於テ言論著作印行集会及結社ノ自由ヲ有ス

印行 書籍類を印刷し発行すること。

第30条 日本臣民ハ相当ノ敬礼ヲ守リ別ニ定ムル所ノ規程ニ従ヒ請願ヲ為スコトヲ得

第31条 本章ニ掲ケタル条規ハ戦時又ハ国家事変ノ場合ニ於テ天皇大権ノ施行ヲ妨クルコトナシ

天皇大権 天皇が，帝国議会の同意なしに行使できる権限。国務大権・宮務大権・統帥大権に分類される。国務大権と宮務大権は大臣の輔弼によって行使した。統帥大権は，天皇自ら行使するべきものであったが，現実は軍令機関の助言によって行使した。

第3章 帝国議会

第33条 帝国議会ハ貴族院衆議院ノ両院ヲ以テ成立ス

貴族院 皇族・華族・勅任議員の特権支配層からなる帝国議会の上院。勅任議員は，国家への勲功者，学識者，多額納税者から選ばれた。

第34条 貴族院ハ貴族院令ノ定ムル所ニ依リ皇族華族及勅任セラレタル議員ヲ以テ組織ス

第35条 衆議院ハ選挙法ノ定ムル所ニ依リ公選セラレタル議員ヲ以テ組織ス

第4章 国務大臣及枢密顧問

第55条 ① 国務各大臣ハ天皇ヲ輔弼シ其ノ責ニ任ス

② 凡テ法律勅令其ノ他国務ニ関ル詔勅ハ国務大臣ノ副署ヲ要ス

輔弼 統治権の総攬者である天皇の政治を助けること。
詔勅 勅語ともいい，天皇の意思の表明。
副署 天皇の公布文・詔書など文書的行為の際に，天皇の名にそえて輔弼をする国務大臣が署名すること。

第5章 司法

第57条 ① 司法権ハ天皇ノ名ニ於テ法律ニ依リ裁判所之ヲ行フ

② 裁判所ノ構成ハ法律ヲ以テ之ヲ定ム

第61条 行政官庁ノ違法処分ニ由リ権利ヲ傷害セラレタリトスルノ訴訟ニシテ別ニ法律ヲ以テ定メタル行政裁判所ノ裁判ニ属スヘキモノハ司法裁判所ニ於テ受理スルノ限ニ在ラス

行政裁判所 行政事件を裁判する特別裁判所で，行政部に設けられていた。

第7章 補則

第73条 ① 将来此ノ憲法ノ条項ヲ改正スルノ必要アルトキハ勅命ヲ以テ議案ヲ帝国議会ノ議ニ付スヘシ

② 此ノ場合ニ於テ両議院ハ各ヽ其ノ総員3分ノ2以上出席スルニ非サレハ議事ヲ開クコトヲ得ス出席議員3分ノ2以上ノ多数ヲ得ルニ非サレハ改正ノ議決ヲ為スコトヲ得ス

3 労働基準法(抄) (➡p.203)

公布 1947．4．7 最終改正 2022．6．17

解説 賃金・労働時間など，労働条件のほとんどの領域について，その最低基準を定めた労働者保護法である。憲法第25条の生存権の理念に基づいて，労働者の生存権を保障するために制定された。この法律の基準以下の労働協約や就業規則は無効となり，違反した使用者は刑事罰を受ける。1997年の改正により，第64条の２，第64条の３が削除され，女性の時間外労働や深夜業などの制限が撤廃された。

第１章 総 則

第１条〔労働条件の原則〕 ① 労働条件は，労働者が人たるに値する生活を営むための必要を充たすべきものでなければならない。

② この法律で定める労働条件の基準は最低のものであるから，労働関係の当事者は，この基準を理由として労働条件を低下させてはならないことはもとより，その向上を図るように努めなければならない。

第２条〔労働条件の決定〕 ① 労働条件は，労働者と使用者が，対等の立場において決定すべきものである。

② 労働者及び使用者は，労働協約，就業規則及び労働契約を遵守し，誠実に各々その義務を履行しなければならない。

第３条〔均等待遇〕 使用者は，労働者の国籍，信条又は社会的身分を理由として，賃金，労働時間その他の労働条件について，差別的取扱をしてはならない。

第４条〔男女同一賃金の原則〕 使用者は，労働者が女性であることを理由として，賃金について，男性と差別的取扱いをしてはならない。

第５条〔強制労働の禁止〕 使用者は，暴行，脅迫，監禁その他精神又は身体の自由を不当に拘束する手段によつて，労働者の意思に反して労働を強制してはならない。

第６条〔中間搾取の排除〕 何人も，法律に基いて許される場合の外，業として他人の就業に介入して利益を得てはならない。

第７条〔公民権行使の保障〕 使用者は，労働者が労働時間中に，選挙権その他公民としての権利を行使し，又は公の職務を執行するために必要な時間を請求した場合においては，拒んではならない。但し，権利の行使又は公の職務の執行に妨げがない限り，請求された時刻を変更することができる。

第２章 労働契約

第13条〔この法律違反の契約〕 この法律で定める基準に達しない労働条件を定める労働契約は，その部分については無効とする。この場合において，無効となつた部分は，この法律で定める基準による。

第15条〔労働条件の明示〕 ① 使用者は，労働契約の締結に際し，労働者に対して賃金，労働時間その他の労働条件を明示しなければならない。……

第20条〔解雇の予告〕 ① 使用者は，労働者を解雇しようとする場合においては，少くとも30日前にその予告をしなければならない。30日前に予告をしない使用者は，30日分以上の平均賃金を支払わなければならない。……

第３章 賃 金

第24条〔賃金の支払〕 ① 賃金は，通貨で，直接労働者に，その全額を支払わなければならない。……

② 賃金は，毎月１回以上，一定の期日を定めて支払わなければならない。……

第26条〔休業手当〕 使用者の責に帰すべき事由による休業の場合においては，使用者は，休業期間中当該労働者に，その平均賃金の100分の60以上の手当を支払わなければならない。

第28条〔最低賃金〕 賃金の最低基準に関しては，最低賃金法（昭和34年法律第137号）の定めるところによる。

第４章 労働時間，休憩，休日及び年次有給休暇

第32条〔労働時間〕 ① 使用者は，労働者に，休憩時間を除き１週間について40時間を超えて，労働させてはならない。

② 使用者は，１週間の各日については，労働者に，休憩時間を除き１日について８時間を超えて，労働させてはならない。

第34条〔休憩〕 ① 使用者は，労働時間が６時間を超える場合においては少くとも45分，８時間を超える場合においては少くとも１時間の休憩時間を労働時間の途中に与えなければならない。

第35条〔休日〕 ① 使用者は，労働者に対して，毎週少くとも１回の休日を与えなければならない。

② 前項の規定は，４週間を通じ４日以上の休日を与える使用者については適用しない。

第36条〔時間外及び休日の労働〕 ① 使用者は，当該事業場に，労働者の過半数で組織する労働組合がある場合においてはその労働組合，労働者の過半数で組織する労働組合がない場合においては労働者の過半数を代表する者との書面による協定をし，厚生労働省令で定めるところによりこれを行政官庁に届け出た場合においては，……その協定で定めるところによつて労働時間を延長し，又は休日に労働させることができる。……

第37条〔時間外，休日及び深夜の割増賃金〕 ① 使用者が，第33条又は前条第１項の規定により労働時間を延長し，又は休日に労働させた場合においては，その時間又はその日の労働については，通常の労働時間又は労働日の賃金の計算額の２割５分以上５割以下の範囲内でそれぞれ政令で定める率以上の率で計算した割増賃金を支払わなければならない。ただし，当該延長して労働させた時間が１箇月について60時間を超えた場合においては，その超えた時間の労働については，通常の労働時間の賃金の計算額の５割以上の率で計算した割増賃金を支払わなければならない。

第39条〔年次有給休暇〕 ① 使用者は，その雇入れの日から起算して６箇月間継続勤務し全労働日の８割以上出勤した労働者に対して，継続し，又は分割した10労働日の有給休暇を与えなければならない。

② 使用者は，１年６箇月以上継続勤務した労働者に対しては，雇入れの日から起算して６箇月を超えて継続勤務する日（以下「６箇月経過日」という。）から起算した継続勤務年数１年ごとに，前項の日数に，次の表の上欄に掲げる６箇月経過日から起算した継続勤務年数の区分に応じ同表の下欄に掲げる労働日を加算した有給休暇を与えなければならない。……

⑤ 使用者は，前各項の規定による有給休暇を労働者の請求する時季に与えなければならない。ただし，請求された時季に有給休暇を与えることが事業の正常な運営を妨げる場合においては，他の時季にこれを与えることができる。

第６章 年少者

第56条〔最低年齢〕 ① 使用者は，児童が満15歳に達した日以後の最初の３月31日が終了するまで，これを使用してはならない。

第58条〔未成年者の労働契約〕 ① 親権者又は後見人は，未成年者に代つて労働契約を締結してはならない。

第59条 未成年者は，独立して賃金を請求することができる。親権者又は後見人は，未成年者の賃金を代つて受け取つてはならない。

第61条〔深夜業〕 ① 使用者は，満18才に満たない者を午後10時から午前５時までの間において使用してはならない。ただし，交替制によつて使用する満16才以上の男性については，この限りでない。

第６章の２ 妊産婦等

第65条〔産前産後〕 ① 使用者は，６週間（多胎妊娠の場合にあつては，14週間）以内に出産する予定の女性が休業を請求した場合においては，その者を就業させてはならない。

② 使用者は，産後８週間を経過しない女性を就業させてはならない。ただし，産後６週間を経過した女性が請求した場合において，その者について医師が支障がないと認めた業務に就かせるこ

とは，差し支えない。

第66条 ② 使用者は，妊産婦が請求した場合においては，第33条第１項及び第３項並びに第36条第１項の規定にかかわらず，時間外労働をさせてはならず，又は休日に労働させてはならない。

第67条〔育児時間〕 ① 生後満１年に達しない生児を育てる女性は，第34条の休憩時間のほか，１日２回各々少なくとも30分，その生児を育てるための時間を請求することができる。

② 使用者は，前項の育児時間中は，その女性を使用してはならない。

第68条〔生理日の就業が著しく困難な女性に対する措置〕 使用者は，生理日の就業が著しく困難な女性が休暇を請求したときは，その者を生理日に就業させてはならない。

第８章 災害補償

第75条〔療養補償〕 ① 労働者が業務上負傷し，又は疾病にかかつた場合においては，使用者は，その費用で必要な療養を行い，又は必要な療養の費用を負担しなければならない。

第76条〔休業補償〕 ① 労働者が前条の規定による療養のため，労働することができないために賃金を受けない場合においては，使用者は，労働者の療養中平均賃金の100分の60の休業補償を行わなければならない。

第79条〔遺族補償〕 労働者が業務上死亡した場合においては，使用者は，遺族に対して，平均賃金の1000日分の遺族補償を行わなければならない。

第９章 就業規則

第89条〔作成及び届出の義務〕 常時10人以上の労働者を使用する使用者は，次に掲げる事項について就業規則を作成し，行政官庁に届け出なければならない。次に掲げる事項を変更した場合においても，同様とする。

(1) 始業及び終業の時刻，休憩時間，休日，休暇並びに労働者を２組以上に分けて交替に就業させる場合においては就業時転換に関する事項

(2) 賃金（臨時の賃金等を除く。以下この号において同じ。）の決定，計算及び支払の方法，賃金の締切り及び支払の時期並びに昇給に関する事項

(3) 退職に関する事項（解雇の事由を含む。）

(3の2)～(10)（略）

第90条〔作成の手続〕 ① 使用者は，就業規則の作成又は変更について，当該事業場に，労働者の過半数で組織する労働組合がある場合においてはその労働組合，労働者の過半数で組織する労働組合がない場合においては労働者の過半数を代表する者の意見を聴かなければならない。

第92条〔法令及び労働協約との関係〕 ① 就業規則は，法令又は当該事業場について適用される労働協約に反してはならない。

第11章 監督機関

第97条〔監督機関の職員等〕 ① 労働基準主管局……，都道府県労働局及び労働基準監督署に労働基準監督官を置くほか，厚生労働省令で定める必要な職員を置くことができる。

第104条〔監督機関に対する申告〕 ① 事業場に，この法律又はこの法律に基いて発する命令に違反する事実がある場合においては，労働者は，その事実を行政官庁又は労働基準監督官に申告することができる。

② 使用者は，前項の申告をしたことを理由として，労働者に対して解雇その他不利益な取扱をしてはならない。

4 労働組合法（抄） (➲p.203)

公布 1945. 12. 22　全文改正 1949. 6. 1
最終改正 2023. 6. 14

解説 憲法第28条に基づいて，労働三権を具体的に保障した法律。労働組合を法的に保護することにより，弱い立場にあった労働者が，使用者と対等の立場に立って労働条件を決められるようになった。第７条で「不当労働行為」について触れ，使用者が労働組合の活動に対して妨害，抑圧，干渉することを禁じている。

第１章 総 則

第１条〔目的〕 ① この法律は，労働者が使用者との交渉において対等の立場に立つことを促進することにより労働者の地位を向上させること，労働者がその労働条件について交渉するために自ら代表者を選出することその他の団体行動を行うために自主的に労働組合を組織し，団結することを擁護すること並びに使用者と労働者との関係を規制する労働協約を締結するための団体交渉をすること及びその手続を助成することを目的とする。

② 刑法（明治40年法律第45号）第35条の規定は，労働組合の団体交渉その他の行為であつて前項に掲げる目的を達成するためにした正当なものについて適用があるものとする。但し，いかなる場合においても，暴力の行使は，労働組合の正当な行為と解釈されてはならない。

第２条〔労働組合〕 この法律で「労働組合」とは，労働者が主体となつて自主的に労働条件の維持改善その他経済的地位の向上を図ることを主たる目的として組織する団体又はその連合団体をいう。但し，左の各号の一に該当するものは，この限りでない。

(1) 役員，雇入解雇昇進又は異動に関して直接の権限を持つ監督的地位にある労働者，使用者の労働関係についての計画と方針とに関する機密の事項に接し，そのためにその職務上の義務と責任とが当該労働組合の組合員としての誠意と責任とに直接にてい触する監督的地位にある労働者その他使用者の利益を代表する者の参加を許すもの

(2) 団体の運営のための経費の支出につき使用者の経理上の援助を受けるもの。……

(3) 共済事業その他福利事業のみを目的とするもの

(4) 主として政治運動又は社会運動を目的とするもの

第３条〔労働者〕 この法律で「労働者」とは，職業の種類を問わず，賃金，給料その他これに準ずる収入によつて生活する者をいう。

第２章 労働組合

第６条〔交渉権限〕 労働組合の代表者又は労働組合の委任を受けた者は，労働組合又は組合員のために使用者又はその団体と労働協約の締結その他の事項に関して交渉する権限を有する。

第７条〔不当労働行為〕 使用者は，次の各号に掲げる行為をしてはならない。

(1) 労働者が労働組合の組合員であること，労働組合に加入し，若しくはこれを結成しようとしたこと若しくは労働組合の正当な行為をしたことの故をもつて，その労働者を解雇し，その他これに対して不利益な取扱いをすること又は労働者が労働組合に加入せず，若しくは労働組合から脱退することを雇用条件とすること。ただし，労働組合が特定の工場事業場に雇用される労働者の過半数を代表する場合において，その労働者がその労働組合の組合員であることを雇用条件とする労働協約を締結することを妨げるものではない。

(2) 使用者が雇用する労働者の代表者と団体交渉をすることを正当な理由がなくて拒むこと。

(3) 労働者が労働組合を結成し，若しくは運営することを支配し，若しくはこれに介入すること，又は労働組合の運営のための経費の支払につき経理上の援助を与えること。……

(4) 労働者が労働委員会に対し使用者がこの条の規定に違反した旨の申立てをしたこと若しくは中央労働委員会に対し第27条の12第１項の規定による命令に対する再審査の申立てをしたこと又は労働委員会がこれらの申立てに係る調査若しくは審問をし，若しくは当事者に和解を勧め，若しくは労働関係調整法（昭和21年法律第25号）による労働争議の調整をする場合に労働者が証拠を提示し，若しくは発言をしたことを理由として，その労働者を解雇し，その他これに対して不利益な取扱いをすること。

第８条〔損害賠償〕 使用者は，同盟罷業その他の争議行為であつて正当なものによつて損害を受けたことの故をもつて，労働組合又はその組合員に対し賠償を請求することができない。

第３章　労働協約

第14条〔労働協約の効力の発生〕 労働組合と使用者又はその団体との間の労働条件その他に関する労働協約は，書面に作成し，両当事者が署名し，又は記名押印することによつてその効力を生ずる。

第４章　労働委員会

第19条〔労働委員会〕 ①　労働委員会は，使用者を代表する者（以下「使用者委員」という。），労働者を代表する者（以下「労働者委員」という。）及び公益を代表する者（以下「公益委員」という。）各同数をもつて組織する。

第20条〔労働委員会の権限〕 労働委員会は，第５条，第11条及び第18条の規定によるもののほか，不当労働行為事件の審査等並びに労働争議のあつせん，調停及び仲裁をする権限を有する。

5 労働関係調整法（抄）

(➡p.203) 公布 1946. 9. 27　最終改正 2014. 6. 13

解説 労働関係の公正な調整をはかり，労働争議を予防あるいは解決することを目的として制定された。労使間の紛争は自主的解決が建て前であるが，それが困難となったときには労働委員会が斡旋・調停・仲裁を行い，解決をはかることを定めている。

第１章　総　則

第１条〔法律の目的〕 この法律は，労働組合法と相俟つて，労働関係の公正な調整を図り，労働争議を予防し，又は解決して，産業の平和を維持し，もつて経済の興隆に寄与することを目的とする。

第２条〔当事者の義務〕 労働関係の当事者は，互に労働関係を適正化するやうに，労働協約中に，常に労働関係の調整を図るための正規の機関の設置及びその運営に関する事項を定めるやうに，且つ労働争議が発生したときは，誠意をもつて自主的にこれを解決するやうに，特に努力しなければならない。

第７条〔争議行為〕 この法律において争議行為とは，同盟罷業，怠業，作業所閉鎖その他労働関係の当事者が，その主張を貫徹することを目的として行ふ行為及びこれに対抗する行為であつて，業務の正常な運営を阻害するものをいふ。

第８条〔公益事業・公益事業の指定〕 ①　この法律において公益事業とは，次に掲げる事業であつて，公衆の日常生活に欠くことのできないものをいう。

(1)　運輸事業
(2)　郵便，信書便又は電気通信の事業
(3)　水道，電気又はガスの供給の事業
(4)　医療又は公衆衛生の事業

②　内閣総理大臣は，前項の事業の外，国会の承認を経て，業務の停廃が国民経済を著しく阻害し，又は公衆の日常生活を著しく危くする事業を，１年以内の期間を限り，公益事業として指定することができる。

第３章　調　停

第18条〔調停を行うべき場合〕 労働委員会は，次の各号のいずれかに該当する場合に，調停を行う。

(1) 関係当事者の双方から，労働委員会に対して，調停の申請がなされたとき。
(2) 関係当事者の双方又は一方から，労働協約の定めに基づいて，労働委員会に対して調停の申請がなされたとき。
(3) 公益事業に関する事件につき，関係当事者の一方から，労働委員会に対して，調停の申請がなされたとき。
(4) 公益事業に関する事件につき，労働委員会が職権に基づいて，調停を行う必要があると決議したとき。
(5) 公益事業に関する事件又はその事件が規模が大きいため若しくは特別の性質の事業に関するものであるために公益に著しい障害を及ぼす事件につき，厚生労働大臣又は都道府県知事から，労働委員会に対して，調停の請求がなされたとき。

第４章　仲　裁

第30条〔仲裁を行うべき場合〕 労働委員会は，左の各号の一に該当する場合に，仲裁を行ふ。

(1)　関係当事者の双方から，労働委員会に対して，仲裁の申請がなされたとき。
(2)　労働協約に，労働委員会による仲裁の申請をなさなければならない旨の定がある場合に，その定に基いて，関係当事者の双方又は一方から，労働委員会に対して，仲裁の申請がなされたとき。

第34条〔裁定の効力〕 仲裁裁定は，労働協約と同一の効力を有する。

第５章　争議行為の制限禁止等

第36条〔安全保持〕 工場事業場における安全保持の施設の正常な維持又は運行を停廃し，又はこれを妨げる行為は，争議行為としてでもこれをなすことはできない。

第37条〔公益事業に対する抜打争議行為の禁止〕 ①　公益事業に関する事件につき関係当事者が争議行為をするには，その争議行為をしようとする日の少なくとも10日前までに，労働委員会及び厚生労働大臣又は都道府県知事にその旨を通知しなければならない。

第38条〔争議行為の制限〕 緊急調整の決定をなした旨の公表があつたときは，関係当事者は，公表の日から50日間は，争議行為をなすことができない。

6 男女雇用機会均等法（抄）

(➡p.207) 公布 1985. 6. 1　最終改正 2022. 6. 17

解説 職場における男女差別をなくすことを目的として，1985年に制定された。しかし，男女均等の待遇が企業の「努力義務」に過ぎず，違反企業への罰則や制裁措置がなかったため，1997年に大幅な改正が行われた。雇用における女性差別については「努力義務」から「禁止」規定となり，違反企業を公表。さらに2006年改正で企業へのセクハラ防止措置の義務付け，間接差別の防止，2016年改正で妊娠・出産等を理由とするハラスメントの防止措置を義務付けるなど，強化されている。

第２章　雇用の分野における男女の均等な機会及び待遇の確保等

〔性別を理由とする差別の禁止〕

第５条　事業主は，労働者の募集及び採用について，その性別にかかわりなく均等な機会を与えなければならない。

第６条　事業主は，次に掲げる事項について，労働者の性別を理由として，差別的取扱いをしてはならない。

(1)　労働者の配置（業務の配分及び権限の付与を含む。），昇進，降格及び教育訓練
(2)　住宅資金の貸付けその他これに準ずる福利厚生の措置であつて厚生労働省令で定めるもの
(3)　労働者の職種及び雇用形態の変更
(4)　退職の勧奨，定年及び解雇並びに労働契約の更新

〔職場における性的な言動に起因する問題に関する雇用管理上の措置等〕

第11条　①　事業主は，職場において行われる性的な言動に対するその雇用する労働者の対応により当該労働者がその労働条件につき不利益を受け，又は当該性的な言動により当該労働者の就業環境が害されることのないよう，当該労働者からの相談に応じ，適切に対応するために必要な体制の整備その他の雇用管理上必要な措置を講じなければならない。

②　事業主は，労働者が前項の相談を行つたこと又は事業主による当該相談への対応に協力した際に事実を述べたことを理由として，当該労働者に対して解雇その他不利益な取扱いをしてはならない。

7 国際人権規約（抄）(➡p.62)

採択 1966. 12. 16　発効 1976. 1. 3（A規約），1976. 3. 23（B規約）　日本批准 1979. 6. 21

解説 世界人権宣言の内容に法的拘束力をもたせた条約。A規約（社会権規約）とB規約（自由権規約）の２つの規約と，３つの選択的議定書からなる。日本は，1979年にA規約中の一部を留保して批准。選択的議定書はいずれも批准していない。A規約選択議定書〈2008

年採択，13年発効〉，B規約第一選択議定書〈1966年採択，76年発効〉は，各規約の権利を侵害された個人による国連への救済申し立て（個人通報制度）を認めた。B規約第二選択議定書〈1989年採択，91年発効〉は別名「死刑廃止条約」。

経済的，社会的及び文化的権利に関する国際規約（A規約）

第１条〔人民の自決の権利〕 ①　すべての人民は，自決の権利を有する。この権利に基づき，すべての人民は，その政治的地位を自由に決定し並びにその経済的，社会的及び文化的発展を自由に追求する。

②　すべての人民は，互恵の原則に基づく国際的経済協力から生ずる義務及び国際法上の義務に違反しない限り，自己のためにその天然の富及び資源を自由に処分することができる。人民は，いかなる場合にも，その生存のための手段を奪われることはない。

第２条〔締約国の実施義務〕 ①　この規約の各締約国は，立法措置その他のすべての適当な方法によりこの規約において認められる権利の完全な実現を漸進的に達成するため，自国における利用可能な手段を最大限に用いることにより，個々に又は国際的な援助及び協力，特に，経済上及び技術上の援助及び協力を通じて，行動をとることを約束する。

②　この規約の締約国は，この規約に規定する権利が人種，皮膚の色，性，言語，宗教，政治的意見その他の意見，国民的若しくは社会的出身，財産，出生又は他の地位によるいかなる差別もなしに行使されることを保障することを約束する。

市民的及び政治的権利に関する国際規約（B規約）

第６条〔生命に対する権利及び死刑〕 ①　すべての人間は，生命に対する固有の権利を有する。この権利は，法律によつて保護される。何人も，恣意的にその生命を奪われない。

②　死刑を廃止していない国においては，死刑は，犯罪が行われた時に効力を有しており，かつ，この規約の規定及び集団殺害犯罪の防止及び処罰に関する条約の規定に抵触しない法律により，最も重大な犯罪についてのみ科することができる。この刑罰は，権限のある裁判所が言い渡した確定判決によつてのみ執行することができる。

⑥　この条のいかなる規定も，この規約の締約国により死刑の廃止を遅らせ又は妨げるために援用されてはならない。

第９条〔身体の自由と逮捕抑留の要件〕
①　すべての者は，身体の自由及び安全についての権利を有する。何人も，恣意的に逮捕され又は抑留されない。何人も，法律で定める理由及び手続によらない限り，その自由を奪われない。

第20条〔戦争宣伝及び憎悪唱道の禁止〕
①　戦争のためのいかなる宣伝も，法律で禁止する。

②　差別，敵意又は暴力の扇動となる国民的，人種的又は宗教的憎悪の唱道は，法律で禁止する。

8 女子差別撤廃条約（抄）

（➲p.61）［女子に対するあらゆる形態の差別の撤廃に関する条約］

採択 1979.12　発効 1981.9　日本批准 1985.6

解説　男女の事実上の平等を目的とし，女性に対する政治的，経済的，社会的，文化的，市民的その他あらゆる差別を排除するために制定された。締約国には，差別排除のための立法措置を行うことを義務づけている。日本はこの条約を受けて，男女雇用機会均等法（➲p.377）の制定などを行った。

第１条〔女子差別の定義〕　この条約の適用上，「女子に対する差別」とは，性に基づく区別，排除又は制限であつて，政治的，経済的，社会的，文化的，市民的その他のいかなる分野においても，女子（婚姻をしているかいないかを問わない。）が男女の平等を基礎として人権及び基本的自由を認識し，享有し又は行使することを害し又は無効にする効果又は目的を有するものをいう。

第２条〔締約国の差別撤廃義務〕　締約国は，女子に対するあらゆる形態の差別を非難し，女子に対する差別を撤廃する政策をすべての適当な手段により，かつ，遅滞なく追求することに合意し，及びこのため次のことを約束する。

(a)　男女の平等の原則が自国の憲法その他の適当な法令に組み入れられていない場合にはこれを定め，かつ，男女の平等の原則の実際的な実現を法律その他の適当な手段により確保すること。

9 日米安全保障条約（抄）

（➲p.106）［日本国とアメリカ合衆国との間の相互協力及び安全保障条約］

署名 1960.1.19　発効 1960.6.23

解説　現在の日米関係の機軸となっている条約。1951年に結ばれた旧安保条約にかわり新しく結ばれた。旧条約は，いわゆる「内乱条項」や，米軍に日本駐留を認めたが日本防衛義務が明記されず，不平等との指摘があった。新条約には，米軍に日本の基地を提供すること，日本や在日米軍基地が攻撃を受けた場合は日米共同で防衛にあたることが明記された。米国本土が攻撃を受けても日本に米国の防衛義務はない。在日米軍基地問題，共同防衛の違憲性など，同条約に関して様々な問題が議論されてきた。しかし，第２条の日米経済協力が日本の経済発展に貢献してきたことにより，野党の多くもこれを追認し，自動継続され今日に至っている。

第２条〔経済的協力の促進〕　……締約国は，その国際経済政策におけるくい違いを除くことに努め，また，両国の間の経済的協力を促進する。

第３条〔自衛力の維持発展〕　締約国は，個別的及び相互に協力して，継続的かつ効果的な自助及び相互援助により，武力攻撃に抵抗するそれぞれの能力を，憲法上の規定に従うことを条件として，維持し発展させる。

第５条〔共同防衛〕　各締約国は，日本国の施政の下にある領域における，いずれか一方に対する武力攻撃が，自国の平和及び安全を危うくするものであることを認め，自国の憲法上の規定及び手続に従つて共通の危険に対処するように行動することを宣言する。

前記の武力攻撃及びその結果として執つたすべての措置は，国際連合憲章第51条の規定に従つて直ちに国際連合安全保障理事会に報告しなければならない。その措置は，安全保障理事会が国際の平和及び安全を回復し及び維持するために必要な措置を執つたときは，終止しなければならない。

第６条〔基地の許与〕　日本国の安全に寄与し，並びに極東における国際の平和及び安全の維持に寄与するため，アメリカ合衆国は，その陸軍，空軍及び海軍が日本国において施設及び区域を使用することを許される。……

10 少年法（抄）

（➲p.125）

公布 1948.7.15　最終改正 2023.6.23

解説　20歳未満の者（少年）の非行や刑事事件について定めた法律。人格的に未熟な少年を保護し，教育を通じて更生させる保護主義を基本理念としており，審判の原則非公開など20歳以上の犯罪とは手続きが異なる。一方で保護主義への批判もあり，刑事処分可能年齢の16歳から14歳以上への引き下げ（2001年施行）や少年院へ送致できる年齢の14歳以上からおおむね12歳以上への引き下げ（2007年施行）が行われてきた。また，2021年には18・19歳を「特定少年」とし，厳罰化や起訴後の実名報道が可能となった（2022年施行）。

第１章　総　則

第１条〔この法律の目的〕　この法律は，少年の健全な育成を期し，非行のある少年に対して性格の矯正及び環境の調整に関する保護処分を行うとともに，少年の刑事事件について特別の措置を講ずることを目的とする。

第２条〔定義〕 ①　この法律において「少年」とは，20歳に満たない者をいう。

②　この法律において「保護者」とは，少年に対して法律上監護教育の義務ある者及び少年を現に監護する者をいう。

第４章　記事等の掲載の禁止

第61条　家庭裁判所の審判に付された少年又は少年のとき犯した罪により公訴を提起された者については，氏名，年齢，職業，住居，容ぼう等によりその者が当該事件の本人であることを推知することができるような記事又は写真を新聞紙その他の出版物に掲載してはならない。

11 国際連合憲章（抄）

（➡p.247）採択 1945. 6. 26　日本批准 1956. 12. 18

解説　国際連合の目的や原則，機構などを定めている。安全保障理事会に強力な権限が与えられており，第７章では，平和を破壊する国に対して経済的・軍事的措置を講ずることを認めている。第53条と第107条は「旧敵国条項」とよばれ，第二次世界大戦中に連合国の敵であった国（日，独，伊など）の再侵略に備える強制行動には，安全保障理事会による決議は不要としている。これらの条項はすでに死文化したとして，1995年に削除が決定したが，憲章改正手続きはまだとられていない。

前　文

われら連合国の人民は，われらの一生のうちに二度まで言語に絶する悲哀を人類に与えた戦争の惨害から将来の世代を救い，基本的人権と人間の尊厳及び価値と男女及び大小各国の同権とに関する信念をあらためて確認し，正義と条約その他の国際法の源泉から生ずる義務の尊重とを維持することができる条件を確立し，一層大きな自由の中で社会的進歩と生活水準の向上とを促進すること並びに，このために，寛容を実行し，且つ，善良な隣人として互いに平和に生活し，国際の平和及び安全を維持するためにわれらの力を合わせ，共同の利益の場合を除く外は武力を用いないことを原則の受諾と方法の設定によつて確保し，すべての人民の経済的及び社会的発達を促進するために国際機構を用いることを決意して，これらの目的を達成するために，われらの努力を結集することに決定した。

よつて，われらの各自の政府は，サン・フランシスコ市に会合し，全権委任状を示してそれが良好妥当であると認められた代表者を通じて，この国際連合憲章に同意したので，ここに国際連合という国際機構を設ける。

第１章　目的及び原則

第１条　国際連合の目的は，次のとおりである。

①　国際の平和及び安全を維持すること。そのために，平和に対する脅威の防止及び除去と侵略行為その他の平和の破壊の鎮圧とのため有効な集団的措置をとること並びに平和を破壊するに至る虞のある国際的の紛争又は事態の調整または解決を平和的手段によつて且つ正義及び国際法の原則に従つて実現すること。

②　人民の同権及び自決の原則の尊重に基礎をおく諸国間の友好関係を発展させること並びに世界平和を強化するために他の適当な措置をとること。

③　経済的，社会的，文化的又は人道的性質を有する国際問題を解決することについて，並びに人種，性，言語または宗教による差別なくすべての者のために人権及び基本的自由を尊重するように助長奨励することについて，国際協力を達成すること。

第４章　総　会

第10条　総会は，この憲章の範囲内にある問題若しくは事項又はこの憲章に規定する機関の権限及び任務に関する問題若しくは事項を討議し，……このような問題又は事項について国際連合加盟国若しくは安全保障理事会又はこの両者に対して勧告をすることができる。

第18条　①　総会の各構成国は，１個の投票権を有する。

②　重要問題に関する総会の決定は，出席し且つ投票する構成国の３分の２の多数によつて行われる。……

③　その他の問題に関する決定は，……出席し且つ投票する構成国の過半数によつて行われる。

第５章　安全保障理事会

第23条　①　安全保障理事会は，15の国際連合加盟国で構成する。中華民国＊1，フランス，ソヴィエト社会主義共和国連邦＊2，グレート・ブリテン及び北部アイルランド連合王国及びアメリカ合衆国は，安全保障理事会の常任理事国となる。総会は，……安全保障理事会の非常任理事国となる他の10の国際連合加盟国を選挙する。

②　安全保障理事会の非常任理事国は，２年の任期で選挙される。……

第24条　①　国際連合の迅速且つ有効な行動を確保するために，国際連合加盟国は，国際の平和及び安全の維持に関する主要な責任を安全保障理事会に負わせるものとし，且つ，安全保障理事会がこの責任に基く義務を果すに当つて加盟国に代つて行動することに同意する。

第27条　①　安全保障理事会の各理事国は，１個の投票権を有する。

②　手続事項に関する安全保障理事会の決定は，９理事国の賛成投票によつて行われる。

③　その他のすべての事項に関する安全保障理事会の決定は，常任理事国の同意投票を含む９理事国の賛成投票によつて行われる。但し，……紛争当事国は，投票を棄権しなければならない。

第６章　紛争の平和的解決

第33条　①　いかなる紛争でもその継続が国際の平和及び安全の維持を危くする虞のあるものについては，その当事者は，まず第一に，交渉，審査，仲介，調停，仲裁裁判，司法的解決，地域的機関又は地域的取極の利用その他当事者が選ぶ平和的手段による解決を求めなければならない。

第７章　平和に対する脅威，平和の破壊及び侵略行為に関する行動

第39条　安全保障理事会は，平和に対する脅威，平和の破壊又は侵略行為の存在を決定し，並びに，国際の平和及び安全を維持し又は回復するために，勧告をし，又は第41条及び第42条に従つていかなる措置をとるかを決定する。

第41条　安全保障理事会は，その決定を実施するために，兵力の使用を伴わないいかなる措置を使用すべきかを決定することができ，且つ，この措置を適用するように国際連合加盟国に要請することができる。この措置は，経済関係及び鉄道，航海，航空，郵便，電信，無線通信その他の運輸通信の手段の全部又は一部の中断並びに外交関係の断絶を含むことができる。

第42条　安全保障理事会は，第41条に定める措置では不充分であろうと認め，又は不充分なことが判明したと認めるときは，国際の平和及び安全の維持又は回復に必要な空軍，海軍または陸軍の行動をとることができる。この行動は，国際連合加盟国の空軍，海軍又は陸軍による示威，封鎖その他の行動を含むことができる。

第51条　この憲章のいかなる規定も，国際連合加盟国に対して武力攻撃が発生した場合には，安全保障理事会が国際の平和及び安全の維持に必要な措置をとるまでの間，個別的又は集団的自衛の固有の権利を害するものではない。……

第８章　地域的取極

第53条　①　……いかなる強制行動も，安全保障理事会の許可がなければ，地域的取極に基いて又は地域的機関によつてとられてはならない。もつとも，本条２に定める敵国のいずれかに対する措置で，第107条に従つて規定されるもの又はこの敵国における侵略政策の再現に備える地域的取極において規定されるものは，関係政府の要請に基いてこの機構がこの敵国による新たな侵略を防止する責任を負うときまで例外とする。

②　本条１で用いる敵国という語は，第二次世界戦争中にこの憲章のいずれかの署名国の敵国であつた国に適用される。

第17章　安全保障の過渡的規定

第107条　この憲章のいかなる規定も，第二次世界戦争中にこの憲章の署名国の敵であつた国に関する行動でその行動について責任を有する政府がこの戦争の結果としてとり又は許可したものを無効にし，又は排除するものではない。

＊1 現在は中華人民共和国　＊2 現在はロシア連邦

用語集

第1章　公共的な空間を作る私たち

□❶**青年期**　(➲p.16)
文化・産業の発達によって複雑化した近代以降の社会において，1人の人間が社会的に自立できるための準備期間としてつくり出された段階。主に10代前半から20歳前後を指す。精神的な自立をめざす中で，自己をかけがえのない存在と自覚し，個性ある独自の人格を形成しようとする時期である。また，この時期に，親からの経済的独立をめざして職業選択のための準備をすることは，自己の能力を発揮し，社会に貢献するための基礎となる。

□❷**マージナル・マン**(境界人，周辺人)　(➲p.16)
ドイツの心理学者**レヴィン**によれば，青年期は「マージナル・マン」の時期である。これは，子どもでもなく大人でもない青年期の状況を特徴づける言葉である。両集団の間に位置し，どちらにも属しきれない人間のことで，不安定性，過敏性などの特徴をもつ。
不安定な存在である青年は，心身のアンバランスから生じる不安や動揺に悩まされ，周囲の人との間にも混乱や緊張を生じることが多い。

□❸**心理・社会的モラトリアム**(猶予期間)　(➲p.16, 17)
「**支払い猶予**」を意味する経済用語から転じて，大人になることを猶予される青年期の時期を示す。アメリカの精神分析学者**エリクソン**が用いた。

□❹**エリクソン**(1902～94年)　(➲p.16, 17[5], 19[2]・[3])
アメリカの精神分析学者。青年が「自分とは何か」という問いへの答えを，自身の過去や未来への展望と社会的かかわりの中で見出していくことを「**アイデンティティの確立**」と呼んで，重視した。すなわち，青年期は自己の「アイデンティティ」を模索する時期であるといえる。

□❺**第二次性徴**　(➲p.17)
思春期に発現する生殖器官以外の身体各部に生じる性的特徴。これに対して生まれたときから生じている男女の性差を**第一次性徴**という。男性は背が高くなり，筋肉の発達したがっしりした体型になり，女性は体全体に脂肪が蓄積してふっくらとした体型になる。

□❻**第二の誕生**　(➲p.16, 18)
ルソーが著書『**エミール**』の中で，子どもから大人への移行を，人間が母親から生まれる第一の誕生に対して，第二の誕生としてとらえた言葉。ルソーは，青年期は「第二の誕生」の時期であるとした。青年期は親からの「**心理的離乳**」が求められる時期である。この時期，青年は不安と動揺の中で**アイデンティティ**を確立するという課題を有する。

□❼**第二反抗期**　(➲p.18)
青年期に親から独立するために反抗的な態度をとる状態。2～4歳頃に見られる親や身近な大人への感情的反発である**第一反抗期**に対して，第二反抗期という。第一反抗期が身体的独立に伴うものであるのに対し，第二反抗期は精神的独立に伴うものである。

□❽**ハヴィガースト**(1900～91年)　(➲p.19)
アメリカの教育学者。人生には各段階に発達課題があり，達成することで，次の段階にスムーズに移行できると主張した。青年期の発達課題として10項目をあげた。

□❾**アイデンティティ**　(➲p.19)
エリクソンが用いた心理学の基礎概念。**自我同一性**と訳される。自分はまぎれもなく独自で固有な自分であって，どんな状況でも同じその人であるという同一性の意識的感覚。

□❿**欲求階層説**　(➲p.23)
マズローの提唱した，人のもつ様々な欲求が階層構造をなすという考え方。下(低次)から，第1層が生理的欲求，第2層が安全の欲求，第3層が所属と愛情の欲求，第4層が承認(自尊)の欲求であり，ここまでの基本的欲求がすべて満たされると，第5層の自己実現の欲求を満たそうとする。

□⓫**自己実現**　(➲p.23[1])
目標に向かって自分自身の能力を発揮していくこと。アメリカの心理学者**マズロー**によれば，最も高次の欲求にあたる。自己実現の過程は自分の存在意義を自覚することでもあり，生きがいにもつながっていく。

□⓬**葛藤**(コンフリクト)　(➲p.23)
2つ以上の欲求があって，それぞれの誘発性がほぼ等しいため選択に苦しみ，身動きがとれなくなってしまった状況のこと。
葛藤には，**接近－接近型**，**回避－回避型**，**接近－回避型**がある。

- **接近－接近型**……貯金してきたお金を使って，新しいタブレット端末が今すぐほしいが，友人との旅行にも参加したい。
- **回避－回避型**……浪人はしたくないが，志望と違う学部を受験するのは気がすすまない。
- **接近－回避型**……その国の文化に心ひかれるので留学したいが，治安が悪いので安全に生活できるか不安である。

□⓭**防衛機制**　(➲p.23)
個人が不快な状況，欲求の不満足に当面したとき，自分を守ろうとして無意識的に行う心のはたらき。欲求不満・不安・葛藤などによる緊張を減退させることができる。

□⓮**欲求不満**(フラストレーション)　(➲p.23[3])
生命維持に必要な欲求，あるいは後天的に形成された社会的欲求などが満たされないこと。欲求不満がたまっても，近道反応，攻撃行動，退行などの行動をとらず，耐える力のことを**欲求不満耐性**(フラストレーション・トレランス)という。欲求不満に適切に対処する方法の1つとして，欲求不満耐性を高めてがまんすることも必要である。

□⓯**パーソナリティ**(個性，人格)　(➲p.24)
個人を他の個人と区別する特徴。環境や遺伝の影響を受け，能力・気質・性格から形成される。影響を与える環境や対人関係を積極的に変えようとする努力によって，自発的に変えられる可能性を含む。パーソナリティは出来事や経験に影響され，変化していくもので，成人や高齢者のパーソナリティも固定的なものと考えるべきではない。

□⓰**フリーター**　(➲p.25[2], 206[5]❶)
フリー・アルバイターの略。15～34歳の男性または未婚の女性(学生を除く)で，パート・アルバイトをして働く者，またはその希望者。若者の職業観の変化や就職難などの影響から増えている。

□⓱**ニート**(NEET)　(➲p.25 EYE)
進学もせず，職業訓練も受けていない人。イギリスのブレア政権(1997～2007年)ではじめて使われた。

□⓲**インターンシップ**　(➲p.26)
学生が在学中に企業や役所などで，一定期間，就業体験を行うこと。大学などでは，カリキュラムの1つとして導入されているところもある。学生の就業意識を高めるのに役立つと期待されている。

□⓳**ボランティア**　(➲p.26)
収入を目的とせず，自発的に他者に貢献するために行う活動。ボランティア活動を通して，自分が社会や他者のために役立つという実感をもつことは，自分の生きる意味を自覚することであり，人間的成長を促すと考えられる。
1995年の阪神・淡路大震災では，日本中からボランティアが駆けつけ，この年は「**ボランティア元年**」と呼ばれている。

□⑳**男女共同参画社会基本法** (➡p.26 2 ❷, 81 C ❶)
男女が互いに人権を尊重しつつ責任を分かち合う社会(**男女共同参画社会**)の実現をめざして，1999年に成立した法律。男女が共に家庭生活と他の活動とを両立できる社会の形成を基本理念の１つとし，国が，**積極的改善措置(ポジティブ・アクション)**を含む施策を策定・実施する責務を有することが定められている。

□㉑**ジェンダー** (➡p.26 2, 80, 81)
生物学的性差である性(sex)に対して，社会文化的につくられた性差を意味する。このジェンダーが，性差別の源泉であるという意見もある。一方，ジェンダーには，文化的に形作られてきたものもあり，すべて取り除くと文化を壊すことになるという意見もある。現在，ジェンダーについては様々な議論が行われている。

□㉒**恥の文化** (➡p.27)
アメリカの文化人類学者**ベネディクト**は，著書『菊と刀』で，欧米が内面的な「罪」の自覚に基づく「罪の文化」であるのに対して，日本は，他人の世評に対する「恥」の意識に基づく「恥の文化」であるとした。

□㉓**エスノセントリズム** (➡p.30, 275)
自民族中心主義のこと。自民族の政治的・経済的優位を主張する考え方で，民族が複雑に入り組む国家・社会では，しばしば社会不安や内戦などを生み出している。

□㉔**文化相対主義** (➡p.30, 275)
自文化を絶対化して，異文化を優劣評価する態度を排除し，すべての文化はそれぞれの存在価値を有しているとする考え方。エスノセントリズム(自民族中心主義)と対立する概念である。

□㉕**年中行事** (➡p.28)
年ごとの同じ時期にある地域全体で繰り返される行事。正月・節分・彼岸・七夕・お盆・大晦日など。人間の生活に安定をもたらし，アクセントを与える役目がある。住民のつながりや自然条件，歴史などにより，地域によって異なった性格のものになっている。日本では農耕儀礼など生産過程に伴った行事が古くからあり，特に稲作儀礼が多い。

□㉖**通過儀礼(イニシエーション)** (➡p.28)
個人の一生のうち，１つの段階から次の段階へと移っていく重要な時期に行われる儀礼のこと。主に，誕生・成人・結婚・年祝・死亡などにかかわる儀式がそれである。人生や四季折々の節目に行われる様々な祭りや行事などの中には，若者が成長や発達を意識する通過儀礼として機能するものもある。

第２章　公共的な空間における人間としての在り方生き方

□㉗**無知の知(不知の自覚)** (➡p.32 2)
自分が真の知(徳，真善美のことがら)について何も知らないことを自覚すること。無知の知こそ，**ソクラテス**の哲学の出発点になったものである。

□㉘**イデア** (➡p.32 2 ❷)
理性によってしか認識できない，現実を超えた絶対的で普遍的な事物の本質。**プラトン**はイデアの世界こそ真実在であり，現実の世界は現象(イデアの影)にすぎないと考えた。

□㉙**儒教** (➡p.33)
孔子に始まり，**孟子**・**荀子**に受け継がれた思想・学派。当初は諸子百家(中国の春秋戦国時代に出現した学派の総称)の１つにすぎなかったが，後に，仏教・道教とともに中国の三大宗教となった。合理的・現実的な倫理や政治思想を説く。

□㉚**仁・礼** (➡p.33 1)
孔子の中心思想・倫理。**仁**とは心のあり方(忠恕・孝悌)であり，**礼**とはその心が形になって表れたもの，すなわち現実の言行で従うべき礼儀・慣習・制度などである。

□㉛**道家** (➡p.33)
老子・荘子を中心とする思想(**老荘思想**)。人間の理性を超え，人知を超えたところにある道(自然)をみいだそうとする。詩などの芸術に影響を与えた。儒家(儒教のもととなる学派)と並び，諸子百家の代表的な学派の１つ。

□㉜**仏教** (➡p.34)
前５世紀頃，**ゴータマ＝シッダッタ**が真理に目覚めてブッダとなり，その教えを説いたことによって始まった宗教。**世界三大宗教**の１つ。一時はインド全域に広まったが，衰退。東南アジア，東アジアに伝えられ，浸透した。日本へは，大乗仏教としてシルクロード(絹の道)を通り，朝鮮半島を経て伝えられた。

□㉝**縁起の法** (➡p.34 D 1)
ブッダの悟りそのもの。この世のすべては相互に依存し合って存在するという相関関係的な考え方。

□㉞**慈悲** (➡p.34 D 1)
仏教における愛。「慈」とは，いつくしみの心であり，すべての生き物に幸福と利益を与えることである。「悲」とは，あわれみの心であり，すべての生き物の苦悩と不安を取り除くことである。

□㉟**キリスト教** (➡p.35)
イエスをキリスト(救世主)として信仰する，**世界三大宗教**の１つ。１世紀に創始され，ローマ帝国からヨーロッパ全土に普及した。現在では，ヨーロッパと南北アメリカを中心に広がっている。**プロテスタント・カトリック・ギリシャ正教**などの様々な立場がある。

□㊱**アガペー** (➡p.35 2 ❶)
キリスト教における，神の愛。すべての人に対して，何の報酬も求めず行われる，無差別・無償の愛である。

□㊲**イスラーム(イスラム教)** (➡p.35)
アラビアのメッカに生まれた**ムハンマド**によって創始された**世界三大宗教**の１つ。聖典は，唯一神である**アッラー**の啓示を記録した『**クルアーン(コーラン)**』など。西アジアから北アフリカを中心に広がる。**シーア派**，**スンナ派**などの宗派がある。

□㊳**六信・五行** (➡p.35 3)
「六信」とは，ムスリム(イスラーム教徒)の信ずべきもので，**神**(アッラー)・**天使**・**聖典(啓典)**(『クルアーン』など)・**預言者**・**来世**・**天命**。「五行」とは，実践すべきことで**信仰告白**・**礼拝**・**断食**・**喜捨**・**巡礼**。

□㊴**ユダヤ教** (➡p.34 2)
ヤハウェを唯一絶対神とし，ユダヤ民族はヤハウェによって選ばれたという**選民思想**をもつ。自然や他民族からの脅威のなかでユダヤ民族の団結と生存のために形成された宗教。

□㊵**ヒンドゥー教** (➡p.34 1)
インド古来のバラモン教に，仏教や民間信仰を取り入れて発展した宗教。多神教で，輪廻転生の思想をもつ。

□㊶**「知は力なり」** (➡p.37 2 ❶)
自然の因果関係をとらえた科学的知識が技術を生み，科学技術を応用することで人間生活を豊かなものにできるという**ベーコン**の思想を表現した言葉。

□㊷**イドラ** (➡p.37 2 ❶)
人間が抱いている偏見のこと。幻影，偶像とも訳される。**ベーコン**は，真の学問を追究するためには，人間の精神が正しく世界を映さなくてはならないとし，①種族のイドラ，②洞窟のイドラ，③市場のイドラ，④劇場のイドラを排除することを主張した。

□㊸**帰納法** (➡p.37 2 ❸)
観察と実験を通して，個々の経験的事実からそれらに共通する一般的な法則を求める科学の学問方法。**ベーコン**によって提唱された。

□㊹**方法的懐疑** (➡p.37 2 ❷)
疑わしいものをすべて疑った上で，全く疑いえないものが残るかどうかを見るという懐疑。**デカルト**は，この懐疑を，確実で明証的な第一原理(最も初めにあるべき確実な原理)を発見するための方法として用いた。

□㊺**「われ思う，ゆえにわれあり」** (➡p.37 2 ❷)
デカルトが方法的懐疑を行って発見した第一原理を表現した言葉。すべてを疑っても，疑っている「われ」の存在だけは，疑っている間も確かに存在しており，絶対に疑いえないという真理。

□46 **機械論的自然観** (➲p.37 2 ❷)
自然界の現象を，機械的な運動として捉え，説明する自然観。自然現象がある目的をもっているという目的論的自然観や，神の意志によって動かされているという自然観に対立するもの。

□47 **演繹法** (➲p.37 2 ❸)
絶対確実な原理を出発点として，理性による論理的思考を推し進め，個々の結論を導き出す方法。**デカルト**が，理性を正しく導く推論の方法として，提唱した。合理論哲学が主張する科学の方法で，経験論の**帰納法**に対立する。

□48 **人格**〔カント〕 (➲p.38)
カントは，理性によって自らうち立てた道徳法則に従って行動する，道徳法則の主体としての人間を人格と呼んだ。人格は，人間以外の理性なきものと異なり，常に目的そのものとして絶対的価値をもち，単なる手段としてのみ扱ってはならないという。

□49 **弁証法** (➲p.39)
ヘーゲルは，現実の動きや歴史の変化を捉える論理を弁証法と呼んだ。これは矛盾と統一の法則で，**正(テーゼ・定立)**，**反(アンチテーゼ・反定立)**，**合(ジンテーゼ・総合)**という三つの段階を繰り返し，発展する。

□50 **人倫** (➲p.39)
客観的な法と主観的な道徳が統一されたものであり，人間の共同体及びその秩序や道徳のこと。**ヘーゲル**が名づけた。例えば，家族は愛によって結ばれた人倫の出発点であり，国家は市民社会で生じた矛盾を克服する人倫の完成の場と考えられた。

□51 **功利主義** (➲p.40, 346A)
快楽を求め，苦痛を避けるという人間の本性が道徳の基準になるという倫理思想。「功利」とは，有用性・役立つという意味。個人の利益と社会全体の利益とをいかに調和させるかが問題となる。

□52 **最大多数の最大幸福** (➲p.40 2)
ベンサムの中心思想。最大多数の個人の快楽が満たされた社会が最も幸福という原理。個人の幸福と社会の幸福を調和させる立法の基準であり，行為の善悪の倫理基準でもある。

□53 **他者危害原理(危害原理)** (➲p.40, 343C)
判断能力のある大人なら，自分の生命や身体などに関して，**他人に危害を及ぼさない限り**，当人にとって不利益なことでも，自己決定の権限をもつという原理。**J.S.ミル**が提唱。

□54 **実存主義** (➲p.42)
人間の個別性や主体性を主張して，人間本来の生き方を回復しようとした思想。

□55 **主体的な真理** (➲p.42 2)
キルケゴール哲学の中心概念。「**私がそれのために生き，そして死にたいと思うような**」真理。彼にとっての真理は，実存的に生きるための真理であり，客観的な真理ではない。

□56 **「神は死んだ」** (➲p.42 3)
ニーチェが『ツァラトゥストラはこう語った』の中で述べた，反キリスト者の立場から，キリスト教的奴隷道徳を批判した言葉。ヨーロッパを支配してきた伝統的なキリスト教的価値観が終わりを迎えたことを宣言している。

□57 **アンガジュマン** (➲p.43 6)
フランス語で「約束する」「拘束する」「参加する」を意味するアンガジェ(engager)の名詞形。**サルトル**は，人間は与えられた状況のなかに自己を拘束すると同時に，積極的に自己をつくりかえていくことによって社会参加しなければならないと説いた。

□58 **構造主義** (➲p.44)
ものや事象を理解するとき，複数のものや事象の関係に注目し，その関係の全体(構造)から理解する方法・思想。1960年代後半から，実存主義の後に盛んとなった。

□59 **他人指向型** (➲p.44)
リースマンは，パーソナリティの構造を，時代・社会のあり方と関連させて分類し，20世紀の大衆社会における典型的な人間像を他人指向型として分類した。他人指向型の人間は，他人や匿名の権威に敏感で，これらに同調する特徴をもつという。

□60 **道具的理性** (➲p.45 1)
近代の理性主義への批判から，人間理性の本来のあり方を追究した**フランクフルト学派**の用語。近代文明の発展の中で，画一化や統制のための道具となってしまった理性を指す。

□61 **コミュニケーション的理性(対話的理性)** (➲p.45)
ハーバーマスが提唱した概念で，コミュニケーションによって互いの行為を調整する時に働く合理性のこと。理性的な討議を重ねて，合意を形成することで現代社会の課題を解決する。

□62 **生命への畏敬** (➲p.46)
シュヴァイツァーの中心思想。人間・動物を問わず，どの生命も生きようとする意志をもっているのだから，いかなる生命も等しく尊重すべきであるという思想・倫理。

□63 **アヒンサー(不殺生)** (➲p.46 2)
暴力を一切使用することなく，平和的に目的を実現する方法・思想。**ガンディー**は，非暴力，不服従の抵抗によって，相手自身に不正義を悟らせようとした。

□64 **公正としての正義** (➲p.47 1)
ロールズが提唱。正義の原理を，社会契約説によって再構成し，自由の権利が平等に与えられること，競争に参加する機会は平等に与えられること，不遇な生活を強いられている人々の境遇を改善するための不平等であることを原理とした。

□65 **潜在能力**(ケイパビリティ) (➲p.47 2)
アマルティア＝センが提唱した概念で，「何を実現したのか」「何を実現しうるか」という人生の選択肢の幅。センは，潜在能力のうち特に基本的なもの(衣食住，自由な移動など)は，平等化すべきと主張した。

□66 **八百万神** (➲p.48 1)
古代日本人が祭ってきた多種多様な神の総称。古来より，日本人は，自然の脅威を恐れるとともに，豊かな恵みをもたらすものとして，山岳・巨木・奇岩など自然の中に神を見出して崇拝した。

□67 **清き明き心(清明心)** (➲p.48 4)
『古事記』などに見られる古代日本人の生き方の基準・倫理。隠し立てのない明るい心で，**濁き心**や**私心**を捨てて他人と融和し，共同体の一員として努めようとする心。純粋さを尊び，誠実な心を重んじる日本人の倫理の源流である。

□68 **絶対他力** (➲p.50 2 ❷)
信心も念仏も，すべて阿弥陀仏の力(他力)によるもので，自力ではできないという**親鸞**の考え方。

□69 **悪人正機説** (➲p.50 2 ❷)
阿弥陀仏は，人が煩悩にとらわれているとわかった上ですべての人を救おうと誓ったのだから，煩悩を自覚して阿弥陀仏の力にすがろうとする悪人こそ救われるという考え方。親鸞の根本思想。

□70 **只管打坐** (➲p.50 3 ❷)
ただひたすら坐禅すること。**道元**はこれを修行であると同時に「証(悟り)」でもあると説いた。

□71 **唱題** (➲p.50 4)
「**南無妙法蓮華経**」の題目を唱えること。**日蓮**は，題目を唱えることで一切の功徳を得ることができ，成仏できると説いた。

□72 **朱子学** (➲p.51)
宋(中国)で朱子が大成した儒学(儒家の学問)。**朱子学**は日本にも伝わり，江戸幕府は幕藩体制を確立・維持するための政治倫理とした。世俗社会の倫理でもあり，江戸時代の思想の基盤となった。江戸儒学の基礎を固めたのが**林羅山**である。

□73 **国学** (➲p.51)
日本の古典を直接研究することで日本固有の精神(**古道**)を明らかにしようとする学問。理性よりも感情・情緒を大切にする主情的人間観を重視した。江戸時代に発展し，人々が国家としての枠組を自覚するきっかけとなり，明治維新の原動力となった。

□74 **真心** (➲p.51)
人間本来の柔軟な心。**漢意**を取り除いた日本人本来の心のあり方。もののあはれを知る心であり，**大和心**でもある。**本居宣長**は，人間は真心で生きるべきと説いた。

□㊼もののあはれ　(➡p.51)
ものや人にふれたときに，しみじみと感じる心のこと。**本居宣長**はもののあはれを解す人を「心ある人」とし，『源氏物語』の研究を通して，人間の素直な感情を文芸の本質と捉え，生き方の理想とした。

□76純粋経験　(➡p.53 1)
すばらしい音楽に心を奪われ聴き入っているときのように，自己の思慮分別を加えない直接的な経験，**主客未分**の状態のこと。**西田幾多郎**はここに真の実在があるとした。

□77間柄的存在　(➡p.53 2)
人間を孤立した個人としてだけでなく，社会に生きる人と人との関係において捉える**和辻哲郎**の考え方。彼は倫理学を，人と人との間柄における秩序，つまり**人間の学**であるとした。

第3章　公共的な空間における基本的原理，現代の民主政治

□78社会契約説　(➡p.57)
人間は生まれながらにして自然権（生命・自由・幸福追求権）をもっているが，個々の利害のために侵害されやすい状態になっている。これを守るために，各人が相互に自己の自然権を譲渡して，国家を形成するという考え方。17～18世紀ごろ，**ホッブズ**，**ロック**，**ルソー**などによって唱えられた。

□79ホッブズ（1588～1679年）　(➡p.57 2)
イギリスの政治哲学者。著書『**リバイアサン**』の中で，絶対的な国家権力がなければ，人間は**万人の万人に対する闘争**の状態に陥ることを指摘した。王権の絶対性を主張して絶対王政を擁護する思想とみられやすいが，自然権の不可侵と契約による国家を説いた点で，近代民主主義の先導としての意義が認められる。

□80ロック（1632～1704年）　(➡p.57 2)
イギリスの哲学者。名誉革命を理論的に支持し，アメリカ独立革命やフランス革命に影響を与えた。著書『統治二論（市民政府二論）』の中で，主権は国家でなく国民にあることを主張し，政府が国民の自然権を侵害した時には国民はこれに対抗できるという抵抗権（革命権）を認めた。また，革命は国民の権利であるだけでなく義務でもあると主張した。さらに，権力の濫用を防ぐため，権力分立を主張した。

□81ルソー（1712～78年）　(➡p.57 2)
フランスの哲学者。フランス王政を批判し，フランス革命に影響を与えた。各人が社会契約を締結して国家を設立し，**一般意思**（**一般意志**）に身をゆだねる**直接民主制**を理想とした。

□82三権分立　(➡p.58 3)
権力分立の仕組みの1つ。権力が濫用されないように，**立法権・行政権・司法権**の3つに分散し，それぞれが抑制しあって均衡を保つべきだとする考え方。フランスの思想家**モンテスキュー**（1689～1755年）が説いた。

□83直接民主制（直接民主主義）　(➡p.58)
国民や住民の直接的な政治参加のもとで実行される政治制度。日本国憲法では，憲法改正の国民投票や，最高裁判所裁判官の国民審査などに国民が直接意思を表明する機会を認めている。

□84間接民主制（代表民主制，議会制民主主義，代議制民主主義）　(➡p.58)
国民が選挙で代表者を選び，その代表者で組織する機関（通常は議会）において，国民の意思を政治に反映させる制度。

□85法の支配　(➡p.60)
為政者（政府）が国民の権利を侵害することのないように，為政者（政府）を法に従わせるという原則。国王による「**人の支配**」に対抗する考え方で，イギリス革命期に広まった。

□86法治主義　(➡p.60)
政治は，法に基づいて行わねばならないという考え方。ドイツで発達した。「**法の支配**」と異なり，法の内容よりも法を制定する手続きの正当性を重視している。このため法的根拠があれば「悪法も法なり」とされ，人権侵害を正当化する危険性があった。

□87立憲主義　(➡p.60 4)
憲法によって政治権力を制限し，人権を保障するという考え方。**フランス人権宣言**第16条「権利の保障が確保されず，権力の分立が規定されないすべての社会は，憲法をもつものでない。」という規定は，この考え方を簡潔に表現したものとして知られる。日本は，**大日本帝国憲法**の制定によって，議会の設置や司法権の独立など権力分立の体裁が整えられ，法律の制限付きではあるが人権が保障されたことから，立憲主義国家となったと評価されている。

□88公法　(➡p.58 1)
国家・行政機関と国民の関係を規律した法。憲法や刑法，行政法など。

□89私法　(➡p.58 1)
公法に対し，私人（個人・法人など）相互の関係を規律した法。民法，商法など。近代の自由・平等概念を前提に，①**権利能力平等の原則**，②**所有権絶対の原則**，③**私的自治の原則**（➡322**契約自由の原則**），④**過失責任の原則**を基本原則とする。国家の干渉を認めず，私的な権利・義務関係を個人の自由意思に委ねたことで資本主義が発展したが，貧富の格差など社会問題を引き起こし，やがて社会的弱者の保護のために国家が介入するようになった。私法を修正し実質的平等を図る法を社会法といい，労働や社会保障，消費者に関する法などがある。

□90権利章典　(➡p.61)
名誉革命の翌年，1689年に出された。「国王といえども議会の同意なしに政治を行うことはできない」という立憲君主制の原則を確立した。さらに国王の封建的な土地支配と専制を禁止し，経済活動の自由や信仰・議会における言論の自由などの権利が認められた。

□91アメリカ独立宣言　(➡p.61)
1776年，後に第3代大統領になるトマス＝ジェファソンらによって起草され，フィラデルフィアのインディペンデンスホールで採択された宣言。**ロック**の思想を取り入れ，人権を保障し，政府は国民の信託を受けて組織されるものという近代民主政治の基本原理を盛り込んだ。

「すべての人は平等に造られ，……天賦の権利を付与され，そのなかに生命，自由および幸福の追求の含まれることを信ずる。」

□92フランス人権宣言（人および市民の権利宣言）　(➡p.61)
1789年，フランス革命の際に国民議会で採択された宣言。アメリカ独立宣言などを参考とし，ラ＝ファイエットによって起草された。封建的な特権や身分を廃止し，自由・平等権，国民主権，私有財産の不可侵などの自然権の保障を示し，近代民主主義の原則を明らかにした。

「あらゆる主権の原理は，本質的に国民に存する。いずれの団体，いずれの個人も，国民から明示的に発するものでない権威を行い得ない。」（第3条）

□93ワイマール憲法（ドイツ共和国憲法）　(➡p.61)
1919年に制定。国民主権や男女平等の普通選挙の他，**生存権**や労働者の団結権などの**社会権**も保障し，所有権の制限なども定めた。当時，最も民主的な憲法といわれた。

□94世界人権宣言　(➡p.62)
全世界の人々と国家が達成すべき人権保障の共通基準を示した宣言。人権の抑圧が戦争につながったという反省から，国連人権委員会が起草し，1948年に国連総会で採択された。内容は**自由権**が多いが，**社会権**も規定。諸国の憲法に生かされた。

□95国際人権規約　(➡p.62，377)
世界人権宣言の内容に法的拘束力をもたせた条約。A規約（社会権規約）とB規約（自由権規約）の2つの規約と3つの選択議定書からなる。両規約とB規約の第一選択議定書は，1966年に国連総会で採択，76年発効。B規約の第二選択議定書（別名「死刑廃止条約」）は89年採択，91年発効。A規約の選択議定書は2008年採択，13年発効。日本は，79年にA規約中の3点（公務員のスト権，高校・大学の無償化〈2012年に留保撤回〉・公休日の給与保障）を留保して批准。選択議定書はいずれも批准していない。

□96 **人種差別撤廃条約** (⇨p.61 1)
あらゆる人種差別を撤廃し，人種間の理解を促進することを目的として，1965年に国連総会で採択された条約。1995年に批准した日本も，国内の人種差別を解消するよう努力すべきこととなった。

□97 **アパルトヘイト(人種隔離政策)** (⇨p.62)
南アフリカ共和国でかつて行われた，少数の白人と多数派の有色人種の関係を規定した差別的な政策。1948年から強化され，人種別の居住区設定・公共施設使用や，有色人種の参政権の否定・白人との婚姻禁止などが定められた。1960年代以降，国際的批判が高まり各国が経済制裁を行う中，国内の暴動も拡大し，1991年，デクラーク大統領がアパルトヘイト諸法の全廃を発表した。

□98 **女子(女性)差別撤廃条約** (⇨p.61 1，378)
1979年に国連総会で採択された条約。男女の事実上の平等を目的とし，女性の社会参加の保障が盛り込まれており，日本ではこの条約の批准にあたって，**男女雇用機会均等法**などが整備された。

□99 **子ども(児童)の権利条約** (⇨p.62)
1989年の国連総会で採択された条約。貧困・紛争など様々な理由により不遇な状態にさらされている子どもの人権保障をめざす。18歳未満の者に対する差別禁止，意見表明権，表現や思想・良心の自由，結社の自由，プライバシー保護などを盛り込み，子どもが保護されるだけでなく権利の主体であるべきことを定めている。日本は1994年に批准。

□100 **二大政党制** (⇨p.65 1 ❶，66 2，143 2)
有力な２つの政党が，競い合い，時に交替して政権を担当する政党政治のこと。政局は安定しやすいが，少数意見を政治に反映させることが難しい。アメリカ(共和党と民主党)が代表的である。

□101 **大統領制** (⇨p.66)
国民により選出される大統領が，行政府の最高責任者であり，立法府の議会とは厳格に独立している制度。アメリカの場合，大統領は議会ではなく国民に対して責任を負うため，議会の信任を必要としないし，議会の解散権もなく，議員との兼任もできない。

□102 **大日本帝国憲法(明治憲法)** (⇨p.69，70，72 1，374)
1889年，君主権の強い**プロイセン憲法**を参考に制定された。天皇が定める欽定憲法で，天皇が統治権を総攬し(**天皇主権主義**)，「臣民」である国民の権利は「法律の範囲内」という制限を受けた。

□103 **治安維持法** (⇨p.69)
普通選挙法成立により，共産主義勢力が政界に進出することを警戒し，同年(1925年)に制定された法律。国体(天皇主権を中心とした国家体制)の変革や私有財産制度(資本主義)の否認という，思想そのものを取り締まりの対象とした。共産党員だけでなく，労働運動や政府に批判的な平和主義者・自由主義者も弾圧され，国民を思想統制する法的根拠となった。1945年に廃止。

□104 **象徴天皇制** (⇨p.72 1)
天皇は「**日本国の象徴であり日本国民統合の象徴**」**である**と日本国憲法で定められている制度。天皇が国政に関与することは認められず，憲法が定めた**国事行為**を行うのみである。

□105 **国民主権** (⇨p.72 1)
国の政治を最終的に決定する力が国民にあるということ。憲法前文と第１条に明記されている。基本的人権の尊重，平和主義とならぶ，日本国憲法の三大原理の１つ。

□106 **国民投票** (⇨p.73)
国政の重要事項について，議会の議決で決めるのではなく，国民による投票で決めること。日本では，日本国憲法第96条に基づき，**国民投票法**によって，憲法改正案が国会の各議院の総議員の３分の２以上の賛成で発議されると，国民投票が行われ，有効投票の過半数で憲法改正が成立すると定められている。

□107 **基本的人権** (⇨p.75 1)
人間が生まれながらにしてもっている権利。基本的人権の保障は日本国憲法の三大原理の１つで，**平等権・自由権・社会権・参政権・(国務)請求権**などが保障されている。人権保障の内容は，時代の変化に伴って拡充・発展しており，日本国憲法に明記されていない**プライバシーの権利**や**知る権利**なども，「**新しい人権**」として認識されてきている。

□108 **公共の福祉** (⇨p.76)
日本国憲法で規定。人権相互の矛盾・衝突を調整する原理で，他人の人権との関係で，人権がもともと受けることになっている制約のこと。その制約が合憲かどうかの最終判断は裁判所が行う。

□109 **法の下の平等** (⇨p.75，77)
憲法第14条の規定。すべての国民は人種，信条，性別などにより，差別されない。しかし，性差，年齢差などによる合理的な特別扱いなどは認められている。

□110 **アイヌ文化振興法** (⇨p.78 5)
1997年に制定された，アイヌ民族の文化の振興をうたった法律。この法律によって，明治時代に制定された，アイヌ民族の伝統や習慣を軽視しており差別的だと批判されてきた**北海道旧土人保護法**が廃止された。一方でアイヌ民族の先住性が法律に明記されていないなどの課題もあり，アイヌの人々の民族としての誇りが尊重される社会の実現がめざされている。
2019年，同法に代わる**アイヌ民族支援法**(**アイヌ施策推進法，アイヌ新法**)が成立。初めてアイヌ民族を「先住民族」と明記した。

□111 **自由権(自由権的基本権)** (⇨p.75 1，85～91)
自由に行動することについて，国家権力から不当に干渉・侵害されないことを保障した権利。基本的人権の中核。**精神の自由・身体(人身)の自由・経済(活動)の自由**の大きく３つに分けられる。
日本国憲法は，戦前への反省もあり，自由権について特に詳細な規定がある。

□112 **精神の自由(精神的自由)** (⇨p.85，86)
思想・良心の自由，信教の自由，集会・結社・言論・出版などの**表現の自由，学問の自由**などの精神活動の自由をいう。心の中のものの見方や考え方の自由(内心の自由)は，その人の人格そのものを尊重する意味から，自由権の中でも価値が高く，制限されてはならない。

□113 **思想・良心の自由** (⇨p.85)
個人の内心の自由。日本国憲法では，国家権力によって特定の思想を強制したり，弾圧することを禁止している。

□114 **政教分離の原則** (⇨p.85)
国家や政治は，宗教に干渉すべきでないとする原則。憲法第20・89条では，宗教団体が，国から特権を受けたり，政治上の権力を行使することを禁止し，国に対しては，宗教的活動を禁止し，宗教団体への国の財政援助を禁じている。

□115 **表現の自由** (⇨p.86)
自分の考えを表現する自由。日本国憲法第21条で保障。この自由を規制する立法が許されるかは，特に厳格な判断が必要とされる。

□116 **身体(人身)の自由(身体的自由)** (⇨p.87)
何人も不当な身体的拘束を受けない自由。**大日本帝国憲法**にも規定はあったが十分でなく，不当な逮捕・拷問などが行われた。その反省から，日本国憲法では，11か条にわたり詳細に規定された。

□117 **法定手続きの保障** (⇨p.87 1)
適正な法の手続きによらなければ，生命や自由を奪われたり，刑罰を科されたりしないという原則。憲法第31条で保障されている。

□118 **罪刑法定主義** (⇨p.87 1)
人を処罰するには，何を犯罪とし，どのような刑罰を科すかを，成文の法律であらかじめ定めておかなければならないという原則。

□119 **推定無罪の原則** (⇨p.87 1)
裁判で有罪が確定するまでは，被疑者や被告人は無罪として扱われるという原則。「**疑わしきは被告人の利益に**」「疑わしきは罰せず」などとも言われ，刑事裁判の鉄則とされる。

□120 **冤罪** (⇨p.87 2・3)
刑事事件の裁判において，無実の者が有罪の判決を受けること。原因は，①捜査機関の偏見による犯人の特定，②厳しい取り調べによる虚偽の自白，③捜査機関・裁判官が自白を偏重する傾向があることなどがあげられる。なお，確定した有罪判決において，新しく証拠が発見されるなどして事実認定に誤りがあることが分かった場合に認められるやり直しの裁判を**再審**という。

□121職業選択の自由 (⊃p.91)
自分の意思で職業を選択できる自由。**経済活動の自由**の1つで，憲法第22条によって保障されている。ただし，医師になるには資格が必要などの合理的な制限は認められる。

□122知的財産権（知的所有権） (⊃p.91)
発明・デザイン・音楽・書物など，人間の知的創作活動で生まれたものを，一定期間，財産として保護する権利。著作権，特許権，商標権などがある。**知的財産高等裁判所**（東京高等裁判所の特別の支部として2005年に創設）は，知的財産権に関する訴訟を専門に扱う裁判所。

□123社会権（社会権的基本権） (⊃p.61 1 5，75 1，92，93)
国民が人間らしく生きるための保障を国家に求める権利。資本主義の発達による不平等をなくすために生まれた権利で，1919年のワイマール憲法で保障された。20世紀的権利ともいわれる。
日本国憲法では，**生存権・労働基本権・教育を受ける権利**が保障されている。

□124生存権 (⊃p.92，93)
憲法第25条で保障された，「健康で文化的な最低限度の生活を営む権利」。最高裁は，第25条は国家の政治的指針を示した条項であり，国民に対して具体的な権利を保障したものではないという**プログラム規定**説の立場に立っている。

□125教育を受ける権利 (⊃p.93)
社会で必要な，基本的な読み書きのような知識・技術や，よりよく生きるための教養なども含めた教育を受ける権利。社会権の1つで，憲法第26条で保障。憲法では，保護者に対し**子に普通教育を受けさせる義務**と，**義務教育の無償**も規定。また，国際人権規約（A規約）第13条により，高等学校以上の中高等教育の機会均等のため，国は，無償教育の漸進的な導入や奨学金制度の整備などの義務を負う。

□126参政権 (⊃p.75 1，94)
国民が，その意思を政治に反映させる権利。国政・地方選挙（間接参政），国民が公務員を任免したり政治の重要な決定に直接参加する道（直接参政）が，憲法や地方自治法で保障されている。
国外で生活する日本人も国政選挙で選挙権を行使できる。在日外国人には，選挙権は保障されていないが，政治的な意見表明を行うことは，憲法上，禁止されていない。

□127幸福追求権 (⊃p.95 1，97 4，98 5)
憲法第13条で保障された権利。**プライバシーの権利**などの**新しい人権**は，この幸福追求権や生存権などを根拠とする。

□128プライバシーの権利（プライバシー権） (⊃p.95，96)
私生活をみだりに公開されない権利。憲法第13条の「個人の尊重」や**幸福追求権**に基づき，**新しい人権**の1つとして主張されている。報道機関などによる興味本位な私事の公開を差し止めたり，損害賠償を請求できるとする。みだりに個人の顔や姿を写真・絵画にされて公開されない権利である**肖像権**も含む。また，情報化の進んだ今日では，**自己の情報をコントロールする権利**（自己情報コントロール権）としても捉えられる。

□129個人情報保護法 (⊃p.96)
個人情報を取り扱う事業者に対し，個人情報の取り扱いのルールを定めた法律。2003年成立。その後，情報通信技術の急速な進展により蓄積されたビッグデータ活用への期待から，2015年に改正。改正法では，様々な個人にかかわる情報（パーソナルデータ）の中で，保護すべき個人情報の定義が明確化され，個人情報保護業務を一元的に取り扱う個人情報保護委員会が新設された。

□130知る権利 (⊃p.97)
国や地方公共団体の情報を知る権利。憲法第21条の表現の自由に基づき，新しい人権の1つとして主張されている。情報収集を公権力によって妨げられないことを保障する権利（自由権の側面），情報公開を公権力に要求する権利（請求権の側面）という2つの側面がある。なお，この権利を尊重する際は，同時に，**プライバシーの権利**も尊重されなければならない。

□131情報公開制度 (⊃p.97，121 2)
国や地方公共団体がもっている情報を，所定の手続きによって公開させる制度。行政機関が情報を独占してしまうと，市民が正確な判断をすることができなくなるので，この制度は，市民の政治参加を促進するためにも重要である。

□132アクセス権 (⊃p.97)
新聞やテレビなどの**マスメディア**に対して，個人や団体が自由にアクセス（接近）して利用する権利。憲法第21条の**表現の自由**に基づき，**新しい人権**の1つとして主張されている。例えば，特定の個人や団体についての報道に対して，マスメディアに反論記事を掲載したり（反論権），意見の表明を求めることである。

□133自己決定権 (⊃p.97)
生き方や生命など一定の個人的な事柄を，自分の意思で決める権利。ただし，冬山登山の規制やシートベルト着用義務などの規制は受ける。自己決定権は新しい人権の1つで，憲法第13条の幸福追求権を根拠とする。患者の自己決定権の実現には，**インフォームド・コンセント**（説明と同意）が不可欠とされる。治療法の選択や尊厳死など，医療における自己決定権が議論されている。

□134環境権 (⊃p.98)
国民が，安全で快適な環境のもとで，健康で文化的な生活をする権利。憲法第25条の生存権に基づき，新しい人権の1つとして主張されている。日照権，嫌煙権，景観権，静穏権などを含む。

□135平和主義 (⊃p.101 4)
日本国憲法の基本原理の1つ。憲法前文で「日本国民は，恒久の平和を念願し」とうたい，第9条1項で，国権の発動たる戦争，武力による威嚇及び武力行使を「国際紛争を解決する手段としては」放棄し，2項で，戦力の不保持，交戦権の否認を規定している。

□136サンフランシスコ平和条約 (⊃p.71 EYE，104 1，279 A 1)
1951年，サンフランシスコで52か国が参加して対日講和会議が開かれた。この時，日本を含む49か国によって調印された条約。この条約の発効によって日本は主権国家としての地位を回復した。

□137日米安全保障条約（安保条約） (⊃p.106，110 A，378)
1951年，**サンフランシスコ平和条約**調印の直後に，アメリカとの間に結ばれた条約。米軍の日本駐留などを認め，アメリカとの関係強化を促した。1960年の改定の際には，大規模な反対運動が起こった（**安保闘争**）。この条約に従って日本政府はアメリカ軍へ基地を提供しているが，その多くが沖縄県に集中している。

□138自衛隊 (⊃p.102～109，112)
1950年，朝鮮戦争勃発に伴い，GHQの指令により日本国内の治安・秩序を保つためと称して**警察予備隊**が発足。52年には**保安隊**となり，54年に，日本の独立と安全を守るため，陸・海・空の防衛力をもつ**自衛隊**となった。自衛隊の最高指揮監督権は内閣総理大臣にある。大日本帝国憲法下で軍部が独走した反省から，**シビリアン・コントロール**（**文民統制**）がとられている。

□139非核三原則 (⊃p.104 2)
「**核兵器を①持たず②つくらず③持ち込ませず**」という，核兵器に対する日本の基本方針。この三原則は，1967年，佐藤栄作首相によって表明され，1971年に国会で決議された。

□140個別的自衛権 (⊃p.104 ナットク!)
他国から武力攻撃を受けた場合に，自国を防衛するために武力を行使する権利。国際連合憲章第51条で，**集団的自衛権**とともに「固有の権利」と認められている。日本は，憲法で戦争放棄をうたっているが，1954年，自衛のための戦争は放棄していないとして，行使を容認する立場を示した。

□141集団的自衛権 (⊃p.104 ナットク!，107)
友好国・同盟国への武力攻撃があった場合に，その国を守るために反撃する権利。日本は，集団的自衛権は保有しているが行使できないとの立場を示してきたが，2014年，行使を容認する政府見解を閣議決定。2015年，集団的自衛権の行使を可能とする事態対処法など安全保障関連法が成立した。

□142 **PKO協力法（国連平和維持活動協力法）** (⇨p.108, 109, 112)
国際平和協力法とも。自衛隊やそのほかの公務員，民間人などの，**国連平和維持活動（PKO）**や人道的な国際救援活動への参加のあり方を規定した法律。1991年の湾岸戦争をきっかけに国際社会から人的な国際貢献を求められたことを受けて，1992年に制定。

□143 **国連平和維持活動（PKO）** (⇨p.109B, 112, 251)
国連が，安全保障理事会の決議に基づき，加盟国に参加を求めて特別な部隊をつくり，紛争の起こった地域に派遣して紛争の拡大防止・再発防止・停戦後の平和維持のために行う活動。具体的な活動内容は，兵力引き離しや停戦監視・選挙監視など様々である。国連憲章第６章に基づく紛争の平和的解決と第７章に基づく強制行動の中間的な性格ということで**６章半活動**と呼ばれる。
PKOへの**自衛隊**参加は，紛争当事者間の停戦とPKO受け入れ合意，活動の中立性などを条件としている。

□144 **国会** (⇨p.114)
国権の最高機関で，**唯一の立法機関**。**衆議院**と**参議院**の二院制で，両議院は国民が直接選挙した議員によって構成される代議制をとる。両議院は同時に活動し，衆議院解散時は参議院も閉会となる。

□145 **衆議院** (⇨p.114, 116 2・3, 119, 135, 136 5, 137)
国会の一院。参議院と比べると，任期は４年で解散もあるため，より国民の意思を反映しているとされる。そのため，法律案の議決・予算の議決などの際に，参議院に対する**優越**が認められている。

□146 **参議院** (⇨p.114, 135, 137)
国会の一院。任期は６年で，３年ごとに半数ずつ改選。衆議院が解散中に，内閣の要請により緊急集会を開くことがある。

□147 **両院協議会** (⇨p.114 1, 116 3)
衆議院・参議院の議決が一致しないときに開かれる，意見を調整するための協議会。衆参各10人の計20人の議員から成る。

□148 **委員会制度** (⇨p.114)
国会の本会議の前に専門知識をもった少数の議員が，法律案や予算について十分な審議ができるように設けられた制度。国会議員は，必ずどこか１つ以上の委員会に所属している。衆参各17の常任委員会と，会期ごとにつくられる特別委員会がある。

□149 **憲法審査会** (⇨p.114)
日本国憲法及び密接に関係する基本法制についての調査を行い，憲法改正における改正原案や憲法改正の発議，国民投票法に関連する改正法案などを審査する機関。2007年，衆参両院に設置。

□150 **公聴会** (⇨p.114 3)
国会において，重要な案を審議する場合，利害関係者や学識経験者などから意見を聞く会。予算や重要な歳入法案，憲法改正原案については必ず開かなければならない。地方議会でも行われる。

□151 **国政調査権** (⇨p.115 1, 117, 121 2)
衆・参議院が国政に関して調査できる権限。証人の出頭や記録の提出を要求することができる。行政の問題点を明らかにするために行使する。

□152 **弾劾裁判所** (⇨p.115 1, 117, 124 5)
裁判官にふさわしくない行為や職務上の義務違反を理由に罷免の訴追を受けた裁判官を裁く裁判所。衆参各７人の国会議員で組織する。**司法権の独立**のため，裁判官は，弾劾裁判の他，心身の故障を理由とした裁判の決定と，国民審査によってのみ罷免される。

□153 **議院内閣制** (⇨p.65, 118)
国民が選んだ議員で構成される国会が，行政権を担う内閣を信任する制度。イギリスや日本などで採用されている。日本の場合，衆議院が内閣不信任決議を行うと，内閣は，10日以内に衆議院が解散されない限り，総辞職しなければならない。

□154 **閣議** (⇨p.118)
内閣が政治の方針を決める会議。すべての**国務大臣**が出席して開かれる。非公開で**全会一致の原則**がとられている。

□155 **国務大臣** (⇨p.118, 119)
内閣の構成員。内閣総理大臣によって任命されるが，その過半数は国会議員でなくてはならない。

□156 **政令** (⇨p.118 3, 120 3)
法律の範囲内で内閣が定める命令。

□157 **委任立法** (⇨p.120)
国会が定める法律の委任に基づいて，法律の実施に必要な命令や細則など具体的な内容を国会以外の機関が定めること。**政令**（内閣），内閣府令（内閣総理大臣），省令（各省大臣）などがある。

□158 **天下り** (⇨p.121 5)
退職官僚が，それまで勤めていた省庁に関係の深い業界企業や団体などに再就職すること。行政の公正な運営が損なわれるとの批判がある。

□159 **行政改革** (⇨p.121)
行政の肥大化により生じた非効率的な行政運営を見直す改革。行政機構そのものの見直しや，民営化，**規制緩和**，**地方分権**などによる効率化・合理化が進められている。

□160 **最高裁判所** (⇨p.123〜125)
司法権の最高機関。終審裁判所で，東京にある。９〜15人の裁判官で構成される大法廷と，３〜５人で構成される小法廷がある。

□161 **司法権の独立** (⇨p.123)
裁判官は裁判を公正に行うために，どのような圧力（国会，内閣，上級裁判所，世論など）にも干渉されないという考え方。裁判所は他の国家機関から独立し（裁判所の独立），裁判官は憲法と法律に拘束される他は誰の指図も受けず，自分の良心に従って裁判を行う（裁判官の独立）。

□162 **国民審査** (⇨p.123)
司法権の最高機関である最高裁判所の裁判官について，国民が直接，職務に適切な人物かどうか審査するしくみ。国民の直接参政権の１つ。今まで罷免された人はおらず，形式的との批判もある。

□163 **違憲審査権（違憲法令審査権，違憲立法審査権）** (⇨p.124)
法律・命令・規則その他の国の行政行為が憲法に違反していないか審査する権限。この権限はすべての裁判所に与えられているが，**最高裁判所**が最終的に決める権限をもっている（終審裁判所）。そのため，最高裁判所は「**憲法の番人**」と呼ばれている。

□164 **刑事裁判（刑事訴訟）** (⇨p.124 1, 125 5)
殺人や強盗など，法律で定められた罪を犯した疑いのある者に対して，有罪かどうかということと，刑罰を判断する裁判。検察官が原告となって起訴する。起訴された者を**被告人**という。

□165 **民事裁判（民事訴訟）** (⇨p.124 2, 125 5)
個人や団体（企業など）の間で，権利に関する争いが話し合いで解決しないときに行われる裁判。訴えた者を**原告**という。訴えられた者を**被告**というが，刑事裁判における被告人とは全く別個のものである。

□166 **行政裁判（行政訴訟）** (⇨p.124 2・4)
行政処分や裁決などに違法があったとして，権利を侵害された人などが，その取り消しなどを求めて，行政機関を訴える裁判。

□167 **三審制** (⇨p.125)
審理を慎重にし，誤りのないようにするために，同一事件について原則３段階で裁判を受けることができる。
すなわち，第一審での判決に不服がある場合，第二審（**控訴**），第三審（**上告**）と上級裁判所へ訴えることができる。

□168 **検察審査会** (⇨p.125 7)
被害者の申立や告訴などを受けて，検察官による不起訴処分が適切かどうかを審査する機関。検察審査員は，選挙権をもつ人の中から抽選され，任期は６か月。検察審査会が起訴相当の議決をした後，再び検察官が不起訴とし，さらに審査会が再度起訴すべきと議決した場合，裁判所が指定した弁護士が，検察官に代わって起訴し，裁判を行う（強制起訴）。

□169 **少年法** (⇨p.125 EYE, 378)
20歳未満の者を「少年」（18・19歳は「特定少年」）と定義し，その非行や刑事事件について定めた法律。少年犯罪は，20歳以上の犯罪と異なり，同法による特別な手続きで処分される。基本理念は，知識と判断力に乏しく，人格的にも未熟な少年を保護し，教育を通じて更生させる保護主義。

□170裁判員制度　(➲p.127, 128)

一般の国民が，裁判員として刑事裁判に参加し，裁判官とともに有罪・無罪の判定や量刑を行う制度。司法制度改革で，裁判員法に基づき2009年に導入。対象は殺人や強盗致死傷などの重大犯罪の第一審。裁判員は，選挙権をもつ人の中から候補者が抽選され，事件ごとに審査の上で原則６人が決められる（裁判官は原則３人）。

□171地方自治　(➲p.129)

地方公共団体（地方自治体）は，法律の範囲内で条例を制定し，独自の方針でその地域の政治を行うことができ（**団体自治**），その運営には住民の意思が反映される（**住民自治**）ということ。イギリスの政治家**ブライス**（1838～1922年）は，「**地方自治は民主政治の最良の学校**」と説いた。

□172直接請求権　(➲p.130)

地方公共団体の住民が，直接地方行政に参加できる機会を保障する権利。**条例の制定・改廃請求，事務監査請求，議会の解散請求，議員・首長の解職請求，役職員の解職請求**がある。

□173リコール　(➲p.130 5)

国民または住民が公職者を任期終了前に解職させる制度。住民は，有権者の一定数の署名で首長や議員の解職を請求し，有権者の投票によって解職させることができる。また，最高裁判所裁判官への**国民審査**もこの制度に含まれる。

□174レファレンダム（国民投票，住民投票）　(➲p.130 5)

議会が重要案件を議決する場合，国民または住民の投票によって可否を決定する制度（直接民主制）。憲法は，地方自治特別法の**住民投票**，憲法改正の**国民投票**を定める。

□175事務監査請求　(➲p.130 5)

直接請求権の１つ。住民は，地方公共団体の事務の執行については，一定数の署名で，監査委員に対して監査を請求できる。

□176条例　(➲p.129 1, 130, 133 EYE)

地方公共団体の議会が，憲法に基づいて法令の範囲内で制定する法令。住民は，有権者の一定数の署名で条例の制定を請求することができる（**イニシアティブ**）。

□177地方交付税　(➲p.132)

地方公共団体の間の財政力の格差をなくすため，国税の一部を地方公共団体に配分した税。交付された資金を地方交付税交付金といい，地方公共団体の使い道が自由な一般財源となる。

□178国庫支出金　(➲p.132)

義務教育費や生活保護費の国庫負担金，補助金，国が委任している事務の経費など，国が地方公共団体に対して，使い道を指定して交付する資金。地方公共団体の財源の１つ。

□179オンブズマン（オンブズパーソン，行政監察官）制度　(➲p.121 2, 130)

行政に関する国民の苦情を聞き，それにより行政を監視・調査する制度。行政を住民の立場から監視し，行政の効率化・適正化をめざす第三者機関であり，日本では，1990年に川崎市が全国で初めてこの制度を導入した。国レベルでは，まだ導入されていない。

□180NPO（民間非営利組織）　(➲p.133)

環境・福祉・医療・教育・文化・国際協力などの非営利活動を行う市民団体の総称。NPOのうち，国境を越えて活動する民間組織を**NGO（非政府組織）**という。

□181普通選挙　(➲p.134 A 1)

一定年齢以上のすべての人に選挙権を認める選挙。日本では1925年に男子普通選挙，1945年に男女の普通選挙が認められた。

□182直接選挙（直接投票）　(➲p.134 A 1)

有権者が候補者に直接投票する選挙。日本の国会議員などは直接選挙で選ばれる。一方，アメリカ大統領のように，有権者が，候補者を選ぶ選挙人に投票する選挙を**間接選挙**という。

□183大選挙区制　(➲p.134)

１つの選挙区から複数（２人以上）を選出する制度。小政党の議席も確保されやすく，多党化が進む。なお，1994年に**小選挙区比例代表並立制**に改正されるまでの日本の衆議院議員の選挙制度は，１選挙区から原則３～５人を選出する制度で，これを特に中選挙区制という。

□184小選挙区制　(➲p.134, 136, 143 2)

１つの選挙区から１人を選出する制度。議会の過半数を単独で占める政党が誕生しやすいことから，政権が安定するといわれている。

□185比例代表制　(➲p.134 2, 135, 136, 143 2)

政党の得票数に比例した数の当選人を政党に割り振る制度。政党中心の選挙となり，小党分立になりやすい。その場合には連立政権を作らざるを得ないので，政治が不安定になる恐れがある。

少数者の意見や利害を国会に反映しやすく，また議会の構成も世論の縮図に近いものとなる。

□186一票の格差　(➲p.137)

有権者数と議員定数の比率が選挙区ごとで異なることで生じる，有権者１人がもつ一票の価値の格差。議員１人当たりの有権者数が多い選挙区ほど，一票の価値が低い。国政選挙の一票の格差は，しばしば裁判で争われており，最高裁において，憲法第14条（法の下の平等）に違反しているという判決も出ているが，選挙結果を無効とする判決は出ていない（2023年11月末現在）。

□187無党派層　(➲p.144下)

特定の支持政党をもたない有権者の集団のこと。近年拡大傾向にあり，選挙結果に大きな影響を与えるようになっている。

□188政党　(➲p.143)

政治について同じ考えをもつ人々が，その実現のために政権獲得をめざす団体のこと。国民の意見を集約して政治に反映したり，新しい政策を国民に伝える働きをもつ。

□189政治資金規正法　(➲p.144 3)

政治資金の収支の公開と献金の制限などを定めた法律。汚職を防ぐ目的で1948年に制定された。政党など政治団体の収支報告書提出の義務や，企業・団体から政治家個人への政治献金の禁止・外国人からの政治献金の禁止などを定めている。

なお，政治資金規正法では，政治団体のうち，①所属する国会議員が５人以上いる団体，もしくは，②直近の衆議院議員総選挙か参議院議員通常選挙，または１つ前の参議院議員通常選挙において得票率を２％以上得た団体を政党と定めている。このうち，政党助成法で定められた政党交付金の対象となるのは，①の政党と，②を満たし，かつ国会議員が１人以上いる政党である。

□190利益集団（圧力団体）　(➲p.145)

自分たちの利益や主張を実現させるために，政府や議会にはたらきかける団体のこと。日本経団連などの経営者団体，連合などの労働者団体，JA全中，日本医師会などがそれにあたる。

□191族議員　(➲p.145 2)

特定の分野に精通し，その分野の予算配分や振興策などに積極的に関与する国会議員のこと。各省庁の官僚との結びつきも強く，政策決定過程に大きな影響力をもつ。行政部への働きかけの見返りに関連業界から票と資金を受け取っているという批判もある。

□192世論　(➲p.146)

社会における，公共の問題についての多数意見。政治を動かす大きな力となる。この形成には，マスメディアが大きく影響する。

□193マスメディア　(➲p.146, 147)

大衆に情報を送り出す**マスコミュニケーション**の仲立ちをするシステムや媒体のこと。新聞・雑誌・テレビ・ラジオ・映画など。

□194メディア・リテラシー　(➲p.146 B 1)

メディアを上手に使いこなし役立てる能力，すなわち，メディアに対して受動的に接するのではなく，主体的・批判的に接する能力のこと。なお，リテラシー（literacy）とは識字能力，読み書き能力のことである。

第４章　現代の経済社会

□195資本主義経済　(➲p.159, 160)

生産手段（土地・建物など）を私有し，利潤追求を目的とする私企業が，市場における自由競争を行うことを原則とする経済体制。**市場経済**とも呼ばれる。

□196 **社会主義経済** (➡p.159, 160)
中央政府が計画的に物資を生産・配分する経済体制。非効率的な経済運営や労働意欲の低下など，様々な問題が現れて停滞した。このことが，**市場経済**の原理を導入する一因となった。

□197 **世界恐慌** (➡p.159 [4])
1929年10月，アメリカのウォール街で起こった株価の大暴落に端を発し，全資本主義国に広がった世界的規模の恐慌。

□198 **ケインズ**(1883～1946年) (➡p.158❸，159 [3]・[4])
イギリスの経済学者。経済の自由放任主義政策を批判し，不況で需要が不足するときは，政府が経済に介入して，有効需要を創出する必要があるとした(**修正資本主義**)。主著に『雇用，利子および貨幣の一般理論』がある。

□199 **有効需要** (➡p.159)
欲しいという単なる願望ではなく，**購買力に裏付けられた需要**。ケインズは，財政支出はその何倍かの有効需要を作り出すので，不況期には，有効需要の創出につとめるべきだと主張した。

□200 **修正資本主義**(混合経済) (➡p.158❸，159 [3]・[4])
市場経済によりながらも，政府が財政政策などでかじ取りをしつつ，経済活動に積極的に介入すること。

□201 **フリードマン**(1912～2006年) (➡p.158)
アメリカの経済学者。ケインズの裁量的政策を批判し，経済の安定には，通貨供給量を一定の率で増やすというルールに基づいた金融政策が必要と唱えた(**マネタリズム**)。政府が有効需要を創出するのではなく，財やサービスを供給する主体を**規制緩和**や**民営化**で刺激し，市場原理を最大限に活用することを主張。「**小さな政府**」をめざし，**新自由主義**の理論的支柱となった。

□202 **新自由主義** (➡p.158, 160)
石油危機以後，先進国でスタグフレーションや財政赤字の拡大が起こり，政府による経済介入の限界が見えてくる中で登場した，**経済的自由を強く求める考え方**。**規制緩和**や**民営化**を進め，「**小さな政府**」をめざす。アメリカの**レーガン**政権，イギリスの**サッチャー**政権などのもとで，新自由主義的な改革が行われた。

□203 **大きな政府** (➡p.159)
公共投資などを通じて，積極的に経済に介入する政府。国民福祉は充実するが，政府の財政規模は拡大し，市場機能は低下する。福祉国家とも呼ばれる。

□204 **小さな政府** (➡p.159)
経済への介入を最小限にした政府。規制緩和や民営化などを進めるので，政府の財政規模は縮小し，自由競争が活発になるが，所得格差は拡大する。安価な政府とも呼ばれる。

□205 **経済主体** (➡p.161)
経済活動を行う単位で，家計(消費生活を行う)，企業(生産活動を行う)，政府(経済活動の調整を行う)の３つがある。

□206 **株式会社** (➡p.161B [3]，162，164)
資本金を多くの株式に分けることによって，多くの人から巨額の資金を集めるしくみをもつ会社。

□207 **株主** (➡p.164)
株式会社の出資者のこと。**株主総会**に出席し，経営者(取締役)や経営方針の決定について，持株数に応じた議決権をもつ。また，会社の利潤の一部を配当として受け取ることができる。

□208 **所有(資本)と経営の分離** (➡p.164 [2])
企業規模が拡大し，株式が多くの投資家に分散するようになると，企業の所有者である株主は，経営を左右する力を失い，会社の運営を経営者に任せるようになること。

□209 **株式の持ち合い** (➡p.165 ナットク!)
取引関係のある企業や銀行同士が，長期に友好な関係を維持することを目的に，**安定株主**として相手の**株式**を所有するものである。これによって，株主総会が経営者側の案を儀式的に了承する場になり，経営のチェック機能を果たさなくなる。

□210 **持株会社** (➡p.165)
傘下の企業の経営を支配するために，その会社の株式を所有し，グループの中核として経営戦略の立案，子会社の運営を行う会社。自ら事業を営まない場合を純粋持株会社，自ら事業を営む場合を事業持株会社というが，一般的に持株会社は前者をさす。1997年の独占禁止法改正により，設立が解禁されたが，事業支配力が過度に集中することにならないよう規制されている。

□211 **コーポレート・ガバナンス** (➡p.166)
企業統治と訳される。企業の不祥事が多発し，企業を誰がどのように管理するかという企業統治のあり方が問われるようになった。具体的な手段としては，社外取締役の設置や株主総会の機能強化，情報公開(ディスクロージャー)体制の確立など。

□212 **コンプライアンス**(法令遵守) (➡p.166 [2])
企業が活動する上で，法令や規則などを守ること。企業の不祥事が相次ぐ中で，その重要性が指摘されるようになった。

□213 **企業の社会的責任**(CSR) (➡p.166)
企業は社会の一員として，利潤を追求するだけではなく，従業員や顧客，取引先，社会などの利害関係者(ステークホルダー)の意思・利益を反映し，よりよい社会をきずくために努力する責任があるということ。

□214 **メセナ** (➡p.166 [2])
企業が利潤目的でなく行う芸術活動や文化活動の支援のこと。

□215 **フィランソロピー** (➡p.166 [2])
企業などによる公益活動や非営利活動のこと。「社会貢献活動」「企業ボランティア活動」とも呼ばれる。

□216 **M&A** (➡p.166)
合併・買収(Merger and Acquisition)のこと。企業の合理化や競争力強化の手段として使われる。
企業合併には，新会社を設立して双方の企業がそこに加わる新設合併と，１つの企業のみが存続し，相手企業が消滅する吸収合併があるが，手続きや費用などの有利さから後者の形をとることがほとんどである。
企業買収には，株式の買収によって経営権を獲得する株式譲渡と，一部または全部の事業を買収する事業譲渡がある。

□217 **多国籍企業** (➡p.165)
多くの国にまたがって，世界的規模で活動を行う企業のこと。代表的な企業としては，ウォルマート(米)，IBM(米)，トヨタ自動車(日)などがある。

□218 **コングロマリット**(複合企業) (➡p.166 [4])
その企業本来の業種と関連性のない産業や業種の企業を合併・吸収して，規模を拡大し，巨大化を図る企業形態。

□219 **市場** (➡p.167)
家計や企業の経済活動において商品や労働力などが売り買いされるところ。この市場において，売り手と買い手が自由に取り引きを行い，価格が成立する仕組みを市場機構といい，市場機構に支えられた経済を**市場経済**という。

□220 **均衡価格** (➡p.167 [1]，170D)
需要量と供給量が一致した時の価格。

□221 **価格の自動調節機能** (➡p.167 [1]，171)
自由な競争のもとでは，価格が上がれば需要が減少し，供給過剰(売れ残り発生)となる。そこで価格を下げると，需要が増え，需要と供給が一致する。価格が下がった時はその逆となる。このような需要と供給を調節し，均衡させる価格の働きのこと。市場機構，価格機構ともいう。

□222 **独占** (➡p.168)
特定の商品の市場において，売り手または買い手が1社または1人の状態。近代経済学では，厳密には売り手の独占状態をいう。

□223 **寡占** (➡p.168 [4])
少数の企業が，特定の産業や商品の市場の大部分を占めている状態。市場における自由な競争が行われなくなる。

□224 **カルテル** (➡p.168 [5])
同一産業の企業が互いに独立性を保ったまま，生産量・販売・価格などについて協定を結び，ほかの企業を排除しようとすること。**独占**の一形態である。

□225管理価格　(➲p.167 1)

寡占市場において，価格支配力をもつ有力企業が**プライス・リーダー**(価格先導者，プライス・メーカー)となって，超過利潤の獲得をめざして設定する価格。

□226非価格競争　(➲p.168 EYE)

価格以外の部分で競争を行うこと。広告・宣伝，新技術，サービスなどによって，他の商品との差を出し，商品に競争力をつけようとする。

□227独占禁止法　(➲p.169)

企業間の公正かつ自由な競争の確保と消費者の利益の確保，経済の健全な発達などを目的として1947年に制定された法律。**公正取引委員会**が実施・運用している。

□228市場の失敗　(➲p.169)

市場機構が有効に機能しない現象。または，機能していても発生する不具合のこと。具体的には，寡占・独占により資源の最適配分を実現できない，公害が発生する，公共財が供給されないなどの事例が挙げられる。市場の失敗が起こる場合は，政府が介入する必要がある。

□229国民総生産(GNP)　(➲p.174)

一国の経済規模を示す指標。一国の国民が１年間に新たに生産した財・サービスの総額から，原材料などの中間生産物価格を引いたもの。2000年10月以降，新国民経済計算は，国民総生産(GNP)にかわって，ほぼ同様の国民総所得(GNI)を採用している。

なお，国民総生産から固定資本の減耗分を差し引いたものは，**国民純生産**(NNP)である。

□230国内総生産(GDP)　(➲p.173〜176)

純粋に国内で生産した財・サービスの総計。**国民総生産**に，外国企業などが国内で得た所得で，海外に送金したものを加え，自国の企業が海外の事業活動で受け取った所得を引いて求める。すなわち，国民総生産から，海外からの純所得を差し引いたもの。企業が国内の工場を閉鎖して，海外に生産を移転することは，国内総生産を押し下げる効果がある。

なお，自宅で行う家事労働や地域で行うボランティア活動は，無償の活動であるため，これらの活動が増大しても，国内総生産は直接には増大しない。

□231国民所得(NI)　(➲p.173, 175)

国民総生産から減価償却費と生産物にかけられた間接税を差し引き，政府からの補助金を加えたもの。すなわち，一国の国民が１年間に生産した付加価値を合計したものである。

□232三面等価の原則　(➲p.175)

国民所得は**生産・分配・支出**のどの面から捉えても，理論上は等しくなるという原則。

□233国富　(➲p.173, 175G)

ストック(ある一時点での蓄積高)の指標であり，一国の一時点の実物資産(土地，住宅・建物，道路，機械など)と対外純資産の合計で表される。国民所得などのフローは，国富をもとに生み出される。

□234フロー　(➲p.173 1, 175G)

投資や生産量，所得など，一定期間の財の流れのこと。

□235経済成長率　(➲p.175)

国内総生産の前年に対する増加(減少)率。その年々の物価で示した**名目経済成長率**と，名目経済成長率から物価変動分を調整した**実質経済成長率**とがある。

名目経済成長率が正の値であっても，物価の上昇率がそれを上回っている場合には，経済活動の規模は実質的に前年よりも縮小していることになる。

□236社会資本　(➲p.173)

国や地方公共団体の公共投資によってつくられた共有の財産。道路，鉄道，港湾などの**産業関連社会資本(生産関連社会資本)**と，上下水道，公園，病院などの**生活関連社会資本**に分けられる。

□237景気変動(景気循環)　(➲p.177)

資本主義経済においては，経済活動が活発になる**好況**(好景気)とその逆の**不況**(不景気)がある。経済活動は，好況→景気の後退→不況→景気の回復，の４つの状態を繰り返す。

□238好況(好景気)　(➲p.177 2)

生産や消費が活発になる時期。設備投資がまた新たな投資を誘発して，連鎖的に需要が拡大していく傾向がある。

□239不況(不景気)　(➲p.177 2)

生産や消費が停滞する時期。この時期に，各企業が賃金を切り下げたり，従業員を削減することは，家計の所得を減少させて消費需要を抑制し，不況を長引かせる効果をもつ。また，寡占化が進んだ産業で，この時期に，価格低下を防ぐために生産量を調整することは，その製品を購入する産業や消費者の負担を増やして，不況を深刻化させる効果をもつ。

□240技術革新(イノベーション)　(➲p.177 2・3)

画期的な新技術や新しい組織・経営など，従来とは異なる新しいやり方を導入すること。アメリカの経済学者シュンペーターは，イノベーションが経済を発展させ，景気変動をもたらすと説いた。

□241物価　(➲p.178)

個々の商品の価格やサービスの料金を，総合的にみるためのもの。物価の変化をみるときには**物価指数**が用いられる。物価指数とは，基準の年を100としてその前後の物価の変化を指数化したもので，**消費者物価指数**と**企業物価指数**がある。

□242インフレーション　(➲p.178)

物価が，急激または継続的に上昇して，お金の価値が下がり続ける現象のこと。ディマンドプル・インフレ(需要超過により生じる)，コストプッシュ・インフレ(生産コストの増加により生じる)など原因は様々だが，どの場合でも通貨量が増加する。

□243デフレーション　(➲p.178)

物価が継続的に下落して，お金の価値が上がる現象。需要が供給より少なくなるために生じる。

□244スタグフレーション　(➲p.178 1)

不況にもかかわらず，物価が上がり続ける状態をいう。

1960年代末に，イギリスの財務相が，スタグネーション(景気停滞)とインフレーション(物価上昇)から造語して初めて用いた。1973年に起こった第１次石油危機の際，アメリカをはじめとするほとんどの石油消費国で，このスタグフレーションが観察された。

□245財政　(➲p.179)

歳入と歳出による国や地方公共団体による経済的活動。家計の消費活動・企業の生産活動とともに国民経済循環の１つを担っており，家計や企業の経済活動を調整する。

□246資源配分の調整　(➲p.179 2)

財政の機能の１つ。市場のはたらきでは実現できない資源の配分(市場の失敗)を政府が補完すること。具体的には，外交・国防・道路・教育などの公共財を政府が供給すること。

□247所得の再分配　(➲p.179 2, 218)

財政の機能の１つ。市場を通じて実現される所得や富の分配には格差が生じる。これを，所得税の累進課税や相続税の賦課，失業保険や年金給付といった社会保障によって修正するはたらき。

□248景気の安定化　(➲p.179 2)

財政の機能の１つ。歳入・歳出を調整して有効需要に影響を与え，景気を安定させるはたらき。この手段として，**ビルト・イン・スタビライザー**と**フィスカル・ポリシー**がある。

□249自動安定化装置(ビルト・イン・スタビライザー)　(➲p.180 6)

自動的に景気を安定させる財政の機能。歳入面では，**累進課税制度**をとる**所得税**や，景気変動に敏感に反応する**法人税**を中心とした税収の増減，歳出面では，社会保障制度の給付費の増減がその役割を果たす。

□250裁量的財政政策(フィスカル・ポリシー)　(➲p.180 6)

財政の景気調整政策で，**金融政策**とともに景気の安定のために大きな役割を果たす。景気が加熱気味のときは，増税や公共投資の縮小により需要を抑制し，不況時には，減税や公共投資の拡大により需要を増大させる。

□251**財政投融資** (➲p.180)

社会資本整備や中小企業育成など，民間企業では困難な長期・大規模な事業に対し，特殊法人や独立行政法人などの公的機関を通じて政府が資金を投資・融資する制度。かつては郵便貯金や年金積立金などの巨額の資金が自動的に融資されていたが，公的機関の運営の非効率さや不透明さが問題となり，資金調達の方法をはじめとした改革が行われた。

□252**直接税** (➲p.181 1・2)

税金を負担する担税者と納める義務のある納税者が同じである税金。国税では所得税，法人税，相続税などがあり，地方税では道府県民税，市町村民税，固定資産税などがある。

□253**間接税** (➲p.181 1・2)

担税者と納税者が違う税金。国税では消費税，酒税など，地方税では地方消費税，入湯税，ゴルフ場利用税などがある。

□254**垂直的公平** (➲p.182 7)

租税負担の公平原則の１つ。より高い経済力があり，負担能力が高い人は，より重い税負担をすべきであるという原則。所得税は**累進課税**によって所得が多いほど高い税率が課されるため，垂直的公平に優れている。

□255**水平的公平** (➲p.182 7)

租税負担の公平原則の１つ。等しい税の負担力を持つ人は，等しい税負担をすべきであるという原則。消費額が同じであれば担税力も等しいと考えられるため，消費税は水平的公平に優れている。

□256**累進課税** (➲p.182)

所得が多くなるのに応じて税率が高くなるしくみの課税制度。これにより所得の再分配効果が生じ，貧富の差を小さくすることができる。日本では**所得税**などでこの課税制度がとられている。

□257**消費税** (➲p.182)

原則としてすべての商品やサービスに一定の税率が上乗せされ，その商品を買う消費者が負担する税。日本では1989年４月から実施。高所得者も低所得者も同率の税を納めるため，低所得者の負担が重くなる（逆進性がある）といわれる。

税率は，1997年４月に３％から５％（うち，地方消費税１％）に，さらに2012年，社会保障と税の一体改革関連法成立により，2014年４月には８％（同1.7％），2019年10月には10％（同2.2％）に引き上げられ，特定品目における軽減税率が導入された。

□258**国債** (➲p.179 3，180 4，183)

歳入が不足したときに政府が発行する債券。国民や企業，外国人からの国の借金であるが，国債の購入者（国民・企業など）にとっては債権（財産）でもある。

日本の国債には，**建設国債**と**赤字国債**がある。公共事業の財源となる建設国債は，財政法で発行が認められている。一般会計の赤字を埋めるための赤字国債は，原則，発行が禁止されているが，特例法に基づき，特例国債として発行される。バブル崩壊以降，発行額は大幅に増加し，その発行残高が財政を圧迫している。

□259**管理通貨制度** (➲p.184 1)

金の保有量にかかわりなく，国の信用のみを裏付けとして通貨を発行し，**中央銀行**が通貨の供給量を管理する制度。日本は1931年に，金の保有量にもとづいて通貨を発行する金本位制度から，この制度へと移行した。

□260**直接金融** (➲p.184)

不足資金を調達したい企業や政府が発行する株式や債券を，余剰資金を運用したい家計や企業が直接購入することで資金を提供するしくみの金融。すなわち，企業や政府が，家計などから直接資金を集めるという形になる。

□261**間接金融** (➲p.184)

銀行などの金融機関が，家計や企業から集めた預金を，不足資金を調達したい家計や企業に貸し出すしくみの金融。

□262**信用創造（預金創造）** (➲p.185)

預金と貸し出しを繰り返すことによって，当初の預金よりも，銀行の帳簿上の預金が増え，世の中の通貨供給量を増やすことができるしくみ。銀行に信用があること，貸付金がきちんと返済されることが前提で成り立つ。

□263**日本銀行** (➲p.186)

日本の中央銀行。日本の金融制度の中心機関で，①**政府の銀行**（政府資金の出し入れを行う），②**発券銀行**（国内で唯一，紙幣を発行する），③**銀行の銀行**としての３つの機能を果たす。また，**金融政策**の担い手であり，銀行に対する最後の貸し手である。

□264**マネーストック** (➲p.186)

金融部門から経済全体に供給されている通貨量で，具体的には，個人や企業，地方公共団体などの経済主体（金融機関，中央政府は除く）が保有する通貨量の残高を集計したもの。

□265**金融政策** (➲p.186)

中央銀行（日本銀行）が通貨量を調節して，物価の安定をはかる政策。インフレを抑制するときは，金融引き締めを行い，通貨量を減少させる。デフレを抑制するときは，金融緩和を行い，通貨量を増加させる。通貨量を増減させる手段としては，通常，**公開市場操作**が用いられる。

□266**公定歩合** (➲p.186 3❸)

中央銀行（日本銀行）が，市中金融機関に対して資金を貸し付けるときの金利。以前は日本の政策金利であったが，1994年の金利自由化により政策金利としての役割が薄れたため，2006年８月，「基準割引率および基準貸付利率」に名称変更された。

□267**公開市場操作** (➲p.186 3)

中央銀行（日本銀行）が，市中金融機関との間で公債・社債などの有価証券の売買を行うことで通貨量を調節すること。有価証券を売却することを売りオペレーション（通貨吸収），有価証券を買い上げることを買いオペレーション（通貨供給）という。

□268**預金準備率操作** (➲p.186 3❸)

市中金融機関は，**中央銀行（日本銀行）**へ預金の一定割合を準備金として預け入れる。この預金準備率を上下することで市中金融機関の貸出を増減させ，通貨量を調節する。近年では多用されない傾向にあり，1991年10月以来，行われていない。

□269**公定歩合操作** (➲p.186 3❸)

過去の金融政策における中心的な手段。以前，日本銀行は公定歩合を上下することによって，市中金融機関の金利に影響を与え，通貨量を増減させていた。1994年の金利自由化以降，市中の金利が公定歩合に連動しなくなったため，現在では行われていない。

□270**日本版金融ビッグバン** (➲p.187 1)

1996年の橋本内閣の提唱によって行われた金融制度の抜本的改革。フリー・フェア・グローバルの原則にもとづき，大規模な規制緩和が行われた。規制緩和の動きは以前からあり，金利や業務の自由化が進められていたが，これによって急速に進んだ。

具体的には，銀行窓口での投資信託の販売など新商品の解禁，保険料や株式売買委託手数料の自由化，外貨建て預金や外貨両替の自由化などが進められた。これにより金融業界では外資系を含めての競争が激化し，金融持株会社設立が解禁されたこともあり，業界の再編が進んだ。

□271**バーゼル合意（BIS規制）** (➲p.188 1)

国際的に活動する銀行の，自己資本比率（資産のリスクに対する自己資本の割合）の最低水準などを定めた国際統一基準。

□272**ペイオフ** (➲p.188)

金融機関が破綻した際に，預金保険機構が一定限度額まで預金を保護すること。バブル崩壊後の1996年，金融機関の破綻が相次いだときにはペイオフは一時凍結され，金融機関が破綻しても預金は全額払い戻されることになったが，2002～05年にかけて段階的に解禁され，現在は，原則元本1000万円までとその利息分が払い戻される。

□273**デジタル・デバイド** (➲p.189B)

インターネットの急速な普及がもたらした，情報技術を利用できる者と利用できない者との間に，経済的・社会的な格差が生じる問題。年齢や所得の違いなどによる個人間の格差だけでなく，先進国と発展途上国といった国家間においても格差が生じている。

□274 **経済の民主化** (➡p.192)
第二次世界大戦後に行われた経済分野の改革。巨大な独占企業を解体し，企業間競争を活発化するための財閥解体，寄生地主制を解体して自作農を創出する農地改革，労働者の地位向上をはかる労働民主化がその中心。

□275 **高度経済成長** (➡p.193)
1955～73年ごろにかけての，日本経済の著しい成長をさす。この間，19年間にわたって平均約10％の経済成長率を記録した。

□276 **国民所得倍増計画** (➡p.193 B❶)
1960年に池田勇人内閣が打ち出した経済政策で，10年間で実質国民総生産を２倍にしようというもの。これがきっかけとなり，日本経済は急速に成長し，高度経済成長を成し遂げた。

□277 **石油危機** (➡p.194, 326 1)
石油価格の高騰と，それにともなう世界経済の混乱をいう。第１次石油危機は，1973年の第４次中東戦争をきっかけに，アラブ産油国が石油戦略として行ったイスラエル支援国家への原油禁輸と大幅な値上げにより発生。第２次石油危機は，1979年，イラン革命による原油輸出の中断が原因で起こった。
日本では，第１次石油危機の物価高騰に対し，政府が金融引き締めなどを行ったため，景気が急激に下降し，翌1974年には**実質経済成長率**は戦後初のマイナスを記録した。
この時期には，企業は，省エネ・省資源・省力化を中心とした減量経営を進めるなかで，生産や事務の機械化・自動化を行い，日本経済はいち早く不況を乗り越えた。

□278 **経済のサービス化・ソフト化** (➡p.194 C)
産業構造において，第３次産業の占める割合が大きくなり，他の産業でも，コンピュータや通信技術の発達により，知識や情報など目に見えないものの重要性が大きくなること。モノ（ハードウェア）よりも，情報産業に支えられた知識（ソフトウェア）の生産が中心となるような経済の傾向をいう。

□279 **産業構造の高度化** (➡p.194 C)
経済の発展に伴って，産業の中心が第１次産業から第２次産業へ，さらには第３次産業へと移っていくこと。

□280 **バブル経済** (➡p.195)
投機目的で土地や株式などの売買をくり返したために，価格が実態以上に上昇し続ける現象。日本では，1987～90年の好況期をバブル期と呼んでいる。この時期には，高級マンションなどが多く建設され，高級品の販売が増え，設備投資が増大した。
土地や株価の異常な値上がりに対し，政府と日銀は不動産融資総量規制（1990年）と公定歩合の引き上げ（1989年）を行った。そのため株価と地価は急落し，バブル経済は崩壊した。

□281 **中小企業** (➡p.196, 197)
大企業に対して経営規模（資本金または従業員数）が一定の基準以下の企業。日本では，企業数は中小企業が圧倒的に多い。これまでは，大企業の下請け（大企業の部品を作るなど）となることが多かったが，近年，生産拠点の海外移転や中国などの安い海外製品の輸入などにより，従来の下請け関係を弱める親会社が増えており，経営が苦しくなっている中小企業も少なくない。その一方で，独自の技術力や製品開発力を背景に，大企業と対等に取り引きをしたり，海外に進出する中小企業もある。

□282 **ベンチャー・ビジネス** (➡p.196 3, 197)
独創的な技術・製品・サービスの開発や経営システムの導入により急成長している企業。日本経済の長期的な発展のために必要であるといわれている。ベンチャー・ビジネスの中には大企業と提携するものもある。

□283 **ビッグデータ** (➡p.197 EYE)
インターネット上に蓄積された膨大なデジタルデータのこと。ポイントカードの会員情報やGPSの位置情報など，様々な情報が含まれる。データを解析することで，新商品の開発やサービスの向上などに役立てることができ，活用に期待が高まっている。

□284 **食料・農業・農村基本法** (➡p.199 1)
1999年に旧基本法に代わって制定された，農業の基本法。旧基本法が農業の発展と農業従事者の地位の向上をめざしたのに対し，食料・農業・農村基本法は食料の安定供給，農業の多面的機能の発揮と持続的発展，農村の振興を掲げ，国民生活の安定向上と国民経済の健全な発展をめざす。

□285 **減反政策** (➡p.200 2❷)
米の作付面積を減らし，生産量を調整する政策。戦後，食生活が多様化して米の消費量が次第に減少し，供給過剰が問題となったため，1970年から行われるようになった。2004年からは，政府の主導ではなく，需要動向に応じて，生産者の判断で生産量を調整している。国が設定する米の生産数量目標は，2018年から廃止された。

□286 **新食糧法** (➡p.200 2❶)
1995年に施行。この法律に基づき，政府は米の全量管理を廃止し，部分管理することとなった。また，米の流通について，多様な販売方法を認めることになった。2004年に大幅に改正され，計画流通制度の廃止など規制緩和が進んだ。

□287 **労働基本権** (➡p.93 3, 202 2)
憲法が保障している労働者の基本的な権利で，**勤労の権利**（憲法第27条）と，**団結権・団体交渉権・団体行動権**（**争議権**）の**労働三権**（憲法第28条）の４つの権利をいう。

□288 **労働三法** (➡p.203)
- **労働基準法**…労働条件の最低基準を定めている。（➡p.375）
- **労働組合法**…労働三権を具体的に保障している。（➡p.376）
- **労働関係調整法**…労働争議の予防や解決をはかる。（➡p.377）

□289 **労働組合** (➡p.202 2, 204)
賃上げや労働時間短縮など，経済的地位や労働条件の向上のため，労働者が結成する組織。組織率は，第３次産業の増加や非正規労働者の増加，若者の組合離れなどにより，低下傾向にある。

□290 **終身雇用制** (➡p.205 3❶)
企業が学卒者を採用した場合，特別の事情がない限り，定年まで雇用するしくみ。従業員にとっては，生活基盤の安定が得られ，長期的な生涯設計を立てやすくなるが，会社中心の生き方になりやすいという面がある。
日本特有の制度であったが，近年は，派遣労働者や契約社員などの新しい雇用形態の利用や中途採用の増大，勧奨退職や出向などの雇用調整が進められており，制度がゆらいでいる。

□291 **年功序列型賃金** (➡p.205 3❶)
年齢や勤続年数などの年功序列に応じて賃金が上昇していく制度。**終身雇用制**とともに日本特有の制度で，労働者の企業への帰属意識を高めるものであった。しかし近年は，年俸制のような成果主義的な賃金体系を導入する企業もあり，これらの制度が崩れつつある。

□292 **労働者派遣法** (➡p.206 5❶)
1985年制定。それまで労働力の貸し借りとして違法だった労働者派遣事業を法的に認め，派遣労働者の権利を守るための法律。制定当初は専門業務に限って認められていたが，規制緩和の流れの中で次第に対象業務が拡大し，2003年改正（2004年施行）では製造業への派遣の解禁，派遣期間の延長が認められた。しかし，急激な景気悪化で「派遣切り」が問題となったことなどから，これ以後の改正によって，日雇派遣の原則禁止，派遣元事業主への雇用安定措置実施等の義務付け，派遣先企業の正社員との不合理な待遇差を設けることの禁止など，待遇の改善が図られている。

□293 **男女雇用機会均等法** (➡p.207 6❸, 377)
1985年制定。雇用に際して，男女に均等な機会を与えるように企業に努力を求める法律。1997年に，募集，採用，昇進などでの男女差別禁止や，違反企業に対して企業名公表の制裁措置を定めるなど，同法は大きく改正された。また，2006年の改正では，男性を含めた性差別・間接差別の禁止などが盛り込まれ，2016年改正で妊娠・出産等を理由としたハラスメントの防止措置が事業主に義務付けられるなど，拡大・強化されている。

□**294育児・介護休業法** (➲p.80A❸, 207)
1991年に制定された育児休業法に介護休業制度を導入し，1995年に制定。労働者の仕事と家庭の両立を支援することを目的とし，育児休業や介護休業などに関する制度と，育児や介護を行いやすくするために事業主が講ずべき措置などを定めている。
育児休業については，男性はこの制度の利用率が低く，その活用のための意識の変化や就労環境の整備が今後の課題である。

□**295ワーク・ライフ・バランス** (➲p.209, 210)
「**仕事と生活の調和**」と訳される。誰もがやりがいを感じながら働くことができ，仕事上の責任を果たす一方で，子育て・介護，家庭・地域生活など個人の時間をもてるような社会を実現すること。ワーク・ライフ・バランスの取り組みを通じて，**ディーセント・ワーク(働きがいのある人間らしい仕事)**の実現をめざすことも求められている。

□**296ワークシェアリング** (➲p.210)
一人ひとりの労働時間を短縮し，仕事をより多くの労働者で分け合うしくみ。日本ではこれまで，不況時の従業員解雇を防ぐために一時的に導入されるのみであった。しかし，働き過ぎや少子化による労働力人口の減少が指摘されるなか，女性や高齢者の就労機会を増やしたり，働き過ぎを解消してワーク・ライフ・バランスを実現したりする方法としても注目されている。

□**297少子高齢社会** (➲p.214, 216)
医療技術の進歩などで平均寿命が延び，高齢者が増える一方，出生率が低下して子どもの数が減少し，人口に占める高齢者の割合が高くなる社会。この傾向が進むと，働いて税金や保険料を納める現役世代が減少して財政や景気に影響を与えるほか，社会保障面では，給付が増加する一方でその担い手が減少し，制度の維持が困難になる。

□**298ベバリッジ報告** (➲p.217D)
第二次世界大戦中の1942年に，イギリスの社会保障制度改革委員会委員長，ベバリッジが提出した報告書で，包括的，強制的，均一拠出，均一給付の社会保険と公的扶助などで構成される社会保障を，国民全体を対象に実現し，貧困を解消しようとするものであった。この報告を受けて，大戦後に「**ゆりかごから墓場まで**」といわれる,国民各層を対象とした社会保障制度が確立した。その後，各国においても，総合的な社会保障制度が確立されていった。

□**299社会保障制度** (➲p.218～228)
日本の社会保障制度は，**社会保険・公的扶助・社会福祉・公衆衛生**の４つの柱から成り立つ。第二次世界大戦後，憲法第25条に**生存権**と国の社会保障義務が規定されたことにより確立した。

□**300社会保険** (➲p.218❶)
社会保障制度の４つの柱の１つ。高齢になった時や，病気・死亡・失業など，生活に困る事態に備えてあらかじめ保険料を出し合い，必要になったときに給付を受けることで生活の安定を図るための制度。年金・医療・雇用・介護・労働者災害補償保険がある。

□**301公的扶助(生活保護)** (➲p.218❶, 222)
生活に困っている家庭に金銭の支給など経済的援助を行い，生活を保護する制度。憲法第25条に定められている健康で文化的な最低限度の生活を保障する所得保障制度。

□**302社会福祉** (➲p.218❶)
児童・高齢者・身体障がい者など，社会的に弱い立場の人々を保護し，その能力を発揮できるように援護育成を行うこと。
例えば，仕事や病気などのために，乳幼児を保育することができない保護者は，市町村の保育所の保育サービスを受けることができる。

□**303公衆衛生** (➲p.218❶)
病気の予防・食品の安全・ごみの適切な処理などについて，対策を行うこと。
例：新型コロナウイルス感染症の拡大時
政府は，空港などでの検疫を強化して日本への流入を可能な限り防ぐとともに，国内での感染拡大防止のための対策を講ずる。

□**304年金保険(公的年金)** (➲p.218❶, 219)
日本に居住する20歳以上60歳未満のすべての人が，いずれかの年金保険に加入することによって，一定の年齢に達した時や，障がいを負った時などに，一定額の金銭が支給される制度。
現在の公的年金は「２階建て」の制度で，１階が基礎年金部分，２階は職種別の上乗せ分(厚生年金など)に分かれている。さらに，３階部分にあたる企業年金や確定拠出年金などに加入している人もいる。

□**305医療保険** (➲p.218❶, 220)
すべての国民が加入する保険で，これにより疾病・負傷時の治療費や入院費が軽減される。国民健康保険・健康保険・各種共済組合などがある。

□**306後期高齢者医療制度** (➲p.220)
75歳以上，または65～74歳で障害認定を受けた人を対象とした医療保険制度。2008年発足。対象者は，各都道府県の広域連合が運営する，独立した医療制度に加入する。この制度により，若い人と高齢者の費用負担のルール，財政・運営責任などが明確化した。

□**307介護保険制度** (➲p.218❶, 221)
高齢化が進むなか，介護サービスの充実を目的として2000年に導入。40歳以上の全国民に加入を義務付けて，要介護状態となったときに，サービスを受けることができる。

□**308ノーマライゼーション** (➲p.222)
高齢者や障がい者などハンディキャップをもつ人々もすべて一緒に普通にくらす社会こそがノーマルな社会だという，福祉のあり方についての考え方。

□**309バリアフリー** (➲p.222❻)
障がい者や高齢者にとって不便なバリア(障害)をなくすこと。さらに，障がい者や高齢者などが安心して暮らせるような環境をつくることをバリアフリー化という。2000年には交通バリアフリー法が制定され，エレベーターの設置や低床バスの導入などが鉄道やバスなどの公共交通業者に対して義務づけられた。2006年に**バリアフリー新法**が施行され，交通バリアフリー法・ハートビル法は統合廃止された。

□**310典型七公害** (➲p.231❺)
公害対策基本法によって定義された，**大気汚染・水質汚濁・土壌汚染・騒音・振動・地盤沈下・悪臭**の７つの公害。この定義は，**環境基本法**に引き継がれた。近年，これ以外の新たな種類の公害(ハイテク産業による地下水汚染など)も問題になっている。

□**311新潟水俣病** (➲p.231❸)
1964年頃，新潟県阿賀野川流域で発生。工場排水中のメチル水銀が原因で，患者の手足が麻痺し，視聴覚・神経などが侵された。

□**312四日市ぜんそく** (➲p.231❸)
1960年ごろ，三重県四日市市コンビナート周辺で発生。煙突から排出される亜硫酸ガスが原因で，ぜんそく性疾患が多発した。

□**313イタイイタイ病** (➲p.231❸)
戦前から，富山県神通川流域で発生。鉱山から流出したカドミウムが原因で，骨がぼろぼろになった。

□**314水俣病(熊本水俣病)** (➲p.231❸)
1953年ごろ，熊本県水俣地区周辺で発生。工場排水中のメチル水銀が原因で，患者の手足が麻痺し，視聴覚・神経などが侵された。

□**315四大公害訴訟(四大公害裁判)** (➲p.231)
新潟水俣病，四日市ぜんそく，イタイイタイ病，熊本水俣病の四大公害病の裁判。高度成長期に起こされて，それぞれ原告側の勝訴という判決が出され，企業の公害に対する責任を明確にした画期的な裁判となった。この結果，国民の公害への関心が飛躍的に高まった。

□**316公害対策基本法** (➲p.232C❶)
1967年に制定。公害対策の憲法といわれた。この法律で，公害を，大気汚染，水質汚濁，土壌汚染，騒音，振動，地盤沈下，悪臭(**典型七公害**)によって人の健康や生活環境に被害を生じさせるものと定義した。1993年に**環境基本法**が制定されたことにより廃止。

□317環境庁 (➡p.230 1)
1971年に，公害対策行政を一元化するために設置された。2001年1月からは，環境省に昇格。

□318環境基本法 (➡p.232)
公害対策基本法にかわり，1993年に，環境行政を総合的に推進していくために整備された法律。
単なる公害対策や自然保護を超えて，経済活動による環境への悪影響を減らし，人にやさしい社会をつくることをめざす。

□319汚染者負担の原則(PPP) (➡p.233 3)
1972年のOECDの環境委員会で国際ルールとして定められたもので，汚染(公害)を発生させた者が公害に対する費用(汚染防除や被害者救済のための費用)を負担しなければならないという原則。日本では，四大公害をめぐる裁判をきっかけに定着した。1970年に制定された公害防止事業費事業者負担法(国や地方公共団体が行う公害防止事業の費用の一部を公害発生事業者が負担することを義務づけた法律)は，この原則を体現した法律である。

□320環境アセスメント(環境影響評価) (➡p.232)
大規模な事業を行う場合，事業による環境破壊を未然に防ぐために，事業が対象地域周辺の環境に及ぼす影響について，前もって調査，予測，評価して結果を公表し，それに対する自治体や住民などの意見をもとに計画の変更・修正を行う制度。
日本では1972年に公共事業で導入され，その後，1997年に環境影響評価法が成立。同法は2011年に改正され，これまで事業の枠組みが決定してから行っていた環境アセスメント手続きに，計画検討段階での手続きが追加され(2013年4月施行)，より環境への影響の低減・回避効果が期待できるようになった。

□321ナショナル・トラスト運動 (➡p.233)
市民が自然や歴史的建造物を寄贈，遺贈，買い取りなどの方法で入手し，保護管理すること。この運動は，1895年にイギリスではじまり，世界中に広まった。

□322契約自由の原則 (➡p.237)
契約は当事者の自由な意思で結ぶことができ，国家はそれに干渉してはならないという原則。ただし，使用者と労働者，事業者と消費者など，当事者同士が対等な立場でないこともある。このような場合，弱い立場にある人を保護するため，契約自由の原則が修正され，例外的に契約を解消できる制度が設けられている。なお，契約自由の原則は**私的自治の原則**の1つで，ほぼ同じ意味で用いられる。

□323消費者保護基本法 (➡p.239 2)
消費生活の安定と向上を確保することを目的として，1968年に制定された法律。国・地方公共団体の責務のほかに，事業者も消費者の利益に配慮するべきことを明らかにしている。
2004年，消費者の自立の支援を目的とする**消費者基本法**に改正。消費者の安全や被害の迅速な救済措置を消費者の権利として明記。

□324消費者庁 (➡p.239)
消費者行政を一元化し，縦割りの消費者行政の弊害を防ぐために，2009年に内閣府の外局として発足。消費者関係情報を集約して調査・分析し，関係省庁や事業者に勧告・措置を求めたり，消費者に情報を公開して注意を促す。

□325クーリング・オフ (➡p.239)
1973年に導入。契約から8日以内(マルチ商法などは20日以内)であれば，消費者は無条件で契約を解除できるという消費者保護制度。訪問販売や割賦販売などに適用される。ただし，通信販売や店に出向いて購入したもの，3000円未満の現金取引などには適用されない。

□326製造物責任法(PL法) (➡p.240)
1995年施行。PLとは，PRODUCT LIABILITY(製造物責任)の略。製造物の欠陥や食品・医薬品の有害性により，利用者の身体や財産が被害を受けた時に，たとえ製造者に過失がなくても，この法に基づいて製造者に責任を追及し，その損害を賠償させることができる。

□327消費者契約法 (➡p.240)
消費者と事業者の間にある知識や情報，交渉力の格差により生じる不利益から消費者を保護するため，2001年に施行された法律。この法律により，不適切な勧誘による契約を取り消すこと，不当な契約条項の一部またはすべてを無効とすることが可能になった。

第5章　現代の国際社会と日本の役割

□328国際法 (➡p.244)
国家の主権も国際的な規律には従うべきであるという考え方から生まれた国際社会における法。諸国家間の慣行を通じて成立した**国際慣習法**と，国家間の合意を文章化した**条約**とから成る。
条約には日米安全保障条約のように二国間で結ばれるものと，国連憲章のように多国間で結ばれるものとがある。国際法は，主権国家の個別の利益のほか，共通利益の確保も目的となり，地球環境問題や宇宙利用に関してもルールが作られた。

□329ウェストファリア条約 (➡p.244)
1648年に締結された三十年戦争の講和条約。この条約でスイス・オランダの独立などが承認された。締約国は相互に独立・平等の立場を有する原則が確立し，主権国家が国際社会を構成する単位として明確化され，近代国際社会の原型が成立した。

□330グロティウス(1583〜1645年) (➡p.244)
オランダの法学者。著書『戦争と平和の法』は，国際法を初めて体系的にまとめたもの。「**国際法の父**」と呼ばれる。

□331公海自由の原則 (➡p.244 4)
本来は，領海の外側にある海洋(＝公海)はどこの国にも属さず，すべての国民に自由に使用する権利があるという原則であったが，現在は，**領海**と国連海洋法条約によって定められた**排他的経済水域**(**EEZ**)の外側にある海洋部分が公海とされている。

□332国際司法裁判所(ICJ) (➡p.245)
国連の加盟国間で紛争が起こった時は，当事国双方の同意で，国際司法裁判所による紛争解決手続きが，**国際法**に従って行われる。

□333国際刑事裁判所(ICC) (➡p.246)
非人道的な行為(虐殺，侵略，迫害など)について責任ある個人を訴追・処罰するために常設した裁判所。同様の犯罪が繰り返されることを防ぐ目的がある。

□334国家の三要素 (➡p.246)
主権(政府)と**国民**と**領域**(**領土・領海・領空**)で構成される。これらの条件を満たした主権国家で，国際社会は構成されている。

□335排他的経済水域(EEZ) (➡p.246 1)
1994年発効の**国連海洋法条約**によって制度化された水域で，領海を除いた，沿岸から**200海里**までをいう。沿岸国はこの水域内の水産資源や鉱物資源に対して権利をもち，他国は無断で漁獲・採掘できないことになっている。

□336北方領土問題 (➡p.242)
北方領土は，一度も外国領となったことがない日本固有の領土であるというのが日本政府の立場である。日本政府は，不法に占拠するロシアに抗議し，平和的解決に向けて努力している。

□337竹島問題 (➡p.243)
竹島には，1954年以降，韓国が警備隊を置いているが，歴史的にも国際法上も日本固有の領土であるというのが日本政府の立場である。日本政府は，不法に占拠する韓国に抗議し，平和的解決に向けて努力している。

□338尖閣諸島 (➡p.243)
諸島周辺海域に石油が埋蔵されている可能性が指摘されてから，中国が領有権を主張し始めた。そもそも日本固有の領土で，領土問題は存在しないというのが日本政府の立場である。2012年，日本は尖閣諸島を国有化した。

□339国際連盟 (➡p.247 2，248 3)
第一次世界大戦後，アメリカ大統領**ウィルソン**の平和(原則)14か条を受けて設立。発足時の大国の不参加(アメリカは不参加，ソ連は加盟が遅れた)，表決が全会一致のため運営が困難，制裁措置は経済封鎖のみで，安全保障機能が不十分などの問題を抱えていた。

□340国際連合(国連) (➲p.247)
第二次世界大戦後の1945年10月24日，**国際連合憲章**の発効とともに成立。国際社会の平和・安全の維持を目的とする国際組織。６つの主要機関(**総会・安全保障理事会・経済社会理事会・国際司法裁判所・信託統治理事会・事務局**)と多くの付属機関からなる。本部はニューヨーク。現在の加盟国は193か国。

□341集団安全保障 (➲p.247[1])
国際連合や国際連盟における安全保障体制。「全加盟国が相互不可侵を約束」「加盟国のうちの一国が他の加盟国に侵略した場合，残りの加盟国はこの侵略を止める努力(経済・武力制裁など)をする」という２つの要素からなる。

□342総会 (➲p.248[3], 249)
国際連合の中心機関。すべての加盟国で構成される。毎年１回９月に開かれる通常総会の他に，特別総会・緊急特別総会がある。一国一票の投票権があり，出席投票国の過半数の賛成で可決される(新加盟国の承認や予算などの重要事項は３分の２以上)。

□343安全保障理事会 (➲p.248[3], 249, 253)
国連の主要機関の１つ。国際平和と安全の確保を目的とする。５**常任理事国**(米・ロ・英・仏・中)と，任期２年の10**非常任理事国**からなる。表決の際，常任理事国のうち１か国でも反対すれば決議は成立しない。つまり，常任理事国には**拒否権**がある。なお，常任理事国の数は設立当初から変わっていないが，非常任理事国の数は増やされた(国連発足当時は６か国だったが，1965年に10か国に増加)。
安全保障理事会は，侵略行為を行った国に対して，経済制裁などの非軍事的措置，さらに軍事的措置をとることを，加盟国に求めることができる。

□344拒否権 (➲p.248)
国連安全保障理事会の表決のうち，手続き事項以外の事項に関するものでは，５常任理事国すべてを含む９理事国が賛成しないと決議が成立しない(**大国一致の原則**，「国連憲章」第27条③)。このため，５常任理事国には決議に対する拒否権があるといえる。

□345国連児童基金(UNICEF) (➲p.249)
1946年に，発展途上国の児童の保健衛生・就学機会の拡充などを目的に，国連国際児童緊急基金として創設。1953年に現在の名称。

□346国際労働機関(ILO) (➲p.249)
第一次世界大戦後に，国際連盟とともに設立された国際機関。その後，国際連合の専門機関となった。全世界を対象とした，労働条件の改善，雇用の確保などを目的とする。

□347国連教育科学文化機関(UNESCO) (➲p.249, 322[3])
国連の専門機関。教育・科学・文化などを通じた国際協力を促進して，国際平和を図る。無知と偏見が戦争の土壌となるという考えに基づき，人類の知的及び精神的連帯を強化する活動を行っている。

□348平和構築委員会(PBC) (➲p.253)
紛争状態の解決から復旧，社会復帰，復興に至るまでの持続可能な平和の達成を目的として，総会と安全保障理事会の共同で設立。再び紛争状態に戻らぬよう支援する。

□349国連人権理事会(UNHRC) (➲p.253)
国連として人権問題のさらなる対処能力強化のため，従来の人権委員会に替えて新たに設置。総会の下部機関の常設理事会として，定期会合なども可能になり，活発な活動を行うことができる。

□350冷戦 (➲p.255)
第二次世界大戦後に起きた，アメリカを中心とする**資本主義国家**とソ連を中心とする**社会主義国家**の対立のこと。米ソは，実際には戦火を交えないことからこのように呼ばれた。
1989年のマルタ会談で，米ソ首脳が冷戦の終結を宣言。ドイツ統一や，ソ連解体へとつながっていった。

□351トルーマン・ドクトリン (➲p.255)
1947年，米大統領トルーマンが議会で発表した外交方針。共産主義勢力が強まっていたギリシャ，トルコへの経済援助を議会に要請し，共産主義封じ込め政策を提唱。その後の米外交の基本路線となる。

□352マーシャル・プラン (➲p.255[1])
第二次世界大戦後，アメリカが発表したヨーロッパ諸国の経済復興計画。提案者である国務長官の名が付けられた。

□353経済相互援助会議(コメコン) (➲p.255[1])
戦後のアメリカによる西側・資本主義諸国への経済援助に対抗して，ソ連が設立した東側・社会主義諸国の経済協力組織。

□354北大西洋条約機構(NATO) (➲p.255[1], 258[1])
1949年設立。西ヨーロッパ諸国とアメリカ・カナダの間での地域的集団安全保障体制。ソ連を中心とする東側諸国に対抗するための軍事防衛機構として設立された。冷戦終結後は，東欧諸国も加盟し，加盟国数が増大している。

□355ワルシャワ条約機構(WTO) (➲p.255[1], 258[1])
北大西洋条約機構(NATO)に対抗して1955年に設立。ソ連中心の東側諸国の集団安全保障体制。冷戦の終結を受け，1991年に解体。

□356朝鮮戦争(1950～53年休戦) (➲p.104[1], 192A❸, 259)
1950年６月，朝鮮半島で，北の**朝鮮民主主義人民共和国**が南の**大韓民国**に侵攻して起こった戦争。北を社会主義陣営，南を資本主義陣営が支援した代理戦争となり，第二次世界大戦後の冷戦のもとで戦火を交える「**熱い戦争**」となった。

□357キューバ危機 (➲p.259)
1962年，社会主義国のキューバにソ連が核を持ち込もうとしたことに対して，アメリカが海上封鎖を行って抗議し，米ソ間の緊張が高まった。激しいやりとりの末，ソ連が譲歩。危機は回避された。

□358ホットライン (➲p.259[4], 269)
キューバ危機の後，米ソ両国首脳はホットラインを設け，非常事態が発生した際には直接対話を行い，平和を取り戻すことに合意した。

□359デタント(緊張緩和) (➲p.259[4])
第二次世界大戦後，冷戦状態が続いていたが，キューバ危機後，米ソ全面核戦争の危機が回避され，デタントの状態が進んだ。しかし，この状態も，1979年のソ連軍によるアフガニスタン侵攻によって崩壊し，新冷戦の時代に入った。

□360ベトナム戦争 (➲p.259[5])
ベトナムはフランスからの独立を果たしたものの南北に分断された。この対立に社会主義に対する脅威からアメリカが介入し，泥沼化した。北ベトナムを支援するソ連・中国と，アメリカの対立をまきこみ，冷戦下における代理戦争の１つとなった。その後，北ベトナムの南ベトナムに対する勝利により南部が併合されて南北統一が実現し，1976年，ベトナム社会主義共和国が誕生した。

□361カンボジア内戦 (➲p.259[5])
1970年代に内戦が始まったが，冷戦の終結やベトナム軍撤退によって鎮静化し，和平合意が成立した。国連による**PKO**が展開され，日本の自衛隊も参加した。

□362第三世界 (➲p.260[2]・[3])
東西冷戦時代に「西側・資本主義の国々」「東側・社会主義の国々」のどちらにも含まれない第三の勢力として，1950年代から台頭してきた，アジア・アフリカ・ラテンアメリカの国々。大国優位・先進国中心の世界秩序の変革に努め，**アジア・アフリカ会議**や**非同盟諸国首脳会議**などを開く。

□363アジア・アフリカ会議(バンドン会議) (➲p.260[2])
1955年，インド・インドネシア・セイロン(現スリランカ)・ビルマ(現ミャンマー)が主催，アジア・アフリカの29か国が，インドネシアのバンドンで第１回アジア・アフリカ会議を開いた。領土と主権の尊重，平和共存，内政不干渉，相互不可侵，平等互恵，基本的人権の尊重などからなる**平和10原則**が採択された。

□364ベルリンの壁 (➲p.255[4], 260D[1])
第二次世界大戦後に築かれた，東西対立の悲劇を象徴する存在。1989年に起こった東ドイツの民主化運動の中で崩壊した。

□365マルタ会談 (➲p.260D[1])
1989年，アメリカのブッシュ(父)大統領とソ連のゴルバチョフ最高会議議長が地中海のマルタで行った会談。米ソ間の対立は，1985年にゴルバチョフが政権の座に着いたことで再び緊張緩和の状態へ進んでいた。さらにソ連軍がアフガニスタンから撤退したことでよりいっそう緊張緩和が進み，**東西冷戦の終結**と米ソが協調の時代に入ることが宣言された。

□366湾岸戦争 (➡p.112 1, 261)

1990年８月にクウェートに侵攻し，安保理の撤退要求に応じないイラクに対し，1991年１月，アメリカを中心とした多国籍軍によるイラク空爆によって始まった戦争。２月にクウェートが解放され，３月，両軍によって停戦協定が締結された。

□367アメリカ同時多発テロ事件(9･11事件) (➡p.261)

2001年９月，国際テロ組織アル＝カーイダによるアメリカを標的にしたテロ事件。民間航空機がハイジャックされ，世界貿易センタービル(ニューヨーク)やアメリカ国防総省に激突し，約3000人の死者を出した。当時のブッシュ大統領(子)は，アル＝カーイダをかくまうアフガニスタンを攻撃。テロとの戦いに突入した。

□368イラク戦争 (➡p.262)

2003年，アメリカ・イギリス両国がイラクに対し，大量破壊兵器保持の疑いがあるとして武力攻撃を行い，始まった戦争。フランス・ドイツ・ロシア・中国などは戦争に反対した。イラクのフセイン政権は崩壊。大統領は拘束され，2006年に処刑されたが，結局大量破壊兵器は見つからなかった。2010年，オバマ大統領(当時)は戦闘任務の終結を宣言し，米軍はイラクから撤退。

□369部分的核実験禁止条約(PTBT) (➡p.267 1)

1963年に成立。大気圏内･宇宙空間･水中における核実験を禁止する条約。地下核実験については制限されなかった。課題はあるが，米ソ首脳の歩み寄りにより，初めてできた核軍備管理協定である。

□370核(兵器)拡散防止条約(NPT) (➡p.267 1)

米，ロ(旧ソ連)，英，仏，中を核保有国と限定し，この5か国以外に拡大させないための条約。保有国が非保有国に核兵器を譲ることや，核の技術移転などを禁止している。しかし，1998年，インド・パキスタンが核実験を行い，核保有を宣言した。

□371包括的核実験禁止条約(CTBT) (➡p.267 1)

部分的核実験禁止条約では制限のできなかった地下核実験を含む，爆発を伴うすべての核実験を禁止した条約。1996年の国連総会において採択。発効には核施設などを保有している国々の批准が必要で，米，中などが批准していないため，未発効。

臨界前核実験が禁止されず，核兵器廃絶の時期が盛り込まれていないなど，核保有国の優位性を高めるとの批判がある。

□372核兵器禁止条約(TPNW) (➡p.272)

2017年採択。2021年に発効。核兵器を「非人道的兵器」と位置づけ，保有や開発，核による威嚇を法的に禁じる条約。アメリカなどの核保有国，核保有国の「核の傘」に依存する日本やNATO加盟国は，参加していない。

□373中距離核戦力(INF)全廃条約 (➡p.268)

1987年，米ソによって調印。地上発射の中距離核ミサイルの全廃と同種の兵器をもたないことを決めた。米ソが核兵器の削減に同意した初めての条約。核弾頭の廃棄は対象外であったため，ミサイルからとり外すだけで数は減らなかった。2019年に失効。

□374START(戦略兵器削減条約) (➡p.268)

1991年，米ソが調印した**START Ⅰ**では核弾頭の数を米ソで同水準にすることを決めた(2009年失効)。1993年，米ロで調印された**START Ⅱ**では，両国の保有する核弾頭の数をSTART Ⅰよりさらに半減させることになったが，2002年にロシアが無効声明を発表。2010年，START Ⅰの後継条約である**新START**に米ロが調印。戦略核弾頭の配備数を，米ロ各1550発に削減することを決めた。2021年，同条約は５年間の延長が決定したが，2023年２月にロシアが条約の履行停止を表明。

□375化学兵器禁止条約 (➡p.269)

1993年に調印された。神経ガスなどの，すべての化学兵器の開発・生産・貯蔵・使用を禁止する条約。

□376対人地雷全面禁止条約(オタワ条約) (➡p.269)

対人地雷の開発・生産・取得・貯蔵・移転・使用を禁止する条約。1999年発効。未署名国が現在も輸出しているため，紛争地域では地雷被害が続いている。

□377クラスター爆弾禁止条約(オスロ条約) (➡p.269)

クラスター爆弾の開発･貯蔵･使用を禁止する条約。2010年発効。米，ロなどの軍事大国が未署名のため，実効性に疑問の声もある。

□378信頼醸成措置(CBM) (➡p.269)

敵対している国と，互いの誤解などが原因で，武力紛争が発生するのを避けるための措置。コミュニケーション，相互査察，交流などにより信頼，安心感を高め，紛争の可能性を低下させる。過去，米ソ間のキューバ危機後のホットライン設置などがある。

□379クルド人問題 (➡p.274)

独自の国家をもたない世界最大の民族集団。第一次世界大戦後に引かれた国境線によって数か国に分断され，以後，各国でしばしば政府と対立が起こっている。

□380ユーゴスラビア紛争 (➡p.275)

冷戦終結後に起こった，ユーゴスラビア内の複数の民族間の紛争。ユーゴスラビアは，第二次世界大戦後に連邦共和国として独立したが，冷戦終結後にスロベニアやクロアチアなどが独立し，連邦が解体。その後も，ボスニアの紛争やコソボ紛争などの民族問題が起こり，最終的に７つの国に分離した。

□381パレスチナ問題 (➡p.276, 277)

パレスチナにおけるイスラエルとパレスチナ人の対立。パレスチナ人はイスラエル建国に反対し，1964年に**PLO(パレスチナ解放機構)**を組織。数々の衝突を繰り返していたが，1993年にイスラエルとPLOが相互承認を行い，包括的和平に向けて踏みだした。しかし，緊張と緩和が繰り返され，未だ解決には至っていない。

□382難民の地位に関する条約 (➡p.278)

締約国は自国に滞在する難民のできる限りの庇護と定住を確保し，難民の権利を保障することを定めた国際条約。1951年採択。難民をいかなる理由があっても，再び生命や自由の危険がある国に送り返してはならないという，ノン・ルフールマンの原則を定めている。1966年採択の議定書と合わせて難民条約とよぶ。

□383国連難民高等弁務官事務所(UNHCR) (➡p.278)

難民に対する保護活動を行う国連機関として，1950年に国連総会によって設置され，翌年から活動を開始した。本部はジュネーブ。様々なNGOや国際機構と協力しながら活動をしている。

□384政府開発援助(ODA) (➡p.279 B 1, 280)

先進国の政府もしくは政府の実施機関によって発展途上国に供与される援助。援助の目的は，発展途上国の経済発展や福祉の充実を図ることである。内容としては，二国間の無償資金協力・技術協力・長期低金利の貸し付けと国際機関などへの出資がある。

□385人間の安全保障 (➡p.281)

政府が国民の生命や財産を守るという「国家の安全保障」に加え，国民一人ひとりに着目し，人間の生存・生活・尊厳を確保していく取り組みが重要であるという考え方。

□386SDGs(持続可能な開発目標) (➡p.8･9)

2015年採択。Sustainable Development Goalsの略で，持続可能な世界のために，2030年までに達成すべき17の目標と，169のターゲット。2000年採択のMDGs(ミレニアム開発目標)で達成できなかった課題を引き継ぎ，「誰一人取り残さない」ことをめざして，すべての国・人が取り組むべき国際的な目標。

□387NGO(非政府組織) (➡p.281, 322)

一般に，民間の非営利国際協力団体。国益にとらわれることなく，国境を越えた連携運動を展開している。国連の経済社会理事会などと密接に連携している団体もある。1970年代以降，人権，軍縮・平和，開発，環境などの領域で注目されるようになった。

□388自由貿易 (➡p.284)

貿易を行ううえで，数量制限・関税・輸出補助金など国家による干渉や規制をなくして，自由に輸出入をすること。**リカード**などが主張した考え。

□389保護貿易 (➡p.284)

国家が自国の産業を守るために，**関税**(外国から輸入する商品にかける税金で，輸入する個人・法人は決められた額を払わなければならない)などの制限を加える貿易をいう。

□390 **国際収支** (➡p.285, 286)

一国のある一定期間(通常は1年)における外国との受け取り・支払いをとらえたもの。モノ・サービス・贈与・援助・資本などの取り引きを総括的に集計したものである。

□391 **為替相場(為替レート)** (➡p.288)

自国の通貨と他国の通貨の交換比率で，自国の通貨の対外価値が反映されている。為替相場が固定されている**固定為替相場制**と，経済状態によって変動する**変動為替相場制**がある。

□392 **IMF・GATT体制** (➡p.289)

第二次世界大戦によって荒廃した世界経済を建て直すために発足した，為替の安定を図る**国際通貨基金(IMF)**，経済復興に資金供与する**国際復興開発銀行(IBRD，世界銀行)**，自由貿易の確立をめざす**関税と貿易に関する一般協定(GATT)**の3つの機関による国際経済体制。

アメリカ・ドルは基軸通貨で，ドルのみが金と交換され，各国通貨は間接的に金と結びついていた。アメリカの消費者は，相対的にドルの評価が高いおかげで，日本製品を割安に買うことができた。しかしアメリカでは，海外投資の増大やベトナム戦争における軍事支出のため経常収支が赤字となり，60年代末にはドルを金に交換する動きが強まり，大量の金がアメリカから流出した。アメリカ・ドルの基軸通貨としての地位が揺らぎ，1971年のニクソン(ドル)・ショックへつながっていく。

□393 **国際通貨基金(IMF)** (➡p.289 1)

世界恐慌の際，各国が輸出を伸ばすために競って為替相場を切り下げた反省から生まれた機関。経済的に優位にあったアメリカのドルを基軸通貨とした。為替相場の安定を目的とし，一時的に国際収支不均衡に陥った国に短期融資を行い，経済発展を支援する。

□394 **国際復興開発銀行(IBRD，世界銀行)** (➡p.289 1)

現在では，発展途上国に対する開発援助を主たる業務としている。日本は世界銀行の貸付により，東海道新幹線などの建設を行った。世界銀行は，加盟国の政府や企業に対し貸付を行うが，その金利は高い。

□395 **関税と貿易に関する一般協定(GATT)** (➡p.289 1, 290)

世界恐慌の際，各国は，関税の引き上げや直接的な規制によって輸入を抑制した。この反省から生まれ，貿易の拡大と加盟国間の貿易紛争処理を任務とする国際協定。1995年に，GATTを発展的に改組した**世界貿易機関(WTO)**が成立。

□396 **ウルグアイ・ラウンド** (➡p.200 1, 290 2 ❶)

GATTにおける貿易交渉(ラウンド)の1つ。1986年から始まり，7年余りを費やした。成果としては，①**世界貿易機関(WTO)**の設立，②モノ以外の**知的財産権**・サービスなどの新分野へのルールの導入，③農業保護削減の実現があった。日本の場合，コメの輸入において関税化は猶予されたが，最低輸入量が設定された。

□397 **世界貿易機関(WTO)** (➡p.290)

1993年の**ウルグアイ・ラウンド**の合意により**GATT**が発展して，1995年に設立された国際機関。GATTより加盟国間の紛争を処理する権限が飛躍的に強化された。関税の引き下げや非関税障壁の撤廃を通じて，自由貿易の拡大を図る。加盟国間の紛争処理に関する常設機関を設けている。

□398 **固定相場制(固定為替相場制)** (➡p.291 1)

各国政府の政策により，一定の交換レートを維持するしくみ。ドッジ＝ライン(1949年)以後1971年の**ニクソン・ショック**までの時期には，日本の円は1ドル＝360円と定められていた。

□399 **変動相場制(変動為替相場制)** (➡p.291 1)

国際収支の変化などの影響を受けてレートが変動するしくみ。各国の経済力の変化に対応できるメリットがあるが，他方で投機的な動きによって市場が不安定になるというデメリットもある。また，原則として為替相場の決定を市場の働きに任せる制度であるが，実際には，政府による介入が行われる場合もある。

□400 **ニクソン(ドル)・ショック** (➡p.291 1)

経常収支の赤字に苦しんだアメリカは，1971年8月，ニクソン大統領が**ドルと金の交換を停止した**。これにより，米ドルを基軸通貨とするIMF体制は崩壊した。

□401 **プラザ合意** (➡p.194, 291 2)

アメリカの経常収支が大幅に悪化する中，1985年，日本・アメリカ・西ドイツ・イギリス・フランスの5か国の財務相及び中央銀行総裁会議(**G5**)がニューヨークのプラザホテルで開かれた。このとき，ドル高是正のため各国が協調的政策運営を行うことが合意された。

先進資本主義各国は，この合意に基づき，為替市場に協調介入し，ドル相場の適正化をはかった。アメリカは従来のドル高維持の政策を見直すことになり，日本はドル安を誘導する政策を実施するよう求められた。この後の円高のため，日本からの輸出品のドル建て価格が高くなり，輸出産業が不振となり，円高不況に陥った。

□402 **ヘッジファンド** (➡p.292 2 ❶)

リスクは高いが，高利回りが期待できる金融商品などで運用する資金投資。金融先物やオプション(一定期限内に一定量の商品を決められた価格で買い付ける，あるいは売りつける権利)などを活用して高い投資効果を狙う。巨額な運用資金の動向によって，経済基盤の弱い発展途上国だけでなく，世界経済にも大きな影響を与えるようになっている。1997年のアジア通貨危機は，このヘッジファンドが一因となって引き起こされたといわれている。

□403 **サミット(主要国首脳会議)** (➡p.291)

1973年の**石油危機**以降，世界的規模で解決していかなければならない経済や社会の問題に対処するために，毎年開かれることが決められた会議。参加は，日・米・英・独・仏・伊・カナダの首脳とEU代表。1997年からは，ロシアも正式に参加し*，名称も先進国首脳会議から**主要国首脳会議**と変わった。 ＊2014年のロシアによるクリミア「編入」を国際法違反とし，ロシアの参加を停止。

□404 **サブプライムローン問題** (➡p.292 ❷)

2000年代後半，アメリカの住宅バブル崩壊が原因となった，世界規模の経済問題のこと。サブプライムローンとは，低所得者層(サブプライム層)向けの住宅ローン。このローンの債権(お金を返してもらう権利)は証券化商品に組み込まれ，世界中の金融機関・投資家に売られていた。しかし2006年に住宅価格が下落。ローンを返済できない人が続出してサブプライムローンが不良債権化すると，この証券化商品の価格も下落した。2008年9月，巨額の損失を抱えたアメリカの大手証券会社リーマン・ブラザーズの経営破綻(リーマン・ショック)を契機に国際金融市場が大きく混乱し(世界金融危機)，急速に景気が悪化した(世界同時不況)。

□405 **日米貿易摩擦** (➡p.294)

戦後の日米関係において，日本の一方的な貿易黒字状態が続いたことで生じた対立。日本側の自主的な輸出規制や，日本からアメリカへの工場移転，二国間協定の締結など様々な対策がとられたが，アメリカの貿易赤字は解消していない。一方，2000年頃からはアメリカの貿易赤字に占める中国のシェアが拡大し，米中貿易摩擦が深刻化しており，世界経済に大きな影響を与えている。

□406 **日米構造協議** (➡p.294 4)

日米間の貿易不均衡を解消するために，1989年から1990年にかけて行われた。日米両国が互いの国内構造問題を指摘して，その解決策を提出することを目的とした二国間協議。

日本は，アメリカから閉鎖的な市場の開放を求められ，排他的な取引慣行(建設業界の入札談合など)の是正，独占禁止法などで系列企業取引の監視を行うこととなった。

□407 **日米包括経済協議** (➡p.294 4)

1993～2001年に行われた日米経済協議。協議の内容は，①日本の貿易黒字削減とアメリカの財政赤字削減などを協議するマクロ経済政策，②板ガラス・保険・政府調達などの分野別・構造別政策，③環境・人口問題などを協議する地球的展望に立った協力である。

アメリカは，日本の貿易黒字削減の数値目標を定めることを求めたが，日本は強く反発した。知的所有権・板ガラス・半導体・自動車・保険・政府調達などの分野で進展がみられた。

□408 **産業の空洞化** (➡p.295)

家電産業などの製造業において，海外に生産拠点が移動することで，国内生産量が減少し，国内の製品技術水準や開発量も低下して，その産業が縮小・衰退すること。

海外生産が進んだ主な要因は，①アメリカなどとの貿易摩擦による現地生産の要求，②プラザ合意後の円高による日本製品の価格競争力の低下，③日本における人件費の上昇の3つである。しかし，高付加価値製品の製造が日本で行われていることなどを根拠に，製造業の衰退を否定する見方もある。

□409欧州連合(EU)　(➡p.296, 298, 299)

1967年に発足した**欧州共同体(EC)**を発展させ，統合をさらに進めるために，1993年に成立した組織。本部はベルギーのブリュッセル。加盟国は2023年4月現在27か国。通貨統合を進めるEUは，1999年から共通通貨**ユーロ**を導入し，2002年1月から一般流通が開始。2016年，イギリスは国民投票でEU離脱を選択し，2020年1月にEUを離脱した。

□410米国・メキシコ・カナダ協定(USMCA)　(➡p.296, 297)

2020年にアメリカ・メキシコ・カナダの間で発効した自由貿易協定。1994年発効の北米自由貿易協定(NAFTA)の後継にあたる。アメリカの保護主義的な意向を反映し，自動車分野の関税免除規定が厳しくなるなど，NAFTAと比べて自由化の性質が弱い。

□411アジア太平洋経済協力(APEC)　(➡p.296, 297)

アジア・太平洋地域における政府間経済協力の枠組み。1989年にオーストラリアのホーク首相の提唱により，ゆるやかな地域連合として発足。アジア・太平洋地域の経済発展を目的に，貿易・投資の自由化と技術移転などでの地域協力の促進を掲げている。

□412東南アジア諸国連合(ASEAN)　(➡p.296)

1967年，東南アジア諸国の政治・経済・文化・社会の協力のために設立。1993年，域内の経済協力拡大のためAFTA(ASEAN自由貿易地域)設立。2015年，AFTAを原型とするASEAN経済共同体(AEC)発足。関税の撤廃をめざしているが，国内産業保護政策は残る緩やかな経済統合である。

□413南米南部共同市場(MERCOSUR)　(➡p.296)

1995年に，ブラジル，アルゼンチン，パラグアイ，ウルグアイの4か国で設立。その後，ベネズエラ，ボリビアが加盟。域内の関税や非関税障壁を撤廃し，対外共通関税を設ける関税同盟。将来的には共同市場をめざす。2019年，EUとの自由貿易協定が合意に至った。

□414FTA(自由貿易協定)　(➡p.297 2, 299, 300)

加盟国間の関税や輸出入制限などの貿易障壁を撤廃する取り決め。世界貿易機関(WTO)も閉鎖的なブロック経済につながらない限り認めている。

□415EPA(経済連携協定)　(➡p.299, 300)

加盟国間の貿易障壁の撤廃に加え，ヒト・モノ・カネの移動を自由化する取り決め。FTAとともに，世界貿易機関(WTO)も認めている。

□416改革開放政策〔中国〕　(➡p.302 1)

中国は，沿海部に**経済特区**を設け，外国から資本や技術を導入した。**天安門事件**で一時混乱したが，改革開放政策は継続し，高い経済成長を続けている。

1990年代に入ると，内陸部にも外国資本を積極的に導入し，内陸開発も重視するようになった。また，国有企業の改革を進めるにあたって，国有企業の倒産や外国企業との合併も容認している。

□417社会主義市場経済　(➡p.302 1)

社会主義の特色である国営企業などの公有制を残しながら，資本主義の特色である市場経済を導入した経済。政治的には共産党一党独裁を維持する。

□418ドイモイ　(➡p.305)

社会主義国ベトナムが，1986年から行った経済の開放政策。1997年のアジア通貨危機の影響で一時，停滞したが，その後は成長を続け，2007年にはWTOに正式加盟した。課題としては，インフラの整備，原料や部品の調達，物価高などがある。

□419BRICS　(➡p.304)

ブラジル(**B**razil)，ロシア(**R**ussia)，インド(**I**ndia)，中国(**C**hina)，南アフリカ(**S**outh Africa)の5か国による枠組み。天然資源，労働力に富み，高い経済成長が期待されている。2024年，エジプト・エチオピア・イラン・サウジアラビア・アラブ首長国連邦の5か国が加盟した。

□420南北問題　(➡p.306〜308)

発展途上国と**先進国**との間の貧富の差がもたらす，経済・政治・社会問題をいう。発展途上国の多くが南半球に分布し，先進国の多くが北半球に分布していることからこのように呼ばれる。

□421国連開発計画(UNDP)　(➡p.306 1)

国連の発展途上国に対する開発協力を行う国連食糧農業機関(FAO)，国連工業開発機関(UNIDO)などの機関に資金を提供したり，各機関の協力の調整を行う国連の機関である。最近は，持続可能性のある開発，人権の尊重，民主化につながる協力を強化している。

□422後発発展途上国(LDC)　(➡p.306 1)

発展途上国の中でも，特に開発が遅れた国々。国連が1人あたりGNI，栄養不足人口，中等教育就学率などをもとに評価・審議し認定する。2022年現在，46か国が認定されている。

□423モノカルチャー経済　(➡p.306)

単一栽培経済ともいう。数種類の一次産品(加工されていない自然から採取したままのもの，すなわち農産物や鉱物資源など)に頼る経済で，発展途上国に多くみられる。一次産品は，気候などの影響を受けて価格が変動しやすく，不安定である。

□424累積債務問題　(➡p.307)

発展途上国が，開発資金としてや，経常収支の赤字を補うために，先進国などから借り入れた資金(債務)が累積して膨大になり，債務の返済が滞って生じた問題。発展途上国による債務支払停止を放置することは，世界経済に多大な影響を与えるため，債務返済の繰り延べなどの対策が講じられた。

□425国連貿易開発会議(UNCTAD)　(➡p.307 5)

南北問題を国際的な協力のもとに解決するため，南北の対話の場として1964年に設立された。1970年以降，発展途上国は自国の富や資源などに対する主権確立を強く要求。現在，南北対話は行きづまりつつある。

□426NIEO(新国際経済秩序)樹立宣言　(➡p.307 5)

1970年代に国連で採択。発展途上国における天然資源に対する恒久主権の確立，発展途上国に不利な貿易条件の改善，多国籍企業の規制と監視が主な内容である。

□427フェアトレード　(➡p.308)

フェアトレードは，「公正な貿易」と呼ばれる。環境や人にやさしい方法で発展途上国の人々がつくった商品を，公正な値段で継続的に輸入・購入し，彼らの自立を支援するものである。寄付や援助を「与える」のではなく，あくまでも対等な関係を重視する。最終目標は，発展途上国の人々が貧困から抜け出し，輸出だけに頼らない真の自立を果たすことである。

□428南南問題　(➡p.307)

石油危機によって産油国と非産油発展途上国との間の経済格差が広がった。他方では，工業化を進めて経済成長に成功した**新興工業経済地域(NIES)**も現れたことで，**南北問題**において「南」といわれる発展途上国の中に生じてきた新たな格差の問題。

□429アジアNIES(新興工業経済地域)　(➡p.307 6)

1970年代から1980年代にかけて急成長した，韓国・台湾・香港・シンガポールを指す。近年，産業構造の高度化が進展し，今日では，パソコン関連機器などの生産を行うハイテク産業も発展している。

□430マイクロクレジット　(➡p.308)

低所得者の自活支援を目的とした，無担保での少額融資サービス。バングラデシュのグラミン銀行に代表される。保険や送金サービスも含めたものは，マイクロファイナンスと呼ばれる。

第6章　持続可能な社会づくりの主体となる私たち

□431生態系(エコシステム)　(➡p.311)

ある一定の地域で生存している生物と，それを取りまく自然環境がつくり出す，調和のとれた1つのシステム。地球自体も1つの生態系をなしているといえる。人間の経済活動が，この均衡を崩し，環境破壊を引き起こしていることが問題となっている。

□432地球温暖化　(➡p.312～315)

主に，人間の活動が生み出す**温室効果ガス**(二酸化炭素，メタン，フロンなど)によって，地球の気温が上昇する現象。南極大陸の氷が溶けだすことによる海面上昇と陸地の水没や，異常気象など，深刻な問題が生じることが予想される。

□433気候変動枠組み条約(地球温暖化防止条約)　(➡p.313)

1992年に採択された条約。大気中の温室効果ガス濃度の増加に伴う気候変動(**地球温暖化**)を防止する枠組みを規定。

□434地球温暖化防止京都会議　(➡p.313 6 1，321 1)

1997年12月に京都で開催された，**気候変動枠組み条約第3回締約国会議**。その最大の成果は，先進国の二酸化炭素を中心とした**温室効果ガス**の排出量を，1990年レベルから，2008～12年の間に5%以上削減することを定めた**京都議定書**を採択したことである。

□435京都議定書　(➡p.313 6，315)

先進国の温室効果ガス排出量について，具体的な数値目標の達成を義務付けた議定書。1997年12月に京都で開催された，**地球温暖化防止京都会議(気候変動枠組み条約第3回締約国会議)**で採択された。発効は2005年。世界全体で，二酸化炭素を1990年レベルから少なくとも5%削減することを目標としている。当初の約束期間は2008～12年だったが，2011年に13年以降の延長が決定し，2012年に延長期間は2013～20年とすることが決まった。

□436パリ協定　(➡p.313 6，315)

京都議定書にかわる，温室効果ガス削減に関する国際的枠組み。2015年，気候変動枠組み条約第21回締約国会議(COP21)で採択された。発効は2016年。すべての締約国が温室効果ガス排出量の削減目標を国連に提出し，国内対策をすることが義務化された。2020年以降に，平均気温の上昇を産業革命前から2度未満とし，さらに1.5度未満になるように努力するとした。国別の目標を達成する義務がないという課題がある。

□437排出量取引　(➡p.313 6 2)

温室効果ガス排出量の上限(排出枠)を設定し，国家間や企業間で排出枠を売買すること。京都議定書でも認められた。

□438オゾン層の破壊　(➡p.316)

地球の約10～50km上空で，紫外線から地球を守る働きをするオゾン層が破壊される現象。スプレーのガス，クーラーや冷蔵庫の冷媒などに多く利用されてきた**フロン**が原因物質とされている。

オゾン層保護のためのウィーン条約と，**モントリオール議定書**に基づき，国際的に対策が行われている。

□439酸性雨　(➡p.317)

工場や自動車から排出された硫黄酸化物や窒素酸化物が，大気中の水分と反応して酸性の溶液となって，雨や雪に溶け込んで降るもの。森林の枯死や湖沼生物の減少など世界各地に被害をもたらしている。

□440森林破壊　(➡p.318)

人間による，木材確保のための過剰な伐採や道路建設，牧草地や農業のための大規模な開拓などによって，森林が破壊されること。特に，アマゾン川流域の熱帯雨林は，ブラジル政府によるアマゾン横断道路の建設や，農牧地や入植地の開発などによって広範囲にわたって破壊された。森林破壊は，地球温暖化の促進や生物多様性の損失，砂漠化などの原因にもなるとされる。

□441生物の多様性に関する条約(生物多様性条約)　(➡p.318 2)

1992年に**地球サミット**で署名された条約。生物の保護に関する従来の条約は，特定の動植物や生息地に限定されていたが，これはそのような限定を超えた条約である。この条約の第10回締約国会議(COP10)が，2010年に名古屋で開催され，遺伝資源の利用や利益配分の枠組みを定める名古屋議定書が採択された(2014年発効)。

□442ワシントン条約　(➡p.318 2)

1973年，ワシントンで採択された。過度な国際取引によって，絶滅のおそれのある野生動植物を保護することを目的とし，その取引を規制している。生きている動植物のみならず，はく製や毛皮のコート，象牙彫刻等の加工製品も対象としている。

□443砂漠化　(➡p.319)

森林伐採，気候変動などにより土壌が水分を失って不毛化し，生産力の衰えた砂漠が拡大すること。また，食料増産のために過放牧が行われた結果，家畜が草を食べ尽くしたことも砂漠化が進んだ一因である。

□444海洋汚染　(➡p.320，324)

工場や家庭などからの汚染物の流入，廃棄物の投棄，船舶からの有害液体物質や油の流出などによって，海が汚染されること。なかでも，適切に処理されずに海に流れ込んだプラスチックゴミによる汚染は深刻で，生態系に甚大な影響を与えている。

□445国連人間環境会議　(➡p.321 1)

1972年，ストックホルムで開催された初の環境問題に関する大規模な国際会議。「**かけがえのない地球**」をスローガンに，良好な環境の中で生活することは基本的人権であるとの考え方から，国際的に公害に取り組むことを定めた「**人間環境宣言**」を採択した。そして，その実施のために**国連環境計画**(UNEP)が設置された。

□446国連環境開発会議(地球サミット)　(➡p.321 1)

1992年，リオデジャネイロ(ブラジル)で開催された，国連環境計画の会議。約180の国・地域の代表と多数の**NGO**(非政府組織)が参加し，「**持続可能な開発**」の基本理念が共通の認識になった。

地球環境保全のための人と国家の行動に関する基本原則を，**リオ宣言**として採択。また，このリオ宣言を実行するための行動計画である**アジェンダ21**が採択され，**生物多様性条約**が調印された。

□447持続可能な開発(持続可能な発展)　(➡p.321)

地球サミットの基本的理念。地球全体の生態系のバランスや資源の有限性に配慮しつつ，将来の世代が得るはずの経済的・社会的な利益を損なわない形で，発展途上国の発展の権利も守ろうとする考え方。

□448世界遺産条約　(➡p.245 5，322)

世界各地の「自然遺産」「文化遺産」「複合遺産」を登録することによって，人類共通の財産として保護することを目的とした条約である。1972年にユネスコ総会で採択され，日本は1992年に締結した。

□449ラムサール条約　(➡p.322)

1971年にイランのラムサールで開催された会議で採択された条約。世界各国の重要な湿地と，そこに生息する水鳥の保護を目的とする。日本は，1980年に釧路湿原の一部を登録して条約締約国になった。

□450炭素税　(➡p.323 7)

二酸化炭素排出量に応じて，化石燃料に課す税金。環境に悪影響を与える経済活動を抑制するためにかける環境税の1つで，ヨーロッパ各国で導入が進んでいる。日本でも，2012年10月，化石燃料を対象とした「**地球温暖化対策税**」を導入した。化石燃料の消費の抑制が期待される一方，家計や企業への負担が増え，経済への影響を心配する声もある。

□451グリーンコンシューマー　(➡p.323 9)

環境に配慮した消費者のこと。自分にとって本当に必要かをよく考え，長く使えるものや，環境への影響が少ないもの，リサイクルできるものなどを選んで購入する。消費者が環境によいものを選ぶようになれば，企業の生産・流通のあり方も環境に配慮したものに変わってくる。

□452資源ナショナリズム　(➡p.307 5，326)

自国資源の開発・利用については，自国で決めるという考え方。発展途上国は，第二次世界大戦後，独立を果たしたものの，豊富な天然資源は先進国の支配下におかれていた。1973年に，石油の支配権を**OPEC(石油輸出国機構)**が先進国の大企業から奪い返したことで，この考え方が広まった。

□453OPEC(石油輸出国機構)　(➲p.307 6,326 1)
欧米の国際石油資本(**メジャー**)に支配されていた石油資源を自分たちの手に取り戻すために，産油国によって1960年に設立された。加盟国の石油政策の統一・石油価格の安定・石油生産の国産化などを目的とする。

□454原子力発電　(➲p.329～331)
核分裂のエネルギーを利用した発電。日本では，**石油危機**以降，石油の代替(だいたい)エネルギーとして原子力発電の割合を高めてきた。しかし，2011年の福島第一原子力発電所の事故により，存廃の是非(ぜひ)が問われている。主な問題点として，①使用済み燃料に含まれる**放射性廃棄物**の処理方法が確立していないこと，②事故が起これば，人体・環境に大きな被害を与えることなどがある。

□455臨界(りんかい)事故　(➲p.331 B ❶)
ウランなどの核物質は，ある一定量以上集まると核分裂の連鎖(れんさ)反応を起こす。これを**臨界**というが，この臨界状態が起きてはならない場所で起こる事故を臨界事故という。これまで，欧米や旧ソ連の核兵器の工場や使用済み核燃料の再処理工場などで発生している。1999年9月に，茨城県東海村にある核燃料加工施設で，核燃料用の**ウラン**溶液を加工中に起こったのが，日本初の臨界事故(**東海村臨界事故**)である。

□456再生可能エネルギー　(➲p.331C,332)
一度利用しても，比較的短期間に再生が可能で，枯渇(こかつ)せず，発電時に二酸化炭素をほとんど排出しないエネルギー。**太陽光**，**太陽熱**，**水力**，**風力**，**地熱**，**バイオマス**など。なかでも，技術的には実用段階に達しているが，経済性の面から普及が十分でないものを**新エネルギー**という。

□457太陽光発電　(➲p.332)
太陽の光エネルギーを利用した発電。発電時に二酸化炭素を排出しない，クリーンなエネルギーである。**固定価格買取制度**の創設によって太陽光発電の導入量は増加した。普及が期待される一方で，メガソーラー建設のために森林が伐採(ばっさい)され，土壌(どじょう)流出や景観(けいかん)の悪化といった新たな問題を引き起こしているという課題もある。

□458バイオマス発電　(➲p.332)
生物資源から直接あるいは間接に得られるものを利用した発電。例えば，森林・穀物・草・動物の糞尿(ふんにょう)などの農林・畜産・水産資源や廃棄物をエネルギー資源とみなし，その燃焼などの化学反応を利用して発電する。

□459コージェネレーション(熱電併給)　(➲p.332 1)
燃料電池などを用いて，発電と同時に廃熱を利用する方法。発電のみの場合，40％ほどであるエネルギー利用効率を，70～80％にまで高めることができる。

□460循環(じゅんかん)型社会　(➲p.333～335)
社会の営みを資源循環という視点でとらえ，廃棄物の減量・リサイクルを優先的に考える社会。2000年に，大量廃棄社会から循環型社会への転換を掲(かか)げた**循環型社会形成推進基本法**が制定され，**3R**(➲461)の取り組みが進められている。また，近年は，資源をできるだけ消費せず，廃棄物を発生させないように製品を作るというように，経済活動全体を見直して，持続可能な形で資源を利用する**循環経済**(**サーキュラーエコノミー**)への移行がめざされている。

□461リサイクル　(➲p.333～335)
一度使用したものを回収し，資源としてそれらを再利用すること。**リデュース**(ゴミの減量)，**リユース**(製品の再使用)とともに，循環型社会の実現に必要な**3R**の取り組みの1つ。

□462スマートグリッド　(➲p.333)
情報技術を活用して電力を効率よく使うための送電網のこと。「賢(かしこ)い送電網」「次世代送電網」といわれる。発電所から一方的に電力を送るのではなく，いつ・どこで・どのくらい電力を使っているかをリアルタイムで把握(はあく)し，無駄なく発電・送電することができる。

□463資源有効利用促進法　(➲p.334 B ❶)
循環型社会の形成を目指して，**3R**(➲461)を推進するための法律。事業者に対し，3Rの取り組みが必要となる業種や製品を指定しているが，消費者や地方公共団体などにも協力を求めている。

□464容器包装リサイクル法　(➲p.334)
ガラスびん，ペットボトル，紙製容器包装，プラスチック製容器包装について，リサイクルを義務づけた法律。1997年施行。容器包装リサイクル法の施行により，容器包装の軽量化やリサイクルしやすい素材の選択が進んだ。

□465家電リサイクル法　(➲p.334)
2001年施行。家電製品を廃棄(はいき)する際，消費者が費用を負担して小売店が回収し，生産者が処理・リサイクルすることを義務付けた法律。対象となるのは，テレビ(ブラウン管式・液晶式・プラズマ式)，エアコン，冷蔵庫・冷凍庫，洗濯機(せんたくき)・衣類乾燥機。生産者の責任を製品の廃棄まで拡大させた拡大生産者責任を定めている。

□466ゼロ・エミッション　(➲p.335 C ❶)
ある産業から排出される廃棄(はいき)物や副産物が，別の産業の資源として活用されるというように，廃棄物がゼロになるような生産のしかた。

□467遺伝子組みかえ(GM)　(➲p.338)
ある生物から目的の性質をもつ遺伝子を取り出し，性質を改良したい生物の中に組み込んで，新しい性質を持たせること。**GM**はGenetically Modifiedの略。遺伝子組みかえ技術を用いれば，必要な性質を効率よく持たせることが可能である。しかし，人体や生態系への影響が懸念(けねん)されており，**カルタヘナ議定書**によって，国境を越える移動に関する手続きが定められている。
日本では，食品に遺伝子組みかえ作物を使用する場合，表示が義務付けられている。

□468インフォームド・コンセント　(➲p.341)
医療において，患者が医者から十分な説明を受けた上で，治療方法に同意すること。患者主体の医療をめざすもので，患者は自分の病状や選択できる治療方法について十分に理解している必要がある。医者から説明を受けた上で，治療方法に納得ができなければ，別の医者の意見(セカンド・オピニオン)を活用するという選択肢もある。

□469生命倫理(バイオエシックス)　(➲p.341)
医療と生命科学の研究を倫理的にとらえようとする学問。医療，法律，社会学，哲学，宗教など，様々な研究領域の枠(わく)を超えて，人間がどこまで生命を操作していいのかということを考える学問である。**臓器移植**，**脳死**，**遺伝子組みかえ**などの問題を取り扱う。

□470臓器移植法　(➲p.342)
1997年成立。臓器移植を行う際に，一定の条件下で脳死を「人の死」と認めたが，本人の意思が不明の場合や，15歳未満の場合は書面での意思表示が認められないため臓器提供ができず，ドナー不足が問題であった。2010年，改正臓器移植法が施行され，臓器提供についての本人の意思が不明の場合でも，家族の同意があれば提供が可能となった。これにより，15歳未満からの提供も可能となった。

□471人口爆発　(➲p.344)
第二次世界大戦後，多くの発展途上国では，公衆衛生の改善や医療の発達により，**多産多死**の状態から**多産少死**の状態になった。その結果，発展途上国の急激な人口増加によって，世界人口が爆発的に増加している現象。発展途上国の多くでは，人口増加に見合うだけの食料供給が追いつかず，深刻な問題となっている。

□472FAO(国連食糧農業機関)　(➲p.345)
1945年，世界の食糧を増産し，農民の生活を改善し，栄養状態の改善を目的として発足した。食糧や農業に関する統計作成，調査，研究を行う。

□473WFP(国連世界食糧計画)　(➲p.345)
1961年に設立された，国連唯一の食料支援機関。食料不足の国や，地震などに被災した国を対象に，食料支援を行っている。

さくいん

赤の数字は用語集のページです

す・せ

そ

た

略語一覧

世界の国々

A
B
C
D
1
2
3
4
5
アイスランド
レイキャビク
ロシア
アジア州
ヨーロッパ州
アフリカ州
モンゴル
ウランバートル
朝鮮民主主義人民共和国（北朝鮮）
大韓民国
日本
東京
北京
中華人民共和国
トルコ
アンカラ
シリア
イラク
バグダッド
イラン
テヘラン
アフガニスタン
カブール
パキスタン
イスラマバード
ネパール
ブータン
カトマンズ
デリー
バングラデシュ
インド
台湾
ミャンマー
ラオス
タイ
ベトナム
カンボジア
フィリピン
スリランカ
スリジャヤワルダナプラコッテ
モルディブ
ブルネイ・ダルサラーム
マレーシア
シンガポール
インドネシア
ジャカルタ
東ティモール
パラオ
オーストラリア
キャンベラ
モロッコ
ラバト
アルジェ
チュニス
チュニジア
トリポリ
アルジェリア
リビア
エジプト
カイロ
バーレーン
カタール
サウジアラビア
リヤド
アラブ首長国連邦
アブダビ
オマーン
イエメン
(西サハラ)
モーリタニア
マリ
ニジェール
チャド
スーダン
エリトリア
ジブチ
エチオピア
アディスアベバ
ソマリア
モガディシュ
カーボベルデ
セネガル
ダカール
ガンビア
ギニアビサウ
ギニア
ブルキナファソ
シエラレオネ
リベリア
コートジボワール
ガーナ
トーゴ
ベナン
ナイジェリア
カメルーン
赤道ギニア
中央アフリカ
南スーダン
ウガンダ
ケニア
ナイロビ
サントメ・プリンシペ
ガボン
コンゴ共和国
ルワンダ
コンゴ民主共和国
ブルンジ
タンザニア
セーシェル
ルアンダ
アンゴラ
ザンビア
マラウイ
モザンビーク
コモロ
ジンバブエ
ボツワナ
ナミビア
プレトリア
マダガスカル
モーリシャス
エスワティニ
南アフリカ
レソト
2
ノルウェー
オスロ
スウェーデン
ストックホルム
フィンランド
ヘルシンキ
エストニア
タリン
ラトビア
リガ
リトアニア
ビリニュス
デンマーク
コペンハーゲン
モスクワ
ミンスク
ベラルーシ
イギリス
ロンドン
アイルランド
ダブリン
オランダ
アムステルダム
ベルリン
ドイツ
ワルシャワ
ポーランド
ベルギー
ブリュッセル
ルクセンブルク
チェコ
プラハ
スロバキア
ブラチスラバ
オーストリア
ウィーン
ブダペスト
キーウ(キエフ)
ウクライナ
パリ
リヒテンシュタイン
スイス
スロベニア
ハンガリー
ルーマニア
モルドバ
キシナウ(キシニョフ)
フランス
クロアチア
ボスニア・ヘルツェゴビナ
サラエボ
セルビア
ベオグラード
ブカレスト
サンマリノ
モナコ
モンテネグロ
コソボ
ブルガリア
ソフィア
アンドラ
ローマ
バチカン市国
北マケドニア
アルバニア
マドリード
ポルトガル
リスボン
スペイン
イタリア
ギリシャ
アテネ
マルタ
キプロス
ニコシア
レバノン
ベイルート
ダマスカス
イスラエル
エルサレム
アンマン
ヨルダン
ジョージア
トビリシ
アルメニア
エレバン
アゼルバイジャン
バクー
ウズベキスタン
タシケント
トルクメニスタン
アシガバード
カザフスタン
アスタナ
キルギス
ビシュケク
タジキスタン
ドゥシャンベ
クウェート

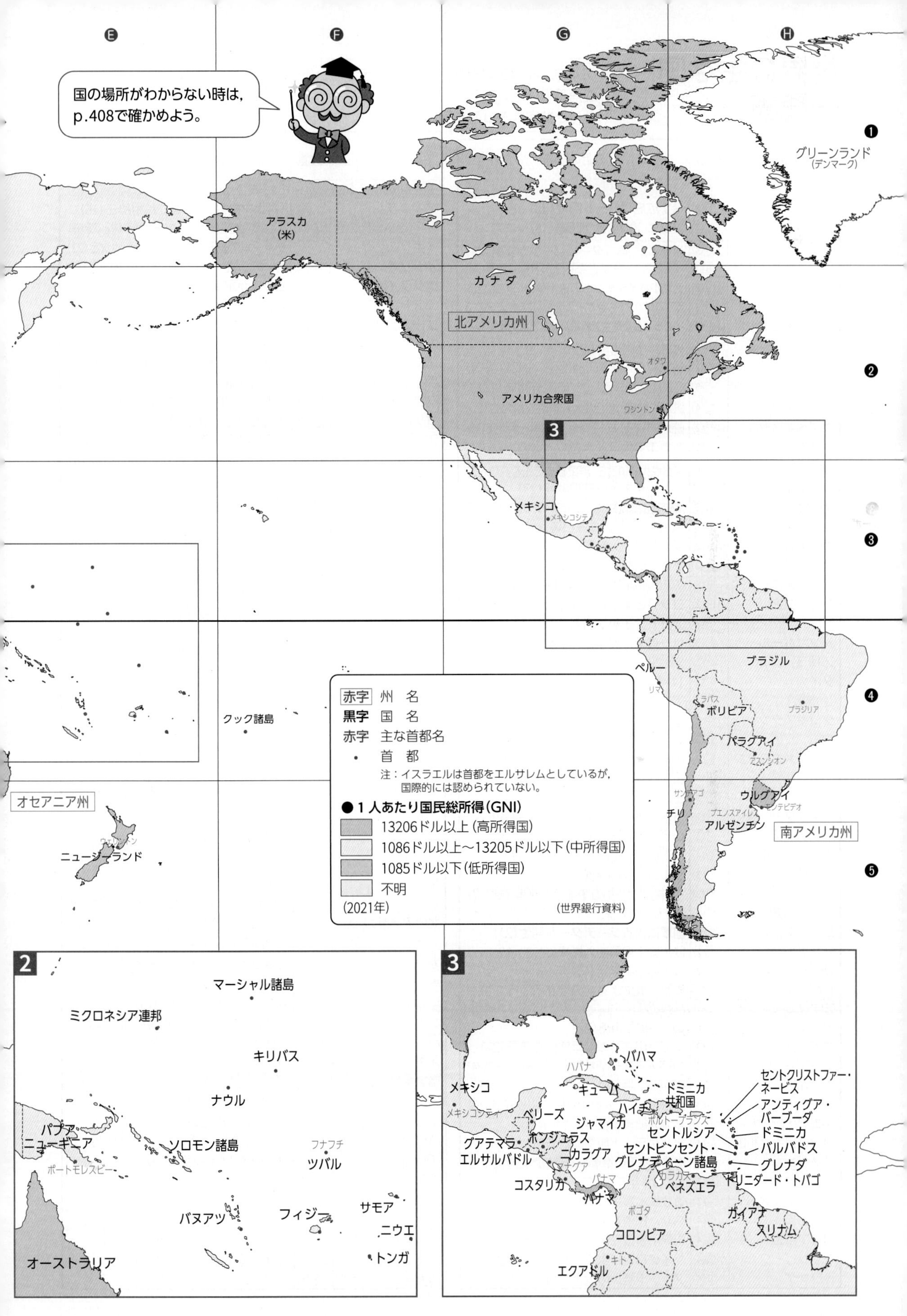

E
F
G
H
国の場所がわからない時は，p.408で確かめよう。
❶
❷
❸
❹
❺
グリーンランド
(デンマーク)
アラスカ
(米)
カナダ
北アメリカ州
オタワ
アメリカ合衆国
ワシントンD.C.
3
メキシコ
メキシコシティ
クック諸島
ペルー
リマ
ブラジル
ラパス
ボリビア
ブラジリア
パラグアイ
アスンシオン
サンティアゴ
チリ
ウルグアイ
モンテビデオ
ブエノスアイレス
アルゼンチン
南アメリカ州
オセアニア州
ウェリントン
ニュージーランド
赤字　州　名
黒字　国　名
赤字　主な首都名
・　首　都
注：イスラエルは首都をエルサレムとしているが，国際的には認められていない。
● 1人あたり国民総所得（GNI）
13206ドル以上（高所得国）
1086ドル以上～13205ドル以下（中所得国）
1085ドル以下（低所得国）
不明
(2021年)
(世界銀行資料)
2
マーシャル諸島
ミクロネシア連邦
キリバス
ナウル
パプア
ニューギニア
ポートモレスビー
ソロモン諸島
フナフチ
ツバル
バヌアツ
フィジー
サモア
ニウエ
トンガ
オーストラリア
3
バハマ
ハバナ
キューバ
メキシコ
メキシコシティ
ベリーズ
ジャマイカ
ハイチ
ドミニカ共和国
ポルトープランス
セントクリストファー・ネービス
アンティグア・バーブーダ
ドミニカ
セントルシア
バルバドス
セントビンセント・グレナディーン諸島
グレナダ
トリニダード・トバゴ
グアテマラ
ホンジュラス
エルサルバドル
ニカラグア
マナグア
コスタリカ
パナマ
パナマ
カラカス
ベネズエラ
ボゴタ
コロンビア
ガイアナ
スリナム
キト
エクアドル

世界の主な国一覧表

p.406，407の世界地図上の位置を示しています。四角番号は部分地図，丸付きアルファベットはタテ列，丸付き数字はヨコ列を示しています。

国名	位置	最近の動き
アジア		
日本	Ⓓ②	G 7広島サミット開催(23)
アゼルバイジャン	[1]Ⓒ②	アリエフ大統領が四選(18)
アフガニスタン	[1]Ⓒ②	米軍撤退(てったい)，再びターリバーンが支配(21)
アラブ首長国連邦	Ⓑ③	イスラエルと国交正常化(20)。BRICS加盟(24)
アルメニア	[1]Ⓑ②	アゼルバイジャンとの領土争いに敗北(23)
イエメン	Ⓑ③	反政府勢力フーシ派がイスラエルに向け攻撃(23)
イスラエル	[1]Ⓑ②	**イスラーム原理主義組織ハマスと武力衝突**(23)
イラク	[1]Ⓑ②	IS掃討(そうとう)作戦の勝利を宣言(17)
イラン	[1]Ⓒ②	サウジアラビアと国交正常化(23)。BRICS加盟(24)
インド	Ⓒ③	G20ニューデリーサミット開催(23)
インドネシア	Ⓓ④	洪水や地震，火山の大規模噴火が発生(23)
ウズベキスタン	[1]Ⓒ②	国民投票で憲法改正承認，大統領任期延長(23)
カザフスタン	[1]Ⓒ①	トカエフ大統領再選(22)
韓国	Ⓓ②	尹錫悦(ユンソンニョル)大統領就任。群衆事故で死者多数(22)
カンボジア	Ⓒ③	フン・マネット首相就任(23)
北朝鮮	Ⓓ②	**米朝首脳会談開催**(18,19)。相次ぐミサイル発射(22)
キプロス	[1]Ⓑ②	EU加盟(04)。ユーロ導入(08)
キルギス	[1]Ⓒ②	ジャパロフ大統領就任(21)
クウェート	[1]Ⓑ②	女性参政権，獲得(05)
サウジアラビア	Ⓑ③	イランとの国交正常化(23)。BRICS加盟(24)
ジョージア	[1]Ⓑ②	ロシアと紛争(08)以来ロシア軍が駐留
シリア	[1]Ⓑ②	アサド大統領が四選(21)
シンガポール	Ⓒ③	リー首相，翌年の退任を表明(23)
スリランカ	Ⓒ③	失政による経済危機，抗議デモで大統領辞任(22)
タイ	Ⓒ③	11党による連立。セター首相就任(23)
(台湾)	Ⓓ③	アジアで初めて同性婚が合法化(19)
タジキスタン	[1]Ⓒ②	国内のロシア軍駐留期間を2042年まで延長(12)
中国	Ⓓ②	ゼロコロナ政策への抗議デモ発生(22)
トルクメニスタン	[1]Ⓒ②	国連が永世中立国として承認(95)
トルコ	[1]Ⓑ②	議院内閣制から大統領制へ移行(18)
ネパール	Ⓒ③	王政廃止(08)。新憲法を公布(15)
パキスタン	Ⓒ②	洪水で国土の３分の１が水没(22)
バングラデシュ	Ⓒ③	ロヒンギャ難民流入(17)
東ティモール	Ⓓ④	ASEANへの加盟，原則承認(22)
フィリピン	Ⓓ③	マルコス大統領就任(22)
ベトナム	Ⓓ③	北・中部で大規模な豪雨災害。死者多数(17)
マレーシア	Ⓒ③	独立後初の政権交代(18)以降，政権不安定
ミャンマー	Ⓒ③	**国軍によるクーデターが発生**(21)
モンゴル	Ⓓ②	欧州安全保障協力機構に加盟(12)
ヨルダン	[1]Ⓑ②	改正憲法を発効(11)
レバノン	[1]Ⓑ②	財政危機による初の債務不履行(20)
アフリカ		
アルジェリア	Ⓐ②	BRICS加盟申請(22)
ウガンダ	Ⓑ③	エボラ出血熱の流行終息を宣言(23)
エジプト	Ⓑ③	国民投票で憲法改正が承認(19)。BRICS加盟(24)
エチオピア	Ⓑ③	BRICS加盟(24)
ガーナ	Ⓐ③	石油の商業生産開始(10)により経済成長
ケニア	Ⓑ④	ルト大統領就任(22)
コンゴ民主共和国	Ⓑ④	チセケディ大統領就任(19)
スーダン	Ⓑ③	**国軍と傘下の準軍事組織の武力衝突**(23)
ソマリア	Ⓑ③	過去数十年で最悪の干ばつ(22)。洪水(23)
ナイジェリア	Ⓐ③	遊牧民と農民が衝突。死者多数(18)
ナミビア	Ⓑ④	独立，国連加盟(90)
南アフリカ	Ⓑ④	国際刑事裁判所からの脱退を発表(16)
モザンビーク	Ⓑ④	サイクロンによる洪水・土砂災害(23)
ルワンダ	Ⓑ④	ブルンジ難民の流入(15)

国名	位置	最近の動き
ヨーロッパ		
アイスランド	Ⓐ①	「パナマ文書」の影響で首相辞任(16)
アイルランド	[1]Ⓐ①	国民投票で人工妊娠中絶の合法化賛成が反対を上回る(18)
イギリス	[1]Ⓐ①	**チャールズ国王即位**(22)。TPP加盟決定(23)
イタリア	[1]Ⓐ②	初の女性首相メローニ率いる右派政権発足(22)
ウクライナ	[1]Ⓑ①	**ロシアが軍事侵攻**。NATO加盟申請(22)
エストニア	[1]Ⓑ①	OECD加盟(10)。ユーロ導入(11)
オーストリア	[1]Ⓐ①	総選挙実施，国民党が大勝(19)
オランダ	[1]Ⓐ①	総選挙実施，極右政党が第1党に躍進(23)
北マケドニア	[1]Ⓑ②	**国名を「北マケドニア共和国」に変更**(19)
ギリシャ	[1]Ⓑ②	総選挙実施，与党が大勝(23)
クロアチア	[1]Ⓐ②	EU加盟(13)。ユーロ導入(23)
コソボ	[1]Ⓑ②	セルビアから独立(08)
スイス	[1]Ⓐ②	国連加盟(02)。国民投票で原発の廃止決定(17)
スウェーデン	[1]Ⓑ①	ユーロ導入を国民投票で否決(03)。**NATO加盟申請**(22)
スペイン	[1]Ⓐ②	カタルーニャ独立派が州議選で過半数を維持(21)
スロバキア	[1]Ⓐ①	独立以来，初の女性大統領が誕生(19)
スロベニア	[1]Ⓐ②	ゴロブ首相就任(22)
セルビア	[1]Ⓑ②	コソボとの経済関係正常化を合意(20)
チェコ	[1]Ⓐ①	EU加盟(04)。パヴェル大統領就任(23)
デンマーク	[1]Ⓐ①	国民投票でEU安全保障政策への参加を決定(22)
ドイツ	[1]Ⓐ①	脱原発を完了(23)
ノルウェー	[1]Ⓐ①	ストーレ首相就任(21)
バチカン	[1]Ⓐ②	新法王フランシスコ就任(13)
ハンガリー	[1]Ⓑ①	EU加盟(04)。新憲法施行(12)
フィンランド	[1]Ⓑ①	ユーロ導入(02)。**NATO加盟**(23)
フランス	[1]Ⓐ①	年金改革に100万人超が抗議デモ(23)
ブルガリア	[1]Ⓑ②	EU加盟(07)
ベラルーシ	[1]Ⓑ①	ルカシェンコ大統領六選(20)
ベルギー	[1]Ⓐ①	欧州理事会常任議長にシャルル・ミシェル再選(22)
ボスニア・ヘルツェゴビナ	[1]Ⓑ②	NATOに代わりEU部隊が治安維持を開始(04)
ポーランド	[1]Ⓑ①	ドゥダ大統領が再任(20)
ポルトガル	[1]Ⓐ②	元首相のグテーレスが国連事務総長に再任(21)
モルドバ	[1]Ⓑ②	憲法採択(94)
ラトビア	[1]Ⓑ①	ユーロ導入(14)。OECD加盟(16)
リトアニア	[1]Ⓑ①	ユーロ導入(15)。OECD加盟(18)
ルーマニア	[1]Ⓑ②	NATO加盟(04)。EU加盟(07)
ロシア	[1]Ⓑ①	**ウクライナに軍事侵攻**(22)。CTBT批准撤回(23)
北中アメリカ		
アメリカ合衆国	Ⓖ②	米中首脳会談。AI規制の大統領令発令(23)
カナダ	Ⓖ②	総選挙の結果，トルドー首相続投(21)
キューバ	[3]	アメリカと国交回復(15)
ニカラグア	[3]	オルテガ大統領が四選(21)
ハイチ	[3]	大統領暗殺事件や大地震が発生(21)
パナマ	[3]	米国とのFTAが発効(12)
メキシコ	Ⓖ③	USMCA発効(20)
南アメリカ		
アルゼンチン	Ⓗ⑤	右派ミレイ大統領就任(23)
ウルグアイ	Ⓗ⑤	TPP加入申請(22)
コロンビア	[3]	ベネズエラ難民(14)流入。初の左派政権が誕生(22)
チリ	Ⓗ⑤	ボリッチ大統領就任(22)
ブラジル	Ⓗ④	ルラ大統領就任(23)
ペルー	Ⓖ④	憲政史上初の女性大統領にボルアルテが就任(22)
オセアニア		
オーストラリア	Ⓓ⑤	アルバニージー首相就任(22)
ツバル	[2]	国連加盟(00)。IMF加盟(10)
ニュージーランド	Ⓔ⑤	ラクソン首相就任(23)